Nico Nolden
Geschichte und Erinnerung in Computerspielen

Nico Nolden

Geschichte und Erinnerung in Computerspielen

Erinnerungskulturelle Wissenssysteme

ISBN 978-3-11-077682-9
e-ISBN (PDF) 978-3-11-058605-3
e-ISBN (EPUB) 978-3-11-058360-1

Library of Congress Control Number: 2019954487

Bibliografische Information der Deutschen Nationalbibliothek
Die Deutsche Nationalbibliothek verzeichnet diese Publikation in der Deutschen Nationalbiografie; detaillierte bibliografische Daten sind im Internet über http://dnb.dnb.de abrufbar.

© 2021 Walter der Gruyter GmbH, Berlin/Boston
Dieser Band ist text- und seitenidentisch mit der 2019 erschienenen gebundenen Ausgabe.
Umschlagbild: Anastasias Wagen und die Vântoase in den rumänischen Karpaten des Online-Rollen-spiels ‚The Secret World'. © FunCom Oslo AS
Druck und Bindung: CPI books GmbH, Leck

www.degruyter.com

Vorwort

Vor mehr als zehn Jahren begann ich, digitale Spiele aus geschichtswissenschaftlichen Perspektiven zu betrachten. Vielen Historikerinnen und Historikern galten sie als Kinderspielzeuge, die wissenschaftlich keinen Wert bieten. Diese Haltung hat sich zwar nicht völlig behoben, aber mittlerweile doch gebessert, wohl auch weil sich mit den Eigenarten der Spiele auch die gesellschaftliche Einstellung wandelt und umgekehrt. Im *Arbeitskreis für Geschichtswissenschaft und Digitale Spiele* arbeiten mittlerweile talentierte Forschende aus diversen Perspektiven und doch gemeinschaftlich zu Geschichte in digitalen Spielen. Ich hoffe sehr, dass dieses Buch dazu beiträgt, diese fruchtbare Zusammenarbeit weiter zu fördern.

Da die komplexen digitale Spiele ohnehin erst interdisziplinär verständlich werden, reiften viele Überlegungen in dieser Arbeit aufgrund von Anregungen aus anderen Geisteswissenschaften und medientechnischen Disziplinen. Insbesondere offenen Geistern an der *Hochschule für Angewandte Wissenschaften (HAW) Hamburg* verdanke ich viele erhellende Gespräche. Dortige Kolleginnen und Kollegen sowie externe Gäste ermöglichten mir viele Einblicke in die Rahmenbedingungen der Branche, Produktionsprozesse und digitale Spiele selbst. Ich möchte allen Forschenden an digitalen Spielen empfehlen, sich aus der Komfortzone der eigenen Disziplin und in ein solch anregendes interdisziplinäres Umfeld zu begeben.

Deshalb empfand ich es auch als großes Glück, in den vergangenen Jahren ein Teil der aufstrebenden *Public History* an der Universität Hamburg zu sein. Mit dem dortigen Team, insbesondere Thorsten Logge und Benjamin Roers, den projektbasierten Lehrveranstaltungen mit aufgeschlossenen Studierenden und externen Partnerinnen und Partnern, nicht zuletzt durch den Aufbau unseres GameLabs und der Spielesammlung der Ludothek fand ich den fruchtbarsten Nährboden, um diese Dissertation zu vollenden. Dieses geschichtswissenschaftliche Umfeld zwischen Praxisfeldern und Theorie, zwischen Lehre und Forschung war eine einzigartige, bereichernde Erfahrung.

Am Beginn dieser Studie stand jedoch, dass mein Betreuer Jürgen Sarnowsky aufgeschlossen dem ungewöhnlichen, interdisziplinären Dissertationsprojekt gegenüberstand. Das ist, wie Wolfgang Schmale 2010 in einem Essay über Digitale Geschichtswissenschaften unterstrich, in unserer Disziplin leider noch immer keine Selbstverständlichkeit.

Nico Nolden
Hamburg, im Mai 2019

Inhalt

Tabellenverzeichnis —— IX
1 Einführung —— 1
1.1 Rastende Krieger, Geschichten und Erinnerungen —— 1
1.2 Der Zeitgeist und die digitalen Spiele —— 6
1.3 Die Relevanz historischer Inszenierungen —— 14
1.4 Herausforderungen für die Geschichtswissenschaft —— 19
1.5 Fragestellung, Vorgehensweise und Arbeitsmodell —— 32

2 Digitale Spiele, Geschichtswissenschaft und der Forschungsstand —— 41
2.1 Geschichte aus der Sicht der Branche —— 42
2.2 Die Vermessung des Historischen —— 56
2.3 Das Historische aus Sicht der Forschung —— 63
2.4 Die Quelle und der methodische Zugriff —— 74
    2.4.1 Die Eigenschaften des Gegenstandes —— 75
    2.4.2 Methodische Folgen aus dem Charakter der Quelle —— 81
2.5 Systematische Ansätze —— 85
    2.5.1 Disziplinäre Arbeitsfelder —— 87
    2.5.2 Konzentration auf Spielformen —— 99
2.6 Zugriffe über historische Periodisierung —— 111
    2.6.1 Die Vergessenen, die Antike und das Mittelalter —— 112
    2.6.2 Der lange Bogen der Neuzeit —— 122
    2.6.3 Mikroepochen: Erster, Zweiter und Kalter Weltkrieg —— 131
2.7 Lückenfüller – Der Stand einer selektiven Forschung —— 151

3 Die Erweiterung des Arbeitsfeldes —— 166
3.1 Geschichte in digitalen Spielen —— 168
    3.1.1 Geschichtsbilder —— 169
    3.1.2 Zeitgeschichtliche Rückkopplung —— 192
    3.1.3 Technikkulturelle Geschichte digitaler Spiele —— 203
    3.1.4 Erinnerungskulturelle Wissenssysteme —— 210
3.2 Anknüpfungspunkte und Lösungsansätze —— 219
    3.2.1 Geschichtswissenschaft —— 219
    3.2.2 Nachbardisziplinen —— 229
    3.2.3 Geistes- und Sozialwissenschaften —— 234
    3.2.4 Journalismus und Branche —— 270
3.3 Digitale Spiele als Überlieferungsträger —— 276
3.4 Eine verkürzte Geschichte der digitalen Spiele —— 296
3.5 Digitale Spiele, Geschichte und Public History —— 314

4 Vorstoß in verborgene Welten – Das Erinnerungskulturelle Wissenssystem von *The Secret World* —— 324
4.1 Methodische Folgen für Modell und Quellen —— 325
4.2 Technikkulturelle Einordnung —— 335
    4.2.1 Soziokulturelle Ursprünge —— 336
    4.2.2 Zwischen MUDs und MMORPGs —— 344
    4.2.3 Auf dem Weg zum globalen Massenphänomen —— 348
    4.2.4 Von Norwegen aus in verborgene Welten —— 358
4.3 Wissenssystem, diffuse Grenzen und Veränderlichkeit —— 381
    4.3.1 Objekt- und Sachkultur —— 382
    4.3.2 Narrative Netzwerke —— 424
    4.3.3 Makrohistorische (Rechen-)Modelle —— 443
    4.3.4 Mikrohistorische Weltentwürfe —— 452
    4.3.5 Das historische Wissenssystem —— 467
4.4 Nutzerperspektiven —— 495
4.5 Gemeinschaften und Erinnerungskultur —— 510

5 Erinnerungskulturelle Wissensysteme in digitalen Spielen —— 534

Quellenverzeichnis —— 545
    Literaturverzeichnis —— 545
    Geschäftsberichte —— 602
    Quellen aus Foren —— 603
    Quellen aus Mitschnitten —— 610
    Quellen aus Artefakten —— 632
    Verzeichnis von Videomaterial —— 632
    Verzeichnis von Webseiten und Magazinen —— 635
    Verzeichnis von Hardware —— 642
    Verzeichnis von Filmen —— 643
    Verzeichnis digitaler Spiele —— 643

Tabellenverzeichnis

Tabelle 2-1: Das „Historische" an digitalen Spielen aus Vorstellungen von Branche und Forschung —— 73
Tabelle 2-2: Geschichtswissenschaftliche Annäherungen an die Quelle „digitales Spiel" —— 80
Tabelle 4-1: Systematik der Videografie zu *The Secret World* —— 330
Tabelle 4-2: Überblick zu den Elementen der Untersuchung am Wissenssystem von *The Secret World* —— 333

1 Einführung

1.1 Rastende Krieger, Geschichten und Erinnerungen

Beim Online-Rollenspiel *World of Warcraft* war ich 2006 bereits ein Nachzügler.[1] Als langjähriger Spieler der Echtzeitstrategiespiele schätzte ich zwar das fantastische Universum der Warcraft-Reihe, das Blizzard über die Jahre mit packenden Erzählungen füllte.[2] Nur langsam aber gewöhnte ich mich an die Spielform der Online-Rollenspiele, das Spieler und Entwickler sperrig als *Massively-Multiplayer Online Role-Playing Game* (MMORPG) bezeichnen.[3] Ungewohnt war vor allem, immer online zu sein, monatlich Gebühren zu zahlen und dann auch noch ständig von menschlichen Spielenden umgeben zu sein. Denn nicht alle fühlten sich in ihre Rolle in der Spielwelt ein. Ich konnte mich nie damit anfreunden, wenn ein schwer gepanzerter Zwerg das Gespräch plötzlich auf Fussball lenkte. Zwei Jahre nach der Veröffentlichung lernte auch ich das Genre schätzen; wahrscheinlich, weil es meinen Forschergeist reizte. In den liebevoll gestalteten Landschaften erkundete ich jeden Winkel, freute mich über versteckte Orte und erklomm Berge für eine lohnende Aussicht. Ich sprang Spielenden in Bedrängnis bei, zähmte Exemplare der Fauna zu Begleitern und verfolgte jedes Fragment von Geschichten, das mehr über die Schauplätze von Azeroth bis Kalimdor verriet.

Stück für Stück steuern Figuren, die als sogenannte *Non-Player-Characters* (NPCs) die Spielwelt bevölkerten, jeweils ihre persönlich gefärbten Teilgeschichten zum Gesamtbild bei. Für sie erfüllt man Aufträge (Quest), die von Person zu Person führen, von Stadt zu Stadt, von Landstrich zu Landstrich, so dass alle Dialoge und textuellen Fragmente nach und nach Netzwerke aus Narrativen weben. Diese individuelle Gesamterfahrung prägt eine sehr persönliche Sicht eines Spielers auf die Geschichte der Spielwelt, je nachdem welche ihrer Teile dieser besucht, welche Gespräche er führt und welche Texte er entdeckt. Auf meinen Reisen traf ich zwischen Wüsten und verschneiten Bergen, Dschungeln und diesigen Sümpfen auf versunkene Städte, verwitterte Schlachtfelder und geheimnisvolle Ruinen, die auf Ereignisse in der Hintergrundwelt verwiesen. Aus unserer alltäglichen Welt erscheinen solche strukturellen

---

[1] World of Warcraft 2004/5 ff.
[2] **Warcraft. Orcs & Humans** 1994; **Warcraft II. Tides of Darkness** 1995; **Warcraft III. Reign of Chaos** 2002; **Warcraft III. The Frozen Throne** 2003.
[3] Ich möchte niemanden sprachlich mit meiner Arbeit benachteiligen, eine sprachlich präzise Lösung für Genderfragen liegt jedoch nicht vor. Stets die männliche und weibliche Form zu nennen, ist nicht nur im Text unschön, sie manifestiert auch die bipolare Norm der Gesellschaft und schafft damit künstlich Trennung und Ausgrenzung, wo mir eigentlich daran liegt zu verbinden. Auch das Gender Gap, mit dem ein Sonderzeichen zwischen die männliche und weibliche Form eingeführt wird, verleitet zu diesem Missverständnis. Daher greife ich auf das generische Maskulinum zurück, mit dem ich ausdrücklich alle Menschen einbeziehen will. Dort, wo eine Tätigkeit im Vordergrund steht, wähle ich die Verlaufsform (zum Beispiel *Lehrende*).

Bauteile von Geschichte sowie die fragmentierte, vielstimmige Überlieferung vertraut. Diese Welt und ihre Völker offenbaren also auch im geschichtswissenschaftlichen Sinne eine reichhaltige Geschichte. Kaum verwundert daher, dass Spielende mit ihren Charakteren das Berufsfeld Archäologie ausüben konnten. Nach solchen Reisen, ob allein oder in Gemeinschaft mit anderen Spielern, suchte man zentrale Knotenpunkte der Welt auf – Großstädte, Häfen oder Wechselposten für Reittiere. Dort traf man auf andere Spielerinnen und Spieler, die sich ausrüsteten und in Gasthäusern verpflegten. Mit ihnen saß ich, verkörpert durch meinen Spielcharakter, an hölzernen Tafeln in rustikalen Räumen. Wir tauschten uns über Spielerfahrungen aus oder entdeckte Aspekte der Hintergrundwelt, diskutierten den Krieg zwischen Horde und Allianz und tauschten Reisetipps zu reizvollen Schauplätzen. Als der Drache Onyxia erstmals fiel, wurde die Leistung der Beteiligten noch lange in den Gasthäusern gerühmt. Für solch lange Schlachtzüge mit anderen fehlte mir zunehmend die Zeit, schließlich dauerten sie nicht selten mehrere Stunden. Mein Sohn wuchs, das Studium forderte mich und der Lebensunterhalt war zu verdienen. Doch auch für kurze Zeit lohnte sich der Besuch in der virtuellen Welt. Dort suchte ich das Gespräch mit anderen, um ein wenig aus den Schlachten oder Kriegszügen gegen andere menschliche Spieler zu erfahren. Manche Abende meldete ich mich bei dem Spiel an, nur um zum Beispiel an der Dunkelküste auf einem Steg die Angel auszuwerfen und mich mit Vorbeireisenden zu unterhalten. Die Erzählungen von deren Erlebnissen machten diese Abende zu einigen der unterhaltsamsten in meiner gesamten Spielzeit. Ihre Geschichten wiederum berichtete ich anderen. Spieler erforschen also nicht bloß aus den angebotenen Inhalten der NPCs eine individuelle Hintergrundgeschichte, sondern formen sie, indem sie mit anderen Spielenden über Erfahrungen in der Spielwelt kommunizieren. Die Formen mündlicher Überlieferungen erinnern frappierend daran, wie historische Erzählungen in der Alltagswelt tradiert werden.

Ein paar Jahre später passte ein teures Abonnement weder zur Haushaltskasse, noch zum Arbeitsaufwand am Ende eines Studiums, weshalb ich das Online-Rollenspiel abbestellte. In meiner Abwesenheit veränderte sich das Spiel, neue Mechaniken wurden eingepflegt, zusätzliche Schauplätze und Aufträge integriert, weitere Völker betraten die Bühne, und die Hintergrundgeschichte der Welt spann sich fort.[4] Am gravierendsten änderte sich jedoch die Welt von Warcraft, als 2010 die Erweiterung *Cataclysm* veröffentlicht wurde.[5] Der Kataklysmus, die verheerende Umwälzung der Welt in einem Ereignis, das buchstäblich als Weltenbrand zu bezeichnen war, veränderte radikal Gebiete und Städte, Spielfiguren, Inhalte und Verläufe ihrer Dialoge und die Aufträge.[6] Unwiderruflich verschwand alles, was vor dieser Katastrophe in

---

4 **World of Warcraft. The Burning Crusade** 2007; **World of Warcraft. Wrath of the Lich King** 2008 und kleinere Patches.
5 **World of Warcraft. Cataclysm** 2010.
6 Blizzard Entertainment: World of Warcraft. Cataclysm Cinematic Trailer, in: *Kanal World of Warcraft DE via Youtube* 17.10.2010. Online unter: https://youtu.be/sAhaXS-u92o (Letzter Zugriff: 27.3.2019).

Spielgebieten existiert hatte. Der Verlust von Missionen, liebgewonnenen Orten und Treffpunkte glich manchen Spielerinnen und Spielern einem Schock. Als ich 2011 nach Azeroth und Kalimdor zurückkehrte, war die mir bekannte Welt nur noch eine Erinnerung. Gelegentlich unterhielten sich Spielende in den Gasthäusern und an Lagerfeuern über längst vergangenen Spielinhalte, meist sentimental, manchmal heroisierend. Neue Spieler waren über die Jahre hinzugekommen, die von diesen Zeiten nichts mehr wissen konnten, weil sie erst danach die Welt von Warcraft betreten hatten. So erzählten manche der Alten den Jüngeren von ihren Erlebnissen und Erfahrungen vor dem Umbruch. Diese Zäsur bildete also Erfahrungen von Vergangenheit heraus. Der alltäglichen Welt erstaunlich ähnlich gingen die Spieler damit um, als würden historische Erzählungen von älteren Generationen durch Oral History tradiert.

Offenbar haben Spielerinnen und Spieler das Bedürfnis, die virtuelle Spielwelt als einen realen Erfahrungsraum zu begreifen. Sie erweitern den menschlichen Erfahrungshorizont und das gemeinschaftliche Erinnern auf eine parallel existierende, digitale Welt, die vergleichbaren Mustern wie die Alltagswelt folgt. Wie im Falle des zwergischen Fussballfans trifft dieses Verlangen nicht auf alle Spielenden zu. Die Häufigkeit allerdings, mit der diese Phänomene zu beobachten sind, spricht dafür, sich eingehend wissenschaftlich damit zu befassen. Die Spielenden bleiben auch nicht bei Prozessen der Überlieferung und der Erinnerung stehen, sondern überführen menschliche Verhaltensmuster des Gedenkens und Erinnerns in die virtuelle Welt, die so nicht von den Entwicklern spielmechanisch integriert, funktional nützlich oder überhaupt vorgesehen sind. So übertragen sie vergleichbare Rituale, zu denen auch das Erzählen von Geschichten am Lagerfeuer gehört. Am 22. September 2006 fanden sich Spieler in der Testphase des Online-Rollenspieles *Der Herr der Ringe – Online* zusammen.[7] Von sich aus begingen sie den Geburtstag von Bilbo Beutlin, einer der Hauptfiguren aus der Romanvorlage.[8] Dafür suchten sie jenen Ort im Auenland auf, der aus den Büchern und Filmen für das Fest bekannt war, musizierten, tanzten und verspeisten ein digitales Festmahl. Auch Hochzeiten zwischen Avataren von Spielern kommen vor, gelegentlich münden sie sogar in reale Ehen.[9] Spielende richten Trauerfeiern und -märsche zum Abschied von Weggefährten aus, die das Spiel und ihre dortigen Freunde hinter sich lassen, oder um Spieler der Gemeinschaften zu ehren, die tatsächlich außerhalb der Spielwelt versterben.[10] Identifizieren sich Menschen mit

---

7 **Der Herr der Ringe Online. Die Schatten von Angmar** 2007 ff.
8 Matschijewsky, Daniel: **[unbekannt]:** Herr der Ringe Online Preview. Ein Spiel, sie zu knechten, in: *Gamestar* 2/2007; S. 44–47. Online unter: http://bit.ly/1ZjjCMn (Letzter Zugriff: 27.3.2019).
9 Siehe zum Beispiel: **[unbekannt]:** World of Warcraft – Hochzeit von Delphina & Thortoise, in: *Kanal Kokoro44WoW via Youtube* 11.6.2012. Online unter: https://youtu.be/Nh2OzS0k7ws (Letzter Zugriff: 27.3.2019).
10 Eckhardt, Simon: Hochzeit und Bestattung – Passageritauale in MMORPG. Phänomenologische und theologische Analysen zu Symbol, Ritual und Lebenswelt, in: Nord, Ilona/Luthe, Swantje (Hgg.): Social Media, christliche Religiosität und Kirche. Studien zur Praktischen Theologie mit religionspädagogischem Schwerpunkt, Jena 2014; S. 321–62. Beispielsweise das Gedenken in **[unbekannt]:**

Spielwelten so stark, dass die Grenzen zur alltäglichen Welt verwischen, werden sie gemeinhin belächelt. Für eine ernsthafte Behandlung dieser Spielwelten als geschichtliches Laborsystem sprechen jedoch die vorgebrachten Beobachtungen: der strukturelle Aufbau der Spielwelten, die fragmentierten Narrationen, die von Nutzern vorgenommene Sinnstiftung, die Prozesse mündlicher Überlieferung im Umgang mit Vergangenheiten und die Übertragung von Ritualen der Erinnerung in die Spielwelt. Die Komponenten formen einen Komplex, den es geschichtswissenschaftlich zu erforschen gilt. Möglicherweise ist darüber ein Verständnis für historische Sinnbildungsprozesse auch für die nicht-digitale Welt zu gewinnen. Den Entwicklern gelingt es zusammen mit den Spielern, strukturell historische Weltprozesse auszulösen, selbst wenn eine Fantasywelt Vorstellungen über das Mittelalter nur entfernt entleiht. Teilnehmer am Spiel tradieren Erzählungen über erlebte Geschichten und formen daraus eine spielhistorische Überlieferung, die sie außerhalb des Spieles auf Fanseiten weitertragen. Der Weltenbrand von *Cataclysm* verdeutlichte prägnant, dass fortschreitende Veränderungen von Spielwelten Vergangenheiten erzeugen, die Spielende auch als solche wahrnehmen. Dass sie Gewohnheiten des Gedenkens und Erinnerns übertragen, unterstreicht die Entstehung einer virtuellen Erinnerungskultur.

Digitale Spiele sind diffuse Gebilde, die kaum abschließend beschreibbar sind, weil sie sich beständig verändern. Ihre Hersteller pflegen Software durch Patches, um Fehler zu beheben, erweitern sie mit größeren Paketen um Inhalte oder Spielmechaniken. Besonders Massively-Multiplayer Online-Spiele (MMOGs) ähneln auf diese Weise mehr kontinuierlichen Dienstleistungen als abgeschlossenen Produkten. Utopisch ist daher, dass Forschende alle Möglichkeiten überblicken, was Spielende in einer solchen Welt erfahren können. Auch die historischen Inszenierungen in den Spielen lassen sich daher nicht vollständig fassen. Wendet man sich aber spielmechanischen Prinzipien zu, ablaufenden Prozessen und vorgegebenen Strukturen des medialen Artefaktes, sind stabile Regeln identifizierbar, die ein System konstituieren. Ganz so, wie eine Software nicht alle möglichen Zustände festlegt, sondern Regeln und Prozeduren definiert, nach denen Prozesse einen Zustand in einen anderen überführen. Aus dieser Sicht sind auch veränderliche historische Inszenierungen analysierbar. Im Spielverlauf trägt dieses System zum Beispiel Inhalte in Enzyklopädien ein, erweitert den Handlungsspielraum und erlaubt, neue Gebiete und Narrative zu bespielen. Die angelegten Inhalte und das beschriebene System formen ein Wissenssystem, das sich ständig verändert. Spielende beeinflussen durch ihre Handlungen, in welchem Zustand es sich befindet und wohin es sich entwickelt. Ein Versuch, die Summe möglicher Erfahrungen aller Spielenden zu beschreiben, die sich interdependent beeinflussen, dürfte aussichtslos bleiben.

Toxiklore memorial, in: *Kanal iamsuperdude29 via Youtube* 6.1.2007. Online unter: https://youtu.be/i1FD0OTzYhQ (Letzter Zugriff: 27.3.2019).

Die meisten Online-Rollenspiele zählen zwischen 100.000 und einer Million an registrierten Spielerinnen und Spielern. Spielende treffen aufeinander, kommunizieren, organisieren sich in vereinsähnlichen Gilden oder Clans und pflegen soziale Kontakte. Gemeinsam kämpfen sie und ergründen narrative Elemente. Je nach verwendeter Technologie befinden sich einige tausend von ihnen zugleich auf einem Server, fortschrittlichere Konzepte erlauben sogar allen Spielenden serverübergreifend in derselben Welt zu agieren. Konfrontiert mit solchen Zahlen, erscheinen Rezipientenstudien schwierig durchführbar, insbesondere, wenn man die hohe Veränderlichkeit der Systeme berücksichtigt. Dabei verschwimmen die Grenzübergänge eines spezifischen Spieles zu einer umfassenderen Spielkultur, die viele Spieler und MMOGs umfasst. Die Nutzer des einen sind auch in anderen Spielen unterwegs und teilen dort ihre Erfahrungen mit weiteren Menschen. Spielende kommunizieren über die erlebten Inhalte innerhalb wie außerhalb auf verschiedenen Wegen. Zwar bieten Online-Rollenspiele integrierte Kommunikationskanäle, viele nutzen aber Drittanbieter wie *Teamspeak* oder *Ventrilo*. Dadurch ist die Spielerfahrung nicht mehr an die Grenzen gebunden, die in der Hoheit des Anbieters liegen. Manche schreiben als Chronisten ihrer Spielergemeinschaft die Spielerfahrungen in einem Blog nieder, andere berichten auf der Nachrichtenplattform *Twitter* aus der Perspektive ihres Spielcharakters, dritte wiederum diskutieren historische Spielinhalte in Foren. Solche Phänomene sind Belege für eine Erinnerungskultur, die innerhalb des Spieles verhandelt wird, aber eben auch über dessen Grenzen ausgreift.

Im Zentrum des Interesses stehen bei dem vorliegenden Buch daher die genannten Konzepte des *Wissenssystemes* und der *Erinnerungskultur*. Online-Rollenspiele bergen quasi ein Laborsystem, das Wissenssysteme innerhalb der Spielsphäre mit der Erinnerungskultur verschmilzt. Dadurch werden Konzepte aus der Literatur im Modell überprüfbar.[11] Lässt man sich auf diese Perspektive ein, sind digitale Spiele die komplexesten Wissenssysteme unserer Zeit. Ihre Formen und Prozesse, mit historischen Inhalten umzugehen, ergründet daher das vorliegende Buch. Dafür entwickelt die Dissertation aus theoretischen und methodischen Vorbetrachtungen ein begründetes Arbeitsmodell. Mit dessen geschichtswissenschaftlichen Instrumentarium wird analysierbar, wie digitale Spiele in Bezug auf historische Elemente und erinnerungskulturelle Prozesse funktionieren. Wird es auch entlang der Eigenschaften von MMOGs konstruiert, besteht die Hoffung, dass dieses Modell für digitale Spiele allgemein nützlich sein wird. Um diesen Ansprüchen zu genügen, schlüsselt es auf, wie historische Inhalte der Wissenssysteme mithilfe der Methoden und Prozesse von Online-Rollenspielen über soziale Gemeinschaften der Spielerschaften zu einer spielspezifischen Erinnerungskultur führen.

Das bislang umfangreichste Spielerlebnis, das ein Online-Rollenspiel auf historischen Inhalten aufbaute, bietet das 2012 veröffentlichte und seither stetig fortent-

---

11 Einführend **Erll, Astrid:** Kollektives Gedächtnis und Erinnerungskulturen. Eine Einführung. 2. akt. u. erw. Aufl., Stuttgart 2011.

wickelte *The Secret World*.[12] In der jüngsten Zeitgeschichte auf der Erde angesiedelt, erweckt in dem MMORPG zunächst ein unbekanntes Ereignis überall Mythen und Legenden buchstäblich zum Leben. Als angehende Feldagenten dreier Gruppierungen, die unterschiedliche ideologische Auffassungen über die Weltordnung vertreten, reisen Spielende an Schauplätze in Neuengland, Ägypten und Rumänien, um den Ursprung dieser Entwicklung zu ergründen. Dabei treten sie in ein feinmaschiges Gewebe aus historisch gesicherten Informationen, überlieferten Sagen und mythischen Vorstellungen, aus popkulturellen Themen, Literatur des 18. und 19. Jahrhunderts und Verschwörungstheorien. Die Vielfalt ist so groß, dass man von einem digitalen kulturhistorischen Denkmal schreiben könnte, das nicht eine allein westliche Perspektive vermittelt. Eine empirische Studie in der zweiten Hälfte des Buches erprobt und überprüft entlang dieses Beispieles das genannte Arbeitsmodell. Mit dessen Werkzeugen arbeitet sie die historischen Elemente des MMOs heraus, welche die Spielwelt aufspannen. Sie zeigt, wie diese Komponenten organisiert sind und wie sie sich im Laufe der Zeit veränderten. Der empirische Abschnitt erläutert zudem, welche Einflusse Spielerinnen und Spieler auf diese geschichtlichen Inhalte nehmen und wie sie diese kommunikativ verhandeln. So kristallisieren sich Belege für die Erinnerungskultur heraus.

Nicht alle Leser dürfte allerdings nur diese Vorrede davon überzeugen, wie relevant digitale Spiele gesellschaftlich sind. Der folgende Abschnitt *1.2 Der Zeitgeist und die digitalen Spiele* wirft hierauf Schlaglichter, die ihre sogar ganz erhebliche Bedeutung zeigen. Wissenschaftlich bearbeiten bereits zahlreiche Disziplinen digitale Spiele als Gegenstand, die Geschichtswissenschaft steht bislang mit geringem Einsatz am Rande des Forschungsfeldes. Multiplayer-Online-Spielen nahm sie sich noch kaum an. Während Abschnitt *1.3 Die Relevanz historischer Inszenierungen* aufzeigt, welche Bedeutung speziell historischen Inszenierungen in digitalen Spielen gesellschaftlich zukommt, liefert diese Einführung in *1.4 Herausforderungen für die Geschichtswissenschaft* genügend Argumente, weshalb digitale Spiele ein lohnenswerter Gegenstand für geschichtswissenschaftliche Studien sind. Schließlich erläutert Teil *1.5 Fragestellung, Vorgehensweise und Arbeitsmodell*, wie dieses Buch einen Beitrag dazu leistet.

1.2 Der Zeitgeist und die digitalen Spiele

In den vergangenen drei Dekaden erfassten digitale Spiele weite Teile der Gesellschaft und veränderten ihr Medienverhalten fundamental. Dieser Wandel schlägt sich, für jeden sichtbar, in alltäglichen Phänomenen nieder. Wenn sich heute Titel an Er-

---

[12] **The Secret World** 2012ff; **Nolden, Nico:** Da wohnt doch was im Schrank. Questsystem und Erzählweise von ‚The Secret World' revolutionieren MMORPGs, in: *Keimling* 5.10.2012. Online unter: http://bit.ly/PeBhFT (Letzter Zugriff: 27.3.2019).

wachsene richten, diskutiert eher das Feuilleton darüber anstelle der Bayerischen Staatsanwaltschaft.[13] Schaut man sich in Nahverkehrszügen um, managen die einen digitale Bauernhöfe auf dem Tablet-PC, andere kommandieren als Feldherren Armeen am Mobiltelefon. Einfallsreiche Lehrende nutzen digitale Spiele als Unterrichtsinhalt oder -instrument an Schulen, anstelle sie als schädlich zu verteufeln.[14] Erkennbar brachten digitale Spiele in den letzten Jahren eine weite Strecke hinter sich, um sich gesellschaftlich gegenüber anderen Medienformen zu emanzipieren.[15] Das aufgeregte, konservative Lamento, digitale Spiele seien die Erklärung für Gewalttätigkeiten bis hin zu Amokläufen, für kindliche Kontaktarmut, Schulversagen und sogar mangelnde Körperhygiene, hat sich mittlerweile gemäßigt. Digitale Spiele geben eben nicht den Ausschlag, um dumm, dick und faul zu werden, wie Manfred Spitzer so plakativ wie unhaltbar verbreitete.[16] Derartig pauschalisierende Urteile gehören glücklicherweise weitgehend der Vergangenheit an.

Das offenere gesellschaftliche Klima erleichtert, die Aufmerksamkeit auf diejenigen Aspekte der Medienform zu lenken, die es wert sind, bestaunt zu werden. In den weitläufigen, verblüffend realitätsnahen Spielwelten von *L.A. Noire* oder *GTA V* etwa bestimmen Erwachsene den Verlauf komplexer gesellschaftskritischer Thriller.[17] Faszinierendes bieten jedoch nicht nur realitätsgetreue Weltentwürfe. Die Reihe des Science-Fiction-Shooters *Mass Effect* experimentierte etwa eindrucksvoll mit individualisierten Erzählsträngen.[18] Wie sich die Spielenden auf diesen Strängen entschieden, verzweigte einerseits die Plots im jeweiligen Teil. Übertrugen sie ihre Speicherstände in den nächsten Teil, beeinflussten die vorherigen Handlungen andererseits den Verlauf der Nachfolger. Konsequenzen der Entscheidungen potenzierten sich so durch alle drei Teile, so dass die Spielenden jeweils ein individuelles Spieluniversum schufen. Diese Reihe verdeutlicht sehr gut, dass selbst Shooter die oft kritisierte Oberflächlichkeit aus den Anfängen digitaler Spiele hinter sich gelassen haben. Wie viele Vertreter anderer Genres können auch sie komplexe, akribisch ausgearbeitete Hintergrundwelten aufweisen. Sicherlich dringen nicht alle Spielenden in die maximale Tiefe vor, denn nicht alle Inhalte werden in digitalen Spielen auf dem Silbertablett präsentiert. Wer sich aber in eine ausführlich ausgearbeitete Welt wie von

---

13 **Grand Theft Auto V** 2013 wurde differenziert und reflektiert gewürdigt, dessen Vorgänger **Grand Theft Auto IV** 2008 noch als gewaltverherrlichend diffamiert. Vergleiche bei **Boie, Johannes:** Vollkommene Freiheit, in: *süddeutsche.de* 17.9.2013. Online unter: http://bit.ly/1WJfatg (Letzter Zugriff: 27.3.2019); **Patalong, Frank:** Grand Theft Auto IV. Wunderschöne Welt des Schießens, in: *Spiegel Online Netzwelt* 28.4.2008. Online unter: http://bit.ly/1M2xvth (Letzter Zugriff: 27.3.2019).
14 **Bernsen, Daniel / Kerber, Ulf** (Hg.): Praxishandbuch Historisches Lernen und Medienbildung im digitalen Zeitalter, Berlin 2017.
15 Den Eindruck bestätigt eine Studie über den Standort Deutschland der Wirtschaftsprüfungsgesellschaft **PriceWaterhouseCoopers (PWC)** (Hg.): Videogames in Deutschland, August 2012; S. 50/51.
16 **Spitzer, Manfred:** Digitale Demenz. Wie wir uns und unsere Kinder um den Verstand bringen, München 2012.
17 **L.A. Noire** 2011; **Grand Theft Auto (GTA) V** 2013.
18 **Mass Effect** 2007/08; **Mass Effect 2** 2010/11; **Mass Effect 3** 2012.

Mass Effect einfühlte und einlas, der stieß auf einen zutiefst philosophischen Kernkonflikt. Wie diese Reihe philosophierte auch *Deus Ex: Human Revolution*, in welcher Beziehung Mensch und Maschine zueinander stehen, wenn künstliche Intelligenzen zunehmend menschlich wirken.[19] Ob sich die dortigen dystopischen Visionen bewahrheiteten, entschied maßgeblich die Handlungen der Spielenden, was dem Spielerlebnis erheblichen Tiefgang verlieh.

Die entstehenden Erzählwelten hängen von den Wegen ab, die Spielende verfolgen, aber auch von persönlich bevorzugten Spielweisen. Ihre Erfahrungen in den angebotenen Spielwelten fallen daher höchst individuell aus. Vergnügen sich die einen mit *Deus Ex* als Shooter, vermeiden andere Spielertypen Kämpfe mithilfe geschickter Gesprächsführung. Dritte wiederum nutzen verzweigte Luftschächte und hacken Sicherheitssysteme, um Probleme zu umschleichen. Dadurch bergen viele Spiele ein breites Kontinuum von möglichen Spielerfahrungen, deren Form von Vorlieben und Verhalten des jeweiligen Nutzers abhängt. Wie wichtig daher die Analyse aus der Sicht von Rezipienten ist, zeigt kaum ein anderes Spiel mehr als der kreative Erkundungs- und Konstruktionsbaukasten *Minecraft*.[20] In dieser praktisch unbegrenzten, weil prozedural errechneten Spielwelt erschaffen hunderttausende Menschen fantasievolle Welten aus Blöcken, die sie in der Landschaft abbauen können.[21] Spielmechanisch wird das Prinzip als Sandbox bezeichnet, ein Begriff, der nicht von ungefähr auf das freie Spiel im Sandkasten verweist, angetrieben von der eigenen Fantasie und begrenzt nur durch dessen Rand. Spielerinnen und Spieler veranstalten in *Minecraft* jedoch auch Turniere oder erkunden Höhlensysteme, die sich durch die Spielwelten erstrecken. Darin warten bizarre Felsformationen, Lavaseen oder Wasserkaskaden und seltene Rohstoffe. Letztere verarbeiten sie in zahlreichen Weisen zu Waffen, Nahrung und Gebäudeteilen. Ob nun oberirdisch oder unterirdisch pirschen manche nach Monstern und gefährlicher Fauna, während die nächsten lieber Gefahren deaktivieren, um ein Gehöft anzulegen und friedlich Schafe, Schweine und einen Garten zu hegen. Erkennbar verwirklichen sich hier Spielende mit ganz verschiedenen Vorlieben. Auch wenn nicht alle digitalen Spiele an diese extrem freie Spielform heranreichen, verdeutlicht *Minecraft* prägnant, wie unterschiedliches Verhalten von Nutzern in demselben digitalen Spiel zu völlig unterschiedlichen, individuellen Spielerfahrungen führt. Digitale Spiele sind – die einen mehr, die anderen weniger – also in erster Linie Räume aus Möglichkeiten, über deren Wahl wie bei keinem anderen Medium die Nutzerinnen und Nutzer selbst entscheiden.

Die Vielseitigkeit spielerischer Formen, Inhalte und Erfahrungen spiegelt sich in einem weiten Spektrum an Zugangswegen zu digitalen Spielen wider. Neben Spielformen und -inhalten weiteten sich Distributionsformen aus. Beispielsweise erlaubt das Geschäftsmodell *Free-To-Play* selbst Menschen mit kleinem Geldbeutel, an der

---

19 Deus Ex. Human Revolution 2011.
20 Minecraft 2009 ff.
21 Graf, Michael: Das verflixte siebte Jahr. Sieben Jahre Minecraft, in: *Gamestar* 6/2016; S. 80–85.

Welt digitaler Spiele teilzuhaben. Diese Entwicklung ist soziologisch interessant, weil diese Spiele die Reichweite etwa von historischen Inszenierungen bis in einkommensschwächere Schichten vergrößern. Zu oft wird vergessen, dass für die meisten Aktivitäten mit digitalen Spielen erhebliche finanzielle Einstiegshürden zu überwinden sind. Technische Apparaturen und Eingabegeräte werden vorausgesetzt, die zudem häufig nachzurüsten sind, um aktuelle Titel mitspielen zu können. Das *GameLab* der Public History, das ich für den Fachbereich Geschichte an der Universität Hamburg konzipierte und beschaffte, ist somit ein soziales Projekt.[22] Unabhängig vom sozioökonomischen Hintergrund von Studierenden und Forschenden schafft es notwendige Infrastruktur, um digitale Spiele wissenschaftlich zu bearbeiten. Im Falle von *Free-To-Play* erlauben die Produzenten, ein digitales Spiel vollständig oder in weiten Teilen kostenlos zu nutzen. Umsatz generieren sie über optionale Verkäufe von Objekten oder besonderen Fertigkeiten. Solche ergänzend erwerbbaren Objekte können äußere Kosmetik und Kleidung sein. Zum Beispiel beinhalten Kaufpakete Gesichtsformen für den eigenen Avatar, bunte Hüte oder eine Auswahl an Frisuren, aber auch Reittiere, Fahrzeuge oder Waffen. In einem Sortiment von Fähigkeiten können sich Spielende zudem eine Beschleunigung erkaufen, um im Spielverlauf schneller als andere aufzusteigen. Ohne behaupten zu wollen, hinter dem freien Zugang zu digitalen Spielen stünde ein gezieltes soziales Projekt der Games-Branche, ermöglicht das Geschäftsmodell doch zuvor ausgeschlossenen Gruppen Zugang zur Welt digitaler Spiele.

Kaum zu überschätzen, ist eine weitere Entwicklung. In der letzten Dekade öffnete sich der Markt für kleine Entwicklerstudios oder sogar einzelne Personen deutlich. Die Veränderung schob eine enorme Vielfalt von bislang noch nicht gedachten Spielprinzipien und Spielinhalten an. Dass Kundinnen und Kunden schon während des Produktionsprozesses beteiligt werden, befeuert den Prozess zusätzlich. Im sogenannten Crowdfunding engagieren sich Interessierte bereits an Projekten finanziell, während die Spiele noch entwickelt werden. So erstanden totgesagte Genres wieder auf, und neue Ideen erweiterten das Spektrum von digitalen Spielen spürbar. Diese Entwicklung durchbrach die einst lähmende Marktdominanz großer Publisher, weil die Kunden ihren Interessen deutlicher und direkt Gehör verschafften. Damit verhalf sie wiederum digitalen Verkaufsportalen zum Durchbruch, welche digitale Spiele nur noch online vertreiben. Als Folge veränderte sich der Charakter der Software von einem anfassbaren, physischen Produkt zu einer vorübergehenden Dienstleistung. Er-

---

22 Siehe zu Zweck und Ausstattung: **Nolden, Nico:** GameBox Advance. An der Fakultät für Geisteswissenschaft der Universität Hamburg entsteht ein GameLab, in: *Keimling* 10.08.2014. Online unter: http://bit.ly/1mAj5BI (Letzter Zugriff: 27.3.2019); **Nolden, Nico:** GameLab Public History am Fachbereich Geschichte der Universität Hamburg, 21.11.2018. Online unter: http://bit.ly/2SxsTDK (Letzter Zugriff: 27.3.2019). Im Gegensatz zur sozialen Frage ist noch nicht gelöst, dass stets vorausgesetzt wird, alle Menschen könnten körperlich die Geräte und Interfaces beherrschen (Ableismus). Körperliche Barrieren zu verringern, ist daher ein zukünftiges Vorhaben. (vgl. **Kuhls, Ann-Kathrin:** Spielen mit Behinderung. Barrierefreies Gaming, in: *Gamestar* 3/2016; S. 94–97).

hebliche Konsequenzen erwachsen daraus, etwa im deutschen Recht für Eigentumsfragen und den Weiterverkauf, und verschärfen Probleme, digitale Spiele zu bewahren. Wirtschaftlich gesehen, zwingt dieser Trend den ehemals dominanten Einzelhandel, neue Geschäftsmodelle zu suchen.

Diese Beispiele für die Zugänglichkeit und Diversität sind nur einige von vielen Entwicklungen des Marktes allein in dem kurzen Zeitraum.[23] Ihre Konsequenzen zeigen eindringlich, dass Wissenschaftler den Markt, die Produktionsverhältnisse der Branche und ihre Trends genau kennen müssen, um diese Rahmenbedingungen adäquat in ihren Studien zu berücksichtigen. Unter Anderem wegen dieser Veränderungen setzten sich digitale Spiele längst breit in der Gesellschaft durch. Elternhäuser, Politik, Justiz und Schulen missverstehen sie allerdings noch immer als kindliches oder jugendliches Phänomen. Sie sehen Spielzeuge, die vor allem Jungen ohne soziale Kontakte in abgedunkelten Räumen von einem alltagstauglichen Leben abhalten würden.[24] Die JIM-Studie des Medienforschungsverbundes Südwest (MPFS) von 2015 zeigte, dass 12- bis 19-jährige in Deutschland mittlerweile fast vollständig Zugang zu einem Computer und dem Internet haben.[25] Im Schnitt wendeten die Jugendlichen zwanzig Prozent ihrer im Internet verbrachten Zeit für Online-Spiele auf, wobei dieser Anteil im Netzverhalten der Mädchen etwa ein Zehntel beträgt und bei Jungen knapp ein Drittel.[26] Um das allgemeine digitale Spielverhalten abzubilden, bezieht der MPFS Computer-, Konsolen- und Online-Spiele ebenso ein, wie den wachsenden Anteil des Spielens auf tragbaren Handheld-Konsolen, Tablet-PCs und Smartphones.[27] Täglich bis mehrmals pro Woche spielen demnach fast siebzig Prozent aller Jugendlichen, wobei wieder Jungen mit 85 % führen, von den Mädchen jedoch auch jede zweite in dieser Häufigkeit spielt. Im Vergleich zu früheren Erhebungen erhöhten sich die Anteile bei allen Jugendlichen, besonders deutlich aber bei Mädchen.[28] Grundsätzlich

---

[23] Eine Epochenzäsur ganz neuer Qualität sieht **Stuart, Keith:** The Digital Apocalypse. How the Games Industry is Rising Again, in: *The Guardian* 17.5.2016. Online unter: http://bit.ly/1Xz5xeS (Letzter Zugriff: 27.3.2019).

[24] Dass digitale Spiele Kinderspielzeug, nicht jedoch Kunst wären, festigte die juristischen Grundsatzentscheidung zu **Wolfenstein 3D** (id Software / Apogee Software) 1992 (**OLG Frankfurt**, AZ 1 Ss 407/97 „Hakenkreuze in Computerspielen" (18.3.1998)). Siehe **Kogel, Dennis:** Hakenkreuze. Im Fernsehen normal, auf dem Bildschirm verboten: Warum dürfen Spiele immer noch keine verfassungsfeindlichen Symbole zeigen? in: *Gamestar* 6/2014; S. 100–06.

[25] Seit bald zwei Dekaden erhebt der MPFS Daten zum Medienverhalten von Jugendlichen und Kindern in Deutschland: **Medienpädagogischer Forschungsverbund Südwest (MPFS)** (Hg.): JIM-Studie 2015. Jugend, Information, (Multi-)Media. Basisstudie zum Medienumgang 12- bis 19-Jähriger in Deutschland, Stuttgart 2015, S. 29. Online unter: http://bit.ly/2gVeEZV (Letzter Zugriff: 27.3.2019).

[26] **MPFS:** JIM-Studie 2015, S. 31.

[27] **MPFS:** JIM-Studie 2015, S. 42.

[28] Verglichen mit der JIM-Studie 2013 hat sich der Anteil bei Mädchen mehr als verdoppelt und auch bei Jungen noch einmal erhöht: **Medienpädagogischer Forschungsverbund Südwest** (MPFS) (Hg.): JIM-Studie 2013. Jugend, Information, (Multi-)Media. Basisstudie zum Medienumgang 12- bis 19-Jähriger in Deutschland, Stuttgart 2013, S. 45. Online unter: http://bit.ly/2gVf8PO (Letzter Zugriff: 4.12.2016).

nie nutzten digitale Spiele 2015 ohnehin nur fünfzehn Prozent der Mädchen und marginale vier Prozent der Jungen. Diese überwältigenden Zahlen lassen erkennen, dass bei aller Ungleichheit zwischen den Geschlechtern keinesfalls nur eine Randgruppe kontaktarmer Klischee-Jungen digitale Spiele regelmäßig konsumiert. Sie zogen in den Alltag einer überdeutlichen Mehrheit von Jugendlichen ein, die beileibe nicht alle Sonderlinge sein können. Im Übrigen nannten die Befragten 2015 das oben genannte *Minecraft* als Lieblingsspiel, was entgegen aller Vorurteile für einen vielseitigen, kreativen und sozialen Umgang der Jugend mit digitalen Spielen spricht. Ebenso wenig, wie also bloß sozial isolierte, tumbe Menschen mit den Spielen ihre Freizeit gestalten, handelt es sich um Aktivitäten ausschließlich nur für Minderjährige. Der Interessenverband *game* der Games-Branche führt mit der Gesellschaft für Konsumforschung (GfK) demografische Analysen durch.[29] Demnach spielt ein so erheblicher Teil der Bevölkerung, dass die Zahlen nicht nur von Jugendlichen herrühren können. Ohne nach Altersgruppen zu differenzieren, nutzten digitale Spiele im Jahr 2014 34,2 Mio. Menschen allein in Deutschland, 29,3 Mio. davon spielten sogar regelmäßig.[30] Stellt man dem die offiziellen Zahlen des Statistischen Bundesamtes gegenüber, nach denen 2014 im Land gut 81 Mio. Menschen lebten, beläuft sich der Anteil von Spielern auf beachtliche 42 Prozent der Bevölkerung.[31] Bemerkenswerte zwanzig Prozent aller Spieler misst ausgerechnet der Anteil von Erwachsenen, die über 50 Jahre alt sind und regelmäßig spielen.[32] So verwundert nicht, dass die spielende Bevölkerung im Durchschnitt 34,5 Jahre alt ist. Die Zahlen weisen also unzweifelhaft nach, dass digitale Spiele ein breites Spektrum der deutschen Gesellschaft erreichen und keine Beschäftigung allein für Minderjährige sind.

Umso schwerer ist zu verstehen, dass sich viele Phänomene digitaler Spiele zwar längst gesellschaftlich etabliert haben, aber kaum im gleichen Maße wahrgenommen werden. So haben zum Beispiel vom elektronischen Sport (eSport) 2015 erst gute 20 Prozent aller deutschen Internetnutzer gehört.[33] Mittlerweile organisieren natio-

---

29 game. Verband der deutschen Games-Branche: Marktdaten. Zahlen und Fakten zur deutschen Computer- und Videospiel-Branche. Online unter: https://www.game.de/marktdaten/ (Letzter Zugriff: 25.3.2019); **Gesellschaft für Konsumforschung** (GfK) Online unter: http://www.gfk.com (Letzter Zugriff: 27.3.2019).
30 game: Marktzahlen 2013. Nutzer-Statistiken. Spieler in Deutschland, 2014. Online unter: http://bit.ly/1TPNrAO (Letzter Zugriff: 27.3.2019). Offenbar sind die Werte der Grafik aktualisiert, denn für den Kommentar „Bunkermentalitäten" recherchierte ich die Zahlen aus 2013 schon einmal auf Seiten des Verbandes. Dort spielten noch 31,5 Mio. Menschen in Deutschland und 26 Mio. davon regelmäßig: **Nolden, Nico:** Bunkermentalitäten. Zwei Gamesredakteure werden von ihrer eigenen Chuzpe überrumpelt, in: *Keimling* 23.4.2014. Online unter: http://bit.ly/1mEj9Vt (Letzter Zugriff: 27.3.2019).
31 Statistisches Bundesamt (D-STATIS): Bevölkerungsstand 2014. Ergebnisse der Bevölkerungsfortschreibung auf Grundlage des Zensus 2011, 2016. Online unter: http://bit.ly/1n0viWY (Letzter Zugriff: 27.3.2019).
32 game: Marktzahlen 2014. Infografik: Nutzer digitaler Spiele in Deutschland, 20.4.2015. Online unter: http://bit.ly/2gVhA8R (Letzter Zugriff: 27.3.2019).
33 BIU: eSports. Bekanntheit, 2015. Online unter: http://bit.ly/1JOqI8K (Letzter Zugriff: 4.12.2016).

nale Sportligen unter reger Beteiligung die Wettkämpfe zu Multiplayerspielen wie *Starcraft 2, League of Legends* oder *Call of Duty*.[34] Deren Sieger werden zu internationalen Turnieren entsendet, wo sie sich mit Teams aus der ganzen Welt messen. Bei diesen weltweiten Wettkämpfen besteht die Aussicht auf teils sechsstellige Preisgelder. Die Ligen werden seit einigen Jahren von TV-Sendern und im Web übertragen und mit erheblichem Umsatz vermarktet.[35] Während professionelle Teams aus aller Welt um Ehre und Preisgelder kämpfen, moderieren spezialisierte Kommentatoren sogar hauptberuflich solche Spiele.[36] Diese Ligen sind so zuschauerstark und damit lukrativ geworden, dass Activision für 2016 eine eigene eSport-Liga einzig für das Spiel *Call of Duty: Black Ops III* ins Leben rief.[37] Exemplarisch für wenig präsente Einflüsse digitaler Spiele auf unseren Alltag ist die Verbesserung der Animationstechnik und der Leistungskraft von Computerchips in den letzten dreißig Jahren. Anfangs trieben noch Produktionsstudios wie *Industrial Light and Magic* die technischen Entwicklungen für digitale Animation voran, an denen sie primär zur Anwendung in Kinofilmen forschten.[38] In den letzten zwanzig Jahren aber gaben vor allem die Engines von digitalen Spielen die Impulse. Insbesondere auf der Plattform der Personal Computer (PC) trieben Entwickler die Grenzen immer weiter hinaus, bis hin zu nahezu fotorealistischen Darstellungen. Interaktive Umgebungen sind anspruchsvoller, weil sie im Vergleich zu vorgerenderten Sequenzen in Kinofilmen jederzeit auf alle erdenklichen Möglichkeiten Rücksicht nehmen müssen, wie Spieler handeln. In Bruchteilen von Sekunden drehen diese sich um, sprengen etwas oder stürmen in eine bestimmte Richtung. Jede Störung eines fließenden Lade- und Speicherprozesses durch plötzlich auftauchende Objekte, stufenweise nachgeladene Oberflächentexturen oder stotternden Sound reißt daher aus der Spielerfahrung heraus. Daher werden höchste technologische Anstrengungen unternommen, um Störfaktoren zu eleminieren und obendrein Spielwelten immer realistischer wirken zu lassen. Für den zahlungskräftigen Markt haben Engine-Entwickler wie *Crytek* aus Frankfurt oder *Epic* aus den USA ständig neue innovative Lösungen für die Softwarekerne digitaler Spiele entwickelt,

---

34 Die Electronic Sports League operiert weltweit und überträgt die Sportevents: **Electronic Sports League (ESL):** ESL Play. Plattform für eSports. Online unter: http://play.eslgaming.com/germany (Letzter Zugriff: 27.3.2017). Dort organisiert sind Titel wie das Strategiespiel **StarCraft II. Wings of Liberty** 2010, die Multiplayer-Online-Battle-Arena (MOBA) **League of Legends** 2009 ff. oder der Ego-Shooter **Call of Duty. Advanced Warfare** 2014.
35 Ein Überblick in: **[Diverse]:** The Rise of eSport. Evolution, Chancen, Probleme. Vom Nischenthema zum Massenphänomen, in: *Making Games Magazine* 06/2016, S. 14–45.
36 Beispielsweise bekannt: **Plott, Sean:** Day[9] TV. Be a Better Gamer. Online unter: http://day9.tv/ (Letzter Zugriff: 27.3.2019).
37 Über die weltweite Liga zu **Call of Duty. Black Ops III** (Treyarch / Activision) 2015 berichtete **Frank, Allegra:** Call of Duty's New eSports League Will Have $3 Million and Amateurs in 2016, in: *Polygon* 24.9.2015. Online unter: http://bit.ly/1npNevc (Letzter Zugriff: 27.3.2019).
38 Industrial Light and Magic (ILM): Offizielle Seite. Online unter: http://www.ilm.com/ (Letzter Zugriff: 27.3.2019).

um höchste grafische Leistungen in Echtzeit zu berechnen.[39] Damit beschleunigen sie auch die Entwicklung neuer Hardware. So stieg die Auflösung an Bildpunkten auf dem Monitor, um ein detaillierteres Bild zu ermöglichen, verschiedene grafische Prozesse mussten parallel berechnet werden und größere Texturen erfordern deutlich mehr Speicher. Die Technologie-Konzerne *AMD* und *Intel* trieben die Entwicklung von Hardware voran, erfanden schnellere, energie-effizientere und leistungsstärkere Grafik- und Hauptprozessoren.[40] Wer heute ins Kino geht, wer digitale Rekonstruktionen von historischen Orten in TV-Dokumentationen sieht, die Lichtverhältnisse in Architektursoftware manipuliert oder sich schlicht über seinen schnellen Schreibtischrechner freut, profitiert von einer technologischen Entwicklung, die digitale Spiele maßgeblich bestimmt haben. Sie beeinflussen schon lange unseren Alltag.

Digitale Spiele prägen auch den gesellschaftlichen Alltag. Kulturelle Veränderungen offenbaren sich durch die oben genannten Phänomene etwa im öffentlichen Nahverkehr. Immer mehr Menschen sind dort spielend anzutreffen. Aber digitale Spiele verändern bereits grundlegende Prinzipien des Zusammenlebens. Dies gilt zu allererst dort, wo Interaktion und Partizipation eine Rolle spielen. Diese Prinzipien schlagen sich selbst bei Kinder- und Jugendbüchern nieder wie in der *TipToi*-Reihe von *Ravensburger*.[41] Ein anderes Beispiel ist die *Gamification*. Dieser Begriff bezeichnet den Versuch, mithilfe von spielerischen Systemen Menschen zu belohnen, um sie zu gewünschtem Verhalten zu motivieren. Dieses neue Gewand des Behaviorismus übernimmt Anreize wie Rangabzeichen aus digitalen Spielen, um etwa Mitarbeiterinnen und Mitarbeiter in Unternehmen zu effizienteren Arbeitsabläufen zu bewegen oder angemeldete Nutzer von Webforen zu mehr Beiträgen. Dahinter steht ein bedenkliches Menschenbild, das nur noch ein Ergebnis herbeimanipuliert, ohne sich essentiell für die Aufklärung von Menschen zu interessieren. Kritisch wird diese Entwicklung zum Beispiel dort, wo Krankenkassen ihre Mitglieder mit sinkenden Beiträgen ködern, wenn sie mit einer Fitness-App ihre sportlichen Aktivitäten nach-

---

39 Eine der mächtigsten Engines stammt aus Deutschland: **Cryengine 4. Generation** (Crytek / Crytek) 2009 ff. Online unter: www.cryengine.com (Letzter Zugriff: 4.12.2016). Die Frankfurter bei Crytek sind damit nicht nur Entwickler digitaler Spiele wie im Falle des grafisch beeindruckenden **Ryse. Son of Rome** (Crytek / Crytek) 2013, sondern stellen Trainingssimulationen für militärische Auftraggeber her oder helfen Architekten, Gebäude ins rechte Tageslicht zu setzen. Ebenfalls ein mächtiges Werkzeug: **Unreal Engine 4** (Epic Games / Epic Games) 2014 ff. Online unter: www.unrealengine.com (Letzter Zugriff: 27.3.2019). Bekanntheit erlangte der Entwickler durch den brachialen Shooter **Gears of War** (Epic Games, People Can Fly / Epic Games) 2006.
40 Der hart umkämpfte Grafik-Markt ließ **Intel**, **AMD** und **NVidia** als hauptsächliche Konkurrenten überleben (siehe **intel:** Experience What's Inside. Offizielle Seite. Online unter: www.intel.de; **Advanced Micro Devices** (AMD): Offizielle Seite. Online unter: www.amd.com; **NVidia:** Offizielle Seite. Online unter: www.nvidia.com (Letzte Zugriffe: 27.3.2019). Historisch bedeutsam sind auch untergegangene Firmen wie **3dfx** (Vodoo-Karten) oder **Hercules** (HGC-Karten).
41 Ravensburger: TipToi (Produktportal) Das audiodigitale Lernsystem für Bücher, Spiele und Spielzeug. Online unter: https://www.tiptoi.com (Letzter Zugriff: 27.3.2019).

weisen.⁴² Die Software sammelt Gesundheitsdaten über die Versicherten, die sich bei späteren Erkrankungen nachteilig erweisen könnten.

Diese Ausführungen zeigen, dass digitale Spiele eine weit relevantere Erscheinung sind, als dass sie nur Spielende beträfen. Sie sind bereits in viele Bereiche unserer Kultur, unseres Alltags und unserer Gesellschaft vorgedrungen. Zudem stehen sie selbst in einer Blüte, was Spielinhalte, Mechaniken und Zugangswege anbetrifft. Nie war Spielen vielseitiger, nie war es vielschichtiger und nie war es tiefgründiger. Wie weiter oben bereits angerissen, hat sich schon lange eine breite Kultur von erwachsener Unterhaltung etabliert, die häufig – nicht ohne Berechtigung, aber zu tendenziös – an Gewaltaspekten festgemacht wird. Der inhaltlichen und spielmechanischen Komplexität digitaler Spiele, ihrer methodischen Vielfalt, ihrer prozesshaften Neuartigkeit und dem narrativen Format ihrer Themenwelten wird eine solche Reduktion jedoch nicht gerecht. Gegenüber ihren Ahnen aus den Anfängen des Mediums haben sie sich deutlich fortentwickelt.

1.3 Die Relevanz historischer Inszenierungen

Ein Bestandteil dieser zunehmend komplexen Spielwelten sind historische Inszenierungen. Dass digitale Spiele für die Gesellschaft relevant sind, führte der vorangegangene Abschnitt vor Augen. Phänomenologisch überblickte der Beginn dieser Einführung, wie sich historische Strukturen und Prozesse in Online-Rollenspielen manifestieren und welches erinnerungskulturelle Verhalten der Nutzer zu beobachten ist. Damit ist aber noch nicht geklärt, welche Bedeutung historischen Inszenierungen in digitalen Spielen grundsätzlich beizumessen ist. Ihre Relevanz in beispielsweise ökonomischer, kultureller und gesellschaftlicher Hinsicht gibt aber Hinweise auf geschichtswissenschaftliche Erkenntnisinteressen und Arbeitsfelder. Dieser Abschnitt klärt daher, ob digitale Spiele als Thema für die Geschichtswissenschaft interessant sind.

Ein erster Hinweis liegt in ihrer eigenen Historizität. Digitale Spiele verfügen über eine Geschichte, die mittlerweile mehr als fünfzig Jahre währt. In enorm hoher Frequenz wälzen sich technische Maßstäbe um, entwickeln sich spielmechanische Elemente oder erweitert sich die inhaltliche Komplexität. Etwa ein drei- bis fünfjähriger Zyklus änderte in der Vergangenheit sämtliche Rahmenbedingungen so radikal, dass der spezifische Rahmen nicht mehr auf andere Zeiträume übertragbar ist. Über die jeweilige Verfassung des Feldes sagen daher schon wenig ältere Beispiele nur sehr begrenzt etwas aus, weil sich der Rahmen von Produktion und Vertrieb sowie spielmechanische, grafische oder inhaltliche Bestandteile in wechselwirkender Abhängigkeit bedingen. Zieht jemand also ein Spektrum von digitalen Spielen heran, das

---

42 Schauenberg, Tim: Fitness-Apps. Krankenkassen haben ein Auge auf die Daten, in: *deutschlandfunk.de* 14. 8. 2014. Online unter: http://bit.ly/1rZW4S3 (Letzter Zugriff: 27. 3. 2019).

fünfzehn, zehn oder nur fünf Jahre alt ist, um das ganze Medium umfassend zu beschreiben, führt dies wahrscheinlich zu fehlerhaften Ergebnissen. Mit einem Spektrum aus früheren Phasen wird eine Studie auch dem heutigen Entwicklungsstand nicht gerecht. Legitim können Titel den Charakter des gesamten Mediums nur beschreiben, wenn die Aspekte dieser digitalen Spiele als Belege für ihren jeweiligen Zeitrahmen angeführt werden. Daher sind untersuchte Spiele akribisch in den Zusammenhängen ihrer historischen Entstehung zu verorten. Um die dortigen, historischen Inhalte oder geschichtlichen Modelle plausibel aus einer fachwissenschaftlichen Perspektive zu bewerten, müssen Studierende, Lehrende und Forschende um die Medialität von digitalen Spielen im Lichte deren eigener Historizität wissen. Das bedeutet, dass eine geschichtswissenschaftliche Studie die spezifische Form des Mediums zu einer bestimmten Zeit einbeziehen muss, gerade weil sie sich in rasanten Zyklen verändert.

Im Gesamtmarkt wächst der Anteil von digitalen Spielen, die sich historische Anleihen für Spielmechanik, Narration oder Kulissen suchen, jedenfalls auffällig und stetig. Leider liegen differenzierte Statistiken nicht vor, die exakt verstehen ließen, in welchen Bereichen die Zahlen wie steigen. Ihr Zuwachs könnten etwa nur auf bestimmten technischen Plattformen erfolgen, in gewissen Genres wie Shootern oder Strategiespielen oder anstelle komplexer historischer Modelle lediglich oberflächliche Kulissen bedienen. Dass aber ein Zuwachs zu verzeichnen ist, deckt sich mit der verbreiteten Haltung in der Fachliteratur und zumindest qualitativ auch mit meiner eigenen subjektiven Beobachtung. Angela Schwarz, Professorin für Neuere Geschichte in Siegen, versuchte mit ihrem wissenschaftlichen Mitarbeiter Jan Pasternak, verlässlichere Zahlen zu ermitteln.[43] Leider geriet der methodische Zuschnitt dieser Analyse eher schwach, wie Kapitel *2.2 Die Vermessung des Historischen* näher ausführt. Ihre Daten belegen aber, dass „die Zahl der Neuerscheinungen [...] stetig gestiegen [ist], ihre Popularität kontinuierlich gewachsen".[44] Problematisch für jede statistische Auswertung ist ohnehin, dass die Geschichtswissenschaft bislang keine Einigkeit über den Begriff erzielt hat, was als das *Historische* an einem digitalen Spiel zu gelten hat. Ist dieser Begriff nicht klar umrissen, wird rein subjektiv entschieden, ob es sich um ein historisch relevantes Spiel handelt. Letztlich legt die terminologische Präzision aber die notwendige Basis, um zu entscheiden, ob es als solches in eine Statistik einfließen kann. Kapitel *2.3 Das Historische aus Sicht der Forschung* stellt daher die zurzeit kursierenden Begriffe vor und leitet daraus ein Konzept ab, das dem vorliegenden Buch genügt. Gleichwohl erschweren diese und ähnliche fehlende Grundlagen, etwas darüber auszusagen, wie groß der Anteil historischer Inszenie-

---

[43] In der zweiten Auflage erweiterte Schwarz die statistische Auswertung mithilfe von Pasternak bis ins Jahr 2012: **Schwarz, Angela:** Computerspiele. Ein Thema für die Geschichtswissenschaft?, in: Schwarz, Angela (Hg.): „Wollten Sie auch immer schon einmal pestverseuchte Kühe auf Ihre Gegner werfen?". Eine fachwissenschaftliche Annäherung an Geschichte im Computerspiel, 2. erw. Aufl., Münster 2012; S. 7–33, hier S. 10–14.
[44] **Schwarz:** Computerspiele, 2012²; S. 12.

rungen unter digitalen Spielen zu einem bestimmten Zeitpunkt ist. Schwer fällt auch abzuschätzen, ob ihr Anteil nur in absoluten Zahlen oder sogar relativ zum Markt anwächst. Weitere Probleme entstehen zum Beispiel durch die Aufteilung des Marktes unter den Abspielgeräten (Plattformen). Historisch betrachtet, verschoben sich deren Marktanteile ständig relativ zueinander. Verändern sich die Verhältnisse aber, so verleihen sie absoluten Zahlen zu verschiedenen Zeiten sehr unterschiedliches Gewicht. Dadurch werden Aussagen über besonders langfristige Bögen der Geschichte von digitalen Spielen kompliziert. Sicher scheint aus den Zahlen in der Literatur nur, dass der Anteil historischer Schauplätze, Kulissen, Personen, Szenarien und Erzählungen hoch genug ist, dass sich die historische Fachwissenschaft mit einem so gesellschaftsmächtigen Phänomen geschichtlicher Repräsentationen zweifellos befassen muss.

Problematisch ist deshalb, dass weitgehend unbeantwortet ist, welches Gewicht die Produzenten, also Entwickler und Publisher, dem historischen Kontexte in ihren Spielen beimessen. Abschnitt *2.1 Geschichte aus der Sicht der Branche* arbeitet dazu ein Spektrum an Auffassungen heraus. Die Zwecke, die sie mit dem Einsatz von Geschichte verfolgen, sind – abgesehen von wirtschaftlichem Erfolg – durchaus vielseitig. An Projekte im Crowd-Funding stellt sich diese Frage in besonderem Maße, weil sie Spielerinnen und Spieler direkt beteiligen. Deren Engagement umreißt der Begriff „Prosument" gut, also die Synthese zwischen der produzierenden Rolle als Anbieter und einem konsumierenden Kunden.[45] Diese hybride Funktion der Spielenden nahm in wenigen Jahren erheblich zu, wenn auch im Bereich des sogenannten Modding ein kleinerer Kreis schon immer mitwirkte. Eine zentrale Frage besteht darin, ob Unternehmen ihrer jeweiligen geschichtlichen Inszenierung eine Bedeutung einräumen, so dass sie explizit Marktforschung betreiben und Daten auswerten. Nur selten erscheinen jedoch schriftliche Beiträge dazu aus ihrer Perspektive zum Beispiel in Sammelbänden oder in Fachmagazinen, konkrete Zahlen lassen sich jedoch selbst dann nicht entnehmen.[46] Möglicherweise werden diese wertvollen Daten zum Schutz vor Konkurrenten unter Verschluss gehalten. Für Entwickler und Publisher wäre es wirtschaftlich geradezu fahrlässig, wenn sie den Markt nicht befragen, wie viele Konsumentinnen und Konsumenten aus welchen Gründen an historisch inszenierten Spielen interessiert sind. Zu erfahren, was diese unter Authentizität verstehen, welche Vorstellungen die Produzenten damit verbinden und ob beide Seiten dasselbe dar-

---

[45] **Blättel-Mink, Birgit / Hellmann, Kai U.** (Hg.): Prosumer Revisited. Zur Aktualität einer Debatte, Wiesbaden 2010.

[46] Eine seltene Ausnahme ist der Beitrag von Akteuren der Branche bei: **Schüler, Benedikt / Schmitz, Christopher / Lehmann, Karsten**: Geschichte als Marke. Historische Inhalte in Computerspielen aus der Sicht der Softwarebranche, in: Schwarz, Angela (Hg.): „Wollten Sie auch immer schon einmal pestverseuchte Kühe auf Ihre Gegner werfen?" Eine fachwissenschaftliche Annäherung an Geschichte im Computerspiel, 2. erw. Aufl., Münster 2012; S. 245–62. Ganz im Gegensatz zu deren Deutung als Marketingfunktion positioniert sich **Vávra, Daniel**: AAA as an Indie. Kingdom Come: Deliverance, in: *Making Games Magazin* 3/2014; S. 12–17 mit einem originär historischen Interesse.

unter subsummieren, wäre für die Branche und ihre Kunden ebenso wichtig wie für eine wissenschaftliche Betrachtung. Nicht zuletzt wäre aufschlussreich, was Spieler überhaupt dazu motiviert, historische Inszenierungen zu spielen. Möglicherweise suchen sie nach schlichter Unterhaltung, denken sich nichts weiter dabei und können daher nicht artikulieren, weshalb sie zu geschichtlichen Inhalten greifen. Verstehen sie und hinterfragen sie die Darstellungen, wie sie die Entwickler ihnen anbieten, oder ist der Genuss, der Flow oder die Immersion beim Spielen so überwältigend, dass sie gar nicht dazu kommen zu reflektieren? Vielleicht finden sie aber auch in der Geschichte viel Bestaunenswertes und wünschen sich, etwas darüber zu erfahren. Und möglicherweise meinen sie ja auch, etwas dabei zu lernen. Wenn das so ist, was lernen sie dabei eigentlich? Und nehmen sie die Grenzen zwischen historisch gut fundierten Elementen und kreativ gefüllten Lücken wahr? Nach einer so langen Geschichte digitaler Spiele sind erstaunlich viele dieser Fragen zu Rezipienten wissenschaftlich noch nicht einmal angegangen. Möglich scheint auch, dass bloß die Optik vergangener Epochen oder bestimmte populärkulturelle Muster an ihrem Unterbewusstsein rühren. Bestimmte Serien wie die Reihe *Anno*, die seit Jahren immer wieder historische Inszenierungen benutzen, könnten Hinweise geben, ob und in welcher Weise sich die Interessen und das Verhalten der Spielerinnen und Spieler in Bezug auf Geschichte ändern.[47] Sollte es jedoch keine Studien dazu geben, stellt sich doch die Frage, was genau die Gründe sind, weshalb Entwickler und Publisher immer wieder auf historische Zusammenhänge zurückgreifen. Bei der Liste in diesem Absatz handelt es sich nur um eine lose Auswahl an offenen Fragen, die nicht befriedigend geklärt sind. Wie sie vorführt, liegen zu den Vorstellungen von Rezipienten und Produzenten viel zu wenige Erkenntnisse vor. So komplex, wie einige der oben formulierten Fragen sich gegenseitig beeinflussen, wären sie nur umfassend durch eine großangelegte, repräsentative Konsumentenbefragung zu beantworten. Ihren Ergebnissen sollte eine Studie aufseiten der Produzenten gegenübergestellt werden. Aus der geschilderten Komplexität des Gegenstandes folgt, dass eine solche wissenschaftliche Studie interdisziplinär entworfen und durchgeführt werden müsste. Soziokulturelle Relevanz haben digitale Spiele bereits durch ihre Reichweite tief in alle gesellschaftlichen Schichten erreicht. Gerade in der letzten Dekade drangen sie in alle Altersschichten vor, diversifizierten sich konzeptionell und sind nun für weniger wohlhabende Kreise erschwinglicher. Dies gilt für digitale Spiele im Allgemeinen, speziell aber auch für jene mit historischen Inszenierungen.

Deshalb ist es wichtig, diesen Umgang geschichtswissenschaftlich zu verstehen. Ob gewollt inszeniert oder unbewusst, vermitteln ihre Spielelemente, etwa die Spiel-

---

[47] Die deutsche Spielereihe Anno steht für komplexe wirtschaftliche Aufbaustrategie, in der Handel, nicht Kampf den Mittelpunkt bildet. Neben Ablegern für Handheld-Konsolen und einem Browserspiel ist die Reihe seit langer Zeit auf dem PC erfolgreich. Ihre Spielerschaften könnten über langfristige Veränderungen gut Auskunft erteilen: **Anno 1602. Erschaffung einer neuen Welt** 1998; **Anno 1503. Aufbruch in eine neue Welt** 2002; **Anno 1701** 2006; **Anno 1404** 2009; **Anno 2070** 2011; **Anno 2205** 2015. Letztere beide Teile sind bezüglich zeithistorischer Zukunftsvorstellungen interessant.

mechanik oder narrative Inhalte, bestimmte Auffassungen, wie historische Prozesse ablaufen, welchen Strukturen sie folgen und wie historische Ereignisse zustande kommen. Solche Faktoren ordnen die Rolle von Individuen oder sozialen Gemeinschaften ein. Je nachdem, welchem Kulturkreis die Entwickler und ihre Firmen entstammen, transportieren ihre Produkte tradierte Haltungen auch in die Perspektive, in der die Spiele inszeniert werden. Dabei kollidieren diese Vorstellungen mit weltumspannenden Spielergemeinschaften, deren Mitglieder wiederum eigene regionale Prägungen mit ins Spiel bringen. Digitale Spiele widmen sich neuen Szenarien und Erzählformen in bislang nicht dagewesener Komplexität, Tiefe und Detailliebe. Seit Jahren schon stellen historischen Inhalte einen substantiellen Anteil der am Markt veröffentlichen Spielinhalte und bilden ein finanziell erfolgreiches Marktsegment. Alle diese Gründe sprechen dafür, dass historische Inszenierungen in digitalen Spielen aus geschichtswissenschaftlichen Perspektiven behandelt werden müssen. Zu groß ist ihr Einfluss in der Gesellschaft, zu gering sind noch die Kenntnisse über sie. Wird die Relevanz von digitalen Spielen diskutiert, etwa in gesellschaftlichen Kreisen oder im fachwissenschaftlichen Kontext, unterschätzen die Beteiligten drei wesentliche Aspekte, die besonders auf geschichtliche Inszenierungen zutreffen. Erstens nimmt seit Jahrzehnten nicht nur die Menge verschiedenster Medienproduktionen mit historischen Inhalten, sondern auch das Interesse der Bevölkerung daran zu, was man – wie Paul Nolte erklärte – als Fachwissenschaftler neugierig begrüßen sollte.[48] An sich schon ist diese Entwicklung bemerkenswert, weil somit zumindest mittelfristig die Nachfrage nach digitalen Spiele mit historischen Inhalten sicherlich ansteigt. Schließlich treten mediale Produkte auf Basis des jetzigen Interesses in einen langen Produktionszyklus – bei digitalen Spielen etwa drei bis fünf Jahre. Selbst wenn das historische Interesse abrupt abebben sollte, wofür es keinerlei Anzeichen gibt, bliebe das Angebot noch einige Jahre bestehen. Zum Zweiten altert der Durchschnitt der Bevölkerung ohnehin stetig. Noch schneller steigt der Altersdurchschnitt aber derjenigen, die digitale Spiele für sich entdecken. Die oben angeführten Zahlen des BIU unterstreichen den Trend, dass eine wachsende Zahl von Erwachsenen zukünftig digitale Spiele nutzen werden.[49] Gesellschaftlich verbreiten sich daher historische Inszenierungen aller Wahrscheinlichkeit nach weiter und werden so für gesellschaftliche Vorstellungen über Geschichte immer bedeutender. Mit fortschreitendem

---

48 **Nolte, Paul:** Öffentliche Geschichte. Die neue Nähe von Fachwissenschaft, Massenmedien und Publikum: Ursachen, Chancen und Grenzen, in: Barricelli, Michele / Hornig, Julia (Hg.): Aufklärung, Bildung, „Histotainment". Zeitgeschichte in Unterricht und Gesellschaft heute, Frankfurt a. M. 2008; S. 131–46, S. 137 und 145; **Bergmann, Klaus:** „So viel Geschichte wie heute war nie". Historische Bildung angesichts der Allgegenwart von Geschichte, in: Bergmann, Klaus (Hg.): Geschichtsdidaktik. Beiträge zu einer Theorie historischen Lernens, 3. Aufl., Schwalbach/Ts. 2008; S. 13–31, hier S. 14–21. Die wachsende historische Selbstreflexion dürfte auch mit der Besessenheit von der „eigenen jüngsten Vergangenheit" zusammenhängen, die Reynolds in der nostalgischen *Retromanie* der Popkultur ausmacht: **Reynolds, Simon:** Retromania. Warum Pop nicht von seiner Vergangenheit lassen kann. 2. Aufl., Mainz 2013; S. 21.
49 Siehe Anmm. 30 und 32.

Alter bildet sich zudem drittens ein stärkeres persönliches Interesse von Menschen an Geschichte heraus, was die Geschichte des eigenen Umfeldes und die des Kulturraumes betrifft.[50] Dementsprechend könnte sich mit dem wachsenden Altersdurchschnitt der Spielenden die Nachfrage weiter beflügeln.

Die Aussichten sind somit erfreulich positiv, wenn man gesellschaftlich begrüßt, dass historischen Inhalte in medialen Produkten verhandelt werden. Historische Inszenierungen in digitalen Spielen wachsen weiter an gesellschaftlicher Bedeutung und als ökonomischer Faktor. Historische Elemente prägen damit ein gesellschaftlich erfolgreiches Medienprodukt, weshalb digitale Spiele gesellschaftliche historische Deutungen maßgeblich beeinflussen. Ihre Funktionsweisen sind anpassungsfähig, einfallsreich und komplex, vergleicht man sie zum Beispiel mit Audiobeiträgen oder Filmen. Ihre Eigenschaften sind geschichtswissenschaftlich aber nicht genug untersucht, um zu verstehen, wie sie historisch funktionieren. Zudem hängen ihre Inszenierungen vom aktiven Handeln der Nutzer weit mehr ab als andere mediale Formate. Dem gegenüber steht die Behandlung solcher Inszenierungen durch die Geschichtswissenschaft in keinem befriedigenden Verhältnis. Wenn geschichtliche Inhalte in digitalen Spielen bedeutende Erfahrungen und Eindrücke zu gesellschaftlichen historischen Vorstellungen beisteuern, muss die Geschichtswissenschaft reagieren und diese Herausforderung annehmen.

1.4 Herausforderungen für die Geschichtswissenschaft

Die vorangegangenen Abschnitte belegten, dass digitale Spiele gesellschaftlich relevant sind und komplexe historische Phänomene aufweisen. Sie treten nicht sporadisch auf, sondern bestimmen den Markt digitaler Spiele zu einem wesentlichen Anteil. Einem so relevanten Faktor geschichtlicher Interpretation kann und sollte sich die historische Fachwissenschaft nicht entziehen. Indem sie Erkenntnisinteressen und Aufgabenfelder identifiziert, die geschichtswissenschaftlich vordringlich zu bearbeiten sind, sollte sie sich selbst verorten. Geschichtlichen Szenarien dienen in einer Vielzahl von Spielen dem Ziel der Unterhaltung, selten reflektieren sie ihre historischen Darreichungsformen auf einem kritischen Niveau.[51] Oft verwenden sie als populärgeschichtliche Inszenierungen Historisches oberflächlich als Kulisse und docken an gesellschaftlich verbreitete Vorstellungen an. Sie weichen in der Regel von Ansprüchen ab, welche die Wissenschaft an mediale Inszenierungen anlegen würde.

---

50 Diese lebensweltliche Entwicklung fußt auch in autobiografischen Versuchen, Lebensverläufe mithilfer historischer Identitäten zu konstruieren, um „sich selbst sinnhaft in der Geschichte und als Geschichte zu begreifen" (S. 211), wie Carsten Heinze zusammenfasst: **Heinze, Carsten:** Identität und Geschichte in autobiographischen Lebenskonstruktionen. Jüdische und nicht-jüdische Vergangenheitsbearbeitungen in Ost- und Westdeutschland, Wiesbaden 2009; S. 194–211, bes. S. 201 u. 211.
51 Statistische Werte digitaler Spiele mit historischer Inszenierung: **Schwarz:** Computerspiele, 2012²; 10–14.

Digitale Spiele können aber in dieser Hinsicht bereits reflektierter, erwachsener und komplexer sein, als gemeinhin angenommen. Pauschale Urteile über ihre Gesamtheit sind daher unangebracht.

Als Beispiel demonstriert diese Vielfalt die Mikroepoche des Zweiten Weltkriegs. Diese Phase ist beliebt bei Spieldesignern und Publishern. Auch Spieler akzeptieren sie nach einer zwischenzeitigen Übersättigung zu Anfang des 21. Jh. mittlerweile wieder.[52] Gerade das Genre der Shooter brachte zum Zweiten Weltkrieg viele verschiedenartige Titel hervor wie den Team-Taktik-Shooter *Battlefield 1942* oder das blutige Actionspektakel *Wolfenstein 3D*, das seinerzeit nicht nur indiziert, sondern beschlagnahmt wurde.[53] Erst jüngst bekam die Reihe mit *Wolfenstein: The New Order* einen immer noch brachialen, aber spielmechanisch und narrativ gereiften Nachfolger.[54] Die großangelegten modernen Feldzüge dieser Zeit setzten Hersteller als komplexe Strategietitel wie *Sudden Strike* oder *Company of Heroes* um.[55] Auch handlungsgetriebene Rätselspiele, sogenannte Adventures, erschienen. So kombinierten sich Spielerinnen und Spieler bei *Undercover: Operation Wintersonne* durch einen Spionagethriller.[56] Mit *Saboteur* erschien ein Open-World-Actionspiel, in dem ein Ire die Résistance bei der Befreiung von Paris unterstützt.[57] Deutsche U-Boote steuerten Spieler schon seit 1996 auf Feindfahrt durch mehrere Ableger der Reihe *Silent Hunter*.[58] Ein wachsender Trend ist, weltweit gemeinsam in virtuelle Kämpfe zu ziehen. Millionen von Spielern sammeln sich in den Massively-Multiplayer Online-Spiele (MMOs) *World of Tanks* und *War Thunder,* um sich mit Kriegsgerät der vierziger Jahre unter Beschuss zu nehmen.[59] Nicht bloß für diese Epoche fächert das Spektrum an Spielkonzepten weit auf. Daher muss eine Antwort darauf, wie geeignet solche Spiele aus geschichtswissenschaftlicher Sicht sind, differenziert ausfallen. Entlang von Repräsentanten, die geschichtliche Inszenierungen sehr verschiedenartig aufbereiten, entwickelt Kapitel *3.1 Geschichte in digitalen Spielen* geschichtswissenschaftliche Erkenntnisinteressen. Auf einen Überblick aus der Literatur kann dieser Teil nicht aufbauen, weil eine historiografische Aufarbeitung für digitale Spiele nicht existiert, die zeitgemäßen geschichtswissenschaftlichen Ansprüchen genügt. Abschnitt *3.4 Eine verkürzte Geschichte* erklärt, weshalb bei der Klärung des Spektrums historischer In-

---

[52] **Frei, Karsten:** Nur ein Klick zum Sieg. Der Zweite Weltkrieg im Videospiel: Aufstieg und Niedergang, in: *Neue Osnabrücker Zeitung* 2.5.2015. Online unter: http://bit.ly/2kj3zQk (Letzter Zugriff: 27.3. 2019); **Schwerdtel, Markus:** Zeit für den Krieg. Die Rückkehr der Weltkriegs-Shooter, in: *Gamestar* 3/ 2016; S. 26–27; **Nolden, Nico:** Rückzug oder Vormarsch? Mit ‚Battalion 1944' kehrt das Shootergenre zum Zweiten Weltkrieg zurück, in: *Keimling* 27.2.2016. Online unter: http://bit.ly/1oFaGo4 (Letzter Zugriff: 9.6.2017).
[53] **Battlefield 1942** 2002; **Wolfenstein 3D** 1992.
[54] **Wolfenstein. The New Order** 2014.
[55] **Sudden Strike** 2000; **Company of Heroes** 2006.
[56] **Undercover. Operation Wintersonne** 2006.
[57] **The Saboteur** 2009.
[58] **Silent Hunter** 1996; **Silent Hunter 5. Battle of the Atlantic** 2010.
[59] **World of Tanks** 2010; **War Thunder** 2012.

halte ein großes Manko ist, dass die Geschichte der digitalen Spiele selbst nicht befriedigend aufgearbeitet ist. Dementsprechend fällt schwer zu überblicken, welche digitalen Spiele maßgeblich Einfluss auf die Entwicklung speziell bei historischen Inszenierungen ausübten.

Digitale Spiele inszenieren populärhistorisch, wenn nicht die geschichtlichen Befunde über ein Element des Produktes entscheiden, sondern spielmechanische Vorstellungen. Produzenten sowie Spieler hinterfragen in der Regel die Darstellungen jenseits der etablierten Gewohnheiten von Genres nicht weiter. Somit dringen digitale Spiele nicht so vielfältig in geschichtliche Szenarien vor, wie es die Eigenschaften des Mediums erlauben würden. Welcher historische Umgang auf Basis dieser Eigenschaften möglich wäre, ist auch deswegen weder Produzenten, noch Rezipienten umfänglich bekannt, weil die Geschichtswissenschaft sich bislang nicht konstruktiv engagierte. Aus welchen historisch relevanten Bestandteilen sich digitale Spiele zusammensetzen, erläutert deswegen Kapitel 2 *Digitale Spiele, Geschichtswissenschaft und der Forschungsstand*. Eingebettet in Überlegungen zu Geschichtstheorie und Beobachtungen aus der Medienpraxis führen die Eigenschaften digitaler Spiele im Kapitel *4.3 Wissenssystem, diffuse Grenzen und Veränderlichkeit* auf das zu untersuchende Wissenssystem. Diese Vorarbeiten greift Kapitel *4.4 Nutzerperspektiven* auf, um zu zeigen, in welcher Beziehung dieser Charakter mit den Nutzern im Medium zusammenwirkt. Vieles hat sich in den vergangenen Jahren aus technischen Gründen daran verbessert, wie digitale Spiele ihr Medium nutzen und dessen Grenzen ausloten – etwa durch die gestiegene Rechenleistung. Historische Themen jedoch behandeln digitale Spiele bei der spielmechanischen Ausrichtung, in Rechenmodellen oder interaktiven Erzählformen immer noch unterkomplex. Die verbreitete gesellschaftliche Basis der Spielerinnen und Spieler könnte daran über die Nachfrage am Markt etwas ändern, wenn man Branche und Spielerschaften über die Probleme und Chancen historischer Inszenierungen aufklärt. Nur wer weiß, was er verpasst, kann es einfordern. Denn digitale Spiele bieten erhebliches Potential, über ihre Inszenierung verschiedenste Inhalte zu transportieren, so auch historische. Gerade weil die Zahl historischer Inszenierungen groß ist, müsste die Geschichtswissenschaft stärkere Anstrengungen unternehmen, um ihre Funktionsweisen zu entschlüsseln. Für die Erinnerungskultur dürften sie eine besondere Rolle haben, vergleicht man sie mit anderen Bildmedien. Nutzerinnen und Nutzer handeln dort in ungekannter Weise aktiv und partizipieren interaktiv an Geschichtserfahrungen. Dieser Umstand ist kaum zu überschätzen, kommt doch die historische Inszenierung überhaupt erst mithilfe ihrer Spieler zustande. Kapitel *4.4 Nutzerperspektiven* erörtert daher, was die Wahrnehmung von Spielenden aus verschiedenen Perspektiven möglichst vollständig beschreibt. Jene Nutzerperspektiven auszudifferenzieren, verbindet als wichtiger Nexus die übrigen Bestandteile des Untersuchungsmodells in diesem Text.

Ihre Eigenschaften machen digitale Spiele zu besonderen didaktischen Vehikeln, mit denen Spielende einen interaktiven Erfahrungsraum erkunden, historische Modelle adaptieren und geschichtliche Inhalte über mehrere Medienkanäle zugleich, oft multiperspektivisch, erschließen. Sie erkunden diese Räume in einer selbst gewählten

Geschwindigkeit, nach eigenen Vorlieben und buchstäblich eigenhändig über ihren Erfahrungshorizont hinaus. Diese und andere Mechanismen digitaler Spiele könnten, sind sie in ihrer Funktionsweise verstanden, für die Präsentation und zur Vermittlung geschichtlicher Inhalte nützlich sein. Dafür müssten geeignete Methoden ermittelt und theoretisch untermauert werden. Um diese Rahmenbedingungen einzuschätzen, sind notwendig auch didaktische Überlegungen einzubeziehen. Hat man einen solchen didaktischen Rahmen abgesteckt, wäre denkbar, die aus der Analyse der Nutzerperspektiven gewonnenen Erkenntnisse gezielt anzuwenden. So entstünde eine digitale Lehr-Lern-Umgebung, die aus wissenschaftlicher Sicht geeignet wäre, möglichst effektiv den Wissenserwerb nach selbstgesteuerten Interessen von Nutzern in historischen Inszenierungen zu ermöglichen. Einerseits erleichterten die vergangenen Jahre nicht unbedingt, ein solches Unterfangen zu realisieren. Parallel zum technisch betriebenen Aufwand bei digitalen Spielen erhöhten sich die Ansprüche von Spielerinnen und Spielern deutlich. Fotorealistische Grafik auf dem Niveau von Hollywood-Produktionen prägten die Sehgewohnheiten, weshalb die Kosten für die Spielentwicklung bei oberklassigen Titeln deutlich auf zwei- bis dreistellige Millionenbeträge angestiegen sind.[60] Gegen diesen Aufwand können mit geringerem Budget nur außergewöhnliche Produktionen bestehen. Ein Förderantrag bei der Deutschen Forschungsgemeinschaft (DFG) in diesen Größenordnungen, um eine den genannten Maximen folgende, digitale Lehr-Lern-Umgebung zu konstruieren, verspricht wohl kaum Erfolg. Andererseits eröffneten sich auch raffiniertere Wege als Projekte von solch enormen Dimensionen. Die diversifizierten Distributionswege der jüngsten Dekade ermöglichen andersartige Konzepte. Auch anspruchsvolle Spielkonzepte lassen sich dort selbst mit geringem personellen und finanziellen Aufwand erfolgreich positionieren.[61] Zugleich erreichen Spiele auf diesen Plattformen unmittelbar ein weltweites Publikum. Anderen technischen Plattformen gegenüber haben Personal

---

60 Produktionskosten veröffentlichen Entwicklern oder Publishern in der Regel nur bei großen Erfolgen. Für das Online-Rollenspiel **The Secret World** 2012ff., in diesem Buch das zentrale Anwendungsbeispiel, beziffert eine norwegische Webseite für Wirtschafsinformationen die Entwicklungskosten auf 300 Mio. Norwegischen Kronen (gut 40 Mio. €, Kurs Juli 2012): **Landre, Even:** Funcom stuper på Børsen. Det er trangt i døren for investorer på vei ut av spillaksje, in: *E24. Først med økonominyhetene. Norges største nettavis for økonomi og næringsliv* 6.7.2012. Online unter: http://bit.ly/1Um293 L (Letzter Zugriff: 27.3.2019). FunCom weist als Aktiengesellschaft regelmäßig Geschäftsberichte aus, die Entwicklungskosten lassen sich aber nicht direkt herauslesen. Das Open-World-Actionspiel **Grand Theft Auto (GTA) V** 2013 kann sich mit Blockbustern im Kino messen, kostete es doch 265 Mio. US-Dollar: **McLaughlin, Martyn:** New GTA V Release Tipped to Rake in £1bn in Sales, in: *The Scotsman. Scotlands National Newspaper* 8.9.2013. Online unter: http://bit.ly/27paSdv (Letzter Zugriff: 27.3.2019).

61 Anbieter *Steam* bietet einer großen Szene von Independent-Entwicklern eine Vertriebsplattform im Web (**Valve Corporation:** Steam, 2003ff. Online unter: http://store.steampowered.com (Letzter Zugriff: 28.3.2019)). Die mittelalterliche Exilanten-Simulation **Banished** 2014ff. und das postsowjetisch anmutende Spiel um eine Grenzstation namens **Papers Please** 2013 sind dafür Beispiele. Zu Letzterem: **Nolden, Nico:** Thou Shalt Not Pass. Öffnet sich eine Diktatur, heißt es „Papers Please", in: *Keimling* 16.12.2013. Online unter: http://bit.ly/19Ntxzj (Letzter Zugriff: 28.3.2019).

Computer (PC) in diesem Bereich entscheidende Vorteile, da Plattformbetreiber den Zugang zur Community und dem Markt nicht wie etwa bei den Konsolen einschränken. Entwickler gewannen dadurch gegenüber Publishern an Marktmacht, so dass viele neue Akteure autark ihre Konzepte verwirklichen. Diese Entwicklung befördert eine wachsende Kultur des crowd-funding. Spieler und Investoren finanzieren so die laufenden Kosten des Entwicklungsprozesses eines für sie interessanten Titels mit.[62] Zurzeit sollten also ideale Voraussetzungen bestehen, um konzeptionelle Überlegungen für eine digitale, didaktische und spielerische Umgebung anzustellen, die dem historischen Wissenserwerb mit spielerischen Mitteln dient. Inspirierende Quellen in Form digitaler Spiele gibt es genügend.

Konkrete Erfahrungen allerdings mit spielerischen, didaktischen Umgebungen, die versuchten am Markt zu bestehen, lassen die Lage nüchterner bewerten. 2005 gründete Simon Egenfeldt-Nielsen in Kopenhagen das Unternehmen *Serious Games Interactive*.[63] Neben anderen Tätigkeitsfeldern versuchte seine Firma, mithilfe digitaler Spiele historische Inhalte markttauglich zu produzieren. 2007, als Serious Games im Vergleich zu heute wesentlich mehr Aufmerksamkeit generierten, programmierte sein Team *Global Conflicts: Palestine*, ein zwar sperriges, aber respektables Rollenspiel zum Nahostkonflikt.[64] Indem sie die Spieler als Journalisten in kritische Situationen versetzten, gelang es den Entwicklern, die Einflüsse und Machtverhältnisse verschiedener Medien und politischer Akteure einer breiten Spielerschaft näherzubringen. Dabei unterstützten sie Lehrende mit Literatur, Feedback und einer Online-Community zu verschiedenen Inhalten. Bis heute handelt es sich bei dem genannten Spiel um den komplexesten Versuch, aus dem akademischen Kontext heraus ein digitales Spiel mit wohlüberlegter, differenzierter Spielmechanik anzubieten. Leider gelangten diese Experimente nicht zu genügend großem Erfolg und ausreichender Spielerschaft, um sich nachhaltig am Markt zu platzieren, weshalb das Online-Angebot für Lehrende und Lernende eingestellt wurde. Die dänische Firma blieb am

---

62 Vermittler sind Plattformen wie **Kickstarter**. Online unter: www.kickstarter.com und **IndieGoGo.** Online unter: www.indiegogo.com. Wachsende Bedeutung seit 2015: **Fig.co.** Online unter: https://www.fig.co (Alle Zugriffe: 28.3.2019). Dort sind Spenden von Privatiers und Großinvestoren erlaubt. Mittlerweile treten Schattenseiten dieses Trends zutage: **Nolden, Nico:** Indie Fresse, Crowd! Das unredliche Verhalten von Entwicklern spielerfinanzierter Projekte gefährdet den Boom innovativer Ideen, in: *Keimling* 24.5.2015. Online unter: http://bit.ly/1bBaPTD (Letzter Zugriff: 28.3.2019).
63 **Serious Games Interactive:** Offizielle Seite, 2005 ff. Online unter: http://seriousgames.net (Letzter Zugriff: 28.3.2019).
64 **Global Conflicts: Palestine** 2007. Ein Trailer zum Spielgeschehen: **Serious Games Interactive:** Global Conflicts: Palestine. Trailer, in: *Kanal SeriousGamesdk via Youtube*. Online unter: https://youtu.be/3ANbDOKmJ6s (Letzter Zugriff: 28.3.2019). Nach dem gleichen Prinzip erforschten Spieler als Journalist die regionalen Konfliktlinien Lateinamerikas zwischen Menschenrechten, Sklaverei, Korruption und Menschenhandel in **Global Conflicts: Latin America** 2008. (siehe **Serious Games Interactive:** Global Conflicts: Latin America. Trailer, in: *Kanal SeriousGamesInt via Youtube*, 11.6.2009. Online unter: https://youtu.be/3HpUO1RI734 (Letzter Zugriff: 28.3.2019). **Egenfeldt-Nielsen, Simon:** Educational Potential of Computer Games, London 2007 legte konzeptionelle und methodische Vorstellungen dar.

Markt aktiv und diversifizeite ihr Angebot auf mehrere Geschäftsfelder wie Werbespiele oder Trainingssoftware für Unternehmen. Im Bereich der Bildung aber veränderte sich das Angebot spürbar. Unter dem Serientitel *Playing History* veröffentlichten die Entwickler Episodenspiele, die sich mit der Pest, dem Sklavenhandel und den Wikingern befassen.[65] Grafisch waren diese Spiele keineswegs unansehnlich, mit groben 3D-Modellen in cartoonhafter Umgebung richteten sie sich aber eher an junge Schulkinder und ein breites öffentliches Publikum. Leider wurde auch dieses zugehörige Schulportal für Lehrende und Schüler Ende 2016 vom Netz genommen.[66] Historische Informationen erhalten Spielende eher am Rande, während sie kindliche Spielfiguren in etwa eineinhalb Stunden durch begrenzte Schauplätze führen und Minispiele absolvieren. Diese Beispiele verschoben Anspruch und Stoßrichtung der Vermittlung ganz offensichtlich. Unaufdringlich historisches Wissen zu vermitteln, ist eine gute Idee, will man den Lernaspekt nicht auf Kosten der Spielerfahrung überbetonen. Der Lerneffekt aus der historischen Umgebung liegt jedoch aufgrund von Zielgruppe und Spieldauer auf einem ganz anderen Niveau als bei dem preisgekrönten Journalisten-Rollenspiel zuvor. Spielerisch ist der Anspruch geringer, und die abgebildete geschichtliche Komplexität leidet. Ohne das Begleitprogramm für Schüler und Lehrer bleiben kaum mehr als knappe erläuternde Texte und einige historisch begrenzt informative Minispiele übrig.[67] Dass etwa die Spielmechanik von Tetris sinnvoll die Menge an Toten in Zeiten der Pest nahebringt, bezweifle ich stark.[68] Hervorragend vermittelte dagegen *Global Conflicts: Palestine* den Nahostkonflikt schon durch seine Spielmechanik. So mag aus den Überlegungen weiter oben auf den ersten Blick plausibel erscheinen, dass die Geschichtswissenschaft selbst digitale Spiele produziert. Bisherige Versuche, ernsthaft historische Inszenierungen nach fachlichen Vorstellungen zu produzieren, stehen aber vor großen Schwierigkeiten.[69] Dass solche

---

65 **Playing History 3. Vikings** 2015. Die Vorgänger des aktuellen Titels waren **Playing History. The Plague** 2012 und **Playing History 2. Slave Trade** 2013.

66 Diese Information war der offiziellen Webseite zu entnehmen: **Serious Games Interactive:** Playing History. Online unter: http://www.playinghistory.eu (Letzter Zugriff: 4.12.2016).

67 Nach der Schließung des betreuten Schulportals bieten die Entwickler das mehrsprachige Hintergrundmaterial zu ihrer Reihe beim Portal **Steam** zum Download an. Ein Download ist aber nicht mehr mit einem betreuten Online-Portal zu vergleichen. Siehe **Valve:** Steam.

68 Beim Klassiker **Tetris** von 1984 senken sich unterschiedlich geformte Steine auf engem Raum zum unteren Bildrand. Gelingt es, eine ganze Bildschirmreihe zu füllen, löst diese sich auf. In diesem theoretisch endlosen Spielprinzip beschleunigt sich die Rate neu erscheinender Bauteile, wodurch sich Fehler häufen. Gelingt es nicht mehr, die Steine unten aufzulösen, und neue Steine können sich nicht mehr von oben absenken, endet eine Partie. **Playing History. The Plague** ersetzt diese Steine 2012 durch verrenkte, in Binden gehüllte Leichname nach den Formen der originalen Bauteile.

69 Die Grenzen des Machbaren, mit Studierenden und Kollegen die historische Simulation *Lienzo* zu entwickeln, schildert **Winnerling, Tobias:** Selbstversuch: Wenn zwei Historiker ein Spiel machen..., in: *gespielt* 27.2.2017. Online unter: http://bit.ly/2mFTU7Q (Letzter Zugriff: 28.3.2019). Leider ist die Bereitschaft, Produktionen differenziert zu reflektieren, nicht überall so ausgeprägt wie bei Winnerling. Vgl. **Gottlieb, Owen:** Who Really Said What? Mobile Historical Situated Documentary as Liminal

Spiele am Markt nicht erfolgreich sind, könnte jedoch weniger mit Geschichte als Inhalt zu tun haben, sondern mehr mit ihrer Aufbereitung. Möglich, dass schlicht das Etikett Serious Games bei allen potentiellen Kunden schadet, die Geschichte zwar in digitalen Spielen interessiert, mit Serious Games aber anstrengende, trockene und unspektakuläre Unterrichtsformate verbinden. Daher könnte es überhaupt nicht sinnvoll sein, sich als wissenschaftlicher Akteur aktiv auf den ökonomischen Markt zu begeben. Solange Kunden um ihren Spielspaß fürchten, sobald das Label einer Universität oder eines Museums auf einem Spiel pwrangt, wäre einfach zu viel Widerstand zu überwinden. Selbst die treffendste, unterhaltsamste historische Inszenierung würde an diesen Schranken verpuffen.

Gemessen an diesen Befunden greifen Kunden allerdings bemerkenswert häufig zu digitalen Spielen, die bewusst historische Szenarien, Prozesse, Erzählungen und Personen in den Mittelpunkt rücken und offensiv vermarkten. Offenbar sind es nicht die historischen Inhalte, die Kunden abschrecken. Die Geschichtwissenschaft sollte daher besser die große Bandbreite bereits existierender Spiele analysieren. Sie sollte klären, was genau die Eigenschaften sind, mit denen die historisch inszenierten Medienprodukte am Markt auftreten. Gegenwärtig konzentriert sie sich auf die Kritik, weshalb bestimmte historische Repräsentationen ihren Ansprüchen nicht genügen. Daneben sollte sie mehr fokussieren, aufgrund welcher Eigenschaften welche Formen von geschichtlichen Darstellungen in digitalen Spielen besonders geeignet sein könnten. In einer Geschichtswissenschaft, die dem Gegenstand kritisch, aber aufgeschlossen gegenübertritt, liegen für die Spielekultur und die Produzenten große Chancen. Diese Zusammenarbeit könnte neue Schauplätze erschließen, vielfältigere historische Perspektiven entdecken und Prozesse spielmechanisch einfallsreich umsetzen. Wahrscheinlich liegt daher eine ablehnende Haltung gegenüber wissenschaftlichen Geschichtsprodukten noch nicht einmal am wissenschaftlichen Umgang mit der Geschichte selbst. Aus meiner Erfahrung durch Gespräche in Spielerkreisen und mit Akteuren aus der Games-Branche, die ich über gut zehn Jahre im Umfeld unserer Veranstaltungsreihen der „Ringvorlesung Games" in Hamburg führte, lehnen sie nicht wissenschaftliche Erkenntnisse ab, sondern eher einen gewissen akademischen Habitus. Ihre Kritik entzündet sich an einer fachlichen Arroganz, aus der heraus Kolleginnen und Kollegen nicht über die Eigenschaften verschiedener Medienformen nachdenken und daraus Konsequenzen für unterschiedliche Formate der Geschichtsproduktion folgern.

In der Tat teile ich diesen Eindruck über einen großen Teil der Geschichtswissenschaft. Weil solche Historiker die spezifischen Eigenschaften von digitalen Spielen nicht hinterfragen, fordern sie einen Umgang mit Geschichte ein, den sie aus dem Verständnis ihrer hauptsächlich verwendeten Medientypen gewohnt sind. Sie neigen dazu, ihre Ansprüche an dortige historische Interpretationen unreflektiert zu über-

---

Learning Space, in: *gamevironments* 5/2016; S. 237–56. Online unter: http://bit.ly/2j0D2qS (Letzter Zugriff: 28.3.2019).

tragen. Zumeist sind diese gewohnten Medienformate Texte, manchmal Bildquellen oder Fotografien, gelegentlich auch filmische Dokumente oder Audiostücke. Als Untersuchungsgegenstand ungewohnt sind dagegen interaktive textliche Netzwerke, zum Beispiel Textgewebe aus der Frühzeit des Internets, oder eben jene digitalen Spiele. So wie aber Bildquellen, Radiosendungen oder Stummfilme bestimmte Eigenschaften aufweisen, mit denen sie Geschichte transportieren, inszenieren auch digitale Spiele historische Inhalte mit ganz besonderen Eigenschaften. Sie gilt es zunächst zu verstehen. In dieser geschichtswissenschaftlich weitgehend unverstandenen, medialen Form kulminieren einige bekannte Medientypen zu einem neuen Gesamtmedium, dessen Summe – und hier trifft der Aphorismus einmal wirklich zu – mehr ist als die Addition seiner Einzelteile. Digitale Spiele bieten somit genügend Anlass, um grundsätzlich neu über die Medialität von Geschichtsproduktionen nachzudenken. Historische Inszenierungen, ob nun in Büchern, Hörspielen, Ausstellungen, TV-Dokumentationen und Historiendramen und Anderem mehr, folgen jeweils spezifischen Regeln und bergen damit unterschiedliche Chancen und Grenzen für historische Inszenierungen. Für digitale Spiele gilt dies prinzipiell nicht anders.

Die Geschichtswissenschaft muss mehr Erkenntnisse sammeln, um Formen der Produktion und der Präsentation zu verstehen und dabei die spezifischen, intrinsischen Eigenschaften des jeweiligen Medientypus einzubeziehen (Medialität). Zudem kommt in allen Formaten auch den Rezipienten eine gestaltende Rolle zu, mit der die gebotenen Informationen in einem performativen Akt wahrgenommen und in ein bestehendes Geschichtsbild integriert werden. Bei digitalen Spielen aber geht die aktiv handelnde Rolle der Rezipienten weit über die bei anderen Medienformen hinaus, kommt die historische Inszenierung dort doch erst durch sie zustande (Performativität). Im Zuge dieser Betrachtungen sind die Mechanismen zu identifizieren, mit deren Hilfe die Produzenten solcher Medienprodukte ihre Inszenierungen für die Zuschauer plausibel machen wollen (Authentizität). Diese Mechanismen mögen sich davon unterscheiden, weshalb die Rezipienten eine historische Inszenierung für authentisch halten. Die drei genannten Faktoren werden im theoretisch-methodischen Teil eine wichtige Rolle spielen, um das Arbeitsmodell für den empirischen Teil zu entwickeln. Daher nimmt *Kapitel 4 Vorstoß in verborgene Welten – Das Erinnerungskulturelle Wissenssystem von The Secret World* die Eigenschaften und die Rahmenbedingungen des Produktes in den Fokus (Medialität), arbeitet zweitens die Funktionsweisen und Prozesse der Wahrnehmung an den Rezipienten heraus (Performativität) und erörtert drittens, woran die Beteiligten festmachen, dass Inhalte historisch plausibel sind (Authentizität).

Solche Untersuchungen können auf Ergebnisse der Medienwissenschaft aufbauen, und dennoch handelt es sich nicht um eine Medienwissenschaft, die sich bloß in ein geschichtswissenschaftliches Gewand kleidet. Medienstudien befassen sich mit den Auswirkungen und Anwendungsmöglichkeiten von vergangenen und gegenwärtigen Medienformen als Instrument für die Gegenwart. Eine historische Betrachtung hingegen ergründet, was die Medienformen in ihrer Zeit für den jeweiligen gesellschaftlichen Kontext bedeuteten. Analysiert man die historische Bedingungen, unter denen sich diese Medientypen entwickelten, und die Bedürfnisse, welche sie befriedigen halfen, gelangt man zu explizit geschichtswissenschaftlich geprägten Medienstudien.[70] Der originäre Kern der historischen Fachwissenschaft ist, so weit wie möglich die Vergangenheit zu durchdringen, um sie an heutigen gesellschaftlichen Verhältnissen und Bedürfnissen zu spiegeln.[71] Mit dem Willen, Medienformen und ihre Produktionsbedingungen theoretisch und methodisch in die Historik einzuschmieden, nimmt sich die *Public History* in Hamburg dieser Fragen an. Sie versteht sich damit ausdrücklich als historische Fachdisziplin. Um die aufgeworfenen Fragen zu beantworten, entwickelt sie ein zeitgemäßes Verständnis der verschiedenen Medientypen, um einen jeweils plausiblen Umgang mit ihnen für historische Inszenierungen aus geschichtswissenschaftlicher Perspektive zu begründen. Diese Gedanken präzisiert Abschnitt *3.5 Digitale Spiele, Geschichte und Public History*, indem er die Erkenntnisse aus Kapitel *2 Digitale Spiele, Geschichtswissenschaft und der Forschungsstand* und *3 Die Erweiterung des Arbeitsfeldes* verbindet.

Wenn so gewonnene Erkenntnisse einfließen, um die Kompetenzen von Studierenden und der geschichtswissenschaftlichen Forschung zu erweitern, entstehen einige positive Effekte. Zum einen erwerben Absolventinnen und Absolventen das nötige Wissen, um in einem Arbeitsmarkt des Mediensektors kompetent Anschluss zu finden, der höchst komplexe Ansprüche an Fertigkeiten bezüglich verschiedener Medienformate stellt. Zweitens erwächst daraus eine Kritikfähigkeit der Geschichtswissenschaft, die dem spezifischen Wesen der obigen Medienformen gerecht wird. Verbindet man das Verständnis der Medienformen mit dem theoretisch-methodischen Rüstzeug der geschichtswissenschaftlichen Ausbildung wird drittens erhebliches Innovationspotential für die Medienbranche gehoben, das nicht nur geschichtliche Inhalte und ihre Produktion betrifft. Viertens könnten derart ausgebildete Fachkräfte auf die Herausforderungen zukünftig neu entstehender Medienformen adäquat antworten. Gerade zeigt die Virtuelle Realität (VR), dass zum Beispiel Museen und digitale Rekonstrukteure solche Antworten dringend benötigen.[72] Diese Kompetenzen zu

---

70 **Bösch, Frank:** Mediengeschichte. Vom asiatischen Buchdruck zum Fernsehen, Frankfurt a. M. 2011; S. 20–23.
71 Zu diesem Doppelbezug des Erkenntnisinteresses: **Goetz, Hans-Werner:** Die Historische Fragestellung in ihrer Bedeutung für die Theorie und Methode der Geschichtswissenschaft, in: Hering, Rainer / Nicolaysen, Rainer (Hgg.): Lebendige Sozialgeschichte, Wiesbaden 2003; S. 94–101, hier S. 98.
72 Neuartige Möglichkeiten, Geschichte zu inszenieren, schafft VR, was für die Kontexte von Ausstellungen methodisch zu hinterfragen wäre: **Taylor, Roy / Marinkovic, Sasa:** How Virtual Reality is Revolutionizing Storytelling, in: *Making Games Magazin* 1/2016; S. 22–25. Gelungen spielen die museale Ausstellung und ein digitales, diplomatische Kartenspiel zum Westfälischen Frieden im LWL-Museum für Kunst und Kultur in Münster zusammen: **Studio Fizbin:** Game of Peace Muenster Gameplay, in: Kanal *StudioFizbin* via Youtube vom 5.5.2015. Online unter: https://youtu.be/JxhW67ZGVGo (Letzter Zugriff: 28.3.2019). Dass reine virtuelle Rekonstruktion als Selbstzweck ohne Begleitung durch fachliche Kommentierung historisch nicht befriedigt, zeigt das Projekt *ArnswaldeVR*: **Hayden, Scott:** Preview: 'Arnswalde VR' is a Memorial to Life as it Was Before WW2, in: *Road To VR* 18.1.2016. Online unter: http://bit.ly/1PPqzVb (Letzter Zugriff: 28.3.2019).

entwickeln, ist nicht nur für Tätigkeiten in der freien Wirtschaft notwendig, auch die Geschichtswissenschaft benötigt dringend eine bessere Rezensionsfähigkeit. Bislang befassen sich Geschichtswissenschaftler mit Fachbüchern, Ausstellungen in Museen und gelegentlich mit historischen TV-Dokumentationen. Mir ist bewusst, dass Rezensenten rar sind und ihre Texte akademisch nicht genug goutiert werden, um daran substantiell etwas zu verbessern. Allerdings wäre die geschichtswissenschaftliche Expertise zu historisch inszenierenden Romanen oder Historienfilmen, Webseiten, Zeitschriften, Kanälen auf Videoportalen wie Youtube, Projekten auf Twitter und Facebook und eben auch digitalen Spielen dringend notwendig.[73] Anderenfalls entzieht sich die Wissenschaft dem Diskurs und kann geschichtswissenschaftliche Diskussionen nicht mehr mit und in der Gesellschaft austragen. Systematisch jedenfalls gäbe es keinen Grund, als Gegenstand der Geschichtswissenschaft die eine Medienform von einer anderen zu scheiden. Dass Rezensenten bereits überlastet sind, bereits ohne das Kritikfeld zu erweitern, ist ein arbeitsökonomisches, kein wissenschaftlich überzeugendes Argument.

Aus einem weiteren Grund sollte die Geschichtswissenschaft überblicken, wann welche Medienform mit ihren zugehörigen Eigenschaften jeweils der geeignete Kanal für welche Adressaten ist: Das Buch muss nicht unbedingt der mediale Standard sein, um fachwissenschaftlich zu veröffentlichen. Jakob Krameritsch legte schon 2007 überzeugende Gründe vor, warum es nicht die beste Variante sein muss, um geschichtliche Inhalte wissenschaftlich aufzubereiten.[74] Während Bücher, Grafiken, Bilder, ja auch TV-Dokumentationen oder Radiointerviews als Publikationswege geduldet werden, sind bereits Online-Publikationen wissenschaftlich verpönt und werden nur zögerlich einbezogen. Digitale Spiele als Publikationsform daneben zu stellen, erscheint den meisten sogar noch völlig absurd. Ihre Ablehnung aber fußt in traditionellen Standards, die aus dem 19. Jahrhundert überliefert sind; die heute verfügbaren Medienformen sind systematisch jedoch nie in dieser Hinsicht hinterfragt. Vielleicht ist das geeignetste Medium für wissenschaftliche Publikationen heute nicht das digitale Spiel, vielleicht ist es je nach Fragestellung aber auch nicht immer die Textform. Als Wissenschaft täte die Geschichtswissenschaft gut daran, eine umfassende Analyse vor das Urteil über digitale Spiele zu stellen. Detailliert dafür sind

---

73 Wie historische Produktsorten adäquat rezensiert werden, zeigt **Logge, Thorsten:** Public History in Germany. Challenges and Opportunities (Review Essay), in: *German Studies Review* 39.1/2016; S. 141–53 an einem Buch, einem Twitter-Projekt und einer theatralen Inszenierung.
74 **Krameritsch, Jakob:** Geschichte(n) im Netzwerk. Hypertext und dessen Potenziale für die Produktion, Repräsentation und Rezeption der historischen Erzählung, Münster 2007. Leider ist das exemplarische Projekt nach seinen Thesen nicht mehr an der urspünglichen Adresse www.pastperfect.at zu finden, nur noch als Relikt via Universität Wien: **Krameritsch, Jakob:** Past Perfect. Eine interdisziplinäre Annäherung an die faszinierende und brutale Welt der Renaissance und Reformation. Ein interaktiver Geschichtsatlas mit über 700 Texten von mehr als 60 AutorInnen, o. J. [2006]. Online unter: http://bit.ly/2gVzUim (Letzter Zugriff: 18.12.2017). So gesehen, offenbart das Buch unschlagbare Qualitäten für die langfristige Bewahrung, was jedoch Krameritsch' Argumente nicht grundsätzlich entkräftet.

Kenntnisse ihrer Eigenschaften zu gewinnen. Sie müssen interdisziplinär aus den Vorarbeiten diverser Wissenschaften entwickelt, speziell aber an historischen Inszenierungen studiert werden. Ohne Kenntnis von den Eigenschaften oder den Regeln, den systemischen, modellhaften Möglichkeiten oder narrativen Strukturen, kurzum spezifischen Chancen und Risiken für historische Inszenierungen in digitalen Spielen, sollte die Geschichtswissenschaft nicht den Anspruch erheben, über sie zu urteilen. Dringend müssen digitale Spiele endlich als Kulturgut begriffen und behandelt werden. Sie wären dann katalogisierend zu erfassen und möglichst breit über alle Genres, Spielmechaniken, Inhalte und Zeiträume zu dokumentieren.[75] Die historische Fachdisziplin allerdings veröffentlicht nur wenig dazu, obwohl eine Vielzahl von digitalen Spielen historische Inhalte inszeniert und unter Spielern sehr beliebt ist. Sogar Politiker sind irritiert, warum die Geschichtswissenschaft digitalen Spielen so wenig Aufmersamkeit widmet, obwohl sie ein wesentlicher Teil der medialen Erinnerungskultur seien.[76] Auf was sich die deutschsprachige, geschichtswissenschaftliche Forschung bei digitalen Spielen bislang konzentrierte, und wer mit welchen Thesen die internationale Debatte bestreitet, erläutert daher *Kapitel 2 Digitale Spiele, Geschichtswissenschaft und der Forschungsstand*. Dieses Kapitel überblickt statistische Untersuchungen und Begriffsdiskussionen, formuliert quellenkritische Fragen an das Medium und ordnet systematische sowie periodisierende Ansätze. Diesen Teil leiten prominente Stimmen des produzierenden Gewerbes ein, denn sie haben deutlich differenziertere Ansichten, als geschichtswissenschaftliche Texte bislang behaupten. Abschließend identifiziert der Abschnitt *2.7 Lückenfüller – Der Stand einer selektiven Forschung* aus den Positionen der Branche und der Geschichtswissenschaft sowohl Defizite als auch geeignete Vorarbeiten für das weitere Vorgehen.

Verbesserungen der Situation beruhen jedoch nicht nur auf wissenschaftlichen Fachartikeln oder Monografien wie der vorliegenden. Ende 2015 gründete sich der

---

[75] Einen systematischen, fachlich kommentierten Überblick bietet der Katalog von fast als 400 digitalen Spielen, die ich für das GameLab des Fachbereichs Public History an der Universität Hamburg beschaffte. Siehe **Nolden, Nico:** Ludothek, Katalog und Ausleihe. Die Sammlung digitaler Spiele in der Public History, 15.11.2018. Online unter: http://bit.ly/2uAznHu (Letzter Zugriff: 28.3.2019). Den Bestand ergänzte Anfang 2017 der geschlossene Korpus von mehr als 100 Spiele, die Steffen Bender mit Unterstützung von der Fritz-Thyssen-Stiftung in seinem Post-Doc-Projekt bearbeitete: **Bender, Steffen:** Virtuelles Erinnern. Kriege des 20. Jahrhunderts in Computerspielen, Bielefeld 2012. Verzeichnet sind alle Titel zudem im Universitätskatalog in der **Sachgruppe H60 Computerspiel.** Bestandsliste der digitalen Spiele in der Public History Hamburg. Campus-Katalog der Staats- und Universitätsbibliothek Hamburg. Online unter: http://bit.ly/1PDnJmb (Letzter Zugriff: 28.3.2019).

[76] Irritiert äußerte sich 2013 Peter Tauber, ehemals Generalsekretär der CDU, in seinem Blog, dass geschichtswissenschaftliche Analysen von digitalen Spielen fehlten, in denen längst „das Aufgreifen und Verarbeiten von tradierten Geschichtsbildern [...] gang und gäbe ist." Der studierte Historiker bemängelt, dass historische Inszenierungen dort „bisher weder von der Pädagogik noch von der Geschichtswissenschaft geschweige denn von der Computerspieleindustrie hinreichend Beachtung gefunden" hätten. Es werde Zeit, dass sich dies ändere. **Tauber, Peter:** „Alles nur ein Spiel" – Zum Geschichtsbild in Computerspielen zwei Lektürehinweise, in: *Schwarzer Peter. Blog von Peter Tauber* 14.10.2013. Online unter: http://bit.ly/2l6z5PN (Letzter Zugriff: 28.3.2019).

Arbeitskreis Geschichtswissenschaft und Digitale Spiele mit dem Ziel, den geschichtswissenschaftlichen Diskurs im deutschsprachigen Raum dauerhaft zu bündeln.[77] Er bietet ein Forum für Studierende, Forschende und Lehrende, um Forschungsansätze, interdisziplinären Einflüsse und die Menge an existierenden und bereits vergangenen Spielen gemeinsam zu diskutieren. Der Arbeitskreis entwarf 2016 auf seiner Webseite konkrete Empfehlungen, wie fachwissenschaftlich mit digitalen Spielen umgegangen werden kann, und entwickelt diesen Katalog öffentlich kontinuierlich fort.[78] Kollegen und ich starteten dort mit Studierenden der Universität Hannover zum Beispiel ein Pilotprojekt, das historische Inszenierungen in MMOs kollaborativ untersucht.[79] Mit Tagungs- und Literaturhinweisen, Projektvorstellungen und Artikeln etabliert sich die Webseite zur zentralen Anlaufstelle für alle, die an historischen Inszenierungen in digitalen Spielen Interessiert sind.

Zudem bietet seit 2009 einen weitreichenden Anlaufpunkt für fachliche Diskurse mein Blog *Keimling*, das unterschiedlichste Aspekte aus historischer Perspektive an konkreten Beispielen erläutert.[80] Seit den frühen neunziger Jahren spiele ich auf der PC-Plattform, später auch auf den Konsolen der *Playstation*-Reihe. Gezielt setze ich mich seit 2006 aus geschichtswissenschaftlicher Sicht mit digitalen Spielen auseinander. Dennoch kann ich allein nicht alle erschienenen Titel, alle Spielmechaniken, Genres, technischen Plattformen und Besonderheiten überblicken. Dennoch leistet das Blog wichtige Grundlagenarbeit, denn es stellt in fast 200 Beiträgen ein breites Spektrum digitaler Spiele vor, auf die ich möglichst ausgewogen und allgemein verständlich eingehe. Die Artikel dokumentieren so ihre Entwicklung historiografisch entlang ausgewählter Schlaglichter. Geschichtsbilder oder zeitgeschichtliche Zusammenhänge werden stets so diskutiert, dass sie regionale Spielekulturen, technokulturelle Einflüsse, die Wahrnehmung von Rezipienten und die Bedingungen der Produktion einbeziehen. Dabei entsteht ein Mosaik für die Geschichte von Innovationen in diesem wirtschaftlich, gesellschaftlich und kulturell bedeutenden Bereich. So entwirft das Blog eine Vielzahl von Denkansätzen, wie die Geschichtswissenschaft digitale Spiele behandeln könnte. Zum Action-Abenteuerspiel *Valiant Hearts* beispielsweise schrieb ich von den ungewöhnlichen Ansätzen, wie es methodisch mit

---

[77] **Nolden, Nico:** Digitale Spiele vs. Geschichte. Tagungsbericht des Workshops, 12./13.12.2015 in Hannover, in: *H-Soz-Kult* 14.4.2016. Online unter: http://bit.ly/1TnoxdE (Letzter Zugriff: 28.3.2019).
[78] Die Diskussion wird öffentlich geführt im **Arbeitskreis Geschichtswissenschaft und Digitale Spiele** (AKGWDS): gespielt | Das Blog des Arbeitskreises Geschichtswissenschaft und Digitale Spiele, 2016 ff. Online unter: gespielt.hypotheses.org (Letzter Zugriff: 28.3.2019). Die Empfehlungen gliedern sich in drei Aspekte: 1.) Digitale Spiele als neue historische Form, 2.) als Gegenstand von Untersuchungen und 3.) als simulatives Instrument
[79] **Nolden, Nico:** Life is Futile? Studie des Arbeitskreises am MMO „Life is Feudal", in: *gespielt* 13.5.2016. Online unter: http://bit.ly/1W2cJ40 (Letzter Zugriff: 28.3.2019).
[80] **Keimling.** Innovationen in digitalen Spielen und im Digital Game-Based Learning, Hamburg 2009 ff., hrsg. von Nico Nolden. Online unter: https://keimling.niconolden.de (Letzter Zugriff: 28.3.2019).

dem Ersten Weltkrieg, seinen Geschichtsbildern und überlieferten Objekten umgeht.[81] Zeitgeschichtliche Vorstellungen in der spielmechanischen Funktionalität arbeitete ich am Neustart der Städtesimulation *Sim City [5]* heraus.[82] Ein Kommentar zu den negativen Seiten der Prosumentenkultur beim Crowd-funding beleuchtete strukturelle Folgen aus der technischen Logik und zeigte am Beispiel der Firma *Double Fine* den Umgang der Branche damit.[83] Diese Ausführungen offenbaren Lesern die kulturellen Konsequenzen für Spieler, Produzenten und die Spielekultur. Auch erinnerungskulturelle Fragen thematisiert das Blog. Zum Beispiel erläutert ein Beitrag die Gründe für die jüngst geänderte, deutsche Zensurpraxis, die bei digitalen Spielen im Verhältnis zu anderen Kulturproduktionen absurd wirkte.[84] An anderer Stelle beleuchtete ich den Umgang digitaler Spiele mit dem Dritten Reich und ordnete ihn in die deutschsprachige Erinnerungskultur ein.[85] Nahezu alle Beiträge bieten Erläuterungen, mit welchen spielmechanischen Systemen, Prinzipien und Modellen digitale Spiele auf eine ihren medialen Eigenschaften entsprechenden Weise historisch inszenieren. In der hier skizzierten Auswahl von Themen im Blog wird bereits erkennbar, wie vielseitig die Geschichtswissenschaft an digitale Spiele herangehen kann. Sie sollte diese Perspektiven nutzen, um ein möglichst differenziertes Bild über den Gegenstand zu gewinnen. Da gegenwärtig noch viele Aspekte nicht im Diskurs vertreten sind, werbe ich dafür, dass sich Autorinnen und Autoren mit Verallgemeinerungen zurückhalten. Vor pauschalisierenden Urteilen für weite Bereiche digitaler Spiele müssten mehr einzelne Studienobjekte analysiert werden. Nur so wird hinreichend berücksichtigt, wie heterogen das Feld tatsächlich ist.

Den Aufgabenkatalog für die historische Wissenschaft hat dieser Abschnitt somit sehr klar umrissen. Offenbar bestehen viele mögliche Ansätze für geschichtswissenschaftliche Beiträge zu digitalen Spielen. Dass die Perspektive der historischen Fachwissenschaft sogar dringend notwendig ist, unterstreicht nicht nur die Vielzahl von Spielen mit geschichtlichem Setting. Ein spezifisch historischer Blick ist auch deswegen vonnöten, weil die charakteristischen Eigenschaften von digitalen Spielen eng mit den historischen Elementen und den aktiv handelnden Rezipienten für die Inszenierung verzahnt sind. Dadurch entstehen neuartige Wirkungen auf Ge-

---

81 Valiant Hearts. The Great War 2014; **Nolden, Nico:** Zersiebt, verlobt, verheiratet. Mit ‚Valiant Hearts' entstand ein spielbares Stück Erinnerungskultur mit erfrischenden Blickwinkeln auf den Ersten Weltkrieg, in: *Keimling* 6.10.2014. Online unter: http://bit.ly/1n9 V36w (Letzter Zugriff: 28.3.2019).
82 Sim City [5] 2013; **Nolden, Nico:** Sim Region. Sim City erweckte 2013 falsche Erwartungen, ist jedoch weit besser als sein Ruf, in: *Keimling* 18.1.2016. Online unter: http://bit.ly/1SYE58o (Letzter Zugriff: 28.3.2019). Der Beitrag schlägt einen Bogen zum Original **Sim City** 1989, zum mobilen Ableger **Sim City: Build It!** 2015 und vergleicht die Reihe mit Hauptkonkurrent **Cities Skylines** von 2015.
83 Nolden: Indie, 2015.
84 Nolden, Nico: Reich ist nicht gleich Reich. Die Gamestar thematisiert die Abstrusitäten der deutschen Zensurpraxis, in: *Keimling* 17.6.2014. Online unter: http://bit.ly/1uAXjBv (Letzter Zugriff: 28.3.2019).
85 Nolden: Bunkermentalitäten, 2014.

schichtsbilder und auf erinnerungskulturelle Prozesse, für deren Verständnis Medialität, Peformativität und Authentizität zu untersuchen sind. Von eigenständigen Produktionen, die möglicherweise wissenschaftlich besonders tauglich inszeniert wären, ist abzuraten, solange die Mittel dringend für die Bestandsaufnahme und Analyse verschiedenster Facetten von historisch geprägten Spielformen benötigt werden. Zudem führen umfangreiche Studien überhaupt erst zu den dafür nötigen Kenntnissen. Durch einen so erweiterten, fundierteren Umgang mit digitalen Spielen erlangt die Geschichtswissenschaft nicht nur ein besseres Verständnis, sondern verbessert die Kritikfähigkeit für Rezensionen dieser Medienprodukte. Die vielen tangierten Medienformen schulen geschichtswissenschaftliche Akteure zudem im adäquaten Umgang mit ihnen, um sich auch in wirtschaftlichen Berufsfeldern der Medien zu engagieren. Um all diese Aufgaben zu bearbeiten, hilft Historikerinnen und Historikern ein spezifisch auf digitale Spiele ausgerichtetes Netzwerk, das mit dem *Arbeitskreis Geschichtswissenschaft und Digitale Spiele* nunmehr ihre Interessen bündelt.

1.5 Fragestellung, Vorgehensweise und Arbeitsmodell

Als Feld der Geschichtswissenschaft sind digitale Spiele, so setzt sich nun als Gesamtbild zusammen, geradezu ein zwingendes Studienobjekt. Zahlreiche mögliche Herangehensweisen und Erkenntnisinteressen bestehen, um historische Elemente zu untersuchen. Mit spezifischen medialen Eigenschaften inszenieren digitale Spiele zu einem großen Teil historisch und rufen dadurch in vielfältigen Formen Geschichtsbilder bei ihren Nutzerinnen und Nutzern hervor. Die technische Apparatur, die Spielmechanik, Rezipienten und die Inhalte sind eng miteinander verwoben und wirken erst im Moment des Spielens zu einer historischen Inszenierung zusammen. Ein geschulter, geschichtswissenschaftlicher Blick ist daher sogar dringend notwendig, um Methodik und Inhalte der Spiele vereint zu betrachten. Individuelle geschichtliche Vorstellungen, die aus digitalen Spielen gewonnen werden, dringen tief in alle gesellschaftlichen Schichten vor, quer durch alle Altersgruppen. Kommunizieren die Spieler darüber, beeinflussen sie gesellschaftliche Vorstellungen zu historischen Themen, weshalb die Prozesse erinnerungskulturell relevant sind.

Basierend auf den Befunden aus Kapitel 2 *Digitale Spiele, Geschichtswissenschaft und der Forschungsstand*, ermittelt daher Kapitel 3 *Die Erweiterung des Arbeitsfeldes* einige Lösungsansätze, um das Verständnis der Geschichtswissenschaft für digitale Spiele zu verbessern. In einem ersten Schritt strukturiert Abschnitt *3.1 Geschichte in digitalen Spielen* die Formen von historischen Inszenierungen genauer. Ausgewählte Beispiele idenfizieren, welche Ausprägungen noch nicht die Aufmerksamkeit der historischen Fachwissenschaft weckten. In Erweiterung des Forschungsstandes bietet Teil *3.2 Anknüpfungspunkte und Lösungsansätze*, welche die Lücken im geschichtswissenschaftliche Umgang mit dem Gegenstand zu schließen versprechen. Um zu erfassen, welche gravierenden Konsequenzen aus diesen Verständnislücken für ihre

Bewahrung entstehen, stellt Abschnitt *3.3 Digitale Spiele als Überlieferungsträger* vor und verdeutlicht ihre archivischen und editionswissenschaftlichen Herausforderungen. Der fortschreitende Verfall der Überlieferung ist erheblich. Um einen geeigneten Querschnitt bewahren zu können, sind die speziellen Herausforderungen aufgrund ihrer technologischen Aspekte zu verstehen. Da diese Aspekte in der historischen Debatte bislang kaum eine Rolle spielen, verwundert kaum, dass Beiträge zu einer Geschichte digitaler Spiele zeitgemäßen geschichtswissenschaftlichen Ansprüchen nicht genügen. Eine historiografische, kulturgeschichtliche Einordnung aber verliehe dem Diskurs wichtige Struktur. Sie müsste ihn thematisch ordnen, ebenso weltumspannend wie regionalgeschichtlich strukturieren und nach technischen Plattformen differenzieren. Eine solche Historiografie benötigt zudem einen wissenschaftlich fundierten, methodischen Zugriff. Die Schwierigkeiten der vorhandenen spielegeschichtlichen Texte aus fachlicher Sicht erläutert daher Abschnitt *3.4 Eine verkürzte Geschichte der digitalen Spiele*. Ohne eine geschichtswissenschaftlich taugliche Aufarbeitung bleibt ein Einstieg für Historikerinnen und Historiker angesichts der großen Zahlen digitaler Spiele aus den vergangenen fünfzig Jahren schwierig. Ebenso schwierig bleibt es für Archivinstitutionen, digitale Spiele als Kandidaten für eine repräsentative Bewahrung zu identifizieren, wenn die Geschichtswissenschaft dafür keine Kriterien entwickelt. Dieser Aspekt ist nur eine von vielen Herausforderungen für die Geschichtswissenschaft. Sie muss in unbekanntes Terrain vorstoßen, will sie digitalen Spielen als Gegenstand ihrer Forschungen gerecht werden. Die Fragen also, die auch dieses Buch untersucht, ordnet daher Abschnitt *3.5 Digitale Spiele, Geschichte und Public History* in ein Spannungsfeld von Arbeitsgebieten ein, die im weiteren Verlauf das Arbeitsmodell aufspannen.

In digitalen Spielen kulminieren, so urteilt Andreas Lange, bis 2018 der Leiter des Deutschen Computerspielemuseums in Berlin, alle Probleme der Bewahrung, die bei digitalem Kulturgut überhaupt anfallen können.[86] Positiver und weiter gefasst, könnte man diese Auffassung in einer medienkulturellen Perspektive umformulieren: Digitale Spiele zeigen modellhaft komplexe Schwierigkeiten und Risiken aller digitalen Medien auf, verkörpern aber gleichzeitig die Kulmination all ihrer Möglichkeiten und Chancen. Aus dieser Perspektive sind digitale Spiele die komplexesten Wissenssysteme unserer Zeit. Neben spielmechanischen, semiotischen, narrativen und anderen Wissensräumen eignen sich Nutzerinnen und Nutzer dort historische Inhalte aktiv an. Welche Elemente in einem solchen System relevant sind und in welcher Weise sie wechselwirken, überblickt Abschnitt *4.3 Wissenssystem, diffuse Grenzen und Veränderlichkeit*. Zu beantworten wird sein, wo und in welcher Form überhaupt Grenzen eines Spielsystemes auszumachen sind, wenn es sich doch um die Spielenden herum stetig verändert und weiterentwickelt. Verantwortlich dafür sind unter Anderem die

---

86 Lange, Andreas: Pacman im Archiv. Computerspiele als digitales Kulturgut, in: *Zeithistorische Forschungen/Studies in Contemporary History* 9/2012; S. 326–3, hier S. 327. Online unter: http://bit.ly/1Lohxgm. Vgl. Anm. 1426 und 1428. **Computerspielemuseum Berlin**, Gameshouse gGmbH. Online unter: http://www.computerspielemuseum.de (Letzte Zugriffe: 28.3.2019).

wechselnden Spielerschaften und ihre unterschiedlichen Spielweisen, aber auch Aktivitäten der Produzenten. Entwicklerstudios pflegen digitale Spiele über die Jahre, warten sie technisch und erweitern sie teils deutlich. Deshalb muss jede Untersuchung festhalten, in welchem Zustand sich der Gegenstand zum Studienzeitpunkt befand, und wie er sich veränderte, während die Befunde gesammelt wurden. Wer sich mit dem Phänomen digitaler Spiele in seiner ganzen Breite befasst, erkennt in jedem Spielablauf, wie sie zwangsläufig didaktische Umgebungen aufspannen. Ihre Eigenschaften rücken den Fokus eines solchen Systems auf aktiv handelnde Lerner. Prinzipiell macht dabei keinen Unterschied, ob der Gebrauch neuer Waffen im Shooter erlernt wird, ob man in Wirtschaftssimulationen auf hereinbrechende Krisen mit eingeübten volkswirtschaftlichen Maßnahmen reagiert oder erst durch das Erlernen komplexer Akrobatik Levelgebiete erreicht. Immer erkunden Spielende selbsttätig Wissensräume, erarbeiten sich eigenständig Fertigkeiten und erweitern ihren Horizont aktiv. Daher zeigt Kapitel 4.4 Nutzerperspektiven auf, um die Prozesse in und um die Spielenden besser zu verstehen. Relevant dafür sind spielmechanische Systeme, mit denen sie agieren, limitierende, technische Faktoren wie Unterschiede in der Hardware, der Zugriff auf die Spielwelt über Interfaces oder Eingabegeräte und die kommunikativen Möglichkeiten mit Spiel und Spielwelt.

Als ein solcher Nutzer, ohne den die Inszenierung nicht zustande käme, ist der Forschende ebenfalls zu betrachten. Daher muss seine Rolle als Beobachter in diesem interdependent wechselwirkenden System genau beschrieben werden. Werden die systematischen Beschränkungen seiner Position offengelegt, so wird die Aussagekraft seiner Beobachtungen besser abschätzbar. Es sind grundlegende Eigenschaften digitaler Spiele, die geschichtswissenschaftliche Aussagen erschweren, denn die hohe Individualität von Spielerfahrungen beschränkt ihre allgemeine Aussagekraft methodisch. Die Spielerfahrungen aller Nutzer eines Spielsystemes unterscheiden sich voneinander, weshalb nicht alle möglichen Verläufe wiedergegeben werden können. Weil sich ein Forscher als Spieler in die historische Inszenierung des digitalen Spieles hinein begibt – also auch der Autor der vorliegenden Seiten – kann von einem unabhängigen Beobachter des Studienobjekts keine Rede sein. Im Grunde konstruiert der Forschende seine Quellen jeweils selbst. Dieses Vorgehen methodisch plausibel zu begründen, das einer Teilnehmenden Beobachtung wie in der Ethnologie ähnelt, erfordert besondere wissenschaftliche Sorgfalt. Mithilfe der Bestandsaufnahme von *Kapitel 2 Digitale Spiele, Geschichtswissenschaft und der Forschungsstand* und dem, was *Kapitel 3 Die Erweiterung des Arbeitsfeldes* an wissenschaftlichen Ansätzen ergänzt, arbeitet daher *Abschnitt 4.1 Methodische Folgen für Modell und Quellen* heraus. Die umfangreiche Auswertung in den vorherigen Teilen legt die belastbare Basis, um ein theoretisches Arbeitsmodell zu destillieren und praktisch handhabbar zu machen.

In Massively-Multiplayer Online-Games (MMOGs) geschehen die für Akteure beschriebenen Vorgänge sogar kollaborativ, in sozialen, miteinander kommunizierenden Gruppen. Die Organisation ihrer Spieler ist zwar an die Erfordernisse des Spieles angepasst und wird durch spielmechanische Elemente koordiniert, in weiten Teilen organisieren sie sich aber selbst. Dafür konstituieren sie die innere Struktur ihrer

Gemeinschaften und greifen während des Spielens über die Grenzen der eigentlichen Software hinaus. Zum Beispiel kommunizieren sie über Inhalte und Erfahrungen im Internet. Wie diese diffusen Grenzgänge der Nutzer in eine Erinnerungskultur einzuordnen sind, erschließt daher Kapitel *4.5 Gemeinschaften und Erinnerungskultur*. Kennzeichen für die Durchlässigkeit von Spielgrenzen sind von Fans erstellte Diskussionsforen und Wikis sowie die Repräsentanzen von Clans bzw. Gilden, wie sich die Spielergemeinschaften selbst bezeichnen. Nur zum Teil also beruht das System, das historische und andere Inhalte verhandeln lässt, auf der Spielsoftware. Vielmehr spannen die Kommunikationsprozesse einen größeren Raum auf, den einerseits die Entwickler spielmechanisch rahmen, jedoch andererseits die Spielerschaft selbst verfasst. Die Spielenden kommunizieren und handeln nicht nur individuell und nicht nur innerhalb, sondern auch kollektiv und außerhalb der Spielsysteme. Diese kommunikative Sphäre umfasst somit weit mehr als die Summe der Wissensbestände über das Spiel, seine Spielmechaniken, seine Grafiken oder die Bedienoberfläche. Der Spielraum ist nicht allein durch schriftliche oder bildliche Zeugnisse seiner Beteiligten zu erfassen, sondern ebenso durch Gespräche, welche Spielende über diese Elemente führen, prosaische Blogbeiträge oder sachorientierte Forendiskussionen.

Gelegentlich entwickeln sich die Spielwelten von MMOGs zu einer solchen Komplexität, dass ihre Hintergründe weit über eine stichpunktartige Chronik hinausreichen. Im Lauf der Jahre, die ein solches Spiel am Markt besteht, überdenken und erneuern seine Entwickler nicht nur die Funktionsweisen und die Spielmechanik, wodurch sich die Spielwelten kontinuierlich verändern. Gelegentlich kommt es zu radikalen Umbrüchen, wie etwa bei *World of Warcraft: Cataclysm* in *Abschnitt 1.1 Rastende Krieger, Geschichten und Erinnerungen* erläutert wurde. Im Falle von Online-Rollenspielen unterhält ein Spielserver als technologische Basis die Spielwelt aufseiten der Produzenten. Der lokale Rechner von Spielenden muss mit ihm verbunden bleiben, um diese Welt zu besuchen. Schaltet der Betreiber das Spiel ab, endet es dauerhaft.[87] Die besuchte Spielwelt existiert also nicht beim Spieler lokal auf dem eigenen Rechner, sondern nur für die Dauer des Besuches auf den Servern. Wird die Spielerfahrung durch die Produzenten so radikal umgeformt wie im genannten Fall, führt kein Weg zurück in die vorherige Welt. Bedenkenswert dabei ist, dass in solchen MMOGs Umstände entstehen können, in denen vorherige Aufträge und Missionen, erlebte Geschichten und nachlesbare Hintergründe nicht mehr erspielbar sind. Weil sie nicht wieder aufgerufen und erneut gemeistert werden können, entsteht eine Erfahrung von Vergangenheit wie in der alltäglichen Welt. Die Umwälzungen und die Kommunikation der Spieler darüber rufen daher, unabhängig von den dargestellten Inhalten, ein Geschichtserlebnis hervor. Diese Verhältnisse kann man als dicht beschriebene Geschichte der Spielwelt verstehen. Schrittweise führen daher die Teile

---

[87] Jährlich ereilt viele MMOGs ein solches Schicksal. Einen sehr wahrscheinlich unvollständigen Überblick für 2016 gibt **Royce, Bree:** The MMOs We Lost in 2016, in: *Massively Overpowered* 4.1.2017. Online unter: http://bit.ly/2lCjHNY (Letzter Zugriff: 28.3.2019).

von Kapitel 4 Erkenntnisse der Historik mit der sinnstiftenden inneren Logik von digitalen Spielen zusammen. So geschieht es, dass Spieler, die bereits langjährige Veteranen von Gilden sind, jüngeren Mitgliedern von der Welt vor dem Umbruch und ihren gemeinschaftlichen Heldentaten mit anderen altgedienten Gildenmitgliedern erzählen.

Die Bestandteile der Spielwelt, auf denen diese Geschichten beruhen, stammen für jene, die später hinzugestoßen sind, aus einer nicht mehr erreichbaren Vergangenheit. Die Rahmenbedingungen der Ereignisse existieren nicht mehr. Sie können nun ausschließlich noch aus der Erinnerung kommuniziert werden. Dieser Aspekt weckt einen interessanten Verdacht: In solchen Mehrspieler-Online-Spielen könnten sich grundsätzliche Mechanismen verbergen, wie Erlebnisse für eine sozialen Gruppe erst identitätsstiftend werden, dann zu kollektiven Erinnerungen kultiviert und innerhalb dieser Gruppe weiter tradiert werden. Untersucht man solche Prozesse könnten sie die theoretischen Überlegungen zu Geschichtskultur, Erinnerung und Erinnerungskultur bestätigen, wie sie beispielsweise Aleida und Jan Assmann seit den neunziger Jahren entwerfen.[88] Wären diese Konzepte im Spiel nachweisbar, könnte man mit den MMOGs auf ein empirisches Labor gestoßen sein, mit dessen Hilfe grundlegende theoretische Aspekte validierbar wären. Ob ein MMORPG dies leisten kann, wird der Abschnitt *4.5 Gemeinschaften und Erinnerungskultur* zeigen, der alle theoretisch-methodischen Überlegungen am praktischen Gegenstand zusammenführt. Er greift auch die Rolle von Forschenden aus *Abschnitt 4.1 Methodische Folgen für Modell und Quellen* als involvierte Beobachter wieder auf. Die gezielte Betrachtung derjenigen Elemente, die sich auf historische Inhalte und die Kommunikation über geschichtliche Elemente beziehen, führt auf die historische Erinnerungskultur eines bestimmten digitalen Spieles. Kombiniert man diese Befunde mit denen aus weiteren Spielen, ließe sich breiter auf eine allgemeine historische Erinnerungskultur im Umfeld von MMOGs zurückschließen.

Die Einführung begründete hinreichend, dass geschichtswissenschaftliche Studien notwendig sind. Zugleich steckt sie ein weites geschichtswissenschaftliches Betätigungsfeld ab. Der Mosaikstein, den das vorliegende Buch zum Feld beisteuert, ist ein theoretisch und methodisch fundiertes Arbeitsmodell, das MMOGs als Erinnerungskulturelle Wissenssysteme beschreibt. Die folgenden Kapitel entwickeln dieses Analysemodell schrittweise, stets mit Bezug auf historische Inszenierungen. Einerseits dient das Vorgehen dazu, die wissenschaftlichern Grundlagen der Teilbereiche strukturiert seinen Komponenten zuzuordnen. Dadurch bleibt die Übersicht für einen späteren Rückgriff der Leser gewahrt. Auf der anderen Seite fokussieren die Kapitel das Modell nach verschiedenen Zugriffswegen, um es für bestimmte Teilaspekte in weiteren Studien modular zu verwenden. Es schlüsselt die

---

[88] **Assmann, Jan:** Das kulturelle Gedächtnis. Schrift, Erinnnerung und politische Identität in frühen Hochkulturen. 6. Aufl., München 2007; **Assmann, Aleida:** Erinnerungsräume. Formen und Wandlungen des kulturellen Gedächtnisses. 5., durchges. Aufl., München 2010.

Organisation von historischem Wissen in MMORPGs auf, legt jene Prozesse offen, durch die sich historische Elemente im Spielverlauf verändern, und erläutert den Einfluss darauf durch die Spielenden. Um das Arbeitsmodell zu verifizieren, werden die theoretischen Überlegungen direkt entlang des Fallbeispieles *The Secret World* ausgeführt.[89] Das zu entwerfende Instrumentarium wird analysieren, wie das konkrete Beispiel eines MMORPGs speziell historische Inhalte verarbeitet und über soziale Gemeinschaften der Spielenden in eine spielspezifische Erinnerungskultur überführt. Allgemeine Abläufe – wie zum Beispiel spielmechanisch und technisch gerahmte – sind dann auf die Kommunikation über historische Inszenierungen und erinnerungskulturelle Aspekte zurückzuführen. Zwischen Wissenssystem, Nutzern und Erinnerungskultur entsteht so eine Dreiecksbeziehung, deren im Modell entworfene Funktionsweisen stets das konkrete Untersuchungsbeispiel überprüft. Ausdrücklich konzentriert sich dieses Buch auf die abstrakten Prozesse und Systeme am Fallbeispiel. Es verfolgt nicht das Anliegen, jeden historischen Inhalt der Spielwelt katalogisch aufzuführen oder zu verifizieren, sondern zeigt ihre grundsätzliche Komposition an Spielbestandteilen auf. Abschnitt *4.2 Technikkulturelle Einordnung* zeigt die Rahmenbedingungen auf, in denen sich das historische Setting der Spielwelt bewegt, aus denen zeitgeschichtliche Zusammenhänge einwirken oder welche durch die Technikkultur geprägt sind. Dadurch arbeitet er die Besonderheiten des ausgewählten Fallbeispieles in geschichtlicher und technikultureller Hinsicht im Verhältnis zum übrigen Feld dieser Spielform heraus. Die Anwendung am konkreten Beispiel überprüft das theoretisch und methodisch fundierte Untersuchungsmodell für digitale Spiele und ihre historischen Inszenierungen. Stellt es sich als wirksam heraus, wäre es als Ausgangspunkt für weitere Untersuchungen nutzbar. Es wird helfen, andere digitale Spiele vergleichend zu analysieren, ihre charakteristischen Eigenschaften an anderen Medienformen zu spiegeln, aber auch konzeptionell sinnvolle, historische Produktionen anzustoßen.

Im Zentrum des Interesses in diesem Buch stehen die Konzepte des *Wissenssystemes* und der *Erinnerungskultur*. Sie werden empirisch an dem genannten Beispiel auf ihre Strukturen, die in ihrem Inneren ablaufenden Prozesse, ihre verbindenden Elemente innerhalb des Spieles und nach außen untersucht. Zu beiden Konzepten gibt es kultur- und geschichtswissenschaftliche Vorarbeiten. Da die theoretischen Vorstellungen im Bereich der Erinnerungskultur nur schwer in der gesellschaftlichen Wirklichkeit nachvollziehbar sind, überprüft die Dissertation, ob digitale Spiele dafür als Labormodell taugen. Das genannte Beispiel des MMORPGs erscheint vielversprechend, weil seine Spielerinnen und Spieler explizit mit historischen Inszenierungen interagieren, diese gemeinsam im Multiplayer-Spiel erfahren und im Umfeld des Spieles über historische Elemente kommunizieren. Eine Erinnerungskultur dieses speziellen Online-Rollenspiels könnte daher schon im Inneren des Spiels nachweisbar sein. Solche Belege könnten darauf hindeuten, wie eine historische Erinnerungskultur

---

89 **The Secret World** 2012 ff.

umfassender, allgemein unter Spielern untersucht werden könnte. Dass der Geschichtswissenschaft hierzu wesentliche Erkenntnisse fehlen, mahnte Bender 2012 an.[90] Fortschritte in dieser Hinsicht blieben seither für digitale Spiele aus. Die Ausführungen zum Wissenssystem werden vorwiegend durch Videobeiträge belegt, aufgezeichnet aus der eigenhändigen individuellen Spielerfahrung des Autors. Referenzierbare Quellen wie zum Beispiel Mitschnitte belegen aber nur jeweils einen möglichen Weg durch das Spiel in einer spezifischen Konfiguration aller Umstände der Spielwelt. Die Reichweite der Ergebnisse aus dieser Untersuchung ist daher zu relativieren, sind sie doch nicht zwingend repräsentativ für Erfahrungen anderer Spieler. Zweitens bilden die Mitschnitte eine komplexe, räumlich wahrgenommene, interaktive Situation mit Handlungsfreiheit chronologisch und fixiert in Form eines Films ab. Der Mitschnitt reduziert also die Freiheitsgrade gegenüber der Perspektive, die Spielende während des Spielens haben, erheblich. Letztlich kennt aber die historische Wissenschaft den Umgang mit solchen Abstraktionen durch eine Überlieferung, weil auch andere Quellenformen historische Informationen in den Grenzen ihrer jeweiligen medialen Form tradieren. In diesem Teil wird somit das Problem zu lösen sein, wie welche Kombination von Bild, Text und Videografie in geeigneter Weise die Aussagen im Text belegen kann. Der empirische Teil wird die entstandenen Filmquellen im Text systematisieren, einordnen und erläutern. Im Verlauf meiner Aktivitäten in dem Online-Rollenspiel entstanden über die Jahre allerdings dutzende Stunden an Filmmaterial. Deswegen belegen pointierte Beiträge über verschiedene Aspekte der historischen Inszenierung die Befunde der Studie. Diese Videos, aus der kontinuierlichen Erfahrung zusammengeschnitten, kondensieren die Spielerfahrung zusätzlich. Mir ist bewusst, dass auch dieser Akt der Auswahl bereits interpretativ ist, gleichwohl kann das Material nur auf diese Weise handhabbar portioniert werden. Meine gesamten Aufzeichnungen können jedoch auf Anfrage eingesehen werden, um meine Aussagen zu überprüfen, aber auch für den Fall, dass Forscherinnen und Forscher dieses Material ebenfalls für eigene Studien nutzen wollen. Während der Konzeptionsphasen dieses Buches wurden mehrere Anläufe genommen, geeignete Vorgehensweisen zu identifizieren, um sich der Erinnerungskultur anzunähern. Hilfreich wäre es, Sprachmitschnitte von den gemeinsamen Spielerfahrungen mit anderen Spielerinnen und Spielern anzufertigen. Dadurch wäre der Anteil in ihrer Kommunikation ermittelbar, der sich explizit um die historischen Inhalte der verschiedenen Gruppen rankt. Leider ist diese Vorgehensweise juristisch problematisch, weil ein Mitschnitt der Kommunikation nicht ohne das Einverständnis der Mitspielenden gestattet ist. Nicht nur hätte dies einen unverhältnismäßig hohen Aufwand bedeutet, um die realen Personen hinter den Avataren im Spiel zu ermitteln, zudem hätte die Vorabinformation über das Ziel der Studie das Gespräch im Spielgeschehen vorkonfiguriert und die Ergebnisse entwertet. Zwar verfügen MMORPGs auch über ein textliches Mitteilungsfenster, das wie ein Chat auswertbar wäre, da sich die verbale

---

90 **Bender:** Virtuelles Erinnern, 2012; S. 225/26.

Kommunikation über VoIP jedoch weitgehend durchgesetzt hat, bleiben als geschriebene Mitteilungen meist nur rudimentäre Fragmente. Transkriptionen der verbalen Gespräche anzufertigen und ihre Urheber zu anonymisieren wäre über die enorme Spiellänge wiederum ein nicht zu leistender Aufwand geworden. Zu den gefilmten und geschnittenen Sequenzen kommen daher schriftliche Quellen aus dem Spiel und aus Internetplattformen hinzu, welche speziell die erinnerungskulturellen Aspekte belegen. Darunter sind Beiträge aus Blogs, welche Spieler zu ihren Figuren oder Hintergründen anlegen, Diskussionen in Foren um historische Aspekte, aber auch Twitterkanäle, die manche Spielenden als Rollenspielelement betreiben, um aus dem fiktiven Leben ihrer Spielcharaktere zu erzählen. Welchen Quellenwert diese Selbstzeugnisse von Spielerinnen und Spielern haben, ordnet Abschnitt *4.1 Methodische Folgen für Modell und Quellen* ein.

Ganz gleich wie differenziert die Fallstudie *The Secret World* auch immer durchleuchtet, genügt ein einzelnes Exempel aller Voraussicht nach nicht, um daran alle bedenkenswerten historischen oder theoretisch-methodischen Aspekte von MMOGs aus geschichtswissenschaftlicher Perspektive zu erörtern. Daher unternimmt das Fazit dieses Buches in *Kapitel 5 Erinnerungskulturelle Wissenssysteme in digitalen Spielen* einen Ausblick auf lohnenswerte weitere Studienobjekte unter Multiplayer-Spielen. Spezifische Muster aus Wissenssytem, Nutzern und Erinnerungskultur sollten weitere Studien an ihnen MMOGs vergleichen. Ähnlich vereinen sie große Spielerschaften mit neuartigen Konzepten, weisen jeweils aber andere Schwerpunkte auf. So verweist der Ausblick auf weitere Untersuchungsfelder, in denen sich Studien empfehlen. So wären Indizien einer größeren Erinnerungskultur zu gewinnen, denn Spielerinnen und Spieler sind in der Regel nicht nur in einem Titel involviert. Denkanstöße gibt das Modell einerseits zu MMOGs, andererseits über Online-Spiele hinaus. Das Fazit weist daher grundsätzlich darauf hin, in welche Richtungen sich die Geschichtswissenschaft methodisch und theoretisch entwickeln müsste, um historische Inszenierungen bei digitalen Spielen angemessen zu erforschen. Auch wenn das gewählte Fallbeispiel durch seine explizit historischen Inhalte besonders aussagekräftig ist, und das Modell auf MMOGs basiert, dürften viele Aspekte des Instrumentariums gewinnbringend für Studien auch an anderen Formen digitaler Spiele sein. Wenigstens führen die aufgestellten Kategorien und geprägten Begriffe zu einer besseren Vergleichbarkeit von Studien über digitale Spiele.

Wegen des interdisziplinären Ansatzes im vorliegenden Text ist der aktuelle Forschungsstand auf mehreren Fachgebieten zu überblicken. Umgekehrt können die theoretischen Vorüberlegungen, das entworfene Arbeitsmodell zu MMOGs oder auch das konkrete Beispiel *The Secret World* verschiedenen Disziplinen einen Nutzen bringen. Aller Wahrscheinlichkeit nach wird die Leserschaft dieses Buches daher ungewöhnlich heterogen sein. Die vorliegende Dissertation entstand aus originär geschichtswissenschaftlichem Arbeitsinteresse. Den Lesergruppen jeweils anderer fachlicher Disziplinen werde ich geschichtswissenschaftliche Ausführungen möglichst verständlich machen. Sensibel werden daher Begriffe und Denkmodelle aus verschiedenen Perspektiven aufbereitet, ohne dabei unpräzise zu verkürzen. Darin liegt eine erhebliche Herausforderung. Neben Geschichtswissenschaftlern und Akteuren im Bereich der Public History richtet sich dieses Buch an die Fachdidaktik und Lehrende in verschiedenen Bereichen des *Game Design*, aber auch an Medienforscherinnen und -forscher, die Kulturwissenschaft und Soziologen. Der Text bietet jedoch auch Entwicklern und Publishern Denkanstöße, wie digitale Spiele mit einem historischen Hintergrund nach neuen Prinzipien inszenierbar sein könnten. Erfreulich wäre, wenn dieses Buch Leserinnen und Leser im Journalismus fände sowie unter Eltern und Spielerinnen und Spielern, die verstehen wollen, wie weit das Spektrum historischer Inszenierungen in digitalen Spielen reicht und welche gesellschaftliche Relevanz sie haben. Aus diesen Gründen liegt mein Augenmerk darauf, fachfremden Lesern den Einstieg zu erleichtern. Eine der Grundlagen jeder Verständigung ist, sich auf Begriffe und ihre Inhalte zu einigen. Insbesondere eine interdisziplinäre Arbeit muss mehrdeutige Begrifflichkeiten oder gar vollkommen unterschiedlich belegte Termini berücksichtigen, die sich aus der institutionellen Trennung von Disziplinen ergeben. Hinzu kommt, dass in der Literatur zahlreiche Begriffe nicht immer reflektiert oder präzise verwendet werden, was ein interdisziplinäres Verständnis nicht fördert. Unschärfen entstehen zudem, wenn deutsche Texte in andere Sprachen und fremdsprachige ins Deutsche übersetzt werden. Relevante Begriffe sind oft nicht mit ihrem ursprünglich konnotierten Sinn exakt übertragbar. Verschiedene Sprachräume verleihen zum Beispiel den Worten *Erfahrung*, *Bildung* und *Lernen* unterschiedliche Bedeutungen und Konnotationen.[91] Daher hält diese Dissertation eine besondere Schärfe in den Begriffen durch und legt Kontroversen offen. Zugänge zu komplizierten Sachverhalten und etablierten Begriffen verschafft ein ausführliches Glossar als Begleitmaterial, das die Katalogseite des Verlages zu diesem Buch frei zum Download vorhält. Es klärt wissenschaftliche Begriffe, aber auch Bezeichnungen aus digitalen Spielen, Fachworte aus ihren Produktionsbedingungen und ihrem kulturellen Umfeld.

* * *

---

91 Tan, Wey-Han: Konstruktivistisches Potenzial in Lernanwendungen mit spielerischen und narrativen Elementen, Hamburg 2006, S. 11 verweist auf Probleme bei *Education, Formation, Raising* und *Creation*. **Reich, Kersten:** Konstruktivistische Didaktik. Lehr- und Studienbuch mit Methodenpool. 3., völlig neu bearb. Aufl., Weinheim 2006, S. 23 zeigt sich unzufrieden über den Umgang mit dem englischen „experience", das deutsche Texte häufig als „Erfahrung" vereinfachten.

2 Digitale Spiele, Geschichtswissenschaft und der Forschungsstand

Erst seit gut zehn Jahren befasst sich die Geschichtswissenschaft mit digitalen Spielen, ihre Beiträge aber gehen häufig wenig in die Tiefe. Nur wenige Monografien widmen sich ihnen gezielt, konzentriert und differenziert. Aufsätze bleiben in der Regel deskriptiv, greifen sich Einzelfälle heraus und entwerfen grobe Überblicke. Leider schließen die Autorinnen und Autoren kaum an Vorarbeiten von Nachbardisziplinen an. Diese Defizite treffen nicht nur auf Texte über konkrete Beispiele zu, sondern ebenso auf vereinzelte, theoretische Annäherungen. Ergebnisse stehen so losgelöst nebeneinander. Der formale Umgang mit digitalen Spielen blieb ebenfalls disparat. Beiträge reflektieren ihre Herangehensweisen methodisch wenig, verwenden Begriffe unpräzise und definieren Vorstellungen über das Historische an einem digitalen Spiel nicht klar. Zudem fehlen Standards für die Quellenkritik und die Referenzierung von Belegen zu diesem Medium. Dabei könnten Autorinnen und Autoren eigentlich an ein vorhandenes geschichtswissenschaftliches Repertoire anknüpfen: von einem reichhaltigen theoretischen Angebot über erprobte Methoden und quellenkritische Überlegungen bis hin zu Teilgebieten der historischen Forschung. Bislang jedoch fällt der wissenschaftliche Umgang mit digitalen Spielen hinter dem zurück, was möglich und wünschenswert wäre.

Dieses Kapitel steigt daher mit Überlegungen ein, worin das Historische an einem digitalen Spiel überhaupt liegt. Abschnitt *2.1 Geschichte aus der Sicht der Branche* kondensiert es auf Bestandteile, die historische Inszenierungen aus der Sicht von Entwicklern bestimmen. Deren Perspektive allein fasst das Historische an einem Spiel gewiss nicht abschließend. Ein paar Ansätze dazu unternahm die Geschichtswissenschaft, die vorhandene Literatur aber leidet an methodischen und terminologischen Schwächen. Deren Reflexion bereitet dem weiteren Vorgehen eine wichtige Grundlage, um zu beantworten, wie relevant das wie auch immer geartete historische Element bei digitalen Spielen konkret ist. Abschnitt *2.2. Die Vermessung des Historischen* ordnet das Phänomen quantitativ ein, bevor das Selbstverständnis der Branchenakteure in Abschnitt *2.3* auf *Das Historische aus Sicht der Forschung* trifft.

Erst auf dieser terminologischen Basis können die folgenden Abschnitte die geschichtswissenschaftliche Forschungslandschaft strukturieren und bewerten. Die Textabschnitte stellen bisher behandelte Arbeitsfelder vor, greifen die weiter oben genannten Kritikpunkte auf und konkretisieren die Lücken und Defizite im Umgang mit digitalen Spielen. Abschnitt *2.4 Die Quelle und der methodische Zugriff* ergründet die Charakterisika der neuartigen medialen Form als Quelle und erläutert Konsequenzen daraus für die Methodik. Daran schließt Abschnitt *2.5 Systematische Ansätze* einen Überblick zu behandelten Sachfragen in der Geschichtswissenschaft an. Er unterscheidet systematische Beiträge zu geschichtswissenschaftlichen Arbeitsfeldern, und jene, die sich auf Spielformen konzentrieren. Hernach gliedert Abschnitt *2.6 Zugriffe über historische Periodisierung* in drei Gruppen. Die erste stößt in mittelalterliche Inszenierungen vor und behandelt die weitgehend vernachlässigte Vor- und Frühgeschichte sowie die Antike mit. Einen langen Bogen zu neuzeitlichen Themen spannt die zweite Gruppe von der Frühen Neuzeit bis zu zeitgeschichtlichen Fragen. In einer dritten Untergruppe bildeten sich Mikroepochen als geschichtswissenschaftliche Schwerpunkte heraus.

In der Summe untermauern die dortigen Ausführungen einen dringenden Handlungsbedarf, vor weiteren geschichtswissenschaftlichen Aktivitäten im Feld digitaler Spiele zunächst geschichtswissenschaftliche Erkenntnisinteressen zu klären. Dafür ist es notwendig, die Vorgehensweisen der Forschung zu koordinieren und zu bündeln. Welche Wege zu verfolgen, zu vertiefen und neu zu beschreiten sind, empfiehlt daher *Abschnitt 2.7 Lückenfüller – Der Stand einer selektiven Forschung*. Diesen Aufgabenkatalog übergibt er nach Kapitel 3 *Die Erweiterung des Arbeitsfeldes*, um die Perspektiven zu konkretisieren, um die formulierten Defizite aufzulösen und bereits vorhandene Chancen zu nutzen.

2.1 Geschichte aus der Sicht der Branche

Historische Inszenierungen spielen eine zentrale wirtschaftliche Rolle für die Branche, die digitale Spiele produziert. Diesen Eindruck belegen verbreitete Werbetexte, die verkünden, wie historisch realistisch, authentisch oder akkurat dieses oder jenes Spiel sei. Das Strategiespiel *Rome 2* wirbt damit, dass es „Spieler in die Zeit des Ausbruchs des römischen Bürgerkriegs versetzt", in der man den Aufstieg des römischen Kaisers „erlebe".[92] Für das Spielerlebnis im Open-World Action-Abenteuer *Assassin's Creed IV: Black Flag* verspricht das Marketing:

> „Bewege dich unter solch legendären Piraten wie Blackbeard, Calico Jack und Benjamin Hornigold, während du auf den Bahamas eine gesetzlose Republik errichtest und die atemberaubenden Ereignisse nacherlebst, die das goldene Zeitalter der Piraterie geprägt haben."[93]

Sogar eine wirtschaftliche und infrastrukturelle Eisenbahnsimulation wie *Train Fever* kündigt an, ihre Spieler könnten „mehr als 150 spannende Jahre Nahverkehrs-Geschichte" nacherleben – „mit eigenen Augen im Wandel der Zeit".[94] 2016 griff der Team-Taktik-Shooter *Battlefield 1* den Ersten Weltkrieg auf.[95] Beim Spielen, betonen die Werbetexte, sei „das ganze Ausmaß des Krieges" zu erleben, „die Vielschichtigkeit eines weltweiten Konfliktes durch die Augen verschiedener Personen, die dieser erste

---

92 Total War: Rome 2 2013; **Werbetext Rome 2** via Amazon. Online unter: http://amzn.to/28R2sYd (Letzter Zugriff: 29.3.2019).
93 Assassin's Creed IV: Black Flag 2013; **Werbetext Black Flag** via Amazon. Online unter: http://amzn.to/28PYjjp (Letzter Zugriff: 29.3.2019).
94 Train Fever. Entwickle eine Region von 1850 bis heute 2014; **Werbetexte Train Fever** via Amazon. Online unter: http://amzn.to/28OONP0 (Letzter Zugriff: 29.3.2019).
95 Battlefield 1 2016.

moderne Krieg der Geschichte einst zusammenführte."⁹⁶ Ohne an dieser Stelle näher auf die gewagten Formulierungen einzugehen, deuten solche Versprechen den Kunden an, bei diesen Titeln erwarte sie ein unmittelbares Erlebnis mit einem hohen Grad an Realitätstreue. Das betreffende Spiel katapultiere sie geradewegs durch die Zeit in ein historisches Setting. Die vier ausgewählten Beispiele sind außergewöhnlich erfolgreiche Titel verschiedener Spielformen, deren Vertreter sich noch Jahre nach ihrer Erstveröffentlichung auf dem Markt halten. Zusammen erreichen sie den Großteil aller Spieler aller dominanten Plattformen und Genres im gesamten Markt. Als repräsentative Stichprobe weisen sie daher aus, wie Historisches als Marketingstrategie genutzt wird. Offenbar empfinden Kunden wie Hersteller es als wichtig, dass historische Inhalte gewissen Ansprüchen genügen. Dass sie damit jedoch konkrete Vorstellungen über das Historische verbinden, ist diesen Äußerungen nicht entnehmbar. Eher äußern sie diffuse Versprechen, man könne eine historische Akkuratesse erreichen, indem man Fahrzeuge, Architektur oder Uniformen möglichst genau nachbildet oder historische Persönlichkeiten auftreten. Scheinbar werden vornehmlich Relikte digitalisiert und nicht Überlieferungen kontextualisiert. Vollwertig Geschichte zu repräsentieren, gelingt so nicht. Dennoch offenbaren ihre Urheber damit historische Vorstellungen, so implizit, diffus und prämodern sie erscheinen mögen. Jenseits von Klappentexten aber thematisiert die Branche diese Vorstellungen zu ihren Produkten selten. Rar sind daher schriftliche Zeugnisse von Branchenvertretern über ihre Intentionen, wie sie und warum sie mit historischen Inhalten umgehen.

Bei einer solchen Ausnahme äußerten sich mit Benedikt Schüler, Christopher Schmitz und Karsten Lehmann gleich drei wichtige Leitfiguren der deutschen Branche zu Geschichte als Marktfaktor.⁹⁷ Dass historische Inhalte im Portfolio von Ubisoft von zentraler Bedeutung sind, unterstreicht Schüler 2011 anhand von mehreren erfolgreichen Reihen des Publishers.⁹⁸ Leider hinterfragt er nicht, weshalb Spielende sich zu wesentlichen Teilen für Geschichte interessieren und in welcher Form. Entwickler und Publisher setzen seiner Ansicht nach aus ganz bestimmten Gründen historische Inszenierungen ein:⁹⁹ Geschichte sei universell in jedem Genre verwendbar. Entwickler müssten historische Elemente nicht erst wie neue Spielwelten aufwändig etablieren.

---

96 Werbetexte Battlefield 1 via Amazon. Online unter: http://amzn.to/28S7SjT (Letzter Zugriff: 29. 3. 2019).
97 Benedikt Schüler war von 1995 bis 2001 bei Electronic Arts und ab 2001 für Ubisoft im Marketing tätig. Christopher Schmitz arbeitete ab 1992 Erfahrungen bei deutschen Entwicklern als Programmierer und Producer. Ab 2007 war er in der Produktentwicklung bei Ubisoft, wechselte 2015 zu Quantic Dream. Karsten Lehmann übernahm ab dem Jahr 2000 Funktionen in Management und Public Relations für Ubisoft. Zum Zeitpunkt der Entstehung des Beitrags 2008–10 sprachen sie alle für den frankokanadischen Publisher, dessen hierarchisch vorgesetzte Funktion bei den geäußerten Positionen des Beitrages zu berücksichtigen ist.
98 Schüler / Schmitz / Lehmann: Geschichte, 2012²; S. 245–48, siehe Tabelle für 2011 auf S. 248. In der ersten Auflage von 2010 diskutierte Schüler die Marktlage schon einmal für das 2009: **Schüler / Schmitz / Lehmann:** Geschichte, 2010; S. 199–202, Tabelle auf S. 200.
99 Schüler / Schmitz / Lehmann: Geschichte, 2012²; S. 248.

Günstig sei, dass historische Begebenheiten emotionale Bindungen erweckten. Letztlich bedienten sich Entwickler mit Geschichte an lizenzfreien Universen, die sie nicht wie bei Filmvorlagen oder Büchern teuer abgelten müssten. Seine Perspektive bemüht sich um eine Bestandsaufnahme, um wirtschaftlich darauf zu reagieren, nicht jedoch um die Hintergründe zu verstehen. Bemerkenswert ist, dass – obwohl digitale Spiele mit historischen Inhalten offenbar wirtschaftliche Erfolge versprechen – nur ein indifferentes Verständnis vorherrscht, was denn das Historische an solchen Spielen sei. Es scheint, als würde einfach als historisch gelten, was Kunden mindestens einmal dafür gehalten haben. Geschichtswissenschaftlich kann dieser Mangel an Selbstreflexion nicht zufriedenstellen. Christopher Schmitz hingegen pflichtet ihm in seinem Beitrag über die Produktion des mittelalterlichen Wirtschaftsaufbauspieles *Anno 1404* bei.[100] Zu Beginn eines Projektes mit „historischem Setting" würden Entwickler sich in entsprechende Literatur einlesen, um „festzustellen, was es in diesem Zeitalter an Dingen gab, die für die Umsetzung des Spieles relevant sein könnten."[101] Die meisten Produktionen legten keinen großen Wert auf historische Genauigkeit. Es komme vielmehr darauf an, „ein Abbild wahrgenommener Geschichte in einem in sich stimmigen Setting anzubieten. [...] [E]in Bild von Geschichte im Kopf [...], das durch Filme und Bücher entstanden ist, [...] entsteht nach und nach im Team, so wie es die Beteiligten selbst wahrnehmen."[102] Durch Rückmeldungen aus Tests an Zielgruppen näherten Entwickler sich dem an, was „dem Durchschnittspielenden noch als historisch korrekt erscheint."[103] Entscheidend für die Produktion sei,

> „ob sich das Spiel zur Entspannung und Unterhaltung eignet, nicht, ob es historische Fakten genau wiedergibt. Es muss Spaß machen, als Spiel eine Herausforderung bieten, unterhalten und als Ganzes glaubwürdig erscheinen."[104]

Wenn sich diese Entwickler zu einem historischen Thema einlesen, versuchen sie mit Objekten strategisch an die historischen Vorstellungen ihrer potentiellen Kunden anzuschließen. Historisch akkurat bleiben die Spielwelten im Auge der Kunden nur, solange ihnen Diskrepanzen nicht auffallen. Karsten Lehmann schildert in dem Beitrag, wie die alliierte Operation *Market Garden* aus dem Zweiten Weltkrieg für den Taktik-Shooter *Brothers in Arms: Hells Highway* aufbereitet wurde.[105] Zwar seien die auftretenden Figuren erdacht, die Entwickler betreiben aber hohen Aufwand, um Örtlichkeiten der Gefechte, Fahrzeuge und Gewehre mithilfe von Luftaufnahmen und Kartenmaterial aus Militärarchiven, Fotografien und Exkursionen so exakt wie mög-

---

100 **Schüler / Schmitz / Lehmann:** Geschichte, 2012²; S. 248–51; **Anno 1404** 2009.
101 **Schüler / Schmitz / Lehmann:** Geschichte, 2012²; S. 249.
102 **Schüler / Schmitz / Lehmann:** Geschichte, 2012²; S. 249.
103 **Schüler / Schmitz / Lehmann:** Geschichte, 2012²; S. 249.
104 **Schüler / Schmitz / Lehmann:** Geschichte, 2012²; S. 251.
105 **Brothers in Arms. Hell's Highway** 2008; **Schüler / Schmitz / Lehmann:** Geschichte, 2012²; S. 253–56.

lich nachzubilden.[106] Auch zu Simulationen skizziert Lehmann eine Vorherrschaft von physischen Objekten als hilfreiche Stütze für Geschichtsbilder:[107] Der U-Boot-Simulator *Silent Hunter: Wolves of the Pacific* sei auf der Grundlage von Original-Bauplänen aus Werften und Archiven entstanden, unterstützt durch Seekarten und Einsatzberichte mit enthaltenen Fahrtrouten und Aufträgen.[108] In akribisch digital nachgebauten Maschinen verfolgen Spieler durch die Missionen eine Ereignisgeschichte des Pazifikkrieges. Die komplexe Steuerung eines Unterseebootes folge den Originalen, was lange Einarbeitung erfordere.

Immer deutlicher tritt die Objektfixierung der Branche in der Darstellung des Historischen zutage. Solange Objekte als Authentizitätsanker existieren, kommt dieses Geschichtsverständnis etwa ohne historisch überlieferte Gesellschafts- und Wirtschaftssysteme aus. Das eigentlich als mittelalterlich beworbene Beispiel *Anno 1404* verfolgt zum Beispiel ein protestantisches Aufstiegsmodell, das wohlhabende Patrizier kurzerhand in den Adelsstand befördert.[109] Objekte wie Schiffstypen und Gebäude im Produktionskreislauf, etwa eine Schmiede, orientieren sich dagegen nahe an historischen Vorbildern. Geschichte soll glaubhaft *erscheinen* und nicht etwa *sein*. Eine solche Einstellung führt unter Historikern zu heftiger Ablehnung und widerstrebt gewiss darüber hinaus historisch kritischen Kunden. Digitale Spiele sind keineswegs verpflichtet, sich als Bildungseinrichtung oder kritischer Fachkommentar zu verstehen. Entwickler haben das Recht, bei ihren Kulturprodukten mit geschichtlichen Inhalten im Rahmen von Gesetz und Verfassung umzugehen, wie sie es sich spielmechanisch wünschen. Problematisch aber ist, wenn das Marketing eines Produktes nicht offenlegt, wenn man sich frei an historischen Objekten bedient, um in erster Linie ein spielbares Aufbauspiel zu realisieren. So halten sich die offiziellen Werbetexte von *Anno 1404* nicht unbedingt zurück, wenn sie in Aussicht stellen:

> „In ANNO 1404 übernimmst du die Kontrolle über ein Schiff des 15. Jahrhundert, besegelst die Weltmeere, entdeckst neues Land, stellst diplomatische Beziehungen her, treibst Handel und errichtest monumentale Metropolen. [...] Mehr als 40 verschiedene Tierarten, 200 authentische Gebäude, 24 Arten von Ressourcen, 64 unterschiedliche Waren und detailgetreue Animationen lassen das 15. Jahrhundert lebendig werden."[110]

Derartige Formulierungen täuschen Kunden über die Qualität der historischen Inhalte des Spieles. Angesichts dieser Texte sind sich die Produzenten wohl sehr bewusst, dass die historischen Elemente ihren Kunden wichtig sind. Das Marketing erweckt

---

106 Schüler / Schmitz / Lehmann: Geschichte, 2012²; S. 255.
107 Schüler / Schmitz / Lehmann: Geschichte, 2012²; S. 256/7.
108 Silent Hunter 4. Wolves of the Pacific 2007.
109 Nolden, Nico: Das Ende der Finsternis. Potenziale mittelalterlicher Inszenierungen in digitalen Spielen. Teil 4: Inszenierung wirtschaftlichen Aufbaus, in: *Keimling* 28.6.2013. Online unter: http://bit.ly/28T6SrA (Letzter Zugriff: 29.3.2019).
110 Werbetexte Anno 1404 via Amazon. Online unter: http://amzn.to/2994oHm (Letzter Zugriff: 29.3.2019).

deshalb den Eindruck, man erlebe in digitalen Spielen akkurat Geschichte nach. Den notwendigen Aufwand aber, geschichtliche Inhalte entsprechend plausibel in die Spielwelt zu integrieren, scheuen die Firmen dann. Das Niveau an historischer Reflexion erscheint bei diesen Entwicklern relativ gering. Nichts wäre dagegen einzuwenden, wenn sich Entwickler für ein Unterhaltungsprodukt entscheiden, das historische Fantasy betreibt. Viele Titel vermengen erfolgreich historische mit fiktiven Elementen. Deutlich zu machen, dass man populären historischen Vorstellungen folgt und eben nicht geschichtswissenschaftlichen Erkenntnissen, wäre gegenüber Käufern schlicht eine gebotene Fairness.

Aus geschichtswissenschaftlicher Sicht bleiben derartige historische Inszenierung oberflächlich. Die geschichtlichen Vorstellungen, die Entwickler bei ihren Kunden aufgreifen und zu deren Selbstvergewisserung wieder zuliefern, verfolgen ein objektfixiertes Verständnis von historischen Inszenierungen. Das ist im besten Fall bedauerlich, weil das Medium vielfältige Möglichkeiten böte, Geschichte einfallsreicher zu inszenieren. Nur, weil sie Objekte, Gebäude und Areale rekonstruieren, mit Personen befüllen und einer Handlung beleben, bieten sie noch keine historische Erfahrung. Gewinnbringend auch für Entwickler wären Überlegungen, ob nicht in historisch überlieferten Modellen von Wirtschaft oder Gesellschaft sogar bessere spielmechanische Elemente verborgen liegen. Zu kritisieren ist also nicht, dass Entwickler mit Geschichte nicht sorgfältig umgehen, sondern dass sie ihren Kunden suggerieren, dass sie es täten. So verfestigen sich historische Vorstellungen, die zu falschen Rückschlüssen beispielsweise auf gesellschaftliche Verhältnisse einer vergangenen Zeit führen. Wenn angenommen werden darf, dass historische Rückversicherung zur individuellen und gesellschaftlichen Identitätsbildung beiträgt, dann ist dies wenigstens bedenklich. Die Suggestion von historischen Inszenierungen auf eine Art, die unterschwellige, populärhistorische Vorstellungen reproduziert, kann problematische Geschichtsbilder fördern, die über ihre Verbreitung wiederum gesellschaftlich rückwirken. Die Branche verschenkt viel Potenzial, historisch klüger zu inszenieren. Dafür aber überblicken die Akteure schlicht Schauplätze, interdependente Prozesse und historisch bestimmende Strukturen, gesellschaftliche Verhältnisse, die Rolle von Personen und die Entstehung von Ereignissen nicht genügend.

Der von Lehmann angeführte Produktionsprozess bei *Assassin's Creed* belegt jedoch, dass Entwickler sich durchaus geschichtswissenschaftliche Expertise suchen, solange diese ihre Vorstellungen von historischen Inszenierungen bekräftigt.[111] Bei der Produktion dieses Titels habe man auf die historischen Bezüge sehr genau geachtet,

> „insbesondere bei der Rekonstruktion der Stadt Jerusalem des späten 12. Jahrhunderts, die ohne die Unterstützung aus der Historikerzunft nicht zu realisieren gewesen wäre."[112]

---

111 **Assassin's Creed** 2007.
112 **Schüler / Schmitz / Lehmann:** Geschichte, 2012²; S. 251.

In dieser Weise habe man Damaskus, Akkon und die Burg Masyaf in Syrien sowie historisch verbürgte Persönlichkeiten und Gruppierungen gestaltet. Die Personen dienen spielmechanisch ebenso als historische Referenzobjekte. Interaktionen mit ihnen sind, abgesehen von Attentaten, kaum möglich. Eine historische Inszenierung identifizieren die Verantwortlichen also auch bei *Assassin's Creed* mit den digital reproduzierten Objekten und Gebäuden, holen dafür aber immerhin geschichtswissenschaftlichen Rat ein. In den Augen der Kunden und der Entwickler bürgen für historische militärische Spielinhalte externe Armeeberater, oft Veteranen, mit ihrem Namen und ihrem Erfahrungswissen. Als Authentizitätsanker bezeugen sie, „dass das Produkt in der Entwicklungsphase inhaltlich mit der nötigen Akkuratesse ausgestattet und von Spielenden so wahrgenommen wird[,]" und „verbürgen [...] die Echtheit der dargestellten Geschichte."[113] Es ist bezeichnend, dass Entwickler im Falle des Shooters und der U-Boot-Simulation nicht Historiker als Experten anhören, sondern Militärangehörige, die vermeintlich über eine soldatische Realität besser Auskunft geben. Auf der einen Seite lässt sich also nachweisen, dass zumindest die genannten Entwickler ein objektbehaftetes Verständnis von historischer Inszenierung verfolgen. Zudem scheinen sie sich für klare, eindeutige Narrationen zu interessieren, weniger für ausgewogene, differenzierte historische Betrachtungen, die ihnen Historiker bieten könnten.

Weil es an Selbstzeugnissen von Entwicklern und Publishern mangelt, reproduziert der Fachdiskurs die Aussagen von Schüler, Schmitz und Lehmann vielfach. Ihre Thesen dominieren so die geschichtswissenschaftliche Debatte. Beitrag und Rezeption erwecken den Eindruck, als wären ihre Aussagen auf die Branche verallgemeinerbar. Nun äußern sie aber ihre Einschätzungen zu historischen Elementen aus der Sicht von *Ubisoft*, also nur eines bestimmten Publishers digitaler Spiele.[114] Allenfalls könnte man noch annehmen, mit ihren Haltungen repräsentierten sie die Entwicklerstudios in ihrem Hause. Doch schon dafür wären wenigstens Stimmen der Entwickler bei der größten Niederlassung von Ubisoft im kanadischen Montreal anzuhören, die seit 2007 für *Assassin's Creed* veranwortlich sind.[115] Drei Personen, selbst in leitenden Positionen, können nicht stellvertretend für alle anderen leitenden Entwickler, eine große Zahl an Produkten und deren Philosophien herangezogen werden. Patrice Désilets, der Schöpfer von *Assassin's Creed*, zeigt sich nämlich über Objekte

---

113 **Schüler / Schmitz / Lehmann:** Geschichte, 2012²; S. 257.
114 **Ubisoft:** Offizielle Webseite. Online unter: https://www.ubisoft.com (Letzter Zugriff: 29.3.2019).
115 **Ubisoft Montréal:** Offizielle Webseite. Online unter: http://montreal.ubisoft.com (Letzter Zugriff: 29.3.2019). Federführend verantwortlich für **Assassin's Creed** (Kreuzzüge, Heiliges Land) 2007, **Assassin's Creed II** (Renaissance, Norditalien) 2009, **Assassin's Creed Brotherhood** (Renaissance, Rom) 2010, **Assassin's Creed Revelations** (Renaissance, Konstantinopel) 2011, **Assassin's Creed III** (USA, Unabhängigkeitskrieg) 2012, **Assassin's Creed IV. Black Flag** (17./18. Jh., Karibische Piraterie) 2013, **Assassin's Creed Rogue** (18. Jh., frz.-brit. Kolonialkrieg) 2014, **Assassin's Creed Unity** (Französische Revolution, Paris) 2014, **Assassin's Creed Syndicate** (Industrialisierung, London) 2015; **Assassin's Creed Origins** (spät-ptolemäisches Ägypten) 2017, **Assassin's Creed Odyssey** (Peloponnesischer Krieg, antikes Griechenland) 2018.

hinaus von historischen Inhalten fasziniert: Die Vergangenheit eröffne ein Pool von Personen, Geschichten und Begebenheiten – ein Universum, nutzbar wie ein Bühnenbild. Wo andere nach historischem Realismus fahnden, zeigt er sich bemerkenswert fachkundig, denn

> „[a]lles, was wir heute zu Geschichte machen, beruht auf Interpretation. [...] Dazu kommt, dass wir in Spielen ohnehin nicht hundertprozentig genau sein können. Das Medium zwingt uns quasi dazu, den Realismus der Spielbarkeit unterzuordnen. [...] In den vielen tausend Jahren der menschlichen Evolution sind wir modernen Menschen quasi Mutanten. Noch für unsere Großeltern wäre unsere heutige, unfassbar schnelle Art zu leben – mit Smartphones, Flugreisen, dem Internet – unvorstellbar gewesen."[116]

Für Désilets dienen historische Inhalte zwar auch als Kulisse und müssen sich daher der Spielmechanik im Zweifel unterordnen, gleichwohl bezieht sein Geschichtsbild neben Objekten und Gebäuden auch historische Erzählungen und die zeitgenössischen Rahmenbedingungen mit ein. Zudem ist er sich bewusst, dass Entwickler Geschichte nicht wertfrei darstellen, sondern stets interpretieren, und zwar mit einer intersubjektiven Distanz der heutigen Perspektive auf eine lückenhafte Überlieferung aus der Vergangenheit. Seine Haltung unterscheidet sich somit erheblich von Schüler, Schmitz und Lehmann. In seinen Spielen versuche er bei allen medialen Besonderheiten digitaler Spiele, möglichst nah an der Wissenschaft zu arbeiten.[117]

Alle gewählten Beispiele und Erläuterungen bei Schüler, Schmitz und Lehmann sind zudem mehr als zehn Jahre alt. Da sich die Branche digitaler Spiele stetig rasant umwälzt, dürfte sich die Haltungen auch in Bezug auf historische Inhalte geändert haben. Die ursprünglichen Konzepte von Patrice Désilets für *Assassin's Creed* entwickelten seine Nachfolger in viele Richtungen weiter.[118] Verbreitet arbeitet die Branche mittlerweile viel differenzierter mit historischen Inhalten, als der eingangs angeführte Beitrag den Eindruck erweckt.[119] Um das Verhalten der Branche bezüglich historischer Inszenierungen – auch im deutschsprachigen Markt – zu verallgemeinern, wäre ohnehin nicht nur die zeitliche Dimension zu berücksichtigen. Auch im Querschnitt zu einem bestimmten Zeitpunkt sind Mitarbeiter allein von *Ubisoft* nicht repräsentativ. Vertreter anderer großer Publisher wie *Electronic Arts* und *Activision Blizzard*, kleinerer Verlage wie *Kalypso Media* oder *Koch Media (Deep Silver)* müsste eine aussa-

---

116 **Gießler, Denis / Graf, Michael:** Das spielbare Gestern. Geschichte in Spielen, Teil 1, in: *Gamestar* 8/2016; S. 90–97, hier S. 96.
117 **Gießler / Graf:** Gestern, 2016; S. 97.
118 Siehe etwa Sklavenbefreiung und Seefahrtsmechanik beim karibischen Piratenszenario *Assassin's Creed IV: Black Flag*: **Gebauer, Jochen:** Assassin's Creed 4. Titelstory. Vorabtest, in: *Gamestar* 12/2013; S. 14–23.
119 Darauf hin weist auch der Überblick in: **Gießler / Graf:** Gestern, 2016 und **Gießler, Denis / Graf, Michael:** Spielerisch Geschichte Lernen. Geschichte in Spielen, Teil 2, in: *Gamestar* 9/2016; S. 74–81.

gekräftige Studie zu den Entwicklerperspektiven einbeziehen.[120] Auch sie produzieren zahlreiche digitale Spiele mit geschichtlichen Inhalten.

Die Haltungen von Entwicklern können von den beiden obigen Perspektiven noch weiter abweichen. Weltweit eine Leitfigur ist seit Jahrzehnten Sid Meier.[121] Berühmt machte ihn seine Reihe *Civilization*, die seit bald dreißig Jahren rundenbasierte Strategiespiele zur Menschheitsgeschichte inszeniert.[122] Anlässlich der Veröffentlichung von *Civilization IV* verteidigte er das Spielprinzip, denn „[w]ir versuchen ja nicht, Geschichte nachzuschaffen", sondern „ein paar Grundideen der Grundbausteine der Geschichte zu zeigen."[123] Dass die Reihe nicht bloß historische Verläufe nachzeichne, sei gerade ihre Stärke. Jeder Verlauf einer Partie verdeutliche, „dass die Welt sehr leicht ein ganz anderer Ort hätte werden können als die Welt, die wir kennen", was „die unterschiedlichen alternativen Entwicklungsmöglichkeiten" offenbare. Die immer neue Kombination von Strukturen und Prozessen zeige Alternativen der Geschichte auf, denn das Spiel

> „[...] lässt Sie 6.000 Jahre der Menschheitsgeschichte erleben, als der Anführer einer Gruppe von Leuten, die 4.000 vor Christus als Nomadenstamm anfängt. Sie bauen eine Stadt, Sie entwickeln Technologien, Sie treffen andere Staatenlenker, es gibt Krieg, Frieden, Technologie, Religion, Kultur, Diplomatie. In diesen 6.000 Jahren können Sie vielleicht die Welt erobern, oder Sie können zugrunde gehen, aber in jedem Fall haben Sie eine großartige Geschichte geschaffen."[124]

Zum Ursprung der Reihe 1991 orientierte sich Sid Meier noch an Kinderbüchern für die historischen Inhalte seines *Civilization*, denn „die enthalten alle wichtigen Fakten ohne unnötig in die Tiefe zu gehen."[125] Die anfänglich rudimentären Informationen wuchsen bis zu *Civilization V* im Jahr 2010 zu einer stattlichen Enzyklopädie über historische Technologien, Herrschaftsformen, gesellschaftliche Errungenschaften und militärische wie zivile Einheiten, welche *Civilopedia* genannt wird.[126] Weil der

---

120 Electronic Arts: Offizielle Webseite. Online unter: http://www.ea.com; **Activision Blizzard:** Offizielle Webseite. Online unter: http://www.activisionblizzard.com; **Kalypso Media:** Offizielle Seite. Online unter: http://www.kalypsomedia.com; **Koch Media:** Deep Silver (Label) Offizielle Seite. Online unter: http://www.deepsilver.com (Letzte Zugriffe: 29.3.2019).
121 Graf, Michael: Sid Meier Der Spieleprofessor. Der Civilization-Schöpfer gilt als lebende Legende, als Meister der Spieldesign-Wissenschaft – und der Bescheidenheit. Ein Porträt, in: *Gamestar* 9/2014; S. 100–06.
122 Civilization 1991. Die nachfolgenden Titel der Reihe beriet er. Ab dem dritten Teil erhielten die Titel seinen Namen als verkaufsfördernde Maßnahme: **Civilization II** 1996; **Civilization III** 2001; **Civilization IV** 2005; **Civilization V** 2010; **Civilization VI** 2016. Erweiterungen veränderten dazwischen die Spielerfahrungen.
123 Stöcker, Christian: „Wenn Ghandi Ihnen mit Krieg droht". Interview mit Spieledesigner Sid Meier, in: *Spiegel Online Netzwelt* 15.12.2005. Online unter: http://bit.ly/29aIlm8 (Letzter Zugriff: 29.3.2019).
124 Stöcker: Ghandi, 2005.
125 Graf: Spieleprofessor, 2014; S. 104.
126 [unbekannt]: Civilization V Civilopedia Online [=Webdatenbank generiert aus den XML-Dateien des Spieles]. Online unter: http://bit.ly/2FBocUh (Letzter Zugriff: 29.3.2019).

fünfte Teil der Reihe, als *CivilizationEDU* für den Schulunterricht aufbereitet, wiederkehren soll, wird an ihn ein hoher Qualitätsanspruch zu legen sein.[127] Die Presseerklärung von Publisher *2K Games* stellt in Aussicht, Lernenden die Möglichkeit zu verschaffen,

> „to think critically and create historical events, consider and evaluate the geographical ramifications of their economic and technological decisions, and to engage in systems thinking and experiment with the causal/correlative relationships between military, technology, political and socioeconomic development."[128]

Unabhängig davon, ob die Modifikation von *Civilization V* diese Versprechen im Unterricht wird halten können, offenbaren diese Worte ein ähnliches Geschichtsverständnis wie Sid Meier, das sich an historischen Modellen, Strukturen und Prozessen orientiert. Am Beginn blinkt stets nur der Planwagen eines Siedlers und fordert den Spieler zu einem Zug auf. So beginnt eine Kette von interdependenten Entscheidungen, die im Laufe von Jahrtausenden eine Zivilisation hervorbringen können: „Der Siedler und die ersten neun Felder – darin stecken so viele Möglichkeiten. Es ist der Auftakt der Geschichte", fasst Sid Meier zusammen.[129] Daraus ergibt sich ein dichtes Konzept von modellhafter Geschichte, das Entscheidungsprozesse in den Mittelpunkt des Geschichtsbildes rückt, unterfüttert von den vielfältigen Erläuterungen im spielinternen Nachschlagewerk. Meier vertritt also ein Geschichtsbild, das es Nutzern von digitalen Spielen gestattet, innerhalb des Modells historische Prozesse und Strukturen ständig neu zu kombinieren. Er eröffnet einen historischen Möglichkeitenraum. Hier täuschen keine möglichst realistisch nachgebildeten Kulissen und Objekte eine unerreichbare historische Rekonstruktion vor. Der Schwerpunkt der Inszenierung von *Civilization* liegt auf bestimmenden Faktoren von historischen Abläufen, wodurch Spieler die Folgen historischer Entscheidungen kennenlernen, die abhängig von Institutionen, Personen und wissenschaftlichen Erkenntnissen sind. Man muss diese Form des historischen Umgangs nicht teilen, um festzuhalten, dass er völlig anders ausfällt als die beiden vorherigen Konzepte. Gerade das Beispiel *Civilization IV* entwirft ein aufschlussreiches historisches Modell, da es Kulturen und Religionen klug in die Spielmechanik integriert.[130] Auch dieser Umgang mit Geschichte ist am Markt ver-

---

127 **Frank, Allegra:** Civilization is Heading to the Classroom with New Educational Edition. It Almost Makes You Want to Go Back to High School, in: *Polygon* 23.6.2016. Online unter: http://bit.ly/29qI9O0 (Letzter Zugriff: 29.3.2019).
128 **2K Games:** Take-Two Interactive Software, Inc., 2K and Firaxis Games Partner with GlassLab Inc., to Bring CivilizationEDU to High Schools Throughout North America in 2017. Online unter: http://bit.ly/29iMnGd (Letzter Zugriff: 29.3.2019).
129 **Lenhardt, Heinrich:** Noch Rundere Geschichte. Geschichte der Rundenstrategie, Teil 2, in: *Gamestar* 7/2016; S. 40–51, hier S. 42, Zitat dort im Text.
130 **Nolden, Nico:** Noch 'ne Runde für die Menschheit. Civilization zeichnet eine Geschichte der Menschheit – und im 4. Teil auch endlich die der Kulturen, in: *Keimling* 17.11.2014. Online unter: http://bit.ly/1wNSB40 (Letzter Zugriff: 29.3.2019).

breitet. Solche historischen Modelle treibt der schwedische Publisher und Entwickler *Paradox Interactive* in seinen Produkten für verschiedene Epochen immer detailreicher voran.[131] Während *Europa Universalis IV* die Frühe Neuzeit zwischen 1444 und 1821 behandelt und *Victoria II* hauptsächlich das 19. Jahrhundert, simuliert *Hearts of Irons IV* das Umfeld des Zweiten Weltkrieges bis in die Mitte des 20. Jahrhunderts.[132] Die in Echtzeit ablaufenden Simulationen von Herrschaftsverhältnissen, diplomatischen Beziehungen, militärischen Operationen und sozioökonomischen Bedingungen sind enorm vielschichtig und komplex. Da sie jedoch nicht durch ein Nachschlagewerk, Missionen oder historische Narrationen flankiert sind, bieten sie allein die modellhafte Perspektive auf Geschichte an. Ausgehend von dem mittelalterlichen Vertreter *Crusader Kings II* können Spieler ihre Speicherstände in die chronologisch nachfolgenden Vertreter der Reihe importieren und so kaskadierende alternativgeschichtliche Weltentwürfe erspielen.[133] Dort tragen die Entwickler mittelalterlichen Besonderheiten Rechnung, indem sie dynastische Verhältnisse, hierarchische Komplikationen adeliger Rangfolgen und Ehrbegriffe spielmechanisch integrieren.[134] Wie im Falle von *Civilization* transportieren diese digitalen Spiele plausible historische Inhalte durch ausgefeilte Modelle von Prozessen und Strukturen. Entgegen dem Eindruck, den die Ausführungen von Schüler, Schmitz und Lehmann vermitteln, gibt es am Markt also durchaus verschiedene Ansichten zum Umgang mit historischen Inhalten in digitalen Spielen. Die Ableger der Reihe *Civilization* gehören zu den erfolgreichsten digitalen Spielen überhaupt.[135] Die Titel von *Paradox* wuchsen mittlerweile aus einer Nische des Marktes zu einem sehr erfolgreichen Geschäftsprinzip heran.[136] Beide Beispiele erreichen so einen großen Teil der Spielerschaft.

Historische Inszenierungen produzieren jedoch nicht nur Entwicklerstudios, die sich vertraglich an einen Publisher gebunden haben. Die Expansion der Digitalen Distribution und des Crowd-Funding half in den vergangenen Jahren unabhängigen Entwicklern, ausgefallene Spielideen durch den direkten Vorverkauf oder Spenden von interessierten Kunden zu finanzieren.[137] Im Gegensatz zu den großen Geldgebern, die mit Blick auf Bilanzen und Investoren häufig konservativ agieren und neuartige

---

131 **Paradox Interactive:** Offizielle Webseite. Online unter: https://www.paradoxplaza.com (Letzter Zugriff: 29.3.2019).
132 **Europa Universalis IV** 2013; **Victoria II** 2010; **Hearts of Iron IV** 2016.
133 **Crusader Kings II** 2012; **Smith, Adam:** For The Glory. EU IV Contains CK II Save Game Converter, in: *Rock Paper Shotgun* 30.7.2013. Online unter: http://bit.ly/29VQtcp (Letzter Zugriff: 29.3.2019).
134 Nolden, Nico: Die leidige Verwandtschaft. ‚Crusader Kings 2' inszeniert aufwändig Herrscherdynastien, in: *Keimling* 10.10.2012. Online unter: http://bit.ly/1U8H3XB (Letzter Zugriff: 29.3.2019).
135 Der fünfte Teil sprang auf Anhieb unter die Top 3 der deutschen Verkaufscharts: **Maier, Frank:** Deutsche Spiele-Verkaufscharts. Civilization 5 unter den Top 3, in: *gamestar.de* 27.9.2010. Online unter: http://bit.ly/29aXJz9 (Letzter Zugriff: 29.3.2019).
136 Paradox Interactive: Paradox Interactive Announces Grand Success for Grand Strategy Titles. Sales Milestones Reached for Multiple Games, Free DLC Awarded to Europa Universalis Players. Pressemitteilung, 21.6.2016. Online unter: http://bit.ly/29gWCgX (Letzter Zugriff: 29.3.2019).
137 Zu diesen Entwicklungen ausführlicher Abschnitt *2.2 Die Vermessung des Historischen*.

Ideen scheuen, glänzen kleine Firmen durch innovative Spielkonzepte. Sie sind zu den Vordenkern der Branche geworden.[138] Den tschechischen *Warhorse Studios* misslang es jahrelang, unter den großen Akteuren des Marktes einen Geldgeber zu gewinnen, um ein möglichst realistisches mittelalterliches Rollenspiel zu entwickeln, das auf fantastische Elemente wie Drachen oder Magie verzichtet.[139] Nicht einmal der Gründer Daniel Vávrá, als Designer weltweit bekannt für Erfolge wie *Mafia* und *Mafia II*, überzeugte potentielle Geldgeber mit seinen Plänen für *Kingdom Come: Deliverance*.[140] Ein Aufruf zum Crowd-Funding rettete Anfang 2014 das Projekt, dessen Summe nach wenigen Tagen das angepeilte Monatsziel an Spenden übertraf.[141] Letztlich erlöste die Kampagne das Vierfache der erbetenen Mittel. Die ablehnenden Publisher bewiesen eindrucksvoll ihr mangelndes Gespür für Markt und Spieler.[142] Das Rollenspiel sollte nach Vorstellungen seiner Entwickler einen böhmischen Landstrich inszenieren. Es rückt den historischen Konflikt zwischen den Söhnen Karls IV. in den Fokus, der am Beginn des 15. Jahrhunderts die Gegend heimsuchte.[143] Die Hintergrundgeschichte handelt von dem Aufstieg eines Schmiedesohns. Grafisch und atmosphärisch inszeniert das Spiel beeindruckend einen mittelalterlichen Landstrich, dessen Wälder und Wiesen, ein kleines Dorf, eine Burg und ein Kloster. Der akribische Nachbau des Gebietes sowie der mittelalterlichen Gebäude und Objekte errichtet zwar eine historische Kulisse. Sie bleibt jedoch nicht Selbstzweck, sondern dient als Basis für die Geschichten und Aufträge um seine Bewohner, die selbsttätig ihrem mittelalterlichen Alltagswerk nachgehen.[144] Die Lösung von Aufträgen ist auf verschiedenen Wegen erreichbar, indem Spieler die mittelalterliche Welt verstehen lernen. Die Spielwelt vermittelt ihre Funktionsweise, nicht nur die visuellen Eindrücke. Dokumentarische Videos aus dem Entwicklungsprozess legen offen, mit welcher Sorgfalt die Entwickler nach den Funktionen mittelalterlicher Kleidung, von Rüstzeug und von Geräten recherchieren, wie sie den Kampf mit verschiedenen Waffentypen nachempfinden oder die topografischen und archäologischen Bedigungen des böhmi-

---

138 Luerweg, Susanne: „Unabhängige Designer führen das Computerspiel zu neuen Ufern". Stephan Schwingeler im Gespräch mit Susanne Luerweg, in: *deutschlandfunk.de* 2.11.2016. Online unter: http://bit.ly/2fFk62k (Letzter Zugriff: 29.3.2019).
139 Vávra: AAA, 2014; S. 14; **Warhorse Studios:** Offizielle Webseite. Online unter: www.warhorsestudios.cz (Letzter Zugriff: 29.3.2019).
140 Mafia 2002; **Mafia II** 2010; **Kingdom Come: Deliverance** 2018.
141 Nolden, Nico: Licht und Schanden. Das authentische Mittelalter-RPG ‚Kingdom Come: Deliverance' benötigt jetzt Hilfe durch Kickstarter, in: *Keimling* 23.1.2014. Online unter: http://bit.ly/1cZoL2f (Letzter Zugriff: 29.3.2019).
142 Vávra: AAA, 2014; S. 15 u. 17.
143 Deppe, Martin: Spass im Schlamm. Kingdom Come: Deliverance, in: *Gamestar* 4/2016; S. 32–35; **Stange, Sebastian:** Landwirtschaftssimulator 1403. Kingdom Come: Deliverance, in: *Gamestar* 12/2014; S. 44–46.
144 Vávrá, Daniel: Kingdom Come: Deliverance. Video Update # 5: Living World, in: *Kanal Warhorse Studios via Youtube*, 13.2.2014. Online unter: https://youtu.be/kA8rTyIOOxE (Letzter Zugriff: 29.3.2019).

schen Landstriches erschließen.¹⁴⁵ Selbst alchemistische Vorstellungen intergrieren sie als nützliches Handwerk.¹⁴⁶ Dabei kaschieren die Entwickler nicht, sondern reflektieren offen, wo sie an Grenzen der historischen Inszenierung stoßen.¹⁴⁷ Diese ungewöhnliche Offenheit mit Prozessen der Produktion, den Grenzen der Akkuratesse und der Faszination für historische Inhalte zeichnet das Projekt aus. Die öffentliche Präsenz ist darauf zurückzuführen, dass die Entwickler via Crowd-Funding bereits erhebliche Summen von den Kunden erhielten. Eine Motivation liegt daher in der Rechtfertigung, dass die finanziellen Mittel in deren Sinne eingesetzt werden. Andererseits schildert Vavrá nachvollziehbar, wie intensiv sich seine Mitarbeiter und er mittlerweile über die Plausibilität der historischen Inszenierung auseinandersetzen.¹⁴⁸ Die Skepsis gegen eine möglichst akkurate Inszenierung unter seinen Mitarbeitern sei anfangs groß gewesen. Mittlerweile schmettern diese Änderungswünsche an Gebäudeteilen unter Hinweis auf ihre Recherchen und historische Belege ab. Die fest angestellte Historikerin im Team eröffnete Vavrá, dass ein Auftrag, in dem Spieler ein Kloster erkunden sollten, historisch so nicht plausibel wäre. Anstelle das zu ignorieren, stellte er sich der historischen Verantwortung:

> „Ich musste erkennen, dass klösterliches Leben im Mittelalter gänzlich anders stattfand, als ich es erwartet hatte. Viele grundlegende Themen dieser Zeit, die ich für mich als selbstverständlich annahm, entpuppten sich bei genauerer Betrachtung vor dem realen, historischen Hintergrund als falsch. Also habe ich den kompletten Hintergrund dieser Questreihe konsequent überarbeitet und angepasst."¹⁴⁹

Die Indie-Entwickler zeigen ein weit tieferes historisches Verständnis, als es die Mitarbeiter von *Ubisoft* zu Beginn dieses Abschnittes für die ganze Branche behaupten. Akribisch, was die Rekonstruktionen von Gebäuden und Objekten angeht, bleiben sie nicht dabei stehen, sondern nutzen die Funktionalität für Modelle einer mittelalterlichen Welt und ihrer Abläufe. Ein Netzwerk plausibler alltäglicher Erzählungen bettet sich in ein größeres historisches Narrativ. Auf dieses Weise unterscheidet sich der Ansatz der *Warhorse Studios* zudem von den Geschichtsmodellen der *Civilization*-Reihe. Im Grundsatz orientiert sich die geschichtliche Inszenierung nicht an dem, was

---

145 Vavrá, Daniel: Kingdom Come: Deliverance. Video Update #1 Our World, in: *Kanal Warhorse Studios via Youtube*, 27.1.2014. Online unter: https://youtu.be/XAbHmE73p7o (Letzter Zugriff: 29.3.2019).
146 Vavrá, Daniel: Kingdom Come: Deliverance. Introducing the Alchemy Quest in Early Alpha, in: *Kanal Warhorse Studios via Youtube*, 19.1.2015. Online unter: https://youtu.be/Mk2nHG9XsLQ (Letzter Zugriff: 29.3.2019). Für alchemistische Vorgänge insbes. ab 23 Min. 50 Sek.
147 Nolden, Nico: How to Abstract. Entwickler von ‚Kingdom Come: Deliverance' zeigen ihr Engagement für Authentizität, in: *Keimling* 29.1.2014. Online unter: http://bit.ly/1egKo2 J (Letzter Zugriff: 29.3.2019).
148 Weiss, Stefan: Kingdom Come: Deliverance – Interview Special. Teil 1 – Von Ketzern, Sex und Entwicklersorgen, in: *PC Games* 14.4.2015. Online unter: http://bit.ly/29Yv1xW (Letzter Zugriff: 29.3.2019).
149 Weiss: Kingdom Come. Teil 1, 2015.

die Spielmechanik erlaubt oder eine frei erfundene Handlung vorgibt. Die Entwickler versuchen auf Grundlage der historisch bekannten Hintergründe, plausible Lösungen bei der Spielmechanik oder in Missionen zu interpretieren.[150] Nicht jedes Detail gelang ihnen, insbesondere die Komposition des Mittelalterbildes rief viel Kritik hervor.[151] Zusammen mit der offenen Art, Grenzen der historischen Inszenierung zu benennen, vertrat das Prager Studio dennoch einen bemerkenswerten Umgang mit den Überlieferungen der mittelalterlichen Geschichte.

Systematisch überblickte der zurückliegende Abschnitt das historische Selbstverständnis verschiedener Akteure und Institutionen. Er berücksichtigte zudem die Veränderungen der Branche im Laufe der Zeit. Im Umgang mit Geschichte zeigen Marktakteure und ihre Produkte deutlich differenziertere Herangehensweisen, als der prominente Artikel am Beginn vermuten lässt. Im Überblick stellte sich heraus, dass ihre Haltung schon für den damaligen Zeitpunkt nicht repräsentativ sein konnte. Jüngere Entwicklungen differenzierten die Entwickler zudem vielfältig aus, weshalb die Ansichten der drei Autoren heute noch weniger für die gesamte Branche sprechen. Die geschichtswissenschaftliche Rezeption darf diesen einen Beitrag nicht verallgemeinern und dadurch überbewerten. Die Positionen seiner Autoren sind wichtige Quellen, sind aber in ein breites Spektrum an Haltungen verschiedenster Akteure einzuordnen. Wünschenswert wäre, den obigen Überblick von Intentionen der Produzenten wie von Interessen der Kunden an historischen Inszenierungen in einer Studie zu verbreitern. Bislang liegt weder international, noch für den deutschsprachigen Raum eine solche Analyse vor. Die präsentierten Äußerungen offenbaren unterschiedliche Arbeitsweisen und Motive, wie und weshalb historische Inhalte genutzt werden. Weder die genannten Personen, noch weitere recherchierte Akteure benennen deutlich, was für sie das Historische an sich ausmacht. Ihre Umgangsformen sind damit zwar differenziert, bleiben aber intuitiv und unreflektiert.

Unterschiedliche Schwerpunkte von Geschichtsverständnissen lassen sich dennoch aus den Vorstellungen herausfiltern. Einen großen Anteil macht die *Objektfixierung* aus, die sich zur historischen Inszenierung fast ausschließlich auf Gebäude, Gegenstände und objektifizierte Persönlichkeiten stützt. Darunter gibt es sowohl Rekonstruktionsversuche, die Städte und Gegenden ernsthaft und möglichst akkurat nachbilden, um eine nicht näher hinterfragte Geschichtserfahrung hervorzurufen. Andere beugen diese Rekonstruktion strikt den Erwartungen aus den Vorstellungen ihrer Kunden. Diese Wahrgenommene Geschichte bestätigt jedoch nur vorhandene Stereotype und Vorurteile bei Kunden in der Hoffnung, dadurch wirtschaftliche Vorteile zu genießen. Eine zweite wichtige Säule ist *modellhafte Geschichte*. Abstrakt vereinen sich dabei diplomatische Beziehungen, sozioökonomische Prozesse, tech-

---

150 Weiss: Kingdom Come. Teil 1, 2015.
151 Einen Überblick zur Kritik bietet **Zimmermann, Felix:** „Vom rechten Bild des Mittelalters". Stimmen aus dem AKGWDS zur Nominierung von „Kingdom Come: Deliverance" für den Deutschen Computerspielpreis 2019, in: gespielt 11.3.2019. Online unter: https://gespielt.hypotheses.org/3071 (Letzter Zugriff: 30.3.2019).

nologische und gesellschaftliche Rahmenbedingungen zu historischen Modellen, deren interdependente Faktoren alternative Geschichtsverläufe hervorbringen. Je nach Anlage transportieren diese Modelle historische Vorstellungswelten in ihren spielmechanischen Konzepten. Oft handelt es sich um epochenübergreifende digitale Spiele, die Geschichte aus einer Makroperspektive inszenieren. Makrohistorische Modelle können sehr detailliert sein und akribisch besondere Details von Epochen ausmodellieren, wie die Beispiele von *Paradox Interactive*. Mit der wachsenden technischen Leistungsfähigkeit von Rechnern und Spielkonsolen nehmen ausgefeilte mikrohistorische Modelle zum Beispiel in Open-World-Spielen zu. Diese Modelle dienen drittens in möglichst akkurat nachgebildeten, meist offen begehbaren Umgebungen als *historische Weltentwürfe*. Diese komplexen Welten bleiben nicht bei historischen Rekonstruktionen von Materialien und Objekten stehen oder versuchen, abstrakt globalhistorische, epochale Prozesse zu berechnen. Sie nehmen vielmehr beides als Grundlage, um auf überschaubaren Arealen von wenigen Quadratkilometern möglichst viele Prozesse menschlichen Zusammenlebens in einem historischen Zeitrahmen zu integrieren. Automatisiert verfolgen Spielfiguren eigene Tagesabläufe zwischen Arbeit, persönlichen Beziehungen und dem abendlichen Kneipenbesuch, bis sie erschöpft die Schlafstätte aufsuchen. Dieses Konstrukt zwingt Spieler die Funktionalität der Umgebung in ihrem historischen Gewand zu verstehen, um Handlungen und Aufträge zu verfolgen. Dabei erwächst die historische Erfahrung individuell aus einer Vielfalt aktiver Handlungen der Spielenden in und mit der Spielwelt. Oft nutzen die Entwickler die veränderliche Umgebung selbst, um *Narrative* zu transportieren, etwa wenn Landmarken die Spieler anziehen oder plötzlich ein Gehöft niederbrennt (*environmental storytelling*). Eine große Rolle spielen narrative Netzwerke, die sich häufig mit einer leitenden Haupthandlung verweben. Historische Erzählungen präsentieren Entwickler in vielen Spielen durch textliche Einblendungen, in vertonten Dialogen oder aufwändigen Zwischensequenzen. Historische Narrative können deshalb neben spielmechanischen Aspekten stehen, sind jedoch in der Regel überall eingewoben. Der geschilderte Fall *Kingdom Come* verknüpft das narrative Netzwerk sogar über die Spielcharaktere und Missionen im historischen Weltentwurf tief bis in die Spielmechanik.

Viele Entwickler scheinen intuitiv zu erahnen, was für ein faszinierendes und mächtiges Werkzeug digitale Spiele für historische Inszenierungen sein können. Scheinbar fehlt ihnen aber ein geschichtswissenschaftlicher Zugriff, um die inszenierten Geschichtsbilder zu reflektieren. Auch wenn sich Schwerpunkte in Entwicklerkreisen abzeichnen, nach denen mit Geschichte umgegangen wird, ließ sich nicht festmachen, was individuell oder gar in der ganzen Branche daran als das Historische verstanden wird. So nahe manche Entwickler bereits einem wissenschaftlichen Umgang mit historischen Inhalten kommen, so intuitiv und aus einem Bauchgefühl heraus ist ihr Verständnis, was historische Inhalte sind, die sie in digitalen Spielen verwenden. Das ist erstaunlich, weil Geschichte ein wesentlicher Marktfaktor ist, der reiche Erträge verspricht. Dass die Branche so wenig darüber reflektiert und die Interessen ihrer Kunden nicht abfragt, ist somit weder aus geisteswissenschaftlicher

Perspektive, noch aus wirtschaftlicher Sicht verständlich. Um die medialen Funktionsweisen digitaler Spiele im Hinblick auf Geschichte zu erforschen und die bisher verwendeten Formen historischer Inhalte zu durchdenken, sollte die Geschichtswissenschaft der Branche beistehen. Aus dieser Zusammenarbeit könnten auch Historiker ein besseres Verständnis des Gegenstandes und seiner Eigenschaften gewinnen. Bemerkenswert ist schließlich, dass die hier angeführten Entwickler narrative Elemente nicht vorrangig als Weg der historischen Inszenierung betrachten. Diese Sicht widerspricht dem geschichtswissenschaftlichen Dogma, nach dem Geschichte vor allem narrativ transportiert wird, was spätestens seit Jörn Rüsen die Geschichtswissenschaft dominiert.[152] Öffnet sich die historische Fachwissenschaft also nicht Perspektiven darüber hinaus, dürfte sie digitale Spiele kaum adäquat verstehen.

2.2 Die Vermessung des Historischen

Wenn auch die Branche nicht explizit benennt, worin das Historische an ihren Spielen besteht, müssten doch geschichtswissenschaftliche Autoren davon eine Vorstellung entwickeln. Den Begriff des Historischen zu reflektieren, ist schließlich die Grundlage, um von dort aus weitere Schlüsse zu folgern. Verlässliche Aussagen etwa, wie relevant digitale Spiele mit historischen Inhalten im Markt sind und welche Wirkungen sie gesellschaftlich entfalten, lassen sich überhaupt erst auf dieser Basis treffen. Leider stellt das Maß, in dem die Geschichtswissenschaft darüber nachdenkt, nicht zufrieden. Unbestreitbar ist, dass am Markt seit Jahren die absolute Zahl von digitalen Spielen steigt, die sich historische Anleihen suchen. Verlässliche Zahlen zu diesem Phänomen allerdings sind kaum zu finden. Ungeklärt ist zudem, ob die relative Relevanz historisch inszenierender Spiele ebenfalls wächst. Dafür wäre ein Indiz, wenn ihr relativer Anteil, gemessen an der Gesamtzahl veröffentlichter Titel, zunähme. Die bislang verwendeten Analysemethoden sind jedoch unzureichend, um dies nachzuvollziehen. Zudem sind Definitionen rar, was das Historische an einer Inszenierung in digitalen Spielen ausmacht.[153] In der Regel reflektieren Studien geschichtswissenschaftlicher Autorinnen und Autoren diese Frage nicht, obwohl erst deren Beantwortung die Ergebnisse in ein Gesamtbild einordnen ließe.

---

152 Rüsen, Jörn: Geschichtsschreibung als Theorieproblem der Geschichtswissenschaft. Skizze zum historischen Hintergrund der gegenwärtigen Diskussion, in: Koselleck, Reinhart (Hg.): Formen der Geschichtsschreibung. Traditionen der Geschichtsschreibung und ihrer Reflexion, Fallstudien, systematische Rekonstruktionen, Diskussion und Kritik, München 1982; S. 14–35; **Rüsen, Jörn:** Die vier Typen des historischen Erzählens, in: Ebd.; S. 514–606.
153 Kaum hilfreich ist die Orientierung an Definitionsversuchen für TV-Dokumentationen oder Spielfilme. Digitale Spiele enthalten zwar lineare Filmsequenzen, dort treffen sie aber auf nicht-lineare Erzählnetzwerke und manipulierbare Rechenmodelle. Nutzer erhalten eine entscheidende Rolle bei der Komposition visueller Eindrücke und gemeinsam erfahren sie Spielräume, teils mit mehreren Nutzern gleichzeitig. Damit entstehen auch im Falle von historischen Inszenierungen Eindrücke in bisher ungekannten Funktionsweisen.

Erstmals wertete Angela Schwarz nach der Jahrtausendwende quantitativ aus, wo Historisches bei digitalen Spielen zu finden ist.[154] Sie gelangte dabei auf eine Gesamtzahl von 2.009 Titeln „mit historischen Inhalten", die zwischen 1981 und 2011 veröffentlicht wurden, und von denen sogar knapp 43 % zwischen 2006 und 2011 erschienen.[155] Carl Heinze dagegen wertete 2012 die meistverkauften digitalen Spiele im deutschen Markt aus. Seiner Erhebung nach waren zwischen 2002 und 2010 ca. 20 % der Bestseller auf der PC-Plattform „durch spielrelevante Referenz zu historischen Wissensbeständen [...] geprägt".[156] Für die Spiele, die sich in dem Zeitraum auf den Konsolen am stärksten verkauften, habe dies etwa nur zu 10 % gegolten. Um die Größenordnung zu verdeutlichen, sei vor Augen geführt, dass allein in den vier Jahren zwischen 2006 und 2010 insgesamt 5.737 digitale Spiele für PC und 6.360 für Konsolensysteme veröffentlicht wurden.[157] Da etwa 10 % aller Titel allein 70 % der Umsätze am Markt generieren, ist für den Zeitraum von einer Quote an Bestsellern auszugehen, die etwa 570 PC-Spiele und 630 Konsolentitel umfasst.[158] Unter jenen meistverkauften Titeln müssten sich also, folgt man den Prozentwerten nach Heinze ungefähr 110 PC-Spiele mit geschichtlicher Inszenierung (20 %), immerhin aber auch 63 Konsolenspiele (10 %) befinden. Diese Zahl an Publikation ist eine respektable Größenordnung und spricht für ein einflussreiches Phänomen, mit dem sich die Geschichtswissenschaft befassen sollte. Methodisch enthält besonders die Auswertung von Schwarz erhebliche Defizite. Undifferenziert betrachtete sie einen viel zu langen Zeitraum, konzentrierte sich mit dem Personal Computer (PC) auf nur eine Spiele-Plattform und gelangte deswegen zu wenig belastbaren Schlussfolgerungen. Heinzes Zahlen beinhalten ebenfalls methodische Schwierigkeiten, selbst wenn er seine quantitative Probe besser in die Verhältnisse des Marktes einordnet.[159] Er stellt mit PC und Konsolen zwei technische Plattformen gegenüber, differenziert die diversen Konsolen-Systeme aber nicht aus. Im Gegensatz zu Schwarz beschränkt sich seine

---

154 Auf Basis der Vorarbeit von Jan Pasternak erörterte diese Zahlen vor allem **Schwarz, Angela:** „Wollen Sie wirklich nicht weiter versuchen, diese Welt zu dominieren?" Geschichte in Videospielen, in: Korte, Barbara / Paletschek, Sylvia (Hg.): History goes Pop. Zur Repräsentation von Geschichte in populären Medien und Genres, Bielefeld 2009; S. 313–40, hier 319–24 und später in **Schwarz:** Computerspiele, 2012²; S. 10–14. Während der erste Band die Zahlen von 1981 bis 2008 erhob, verlängert der zweite Beitrag den Zeitraum bis Juni 2012.
155 **Schwarz:** Computerspiele, 2012; S. 12/13.
156 **Heinze, Carl:** Mittelalter Computer Spiele. Zur Darstellung und Modellierung von Geschichte im populären Computerspiel, Bielefeld 2012; S. 110.
157 **Heinze:** Mittelalter, 2012; S. 109. Da Heinze sich für die im deutschsprachigen Raum dominanten historischen Repräsentationen des Mittelalters in Videospielen interessiert, konzentriert er sich auf jene Titel mit der größten Verbreitung im Markt – also auf die Bestseller mit relevanter Nutzerreichweite. In seine prozentuale Berechnung bezieht er je 10 Bestseller pro Jahr oberhalb von 28 € und darunter ein.
158 Heinze zitiert für die Wertung der Umsätze **Wolters, Olaf:** Elektronische Spiele. Wachstumsmarkt mit großer Wertschöpfung, in: Picot, Arnold / Zahedani, Said / Ziemer, Albrecht (Hg.): Spielend die Zukunft gewinnen. Wachstumsmarkt Elektronische Spiele, Berlin 2008; S. 25–36, hier S. 34.
159 **Heinze:** Mittelalter, 2012; S. 109–13.

Stichprobe auf wenige Jahre. Zudem werden digitale Spiele häufig auf mehreren Plattformen gleichzeitig veröffentlicht, wodurch sich Dopplungen ergeben. Der zeitliche Messhorizont bei Schwarz ist zu lang, weil er zu Unrecht den Eindruck erweckt, über den gesamten Zeitraum hätten einheitliche Verhältnisse vorgelegen. Davon kann weder gesellschaftlich, noch technologisch die Rede sein. Um über dreißig Jahre zu vergleichen, nivelliert die Darstellung, dass sich die Rahmenbedingungen für digitale Spiele, ihre technischen Plattformen und ihre Kultur zwischen 1981 und 2011 in mehreren Schüben veränderten.[160] Beispielsweise etablierten sich digitale Spiele in der Gesellschaft nur so weit, wie sich parallel ihre technischen Plattformen verbreiteten. Waren Computer und Konsolen zu Beginn nur für eine gesellschaftliche Minderheit erschwinglich, verbreiten sich am Ende ihres Untersuchungszeitraumes leistungsstarke Geräte massenhaft auf der ganzen Welt. Im Vergleich absoluter Zahlen über historisch inszenierende Spiele zu unterschiedlichen Zeiten besitzen sie etwa zu Anfang des Zeitraums ein anderes Gewicht als in der jüngeren Vergangenheit. Dieses Problem wendet Heinze ab, indem er sich auf Zahlen aus weniger als einer Dekade konzentriert. Zwar kann er seine Ergebnisse nicht auf andere Zeiträume übertragen, doch für die Jahre 2002 bis 2010 grenzt er so verlässlich relevante Titel ein, die als Bestseller mit erheblicher Reichweite historisch inszenieren.

Dass Schwarz allein die Plattform der PCs auswertet, relativiert die Aussagekraft ihrer Zahlen ebenfalls. Sie sind nur einer von mehreren möglichen Distributionswegen. Im Laufe der Zeit schwankte dessen Gewicht zudem relativ zu allen anderen technischen Plattformen.[161] So macht die Beschränkung auf die PC-Plattform ihren Datenbereich vor allem zu Anfang und Ende heikel. Zu Beginn ihres Untersuchungszeitraumes von 1981 bis 2012 waren Personal Computer, meist *IBM kompatible PCs*, hauptsächlich Büromaschinen und erlangten erst am Ende der achtziger Jahre nennenswerte Marktanteile bei digitalen Spielen.[162] Systeme wie der *Commodore 64/128*, die *Amiga*-Reihe oder die Modelle von *Atari* liefen dem PC als *Homecomputer* bei Spielen und Spielern den Rang ab.[163] Zusammen mit Konsolen wie Ataris *VCS*, Nintendos *NES/FamiCom* und das *Master System* von SEGA teilten sich die Home Com-

---

160 **Wolters:** Spiele, 2008; S. 25 – 27; **Müller-Lietzkow, Jörg:** Game Studies und Medienökonomie, in: Sachs-Hombach, Klaus / Thon, Jan-Noël (Hgg.): Game Studies. Aktuelle Ansätze der Computerspielforschung, Köln 2015; S. 448 – 78.
161 Im Überblick bei **Müller-Lietzkow:** Game Studies, 2015; S. 449 – 65.
162 Halfhill, Tom R.: The MS-DOS Invasion. IBM Compatibles Are Coming Home, in: *Compute!* 79/1986; S. 32 – 38, Grafik S. 36. Online unter: http://bit.ly/2aEtn8 l (Letzter Zugriff: 29. 3. 2019).
163 Die bedeutendsten Vertreter dieses Homecomputer-Segmentes waren **Commodore 64/128** (Commodore) 1982 bzw. 1985 bis 1994 bzw. 1989, **Amiga 500/2000** (Commodore) bd. 1987 bis 1991 sowie die Serien **Atari 400/800** (Atari) USA 1979 / EU 1981 bis 1983, **Atari XL** ab 1982/1983 bis 1985, **Atari ST** 1985 bis 1994. Vom Status Quo der frühen achtziger Jahre und dem Einschlag in den damaligen Markt berichtet **Blundell, Greggory:** Personal Computers in the Eighties. Looking Ahead, in: *Byte Magazine*, Nr. 1 8/1983; S. 166 – 82. Online unter: http://bit.ly/2aIDUxW (Letzter Zugriff: 29. 5. 2017).

puter einen Großteil des Spielemarktes der achtziger Jahre auf.[164] Zudem brach sich der Niedergang von Arcadeautomaten in Spielhallen erst Mitte der neunziger Jahre vollends Bahn. Der darin traditionell starke US-Markt brach in einer Zäsur um, die das Kräfteverhältnis deutlich zu Homecomputern und Konsolen verschob.[165] Diese Umstände werfen auf die erhobenen Zahlen in den ersten zehn Jahren von Schwarz' Auswertung ein anderes Licht und wären offenzulegen gewesen. Sie relativieren bis in die frühen neunziger Jahre die Bedeutung des PC erheblich. Vorwiegend als Büromaschine eingesetzt, ist er in den achtziger Jahren für Spiele fast marginalisiert. Das anfängliche Randphänomen des PC-Spielens aber zog bis zur Mitte der neunziger Jahre kräftig an.[166] Die Hochphase dieser Spielplattform endete wiederum ein paar Jahre nach der Jahrtausendwende. Noch zaghaft erkämpften Sonys *Playstation 2* und Microsofts *XBox* zu Beginn der 2000er Jahre Marktanteile, mehr Durchschlagskraft dagegen entwickelte die nachfolgende, siebte Generation von *XBox 360* und *Playstation 3*.[167] In ihrem Lebenszyklus eroberten sie den Löwenanteil des Marktes bei einigen Spielformen wie Shootern und ersetzten den PC als Leitplattform für inhalt-

---

164 **Video Computer System VCS** (Atari) 1977–1992; **Nintendo Entertainment System (NES) / Family Computer (FamiCom)** (Nintendo) Japan 1983 / USA 1985 / EU 1986 – USA 1995 / Japan 2003; **SEGA Master System** (SEGA) USA 1986 / Japan, EU 1987. Siehe für die Entwicklung des Spielemarktes vor dem Jahrtausendwechsel **Kent, Steven L.:** The Ultimate History of Video Games. From Pong to Pokémon and Beyond. The Story Behind the Craze That Touched Our Lives and Changed the World, Roseville 2001 sowie für einen Überblick zur Hardware insbesondere **Forster, Winnie:** Spielkonsolen und Heimcomputer 1972–2015, 4. überarb. und erw. Aufl., Utting am Ammersee 2015. VGsales (video game sales) stellt wesentliche Daten für lange Züge in der Entwicklung des internationalen Spielemärkte bereit, besonders die europäischen, japanischen und U.S.-amerikanischen. **VGsales Wiki:** Video Games Industry. Online unter: http://bit.ly/1rjl2nN (Letzter Zugriff: 29.3.2019). Schlaglichter auf die deutsche Gamesbranche und den Markt nach 2000 warfen **Müller-Lietzkow, Jörg / Bouncken, Ricarda B. / Seufert, Wolfgang** (Hg.): Gegenwart und Zukunft der Computer- und Videospielindustrie in Deutschland, Dornach 2006.
165 Am US-Markt zeigt sich zwischen 1992 und 1995 der Abstieg der berühmten Münzgeld-Automaten: **VGSales Wiki:** US Video Game Market Revenue 1973–2013. Online unter: http://bit.ly/1qDy5Tw (Letzter Zugriff: 29.3.2019); **Freundorfer, Stephan:** Am Anfang war der Automat. Arcade-Wurzeln der Spielebranche, in: *gamestar.de* 8.4.2017. Online unter: http://bit.ly/2oPYsxc (Letzter Zugriff: 29.3.2019).
166 Am Gesamtumsatz in den USA hatten MS-DOS-Spiele 1992 einen Anteil von 82%, gefolgt von Macintosh mit 8% und Amiga nur noch 5%. **CGW Redaktion:** Mordred in the Land of Camelot. The Software Publishers Association and Mass Market Seduction, in: *Computer Gaming World* 101/1992; S. 62 u. 156, hier S. 156. Online unter: http://bit.ly/2qrIxXn (Letzter Zugriff: 29.3.2019).
167 PlayStation 2 (Sony) 2000; **XBox** (Microsoft) USA 2001 / EU, Japan 2002; **XBox 360** (Microsoft Game Studios) USA, EU, Japan 2005 / Australien 2006; **PlayStation 3** (Sony) USA, Japan 2006 / EU 2007. **Graf, Michael:** Spielekisten. Von Dreamcast bis Dolphin. Hardware Schwerpunkt Konsolen, in: *Gamestar* 12/1999; S. 246–48. Zu den Verhältnissen des deutschen Marktes zu dieser Zeit siehe **Müller-Lietzkow / Bouncken / Seufert:** Gegenwart, 2006; S. 25–96 sowie S. 137–166. Zu den Schwankungen der Marktanteile zwischen 2004 und 2015 unter den Konsolen, wobei die Handheld-Plattformen einbezogen sind: **VGChartz:** Yearly Hardware Comparisons – Global, 2004–2017. Online unter: http://bit.ly/2s6on2k (Letzter Zugriff: 29.3.2019).

liche Trends.¹⁶⁸ Die höhere technische Leistungsfähigkeit der PCs allerdings motorisierte weiterhin die Branche, trieb etwa die Entwicklung von Rechenkapazität und grafischem Detailgrad voran.¹⁶⁹ Die neuartigen Steuerungskonzepte der Konsole *Wii* von *Nintendo* rührten ab 2006 zwar den Markt durch, blieben aber bezüglich historischer Inszenierungen irrelevant.¹⁷⁰ Nennenswerte Marktanteile eroberte sie im Segment der Party- und Familienspiele.

Insofern verunglückt die Zählung bei Heinze trotz seiner grundsätzlich reflektierten Überlegungen an der Stelle, wo er die verschiedenen Plattformen der Konsolen nur grob und stichpunktartig in einer Fussnote differenziert.¹⁷¹ Die entstehenden methodischen Fragen wären sinnvoller im Haupttext zu diskutieren gewesen. Wie das Beispiel der *Wii* zeigt, ist Konsole nicht gleich Konsole, was die Häufigkeit und Form historischer Inszenierungen betrifft. Wenn Heinze je Plattform und Jahr die zehn meistverkauften Spiele untersucht, diese aber unter den Konsolen vereint, leidet die Aussagekraft unter inhaltlichen Schwankungen zwischen den Plattformen. Verständlicherweise konzentriert er sich hingegen auf die Bestseller im deutschsprachigen Raum, um bedeutende Titel für die deutsche Erinnerungskultur herauszufiltern. Deshalb orientiert er sich mit Bestsellern an den Titeln mit der größten gesellschaftlichen Reichweite. Als empirische Grundlage nur die meistverkauften Titel zu verwenden, verzerrt allerdings auch den Eindruck vom Gesamtmarkt historischer Spiele. Im technisch niedrigschwelligen Bereich wird eine kaum zählbare Menge von Spielen veröffentlicht, die, einzeln für sich genommen, nur wenige Stückzahlen erreichen und damit unterhalb von Heinzes Wahrnehmungsgrenze rangieren. Ihre große Gesamtzahl, über alle Anbieter gemessen, hinterlässt einen Eindruck im Markt und damit für die Erinnerungskultur, der schwierig zu fassen ist. Zudem räumt Heinze selbst ein, dass Titel sich doppeln, die sich über mehrere Jahre gut verkaufen oder in demselben Jahr auf verschiedenen Plattformen unter den Bestsellern erscheinen. Dem PC lediglich die uniforme Gruppe von Konsolen gegenüberzustellen, erscheint auch deswegen problematisch. Seine methodische Konstruktion müsste Heinze doch wenigstens mit einer entsprechenden Studie untermauern, gerade weil er das dominante Nutzerverhalten bei Konsolen vereinfacht auf promptes Ein- und Ausschalten und zügigen Spielspaß zurückführt. Im Gegensatz zu Schwarz bezieht Heinze dennoch alle gängigen großen Spielplattformen in seine Auswertung ein. Schließlich darf nicht vergessen werden, dass ältere Konsolen durchaus noch lange in Betrieb bleiben und nicht jeder Kunde auf eine neu erscheinende Generation wechselt. Somit sind Spiele auch auf älteren Plattformen relevant. Heinze berücksichtigt die *PlayStation 2* ab 2002

---

168 Fleming, Ryan: The Future of Gaming (still) Belongs to Consoles, in: *digitaltrends.com* 18.10. 2014. Online unter: http://bit.ly/2qrMJWX (Letzter Zugriff: 29.3.2019).
169 GDC Staff: GDC State of the Industry: Developers double down on PS4, XBox One, in: *gdcconf.com* 15.1.2015. Online unter: http://ubm.io/2rcvgiG (Letzter Zugriff: 29.3.2019); **Klein, Florian:** Das Ende der Konsolen. Der PC als Spielemaschine der Zukunft, in: *Gamestar* 8/2015; S. 12.
170 Wii (Nintendo) 2006. Siehe **Nolden:** GameBox, 2014.
171 Heinze: Mittelalter, 2012; S. 111.

und die *PlayStation 3* ab 2007. Warum er allerdings *Microsofts XBox* nicht mit einbezieht, sondern erst die Generation der *XBox 360* ab 2006, bleibt unklar. Immerhin für den halben Untersuchungszeitraum fehlt so ein wesentlicher Marktteilnehmer. Dadurch entsteht eine Unwucht der Datengrundlage, deren Ursache hätte erläutert werden müssen.

Seit dem Ende der ersten Dekade im neuen Jahrhundert wälzt sich der Markt für digitale Spiele erneut stark um.[172] Auf der einen Seite nehmen reine webgestützte Onlinetitel zum Beispiel in Form von Free-To-Play zu.[173] Auf der anderen Seite wächst die Bedeutung von Plattformen für die digitale Distribution, auf denen Videospiele via Internet bezahlt und unmittelbar heruntergeladen werden. Intendierten einige Anbieter bei der Einführung digitaler Vertriebsportalen vor allem Kopierschutzmaßnahmen (Digital Rights Management (DRM)), baute der Service *Steam* seine Plattform als umfassenden Dienstleister um digitale Spiele aus.[174] Diesem Vorbild eifern seine Konkurrenten nach. Obwohl die Konsolenhersteller einen Anmeldeservice als Kopierschutz nicht dringend benötigen, etablierten sie die Services *XBox Live* (2002) und *PlayStationNetwork* (PSN, 2006) als eigene Vertriebskanäle.[175] Für die Forschung wird daher der Absatz von Videospielen schwieriger durchschaubar: Da sich der Kaufhaus- und Versandhandel reduziert, kommuniziert dieser nicht mehr verlässliche Verkaufszahlen zu den Plattformen. Für die digitale Distribution spricht jedoch die wachsende Vielfalt. Anbieter für Crowd-Funding wie *Kickstarter, IndieGoGo* und *Fig.co*[176] begünstigen unabhängige Studios, die ihren Entwicklungsprozess unmittelbar in der digitalen Sphäre kommunizieren und zum Beispiel über *Steam Greenlight*[177]

---

172 **Müller-Lietzkow:** Game Studies, 2015; S. 457–65.
173 Siehe in Abschnitt *1.2 Der Zeitgeist und die digitalen Spiele.* Daraus folgte seit 2016 eine Krise dieses Geschäftsprinzips, schlussfolgert **Fröhlich, Petra:** Schweinezyklus + Free2play. Deutsche Games-Branche vor Zäsur, in: *gameswirtschaft.de* 5.9.2016. Online unter: http://bit.ly/2c0nX7K (Letzter Zugriff: 29.3.2019).
174 Anbieter sind die Publisher Valve mit **Steam** (2003, www.steampowered.com), Electronic Arts mit **Origin** (2005, www.origin.com) und Ubisoft mit **UPlay** (2009, Online unter: uplay.ubi.com). Lösungen für ihre eigenen Produkte entwickelte ActivisionBlizzard mit dem **Battle.net** (1996, eu.battle.net/de/), das auch als Netzwerkplattform für Multiplayerspiele erfolgreich ist. Weitgehend losgelöst vom Gedanken der Kopierschutzmaßnehmen (Digital Rights Management (DRM)) hat sich der Anbieter **Good Old Games** (Online unter: www.gog.com), der zugunsten seiner Kunden sehr bewusst auf Kopierschutz verzichtet. Siehe zum Service Steam die Specials [**diverse**]: The Age of Steam. Titelthema, in: *Making Games Magazin. Magazin für Spiele-Entwicklung und Business-Development* 4/2015; S. 16–39 und [**diverse**]: Weltmacht Steam, in: *Gamestar* 1/2016; S. 16–37.
175 **XBox Live** (Microsoft, Online unter: www.xbox.com/de-DE/live/) und **PlayStation Network (PSN)** (Sony, Online unter: de.playstation.com/psn/).
176 **Kickstarter** (Online unter: www.kickstarter.com/discover/categories/games), **IndieGoGo** (Online unter: www.indiegogo.com/explore?filter_category=Gaming) und **Fig.co** (Online unter: https://www.fig.co/about).
177 Bei Valves Service **Steam Greenlight** (Online unter: steamcommunity.com/greenlight) entscheiden die Spieler gemeinschaftlich über den Erfolg von neuen Projekten unabhängiger Entwickler und Studios.

wieder dem PC große Relevanz verliehen. Zum Zeitpunkt der vorliegenden Publikation ist kaum vorauszusehen, wie sich der Markt weiterentwickelt, welche Plattformen genau wie profitieren und wie verlässliche Zahlenwerte zu erheben sind. Dadurch entstehen für jede Statistik, die über circa 2010 hinausführt, Unwägbarkeiten für ihre Aussagekraft. Befördert durch *Apples App-Store* und *Googles Play Store* verbreiterte sich zeitgleich das Segment digitaler Spiele für Mobiltelefone und Tablet.[178] Dadurch verschoben sich neuerlich Marktanteile, nun in Richtung dieser Plattformen. Gegenwärtig scheint der Trend wieder zu Personal Computern zurück zu schwenken, weil grafisch aufwändigere Titel zunehmend in deren Webbrowsern spielbar werden.[179]

Im vorliegenden Buch wurde deswegen viel Augenmerk auf diesen Abriss verwendet, weil er die Schwierigkeiten statistischer Erhebungen in einem ständig veränderlichen Markt erläutert. Die einzigen verfügbaren Zählungen von Schwarz und Heinze über historische Inszenierungen offenbaren unterschiedliche Grade von methodischer Reflexion und Sorgfalt. Beide Erhebungen liefern Hinweise auf die Größenordnung des Phänomens, werfen jedoch eine Menge neuer Fragen auf. Sie berücksichtigen nicht, wie unterschiedlich das Gewicht der erhobenen Daten in den jeweiligen zeitlichen Phasen in der Geschichte digitaler Spiele ist, zumal dann, wenn man sich nur auf eine Plattform konzentriert. Schwarz schlussfolgert, Strategiespiele würden bei historischen Inszenierungen signifikant überwiegen, was aber in ihrer gewählten Methodik fußt.[180] Für digitale Spiele insgesamt handelt es sich um keinen belastbaren Befund. Betrachtet man die Konsolensysteme näher, erscheinen dort fast keine Echtzeit-Strategiespiele, weil bislang schlicht keine Eingabegeräte existieren, mit denen die Spielform sinnvoll steuerbar wäre.[181] Umso bedauerlicher ist, dass das deutschsprachige Leitmedium des Spielejournalismus, das Magazin *GameStar*, die Thesen von Schwarz bereits prominent und unreflektiert an Spieler und Entwickler kommunizierte.[182] Geschickt endet dagegen die statistische Erhebung von Heinze mit

---

178 Apple. App-Store, 2008 ff. Online unter: http://apple.co/2b25TI0 (Letzter Zugriff: 29.3.2019); **Google Play Store** (zuvor: Android Market Place), 2008 ff. Online unter: http://play.google.com (Letzter Zugriff: 28.3.2019). Um 30 % wuchs der Umsatz mit App- und In-App-Geschäften im Bereich von digitalen Spielen 2016: **game:** Umsatz mit Spiele-Apps. App-Kauf und In-App-Kauf (virtuelle Güter und Zusatzinhalte), 2017. Online unter: http://bit.ly/2rttHPe (Letzter Zugriff: 29.3.2019).
179 Melanchton, Daniel: Generation HTML 5. Neue Browser, neue Herausforderungen, in: *Making Games Magazin. Magazin für Spiele-Entwicklung und Business-Development* 3/2011; S. 48–53; **Lee, Kevin:** Unity 5 engine unveiled with better lighting, sound and browser gaming. Bridging the gap to web browsers and 64-bit platforms, in: *techradar.com* 18.3.2014. Online unter: http://bit.ly/2qEvein (Letzter Zugriff: 29.3.2019); **Brandes-Hell, Clemens:** Flash Ist Tot! Es Lebe HTML5?, in: *Making Games Magazin. Magazin für Spiele-Entwicklung und Business-Development* 01–02/2017; S. 68–73.
180 Schwarz: Computerspiele, 2012²; S. 13.
181 Einen Versuch unternahm das Echtzeitstratgiespiel **Endwar** 2008, das die Defizite der Steuergeräte mit einer ausgefeilten Sprachsteuerung ausgleichen wollte. Intelligente Steuerkonzepte mit den Controllern von Konsolen machten erstmals **Halo Wars** 2009 und jüngst den Nachfolger **Halo Wars 2** 2017 sinnvoll spielbar, durchsetzen aber konnte sich das Modell nicht.
182 Gießler / Graf: Gestern, 2016. In einem Fellowship vertiefte Schwarz vom 20.4.-30.9.2015 ihre Forschungen in Potsdam, neue Ergebnisse liegen jedoch noch nicht vor: **Schwarz, Angela:** Public

dem Jahr 2010 und erfasst mehrere Plattformen. Da er sich weitgehend bemüht, die methodischen Defizite abzufedern, untersucht er nur diesen kurzen Zeitrahmen. Die gewählte Episode in der Geschichte digitaler Spiele ist hinreichend gleichförmig, um für die Jahre 2002 bis 2010 plausible Zahlen zu liefern. Seine Ergebnisse weisen jedoch nicht über den Untersuchungszeitraum hinaus und sind nicht in die Zeit vor der Jahrtausendwende projezierbar. Gleichwohl sind bei allen Unzulänglichkeiten die viel zitierte, langfristige Erhebung von Schwarz und die seltener referenzierten Daten Heinzes bisher ohne Alternative. Nur sie unternahmen so intensiv den Versuch, die Bedeutung historischer Hintergründe für digitale Spiele quantitativ und statistisch zu erfassen. Die Daten von Schwarz zeigen eine Breite des Phänomenes auf, dass es Marktteilnehmer, Game Designer und Kunden nicht einfach übergehen können – erst recht aber nicht die Wissenschaft. Hunderte Spiele erscheinen jedes Jahr und transportieren historische Vorstellungen in eine immer weiter wachsende Käuferschaft, die allen Schichten und Altersgruppen entstammt. Wie groß diese Reichweite ist, erläuterte der einleitende Abschnitt *1.3 Die Relevanz historischer Inszenierungen*. Weniger wichtig hierbei ist die exakte Höhe der Zahlen. Vielmehr ist die hinter den enormen Zahlen stehende, breite gesellschaftliche Relevanz von digitalen Spielen mit historischen Inszenierungen zu begreifen, um die Brisanz des neuartigen medialen Phänomens für die Erinnerungskultur der Rezipientinnen und Rezipienten zu verstehen. Deswegen benötigen sowohl Marktteilnehmer als auch die geisteswissenschaftliche Forschung detailliertere, statistische Erhebungen. Insbesondere wäre die relative Bedeutung historischer Inszenierungen am Markt im Verhältnis zu anderen Inhalten und im zeitlichen Verlauf besser auszuleuchten.

2.3 Das Historische aus Sicht der Forschung

Dass die Geschichtswissenschaft aus statistischen Betrachtungen kaum Erkenntnisse gewinnt, liegt neben dem Reflexionsgrad der Methoden an einem Mangel terminologischer Schärfe. Eine Diskussion, was das *Historische* an einem digitalen Spiel überhaupt sein kann, blieb bislang aus. Schwarz notiert 2015 in einer geschichtswissenschaftlichen Bestandsaufnahme für die Game Studies, dass „die Hürden immer noch hoch" seien, „weil zahlreiche Aspekte noch nicht systematisch analysiert bzw. geklärt sind."[183] Dazu gehöre auch die Frage, was „überhaupt ein Computerspiel mit Geschichte" sei. Diese Feststellung irritiert, weil sie selbst seit einer Dekade diverse Beiträge mit statistischen Daten unterlegt, ohne dass die Hauptkategorie ihrer Studien

---

History digital. Zeitgeschichte in Computerspiel und Internet, Potsdam vom 20.4.-30.9.2015. Online unter: http://bit.ly/2rY5EbR (Letzter Zugriff: 29.3.2019).
183 Schwarz, Angela: Game Studies und Geschichtswissenschaft, in: Sachs-Hombach, Klaus / Thon, Jan-Noël (Hg.): Game Studies. Aktuelle Ansätze der Computerspielforschung, Köln 2015; S. 398–447, hier S. 414.

wenigstens vorläufig und hypothetisch definiert wäre.[184] Seit 2014 laufe ein Datenbankprojekt, wie sie in der genannten Bestandsaufnahme erläutert, das systematische Kategorien für *Historienspiele* entwickle.[185] Sie räumt ein, das „Etikett ›Historienspiel‹ sagt nichts über die Form bzw. Intensität aus, in der Geschichte in einem solchen Spiel auftaucht".[186] So bezeichnet sie jene Spiele, „die ihr Geschehen nicht in der Gegenwart, der Zukunft, einem Fantasykosmos oder einer anderen rein fiktiven Welt, sondern einer geschichtlichen Zeit ansiedeln".[187] Welche Inhalte ihren Begriff konkret füllen, bleibt vage:

> „Eine Systematik [des Historienspieles] [...] könnte auf dem Maß an historischer Konkretisierung der Spielhandlung basieren, also der Frage, wie deutlich die historischen Bezüge sichtbar sind und wie stark die Absicht des Herstellers eines Spieles ist, die Spieler in eine virtuelle Vergangenheit ›eintauchen‹ zu lassen."[188]

Als Grundlage für Studien bleibt diese terminologische Abgrenzung zu schwammig. Sie kennzeichnet keine Merkmale der historischen Inszenierung selbst, sondern schließt begriffsfremde Inhalte von ihm aus. Aus Rezipientensicht wäre zudem nachrangig, ob der Hersteller eine historische Inszenierung beabsichtigt, wenn der Nutzer sie nicht wahrnimmt oder sie gegen dessen Intention hineininterpretiert.

Eine Definition für ein digitales Spiel mit historischen Elementen unterbreitet hingegen Heinze. Es sei „von einem historischen Computerspiel dann zu sprechen, wenn eine funktional relevante Menge von Spielelementen ihre Bedeutung durch den historischen Diskurs erhält."[189] In diesem Diskurs betrachtet er „historisches Wissen als gesellschaftlich ausgehandelte Größe".[190] Seine Definition bezieht somit neben fachwissenschaftlichen Geschichtsbildern auch populärhistorische Vorstellungen ein. Problematisch ist jedoch seine Auffassung, es seien ausschließlich funktionale Spielelemente zu betrachten. Digitale Spiele also, die historische Kulissen lediglich als losen Rahmen verwenden, fallen für ihn aus historischen Inszenierungen heraus.[191]

---

184 Schwarz: Geschichte, 2009 definiert insbesondere auf S. 319–24 Spielformen, analysiert Wirkungen und betrachtet Nutzerverhalten. Nicht explizit wird erklärt, was das Historische denn eigentlich sei. Das Fehlen dieser Grundlage lässt im späteren Verlauf ihrer Arbeiten nur schwierig erahnen, welche Spiele in ihre Auswertung einbezogen werden.
185 Schwarz: Game Studies, S. 417. Die angegebene Webseite des Verbundprojektes *PraxiS* an der Universität Siegen führt jedoch das Projekt nicht auf: **Universität Siegen:** PraxiS. Verbundprojekt, 2014 ff. Online unter: www.praxis.uni-siegen.de (Letzter Zugriff: 29.3.2019).
186 Schwarz: Computerspiele, 2012²; S. 9.
187 Schwarz: Computerspiele, 2012²; S. 8.
188 Schwarz: Game Studies, 2015; S. 417.
189 Heinze: Mittelalter, 2012; S. 107.
190 Heinze: Mittelalter, 2012; S. 90.
191 Ein Begriff, verwendet bei **Wesener, Stefan:** Geschichte in Bildschirmspielen. Bildschirmspiele mit historischem Inhalt, in: Bevc, Tobias (Hg.): Computerspiele und Politik. Zur Konstruktion von Politik und Gesellschaft in Computerspielen, Berlin 2007; S. 141–64, hier S. 150–55, jedoch nicht explizit erläutert.

Damit schließt er Spiele aus, die rein visuell oder ästhetisch und nicht funktional auf Geschichtsbilder verweisen. Ob aber ein beliebiger Rezipient tatsächlich in dieser Art zwischen historisch und unhistorisch unterscheidet, darf bezweifelt werden. Geschichte kann wissenschaftlich nicht vorgebildete Menschen selbst in Form eines schlichten, nicht funktionalen Hintergrundes beeinflussen. Kulissen fielen so auch unter gesellschaftlich ausgehandeltes, historisches Wissen und würden dieses wiederum beeinflussen. Dass Heinze eine solche Grenze zieht, ist daher nicht plausibel. Von der historischen Rezeption digitaler Spiele klammert Heinze zum Einen zu viel aus, zum Anderen liegt im Auge des Betrachters, was noch als funktional bedeutend gelten mag. Dies führt zu einer Unschärfe der Methodik, welche die Aussagekraft einschränkt. Seine Studie erfasst nicht das ganze, für die Erinnerungskultur bedeutende Spektrum historischer Inszenierungen in digitalen Spielen. So streng, wie Heinze das Kriterium der Funktionalität anlegt, markieren die Marktanteile des Historischen in seiner Auswertung eher die unterste mögliche Grenze.

Einleitend in ihren Sammelband zur Frühen Neuzeit, schließen Florian Kerschbaumer und Tobias Winnerling hingegen keine historische Darstellung aus. Sie ziehen sich auf den Begriff des *historisierenden Videospiels* zurück. Historisierend seien „alle, die in irgendeiner Form historische Inhalte aufgreifen, verarbeiten und darstellen – selbst die, in denen lediglich ein Pinball-Simulator mit einem Jugendstilmäntelchen verkleidet wird."[192] Gewiss soll ihre Einführung damit auch möglichst alle unterschiedlichen Perspektiven des Sammelbands konzeptionell einfassen. Gerade wenn eine geschichtswissenschaftliche Bearbeitung des Themenfeldes erst beginnt, mag diese Offenheit von Vorteil sein. Dennoch vereinfachen Kerschbaumer und Winnerling, wenn sie das Feld in einer solchen Breite abstecken, aber nicht begründen, warum sie es so abstecken. Sie führen an, auch ein Jugendstil-Pinball versuche, „mit der Anmutung eines irgendwie geschichtlichen Flairs das Spiel in andere Zeiten zu rücken".[193] Für Historiker kann darin aber keine hinreichende Definition liegen. Die historisierende Anmutung wäre spielmechanischen, narrativen, visuellen, akustischen und ästhetischen Eigenschaften zuzuordnen, um als fachlicher Begriff brauchbar zu sein. Wo historisch inszenierende oder *historisierende* Spiele enden würden, lässt sich schlichtweg nicht erkennen. Schon aufgrund seiner Entwicklungszeit ließe sich argumentieren, dass ein digitales Spiel bei der Veröffentlichung die Anmutung einer vergangenen Zeit liefere. Schließlich stammen Design, technischer Stand oder gewählte Themen aus einer Entwurfphase drei bis fünf Jahre zuvor. Würde dieser zeitliche Horizont schon genügen, *historisierten* quasi alle am Markt veröffentlichen Spiele. Eine solche Kategorie wäre nutzlos. Unklar bleibt, worauf eine *Anmutung* an die Geschichte beruht, wie das Anlehnen an historische Zusammenhänge funktioniert, was der Begriff einschließt und wann etwas nicht mehr historisch

---

192 Kerschbaumer, Florian / Winnerling, Tobias: Postmoderne Visionen des Vor-Modernen. Des 19. Jahrhunderts geisterhaftes Echo, in: Dies. (Hg.): Frühe Neuzeit im Videospiel. Geschichtswissenschaftliche Perspektiven, Bielefeld 2014; S. 11–24, hier S. 14.
193 **Kerschbaumer / Winnerling:** Visionen, 2014; S. 14.

anmutet. Liegen für Kerschbaumer und Winnerling implizit entscheidende Bezüge etwa in visuellen Eindrücken von Vergangenheiten oder einem narrativen historischen Kontext? Die Begriffswahl der Autoren birgt eine implizite, unreflektierte Vorstellung von Geschichte, die den Forschungsgegenstand nicht eingrenzt.

In vielen weiteren Texten schwingen Vorstellungen ihrer Autoren über das Historische an digitalen Spielen verdeckt mit. Mühevoll müssen sie aus Formulierungen herausgedeutet werden, wodurch Missdeutungen unvermeidbar sind. Gleichwohl dürfen sie nicht einfach übergangen werden, will man aus der geschichtswissenschaftlichen Landschaft die Auffassungen über historische Charakteristika herausarbeiten. Im vorliegenden Buch ist jedoch kein Raum, um dazu eine umfassende Literaturschau vorzunehmen. Stellvertretend wird stattdessen die implizite Haltung einer wichtigen, geschichtswissenschaftlichen Publikation im Feld aufgegriffen. Steffen Bender ordnete 2012 systematisch in die Medienlandschaft ein, wie digitale Spiele Konflikte des 20. Jahrhunderts erinnerungskulturell verarbeiten.[194] „Computerspiele [...], die historische Vergangenheit darstellen," träten als Vermittlungsinstanzen für Geschichte auf:

> „[S]ie entwerfen historische Narrative, konstruieren Wirklichkeitsvorstellungen von der Vergangenheit und generieren damit Geschichtsbilder, deren Relevanz mit Bezug auf ihre bloße Verbreitung nicht überschätzt werden kann."[195]

Dabei folgt er Aleida Assmann dahingehend, dass drei grundlegende Varianten historischer Präsentation die Geschichtsbilder konstruieren: sie erzählen, stellen aus und inszenieren.[196] Diese Grundeigenschaften bestimmen eine historische Inszenierung, wie Bender sie versteht. Im Verlauf seiner Untersuchung spielen erzählende Momente bei der historischen Inszenierung sowie visuell erkennbare Phänomene die zentralen Rollen. Neben Narrativen, die auch aus anderen Medien wie Büchern entstammen, konzentriert er sich für visuelle Eindrücke vor allem auf Parallelen zu Filmen. Besonders ersteren spricht er die Kraft zu, Vorstellungen über historische Wirklichkeiten zu konstruieren. Allerdings vernachlässigt er andere Elemente einer Inszenierung. Zum Beispiel sind in audiovisuellen Medien akustische Reize relevant, wenn Geschichtsbilder konstruiert werden. Angefangen mit akribisch nachgeformten Geräuschen von Waffen oder Motoren, fällt besonders an seinem Kapitel über den Vietnamkrieg auf, dass er ikonische zeitgenössische Musik kaum erwähnt.[197] Dabei nutzen viele Spiele die präkonditionierende Stimmung musikalischer Titel, die eng mit filmischen Inszenierungen verbunden sind.[198] Dass Bender nicht einmal bei der be-

---

194 Bender: Erinnern, 2012.
195 Bender: Erinnern, 2012; S. 14.
196 Bender: Erinnern, 2012; S. 22; **Assmann, Aleida:** Geschichte im Gedächtnis. Von der individuellen Erfahrung zur öffentlichen Inszenierung, München 2007; S. 149–154.
197 Bender: Erinnern, 2012; S. 167–87.
198 Zitiert in Filmen und Spielen etwa **The Doors:** The End und **Jefferson Airplane:** White Rabbit (beide 1967).

rühmten Szene aus *Apokalypse Now* akustisch transportierte Geschichtsvorstellungen anspricht, in der ein amerikanischer Kommandeur seine Hubschrauber mit Wagners *Walkürenritt* ein vietnamesisches Dorf angreifen lässt, ist eine offene Flanke der Studie.[199] Bender greift auf die untersuchten Konflikte fast ausschließlich über erzählende und visuelle Bestandteile zu. Vorstellungen über die bestimmenden Bestandteile des Historischen formatieren Studien also auch dann vor, wenn sie nicht explizit ausformuliert sind. Ergebnisse sprechen auf diese intuitive Weise nur Teile der historischen Inszenierung an.

Auch die englischsprachige Literatur bemüht sich zu klären, ob digitale Spiele ein Gegenstand für die Geschichtswissenschaft sind, in welcher Weise sie historisch inszenieren und wie sie Nutzer einbeziehen. Viele Autoren nehmen aber auch dort das Historische an der Inszenierung unreflektiert hin. Die Diskussion, was das Historische konstituiert, befindet sich auf einem vergleichbaren Stand wie in der deutschsprachigen Forschung.[200] Einer der frühesten Versuche, das Historische in einem geschichtswissenschaftlichen Sinne terminologisch zu erfassen, findet sich bei Esther MacCallum-Stewart und Justin Parsler. Sie definieren 2007 in einem Konferenzpapier der Digital Games Research Association (DiGRA) „a historical game outside the parameters of ‚activity' (shoot, manage, take a turn), and within that of its world setting."[201] Ein solches Spiel, so heißt es dort, „has to begin at a clear point in real world history, and that history has to have a manifest effect on the nature of the game experience." Diese Definition spart ausgerechnet spielmechanische Elemente als historische Faktoren aus, obwohl gerade die Bestandteile der Spiele, welche das Handeln von Spielenden beeinflussen kann, das Kerncharakteristikum des Mediums ausmachen. Relevante Elemente der Inszenierung müssen nicht nur im geschichtlichen Hintergrund eines Spieles liegen. Die anderen Bedingungen lassen sich ebenso schwierig aufrecht erhalten. Nicht jedes Spiel, das historische Vorstellungen adressiert, entwickelt sich von einem realweltlichen Bezugspunkt aus. Beispiele dafür

---

199 Bender: Erinnern, 2012; S. 170/71; **Coppola, Francis F.:** Apocalypse Now, 1979; **Wagner, Richard:** Walkürenritt. Instrumentales Vorspiel zum Akt 3 der Oper „Die Walküre", 1851. Online unter: https://youtu.be/C933mn-pR6Y (Letzter Zugriff: 29. 3. 2019).
200 Jüngst beispielsweise über den Nexus zwischen digitalen Spielen, Tourismus und Virtueller Realität bei der Inszenierung des kulturellen Erbes in **Champion, Erik:** Playing with the Past, London 2011; Gedanken zur neuartigen historischen Form des digitalen Spieles bei **Chapman, Adam:** Is Sid Meier's Civilization History?, in: *Rethinking History. The Journal of Theory and Practice*, Nr. 3 17/2013; S. 312–32; ein Plädoyer für Historiker als aktive Produzenten eigener digitaler Spiele bei **Spring, Dawn:** Gaming History. Computer and Video Games as Historical Scholarship, in: *Rethinking History. The Journal of Theory and Practice*, Nr. 2 19/2015; S. 207–21.
201 MacCallum-Stewart, Esther / Parsler, Justin: Controversies. Historicising the Computer Game, in: *DiGRA '07 – Proceedings of the 2007 DiGRA International Conference: Situated Play*, Nr. 4 2007; S. 203–210, hier S. 204. Online unter: http://bit.ly/1W2XJQt (Letzter Zugriff: 29. 3. 2019). Leicht verändert auf Deutsch übersetzt: **MacCallum-Stewart, Esther:** Geschichte und Computerspiele, in: Hardtwig, Wolfgang / Schug, Alexander (Hgg.): History sells! Angewandte Geschichte als Wissenschaft und Markt, Stuttgart 2009; S. 119–29; **Digital Games Research Association (DiGRA).** Online unter: http://www.digra.org/ (Letzter Zugriff: 29. 3. 2019).

wären etwa fantastische Szenarien wie in *Drakensang*, die sich an das Spätmittelalter anlehnen, oder Steam-Punk wie bei *Dishonored*, in dessen Setting das viktorianische Zeitalter wirkt.[202] Dass die Spielerfahrung elementar von Geschichte beeinflusst sein muss, ist nicht nur schwammiger formuliert als die funktionale Bedingung Heinzes. Da die Spielerfahrung aufseiten der Rezipienten zu ermitteln wäre, ist ein *offenkundiger Effekt* der Geschichte auf die Erfahrung keine taugliche Bedingung für eine verbindliche Definition. Dafür dürften sich die Wahrnehmungen der Rezipienten zu sehr unterscheiden.

Angesichts der bis hierhin detailreichen Überlegungen verblüfft Adam Chapmans Position 2013, das Historische an einem digitalen Spiel sei ganz einfach zu definieren:

> „Thus historical videogames are those that attempt to represent the past and thus to produce some kind of resonance with a wider (broadly defined) historiography."[203]

In solcher Breite formuliert, ist eine Definition für einen fachlichen Diskurs kaum brauchbar. Sie lässt nicht erkennen, was bei digitalen Spielen die Repräsentationen von Vergangenheit erzeugt. Seine *kind of resonance* erinnert an die *Anmutung* bei Kerschbaumer und Winnerling, die als vage kritisiert wurde. Obendrein bleibt unklar, was eine ausgeweitete, breiter definierte Geschichtsschreibung sein soll. In seiner Dissertation, so ist fairerweise einzuräumen, stellt diese Formulierung den Ausgangspunkt, um ein Analysemodell für digitale Spiele mit historischem Bezug auszubauen. Dennoch führt seine Behauptung, eine Definition sei einfach zu finden, in die Irre. Im überarbeiten Druck vermeidet Chapman die Formulierung und konzentriert sich darauf, das historische Spiel in verschiedenen Aspekten über die äußere Form anzunähern.[204] Ein operabler Begriff aber müsste präziser gefasst werden, als dass ihn eine komplette Dissertation umreißen muss.

Behutsamer gehen Matthew Kapell und Andrew Elliott in der terminologischen Frage vor, als sie 2013 einen Aufsatzband einleiten.[205] Im angelsächsischen Raum nimmt die Debatte um ludologische gegen narratologische Herangehensweisen großen Platz ein, selbst wenn sie heute versöhnlicher geführt wird als noch vor wenigen

---

202 **Drakensang** 2008; **Dishonored. Die Maske des Zorns** 2012.
203 **Chapman, Adam:** The Great Game of History. An Analytical Approach to and Analysis of the Videogame as a Historical Form. PhD Thesis, Hull 2013; S. 9/10.
204 Siehe **Chapman, Adam:** Digital Games as History. How Videogames Represent the Past and Offer Access to Historical Practice, New York 2016, S. 3–55. Insbesondere vermeidet *Part I Digital Games as History* einen Definitionsversuch. Prägend für die gedruckte Fassung sind S. 10/11, die ein kulturhistorisches Verständnis des *Historischen* an sich, nicht jedoch spezifsch an digitalen Spielen formulieren.
205 **Kapell, Matthew W. / Elliott, Andrew B. R.:** Introduction: To Build a Past That Will „Stand the Test of Time". Discovering Historical Facts, Assembling Historical Narratives, in: Dies. (Eds.): Playing with the Past. Digital Games and the Simulation of History, London 2013; S. 1–29.

Jahren.²⁰⁶ Im Kern scheiden sich Forschergeister daran, ob digitale Spiele in einer erweiterten Literaturwissenschaft zu behandeln sind oder aufgrund ihrer spielmechanischen Systeme an die analoge Spielforschung anschließen. Zwischen ludischen und narratologischen Blickwinkeln sehen Kapell und Elliott historische Inszenierungen als Mittler:

> „[...] [T]he relationship between the two aspects of contemporary Game Studies can be uniquely approached through an examination of games that use history and historiography as a basic approach. [...] [F]or narratologists the point is about the story while for ludologists the 'play's the thing'. In digital games that begin from within a historical narrative, however, the thing is the *play* within the *narrative*."²⁰⁷

Falle die narrative Komponente aus oder sei historisch unplausibel, wäre es

> „the element of gameplay [...], in which the ludic capacity of historical video games allows for an in-depth understanding not just of facts, dates, people, or events, but also of the complex discourse of contingency, conditions and circumstances, which underpins a genuine understanding of history."²⁰⁸

Auf der einen Seite räumen also traditionelle Ansichten der Geschichtswissenschaft dem narrativen Transport von historischen Inszenierungen großes Gewicht ein. Bei digitalen Spielen sehen Kapell und Elliott zusätzlich wesentliche Einflüsse durch spielmechanische Elemente und Rechenmodelle, die Möglichkeiten, Voraussetzungen und Rahmenbedingungen verdeutlichen. Sie könnten ebenso ein Verständnis von Geschichte annähern.

Beide Autoren formulieren so brauchbare Grundlagen für den Begriff des Historischen in digitalen Spielen. Folglich kennzeichnet die weitere Arbeit im vorliegenden Buch sowohl die Bestandteile narrativer Phänomene als auch spielmechanische Systeme und begreift ihr Zusammenwirken als Voraussetzung für eine historischen Gesamtinszenierung. Um eine taugliche Definition des Historischen in digitalen Spielen zu finden, sind zwingend ihre grundlegenden Eigenschaften als spezifische Form der historischen Inszenierung zu verstehen. Diesen Ansatz stützt auch Chapman, denn die Geschichtswissenschaft

> „must be sure to adopt an approach that privileges understanding the video game *form* (and the varying structures this entails) and its integral role in the production and reception of historical

---

206 Einen Höhepunkt dieser Auseinandersetzung markiet: **Juul, Jesper:** Half-Real. Video Games between Real Rules and Fictional Worlds, Cambridge 2005. Siehe auch **Frasca, Gonzalo:** Simulation vs. Narrative. Introduction to Ludology, in: Wolf, Mark J. P./Perron, Bernard (Eds.): The Video Game Theory Reader. [1], New York 2003; S. 221–35.
207 Kapell / Elliott: Introduction, 2013; S. 19.
208 Kapell / Elliott: Introduction, 2013; S. 13.

meaning, rather than solely, or even primarily, on the *content* of specific products as historical narratives."[209]

Die Geschichtswissenschaft darf ihr narratives Dogma nicht auf digitale Spiele übertragen. Sie würde sich wichtiger Einsichten berauben. Für die nicht-narrativen Anteile der historischen Inszenierung muss sie angesichts der spezifischen medialen Funktionsweise neue Wege beschreiten. In diese Richtung müsste auch die bei Schwarz verwendete Perspektive weiterentwickelt werden, denn die Intention der Hersteller für ein Spiel kann nur insofern eine Rolle spielen, wenn sie aus den Aspekten Form und Inhalt beiderseits ablesbar ist. In der Regel dringt die Haltung, die Entwickler und Publisher zu einem spezifischen Titel einnehmen, nicht oder nur durch das Marketing zu den Spielenden durch. Selten bestehen Ausnahmen wie bei *Assassin's Creed Black Flag*, dessen Inhalte seine Entwickler im Inneren des Spieles selbst kommentieren.[210] Eine zeithistorische Spielebene versetzt Spielende in ein franco-kanadisches Entwicklerstudio. In der Spieldatenbank können sie Konflikte nachlesen, welche andere Designer im Entwicklungsprozess über historische Inhalte austragen. Ob Entwickler etwas historisch meinen, ist also für die Frage nachrangig, was als digitales Spiel mit historischer Inszenierung zu betrachten ist. Entscheidend ist, ob Spielende es so wahrnehmen. Umfassende Analysen liegen jedoch nicht vor, woran Spieler das Historische an einem Spiel festmachen. Daher sind vorläufig Bestandteile dieser historischen Erfahrung nur abschätzbar. Sich vorsichtig zu beschränken, mag unbefriedigend erscheinen, doch diese Ermittlung ist ein notwendiger Schritt, um empirische Kategorien für eine Untersuchung zu entwickeln, die Vorstellungen der Rezipientinnen und Rezipienten überhaupt erst abfragt.

Adam Chapman schlägt für eine historische Analyse als solche Bestandteile Zeit und Raum, Simulationen und Wissensräume, historische Narrative und sinnliche Geschichtsangebote vor.[211] Elemente des Reenactments kommen hinzu, er verweist auf postmoderne Perspektivität, alternative Geschichtsentwürfe sowie die Zusammenhänge zwischen dem Spielerischen (im Sinne von *play* nicht *game*) und der Dekonstruktion von Geschichte. Dabei zeigt er sicherlich Phänomene von historischer Relevanz um digitale Spiele auf. Um das Historische zu definieren, geht er weit über Bestandteile eines digitalen Spieles hinaus bis zu den resultierenden Effekten, die enger auf Eigenschaften digitaler Spiele zurückgeführt werden müssten. Seine Kategorien Zeit, Raum, Simulation, Wissensräume, historische Narrative und sinnliche Geschichtsangebote deuten jedoch auf essentielle Bestandteile der Spiele. Heinze konzentrierte sich zwar auf die funktionale Relevanz von Geschichte für Spielerfahrungen, schloss aber, dass plausible historische Weltenwürfe nur narrativ transportierbar seien, weil Computer auf diskrete Zahlenwerte klarer Zustände beschränkt

---

209 Chapman, Adam: Privileging Form Over Content. Analysing Historical Videogames, in: *Journal of Digital Humanities*, Nr. 2 1/2012, Abs. 1. Online unter: http://bit.ly/1OHPvvQ (Letzter Zugriff: 29. 3. 2019).
210 **Assassin's Creed IV. Black Flag** 2013.
211 **Chapman:** Great Game, 2013; S. 259–268.

seien.²¹² Meine Rezension seines Buch entgegnete, dass Systeme, die auf diskreten Zahlenwerten basieren, ambivalente und unscharfe historische Zustände durch überlagernde und konkurrierende Systeme erzeugen können.²¹³ Chapman bietet Ansatzpunkte, solche modellhafte Geschichte weiter zu verfolgen.

Abschnitt *2.1* zur *Geschichte aus der Sicht der Branche* destillierte Auffassungen von Akteuren der Branche über die Bestandteile einer historischen Inszenierung heraus. Eine wesentliche Rolle nimmt dabei die Darstellung von Objekten, Materialien und Gebäuden wie bei Schüler, Lehmann und Schmitz ein. Désilets bestätigte dies durch die Akribie, mit der Städte und Architektur rekonstruiert werden. Gleichwohl geht er über die ersten drei hinaus, wenn er diese Kulissen als Bühne versteht, um darauf eine historisch plausible Narration zu inszenieren, die sich, so weit wie möglich, an wissenschaftlichen Erkenntnissen orientiert. Sid Meier hingegen rückt mit einem modellhaften Ansatz historische Strukturen, Rahmenbedingungen und Prozesse in den Mittelpunkt, nicht möglichst akkurat nacherzählte Geschichte. Mit Spielmechaniken bildet der Entwickler *Paradox Interactive* in großer Komplexität historische Feinheiten in Modellen ab, zum Beispiel Kategorien wie Prestige und dynastische Verhältnisse im mittelalterlichen Herrscherkonzert. Das vorgestellte Prager Projekt führt verschiedene Prinzipien wieder zusammen. Es verbindet eine plausible historische Erzählung mit dem detaillierten Weltenwurf einer mittelalterlichen Region im Böhmen des 15. Jahrhunderts. Automatisiert umfasst die Simulation des Weltentwurfes Natur, Wetter, Landschaft, komplexe Rüstungs- und Kampfmechanik sowie alltägliches Leben der Bewohner in dieser Region.

Wird entlang der genannten Aspekte ein klarerer Begriff des Historischen entwickelt, der konkrete Bestandteile eines digitalen Spieles benennt, sind Behelfskonstruktionen wie die historische *Anmutung* bei Winnerling und Kerschbaumer oder die *kind of resonance* von Chapman nicht mehr nötig. Hierfür sind die Erkenntnisse aus dem fachlichen Diskurs mit den Auffassungen der Branche zu kombinieren. So kristallisieren sich Kernelemente der historischen Inszenierung heraus. Für ein valides Arbeitsmodell im vorliegenden Buch ist auf dieser Basis das Historische an digitalen Spielen zu definieren. Wie der Verlauf von Chapmans Studie entgegen seines Definitionsversuchs zeigt, muss dieser Begriff differenziert ausfallen. Gleichwohl will ich versuchen, ihn in wenigen Absätzen einzugrenzen. Einzubeziehen sind Spielsystem, Spielmechanik, Inhalte und die von Spielern als Rezipienten hervorgerufenen Spielerfahrungen. Das Historische ist daher nur in Elementen zu finden, die mit Rezipientinnen und Rezipienten zur historischen Inszenierung zusammenwirken. Zu Anfang stehen auf der Angebotsseite all jene Inhalte, die bewusst als historische Elemente durch die Entwickler in ein Spiel eingebaut werden. Als prominente historische Komponente wird vielfach die Narration angebracht. Sie setzt sich oft lose und

---

212 **Heinze:** Mittelalter, 2012; S. 304/05.
213 **Nolden, Nico:** Aus Scherben einer Karaffe eine Vase bauen. Rezension von Carl Heinze: Mittelalter, Computer Spiele, in: *Keimling* 31. 8. 2014. Online unter: http://bit.ly/1sTdaLL (Letzter Zugriff: 29. 3. 2019).

netzwerkartig aus Narrativen und Motiven von Geschichtsbildern zusammen, welche die Spielenden individuell zu einer persönlichen Narration zusammenfügen. Die Komponenten dieses Geschichtengewebes geraten nicht nur mit wachsender Spielwelt immer komplexer, sondern unterscheiden sich also von Spieler zu Spieler. Dies gilt sowohl für die Reihenfolge narrativer Fragmente als auch für das Verhältnis des wahrgenommenen und nicht-wahrgenommenen narrativen Angebots. In diesem Geflecht stehen zudem lexikalische Datenbanken vieler Spiele, welche wie die *Civilopedia* von *Civilization IV* oder das *Animus*-Gerät bei *Assassin's Creed Black Flag* ergänzende Informationen zu Hintergründen zuliefern.[214] Wenn digitale Spiele historisch inszenieren, bilden Architektur und Gebäude, Materialien, Gegenstände und Kulissen zentrale Bezugsanker. Forschung und Games-Industrie widmen ihnen beide viel Aufmerksamkeit. Historische Persönlichkeiten treten meist objekthaft auf, denn Interaktionen mit ihnen sind kaum möglich. Dieses Hintergrundrauschen bietet visuelle, akustische und atmosphärische Elemente für das Historische an – gelegentlich bis zu haptischem Feedback aus Eingabegeräten, die sogar Stürze oder Materialtexturen übertragen. Solche historischen Kulissen dienen nicht nur den narrativen Elementen als Bühne, darin legen Entwickler auch die Spielmechanik fest. Einer Spielmechanik können bewusste historische Überlegungen vorausgehen. Dazu gehören Denkmodelle, in denen verschiedene Komponenten für die zivilisatorische Entwicklung der Menschheit zusammenwirken. Häufig inszenieren Geschichtsmodelle makrohistorische Zusammenhänge auf globalem Niveau, zumindest jedoch überregional. Die angelegten, äußeren Rahmenbedingungen, die historisch für relevant gehaltenen Elemente der Spielmechanik und die durch die Spieler betriebenen Prozesse tragen modellhaft zur historischen Inszenierung bei. Je komplexer ein Spielsystem gerät, umso mehr Modelle und Rechenprozesse automatisiert es, um Spielende zu entlasten und eine möglichst tiefe Welterfahrung zu ermöglichen. Sie simulieren ganze Gemeinwesen, alltägliches Verhalten zahlreicher Personen, Flora und Fauna sowie historische Prozesse auch ohne das Zutun der Spieler, können jedoch auf sie reagieren. Diese komplexen und verschränkten, reaktiven Systeme gehen über die oben genannten Modelle hinaus. Als historische Weltenwürfe integrieren sie die Kategorien von narrativen Netzwerken, Objektkultur und modellhafter Geschichte, ergänzen aber neue Phänomene: Richteten sich die Modelle auf makrohistorische Zusammenhänge, konzentrieren sich Weltentwürfe nun auf mikrohistorische Zusammenhänge in kleinskaligen Gebieten. Zudem inszenieren Entwickler beispielsweise Landschaften nicht nur topografisch, sondern auch Klangwelten ihrer Umgebungen, sogenannte Soundscapes, und Lichtstimmungen. In Weltenwürfen kommen zu Erzählungen, Objekten und Modellen einer Inszenierung die automatisierten Prozesse und die Phänomene einer dichten historischen Atmosphäre hinzu. Was sie ausmacht, ist noch unklar.

---

214 **Civilization IV** 2005; **Assassin's Creed IV. Black Flag** 2013.

Tabelle 2-1: Das „Historische" an digitalen Spielen aus Vorstellungen von Branche und Forschung

Objekt- und Materialkultur	Architekturstile, Gebäude, Gegenstände, Materialien
	Kulissen und Bühnen
	historische Persönlichkeiten
	Physikalität und Haptik
Narrative Netzwerke	lose Narrative und Motive
	individuell geknüpfte Narrationen
	Variablität resultierender Geschichtengewebe
	Reihenfolge und Selektivität von Wahrnehmung
Makrohistorische (Rechen-)Modelle	überregionale oder globale Skalen
	Spielmechanik, Automatisierung, Reaktivität
	Gesellschaftsmodelle, Geschichtsmodelle
Mikrohistorische Weltentwürfe	Kleinskalige Gebiete, detailliert modelliert
	Gemeinwesen, Alltagsabläufe, interdependentes Verhalten
	Simulation von Natur und Umwelt
	historische Atmosphären

Somit sind zusammen mit den vorherigen Kapiteln grundlegende Faktoren herausgearbeitet, die das Historische kennzeichnen. Digitale Spiele weisen dann eine historische Inszenierung auf, wenn einer oder mehrere der genannten Bestandteile historische Inhalte aufgreift: Narrative Elemente, die Objekte der Kulisse, spielmechanische Modelle oder automatisierte Weltentwürfe. Je mehr dieser Komponenten geschichtliche Anleihen suchen, umso höher ist der Grad an historischer Inszenierung. Von der schlichten Kulisse aus Objekten, die historisch entlehnt sind, bis hin zu ausgefeilten geschichtlichen Weltentwürfen, die narrative Geschichtserzählungen mit historisch plausiblen spielmechanischen Modellen verbinden, ist ein breites Spektrum historischer Spielerfahrungen denkbar. Ruft man sich die bislang produzierten digitalen Spiele in Erinnerung, lässt ein solcher Begriff des Historischen unausgeschöpfte Potentiale erkennen. Ausdrücklich bezieht dieser Begriff des Historischen populärhistorische Vorstellungen mit ein, gerade weil Analysen zu den Rezipienten und ihren historischen Vorstellungen nicht vorliegen. Deren Vorstellungen an eine umfassendere mediale Erinnerungskultur anzuschließen, wäre ein wesentlicher Auftrag an zukünftige geschichtswissenschaftliche Analysen. Werden Weltentwürfe untersucht, lassen sich Erkenntnisse sicherlich auch für die Spielwelten in der *Virtuellen Realität (VR)* gewinnen. Mit vergleichbaren Methoden versuchen VR-Welten, ihre Rezipienten in die Spielerfahrung hinein zu ziehen. Eben die Spielenden aber und ihre Wahrnehmungen bleiben noch Unbekannte in dieser Gleichung. Ihnen nähert sich dieses Buch daher weiter an. Schließlich bestimmen ihre Handlungen wie in keinem anderen Medium, was als historische Inszenierung erfahrbar wird. Der entwickelte Begriff des Historischen digitaler Spiele dient im Folgenden als Grundlage, um für die Geschichtswissenschaft ein Arbeitsmodell zu entwickeln, das die Untersuchung von Online-Rollenspielen und anderen Multiplayer-Titeln mit historischen Inszenierungen ermöglicht.

2.4 Die Quelle und der methodische Zugriff

Mit dem hergeleiteten Begriff des Historischen an digitalen Spielen lässt sich der geschichtswissenschaftliche Forschungsstand auf Reichweite, Tiefe und Plausibilität bewerten. Berührungspunkte gibt es mit der Geschichtsdidaktik, die sich länger schon digitaler Spiele annimmt. Sie erforscht etwa, wie diese dem Historischen Lernen nützen.[215] Vielen Autoren artikulieren vorwiegend Bedenken gegen die Medienform. Im Gegensatz dazu verband Waldemar Grosch 2002 seine Kritik mit aufgeschlossenen Zugängen, um historische Inszenierungen von digitalen Spielen im Bildungskontext zu verstehen und im Unterricht einzusetzen.[216] Als Reflexionsebene der Geschichtswissenschaft fokussiert die Fachdidaktik die bewusste Vermittlung und Anwendung in schulischen, akademischen und gesellschaftlichen Kontexten.[217] Geschichtsdidaktische Texte, die systematisch Lernende studieren, welche in veränderlichen Spielsystemen interagieren, werden daher in Kapitel *4.4 Nutzerperspektiven* noch elementar.[218] In Grenzbereichen, wie beim Studium von Simulationen als Problemräume, sind beide Sphären ohnehin nicht scharf trennbar.[219]

Der Unterschied von Theorie und Methodik liegt darin, dass die geschichtswissenschaftliche Historik vorwiegend das analytische Verständnis für Funktionsweisen der Geschichtsprozesse selbst schärft. Diese Konzentration konturiert geschichtswissenschaftliche Kernkompetenzen gegenüber anderen Disziplinen. Entsprechend fokussiert der Forschungstand, wie digitale Spiele historische Inhalte repräsentieren und aufbereiten, ob nun intendiert oder nicht. Kapitel *3.2 Anknüpfungspunkte und Lösungsansätze* setzt die geschichtsdidaktischen Erkenntnisse neben anderen Disziplinen auch wieder in Bezug zum geschichtswissenschaftlichen Forschungsstand.

---

[215] Vielfach finden sich hier kritischen Stimmen wie **Wolf, Peter:** Freibeuter der Chronologie. Geschichtsbilder des Historismus im Computerspiel „Der Patrizier", in: *Geschichte in Wissenschaft und Unterricht* 44/1993; S. 665–70. **Schwarz:** Game Studies, 2015; S. 402–422 diskutiert geschichtsdidaktische und geschichtswissenschaftliche Strömungen gemeinsam von den achtziger Jahren an.

[216] **Grosch, Waldemar:** Computerspiele im Geschichtsunterricht, Schwalbach/Ts. 2002. Siehe auch: **McCall, Jeremiah:** Gaming the Past. Using Video Games to Teach Secondary History, New York 2011; **Buchberger, Wolfgang / Kühberger, Christoph:** Computerspiele und Geschichtsunterricht. Dynamische digitale Spielwelten kritisch hinterfragen, in: *Historische Sozialkunde* 4/2013; S. 36–44.

[217] **Bergmann, Klaus:** Geschichte in der didaktischen Reflexion, in: Ders. (Hg.): Geschichtsdidaktik. Beiträge zu einer Theorie historischen Lernens. 3. Aufl., Schwalbach/Ts. 2008; S. 53–62; S. 56.

[218] Siehe **Wesener:** Geschichte, 2007; S. 141–64; **Buchberger / Christoph:** Computerspiele, 2013; S. 36–44.

[219] **McCall, Jeremiah:** Historical Simulations as Problem Spaces. Criticism and Classroom Use, in: *Journal of Digital Humanities*, Nr. 2 1/2012. Online unter: http://bit.ly/1XT1GGH (Letzter Zugriff: 29.3.2019).

2.4.1 Die Eigenschaften des Gegenstandes

Unabhängig von einer bestimmten Disziplin gehen jeder wissenschaftlichen Analyse hilfswissenschaftliche Überlegungen voraus. Im vorliegenden Fall helfen sie, digitale Spiele als Arbeitsgegenstand und Quelle zu durchdenken und folglich ihre fachliche Bearbeitung zu strukturieren. Bislang wurde die Geschichte digitaler Spiele geschichtswissenschaftlich noch nicht aufgearbeitet, weshalb der vielfältige Gegenstand schwierig zu überblicken ist. Seine fünfzigjährige Geschichte brachte die unterschiedlichsten Formen historischer Inszenierungen hervor. Dass wenige Autoren bislang versuchten, sich der geschichtswissenschaftlichen Qualität digitaler Spiele als Quelle anzunähern, ist daher zwar verständlich, aber ebenso bedauerlich. Dass die Geschichtswissenschaft sich hilfswissenschaftlichen Diskursen über Form und Inhalt lange enthielt, liegt nach Ansicht von Angela Schwarz an der verbreiteten Haltung, dass „[d]as Computerspiel […] keine historische Quelle" sein könne.[220] Für die Geschichtswissenschaft seien nur Exemplare relevant, „die ein historisches Setting haben oder auf andere Weise mehr als nur in einem kurzen Seitenblick mit Geschichte spielen."[221] Erste Ansätze verurteilten digitale Spiele weitgehend als untauglich, historische Inszenierungen zu tragen.[222] Wohl auch deshalb beschäftigte sie sich mit ihnen nur marginal und verlor sie nach Einzelstudien der neunziger Jahre aus dem Blick. Dass die technischen Möglichkeiten digitaler Spiele exponentiell wuchsen und damit die Optionen, Historisches zu inszenieren, nahm sie schließlich nicht mehr zur Kenntnis.

Digitale Daten in allgemeinerem Sinne diskutierte die Geschichtswissenschaft durchaus als Quellen, Gunnar Sandkühler aber blieb 2004 allein, als er digitale Spiele als fachwissenschaftliche Quelle erkundete.[223] Das Horror-Adventure *Silent Hill 2*, welches einem Sammelband als Beispiel für einige disziplinäre Zugänge zugrunde lag, handelt nicht von einem explizit historischen Setting.[224] Umso überzeugender arbeitete Sandkühler daran heraus, dass digitale Spiele als geschichtswissenschaftliche Quellen nutzbar sind.[225] Seine Ansätze boten substantielle Anregungen, wie an digi-

---

[220] **Schwarz:** Game Studies, 2015; S. 398.
[221] **Schwarz:** Game Studies, 2015; S. 399.
[222] **Wolf:** Freibeuter, 1993; S. 665–70; **Wolf, Peter:** Der Traum von der Zeitreise. Spielerische Simulationen von Vergangenheit mit Hilfe des Computers, in: *Geschichte in Wissenschaft und Unterricht*, 47/1996; S. 535–47; **Pöhlmann, Markus / Walter, Dierk:** Guderian fürs Kinderzimmer? Historische Konfliktsimulationen im Computerspiel, in: *Zeitschrift für Geschichtswissenschaft*, Nr. 12 46/1998; S. 1087–1109.
[223] **Margulies, Simon B.:** Digitale Daten als Quelle der Geschichtswissenschaft. Eine Einführung, Hamburg 2009; **Sandkühler, Gunnar:** Der Historiker und Silent Hill. Prospektives Quellenstudium, in: Neitzel, Britta / Bopp, Matthias / Nohr, Rolf F. (Hg.): ‚See? I'm real…'. Multidisziplinäre Zugänge zum Computerspiel am Beispiel von ‚Silent Hill', 3. unveränd. Aufl., Münster 2010; S. 213–26.
[224] **Silent Hill 2** 2001.
[225] **Sandkühler:** Historiker, 2010³; S. 220/21.

talen Spielen als Quelle der Geschichtswissenschaft vorzugehen wäre.²²⁶ Leider folgten kaum weitere Arbeiten, die von den Grundeigenschaften digitaler Spiele auf ihren historischen Quellencharakter geschlossen hätten. Angela Schwarz umreißt zwar 2009 das „Quellenkorpus", erläutert aber nicht, welche Charakteristika diese Quellen kennzeichnen und als Korpus konstituieren.²²⁷ Geschichtswissenschaftliche Methoden abzuleiten, die zu wissenschaftlich plausiblen Aussagen führen, setzt aber das Verständnis aller Eigenschaften digitaler Spiele und ihres technischen Systems unbedingt voraus.

In seiner Diplomarbeit an der Universität Wien suchte Martin Zusag nach einem geeigneten geschichtswissenschaftlichen Analysemodell: Digitale Spiele könnten „erst dann mit den Methoden geschichtswissenschaftlicher Quellenkritik analysiert werden, wenn dabei bewusst auf den interaktiven Mediencharakter eingegangen wird."²²⁸ Was auf dem Bildschirm zu sehen sei, was akustisch übermittelt werde, haptische Erfahrungen wie Force Feedback von Eingabegeräten seien das Produkt „eines interaktiven, in ständiger Wechselwirkung zum Spieler stehenden Mediums, also nur ein Teil einer Quelle, der sorgsam decodiert werden muss."²²⁹ Zusag entwickelt ein systemtheoretisches Analysemodell, das digitale Spiele in einen interagierenden produktiv-rezeptiven Raum einbettet und so an die Spielekultur anschließen soll.²³⁰ Studienkategorien seien Interaktivität, Narration, Sensorisches Design, Hard- und Software sowie das Spielziel und bezüglich des produktiv-rezeptiven Raum die Rahmenbedingungen der Produkution, Spieler und Paratexte, sowie die Wechselwirkung der Faktoren untereinander. Schon im Vorfeld der Modellentwicklung zeigt er viele kluge Ansätze: zur medialen Form des digitalen Spieles und deren Folgen für die Geschichtswissenschaft, Überlegungen zur Zitation und Methodik über Spielaufzeichnungen (Ludografie) sowie zum wachsenden Problem, relevante Titel zu archivieren.²³¹ Dem Umfang geschuldet, gelingt es ihm nicht, seinen Analysekategorien ausreichend Tiefe zu verleihen. Seine Ansprüche überfrachten eine hundertseitige Arbeit. Neben der Analyseempfehlung will er zeigen, ob und welchen Platz das digitale Spiel in der Geschichtswissenschaft hat, wie mangelndes Verständnis des interaktiven Elements zu falschen Schlüssen führt, wie die Spiele als ergänzendes Quellenmaterial Studien bereichern und bei der Vermittlung geschichtswissenschaftlicher Kompetenzen im Unterricht helfen können.²³² Seine Arbeit bildet jedoch

---

226 **Sandkühler:** Historiker, 2010³; S. 214–216.
227 **Schwarz:** Geschichte, 2009; S. 318–324.
228 **Zusag, Martin:** Digitale Spiele in der Geschichtswissenschaft. Betrachtungen zum Quellenwert und zu den methodischen Grundlagen ihrer wissenschaftlichen Analyse. Diplomarbeit, Wien 2013; hier S. 93. Online unter: http://bit.ly/2fEEwbM (Letzter Zugriff: 29.3.2019).
229 **Zusag:** Spiele, 2013; S. 93.
230 **Zusag:** Spiele, 2013; S. 32.
231 **Zusag:** Spiele, 2013; S. 6–17, S. 18–30, S. 30/31.
232 **Zusag:** Spiele, 2013; S. 93.

einen Fundus überzeugender Arbeitsaufträge, die es in der Geschichtswissenschaft intensiver zu untersuchen gilt.

Aus einem konzentrierteren Anspruch heraus nähert sich Carl Heinze den charakteristischen Eigenschaften des Mediums von Grunde auf und konzipierte 2012 ein Modell für die geschichtswissenschaftliche Arbeit mit digitalen Spielen. Er skizzierte ihr technisches System, berücksichtigte dessen Wechselwirkung mit den Spielenden und bezog die äußere Rahmung der Spielerfahrung durch historische Vorstellungen von Produzenten und Nutzern ein.[233] Das Modell bot endlich eine Grundlage, digitale Spiele auf ihren Quellencharakter hin zu diskutieren. Nach seiner Interpretation dieser Grundlagen ermöglichen letztlich nur narrative Mittel eine historische Darstellung.[234] Die technische Anlage eines Spiels könne grundsätzlich nur diskrete, das heißt, scharf abgegrenzte, eindeutige Zustände abbilden.[235] Dass dieser Schluss trotzdem nicht bedeutet, dass historische Informationen nur narrativ transportierbar wären, entgegnete ich 2014 in einer Rezension seines Buches: Modellhaft kann Geschichte ebenso historisch plausibel aufbereitet werden, wenn überlagernde oder widerstreitende Systeme Unschärfen erzeugen.[236]

Ähnlich wie Heinze verfolgte Adam Chapman das Ziel, ein System zwischen den Spielenden, der technologischen Basis und der Spielerfahrung einzugrenzen. Seinen „ecological approach" prägt die umfassende systemische Betrachtung von Menschen, die untereinander und mit ihrer Umwelt wechselwirken.[237] In seiner Dissertation 2013 vertieft, nähert sich sein Ansatz nicht über das Computersystem wie Heinze, sondern phänomenologisch über die Spielerfahrung.[238] Sprachlich überarbeitet und umstrukturiert, liegt sie seit 2016 im Druck vor, unterstreicht jedoch seine vorherigen Ausführungen.[239] Für ihn fügen sich digitale Spiele als historische Quelle aus mehreren Komponenten zusammen, welche die Spielerfahrung rahmen: Simulation, Epistemologie, Zeit, Raum und Handlungsangebote (affordances).[240] 2012 formulierte er als sein Kernanliegen, dass

---

[233] Entwicklung des theoretischen Modelles: **Heinze:** Mittelalter, 2012; S. 31–108.
[234] **Heinze:** Mittelalter, 2012; S. 304.
[235] **Heinze:** Mittelalter, 2012; S. 211–250, insbes. 240/41.
[236] **Nolden:** Scherben, 2014.
[237] **Chapman, Adam:** Affording History. Civilization and the Ecological Approach, in: Kapell, Matthew W./Elliott, Andrew B. R. (Hgg.): Playing with the Past. Digital Games and the Simulation of History, London 2013; S. 61–73, hier S. 62/63.
[238] **Chapman:** Great Game, 2013.
[239] **Chapman:** Digital Games, 2016.
[240] Zusammengefasst finden sich seine Komponenten bei **Chapman:** Great Game, 2013; S. 260–63: historische Interaktionen, Simulationsstile für Geschichte mit erkenntnistheoretischen Anknüpfungspunkten, der Zugriff auf Zeit, Räumlichkeit, Narrationsformen und die Ermächtigung der Spieler, Formen des Reenactment, kontrafaktische Geschichte, die postmoderne Qualität der Inszenierung und dekonstruktivistische Herangehensweisen an das Konzept „Play". **Chapman:** Digital Games, 2016; S. 20 konzentriert diese Elemente auf die genannten fünf Bestandteile der historischen Erfahrung in digitalen Spielen.

> „[a]t this early stage in the serious study of historical videogames, we must be sure to adopt an approach that privileges understanding the videogame *form* [...] and its integral role in the production and reception of historical meaning, rather than [...] on the *content* of specific products as historical narratives."[241]

Mit einer Konzentration auf die Form möchte er die Fixierung auf narrative Zugänge in der Geschichtswissenschaft überwinden.[242] Sein Modell erreiche „the most in-depth exploration of the nature and capabilities of the videogame as a historical form [...] to show *how* they function as histories."[243] Obwohl er die Spielerfahrung von historisch inszenierenden Spielen für seine Schwerpunkte treffend analysiert, verknüpft er sie zu lose, schließlich beeinflussen sie sich gegenseitig. Ferner führt er nicht stringent den Gesamteindruck als Quelle zusammen, weil er die Komponenten der Spielerfahrung nicht an die technischen Bedingungen des Objektes knüpft. Eigenschaften der Quelle mischen sich mit Phänomenen, die ihre Auswirkungen sind.

Die Zusammenhänge zwischen den Spielbestandteilen und ihre interdependenten Wechselwirkungen mit historischen Elementen stellen dagegen Vincenzo Casso und Mattia Thibault 2016 her.[244] Dreiphasig fokussiert ihr *History-Game Relations (HGR) Framework* Berührungspunkte zwischen Spielelementen, unterschiedlichen Methoden, wie Historisches konstruiert wird, und Formen der medienspezifischen Anpassung von Geschichte.[245] Als drei verschiedene Modi der Konstruktion machen sie das *Setting*, die *Modellierung* und die *Repräsentation* aus. Entsprechend der spezifischen Medialität digitaler Spiele erfolge die Anpassung historischer Inhalte durch eine *perspektivische*, *digitale* und *ludische* Übersetzungsleistung. Zwangsläufig geschehen diese Wandlungen historischer Information, sobald sie von anderen Medien in ein Spiel überführt wird. Im Nebeneffekt würdigt das prozessorientierte Modell digitale Spiele als eigenständiges Medium mit intrinsischen Eigenschaften. Während Heinze und Chapman ihre Modelle phänomenologisch aus Hardware und Spielerfahrung ableiten, knüpfen Casso und Thibault an drei geschichtswissenschaftliche Denkmodelle über die Funktionsweise von Geschichte: Eine ereignis-orientierte Auffassung, wie sie etwa Fernand Braudel beschreibe, suche die Geschichte am Adel, Kriegführung, überlieferten Verträgen, Erblinien und zugehörigen Faktoren festzumachen.[246] Dabei handelt es sich um eine historistische Sichtweise, wie sie im deutschsprachigen Raum auf Leopold Ranke verweist.[247] Florian Kerschbaumer und

---

241 **Chapman:** Form, 2012.
242 **Chapman:** Great Game, 2013; S. 18; **Chapman:** Digital Games, 2016; S. 17–20.
243 **Chapman:** Great Game, 2013; S. 259.
244 **Casso, Vincenzo I. / Thibault, Mattia:** The HGR Framework. A Semiotic Approach to the Representation of History in Digital Games, in: *gamevironments* 5/2016; S. 156–204. Online unter: http://bit.ly/2j0tn3s (Letzter Zugriff: 29.3.2019).
245 **Casso / Thibault:** Framework, 2016; S. 157.
246 **Casso / Thibault:** Framework, 2016; S. 159.
247 Programmatisch mutet 1824 seine Vorrede für sein späteres Lebenswerk an: **Ranke, Leopold:** Geschichten der romanischen und germanischen Völker. Teil 1: Von 1494–1535. [=Digitale Edition der

Tobias Winnerling finden sie durchaus bei Geschichtsbildern in digitalen Spielen wieder.[248] Zweitens knüpfen Casso und Thibault an die französischen *Annales*-Schule an, die sich beim Verständnis historischer Entwicklungen darauf konzentriert, welche langfristigen Beziehungen in organisatorischen Formen von Ökonomie, Demografie und Geopolitik bestehen und in welchen Verwicklungen sie miteinander stehen.[249] Drittens beziehen sie sich auf die Wiederentdeckung der historisch erzählenden Struktur nach Lawrence Stone 1979.[250] Hayden White stieß dieses Revival 1973 mit seiner Einleitung „Die Poetik der Geschichte" an, welche die Arbeitsweisen in der Historiografie analysierte und die Funktionsweisen der geschichtswissenschaftlichen Textproduktion literarisch ordnete.[251] Im deutschsprachigen Raum prägte Jörn Rüsen seit den achtziger Jahren maßgeblich die narrative Sicht auf Geschichte, die Jakob Krameritsch nach der Jahrtausendwende für das digitale Zeitalter anpasste.[252] Historische Diskurse befänden sich im Feld zwischen diesen Hauptströmungen, welche die gewählten historischen Elemente mithilfe von Rekonstruktion und Narration ordnen und verweben.[253] Die drei konzeptionellen Denktraditionen verbinden bei Casso und Thibault überzeugend die Charakteristika des Mediums mit Funktionsweisen von Geschichte. Diese Anbindung sei deswegen ausdrücklich betont, weil Autoren bislang viel zu selten an geschichtswissenschaftliche, theoretische Traditionen anschließen. Ihr Vorgehen ermöglicht auch Forschenden und Studierenden, die sich mit digitalen Spielen nicht direkt befassen, Zugangswege auf fachwissenschaftlichen Grundlagen zu erschließen. Dieser Blickwinkel bindet das Medium gleichberechtigt als geschichtswissenschaftlichen Gegenstand ein. Die Medienform bewerten Casso und Thibault nicht für ungeeigneter oder geeigneter als andere, um Geschichte zu inszenieren, wie sie am Ende ihres Beitrages ausdrücklich bekräftigen.[254] Indem das Analysemodell „spurs us to focus on the way through which every historical repre-

---

Bayerischen Staatsbibliothek], [1824]; hier besonders S. v/vi. Online unter: http://bit.ly/2kKP8Ij (Letzter Zugriff: 29.3.2019).
248 Kerschbaumer / Winnerling: Visionen, 2014; S. 15 zitieren das historistische Geschichtsbild nach **Ranke, Leopold:** Preußische Geschichte. Ungekürzte Textausgabe, Hamburg [1934]; S. 61.
249 Auch wenn **Casso / Thibault:** Framework, 2016; S. 159 nicht konkret verweisen, ist etwa der von ihnen genannte Fernand Braudel ein Vertreter der theoretischen Schule. Wie französische und deutsche Geschichtswissenschaft verknüpft sind, analysiert **Schöttler, Peter:** Die „Annales"-Historiker und die deutsche Geschichtswissenschaft, Tübingen 2015 und ordnet die Schule aus heutiger Sicht historisch ein.
250 Stone, Lawrence: The Revival of Narrative. Reflections on a New Old History, in: *Past & Present* 85/1979; S. 3–24.
251 White, Hayden V.: Metahistory. Die historische Einbildungskraft im 19. Jahrhundert in Europa. Aus dem Amerikanischen von Peter Kohlhaas, 2. Aufl., ungek. Lizenzausgabe, Frankfurt a. M. 2015; S. 15–62 in einer Neuauflage der deutschen Übersetzung.
252 Rüsen: Typen, 1982; **Krameritsch, Jakob:** Die fünf Typen des historischen Erzählens – im Zeitalter digitaler Medien, in: *Zeithistorische Forschungen/Studies in Contemporary History* 6/2009; S. 413–32. Online: http://bit.ly/2exvgHx (Letzter Zugriff: 29.3.2019).
253 Casso / Thibault: Framework, 2016; S. 159.
254 Casso / Thibault: Framework, 2016; S 197.

sentation is the result of a series of choices involving the interpretation of the past, the use of the digital medium and the features and nature of games", erweise es sich als nützliches Werkzeug, „to analyse the main features of the process of turning history into games".[255] Ihr methodisches Angebot, entlang einer Matrix aus neun Feldern das Geschichtsangebot in digitalen Spielen zu strukturieren, bietet eine hilfreiche Grundlage für geschichtswissenschaftliche Vergleichsstudien. Allerdings konzentrieren sie sich auf die Angebotsseite, wodurch die Rezeption durch die Spielenden aus dem Blickfeld gerät. Die außergewöhnliche Komplizenschaft der Spielenden, durch ihr Handeln eine historische Inszenierung erst zu erschaffen, zeigt Lücken ihres Modells bei den Facetten einer Spielerfahrung. Gilt dies schon für Einzelspielertitel, dann umso mehr für MMOGs, deren Spieler nicht nur einzeln beitragen, sondern untereinander ständig wechselwirken. Bezüglich der Beteiligung von Spielenden an der Inszenierung ist das Modell für das vorliegenden Buch unumgänglich zu erweitern.

Tabelle 2-2: Geschichtswissenschaftliche Annäherungen an die Quelle „digitales Spiel"

Autoren (Jahr)	Zugriffswege
Martin Zusag (2013)	produktiv-rezeptives System
Carl Heinze (2012)	technisches System
Adam Chapman (2016)	Phänomenologisch, Spielerfahrung
Vincenzo Casso, Mattia Thibault (2016)	Anknüpfung an Geschichtstheorie

Mit Casso und Thibault bieten gegenwärtig die Monografien von Heinze und Chapman die einzigen sorgfältig erarbeiteten Zugänge aus geschichtswissenschaftlicher Perspektive, um den Charakter digitaler Spiele als Quelle zu erschließen. Dringend sind weitere Beiträge dazu erforderlich, sollen die genannten Defizite der Modelle geschichtswissenschaftlich keine offenen Flanken bleiben. Nur wer die Eigenschaften des Objektes hinreichend überblickt, kann das Spektrum möglicher Umgangsformen mit historischen Inhalten und das wechselwirkende Zusammenspiel von Komponenten wie Interface, Datenbanken, Spielmechanik, Rechenmodellen und Erzählung verstehen. Vor der Bewertung, ob Geschichtsdarstellungen eines digitalen Spiels plausibel sind oder nicht, ist seine Funktionsweise zu erschließen. Teilkomponenten wie narrativen Anteile oder visuelle Eindrücke zu untersuchen, reicht dafür nicht aus.

Im Gegenteil fordert Chapman 2014, den Blick auch auf jene Bestandteile eines Spieles zu lenken, die sich außerhalb dessen befinden, was ein Monitor explizit

---

[255] **Casso / Thibault:** Framework, 2016; S 197.

zeigt.²⁵⁶ David Staley greift daher zu kurz, wenn er Computer lediglich als Instrumente betrachtet, die der erzählten Geschichte eine visualisierte gegenüberstellen. Selbst wenn er die Wechselwirkung von technologischen Entwicklungen und dem gesellschaftlichen Geschichtsverständnis schlüssig nachzeichnet, übergeht er Elemente von digitalen Spielen, die eine Geschichtserfahrung über visuelle Effekte hinaus prägen.²⁵⁷ Rechenmodelle, die im Hintergrund Systeme steuern, spielmechanische Strukturen, dynamische, reaktive Musik oder Umgebungsgeräusche sind ebenso bedeutsam. Den medialen Charakter aufzuschlüsseln, ist aus geschichtswissenschaftlicher Sicht gewinnbringend, wenn alle Aspekte digitaler Spiele einbezogen werden. Mit der geschichtswissenschaftlichen Lage vergleichbar, attestierte Vehli-Matti Karhulahti 2015 dem Rezensionswesen zu digitalen Spielen, es konzentriere sich zu sehr auf die Frage, ob ein Spiel gut oder schlecht sei, versuche aber zu wenig seine Funktionsweise zu erschließen, um seine Bedeutung zu erkennen.²⁵⁸ Nach geschichtswissenschaftlichen Maßstäben stößt Medienwissenschaftler Rolf Nohr bei dem Versuch an Grenzen. Er umreißt zwar den medialen Charakter digitaler Spiele als diskursformend, allerdings vermag er ihre Medialität nicht in Beziehung zu relevanten Elementen historischer Inszenierungen zu setzen.²⁵⁹ Die Geschichtswissenschaft sollte daher aus ihrer Perspektive den Ausführungen Nohrs entgegenkommen. Welche fachlichen Konsequenzen aus Eigenschaften von Online-Rollenspielen zu ziehen sind, zeigte ich 2012 zum Beispiel für die historische Editionswissenschaft.²⁶⁰ Die Vorarbeiten von Heinze, Chapman und Casso/Thibault dienen als Ausgangspunkte, um in Kapitel *4.1 Methodische Folgen für Modell und Quellen* zu erörtern und auf MMOGs zu erweitern.

2.4.2 Methodische Folgen aus dem Charakter der Quelle

Hilfswissenschaftlich weitergedacht, folgen aus den Eigenschaften digitaler Spiele methodische Konsequenzen. Nur ein geeignetes Instrumentarium läßt sie sinnvoll aus fachwissenschaftlichen Perspektiven untersuchen. Mit dem Medium hat die Ge-

---

256 Chapman, Adam: The History beyond the Frame. Off-Screen Space in the Historical First-Person Shooter, in: Winnerling, Tobias / Kerschbaumer, Florian (Eds.): Early Modernity and Video Games, Newcastle upon Tyne 2014; S. 38–51.
257 Insbesondere verdeutlicht dies ein Vergleich zwischen der ersten Auflage 2003 mit der zweiten, erheblich aktualisierten von 2015: **Staley, David J.:** Computers, Visualization, and History. How new Technology will transform our Understanding of the Past, 2. Aufl., Abingdon 2015. Zu digitalen Spielen S. 102–113 und 122–127.
258 Karhulahti, Veli-Matti: Hermeneutics and Ludocriticism, in: *Journal of Games Criticism*, Nr. 1 2/2015. Online unter: http://bit.ly/1PM5ZEC (Letzter Zugriff: 29.3.2019).
259 Nohr, Rolf F.: The Game is a Medium: The Game is a Message, in: Winnerling, Tobias / Kerschbaumer, Florian (Eds.): Early Modernity and Video Games, Newcastle upon Tyne 2014; S. 2–23.
260 Nolden, Nico: Verspielt? Konsequenzen eines konstruktivistischen Weltbildes für die (digitale) historische Editorik, in: *Zeitschrift für Digitale Geschichtswissenschaft* 1/2012. Online unter: http://bit.ly/Xq15MT (Letzter Zugriff: 29.3.2019).

schichtswissenschaft jedoch einige gravierende Schwierigkeiten, die Tom Chatfield auflistete:[261] Digitale Spiele sind aus diversen medialen Formaten komponiert, die sich gegenseitig beeinflussen und gemeinsam wie für sich einzeln vor theoretische Herausforderungen stellen. Sie haben nur wenige kanonische Gesetzmäßigkeiten und befinden sich als Medienform ständig in Veränderung, weshalb absolute Aussagen über sie und ihre Inhalte schwer zu treffen sind. Viele Spiele werden kontinuierlich weiterentwickelt, gerade Online-Titel verändern sich durch neue Inhalte, Spielmechaniken und den Einfluss von Spielern. Digitale Spiele haben oft eine Gesamtspieldauer von dutzenden Stunden, und selbst wenn man diese Zeit aufbringt, können einzelne Forschende nicht alle möglichen Wege vollständig erspielen. Alle diese Punkte bestätigte der Forschungsstand bis hierher als valide. Chatfield sieht die zentrale Herausforderung darin, unterschiedliche Erfahrungen von Forschenden an einunddemselben Studiengegenstand vergleichbar zu machen. Am Schema von Casso und Thibault ließe sich dazu gut anschließen. Lösungen liegen also in Wegen, um wissenschaftliche Arbeiten fachlich nachzuvollziehen und Ergebnisse vergleichen zu können. Wie angeführt, sind dafür verbindliche Begrifflichkeiten elementar. Zudem übernimmt die Referenzierung durch Fussnoten eine entscheidende wissenschaftliche Funktion. Dieses System erwuchs aus der fachlichen Übereinkunft, wie Wissenschaftler untereinander verlässlich auf ihre Ergebnisse verweisen. Für digitale Spiele fehlen vergleichbare Authentizitätsanker gegenwärtig, dennoch unterbleibt hierzu die fachliche Auseinandersetzung.

Statische Bildinhalte lassen sich ähnlich referenzieren wie Texte, auf Tondokumente und Bewegtbilder wird mithilfe eines Timecodes verwiesen. Digitale Spiele aber entziehen sich dieser Bestimmbarkeit. Erfahrungen weichen aufgrund unterschiedlicher Spielverläufe unter Spielenden erheblich voneinander ab, überdies beeinflussen Spielerpersönlichkeiten den Verlauf. Die Spiel- und damit die Geschichtserfahrung hängt beispielsweise in einem Militär-Shooter davon ab, ob Spielende forsch voranpreschen oder bedächtig als Team vorrücken. 2004 hielt Sandkühler fest, dass „[d]ie dargestellte Handlung [...] durch den wandelbaren performativen Akt des Spielens variabel" ist. Damit seien „jedoch auch die Befunde auf der Ebene der Erzählung eines Spieles stets variabel; die Quelle Computerspiel wird ›unzuverlässig‹."[262] Allerdings befasste er sich nicht damit, wie man diesen Umstand methodisch handhabbar macht. Zusag illustrierte das Prinzip unzähliger verschiedener Verlaufsoptionen am Beispiel des Rollenspiels *The Elder Scrolls IV: Oblivion*.[263] Zwar rahmt der Weltentwurf des High-Fantasy-Reiches das Handeln der Spielenden, innerhalb dieses Rahmens jedoch wirkt sich die Wahl des Charakters (tumber Krieger

---

261 Chatfield, Tom: Special Difficulties, Special Opportunities. Prelude, in: Winnerling, Tobias / Kerschbaumer, Florian (Eds.): Early Modernity and Video Games, Newcastle upon Tyne 2014; S. xxi–xxiii, hier S. xxii.
262 Sandkühler: Historiker, 2010³; S. 214.
263 The Elder Scrolls IV: Oblivion 2006.

oder gewitzter Bogenschütze) massiv auf die Spielerfahrung (brachiale Kampfeinsätze oder schleichender Dieb) aus.[264]

Geeignete Methoden zu diskutieren, solch verschiedenartige Spielerfahrungen wissenschaftlich sinnvoll zu referenzieren, wurde bis auf wenige Ansätze versäumt. Ursächlich dafür ist sicherlich, dass schon die Eigenschaften des Arbeitsgegenstandes geschichtswissenschaftlich unzulänglich beschrieben sind. Geeignete Methoden zu entwickeln, hätte entsprechend auf einem dürftigen Fundament gebaut. Martin Zusag forderte daher 2013, tragfähige Methodik für die Ludografie und zur Dokumentation von Spielsitzungen von Forschenden zu ermitteln.[265] Untaugliche Beispiele für ludografische Ansätze provozierten Missverständnisse, etwa weil sie Faktoren wie erneute Releases, die Publikationsdaten in verschiedenen Weltregionen oder jeweils auf den Plattformen nicht abbilden.[266] Digitale Spiele unterschieden sich jedoch inhaltlich, je nachdem welcher Jugendschutz regional vorherrsche, auf welcher Plattform sie erschienen und welche kulturellen Besonderheiten sie berücksichtigen müssten. Daher entwickelt er auf mehreren Seiten eine komplexe Kaskade ludografischer Angaben mit wachsender Detailschärfe, die für unterschiedliche Zwecke genutzt werden könnten.[267] Wie Zusag anmahnt, vermeidet das vorliegende Buch missverständliche Zitation. Um die Fussnoten schlank zu halten, beschränke ich mich auf die Nennung des vollen Titels in der Sprachversion, die zugrunde liegt. Es folgt das Datum des Erscheinens auf der ersten Plattform. Die Ludografie listet im Anhang die Titel alphabetisch. In Klammern setzt das Spieleverzeichnis den verantwortlichen Entwickler und dessen Verlag (Publisher) hinzu. Davon nicht erfasste Umstände thematisieren entweder der Fließtext oder eine Fussnote, speziell relevante Szenen beschreibe ich näher. Dieser Ansatz genügt jedoch nur, wenn die Fussnote am Text auf ein Spiel als generelles Beispiel für etwas verweist, sein generelles Thema oder Setting umreißt oder auf die Begleitumstände seiner Entstehung deutet.

Sollen konkreter Spielerfahrungen zitiert werden, stoßen rein textliche Beschreibungen schnell an Grenzen, weil sie der audiovisuellen interaktiven Spielerfahrung zu viele Freiheitsgrade und Dimensionen rauben. Insbesondere der Vorschlag von Zusag in Anlehnung an den Medienpädagogen Daniel Kringiel, die Spielerfahrung mit einem Logbuch zu protokollieren, erscheint mir unfruchtbar.[268] Die Notizen selbst sind interpretative Akte, zum einen in der Auswahl des Niedergeschriebenen, zum anderen bei der Bedeutung, die einer momentanen Spielerfahrung über die Wortwahl zugeordnet wird. Ein solches aufwändiges Protokoll erweckt einen Eindruck von Objektivität und Vollständigkeit, den es nicht leistet. Um die individuelle Ausgangs-

---

264 Zusag: Spiele, 2013; S. 17.
265 Zusag: Spiele, 2013; S. 18.
266 Zusag: Spiele, 2013; S. 19/20.
267 Zusag: Spiele, 2013; S. 22–28. Beispielsweise deckt sie ähnlich wie bei einem Sammelband den Fall ab, bei dem ein Spiel in einer Spielesammlung zweitveröffentlicht wird.
268 Zusag: Spiele, 2013; S. 20–22; **Kringiel, Danny:** Computerspielanalyse konkret. Methoden und Instrumente – erprobt an Max Payne 2, München 2009.

situation zu dokumentieren, aus der Forschende ihre Spielerfahrung interpretieren, müssen sie eigene Videos mitschneiden, deren Bedeutung sie im Fließtext erläutern. Diese Konsequenz zieht auch Zusag.[269] Nur auf diese Weise sind zumindest die Erfahrungen, die ein Forscher individuell an einem Spiel macht, Lesern plausibel zu machen. Es genügt nicht, lediglich die Spielerfahrung mitzuschneiden, ohne sie im Text oder als Off-Sprecher zu kommentieren. Hinter der vermeintlichen Offensichtlichkeit oder Eindeutigkeit stünde dasselbe populäre Missverständnis, als würde bei einem Foto oder einem Film von einem Ereignis behauptet, die Bilder sprächen für sich. Daher kann auch ein Screenshot nicht einfach für sich selbst stehen, auch wenn er gelegentlich hilfreich sein kann, um eine textliche Beschreibung zu stützen. Eine zentrale Stütze können statische Bildschirmfotos jedenfalls nicht sein. Simon Hassemer diskutierte detailliert, warum und wie digitale Spiele besser videografisch analysiert werden sollten.[270] Weil digitale Spiele nur bedingt mit anderen Medienformen vergleichbar seien, verwische die schlichte Übertragung von theoretischen Ansätzen der Geschichtswissenschaft von dort den Blick auf ihre zentralen Eigenschaften.[271] Methodisch sei die Arbeit mit ihnen zu undurchdacht. Standards für die Zitierbarkeit des Mediums, um nachprüfbare Belege aus der Spielerfahrung herzustellen, seien noch immer offen.[272] Seiner Auffassung nach lässt sich das digitale Spiel am besten durch „den aufgezeichneten Spielprozess in einer frei zugänglichen Videografie [...] adäquat zitieren [...]".[273] Auf seiner Argumentation basiert der methodische Umgang mit dem Beispiel *The Secret World* im vorliegenden Buch, die Abschnitt *4.1 Methodische Folgen für Modell und Quellen* aufgreift.

Sein Aufruf zum methodischen Diskurs verhallte weitgehend ungehört. Weitere Autoren erörtern zwar jeweils methodische Ansätze in ihren Studien, schneiden aber die Methodik nur auf ihren spezifischen Fall zu. Methodisch wird kein expliziter Diskurs geführt, weshalb die einzelnen Ansätze verstreut und disparat bleiben. Übergreifend tauschten sich erst Ende 2015 Historiker darüber auf einem Hannoveraner Workshop aus, um diesen unbefriedigenden Zustand zu beheben.[274] Systematisch dokumentierten ihre Teilnehmer offene methodische und theoretische Fragen, gründeten den *Arbeitskreis für Geschichtswissenschaft und digitale Spiele* (AKGWDS) und riefen dessen Webseite *gespielt* ins Leben.[275] Dort erarbeiteten die Mitglieder aus den gesammelten Punkten eine Liste von Empfehlungen, wie aus geschichtswissen-

---

269 Zusag: Spiele, 2013; S. 29/30.
270 Hassemer, Simon M.: Screening the Game – Screening the Play. Zur videografischen Analyse von Videospielen, in: Kerschbaumer, Florian / Winnerling, Tobias (Hg.): Frühe Neuzeit im Videospiel. Geschichtswissenschaftliche Perspektiven, Bielefeld 2014; S. 55–70.
271 Hassemer: Screening, 2014; S. 55.
272 Hassemer: Screening, 2014; S. 56.
273 Hassemer: Screening, 2014; S. 70.
274 Nolden, Nico: Tagungsbericht „Digitale Spiele vs. Geschichte". Workshop an der Leibniz Universität Hannover am 12./13. Dezember 2015, 16.2.2016. Online unter: http://gespielt.hypotheses.org/172 (Letzter Zugriff: 29.3.2019).
275 Arbeitskreis Geschichtswissenschaft und Digitale Spiele: gespielt, 2016ff.

schaftlicher Sicht methodisch sinnvoll mit digitalen Spielen umgegangen werden sollte.[276] Zahlreiche Stichpunkte charakterisieren darin Form und Verfassung digitaler Spiele als historische Quellen und Untersuchungsgegenstände, empfehlen, wie sie untersucht, zitiert und archiviert werden können, und regen ihren Einsatz als Untersuchungsinstrumente für neuartige fachliche Fragen an. Die Diskussion wird als fortlaufender Prozess ständig weitergeführt. Das Dokument ist nicht als Abschluss, sondern Auftakt dieses Diskurses zu verstehen. Kollaborativ und systematisch werden die Probleme des Feldes nun angegangen, um neue methodische Wege zu ergründen.

2.5 Systematische Ansätze

Bevor die Überlegungen zu den methodischen Werkzeugen auf ein breites, differenziertes und reflektiertes Forschungsspektrum führen können, muss sich erst dieser Diskurs intensivieren. Jüngst stellte Angela Schwarz einen Überblick zum Arbeitsstand als Beitrag für die Game Studies vor.[277] Im Titel eigentlich als Zusammenfassung des geschichtswissenschaftlichen Forschungsstandes angekündigt, verschob sie den Fokus in Richtung von zumeist geschichtsdidaktischen Fragen. Ihr Überblick und die zwei diskutierten Fallbeispiele zeigen dennoch, dass in viele Themenfelder bislang nur erste Brückenköpfe führen. Viele Beiträge untersuchen die Akkuratesse geschichtlicher Repräsentationen in digitalen Spielen, ob nun in Form objektbehafteter Rekonstruktionen oder der narrativen Elemente. Diese Selbstbeschränkung der Geschichtswissenschaft durchbricht auch Schwarz leider nicht.[278] Eine solch verengte Auffassung von geschichtswissenschaftlichen Arbeitsaufträgen folgt daraus, wie lückenhaft das Verständnis von Eigenschaften digitaler Spiele noch ist.

Nur selten werden Ansätze um historische Prozesse in Rechenmodellen oder mikrohistorische Weltenwürfe erweitert. Indem der genannte Überblicksbeitrag den Forschungsstand subsummiert, steckt er gleichzeitig das gegenwärtige Forschungsfeld ab. So präkonditioniert er die zukünftige Ausrichtung historischer Studien. Schwarz schließt, dass trotz aller Bemühungen ein digitales Spiel Geschichte nicht fachwissenschaftlich plausibel aufbereiten könne:

> „[E]s verschwinden hinter den schönen Fassaden […] die hochgradig differenzierten gesellschaftlichen Bedingungen, die die Interaktionen der Menschen […] beeinflussten oder […] reglementieren, […] das große Spektrum an Motiven, Handlungsspielräumen, Eigenheiten, wie

---

276 Arbeitskreis Geschichtswissenschaft und Digitale Spiele: Geschichtswissenschaft und Digitale Spiele. Ein Manifest für geschichtswissenschaftliches Arbeiten mit digitalen Spielen. (Version 1.1), in: *gespielt* 21. 9. 2016. Online unter: http://gespielt.hypotheses.org/manifest_v1–1 (Letzter Zugriff: 3. 6. 2017).
277 Schwarz: Game Studies, 2015.
278 Zu beobachten am Fallbeispiel der Reihe **Assassin's Creed** in **Schwarz:** Game Studies, 2015; S. 431–439.

natürlich die Veränderbarkeit aller Faktoren über die Zeit hinweg. [...] [L]etztlich verschwindet historisches Leben."[279]

Diese an mehreren Stellen zutage tretende Haltung ist eine Folge des gewählten Filters, nicht ein Kennzeichen digitaler Spiele. Schließlich käme es auf die gewählte Perspektive auf einen historischen Gegenstand an, ob demgegenüber ein fachwissenschaftlicher Text die Aspekte besser darzustellen vermag. Ob darin charakteristische Defizite digitaler Spiele lägen, ob sie also grundsätzlich dazu nicht fähig wären, könnten nur Studien beantworten, die ihre Eigenschaften als Medium für Geschichte klären.

Nach Ansicht von Schwarz bleibt neben der Dekonstruktion vereinfachter Geschichtsbilder nur ein vielversprechender Komplex als Arbeitsfeld für die historische Fachwissenschaft übrig: Wie „[f]unktioniert das Spiel als Medium der Geschichtspopularisierung" und wie ist „dieses Medium einzuordnen in den Kreis anderer populärer Medien, die in unserer Gesellschaft Informationen und Vorstellungen von Vergangenheit vermitteln?"[280] Diese Zuständigkeiten werfen die Frage auf, worin sich die geschichtswissenschaftliche Forschung dann noch von fachdidaktischen Erkenntnisinteressen unterscheidet, wenn sie sich ebenfalls vorwiegend auf klassische Vermittlungsthemen und Historisches Lernen konzentriert. Eugen Pfister hält es dagegen für notwendig, historische Analysen digitaler Spiele aus einer geweiteten Perspektive durchzuführen: Komplementär zu soziopsychologischen Untersuchungen trage ein historiografischer Ansatz zur Klärung bei, „inwiefern Computerspiele in den letzten 30 Jahren Einfluss auf gesellschaftliche Entwicklungen genommen, Wahrnehmungsweisen kommuniziert und auch verändert haben."[281] Sie könnten helfen, die „Konstruktion und Reproduktion von (kollektiven) Identitäten" zu klären. Sehr knapp überblickt Chapman 2016 die junge Disziplin aus angelsächsischer Sicht.[282] Neben Fachartikeln, die historische Spiele aus disziplinären Blickwinkeln wie Erziehungswissenschaft, Medienforschung, Narratologie, Game Design, Game Studies sowie Kulturwissenschaften und der Geschichtswissenschaft untersuchen, existieren auch dort nur wenige ausführlichere Überblickspublikationen. Der erwähnte Sammelband von Kapell und Elliott aus 2013 reflektiere „this variety of interests and, in doing so, provides an excellent introduction to thinking about historical games."[283] Auch wenn ich dem zustimme, weisen dessen Herausgeber explizit darauf hin, dass ihr Band nur ein Spektrum erster Anregungen aufzeigt.[284] Seine Herausgeber verstehen ihn als Eröffner von Erkundungswegen, und in der Tat trägt die Sammlung elementare Fa-

---

279 **Schwarz:** Game Studies, 2015; S. 438.
280 **Schwarz:** Game Studies, 2015; S. 438.
281 **Pfister, Eugen:** Von der Notwendigkeit der historischen Analyse von Computerspielen, in: *Historische Sozialkunde*, Nr. 4 2013; S. 4–8, hier S. 7.
282 **Chapman:** Digital Games, 2016; S. 16/17.
283 **Chapman:** Digital Games, 2016; S. 16.
284 **Kapell / Elliott:** Introduction, 2013; S. 22/23.

cetten des gegenwärtigen Standes zusammen. Allerdings werfen die Beiträger deutlich mehr Fragen auf, als sie beantworten. Systematische Zugriffe findet Chapman zu Konfliktsimulationen, Bildungsfragen oder Studien zum kulturellen Erbe. Bezüglich der historischen Epochen würden mittelalterliche Repräsentationen, die Frühe Neuzeit oder Darstellungen des Ersten und Zweiten Weltkrieges untersucht. In diesem Spektrum bewegten sich auch die erwähnten Fachartikel.[285]

Das Themenspektrum wissenschaftlicher Publikationen erreicht somit noch lange nicht die Variationsbreite von Perspektiven und Themen, wie sie digitale Spiele bieten und schon länger geboten haben. Wegweisende Studien aus dem deutschsprachigen Raum wie von Bender oder Heinze erwähnt Chapman nicht.[286] Für eine frühneuzeitliche Perspektive auf digitale Spiele verweist er auf die Sammelbände von Kerschbaumer und Winnerling, von denen der eine die deutschsprachigen Beiträge einer Tagung zusammenträgt, der andere nur die auf Englisch verfassten.[287] Sein Überblick legt daher auch offen, dass der internationale Austausch verbessert werden muss. Die Überblicksversuche zum Forschungsstand geben den geschichtswissenschaftlichen Arbeitsstand lückenhaft und aus speziellen Perspektiven wieder. Die Formen und Szenarien digitaler Spiele erfasst die Literatur nicht ausreichend, wie Chapman an Beispielen illustriert oder mein mehrteiliger Überblick speziell zu mittelalterlichen Inszenierungen aufzeigt.[288] Die anschließenden Ausführungen vergegenwärtigen, welche Lücken die historische Forschung bisher ließ. Zunächst rückt ein Abschnitt in den Blick, welche Arbeitsfelder die geschichtswissenschaftlichen Beiträge bestimmen. Ein zweiter Schritt beleuchtet die epochale Verteilung von Studien.

2.5.1 Disziplinäre Arbeitsfelder

Obwohl nur wenige Arbeiten über die Natur des Studiengegenstandes und eine Methodik vorliegen, befassen sich geschichtswissenschaftliche Autorinnen und Autoren häufig mit Geschichtsbildern in digitalen Spielen. Der Tagungsband von Schwarz benannte 2010 erste Anhaltspunkte für eine systematische, fachliche Beschäftigung mit ihnen in der Geschichtswissenschaft.[289] Die Beiträger ergründeten das Phänomen statistisch, vollzogen seine Darstellungs- und Vermittlungsformen nach, näherten sich

---

285 **Chapman:** Digital Games, 2016; S. 17.
286 **Heinze:** Mittelalter, 2012; **Bender:** Erinnern, 2012.
287 **Kerschbaumer, Florian / Winnerling, Tobias** (Hg.): Frühe Neuzeit im Videospiel. Geschichtswissenschaftliche Perspektiven, Bielefeld 2014; **Winnerling, Tobias / Kerschbaumer, Florian** (Hg.): Early Modernity and Video Games, Newcastle upon Tyne 2014.
288 **Chapman:** Digital Games, 2016; S. 17; **Nolden, Nico:** Das Ende der Finsternis. Potenziale mittelalterlicher Inszenierungen in digitalen Spielen, in: *Keimling* 23.10.2012. Online unter: http://bit.ly/SRYvRR (Letzter Zugriff: 29.3.2019).
289 **Schwarz, Angela** (Hg.): „Wollten Sie auch immer schon einmal pestverseuchte Kühe auf Ihre Gegner werfen?". Eine fachwissenschaftliche Annäherung an Geschichte im Computerspiel, Münster 2010. Die überarbeitete Auflage erschien 2012.

der Rezipientensicht und beleuchteten Rahmenbedingungen aufseiten der Produzenten. Abschnitt *2.1 Geschichte aus der Sicht der Branche* bezog den Aufsatz zur Produktion bereits ein.[290] Einleitend entwarf Schwarz Kategorien, um Geschichtserfahrungen in digitalen Spielen geschichtswissenschaftlich zu untersuchen. Sie verwies auf das Spannungsfeld zwischen Determiniertheit bzw. Linearität und der Offenheit mancher Spielerfahrungen, auf die machtvolle Position des spielenden Subjektes, den Grad der historischen Genauigkeit und die Gleichzeitigkeit von Ungleichzeitigem.[291] Die Herausgeber ähnlicher Aufsatzsammlungen strukturieren ebenfalls das Feld. Erste Schlaglichter aber in den Bänden von Matthew Kapell und Andrew Elliott 2013 sowie Florian Kerschbaumer und Tobias Winnerling 2014 liefern nur wenige Antworten, sondern regen weitere Forschungen an.[292] So stehen gegenwärtig viele vorgeschlagene Ansätze lose nebeneinander. Bezüge aufeinander sind selten, so dass von einem reflektierten systematischen Diskurs nicht die Rede sein kann. In der zweiten Auflage ihres Tagungsbandes aktualisierte Schwarz 2012 die statistischen Daten, erweitere die Einleitung und ergänzte einen Beitrag zur Visualisierung von historischen Zusammenhängen in Geschichtsbildern.[293] Sehr häufig konzentrieren sich Studien auf solche sichtbaren Aspekte historischer Inszenierungen, die sie an Rekonstruktionen von Artefakten und Architektur festmachen.[294] Ebenso herrscht die Beschäftigung mit narrativen Formen der Geschichtsrepräsentation vor, ob in Form filmischer Zwischensequenzen oder in klassischer Textform.[295]

---

290 Schüler / Schmitz / Lehmann: Geschichte, 2012².
291 Schwarz, Angela: Computerspiele. Ein Thema für die Geschichtswissenschaft?, in: Dies. (Hg.): „Wollten Sie auch immer schon einmal pestverseuchte Kühe auf Ihre Gegner werfen?". Eine fachwissenschaftliche Annäherung an Geschichte im Computerspiel, Münster 2010; S. 7–28, hier S. 15/16.
292 Kapell / Elliott: Introduction, 2013; S. 4/5 und 22; **Kerschbaumer / Winnerling:** Visionen, 2014; S. 18–22; **Kerschbaumer, Florian / Winnerling, Tobias:** The Devil is in the Details. Why Video Game Analysis is such a Hard Task for Historians, and How we Nevertheless Try, in: Dies. (Eds.): Early Modernity and Video Games, Newcastle upon Tyne 2014; S. ix–xx, hier S. xx.
293 Schwarz, Angela: Computerspiele, 2012²; S. 7–33 und **Schwarz, Angela:** Bunte Bilder – Geschichtsbilder? Zur Visualisierung von Geschichte im Medium des Computerspiels, in: ebd.; S. 213–43.
294 Schwarz: Game Studies, 2015; S. 431–439; **Hausar, Gernot:** Der Stadt ihre Spieler. Wahrnehmung und Wirkung historischer Metropolen in der Assassin's Creed Reihe, in: Kerschbaumer, Florian/Winnerling, Tobias (Hgg.): Frühe Neuzeit im Videospiel. Geschichtswissenschaftliche Perspektiven, Bielefeld 2014; S. 211–25; **Bonner, Marc:** Bauen als Bedingung zum Sieg. Darstellung und Funktion frühneuzeitlicher Architektur und Stadtgefüge in Strategie- und Aufbauspielen, in: Ebd.; S. 239–56.
295 Huber, Simon: Zwischen Immersion und Simulation. Geschichte und filmische Kulturen des Erzählens in Computerspielen, in: *Historische Sozialkunde*, Nr. 4 2013; S. 17–22; **Huber, Simon:** Zur Geschichte der Cutscenes. Versuch einer Medienarchäologie kommerzieller Videospiele, in: Kerschbaumer, Florian / Winnerling, Tobias (Hg.): Frühe Neuzeit im Videospiel. Geschichtswissenschaftliche Perspektiven, Bielefeld 2014; S. 71–86; **Schwarz, Angela:** Narration und Narrativ. Geschichte erzählen in Videospielen, in: Ebd.; S. 27–52; **Hassemer, Simon M.:** Does History Play the Role of Storyline? Historiographical Periodization as Theme in Video Game Series, in: Winnerling, Tobias/ Kerschbaumer, Florian (Hg.): Early Modernity and Video Games, Newcastle upon Tyne 2014; S. 64–75.

Mit diesen beiden Aspekten folgen sie nur einem Teil der historischen Bestandteile, welche die Entwickler in Abschnitt *2.1 Geschichte aus der Sicht der Branche* betonten.

Weniger befassen sich geschichtswissenschaftliche Texte mit den anderen dortigen Elementen wie modellhafte Geschichte und Weltentwürfe. Dass die Perspektiven in dieser Weise beschränkt sind, ist verständlich, weil kaum Arbeiten vorliegen, die aus geschichtswissenschaftlicher Sicht den medialen Charakter digitaler Spiele spezifizieren.[296] Chapman und Heinze betrachten als einzige umfassender Systeme, die sich zwischen Computer, Nutzer und den von außen einwirkenden Geschichtsvorstellungen spannen. Casso und Thibault ergänzen, wie Geschichte unter den dortigen medialen Bedingungen transformiert wird. Für Claudio Fogu ist dieser Zustand ein elementares Defizit der Forschungslandschaft: Nach dem Konzept der „prozeduralen Rhetorik" von Ian Bogost transportierten nicht nur das gesprochene Wort, Schrift und Bilder Aussagen und Überzeugungen in digitalen Spielen, sondern auch regelbasierte Repräsentationen und damit zusammenhängende Interaktionen.[297] Insofern genügt nicht allein die Analyse von Text und Bildsprache, weil Konzepte wie Spielmechanik, Spielfluss (flow), Selbstwirksamkeit (agency) und andere ebenso in die historische Inszenierung hineinwirken.[298] Wie die Strukturen eines Spieles das Verhälnis zwischen historischer Zeit und erzählter Zeit anlegen, wirkt sich zudem auf Narrationen aus.[299] Modellhafte Inszenierungen von Geschichte offenbaren zudem technik-kulturelle Auffassungen über historische Kontexte und sollten schon deswegen besser untersucht werden.[300] Selbst Spiele ohne ein ausdrücklich historisches Szenario enthalten implizite Vorstellungen über technologische und kulturelle Entwicklungen, wie am Rundenstrategiespiel *Civilization: Beyond Earth* in Abschnitt *3.1.2 Zeitgeschichtliche Rückkopplung* näher erläutert wird.[301] Nicht nur wirklichkeitsnahe Szenarien, sondern auch populärkulturelle Vorstellungen von Geschichte seien zu be-

---

296 Nohr: Medium, 2014.
297 Fogu, Claudio: Digitalizing Historical Consciousness, in: *History and Theory*, Nr. 2 48/2009; S. 103–21, hier S. 118; **Bogost, Ian:** Persuasive Games. The Expressive Power of Video Games, Cambridge 2007; S. ix.
298 MacCallum-Stewart / Parsler: Controversies, 2007; S. 205. Zu den Konzepten *flow* und *agency*: **Matuszkiewicz, Kai:** Agency und Interaktivität. Zur Kompatibilität von zwei Handlungskonzepten der Digital Game Studies, in: *Paidia. Zeitschrift für Computerspielforschung* 30.6.2016. Online unter: http://www.paidia.de/?p=7640 (Letzter Zugriff: 29.3.2019); **Breuer, Johannes:** Mittendrin – statt nur dabei, in: Mosel, Michael (Hg.): Gefangen im Flow? Ästhetik und dispositive Strukturen von Computerspielen, Boizenburg 2009; S. 181–212; **Widra, Thomas:** Auf dem Weg zu wahrer „agency", Ebd., S. 29–60.
299 Azrioual, Samir: Developing Time: Representing Historical Progression through Level Structures, in: *gamevironments* 5/2016; S. 46–79. Online unter: http://bit.ly/2jo9Qxf (Letzter Zugriff: 29.3.2019).
300 Christiansen, Peter: Social Construction of Technology in Games, in: *Play the Past* 11.6.2014. Online unter: http://bit.ly/2p49Ypn (Letzter Zugriff: 3.6.2017).
301 Christiansen, Peter: Beyond Trees. Tech Webs, ANTs, and Black Boxes, in: *Play the Past* 26.11.2014. Online unter: http://www.playthepast.org/?p=5030 (Letzter Zugriff: 29.3.2019); **Civilization: Beyond Earth** 2014; **Graf, Michael:** Civilization: Beyond Earth. Test, in: *Gamestar* 11/2014; S. 42–49.

rücksichtigen, wie Esther MacCallum-Stewart und Justin Parsler 2007 darlegten.³⁰² Nicht selten treten abstrahierte historische Anleihen im Fantasykontext auf oder bei Science-Fiction-Titeln. Das *Star Wars*-Franchise orientiere sich bei *Star Wars Galaxies* an der Kultur des mittelalterlichen Japans, das Online-Rollenspiel *World of Warcraft* arbeite beim Volk der Tauren mit idealisierten Versionen nordamerikanischer Ureinwohner.³⁰³ Carl Heinze plädiert ebenfalls dafür, die Anleihen eines Fantasy-Titels wie *Das Schwarze Auge: Drakensang* an das europäische Mittelalter nicht voreilig zu unterschätzen.³⁰⁴

Aufgrund der spezifischen Medialität digitaler Spiele unumgänglich ist das allgegenwärtige spielerische Handeln.³⁰⁵ Die charakteristischen Eigenschaften führen auf ein Medium, in dem selbst historisch akkurat gemeinte Exemplare durch Kontrafaktizität geprägt sind.³⁰⁶ Im Ergebnis weicht jedes Spiel von einer exakten historischen Rekonstruktion ab, will man es nicht so linear und eng führen, dass es seinen Charakter als Spiel verliert.³⁰⁷ Um verschiedene Nuancen zu beschreiben, fand die Literatur unterschiedliche Begriffe, verwendet sie jedoch nicht trennscharf: *Counterfactual History* bezeichnet die bewusste Missachtung wissenschaftlicher Ergebnisse, gelegentlich aber auch von populärgeschichtlichen Vorstellungen.³⁰⁸ Eine *Alternativgeschichte* (Uchronie) zweigt an einem historischen Punkt in einen alternativen Zeitstrahl ab.³⁰⁹ *Parallelgeschichte* handelt von einer Welt, deren Gesicht von jeher in Grundvoraussetzungen der Wirklichkeit abweichen.³¹⁰ Ein Konzept, das durch die

---

302 MacCallum-Stewart / Parsler: Controversies, 2007; S. 203.
303 **Star Wars Galaxies** 2003–2011; **World of Warcraft** 2004/5 ff.
304 **Heinze:** Mittelalter, 2012; S. 185–210; **Drakensang** 2008.
305 **Pasternak, Jan:** „Just do it". Konzepte historischen Handelns in Computerspielen, in: Padberg, Martina / Schmidt, Martin (Hg.): Die Magie der Geschichte. Geschichtskultur und Museum, Bielefeld 2010; S. 101–20.
306 MacCallum-Stewart / Parsler: Controversies, 2007; S. 205; **Brendel, Heiko:** Historischer Determinismus und historische Tiefe – oder Spielspaß? Die Globalechtzeitstrategiespiele von Paradox Interactive, in: Schwarz, Angela (Hg.): „Wollten Sie auch immer schon einmal pestverseuchte Kühe auf Ihre Gegner werfen?" Eine fachwissenschaftliche Annäherung an Geschichte im Computerspiel, 2. erw. Aufl., Münster 2012; S. 107–35, hier S. 110–17.
307 **Bender:** Erinnern, 2012; S. 58–73.
308 **Dow, Douglas N.:** Historical Veneers. Anachronism, Simulation, and Art History in Assassin's Creed II, in: Kapell, Matthew W. / Elliott, Andrew B. R. (Hgg.): Playing with the Past. Digital Games and the Simulation of History, London 2013; S. 215–31; **Weis, Martin I.:** Assassin's Creed and the Fantasy of Repetition, in: Winnerling, Tobias/Kerschbaumer, Florian (Hg.): Early Modernity and Video Games, Newcastle upon Tyne 2014; S. 201–11.
309 **Brendel:** Determinismus, 2012²; S. 113.
310 **Donecker, Stefan:** Pharao Mao Zedong and the Musketeers of Bablyon. The Civilization Series between Primordialist Nationalism and Subversive Parody, in: Winnerling, Tobias / Kerschbaumer, Florian (Eds.): Early Modernity and Video Games, Newcastle upon Tyne 2014; S. 105–22.

wissenschaftliche Forschung gelassene Lücken zwar kreativ, aber spekulativ füllt, heißt *Secret History*.[311]

Warum unter solchen Bedingungen geschichtliche Repräsentationen dennoch als historisch authentisch gelten sollen, ist eine wichtige Frage.[312] Nicht zuletzt dient das Studium der Prinzipien von Authentizitätsankern dazu, Vorzüge und Defizite der historischen Inszenierungen im Vergleich zu anderen Medienformen verstehen zu lernen.[313] Auf ihre Funktion für den historischen Eindruck werden Objekte und Architektur untersucht.[314] Marc Bonner etwa stellte am Beispiel der architektonischen Mittel in den Echtzeitstrategiespielen *Rise of Nations* und *Rise of Nations: Rise of Legends* fest, dass sie Authentizität nicht durch akribische Rekonstruktionen, sondern durch einen möglichst kohärenten Gesamteindruck erzeugen.[315] Dass Architektur in historischen Zusammenhängen metaphorisch gedeutet werden kann, betont Brittany Kuhn.[316] Sie erkundet die Repräsentationen von Ayn Rands Objektivismus in den Gebäuden und dem Level-Design in dem ideengeschichtlich inszenierten Rollenspiel-Shooter *Bioshock*.[317] Am Beispiel, wie die Schlacht von Hastings im Echtzeit-Strategiespiel *Medieval II* inszeniert ist, entwickeln Janko Dunker, Benjamin Dupke, Stefanie

---

311 Schulzke, Marcus: Refighting the Cold War. Video Games and Speculative History, in: Kapell, Matthew W. / Elliott, Andrew B. R. (Hgg.): Playing with the Past. Digital Games and the Simulation of History, London 2013; S. 261–75.
312 Appel, Daniel: Die Authentizität im virtuellen Schützengraben. Zum möglichen Forschungsfeld eines Authentizitätsbegriffes im Computerspiel, in: Appel, Daniel / Huberts, Christian / Raupach, Tim / Standke, Sebastian (Hg.): Welt|Kriegs|Shooter. Computerspiele als realistische Erinnerungsmedien?, Boizenburg 2012; S. 205–25; **Koch, Sebastian / Raupach, Tim:** Authentizität und Aneignung von Geschichtsdarstellungen in Weltkriegsshootern, in: *Literatur in Wissenschaft und Unterricht*, Nr. 2/3 46/ 2013; S. 205–218; **Raupach, Tim:** Towards an Analysis of Strategies of Authenticity Production in World War II First-Person Shooter Games, in: Winnerling, Tobias / Kerschbaumer, Florian (Hg.): Early Modernity and Video Games, Newcastle upon Tyne 2014; S. 123–36; **Raupach, Tim:** Authentizität als Darstellung interaktiver Simulationsbilder populärer Videospiele mit historischem Setting, in: Kerschbaumer, Florian/Winnerling, Tobias (Hg.): Frühe Neuzeit im Videospiel. Geschichtswissenschaftliche Perspektiven, Bielefeld 2014; S. 99–116; **Raupach, Tim:** Geschichte im Computerspiel, in: *Aus Politik und Zeitgeschichte (APuZ)*, Nr. 51 66/2016; S. 33–38. Online unter: http://bit.ly/2hZOVk3 (Letzter Zugriff: 29.3.2019).
313 Bender: Erinnern, 2012; S. 41–57; **Salvati, Andrew:** The Play of History, in: *Play the Past* 22.1. 2014. Online unter: http://bit.ly/2spxmMh (Letzter Zugriff: 29.3.2019).
314 Hausar, Gernot: Players in the Digital City. Immersion, History and City Architecture in the Assassin's Creed Series, in: Winnerling, Tobias / Kerschbaumer, Florian (Hg.): Early Modernity and Video Games, Newcastle upon Tyne 2014; S. 175–88.
315 Rise of Nations 2003; **Rise of Nations: Rise of Legends** 2006; **Bonner:** Bauen, 2014; S. 239–56. In englischer Übersetzung: **Bonner, Marc:** Construction as a Condition to Win. Depiction and Function of Early Modern Architecture and Urban Landscapes in Strategy and Economic Simulation Games, in: Winnerling, Tobias / Kerschbaumer, Florian (Hg.): Early Modernity and Video Games, Newcastle upon Tyne 2014; S. 91–104.
316 Kuhn, Brittany: The Architecture of Bioshock as Metaphor for Ayn Rand's Objectivism, in: *gamevironments* 5/2016; S. 132–55. Online unter: http://bit.ly/2jgyLjO (Letzter Zugriff: 29.3.2019).
317 Bioshock 2007.

Reinhold und Coretta Storz 2017 ein Modell für verschiedene Formen und Grade von Authentizitätsmechanismen.[318] Die Verhaltensfreiheit von Spielenden aber bilden sie darin kaum ab. Möglichkeiten, zwischen Medienformaten zu vergleichen, werden umso wichtiger, wo Inhalte und Darstellungsformen diese übergreifen (Crossmedialität) oder andere Medienformate die Darstellung in digitalen Spielen inspirieren (Remediation).[319] Dadurch beeinflussen sich Sehgewohnheiten, allerdings kollidieren auch die spezifischen Eigenschaften der jeweiligen Medienformen. Gerade historisch inszenierende Spiele befinden sich als Kulturgüter in einem Beziehungsgeflecht mit den Gesellschaften und Kulturen, die sie durchdringen.[320] Welche historischen Darstellungen adäquat sind und welche nicht, ist aber nur dann eine legitime Frage, wenn die Fragenden die Inszenierungen an den Eigenschaften messen, die das Medium ausmacht.[321] Es käme auch niemand auf die Idee, historische Darstellungen eines Buches nach Eigenschaften digitaler Spiele zu beurteilen.

Wie kein anderes Medium hängen digitale Spiele vom eingreifenden Handeln der Spielenden ab.[322] Ihnen fällt die zentrale Rolle zu, die historischen Inszenierungen aus den Versatzstücken des Spieles überhaupt erst zu erschaffen, indem sie handeln und kommunizieren. Die Umsetzung von menschlichem Handeln, ob nun von Spielfiguren oder den Spielern selbst, wirkt gerade in historisch inszenierenden Spielen häufig unzulänglich. Dieses Defizit fußt jedoch nicht nur in beschränkten Möglichkeiten des Game-Design oder unverstandenen Charakteristika des Mediums, vielmehr sind Konzepte für das komplexe, menschliche Handeln bereits in der historischen Theorie umstritten.[323] Brian Rejack sieht Parallelen zu körperlich-historischen Erfahrungen bei Praktiken des Reenactments in Film-Dokumentationen oder bei Live-Rollenspielen in historischen Settings.[324] Versuche aber sind rar, die Performativität digitaler Spiele an theoretische Vorarbeiten anzuschließen, obwohl ihr medialer Charakter sie geradezu dafür empfiehlt. Ohne sich explizit auf historische Inszenierungen zu be-

---

318 Dunker, Janko / Dupke, Benjamin / Reinhold, Stefanie / Storz, Coretta: Erlebbares Mittelalter? Inszenierte Authentizität am Beispiel der Schlacht von Hastings in Medieval II: Total War, in: *Portal Militärgeschichte* 27. 2. 2017. Online unter: http://bit.ly/2 m1Lvyj (Letzter Zugriff: 29. 3. 2019); **Medieval II: Total War** 2006.
319 Bender: Erinnern, 2012; S. 74–86; **Huber, Simon:** The Remediation of History in Assassin's Creed, in: Winnerling, Tobias / Kerschbaumer, Florian (Hg.): Early Modernity and Video Games, Newcastle upon Tyne 2014; S. 162–74.
320 MacCallum-Stewart / Parsler: Controversies, 2007; S. 206.
321 Antley, Jeremy: Going Beyond the Textual in History, in: *Journal of Digital Humanities*, Nr. 2 1/2012. Online unter: http://bit.ly/1ONV8H8 (Letzter Zugriff: 29. 3. 2019).
322 Nohr: Medium, 2014; S. 11.
323 Carvalho, Vincius M.: History and Human Agency in Videogames, in: *gamevironments* 5/2016; S. 104–31. Online unter: http://bit.ly/2iDuGHL (Letzter Zugriff: 29. 3. 2019). Carvalho arbeitet im Abgleich mit Konzepten aus der politischen und historischen Theorie heraus, wie das Action-Rollenspiel **The Witcher 3: Wild Hunt** 2015 eine neue Qualität menschlichen Verhaltens simuliert und damit ein solches Handeln erst ermöglicht.
324 Rejack, Brian: Toward a Virtual Reenactment of History. Video Games and the Recreation of the Past, in: *Rethinking History. The Journal of Theory and Practice*, Nr. 3 11/2007; S. 411–25, hier S. 412/13.

ziehen, verortet Markus Rautzenberg „[t]he most fascinating aspects of computer games [...] in the epistemic realm and the field of affect economies."[325] Simulationen durch Computer und das freie Spielen (play) seien „brothers in arms in their attempt to deal with uncertainty", ein Wechselspiel, das er als „framed uncertainty" bezeichnet.[326] Diesen Gedanken leitete er aus der Beobachtung ab, dass digitale Spiele im Laufe ihrer Diversifizierung ästhetische und epistemologische Wertigkeiten entwickelt hätten, die noch immer unverstanden seien.[327] Die Forschung könne sie auch nicht verstehen, solange sie sich auf Inhalte beschränke, die Literatur, Künste und Filme genauso böten. Entscheidend sei herauszufinden,

> „[w]hich theoretical positions, philosophical systems, epistemologies and affect economies are sedimented in what we call computer games today? What are the modes of accessing the world that we can observe in games?"[328]

Forschungen zur Performanz müsste die Geschichtswissenschaft somit systematisch einbinden. Dadurch wären die Spielenden als wahrnehmende UND handelnde Akteure diskutierbar, deren Kommunikation und Handeln auf ihre Wahrnehmung zurückwirkt. „Play brings something to the fore that cannot be integrated, because it is in the process of being played out."[329] Dieses frei fließende Spielen müsste stärker untersucht werden, um Handlungs- und Kommunikationsräume digitaler Spiele zu begreifen, wie sie Mark Butler kulturwissenschaftlich erkundete.[330] Viele Texte beschreiben zwar die Handlungsoptionen in digitalen Spielen, binden sie aber nicht an Vorüberlegungen aus Performanztheorien an. Dadurch vernachlässigen sie kommunikative Akte im Verhältnis zwischen den Spielenden und dem Spiel wie zum Beispiel symbolhafte Kommunikation und Interfaces. Ebenso befindet sich die Performativität von Kommunikationsprozessen der Spielenden untereinander außerhalb des Blickfeldes der geschichtswissenschaftlichen Forschung. Ein erster Vorstoß in solche Betrachtungen zu *Assassin's Creed II* führt Andreas Fischer auf Indizien, dass digitale Spiele durch ihren speziellen Handlungsraum ganz eigene Formen von Geschichte darstellen können.[331] Mithilfe von Spielelementen wie Regeln, Manipulation und

---

325 Rautzenberg, Markus: Phantasms of Computability, in: Fuchs, Mathias / Lushetich, Natasha (Hg.): Performance Research. On Game Structures, London 2016; S. 108–12, hier S. 109.
326 Rautzenberg: Phantasms, 2016; S. 110.
327 Rautzenberg, Markus: Navigating Uncertainty. Ludic epistemology in an age of new essentialisms, in: Fuchs, Matthias (Hg.): Diversity of Play, Lüneburg 2015; S. 83–109.
328 Rautzenberg: Phantasms, 2016; S. 110.
329 Rautzenberg: Phantasms, 2016; S. 112.
330 Butler, Mark: Zur Performativität des Computerspielens. Erfahrende Beobachtung beim digitalen Nervenkitzel, in: Holtorf, Christian / Pias, Claus (Hg.): Escape! Computerspiele als Kulturtechnik, Köln 2007; S. 65–84.
331 Fischer, Andreas: Games within the Game. On the History of Playing in Assassin's Creed II, in: Winnerling, Tobias / Kerschbaumer, Florian (Hg.): Early Modernity and Video Games, Newcastle upon Tyne 2014; S. 189–200, hier S. 193–96; **Assassin's Creed II** 2009.

Betrug argumentiert er auf Basis von theaterwissenschaftlichen Konzepten, dass die Spannung zwischen traditionellen Spielen und dem digitalen Spiel, genutzt wird, um ein Geschichtsbild der Renaissance zu konstruieren. Ähnlich zeichnet Felix Zimmermann die Handlungsmacht verschiedener Verkleidungsoptionen in *Assassin's Creed Liberation HD* nach, je nachdem in welchen sozialen Status die Spielenden im frühneuzeitlichen New Orleans schlüpfen.[332] Wünschenswert wäre also, besser an theoretische Vorarbeiten zu Performanz-Konzepten anzuschließen. Ein performativer Zugriff verbessert zudem das Verständnis von Retro-Kulturen über Inhalte und visuelle Eindrücke hinaus.[333]

Die Veränderlichkeit digitaler Spiele durch Produzenten und Rezipienten erfordert, Konzepte wie das der Authentizität neu zu diskutieren.[334] Daher befassen sich Autoren mit den Spielenden als Konstrukteuren ihrer eigenen Wahrnehmung in der historischen Inszenierung. Bezüglich historischer Aspekte sind Rezipienten jedoch kaum untersucht, obwohl bereits Steffen Bender „eine kommunikationswissenschaftlich fundierte Analyse auf einer breiten empirischen Datenbasis" forderte.[335] Robert Houghton fand bei einer kleinen Gruppe von 41 Studierenden an der Universität Winchester vier Effekte von digitalen Spielen, die auf historische Vorstellungen wirkten.[336] Die Spiele übten erstens starken Einfluss selbst bei Studierenden der Geschichte auf historische Vorstellungen aus. Die Wirkung ist zweitens umso größer, wenn sie Geschichtsbilder adressieren, zu denen sie nicht bereits studiert haben. Drittens beeinflussten verschiedene Spieltypen die Studierenden unterschiedlich stark, und viertens erwiesen sich männliche und weibliche Studierende unterschiedlich empfänglich. Diese Ergebnisse sind sicherlich nicht repräsentativ und wären durch umfänglichere Gruppen und differenziertere Fragestellungen zu validieren. Die vier beobachteten Effekte aber verlangen nach Folgestudien.[337] Wie Spieler

---

332 Zimmermann, Felix: Wandeln zwischen den Welten. Verkleidung als Akt der Befreiung in Assassin's Creed Liberation, in: *gespielt* 21.10.2016. Online unter: http://bit.ly/2e3bizc (Letzter Zugriff: 29.3.2019); **Assassin's Creed: Liberation HD** 2014. In englischer Übersetzung: **Zimmermann, Felix:** Wandering between worlds. Disguise as an act of liberation in Assassin's Creed: Liberation, in: *The Ontological Geek* 12.1.2017. Online unter: http://bit.ly/2kzOv4e (Letzter Zugriff: 29.3.2019).
333 Letourneur, Ann-Marie / Mosel, Michael / Raupach, Tim: Nostalgie, Erinnerungskultur und Retrotechnologien im Zeitalter des Hipstertums. Einleitung, in: Dies. (Hg.): Retro-Games und Retro-Gaming. Nostalgie als Phänomen einer performativen Ästhetik von Computer- und Videospielkulturen, Glückstadt 2015; S. 13–27, hier S. 16–19.
334 Salvati, Andrew / Bullinger, Jonathan: Selective Authenticity and the Playable Past, in: Kapell, Matthew W. / Elliott, Andrew B. R. (Eds.): Playing with the Past. Digital Games and the Simulation of History, London 2013; S. 153–67.
335 Bender: Erinnern, 2012; S. 226.
336 Houghton, Robert: Where Did You Learn That? The Self-Perceived Impact of Historical Computer Games on Undergraduates, in: *gamevironments* 5/2016; S. 8–45. Online unter: http://bit.ly/2jgqzQB (Letzter Zugriff: 29.3.2019).
337 Houghton: Impact, 2016; S. 33 kündigt eine Ausweitung auf Großbritannien an.

die Geschichtsbilder in Weltkriegsshootern rezipieren, erörterte Julian Köck.[338] Die nicht-repräsentative und nur auf das Genre der Shooter bezogene Befragung von 2012 ergab unter 207 Nutzern von einschlägigen Foren für Spielergemeinschaften die Tendenz, dass Spiele nicht als „Abbildungen von vergangenen Prozessen begriffen" werden, „[g]leichzeitig bestünde bei einer Mehrheit Interesse an einer weniger vereinheitlichten Darstellung des Krieges".[339] Dieser Befund stellt die verbreitete Einschätzung infrage, Spieler wünschten sich keine differenzierten Geschichtsbilder. Köck hoffte, dass in Zukunft „umfassendere quantitative und qualitative Untersuchungen zum Verhältnis Geschichte – Videospiel – Rezipient" durchgeführt würden.[340] Stefan Wesener trug zwar für historische Transferprozesse einige Indizien auf verschiedenen Ebenen zusammen, gezielte quantitative oder qualitative Studien an Nutzern aber, wie Köck sie fordert, blieben aus.[341] Eine methodisch tiefere Studie, wie Spielende historische Inszenierungen aus digitalen Spielen wahrnehmen, führt Daniel Giere an der Ludwig-Maximilian Universität (LMU) München durch.[342]

Wird die Wahrnehmung in Studien betrachtet, erfordert der außergewöhnliche Grad an Individualität der Spielerfahrungen, positiv und negativ besetzte Stereotype in den Spielwelten und unter Spielenden zu identifizieren. Möglicherweise, weil über die Rezipienten noch so wenig bekannt ist, werden Perspektiven der Gender Studies auf digitale Spiele oder postkoloniale Ansätze teils heftig angefeindet.[343] Wissenschaftlich umkämpft scheinen mir ihre Sichtweisen jedoch vor allem bei denjenigen, die nicht verstehen, dass ihre Methodik nicht einseitig nur misogyne, sondern

---

338 Köck, Julian: Geschichtsbilder im Weltkriegsshooter und ihre Rezeption beim Spieler, in: *Zeitschrift für Digitale Geschichtswissenschaft* 1/2012; S. 1–22, hier S. 3. Online unter: http://bit.ly/1QqJR11 (Letzter Zugriff: 29.3.2019).
339 Köck: Geschichtsbilder, 2012; S. 8–11, bes. S. 10.
340 Köck: Geschichtsbilder, 2012; S. 11.
341 Wesener: Geschichte, 2007; S. 144–161 folgt dem Transfermodell nach **Fritz, Jürgen:** Wie virtuelle Welten wirken. Über die Struktur von Transfers aus der medialen in die reale Welt, in: Fritz, Jürgen / Fehr, Wolfgang (Hg.): Computerspiele. Virtuelle Spiel- und Lernwelten, Bonn 2003. Online via Bundeszentrale für Politische Bildung (2005) unter: http://bit.ly/2fMWtTB (Letzter Zugriff: 29.3.2019).
342 Giere, Daniel: Computerspiele – Medienbildung – historisches Lernen. Zu Repräsentation und Rezeption von Geschichte in digitalen Spielen, Frankfurt a. M. 2019.
343 Besonders vehemente Auseinandersetzungen lieferten sich verschiedenste Akteure im sogenannten #GamerGate der Jahre 2014 und 2015, das über den Kurznachrichtendienst Twitter hinaus eskalierte. Dabei prallten unversöhnliche Haltungen von Befürwortern und Gegnern über die Zustände in der Arbeitswelt und die Inhalte von digitalen Spielen aufeinander. Einer der prominenten Schauplätze dieser Streitigkeiten war eine Video-Reihe von **Sarkeesian, Anita:** Tropes vs. Women in Video Games. Kanal Feminist Frequency via Youtube. Online unter: http://bit.ly/1SxD9cB (Letzter Zugriff: 29.3.2019). Auch wenn sie darin viele Anliegen fundiert vorbringt, ist durchaus zu kritisieren, dass ihre Beispiele tendenziös gewählt sind und sie sich auf Äußerlichkeiten konzentriert. Zu den Umständen: **Dickel, Susanne:** Frau in Not. Sexismus in Videospielen, in: *sueddeutsche.de* 25.3.2014. Online unter: http://bit.ly/2eQkLcW (Letzter Zugriff: 29.3.2019); **Hern, Alex:** Schiefe Debatte Gamergate, in: *Der Freitag* 22.10.2014. Online unter: http://bit.ly/2fw7RCs (Letzter Zugriff: 29.3.2019); gründlich und differenziert: **Graf, Michael:** Was ist GamerGate?, in: *Gamestar* 10/2014; S. 10–18.

grundsätzlich diskriminierende Momente offenlegt. Sebastian Knoll-Jung untersuchte explizit die Vorstellungen von Geschlecht und die Darstellung von Frauen an strategischen Historienspielen.[344] Dort identifiziert er geschlechtsspezifische Spielelemente, problematisiert dargestellte Geschlechterordnungen und -leitbilder und unterzieht weibliche Spielcharaktere einem genauen Blick. Dabei zeigt er auf, wo ein zeitgemäßer Anspruch auf Geschlechtergleichheit mit historischen Begebenheiten kollidiert.[345] Die Aussagekraft ist jedoch beschränkt, weil er sich auf Strategie- und Aufbauspiele konzentriert, die durch ihren Zuschnitt historisch eher männlich besetzte Domänen wie Militär, Diplomatie und überregionale Wirtschaft behandeln. Angela Schwarz stellt fest, dass nicht nur die geschichtswissenschaftliche Betrachtung von Weiblichkeiten, sondern eben der allgemeine Diskurs lückenhaft und tendenziös ist.[346] Ihrer Ansicht nach brechen jedoch verschiedene jüngere Entwicklungen die vorherrschenden Klischees in Branche und Spielekultur langsam auf.[347] Die historische Forschung sollte sich stärker damit befassen, denn auch jüngere Inszenierungen von Frauenfiguren als zentrale Protagonisten verkörpern spielmechanisch weiterhin oft männliche Stereotype, als tauschten die Entwickler schlicht die 3D-Modelle aus.[348] Sehr wahrscheinlich mögen jedoch auch Spielerinnen gern in männliche Verhaltensmuster schlüpfen so wie Männer in weibliche Rollen, sofern ihnen spielerisch eine Wahl gelassen wird. Wissenschaftliche Methoden der Gender Studies helfen über gesellschaftliche Geschlechterkonstruktionen hinaus, historische Sterotype und Vorurteile (*Bias*) aufzuspüren. Unreflektierte und reflektierte westliche Neokolonialismen lassen sich im Vergleich des satirischen Diktatoren-Simulators *Tropico 5* mit dem frühneuzeitlichen Global-Strategiespiel *Europa Universalis IV: Conquest of Paradise*

---

344 **Knoll-Jung, Sebastian:** Geschlecht, Geschichte und Computerspiele. Die Kategorie >Geschlecht< und die Darstellung von Frauen in Historienspielen, in: Schwarz, Angela (Hg.): „Wollten Sie auch immer schon einmal pestverseuchte Kühe auf Ihre Gegner werfen?" Eine fachwissenschaftliche Annährung an Geschichte im Computerspiel, 2. erw. Aufl., Münster 2012; S. 185–211.
345 Zum Beispiel bei **Knoll-Jung:** Geschlecht, 2012²; S. 190 bezüglich **Die Fugger II** (Kriesell, Matthias; Martensen, Lars / Sunflowers) 1996, da die mittelalterliche Handelssimulation auch eine weibliche Patrizierin als Spielerfigur ermöglicht.
346 **Schwarz, Angela:** Neue Medien – alte Bilder? Frauenfiguren und Frauendarstellungen in neueren Computerspielen mit historischen Inhalten, in: Alavi, Bettina (Hg.): Historisches Lernen im virtuellen Medium, Heidelberg 2010; S. 31–53, hier S. 33/34.
347 **Schwarz:** Computerspiele, 2012²; S. 29/30, siehe Fußnote 56.
348 Im Action-Abenteuerspiel **Tomb Raider** 1996 zum Beispiel gelangte Protagonistin Lara Croft zum zweifelhaften Ruhm einer sexualisierten Popikone. Der Reboot der Reihe mit **Tomb Raider** 2013 überarbeitete die Archäologin und Abenteurerin. Ihre Körperattribute wurden aus der cartoonhaften Überzeichnung zurückgenommen. Gleichzeitig stellte das Spiel ihre Anfänge dar, bevor sie zur Heldin wurde. Dadurch rückt es ihre Verletzlichkeit und ihr Leiden im Spiel jedoch so in den Vordergrund von ruhigen Phasen, dass diese in eklatantem Gegensatz zur waffenstarren Schießmaschine der Kampfsequenzen steht. Ihre Inszenierung gilt daher als Paradebeispiel einer ludo-narrativen Dissonanz. Diese konnte der Nachfolger **Rise of the Tomb Raider** 2015/16 schließen, auch weil Croft an ihren Erfahrungen wuchs.

erkennen.[349] Den dadurch repräsentierten Ideologien, die Rebecca Mir und Trevor Owens an der Darstellung indigener Völkern in *Sid Meier's Colonization* aufzeigen, könnten Studien an solchen Beispielen gegenüber gestellt werden.[350] Diese Untersuchungen böten die Möglichkeit, interperspektive Wahrnehmungen von Stereotypen aufzudecken, die sich in digitalen Spielen manifestieren.[351]

Dadurch deutet der letzte Absatz bereits an, dass der Diskurs um digitale Spiele und ihre Kultur viel zu monolithisch verläuft. Weltweit bestehen Markt, Branchenstrukturen oder spielerische Vorlieben nicht uniform. Während das Thema international wachsende Aufmerksamkeit findet, fehlt dieser Aspekt im deutschsprachigen Diskurs weitgehend. Globale Zusammenhänge sind besser als vielschichtige Ebenen regionaler Spielkulturen zu begreifen, die nicht nur national fixierbar sind, sondern oft mehrere Länder übergreifen. Auffällig ist, dass digitale Spiele koloniale Fragen aus westlicher Perspektive inszenieren. Wie Souvik Mukherjee an einigen Beispielen aufzeigt, unterscheidet sich ein Spielerlebnis für Spieler aus einer ehemals kolonisierten Weltregion erheblich von der eines Spielers aus einer ehemaligen Kolonialmacht.[352] Bestimmte Besonderheiten wie japanische Rollenspiele (JRPG) sind stilistisch, technologisch und spielmechanisch einem Kulturraum (hier dem asiatischen) zuzuordnen und damit Teil seiner Kulturgeschichte.[353] Regionale Besonderheiten

---

349 Tropico 5 2014; **Europa Universalis IV: Conquest of Paradise** 2014.
350 Mir, Rebecca / Owens, Trevor: Modeling Indigenious People. Unpacking Ideology in Sid Meier's Colonization, in: Kapell, Matthew W. / Elliott, Andrew B. R. (Eds.): Playing with the Past. Digital Games and the Simulation of History, London 2013; S. 91–106; **Sid Meier's Civilization IV: Colonization** 2008. Vgl. im gleichen Band zum Aztekenreich: **Holdenried, Joshua D. / Trépanier, Nicolas:** Dominance and the Aztec Empire. Representations in Age of Empires II and Medieval II: Total War, in: Kapell, Matthew W. / Elliott, Andrew B. R. (Eds.): Playing with the Past. Digital Games and the Simulation of History, London 2013; S. 107–19.
351 In einer Diskussion auf dem Blog von Daniel Bernsen über mediale Formen des Geschichtsunterrichts skizzierte ich mögliche Ansätze am Brettspiel *Colony*: **Meyer, Till:** Geschichte im Brettspiel – am Beispiel „Colony". Gastbeitrag, in: *Medien im Geschichtsunterricht* 3.11.2016. Online unter: http://bit.ly/2fKFqjr (Letzter Zugriff: 29.3.2019).
352 Mukherjee, Souvik: Playing Subaltern. Video Games and Postcolonialism, in: *Games and Culture* 9.2.2016; S. 1–17. Online unter: http://bit.ly/2jNw4FT (Letzter Zugriff: 29.3.2019).
353 Mallandine, Jayme D.: Ghost in the Cartridge. Nostalgia and the Construction of the JRPG Genre, in: *gamevironments* 5/2016; S. 80–103. Online unter: http://bit.ly/2iykAVi (Letzter Zugriff: 3.6.2017). Weitere Beispiele finden sich etwa zur japanischen Tradition von Mädchenspielen (Otome) in **Hasegawa, Kazumi:** Falling in Love with History. Japanese Girls' Otome Sexuality and Queering Historical Imagination, in: Kapell, Matthew W. / Elliott, Andrew B. R. (Eds.): Playing with the Past. Digital Games and the Simulation of History, London 2013; S. 135–49 oder zur Remediation chinesischer Geschichte bei **Kwon, Hyuk-Chan:** Historical Novel Revived. The Heyday of Romance of the Three Kingdoms Role-Playing Game, in: Ebd.; S. 121–34. Einen Überblick zu asiatischen Spielen, die im westlichen Markt relevant sind, versuchte **Snow, Cason E.:** Playing with History. A Look at Video Games, World History, and Libraries, in: *Rethinking History. The Journal of Theory and Practice*, Nr. 2 16/2010; S. 128–35. Vier historische Phasen der chinesischen Branche für Online-Spiele strukturiert zwischen 1995–2015: **Chew, Matthew M.:** A Critical Cultural History of Online Games in China. 1995–2015, in: *Games and Culture* 11.8.2016; S. 1–21. Online unter: http://bit.ly/2mt1CWH (Letzter Zugriff: 29.3.2019).

weisen ebenso die Entwicklungsprozesse auf. Paul Martin beleuchtete, wie kolonialen Vorstellungen und ethnische Stereotypen die Produktionsbedingungen in Japan beeinflussen.[354] An Indien beschreibt Xenia Zeiler, wie das dortige historische Erbe verstärkt bei der Spieleentwicklung verwendet wird.[355] Aus regionalen Perspektiven beleuchtet die amerikanischen Kontinente, ihre Branche, ihre Spielkultur, und wie sie in digitalen Spielen repräsentiert sind, eine Sonderausgabe des *Forum for Inter-American Research*.[356] Ebenso sollte europäische Regionalität erforscht werden sowie kulturelle Vorlieben von Spielern und Branche im deutschsprachigen Raum.

Spielende überschreiten jedoch solche regionalen, kulturellen Bezüge und die Grenzen der digitalen Spielsysteme. Einige verändern sogar Regeln, Settings, die visuelle Erscheinung oder narrative Elemente. Zusammengefasst bezeichnet der Begriff Modding solche Eingriffe, wenn Spieler Teile oder gar die gesamte Spielgrundlage umgestalten.[357] Schon die Handlungen der Spielenden im Rahmen der historischen Spielwelt begreift Tom Apperley als Modding der angelegten historischen Bilder im Spiel.[358] Dass es sich im eigentlichen Sinne aber bei Modifizierungen um einen kreativen, teils kritischen Umgang mit Historienspielen handelt, zeigte Lutz Schröder.[359] So besteht etwa die Generalüberholung des *Historical Immersion Project (HIP)* aus einer Sammlung von Modifikationen, deren Entwickler *Crusader Kings II* historisch authentischer gestalten wollen, obwohl die mittelalterliche Herrschafts- und Dynastiesimulation bereits außergewöhnlich detailreich ist.[360] Eine Geschichtswissenschaft, welche die Medienform digitaler Spiele verstehen lernt, findet in dortigen Diskursen wertvolle Studiengegenstände. Gareth Crabtree sieht dafür drei Gründe:[361] Erstens sei Modding eine kollaborative Medienpraktik, die sowohl in ihrem

---

354 **Martin, Paul:** Race, Colonial History, and National Identity. Resident Evil 5 as a Japanese Game, in: *Games and Culture* 22.2.2016; S. 1–19. Online unter: http://bit.ly/2lyLhvy (Letzter Zugriff: 29.3.2019).
355 **Zeiler, Xenia:** The Indian Indie Game Development Scene. History and Cultural Heritage as Game Themes, in: *gamevironments* 5/2016; S. 258–63. Online unter: http://bit.ly/2jrsmoi (Letzter Zugriff: 29.3.2019).
356 **Mayar, Mashid** (Hg.): Encounters in the ‚Game-Over Era': The Americas in/and Video Games, Bielefeld 2018. Online unter: http://bit.ly/2WHNCr8 (Letzter Zugriff: 29.3.2019).
357 International eine wichtige Anlaufstelle für diese Subkultur ist die Webdatenbank **Mod DB**, 1998 ff. Online unter: http://www.moddb.com/about (Letzter Zugriff: 29.3.2019).
358 **Apperley, Tom:** Modding the Historian's Code. Historical Versimilitude and the Counterfactual Imagination, in: Kapell, Matthew W. / Elliott, Andrew B. R. (Eds.): Playing with the Past. Digital Games and the Simulation of History, London 2013; S. 185–98, hier S. 186/87.
359 **Schröder, Lutz:** Modding als Indikator für die kreative und kritische Auseinandersetzung von Fans mit Historienspielen, in: Kerschbaumer, Florian / Winnerling, Tobias (Hg.): Frühe Neuzeit im Videospiel. Geschichtswissenschaftliche Perspektiven, Bielefeld 2014; S. 141–57.
360 HIP Team: Historical Immersion Project (HIP). Major Overhaul for Crusader Kings II, [unbek.]. Online unter: http://bit.ly/2gah2Mf (Letzter Zugriff: 29.3.2019); **Crusader Kings II** 2012. Zum Modding der Titel von Paradox: **Brendel:** Determinismus, 2012²; S. 121–123.
361 Crabtree, Gareth: Modding as Digital Reenactment. A Case Study of the Battlefield Series, in: Kapell, Matthew W. / Elliott, Andrew B. R. (Eds.): Playing with the Past. Digital Games and the Simulation of History, London 2013; S. 199–212, hier S. 200.

Kontext sowie der Spielerkultur verwurzelt sei. Kreative Individuen bilden zweitens im Wunsch nach realistischeren Erfahrungen „digital reenactment groups who are using the latest technologies to bridge the physical distance between group members whilst creating what they view to be authentic artifacts."[362] Drittens ließen sich historische Narrative nachzeichnen, indem die Funktionsweise dieser historischen Repräsentationen analysiert wird. Greift wie im Falle von *Civilization 6* die Mod *Historicity++* in das Originalprogramm ein, um vermeintlich mehr geschichtliche Akkuratesse zu schaffen, können die Repräsentationen durchaus problematisch sein.[363] Oft sind ihre Urheber nicht erkennbar, und Korrekturen erfolgen aus objektivistischen Überzeugungen, es gäbe eine eindeutige historische Wahrheit hineinzuredigieren.

2.5.2 Konzentration auf Spielformen

Neben den Arbeitsfeldern nähert sich die geschichtswissenschaftliche Forschung systematisch ebenso über spielmechanisch unterscheidbare Formen. MacCallum-Stewart und Parsler überblicken Simulationen (Wirtschaft und Militär), Strategiespiele (Echtzeit und Rundenbasiert) und Ego-Shooter – bzw. im angelsächsischen Sprachgebrauch eher First Person Shooter (FPS).[364] Ihr Beitrag offenbarte die Vielfalt spielmechanischer Darreichungsformen von Geschichte, denn „since they rely on an understanding of genre, and lie across all spectrum of game types, they also exist on very different levels."[365] Nach genrespezifischen Darstellungen strukturierte auch Schwarz einige Beiträge.[366] Allerdings verging seither gut eine Dekade, die gerade im Independent-Sektor zahlreiche neue Spielkonzepte hervorbrachte. Zudem findet die medienwissenschaftliche Genreforschung in der historischen Fachliteratur kaum Resonanz.[367] Gelegentlich entstehen befremdliche Kategorien wie *Funny Games* in der Literatur, die sich von spielekulturell gebräuchlichen Termen loslösen.[368] Für seine

---

362 **Crabtree:** Modding, 2013; S. 200.
363 **unbekannt:** Historicity++. A Mod about Historical Accuracy [Via Civ 6 Mods], 28.10.2016. Online unter: http://bit.ly/2fr0UoA (Letzter Zugriff: 4.6.2017); **Civilization VI** 2016.
364 **MacCallum-Stewart / Parsler:** Controversies, 2007; S. 204–210.
365 **MacCallum-Stewart / Parsler:** Controversies, 2007; S. 210.
366 **Schwarz:** Geschichte, 2009; **Schwarz, Angela:** Geschichte als „Action-Adventure". Populäre Geschichtsdarstellungen im Medium des Computerspiels, in: Barricelli, Michele / Becker, Axel / Heuer, Christian (Hg.): Jede Gegenwart hat ihre Gründe. Geschichtsbewusstsein, historische Lebenswelten und Zukunftserwartung im frühen 21. Jahrhundert, Schwalbach / Ts. 2011; S. 72–87.
367 **Beil, Benjamin:** Genrekonzepte des Computerspiels, in: GamesCoop (Hg.): Theorien des Computerspiels, Hamburg 2012; S. 13–37.
368 Ohne den schnellen Wandel bei digitalen Spielen zu berücksichtigen, arbeitete etwa der Medienpädagoge **Hoffmann, Bernward:** Medienpädagogik. Eine Einführung in Theorie und Praxis, Paderborn 2003; S. 292–295 Genres heraus. Die Kategorie Funny Games etwa unterscheidet sich von Action-Kampfspielen eher moralisch, betrachtet er doch erstere als niedlich und amüsant, letztere seien Gewaltspiele. Andere Definitionen, die eher spielmechanisch begründet sind, gehen an den

Publikation zu historischen Spiele im Geschichtsunterricht verglich Grosch Vorschläge von Jürgen Fritz, Rolf Behn und Christa-Maria Sopart.[369] Im Zusammenhang mit historischem Lernen seien sie „sämtlich untauglich".[370] Einen eigenen Zuschnitt von Genres aber erörterten Historikerinnen und Historiker bislang nicht. In der Regel operieren sie implizit mit den Klassifikationen, die im Spielejournalismus üblich sind.[371] Wenn historische Inszenierungen in den verschiedensten Formen und allen Genres vorkommen, ist dieser Weg auch sinnvoll, damit die Geschichtswissenschaft keinen Paralleldiskurs eröffnet, sondern an die Spielekultur anschließt. Genres bleiben dennoch problematisch, weil ihre Kategorien aus der Beobachtung einer überschaubaren Zahl von Beispielen gewonnen sind und gewissen Klischees und Stereotypen für Typen digitaler Spiele Vortrieb leisten. Damit schüren sie Erwartungshaltungen, denen bestimmte Formate entweder nur für gewisse Jahre oder nur zu einem Anteil entsprechen. Genres sind schlicht über die Jahre keine stabilen Kategorien, ihre Anwendung suggeriert jedoch diesen Eindruck. Überzeugend strukturiert bislang kein Vorschlag, zumal die Fachwissenschaft noch nicht genügend Fallstudien vorweist, um selbst Konventionen für Genres abzuleiten. Digitale Spiele weisen zwar für jede Dekade gewisse Schwerpunkte auf, formen jedoch eher ein Kontinuum an spielmechanischen Möglichkeiten als scharf abgrenzbare Kategorien. Um Kernmechaniken zu betonen, schließt sich auch das vorliegende Buch der spielejournalistisch gebräuchlichen Terminologie an. Dafür bieten Jörg Müller-Lietzkow, Ricarda Bouncken und Wolfgang Seufert einen soliden Überblick, auch wenn sie die Genres auf den Konsolen anders als auf dem PC strukturieren.[372] Im Zuge der historischen Entwicklung digitaler Spiele aber unterliegen auch die unter Journalisten und Spielern geläufigen Bezeichnungen ständiger Veränderung.

---

spielekulturell üblichen Bezeichnungen vorbei: Wenn man Rollen spielt, handelt es sich um ein *Rollenspiel*, nicht etwa um *Adventures/Spielgeschichten*. Den Ursprung haben seine Begriffe bei **Fehr, Wolfgang / Fritz, Jürgen:** Videospiele und ihre Typisierung, in: Ernst, Tilman (Hg.): Computerspiele. Bunte Welt im grauen Alltag. Ein medien- und kulturpädagogisches Arbeitsbuch, Bonn 1993; S. 67–88. Im Vergleich dazu: **Fritz, Jürgen:** Zur „Landschaft" der Computerspiele, in: Fritz, Jürgen / Fehr, Wolfgang (Hg.): Handbuch Medien. Computerspiele. Theorie, Forschung, Praxis. Nachdr. v. 1997, Bonn 1999; S. 87–98.

369 **Grosch:** Computerspiele, 2002; S. 19–38 verweist auf **Fritz:** Landschaft, 1999 (vgl. Anm. 368); **Behn, Rolf:** Videospiele als Abbild unserer Wirklichkeit, in: Kreuzer, Karl Josef (Hg.): Das Spiel als Erfahrungsraum und Medium, Düsseldorf 1984; S. 683–95, hier S. 84 und **Sopart, Christa-Maria:** Computer-Spiele. Wie man sie benutzt, überlistet, selbst programmiert, München 1984.

370 **Grosch:** Computerspiele, S. 19.

371 Vgl. Genres nach dem deutschen Leitmagazin **GameStar**, hg.v. Webedia / IDG Verlag, München 1997 ff. Online unter: www.gamestar.de (Letzter Zugriff: 29.3.2019) oder Klassifikationen der britischen **EDGE**, hg.v. Future Publishing, London 1993 ff. Online unter: http://www.edge-online.com (Letzter Zugriff: 29.3.2019).

372 **Müller-Lietzkow / Bouncken / Seufert** (Hg.): Gegenwart, 2006; S. 63–71 für PC-Spiele, S. 79–86 für Konsolen-Titel. Leider wurde in Details nicht sauber gearbeitet, so gab es damals kein GTA V (S. 64) und das zitierte Adventure hieß „Nibiru" und nicht „Niburu".

Dass Genres nicht nur unscharf sind, sondern Forschende die Begriffe unterschiedlich verwenden, zeigt die Kategorie der Simulation. Josef Köstlbauer und Martin Gasteiner definieren Simulationen als Spiele und Modelle, welche „die Aufgabe haben, Realität oder bestimmte Aspekte der Realität so getreu wie möglich zu reproduzieren."[373] Nicht allein auf digitale Spiele konzentriert, liefert Sabin 2012 fundierte Einblicke in die Entstehung und Verwendung militärischer Simulationsspiele, deren Funktionsweisen auch digitale Spiele prägen.[374] Zahlreiche seiner Beispiele bietet er seinen Lesern zum Ausprobieren im Web an. Einen Katalog von Faktoren, die solche Simulationen unter den digitalen Spielen als Problemräume konstituieren, stellt Jeremiah McCall 2012 auf.[375] Als Simulation diskutiert Annette Vohwinkel 2012 auch das Nahost-Spiel *Peacekeeper*, das bei den Spielenden Verständnis für die Perspektiven der beteiligten Parteien im Konflikt zwischen Palästinensern und Israelis erwecken will.[376] Im wissenschaftlichen Sinne einer Simulation verkörpere das Spiel den Charakter einer „ergebnisoffenen, auf Daten gestützten Verlaufsprognose", bleibe gleichzeitig jedoch „ein Experiment, das ge- oder misslingen kann."[377] Der handelnde Eingriff von Spielenden in die automatisierten Prozesse „zur modellhaften Nachahmung wirklichkeitsgetreuer Vorgänge" zeige das Spannungsfeld auf, sobald man Spiele als Simulationen betrachte:[378] Entgegen der gewöhnlichen Verwendung des Begriffs, „wonach der Rechner Reaktionen >simuliert<, führt die Spielerin oder der Spieler [...] eine Reihe von Experimenten durch, die selbst durch freie Entscheidungen gesteuert werden können."[379] Daher seien digitale Spiele zwischen Re-Enactment und Simulation zu verorten. Wo genau ein Nutzen als simulatives Instrument liegen könne, habe die Geschichtswissenschaft zu klären versäumt.[380] Entwickler und Spieler jedenfalls experimentieren mit Simulationen, wie Heiko Brendel an sogenannten „Hands-off-Spielen" aufzeigt.[381] Das von Vohwinckel genannte Spannungsfeld ist nicht abzustreiten, mit steigendem Rechenaufwand allerdings und komplexeren Weltmodellen verschiebt sich der Schwerpunkt vom Experiment in Richtung eines

---

373 **Köstlbauer, Josef / Gasteiner, Martin:** Simulation und Imagination. Gedanken zum Problem der Realität im Spiel, in: *Historische Sozialkunde*, Nr. 4 2013; S. 9–16, S. 9.
374 **Sabin, Philip:** Simulating War. Studying Conflict Through Simulation Games. Reprint d. Aufl. v. 2012, London 2014.
375 **McCall:** Simulations, 2012; hier Part I.
376 **Vowinckel, Anette:** Peacemaker. Die Lösung des Nahostkonflikts zwischen Experiment und Simulation, in: Schwarz, Angela (Hg.): „Wollten Sie auch immer schon einmal pestverseuchte Kühe auf Ihre Gegner werfen?" Eine fachwissenschaftliche Annäherung an Geschichte im Computerspiel, 2. erw. Aufl., Münster 2012; S. 163–84; **Peacemaker** 2007.
377 **Vowinckel:** Peacemaker, 2012²; S. 163, zum Simulationsbegriff als Instrument S. 164–167.
378 **Vowinckel:** Peacemaker, 2012²; S. 164.
379 **Vowinckel:** Peacemaker, 2012²; S. 179.
380 **Vowinckel, Anette:** Past Futures. From Re-enactment to the Simulation of History in Computer Games, in: *Historical Social Research* 34/2009; S. 322–32. Online unter: http://bit.ly/2 g5 V7W4 (Letzter Zugriff: 29.3.2019).
381 **Brendel:** Determinismus, 2012²; S. 123/24.

Simulationscharakters. Malte Stamm sieht in Konfliktsimulationen „ein Konvolut aus verschiedenen Möglichkeiten", durch die ein Spieler „zwar zeitnah erkennen kann, welche unmittelbaren Folgen sein Handeln hat, jedoch auch in der Lage ist, langfristige Strategien [...] zu verwirklichen[.]"[382] Zwar fokussierten Konfliktsimulationen nur Teilaspekte, sie erzeugten jedoch ein „maßstäblich verkleinertes und abstrahiertes Bild von Geschichte", durch das ihre Nutzer ein Verständnis für historische Abläufe gewännen.[383] Man dürfe also nicht wie Vowinckel Experiment und Simulation als gegensätzliche Pole begreifen, sondern die Spielenden als Bestandteil des simulativen Systems. Simulationen zögen diese an, weil sie sich bewusst in die Imagination über einen realen Gegenstand hinein versetzen wollten.[384] Um sich dem Wert ihrer Simulationskraft zu nähern, erörtern Rolfe Peterson, Andrew Miller und Sean Fedorko verschiedene Ansatzpunkte exemplarisch an historischen Repräsentationen der Spieleserien *Total War*, *Civilization* und *Patrizier*.[385] Deren Simulationen versuchten „an imitation of real-world situations or processes as they function over time. A participant [...] operates within the confines of a modeled process, with mechanisms that are not perfectly known to the player, meaning that the effects are not perfectly predictable."[386] Daher scheiterten sie zumeist, wissenschaftlich tragbare historische Repräsentationen zu erzeugen, aber „they successfully model the conceptual frameworks necessary to understand and construct historical representation better than alternate media."[387] Ein digitales Spiel sei weit mehr als nur Unterhaltung, denn „it provides the tools and information necessary, within a controlled environment, for players to generate rich conceptual knowledge through simulation."[388] Dieser beachtliche Befund müsste an weit mehr Beispielen verifiziert werden. Unter Anderem wäre das Spektrum der leistbaren Konzepte und Prozesse zu identifzieren und die geschichtswissenschaftliche Forschung selbst zu überprüfen. Auf einen ersten Blick hin bespielen simulationsaffine Spieler möglichst komplexe, exakte Nachbildungen einer angenommenen Realität, „which are hard to master and offer little in the way of

---

382 Stamm, Malte: Konfliktsimulationen. Counterfactual History oder Infotainment?, in: Kerschbaumer, Florian / Winnerling, Tobias (Hg.): Frühe Neuzeit im Videospiel. Geschichtswissenschaftliche Perspektiven, Bielefeld 2014; S. 127–40, hier S. 139.
383 Stamm: Konfliktsimulationen, 2014; S. 140.
384 Köstlbauer / Gasteiner: Simulationen, 2013; S. 10.
385 Peterson, Rolfe D. / Miller, Andrew J. / Fedorko, Sean J.: The Same River Twice. Exploring Historical Representation and the Value of Simulation in the Total War, Civilization, and Patrician Franchises, in: Kapell, Matthew W. / Elliott, Andrew B. R. (Eds.): Playing with the Past. Digital Games and the Simulation of History, London 2013; S. 33–48. Sie beziehen sich auf die Ableger der Reihen: **Total War: Empire** 2009, **Civilization V** 2010, **Patrizier IV** 2010.
386 Peterson / Miller / Fedorko: River, 2013; S. 37.
387 Peterson / Miller / Fedorko: River, 2013; S. 38.
388 Peterson / Miller / Fedorko: River, 2013; S. 44.

instant gratification".[389] Zunehmend erkennt Josef Köstlbauer darin „blurred distinctions", weil spielerische und realitätsbezogene Simulationen im militärischen Kontext konvergieren.[390] Er schließt, dass „a broader cultural and historical context of simulations needs to be considered; it will not be enough to simply regard specific games as isolated phenomena[.]"[391] Werden unter Spielern und Produzenten zwar Imitationen technischer Geräte wie U-Boote oder Globalstrategiespiele als Simulationen behandelt, fehlt die Anwendung dieser Kategorie auf alltagsgeschichtliche Prozesse und Konzepte vollständig. Der im Kapitel *2.1 Geschichte aus der Sicht der Branche* genannte, mikrohistorische mittelalterliche Weltentwurf des Rollenspieles *Kingdom Come: Deliverance* etwa könnte dafür ein würdiger Kandidat sein.[392] Die Lebenssimulation *Die Sims 4* wäre ebenfalls eine historisch relevante, zeitgeschichtliche Alltagssimulation.[393] Der Diskurs aber wird auf einer instabilen begrifflichen Basis nicht einfacher. Vorstellungen davon, was Simulationen kennzeichnet, weichen schon bei den genannten Beispielen voneinander ab. Ein Beitrag von Steffen Bender, ob Shooter im Szenario der Weltkriege als Simulationen soldatischer Erfahrungen betrachtet werden können, verdeutlicht die Diskrepanz.[394] Als Bezugspunkt dient ihm nicht die gebräuchliche Spielform der Shooter, sondern ein wissenschaftliches Konzept von Simulation. Die Spannung zwischen wissenschaftlichen Begriffen und spielekulturell verbreiteten Bezeichnungen gilt es geschichtswissenschaftlich stets zu reflektieren.[395]

Die unscharfen Begrifflichkeiten betreffen Strategiespiele ebenso. Dass Thomas Kubetzky Civilization III als Aufbausimulationsspiel bezeichnet, obwohl es spielejournalistisch als Rundenstrategiespiel gilt, bezeugt erneut je nach Autor unterschiedliche Deutungen.[396] Andere Autoren diskutieren wiederum Ableger der Reihe als Simulationen. Solche Verhältnisse erleichtern nicht, das Arbeitsfeld zu strukturieren. Den Anteil von Strategiespielen an allen Neuerscheinungen unter historischen Inszenierungen zwischen 1981 und 2011 beziffert Schwarz auf 41,7 %.[397] Selbst unter

---

389 Köstlbauer, Josef: The Strange Attraction of Simulation. Realism, Authenticity, Virtuality, in: Kapell, Matthew W. / Elliott, Andrew B. R. (Eds.): Playing with the Past. Digital Games and the Simulation of History, London 2013; S. 169–83, hier S. 169/70.
390 Köstlbauer: Attraction, 2013; S. 175.
391 Köstlbauer: Attraction, 2013; S. 169.
392 Kingdom Come: Deliverance 2018.
393 Die Sims 4 2014. Siehe Graf, Michael: Die Sims 4. Test, in: *Gamestar* 10/2014; S. 64–68.
394 Bender, Steffen: Durch die Augen einfacher Soldaten und namenloser Helden. Weltkriegsshooter als Simulation historischer Kriegserfahrung?, in: Schwarz, Angela (Hg.): „Wollten Sie auch immer schon einmal pestverseuchte Kühe auf Ihre Gegner werfen?" Eine fachwissenschaftliche Annäherung an Geschichte im Computerspiel, 2. erw. Aufl., Münster 2012; S. 137–62.
395 Köstlbauer / Gasteiner: Simulation, 2013; S. 9.
396 Kubetzky, Thomas: Computerspiele als Vermittlungsinstanzen von Geschichte? Geschichtsbilder in Aufbausimulationsspielen am Beispiel von Civilization III, in: Schwarz, Angela (Hg.): „Wollten Sie auch immer schon einmal pestverseuchte Kühe auf Ihre Gegner werfen?" Eine fachwissenschaftliche Annäherung an Geschichte im Computerspiel, 2. erw. Aufl., Münster 2012; S. 75–106; **Civilization III** 2001.
397 Schwarz: Computerspiele, 2012²; S. 12/13.

Berücksichtigung, dass sie nur die PC-Plattform auswertet und ebenfalls die Spielform nicht definiert, deutet diese Größenordnung auf einen prominenten Anteil unter digitalen Spielen.[398] Überproportional häufig behandeln Beiträge die Rundenstrategiespiele der Reihe *Civilization*, die zwischen 1991 und 2016 erschienen.[399] Kubetzky interessierte an *Civilization III*, inwiefern digitale Spiele geschichtliche Zusammenhänge spielerisch vermitteln und welche Geschichtsbilder sie dabei präsentieren.[400] Kurt Squire befasste sich mit geschichtsdidaktischen Fragen an dieses Spiel als historische Lernumgebung.[401] Während letzterer den Einsatz des Strategietitels als Vermittlungswerkzeug begrüßt und in drei Kontexten vorführt, zählt Kubetzky viele Probleme dieser Nutzung auf. Letztlich seien Schwierigkeiten wie Möglichkeiten geschichtswissenschaftlich nicht systematisch genug untersucht, um allgemeingültige Aussagen über die Geschichtsbilder zu treffen.[402] Diese Schwierigkeit fußt nach Stefan Donecker auch im Spannungsfeld von *Civilization* zwischen satirischen überzeichneten Geschichtsbildern und überholten Vorstellungen zum Konzept der Nation.[403] Für Claudio Fogu untergräbt *Civilization* mit seiner Inszenierung traditionelle Konzepte der historischen Repräsentation über das Ereignis und den historischen Ort, um sie durch veränderbare Räumlichkeit, einen bestimmten Anschein erweckende Virtualisierung und quantitative Simulation zu ersetzen.[404] Sein Urteil basiert jedoch darauf, dass er nach den Charakteristika einer textbasierten Geschichtswissenschaft in einem andersartigen Medium sucht. Historische Repräsentationen bleiben schließlich in dargestellten Objekten oder narrativen Bestandteilen trotzdem bestehen. Solche Stimmen trieben Adam Chapman zur Frage, in welcher Form *Civilization* überhaupt Geschichte repräsentiere. Er untersuchte die medialen Funktionsweise des Titels und gelangt auf eine neuartige Form, Historisches zu inszenieren, die sich erheblich von anderen Medienformen unterscheide.[405] Im Vergleich mit weiteren Titeln der Reihe empfiehlt er, die vielschichtigen Möglichkeitenräume historischer Handlungen in der Geschichtswissenschaft ernst zu nehmen.[406] Aus historischer Perspektive müssten zum Beispiel räumliche Vorstellungen auch jenseits dessen hinterfragt werden, was unmittelbar auf dem Monitor sichtbar ist.[407] Dieser Sichtwechsel eröffnet

---

398 Zu den Traditionen des Subgenres: **Lenhardt, Heinrich:** Eine Runde Geschichte. Geschichte der Rundenstrategie, Teil 1, in: *Gamestar* 6/2016; S. 98–105; **Lenhardt:** Rundere Geschichte, 2016.
399 Siehe für den Überblick zu den Titeln Anm. 122.
400 Kubetzky: Vermittlungsinstanzen, 2012²; S. 77.
401 Squire, Kurt D.: Replaying History. Learning World History Through Playing Civilization III. Univ. Diss., Indiana 2004.
402 Kubetzky: Vermittlungsinstanzen, 2012²; S. 98.
403 Donecker: Pharao, 2014; S. 113–15.
404 Fogu: Consciousness, 2009; S. 115–21.
405 Chapman: Civilization, 2013; S. 327/28.
406 Chapman: Affording History, 2013; S. 69/70.
407 Chapman, Adam: The History beyond the Frame. Off-screen Space in the Historical Strategy Game, in: Kerschbaumer, Florian / Winnerling, Tobias (Hg.): Frühe Neuzeit im Videospiel. Geschichtswissenschaftliche Perspektiven, Bielefeld 2014; S. 87–98.

Arbeitsfelder, welche die Geschichtswissenschaft kaum in den Blick nahm. Welchen historischen Eindruck das Zusammenspiel zwischen Spielmechanik und musikalischer Untermalung von *Civilization IV* auf die Spielenden hinterlässt, untersuchte beispielsweise Karen Cook mit Blick auf den zivilisatorischen Fortschrittsgedanken.[408] Bei diplomatischen Systemen, mit welchen die Reihe den Markt der Strategiespiele prägte, findet Tobias Winnerling erhebliche spielerische und historische Schwächen.[409] Dass weder akribische Spieler, noch Entwickler, noch Historiker klüger umgesetzte Systeme erdenken, erstaunt ihn. Auch wenn die Reihe das Werden der modernen Welt spielmechanisch umsetzen will, findet Stefan Donecker wenig zeitgemäße geschichtstheoretische Auffassungen wieder: Die Spiele präge der Zeitgeist ihres jeweiligen Entstehungszeitraumes.[410] Ähnlich sehen Christoph Kaindel und Ilja Steffelbauer soziohistorische Theorien in der Reihe wirken, die dem 19. Jahrhundert entstammen, sich aber mit populären Sichtweisen decken.[411] Mangels Rezipientenstudien wäre diese Übereinstimmung zu überprüfen, so wie ihre Annahme, dass Entwickler solche Haltungen ihrer Kunden in den Spielen kalkuliert reproduzieren. Abschnitt *2.1 Geschichte aus der Sicht der Branche* zeigte bereits, dass die Auffassungen von Produzenten über den Gegenstand Geschichte stärker variieren, als die Geschichtswissenschaft bislang zur Kenntnis nimmt. Gleichwohl belegt ein Teil der Titel gewiss die angesprochenen Denkfiguren des ausgehenden 19. Jahrhunderts. Andererseits kennzeichnet die wachsende Bedeutung von Kulturen und Religionen seit *Civilization IV,* wie wandelbar Spielprinzipien auch bei Strategietiteln unter einem veränderlichen Zeitgeist sind.[412] Die Teile entstanden im Abstand von je circa fünf Jahren und wurden stets überdacht. Jüngst würdigt etwa in *Civilization VI* die Spielmechanik das städtische Umland stärker und interpretiert Religionen mit einem neuen Ansatz.[413] Von einem Teil auf andere Abkömmlinge der Reihe zu schließen,

---

408 Cook, Karen M.: Music, History, and Progress in Sid Meier's Civilization IV., in: Donnelly, Kevin J./Gibbons, William/Lerner, Neil William (Eds.): Music in Video Games. All Your Bass are Belong to Us, New York 2014; S. 166–82.
409 Winnerling, Tobias: Nobody Cares about Negotiations, in: *The Ontological Geek* 30.1.2017. Online unter: http://bit.ly/2kzV9HK (Letzter Zugriff: 29.3.2019).
410 Donecker, Stefan: Civilization und der Geist des Jahres 1991, in: Kerschbaumer, Florian / Winnerling, Tobias (Hg.): Frühe Neuzeit im Videospiel. Geschichtswissenschaftliche Perspektiven, Bielefeld 2014; S. 269–88.
411 Kaindel, Christoph / Steffelbauer, Ilja: Civilization, Inventions and Empires. Impilcit Theories of History and Society in Computer Games, in: Klimmt, Christoph / Mitgutsch, Konstantin / Rosenstingl, Herbert (Hg.): Exploring the Edges of Gaming. Proceedings of the Vienna Games Conference 2008–2009: Future and Reality of Gaming, Wien 2010; S. 251–64, hier S. 256–260.
412 Nolden: Runde, 2014. Vgl. zum Aspekt der Religionen in *Civilization IV:* **Owens, Trevor:** Playing with World Religion. What Religion Means in Civ IV, in: *Play the Past* 16.2.2012. Online unter: http://bit.ly/2rpFduF (Letzter Zugriff: 29.3.2019).
413 Graf, Michael: Das beste Civilization? Civilization 6 Titelstory, in: *Gamestar* 11/2016; S. 24–29; **Civilization VI** 2016; **Nolden, Nico:** Gebietsreform. Überraschend macht eine Neuerung ‚Civilization VI' zum besten Reihenableger – trotz einer trotteligen KI, in: *Keimling* 31.3.2017. Online unter: http://bit.ly/2nH5jFV (Letzter Zugriff: 29.3.2019).

erweist sich daher als problematisch; *Civilization* zum Archetyp für Strategiespiele im Fachdiskurs zu erheben, ist es erst recht. Die zentrale Rolle von *Civilization* im geschichtswissenschaftlichen Diskurs rührt aus dem weltweit hohen Bekanntheitsgrad der Reihe. Gewiss zeugt diese Bekanntheit von gesellschaftlicher Relevanz, verspricht Reichweite in akademischen Kreisen und folgt aus dem verbreiteten Einsatz für Unterrichtszwecke.[414] Dennoch verfälscht diese Unwucht der Debatte zusätzlich zur geringen terminologischen Trennschärfe den geschichtswissenschaftlichen Eindruck über Strategiespiele. Die enorme Vielzahl anders gearteter strategischer Titel müsste parallel viel intensiver eingebracht werden. Vergleichend erörterten Jan Pasternak und Heiko Brendel die Funktionsweisen von einigen epochenübergreifenden Strategiespielen.[415] Auch wenn ihre Beispiele betagt sind, und sich jüngere Vertreter demgegenüber fortentwickelt haben, arbeiten beide plausible Züge der Spielform heraus, die einige Ansätze modellhafter Geschichtsinszenierung erkennen lassen.[416] Bei ihrer jeweiligen Auswahl handelt es sich, wie Pasternak zurecht feststellt, um die „aufgrund ihres hohen Verbreitungsgrades und kommerziellen Erfolges maßgeblichen Vertreter" – ergänzt um den Hinweis, dass dies für den damaligen Zeitrahmen gilt.[417] Die Feststellung, dass ihre Aussagen für etwa die erste Dekade der Spielegeschichte im 21. Jahrhundert gelten, unterstreichen Brendels Ausführungen zu den komplexen, akribisch recherchierten Strategietiteln des schwedischen Entwicklers *Paradox Interactive*. Dass diese Titel „am Markt […] keine Rolle spielen", hat sich gegenüber dem Untersuchungszeitraum von Brendel heute geändert, wie die Verkaufszahlen für 2016 ausweisen.[418] Spieler ließen sich durch diese „Komplexitätsmonster" begeistern, die „stundenlange Einarbeitungszeit" erfordern, weil sie verbreitet „kontrafaktische Geschichtsschreibung" interessiere.[419] Brendel identifiziert einige ideengeschichtliche Einflüsse, die in den spielmechanischen Grundprinzipien seiner Studienobjekte zu-

---

414 Speziell zu Civilization: **Deppe, Martin:** Das Erfolgsrezept. Faszination Civilization, in: *Gamestar* 8/2016; S. 98–101; **Lenhardt, Heinrich:** Civilization VI. Stadt, Land, Weltherrschaft, in: *Gamestar* 7/2016; S. 28–38; **Frank:** Civilization, 2016.
415 **Pasternak, Jan:** 500.000 Jahre Menschheitsgeschichte an einem Tag. Möglichkeiten und Grenzen der Darstellung von Geschichte in epochenübergreifenden Echtzeitstrategiespielen, in: Schwarz, Angela (Hg.): „Wollten Sie auch immer schon einmal pestverseuchte Kühe auf Ihre Gegner werfen?" Eine fachwissenschaftliche Annäherung an Geschichte im Computerspiel, 2. erw. Aufl., Münster 2012; S. 35–73; **Brendel:** Determinismus, 2012².
416 Pasternak betrachtet verschiedene Teilaspekte an **Empire Earth** 2001, **Rise of Nations** 2003, **Empires: Die Neuzeit** 2003, **Empire Earth II** 2005 und **Empire Earth III** 2007. Diese zentralen Beispiele kontrastiert er am Rande mit **Age of Empires** 1997, **Age of Empires II: The Age of Kings** 1999, **Rise of Nations: Thrones & Patriots** 2004. Brendel hingegen konzentriert sich neben weiteren Beispielen im Kern auf die enorm komplexen Strategietitel des schwedischen Entwicklers *Paradox Interactive*: **Europa Universalis III** 2007 im frühneuzeitlichen Setting und **Hearts of Iron II: Doomsday** 2007. Letzteres erschien als Neuauflage von **Hearts of Iron II** aus 2005, welche die Spielmechanik verfeinerte und den Zweiten Weltkrieg um die Nachkriegszeit erweiterte.
417 **Pasternak:** 500.000 Jahre, 2012²; S. 37.
418 **Brendel:** Determinismus, 2012²; S. 107; **Paradox Interactive:** Grand Success, 2016.
419 **Brendel:** Determinismus, 2012²; S. 107.

tage träten.⁴²⁰ Eine bestimmte Form „wirtschafts- und militärzentrierter, historisch-soziologischer Theorien" böte sich an, weil Spielalgorithmen ihre Konzepte besonders gut numerisch quantifizieren und mathematisch repräsentieren könnten.⁴²¹ Wenn hochkomplexe Strategietitel mit historischen Inszenierungen immer mehr Spielende erreichen, sind sie für geschichtswissenschaftliche Studien heute noch relevanter als damals. Ihren ausgewählten Strategietiteln werfen Pasternak und Brendel – insgesamt durchaus zutreffend – teleologische Zivilisationsmodelle vor, die aufgrund überholter soziohistorischer Gesellschaftsmodelle entstehen. Sie kritisieren, dass Gemeinwesen in diskrete Entwicklungszustände gefasst werden, und lehnen Konzepte ab, nach denen zivilisatorischer Fortschritt ohne offene, lose Enden vor sich gehe. Dabei erkennen sie jedoch auch durchaus Erwägenswertes: so versteht Pasterenak den vielfältigen Einsatz universitärer Gebäude in diesen Spielen als symbolische Orte für verschiedene Konzepte von Wissensgeneration.⁴²² Brendel zeigt individuelle Spielweisen auf, die unterschiedliche historische Eindrücke ermöglichen, selbst wenn ein Spielsystem sie durch implizite modellhafte Geschichtsvorstellungen rahmt.⁴²³ Die Modifizierbarkeit der Strategiespiele ermögliche Veränderungen von einzelnen Datierungen über komplexe Inhalte bis hin zu ganzen Rechenmodellen.⁴²⁴ Umsetzbar wären also durchaus zeitgemäße historische Modelle, die heutigen geschichtswissenschaftlichen Anforderungen genügen. Im Detail eröffnet die Wechselwirkung ihrer Modelle und Rechenprozesse mit symbolischen Elementen und spielmechanischem Einfluss der Spielenden reizvolle Darstellungsformen.⁴²⁵ Auch wenn, so Pasternak, „[g]egen die rein optisch vermittelten Fakten [...] so manches einzuwenden" ist, „bieten die epochenübergreifenden Echtzeitstrategiesimulationen [...] eine Möglichkeit, Grundstrukturen der zivilisatorischen Entwicklung zu vermitteln."⁴²⁶ Die Befunde beider Autoren gelten wegen ihrer spezifischen Beispiele für eine bestimmte Periode der Spielegeschichte und zwei Segmente der Strategie. Daher wären ihre Überlegungen an vielen weiteren Exemplaren zu prüfen, die einer umfangreichen Tradition entstammen, wie Stefan Donecker und Gernot Hausar sie skizzierten.⁴²⁷ Solch ein Vergleichsprozess ergäbe weitere, ergänzende Perspektiven. So detailreich beide Autoren auch argumentieren, bieten sie doch keine abschließenden Ergebnisse.

---

420 **Brendel:** Determinismus, 2012²; S. 120/21.
421 **Brendel:** Determinismus, 2012²; S. 121.
422 **Pasternak:** 500.000 Jahre, 2012²; S. 45–47.
423 **Brendel:** Determinismus, 2012²; S. 110–17 und S. 124–26 zu Spielweisen sowie S. 120/21 zu den soziohistorischen Modellen.
424 **Brendel:** Determinismus, 2012²; S. 121–23.
425 Zum vierten Vertreter der Reihe **Civilization IV** 2005 in **Nolden:** Runde, 2014.
426 **Pasternak:** 500.000 Jahre, 2012²; S. 61.
427 **Donecker, Stefan / Hausar, Gernot:** Sid Meier als Geschichtsphilosoph? Die Strategiespiele der Civilization-Serie als Herausforderung für die Geschichtswissenschaften, in: *Historische Sozialkunde* 4/2013; S. 23–28.

Nur zögerlich wächst das Arbeitsfeld zu Massively-Multiplayer Online-Games (MMOG), wobei auch dieser Begriff eher eine Spielform beschreibt, weniger ein Genre. Neben Rollenspielen auch in den Spielmechaniken von Shootern, Simulationen oder Strategiespielen ermöglichen MMOGs großen Zahlen von Spielenden, über das Internet in einundderselben Spielwelt miteinander und gegeneinander zu kämpfen, sich zu organisieren, Erzählungen zu folgen und darüber zu kommunizieren. Die *Einführung* zu diesem Buch wies bereits auf Folgen dieser Eigenschaften hin. Eine solche Wirkung liegt zum Beispiel in der Kommunikation kollektiver Erfahrungen in den Gemeinschaften unter den Bedigungen ständig veränderlicher Systeme. Die Geschichtswissenschaft widmet sich den Besonderheiten von MMOGs weder systematisch, noch konzentriert. Was ihre Eigenschaften für solche Spiele als Studienobjekt bedeuten, für die Inszenierungen von Geschichte und die historischen Vorstellungen der Spielenden, vermag sie daher nicht zu erklären. Erste Geschichtswissenschaftler wie der Public Historian Josh Howard befassen sich immerhin mit Teilaspekten. In Blogs schrieb er über Gedenken in MMOs und die Rolle der Public History bei deren Untersuchung, blieb aber deskriptiv.[428] Er fordert die Geschichtswissenschaft auf, sich verstärkt MMOs zuzuwenden, denn „an MMO is not just playing a game; the MMO is a form of community."[429] Darauf gründeten alle für Historiker interessanten Aspekte eines MMOs. Er schildert Beispiele identitätsstiftender spielhistorischer Momente und die Wechselwirkungen mit den Lebensgeschichten von Spielenden. Aufgrund ihrer Besonderheiten könne man MMOs mit den Methoden bislang üblicher Bewahrungsprojekte nicht der Nachwelt überliefern. Er bekräftigte einige Gründe, die für die Bewahrung digitaler Welten sprechen und schlug konkrete Maßnahmen vor.[430] Sein Erinnerungsarchiv *Public History Norrath* führt deshalb Selbstzeugnisse von Spielenden zusammen, um eine Oral History von MMOs zu dokumentieren.[431] Dabei konzentriert er sich auf die Online-Rollenspiele der *Everquest*-Reihe, die zu den frühen Klassikern unter den MMORPGs gehören und heute noch aktiv bespielt werden.[432] So wohlüberlegt sein eigenes Handeln ist, sammelte er bislang nur eine überschaubare Menge, die Einträge sind vorwiegend anekdotisch und der letzte stammt vom November 2016 (Stand: Februar 2019). Mündlich und schriftlich überlieferten Erfahrungen der Spielenden (Player Lore) stehen Fragmente im Hintergrund (Game Lore) gegenüber, welche die Entwickler anlegen und stets weiterentwickeln. Beide werden,

---

428 Howard, Josh: Goodman and Ribbitribbit. How MMO Communities Memorialize, in: *J. Howard History* 28.4.2015. Online unter: http://bit.ly/2lwthRv; **Howard, Josh:** Public History and Video Gaming: Spontaneous Digital Remembrance, in: *History @ Work* 2.6.2015. Online unter: http://bit.ly/2mPpJuG (Letzte Zugriffe: 30.3.2019).
429 Howard, Josh: The Oral History of MMOs, in: *Play the Past* 3.9.2015. Online unter: http://bit.ly/2mwINlA (Letzter Zugriff: 30.3.2019).
430 Howard, Josh: Forgotten Spaces of Norrath. Why We Need a History of Digital Spaces, in: *J. Howard History* 20.5.2015. Online unter: http://bit.ly/2lCWdbC (Letzter Zugriff: 30.3.2019).
431 Howard, Josh (Hg.): Public History Norrath. An Oral History of Everquest 2015 ff. Online unter: http://bit.ly/2mJr1Zd (Letzter Zugriff: 30.3.2019).
432 EverQuest 1999; **EverQuest II** 2004.

wie Gernot Hausar 2013 am Beispiel des Weltraum-MMO *Eve Online* erläuterte, von den Spielenden selbst zu einer Geschichte der Spielwelt zusammengefügt.[433] Die Geschichtswissenschaft ignoriere bislang, dass sich im Lauf des Bestehens einer virtuellen Welt auch ihre Geschichte generiere, welche Spielergemeinschaften über die Grenzen der Spielwelt hinaus tragen. Sie versäume dadurch, mit virtuellen Spiele-Universen einen wichtigen Zugang zu einer Kulturgeschichte digitaler Mediengesellschaften zu gewinnen und ein Verständnis von der Historizität dieser Welten zu entwickeln. Jede Untersuchung müsse „neben dem Spiel als Einzelmedium auch die breit gefächerten Aktivitäten" mit berücksichtigen, „die sich rund um die Spiele entfalten."[434] Die Breite des Spektrums für historische Studien an MMOs eröffnet ein Sammelband von Daniel Kline.[435] Mehrere Beiträge behandeln historische Aspekte am Fantasy-MMORPG *World of Warcraft*, verfolgen aber sehr spezielle Interessen:[436] Elysse Meridith spürt Verbindungen zwischen kapitalistischen und feudalistischen Vorstellungen an farblichen Codierungen der Spielwelt auf.[437] Für Kristin Noone und Jennifer Kavetsky pendelt das MMORPG ständig zwischen Anschlüssen an die historische Vergangenheit und Varianten der Artus-Sage.[438] Zwischen mittelalterlichen Anleihen und modernen Vorstellungen bewege sich nach Ansicht von Jennifer Stone, Peter Kudenov und Teresa Combs die Konstruktion von Geschlechtlichkeit.[439] Kim Wilkins setzt weibliche Körperlichkeit in Bezug zu Vorstellungen über eine allgegenwärtige mittelalterliche Gewalt.[440] Über dieses prominente Beispiel hinaus befassen sich die wenigsten Autoren mit anderen MMORPGs. Nick Webber vergleicht die technologische Distanz zwischen Mittelalter und Gegenwart in den Online-Rollenspielen *World of Warcraft* und *Rift*, die zeitgenössische Einstellungen zu Technologien reflektiere.[441] Nur die Studie von Serina Patterson hebt sich von diesen artverwandten MMO-Titeln

---

[433] **Hausar, Gernot:** Gespielte Geschichte. Die Bedeutung von „Lore" im Massive Multiplayer Spiel Eve Online, in: *Historische Sozialkunde*, 4/2013; S. 29–35, hier S. 29, Sp. 2; **Eve Online** 2003 ff. Zur außergewöhnlichen Macht, welche die Entwickler den Spielenden einräumten, siehe **Parkin, Simon:** Eve Online. How a Virtual World Went to the Edge of Apocalypse and Back, in: *The Guardian* 12. 5. 2015. Online unter: http://bit.ly/1PWOE6 h (Letzter Zugriff: 30. 3. 2019).
[434] **Hausar:** Geschichte, 2013; S. 29, Sp. 3.
[435] **Kline, Daniel T.** (Hg.): Digital Gaming Re-Imagines the Middle Ages, Hoboken 2013.
[436] **World of Warcraft** 2004/5 ff.
[437] **Meredith, Elysse T.:** Coloring Tension. Medieval and Contemporary Concepts in Classifying and Using Digital Objects in World of Warcraft, in: Kline: Digital Gaming, 2013; S. 81–92.
[438] **Noone, Kristin / Kavetsky, Jennifer:** Sir Thomas Malory and the Death Knights of New Avalon. Imagining Medieval Identities in World of Warcraft, in: Kline: Digital Gaming, 2013; S. 93–106.
[439] **Stone, Jennifer C. / Kudenov, Peter / Combs, Teresa:** Accumulating Histories. A Social Practice Approach to Medievalism in High-Fantasy MMORPGs, in: Kline: Digital Gaming, 2013; S. 107–18.
[440] **Wilkins, Kim:** „Awesome Cleavage". The Genred Body in World of Warcraft, in: Kline: Digital Gaming, 2013; S. 119–30.
[441] **Webber, Nick:** Technophilia and Technophobia in Online Medieval Fantasy Games, in: Kline: Digital Gaming, 2013; S. 214–26; **RIFT** 2011.

ab, da sie gezielt mobile Spiele in Smartphones und im Browser vorstellt.⁴⁴² Diese Beiträge liefern zwar erste Erkenntnisse über MMOs aus geschichtswissenschaftlicher Perspektive, verfolgen aber Fragestellungen, für welche die Besonderheiten von Mehrspieler-Online-Rollenspielen weitgehend Randphänomene bleiben. Das geschichtswissenschaftliche Engagement, sich gezielt den spezifischen Eigenschaften dieses Spieltyps und deren Auswirkungen auf historische Zusammenhänge zu widmen, ist angesichts der Ausführungen von Howard und Hausar dringend zu verstärken. Bislang befassten sich vorwiegend kultur- und medienwissenschaftliche Autoren mit den genannten Aspekten. Ihre Beiträge, die Abschnitt *3.2 Anknüpfungspunkte und Lösungsansätze* einbeziehen wird, enthalten hilfreiche Anregungen. Aus fachlicher, historischer Perspektive wäre jedoch einiges zu ergänzen. Bislang sind es diese Pioniere, die für das Vorgehen in Kapitel 4 *Vorstoß in verborgene Welten – Das Erinnerungskulturelle Wissenssystem* von *The Secret World* wichtige Anknüpfungspunkte liefern. Mit ihrer Hilfe dürften auch geschichtliche Studien Fortschritte erzielen.

Auch innerhalb des Bereiches von Simulationen und Strategiespielen blieben bislang viele Felder unbehandelt. Davon sind die Lebenssimulation oder der mittelalterliche Weltentwurf lediglich willkürlich als Stellvertreter herausgegriffen.⁴⁴³ Am geschichtswissenschaftlichen Forschungsdiskurs verblüfft, dass er über die beiden diffusen Leitkategorien hinaus weitere Spielformen nicht explizit als klassifizierte Gruppe behandelt. Auch MMOs bilden kein Genre, sondern eine bestimmte technische Form. Titel wie *Assassin's Creed* werden zwar bezüglich spezifischer Fragestellungen diskutiert, nicht aber als typische Vertreter einer Spielform.⁴⁴⁴ Die spielkulturell übliche Bezeichnung eines Spieltyps wie *Assassin's Creed* wäre Action-Abenteuer oder Open-World-Titel. Dieses inkonsequente Vorgehen irritiert, weil Autoren unter Simulationen und Strategiespielen Geschichtsbilder kritisieren, die andere Spielformen eventuell besser handhaben. Welcher Ausschnitt für digitale Spiele gewählt wird, könnte mitverantworten, dass einige Befunde prominenter auftreten als andere. Digitale Spiele, die sich mit Sportarten befassen, werden gänzlich übersehen. Zum Einen ist diese Lücke problematisch, weil ein Autorennspiel wie *GT Legends* direkt historische Epochen adressiert.⁴⁴⁵ Zum Anderen erhob die historische Entwicklung digitaler Spiele diese Sporttitel selbst zu zeitgeschichtlich relevanten Artefakten, weil sie von Auffassungen über Sportarten im historischen Diskurs künden. Eigenschaften von Adventures als Genre sind in der historischen Forschungslandschaft ebenfalls nicht präsent. Selbst der Blick auf das viel kritisierte Genre der Shooter ist verschwommen. Viele Beiträge zu Shootern konzentrieren sich auf den Zweiten Weltkrieg, überraschend selten auf den Konflikt in Vietnam. Selbst in einem Band zur Frühen Neuzeit untermauert Adam Chapman seine theoretischen Gedanken zu Raumvorstellungen an

---

442 **Patterson, Serina:** Casual Medieval Games, Interactivity, and Social Play in Social Network and Mobile Applications, in: Kline: Digital Gaming, 2013; S. 243–56.
443 Zur Erinnerung siehe **Kingdom Come: Deliverance** und **Die Sims 4** auf S. 103.
444 **Assassin's Creed** 2007.
445 **GT Legends** 2005.

der Shooter-Serie *Brothers in Arms*, die im Zweiten Weltkrieg angesiedelt ist.[446] Wie das nachfolgende Kapitel zeigen wird, erfassen selbst die zahlreichen Zugriffe auf die Periode des Zweiten Weltkrieges nicht alle relevanten Phänomene. Mittelalterliche oder frühneuzeitliche Spiele mit Shooter-Mechanik wie *War of the Roses* nimmt die Geschichtswissenschaft überhaupt nicht wahr.[447] Davon, dass der Spieltypus umfassend behandelt wäre, kann also keine Rede sein. Ebenso wenig untersucht die historische Forschung Inszenierungen moderner Kriege wie des zweiten Golfkrieges 1991 in *Conflict: Desert Storm* oder des jüngsten Afghanistankriegs in *Medal of Honor*.[448] Sich anbahnende Konflikte, wie sie *Battlefield 4* zwischen China, den USA und Russland zeichnet, blendet sie aus, weil die darin manifestierte Zukunftsängste und politischen Szenarien ihr noch nicht als historische Themen erscheinen.[449]

Anstelle Phänomene digitaler Spiele zufriedenstellend entlang ihrer Spielformen aufzuschlüsseln, konzentrieren sich systematische Ansätze der Geschichtswissenschaft auf Teilfelder und lassen enorme Lücken unbehandelt. Einzelne Titel stehen außerdem, stellvertretend überhöht, im Mittelpunkt vieler Untersuchungen. Die Vielfalt der Spielformen kommt dadurch nicht zur Geltung. Unbeachtet bleibt, dass Fallbeispiele nicht allgemein und für alle Zeiten bestimmte Spieltypen repräsentieren. Im volatilen, fluiden Medium bieten sie nur begrenzt Auskunft über einen Entwicklungsstand zu einem engen Zeithorizont. Im Umkehrschluss wurden weiter zurückliegende Phasen ihrer Entwicklung nur ungenügend beleuchtet.

2.6 Zugriffe über historische Periodisierung

Dass die historische Forschung noch große Lücken aufweist, lassen auch Studien über die inszenierten Zeiträume erkennen. Chronologische Rahmen als historisch bedeutsame Phasen oder Epochen zu periodisieren, ist ein klassischer Zugriffsweg der Geschichtswissenschaft. Gelegentlich widmen sich zwar auch systematische Ansätze zu digitalen Spielen bestimmten historischen Epochen, in der Regel aber führen Historiker exemplarische Studien an wenigen Beispielen durch. Systematische Ansätze und solche, die geschichtliche Phasen adressieren, sind nicht trennscharf isolierbar. Die Intentionen ihrer Autoren lassen sie jedoch weitgehend unterscheiden. Epochengrenzen sind dabei bei digitalen Spielen ebenso zu problematisieren wie bei anderen Gegenständen historischer Forschung.[450]

---

446 Chapman: Frame, 2014; **Brothers in Arms. Road to Hill 30** 2005; **Brothers in Arms. Earned in Blood** 2005; **Brothers in Arms. Hell's Highway** 2008.
447 **War of the Roses** 2012.
448 **Conflict: Desert Storm** 2002; **Medal of Honor** 2010.
449 **Battlefield 4** 2013.
450 Zwischenberger, Anton: Epochengrenzen in Videospielen. Age of Empires III und Europa Universalis III, in: Kerschbaumer, Florian / Winnerling, Tobias (Hg.): Frühe Neuzeit im Videospiel. Geschichtswissenschaftliche Perspektiven, Bielefeld 2014; S. 257–67; **Hassemer:** Role, 2014; S. 64–75.

2.6.1 Die Vergessenen, die Antike und das Mittelalter

Zur Vor- und Frühgeschichte bleiben geschichtswissenschaftliche Beiträge rar, allerdings gilt dies auch für Exemplare digitaler Spiele. Aufseiten der Geschichtswissenschaft ist dieser Zustand erklärlich, weil sie diese weitgehend nicht-textlichen Zeitalter traditionell der Archäologie zuweist. Was digitale Spiele aber darstellen, repräsentiert die historischen Vorstellungen aus ihrem Entwicklungshorizont der letzten dreißig bis vierzig Jahre. Es ist daher unglücklich, dass die Inszenierungen vor- und frühgeschichtlicher Spiele nicht als Gegenstände geschichtswissenschaftlicher Studien im Blickfeld stehen.[451]

Traditionell dienen zwar rudimentäre frühgeschichtliche Konstrukte des mitmenschlichen Zusammenlebens als Ausgangsbasis für epochenübergreifende Strategiespiele, diese Phase ist für die Spielerfahrung aber nicht zentral. Vielmehr durcheilen Spielende sie zügig, um die nachfolgenden zivilisatorischen Entwicklungen zu starten.[452] Explizit nahmen sich bislang nur wenige Spiele frühgeschichtlichen Zeiten an. Daher galt der Aufwand von *Far Cry: Primal* 2016, eine mesolithische Gesellschaft zu inszenieren, nicht nur für ein digitales Spiel als erheblich, sondern auch als Setting unorthodox:[453] Das Open-World-Spiel inszenierte die Kulturen dreier Gesellschaften, leitete ihre Kommunikation linguistisch zu indogermanischen Frühsprachen ab und schuf eine beeindruckende Tier- und Pflanzenwelt in einem eiszeitlichen Tal.[454] Vergleichbare Systeme nutzt die vor- und frühgeschichtliche Forschung, indem sie komplexe Aspekte mithilfe von Rechenmodellen am Computer simuliert. Ihre Anwendung dient dazu, theoretische Annahmen mit Befunden in Einklang zu bringen. Einige Autoren in einer Sammlung von Essays, die Juan Barceló und Florencia del Castillo herausgaben, verweisen in diesem Zusammenhang auf digitale Spiele.[455] Tomas Trescak, Anton Bogdanovych und Simeon Simoff interessieren sich etwa für die verwendete Programmierung in dem Shooter *Crysis 3*, um das prozedurale Verhalten von Charakteren glaubwürdig zu gestalten, welche nicht durch die Spieler, sondern die Spielwelt selbst gesteuert werden.[456] Eine unmittelbare Be-

---

451 Siehe Abschnitt *3.2 Anknüpfungspunkte und Lösungsansätze*.
452 Vgl. **Kubetzky:** Vermittlungsinstanzen, 2012²; **Pasternak:** 500.000 Jahre, 2012²; **Donecker / Hausar:** Sid Meier, 2013.
453 Far Cry Primal 2016; **Halley, Dimitry:** Tolle Tapete. Far Cry Primal Test, in: *Gamestar* 4/2016; S. 62–64.
454 Morgan, Colleen: The Archaeology of Far Cry Primal. University of York Archaeology Professors Play FarCry: Primal on Twitch, in: *Middle Savagery* 28.3.2016. Online unter: http://bit.ly/2hkUg4B (Letzter Zugriff: 30.3.2019); **Schönleben, Dominik:** Warum die Sprache in „Far Cry Primal" wirklich aus der Steinzeit stammt, in: *WIRED Germany* 22.2.2016. Online unter: http://bit.ly/2hNYxuN (Letzter Zugriff: 30.3.2019).
455 Barceló, Juan A. / Del Castillo, Florencia (Hg.): Simulating Prehistoric and Ancient Worlds, Cham 2016.
456 Trescak, Tomas / Bogdanovych, Anton / Simoff, Simeon: Personalities, Physiology, Institutions and Genetics. Simulating Ancient Societies with Intelligent Virtual Agents, in: Barceló, Juan A./

schäftigung mit digitalen Spielen unterbleibt jedoch in der weiteren vor- und frühgeschichtlichen Forschung.

Wie digitale Spiele die Antike inszenieren, behandelt die historische Fachliteratur etwas reichhaltiger. Beiträge werfen Schlaglichter auf vereinzelte Aspekte, umfangreichere Überblicke lassen deutschsprachig und international auf sich warten.[457] Exemplarisch überblicken Paul Christesen und Dominic Machado ausgewählte Titel knapp, welche die klassische, also vornehmlich griechisch-römische Antike behandeln.[458] Kursierende Wahrnehmungen über die antike Klassik dort erläutert Dunstan Lowe.[459] Er verfolgt mediale Vorbilder, welche die Erwartungen von Spielern konditionieren, und diskutiert, welche Funktion damit dem Subjekt als Akteur der Inszenierung zukommt. Er fordert intensiveres geschichtswissenschaftliche Engagement, denn „[i]n several senses, the concept of play fundamentally changes the way the ancient world is portrayed."[460] Dagegen wirkt der Beitrag von Christesen und Machado überhastet, weil sie an nur drei Beispielen bereits den Nutzen für Unterrichtszwecke herausarbeiten möchten. Ohne digitale Spiele eingehender zu analysieren, greift dieser Versuch zu kurz. Wie im Abschnitt zum Quellencharakter erwähnt, bietet das Analyseschema von Vincenzo Casso und Mattia Thibault solchen Vergleichen eine Grundlage.[461] Überdies wenden sie ihr Modell auf die Funktionsweise von römischer Geschichte in den Strategiespielen *Civilization V* und *Total War: Rome 2* an.[462] Sie finden bei ersterem nur geringe direkte Verweise auf die römische Antike wieder: Ein spezifisch römisches, vom Spiel so bezeichnetes Weltwunder wie der Circus Maximus errichte nicht notwendig die römische Spielfraktion. Sie wurde durch alle Zeitalter von Kaiser Augustus geführt. Zudem beträten Persönlichkeiten der römischen Geschichte bei zufälligen Spielparteien die weltgeschichtliche Bühne.[463] Spielmechanische Rahmenbedingungen hingegen etablierten ein Modell von Geschichte, in dem alle

---

Del Castillo, Florencia (Hgg.): Simulating Prehistoric and Ancient Worlds, Cham 2016; S. 377–404, hier S. 378; **Crysis 3** 2013.

457 Diesbezüglich danke ich Althistoriker Christian Rollinger von der Universität Trier für den Hinweis auf die Turiner Tagung *Imagines V. The Fear and the Fury. Ancient Violence in modern Imagination*, 29.9.–1.10.2016. Online unter: http://bit.ly/2hId4Ly (Letzter Zugriff: 30.3.2019). Deren Beiträge jedoch werden frühestens 2018 in Buchform erscheinen. Rollinger platzierte zudem einen Sammelband in der Reihe *Classical Reception Studies* beim Bloomsbury, der antike Inszenierungen in digitalen Spielen thematisieren wird.

458 **Christesen, Paul / Machado, Dominic:** Video Games and Classical Antiquity, in: *Classical World*, Nr. 1 104/2010; S. 107–10. Online unter: http://bit.ly/2gYAcUT (Letzter Zugriff: 30.3.2019).

459 **Lowe, Dunstan:** Playing with Antiquity. Videogame Receptions of the Classical World, in: Lowe, Dunstan / Shahabudin, Kim (Hg.): Classics for All. Reworking Antiquity in Mass Culture, Newcastle upon Tyne 2009; S. 64–90.

460 **Lowe:** Antiquity, 2009; S. 87.

461 **Casso / Thibault:** Framework, 2016; S. 156–73. Siehe zur Diskussion des Modells S. 78, ab letztem Absatz.

462 **Casso / Thibault:** Framework, 2016; S. 173–85 zu **Civilization V** 2010 und auf S. 185–196 zu **Total War: Rome 2** 2013.

463 **Casso / Thibault:** Framework, 2016; S. 176/77.

Zivilisationen am vorläufigen Ende eines gleichförmigen, monodirektionalen Entwicklungsstrahls das gleiche Niveau erreichen können, wodurch konkrete historische Ereignisse und Charaktere eher illustrativ neben den mächtigen automatisierten Prozessen des Hintergrundmodells stehen.[464] Diese Aspekte untermauern ihr Urteil, dass

> „[t]he resulting process is a playful re-enactment of an alternative human history, created through a de-historycisation of historical elements and seen through the point of view of a God-player. The players, hence, have to follow and to direct a counterfactual mix that will develop *a* history in front of their eyes."[465]

Die Elemente römischer Geschichte dienen *Civilization V* dazu, historische Anker zu schaffen. Sie errichten eine Bühne, um modellhaft Bestandteile menschlichen Wirkens zu verstehen, die zum Geschichtsverlauf beitragen. Konkreter wende sich dagegen *Rome 2* der römischen Geschichte zu. Das Spiel vertrete eine ereignisorientierte historistische Geschichtsauffassung: Die tragenden Säulen des historischen Diskurses seien entsprechend „key events (dynasties, politics, economics, war and famine), described by chronicles and ancient treaties."[466] Weil die erzählte Ereigniskette der römischen Geschichte nicht als komplexe, vielschichtige Variablen präsentiert werde, gerate das Werden der römischen Zivilisation vor den Augen der Spieler zu einem „relatively linear result of a series of understandable and visible effects."[467] Der Beitrag von Christesen und Machado erreicht nicht eine solche Detailtiefe, sie weisen aber neben realistisch gemeinten Spielen auch Inszenierungen antiker Mythologie aus.[468]

Mit einer solchen Perspektive bezieht auch Frank Furtwängler das Action-Abenteuerspiel *God of War* ein und erläutert, wie dessen historisches Setting und die verwendete Erzählung das Gameplay bestimmten, obwohl die Spielforschung dem grundsätzlich widerspreche.[469] Sein Artikel erschien in einem Tagungsband zu einer Konferenz, die einige interessante Perspektiven auf die Antike in digitalen Spielen warf.[470] Stephen Kidd findet hilfreiche Ansätze für Historiker in den geschichtsphi-

---

464 **Casso / Thibault:** Framework, 2016; S. 180.
465 **Casso / Thibault:** Framework, 2016; S. 184.
466 **Casso / Thibault:** Framework, 2016; S. 194.
467 **Casso / Thibault:** Framework, 2016; S. 194.
468 **Christesen / Machado:** Antiquity, 2010; S. 110.
469 **Furtwängler, Frank:** God of War and the Mythology of Games, in: Thorsen, Thea S. (Hg.): Greek and Roman Games in the Computer Age, Trondheim 2012; S. 27–52; **God of War** 2005. Dieser ursprünglich auf der **Playstation 2** erfolgreiche Titel wurde 2009/10 in der *God of War Collection* als HD Remastered für die **Playstation 3** mit dem zweiten Teil zusammen neuaufgelegt. Diese Sammlung erschien 2014 neu für die Handheld-Konsole **PS Vita** (Sony) 2011/12. Weitere Titel schloss 2012 die Edition *God of War Saga* mit ein, die für **Playstation 3** veröffentlicht wurde.
470 **Thorsen, Thea S.** (Hg.): Greek and Roman Games in the Computer Age, Trondheim 2012. Dort finden sich auch Beiträge aus Sicht der Game Studies (Espen Aarseth) oder aus didaktischen Perspektiven (Andrew Reinhard, Barbara McManus und Daniel Jung, Jan Hatlen).

losophischen Vorstellungen bei Herodot, um Geschichtserfahrungen des Alltags und der virtuellen Spielwelten miteinander zu verbinden.[471] Nach Richard Beacham bergen römische Zeugnisse zu theatralen Inszenierungen und über Hintergründigkeiten sportlicher Wettkämpfe wertvolle Einsichten, um sich computer-gestützten virtuellen Räumen anzunähern.[472] Wie Repräsentationen des römischen Imperiums und von Ruinen im Diskurs über die Antike funktionieren, verdeutlicht Dunstan Lowe anhand einiger Muster digitaler Spielen und zieht Parallelen zur nicht-digitalen Welt.[473] Letztere Aspekte beschäftigen auch Christian Rollinger, der sich mit der Repräsentation römischer Siedlungen in digitalen Spielen befasst. Sie würden kaum antike Vorstellungen manifestieren, sondern entlehnten politische, städtebauliche und sozialwissenschaftliche Ideen aus ihrem Entstehungszeitraum der achtziger und neunziger Jahre.[474] Andererseits konzentriert sich der Diskurs auf Darstellungen militärisch-strategischer Operationsformen.[475] Für Christian Ghita und Georgios Adrikopoulos, Mitglieder des Modding-Projektes *Rome Total Realism*, gehen historische Repräsentationen in strategisch orientierten Spielen über militärisch-strategische Aspekte hinaus.[476] Der militärische Blickwinkel und die symbolhaften Kulissen beschränken hingegen nach Ansicht von Rollinger die römische Antike in den Strategiespielen von *Total War*.[477] Spielende könnten aber die Rekonstruktionen von spezifisch antiken Objekten kennenlernen und die Bedeutung historischer Orte anhand der geografischen Bedingungen erfahren.[478] Befunde von Jan Frode Hatlen weisen darauf hin, dass die Reihe und das Modding-Projekt selbst bei Studierenden der Rö-

---

471 **Kidd, Stephen E.:** Herodotus and the New Historiography of Virtual Worlds, in: Thorsen: Games, 2012; S. 91–108.
472 **Beacham, Richard:** Observations on Staging the Ludi Virtuales, in: Thorsen: Games, 2012; S. 109–24.
473 **Lowe, Dunstan:** Always Already Ancient. Ruins in the Virtual World, in: Thorsen: Games, 2012; S. 53–90.
474 **Rollinger, Christian:** Brot, Spiele... und Latrinen? Zur Darstellung römischer Stadträume im Computerspiel, in: Walde, Christine / Stoffel, Christian (Hg.): Caesar's Salad. Antikerezeption im 20. und 21. Jahrhundert, Mainz 2015; S. 1–45. Online unter: http://bit.ly/2gYHZSC (Letzter Zugriff: 30.3. 2019) betrachtet vorrangig **Caesar IV** 2006 und **Grand Ages: Rome** 2009.
475 **Waring, Paul:** Representation of Ancient Warfare in Modern Video Games. Univ. Diss, Manchester 2007. Online unter: http://bit.ly/2hfkTof (Letzter Zugriff: 30.3.2019); **Rollinger, Christian:** Phantasmagorien des Krieges. Authentizitätsstrategien, affektive Historizität und der antike Krieg im modernen Computerspiel, in: Ambühl, Annemarie (Hg.): Krieg der Sinne – Die Sinne im Krieg. Kriegsdarstellungen im Spannungsfeld zwischen antiker und moderner Kultur, Mainz 2016; S. 313–41. Online unter: http://bit.ly/2rPsq3d (Letzter Zugriff: 30.3.2019).
476 **Ghita, Christian / Adrikopoulos, Georgios:** Total War and Total Realism. A Battle for Antiquity in Computer Game History, in: Lowe, Dunstan / Shahabudin, Kim (Hg.): Classics for All. Reworking Antiquity in Mass Culture, Newcastle upon Tyne 2009; S. 109–27; **RTR Development Team:** Rome: Total Realism. A Set of Complete Modifications for Rome: Total War. Online unter: http://www.rome-totalrealism.org/ (Letzter Zugriff: 8.6.2017).
477 **Rome: Total War** 2004; **Total War: Rome 2** 2013.
478 **Rollinger, Christian:** Roma victrix? Rezeption und Simulation antiker Inhalte im Computerspiel, in: *Der Altsprachliche Unterricht*, Nr. 2/3 57/2014; S. 88–92.

mischen Geschichte eine Geschichtsauffassung festigten, „which is mechanical and dominated mainly by economy and warfare".⁴⁷⁹ Spielinterne Texte fokussierten durchweg „materialistic history", woraus insgesamt „masculine history and a lack of human factors" resultierten.⁴⁸⁰

Die Beiträge konzentrieren sich zum Einen auf das Militärische, zum Anderen auf die römische oder griechische Antike. Weitere historische Inszenierungen der antiken Welt wie etwa die phönizische Seefahrtskultur oder das altägyptische Reich betrachtet die Literatur so wenig an digitalen Spielen wie alltags- oder gesellschaftshistorische Interpretationen.⁴⁸¹ Obwohl die Epoche kulturell bis heute so prägend ist, wird sie bislang nur lückenhaft abgehandelt. Dabei findet Emily Bembeneck sogar antike, römische Vorstellungen von Identitäten und dem kulturell Anderen in digitalen Spielen wieder.⁴⁸² Auch mythologische Repräsentationen bergen noch viel Neues zu untersuchen, wie das Schwertkampf-Actionspiel *Ryse: Son of Rome* oder der Sidescroller *Apotheon* zeigen.⁴⁸³ Notwendig wäre daher, einerseits Antikenbilder selbst, andererseits ihre Veränderlichkeit im Verlauf der Geschichte digitaler Spiele differenzierter aufzuschlüsseln.

Ähnlich prominent wie für die Antike sind die mittelalterlichen Vertreter von *Total War* bei Spielern wie Forschern.⁴⁸⁴ Robert Baumgartner verglich, wie die Strategiespiele *Medieval II* und *Crusader Kings II* die hochmittelalterliche Kriegsführung narrativ und simulativ inszenieren.⁴⁸⁵ Obwohl beide Komplexität erheblich reduzierten, gelinge es ihnen innovativ, spezifisch mittelalterliche Aspekte verständlich zu machen: das erste Beispiel erläutere die Entwicklung der mittelalterlichen Kriegsführung, das zweite fokussiere die Rolle von Dynastien.⁴⁸⁶ Nur bedingt ließen die Spielsysteme jedoch das Mittelalter verstehen, unterstützten aber enorm dabei, heutige Mittelalterbilder zu erschließen. Joshua Holdenried und Nicolas Trépanier ergänzten einen Vergleich von Erweiterungspaketen zu *Medieval II: Total War* und *Age of Empires*

---

479 Hatlen, Jan F.: Students of Rome: Total War, in: Thorsen, Thea S. (Hg.): Greek and Roman Games in the Computer Age, Trondheim 2012; S. 175–98, hier S. 197.
480 Hatlen: Students, 2012; S. 198.
481 Die Anlage der Phönizier etwa in der **Civilization**-Reihe oder die ägyptische Herrschaft in **Pharaoh. Build a Kingdom, Rule the Nile, Live Forever** 1999. Erst nach dem Abschluss dieser Studie betraten **Assassin's Creed Origins** 2017 das spätptolemäische Ägypten und **Assassin's Creed Odyssey** 2018 das antike Griechenland.
482 Bembeneck, Emily J.: Phantasms of Rome. Video Games and Cultural Identity, in: Kapell, Matthew W. / Elliott, Andrew B. R. (Hg.): Playing with the Past. Digital Games and the Simulation of History, London 2013; S. 77–90.
483 Ryse. Son of Rome 2013; **Apotheon** 2015. Siehe ausführlicher im Abschnitt *3.1.1 Geschichtsbilder*.
484 Medieval: Total War 2002; **Medieval II: Total War** 2006.
485 Baumgartner, Robert: „Totaler Krieg" im Mittelalter. Die Umsetzung hochmittelalterlicher Kriegsführung durch Narration & Simulation in den Strategiespielen Medieval II und Crusader Kings II, in: *Paidia* 30.5.2016. Online unter: http://www.paidia.de/?p=7469 (Letzter Zugriff: 30.3.2019).
486 Crusader Kings II 2012.

II: The Age of Kingdoms.[487] Im Abstand von sieben Jahren erschienen, würden *Age of Empires II: The Conquerers* und *Medieval II: Total War. Kingdoms* divergierende Konzepte von Vorherrschaft bei Azteken und den europäischen Eroberern sehr unterschiedlich, aber erfolgreich in die Spielmechanik intergrieren.[488] Das Strategiespiel *Medieval II* greift auch Carl Heinze in seiner umfangreichen Überblicksstudie zu mittelalterlichen Inszenierungen auf.[489] Er thematisiert, wie die Gestaltung des Interface historische Informationen entsprechend der Kultur einer Bürosoftware aufbereite.

Dass er ein grundlegendes geschichtswissenschaftliches Modell entwickelt, welches das wechselwirkende System zwischen technischem Gerät, digitalem Spiel, Spielenden und historischen Vorstellungen handhabbar macht, erläuterte bereits Abschnitt *2.4 Die Quelle und der methodische Zugriff*.[490] Sein Buch entfaltet in der empirischen Hälfte eine Auswahl von Perspektiven auf mittelalteliche Inszenierungen, die er entlang einiger Spielformen vielseitig aufbereitet.[491] Selektiv und losgelöst von einem Mittelalter, das fachlichen Ansprüchen genügen würde, lehne sich die Inszenierung im Adventure *The Abbey* vor allem an populärkulturelle Chiffren wie Fachwerkhäuser, Despotismus und Gottesfurcht an.[492] Diese „freischwebenden" Vorstellungen repräsentierten die Abwesenheit der Moderne, nicht aber das Mittelalter.[493] Dem Open-World-Spiel oder Action-Abenteuer *Assassin's Creed* nähert er sich mit Blick auf Geschichte als wirtschaftlich relevanten Marke.[494] An weiteren Spielen wie *Anno 1404* belegt er, wie eng der Markenwert mit Konzepten von Authentizität korreliert.[495] Sein Kapitel über die digitalen Verteter des Rollenspieluniversums *Das Schwarze Auge: Drakensang* und *Drakensang: Am Fluss der Zeit* plädiert dafür, nicht voreilig mittelalterlich geprägte Vorstellungen in Fantasyspielen auszuklammern.[496] Nur durch Anlehnung an zusammenhängende mittelalterliche Vorbilder gelinge ihnen ein kohärentes, glaubwürdiges Universum.[497] Wie Entwickler mittelalterliche Vorstellungen in fantastische Spiele eintragen, könnten gezielte Interviews ermitteln. Ein Gespräch darüber führte etwa Cecilia Trenter mit leitenden Entwicklern des Studios *BioWare*,

---

487 Holdenried / Trépanier: Dominance, 2013; **Age of Empires II: The Age of Kings** 1999; **Medieval II: Total War** 2006.
488 **Age of Empires II: The Conquerers. Expansion** 2000; **Medieval II: Total War. Kingdoms Expansion Pack** 2007; Holdenried / Trépanier: Dominance, 2013; S. 108.
489 Heinze: Mittelalter, 2012; 273–95.
490 Heinze: Mittelalter, 2012; S. 31–108; Rezension zum Modellentwurf in **Nolden:** Scherben, 2014.
491 Heinze: Mittelalter, 2012; S. 135–296.
492 Heinze: Mittelater, 2012; S. 135–153; **The Abbey** 2008.
493 Heinze: Mittelalter, 2012; S. 151–153.
494 Heinze: Mittelalter, 2012; S. 155–183; **Assassin's Creed** 2007.
495 Heinze: Mittelalter, 2012; S. 174–183; **Anno 1404** 2009.
496 Heinze: Mittelalter, 2012; S. 185–210; **Drakensang** 2008; **Drakensang: Am Fluss der Zeit** 2010.
497 Heinze: Mittelalter, 2012; S. 206/07.

die für die Rollenspielreihe *Dragon Age* verantwortlich zeichnen.[498] Der Grad der Anlehnung an historische Vorstellungen ist bei diesem konkreten Produkt jedoch eher ernüchternd. Bei *Anno 1404* und *Die Siedler – Aufstieg eines Königreiches* zeigt Heinze ferner Aspekte von Simulationen des Mittelalters auf, in denen spielmechanische Funktionsweisen historische Wissensbestände verkörpern.[499] In der Mischung aus Rollenspiel und Wirtschaftssimulation bei *Die Gilde 2* findet er Repräsentationen von Geschlechtlichkeit und Alltagskultur, für deren plausible mittelalterliche Inszenierung möglichst kleinskalige Welten zu empfehlen seien.[500] Dass er jeweils wissenschaftliche Perspektiven mit konkreten Beispielen für Spielkonzepte verbindet, offenbart in seinem grundlegenden Standardwerk vielfältige Ansatzpunkte für Studien. Nicht nur zum Mittelalter sind tiefergehende Fragestellungen verfolgbar, sie empfehlen sich auch über die Epoche hinaus. Auch wenn manche Detailkritik angebracht ist, zeigt Heinze vorbildlich einen zeitgemäßen Umgang mit digitalen Spielen, der im deutschsprachigen Raum und international als Maßstab für geschichtswissenschaftliche Studien dienen kann.

Der erste englischsprachige Sammelband, den Daniel Kline gezielt zu mittelalterlichen Inszenierungen herausgab, verfolgt methodisch hingegen keinen durchgängigen Blickwinkel.[501] Die Sektionen des Bandes führen ein Spektrum relevanter Arbeitsfelder auf. Sie zeigen, wie digitale Spiele mittelalterliche Themen medial transformieren, wie das Medium sie kreativ reinterpretiert und dennnoch Mittelalterliches transportiert.[502] In einer Geschichte der analogen Vorläufer verbindet William White mittelalterlich anmutende Tabletop-Rollenspiele mit ihren digitalen Nachfahren.[503] Einzelfallstudien untersuchen einschlägige Spielformen. Candace Barrington und Timothy English betrachten drei elementare Veränderungen des Actionspieles *Beowulf* gegenüber der Legende.[504] Wie die klassische Adventure-Reihe *Gabriel Knight* die Legende von Artus' Gralsrittern mit einer ungewöhnlichen Heldenfigur neu interpretiert, erläutert Angela Tenga.[505] Nach Ansicht von Jason Pitruz-

---

498 Trenter, Cecilia: Interview with the Lead Designer Mike Laidlaw and Lead Writer David Gaider (and Lucas Christiansen) at *BioWare* about the *Dragon Age* Games, in: *gamevironments* 5/2016; S. 264–84, hier bes. S. 269–271 zu historischen Epochen und S. 271–275 bezüglich des Verhältnisses zwischen Authentizität, Realismus und Fantasy. Online unter: http://bit.ly/2jgOsrg (Letzter Zugriff: 30.3.2019); **Dragon Age: Origins** 2009; **Dragon Age II** 2011; **Dragon Age: Inquisition** 2014.
499 Heinze: Mittelalter, 2012; S. 211–50; **Die Siedler: Aufstieg eines Königreichs** 2007; **Anno 1404** 2009.
500 Heinze: Mittalter, 2012; S. 251–272; **Die Gilde 2** 2006.
501 Kline: Digital Gaming, 2013.
502 Kline, Daniel T.: Introduction. „All Your History Are Belong To Us": Digital Gaming Re-Imagines the Middle Ages, in: Kline: Digital Gaming, 2013; S. 1–11, hier S. 4.
503 White, William J.: The Right to Dream of the Middle Ages. Simulating the Medieval in Tabletop RPGs, in: Kline: Digital Gaming, 2013; S. 15–28.
504 Barrington, Candace / English, Timothy: „Best and Only Bulwark". How Epic Narrative Redeems Beowulf: The Game, in: Kline: Digital Gaming, 2013; S. 31–42; **Beowulf: The Game** 2007.
505 Tenga, Angela: Gabriel Knight. A Twentieth-Century Chivalric Romance Hero, in: Kline: Digital Gaming, 2013; S. 67–78.

zello modelliert das Zusammenspiel der Spielelemente im Strategiespiel *Crusader Kings: Deus Vult* den kulturellen Wandel im Mittelalter.[506] Erhebliche Diskrepanzen zwischen zeitgenössischen Auffassungen zu mittelalterlichen Kriegszügen und der heutigen Vorstellung von totaler Kriegführung findet Gregory Fedorenko, wenn er die Darstellungen in *Medieval: Total War* und *Medieval II: Total War* mit mittelalterlichen Quellenzitaten abgleicht.[507] Zwei detaillierte Sektionen greifen aus mehreren Richtungen auf das MMORPG *World of Warcraft* und das Action-Abenteuer *Dante's Inferno* im Horror-Szenario zu.[508] An den Klassifikationen von digitalen Objekten durch Farbsysteme entdeckt Elysse Meredith, wie das Online-Rollenspiel zwischen kapitalistischen Spielstrukturen und Vorstellungen über Gutsherrschaft und Feudalismus vermittelt.[509] Für Kristin Noone und Jennifer Kavetsky konstruiert das MMORPG die mittelalterliche Inszenierung bewusst zwischen einer Kontinuität mit der Vergangenheit und Variationen aus dem Legendenschatz der Artus-Sage.[510] Wie *World of Warcraft* die Spielenden in Kontexte mittelalterlicher Geschlechtlichkeit versetzt, zugleich aber mit modernen Vorstellungen konfrontiert und Erwartungen bricht, arbeiten Jennifer Stone, Peter Kudenov und Teresa Combs heraus.[511] Beobachtungen zur Imagination allgegenwärtiger mittelalterlicher Gewalt verbindet Kim Wilkins mit Vorstellungen von weiblicher Körperlichkeit, um auf Spezifika von Online-Rollenspielen zurückzuschließen.[512] Am zweiten Fallbeispiel betrachtet Bruno Lessard die lange Tradition visualisierender Künste, in die sich das Action-Abenteuerspiel *Dante's Inferno* einordnet, wenn es die Eröffnung von Dante Alighieris Göttlicher Komödie adaptiert.[513] Auch wenn das Spiel dadurch in Spannung zu Traditionen der Spielform stehe, inszenierten seine technische Konfiguration und visuelle Implementierung mittelalterliche Auffassungen. Da Dante als sündiger Kreuzritter reinterpretiert wird, sieht Oliver Chadwick neben der literarischen Vorlage einen Einfluss, der die Inszenierung der Hauptfigur durch höfische Ritterlichkeit im mittelalterlichen Liebesritual rahmt.[514] Timothy Welsh und John Sebastian zeigen sich davon wenig begeistert, dass

---

[506] **Pitruzzello, Jason:** Systematizing Culture in Medievalism. Geography, Dynasty, Culture, and Imperialism in *Crusader Kings: Deus Vult*, in: Kline: Digital Gaming, 2013; S. 43–52; **Crusader Kings: Deus Vult** 2007.

[507] **Fedorenko, Gregory:** The Portrayal of Medieval Warfare in *Medieval Total War* and *Medieval 2: Total War*, in: Kline: Digital Gaming, 2013; S. 53–66; **Medieval: Total War** 2002; **Medieval II: Total War** 2006.

[508] **World of Warcraft** 2004/5ff.; **Dante's Inferno** 2010; **Gabriel Knight: Sins of the Fathers** 1993; **The Beast Within: A Gabriel Knight Mystery** 1995; **Gabriel Knight 3: Blood of the Sacred, Blood of the Damned** 1999.

[509] **Meredith:** Tension, 2013.

[510] **Noone / Kavetsky:** Knights, 2013.

[511] **Stone / Kudenov / Combs:** Accumulating, 2013.

[512] **Wilkins:** Cleavage, 2013.

[513] **Lessard, Bruno:** The Game's Two Bodies, or the Fate of *Figura* in *Dante's Inferno*, in: Kline: Digital Gaming, 2013; S. 133–47; **Dante's Inferno** 2010.

[514] **Chadwick, Oliver:** Courtly Violence, Digital Play. Adapting Medieval Courtly Masculinities in Dante's Inferno, in: Kline: Digital Gaming, 2013; S. 148–61.

die Entwickler aus der geistigen, erlösenden Bindung von Dante zu Beatrice eine körperliche Liebe machen.[515] Es lohne sich aber die komplexe Materie virtueller Körperlichkeit an der literarischen Vorlage zu reflektieren. Wo beim Gemenge aus literaturgeschichtlichen Quellen und Elementen von Science-Fiction das Mittelalter zu finden ist, verknüpfen am Ende Angela Weisl und Kevin Stevens.[516] Im Lichte der beiden Fallbeispiele stehen die theoretisch-methodischen Perspektiven weiterer Autoren, die stets mehrere Spiele übergreifen. So wirft Thomas Rowland einen Blick auf Ausprägungen von Reisekarten als mittelalterlich-narrative Vehikel.[517] Nach der Mittelalterlichkeit im gespannten Verhältnis von Autor und Text sucht Michelle DiPietro in MMORPGs.[518] Sie wird bei Büchern der Rollenspiel-Reihe *The Elder Scrolls* fündig, die in den Spielwelten verteilt liegen. Eine bizarre Spannung zwischen der Begeisterung von Spielern für Technik und zugleich ausgeprägter Technikphobie erläutert Nick Webber: Sein Vergleich der MMORPGs *World of Warcraft* und *Rift* zeigt die technologische Distanz zwischen Mittelalter und Gegenwart und wie sich zeitgenössische Einstellungen zu Technologien stetig wandeln.[519] Nach Harry Brown verbreiten *Assassin's Creed*, *Deux Ex* und *Dragon Age* zudem tröstende Paranoia, genährt aus Verschwörungstheorien um die Ritter des Templerordens.[520] Mit einem für die Forschung unüblichen, aber umso interessanteren Spektrum an digitalen Spielen beendet Serina Patterson den Band.[521] Mittelalterliche Inszenierungen von Casual Games, Spielen in Sozialen Netzwerken sowie auf mobilen Plattformen spannen pseudomittelalterliche, fiktionale Welten auf, die Gruppendynamiken unter den Nutzern antreiben.[522]

---

515 **Welsh, Timothy J. / Sebastian, John T.:** Shades of Dante. Virtual Bodies in Dante's Inferno, in: Kline: Digital Gaming, 2013; S. 162–74.
516 **Weisl, Angela J. / Stevens, Kevin J.:** The Middle Ages in the Depths of Hell. Pedagogical Possibility and the Past in Dante's Inferno, in: Kline: Digital Gaming, 2013; S. 175–86.
517 **Rowland, Thomas:** We Will Travel by Map. Maps as Narrative Spaces in Video Games and Medieval Texts, in: Kline: Digital Gaming, 2013; S. 189–201.
518 **DiPietro, Michelle:** Author, Text, and Medievalism in *The Elder Scrolls*, *in:* Kline: Digital Gaming, 2013; S. 202–13; **The Elder Scrolls III: Morrowind** 2002; **The Elder Scrolls IV: Oblivion** 2006; **The Elder Scrolls V: Skyrim** 2011.
519 **Webber, Nick:** Technophilia and Technophobia in Online Medieval Fantasy Games, in: Kline: Digital Gaming, 2013; S. 214–26; **RIFT** 2011.
520 **Brown, Harry J.:** The Consolation of Paranoia. Conspiracy, Epistemology, and the Templars in Assassin's Creed, Deus Ex, and Dragon Age, in: Kline: Digital Gaming, 2013; S. 227–39; siehe die Titel der Reihe **Assassins Creed** bei Anm. 115 von 2007 bis 2012; **Deus Ex** 2000; **Deus Ex: Invisible War** 2003; **Deus Ex. Human Revolution** 2011; **Dragon Age: Origins** 2009; **Dragon Age II** 2011.
521 **Patterson:** Casual Medieval Games, 2013.
522 Patterson diskutiert außerordentlich selten betrachtete Beispiele nicht nur für die Nachrichtenplattform *Twitter*: **Elven Blood** 2008 und **Tweetlord** 2009. Sie stellt zudem eine Reihe von Titeln vor, die in oder mithilfe von Sozialen Netzwerken wie *Facebook* gespielt werden: **Warbook** 2007; **Kingdoms of Camelot** 2009; **Castle & Co.** 2010; **Castle Age** 2011; **CastleVille** 2011; **Lords & Knights** 2011; **Armies of Magic** 2012; **Ravenshire Castle** 2012. Am Ende verweist sie auf ein jüngeres Phänomen:

Stringent eine einheitliche theoretische und methodische Perspektive wie bei der Monografie von Heinze durchzuhalten, kann ein Sammelband nur schwer leisten. Dennoch fangen die Beiträge bei Kline die Vielseitigkeit des Gegenstandes und der anwendbaren Zugriffe besser ein. Dass eine englischsprachige Übersetzung von Heinze nicht vorliegt, ist für den internationalen Diskurs bedauerlich. Beide Werke bilden komplementär eine beeindruckende Ausgangsbasis, um mittelalterlichen Phänomenen nachzuforschen und dominante Themen sowie Spielformen im angelsächsischen und deutschsprachigen Raum gegenüberzustellen. Weniger theoretisch und methodisch angebunden, erläutert eine Artikelreihe meines Blogs weitere mittelalterliche Inszenierungen.[523] Sie führt in einige geschichtswissenschaftliche Probleme und Chancen ein, gibt einen historischen Abriss der Spielformen entlang vieler Titel und diskutiert je ein prominentes Beispiel tiefergehend. Für einen Überblick liegt noch viel Arbeit vor der Geschichtswissenschaft, wie César Romera, Miguel Ojeda und Josefa Velasco aufzeigen.[524] Sie erfassen in einer Datenbank unter den Veröffentlichungen von 1980 bis 2015 auf verschiedenen Plattformen mehr als 700 digitale Spiele mit Bezug zum Mittelalter.[525] Nur ein Bruchteil dieser Liste ist bereits geschichtswissenschaftlich untersucht.

Daneben verfolgen einzelne Artikel partikulare Interessen, die kaum mit anderen geschichtswissenschaftlichen Beiträgen über digitale Spiele verknüpft sind. Für einen Sammelband, der sich mit der Rezeption nordeuropäischer Kaufmannsgemeinschaften befasste, trug der Hanseforscher Rolf Hammel-Kiesow Beispiele zu einer Liste zusammen, die zwischen 1986 und 2005 erschienen und sich explizit mit *der Hanse* zu befassen versprachen.[526] Heute wäre die Liste von Titeln zu erweitern, gerade weil explizite Titel zu „der Hanse" oder Patriziern rar sind.[527] Nach der mäßigen Wirtschafts- und Handelssimulation *Patrizier IV* verlegte der Entwickler das Spielprinzip

---

Location-Based Games streifen realen Örtlichkeiten mithilfe von mobilen Endgeräten eine virtuelle Spielschicht über: **Parallel Kingdoms** 2009; **GeoEmpires** 2012.
523 Nolden: Finsternis, 2012.
524 **Romera, César S. N. / Ojeda, Miguel Á. N. / Velasco, Josefa R.:** Video Games Set in the Middle Ages. Time, Spans, Plots, and Genres, in: *Games and Culture* 14.2.2016; S. 1–22. Online unter: http://bit.ly/2 h7EzOZ (Letzter Zugriff: 30.3.2019).
525 Bei dem Projekt der **Universität Murcia:** Historia y videojuegos. El impacto de los nuevos medios de ocio sobre el conocimiento del pasado medieval, 2011ff. Online unter: http://www.historiayvideojuegos.com (Letzter Zugriff: 30.3.2019) ist sehr bedauerlich, dass es trotz europäischer Finanzierung lediglich spanisch geführt wird und die Datenbank nur in Form zweier Excel-Tabellen in der Publikationsliste vorliegt.
526 **Hammel-Kiesow, Rolf:** Die Hanse im Computerspiel, in: Hammel-Kiesow, Rolf / Holbach, Rudolf (Hg.): Geschichtsbewusstsein in der Gesellschaft. Konstrukte der Hanse in den Medien und in der Öffentlichkeit, Trier 2010; S. 113–24, Tabelle S. 119.
527 Ein Versuch, das Spielprinzip als Multiplayer-Browserspiel wiederzubeleben, scheiterte 2012 in der Beta-Phase an mangelnder Resonanz: **Keller, Stephan:** Patrizier Online: Der Niedergang der Hanse, in: *browsergames.de* 2.11.2012. Online unter: http://bit.ly/2ia41U5 (Letzter Zugriff: 30.3.2019); **Patrizier Online** 2011–2012.

mit *Rise of Venice* in den Mittelmeerraum.⁵²⁸ „Die Hanse" geht heute eher als Teil unterschiedlich komplexer Spielmechaniken in größere Zusammenhänge ein. Spieler können im Wirtschafts- und Imperiumssimulator *Grand Ages: Medieval* den Nord- und Ostseeraum als hansischen Raum auswählen.⁵²⁹ *Civilization VI* ermöglicht der deutschen Fraktion, ein Hanseviertel als besonderen Handelsplatz zu errichten.⁵³⁰ Die Erweiterung *Crusader Kings 2: The Republic* integriert spielbare hansische Gemeinschaften nicht allein wirtschaftlich, sondern in ihrer herrschaftlichen und militärischen Bedeutung.⁵³¹

Das Beispiel der hansischen Kaufmannsgemeinschaften verdeutlicht, wie viel es bei digitalen Spielen in Hinsicht auf das Mittelalter zu entdecken gibt, wenn Studien tiefer ins Detail blicken. In dieser Weise detailliert blickt Peter Christiansen auf mittelalterliche Vorstellungen von Ethik und Pietät, wie sie die Entwickler in *Crusader Kings II* spielmechanisch anlegten.⁵³² Sicherlich seien andere Konzepte denkbar, Sünde und Tugend aus mittelalterlicher Perspektive als relevantes ethisches Spielsystem zu etablieren, das Spiel finde jedoch gute Argumente für seine Interpretation. Christiansen bestätigt damit, wie wichtig es für geschichtswissenschaftliche Studien ist, bei digitalen Spielen jenseits von Texten und visuellen Eindrücken die spielmechanischen Systeme einzubeziehen.

2.6.2 Der lange Bogen der Neuzeit

Je ein deutschsprachiger und ein englischer Sammelband von Florian Kerschbaumer und Tobias Winnerling kondensierten Phänomene der Frühen Neuzeit in digitalen Spielen.⁵³³ Dabei enthält der englische Band nicht bloß die Übersetzungen deutschsprachiger Beiträge, sondern verfolgt zum Teil weitere Fragestellungen und ist somit als komplementär zu verstehen.⁵³⁴ Wie die theoretisch-methodischen Abschnitte verhandeln auch die Fallstudien häufig Geschichtsbilder der Action-Abenteuer aus der Reihe *Assassin's Creed*, deren Szenarien sich zumeist auf die Frühe Neuzeit kon-

---

528 **Patrizier IV** 2010; **Rise of Venice** 2013.
529 **Grand Ages: Medieval** 2016.
530 **Civilization VI** 2016.
531 **Crusader Kings II: The Republic** 2013.
532 **Christiansen, Peter:** Medieval Ethics. Designing Historical Systems, in: *Play the Past* 15.5.2015. Online unter: http://bit.ly/2sGlRjx (Letzter Zugriff: 30.3.2019).
533 **Kerschbaumer / Winnerling:** Frühe Neuzeit, 2014 basierend auf einer Tagung 2013: **Sollmann, Kaj:** Frühe Neuzeit und Videospiele. Early Modernity and Video Games. Konferenz vom 15.–17. März 2013 in Düsseldorf, in: *H-Soz-Kult* 29.6.2013. Online unter: http://bit.ly/1UbWzmF (Letzter Zugriff: 30.3.2019).
534 **Winnerling / Kerschbaumer:** Early Modernity, 2014.

zentrieren.⁵³⁵ Lediglich das erste Spiel behandelt den dritten Kreuzzug und *Assassin's Creed: Syndicate* den Schauplatz London während der Industrialisierung.⁵³⁶ Wirtschaftlich und spielekulturell einflussreich, nehmen die Titel der Reihe auch geschichtswissenschaftlich eine prominente Rolle ein, vergleichbar mit *Civilization* weiter oben. Narrative Muster in *Assassin's Creed III* vergleicht Angela Schwarz mit den Erzählstrukturen von *Age of Empires III: The War Chiefs*, dessen Kampagne ebenfalls zur Zeit des amerikanischen Unabhängigkeitskrieges angesiedelt ist.⁵³⁷ Aus medienarchäologischer Sicht wendet sich Simon Huber der Assassinen-Serie zu.⁵³⁸ Dem stellt sein Artikel im englischsprachigen Band inhaltliche und systematische Wege der Remediation zur Seite: aus anderen Medienformaten, innerhalb der Reihe und von *Assassin's Creed* in anderen digitalen Spielformen.⁵³⁹ Martin Weis sucht wiederum im deutschen Band nach dem Ahistorischen der Reihe und vergleicht dortige Befunde mit dem historischen Gehalt von *Bioshock Infinite*.⁵⁴⁰ Sein Ansatz ist umso interessanterer, weil *Assassin's Creed* realitätsnah gemeint ist, die Reihe *Bioshock* hingegen historische Vorstellungen ideengeschichtlich in Horrorshootern transportiert.⁵⁴¹ Der englische Beitrag von Weis arbeitet heraus, wie die Assassinenreihe die inszenierten Geschichtsbilder als eindeutig erscheinen lässt, weil ihre Spielmechanik die Wiederholbarkeit im Gameplay vorsehe und ihre Serienableger im historischen Verlauf stets wiederkehren.⁵⁴² Dem pflichtet Tobias Winnerling an anderer Stelle bei, weil die Serialität von Inhalten innerhalb eines solchen Spieles sowie der Seriencharakter von Spielereihen tatsächliche Geschichte zwangsläufig in wahrgenommene Geschichte (affective historicity) überführe.⁵⁴³ Wiederum im deutschsprachigen Sammelband verbindet Sinem Kiliç neuzeitliche philosophische Überlegungen zu Spielen mit den Vorstellungen über Philosophie, welche die Reihe

---

535 **Assassin's Creed II** 2009; **Assassin's Creed Brotherhood** 2010; **Assassin's Creed Revelations** 2011; **Assassin's Creed III** 2012; **Assassin's Creed IV. Black Flag** 2013; **Assassin's Creed: Liberation HD** 2014; **Assassin's Creed Unity** 2014; **Assassin's Creed Rogue** 2014.
536 **Assassin's Creed** 2007; **Assassin's Creed Syndicate** 2015. Nach dem Abschluss dieser Studie kamen noch hinzu: **Assassin's Creed Origins** (spätptolemäisches Ägypten) 2017 und **Assassin's Creed Odyssey** (Antikes Griechenland) 2018.
537 **Schwarz:** Narration und Narrativ, 2014; S. 27–52; **Age of Empires III. The War Chiefs** 2006. Englischsprachig weitestgehend identisch übersetzt: **Schwarz, Angela:** Narration and Narrative. (Hi-) Story Telling in Computer Games, in: Winnerling, Tobias / Kerschbaumer, Florian (Hg.): Early Modernity and Video Games, Newcastle upon Tyne 2014; S. 140–61.
538 **Huber:** Cutscenes, 2014.
539 **Huber:** Remediation, 2014.
540 **Weis, Martin I.:** The Ahistorical in the Historical Video Game, in: Kerschbaumer, Florian/Winnerling, Tobias (Hg.): Frühe Neuzeit im Videospiel. Geschichtswissenschaftliche Perspektiven, Bielefeld 2014; S. 117–26.
541 **Bioshock: Infinite** 2013. Ebenso in den Vorgängern **Bioshock** 2007/8 und **Bioshock 2** 2010.
542 **Weis:** Assassin's Creed, 2014.
543 **Winnerling, Tobias:** The Eternal Recurrence of All Bits. How Historicizing Video Game Series Transform Factual History into Affective History, in: *Eludamos*, Nr. 1 8/2014; S. 151–70. Online unter: http://bit.ly/22Hlkgr (Letzter Zugriff: 30.3.2019).

artikuliert.[544] Doch auch die Geschichte des Spielens manifestiere sich in *Assassin's Creed II*, stellt Andreas Fischer fest.[545] Dagegen fahndet Gernot Hausar nach Hinweisen, wie die historischen Metropolen als akribische Nachbauten in der Reihe auf Spieler wirken.[546] Sein paralleler englischsprachiger Artikel differenziert die Techniken der Spielwelt aus, mit denen die Entwickler Geschichte und historische Architektur in Szene setzen.[547]

Nur wenige Beiträge der deutschsprachigen Aufsatzsammlung wenden sich so detailreich anderen Titeln mit frühneuzeitlicher Inszenierung zu. Den methodisch-theoretischen Texten dienen sie als illustrative Beispiele. Neben Vertretern von *Assassin's Creed* streift Simon Hassemer bei seinen videografischen Überlegungen die Serie *Age of Empires* und unter den Titeln der Reihe *Total War* auch den frühneuzeitlichen Ableger *Total War: Empire*.[548] Malte Stamm erläutert historischen Phänomene bei strategischen Konfliktsimulationen zu frühneuzeitlichen und anderen Szenarien.[549] Aus der spezifischen Sicht der Architektur stellen nach Ansicht von Marc Bonner Gebäude und Stadtbilder in Strategie- und Aufbauspielen wie *Rise of Nations* kaum organische Komplexe dar, sondern rein funktionale Elemente.[550] Explizit frühneuzeitlich zuzuordnen sind wenige seiner Beispiele. Ähnlich führt Stefan Donecker die Geschichtsphilosophie in der Reihe *Civilization* nicht auf frühneuzeitliche Vorstellungen zurück, sondern knüpft an die Entstehung der Geschichtswissenschaft im 19. Jh. an.[551] Wann ein Spiel dem frühneuzeitlichen Rahmen zuzurechnen ist, diskutiert Anton Zwischenberger an den Epochengrenzen in *Age of Empires III* und *Europa Universalis III*.[552] Dass Spieler Strategiespiele wie *Total War: Empire* und *Total War: Napoleon* modifizieren und dieses Modding geschichtswissenschaftlich bedeutend ist, zeigt Lutz Schröder im Vergleich zu Titeln anderer Epochen.[553] Wie der erste beider Titel historische Technologien in die Spielwelt übersetzt, untersucht Schröder dagegen als Fallbeispiel im englischsprachigen Tagungsband.[554] Damit arbeitet er

---

544 **Kiliç, Sinem D.:** Homo homini ludus? Vom Spiel in der Philosophie der Neuzeit zur Philosophie im Videospiel Assassin's Creed, in: Kerschbaumer, Florian / Winnerling, Tobias (Hg.): Frühe Neuzeit im Videospiel. Geschichtswissenschaftliche Perspektiven, Bielefeld 2014; S. 159–78.
545 **Fischer, Andreas:** Spiel im Spiel. Über die Geschichte des Spielens in Assassin's Creed II, in: Kerschbaumer, Florian/Winnerling, Tobias (Hg.): Frühe Neuzeit im Videospiel. Geschichtswissenschaftliche Perspektiven, Bielefeld 2014; S. 227–38. Übersetzt auch im englischsprachigen Band: **Fischer:** Games, 2014.
546 **Hausar:** Stadt, 2014.
547 **Hausar:** Players, 2014.
548 **Hassemer:** Screening, 2014; **Age of Empires** 1997; **Total War: Empire** 2009.
549 **Stamm:** Konfliktsimulationen, 2014.
550 **Bonner:** Bauen, 2014; **Rise of Nations** 2003. Weitgehend identisch übersetzt: **Bonner:** Construction, 2014.
551 **Donecker:** Civilization, 2014.
552 **Zwischenberger:** Epochengrenzen, 2014; **Age of Empires III** 2005; **Europa Universalis III** 2007.
553 **Schröder:** Modding, 2014; **Total War: Empire** 2009; **Total War: Napoleon** 2010.
554 **Schröder, Lutz:** Research the Spinning Jenny, Gain +8% Wealth by Textile Industries. The Transformation of Historical Technologies into the Virtual World of Empire: Total War, in: Winnerling,

Unterschiede am Strategispiel gegenüber einer von Geschichtswissenschaftlern gewohnten Tradition heraus. Der theoretisch und methodisch ausgerichtete, erste Hauptteil des Bandes weist erneut nur wenige Beispiele mit frühneuzeitlichen Anleihen auf. Simon Hassemer allerdings zeichnet ein differenziertes, allerdings diffuses Bild von frühneuzeitlichen Ablegern der genannten Reihen *Age of Empires*, *Total War* und *Assassin's Creed*. Sie seien nicht alle in eine frühneuzeitliche Periodisierung einzuordnen, und der historische Rahmen fungiere nur für einen kleinen Teil als Erzählrahmen oder Storyline.[555] In frühneuzeitlicher Hinsicht eine zentrale Rolle spielen jedoch die Vorstellungen über die Renaissance und Konzepte des Transhumanismus im Beitrag von René Schallegger, der mit *Deus Ex: Human Revolution* einen Hybriden zwischen Schleich-Rollenspiel und Deckungsshooter untersucht.[556] Bewusst hätten die Entwickler der Science-Fiction-Dystopie einen Schauplatz erschaffen, der inhaltlich wie spielmechanisch an verbreitete westliche Vorstellungen von der Renaissance anschließe. Beim Aufbruch in ein neues Zeitalter öffneten die Errungenschaften der Menschheit den Geist, begleitet jedoch durch erhebliche Härten wie etwa ein transhumanes Dogma, mithilfe von Cyborg-Technologien Körperlichkeit zu überwinden. Dass Piraterie in digitalen Spielen nicht nur mit dem prominenten *Assassin's Creed IV: Black Flag* zu verbinden ist, zeigt Gunnar Sandkühler im deutschen Tagungsband mit dem komplexen Fallbeispiel *Pirates!* von 1987 und dessen Neuauflage aus dem Jahr 2004.[557] Diesen Blick erweitert Eugen Pfister, indem er das Piratenbild in der Medienlandschaft verortet und Erscheinungsformen in linearen wie offenen Spieltypen aufzeigt.[558] Sein Zug durch eine dreißigjährige Geschichte digitaler Spiele verknüpft die Imaginationen vieler weiterer prägender Titel wie *Pirate Adventure*, *The Secret of Monkey Island*, *Port Royale: Gold, Power and Pirates*, *Tropico 2: Pirate Cove* und *Risen 2: Dark Waters* mit den vorgenannten Titeln *Pirates!* und *Black Flag*.[559] Selbst dieser herausragende Überblick erschöpft das beliebte Thema nicht, liefert aber Indizien, dass jede Spielmechanik auf ihre Weise die aus anderen Medienformaten tradierten Geschichtsbilder neu variiert.[560]

Tobias / Kerschbaumer, Florian (Hg.): Early Modernity and Video Games, Newcastle upon Tyne 2014; S. 76–90.
555 Hassemer: Role, 2014.
556 Schallegger, René: Homo Ex Machina? Cyber-Renaissance and Transhumanism in Deus Ex: Human Revolution, in: Winnerling, Tobias / Kerschbaumer, Florian (Hg.): Early Modernity and Video Games, Newcastle upon Tyne 2014; S. 52–63.
557 Sandkühler, Gunnar: Sid Meier's Pirates!, in: Kerschbaumer, Florian / Winnerling, Tobias (Hg.): Frühe Neuzeit im Videospiel. Geschichtswissenschaftliche Perspektiven, Bielefeld 2014; S. 181–94; **Sid Meier's Pirates!** 1987.
558 Pfister, Eugen: „Don't eat me I'm a mighty pirate". Das Piratenbild in Videospielen, in: Kerschbaumer, Florian / Winnerling, Tobias (Hg.): Frühe Neuzeit im Videospiel. Geschichtswissenschaftliche Perspektiven, Bielefeld 2014; S. 195–210, vor allem 202–210.
559 Pirate Adventure 1978; **The Secret of Monkey Island** 1990; **Port Royale. Gold, Power and Pirates** 2002; **Tropico 2. Die Pirateninsel** 2003; **Risen 2: Dark Waters** 2012.
560 Pfister: Piratenbild, 2014; S. 209.

Außerhalb der beiden Bände werden frühneuzeitliche Ansätze zu digitalen Spielen selten. Douglas Dow studiert *Assassin's Creed 2* auf anachronistische Elemente, die sich mit dem Setting der Renaissance nicht vereinbaren ließen.[561] Dabei erläutert er den Charakter der Simulation zum Einen aus der spielweltlichen Erklärung, zum Anderen nach Jean Baudrillard, und zieht dafür Architektur und Kunstgeschichte heran. Seine Terminologie lässst sich nur schwer an obige Simulationsbegriffe anschließen.[562] Oft kaschiere nur ein dünnes Furnier des historischen Anscheins einen Mangel an Akkuratesse, eben dieses Furnier aber rufe einen authentischeren Eindruck hervor, den Game Designer bewusst einkalkulierten. Im gleichen Band untersuchen Rebecca Mir und Trevor Owens an *Sid Meier's Colonization*, welche ideologischen Dogmen bei der Gestaltung von indigenen Völkern zugrunde lagen.[563] Die gedankliche Formatierung der überseeischen Gebiete als „Neue Welt" negiere implizit die Geschichte der dortigen Menschen, und erkläre deren Eroberung zu unausweichlichem Fortschritt. Sind an dieser Stelle klassische Buch- und Zeitschriftenformate erschöpft, zeigt sich Eugen Pfister auch auf fachlich weniger prominenten Publikationswegen aktiv bei frühneuzeitlichen Untersuchungen digitaler Spiele. Im Blog *Frühneuzeit-Info* rezensierte er mit *Assassin's Creed IV: Black Flag* erneut ein karibisches Action-Abenteuer unter Piraten – zwar kurz, aber spielekulturell kenntnisreich und geschichtswissenschaftlich hochwertig.[564] Er konzentrierte sich auf die narrativ und biografisch inszenierten Piratenbilder, ließ das Produkt und dessen Rahmenbedingungen einfließen, vernachlässigte aber, welche Qualität der historischen Inszenierung aus dem weitläufigen Weltentwurf von Spielwelt und -mechanik erwächst. *Assassin's Creed Unity*, der Teil der Reihe zur Französischen Revolution, deute das für Frankreich identitätsstiftenden Nationalereignis zu einem brutalen Modernisierungsakt um, so dass die verletzte Nationalehre zu einem erinnerungskulturellen Beben bis in die Politik führte.[565] Ähnlich wie in den traditionellen fachlichen Kanälen dominiert die Assassinen-Saga auch bei fachwissenschaftlichen Blogs die frühneuzeitlichen Untersuchungen. Oben bei den performativen Ansätzen bereits erwähnt, zeigte Felix Zimmermann, wie die intelligent gewählte Spielmechanik des Verkleidens in *Assassin's Creed: Liberation HD* die historischen Handlungsräume der Heldin in verschiedenen gesellschaftlichen Kreisen transportiert.[566] In einer

---

561 **Dow:** Veneers, 2013.
562 Siehe Anm. 373 und den dort folgenden Text.
563 **Mir / Owens:** People, 2013.
564 **Pfister, Eugen:** Der Pirat als Demokrat. Assassin's Creed IV: Black Flag – Eine Rezension, in: *Frühneuzeit-Info* 3.8.2015. Online unter: http://bit.ly/2jy0gbF (Letzter Zugriff: 30.3.2019).
565 **Pfister, Eugen:** „Des patriotes, ces abrutis!" Imaginationen der französischen Revolution im digitalen Spiel Assassin's Creed: Unity, in: *Frühneuzeit-Info* 26.9.2016; S. 198–201. Online unter: http://bit.ly/2ibOVZD (Letzter Zugriff: 30.3.2017). Grundlegend überarbeitet: **Pfister, Eugen:** Assassin's Creed: Unity – Die zweifelhafte Revolution, in: *VideoGameTourism.at* 21.12.2016. Online unter: http://bit.ly/2iA1dNo (Letzter Zugriff: 30.3.2019). Ein Rückblick auf die Debatte: **Martin, Jean-Clément / Turcot, Laurent** (Hg.): Au cœur de la Révolution. Les leçons d'histoire d'un jeu vidéo, Paris 2015.
566 **Zimmermann:** Wandeln, 2016 (siehe Anm. 332); **Assassin's Creed: Liberation HD** 2014.

bislang einzigartigen Beitragsreihe überblickte David Hussey nicht nur alle Teile bis einschließlich *Black Flag*, sondern knüpfte an jeden Beitrag einen spezifischen Zugriffsweg.⁵⁶⁷ Dieser doppelte Nexus zeigt die Komplexität der Serie sowie einen Ausschnitt aus der Vielfalt möglicher Fragestellungen. Die einzelnen Beiträge seiner Serie reißen viele Fragen aber nur an, die Fachartikel weiterverfolgen müssten. Zudem fehlt jede Würdigung, wo die Reihe plausibel wäre, wenn man den spezifischen medialen Charakter berücksichtigt.

Insgesamt lotet die Forschung die Vielfalt fachlicher Blickwinkel auf die Frühe Neuzeit keineswegs aus. Mitverantwortlich ist sicherlich die bislang geringe Zahl an Veröffentlichungen. Auffällig konzentriert sie sich auf eine Spielereihe und bildet dadurch die Diversität des Gegenstandes nicht ab. Zwar befassen sich einige Beiträge mit der globalstrategischen Reihe *Europa Universalis*, sie studieren aber in der Regel grundsätzliche Konsequenzen aus der historischen Anlage ihrer Mechanik. Deshalb wurden sie dem systematischen Teil des Forschungsüberblickes zugeordnet. Dagegen durchleuchtete Istvan Sudar *Europa Universalis* auf einander widerstreitende frühneuzeitliche Interpretationen von nationalen Zugehörigkeiten, die heutige Spielende aus ihren Vorstellungen an die Entwickler herantragen.⁵⁶⁸ Ihre Ansprüche fordern die Spielmechanik vielschichtig heraus. Leider lässt sein knappes Resumee offen, was seine Befunde für die Geschichtswissenschaft bedeuten. Viele weitere Spieletitel, die in verschiedenen Phasen der Spielegeschichte zur Frühen Neuzeit erschienen, adressiert die Forschung bislang nicht. Das ist umso bedauerlicher, weil mittlerweile Klassiker wieder neu erscheinen.⁵⁶⁹ In unterschiedlichen historischen Umständen produziert, wären nicht nur ihre jeweiligen Formen von Geschichtsbildern zu vergleichen, sondern auch die jeweiligen Einflüsse aus der Zeitgeschichte.

Beim Übergang zu den Perspektiven auf die Neuzeit fällt auf, wie intensiv geschichtswissenschaftliche Beiträge die Phasen beider Weltkriege behandeln. Zunehmend eröffnen Autoren zwar andere Blickwinkel und überblicken neuzeitlich längere Züge, dennoch dominiert immer noch die Betrachtung von Krieg und Konflikt. Josef Köstlbauer untersuchte bewusst realitätsnah gemeinte Militärsimulationen, die im Setting des Zweiten Weltkrieges häufig seien. So manche greife aber auch die Schlacht

---

567 **Hussey, David R.:** Assassins Creed Week. Part I: Introduction, in: *Play the Past* 17.2.2014. Online unter: http://bit.ly/2ic9IRO; **Hussey, David R.:** Assassins Creed Week. Part II: Native Relations and Slavery, in: *Play the Past* 18.2.2014. Online unter: http://bit.ly/2j0nyUL; **Hussey, David R.:** Assassins Creed Week. Part III: Women of the Past, in: *Play the Past* 19.2.2014. Online unter: http://bit.ly/2jhVHiy; **Hussey, David R.:** Assassins Creed Week. Part IV: Grand Narratives, in: *Play the Past* 20.2.2014. Online unter: http://bit.ly/2iEHbAs; **Hussey, David R.:** Assassins Creed Week. Part V: When They Get It Wrong, in: *Play the Past* 21.2.2014. Online unter: http://bit.ly/2j53vqg (Letzte Zugriffe: 30.3.2019).
568 **Sudar, Istvan:** When There Are Different Histories But Only One Game, in: *The Ontological Geek* 5.2.2017. Online unter: http://bit.ly/2 l154qe (Letzter Zugriff: 30.3.2019); **Europa Universalis II** 2001; **Europa Universalis III** 2007; **Europa Universalis IV** 2013.
569 Ein Beispiel wäre die Strategie-Reihe *Cossacks*, deren Pilot **Cossacks: European Wars** 2000 mit **Cossacks 3** im Jahr 2016 eine Neuauflage erhielt: **Danneberg, Benjamin:** Uralter Wein in neuen Schläuchen. Cossacks 3 Test, in: *Gamestar* 11/2016; S. 66–68.

von Gettysburg auf oder siedele sich in zeitgenössischen Settings an.⁵⁷⁰ Zwar spannt er einen großen Bogen durch neuzeitliche Schauplätze, vergleicht jedoch in erster Linie spielmechanische Elemente. Ihm geht es nicht um die historischen Inszenierungen, sondern er führt die Kriegspiele auf analoge Vorbilder frühneuzeitlicher Gefechtssimulationen zurück. Mit einer Reihe wie *Europa Universalis* vergleichbare Titel schließt er von seinen Überlegungen aus, weil sie nicht allein Krieg und Militär, sondern Staatenwesen simulierten.⁵⁷¹ An anderer Stelle greift Köstlbauer erneut Militärsimulationen mit historischen Konflikten auf.⁵⁷² Dort werde ein hoher Realismusgrad immer häufiger nicht nur propagiert, sondern eingelöst, was die Grenzen zwischen spielerischer Militärsimulation und militärischem Simulationsspiel verwische. Einige Beispiele für Szenarien erscheinen ihm prophetisch für reale militärische Konflikte. Darstellungen von militärischen Konflikten speziell im 20. Jahrhundert untersuchte die Monografie von Steffen Bender weit über Simulationen hinaus. Seine Studie stellte viele Spielformen vergleichend vor und diverse Medienformen ihnen gegenüber, wodurch er ein vielfältiges Spektrum kriegerischer historischer Inszenierungen aufzeigt.⁵⁷³ Seiner Empirie schickte er grundlegende methodisch-theoretische Überlegungen voraus, um erinnerungskulturelle Fragen zu erschließen, zeitlich versetzt aufgegriffenen historischen Szenarien nachzuspüren (Remediation) und parallele Erscheinungen in Medienkanälen zu betrachten (Crossmedialität).⁵⁷⁴ Im quellenana-

---

570 **Köstlbauer, Josef:** Do Computers Play History? in: Winnerling, Tobias / Kerschbaumer, Florian (Eds.): Early Modernity and Video Games, Newcastle upon Tyne 2014; S. 24–37. Neben Szenarien des späten 20. Jahrhunderts konzentriert sich die Reihe auf den Zweiten Weltkrieg in **Combat Mission: Beyond Overlord** 2000; **Combat Mission 2: Barbarossa to Berlin** 2002; **Combat Mission 3: Afrika Korps** 2003; **Combat Mission: Battle for Normandy** 2011; **Combat Mission: Fortress Italy** 2012. Nach der Veröffentlichung von Köstlbauers Artikel thematisierte **Combat Mission: Red Thunder** 2014 die sowjetische Offensive parallel zur Landung in der Normandie und **Combat Mission: Final Blitzkrieg** 2016 den letzten Kriegswinter in den Ardennen. Seine Beispiele setzt er auch in Bezug zu militärischen Simulationen zum Nordamerikanischen Bürgerkrieg: **Sid Meier's Gettysburg!** 1997; **Scourge of War: Gettysburg** 2010; **Scourge of War: Chancellorsville** 2012. Auch erst nach der Drucklegung seines Artikels erschien die substantielle Neuauflage **Scourge of War: Gettysburg 150th Anniversary Collection** 2013, welche zusätzlich die Szenarien von Antietam, Pipe Creek and Brandy Station integrierte. Bezüglich der Hightech-Schlachtsimulationen des ausgehenden 20. Jahrhunderts greift Köstlbauer auf: **Armed Assault 2** 2009.
571 **Köstlbauer:** Computers, 2014; S. 32; **Europa Universalis** 2000; **Europa Universalis II** 2001; **Europa Universalis III** 2007; **Europa Universalis IV** 2013.
572 **Köstlbauer, Josef:** Operationen an den Grenzen des Spiels. Annäherungen an das Simulationsspiel, in: *Portal Militärgeschichte* 6.2.2017. Online unter: http://bit.ly/2kcheIr (Letzter Zugriff: 30.3.2019).
573 **Bender:** Erinnern, 2012. Anfang 2017 überstellte Bender mit Unterstützung der Fritz-Thyssen-Stiftung sein dafür untersuchtes Quellenkorpus von über 120 Titeln dem *GameLab* der *Public History Hamburg:* **Nolden, Nico:** Geschenkt! – Neuzugang im GameLab von Public History. Krieg und Konflikt in digitalen Spielen. Pressemitteilung, 31.1.2017. Online unter: http://bit.ly/2jSZwPd (Letzter Zugriff: 30.3.2019).
574 Siehe **Bender:** Erinnern, 2012 ab Anm. 194 (S. 66) in Abschnitt *2.3 Das Historische aus Sicht der Forschung.* Crossmedial sind eigentlich Medienerzeugnisse, die bewusst aufeinander abgestimmt sind,

lytischen, zweiten Hauptteil gelingt es Bender an einigen Schauplätzen, „strukturelle und narrative Muster und Topoi herauszuarbeiten".[575] Neben Inszenierungen des Ersten und Zweiten Weltkrieges untersuchte er Repräsentationen des Vietnamkriegs und des Golfkriegs von 1991. Zudem stieß er in wissenschaftlich kaum beleuchtete, zeitgeschichtliche Szenarien bei digitalen Spielen vor: den Kalten Krieg und den somalischen Einsatz der Vereinten Nationen zur Mitte der neunziger Jahre.[576] Unbefriedigt resumiert er, dass seine Befunde zur Erinnerungskultur noch nicht zu expliziten Aussagen führen können, weil schlicht zu wenig Erkenntnisse über Rezipienten vorlägen. Dennoch weist seine Studie viele Darstellungsmuster nach, die sich je nach Kriegsschauplatz, Genre und Veröffentlichungszeitpunkt unterscheiden und zahlreiche Bezüge zu anderen Medienformen aufweisen.[577] Durch die Sicht auf Konflikte und Kriege etwas eingeschränkt, überblickt Bender neben einem Spektrum historischer Vorstellungen auch die zeitgeschichtliche Historizität von Produktion, Spielformen und Spielinhalten in der zweiten Hälfte des 20. Jahrhunderts. Diese Kombination offenbart eine Vielzahl zeithistorischer Anknüpfungspunkte für Studien – auch jenseits einer kriegerischen Perspektive.

Versuche, sich über bewaffnete Konflikte hinaus mit neuzeitlichen historischen Inszenierungen zu befassen, bleiben in der Geschichtswissenschaft rar. Es scheint, dass die oft geäußerte Kritik, digitale Spiele seien gewalt- und kriegslastig, zuvorderst darauf beruht, dass Historiker den Gegenstand selbst aus diesem Blickwinkel wahrnehmen. Andere neuzeitliche Fragestellungen sind nicht nur möglich, sondern wünschenswert, wie Abschnitt *3.1 Geschichte in digitalen Spielen* detaillierter vorführen wird. Eine Alternative zum kriegerischen Schwerpunkt bot bereits Stefan Donecker an: In der *Civilization*-Serie kursierten gesellschaftlich virulente Vorstellungen von Geschichte, die zwar geschichtswissenschaftlich überholt seien, aber als Teil der gesellschaftlichen Realität dennoch nachweisbar.[578] Dadurch stünden sie in einem spannenden Verhältnis zur satirischen Überzeichnung vieler anderer Spielelemente. Die Spielreihe schließe schon über 25 Jahre an die gesellschaftlichen Begriffsdiskurse zwischen Nation und Zivilisation an. Im vierten und sechsten Teil der Reihe zeigen sich zudem deutliche Unterschiede in den Herrschaftsbegriffen, besonders im Kontrast mit dem militärstrategischen Ursprung der Reihe.[579] Mit Konzepten von Herrschaft und Grenzen manifestieren sich Vorstellungen von Grenzübertritten oder gar

---

was bei den wenigsten Beispielen von Bender der Fall ist. So untersucht er die Intermedialität seiner Beispiele. Seine Wortwahl ist ein Zugeständnis an den unpräzisen, deutschen Sprachgebrauch in der Literatur. Ein prägnantes Beispiel für eine crossmediale Inszenierung ist: **Südwestrundfunk (SWR):** Die Geschichte des Südwestens. Ein multimediales Projekt des SWR, 2016. Online unter: http://bit.ly/2jm6AmX (Letzter Zugriff: 30.3.2019).
575 **Bender:** Erinnern, 2012; S. 23.
576 **Bender:** Erinnern, 2012; S. 107–222.
577 **Bender:** Erinnern, 2012; S. 225/6.
578 **Donecker:** Pharao, 2014.
579 **Nolden:** Runde, 2014; **Nolden:** Gebietsreform, 2017.

Flucht in digitalen Spielen, wie Eugen Pfister deutlich macht.[580] Allerdings fällt es nicht nur der historischen Forschung schwer, sich mit Flucht und Vertreibung in digitalen Spielen zu befassen: 2015 fand Dennis Kogel für das Magazin *Gamestar* nur wenige Spiele, deren Entwickler diese Themen bewusst aufgreifen.[581] Zwei ausgefallenere Fragestellungen an die Repräsentationen der jüngeren Vergangenheit bietet der Sammelband von Matthew Kapell und Andrew Elliott. An den Action-Abenteuerspielen *Resident Evil* verfolgen Robert Meija und Ryuta Komaki die Reflexion von Epidemien in der Zeitgeschichte.[582] Die Schwerpunkte der Horror-Reihe seit den neunziger Jahren, in Japan als *Biohazard* bekannt, dienen ihnen als globaler Seismograf für die zeithistorische Verarbeitung epidemischer Ausbrüche von AIDS oder Ebola.[583] Dabei dokumentiere die Reihe, wie die japanischen und U.S.-amerikanischen Kulturen transnational fusionierten, indem sie sich antikapitalistisch radikalisierten, das Konzept von Afrika als ein Herz der Finsternis verstärkten und epidemische Ausbruchsängste mit dem Anti-Terror-Kampf verbanden.[584] Zweitens erforscht Erin Evans in der futuristischen *Xenosaga* gegenwärtige, westliche Vorstellungen über Religion.[585] Sie interpretiere jüdische Mystik, Motive des Christentums und Elemente des Gnostizismus frühchristlicher Jahrhunderte und kombiniere sie neu.[586]

Verständlich wird an diesen Beispielen, wie schwer geschichtswissenschaftliche Fragestellungen gegen die Interpretation fiktiver (Kon-)Texte abzugrenzen sind, die eher literaturwissenschaftlich zu behandeln wären. Beim gegenwärtigen Kenntnisstand über digitale Spiele bleibt aber problematisch, eine scharfe Trennung gegenüber kulturwissenschaftlichen Betrachtungen zu versuchen. Solche Gültigkeitsbereiche gilt es jedoch auszuloten, um geeignete geschichtswissenschaftliche Zugriffswege zu erörtern, die auf historisch relevante Befunde führen. Dass eine fachlich so geweitete Perspektive zweifelsfrei lohnenswert ist, verdeutlicht Joseph November in dem

---

580 Pfister, Eugen: „Escape to Freedom". Imaginationen von Grenzen und Flucht im digitalen Spiel, in: *Spiel-Kultur-Wissenschaften* 17.12.2015. Online unter: http://bit.ly/2j3v9nJ (Letzter Zugriff: 30.3.2019).
581 Kogel, Dennis / Graf, Michael: Im Grenzbereich. Flüchtlinge in Spielen, in: *Gamestar* 4/2015; S. 88–91.
582 Meija, Robert / Komaki, Ryuta: The Historical Conception of Biohazard in *Biohazard/Resident Evil*, in: Kapell, Matthew W. / Elliott, Andrew B. R. (Hg.): Playing with the Past. Digital Games and the Simulation of History, London 2013; S. 327–41.
583 Dort behandelte Titel: **Resident Evil** 1996; **Resident Evil 2** 1998; **Resident Evil 3: Nemesis** 1999; **Resident Evil: Survivor** 2000; **Resident Evil Zero** 2002; **Resident Evil 4** 2005; **Resident Evil 5** 2009. Mit Neuauflagen verfügt die Reihe über mehr als 30 Titel.
584 Meija / Komaki: Conception, 2013; S. 328.
585 Evans, Erin: The Struggle with Gnosis. Ancient Religion and Future Technology in the Xenosaga Series, in: Kapell, Matthew W. / Elliott, Andrew B. R. (Hg.): Playing with the Past. Digital Games and the Simulation of History, London 2013; S. 343–56; **Xenosaga. Episode I: Der Wille zur Macht** 2002; **Xenosaga. Episode II: Jenseits von Gut und Böse** 2004/2005; **Xenosaga. Episode III: Also Sprach Zarathustra** 2006.
586 Evans: Struggle, 2013; S. 344 u. 353.

Band.⁵⁸⁷ Die postapokalyptische Alternativgeschichte der Serie *Fallout* versammele einen reichhaltigen populärgeschichtlichen Erfahrungsschatz von Zukunftsvorstellungen aus den dreißiger bis sechziger Jahren. Die reichhaltigen Hintergrundwelten seien „a tremendous resource for accessing and communicating complex ideas about the mid-twentieth-century United States."⁵⁸⁸ Sie reflektierten ideologisch-politische Spannungen und das Verhältnis zu Technologien in der Gegenwart.⁵⁸⁹ Nach Tom Cutterham kristallisieren diese Endzeit-Rollenspiele das amerikanische Geschichtsbewusstsein besonders mittels einer alternativhistorischen Verfremdung durch ironischen Humor heraus, der „exploits and exposes the cultural and intellectual forms through which American historical consciousness [...] is reproduced."⁵⁹⁰ Derartige Perspektiven können offenbar aufschlussreiche zeithistorische Erkenntnisse heben.

2.6.3 Mikroepochen: Erster, Zweiter und Kalter Weltkrieg

Eher selten umfassen jedoch Beiträge die gesamte Neuzeit. Die geschichtswissenschaftliche Arbeit konzentriert sich auf einige Mikroepochen, denen allen voran beide Weltkriege stehen. Darüber hinaus befassen sich Autoren mit Szenarien des Kalten Krieges, die in einem allgemeineren Begriffssinne auf die Blockkonfrontation zwischen Ost und West in der gesamten Nachkriegszeit abheben. Wenig aber behandelt die Literatur den Vietnam-Krieg, was relativ zur Zahl von Beiträgen über den Kalten Krieg erstaunt, besonders aber zu seiner Präsenz in digitalen Spielen. In seiner genannten Post-Doc-Schrift überblickt Bender mehrere Spielformen dazu. Gezielt aber kontrastiert Rudolf Inderst die Darstellungsweisen von vier Shootern zu dem Konflikt aus geschichtswissenschaftlicher Perspektive.⁵⁹¹ Die Forschung solle sich digitalen

---

587 **November, Joseph A.:** Fallout and Yesterday's Impossible Tomorrow, in: Kapell, Matthew W. / Elliott, Andrew B. R. (Hg.): Playing with the Past. Digital Games and the Simulation of History, London 2013; S. 297–312 untersuchte alle Teile, die bis 2013 erschienen: **Fallout: A Post Nuclear Role Playing Game** 1997; **Fallout 2: A Post Nuclear Role Playing Game** 1998; **Fallout Tactics: Brotherhood of Steel** 2001; **Fallout: Brotherhood of Steel** 2004; **Fallout 3** 2008; **Fallout: New Vegas** 2010. Später stießen zu der Reihe das Mobile Game **Fallout Shelter** 2015 und **Fallout 4** 2015 auf PC und Konsolen.
588 **November:** Fallout, 2013; S. 297/8.
589 **November:** Fallout, 2013; S. 309.
590 **Cutterham, Tom:** Irony and American Historical Consciousness in Fallout 3, in: Kapell, Matthew W. / Elliott, Andrew B. R. (Hg.): Playing with the Past. Digital Games and the Simulation of History, London 2013; S. 313–26, hier bes. S. 314.
591 **Inderst, Rudolf T.:** „Fire in the Hole!". Zur Darstellung des Vietnamkrieges 1965–1973 in ausgesuchten Videospielen, in: Appel, Daniel / Huberts, Christian / Raupach, Tim / Standke, Sebastian (Hg.): Welt|Kriegs|Shooter. Computerspiele als realistische Erinnerungsmedien?, Boizenburg 2012; S. 136–59, hier bes. S. 140–45: **Men of Valor** 2004; **Conflict: Vietnam** 2004; **Shellshock Nam '67** 2004; **Vietcong: Purple Haze** 2004. Qualitativ sind die übrigen Beiträge des Bandes deswegen schwankend, weil medien- und kulturwissenschaftliche Interessen dominieren, die jedoch (mit Ausnahme von Inderst) nicht mit ausreichend geschichtswissenschaftlicher Kenntnis einhergehen. So zeigen zum Beispiel die Ausführungen von Ricarda Tesch kein tiefergehendes Verständnis über For-

Spielen aus Richtung der Mentalitätsgeschichte und der Realienkunde als Teil einer Neuen Kulturgeschichte nähern. Die vier ausgewählten Shooter von 2004 enthielten übergreifende, homogene Vorstellungen zum Vietnamkrieg, was jedoch an der gewählten Spielform liegen könne.[592] Ihre Historienbilder fußten wenig auf ursprünglichen historischen Quellen, sondern griffen auf filmische Vorbilder zurück. Zu diesem Ergebnis kam auch Steffen Bender.[593] Inderst sieht darin den Grund, weshalb Spielende ausschließlich Heldenfiguren verkörpern, die nicht selten den Kriegsverlauf entscheiden. Es dominiere die Sicht der U.S.A., weshalb die vier Beispiele vor allem deren normative Werte und Diskurse in die Spielinhalte transportierten.[594] Gleichzeitig seien explizite Erfahrungen von Gewalt und Ekel omnipräsent.

Mehr Aufmerksamkeit erhielt der Erste Weltkrieg, seit sich zentrale Ereignisse zum hundertsten Mal jährten. Themen für geschichtswissenschaftliche Studien an digitalen Spielen unterliegen denselben historischen Erinnerungszyklen wie andere Inhalte. Im Umfeld des Gedenkens entstanden daher einige Beiträge. Der Erste Weltkrieg verließ auch als Szenario in digitalen Spielen sein vormaliges Nischendasein, wobei sich Formen seiner Inszenierung diversifizierten. Für den Zeitraum von 1981 bis 2012 zählt Angela Schwarz lediglich 60 Titel, die sich gezielt mit dem Ersten Weltkrieg befassen.[595] 91 Prozent davon zählt sie entweder zu Fahrzeugsimulationen oder Strategiespielen – gut die Mehrheit davon stelle erstere Kategorie.[596] Wegen dieses Zuschnitts beförderten Spiele zum Ersten Weltkrieg das Bild, Krieg sei in erster Linie etwas, das männliche Frontsoldaten beträfe. Diplomatie, Wirtschaft oder die Versorgung der Bevölkerung spielten keine Rolle. Frauen träten praktisch nicht auf. Selbst der Kampf an sich handele eindimensional von dem Kriegsgerät, nicht etwa von den Menschen, die es steuerten. Ihre Überlegungen zum Leitthema des Sammelbandes umfassen einige Grenzen am digitalen Spiel:[597] Überschritten würden geografische Grenzen, relativ frei exakten Karten nachempfunden, aber auch soziale Barrieren, weil Spielfiguren oft mehr dürften als reale historische Vorbilder mit gleichem Status. Die Grenzen des Darstellbaren erweiterten sich um gesellschaftlich sensible

---

men von Geschichte: **Tesch, Ricarda:** Gefälschte Geschichte? Wie Computerspiele mit der Realität spielen, in: Appel, Daniel / Huberts, Christian / Raupach, Tim / Standke, Sebastian (Hg.): Welt|Kriegs| Shooter. Computerspiele als realistische Erinnerungsmedien?, Boizenburg 2012; S. 93–103. Den gesamten Band durchzieht der Versuch, die „authentische", „realistische", „wirkliche" Buchgeschichte in digitalen Spielen wiederzufinden. Diesem Anspruch können sie nicht gerecht werden. Über das spezifische mediale Verhältnis digitaler Spiele zu historischen Konzepten, finden sich kaum Ausführungen.

592 Inderst: Fire, 2012; S. 156.
593 Bender: Erinnern, 2012; S. 186.
594 Inderst: Fire, 2012; S. 154/55.
595 Schwarz, Angela: Grenzenloser Krieg? Der Erste Weltkrieg in Computerspielen, in: Kuhn, Bärbel / Windus, Astrid (Hg.): Der Erste Weltkrieg im Geschichtsunterricht. Grenzen – Grenzüberschreitungen – Medialisierung von Grenzen, St. Ingbert 2014; S. 105–15, S. 105.
596 Schwarz: Krieg, 2014; S. 106.
597 Schwarz: Krieg, 2014; S. 106/7.

Bereiche, weil das ehemals als Kinderspielzeug verrufene digitale Spiel nun auch diesen Krieg thematisiere. Ohnehin würden Spiele in die Barriere zwischen Vergangenem und Heutigem vordringen, sie sprengten aber auch die Schranken zwischen den Medienkanälen, weil sie Ton, Bild, Film und Text integrierten und mischten. Ihre Ausführungen treffen zwar auf Spiele zu, die den Ersten Weltkrieg inszenieren, allerdings nicht exklusiv. Zahlreiche Arbeitsbeispiele veranschaulichen Historikern zentrale Aspekte des Ersten Weltkriegs in digitalen Spielen.[598] Chapman findet 58 Titel von Flug- und U-Boot-Simulationen über Shooter bis hin zu Strategiespielen, die den Ersten Weltkrieg thematisieren.[599] Nach seiner Ansicht referenzierten nur 18 davon die populäre Erinnerungskultur zum Ersten Weltkrieg, weil nur diese „depicted soldiers on the frontline". Die populäre Erinnerung an den Ersten Weltkrieg „refers to the dominant strand of this collective memory in the consciousness of the populations of some of the countries involved in WWI". Dass die Erinnerung weitgehend an den Frontsoldaten in den Gräben der Westfront festgemacht werde, weist er leider nur an der britischen Erinnerungskultur nach. Die Vermutung, analog seien andere beteiligte Staaten wie Frankreich, Deutschland, die USA und Kanada ähnlich geprägt, ist spekulativ. Bei Deutschland handelt es sich um einen Vertreter der damaligen Gegenseite, zudem spielt etwa der Mythos des Luftkriegs mit dem „Roten Baron" eine große Rolle.[600] Chapman übergeht auch das Osmanische Reich, das als Achsenmacht weniger Berührungen mit den Grabenkämpfen im Westen hatte, aber einen wichtigen Teil der türkisch-nationalen Erinnerungskultur aus der Abwehr der Invasion bei der Festung Gallipoli bezieht.[601] Sein Argument lässt sich also nicht ohne Weiteres über die britische Erinnerung hinaus erweitern. Zudem bleibt an seiner Sortierung schleierhaft, wo in digitalen Spielen die Grenze liegt, was noch als populäre Erinnerung an eine soldatische Erfahrung in den Gräben der Westfront gelten kann. Es besteht im-

---

598 **Schwarz:** Krieg, 2014; S. 107–15. Weitere Vorschläge zu Unterrichtsgestaltung und Quellenmaterial bei **Jegust, Stefan:** „Valiant Hearts". Kriegserfahrung 2014 im Computerspiel, in: Kuhn, Bärbel / Windus, Astrid (Hg.): Der Erste Weltkrieg im Geschichtsunterricht. Grenzen – Grenzüberschreitungen – Medialisierung von Grenzen, St. Ingbert 2014; S. 205–13, S. 206–13.
599 **Chapman, Adam:** It's Hard to Play in the Trenches. World War I, Collective Memory and Videogames, in: *Game Studies* Nr. 2 16/2016. Online unter: http://bit.ly/2lxTQKO (Letzter Zugriff: 30.3.2019).
600 Für einen Überblick zu den Themen der deutschsprachigen Erinnerungskultur in Museen, Ausstellungen, Denkmälern, Literatur und Comic sowie in Film, TV, Theater und auf Reisen siehe **Korte, Barbara / Paletschek, Sylvia / Hochbruck, Wolfgang** (Hg.): Der Erste Weltkrieg in der populären Erinnerungskultur, Essen 2008. Leider fehlt die Perspektive auf digitale Spiele.
601 Siehe zum Gemisch aus Verdrängung des armenischen Genozids im Zusammenhang mit dem Nationalgedenken an Gallipoli bei **Assmann, Aleida:** Formen des Vergessens, Göttingen 2016; S. 140–50 und zur Verbindung zwischen der literarischen Verarbeitung der Kriegsereignisse und dem türkischen Nationalismus: **Köroğlu, Erol:** Ottoman Propaganda and Turkish Identity. Literature in Turkey during World War I, London 2007. Die wechselvolle Tradition der Erinnerung bei **Atabay, Mithat / Körpe, Reyhan / Erat, Muhammet:** Remembering Gallipoli from a Turkish Perspective, in: Sagona, Antonio G. / Atabay, Mithat / Mackie, Christopher J. / McGibbon, Ian C. / Reid, Richard (Hg.): Anzac Battlefield. A Gallipoli Landscape of War and Memory, Melbourne 2016; S. 222–43.

merhin eine große Bandbreite von möglichen Referenzen auf eine solche Erinnerungskultur. Sie kann von der Ego-Perspektive im Shooter *Battlefield 1* über die zeichnerische Verfremdung beim 2-D-Action-Abenteuer *Valiant Hearts: The Great War* bis hin zur taktischen Perspektive des Strategiespiels *History Line: 1914 – 1918* oder zur globalstrategischen Sicht von *Making History: The Great War* reichen.[602]

Zurecht stellt Angela Schwarz in jüngeren Jahren eine Veränderung der üblichen Spielformen zum Ersten Weltkrieg fest. So hätten sich die Entwickler von *Verdun 1914 – 1918* etwa an einen Team-Shooter gewagt, der sich auf das Kämpfen in den Gräben konzentriere. Das 2D-Action-Abenteuer *Valiant Hearts: The Great War* hingegen habe erstmals völlig „normale Menschen [...] in die anormale Situation der Schützengräben an der Westfront hinein katapultiert."[603] Um das Spiel zu meistern, „müssen die von ihrer Herkunft her verfeindeten Menschen zusammenarbeiten." Auch Christopher Sawula sieht hierin die zentrale Leistung gegenüber anderen Inszenierungen von Kriegen in digitalen Spielen.[604] Zwar ist David Hussey manche Sequenz zu sentimental, *Valiant Hearts* inszeniere aber den Krieg verstörend, „without entirely falling victim to the First Person Shooter glorification. It shows that games can recreate war in all it's barbarity."[605] Lehrenden legt Stefan Jegust daher eben diesen Titel „für eine erste Auseinandersetzung mit dem Computerspiel als Medium im Geschichtsunterricht" nahe.[606] Angesichts der Komplexität von populären historischen Erinnerungen, den differenzierten Szenarien und diversen Spielformen überzeugt die Verallgemeinerung von Chapman nicht, dass genretypische Mechaniken und Atmosphären sowie grundsätzliche Grenzen des Spielens den Zugriff digitaler Spiele auf die populäre Erinnerungskultur zum Ersten Weltkrieg einschränken würden.[607] Deshalb ist der geringe Anteil von Titeln, die seiner Ansicht nach die populäre Erinnerung an den Ersten Weltkrieg referenzieren, nicht plausibel. Für eine eigenan Statistik zählt Andrew Wackerfuss sogar nur 42 relevante Titel, die den Ersten Weltkrieg thematisieren.[608] Misst man Chapman und Wackerfuss an ihren Ausführungen, suchten sie recht kursorisch nach Datenbanktreffern. Obwohl beide die Geschichte digitaler Spiele seit 1980 berücksichtigen, unterscheiden sich ihre Zählungen um mehr als ein Fünftel. Was genau ein Spiel mit historischer Inszenierung für sie jeweils wäre, erläutern sie nicht. Sind die Spiele jedoch rein intuitiv historisch zugeordnet, fällt

---

602 Battlefield 1 2016; **Valiant Hearts. The Great War** 2014; **Historyline 1914 – 1918** 1992; **Making History: The Great War** 2015.
603 Schwarz: Krieg, 2014; S. 106.
604 Sawula, Christopher: Valiant Hearts. The Great War, and The Shaping of Historical Memory, in: Play the Past 10.12.2014. Online unter: http://bit.ly/2jCoDVG (Letzter Zugriff: 30.3.2019).
605 Hussey, David R.: Valiant Hearts: The Problem (and Solution) of Historical War Video Games, in: Play the Past 23.7.2014. Online unter: http://bit.ly/2lu3cX1 (Letzter Zugriff: 30.3.2019).
606 Jegust: Valiant Hearts, 2014; S. 205.
607 Chapman: Trenches, 2016.
608 Wackerfuss, Andrew: „This Game of Sudden Death". Simulating Air Combat of the First World War, in: Kapell, Matthew W. / Elliott, Andrew B. R. (Hg.): Playing with the Past. Digital Games and the Simulation of History, London 2013; S. 233 – 46, hier S. 233/4.

schwer zu prüfen, wie plausibel ihre Zahlen sind. Erneut wirkt sich negativ aus, was Abschnitt *2.2 Die Vermessung des Historischen* kritisierte: Aussagen auf Basis erhobener Zahlen sind nur dann tragfähig, wenn das Historische eines Spiels näher definiert wird und die Wege der Erhebung methodisch geeignet sind. Die vermeintlich exakten Zahlen sind also bezweifeln. Zudem entsteht die Differenz dadurch, dass Chapman mehr Strategiespiele ausweist und neun Shooter auffindet, die es laut Wackerfuss gar nicht geben soll. Beide jedoch identifizieren ein erhebliches Übergewicht von Simulationen, unter denen besonders viele das Fliegen thematisierten. Wackerfuss fokussiert seinen Artikel daher auf diese Flugsimulatoren. Wegen der untergeordneten Rolle von Flugmaschinen, die im Ersten Weltkrieg vorwiegend zur Aufklärung eingesetzt wurden, sei die große Zahl dieser Simulationen überraschend.[609] Sie werfe die Frage auf, ob ihre Dominanz etwas über den Krieg selbst aussage und über die historische Erinnerung an ihn. Zwei Gründe könnten diesen Schwerpunkt erklären:[610] Zum einen könne die erstmalige Überlieferung der Schlachtfelder durch Luftaufnahmen medial prägend für die Erinnerung an diesen Krieg gewesen sein. Zweitens würden Traditionen der technischen Umsetzung und im Game Design einen authentischen Eindruck von dem Kriegsgerät befördern.[611] In einem Krieg, der am Boden zermürbend, grausam und schmutzig verlief, sei dagegen die Erinnerung an den Luftkampf von heroischen Wettstreit geprägt.[612] Diese Umstände begünstigten die Simulation eines Luftkampfes, denn wenn in der Vorstellung ehrbare Kämpfer gegeneinander zu Felde zögen, würde nur ihr Können über Sieg und Niederlage entscheiden. Das Bild, das Chapman und Wackerfuss vom Ersten Weltkrieg in digitalen Spielen zeichnen, bleibt widersprüchlich. Chapman macht die britische Erinnerungskultur an soldatischen Perspektiven des Grabenkriegs fest, die er kaum in digitalen Spielen wiedergefunden haben will. Für Wackerfuss bestimmen heroisierte Luftkämpfe die Erinnerung. Indizien bieten sicherlich Anlass, den Zusammenhängen weiter nachzuspüren, die Ergebnisse beider leiden aber unter den unsystematischen Erhebungen, der darauf aufgebauten Methodik, schwacher Begrifflichkeit sowie gewagten Postulaten zur Erinnerungskultur zumindest über den angelsächsischen Raum hinaus.

Weniger als bei Chapman durch Annahmen vorstrukturiert, analysierte Chris Kempshall systematisch die Darstellung des Ersten Weltkriegs in der bislang einzigen, umfassendere Monografie.[613] Bevor er sich vier Schwerpunkten annahm, schickte er eine Einführung zur Rolle verschiedener Medienformen für die britischen Erinnerungskultur voraus.[614] Als ersten Aspekt untersucht er Verbindungen von Narrativen

---

609 **Wackerfuss:** Sudden Death, 2013; S. 234/5.
610 **Wackerfuss:** Sudden Death, 2013; S. 235.
611 **Wackerfuss:** Sudden Death, 2013; S. 235–37.
612 **Wackerfuss:** Sudden Death, 203; S. 238/39.
613 **Kempshall, Chris:** The First World War in Computer Games. With a Foreword by Esther MacCallum-Stewart, Basingstoke 2015.
614 **Kempshall:** First World War, 2015; S. 1–16.

zwischen Spielen und Filmen, denn letztere lieferten weniger Vorbilder im Vergleich zum reichhaltigen Fundus des Zweiten Weltkriegs.[615] Digitale Spiele entlehnten daher bildliche Vorstellungen nicht aus filmischen Vorlagen, sondern bezögen stärker Narrative aus Quellen wie TV-Dokumentationen, überlieferten Texten und Fotografien. Zweitens forschte er nach der räumlichen Ordnung und chronologischen Struktur bei den dargestellten Ereignissen.[616] Viele Spiele inszenierten ausschließlich die westliche Perspektive und brächen mit der Chronologie von Ereignissen, um Anschluss an populäre, ikonische Schauplätze zu finden. Wie digitale Kampfhandlungen dargestellt sind, hält er drittens für den zentralen Zugriffsweg auf die Wechselwirkung der Spiele mit der Populärkultur.[617] Die komplizierte Erinnerung an den Ersten Weltkrieg, sowohl auf der Ebene der Schlachtfelder wie der militärisch-diplomatischen Verwicklungen, erschaffe ein risikoreiches und unbequemes Terrain sowohl für Spieler als auch Entwickler in einem interaktiven Setting. Dadurch identifizierte er erwünschte bzw. erwartete Erinnerungen an den Ersten Weltkrieg.[618] Im Vergleich, wie der Krieg an seinen Fronten endete und wie die Spiele zu einem Ende kämen, ließe sich verstehen, welche Spielerfahrungen in welcher Form als erinnernswert und lernenswert für die Nutzer betrachtet würden.

Auch wenn der Band mit gut hundert Textseiten nicht üppig ausfällt, besticht Kempshalls Argumentation durch die vier kondensierten Schwerpunkte. Er untersucht viele aktuelle Beispiele, kehrt aber in der Hauptsache stets zum 2D-Action-Abenteuerspiel *Valiant Hearts*, dem Team-Shooter *Verdun 1914–1918* und mit *The Great War Mod* auch zu einer Modifikation des Echtzeit-Strategiespiels *Total War: Napoleon* zurück.[619] Besonders an ihnen arbeitet Kempshall innovative, jüngere Entwicklungen heraus, erläutert aber auch Defizite. Seine Befunde ergeben, dass sich das Bild, welches digitale Spiele vom Ersten Weltkrieg zeichnen, weit über das hinaus entwickle, was in anderen Medienformaten üblich sei.[620] Durch die Fähigkeit digitaler Spiele, Erzählungen und Narrative von Menschlichkeit entlang von Bildern des Konfliktes mit Tragödien zu vermengen und diese in die handelnden Hände der Spieler zu legen, gerieten digitale Spiele zu den innovativsten Medien, den Krieg zu porträtieren. Gleichwohl sei nicht jede Darstellung ausreichend reflektiert, weil Entwickler, Spiele und Spielende „interact with an event that is so deeply complicated and convoluted and contradictory that it does not always know what it wants to be."[621] Dieses Problem aber teile die Darstellung mit dem gesamten populären Bild, das „is composed of so

---

615 **Kempshall:** First World War, 2015; S. 17–38.
616 **Kempshall:** First World War, 2015; S. 39–57.
617 **Kempshall:** First World War, 2015; S. 58–81.
618 **Kempshall:** First World War, 2015; S. 82–95.
619 **Valiant Hearts. The Great War** 2014; **Verdun 1914–1918** 2015; **Total War: Napoleon** 2010; **The Great War 5.0. Napoleon: Total War Mod** 2013 ff. Online unter: http://bit.ly/2kHb1Il (Letzter Zugriff: 30.3.2019).
620 **Kempshall:** First World War, 2015; S. 96–104.
621 **Kempshall:** First World War, 2015; S. 98.

many different competing factors that serious scrutiny of it uncovers huge gaping holes in its logic."⁶²² Insofern handelt es sich nicht um ein spezifisches Problem des Mediums digitaler Spiele, sondern einer unterkomplexen, zerrütteten Erinnerungskultur. Daher teilt er nicht die Meinung von Chapman, man könne eine populäre Erinnerung einseitig an Gräben und den Erfahrungen von Soldaten festmachen.⁶²³ Seine Studie zeige, dass digitale Spiele zunehmend diesen Zwängen entkämen, indem sie „struggle to break away from some of the most dominating tropes and stereotypes of the conflict."⁶²⁴ In einer gesonderten Studie hob Kempshall hervor, dass die Vorstellungen über Soldaten bei Spielen zum Ersten Weltkrieg in zwei Perspektiven gespalten seien: das Individuum und die Massen.⁶²⁵ Im Vergleich zu den etablierten Erinnerungen an den Zweiten Weltkrieg würden neuere Spiele den Ersten Weltkrieg zurecht als den moralisch und von den jeweiligen nationalen Zielen her komplizierteren Konflikt zeichnen. Deshalb transportierten sie widersprüchliche, wettstreitende Visionen von Heldenhaftigkeit und Überleben in Kriegszeiten.⁶²⁶ Das Beispiel des Ersten Weltkriegs lasse erkennen, wie das Medium seine Eigenschaften gezielt nutzen könne, um einen eigenständigen Kommentar zur Erinnerungskultur beizutragen.⁶²⁷ Eindrucksvoll belegen diese Thesen einige Hamburger Entwickler mit *Ad Infinitum*.⁶²⁸ Die Leiden von Menschen an allen Fronten des Weltkriegs übersetzt das Horror-Survival mithilfe kraftvoller Symbolik in grauenerregende Monstrositäten. Kunstfertig referenziert es in neuartiger Weise auf die Erinnerungskultur.

Gemeinsam traten sich Adam Chapman und Chris Kempshall in einem Dialog zum Team-Shooter *Battlefield 1* gegenüber.⁶²⁹ Die Diskussion über ihre Sichtweisen offenbare, wie sie aufgrund ihrer Annahmen den Beitrag des Shooters zur Erinnerung an den Ersten Weltkrieg unterschiedlich werten. Der Krieg sei dort laut Chapman so dargestellt, wie es Traditionen in Spiel und Film über den Zweiten Weltkrieg entspräche; an die Erinnerungskultur zum Großen Krieg lehne sich der Shooter kaum an. Er kritisiert, dass die Sichtweise des britischen Empires in den Einzelspielerkampa-

---

622 **Kempshall:** First World War, 2015; S. 98.
623 **Kempshall:** First World War, 2015; S. 8. Er bezieht sich hier auf einen Vortrag unter demselben Titel, der dem hier verwendeten Beitrag von Chapman in den Proceedings der Konferenz Nordic DiGRA 2014 vorausging. In der Argumentation jedoch unterscheidet er sich nicht: **Chapman, Adam:** It's Hard to Play in the Trenches. World War 1, Collective Memory and Videogames, in: *Nordic DiGRA* 30.5.2014. Online unter: http://bit.ly/2kLa01 J (Letzter Zugriff: 30.3.2019).
624 **Kempshall:** First World War, 2015; S. 98.
625 **Kempshall, Chris:** Pixel Lions. The Image of the Soldier in First World War Computer Games, in: *Historical Journal of Film, Radio and Television*, Nr. 4 35/2015; S. 656–72, hier S. 658–64. Online unter: http://bit.ly/2eXbZif (Letzter Zugriff: 30.3.2019).
626 **Kempshall:** Pixel Lions, 2015; S. 665–69.
627 **Kempshall:** Pixel Lions, 2015; S. 670.
628 **Ad Infinitum** (StrixLab / unbek.) tba.
629 **Chapman, Adam / Kempshall, Chris:** Battlefield 1: Can the Great War be a Great Game?, in: *The Ontological Geek* 16.2.2017. Online unter: http://bit.ly/2lemDRy (Letzter Zugriff: 30.3.2019); **Battlefield 1** 2016.

gnen überwiege, wohingegen die Mittelmächte kaum präsent seien. Schwer begreiflich sei, dass die Entwickler die französische und die russische Kriegspartei in spätere Ergänzungen verschoben. Dementsprechend legten die Kampagnen im Marketing große Unsicherheit der Entwickler und Publisher offen, sich selbst in der Erinnerungskultur zu verorten. Zwar gesteht Kempshall zu, dass die Bildsprache aus Inszenierungen des zweiten Weltenbrandes stammt, mit dem komplexen Kriegsgeschehen gehe *Battlefield 1* jedoch differenzierter um. Etwa schlage sich dies im Fehlen klarer Freund-Feind-Schemata nieder. Die Entwickler seien von stereotypen Schauplätzen der Westfront abgerückt, indem sie die Landung bei Gallipoli und norditalienische Alpenkämpfe integrierten. Daher bereichere *Battlefield 1* das mediale Erinnern um eine neue Tonalität. Chapman sieht den Team-Shooter weniger als gelungenen Beitrag zur Erinnerungskultur, sondern für den geschichtswissenschaftlichen Diskurs. Er zeige die Schwierigkeiten, historische Elemente plausibel in spielmechanische Traditionen zu integrieren. Umgekehrt ließe sich durch Studien daran ergründen, welche Chancen für historische Inszenierungen in welcher Spielmechanik lägen.

Schon die Erinnerung an den Ersten Weltkrieg ist ein komplexer medialer Prozess, in dem digitale Spiele, abhängig von ihren intrinsischen Eigenschaften, ihren Beitrag leisten. Rückt das Interesse nun auf die Mikroepoche des Zweiten Weltkriegs vor, begibt man sich zusätzlich in ein Spannungsfeld, das in der Forschung besondere Sensibilität und Sorgfalt erfordert. Dabei geht es ausdrücklich nicht um eine vermeintliche Siegerdeutung des Konfliktes, wie es zum Zeitpunkt der Entstehung dieses Buches radikale Feinde unserer Grundordnung laut an jedem differenzierten Geschichtsbild beklagen. Die Sensibilität gilt der Aufforderung, klare Begrifflichkeiten und Sätze zu verwenden, die nicht apologetisch missdeutbar sind, um das Andenken an alle Opfer von Krieg, Folter, Mord und Unterdrückung nicht zu entwürdigen. Vor diesem Hintergrund ist es nur verständlich, dass auch die fachliche deutsche Diskussion stärker als anderswo die grundsätzliche moralische Frage aufwirft, ob digitale Spiele den Weltkrieg, die extremen Weltanschauungen sowie Täter und Opfer des Dritten Reiches überhaupt thematisieren dürften. Digitale Spiele und ihre Kultur sind insofern nicht nur ins Verhältnis zur Erinnerung an den Zweiten Weltkrieg, sondern auch in das Verhältnis zu anderen Erinnerungskulturen im medialen Spektrum zu setzen.

Ob digitale Spiele nun aus Sicht der historischen Forschung den Zweiten Weltkrieg und das Dritte Reich behandeln sollten oder nicht, beindruckt die Realitäten am Markt kaum. Spiele zu dieser Mikroepoche sind reich an der Zahl. Angela Schwarz ordnet dem Zeitraum von 1981 bis 2011 beeindruckende 26 % aller Neuerscheinungen auf der PC-Plattform zu.[630] Die Vielfalt von Spielformen ist groß, wie ich in der Einführung schon anhand einiger Beispiele darlegte.[631] Auch wenn sich die großen

---

630 Schwarz: Computerspiele, 2012²; S. 14/15.
631 Siehe zu den verschiedenen Formen die Beispiele ab S. 20.

Blockbuster-Reihen nach 2006/7 von ihm abwendeten, weil sie moderne Kriege als Szenarien entdeckten, behielt der Zweite Weltkrieg weiter einen festen Platz am Markt.[632] Um die Bedeutung des Phänomens einzuordnen, führte Rainer Pöppinghege eine Zählung durch.[633] Mithilfe der Klassifikation durch das Schlagwort „world war ii games" identifizierte er in der Datenbank *MobyGames* 424 digitale Spiele zwischen 1980 und 2007, von denen gut 50% nach dem Jahr 2000 erschienen sind.[634] Der Link, den Pöppinghege angibt, ist jedoch leider nicht mehr gültig. Meine Suchanfrage unter dem Begriff „World War ii" gab 230 Treffer aus, verteilt über viele Plattformen. Problematisch sind seine Zahlen, weil er sie methodisch nicht näher einordnet. Zwar räumt er ein, dass „möglicherweise nicht alle Spiele erfasst und deren Zahl [...] eventuell also noch etwas größer" ist, allerdings sind die systematischen Fehlerquellen seiner Erhebung sehr viel größer. Die vermeintliche Steigerung von Neuerscheinungen in der Datenbank ab dem Jahr 2000, dürfte erheblich mit der Gründung der Datenbank 1999 zusammenhängen. Von dortan wurden viele Neuerscheinungen erfasst, der Verdacht liegt aber nahe, dass rückwirkend nicht alle relevanten Titel nachgetragen wurden. Dies würde nicht nur den plötzlichen Anstieg erklären, sondern auch rückwirkend den kontinuierlichen Abfall bis 1980. Außerdem ist der Charakter dieser Datenbank einzubeziehen. Sie begann als Sammlung für PC-Spiele und nahm erst nach und nach andere Plattformen auf. Ob nun aktuell oder rückwirkend, werden ihr nicht systematisch alle Titel gemeldet. Lücken schließt diese nicht mit eigenem Personal. *MobyGames* ist ein von Nutzern getragenes Datenbank-Projekt. Ob also ein Spiel eingetragen wird und die Zuordnung zum Weltkrieg korrekt ist, hängt von dem Nutzer ab, der ein Spiel vorschlägt und einpflegt. Damit leidet die Aussagekraft der Zahlen vergleichbar wie bei den statistischen Erhebungen in Abschnitt *2.2 Die Vermessung des Historischen*. Quantitative Versuche, das Phänomen zu umreißen, gehen fehl, wenn sie ihre methodischen Defizite nicht sorgfältig ausweisen. Verlässlich bleibt festzuhalten, dass offenbar eine erhebliche Zahl von Spielen auf der PC-Plattform den Zweiten Weltkrieg thematisiert. Diese Feststellung genügt, um die Mikroepoche geschichtswissenschaftlich näher zu betrachten.

Inhaltlich geht Pöppinghege scharf mit digitalen Spielen und ihren Geschichtsbildern ins Gericht. Schon der erste Satz seines 2009 erschienenen Beitrages setzt den realen, Menschenleben vernichtenden Weltkrieg mit der Freizeitbeschäftigung von

---

632 Nolden: Rückzug, 2016.
633 Pöppinghege, Rainer: Ballern für den Führer. Der Zweite Weltkrieg im Computerspiel, in: Steinberg, Swen / Meissner, Stefan / Trepsdorf, Daniel (Hg.): Vergessenes Erinnern. Medien von Erinnerungskultur und kollektivem Gedächtnis, Berlin 2009; S. 105–20; S. 109.
634 Pöppinghege: Ballern, 2009; S. 108; **MobyGames**, hg. Blue Flame Labs, San Francisco 1999 ff. Online unter: www.mobygames.com (Letzter Zugriff: 30.3.2019). Die Statistik legt auch zugrunde **Pöppinghege, Rainer:** Wenn Geschichte keine Rolle spielt. „Historische" Computerspiele, in: Hardtwig, Wolfgang / Schug, Alexander (Hg.): History sells! Angewandte Geschichte als Wissenschaft und Markt, Stuttgart 2009; S. 131–38, hier S. 132.

heutigen „Urenkeln" gleich.⁶³⁵ Ein solcher Vergleich stellt er nicht nur die Tonlage seines Beitrages bedenklich ein, er wird beiden Seiten auch nicht gerecht: den Menschen in Zeiten des Weltkriegs nicht, deren furchtbare reale Erfahrungen er mit einem digitalen Spiel gleichsetzt, und den Spielern nicht, die keine realen Gräueltaten begehen oder menschliches Leben auslöschen. In dieser Weise versteigt er sich leider auch an anderen Stellen.⁶³⁶ Seine sachliche Ebene aber weist auf die besondere Wirkmacht hin, die digitale Spiele wie andere populäre Medien auf ihre Nutzer hätten, weil Geschichtsbilder in einem gesellschaftlichen Diskurs entstünden.⁶³⁷ In der Regel produzierten Entwickler ihre Spiele zum Zweiten Weltkrieg ohne Beratung durch Historiker, und fast alle würden mit einer positivistischen Haltung inszeniert. Bemerkenswert sei der Kontrast zwischen dem Versprechen von Authentizität, das sich oft auf die historische Ausgangslage und akkurat nachgebildete Waffensysteme fixiere, und kontrafaktischen Handlungsmöglichkeiten der Spieler, die leider nicht dazu führten, dass digitale Spiele multiperspektivisch inszeniert wären.⁶³⁸ Zudem kritisiert er das militärische Heldentum, das allgegenwärtig einem bedenklichen Muster folge: Das Dritte Reich habe im Grunde moralisch integere Gestalten, die sich nicht sonderlich für Politik interessierten, unmerklich auf den falschen Weg verleitet.⁶³⁹ Dem nicht genug, gebe es höchst bedenkliche Exemplare von Spielen, für deren Recherche die Entwickler Literatur verwendeten, die als rechtsextrem und verfassungsfeindlich einzustufen sei.⁶⁴⁰ Er wolle nicht allen Entwickler dieses Gedankengutes zuschreiben, zumindest aber gingen sie fahrlässig mit Quellen und ihren Urhebern um. Im Umfeld habe sich zudem eine „Community gebildet, die die Ästhetisierung von Krieg, Militär und Gewaltanwendung unreflektiert vorantreibt."⁶⁴¹ So unreflektiert wie digitale Spiele den Zweiten Weltkrieg darstellten, seien ihre Inhalte „problemlos anschlussfähig für rechtsextremes Gedankengut" und enthielten „Versatzstücke eines revisionistischen Geschichtsverständnisses".⁶⁴² Welch harte Urteile Pöppinghege moralisch fällt und aus wenigen Beispielen auf hunderte Spiele verallgemeinert, ist abzulehnen. Offenkundig fehlt ausreichende Sachkenntnis über das Spektrum digitaler Spiele. Titel etwa, in denen man „Ballern für den Führer" kann,

---

635 **Pöppinghege:** Ballern, 2009; S. 105.
636 **Pöppinghege:** Ballern, 2009; S. 111: In der Sache nicht hilfreiche Formulierungen, die wissenschaftlich wenig tragfähig sind, wie: „Die Allmachtsfantasien des Spielers korrelieren [...] mit jenen zeitgenössischen Größenwahnvorstellungen, die das Deutsche Reich doch noch zum ‚Endsieg' führen sollten." Von solchen Formulierungen weitgehend enthält sich hingegen **Pöppinghege:** Geschichte, 2009.
637 **Pöppinghege:** Ballern, 2009; S. 108. Prozesse, die der „Genese von Geschichtsbildern" zugrunde liegen, erläutert er in **Pöppinghege:** Geschichte, 2009; S. 133/4.
638 **Pöppinghege:** Ballern, 2009; S. 109/10.
639 **Pöppinghege:** Ballern, 2009; S. 112.
640 **Pöppinghege:** Ballern, 2009; S. 113–16.
641 **Pöppinghege:** Ballern, 2009; S. 114/5.
642 **Pöppinghege:** Ballern, 2009; S. 116.

gibt es schlicht so gut wie keine. Dass Spieler selten aus deutscher Perspektive kämpfen, liegt auch keineswegs am deutschen Strafrecht.[643]

Laurens Bluekens wertete 96 Titel aus, die mit unterschiedlichen Perspektiven in diversen Spielformen zwischen 1992 und 2012 erschienen, und fand mit *Red Orchestra 2: Heroes of Stalingrad* genau einen Shooter, der eine Kampagne aus deutscher Perspektive enthielt.[644] Viele Shooter stellten nicht nur den Krieg aus alliierter Perspektive dar, sondern in klarer Dichiotomie deren Soldaten als heroisch und gut, deutsche Kämpfer hingegen entmenschlicht und seelenlos.[645] Ausgerechnet der Shooter zu Stalingrad verlieh deutschen Soldaten erstmals menschliche Züge. Strategiespiele präsentierten die Kriegsparteien häufiger ebenbürtig und brächten seit der Jahrtausendwende neben den alliierten Kampagnen vermehrt Narrative aus deutscher Sicht hervor.[646] Einige Titel dämonisierten das Dritte Reich, seien aber auch in ihrem Gewaltgrad und dem Gehalt nationalsozialistischer Symbolik extrem und enthielten okkulte Elemente sowie Science Fiction.[647] Pöppinghege ist daher zuzustimmen, dass der Zweite Weltkrieg häufig in digitalen Spielen als „ein Krieg wie jeder andere" erscheine, ohne die Verwicklungen der Wehrmacht als Instrument des Vernichtungskriegs und der Deportationen zu zeigen.[648] Nationalsozialistische Symbolik trete auf dem deutschen Markt aufgrund des Kennzeichenverbots ebenso wenig auf, wie digitale Spiele grundsätzlich keine Konzentrationslager oder Ghettos thematisierten. Gegenwärtig erscheine „[d]er Zweite Weltkrieg [...] nicht als der die gesamte Gesellschaft involvierende ‚totale Krieg', sondern ist reduziert auf militärische Operationen."[649] Dass dieser Mangel an Kontextualisierung aber daran liege, dass „sich dafür das Medium des Spiels natürlich nicht" eigne, begründet er nicht, so einfach aber lässt sich dies nicht behaupten.[650] Seinem Befund, „dass der Zweite Weltkrieg ausschließlich als militärgeschichtliches Ereignis auftritt", Nationalsozialismus, der Holocaust und andere Verbrechen aber nicht vorkämen, pflichtet Gunnar Sandkühler bei, der speziell Shooter im Szenario des Zweiten Weltkrieg auswertet.[651]

---

643 **Pöppinghege:** Ballern, 2009; S. 105.
644 **Bluekens, Laurens:** Erinneringskultur 2.0. Videogames en de populaire herinneringscultuur omtrent de Tweede Wereldoorlog. Master Thesis, Amsterdam 2014; S. 21 u. S. 44/45; **Red Orchestra 2: Heroes of Stalingrad** 2011.
645 **Bluekens:** Erinneringskultur, 2014; S. 40–42. Etwa bei **Medal of Honor: Allied Assault** 2002 und **Call of Duty** 2003.
646 **Bluekens:** Erinneringskultur, 2014; S. 38–40 führt als Beispiele an: **Blitzkrieg** 2003 und **Company of Heroes** 2006.
647 **Bluekens:** Erinneringskultur, 2014; S. 42. Exemplarisch: **Wolfenstein 3D** 1992; **Return to Castle Wolfenstein** 2001.
648 **Pöppinghege:** Ballern, 2009; S. 110.
649 **Pöppinghege:** Ballern, 2009; S. 118.
650 **Pöppinghege:** Ballern, 2009; S. 116.
651 **Sandkühler, Gunnar:** Der Zweite Weltkrieg im Computerspiel. Ego-Shooter als Geschichtsdarstellung zwischen Remediation und Immersion, in: Meyer, Erik (Hg.): Erinnerungskultur 2.0. Kommemorative Kommunikation in digitalen Medien, Frankfurt a. M. 2009; S. 55–65, hier S. 55/56.

In der Probe von immerhin 96 Exemplaren gingen nach Bluekens zwar digitale Spiele häufig schablonenhaft mit dem Zweiten Weltkrieg um und reproduzierten klare Stereotype von Gut und Böse. Dennoch enwickelten sie sich in eine Richtung, die den Krieg und seine Akteure differenzierter und komplexer zeichne. Als Teil einer populäre Erinnnerungskultur, so stellt Bluekens fest, komme digitalen Spielen zum Zweiten Weltkrieg im Vergleich mit anderen Medienformen bislang keine besondere Funktion zu.[652] In weiten Teilen würden an sie engere Grenzen angelegt, was zeigbar und sagbar wäre, sie wiesen eine geringere thematische Diversität auf und die Repräsentation des Dritten Reiches sei begrenzt. Das Leid von Zivilisten oder gar die Gräuel des Holocaust blieben weitgehend Leerstellen. Während also die mediale und populäre Erinnerungskultur differenziertere und komplexe Bilder vom Dritten Reich und dem Weltkrieg zeichne, verharrten viele Spiele in stereotypen, einseitigen und unterkomplexen Darstellungen. Dadurch ließen sie die Nuancen zwischen den Stereotypen von Gut und Böse missen.[653] Gegen dieses Fazit erscheint die Argumentation bei Pöppinghege lückenhaft und tendenziös. Er reiht viele existente Phänomene aneinander, interpretiert sie aber, als wären sie repräsentativ, und zieht daher zu weitgehende Schlüsse: Spieler sollten sich vergegenwärtigen, dass „die Basis ihres Spiels nichts mit Geschichte zu tun hat, sondern diese höchstens als Aufhänger und Verkaufsförderung dient."[654] Diesen Schluss lassen zwar seine Beispiele zu, für eine Verallgemeinerung fehlt ihm aber ein detaillierten Überblick. In den letzten vier Jahrzehnten erschienen weit mehr digitale Spiele zum Zweiten Weltkrieg, als seine Zählung erfasst und sein Beitrag untersucht. Selbst Bluekens analysiert nur einen Teil des Spektrums, so groß wie das Phänomen ist. Pöppingheges Kritik aber, dass die dortigen Geschichtsbilder relativierend, unreflektiert, vereinfachend und nicht auf dem Stand der historischen Forschung sind, trifft weniger die Entwickler und ihre Spiele. Die geschilderten Eindrücke enstehen nicht, weil digitale Spiele nicht besser mit Geschichte umgehen könnten, sondern aus einem Mangel an geschichtswissenschaftlicher Aufklärung. Einseitig das Bild von einer positivistischen, rechtsextremen, revisionistischen Instrumentalisierung digitaler Spiele zu zeichnen, hilft jedenfalls nicht weiter. „Dass der Zweite Weltkrieg in den Spielen fast ausschließlich militärisch-operativ erinnert wird", liegt in der Tat zu großen Teilen „an der unbedarften Verwendung des Quellenmaterials durch die Entwickler und ihrer vorwiegend bloß militärisch geschulten Berater."[655] Das aber ließe sich ja mit ensprechendem Einsatz von aufgeschlossenen Historikerinnen und Historikern ändern. Wenn Pöppinghege sich auch primär warnend an den Defiziten digitaler Spiele festhält, fordert er doch zumindest zu einem größeren, geschichtswissenschaftlichen Engagement auf, deren Geschichtsbilder gründlicher zu erschließen.[656] Besonders im Bereich der Kontrafaktizität sieht er den

---

652 **Bluekens:** Erinnerungskultur, 2014; S. 63–65.
653 **Bluekens:** Erinnerungskultur, 2014; S. 64.
654 **Pöppinghege:** Ballern, 2009; S. 118.
655 **Pöppinghege:** Ballern, 2009; S. 120.
656 **Pöppinghege:** Geschichte, 2009; S. 133.

historischen Nutzen, „einmal das Ungeschehene nachzuvollziehen und alternative Modelle zu testen. [...] Erst der Blick auf Alternativen erlaube die Bewertung des Realen."[657]

In einer solchen engagierten Studie zeigte Steffen Bender komplementär zu seiner Monografie, „innerhalb welcher Genres Spiele Geschichtsbilder des Zweiten Weltkrieges entwerfen und welchen Einfluss die Spezifika des Genres auf die Konstruktion historischer Erinnerung nehmen."[658] Im Sinne der Cultural Memory Studies interessiert ihn, wie „die dem Medium inhärenten Eigenschaften" Geschichtsbilder generieren, wenn es historische Vergangenheiten darstellt.[659] Diese „imaginierte[n] Wirklichkeitsversionen" würden grundsätzlich medial aus dem Vergangenen konstruiert. Wie bereits die einleitenden Absätze in Abschnitt *2.5.2 Konzentration auf Spielformen* ausführten, ist ein Einstieg in das Arbeitsfeld über Genrekonventionen problematisch.[660] Bender aber ordnet den Beitrag nach Methoden der Inszenierung: Alternativgeschichte als kontrafaktische Methode, die realgeschichtliche Methode der Simulation und Kriegsgeschichten als Prinzip einer erzählten Erfahrung.[661] Dabei bezieht er sich weniger auf Genres als auf bestimmte Muster des spielmechanischen Designs in Strategiespielen, Fahrzeugsimulationen und First-Person-Shootern.[662] Gewiss ist ihm recht zu geben, dass sich Agenten-Adventures oder Stealth-Shooter in deutlicher Unterzahl gegenüber den anderen Spielformen befinden.[663] Da er seine Studie allerdings auf drei Hauptkategorien verengt, betrachtet er auch nur deren vorherrschenden Strukturen, nicht jedoch die Besonderheiten der Menge aller digitalen Spiele. Seine Befunde treffen daher nur Aussagen über einen Teil der Spiele, wenn auch den weitaus größten. Insofern bezieht aber sein Vorgehen nicht notwendig die plausibelsten historischen Inszenierungen überhaupt mit ein. Mit *Making History* untersucht er eine Reihe von Strategiespielen, die sich bewusst gleichermaßen als digitaler Lernort und anspruchsvolles Spiel verstehen, womit sie als seltenes Beispiel am Markt bestehen.[664] Forschende und Hersteller lobten an solchen Spielen, alternative Entwicklungswege für historischer Szenarien zu entwickeln, sie ignorierten

---

657 **Pöppinghege:** Geschichte, 2009; S. 136/7.
658 **Bender, Steffen:** Erinnerung im virtuellen Weltkrieg. Computerspielgenres und die Konstruktion von Geschichtsbildern, in: Heinemann, Monika / Maischein, Hannah / Flacke, Monika / Haslinger, Peter / Schulze Wessel, Martin (Hg.): Medien zwischen Fiction-Making und Realitätsanspruch. Konstruktionen historischer Erinnerungen, München 2011; S. 93–115, hier S. 93/94. Vgl. weiter oben ab S. 128 zu **Bender:** Erinnern, 2012.
659 **Bender:** Erinnerung, 2011; S. 96/97
660 Vgl. hierzu die Hinweise zur Genrediskussion von Game Studies und Medienwissenschaft in Abschnitt *3.2 Anknüpfungspunkte und Lösungsansätze* ab S.237.
661 **Bender:** Erinnerung, 2011; S. 101–06, S. 106–08, S. 108–14.
662 **Bender:** Erinnerung, 2011; S. 97–101.
663 **Bender:** Erinnerung, 2011; S. 99/100. Als Beispiele nennt er: **Undercover. Operation Wintersonne** 2006; **Prisoner of War** 2002; **The Great Escape** 2003; **Velvet Assassin** 2009.
664 **Making History: The Calm & The Storm** 2007; **Making History II: The War of the World** 2010. Vgl. auch den Ableger zum Ersten Weltkrieg auf S. 134.

aber oft das Unwägbare und Unplanbare, ganz so wie die Rechenmodelle der Spiele die Grenzen der Berechenbarkeit kaschierten.[665] Nur weil sie kontrafaktische Weltentwürfe produzierten, beträten Strategiespiele aber nicht das Reich des Fantastischen. Mit Alexander Demandt, der seit den achtziger Jahren die Geschichtswissenschaft aufforderte, den Wert von ungeschehener Geschichte zu erkennen, bekräftigt auch Bender, dass es eine „Plausibilität von Alternativen zum Geschehenen" gebe, wenn mit historischen Größen nach historischen Regeln auf historischer Bühne operiert werde.[666] Fahrzeugsimulationen hingegen konzentrierten sich auf die Bedienung eines historischen Kriegsgerätes, um deren physikalisches Verhalten möglichst realitätsnah nachzustellen.[667] Sie böten

> „einen kleinteiligen und individuellen Blick auf die Geschichte des Zweiten Weltkrieges, der eben demjenigen eines Piloten, einer Schiffs- oder Panzerbesatzung entsprechen soll und aufgrund des simulativen Anspruchs nicht über diesen hinausreichen kann und muss."[668]

Wie Bender selbst hinzufügt, sind aber die menschlichen Kompententen dabei „weitgehend nicht wahrnehmbar; die Fahrzeugsimulationen präsentieren das Bild des technisierten Krieges, eines Kampfes zwischen Maschinen."[669] Es genügt eben nicht einen modernen Menschen bloß hinter die Steuerhebel eines Panzers zu setzen, um mit ihm durch die Geschichte zu rollen. Um sich in die historische Erfahrung des Piloten oder Panzerführers hineinzuversetzen, fehlt die soziokulturelle Verortung der historischen Betroffenen und ihrer zeitgemäßen Vorstellungen völlig.[670] Soll der Anspruch also ein historischer sein, ist Bender an dieser Stelle zu widersprechen, denn ein Blick auf die Geschichte des Zweiten Weltkrieges müssste dann sehr wohl über den simulativen Anspruch hinaus reichen. Dass Shooter „keine Simulation individueller historischer Kriegserfahrung bieten", stellt Bender ebenso fest, dennoch reduziere sich „der geschichtliche Gehalt dieses Spielgenres nicht [...] auf das virtuelle Nachmodellieren audiovisueller Vorbilder aus der Vergangenheit".[671] Vielmehr formten Einführungen in den Kontext, Zwischensequenzen und Anmerkungen zu den Handlungen der Spieler historische Narrative. Einige Details aus dem Handlungsverlauf von

---

665 **Bender:** Erinnerung, 2011; S. 103/4.
666 **Bender:** Erinnerung, 2011; S. 106 zitiert **Demandt, Alexander:** Ungeschehene Geschichte. Ein Traktat über die Frage: Was wäre geschehen, wenn...?, Göttingen 1984; S. 56/7.
667 **Bender:** Erinnerung, 2011; S. 106. Als Beispiele führt er die U-Boot-Simulation **Silent Hunter III** 2005 an, den Panzersimulator **WWII Battle Tanks: T-34 vs. Tiger** 2008 und die Flugsimulation **Heroes over Europe** 2009.
668 **Bender:** Erinnerung, 2011; S. 107.
669 **Bender:** Erinnerung, 2011; S. 108.
670 Zaghafte Anfänge einer solchen Kontextualisierung unternimmt **Battlefield 1** 2016: Siehe **Nolden, Nico:** Battlefield Won. Mit ‚Battlefield 1' machen die Entwickler nicht alles am Ersten Weltkrieg richtig, aber doch Vieles besser, in: *Keimling* 16.1.2017. Online unter: http://bit.ly/2iRPLv5 (Letzter Zugriff: 30.3.2019).
671 **Bender:** Erinnerung, 2011; S. 109.

Call of Duty: World at War zeugen von diesen Narrativen aus der „subjektiven Sicht des Einzelnen", die aber „ohne eine überindividuelle Deutungsfolie auskomme", weil sie „nur das Ziel kennt, den kaum kontrollierbaren Kriegsschauplatz wieder verlassen zu können."[672] Shootern im Weltkriegsszenario wird einige Aufmerksamkeit gewidmet. Auf die dortige Simulation historischer Kriegserfahrungen aus der Sicht von Soldaten ging Bender gezielt an anderer Stelle ein.[673] Er untersuchte mit *Medal of Honor* und *Call of Duty* zwei Reihen, die über lange Jahre am Markt dominierten.[674] Wie Bender stellt auch Gunnar Sandkühler zahlreiche Bezüge her, wie Shooter die Inhalte und Darstellungsformen aus anderen Medienformen wie dem Film remediieren.[675] Letzterer resigniert angesichts des historischen Formats der Shooter, da im Grunde jede historische Darstellung von Weltkriegsshootern in Anlehnung an Filme konstruiert werde.[676] Dabei bezieht er sich auf die Reihen, die auch Bender untersucht, nimmt jedoch mit *Brothers in Arms* eine dritte hinzu.[677] Aufgrund der „fragmentierten Sichtweise auf den Krieg [,][...] verstärkt [...] durch das intensive, zu großen Teilen selbst gesteuerte Spielerlebnis", erscheint ihm historische Sinnbildung nur möglich, wenn man Spiel und Film „als Quelle begreift und versucht, den gegenwärtigen großen Erfolg beider Darstellungsweisen des Zweiten Weltkrieges zu erklären."[678] Das mag für die untersuchten Shooter eine haltbare Aussage sein, Sandkühler begeht jedoch den Fehler, den beschränkten historischen Zugriff der Shooter über alle digitalen Spiele und ihre vielfältigen Konzepte zu extrapolieren. Dass immer leistungsfähigere Hardware dazu führe, dass sich die audiovisuelle Machart von Shootern auch in Strategiespielen wie *Company of Heroes* oder *World in Conflict* als Sehgewohnheit durchsetze, ist heute rückblickend nicht zu bestätigen.[679] Abgesehen von aufwändigern cinematischen Erzählungen via Zwischensequenzen, verfügt *Company of Heroes 2* noch immer über die typische Überflugansicht.[680] Die frei bewegliche Kamera des alternativgeschichtlichen zweiten Beispieles etablierte sich bis heute nicht bei Strategiespielen, auch wenn diese Ego-Perspektive Sandkühlers Prognose entspräche.[681] Bender sieht sich bestätigt, dass zentrale spielmechanische Konzepte „an den Be-

---

672 **Bender:** Erinnerung, 2011; S. 114; **Call of Duty [5]: World at War** 2008.
673 **Bender:** Augen, 2012². Die erste Auflage erschien 2010 vor **Bender:** Erinnerung, 2011.
674 **Bender:** Augen, 2012²; S. 139–141 bietet eine Einführung zu den Reihen, beginnend mit **Medal of Honor** 1999 und **Call of Duty** 2003.
675 **Sandkühler:** Weltkrieg, 2009; S. 56–60.
676 **Sandkühler:** Weltkrieg, 2009; S. 63.
677 **Brothers in Arms. Earned in Blood** 2005.
678 **Sandkühler:** Weltkrieg, 2009; S. 63/64.
679 **Sandkühler:** Weltkrieg, 2009; S. 61; **Company of Heroes** 2006. Vgl. **Nolden, Nico:** Im Schlamm der Geschichte. Company of Heroes inszeniert eine Geschichte der alliierten Landung im Zweiten Weltkrieg, in: *Keimling* 6.6.2014. Online unter: http://bit.ly/1tXQauI (Letzter Zugriff: 30.3.2019).
680 **Company of Heroes 2** 2013.
681 **World in Conflict. Complete Edition** 2009; **Nolden, Nico:** Werner, die Russen kommen… Mit ‚World in Conflict' erobert Massive den Thron im RTS-Genre, in: *Keimling* 14.6.2009. Online unter: http://bit.ly/2mhDo1q (Letzter Zugriff: 30.3.2019).

dürfnissen eines Shooters ausgericht" seien, „zu Ungunsten der komplexeren Anforderungen, die eine historische Simulation an die Spiele stellen würde."[682] Dennoch erzeugten „Weltkriegsshooter konkrete geschichtliche Wirklichkeitsbilder [...] und können als Teile einer populären Erinnerungskultur [...] untersucht werden."[683] Dabei die Teile der historischen Inszenierung zu vernachlässigen, die nur jenseits des Monitors räumlich präsent sind, hält Adam Chapman an den Taktik-Shootern der Reihe *Brothers in Arms* für fahrlässig.[684] Nach Bender ist „die Entwicklung von Computerspielen mit einem historischen Hintergrund in zeitgenössische Kontexte der Erinnerung [...] eingebettet" sei, so dass „deren Konjunkturen und inhaltlichen Schwerpunktsetzungen" sowie „Verbindungslinien zwischen Computerspielen und anderen erinnerungskulturellen Ausdrucksformen" lohnenswerte geschichtswissenschaftliche Studienfelder seien.[685] Weltkriegsshooter inszenieren nach Auffassung von Eva Kingsepp historische Mythen, die den gegenwärtigen Zustand postmoderner westlicher Gesellschaften reflektieren.[686] In Anwendung der Konzepte von Jean Baudrillard zu Hyperrealität und Simulacren findet sie mit realistischen und fantastischen Inszenierungen zwei Modi.[687] Die Reihen *Medal of Honor* und *Call of Duty* trieben den Versuch einer hyperrealistischen Inszenierung zu einer „obsession with historical fidelity", wogegen *Return to Castle Wolfenstein* den Zweiten Weltkrieg mit „fabulous character" und „mythical energy" behandele.[688] Die Suggestion der (hyper)realistischen Spielerfahrung bei verschiedenen Weltkriegsshootern ist durchaus komplex, wie Tim Raupach an vier Authentizitätsstrategien systematisiert.[689] Die realistische physikalische Inszenierung der Umgebung und möglichst lebensechte Bewegungen legen dafür das Fundament, werden von bekannten Mustern individueller Wahrnehmung und medialen Vorerfahrungen bekräftigt, von Zeitzeugen im Spiel, in der Entwicklung und in der Werbung unterstützt und durch die Unmittelbarkeit der Ego-Perspektive verstärkt. Aus dem Blickwinkel von Kingsepp aber tragen nun die dämonisierenden Inszenierungen des Dritten Reiches, die auch Bluekens voller Gewalt, verfassungsfeindlicher Kennzeichen, Okkultismus und Science Fiction vorfand, als relevante Elemente zum geschichtswissenschaftlichen Diskurs bei.[690] In beiden Dar-

---

682 **Bender:** Augen, 2012²; S. 153.
683 **Bender:** Augen, 2012²; S. 153.
684 **Chapman:** History, 2014; S. 47; **Brothers in Arms. Earned in Blood** 2005; **Brothers in Arms. Road to Hill 30** 2005; **Brothers in Arms. Hell's Highway** 2008. Vgl. im systematischen Abschnitt S. 111.
685 **Bender:** Augen, 2012²; S. 154.
686 **Kingsepp, Eva:** Fighting Hyperreality With Hyperreality. History and Death in World War II Digital Games, in: *Games and Culture*, Nr. 4 2/2007; S. 366–75, hier S. 367.
687 **Kingsepp:** Hyperreality, 2007; S. 373; **Baudrillard, Jean:** History: A Retro Scenario, in: Baudrillard, Jean (Hg.): Simulacra and Simulation. Ann Arbor 2010; S. 43–48.
688 **Kingsepp:** Hyperreality, 2007; S. 367; wörtliche Zitate nach **Baudrillard:** History, 2010; S. 47/48; **Medal of Honor** 1999; **Call of Duty** 2003; **Return to Castle Wolfenstein** 2001.
689 **Raupach:** Analysis, 2014; S. 132–36.
690 **Bluekens:** Erinnerungskultur, 2014. Siehe S. 141.

stellungsweisen der Shooter sieht Kingsepp äußerliche Symptome einer Identitätssuche von postmodernen Gesellschaften, gerade weil entgegen eines tatsächlichen Simulacrums delikate Elemente des Zweiten Weltkrieges (wie z. B. der Holocaust) ausgeblendet würden.[691] Mit dem Fetisch historischer Akkuratesse und der mythischen Verklärung in dämonisch und heroisch stünden zwei grundsätzliche Deutungsmuster gegenüber. Wenn aber Weltkriegsshooter ohnehin mithilfe „selective authenticity" bestimmte Nuancen von historischen Atmosphären zum Zweiten Weltkrieg schaffen, wie es Andrew Salvati und Jonathan Bullinger anhand ähnlicher Elemente wie bei Raupach festmachen, ist ebenso bei fantastischen Weltkriegsinszenierungen zu untersuchen, „what elements are highlighted, and which are absent".[692] Nach Bender kann die erinnerungskulturelle Relevanz der Inszenierungen zum Zweiten Weltkrieg in digitalen Spielen schon aufgrund ihrer gesellschaftlichen Reichweite kaum überschätzt werden.[693] Zwar ist ihm beizupflichten, dass dafür spielmechanische Eigenschaften mindestens ebenso grundlegend sind wie Narrationen und audiovisuelle Eindrücke. Aber „eine inhaltsanalytische Erforschung der [...] konstruierten Geschichtsbilder [...] an den Merkmalen und Spezifika der jeweiligen Genres auszurichten", ist wegen der Gefahr des voreingenommenen Blickes nicht zu empfehlen.[694] Diese Haltung klammert andere, möglicherweise plausiblere Spielprinzipien aus, die nur zufällig nicht in den Massensegmenten zu finden sind.

Die Nachkriegszeit mit ihren ideologisch antagonistischen Weltentwürfen zwischen dem freiheitlichen und kapitalistischen westlichen Bündnis und dem sozialistischen, diktatorischen Ostblock gäbe theoretisch ebenso Anlass, die wissenschaftliche Diskussion moralisierend zu führen. Der beginnende Diskurs zur Mikroepoche des Kalten Krieges in digitalen Spielen orientiert sich jedoch an Sachfragen. Monografien liegen nicht vor. Entsprechend gespannt, wird daher die Dissertation von Clemens Reisner erwartet.[695] Reisner untersucht das Szenario in einer repräsentativen Auswahl an digitalen Spielen, um sie in den wechselnden Konjunkturen der Geschichtskultur vor und nach dem Ende des Dauerkonfliktes zu verorten.[696] Dafür kann er auf der Webdatenbank *MobyGames* einen Fundus von 160 digitalen Spielen zum Thema des Kalten Krieges nachweisen.[697] In einem Aufsatz überblickte

---

691 **Kingsepp:** Hyperreality, 2007; S. 373/74 bzw. S. 371.
692 **Salvati / Bullinger:** Authenticity, 2013; S. 163.
693 **Bender:** Erinnerung, 2011; S. 115 schreibt hier zwar, die Bedeutung könne „kaum unterschätzt werden", dabei scheint es sich aber um ein Versehen zu handeln. Er schätzt die Bedeutung dieser Spiele für die Erinnerungskultur zum Zweiten Weltkrieg, so zeigen seine übrigen Ausführungen, im Gegenteil als sehr stark ein.
694 **Bender:** Erinnerung, 2011; S. 115.
695 **Reisner, Clemens:** Der Kalte Krieg in Computerspielen. Ca. 1980 – 2010, Univ. Diss., Siegen unveröff.
696 **Reisner, Clemens:** Der Kalte Krieg in Computerspielen. Ca. 1980 – 2010. Projektbeschreibung. Webseite der Universität Siegen. Online unter: http://bit.ly/2slndmH (Letzter Zugriff: 30.3.2019).
697 **Reisner, Clemens:** „The Reality Behind It All Is Very True". Call of Duty: Black Ops and the Remembrance of the Cold War, in: Kapell, Matthew W. / Elliott, Andrew B. R. (Hg.): Playing with the

Clemens Reisner, wie der Kalte Krieg in langen Zügen erinnert wird.[698] Sein Beispiel *Call of Duty: Black Ops* ist dafür klug gewählt, weil es aus einer Verhörsituation heraus ikonische Momente der Nachkriegshistorie rückblendend deutet.[699] Diese spielbaren westlichen Erinnerungsorte führen unter Anderen durch die Landung auf Kuba 1961, hinein in die Ängste vor dem sowjetischen Raumfahrtprogramm und zur Tet-Offensive im Vietnamkrieg 1968. Neben der Remediation filmischer Motive setze *Black Ops* auf konzertierte Strategien, um authentisch zu wirken:[700] Intelligent wären Zwischensequenzen im Stil von zeitgenössischen TV-Sendungen inszeniert. Sie flankieren Geheimdokumente, deren Informationen sich schwärzen, sobald Missionen starten, bis nur noch öffentlich bekannte Elemente von ihnen übrigbleiben. Aufwändig nachmodelliert, treten historische Persönlichkeiten wie der kubanische Anführer Fidel Castro, Verteidigungsminister Robert McNamara und Präsident John F. Kennedy in geheimen Unterredungen auf. Der wohlüberlegte Einsatz der Spielerperspektive „explicitly aims at deepening immersion and making the player's experience as intense as possible."[701] Alle Spielelemente gemeinsam überführen den handelnden Spieler in die Wahrnehmung eines unmittelbaren Augenzeugen, wie sich die Ereignisse nach der Erinnerung der gefolterten Hauptfigur zugetragen haben.[702] Um zu subsummieren, was diese Rahmenbedingungen für die Erinnerung durch *Black Ops* an den Kalten Krieg bedeuten, verweist Reisner auf den leitenden Schriftsteller, der „points out that the game's designers purposefully aimed at engaging with and contributing to the culture of history of the Cold War, even to the extent of pursuing an educational ambition."[703] Dessen Äußerungen offenbarten zudem ein Zusammenspiel zwischen Unterhaltungsfaktoren und den Mechanismen, die Authentizität herstellen sollen. Der Erzählbogen des Spieles deute dafür Erklärungsmuster in den Konflikt, die er mit geheimen politischen Machenschaften begründet, deren Augenzeuge die Spielfigur wird. Bemerkenswert sei, dass *Black Ops* dadurch den Kalten Krieg als einen tatsächlichen Krieg erzähle, für den „[t]he elements that denote authenticity play the role of set pieces, of attractions rushing by during a theme park ride."[704] Holger Pötzsch und Vít Šisler setzten die formalen Eigenschaften, mit denen der Shooter *Black Ops* aus Sicht der Forschung zur Erinnerungskultur spielerische Erfahrungen und Handlungen rahmt, ins Verhältnis zu dem Serious Game *Czechoslovakia 38–89: Assassi-*

Past. Digital Games and the Simulation of History, London 2013; S. 247–60, hier S. 247. Zur Einordnung der Datenbank als Grundlage für quantitative Aussagen siehe oben ab S. 139 zu den Daten bei **Pöppinghege:** Ballern, 2009 (Anm. 633).
698 Reisner: Reality, 2013; S. 247–60.
699 Call of Duty: Black Ops 2010.
700 Reisner: Reality, 2013; S. 251.
701 Reisner: Reality, 2013; S. 252.
702 Reisner: Reality, 2013; S. 254.
703 Reisner: Reality, 2013; S. 255.
704 Reisner: Reality, 2013; S. 256.

nation.⁷⁰⁵ Die kampfbestimmten taktischen Spielmechaniken von *Black Ops* machten eine freie Erkundung der historischen Settings und Ereignisse kaum möglich. Im Gegensatz zu Reisner urteilen sie deshalb viel schärfer, dass dort die Geschichte des Kalten Krieges „into convenient settings of a conventional game narrative" transformiert werde „based on clear oppositions and simplifying identities."⁷⁰⁶ Dagegen könnten die Spielenden in dem Serious Game auf ein „kaleidoscopic image of history as composed of multifaceted, intimate, and idiosyncratic personal recollections" zugreifen. Im Unterschied zum Shooter nutze letzteres die Potenziale produktiv, um eine spielerische Erkundung in Bezug auf historische Unvorhersehbarkeit und Widersprüche zu ermöglichen. Während also das Serious Game Spielenden erlaubt, sich ein eigenes Bild zu formen, arrangiert *Black Ops* die historischen Elemente bereits zu einer weitgehend gegebenen Deutung. Die Befunde der Autoren sind nachvollziehbar, dennoch ist die Gegenüberstellung dieser beiden Projekte fragwürdig. Sie ist so sinnvoll, wie die massenorientierte Inszenierung eines Blockbuster-Filmes mit einer historisch plausiblen Dokumentation zu vergleichen. Beides sind sicherlich Filme, doch zu vollkommen unterschiedlichen Zwecken. Zurecht fordern die Autoren, beide Formen von historischen Spielen mit einer kritischen Aufmerksamkeit ernst zu nehmen.⁷⁰⁷

Über das stark referenzierte Beispiel *Black Ops* hinaus lasse sich nach Ansicht von Marcus Schulzke die große Menge der Spiele zum Kalten Krieg auf drei Kategorien zurückführen.⁷⁰⁸ Der erste Typ versuche sich am Reenactment geschichtlicher Ereignisse, lasse realexistierende Orte erkunden und versetze die Spieler in einen Kontext fiktionaler Narration.⁷⁰⁹ Als medialen und kriegstechnischen Höhepunkt des Ost-West-Konfliktes inszeniere dieser Typ häufig den Vietnam-Krieg.⁷¹⁰ Zweitens manifestierten post-apokalyptische Spiele „the worst fears about nuclear war, the hope of fleeing the destruction by retreating underground, and what life in the present might have been like had the Cold war gone differently."⁷¹¹ Solchen Vorstellungen setzten die

---

705 Pötzsch, Holger / Šisler, Vít: Playing Cultural Memory. Framing History in Call of Duty: Black Ops and Czechoslovakia 38–39: Assassination, in: *Games and Culture* 21.3.2016; S. 1–23. Online unter: http://bit.ly/2rSYALo (Letzter Zugriff: 30.3.2019); **Charles University in Prague, Philosophical Faculty:** Czechoslovakia 38–89 Assassination. Serious Game on Contemporary History, 2014ff. Online unter: http://cs3889.com; **Charles University in Prague, Academy of Sciences of the Czech Republic:** Czechoslovakia 38–89: Assassination (Trailer), in: Kanal *Czechoslovakia 38–89* via Youtube 21.11.2014. Online unter: https://youtu.be/lfqvcVIgD-8 (Letzte Zugriffe: 30.3.2019).
706 Pötzsch / Šisler: Memory, 2016; S. 20.
707 Pötzsch / Šisler: Memory, 2016; S. 20.
708 Schulzke: Cold War, 2013; S. 261–75.
709 Schulzke: Cold War, 2013; S. 262–65.
710 Neben den Missionen im genannten **Call of Duty. Black Ops** sieht er als Beispiele vor allem **Vietcong** 2003, **Vietcong 2** 2005 und **Battlefield Vietnam** 2005.
711 Schulzke: Cold War, 2013; S. 262.

Ableger der Reihe *Fallout* prominente Denkmäler.[712] Selbst wenn sie nicht wie die erste Kategorie versuchten, reale Erfahrungen zu rekonstruieren, seien die dort repräsentierten Erfahrungen von „ineffable fears and dreams of a different time [...] especially important when dealing with the Cold War because it was largely defined by subjective feelings."[713] Die *Fallout*-Reihe referenziere so die damalige Kultur, thematisiere Propaganda und Beeinflussung und kritisiere politische Entscheidungen, welche den Kalten Krieg erst möglich machen. Als dritte Kategorie nennt Schulzke die Vorstellung eines Dritten Weltkrieges, der vom Ostblock begonnen und in der Regel konventionell in Westeuropa geführt werde.[714] Die beiden Ego-Shooter *Modern Warfare 2* und *3* sowie das Echtzeitstrategiespiel *World in Conflict* hätten kritische Momente der Ost-West-Konfrontation kontrafaktisch weitergedacht, um mit der Antwort darauf, was hätte geschehen können, gegenwärtige Krisen zu verstehen.[715] In den drei Kategorien von Spielen sieht Schulzke Symptome dafür, dass der Kalte Krieg noch Jahrzehnte nach dem Ende der Sowjetunion tiefgreifenden Einfluss auf die zeitgenössische Gesellschaft habe.[716] Die große Zahl an Spielen belege dessen nachhaltigen Einfluss sowie die anhaltende Anstrengung, den historischen Konflikt zu verstehen und seine potentiellen langfristigen Konsequenzen abzuschätzen. Eugen Pfister sieht zudem Marktmechanismen am Werk, die den Kalten Krieg als Marke aufgeladen hätten.[717] Aus dieser Sicht seien konsequent satirische Titel mit in den geschichtswissenschaftlichen Diskurs zum Kalten Krieg einzubeziehen, etwa der Stealth-Shooter *No One Lives Forever* und das extrem übersteigerte Echtzeit-Strategiespiel *Command&Conquer: Alarmstufe Rot*.[718] In ersterem bekämpft die weibliche Hauptfigur mit allerlei technischen Spielereien Feinde Englands in einem Spionage-Setting, das an James-Bond-Filme der sechziger Jahre erinnert. Im zweiten Beispiel tötet Albert Einstein Adolf Hitler nach seiner Entlassung aus dem Gefängnis Landsberg, weshalb sich die Sowjetunion ganz Europa einverleiben kann und mit den Alliierten in den Zweiten

---

712 Schulzke: Cold War, 2013; S. 266. Siehe den Beitrag von **November:** Fallout, 2013; S. 297–312 in demselben Band und für die Titel der Reihe Anm. 587.
713 Schulzke: Cold War, 2013; S. 267.
714 Schulzke: Cold War, 2013; S. 268–270.
715 Schulzke: Cold War, 2013; S. 270; **Call of Duty: Modern Warfare 2** 2009; **Call of Duty: Modern Warfare 3** 2011; **World in Conflict. Complete Edition** 2009.
716 Schulzke: Cold War, 2013; S. 270.
717 Pfister, Eugen: Cold War Games™. Die Marke Kalter Krieg im Digitalen Spiel, in: *Spiel-Kultur-Wissenschaften. Mythen im digitalen Spiel* 17.11.2015. Online unter: http://bit.ly/2iA3bwF (Letzter Zugriff: 30.3.2019). Dieser Beitrag fasst einen Vortrag zusammen, den er Ende September 2015 auf der Jahrestagung des Arbeitskreises Militärgeschichte an der TU Chemnitz hielt. Eine Aufzeichnung unter: **Pfister, Eugen:** Cold War Games™ – Der Kalte Krieg Diskurs im Digitalen Spiel (=AKM-Konferenz „Krieg und organisierte Gewalt im Computerspiel", 26.–28. November 2015 (4 von 5)), in: Kanal *Das Panzermuseum* via Youtube, 15.12.2015. Online unter: https://youtu.be/lzhQC3tFNEM (Letzter Zugriff: 9.6.2017). Ausführlicher dazu: **Pfister, Eugen:** Cold War Games™. Der Kalte-Krieg-Diskurs im digitalen Spiel, in: *Portal Militärgeschichte* 10.4.2017. Online unter: http://bit.ly/2omCj8u (Letzter Zugriff: 30.3.2019).
718 No One Lives Forever. The Operative 2000; **Command & Conquer: Alarmstufe Rot** 1996.

Weltkrieg gerät. So überzeichnet diese Titel auch sein mögen, wertet Pfister sie doch als Reminiszenzen an den Ost-West-Konflikt, die von geschichtswissenschaftlicher Relevanz sind.

Die letzte Phase des Kalten Krieges stand im Zeichen des umgangssprachlich „Star Wars" genannten Rüstungsprogrammes, das nach der Vorstellung des U.S.-Präsidenten Ronald Reagen mit bodengestützten und Satellitenwaffen die atomare Erstschlagskapazitäten der Sowjetunion untergraben sollte. Damit drohten die Pläne die fragile Balance der nuklearen Abschreckung zwischen Ost und West zu zerstören. William Knoblauch argumentierte, dass digitale Spiele den Amerikanern in den achtziger Jahren halfen, sich die *Strategic Defense Initiative (SDI)* vorzustellen, beziehungsweise diese futuristische Vision überhaupt erst vorstellbar zu machen.[719] Dass diese Wirkung von der U.S.-Regierung sogar bewusst in Erwägung gezogen wurde, kann er sogar an einer Äußerung des Präsidenten zu digitalen Spielen belegen.[720] Er sei davon überzeugt gewesen, wer von Technologie träume, könne sie auch möglich machen. Mit *Missile Command*, *Wargames*, *SDI* und *Missile Defense 3-D* sowie *High Frontier* skizziert Knoblauch schrittweise eine Auswahl digitaler Spiele, die in verschiedenen Stufen für diese Einflussnahme zwischen 1980 und 1987 sprechen.[721] Sie alle hätten letztlich dazu beigetragen, dass die Rüstungsinitiative den Amerikanern plausibel und realisierbar erschien.[722] Damit hätten sie ihnen zudem zwei Alternativen aufgezeigt: die einer Welt, die durch die Raketenabwehr sicherer werden könnte, und eine Welt, die eben durch sie in eine atomare Katastrophe gerät.

2.7 Lückenfüller – Der Stand einer selektiven Forschung

Der umfangreiche Überblick zur geschichtswissenschaftlichen Forschungslandschaft ist ein wichtiger Schritt für das Arbeitsfeld. Er durchmaß den Forschungsstand quellenkritisch, methodisch, systematisch und epochal. Obwohl alle wesentlichen deutsch- sowie englischsprachigen Schriften einbezogen sind, bleiben gewiss Lücken. Ein paar skandinavische, spanische und niederländische Studien flossen zwar ein, flächendeckend die Forschung in lokalen Landessprachen zu durchforsten, überfordert jedoch dieses Buch. Um die historische Disziplin in der wissenschaftlichen Landschaft zu verorten, ordnete der Forschungsstand gezielt geschichtswissenschaftliche Arbeiten. Kapitel 3.2 zieht später andere Disziplinen hinzu. Auf unmittel-

---

719 Knoblauch, William M.: Strategic Digital Defense. Video Games and Reagan's „Star Wars" Program. 1980–1987, in: Kapell, Matthew W. / Elliott, Andrew B. R. (Hg.): Playing with the Past. Digital Games and the Simulation of History, London 2013; S. 279–95, hier S. 281.
720 Knoblauch: Defense, 2013; S. 280.
721 Knoblauch: Defense, 2013; S. 281–289; **Missile Command** 1980; **WarGames** 1984; **SDI** 1987; **Missile Defense 3-D** 1987; **High Frontier** 1987.
722 Knoblauch: Defense, 2013; S. 290.

bar bevorstehende Neuerscheinungen und anlaufende Projekte wurde hingewiesen, wo sie neue Akzente anstoßen.

Zu Beginn differenzierte ein Kapitel einige Auffassungen wichtiger Akteure unter Entwicklern zu historischen Inhalten in digitalen Spielen. Wie die Geschichtswissenschaft das Phänomen quantifiziert und damit die Bedeutung für Markt und Gesellschaft einordnet, erläuterte der folgende Abschnitt. Danach grenzten verschiedene Konzepte aus der Forschungsliteratur das Historische an digitalen Spielen ein. Auf Basis dieser Vorüberlegungen wurde dann erläutert, wie Forschungsarbeiten sie als Quelle charakterisieren und welchen methodischen Umgang sie entwickeln. Im Anschluss wurden systematische Ansätze der Forschung bezüglich historischer Inhalte fokussiert und in disziplinäre Arbeitsfelder sowie Zugänge über Spielformen unterschieden. Die Geschichtswissenschaft verfolgt auch Zugriffe über historische Epochen: Zunächst führte ein Abschnitt die Literatur zu mittelalterlichen und antiken Inszenierungen mit der vernachlässigten Vor- und Frühgeschichte zusammen. Ein langer Bogen betrachtete im folgenden Unterkapitel frühneuzeitliche und neuzeitliche Beiträge. Der letzte Abschnitt identifizierte Mikroepochen als zeithistorische Schwerpunkte.

Dass Geschichte als Faktor am Markt eine wesentliche Rolle spielt, ließ sich eingangs belegen, gleichzeitig fallen Versprechen im Marketing diffus aus. Motive der Urheber digitaler Spiele sind differenziert, weshalb die These von einer einheitlichen Auffassung der Branche zu keiner Zeit und nicht für alle Akteure haltbar ist. Die Geschichtswissenschaft sollte Haltungen nicht als repräsentativ weiter tradieren, dass digitale Spiele mit historischen Inszenierungen lediglich an Emotionen appellierten und Geschichte bloß in einem Maße plausibel erscheinen solle, das unbedarfte Spieler nicht enttarnen. Dass Entwickler nicht über ihre historischen Inszenierungen reflektieren, wurde ebenso widerlegt. Bestätigen lässt sich aber, dass geschichtliche Akkuratesse häufig an Rekonstruktionen von Objekten festgemacht wird. Verlegen sich Entwickler allein darauf, beschränken sie das historische Potential ihrer Spiele bedauernswert. Gegenstände, Gebäude und objektifizierte Persönlichkeiten in einem rekonstruierten Raum bringen noch nicht Geschichte hervor. Um historische Gegebenheiten abzubilden, könnten historische Recherchen geeignetere Spielmechaniken ermitteln. Die Branche sucht aber externe Beratung eher durch formale Authentizitätsanker wie Militärberater, eher nicht ausgewogen und differenziert durch Historiker.

Unter den genannten Leitfiguren der Spieleentwicklung lassen sich einige Haltungen finden, die über den objektfixierten Ansatz hinausgehen. Patrice Désilet betrachtet Objekte als Kulisse für Narration, das historische Setting und die Darstellung von Beziehungen. Er ist sich bewusst, dass Entwickler Geschichte nicht wertfrei darstellen, sondern aus einer intersubjektiven Distanz lückenhafte Überlieferungen interpretieren. Sid Meier entwirft abstrakte Systeme, die Grundbausteine zu Modellen der Menschheitsgeschichte zusammensetzen. Den Rahmen dafür setzten historisch begründete Strukturen, Rechenmodelle und Prozesse. Die Macht seines Ansatzes liegt in den Alternativen, in der Offenheit dazu, Technologie, Herrschaft, und Gesellschaft stets neu zu kombinieren. So rücken Entscheidungsprozesse in den Mittelpunkt des Geschichtsbildes. *Paradox Interactive* entwirft komplexe makrohistorische Modelle, die globalhistorische Faktoren in Epochenspiele integrieren und Besonderheiten der jeweiligen Epochen berücksichtigen. Demgegenüber inszenieren die Prager *Warhorse Studios* den mikrohistorischen Weltentwurf eines böhmischen Landstriches. Neben der historischen Rekonstruktion von Objekten und modellierten Weltsystemen automatisieren sie ein mittelalterliches Alltagsverhalten der Bewohner. Eine Vielfalt an historisch adäquaten Lösungswegen verlangt von Spielern, sich die Funktionsweisen einer mittelalterlichen Welt zu erschließen.

Stellvertretend sind die Aussagen der Entwickler weder innerhalb ihres eigenen Publishers, noch für andere Entwickler und Publisher. Obendrein repräsentieren sie nicht alle historischen Entwicklungsphasen digitaler Spiele oder alle Vertriebs- und Entwickler-Strukturen. Die Perspektiven offenbaren ein Kontinuum, für das Historiker vielschichtig Hilfe anbieten könnten. In ihrer Diversität setzen Spielformen unterschiedliche Schwerpunkte für historische Inszenierungen: mittels Objekten und Personen über Narration und Setting hin zu abstrakten oder globalhistorischen Modellen und mikrohistorischen Welten. Diese Untersuchungselemente lassen sich in jedem Spiel nachweisen und beeinflussen sich gegenseitig. Über die historische Spielform entscheidet, in welcher Gewichtung die Bestandteile jeweils kombiniert sind. Wie jeder dieser Bestandteile ist Narration somit nicht als eigene Spielform misszuverstehen. Überall sind narrative Netzwerke zu finden, deren Funktionsweisen fachwissenschaftlich kaum verstanden sind. Die narrativen Elemente sind ein Mittel der historischen Gesamtinszenierung. In manchen historischen MMORPGs entsteht die Narration überhaupt erst durch die Aktivität der Nutzer wie in den mittelalterlichen Dorfgemeinschaften von *Life is Feudal: Your Own*. Das Fallbeispiel dieses Buches, *The Secret World*, enthält dagegen eine zwar fragmentierte, aber detailreiche Grundlage.

Bisherige statistische Betrachtungen zum Phänomen bergen erhebliche methodische Probleme, die weder offengelegt, noch genügend reflektiert sind. Statistische Teilstudien im Abschnitt zu den Epochen offenbaren dieselben Defizite. Befunde werden unzulässig über technische Plattformen und Zeitphasen verallgemeinert. Wenigstens die Bedingungen dreier skizzierter Entwicklungsphasen wären zu berücksichtigen. Bessere Methoden müssen die veränderlichen Marktbedingungen erfassen, weil sich stets die Diversität von Spieltypen, Plattformen und Vertriebswegen verändert. Die vorhandenen Statistiken belegen daher nur Größenordnungen, die allerdings immer noch beeindrucken. Jährlich erscheinen dutzende neue Spiele mit historischen Inszenierungen. Geschichtswissenschaftlich kaum verstanden, erhält das Medium daduch eine enorme gesellschaftliche Relevanz mit Folgen für die Geschichts- und Erinnerungskultur. Kein Entwickler oder Kunde und erst recht nicht die Geschichtswissenschaft kann über die ausgeprägte Präsenz von Geschichte bei digitalen Spielen hinweggehen.

Dabei den Begriff des Historischen zu reflektieren, legt eine wichtige Grundlage für geschichtswissenschaftliche Schlussfolgerungen, der terminologische Diskurs aber ist dünn. Schwarz definiert Historienspiele nicht durch ihre Eigenschaften, sondern durch das, was sie nicht sind. Hingegen ist für Heinze der funktionale Gebrauch von Geschichte entscheidend. Damit schließt er jedoch Spiele aus, die ästhetisch oder rein visuell an Geschichte andocken. Winnerling und Kerschbaumer erklären leider nicht, wie eine „Anmutung" historische Inhalte aufgreift, verarbeitet und darstellt. Zumeist sind Termini nicht den Eigenschaften digitaler Spiele zugeordnet. So bleibt unklar, wo ein historisierendes Spiel aufhören würde. Eine Vielzahl von Begriffen schwingt impliziten in Studien mit. Sie aber präkonditionieren die Studien, was für Leser schwierig nachzuvollziehen ist. Unsystematische und intuitive Vorstellungen erfassen häufig nur Teile einer Inszenierung. Ausgerechnet Spielmechaniken und die Spieleraktivität als Teil der historischen Inszenierung auszuklammern, verfehlt die Kerncharakteristika digitaler Spiele. Ein Spiel daran zu messen, dass der Spielverlauf klar durch Historisches beeinflusst sei, muss bereits am Ausschluss der Rezipienten scheitern. Andererseits ist eine so weite Definition wie die historische Resonanz von Chapman für den Diskurs unnütz, da sein ganzes Buch sie erläutern muss. Er präzisiert sie durch Kategorien von Zeit und Raum, berechnete Simulationen und Angebote von Wissensräumen, historische Narrative und sinnliche Geschichtsangebote sowie die Parallelen zwischen dem Spielerhandeln und Reenactment. Konsequent postmodern bezieht er vielfältige Perspektiven und alternative Geschichtsentwürfe ein, die mit der Verspieltheit und der Dekonstruktionsleistung von Spielern in der historischen Inszenierung zusammenhängen. Kapell und Eliott verknüpfen das spielmechanische System und Erzählungen, denn beide vereinen sich aus Perspektive des Spielerlebnisses in historischen Repräsentationen. Kluge Strukturen und Prozesse im Gameplay könnten mit Fakten, Daten, Figuren und Ereignissen ein historisches Verständnis hervorrufen. Heinze zieht daher trotz seines plausiblen Systemmodells zwischen spiellogischen und lebensweltlichen Einflüssen einen falschen Schluss: Nicht allein Narrationen übertragen plausible historische Weltentwürfe, die Anlage der Spielsysteme entscheidet. Eine historische Inszenierung vollumfänglich zu begreifen, setzt voraus, grundlegende Eigenschaften digitaler Spiele zu verstehen, die bei Sichtbarem und Erzähltem nicht stehen bleiben. Das narrative Dogma der Geschichtswissenschaft scheint so dem Verständnis digitaler Spiele eher im Wege zu stehen. Ob Entwickler etwas als Historisch meinen, ist für die Wahrnehmung durch Spieler nachrangig. Intentionen der Hersteller erreichen die Nutzer nur, wenn sie aus Form und Inhalt eines Spieles direkt in der Spielerfahrung ablesbar sind. Da auch Forschende als Nutzer anzusehen sind, müssen sie ihre Aussagen an dieser Rolle reflektieren.

Um einen tauglichen Begriff des Historischen zu entwickeln, berücksichtige dieses Buch diese Bedingungen, rekapitulierte Vorstellungen der Branche und glich sie mit geschichtswissenschaftlichen Stimmen ab. Als vier Konzepte der Annäherung ergeben sich *Objekte, Narration, Modelle* und *Weltentwürfe*, deren einzelne Komponenten Tabelle 2-1 (S. 73) näher ausdifferenzierte. Je mehr der Komponenten dieser vier Konzepte historisch referenzieren, umso höher ist der Grad der historischen Inszenierung, wovon die Rezipientinnen und Rezipienten ausdrücklich einen Teil bilden. Zu untersuchen ist deswegen stets, wie sich ihre Geschichtserfahrung medial mit der historischen Erinnerungskultur verknüpft. Sie sind gegenwärtig noch eine Unbekannte, aber von großem Gewicht. Nach ihnen als Variablen müssen dringend Studien die Gleichung auflösen, damit Aussagen belastbarer werden.

Nur wenige Autoren versuchten bisher, den Charakter der Quelle aus geschichtswissenschaftlicher Perspektive zu erschließen. Studien erschwert, dass eine wissenschaftliche Historiografie zur Entwicklung digitaler Spiele nicht vorliegt und frühe Versuche auf ein begrenztes Darstellungsvermögen digitaler Spiele trafen. Seither wuchsen die Möglichkeiten für historische Inszenierungen exponentiell. Digitale Spiele zeigten sich als Quelle durchaus brauchbar, sogar in einem zeitgenössischen Szenario. Zusag ergründete die Eigenschaften mit einem systemtheoretischen Analysemodell, das digitale Spiele als interagierenden produktiv-rezeptiven Raum begreift. Heinze hingegen nähert sich dem spiellogischen System über die technischen Grundlagen. Als Schnittstelle zwischen kollektiven Wissensbeständen und dem Spiel bringen Spielende individuelles Wissen in den lebensweltlichen Bezugsrahmen des Spieles ein. Lebensweltliche und spiellogische Rahmen überschneiden sich im digitalen Spiel, was einen scharf abgegrenzten Quellenbegriff schwierig macht. Vom Standpunkt des Spielerlebnisses aus skizziert Chapman fünf Säulen, auf denen die Spielerfahrung ruht: Simulationsmodelle, epistemologische Systeme, Repräsentationen von Raum und Zeit sowie Handlungsangebote. Casso und Thibault nähern sich dem Quellencharakter aus geschichtstheoretischer Sicht. Ihr *History-Game Relations (HGR) Framework* erfasst die netzwerkartigen, interdependenten Abhängigkeiten zwischen Bestandteilen digitaler Spiele und historischen Elementen. Wegen ihrer spezifischen Medialität seien historische Inhalte aus anderen Medien auf drei Arten für digitale Spiele zu übersetzen: in eine neue Perspektive, in die digitale Form und in spielerische Konzepte. Casso und Thibault verbinden so die Charakteristika des Mediums mit den Funktionsweisen dreier dominierender Geschichtsmodelle: historistische Konzepte, die Schule der Annales und die Tradition der Poetik/Narration. Ihre Konzentration auf das Objekt verliert allerdings die Beziehung zum Rezipienten aus dem Fokus, der dem historischen System überhaupt erst Leben einhaucht. Chapman und Heinze können diese Lücken schließen helfen. Weil die Bedingungen für historischer Inszenierungen besondere geschichtswissenschaftliche Anforderungen stellen, kann die Behandlung digitaler Spiele nicht einfach den Medienwissenschaften überlassen werden. Zusammen aber mit Kultur- und Medienwissenschaften kann die Geschichtswissenschaft digitale Spiele besser durchdringen.

Wie Chatfield betonte, stellen die Eigenschaften dieser Quellenform die Geschichtswissenschaft vor theoretische und methodische Herausforderungen, besonders in Kombination. Die hohe Veränderlichkeit des Mediums, seiner Formen und Inhalte sind nur einige davon. Um unterschiedliche Erfahrungen an einunddemselben Gegenstand vergleichen zu können, benötigen Historiker Systeme verlässlicher Referenzierbarkeit – ein Fussnotensystem für wissenschaftliche Aussagen über Spielerfahrungen. Sandkühler und Zusag weisen auf die Auswirkungen der individuellen Performanz für Befunde hin, ausgehend also vom Handeln der Spielenden aus ihrer speziellen Perspektive in der inszenierten Spielwelt. Ob man sie als Dieb oder Krieger betritt, verändert die Tonlage aller Spielerfahrungen. Zusags mehrstufiger Vorschlag für eine Ludografie ließ offene Flanken, inspirierte aber die Vorgehensweise im vorliegenden Buch. Sie orientiert sich an den Empfehlungen, die Kollegen und ich im *Arbeitskreis Geschichtswissenschaft und Digitale Spiele (AKGWDS)* entwickelten. Für generelle Ausführungen verweisen die Fussnoten auf Basisinformationen eines digitalen Spieles. Allerdings bestehen nicht nur Grenzen, eine Spielszene oder ein Setting textlich zu beschreiben. Auch ein statischer Screenshot als Beleg reduziert zwangsläufig die Freiheitsgrade der ursprünglichen Spielerfahrung gegenüber einer frei beweglichen Spielhandlung. Die individuelle Ausgangssituation belegen filmische Mitschnitte am Besten, die im Fließtext erläutert sind. Für videografisches Vorgehen folgt das vorliegende Buch Anregungen von Hassemer.

Das lückenhafte Verständnis des Gegenstands und die methodischen Schwächen bleiben nicht ohne Folgen. Überblicksdarstellungen des Arbeitsfeldes behandeln lediglich Teile eines Spektrums von relevanten Phänomenen. Bemerkenswert ist, dass Historiker dennoch allgemeine Thesen aufstellen. Dass aber digitale Spiele grundsätzlich nicht fähig wären, Historisches adäquat zu präsentieren, könnten nur eingehendere Untersuchungen zur spezifischen Medialität belegen. Als Auftrag für die Geschichtswissenschaft sieht Schwarz, die vereinfachten Geschichtsbilder der Spiele zu dekonstruieren, um sie als Medium der Geschichtspopularisierung zu verstehen. Nach Pfister hingegen wäre ebenso zu untersuchen, wie historische Inszenierungen in digitalen Spielen im Laufe ihrer Geschichte Einfluss auf die Gesellschaft nahmen. Sie würden Wahrnehmungen verändern, Identitäten konstruieren und reproduzieren. Viele Beiträge zum Fachdiskurs wie bei Kerschbaumer und Winnerling sowie Kapell und Eliott testen Vorstöße in das Feld und geben erste Anregungen. Infolgedessen erreicht das Themenspektrum wissenschaftlicher Publikationen nicht die Variationsbreite von Perspektiven und Themen, wie sie digitale Spiele selbst schon bieten. Einige verdichtete systematische Arbeitsschwerpunkte der Geschichtswissenschaft treten zutage, die nach Disziplinen und Zugriffen über Spielformen geordnet wurden.

Ein wesentliches Betätigungsfeld liegt in Untersuchungen zu Narrationen und visuellen Eindrücken. Geringer engagieren sich Historiker in Bezug auf Modelle und Weltentwürfe, obwohl Heinze und Chapman eindrucksvoll deren historische Wirkmacht belegen. Anstelle populärhistorische Vorstellungen als unwissenschaftlich auszugrenzen, forderten einige Autoren sie einzubeziehen. Diesbezüglich behandeln Studien intensiv den Konnex von Kontrafaktizität und Authentizität, die meist nicht den Entsprechungen einer realen Geschichte nachspüren. Authentizität kann nur an den Eigenschaften des Mediums bemessen werden. Daher schlüsseln die Studien Mechanismen auf, nach denen etwas authentisch erscheint. Insofern sind kontrafaktische Befunde als historische Alternativentwürfe zu verstehen, die dennoch über Authentizitätsanker verfügen. Sie können realitätsnah, aber auch metaphorisch ausfallen. Die Rolle des handelnden Individuums in der historischen Inszenierung beschreiben Performanz-Theorien. Erste Studien erschienen dazu zwar, ihr Umfang trägt aber nicht der Bedeutung des Blickwinkels Rechnung. Autoren rücken die Körperlichkeit in die Nähe von Reenactment, untersuchen aber kaum die Kommunikation als performativen Akt. Zwischen Simulation und freiem Spiel entsteht eine gerahmte Ungewissheit (Rautzenberg), welche die Spielenden ausfüllen. Dieser performative Raum bringt nach Fischer ganz eigene Formen von Geschichte hervor. Wechselt ein Spiel zwischen solchen Handlungsräumen, kann der spielmechanische Kontrast historische Denkmodelle transportieren (Zimmermann). Im Produktionsprozess und Lebenszyklus von digitalen Spielen modifizieren Spieler aktiv die Software (Modding). Einige Autoren erläuterten, wie die Spielenden dabei als Prosumenten vorgehen. Wenn die Bedeutung der Spielenden so elementar ist, betrachtet die Geschichtswissenschaft ihre Wahrnehmung ungenügend. Autoren fordern seit Jahren, Rezipienten stärker zu untersuchen, um zum Beispiel Inhalte der Spiele mit der Erinnerungskultur verknüpfen zu können. Bislang mangelt es den punktuellen Fortschritten an Repräsentativität. Wesener legte einen Vorschlag für die Prinzipien historischer Transferprozesse vor. Einige Hoffnungen liegen auf einer Modellstudie durch Giere. Artverwand mit performativen Fragen besteht ein interessanter Schwerpunkt in der Forschung zu Stereotypen, Gender-Fragen und Neokolonialismen. Dort befruchten sich Methoden gegenseitig, die Diskriminierungen, aber auch unreflektierte Gewohnheiten aufdecken. Knoll-Jung untersuchte an Aufbau- und Strategispielen die Darstellung von Weiblichkeiten, wie sie der Diskurs größtenteils fokussiert. Zu wenig untersucht findet Schwarz die Wirkungen männlicher Stereotpe auf gesellschaftliche Männlichkeitsbilder oder Aspekte bewusster Rollenwechsel. Verbindungen bestehen zu Neokolonialismen über ideologische Konzepte. Sie lassen erkennen, dass die digitale Spielkultur bislang zu uniform betrachtet wird. So werden regionale Besonderheiten kaum berücksichtigt. Forschungen existieren zum amerikanischen und japanischen Raum, kaum aber zu Europa oder Deutschland. Obwohl digitale Spiele ein weltweites Phänomen sind, bilden mit dem Nahen Osten, Südamerika oder Afrika ganze Kulturräume blinde Flecken. Globalhistorisch müssten vielschichtig einander überschneidende Ebenen vieler Weltregionen behandelt werden, sowie digitale Spiele aus Sicht anderer Kulturräume. Mukherjee stellte etwa Wahrnehmungen von Spielern aus westlichen Ländern und ehemaligen Kolonien gegenüber.

Spielformen, vorwiegend Simulationen, Strategiespiele und Shooter, bilden einen zweiten systematischen Zugriff der Geschichtswissenschaft. Diese Klassifikation folgt spielekulturell und journalistisch festgelegten Kategorien, denn die Genrediskussion der Medienwissenschaft findet kaum Resonanz. Dadurch wird etwa der Simulationsbegriff unscharf verwendet. Allerdings ist die Offenheit des Diskurses auch von Vorteil, schüren Genres doch Erwartungshaltungen, die sie nur für bestimmte Zeitphasen oder Teilspektren erfüllen. Digitale Spiele bilden eher ein Kontinuum, das Verdichtungen aufweist, nicht aber scharf abgrenzbare Kategorien. Am stärksten behandelt sind Simulationen, einerseits als spielekulturelle Bezeichnung, andererseits im Sinne einer wissenschaftlichen Modellrechnung. Darin liegt ein Widerspruch, weil im Spiel die Nutzer massiv eingreifen, im Simulationsmodell jedoch der Rechner selbst alle Reaktionen berechnet. Die Spannung verläuft zwischen dem Reenactment in einer simulierten Umgebung und einer wissenschaftlich gedachten Simulation. Unbeantwortet ist bislang, welche Kraft der Simulation in Bezug auf Repräsentation innewohnt. Vohwinckel fragte nach dem simulativen Nutzen von digitalen Spielsystemen als geschichtswissenschaftliches Instrument wie bei Hands-Off-Spielen. Besinnt man sich auf die obigen Kategorien historischer Inszenierungen, wächst die Komplexität der Simulation von modellhafter Geschichte in abstrakten oder makrohistorischen Umgebungen bis zum detaillierten Weltentwurf. Parallel wachsen aber auch für Spielende die Möglichkeiten, in Systeme einzugreifen. Konfliktsimulationen stellen nur Teilaspekte von Geschichte dar, komprimierten diese aber maßstäblich. Weil sie Auschnitte der Echtwelt imitieren, scheitern sie an der historischen Repräsentation, verdeutlichen aber erfolgreich konzeptionelle Rahmenbedingungen für die Repräsentation. So wie staatliche Organisationen zunehmend Simulationen nutzen, verschwimmen im militärischen Kontext die Grenzen zu Spielen. In historischen Inszenierungen seien daher kulturelle und zeithistorische Kontexte zu berücksichtigen, um Effekte der Simulation einzuordnen. Im geschichtswissenschaftlichen Diskurs fehlen alltagsgeschichtliche Weltentwürfe wie das Mittelalterrollenspiel *Kingdom Come* oder die Lebenssimulation *Die Sims 4* vollständig.

Strategiespiele fasst die Geschichtswissenschaft fokussierter, scharf ist die Zuordnung trotzdem nicht. Diese Kategorie enthält den Großteil aller historisch inszenierten Spiele auf dem PC. Die Literatur aber konzentriert sich überproportional auf die *Civilization*-Reihe. Ihre Autoren diskutieren, wie Geschichtsbilder von fachlichen Erkenntnissen abweichen und warum. Chapman empfindet die Ergebnisse als unbefriedigend, weil den Eigenschaften textbasierer Medien in dem neuartigen Medium nachgespürt werde. Da sich viele Studien auf die Reihe konzentrieren, geben sie eine Vorstellung davon, welche Fragen am gesamten Spektrum studierbar wären. Wegweisend betrachten Cook und Winnerling das Zusammenspiel zwischen Spielmechanik und Sound beziehungsweise die Defizite diplomatischer Spielsysteme. Häufig manifestiert sich Kritik an unzeitgemäßen historischen Vorstellungen in älteren Vertretern der Reihe, deren Nachfolger sich aber etwa bei Kultur, Religion und dem städtischen Umland weiterentwickelten. Globalhistorische Strategiespiele bieten makrohistorische Modelle mit Spezifika zu jeder Epoche. Meist bevorzugen sie wirtschaftliche und militärisch zentrierte Modelle von Geschichte und Gesellschaft, die einfacher für Spielsysteme quantifizierbar sind. Solche Prämissen in den Geschichtsbildern führen zum Beispiel auf teleologische Geschichtsvorstellungen. Dass aber Entwickler diese Formen wählen, muss nicht bedeuten, dass sie keine besseren Lösungen nutzen würden, wenn sie sie denn kennen würden.

Marginal behandelt der geschichtswissenschaftliche Diskurs leider MMOs. Obwohl erste verfolgenswerte Ansätze zur Debatte stehen, verhallt die Aufforderung weitgehend, die Relevanz etwa von Online-Rollenspielen zu erkennen. Maßnahmen, die Forscher wie Howard im Alleingang ergreifen, erzielen nicht genügend Breitenwirkung. Die Forschung hat nicht begriffen, welch wichtiger Zugang zu einer Kulturgeschichte digitaler Mediengesellschaften in diesen Spielen liegt. Die wenigen geschichtswissenschaftlichen Beiträge konzentrieren sich mit *World of Warcraft* auf ein am Markt wesentliches MMORPG, allerdings eben nur auf ein Exemplar mit speziellen Eigenschaften. Eine Annäherung an grundsätzliche Eigenschaften dieser Spielform aus historisch-fachlicher Sicht unterblieb, weshalb das vorliegende Buch diesen Auftrag ausdrücklich annimmt. Darüber hinaus sind sie in Abhängigkeit von technischen Plattformen zu untersuchen, zum Beispiel auf Besonderheiten von PC- und Konsolentiteln. Mobile Plattformen und Browserspiele sondierte erstmals Patterson. MMOs verbinden enorme Spielerzahlen in historischen Umgebungen, weltweit übergreifend und auf gemeinsamer technokultureller Basis. Zunehmend handeln Spieler in einundderselben Spielwelt miteinander. Mit ihnen verändern sich die historischen Inszenierungen ständig, deren Eindrücke die Spielenden untereinander kommunizieren. So tragen sie historische Erinnerungskulturen in die Spielergemeinschaften und spiegeln sie weltweit in ihre Gesellschaften zurück. Obwohl ein geschichtswissenschaftliches Interesse also gut begründet ist, wächst das Arbeitsfeld allenfalls zögerlich. Ein systematisches Vorgehen zu entwickeln, ist für dieses spezielle Teilgebiet dringend erforderlich.

Weitere Spielformen behandelt die Geschichtswissenschaft nicht übergreifend als solche. Das ist irritierend, weil sich bisherige Kritikpunkte an Geschichtsbildern vielleicht heilen ließen, wendete man sich einem größeren Spektrum zu. So verantwortet der gewählte Ausschnitt die Art der Befunde mit. Das Beispiel von Shootern illustrierte, wie nur ein Teil von Szenarien aufgegriffen wird. Genres zu diskutieren, verliert weiter an Sinn, weil spielmechanische Formen hybrider werden und sich fortlaufend wandeln. Im Ergebnis nähern sich Historiker vorwiegend über Teilfelder von Spieltypen und lassen erhebliche Lücken. Als repräsentativ behandelte Titel eignen sich bei genauerem Blick häufig nicht als Schablonen für eine ganze Spielform. Leitet die Geschichtswissenschaft Aussagen von ihnen ab, können sie nur für enge Zeithorizonte gelten, einen gewissen Entwicklungsstand und bestimmte Plattformen. Im Umkehrschluss sind dadurch die Phasen der Spielegeschichte nicht zufriedenstellend erschlossen.

Beiträge im Diskurs, die sich auf historische Epochen beziehen, zeigen ein ähnliches Bild. Die Epochengrenzen sind offen, und häufig beruhen exemplarische Studien auf wenigen Beispielen. Die Vor- und Frühgeschichte wird so gut wie nicht behandelt. Dabei gibt es durchaus Ansätze, die rechnergestützte Simulationen debattieren, nicht jedoch aber unter Zuhilfenahme digitaler Spiele. Allerdings inszenieren auch nur wenige Spielen diese Epoche. Etwas mehr Aufmerksamkeit erfährt die Antike, zuvorderst die römische. Überblicksversuche bleiben bislang lückenhaft und verallgemeinern vorschnell. Antike Elemente werden kulissenhaft benutzt und sind den Schwerpunkten Dynastien, Politik, Wirtschaft, Krieg und Hunger zuzuordnen. Ein paar Beiträge beziehen mythologische Vorstellungen ein, wie etwa zur Götterwelt. Bemerkenswert sind die Parallelen zwischen heutigen virtuellen Welten und römischen historischen Auffassungen über Theater und Sport. Im Kern stellen digitale Spiele militärische Operationen dar, Objekte und Architektur. Konzepte römischer Siedlungen sind eher von städtebaulichen und soziologischen Vorstellungen der jüngsten Vergangenheit geprägt. Schon mehr wissenschaftliche Arbeiten studieren mittelalterliche Inszenierungen, viele davon die *Medieval*-Reihe. Im Diskurs präsent ist auch die Reihe *Crusader Kings* etwa in Bezug auf Ethik und Pietät. Die meisten

Beiträge betonen, dass digitale Spiele heutige Mittelalterbilder verstehen lassen, nicht das Mittelalter selbst. Heinze strukturiert pointiert ein Spektrum von Erscheinungsformen durch vorherrschende Darstellungsprinzipien. Die Prinzipien reichen vom Abstraktionsgrad, über das Marktverhalten und den Marktwert, weiter über das Verhältnis zwischen Mittelalter und Fantasy, kollektive und individuelle Wissensbestände bis hin zu Repräsentationen von Geschlechtlichkeit und Alltagskultur. Er empfiehlt Entwicklern eher kleinskalige Welten. Die Studie weist über die Epoche hinaus einen Weg, weil seine Ansatzpunkte systematisch und substantiell in die Tiefe führen. Ergänzungen bietet ein Sammelband, der an analoge Tabletop-Spiele anknüpft und erstmals mobile und Browserspiele mit einbezieht. Zwar beleuchten mehrere Perspektiven die Fallbeispiele von *World of Warcraft* und *Dante's Inferno*, ihre Stringenz leidet aber unter einem fehlenden Gesamtkonzept. Einige Zugriffspunkte auf mittelalterliche Repräsentationen zeigt der Band zwar, um die Einzelbeiträge in den Gesamtkontext einzufügen, fehlt dem angelsächsischen Raum spürbar eine Übersetzung von Heinze. Das unterstreicht die unglaubliche Vielzahl von bislang unbehandelten Spielen und Spieltypen. Vermeintlich vom Markt verschwundene Themen wie etwa die Hanse werden mittlerweile in umfassendere Kontexte integriert.

Wesentliche Beiträge für die frühneuzeitlichen Diskurse leisten der englisch- und der deutschsprachige Sammelband von Kerschbaumer und Winnerling. Der Forschungsdiskurs orientiert sich an der prominenten Reihe *Assassin's Creed* und verfolgt viele Ansätze zu Geschichtsbildern, einige davon ideengeschichtlich. Blicke auf modellhaft transportierte Geschichte sind selten, dann aber verhandeln sie interessante, performative Fragestellungen. Forschende fokussieren an Strategiespielen und Konfliktsimulationen meist nicht explizit die Frühneuzeit. Konzepte der Renaissance und des Transhumanismus lassen sogar Science-Fiction-Dystopien erkennen. Piraterie sticht als Thema der Frühneuzeit heraus, auch in der dominanten *Assasssin's Creed*-Reihe. Eine lange Tradition über mehrere Spielformen wurde aufgezeigt. Gemessen an ihrer Bedeutung sind koloniale Inszenierungen zu schwach untersucht. Der Diskurs bildet auch hier nicht die Diversität des Gegenstandes ab, weshalb Studien die Perspektiven auf frühneuzeitliche Gegenstände erweitern sollten. Deren Komplexität zeigte das Beispiel nationaler Vorstellungen in *Europa Universalis*. Neuzeitlich übergreifende Studien wählen primär die Perspektive von Krieg und Konflikt auf die dargestellte Geschichte, obwohl die Themenvielfalt digitaler Spiele weit größer ist. Zudem verschwimmen Grenzen zwischen militärischen Simulationen und simulativen Militärspielen. Die zentrale Monografie von Bender analysierte Konflikte des 20. Jahrhunderts und verband sie mit erinnerungskulturellen Fragen an den verwobenen Charakter verschiedener Erinnerungsmedien. Seine Studie erläuterte diverse Schauplätze vom Ersten Weltkrieg bis zum Einsatz in Somalia in den neunziger Jahren. Den oft geäußerten Eindruck, digitale Spiele seien gewalt- und kriegslastig, befördert der gewählte Zuschnitt des Diskurses. Interessante Alternativen böten ideengeschichtliche Spuren, etwa an den Begriffsdiskursen zu Herrschaft, Nation und Zivilisation sowie Fragen zu Grenzüberschreitungen und Flucht. Digitale Spiele stellen einen zeithistorischen Seismografen dar, der zum Beispiel die Verarbeitung von

Epidemieängsten offenbart. Nachgewiesen wurde auch ein mystisch-religiöses Kulturerbe. Solange die Geschichtswissenschaft sich selbst nicht verortet, lassen sich solche Zugriffe nur schwierig zu Literatur- und Kulturwissenschaft abgrenzen. So ist etwa die *Fallout*-Reihe geschichtswissenschaftlich interessant, weil sie einen populärgeschichtlichen Erfahrungsschatz von Zukunftsvorstellungen in den U.S.A. im heutigen Geschichtsbewusstsein sowie aus den dreißiger bis sechziger Jahre speichert.

Wesentliche Teile der neuzeitlichen Debatte ranken sich um drei Schwerpunkte, die als Mikroepochen kriegerische Themen fassen. Speziell die Phase des Vietnamkrieges ist zwar durch viele Spielexemplare am Markt vertreten, selten aber gezielt untersucht. Den Konflikt berühren zudem Texte zum Kalten Krieg. Sie stellen eine homogen U.S.-lastige Sicht fest, die filmische Vorbilder ästhetisch und inhaltlich kopiert und zu kriegsentscheidenden Heroengeschichten stilisiert. Seit dem Ersten Weltkrieg wieder verbreitet gedacht wird, studieren auch geschichtswissenschaftliche Autoren verstärkt diese Mikroepoche. Lange Zeit vertraten das Szenario fast nur Simulationen und Strategiespiele. Digitale Spiele erproben nun innovativere Formen, weshalb diese Mikroepoche im Umbruch scheint. Fachliche Überlegungen verfolgen die Darstellung von Männlichkeiten in der dominanten Perspektive dieser Spiele. Der Fokus liege auf Kampf, Frontgeschehen und detailliertem Kriegsgeräten, gerate aber bedauerlich entpolisitiert. Zudem werten Autoren digitale Spiele als Teil dieser Erinnerungskultur unterschiedlich. Chapman extrapoliert etwa vorschnell die Spezifika der angelsächsischen Erinnerungskultur. Den geschichtswissenschaftlichen Stand zu der Mikroepoche zu subsummieren, fällt so schwer. Strittig ist schon, ob soldatische Erfahrungen oder der Luftkrieg repräsentativ für die Darstellung des Ersten Weltkrieges sind. Herangezogene statistische Daten dazu überzeugen nicht. Kempshall setzt die britische Erinnerungskultur ins Verhältnis zu verschiedenen Mediendarstellungen des Krieges. Narrative des Großen Krieges atmeten größere Freiheit, weil visualisierende Vorbilder sie nicht wie Spielfilme zum Zweiten Weltkrieg festlegten. Deswegen griffen Entwickler häufiger auf historische Quellen und TV-Dokumentationen zurück. Den Konflikt dominierten in Spielen zumeist westliche Perspektiven, wobei die räumliche und chronologische Ordnung gebrochen werde. Die Darstellung digitaler Kampfhandlungen liefert Hinweise auf populärhistorische Vorstellungen. Daraus sei erschließbar, welche Erinnerungen erwünscht und erwartet würden. Einige Autoren sind der Ansicht, das historische Bild dieser Mikroepoche gehe in digitalen Spielen weit über die Gewohnheiten in andern Medienformaten hinaus. Wie das Hamburger Beispiel *Ad Infinitum* müssen jenseits von realitätsnah gemeinten, historischen Inszenierungen auch symbolhaft abstrakte untersucht werden.

Als außerordentlicher Schwerpunkt sticht aus der Neuzeit heraus, wie intensiv der Zweite Weltkrieg behandelt wird. Der Hintergrund von Angriffskrieg und Völkermord gebietet besondere Sensibilität und Sorgfalt. Der Grad jedoch, mit dem moralisch argumentiert wird, erschüttert. Dass digitale Spiele manche historischen Umstände grundsätzlich nicht darstellen könnten, meint häufig, dass sie es nicht sollten. Bedrückende Beispiele für ihre Form, verwendete Erzählmotive, ihre Quellen und geistige Haltungen bei ihren Entwicklern sowie Spielern ästhetisieren Krieg und Gewalt. Mangelhaft reflektiert, drohen sie problemlos an rechtsradikales Gedankengut anzuschließen. Unbestreitbar existieren diese Phänomene, repräsentativ allerdings für Spiele zum Zweiten Weltkrieg sind sie nicht. Auffällig wenig werden digitale Spiele in Bezug zur Erinnerungskultur oder zu anderen Erinnerungsmedien diskutiert. Erneut weist die Quantifizierung des Phänomens methodische Defizite auf. Belegbar aber ist eine enorme Menge digitaler Spiele im Szenario, insbesondere unter Shootern und Strategiespielen. Eine sorgfältige Studie an 96 Beispielen ergab, dass die alliierte Perspektive vorherrscht, weshalb klare Stereotype in heroische Alliierte und entmenschlichte Deutsche vereinfachten. Strategiespiele präsentierten die Kriegsparteien eher funktional und ebenbürtig. Ein Teil der Spiele dämonisiert das Dritte Reich buchstäblich. In der Regel beschränken sich Perspektiven auf militärische Operationen im Krieg, übergehen dabei aber Verwicklungen der Wehrmacht in den Holocaust. Sofern die Spiele den „Totalen Krieg" überhaupt thematisieren, verdeutlichen sie nicht seine Folgen: die vollständige Ausrichtung von Gesellschaft und Wirtschaft auf den Weltkrieg. Befunde jüngerer Zeit zeigen zunehmend differenzierte und komplexere Darstellungsweisen, sie stehen jedoch in Konflikt mit engen Diskursgrenzen für das Sagbare. Ihre thematische Diversität leide, weil Entwickler Tabubrüche scheuen. Welche Spielformen welche Geschichtsbilder vom Weltkrieg entwerfen und welchen Einfluss ihre Spezifika auf die Konstruktion historischer Erinnerung nehmen, untersuchte Bender an Strategiespielen, Fahrzeugsimulationen und Shootern, klammerte aber andere Spielformen aus. Kontrafaktischen Entwürfe von Strategiespielen seien ernst zu nehmen. Fahrzeugsimulationen suggerieren soldatische Erfahrungen nah am Kriegsgerät, blenden aber im Grunde menschliche Komponenten wie deren zeitgenössischen Vorstellungen aus. Shooter formten zwar den Kontext neben ihren Schlachtfeldern aus, allerdings nur so weit, was Spieler wissen müssten, um den Kriegsschauplatz zu besuchen und wieder zu verlassen. Es mangele an überindividuellen Deutungen. Die Entwickler von Weltkriegsspielen mögen damit vermeiden wollen, sich interpretativ zu positionieren, aber auch ihre Enthaltung nimmt bereits Stellung. Weltkriegsshooter sind traditionell jene, die den Zweiten Weltkrieg inszenieren. Sie greifen zahlreiche Bezüge aus Filmen auf, bieten aber auch Untersuchungsfelder wie den Entwicklungsprozess in seinem historischen Hintergrund, zeitgenössische Kontexte der Erinnerung mit ihren Konjunkturen und Schwerpunkten sowie Verbindungslinien zwischen digitalen Spielen und anderen Medienformen. Die Inszenierung historischer Mythen selbst sei noch nicht durchschaut, einige digitale Spiele reflektieren den Zustand postmoderner Gesellschaften. Zwei Formen des Umgangs lassen sich in Anwendung von Baudrillard als realistisch und fantastisch unterscheiden. Ihre selektive Authentizität ist zu untersuchen, also, was digitale Inszenierungen hervorheben und was ihnen fehlt.

Im Gegensatz dazu erstaunt, wie wenig der Kalten Krieg als dritte Mikroepoche moralisch tabuisiert oder ideolgisch debattiert wird. Eine Überblicksdarstellung steht noch aus, allerdings untersucht eine Dissertation den Kalten Krieg in circa 160 Spielen vor und nach dem Zusammenbruch des Ostblocks. Häufig wird *Call of Duty: Black Ops* diskutiert, von seinen Entwicklern als bewusster Beitrag zur Geschichtskultur bezeichnet. Der Shooter inszeniert retrospektiv Erinnerungen an ikonische Schauplätze des Kalten Krieges bis in die sechziger Jahre, unter Verwendung zeitgenössischer Bildstile und angeblicher Geheimgeschichte, einer *Secret History*. Spielende gewinnen den Eindruck von geheimdiplomatischen Verwicklungen im Hintergrund. Bemerkenswert verschiebt sich der Kalte Krieg hinter den Kulissen der Weltpolitik zu einer Reihe heißer Gefechte. Eine Studie verglich den Shooter mit einem historischen Dokumentarspiel. Ersterer unterdrücke die eigene Erkundung durch Spielende, das Dokumentarspiel stelle den Spielverlauf und damit die Deutung frei. Das letzere Muster lässt sich allerdings auch in anderen Spielformen finden. Beiden Spielformen muss die Geschichtswissenschaft Aufmersamkeit schenken. Inszenierungen zum Kalten Krieg ordnen sich nach drei Kategorien: das Reenactment historischer Ereignisse, postapokalyptische Szenarien wie in Fallout und konventionelle Dritte Weltkriege, aus kritischen Momenten der Ost-West-Konfrontation fortgedacht. Der Kalte Krieg etablierte sich mittlerweile als wirksame Marke, die selbst satirisch überzeichnete Spiele hervorbringt. Die Symptome der drei Szenarien aber zeigen, dass der Kalte Krieg noch Jahrzehnte nach dem Ende des Ostblockes tiefgreifend gesellschaftlich Einfluss nimmt. In den achtziger Jahren des Kalten Krieges halfen digitale Spiele der U.S.-Regierung sogar, die Raketenabwehrprogramme der SDI-Initiative für eine skeptische Bevölkerung plausibel zu machen. Über die politisch kommunizierten Ansichten hinaus zeigten sie Alternativen auf, die es abzuwägen galt: die drohende, atomare Vernichtung oder eine instabile Welt durch das Fehlen von Drohpotential.

Insgesamt liegt ein deutsch- und englischsprachiger Forschungsstand vor, der nicht ganz leicht zu subsummieren ist. Erst seit gut einem Jahrzehnt erweitern Pioniere das anspruchsvolle, interdisziplinäre Forschungsfeld um digitale Spiele durch eine geschichtswissenschaftliche Sicht. Studien aber bleiben deskriptiv, oberflächlich und veranschaulichend, obwohl Nachbardisziplinen weitergehende Denkanstöße anbieten. Einige innovative Ansätze erbringen jedoch wesentliche Erkenntnisse für das Arbeitsfeld. Allerdings findet ein Diskurs nur begrenzt statt; selten referenzieren und erörtern die Autoren Arbeitsergebnisse anderer, wodurch das behandelte Themenspektrum einen widersprüchlichen Eindruck erweckt. Wenige Beispiele dienen häufig als Belege für Aussagen über die Gesamtheit digitaler Spiele, so undifferenziert aber sind sie nicht haltbar. Obendrein widmen sich Forschungen an so manchem Themenfeld übergewichtig bestimmten Spielformen oder einzelnen Exemplaren. Digitale Spiele werden vorschnell typisiert und kategorisiert. Auf der Suche nach verallgemeinerbaren Aussagen hält sich die Geschichtswissenschaft an vermeintlich repräsentativen Mainstream-Produkten fest, ohne anderenorts geeignetere Inhalte und Mechaniken aufzuspüren. Die Defizite geraten umso gravierender, da Beiträge nur selten die Historizität der Spiele berücksichtigen. In den Dekaden ihrer Geschichte wandelten sich ihre Eigenschaften, Inhalte und Produktionsbedingungen ständig, viele Studien legen aber den Gültigkeitsbereich ihrer Ergebnisse nicht offen. Ebenso fließt die Diversität technischer Plattformen relativ zueinander und im historischen Vergleich nicht ein. Technologie und spielerische Inhalte koppeln mit einem gesellschaftlichen Kontext zurück, der sich zum Beispiel von einer jugendlichen Subkultur zu einem Massenphänomen wandelte, was nur eine Handvoll von Studien berücksichtigt. Nicht nur deshalb blieb der Charakter der historischen Quelle unzureichend geklärt; beginnend mit der Frage, was denn das Historische an einem digitalen Spiel sei. Das vorliegende Buch empfahl einen Begriff des Historischen in vier Dimensionen: *Objekte*, *Narrationen*, *Modelle* und *Weltentwürfe*. An der mangelnden Begriffschärfe leiden Versuche, das Phänomen zu quantifizieren. Unzureichend erläuterte Methodik führt auch hier zu unhaltbar langfristigen, plattformübergreifenden Interpretationen. Defizitär blieb zudem das Verständnis medialer Eigenschaften des Studienobjektes. Verstehen es die Einen als technische Apparatur mit spielmechanischen und inhaltlichen Angeboten, liegt der Schwerpunkt Anderer phänomenologisch auf der Spielerfahrung. Nur ein Denkmodell band geschichtswissenschaftliche Theorien an die Eigenschaften des Objektes zurück, verlor dabei wiederum die Spielenden aus dem Blick. Der aktiv handelnde Rezipient zwischen dem technischen System und der Erfahrung bleibt mangels wissenschaftlicher Analysen gegenwärtig ungreifbar. Im Verständnis aber der Spielersichten liegt der wesentliche Schlüssel zum Verständnis der historischen Inszenierungen. Auch methodisch erschwert dieser Umstand die Arbeit, denn Forschende begeben sich in das gleiche inszenierende System wie alle Spielenden. Um wissenschaftliche Aussagen belegen zu können, benötigen sie geeignete Referenzsysteme, vergleichbar mit Fussnoten in textlichen Formaten. Zu klären ist, wann eine textliche Beschreibung genügt, wann ein Screenshot oder videografische Aufzeichnungen geboten sind. Jede Studie entwickelt für den jeweiligen Fall eine Methodik, ein Austausch darüber steht in den Anfängen. Die diskutierten Vorschläge destillierte das vorliegende Buch zu einer Vorgehensweise, die neben schriftlichen Beschreibungen auf Belege aus aufgezeichneten Szenen setzt.

Inhaltlich betrachtet, unternehmen geschichtswissenschaftliche Arbeiten bislang nur erste Vorstöße in viele Felder. Zudem bieten digitale Spiele ein weit größeres Themenspektrum. Systematisch überblickt, zeigten sich vorwiegend Studien über oberflächlich Erkennbares wie visuelle Eindrücke und Narrationen. Komplexere Modelle oder gar Weltentwürfe werden weniger untersucht. Mangelt es am Bewusstsein dafür, dass digitale Spiele nicht bloß mediale Ausdrucksformen nebeneinanderstellen, sondern zu einer spezifischen Medialität verschmelzen, bleiben Analysen beschränkt und verlieren das wechselwirkende Ganze aus dem Blick. Bezüglich Authentizität und Kontrafaktizität werden sie zu oft an geschichtswissenschaftlich gewohnten medialen Eigenschaften gemessen. Gerade im Hinblick auf die Spielenden als Rezipienten wären Aspekte der Performativität stärker zu untersuchen. Es gilt, das spielerische Handeln, spielmechanische Räume und Vorstellungswelten der Spielenden mit all ihren Stereotypen zu durchleuchten. Nicht nur Gender-Konstruktionen würden so besser verständlich, auch globalhistorische Bezüge regionaler Spielerkulturen und Prägungen verschiedener Wirtschaftskreise träten stärker zutage. Digitale Spiele bergen deutlich mehr Vielfalt, als die gegenwärtige westlich-europäische Nabelschau den Anschein erweckt. Ohnehin müssten die systematischen Arbeitsfelder besser an vorhandene geschichtswissenschaftliche Diskurse angeschlossen werden. Digitale Spiele ließen sich so als eine von mehreren möglichen medialen Umgangsformen mit Geschichte emanzipieren. Ein Anschluss wird zu selten an Traditionen theoretischer Geschichtsmodelle gesucht, eher wird der Zugriff durch standardisierte Spielformen gewählt. Genrediskussionen aber verstellen dem Blick für plausible Konzepte in spielmechanischer, technologischer und inhaltlicher Hinsicht. Digitale Spiele verteilen sich ohnehin eher auf ein Kontinuum mit Verdichtungen und lassen sich so nicht in starre Kategorien sortieren, denn Entwickler kombinieren Spielformen unablässig neu. Insofern dürfen Untersuchungen an Simulationen, Strategiespielen und Shootern weder als abschließend, noch als repräsentativ betrachtet werden. Studien unterstellten häufig historistische Konzepte von Krieg, Politik und Militär, die sich oft durch die Auswahl der Studienobjekte bestätigen. Dagegen finden etwa zeithistorische Lebenssimulationen keinen Widerhall. Studien behandeln abseits der drei Genannten kaum andere Spielformen. Wird etwa *Assassin's Creed* prominent untersucht, steht es nicht als Vertreter für Open-World oder Action-Abenteuer. Eine gravierende Lücke besteht zu MMO(RP)Gs. Sie erschaffen historisch inspirierte Welten, in denen nicht nur ein Rezipient handelt und kommuniziert, sondern gleich eine ganze Masse von Spielenden. Deren Kommunikation böte erinnerungskulturelle Anknüpfungspunkte.

Unterschiedliche Schwerpunkte und Studiendichten wurden je nach Epoche und methodischem Zugriff erkennbar. Allen Felder strukturell gemeinsam sind jedoch einseitige Verzerrungen. Die Vor- und Frühgeschichte findet kaum Beachtung. Die Forschung zur Antike setzt vor allem griechisch-römische Themen. Thematisch vielfältiger behandelt sie das Mittelalter, doch auch hier ist ein enormes Spektrum unerschlossen. Der frühneuzeitliche Diskurs arbeitet sich stark an der *Assassin's Creed*-Reihe ab. Koloniale Szenarien oder abgebildete Prozesse der Nationsbildung sind kaum untersucht. Die geringe Zahl von Arbeiten, welche die Neuzeit übergreifen, erstaunt. Der dortige Diskurs konzentriert sich fast ausschließlich auf drei kriegerische Mikroepochen: Zum Zweiten Weltkrieg diskutieren Studien vorwiegend Shooter, viele historische Themen wie gesellschaftliche Kriegsfolgen oder den Holocaust aber sparen sie selbst dann aus, wenn sich Spiele heranwagen. Bei Szenarien zum Ersten Weltkrieg nehmen Historiker zunehmend wahr, dass digitale Spiele mit innovativen Perspektiven in Themen und Spielformen vordringen. Analysen und Befunde bleiben bisher aber widersprüchlich. Untersuchungen zum Kalten Krieg zeigen retrospektive Deutungen, zeitgenössische Zukunftsvorstellungen und sogar die gesellschaftliche Instrumentalisierung von Spielen. Verblüffend wenig schöpfen Forschende geschichtswissenschaftliche Perspektiven aus, um beispielsweise Alltagsvorstellungen, sozialgeschichtliche Aspekte oder Wirtschaftsgeschichte zu untersuchen.

* * *

3 Die Erweiterung des Arbeitsfeldes

Erhebliche Ungleichgewichte im geschichtswissenschaftlichen Forschungsstand sind nun offengelegt. Fachbeiträge stehen unreferenziert nebeneinander, dadurch kommt ein geschichtswissenschaftlicher Diskurs kaum zustande und die geringe Diversität von Themenfeldern erstaunt. Nicht annähernd erreicht er ein umfassendes Spektrum historischer Perspektiven, sowohl systematisch als auch inhaltlich. Vorstellungen zur Quelle und methodische Folgen sind nicht genügend ausgereift. Dieses Kapitel erweitert daher das Arbeitsfeld entlang geschichtswissenschaftlicher Erkenntnisinteressen.

Der erste Abschnitt ermittelt vier Erkenntnisfelder, in denen sich historische Aspekte an digitalen Spielen manifestieren. Angesichts der Vielzahl von digitalen Spielen aber, die in gut fünfzig Jahren erschienen, kann das Kapitel nicht allumfänglich ihre Gesamtgeschichte nachzeichnen. Ausgewählte Schlaglichter erläutern daher signifikante Phänomene für Schwerpunkte geschichtswissenschaftlicher Arbeitsfelder. Als Dimensionen für die Erkenntnissuche erläutert Unterkapitel *3.1 Geschichte in digitalen Spielen* die inszenierten Geschichtsbilder, zeitgeschichtliche Rückkopplungen, Manifestationen der technikkulturellen Geschichte und Erinnerungskulturelle Wissenssysteme, stets durch konkrete Beispiele untermauert. Für das weitere Vorgehen spannen diese Ausführungen zudem das Spektrum von Untersuchungskategorien auch für MMORPGs auf. Ergänzend und zur Vertiefung verweist der Text auf mein Blog *Keimling* und spielejournalistische Fachbeiträge. Mein Blog leistete seit 2009 viele Vorarbeiten zu diesem Buch. Dass ich für journalistische Einschätzungen vor allem die deutschsprachige *Gamestar* heranziehe, mag als Einseitigkeit missverstanden werden. Da allerdings der spielekulturelle Print-Journalismus ökonomisch unter Druck steht, garantiert zumindest das deutschsprachige Leitmedium fachkundige Beiträge, die nachhaltig verfügbar bleiben. Verbreitet ist das Magazin in öffentlichen Bibliotheken erhältlich und bietet ein digitalisiertes, recherchierbares Archiv online. So bleibt die Referenzierung mittelfristig nachvollziehbar.

Die Expedition durch historisch relevante Felder bereitet das Fundament für das weitere Vorgehen. Die Probleme des geschichtswissenschaftlichen Forschungsfeldes, die bezüglich der Quellen, Methoden und systematischen Zugriffen auffielen, zeigen sich interdisziplinär lösbar. Daher erläutert Abschnitt *3.2 Anknüpfungspunkte und Lösungsansätze* empfehlenswerte Impulse für geschichtswissenschaftliche Arbeitsweisen, auch stoßen nun die geschichtsdidaktischen Schriften wieder hinzu. Der Abschnitt verweist auf Kultur-, Kommunikations- und Medienwissenschaften und bezieht die Game Studies mit ein. Weitere Impulse stammen aus den Gesellschafts- und Politikwissenschaften, aber auch aus ökonomischen Texten. Studien zu rechtlichen Bedingungen und kulturellen Vorstellungen setzen den Rahmen, um Rezipienten näher zu kommen. Editions-, Archiv- und Bibliothekswissenschaften leisten relevante Beiträge für sinnvolle Bewahrungsstrategien. Ein Überblick über die tragenden Säulen des Spielejournalismus ermöglicht den Zugriff auf spielekulturelle

Vorstellungen. Sie enthalten zudem Informationen über das wirtschaftliche Geschäft, Firmengeschichten sowie Äußerungen von und über Leitfiguren der Branche. Spieleentwickler verfassen ebenfalls nennenswerte Beiträge etwa aus einer praxisorientierten Sicht für Ausbildungszwecke. Weit aufgezeigt eröffnet sich ein Spektrum aus Anregungen, die je nach Detailfrage nicht immer alle anzuwenden sind, jedoch stets mit zu reflektieren.

Um die Bedingungen als Quelle und damit die methodischer Zwänge zu ergründen, blickt Abschnitt *3.3 Digitale Spiele als Überlieferungsträger* auf die Eigenschaften digitaler Spiele bei ihrer Bewahrung. Dieser Teil erläutert die besonderen Anforderungen als Kulturgut, speziell für Online-Rollenspiele. Die Komplexität digitaler Spiele als technische Artefakte erschwert ihre Archivierung. Schon wenige Jahre alte Titel sind als Quelle kaum greifbar, weil sie sich nicht mehr (ab)spielen lassen. Die Welt der digitalen Spiele ist technologisch schnelllebig und Spielkonzepte wandeln sich stetig. Darin liegt für die Geschichtswissenschaft ein fortwährendes, zentrales Problem und keineswegs bloß eine Randerscheinung. Relevant sind dafür die Auswirkungen und Grenzen der technischen Entwicklung, urheber- und lizenzrechtliche Bedingungen, ein kulturhistorisches Bewusstsein für die Prinzipien der Bewahrung und der Überblick über bisherige Initiativen. Zudem ermöglicht erst die gezielte Bewahrung eines repräsentativen Querschnitts ihrer Geschichte, ihre grundlegenden Eigenschaften und das Spektrum ihrer Inhalte historisch zu überblicken. Umgekehrt lässt erst das Verständnis dieser Eigenschaften und ihrer Veränderungen feststellen, welche digitalen Spiele als repräsentativ zu bewahren sind. Um verlässlich zu verallgemeinern, wie ihre Gesamtheit für einen bestimmte Zeitphase beschaffen ist, ist diese Überlieferungslage zu reflektieren.

Schon der Forschungsstand deutete an, dass die Historizität des Gegenstandes wesentlich für das Verständnis seines wandelbaren Charakters zu verschiedenen Zeiten ist. Eine geschichtswissenschaftlich tragfähige Historiografie existiert allerdings nicht. Abschnitt *3.4 Eine verkürzte Geschichte der digitalen Spiele* erläutert den gegenwärtigen Zustand der Literatur, die sich mit den historischen Entwicklungen digitaler Spiele, ihrer Plattformen, der Branche und ihrer Akteure befasst. So manches Defizit verlangt nach einer Aufarbeitung, die zeitgemäßen geschichtswissenschaftlichen Ansprüchen genügt. Meist verfassen Journalisten oder Kronzeugen aus Entwicklerkreisen die existierenden Bücher. Sie lösen Teilbereiche aus der historischen Entwicklung, die sie persönlich präferieren. Dabei verfolgen sie unreflektierte, undifferenzierte Interessen und legen schon deswegen ihre Agenda nicht offen. Vielfach handelt es sich um rein chronikalische Berichte. Eine Einordnung in gesellschaftliche und kulturelle Zusammenhänge, wie sie geschichtswissenschaftlich zeitgemäß wäre, unterbleibt. Die langen historischen Züge in ihrer Entwicklung mit den verschiedensten Ausprägungen des Gegenstandes möglichst detailliert zu untersuchen, würde der historischen Wissenschaft helfen, bislang unbeachtete Felder zu identifizieren sowie weitere Arbeitsgebiete und Erkenntnisinteressen abzustecken. Um ihre Gesamtgeschichte aufzuarbeiten, wäre aus der Vielzahl veröffentlichter Titel über fünfzig Jahre eine Auswahl zu treffen – archivwissenschaftlich formuliert, wäre eine Kassation nötig. Um Archivwürdiges von nachrangig zu Bewahrendem zu unterscheiden, wäre eine geschichtswissenschaftliche Einordnung dringend vonnöten.

Aus dem dargestellten Spektrum von Methoden und Ansätzen, Chancen und Defiziten schlussfolgert Unterkapitel *3.5 Digitale Spiele, Geschichte und Public History* einen zeitgemäßen geschichtswissenschaftlichen Umgang mit digitalen Spielen. Der Abschnitt ordnet sie im Spannungsfeld zwischen *Medialität*, *Performativität* und *Authentizität* als wichtigen geschichtswissenschaftlichen Gegenstand ein und erläutert, weshalb sich besonders die Teildisziplin der *Public History* zu ihrer Untersuchung eignet. Die Erkenntnisse helfen in den nachfolgenden Kapiteln, das Arbeitsmodell für die empirische Untersuchung zu entwickeln.

3.1 Geschichte in digitalen Spielen

In ihrer Geschichte brachten digitale Spiele vielfältige Formen des Umgangs mit Historischem hervor. Die Formen hingen nicht nur von der Wahl der Inhalte ab, sondern auch von technischen Errungenschaften der Spielgeräte und ihrer Eingabemittel, von Konzepten in der Programmierung, aber auch von spielmechanischen Innovationen oder Traditionsbeharren bei der Spielerschaft. Wie jedes andere Medienprodukt stehen digitale Spiele unter dem Einfluss gesellschaftlicher und kultureller Strömungen, die auf die wirtschaftlichen Bedingungen, die Arbeitsweise der Entwickler und die gewählten Spielinhalte und -formen rückwirken.

Ihre lange Geschichte brachte eine Vielzahl von digitalen Spielen hervor, so dass dieses Kapitel keine vollumfängliche Gesamtgeschichte der manifestierten, historischen Vorstellungen aufbieten kann. Die Gesamtheit bisher veröffentlichter Titel lässt sich ohnehin schwer überblicken, da keine umfassende Ludografie existiert. Je weiter Spiele zurückliegen, umso weniger von ihnen sind erfasst, weil sie nicht über den klassischen Einzelhandel vertrieben, sondern via Disketten getauscht wurden. Heute zerfasert eine Übersicht an der schwer durchschaubaren digitalen Distribution auf PCs und Konsolen, insbesondere aber auf Mobilgeräten und im Browser. Um die übrigen Teile der Überlieferung zu überblicken, wäre hilfreich, wenn zum Beispiel Angela Schwarz die Datenbank veröffentlichen würde, die ihrer statistischen Auswertung zugrunde liegt.[723] Bis dahin aber müssen Forschende sich mit Webdatenbanken wie *MobyGames* oder der Enzyklopädie *Wikipedia* behelfen.[724] In einer Sektion des *Internet Archive* trägt Jason Scott eine Vielzahl älterer Spiele von verschiedenen Platt-

---

723 Siehe Anm. 154 zu **Schwarz:** Geschichte, 2009 sowie **Schwarz:** Computerspiele, 2012² im Abschnitt *2.2 Die Vermessung des Historischen*.
724 MobyGames, 1999 ff.; **Wikipedia:** Eintrag „Video Game". Online unter: https://en.wikipedia.org/wiki/Video_game (Letzter Zugriff: 30. 3. 2019).

formen zusammen, die dort recherchierbar und spielbar sind.[725] Allein eine Vollständigkeit behauptet diese Auswahl von Spielen nicht.

Erst recht dürfen deshalb die Beispiele der nachfolgenden Abschnitte nicht als erschöpfend missverstanden werden. Die Schlaglichter schließen dennoch pointiert und schrittweise Lücken des Forschungsstandes und lassen sich grob nach vier Erkenntnisinteressen strukturieren.[726] Zunächst werden Formen von Geschichtsbildern betrachtet, die sich in den Spielen manifestieren. Ein zweiter Schritt verdeutlicht die oft unbewusste Rückkopplung zeithistorischer Einflüsse. Drittens reflektieren digitale Spiele selbst ihre technologische und kulturelle Entwicklung mithilfe ihrer medialen Eigenschaften. Viertens verbinden sich die angelegten Systeme aus historischen Komponenten über die einzelnen Spieler mit einer Erinnerungskultur größerer Spielgemeinschaften und bilden Erinnerungskulturelle Wissenssysteme. Der Abschnitt reflektiert die vier Erkenntnisdimensionen stets an den systematischen Themenbereichen und Epochenzugriffen, die das Kapitel zum Forschungsstand identifizierte.

3.1.1 Geschichtsbilder

Geschichtsbilder werden nicht bloß visuell dargereicht. In der Geschichtswissenschaft subsummiert der Begriff die ständig veränderlichen Vorstellungen, welche Menschen zum Beispiel in Texten über historische Themen äußern, in Gesprächen kommunizieren oder durch Denkmäler transportieren. Gemeint sind also nicht nur *Bilder* im gewöhnlichen Sinne, sondern Vorstellungswelten.[727] Die Äußerungen von Vertretern der Branche und von Forschenden offenbaren einige solcher Geschichtsbilder. Sie ließen sich auf Narration, objektbehaftete Rekonstruktionen, makrohistorische Modelle sowie mikrohistorische Weltentwürfe kondensieren. Dort wurden bereits Beispiele genannt, diese Grundlinien lassen sich jedoch in vielen weiteren Titeln nachweisen. Einige besonders geeignete Vertreter führt daher dieser Abschnitt aus. Digitale Spiele erzeugen aufgrund der Vorstellungen ihrer Entwickler Abbilder der Vergangenheit, welche wiederum die Vorstellungswelten der Menschen prägen, die sie

---

[725] Zum Beispiel Arcadeautomaten, MS-Dos-Spiele und verschiedene Konsolentitel: **Scott, Jason:** Internet Arcade. A Web-based library of Arcade (coin-operated) Video Games from the 1970s through to the 1990s. Online unter: http://bit.ly/1NllctZ; **Scott, Jason:** Software Library. MS-DOS Games. Software for MS-DOS Machines that represent entertainment and games. Online unter: http://bit.ly/1Nizvv0; **Scott, Jason:** Console Living Room. Online unter: http://bit.ly/1ljTKMS (Letzte Zugriffe: 27.3.2019).
[726] Knapp überblickt die folgenden Kategorien: **Nolden, Nico:** Historische Erinnerungslücken. Geschichtserfahrungen und Erinnerungskultur bei digitalen Spielen, in: *spielbar.de* 2.9.2016. Online unter: http://bit.ly/2c44VO9 (Letzter Zugriff: 30.3.2019).
[727] Siehe **Jeismann, Karl-Ernst:** Geschichtsbilder: Zeitdeutung und Zukunftsperspektive, in: Bundeszentrale für Politische Bildung (bpb) (Hg.): Dossier: Geschichte und Erinnerung [gedruckte Fassung: 2015]. Online unter: http://bit.ly/1r3JJLI (Letzter Zugriff: 30.3.2019). Dem Beitrag liegt sein gleichnamiger Artikel *Aus Politik und Zeitgeschichte (APuZ)* B51–52/2002; S. 13–22 zugrunde.

spielen. Sie erreichen die Spieler jedoch nur gefiltert durch deren eigene Wahrnehmung. Geschichtsbilder hängen also von ihren persönlichen Vorlieben ab, ob sie beispielsweise lieber rasante Aktion bevorzugen, wohlüberlegt taktieren oder verwinkelten narrativen Pfaden folgen. Viele weitere Faktoren bestimmen, wie die Rezipienten die historischen Inszenierungen eines Spieles erfahren. Bedeutend sind etwa die historische Vorbildung, die Spielsituation und die emotionale und psychische Verfassung, der soziale Status, die kulturelle Prägung und das spielmechanisch-technische Vermögen, ein Spiel zu meistern. Durch das Prisma der Vorstellungen ihrer Spieler vielfach gebrochen, konstituieren die Wahrnehmungen der historischen Inszenierung aus Spielen einen Teil der historischen Erinnerungskultur. Diese Umstände sind zu vergegenwärtigen, bevor dieser Abschnitt gezielte Aspekte von Geschichtsbildern darlegt. Denn auch durch meine Wahrnehmung sind die kommenden Beispiele gebrochen. Deshalb bieten die Fussnoten weiterführende Artikel mit weiteren Perspektiven.

Wie der Forschungsstand aufzeigt, liegt ein geschichtswissenschaftliches Augenmerk auf der Reihe *Civilization* – einerseits als Vertreter für epochenübergreifende Strategiespiele, andererseits als simulatives Zivilisationsmodell. Kritikpunkte wie die Teleologie oder eine nationalistische Weltsicht sind nicht von der Hand zu weisen. Allerdings konzentriert sich die Literatur häufig auf *Civilization III*, dessen spielmechanische Reife die späteren Serienteile überflügelten.[728] Vier Jahre immerhin liegen zwischen dessen Veröffentlichung und dem vierten Teil, zu *Civilization VI* beträgt der Abstand sogar sechzehn.[729] Selbst wenn weiterhin die globalhistorische Mechanik zwischen Militär, Wirtschaft und Forschung zugrunde liegt und so mancher Kritikpunkt bestehen blieb, ergänzte *Civilization IV* Alternativen zum historistischen Weltverständnis. Dieser Teil führte Kulturen und Religionen in die Spielmechanik ein, so dass nicht mehr im Vordergrund stehen musste, mit militärischen Mitteln die Siedlungen von Gegnern einzuverleiben. Sichtbare Grenzen markieren eher kulturelle Einflussbereiche. Stets verschieben sich diese zugunsten desjenigen, der seine Staatsführung an der kulturellen Strahlkraft seiner Siedlungen ausrichtet.[730] Sicherlich ließe sich diskutieren, ob während der Entwicklung Samuel Huntingtons „Clash of Civilizations" Einfluss nahm, der terminologisch außerordentlich unscharf Religionen und Kulturräume an fixierbaren geografischen Grenzen kollidieren sah.[731] Jenseits der bunt markierten Grenzlinien lässt jedes Hexagon auf dem Spielfeld einen kulturellen Einflusswert der nächstgrößeren Reiche erkennen. Die Siedlungen beeinflussen sich auf mikroskopischem Niveau gegenseitig über kulturelle Errungenschaften, indem sie Anziehungskraft auf weniger entwickelte Regionen und die Be-

---

728 Civilization III 2001.
729 Civilization IV 2005; **Civilization VI** 2016.
730 Nolden: Runde, 2014; **Graf, Michael:** Süchtig nach Staaten. Civilization 4 Preview, in: *Gamestar* 11/2005; S. 40–42.
731 Huntington, Samuel P.: The Clash of Civilizations and the Remaking of World Order, New York 1996.

völkerung ausüben. Die kulturelle Strahlkraft eines Staates kann dazu führen, dass eine Nachbarsiedlung überläuft, weil die Bevölkerung sich einem anderen Kulturkreis zugehöriger fühlt. Dieser Blick ins Detail lässt die Mechanik diffuser Grenzräume plausibel erscheinen. Jüngst reformierte *Civilization VI* einige Spielsysteme grundlegend. Ein umfangreiches globales Glaubenssystem etablierte quasi ein religiöses Spiel im Spiel, und dem städtischen Umland wurde enorme Bedeutung verliehen.[732] Schon in früheren Teilen konnten Spielende das nahe Umfeld der Siedlungen urbar machen und kultivieren, indem sie Felder, Koppeln, Minen und Steinbrüche errichteten. Nun aber entwickeln sie die Stadtgebiete infrastrukturelle Maßnahmen, deren Eigenschaften sich relativ zueinander beeinflussen. Ein Hafen prosperiert durch nahe Exportgüter, Heilige Stätten atmen die Atmosphäre hoher Gebirgszüge und die Nachbarschaft von Minen nützt Fabriken. Kraftwerke oder ein Sportstadion üben Einflüsse auf weite Siedlungsräume aus. Durch diese Neuerung und ihre Wirkung auf andere Spielmechaniken nahm der sechste Serienteil erstmals verschiedene Spielweisen gleichberechtigt ernst. Damit durchbrach er traditionelle, einer konservativen Geschichtshaltung entspringende Dogmen, welche die Reihe als 4X-Games (eXplore, eXpand, eXploit, eXterminate) betrachten. Ermöglicht *Civilization VI* weiterhin das kriegerische Vorgehen, liegen in den Händen der Spielenden viele Werkzeuge, um eigene Geschichtsvorstellungen zu verwirklichen. Diese Philosophie schlägt sich auch bei den anpassbaren Regierungsformen oder den Spielzielen nieder: Aus einer Vielzahl gesellschaftlicher Errungenschaften kombinieren Spielende eine Regierungsform, abhängig von vorübergehenden Erfordernissen und ihren grundsätzlichen Vorlieben. Um am Ende der Spielzeit einen religiösen Sieg davon zu tragen, müssen Spieler zwar die am weitesten verbreitete Glaubensgemeinschaft hervorbringen, keineswegs jedoch die anderen ausmerzen. Ein Kultursieg bemisst ähnlich, wie viele Touristen ein Land anzieht, und nicht, ob alle anderen seine Kultur annehmen. Diese beiden Beispiele zeigen, dass sich die Spielmechaniken diversifizierten und von bevorzugten Spielweisen abhängen. Noch immer besteht die Möglichkeit, spätere Serienteile ähnlich wie *Civilization III* zu spielen, wenn man es denn möchte. Heute existieren aber vielfältige Optionen, anderen Geschichtsauffassungen nachzugehen. Ein geschichtswissenschaftlicher Diskurs muss dieser Veränderlichkeit und dem Detailreichtum Rechnung tragen, anstatt einseitig Befunde aus älteren Vertretern zu verallgemeinern.

Verallgemeinern lassen sich bezüglich der Vor- und Frühgeschichte kaum Befunde, weil Spiele diese Phasen selten inszenieren, und die Geschichtswissenschaft die wenigen Beispiele nicht behandelt. Selbst wenn für manchen Historiker der Zuständigkeitsbereich dort aufhört, wo schriftliche Quellen nicht überdauert haben, sollten historische Vorstellungen über die damalige Menschheit sehr wohl ein Gegenstand geschichtswissenschaftlicher Studien sein. Überraschend erschien 2016 das

---

732 Nolden: Gebietsreform, 2017; **Graf, Michael:** Das beste Civilization?, 2016; **Weber, Maurice:** 150 Runden Spass. Civilization 6, in: *Gamestar* 9/2016; S. 32–35; **Lenhardt:** Civilization VI, 2016.

mesolithische Action-Abenteuerspiel *Far Cry: Primal*, angelegt in der Open-World eines eiszeitlichen Tales mit zeitgenössischer Flora und Fauna sowie mehreren kulturell unterschiedlichen Gemeinschaften von Menschen.[733] Bei seiner Ankündigung äußerte ich die Hoffnung, dass es dem innovativen Spielansatz gelingen könne, wirkmächtige frühgeschichtliche Forschungsmythen zu überwinden.[734] Hartnäckig hält sich das Bild rauher Hühnen, die ihren Kräuter sammelnden Frauen blutige Kadaver in die Höhle schleifen. Angeblich rituelle Tanzplätze entpuppten sich häufig als Arbeitsstätten. Das Spiel bot tatsächlich einen Gegenentwurf, der ein „Gefühl für den kulturellen Geist des steinzeitlichen Menschen mit transportiert."[735] Dafür stellte es die Kulturen dreier menschlicher Gemeinschaften gegenüber. Sein frühzeitlicher Weltentwurf veranschaulichte eine Interpretation aus Elementen wie Klima, Flora und Fauna sowie dem menschlichen Verhalten der Bewohner. Viele der Annahmen wären fachlich zu diskutieren, als Ausgangspunkt dafür gelang die Inszenierung jedoch.[736] Insbesondere beeindruckte, wie die Entwickler zusammen mit den Sprachwissenschaftlern Brenna und Andrew Byrd nach wissenschaftlichen Erkenntnissen eine indogermanische Ursprache mit zwei primitiveren Dialekten implementierten.[737] Simulationen können so plausible Interpretationen vorschlagen, wo schriftliche Quellen nicht existieren und Relikte historisch nur wenige Informationen übertragen.

Die meisten Beiträge zur Antike konzentrierten sich auf historische Darstellungen in realitätsnah gemeinten, digitalen Spielen. Manche zogen bereits mythologische Vorstellungen zur griechisch-römischen Antike hinzu. Gleichwohl bleiben die beiden Sphären in der Regel getrennt, was die Frage aufwirft, ob Spiele und Forschung damit quasi eine zu moderne, laizistische Auffassung in die Zeit transportieren. Eine Verbindung zwischen der antiken Geschichte und römischen Vorstellungen über Götterwelten stellte 2013 das brutale Schwertgemetzel *Ryse: Son of Rome* her.[738] Der deutsche Entwickler Crytek nahm sich trotz vieler historischer Anleihen einige Freiheiten bei Charakteren und ihren Motiven heraus und betrieb die cineastische Inszenierung mit einer erstaunlichen Besessenheit von Sachkultur.[739] Das Besondere aber an dem dortigen Geschichtsverständnis ist, wie sich das Spiel in ein Weltbild der Römischen Kaiserzeit aus Sicht der Protagonisten einfühlt. Es versucht nicht, ein historisch akkurates Gesamtbild zu zeichnen, sondern sucht nach einer kulturell

---

733 **Far Cry Primal** 2016.
734 **Nolden, Nico:** Männer mit Fell. Der nächste Teil von Far Cry führt in die Steinzeit, in: *Keimling* 17.10.2015. Online unter: http://bit.ly/1Xbpyqv (Letzter Zugriff: 30.3.2019).
735 **Nolden:** Männer, 2015.
736 Siehe weitere Aspekte bei **Halley:** Tapete, 2016; **Plass-Fleßenkämper, Benedikt:** Ritt auf dem Säbelzahntiger. Far Cry Primal, in: *Zeit Online* 23.2.2016. Online unter: http://bit.ly/2gPii3p (Letzter Zugriff: 30.3.2019).
737 **Schönleben:** Sprache, 2016.
738 **Ryse. Son of Rome** 2013.
739 **Schmidt, Kai:** Ryse: Son of Rome im Test – Geschnetzeltes mit Ryse, in: *gamepro.de* 21.11.2013. Online unter: http://bit.ly/2oE7vxY (Letzter Zugriff: 30.3.2019); Nachtest der PC-Variante: **Halley, Dimitry:** Ryse Son of Rome, in: *Gamestar* 11/2014; S. 58/59.

plausiblen Interpretation der zeitgenössischen Welt aus römischer Sicht. Dafür webt es die römische Götter- und Sagenwelt in den realhistorischen Erfahrungsraum ein, in dem göttliche Eingriffe den Protagonisten an kritischen Punkten leiten. Welche Gottheiten sich in der Spielwelt manifestieren, offenbaren sie ihm nicht.[740] Von einer realitätsnahen Visualisierung sieht dagegen der Sidescroller *Apotheon* ab.[741] Das Actionspiel in zweidimensionaler Seitenansicht versetzt einen griechischen Krieger in einen weltlichen Kampf, den die griechische Götterwelt angestiftet hat. Seinen Widerstand gegen den Pantheon erweckt das Spiel ästhetisch im Stil von Malereien auf antiken Scherben zum Leben.[742] Im grafischen Stil und den Motiven der göttlichen Vertreter transportieren es historisches Wissen über das Verhältnis der Griechen zu ihren Gottheiten auf einer anderen Ebene, als es die obige realweltliche Inszenierung vermag. Zugänge zur antiken Geschichte zeigen aber beide an den theologischen Weltvorstellungen.

Verglichen mit der Antike, ist die geschichtswissenschaftliche Diversität bei Themen und Spielformen im mittelalterlichen Bereich erheblich größer. Selbst wenn sich manche Autoren daran festhalten, Strategiespiele und Simulationen zu fokussieren und historische Denkmuster aufzufinden, überblickte Heinze bereits mehrere Schwerpunkte von Darstellungsformen.[743] Die Beiträger im Band von Kline ergänzten weitere Einblicke in Action-Abenteuer und MMORPGs.[744] Beispiele zeigt auch eine Artikelserie meines Blogs auf.[745] Der Diskurs zu strategischen und ökonomischen Spielen übersieht bei der Suche nach verallgemeinerbaren Befunden besondere Details von Spielen. Forschende betrachten an *Crusader Kings II* etwa die militärischen und herrschaftlichen Aspekte, weniger jedoch die komplexen Modelle der Entwickler, um spezifische Eigenarten der Epoche wie dynastische Zusammenhänge, Religiosität oder Ehrbegriffe zu implementieren.[746] Christiansen fand bereits Ethik und Pietät durchaus plausibel umgesetzt.[747] Geschichtlich reizvoll ist das Modell einer dynastischen Verwandschaftspolitik.[748] Bis auf die Ebene lokaler Territorialherrscher herab fügen die Entwickler dafür verfügbare, historische Details hinzu. So können Spielende selbst auf regionaler Ebene ins mittelalterliche Herrschaftsgeflecht einsteigen. Andererseits lassen sich aussichtslose militärische Situationen durch geschickte Nutzung des dynastischen Systems in Erfolge kehren. Einher damit gehen Ehrbegriffe, Formen von Erbrechten und das Prestige von Herrscherhäusern. *Crusader Kings II* hält

---

[740] Indizien wie ein Goldgewand und winterlicher Hauch weisen auf Ceres und Aquilo hin.
[741] **Apotheon** 2015.
[742] Sigl, Rainer: „Apotheon" im Test: Malerisches Action-Adventure lässt Antike auferstehen, in: *derStandard.at* 10. 2. 2015. Online unter: http://bit.ly/2oxwRk6 (Letzter Zugriff: 30. 3. 2019).
[743] **Heinze:** Mittelalter, 2012.
[744] **Kline:** Digital Gaming, 2013.
[745] **Nolden:** Finsternis. Teil 1, 2012.
[746] **Crusader Kings II** 2012.
[747] **Christiansen:** Ethics, 2015.
[748] **Nolden:** Verwandtschaft, 2012.

verfehlten nationalstaatlichen Betrachtungsweisen des Mittelalters Alternativen entgegen. Die Visualisierung durch Karten differenziert Europa in verschieden Tiefengraden politisch, kulturell, religiös und dynastisch. Auf wirtschaftliche Aufbaustrategiespiele greifen Historiker ebenso nur begrenzt zu. Sicherlich leidet *Anno 1404* unter einem objektbehafteten Geschichtsverständnis und zeigt entgegen seines Namens kein spätmittelalterliches Wirtschafts- und Gesellschaftskonzept.[749] Wenn wohlhabende Bürger durch wirtschaftlichen Erfolg letztlich zu Adligen aufsteigen, liegt eher ein Weltbild protestantischer Arbeitsethik nach Max Weber zugrunde.[750] Dennoch überzeugt die Spielmechanik, wenn sie die Bedeutung für Kultur, Wissenschaft und Wirtschaft dem spätmittelalterlichen Austausch zwischen Mitteleuropa und dem Nahen Osten nachzeichnet.[751] Ähnlich gelingt es auch *Grand Ages: Medieval* auf der einen Seite nicht, ein komplexes sozioökonomisches Bild der mittelalterlichen Gesellschaft zu zeichnen.[752] Andererseits veranschaulicht die Weitläufigkeit der europäischen Landschaft das Wagnis mittelalterlichen Handels und rückt die mittelalterliche Stadt als Antrieb wirtschaftlicher Prosperität und als Zentren erstarkender bürgerlicher Macht in den Mittelpunkt.[753] Jenseits der vom Diskurs bereits behandelten Spieleformen lassen sich noch gänzlich andere Anregungen bei mittelalterlichen Inszenierungen finden. Vergleichbar mit neuzeitlichen Shootern setzen einige Spiele den mittelalterlichen Nahkampf zwischen Online-Spielern in Szene. Sie setzen auf Fantasyelemente wie das Actionkampfspiel *For Honor* oder inszenieren fiktive Reiche und Völker nach mittelalterlichen Vorbildern wie das Action-Rollenspiel *Mount & Blade: Warband*.[754] Nach Heinze aber muss eine geschichtswissenschaftliche Betrachtung nicht an fantastischen Elementen scheitern.[755] Andere Multiplayer-Actionspiele verstehen sich bewusst als weitestgehend realitätsnah. Neben möglichst akkuratem Kriegsgerät, Waffen und Rüstungen scheint diese Realitätstreue für Entwickler zu bedeuten, dass sie die Schlachten sowie die Belagerung und Erstürmung von Burganlagen ausnehmend blutrünstig inszenieren: bei *War of the Roses* etwa

---

749 Anno 1404 2009; **Klinge, Heiko:** Anno 1404. Preview, in: *Gamestar* 4/2009; S. 24–33; **Klinge, Heiko:** Anno 1404. Test, in: *Gamestar* 7/2009; S. 80–83.
750 Weber, Max: Die protestantische Ethik und der „Geist" des Kapitalismus. Herausgegeben und eingeleitet von Klaus Lichtblau und Johannes Weiß, Wiesbaden 2016 [=Neuausg. 1904 mit Veränd. 1920].
751 Nolden: Finsternis. Teil 4, 2013.
752 Grand Ages: Medieval 2016; **Halley, Dimitry:** Grand Ages Medieval. Preview, in: *Gamestar* 10/2014; S. 32–34.
753 Nolden, Nico: Krämerseele. Grand Ages: Medieval verleiht dem Mittelalter Größe, in: *Keimling* 5.10.2015. Online unter: http://bit.ly/1j118AV (Letzter Zugriff: 30.3.2019).
754 For Honor 2017; **Mount & Blade: Warband** 2010; **Halley, Dimitry:** Besser als Chivalry? For Honor Preview, in: *Gamestar* 11/2016; S. 38–39; **Rohe, Johannes:** Das Nahkampf-Call-Of-Duty. For Honor, in: *Gamestar* 8/2016; S. 20–28; **Ortsik, Thomas:** Das Mittelalter lebt. Phänomen Mount & Blade, in: *Gamestar* 4/2016; S. 36–39; **Dworschak, Stefan:** Mount & Blade: Warband. Test, in: *Gamestar* 6/2010; S. 92–93.
755 Heinze: Mittelalter, 2012; S. 185–210. Siehe Forschungsstand auf S. 117.

durch Exekutionen besiegter Kämpfer, bis hin zu abgetrennten Gliedmaßen bei *Chivalry: Medieval Warfare*.[756] Bislang werden diese Spielformen geschichtswissenschaftlich nicht beachtet.

Wenn auch die Reihe *Assassin's Creed* für frühneuzeitliche Studien Gewicht besitzt, wurde der hochmittelalterliche Teil der Reihe noch nicht umfassend untersucht.[757] Neben dem ungewöhnlichen Setting des Nahen Ostens zur Zeit des Dritten Kreuzzuges kam dem Action-Abenteuerspiel eine Vorreiterrolle für die Entwicklung offener Spielwelten (Open World) zu. Zwischen Rekonstruktionen von Orten wie Akkon, Damaskus und Jerusalem bereisen die Spielenden ein landschaftlich abstrahiertes Heiliges Land. Der Orden der Assassinen entsendet die Hauptfigur, um Attentate auf historische Persönlichkeiten wie zum Beispiel Robert du Sablé zu verüben. Das Spiel inszeniert eine Feindschaft zwischen Templern und Assassinen, deren geheime Ränkespiele hinter den Kulissen der Weltgeschichte verlaufen. Dabei besitzen die überlegenen Templer historiografisch die Deutungshoheit. Aus der Perspektive der Assassinen füllt das Action-Abenteuerspiel deswegen die Lücken der historischen Überlieferung mit *Secret History* – mit kreativen eigenen Interpretationen.[758] Die Ereignisse müssen nicht unplausibel sein, sie sind nur eben historisch nicht belegt. Dieses Spiel mit Perspektiven macht den Weltentwurf geschichtswissenschaftlich interessant. *Assassin's Creed* entwirft kein ausgewogenes Geschichtsbild, sondern eine historische Deutung aus einer bestimmten Sicht.[759] Diese Perspektivität findet bislang in keinem Fachbeitrag Beachtung. Neben objektbehafteten Rekonstruktionen und narrativen Elementen betrieb das Spiel einigen Aufwand, mit automatischen Systemen belebte Menschenmengen und ihre Reaktionen zu inszenieren. Damit setzte es einen ersten Schritt auf dem Weg zu den zuvor genannten Weltenwürfen. Vorläufig erreichten offene Spielwelten mit dem Action-Rollenspiel *The Witcher 3: Wild Hunt* einen Höhepunkt.[760] Die mittelalterlichen Anleihen von dessen Fantasy-Setting gehen weit über objektbehaftete Repräsentationen hinaus. Natürlich verläuft die Grenze zu historischen Elementen diffus, wenn ein Hexer durch fiktive Ländereien zieht, um allerhand Fabelwesen den Garaus zu machen. Die reichhaltige Hintergrundwelt aber

---

756 War of the Roses 2012; **Chivalry: Medieval Warfare** 2012; **Redinger, Jochen:** War of the Roses. Test, in: *Gamestar* 12/2012; S. 62–63; **Walter, Frank E.:** Chivalry: Medieval Warfare. Test, in: *eurogamer.de* 29.10.2012. Online unter: http://bit.ly/2o22cZC (Letzter Zugriff: 30.3.2019).
757 Assassin's Creed 2007; **Schmitz, Petra:** Assassin's Creed, in: *Gamestar* 5/2008; S. 72–78.
758 Siehe im methodischen Forschungsstand zu Alternativen und Authentiziät S. 90.
759 Bei den Ansichten der Branche erläuterte der Schöpfer von Assassin's Creed seine Haltung. Siehe S. 47.
760 The Witcher 3: Wild Hunt 2015; **Weber, Maurice:** König der Rollenspiele. The Witcher 3: Game of the Year Edition, in: *Gamestar* 10/2016; S. 62–63; **Weber, Maurice:** Das Witcher-Kronjuwel. The Witcher 3: Blood and Wine, in: *Gamestar* 6/2016; S. 62–67; **Weber, Maurice:** Ein neuer DLC-Massstab. The Witcher 3: Hearts of Stone, in: *Gamestar* 10/2015; S. 20–27; **Graf, Michael:** Des Hexers Meisterstück. The Witcher 3: Wild Hunt Test, in: *Gamestar* 6/2015; S. 22–36; **Graf, Michael:** The Witcher 3. Titelstory Angeschaut, in: *Gamestar* 9/2014; S. 20–26; **Klinge, Heiko:** Genie mit Größenwahn. The Witcher 3 Angespielt, in: *Gamestar* 4/2015; S. 22–29.

wartet mit differenzierten herrschaftlichen Verhältnissen auf, inszeniert den alltäglichen Lebensablauf von Bewohnern der Ländereien und lässt die Hauptfigur an den Lösungen ihrer oft weltlichen Probleme mitwirken. Dabei verzichtet das Action-Rollenspiel auf Stereotype sowie Gut-und-Böse-Schemata. Entscheidungen haben stets ambivalente, unmittelbare Auswirkungen und führen zu unabsehbaren langfristigen Folgen für die Spielwelt. Ein komplexes dynamisches Wettersystem, auf dessen unvorhersehbare Veränderungen die Bewohner reagieren, verleiht der Spielwelt zusammen mit dem Tag- und Nachtwechsel zusätzliche Glaubwürdigkeit. Als mittelalterliche Elemente fließen alchemistische Vorstellungen in ein Handwerkssystem, wofür ein umfangreiches Herbarium erkundet werden will. Zusammen erschaffen diese Systeme, selbst wenn fantastische Elemente sie beeinflussen, einen mittelalterlichen Weltentwurf. Ohne fantastische Versatzstücke wie Magie und Fabelwesen versuchte erstmals das Action-Rollenspiel *Kingdom Come: Deliverance* einen möglichst realitätsnahen mikrohistorischen Weltentwurf im Spätmittelalter.[761] Auf wenigen Quadratkilometern inszenieren seine Entwickler einen böhmischen Landstrich, der in den Konflikt zwischen den Söhnen von Kaiser Karl IV. am Beginn des 15. Jahrhunderts gerät. Wie bemerkenswert offen und akribisch sie ihre historische Inszenierung konzipieren, zeigte weiter oben der Abschnitt zu den Vorstellungen der Branche über Historisches.[762] Der große Wurf rührt jedoch nicht von den komplexen Systemen der physikalischen Umgebung, dem detailierte Nachbau von Landschaft und Flora, den Verhaltensmodellen der Tierwelt und dem automatisierten Ablauf des mittelalterlichen Alltagslebens der Bewohner. Die Entwickler ordnen ihre zahlreichen Handlungsstränge historischen Befunden unter. Aufträge können zwar auf verschiedenen Wegen gelöst werden, sie setzen jedoch voraus, dass die Spielenden die historischen Begebenheiten verstehen lernen. Zwar zeigten Vorabversionen aus dem Entwicklungsprozess bereits vielversprechende Einzelelemente, den historischen Anspruch löste das Spiel nach der Veröffentlichung nur bedingt ein.[763] Die große, auch finanzielle Unterstützung durch Fans bereits vor der Veröffentlichung bewies aber, dass Spieler sich durchaus für realitätsnahe mittelalterliche Inszenierungen interessieren.

Den frühneuzeitlichen Forschungsdiskurs prägen Action-Abenteuerspiele mit einer Open-World aus der Reihe *Assassin's Creed*. Im Überblick berührte der Diskurs zwar auch Strategiespiele, die Beiträge behalten aber nicht frühneuzeitliche Spezifika im Fokus. Unter historischen Sachthemen sticht die karibische Piraterie heraus, ideengeschichtlich die Vorstellungen über die Renaissance. Systematische Ansätze behandelten frühneuzeitliche Performativität in der Spielmechanik und problematische Konzepte von Nationen. Gerade *Assassin's Creed IV: Black Flag* offenbarte einen beschränkten Einblick durch die Geschichtswissenschaft, weil sie nur auf Teilbereiche

---

761 Kingdom Come: Deliverance 2018; **Deppe:** Spass, 2016; **Stange:** Landwirtschaftssimulator, 2014.
762 Nolden: Abstract, 2014. Siehe bei Vorstellungen der Branche die Absätze ab S. 51/52.
763 Zimmermann: Bild, 2019.

der Inszenierung achtet.⁷⁶⁴ So beschränkte sich Pfister auf narrative und biografische Elemente.⁷⁶⁵ Damit vernachlässigt er komplexe Systeme, die über weite Strecken das Spielgefühl in der offenen Spielwelt und damit die historische Erfahrung der Spielenden tragen. Unbestreitbar beruht die historische Inszenierung auf der Narration und den Personen namhafter Piratenlegenden wie etwa Blackbeard. Mindestens ebenso zentral ist jedoch die Seefahrt, denn mit einer ausbau- und ausrüstbaren Zwei-Mast-Brigg steuern Spielende die Hauptfigur durch eine Abstraktion des karbischen Meeres mit allerlei Wetterkapriolen, Seegefechten und spektakulärer Fauna. Zwischen Florida, Kuba und Jamaica besuchen sie belebte Siedlungen wie Havanna, Nassau und Kingston, stoßen auf Sklaverei in kolonialen Besitzungen und erkunden Ruinen der Maya-Zivilisation. Diese komplexen Systeme bilden in Ergänzung mit der erklärenden Datenbank im Spiel wertvolle Weltentwürfe, welche die Geschichtswissenschaft stärker beachten muss. Koloniale Aspekte prägen viele Strategiespiele mit frühneuzeitlichen Szenarien. Kritisch ist dabei eine eurozentristische Sicht, die indigenen Einwohnern kolonisierter Gebiete eine passive Rolle zuweist und sie zu einem Objekt, einer Verfügungsmasse europäischer Mächte, degradiert.⁷⁶⁶ Plausibler bildet die Erweiterung *Conquest of Paradise* des Globalstrategiespiels *Europa Universalis IV* koloniale Bestrebungen sowohl für diese als auch für europäische Mächte ab.⁷⁶⁷ Spielende können als amerikanische Stämme mit spezifischen kulturellen Eigenarten im ethnischen Gemisch des Kontinents agieren.⁷⁶⁸ Sie können sich mit den Ankömmlingen arrangieren oder sich gegen Kolonialinteressen zur Wehr setzen. Aus europäischer Sicht können Spieler versuchen, ihre überseeischen Interessen durchzusetzen. Neben der realen amerikanischen Geografie vermag eine intelligente Spielfunktion auch zufällige, überseeischen Kontinente zu generieren. Dieser Kniff bestärkt die Wahrnehmung, unbekannte Gebiete zu erkunden.⁷⁶⁹ Leider kollidieren die klugen Impulse für ein multiperspektivisches Weltgeschehen mit der grundsätzlichen Spielmechanik: Anzunehmen, dass die nordamerikanischen Herrschaftsgebiete indigener Einwohner vergleichbar mit den territorialen Provinzen im frühneuzeitli-

---

764 **Assassin's Creed IV. Black Flag** 2013; **Gebauer, Jochen:** Assassin's Creed 4. Black Flag. Test, in: *Gamestar* 13/2013; S. 38–40; **Gebauer:** Assassin's Creed 4. Titelstory, 2013.
765 **Pfister:** Pirat, 2015.
766 Wie zum Beispiel beim umstrittenenen **Colonization** 2008; **Graf, Michael:** Firaxis erneuert die Neue Welt. Civilization 4 Colonization. Test, in: *Gamestar* 11/2008; S. 82–85; **Deppe, Martin:** Civilization 4 Colonization. Preview, in: *Gamestar* 10/2008; S. 72–74.
767 **Europa Universalis IV: Conquest of Paradise** 2014; **Steidle, Rüdiger:** Europa Universalis 4. Test, in: *Gamestar* 10/2013; S. 48–50.
768 **Andersson, Johann:** Europa Universalis IV: Conquest of Paradise – Native Americans, in: *Kanal Paradox Interactive via Youtube* 12.12.2013. Online unter: http://bit.ly/2nZS41F (Letzter Zugriff: 30.3.2019).
769 **Smith, Adam:** The Great Unknown. EU IV – Conquest of Paradise, in: *Rock Paper Shotgun* 13.1.2014. Online unter: http://bit.ly/2nAFxX4; **Andersson, Johann:** Europa Universalis IV: Conquest of Paradise Video Dev Diary #3 – Randomized Maps, in: *Kanal Paradox Interactive via Youtube* 13.1.2014. Online unter: http://bit.ly/2p1qyFT (Letzte Zugriffe: 30.3.2019).

chen Westeuropa wären, bereitet historisch Schwierigkeiten.[770] Die Entwickler integrieren zwar spielmechanisch die Wanderungen von Stämmen, zwingen sie jedoch irgendwann, sesshaft zu werden.[771] Europäische Führungsstrukturen, um Forschung, Kriegführung und wirtschaftliche Entwicklung zentral zu lenken, lassen sich nicht plausibel übertragen. Dieser Abschnitt zeigt aber, dass für Studien an frühneuzeitlichen Zusammenhängen noch erhebliches Potential besteht.

Auch viele Themen der Neuzeit bleiben unbehandelt. Das Zeitalter der überseeischen Eroberungen verursachte neuzeitliche Auswirkungen, die das Rogue-like *The Curious Expedition* innovativ aufgriff.[772] Mit historischen Persönlichkeiten reisen Spielende an der Wende zum 20. Jahrhundert auf Expeditionen, die sie auf zufallsgeneriertes und daher unbekanntes Terrain führen.[773] Wie ihre historischen Vorbilder können sie sich nur bedingt dafür rüsten. Verkalkulieren sich ihre Spielfiguren, erkranken oder werden verletzt, drohen sie dem Wahnsinn anheim zu fallen. Die Entwickler reflektieren klug auch schwierige Themen wie die Plünderung von Kulturgütern, um sie im Namen der europäischen Wissenschaft zu verschiffen, wie missionarischer Fanatismus oder Rassismus. Schwindet die geistige Stabilität der Teilnehmer einer Expedition, so führt der Wahn zu merkwürdigsten Erlebnissen. Nur wenig an diesen Erfahrungen ist indes im Vorhinein festgelegt, Ereignisse und ablaufende Prozesse kombinieren mit den Charakterzügen der Figuren stets eine neue, einzigartige Reiseerfahrung. Unvorhersehbar wechselwirken Bestandteile etwa, wenn ein Reisender sich als rassistisch herausstellt und aufgrund seines Verhaltens von einem lokalen Begleiter getötet wird. Ein kreisender Geier, den der eine Reisetross kaum beachtet, führt dank eines abergläubischen Begleiters auf einer anderen Expedition zu folgenschwerem Streit. Dadurch entsteht zwar eine abstrakte, aber enorm dichte historische Simulation des Expeditionswesens am Ende des 19. Jahrhunderts. Konkreter inszeniert das satirische Wirtschafts- und Aufbauspiel *Tropico 5* die Auswirkungen kolonialer Herrschaft auf ein tropisches Eiland.[774] Nach innen führen Spielende dort eine Autokratie vom 19. Jahrhundert bis in die Gegenwart, je nach Vorlieben zwischen eiserner Repression bis hin zur landesväterlichen Wohlstandsdiktatur. Der historische Wandel stellt dabei vor technische und gesellschaftliche Herausforderungen. Zudem drängen koloniale Anspruchshaltungen imperialer Mächte auf das Eiland ein, später ziehen sich die weltpolitischen Verhältnisse mit postkolonialen Motiven durch die Phase der Weltkriege, den Ost-West-Konflikt und die

---

[770] **Nolden, Nico:** Was tribe ich da eigentlich? Ein Addon zu ‚Europa Universalis 4' scheitert an amerikanischen Ureinwohnern, in: *Keimling* 18.12.2013. Online unter: http://bit.ly/IVqfn3 (Letzter Zugriff: 30.3.2019).

[771] **Hafer, T. J.:** Europa Universalis IV: Conquest of Paradise. Review, in: *pcgamer.com* 18.1.2014. Online unter: http://bit.ly/2o3nyoD (Letzter Zugriff: 30.3.2019).

[772] **The Curious Expedition** 2015–16; **Fritsch, Manuel:** Wahnsinn mit Methode. The Curious Expedition Test, in: *Gamestar* 10/2016; S. 66–67.

[773] Siehe **Nolden:** Erinnerungslücken, 2016.

[774] **Tropico 5** 2014; **Halley, Dimitry:** Tropico 5. Test, in: *Gamestar* 6/2014; S. 80–84.

Nach-Wende-Ära.[775] Obwohl *Tropico 5* satirisch kaum ein lateinamerikanisches Diktatorenstereotyp auslässt, besticht die Inszenierung der Zwänge in der außenpolitischen Ökosphäre. Von Invasionsdrohungen der Achsenmächte oder der Alliierten über Wirtschaftshilfe, die an kommunistische oder kapitalistische Ideologien geknüpft ist, bis hin zum touristischen Tollhaus oder einer verlängerten Werkbank mit angeschlossener Rohstoffdiktatur lässt das Spiel keinen historischen Themenkomplex aus. Nicht nur koloniale Aspekte prägen neuzeitlichen Spielszenarien, bedeutend sind auch regionale Spielkulturen. Eine lange Tradition hat die Inszenierung des nordamerikanischen Bürgerkrieges in digitalen Spielen. *North & South* nahm sich 1989 cartoonhaft und mit viel Slapstick dem Szenario an, der Neuauflage für Smartphones und Tablets gelang 2012 nicht mehr der Anschluss an die einstige Berühmtheit.[776] Einige Spiele greifen mit den Kämpfen bei Gettysburg gezielt einen wichtigen Erinnerungsort für die USA auf. *Sid Meier's Gettysburg* gilt als einer der herausragendsten frühen Vertreter für Strategiespiele.[777] Optisch orientiert sich das heutige *Ultimate General: Gettysburg* an diesem Vorbild, bietet jedoch satellitenvermessenes Terrain, eine moderne Künstliche Intelligenz, differenzierte Ausrüstung und eine höhere Einheitenzahl.[778] Der Nachfolger führt in einer Kampagne durch den gesamten Bürgerkrieg.[779] Technisch aufwändig hingegen will *War of Rights* die Schauplätze mehrerer Schlachten als Multiplayer-Shooter inszenieren.[780] Dafür setzen die Entwickler auf realitätsnahe Effekte des Kampfgeschehens wie etwa mühseliges Nachladen, detailreiche Rekonstruktionen von Arealen und Uniformen, auf große Spielerzahlen je Schlachtfeld und sogar die Einhaltung von Kommandoketten. Wirklich bemerkenswert ist an allen Beispielen, dass sie den historischen Kontext zu diesem zentralen amerikanischen Erinnerungsort kaum aufgreifen. Inszeniert wird ein militärischer Wettstreit zweier ebenbürtiger Gegner. Themen wie die Sklaverei, die wirtschaftlichen Interessen der Kriegsparteien oder die Folgen für die Menschen in den umkämpften Gebieten blenden sie aus. Eine zeitgeschichtliche Studie, die das erinnerungskulturelle Phänomen mit dem Patriotismus in den U.S.A. und virulenten Gesellschaftsproblemen wie dem Rassismus verbindet, könnte möglicherweise Aufschluss bringen. Einen weiteren, wenig beachteten neuzeitlichen Schwerpunkt bilden digitale Spiele im *Steam Punk*. In fiktiven Szenarien wie beim Action-Rollenspiel *Dishonored* oder in reale Orte eingebettet wie beim Shooter *The Order 1886* trifft das viktorianische Zeit-

---

775 Siehe den letzten Absatz in **Nolden, Nico:** Geschichte, die man sich schenken kann! Für Neugierige zum Jahresende – historische Inszenierungen zum Ausprobieren, in: *Keimling* 30.12.2014. Online unter: http://bit.ly/1x1a6lX (Letzter Zugriff: 30.3.2019).
776 **North & South** 1989; **The Bluecoats: North vs. South** 2012.
777 **Sid Meier's Gettysburg!** 1997; **Stone, Tim:** Heavily Engaged: Sid Meier's Gettysburg!, in: *Rock Paper Shotgun* 25.4.2011. Online unter: http://bit.ly/2o9HAOp (Letzter Zugriff: 30.3.2019).
778 **Ultimate General: Gettysburg** 2014; **Köhler, Stefan:** Ultimate General Gettysburg. Early Access Test, in: *Gamestar* 9/2014; S. 91.
779 **Ultimate General: Civil War** 2017.
780 **War of Rights** 2018.

alter auf technologisch fortgeschrittenere Geräte, die häufig Erfindungen von Nikola Tesla referenzieren und mit quasi magischen Eigenschaften verfremden.[781] Die inszenierenden Prinzipien weisen Parallelen zu fantastischen Einflüssen in mittelalterlichen Settings auf. Bezüglich dieser historischen Epoche reinterpretieren Spiele literarische Klassiker wie Mary Shelleys *Modern Prometheus*, H. P. Lovecrafts psychotische Parallelwelt, Vampir-Mythen nach Bram Stoker und die Kriminalfälle in *Sherlock Holmes: Crime & Punishment*.[782] Letzteres bleibt, abgesehen von ein paar mystischen Elementen, weitgehend realweltlich. Konkret ein realitätsnahes London im viktorianischen Zeitalter und der Industrialisierung entwirft das Action-Abenteuer *Assassin's Creed Syndicate* als einziger neuzeitlicher Ableger der Reihe.[783] Es konfrontiert Spielende mit den Spannungen der erwachenden modernen Gesellschaft wie die politische Organisation der Arbeiter, bürgerliche Besitzstände und die technisch-wissenschaftliche Revolution. Dafür inszeniert es den Schauplatz London als detailreich belebte Umwelt und lässt die Spieler in Missionen auf historische Persönlichkeiten wie Karl Marx, Florence Nightingale, Charles Darwin und Alexander Bell treffen.[784]

Weiter in das 20. Jahrhundert hinein dominieren die Weltkriege und der Kalte Krieg als spielerische Szenarien. Abseits davon repräsentieren Spiele die erste Hälfte des Jahrhunderts, indem sie sich im kriminalistischen Milieu verorten oder aufseiten der organisierten Kriminalität. Häufig lehnen sie sich an Motive des *Film Noir* an. Jenseits der literaturnahen Adventures zu Sherlock Holmes und Agatha Christie be-

---

781 Dishonored. Die Maske des Zorns 2012; **The Order 1886** 2015. Siehe **Dillinger, Johannes:** Uchronie. Ungeschehene Geschichte von der Antike bis zum Steampunk, Paderborn 2015; S. 186–206 (zu literarischen Vorbildern) und 235–262 (zu Steampunk direkt); **Gebauer, Jochen:** Dishonored. Die Maske des Zorns. Test, in: *Gamestar* 12/2012; S. 50–56; **Schmidt, Kai:** The Order: 1886 im Test. Die Linearität trägt Schnauzbart, in: *gamepro.de* 19.2.2015. Online unter: http://bit.ly/2pApp4w (Letzter Zugriff: 30.3.2019).
782 In Anlehnung an Dr. Frankenstein erweiterte das MMORPG **The Secret World** 2012ff. mit Update 1.2 „Tiefer Graben" den Schauplatz New York um eine illegale Klinik für plastische Chirurgie namens *Modern Prometheus* (**The Secret World Issue #2: Digging Deeper** August 2012.). Dem dort praktizierende Arzt kam in der Questreihe *The Animate Clay* eine Kreatur abhanden. Die existentielle Krise dieser unfreiwilligen Schöpfung ließ sich nur mithilfe ihrer Vorliebe für **Shelley, Mary:** Frankenstein; or, The Modern Prometheus, London 1818 lösen. Siehe **Unfair.co:** The Secret World: Modern Prometheus – The Plastic Surgeon. Ausgabe 1.2 „Tiefer Graben", September 2012. Online unter: http://bit.ly/2pAqsBE (Letzter Zugriff: 30.3.2019) sowie **TSW DB:** The Animate Clay [=DLC Sidestories: Further Analysis], April 2014. Online unter: http://bit.ly/2p2LlsQ (Letzter Zugriff: 30.3.2019). Weitere Beipiele: **Call of Cthulu** 2018; **The Incredible Adventures of Van Helsing** 2013; **Sherlock Holmes: Crimes and Punishment** 2014.
783 Assassin's Creed Syndicate 2015.
784 Halley, Dimitry: London Calling. Assassin's Creed Syndicate, in: *Gamestar* 1/2016; S. 60–63; **Rohe, Johannes:** Ein Attentäter lernt beim Rockstar. Assassin's Creed Syndicate, in: *Gamestar* 6/2015; S. 50–53; **Ubisoft:** Assassin's Creed Syndicate – Historische Figuren Trailer | Ubisoft [DE], in: *Kanal Assassin's Creed DE via Youtube* 13.10.2015. Online unter: http://bit.ly/2ou4XD5 (Letzter Zugriff: 30.3.2019).

eindruckt das kriminalistische Szenario des Open-World Action-Abenteuers *L.A. Noire*.[785] Die Spielenden begleiten die Karriere und den tiefen Fall eines Veteranen aus dem Pazifikkrieg, dessen Ermittlungen als Polizist im Los Angeles der vierziger Jahre in viele gesellschaftliche Nachkriegsprobleme führen.[786] Es versetzt die Spielenden zwischen den Kriminalfällen in eine lebendig rekonstruierte Interpretation der Stadt, in der zahlreiche Gespräche von Alltäglichem künden. Das Spiel bündelt zudem mehrere erzählerische Ebenen, welche die historischen Ereignisse des Pazifikkrieges und die organisierte Kriminalität mit medizinischer Nachlässigkeit bei traumatisierten Veteranen und alltäglichen Sorgen der Wiedereingliederung verknüpft. Bei der *Mafia*-Reihe tauchen Spielende hingegen in die zwielichtige Welt der organisierten Kriminalität.[787] Beteiligen sie sich im ersten Teil an den Aktivitäten eines Verbrecher-Clans der dreißiger Jahre in einer fiktiven U.S.-Metropole, führen die Ereignisse im zweiten Teil vom zweiten Weltkrieg bis in die fünfziger Jahre. *Mafia 3* bricht mit der Dominanz der italienischstämmigen Mafia in der Spielreihe.[788] Im Zentrum des ungewöhnlichen Szenarios steht ein schwarzer Protagonist, der 1968 aus dem Krieg in Vietnam heimkehrt. In der fiktiven, New Orleans nachempfunden Stadt New Bordeaux dringt er in das organisierte Verbrechen vor. Historisch bemerkenswert ist bereits die Komposition aus Gebäuden, Sachkultur, Musik und Kunst der Zeit. Zudem konkurrieren Interpretationen von innen- und außenpolitischen Ereignissen. Rückblenden führen in den Vietnamkrieg zurück, wobei die Körnung zeitgenössischen Filmmaterials die dortige Anwesenheit der Hauptfigur plausibel macht. Teils erschüttert die Inszenierung der alltäglichen, rassistischen Verhältnisse. So selten wie dieses Szenario sind Repräsentationen der zwanziger Jahre. Die Entwickler des experimentellen *The Curious Case* wollen dem abhelfen, indem sie Berliner Kriminalfälle zu Beginn des 20. Jahrhunderts inszenieren.[789] Prozedural entwickelt das Spiel aus akkuraten sozialen und politischen Verhältnissen der Metropole plausible Familienverhältnisse. So berechnet es die historischen Bedingungen für die Kriminalfälle in den zwanziger Jahren immer neu. Auch die Zugehörigkeit zu Parteien wird dabei eine Rolle spielen. Doch auch für die Neuzeit interessieren nicht bloß explizit realistisch gemeinte, historische Szenarien. Ideengeschichtlich verdient die bislang nur teilweise beachtete Reihe *Bioshock* Aufmerksamkeit.[790] Thematisierte der erste Teil, wie sich die objektivistische Philosophie von Ayn Rand auf das menschliche Zusammenleben in einer

---

785 *L.A. Noire* 2011; **Gebauer, Jochen:** L.A. Noire. Test, in: *Gamestar* 1/2012; S. 108–9.
786 Nolden, Nico: C.S.I. 1947, in: *Keimling* 11.12.2013. Online unter: http://bit.ly/1d7TyvF (Letzter Zugriff: 30.3.2019).
787 *Mafia* 2002; *Mafia II* 2010; **Steinlechner, Peter:** Mafia. Edles Blech und Blaue Bohnen. Titelstory, in: *Gamestar* 9/2002; S. 52–59; **Siegismund, Fabian:** Mafia 2. Test, in: *Gamestar* 10/2010; S. 51–54.
788 *Mafia III* 2016; **Grimm, Rae:** The Sound of Violence. Mafia 3 Preview, in: *Gamestar* 10/2016; S. 46–49.
789 Maschinen-Mensch: The Curious Case. Press Kit, des. 2020. Online unter: http://bit.ly/2pCS4pO (Letzter Zugriff: 30.3.2019).
790 Siehe **Kuhn:** Architecture, 2016 (Anm. 316) und **Weis:** Ahistorical, 2014 (Anm. 540).

fiktiven Unterwasserstadt auswirkt, wendete sich *Bioshock 2* dem Antagonismus zwischen individueller Freiheit und Kollektivismus zu.[791] *Bioshock: Infinite* mahnte vor Nationalismus, religiösem Extremismus und rassistischen Vorstellungen.[792] Diese neuzeitlichen Beispiele bekräftigen, dass auch sie konzertierter und differenzierter durch die Geschichtswissenschaft behandelt werden sollten.

Autoren konzentrieren sich an der jüngeren Neuzeit auf die kriegerisch konstituierten Mikroepochen des Ersten, Zweiten und eines „Kalten Weltkriegs". Schon der Diskurs bezüglich des ersteren stellte sich als disparat heraus. Abgesehen von Kempshalls Überblick drängt sich der Eindruck auf, dass Aussagen vorschnell verabsolutiert werden. Studien erwiesen sich zudem quantitativ als lückenhaft und berücksichtigen nicht genügend Perspektiven. Bisherige Befunde erfassen nicht das weite Kontinuum von Spielformen zwischen der Inszenierung eines 2D-Action-Abenteuers wie *Valiant Hearts* bis zu einem Team-Shooter wie *Verdun 1914–1918*.[793] Multiperspektivisch präsentiert ersteres eine vom Krieg zerrissene, deutsch-französische Familie, die sich über die Fronten wiederzufinden versucht. Jedes Schlachtfeld des Shooters hingegen „betet das Heilige Kalb einer unreflektierten, für den Spieler unkommentierten Sachkultur an[.]"[794] Neben der ungewohnt versöhnlichen deutsch-französischen Sicht auf den Krieg beeindruckt der eindringliche Animationsstil von *Valiant Hearts*. An den belgischen Zeichner Hergé erinnernd, inszeniert die Cartoonoptik „mit viel Feingefühl [...] die menschlichen Tragödien auf Schlachtfeldern und in Lazaretten, unter hungernden Alten und von Trümmern verschütteten Kindern".[795] Sie ermöglicht dem Spiel überhaupt erst, „die unsagbaren Gräueltaten im Spiel bildhaft aufzugreifen [,...] im Giftgas langsam erstickende Kämpfer, schreiende Soldaten, entstellt und mit abgetrennten Gliedern[.]" Nicht nur die beklemmende Darstellung ist verträglicher, auch ist dies Spielform erheblich zugänglicher als der Shooter. Dadurch erreicht *Valiant Hearts* ein anderes Publikum. Einen weiteren innovativen, historischen Umgang stellt die enzyklopädische Datenbank dar. Das Nachschlagewerk zu den Kriegshintergründen bricht mit Gewohnheiten der Branche, Ereignisgeschichte und Beschreibungen von Gegenständen aufzureihen. Es fokussiert die Bedeutung der Ereignisse und Objekte für die Menschen der Zeit. Zum Beispiel erläutern die Texte,

> „was es für die Franzosen bedeutete, dass sich ihre Regierung nach Bordeaux zurückzog, welche Auswirkungen die Bomben auf Reims für die Bewohner hatten, was der Grabenkrieg mit den Menschen in Dörfern und auf den Schlachtfeldern machte und wie erschütternd der erste deutsche Einsatz von Giftgas in diesem Krieg war. Auch Sachobjekten wird auf diese Weise Bedeutung verliehen: Ein aufgefundenes Paket zeugt von der Ernährungslage der Frontsoldaten, aber auch

---

791 **Bioshock** 2007; **Bioshock 2** 2010.
792 **Bioshock: Infinite** 2013.
793 **Valiant Hearts. The Great War** 2014; **Verdun 1914–1918** 2015; **Klinge, Heiko:** Valiant Hearts The Great War. Test, in: *Gamestar* 8/2014; S. 58–60.
794 **Nolden, Nico:** Der vergessene Krieg. Wie man den Ersten Weltkrieg in Szene setzt – und wie nicht, in: *Keimling* 30.1.2014. Online unter: http://bit.ly/1jNGpOZ (Letzter Zugriff: 30.3.2019).
795 **Nolden:** Zersiebt, 2014.

davon, wie wichtig ein paar Konserven oder Trockenfleisch als Gesandte aus der Heimat waren. [...] Das Auffinden einer zerfledderten Hose führt daher auch zu einem Kurzartikel über die Mehrfachbelastung der Frauen während des Krieges, die letztlich in Richtung einer Emanzipation führte."[796]

Sicherlich gibt es Details zu kritisieren, dennoch zeigt *Valiant Hearts*, dass es noch unerwartete historische Inszenierungen zu bergen gibt. Selbst Shooter lassen aus historischer Sicht positive Entwicklungen vermelden, wenn sich die Geschichtswissenschaft nicht nur in der Kritik an historisch oberflächlichen Titeln wie *Verdun 1914 – 1918* verbeißt. An der Inszenierung des Ersten Weltkrieges im spielmechanisch vergleichbaren Multiplayer-Shooter *Battlefield 1* lässt sich Bemerkenswertes entdecken.[797] Der Shooter vermeidet zwar weitgehend, Gründe und Motive für den Ausbruch des Krieges im europäischen Mächtegewirr zu kontextualisieren.[798] Unausgewogen versteift sich seine Darstellung zudem an allen Fronten einseitig auf das britische Empire. Allerdings lotet der Shooter Möglichkeiten aus, multiperspektivisch soldatische Erfahrungen auf ikonischen Schauplätzen des Krieges darzustellen. Spielende können in einer Mission im kraterzerfurchten Niemandsland weder siegen, noch überleben, sondern sich nur so lange wie möglich wehren. Mit dem zwangsläufigen Tod der Spielfigur blendet der Shooter kurzzeitig einen Namen und dessen Lebensjahre ein. Dann springt die Kamera in die Sicht der nächsten bedauernswerten Kreatur, die dieser Krieg dahinrafft. Die Entwickler entschieden sich zudem gegen eine lineare Kampagne aus einer einzelnen Sicht, bieten stattdessen ein Mosaik aus kürzeren Einzelschicksalen. Insgesamt fällt damit die Inszenierung untypisch für einen Shooter aus. Zudem erkundet *Battlefield 1* systematisch die inszenatorische Kraft aus den intrinsischen Eigenschaften digitaler Spiele. Auf ein Wände durchberstendes Allmachtsgefühl in einem Panzer mit einem großen Handlungsspielraum folgt plötzlich eine beklemmende Passage mit eng begrenzten Optionen, als sich das Fahrzeug unter Feindbeschuss festfährt. Hernach steuern Spielende den Flug einer Brieftaube, der den marginalen strategischen Gewinn aus dem Durchbruch des Panzerfahrzeugs offenbart. Im scharfen Kontrast der Perspektiven und dem Spiel mit der Handlungsmacht liegt ein Transport historischer Information in *Battlefield 1*, der bislang unbeachtet blieb. Daher missinterpretieren Chapman und Kempshall, warum die kurzen Missionsketten der Kampagne heroisch überhöht wirken.[799] Die Episoden verkörpern nicht Vorstellungen der Entwickler über ein reales Geschehen im Ersten Weltkrieg. Sie bilden ironische Kommentare zu heroisierten Kriegsgeschichten, die

---

[796] **Nolden:** Zersiebt, 2014.
[797] **Battlefield 1** 2016; **Rohe, Johannes / Veltin, Tobias:** Multiplayer hui... Battlefield 1 – Ersteindruck. Test, in: *Gamestar* 11/2016; S. 48–51; **Schmitz, Petra / Rohe, Johannes:** Die Schlachtfeld-Analyse. Battlefield 1 Titelstory, in: *Gamestar* 10/2016; S. 18–25.
[798] **Nolden:** Battlefield Won, 2017.
[799] **Chapman / Kempshall:** Battlefield 1, 2017.

jeweils aus einer soldatischen Perspektive ex post inszeniert sind.[800] Missionen, in denen wilde akrobatische Flugmaneuver schließlich in ein Zeppelingefecht über London münden, sind konsequent aus der Sicht eines notorischen Hochstaplers erzählt. Die Erlebnisse eines Soldaten in den norditalienischen Alpen belasten seine Tochter so sehr, dass sie ihm nicht mehr zuhören will, bis er beteuert, durch eine experimentelle Panzerung nie wirklich in Gefahr gewesen zu sein. Diese findet er in den spielbaren Erinnerungen natürlich sogleich. Mit diesem Kniff halten sich die Entwickler konsequent an eine soldatische Perspektive in allen Spielelementen, ihr Mut freilich hätte größer sein dürfen, diese Dimensionen von Oral History und Erinnerungskulturen explizit auszusprechen. Chapman und Kempshall verweisen darauf, dass die Inszenierung einander widerstreitende Perspektiven wie in einem postmodernen, poststrukturalistischen Modellversuch mische. Sie denken dieses ungewöhnliche Konzept für Shooter jedoch nicht bis zur subjektiven Perspektivität der Einzelspielermissionen weiter.

Schon in der Einleitung wurden Beispiele zum Zweiten Weltkrieg angeführt, die vielfältiger sind, als der Forschungsdiskurs sie abbildet.[801] Eines davon, das bislang unbehandelte Action-Abenteuerspiel *The Saboteur,* ging mit seinem Szenario neue Wege, auf denen sich ein Ire dem französischen Widerstand gegen die deutschen Truppen im besetzten Nordfrankreich anschloss.[802] Die Résistance inszenierte es zwischen Saarbrücken, Le Havre und Paris mit besonderer grafischer Finesse, je weiter die Gebiete von der Wehrmacht zurück in dessen Einfluss gerieten. Dann wich eine kalte, bläulich-graue Farbgebung, die lediglich roten Akzente aus Mündungsfeuer, Blut und Flaggen setzte, einer warmen gold-gelben Lichtstimmung mit kräftigen Farben. Damit schloss das Spiel an filmtypische Sehgewohnheiten an, der visuelle Effekt aber brachte zudem Reminiszenzen an die *Goldenen Zwanziger* nach Paris. Schon dieses eine Spiel, herausgegriffen aus den Beispielen der Einleitung, offenbart also bislang übergangene Formen historischer Inszenierungen. Wie in der Geschichtswissenschaft ist auch der spielejournalistische Diskurs teils undurchsichtig. Die verbreitete Haltung, dass die Spieler von Weltkriegsshootern einst übersättigt waren, ist als Erfahrungswert langjähriger Beobachter digitaler Spiele zunächst zur Kenntnis zu nehmen.[803] Wenn sich auch die großen Hauptreihen mit *Battlefield 2* oder *Call of Duty: Modern Warfare* Konflikten des späten 20. Jahrhunderts zuwandten, fanden Weltkriegsshooter wie *Sniper Elite, Call of Duty: World at War* oder *Enemy Front* weiter zahlreiche Kunden.[804] Journalistisch tradierte Überzeugungen sind als Quellen

---

800 **Nolden:** Battlefield Won, 2017: Am Deutlichsten wird diese Haltung im Spiel an den Erlebnissen des Piloten, geschildert im Absatz „Ich erinner' was, was Du nicht siehst".
801 Siehe hierzu den Absatz auf S. 20.
802 **The Saboteur** 2009; **Schmitz, Petra:** Saboteur. Test, in: *Gamestar* 2/2010; S. 64–68.
803 Siehe Anm. 52.
804 Die drei publikumsträchtigsten Shooter-Reihen begannen mit **Medal of Honor** 1999, **Battlefield 1942** 2002 und **Call of Duty** 2003 im Zweiten Weltkrieg. Die Abkehr dieser Serien vollzog sich etwa zwischen **Battlefield 2** 2005 und **Call of Duty: Modern Warfare** 2007. Zum Zweiten Weltkrieg er-

von Oral History geschichtswissenschaftlich zu hinterfragen, um handfeste Belege dafür zu ermitteln oder sie als Legende zu entlarven. Ob somit der Shooter *Battalion 1944* tatsächlich den Neustart dieses Szenarios einläutet, steht zumindest zu verifizeren.[805] Die bisherigen quantifizierenden Auswertungen zu Inszenierungen des Zweiten Weltkriegs erwiesen sich als wenig belastbar. Positiv ragt die Analyse von Bluekens hervor.[806] Mithilfe von hundert Spielen identifizierte er geschichtswissenschaftliche Ansatzpunkte, die neben realitätsnahen Szenarien auch Karikaturen des Zweiten Weltkriegs einbezogen. Insgesamt dominieren zwar Studien zu strategischen Spielformen oder Shootern, ihre Befunde allerdings sind dennoch wertvoll. Sie dokumentieren fast durchweg einseitige, militärisch-operative Darstellungen ebenbürtiger Kombattanten. In diesen Geschichtsbildern finden prägende Kernelemente der Mikroepoche wie der Holocaust, faschistische Ideologien oder die totalitäre gesellschaftliche Ausrichtung auf die Kriegserfordernisse keinerlei Beachtung. Auch wenn nach Bluekens sogar in Shootern differenziertere Darstellungen zunehmen, die eben nicht nur stereotyp deutsche Soldaten dämonisieren und alliierte Kämpfer heroisieren, sind die Auslassungen doch gravierend. Mitverantwortlich dafür könnte die moralisierende Form des Diskurses sein wie zum Beispiel bei Pöppinghege.[807] Entwickler könnten sich scheuen, Aspekte des Dritten Reiches und des Weltkrieges zu berücksichtigen, um sich einer Stellungnahme zu enthalten. Auch wenn sich zum Beispiel *Company of Heroes 2*, solide belegt, gegen Stalins Gewaltherrschaft positionierte, wurde der Verkauf des Strategiespiels im russischen Markt gestoppt, weil die Belege jüngeren russisch-nationalen Mythen widersprachen.[808] Ein solcher Verkaufsstopp am wichtigeren deutschen Spielemarkt könnte einen Entwickler ruinieren. Pöppinghege sieht jedoch eine Subkultur am Werk, deren unreflektierte Ästhetisierung von Krieg, Militär und Gewaltanwendung ursächlich für das Fehlen der obigen Elemente sei.[809] Sehr wahrscheinlich fielen die Motive bei einer genaueren Studie differenzierter aus. Für Entwickler aber folgt daraus, dass auch die vermeintliche Enthaltung aus einem Diskurs immer Stellung zu historischen Zusammenhängen nimmt. Den Blick auf digitale Spiele, die den Zweiten Weltkrieg thematisieren, verpflichtet die historische deutsche Verantwortung zu besonderer Sorgfalt. Verständlicherweise wirft auch die fachliche Diskussion stärker als anderswo die moralische Frage auf, ob digitale Spiele den Weltkrieg, die extremen Weltanschauungen sowie

---

schienen dennoch weiter Titel wie **Sniper Elite** 2005, **Call of Duty [5]: World at War** 2008 oder **Enemy Front** 2014. Ob es sich wirklich um eine Trendwende handelte oder nur in einem Segment, für das die Spielekultur besonders sensibel war, müssten historische Studien herausarbeiten.
805 Battalion 1944 des. 2019; **Rohe, Johannes:** Weltkriegs-Neustart. Battalion 1944. Titelstory, in: *Gamestar* 3/2016; S. 22–25.
806 Bluekens: Erinnerungskultur, 2014.
807 Pöppinghege: Ballern, 2009. Vgl. im vorliegenden Buch ab S. 139.
808 Company of Heroes 2 2013; **Campbell, Colin:** Why Gaming's Latest Take on War is so Offensive to Russians, in: *Polygon* 25.7.2013. Online unter: http://bit.ly/2oZkH3p (Letzter Zugriff: 30.3.2019); **Deppe, Martin:** Company of Heroes 2. Test, in: *Gamestar* 8/2013; S. 58–63.
809 Siehe S. 140.

Täter und Opfer des Dritten Reiches überhaupt thematisieren dürften. Wenn aber in der Auslassung eines geschichtlichen Themas bereits eine Stellungnahme zu ihm liegt, darf eine besondere Verantwortung nicht bedeuten, dass ein Kulturgegenstand dazu schweigt. Dass Verbote, die vor dreißig Jahren entstanden, heute nicht mehr zielführend sind, zeigte Dennis Kogel, der sich mit den Besonderheiten der deutschen Rechtsprechung bezüglich digitaler Spiele und nationalsozialistischer Symbolik befasste.[810] Insbesondere eint Kritiker von Verboten, dass sie digitale Spiele gegenüber anderen Medienformen ungleich behandeln. Dieser Umgang ist vor allem dann seltsam,

> „wenn man die Vielzahl anderer Reminiszenzen digitaler Spiele an das Dritte Reich mit einbezieht. Da werden in Strategiespielen Fahrzeuge der Wehrmacht aufgefahren, Uniformierte sind unschwer als Soldaten der Nazizeit erkennbar [...]. Vor diesem Hintergrund ist fraglich, ob ein Verzicht auf ein Symbol irgendeine Bedeutung dabei hätte, eine Ideologie zu bekämpfen. [...] Was übrig bleibt, sind leider unreflektierte Anleihen an Symbolik des Dritten Reiches, die völlig ohne Parteiinsignien auskommen."[811]

Solche Inszenierungen suggerieren militaristisch verklärende Geschichtsbilder, die nicht wünschenswert sind. Das Verbot überließ das Medium denjenigen, „die sich nicht reflektiert damit auseinandersetzen wollen", womit „die Zensurpraxis nicht nur unzeitgemäß, sondern auch noch kontraproduktiv" ist.[812] Geschichtswissenschaftlich zu begrüßen ist daher die Entscheidung der USK, die Klausel für Sozialadäquanz seit 2018 auf reflektierte Darstellungen in digitalen Spielen anzuwenden.[813] Digitale Spiele und ihre Kultur sind insofern nicht nur ins Verhältnis zur Erinnerung an den Zweiten Weltkrieg zusetzen. Vielmehr müssen sie umfassend in die Erinnerungskulturen aus einem breiten medialen Spektrum eingeordnet werden, wie ich anlässlich eines grenzwertigen Aprilscherzes zweier Youtuber ausdifferenzierte.[814] Fabian Siegismund und David Hain, in der digitalen Spielkultur durchaus prominent, kündigten im Streaming-Portal *Youtube* einen Kanal namens „Sieg Hain" an.[815] Ich resumierte, dass „Videospiele sich in einen Diskurs setzen lassen, der dem etablierterer Medienformen in nichts nachstehen muss." Es gebe „viele Ansatzpunkte, um den Themenkomplex des Dritten Reiches und seiner Akteure bei Videospielen sehr ähnlich dem Diskurs bei Filmen und Büchern in eine umfassendere Betrachtung der Erinnerungskultur ein-

---

810 **Kogel:** Hakenkreuze, 2014.
811 **Nolden:** Reich, 2014; 5. Absatz.
812 **Nolden:** Reich, 2014; letzter Absatz.
813 **Secker, Elisabeth / Hußmann, Wolfgang:** USK berücksichtigt bei Altersfreigabe von Spielen künftig Sozialadäquanz. Pressemitteilung, 9.8.2018. Online unter: http://bit.ly/2Itfnk9 (Letzter Zugriff: 30.3.2019).
814 **Nolden:** Bunkermentalitäten, 2014 thematisiert digitale Spiele, Filme, Fernsehen, Streaming-Plattformen und Romane – sowohl von ernster Natur als auch satirisch.
815 **Hain, David / Siegismund, Fabian:** SiegHain! – Der neue Spielekanal, in: *Kanal BeHaind via Youtube* 1.4.2014. Online unter: http://bit.ly/2kBwyU2 (Letzter Zugriff: 30.3.2019).

zubeziehen", wenn sie „aufgrund ihrer speziellen Eigenschaften wie Interaktivität, Partizipation und Immersion auch erinnerungskulturell anders zu diskutieren sind."[816] Die eigentliche Frage lautet also nicht, ob digitale Spiele sich mit dem Zweiten Weltkrieg, dem Dritten Reich und faschistischen Ideologien beschäftigen dürfen. Vielmehr muss sie lauten, wie digitale Spiele differenziert mit allen Facetten der Mikroepoche umgehen können, damit sie Geschichtsbilder nicht mehr verzerren.

Mehrere Autoren betonten erhebliche Lücken bei der Inszenierung des Zweiten Weltkriegs. Neben den faschistischen Umwälzungen ganzer Gesellschaften oder den sozio-ökonomischen Auswirkungen der Kriegswirtschaft mit allen Folgen für die zivile Bevölkerung klammern kommerzielle digitale Spiele den Holocaust aus, und damit ein erschütterndes Verbrechen an Millionen von Menschen, das untrennbar mit dem Zweiten Weltkrieg verbunden ist.[817] Vielfach behaupten geschichtswissenschaftliche Beiträge, digitale Spiele seien nicht fähig, diese Aspekte abzubilden, ohne dass die Autoren jedoch spielmechanisch argumentieren, woran das liege. Gemeint ist eher wie bei Pöppinghege moralisch, dass Spiele dieses Thema nicht behandeln sollten, selbst wenn sie es medial umsetzen könnten. Unabhängig von dem moralischen Für und Wider aber fordert die Klärung geschichtswissenschaftlich heraus, wie ein Spiel beschaffen sein müsste, um adäquat den Holocaust behandeln zu können. Eugen Pfister forderte von der Geschichtswissenschaft, „sich kritisch mit dem Medium auseinanderzusetzen", um „informiert über die Sinnhaftigkeit und/oder die Notwendigkeit von Darstellungen des Holocaust in digitalen Spielen diskutieren zu können."[818] Seine Bestandsaufnahme von Spielen, die ihn thematisieren, untersuchte die Formen der Inszenierung und verortete ihren intermedialen wie kulturellen Kontext. Angesichts der großen Zahl von digitalen Spielen mit dem Zweiten Weltkrieg als ästhetischen oder narrativen Rahmen dürfte kaum fraglich sein, dass auch die Auslassung des Holocaust Folgen nach sich zieht. Ferner ist der Glaube blauäugig, dass es nicht längst schon Spiele geben würde, die ihn aufgreifen. Da die Geschichtswissenschaft dem Holocaust in digitalen Spielen bislang keine Aufmerksamkeit widmet und kommerzielle Hersteller es vermeiden, entstehen solche Spiele unterhalb des öffentlichen Radars. Leider besetzt das Thema dadurch eine im Internet aktive Szene, die den Holocaust und andere rassistische und religiös motivierte Gewalt bewusst verfassungsfeindlich und menschenverachtend inszenieren.[819] Darunter fällt der *KZ Manager*, der im Stile

---

816 **Nolden:** Bunkermentalitäten, 2014; alle Zitate 4. Absatz von unten.
817 Eine Analyse der Grenzen des Spielbaren in Bezug auf den Nationalsozialismus findet sich bei **Chapman, Adam / Linderoth, Jonas:** Exploring the Limits of Play. A Case Study of Representations of Nazism in Games, in: Mortensen, Toril E. / Linderoth, Jonas / Brown, Ashley M. L. (Hg.): The Dark Side of Game Play. Controversial Issues in Playful Environments, London 2015; S. 137–53.
818 **Pfister, Eugen:** Das Unspielbare spielen. Imaginationen des Holocausts in Digitalen Spielen, in: *zeitgeschichte*, Nr. 4 43/2016; S. 250–65, hier S. 250/51.
819 **Meyer, Steffen D.:** Rechtsextremismus in Computerspielen. Rechtsextreme PC-Spiele, in: *Motz-Meyer* [nach 21.9.2009]. Online unter: http://bit.ly/2igPztN. Einen Überblick zu Propaganda-Spielen gab **NDR:** Propaganda-Spiele „KZ-Manager" und „Quest for Bush". Screenshot-Galerie, 2.12.2014. Online via *Wayback Machine* in *Archive.org* unter: http://bit.ly/2j4Dh5b (Letzte Zugriffe: 30.3.2019).

einer Wirtschaftssimulation zu Beginn der neunziger Jahre via Disketten auf Schulhöfen getauscht wurde.[820] Einen Überblick zu rechtsextremen Computerspielen findet sich bei Wolfgang Benz, der neben anderen Phänomenen auch den späteren *KZ-Manager II* beschrieb.[821] Dass solche Spiele heute seltener zutage treten, dürfte weniger auf eine geringere Verbreitung deuten, vielmehr ging der Tausch physischer Datenträger zu Download-Links über.[822] Pfister hingegen führt realistisch gemeinte Spiele auf, die den Holocaust aufzugreifen planten, was jedoch nur unzulänglich gelang oder äußerer Druck unterband.[823] Die Haltung, dass „[t]he Holocaust should be off-limits for video games", begründete ebenfalls niemand spielmechanisch, nur moralisch. Warum Ausstellungen, Bücher oder Filme etwas medial transportieren können, ein Spiel jedoch nicht, wäre schon fundierter zu begründen. Im Ego-Shooter *Wolfenstein: The New Order* befindet sich die Hauptfigur in einem Zwangsarbeiterlager des Dritten Reiches.[824] Trotz eines alternativgeschichtlichen Sieges der Nazis und eines technologisch futuristischen Szenarios sind typische Lagerszenen zu sehen, die Insassen leiden unter willkürlicher Folter und Morden, deren Opfer in Brennkammern verfeuert werden, „the smoke rising from the chimneys afterwards."[825] Diese Inszenierung geht nach Pfister „ungewohnt direkt auf die Verbrechen des nationalsozialistischen Regimes ein".[826] Verantwortlich dafür seien visuelle Erinnerungsorte wie rußende Schornsteine, eingepferchte Menschen in Viehwaggons oder die gewalttätige Selektion von Gefangenen bei der Ankunft, die historische Quellen und andere mediale Inszenierungen in die kollektiven Erinnerung eingeschrieben haben. Letztlich reicht nach Pfister die kulissenhafte Bezugnahme auf den Holocaust nicht bis zu einer „kritische[n] Imagination nationalsozialistischer Gräuel".[827] Dafür sei neben dem fantastisch verfremdeten Szenario verantwortlich, dass der „Protagonist nur in einem Ausnahmefall hilfloses Opfer" sei, ansonsten aber eigenhändig die gesamte Lagermannschaft aushebt. Auch wenn die Handlungsmöglichkeiten als Kern eines digitalen Spieles nicht passend umgesetzt sind, muss andererseits das fantastische Szenario

---

820 Associated Press (AP): Video Game Uncovered in Europe Uses Nazi Death Camps as Theme, in: *The New York Times* 1.5.1991. Online unter: http://nyti.ms/2jnjHk4 (Letzter Zugriff: 30.3.2019).
821 Benz, Wolfgang: KZ-Manager im Kinderzimmer. Rechtsextreme Computerspiele, in: Benz, Wolfgang (Hg.): Rechtsextremismus in Deutschland. Voraussetzungen, Zusammenhänge, Wirkungen. akt. u. erw. Neuausg., Frankfurt a. M. 1996; S. 219–27, hier S. 223–25.
822 Dass vergleichbare Spiele ihre Spuren im Schatten der Technologien verwischen, vermutet früh **Benz:** KZ-Manager, 1996; S. 227.
823 Pfister: Das Unspielbare, 2016; S. 254.
824 Wolfenstein. The New Order 2014; **Schmitz, Petra:** Wolfenstein The New Order. Test, in: *Gamestar* 6/2014; S. 54–59; **Stange, Sebastian:** Wolfenstein: The New Order. Preview Titelstory, in: *Gamestar* 3/2014; S. 18–23.
825 unbekannt: Nazi Holocaust Concentration Camp Simulation. Wolfenstein: The New Order, in: Kanal *vegsmashed* via *Youtube* 9.3.2015; Szenen im Verlauf, Zitat: Zeitpunkt 10 Min. 43 Sek. Online unter: https://youtu.be/jysItLr0yWI (Letzter Zugriff: 30.3.2019).
826 Pfister: Das Unspielbare, 2016; S. 258.
827 Pfister: Das Unspielbare, 2016; S. 258.

nicht hinderlich sein, ruft man Eva Kingsepps Ausführungen in Erinnerung.[828] Im Aussparen des Holocaust und anderer Aspekte der nationalsozialistischen Herrschaft die Lösung zu suchen, davon rät auch Pfister ab: Betrachte man die davon „bereinigten" Inszenierungen führe der Versuch, „einer Kontroverse zu entgehen, [...] dazu, dass in diesen Spielen das NS-Regime weißgewaschen wird."[829] Gibt man sich also nicht der Illusion hin, diese Spiele seien durch Ignoranz zu verdrängen, ist Historikern dringend zu empfehlen, konstruktiv und kollaborativ mit Entwicklern bessere Vorgehensweisen zu ermitteln. Einen neuen Anlauf, den Holocaust zu thematisieren, unternahm das kleine, polnische Studio Juggler Games mit *My Memory of Us*.[830] Die Geschichte einer kindlichen Freundschaft in Zeiten der nationalsozialistischen Gewaltherrschaft erinnert grafisch, spielmechanisch und atmosphärisch an die Inszenierung von *Valiant Hearts*. Ob sich dahinter der plumpe Versuch verbirgt, an dessen wirtschaftlichen Erfolg zu knüpfen, oder eine Spielidee von ähnlich innovativer Kraft, konnte ich bislang noch nicht beurteilen. Der erfahrene Spielejournalist John Walker zeigte sich in einem Kommentar hin und her gerissen zwischen dem moralischen Zwiespalt und dem künstlerischen Ansatz.[831] Konstruktiver und tatkräftiger Rat von geschichtswissenschaftlich sowie an digitalen Spielen adäquat ausgebildeten Beraterinnen und Beratern würde helfen, bedenklich einseitige Darstellungen der Mikroepoche zu überwinden.

Der Systemkonflikt zwischen dem kommunistischen und dem kapitalistischen Block böte ebenfalls Zündstoff, um den Diskurs um die Mikroepoche des Kalten Krieges moralisch und ideologisch aufzuheizen. Solche Tendenzen zeigte der Forschungsstand jedoch nicht, hingegen wurden drei Hauptlinien bei Studien erkennbar: fiktionale Narrationen innerhalb des akribischen Reenactments eines historischen Rahmens, (post-) apokalyptische Szenarien und konventionell geführte Dritte Weltkriege, weitergedacht aus realen Konfrontationen zwischen den Blöcken. Immer wieder kehren wenige Beispieltitel als Belege in Studien zurück. Erneut bleiben viele Fragen ungestellt. Das Echtzeit-Strategiespiel *World in Conflict* inszeniert aus dem Ende des Ostblocks 1989 einen (weitestgehend) konventionell bewaffneten Dritten Weltkrieg auf dem Gebiet der NATO, wählt aber darüber hinaus eine untypische Perspektive:[832] Die Kampagne inszeniert Soldaten und Offiziere auf beiden Seiten, die an ihren erschütterten Weltbildern, an der Indoktrination der Machtblöcke und letztlich

---

828 **Kingsepp:** Hyperreality, 2007. Siehe Erläuterung ab S. 146.
829 **Pfister:** Das Unspielbare, 2016; S. 259 u. 257.
830 **My Memory of Us** 2018. Online unter: http://mymemoryofus.com/en/home/. Siehe **Juggler Games:** My Memory of Us Teaser Trailer, in: *Kanal Juggler Games via Youtube* 14. 2. 2017. Online unter: https://youtu.be/6Yhft7EJv5U (Letzte Zugriffe: 30. 3. 2019).
831 **Walker, John:** My Memory of Us is a Holocaust Story with Robots and Hmmm, in: *Rock Paper Shotgun* 19. 2. 2017. Online unter: http://bit.ly/2mcd5Wz (Letzter Zugriff: 30. 3. 2019).
832 **World in Conflict. Complete Edition** 2009; **Siegismund, Fabian:** World in Conflict. Complete Edition, in: *Gamestar* 5/2009; S. 92; **Matschijewsky, Daniel:** World in Conflict. Test, in: *Gamestar* 10/2007; S. 86–93; **Siegismund, Fabian:** World in Conflict. Preview, in: *Gamestar* 8/2007; S. 36–40.

an den politischen Führungen zweifeln.⁸³³ Das Echtzeit-Strategiespiel *Wargame: European Escalation* fällt ebenso unter die Kategorie konventionell eskalierender Weltkriegsszenarien, die Perspektive weicht jedoch erheblich vom ersten Beispiel ab.⁸³⁴ Visuell inszeniert es durch die Symbolik von strategischen Karten der NATO, bezeichnet detailliert die Kampffunktion dutzender Einheiten und unterfüttert jede Mission mit historischem Begleitmaterial. Den Spielenden werden Krisen der Ost-Westkonfrontation wie das NATO-Manöver *Able Archer*, das 1983 beinahe in einen Ditten Weltkrieg führte, in die Hände gelegt. Die Kriegsszenarien lassen nicht zu, Kampfhandlungen abzuwenden oder Motive zu hinterfragen. Schon dieser Gegensatz offenbart innerhalb der vermeintlich klaren Kategorien genügend Unterschiede, um differenzierte Studien einzufordern. Derartige, an militärischer Semiotik orientierte Darstellungen deuten auf einen gewissen Einfluss zwischen Militär und digitalen Spielen. Auf sozioökonomische, kulturelle und politische Wechselwirkungen deutete im Forschungsstand etwa Reagans SDI-Programm.⁸³⁵ Als Zeithistorikerin Janine Funke unsere Hamburger AG Games besuchte, deuteten sich Verbindungen zwischen strategischem Spieldesign und der Computerisierung in der Luftverteidigung beider deutscher Armeen an.⁸³⁶ So wechselwirkt die funktionale Bildsprache militärischer Karten, die Farbgebung und die Terminologie mit digitalen Spielen. Die Technologie selbst ist häufig militärischen Ursprungs und folgt einer entsprechenden Funktionslogik. Berufliche Biografien der anfangs raren Programmierer weisen auf personelle Verbindungen zwischen Militär und der entstehenden Games-Branche. Verwicklungen dieser Entstehungsgeschichte digitaler Spiele zwischen Kulturobjekte und Militärtechnologie wies Patrick Crogan für die U.S.-amerikanische Region nach.⁸³⁷ Die rasante Entwicklung digitaler Spiele in den siebziger bis neunziger Jahren und die Entstehung der Branche zu erforschen, lässt auch für den deutschsprachigen Raum Einblicke in sozio-ökonomische, kulturelle und politische Zusammenhänge erwarten. Dass die Inszenierung des Kalten Krieges auch zu einer wirtschaftlichen Marke wuchs, hob Pfister jüngst für satirischen Spiele hervor.⁸³⁸ Als ein Beispiel inszenierte der Stealth-Shooter *No One Lives Forever* einen Spionagethriller im Ost-West-Konflikt.⁸³⁹ Neben strategischen oder Shooter-Spielen wird die Vielzahl an Agenten-Szenarien zu

---

833 **Nolden:** Werner, 2009.
834 **Wargame. European Escalation** 2012; **Lück, Patrick C.:** Wargame European Escalation. Test, in: *Gamestar* 5/2012; S. 70–72.
835 **Knoblauch:** Defense, 2013. Siehe oben S. 151.
836 Funke stellte in unserer *AG History Matters* am 1.7.2015 in der Sitzung 10 „Hardware – Kultur. Die Computerisierung von BRD und DDR" einige Aspekte ihrer Dissertation zur Diskussion, die vor allem die Luftverteidigung betrafen: **Funke, Janine:** Die Computerisierung der Bundeswehr und der NVA von den Anfängen bis in die 1980er Jahre, Potsdam unveröff.
837 **Crogan, Patrick:** Gameplay Mode: War, Simulation and Technoculture, Minneapolis 2011; insbes. S. 1–18.
838 **Pfister:** Cold War Games™, 2017. Siehe im vorliegenden Buch S. 151.
839 **No One Lives Forever. The Operative** 2000; **Steinlechner, Peter:** Pudel und Pistolen. No One Lives Forever, in: *Gamestar* 12/2000; S. 34.

unrecht übergangen. Es finden sich Motive, die digitale Spiele aus Spielfilmen wie der Reihe *007 – James Bond* übernehmen, auch diese Filme verorten sich jedoch in der realweltlichen Ost-West-Spannung. Deshalb sprechen ihre Einflüsse nicht gegen die Spiele als historische Inszenierungen. Einige Filme wurden zudem als digitale Spiele umgesetzt – mal mehr gelungen wie *Goldeneye*, mal weniger wie *Ein Quantum Trost*.[840] Die Szenarien im Agentenmilieu nehmen sowohl satirisch als auch realweltlich Anleihen an historische Konflikte, die Teil oder Auswirkungen des Kalten Krieges sind. Realitätsnahe Konfliktlinien prägten die Reihe *Splinter Cell*, deren erster Serienteil 2002 vom postsowjetischen Georgien aus in eine weltpolitische Eskalation steuerte.[841] Eine der komplexesten globalpolitischen Hintergrundgeschichten weist das Rollenspiel *Alpha Protocol* auf.[842] Im Szenario führt der Abschuss eines Linienflugzeugs im arabischen Raum zum Einsatz eines westlichen Agenten. Dessen Rolle konfrontiert Spielende mit eigenen Stereotypen von Terrorismus, Feindbildern im ehemaligen Ostblock und in Nahost. Obwohl alle Beteiligte und die meisten Organisationen fiktiv bleiben, sind weltpolitische Institutionen und Akteure wiedererkennbar. In der hochkomplexen Gemengelage bleibt kaum etwas, wie es scheint; stets sind viele Motive abzuwägen, um sich einer Aufklärung zu nähern. *Alpha Protocol* überlässt es den Spielenden, die Missionen heimlich bis brachial zu lösen, was den Spielverlauf verändert. Sie entscheiden zudem, wie sie sich zu den Motiven der Akteure verhalten. Eine Bandbreite von Liquidation über Verhaftung und Verschonung bis hin zum Paktieren führt zu drei verschiedenen Hauptenden mit einem guten Dutzend an Facetten. Die Kombination fängt einmalig die Multivalenz globalpolitischer Situationen ein, die aus verschiedenen Weltsichten auf den Kalten Krieg verweisen.

Die für die Epochenzugriffe angeführten Beispiele sind nicht etwa randständige Sonderlinge, sondern stammen aus der Mitte der Spielkultur. Sie allein in den Fachdiskurs zu ergänzen, bildet allerdings nicht abschließend und erschöpfend all jene digitalen Spiele mit bewussten historischen Inszenierungen ab. Für alle diskutierten Bereiche ließen sich noch darüber hinaus digitale Spiele finden, welche die Geschichtswissenschaft kaum oder überhaupt nicht berücksichtigt, obwohl die Argumente dafür sprächen. Ganze Themenkomplexe und Spielformen finden kaum Aufmerksamkeit. Vor allem geht der Blick zu wenig in die Details, um digitale Spiele aus genügend Perspektiven zu beleuchten. Die gewählten Beispiele warfen eine Vielzahl an unbehandelten Themen aus. Unter Anderem bedienten sie globalhistorische und

---

840 GoldenEye 007 1997; **Ein Quantum Trost** 2008; **Reece, Mark:** GoldenEye 007. Review N64, in: *Nintendo Life* 8.10.2011. Online unter: http://bit.ly/2poi9gf (Letzter Zugriff: 22.4.2017); **Schneider, Christian:** James Bond. Ein Quantum Trost, in: *Gamestar* 1/2009; S. 78–79.
841 Splinter Cell 2002; **Schwerdtel, Markus:** Splinter Cell. Komplett ausspioniert. Titelstory, in: *Gamestar* 2/2003; S. 50–56; **Lenhardt, Heinrich:** Splinter Cell. Die im Dunkeln sieht man nicht, in: *Gamestar* 1/2003; S. 20–23.
842 Alpha Protocol. Ein Spionage-RPG 2010; **Schmitz, Petra:** Alpha Protocol. Test, in: *Gamestar* 8/2010; S. 66–68; **Schmitz, Petra:** Alpha Protocol. Preview, in: *Gamestar* 6/2010; S. 38–40; **Gerwat, Jan:** Alpha Protocol. Preview, in: *Gamestar* 3/2010; S. 34–35.

postkoloniale Ansätze. Sie inszenierten anderweitig kaum erreichbare, frühgeschichtliche Verhältnisse, vereinten antike Mythologie mit der Realwelt und bildeten dynastische mittelalterliche Prozesse ab. Sie schlossen an kulturhistorische und literaturgeschichtliche Domänen an. Die Epochendarstellungen wandeln sich mit jeweils unterschiedlicher Dynamik, was etwa der jüngste Umgang mit dem Ersten Weltkrieg zeigte. Moralische Tabus bei Darstellungen des Zweiten Weltkriegs und des Dritten Reiches erwiesen sich als kontraproduktiv. Besonders gravierend fällt im Falle des Holocaust auf: Einerseits existieren digitale Spiele verfassungsfeindlicher und rassistischer Subkulturen, einen sachgerechten Umgang mit dem Thema allerdings erschweren Verbote und Tabus. Von Versuchen, diese Erscheinungen zu ignorieren, ist geschichtswissenschaftlich dringend abzuraten. Deshalb ist zu begrüßen, dass immerhin im Einzelfall sozialadäquate Darstellungen gestattet sind. Die Beispiele digitaler Spiele unterstreichen erhebliche Lücken im geschichtswissenschaftlichen Diskurs bei expliziten Geschichtsbildern. Für ein sinnvolles Gesamtbild müssen geschichtswissenschaftliche Studien deutlich erweitert und ausdifferenziert werden. Dazu gehört, den Diskurs im nächsten Schritt auf Inszenierungen zu erweitern, die nicht explizit historisch gemeint sind.

3.1.2 Zeitgeschichtliche Rückkopplung

Je weiter historische Darstellungen in die Zeitgeschichte voranschreiten, umso schwieriger lassen sich historisch gemeinte von unbewusst zeitgeschichtlichen Inszenierungen unterscheiden. Ob Entwickler letztere als historisch betrachten oder ob Spielenden die Historizität ihrer eigenen Zeitgeschichte bewusst wird, ist ihnen nicht anzusehen. Viele digitale Spiele offenbaren ein zeitgenössisches, geschichtliches Selbstverständnis. Wie ein Spiel zum Beispiel ökonomische Modelle anlegt oder gesellschaftliche Netzwerke aus Personen simuliert, verrät viel über zeitgenössische, soziokulturelle Auffassungen. Zudem stehen Entwickler in einem meist unreflektierten Rahmen ihres regionalen Kulturkreises, zum Beispiel eines japanischen, deutschen oder nordamerikanischen. Digitale Spiele sind Schöpfungen eines bestimmten zeithistorischen Horizonts. Als Belege für diesen Kontext sind sie zu diskutieren. Dass Köstlbauer weiter vorn forderte, die Konvergenz zwischen Spiel und Realität zum Beispiel mithilfe von Simulationen besser zu untersuchen, ist daher zu unterstützen.[843] Für solche zeitgeschichtlichen Rückkopplungen sind nicht nur Simulationen zu untersuchen, sondern kulturelle und historische Kontexte der großen Breite digitaler Spiele. Dieser Abschnitt zeigt daher Phänomene, welche die Geschichtswissenschaft üblicherweise nicht fokussiert, die aber als historische Inszenierungen nicht minder relevant sind.

---

843 Köstlbauer: Attraction, 2013; S. 169. Siehe Anm. 391.

In Abschnitt *2.5.1* wies Christiansen darauf hin, dass Spiele technologische und kulturelle Auffassungen aus ihrem Entstehungszeitraum transportieren.[844] Sein Beispiel, der Strategietitel *Civilization: Beyond Earth,* handelt als Seitentrieb der Reihe *Civilization* nicht von Zivilisationsgeschichte, sondern von der Erschließung ferner Planeten.[845] Im Gegensatz zur Hauptreihe organisierten die Entwickler technologische Errungenschaften nicht in einem eher linearen, wenig verzweigten Forschungsprozess. Sie modellierten ein technologisches Netzwerk, dessen einzelne Knoten sich unabhängig von einer epochalen Zeitachse erforschen lassen. Zudem wirken Affinitäten aufeinander, welche die Form der Gesellschaften im Spiel beeinflussen. Sie repräsentieren ein Amalgam aus kulturellen Einstellungen, Ideologien und sozialen Bewegungen. Dadurch bedingt die Gesellschaftsform ihre nächsten technologischen Errungenschaften, die wiederum den Pfad für die gesellschaftliche Zukunft prägen. Diese Spielsysteme repräsentieren Vorstellungen der Entwickler über die Funktionsweise historischer Prozesse sowie über die Wechselwirkung zwischen Technologie und Gesellschaft im Entstehungszeitraum, nicht etwa der dargestellten Zukunft.

Wie die technikkulturellen Vorstellungen bilden digitale Spiele auch sozioökonomische Auffassungen ab, wie seit zwei Dekaden erfolgreich in der Reihe *Die Sims*.[846] Das Spielprinzip der „Lebenssimulation" blieb bis in die jüngeren Ableger *Die Sims 3* und *Die Sims 4* fast unverändert.[847] Der dritte Teil gilt wegen des Grundumfangs, zahlreicher Zusatzpakete und des Funktionsreichtums als spielerisch besserer Teil.[848] In allen Teilen führen Spielende einen selbst erstellten Bewohner, den Sim, in das soziale Umfeld einer kleinen, westlichen Siedlung ein. Alle Spielsysteme sind darauf ausgerichtet, diesem Bewohner durch seinen Alltag und beim wirtschaftlichen Aufstieg zu helfen, damit dieser sich ein größeres Haus, teurere Geräte und bessere Möbel leisten kann. Eine bessere Ausbildung führt zu einer besseren Karriere, die nicht nur mehr Geld bringt, sondern auch soziales Ansehen. Feierlichkeiten richtet der Spieler unmittelbar zum Zwecke des Aufstiegs und für soziale Anerkennung aus, nicht etwa, damit sich der Sim mit Freunden zerstreuen kann. Selbst Hobbies wie die Malerei ordnen sich dem Zweck unter, dem Sim passende Fertigkeiten für die Karriere anzueignen. Hinter diesem Weltbild verbirgt sich der Mythos des *Amerikanischen Traums*, alle könnten mit genügend Engagement ihren Aufstieg schaffen. Das spielmechanische Modell transportiert eine bedenkliche Auffassung über das gesellschaftliche Miteinander, weil alle alltäglichen und kulturellen Prozesse im Dienst einer ökonomischen Verwertungslogik stehen.

---

844 **Christiansen:** Trees, 2016. Siehe S. 89.
845 **Civilization: Beyond Earth** 2014; **Graf:** Beyond Earth. Test, 2014; **Graf:** Civilization Beyond Earth. Titelstory, 2014.
846 **Die Sims** 2000; **Lenhardt, Heinrich:** Die Sims. Daily Soap ohne Fernseher, in: *Gamestar* 3/2000; S. 62–71.
847 **Die Sims 3** 2009; **Die Sims 4** 2014; **Schmidt, Christian:** Die Sims 3. Test, in: *Gamestar* 7/2009; S. 74–78; **Graf:** Die Sims 4, 2014.
848 **Schmitz, Petra:** Warum ist Die Sims 4 so dünn? Kommentar, in: *Gamestar* 12/2014; S. 102–03.

Zeithistorische Zusammenhänge lassen sich jedoch nicht nur im mikroökonomischen Bereich nachweisen, sondern für globale, wirtschaftliche Zusammenhänge. Die traditionsreiche Spielereihe *Sim City* ließ seit 1989 Spielende großflächige Metropolen planen, errichten und verwalten.[849] Zwar verfeinerten sich auch die grafische Darstellung und Handlungsoptionen, gravierend änderte erst das letzte *Sim City* das Spielprinzip.[850] In den Vorgängern bestand genügend Raum für eine stattliche Metropole, nun aber beschränkten die Entwickler die Siedlungsräume drastisch und spezialisierten Industrie und Infrastruktur. Spielende wurden genötigt, mehrere kleinere Siedlungen zu errichten, die ihre Einwohner nicht autark versorgen konnten. Der eine Ort konzentriert sich vielleicht auf die Ölindustrie und transportiert den Rohstoff in Güterzügen zur nächsten Stadt, die aus den raffinierten Grundstoffen Plastike für den Export über Seehafen fertigt. Leben Facharbeiter vielleicht noch vorort, verbauen Industrieanlagen den Platz für eine Universität. Akademiker bildet daher die Hochschule in der nächsten Teilmetropole aus. Selbst Schüler pendeln mit Regionalzügen in die Nachbargemeinden. Kleine Krankenhäuser, Feuerwachen und Polizeistationen besitzt jedes Gemeinwesen, Universitätskliniken und Großreviere aber arbeiten überregional. Nur gemeinsam können sie sich einen Hubschrauber und Spezialeinheiten leisten. Arbeitnehmer, Touristen, Trink- und Abwasser, elektrische Energie und Müll – Waren und Menschen reisen ständig durch die dezentralisierte, arbeitsteilige Vision einer globalisierten Wirtschaft und Gesellschaft. Im Gegensatz zum autarken Wirtschaftskreislauf vorheriger Teile setzte das fünfte *Sim City* der Globalisierung ein zeithistorisches Denkmal.[851] Auch die Wirtschaftskreisläufe im Umfeld digitaler Spiele verknüpfen digitale Distributionswege grenzübergreifend. Spielende kommunizieren weltweit auf Spielservern im Netz. Dennoch betrachtet die Forschung Markt und Spielekultur weltweit zu monolithisch. Globalhistorisch gesehen, überlagern sich zwar viele Strömungen, sie fußen jedoch auf regional geprägten Kulturen. Dadurch entstehen interessante Phänomene für die Geschichtswissenschaft, die Vorstellungen von der Welt transregional verbinden. Die Horrorspiele der Reihe *Silent Hill* produzierten in der Seriengeschichte anfangs japanische Entwickler.[852] Dennoch inszenierten sie immer Schauplätze, die dem nordostamerikanischen Raum zuzuordnen sind, wie Gunnar Sandkühler an *Silent Hill 2* darlegte.[853] Neben der Rekonstruktion konkreter zeitgenössischer Sachkultur weckt somit historisches Interesse, wie sich Entwickler aus Japan den amerikanischen Nordosten zur Jahrtau-

---

849 **Sim City** 1989.
850 **Sim City** 2013; **Gebauer, Jochen:** SimCity. Test, in: *Gamestar* 5/2013; S. 60–66.
851 **Nolden:** Sim Region, 2016.
852 Von **Silent Hill** 1999 bis zum vierten Teil **Silent Hill 4: The Room** 2004 entwickelten Hausstudios von Konami die weltweit erfolgreiche Prestigereihe. Ab dem Titel **Silent Hill: Origins** 2007 experimentierte Konami mit amerikanischen und europäischen Studios, deren Beiträge jedoch nicht mehr psychologisch so komplex wie die Vorgänger angelegt waren.
853 **Silent Hill 2** 2001; **Sandkühler:** Historiker, 2010³; S. 216, Begründung dort in Anm. 9.

sendwende vorstellen. Zum Anderen wirft der Umstand die Frage auf, weshalb japanischen Entwickler gerade diesen geografisch entfernten Raum inszenieren.

Manche Spiele lassen historische Denktraditionen im Entwicklungsumfeld aufspüren. Das Strategiespiel *Medieval 2* legte eine Spielmechanik an, in der Spielfraktionen um die Hegemonie im mittelalterlichen Europa streiten.[854] Die britisch-australischen Entwickler von *Creative Assembly* folgten für die Spielparteien eher angelsächsischen Vorstellungen von zentralistischen Nationalstaaten. Erläuterungen zum Heiligen Römischen Reich offenbaren ein Unverständnis über dessen föderales System, weil aus der mangelnden Durchsetzungskraft des Kaisers auf eine vermeintliche Schwäche des Reiches geschlossen wird.[855] Dass die mächtigen Kurfürsten staatstragende Funktionen wahrnahmen und dadurch Macht auf sich konzentrierten, lässt sich historisch auch als Stärke des Reiches werten. Das föderale Konzept kollidiert jedoch mit der zentralistischen Sicht auf europäische Nationen in der angelegten Spielmechanik. Zeitgeschichtliche Prägungen verursachen im Entwicklungsprozess also spielmechanische Entscheidungen. Eine höhere Diversität von individuellen und gesellschaftlichen Perspektiven ist zum Beispiel zu begrüßen, um sterotype geschlechtliche Rollenbilder zu brechen. Gelegentlich führt dieser gegenwartliche Anspruch aber zu befremdlichen Kollisionen mit historischen Szenarien. Als Gesellschaftssimulation inszenierte *Die Gilde 2* den Aufstieg einer einzelnen Person durch Fleiß und Vermögen zu politischem Einfluss in einer spätmittelalterlichen Siedlung.[856] Aufgrund heutiger Vorstellungen über die Gleichberechtigung der Geschlechter vermeidet das Spiel unterschiedliche Handlungsräume von Mann und Frau im dargestellten mittelalterlichen Rahmen. Nicht selten sind zwar aus dem Mittelalter Frauen überliefert, die beispielsweise im Handel ein Unternehmen bei Abwesenheit oder Tod ihres Mannes weiterführten. Rechtlich blieben sie aber abhängig von männlichen Fürsprechern. Das Spiel allerdings weist weiblichen wie männlichen Charakteren gleiche Handlungsspielräume und Aufstiegschancen zu, sogar für den Beruf des Priestertums. Verspricht das Spiel eine mittelalterliche Simulation, ist die egalitäre Inszenierung ohne Gender-Schranken fragwürdig, weil sie maßgeblich aus Vorstellungen der Entstehungszeit folgt.

Zeithistorische Einflüsse wirken gelegentlich viel globaler, impliziter und in langfristigen Zügen. Dann treten sie parallel in einer Vielzahl digitaler Spiele auf und lenken die gesamte Spielkultur um. Viele nahmen sich in den neunziger Jahren Schauplätzen an, die im Kontext der postsowjetischen Transformation und dem

---

854 **Medieval II: Total War** 2006; **Graf, Michael:** Medieval 2. Die Ritter der Runde. Test, in: *Gamestar* 12/2006; S. 90–95; **Graf, Michael:** Medieval 2. Titelstory, in: *Gamestar* 4/2006; S. 28–35.
855 Siehe das Fallbeispiel *Medieval II* in **Nolden, Nico:** Das Ende der Finsternis. Potenziale mittelalterlicher Inszenierungen in digitalen Spielen. Teil 3: Inszenierung militärischer Strategie, in: *Keimling* 11.2.2013. Online unter: http://bit.ly/12GtYfp (Letzter Zugriff: 30.3.2019).
856 **Die Gilde 2** 2006; **Schwerdtel, Markus:** Die Gilde 2. Meine Werkstatt, meine Karren, meine Frau. Test, in: *Gamestar* 11/2006; S. 110–11. Nebst anderen Beispielen bei **Heinze:** Mittelalter, 2012; S. 263–69.

Nachklang des Kalten Krieges standen.[857] Der Niedergang der UdSSR und die fragilen Kleinstaaten, die dadurch entstanden, boten Anlass für vielfältige Szenarien. Einen interessanten Umbruch markiert der Taktik-Shooter *Der Anschlag* 2002.[858] Die Romanvorlage von Tom Clancy, 1992 unter dem Titel *Das Echo aller Furcht* (engl. *The Sum of All Fears*) veröffentlicht, zeichnet ein weltumspannendes Netz aus Feinden der U.S.A., allerdings bildet die postsowjetische Zersplitterung und das Verhältnis zu Russland den bestimmenden Hintergrund.[859] Den zentralen Anschlag darin verüben zwar bereits Islamisten, hingegen setzt zehn Jahre später die Verfilmung noch inländische Neonazis als Verantwortliche für den Angriff in Szene.[860] Der Taktik-Shooter positionierte sich dazwischen. Ihn prägte die These, dass am Beginn des 21. Jahrhunderts überall auf der Welt terroristische Gruppen danach trachten, freie Gesellschaften, nicht etwa allein westliche, zu zerstören. Diese remediierten Beispiele bieten mehrere Deutungen der Weltlage an. Nach der Jahrtausendwende schwenkten auffallend viele Spiele auf einen westlichen Kampf gegen den islamistischen Terrorismus ein.[861] Sie verbanden ihn im Nahen und Mittleren Osten mit dem zuvor bereits genutzten Narrativ des *Failed States*.[862] Schon die amerikanische Intervention 1991 im Irak griffen Spiele auf, Feindbilder aber wurden auf staatlicher Ebene inszeniert.[863] Nach den Anschlägen des 11. September 2001 änderte sich das dargestellte Bild vom Islam und von Muslimen einschneidend.[864] Viele der Spiele, die vom War on Terror

---

[857] Siehe zum postsowjetischen Kontext die angeführten Agentenspiele zum Kalten Krieg (siehe ab S. 190). Darüber hinaus etwa bei Militärsimulationen wie dem Kampfjet-Actionspiel **Super Strike Eagle** 1993 und dem Hubschrauber-Simulator **Jane's AH-64D Longbow** 1996.
[858] **Der Anschlag** 2002; **Schmitz, Petra:** Der Anschlag. Spiel zum Kinofilm, in: *Gamestar* 8/2002; S. 70–71.
[859] **Clancy, Tom:** Das Echo aller Furcht, München 1992.
[860] **Robinson, Phil A.:** Der Anschlag, 2002.
[861] Zum Beispiel bei den Echtzeitstrategiespielen **Command & Conquer: Generals** 2003 und **War on Terror** 2006. **Hartmann, Patrick:** C&C Generals. Krieg gegen den Terror, in: *Gamestar* 3/2003; S. 76–81; **Trier, Michael:** War on Terror. Terror, Taktik, Mängel im Detail. Test, in: *Gamestar* 6/2006; S. 60. Ebenso prägend beim Team-Taktik-Shooter **Battlefield 2** 2005 oder dem First-Person-Shooter **Medal of Honor** 2010. **Siegismund, Fabian:** Battlefield 2. Die Kunst des Krieges, in: *Gamestar* 8/2005; S. 66–77; **Matschijewsky, Daniel:** Medal of Honor. Test, in: *Gamestar* 12/2010; S. 68–70.
[862] **JTF. Joint Task Force** 2006; **Call of Duty: Modern Warfare** 2007; **Siegismund, Fabian:** Joint Task Force. Anti-Terror-Touristen. Test, in: *Gamestar* 10/2006; S. 106–08; **Schmitz, Petra:** Call of Duty: Modern Warfare. Test Titelstory, in: *Gamestar* 12/2007; S. 18–27.
[863] Beispiele zum Golfkrieg von 1991 bei **Bender:** Erinnern, 2012; S. 200–213.
[864] Am Beispiel von **Medal of Honor: Warfighter** 2012 zeichnet den Wandel des Bildes von Islam und Muslimen: **Trattner, Kathrin:** Religion, Games, and Othering: An Intersectional Approach, in: *gamevironments* 4/2016; S. 24–60, hier S. 33–44. Online unter: http://bit.ly/2oPRmFw (Letzter Zugriff: 30.3.2019). Vgl. **Matschijewsky, Daniel:** Medal of Honor: Warfighter, in: *Gamestar* 1/2013; S. 64–66. Das Dissertationsprojekt der Religionswissenschaftlerin an der Universität Graz untersucht die Zäsur und ihre Wirkung vor allem an Shootern: **Trattner, Kathrin:** On Enemy Grounds. Representations of Islam and the Arab World in post-9/11 US-American Digital Games. Dissertation, Graz laufend. Einen Überblick gibt: **Griesser, Doris:** Wie Shooter-Games Diskurs prägen. Kathrin Trattner untersucht das

geprägt sind, fallen nicht gerade durch Selbstreflexion ihrer Inhalte, Spielmechaniken und Traditionen auf. Falsch ist jedoch der Eindruck, sie bliebe grundsätzlich aus. Der Deckungsshooter *Spec Ops: The Line* handelte von einer fiktiven, eskalierten Miliärintervention in Dubai, während der sich ein U.S.-Offizier zu einem selbstherrlichen Warlord aufschwingt.[865] Ein dreiköpfiges Aufklärungsteam dringt, geleitet von den Spielenden als Hauptfigur, in das verwüstete Dubai vor. Ein ungewöhnlicher Sandsturm ließ jeden Kontakt zu den U.S.-Truppen abreißen. Explizit remediiert das Spiel die Handlung des Filmes *Apokalypse Now*, der wiederum die Novelle *Heart of Darkness* von Joseph Conrad adaptiert, und überträgt beide in das Setting des arabischen Raumes.[866] Entscheidender aber als dieser Pfad der Remediation hält der Shooter den Spielenden ihr eigenes Verhalten vor. In einer Schlüsselszene attackiert man als Protagonist ein vermeintlich feindliches Lager mit Phosphor-Granaten. Danach zwingt das Spiel dazu, durch ein beklemmendes Szenario von Zerstörung, brennenden Körpern, Sterbensschreien und aufgewirbelten Ascheflocken zu stapfen. Ist dieser Eindruck schon grausam, stellt der Spieler fest, dass er die letzten Soldaten der Interventionstruppen attackiert hat, die noch ihrem Auftrag gemäß Zivilisten schützten. Shooter bleiben in der Regel bei der Inszenierung eines vermeintlich klinischen Krieges stehen. In der umstrittenen Mission „Death from Above" zelebrierte zum Beispiel *Call of Duty: Modern Warfare* regelrecht das Töten weit entfernter Feinde über verrauschte, niedrig auflösende Monitore, welche die Menschen hinter den groben Gegnersilhouetten abstrakt verklären.[867] *Spec Ops: The Line* konfrontiert dagegen mit den Folgen solcher Taten.[868] Nachdem der Phosphor-Angriff schon die Verbündeten grausam getötet hatte, gelangte der Spieler in eine Unterführung, unter der die Soldaten Überlebende verborgen hatten. Niemand von ihnen überlebte den Mörserangriff durch die Spieler. Steif gebrannt kauerte dort eine tote Mutter, von der Hitze verschmolzen mit der Leiche ihres kaum noch erkennbaren Kindes. Dieser Shooter setzt einen beklemmenden Kommentar gegen militärische Interventionen, nicht zuletzt, weil seine Taten letztlich den Protagonisten in den Wahnsinn treiben.

Vermehrt rücken die belastenden Folgen von Kriegen für ehemalige Soldaten und Zivilisten in digitale Spiele vor. Im Action-Abenteuerspiel *Grand Theft Auto IV* betritt

---

Bild des Islam in Kriegsvideospielen, in: *derStandard.at* 10. 2. 2017. Online unter: http://bit.ly/2oMYYI2 (Letzter Zugriff: 30. 3. 2019).
865 Spec Ops: The Line 2012; **Schmitz, Petra:** Spec Ops The Line. Test, in: *Gamestar* 8/2012; S. 70–74.
866 Coppola, Francis F.: Apokalypse Now 1979; **Conrad, Joseph / Murfin, Ross C.** (Hg.): Heart of Darkness. Complete, Authoritative Text with Biographical, Historical, and Cultural Contexts, Critical History, and Essays from Contemporary Critical Perspectives, 3. Aufl., Boston 2011.
867 Call of Duty: Modern Warfare 2007; **Burns, Steven:** Death from Above. How COD4 is the most realistic war game ever made, in: *Videogamer.com* 18.1.2014. Online unter: http://bit.ly/2qpG4YW; **Schiesel, Seth:** Facing the Horrors of Distant Battlefields with a TV and Console, in: *The New York Times* 19. 3. 2008. Online unter: http://nyti.ms/2ps4zFP (Letzte Zugriffe: 30. 3. 2019).
868 Nolden, Nico: Der Geruch von Phosphor am Morgen. Spec Ops – The Line: ein Shooter-Lehrstück des Grauens, in: *Keimling* 15. 8. 2013. Online unter: http://bit.ly/1cG5IQw (Letzter Zugriff: 30. 3. 2019).

der Serbe Niko Bellic verheißungsvollen amerikanischen Boden, um in der New York nachempfundenen Metropole Liberty City mit seiner ex-jugoslawischen Heimat auch seinen Problemen zu entfliehen.[869] Ihre Trümmer verlässt er Mitte der zweitausender Jahre, weil er keine wirtschaftlichen Chancen sieht und in die Kriminalität rutscht. Zwar sucht er nach einem neuen Anfang, wandert aber nach Liberty City auch aus, um sich an einem angeblichen Verräter aus Kriegszeiten zu rächen. Bellic transportiert seine Probleme also mit in die neue Heimat, anstatt sie zurückzulassen. Sein Pfad entwickelt sich ähnlich gewalttätig wie vor der Abreise, denn seine Handlungen führen immer tiefer in die organisierte Kriminalität. Da *GTA IV* diesen Teilaspekt nur als eine Facette seiner Persönlichkeit zeichnet, entsteht ein komplexes Psychogramm eines Mannes, der von seinen Verhaltensmustern aus Kriegs- und Krisenzeiten nicht lassen kann. Vergleichbar zeichnet die Reihe *Far Cry* seit ihrem zweiten Teil die Wirkung von Gewalt und Krieg auf persönlicher Ebene in explizit zeithistorischen Settings wechselnder Weltregionen. *Far Cry 2* inszenierte ein abstraktes Afrika auf mehr als fünfzig Quadratkilometern, dessen heimliche Stars die Vegetationszonen von Wüsten über Savannen bis zu Regenwäldern auftraten.[870] Raubtiere und Herden streiften umher, atemberaubende Wettereffekte ließen die Welt glaubwürdig erscheinen, und der Wind verbreitete sogar Buschbrände. Die Haupthandlung irritierte mit Inkonsistenzen, intensiv kommentierte aber die Spielwelt durch Nebengeschichten und *environmental storytelling* die Dauerkrise afrikanischer Regionen, in denen koloniale Ausbeutung nie endete. Es zeichnet eine endlose Schleife von Gewalt durch miteinander verwobene und dennoch einander bekämpfende Rebellenorganisationen, gewissenlose Waffenhändler, Drogenbarone und westliche Schürfkonzerne, die sich durch illegale Geschäfte satte Gewinne sicherten, während die verarmte Bevölkerung vor willkürlicher Gewalt fliehen will und doch nirgendwo hin kann. Im dritten Teil bereiste eine jugendliche Gruppe westlicher Erlebnistouristen in ein entlegenes Tropenparadies, wo sie auf die Willkür eines irrsinnigen Kidnappers stießen.[871] *Far Cry 3* stellte mit der Hauptfigur den Spieler vor die Frage, welche Folgen es für die eigene geistige Gesundheit, für Familie, Freunde und Gesellschaft hat, einen Weg der Gewalt einzuschlagen, und ob man ihn je wieder verlassen kann.[872] Im Nachfolger ließen die Entwickler den Spieler danach suchen, was Heimat und Herkunft bedeuten, da die Hauptfigur Ajay Ghale im Land seiner Vorfahren in einen Bürgerkrieg eingriff.[873] Die

---

869 **Grand Theft Auto [=GTA] IV** 2008; **Siegismund, Fabian:** Grand Theft Auto 4. Titelstory Test, in: *Gamestar* 1/2009; S. 30–38.
870 **Far Cry 2** 2008; **Schmitz, Petra:** Far Cry 2. Test, in: *Gamestar* 12/2008; S. 66–71; **Siegismund, Fabian:** Far Cry 2. Titelstory Preview, in: *Gamestar* 9/2007; S. 31–39.
871 **Far Cry 3** 2012; **Gebauer, Jochen:** Far Cry 3. Test Titelstory, in: *Gamestar* 1/2013; S. 14–25.
872 **Dutton, Fred:** Far Cry 3 Preview: The Social Philosophy of Shark Punching. Ubisoft's Bonkers Sequel Tears up the Map, in: *eurogamer.net* 6.5.2012. Online unter: http://bit.ly/2puJ9rA (Letzter Zugriff: 30.3.2019).
873 **Far Cry 4** 2014; **Schmitz, Petra:** Höhenrausch. Far Cry 4, in: *Gamestar* 12/2014; S. 56–61; **Schmitz, Petra:** Far Cry 4. Titelstory, in: *Gamestar* 11/2014; S. 12–21.

äußere Intervention im nepalesisch angelehnten Himalaya-Bergstaat Kyrat spaltete jedoch letztlich nur die Rebellion, weil ihre Anhänger zwischen einem Weg in die Moderne und der Rückbesinnung auf religiöse und kulturelle Traditionen uneins sind.[874] Gerade die Verfremdung durch den Schauplatz schließt die Thematik wieder an den arabischen Raum an, in dem Tradition und Moderne blutig aufeinander prallen. All jene Spiele versetzen Spielende in eine hauptsächlich aktive Rolle. *This War of Mine* hingegen wählt die bedrückend machtlose Perspektive von Zivilisten in einem umkämpften Gebiet.[875] Ohne staatliche Ordnung und gesellschaftliche Sicherheit der Willkür von Soldaten und Kriminellen ausgeliefert, organisieren Spieler eine kleine Gemeinschaft, die in den zerschossenen Ruinen zu überleben versucht.[876] Auszuharren genügt nicht, denn die Menschen haben Hunger, einige sind krank oder verwundet, mancher ist psychisch traumatisiert. Tagsüber gefährdet es Leib und Leben, den Schutz der Gebäude zu verlassen, so dass Spielende den Unterschlupf dann durch Wasserfilter, Vorhänge oder Generatoren ausbauen. Bauteile können jedoch nur nachts in den umgebenden Ruinen gesucht werden. Das ist immer noch gefährlich, aber nötig, denn wie Werkzeuge und Material fehlen Nahrung, Wasser und Medizin. Der herrschende Mangel erlaubt selten, alle zu retten, weshalb das spielbare Mahnmal schwerwiegende Entscheidungen abverlangt. Manchmal hebt bereits ein scheinbar unnützes Buch die psychische Verfassung in der Gruppe, weil abends im Kerzenschein für alle gelesen wird. Mit der Erweiterung *The Little Ones* fügten die polnischen Entwickler der beklemmenden Mischung noch Kinder hinzu, mit eigenen Bedürfnissen und kindlichem Unverständnis für lebensbedrohliche Lagen, wodurch die Spielerfahrung noch belastender geriet.[877] Ursprünglich nahmen sich die Entwickler die Belagerung von Sarajewo zum Vorbild, unabhängig aber von bestimmten Kriegsregionen erschafft *This War of Mine* ein einzigartiges systemisches Verständnis für die Situation von Menschen in umkämpften Gebieten.[878] Zwar sind in der öffentlichen Kritik und im wissenschaftlichen Diskurs Spiele mit Gefechtsinhalten präsent. Eine ausgewogene Würdigung des Gegenstandes erkennt jedoch an, dass digitale Spiele Krieg und Gewalt wesentlich komplexer thematisieren, als der Anschein erweckt wird.

---

874 **Nolden, Nico:** Ein Ruf aus dem Himalaya. Far Cry 4 verlegt den Schauplatz ins asiatische Hochgebirge, in: *Keimling* 29.11.2014. Online unter: http://bit.ly/1 A1JQ9Z (Letzter Zugriff: 30.3.2019).
875 **This War of Mine** 2014; **Kogel, Dennis:** Hungrig, müde, depressiv. This War of Mine, in: *Gamestar* 1/2015; S. 76–77.
876 **Nolden, Nico:** Nimm es ruhig persönlich. In ‚This War of Mine' taumeln Zivilisten durch die Grauen des Krieges, in: *Keimling* 12.7.2015. Online unter: http://bit.ly/1eTTma3 (Letzter Zugriff: 30.3.2019).
877 **This War of Mine. The Little Ones** 2016; **Nolden, Nico:** Kinderkram. ‚This War of Mine' fügt Kinder als Zivilisten ins Kriegsgebiet, in: *Keimling* 22.11.2015. Online unter: http://bit.ly/1lCAShQ (Letzter Zugriff: 30.3.2019).
878 **Roy, Gilles:** This War of Mine: Human Survival and the Ethics of Care. Part 3 of 4: Future of Quantification in History, in: *Play the Past* 27.7.2016. Online unter: http://bit.ly/2WBBK9 g (Letzter Zugriff: 30.3.2019).

Auffallend bestimmen seit einer Dekade gesellschaftliche Dystopien immer mehr Spiele. Sie spannen Visionen von staatlicher Überwachung bis zur menschlichen Optimierung auf. Da sich digitale Spiele aktives Handeln fokussieren, übergeben sie den Spielenden die Hoheit, ihre Entscheidungen zu reflektieren. Im minimalistischen Indie-Spiel *Papers Please!* öffnet eine Diktatur erstmals ihre Grenzen und versetzt den Spieler in die Rolle eines Grenzers.[879] Es spielt mit dem pixeligen Design und der Farbgebung, wie digitale Spiel am Ende der achtziger Jahre technisch realisierbar waren. Aspekte wie die Bekleidung und der technische Stand deuten auf die Öffnung des Ostblockes in jener Zeit hin, ohne sie explizit zu erwähnen. Das Spiel besteht lediglich aus der Arbeitsoberfläche im Schalterbereich des Grenzübergangs. Menschen treten ein, legen Papiere vor und werden entweder fortgeschickt oder dürfen ein- bzw. ausreisen. Diesen Vorgang müssen Spielende mit Reiseverordnungen abgleichen. Was simpel und monoton beginnt, wächst im Laufe des Spieles zu einer schier unlösbaren Aufgabe, denn die Vorgaben für Ein- und Ausreise werden komplexer und widersprechen sich. Verschlechtern sich diplomatische Beziehungen mit Nachbarländern, dürfen deren Bürger nicht mehr einreisen. Wirtschaftliche Interessen treten hinzu, sodass Arbeitsvisa zu bearbeiten sind. Rückt ein Anschlag die Sicherheit in den Vordergrund, verlängert sich die Bearbeitung. Im Verlauf des Spieles fordern Vertreter von Untergrundorganisationen und der Staatssicherheit auf, für sie zu arbeiten. Werden Personen mit falschem Anlass oder gefälschten Papieren eingelassen, schlägt die private Seite der Arbeit zu Buche, denn sie werden vom Lohn abgezogen. Am Ende des Tagwerks summieren sich Fallpauschalen zum Tageslohn und stehen den Ausgaben für die Familie gegenüber. Lebensmittel sind knapp, der Heizung fehlt Brennmaterial und der Sohn benötigt dringend Medikamente. Probleme potenzieren sich, je länger man sich nicht darum kümmert. So minimalistisch sich *Papers Please!* präsentiert, so wirkmächtig zeigt es, wie die Verhältnisse einer Diktatur Menschen zu Entscheidungen zwingen. Unter diesen Bedingungen fällt schwer, nicht selbst Täter zu werden, gleichwohl sind viele Täter zugleich Opfer.[880] Nach vergleichbaren Prinzipien zeigt *Orwell* die Macht staatlicher Überwachung im 21. Jahrhundert.[881] Spielende sind als Bürger eines fiktiven Staates ausgewählt, um bei der Überwachung möglicher staatsgefährdender Subjekte zu helfen. An einem klinisch sauberen Bearbeitungsbildschirm durchforsten sie privateste Kommunikation eines Personennetzwerkes. Schnell wird deutlich, dass die Lückenhaftigkeit der Informationen, welche die Spielenden über die Überwachten an die Obrigkeit melden, bestürzend einfach verschwörerische Zusammenhänge konstruieren lässt. *Orwell* ist ein spielbares Gegenargument gegen die Platitüde der Sicherheitspolitik, wer nichts zu verbergen habe, könne sich ruhig überwachen lassen. Die Action-Abenteuerspiele der Reihe *Watch_Dogs* übergeben Spielenden hingegen den Widerstand gegen überbordende Sicherheitsmechanismen der Staatsmacht gleich in die ei-

---

879 Papers Please (Lucas Pope / 3903 LLC) 2013; **Weber, Maurice:** Papers, Please. Test, in: *Gamestar* 11/2013; S. 92–93.
880 Nolden: Diktatur, 2013.
881 Orwell 2016; **Schulz, Maximilian:** 2017 ist 1984. Orwell. Test, in: *Gamestar* 2/2017; S. 83–84.

genen Hände. Verwickelt mit High-Tech-Konzernen und dem organisierten Verbrechen, kreiert der erste Teil eine erschütternde Vision des gläsernen Bürgers in einem offen begehbaren Weltentwurf von Chicago.[882] Im Entwicklungsprozesses noch als paranoides Verschwörungsszenario verlacht, offenbarte der NSA-Skandal 2013 erschütternd, wie nah das Spiel bereits der Realität kommt.[883] Einfallsreich dachten die Entwickler die Möglichkeiten des bestehenden Überwachungsnetzes in Chicago für das organisierte Verbrechens und korrupte Regierungen weiter.[884] Sein technisch entgrenztes Smartphone verschafft der Hauptfigur Aiden Pearce immer mehr Zugriff auf digitale Systeme für einen individuellen Rache-Feldzug.[885] Von selbstsüchtigen Motiven verschob *Watch_Dogs 2* den Fokus auf eine jugendliche Hackergruppe in San Francisco, die den wuchernden Datennetzen im Interesse einer freien und selbstbewussten Gesellschaft das Handwerk legen will.[886] Spektakulär gehen die Netzaktivisten gegen das staatliche Überwachungstreiben vor, verschleiern gläserne Kunden vor Unternehmen und befreien Datenopfer aus dem Griff krimineller Vereinigungen.[887] Damit provozieren sie gefährliche Reaktionen ihrer Kontrahenten. Das Spiel spart dabei nicht mit Wirkungstreffern auf Konzerne wie Google oder Facebook, hinter deren vermeintlichen Wohltaten für millionen Menschen kein Altruismus steht, sondern handfeste wirtschaftliche Interessen. Entwarf der erste Teil einen gigantischen Spielplatz von Möglichkeiten, denen der Protagonist selbstsüchtig nutzte, verleihen die Handlungen der Spielenden den Hacktivisten in *Watch_Dogs 2* Bedeutung in einem gewitzten Aufstand. Er leistet, technisch versiert, zivilen Ungehorsam gegen die Allgegenwart vernetzter, elektronischer Datensammler in einem zeithistorisch relevanten Szenario. Zeitgeschichtliche Vorstellungen von Dystopien schlagen sich auch in digitalen Spielen ohne realitätsnahes Setting nieder. Erwähnt wurde der Schleich-Shooter *Deus Ex: Human Revolution*.[888] Ihn dominiert die Frage nach dem Verbleib von Menschlichkeit, wenn durch die technischen

---

882 Watch_Dogs 2014; **Peschke, Andre:** Watch Dogs. Test, in: *Gamestar* 7/2014; S. 64–67; **Peschke, Andre:** Watch Dogs. Vorabanalyse, in: *Gamestar* 6/2014; S. 42–47; **Gebauer, Jochen:** Watch Dogs. Preview, in: *Gamestar* 5/2014; S. 34–38.
883 Pörksen, Bernhard: Alles vergeben, alles egal! Überwachung, in: *Zeit Online* 49/2016. Online unter: http://bit.ly/2pA3gqn (Letzter Zugriff: 30.3.2019).
884 Dyer, John: Chicago's High-Tech Surveillance Experiment Brings Privacy Fears, in: *Vice News* 27.6. 2014. Online unter: http://bit.ly/2oXGFQE (Letzter Zugriff: 1.5.2017); **Steinman, Gary:** Why Chicago is the Ultimate City for Watch Dogs, in: *UbiBlog. Offizielles Blog von Ubisoft* 1.7.2013. Online unter: http://bit.ly/2pAjD6d (Letzter Zugriff: 1.5.2017).
885 Nolden, Nico: Hey, Watch Your Dog! In ‚WatchDogs' wird die Welt zu einem besseren Ort gehackt, in: *Keimling* 26.7.2013. Online unter: http://bit.ly/25NELWA (Letzter Zugriff: 30.3.2019).
886 Watch_Dogs 2 2016; **Schulz, Elena / Klinge, Heiko:** Mr. Robot in bunt und quirlig. Watch Dogs 2 Test, in: *Gamestar* 1/2017; S. 52–57.
887 Schwerdtel, Markus: Gut, Gross, Peinlich. Watch Dogs 2 – Ersteindruck, in: *Gamestar* 12/2016; S. 10.
888 Deus Ex. Human Revolution 2011; **Siegismund, Fabian:** Deus Ex Human Revolution, in: *Gamestar* 10/2011; S. 70–74; **Siegismund, Fabian:** Deus Ex Human Revolution. Vorab-Test, in: *Gamestar* 9/2011; S. 66–70. Vgl. **Schallegger:** Homo, 2014 auf S. 125.

Entwicklungen immer mehr Maschinen und Elektronik ganze Körperteile ersetzen.[889] Während der erste Teil eher individuelle Auswirkungen thematisiert, entwirft der Nachfolger *Deus Ex: Mankind Divided* die gesellschaftlichen und sozialen Folgen für die Gesellschaft, die ihre körperliche und geistige Leistungsfähigkeit technisch optimiert, so dass ein großer Teil aus finanziellen Gründen den Anschluss verliert.[890] Die geschilderten Dystopien verweisen weniger auf zukünftige Entwicklungen, bilden aber zeithistorische Dokumente für zeitgenössische Vorstellungen, Ängste und virulente Themen aus dem Entstehungszeitraum.

Zeitgenössische Vorstellungen betreffen auch die Geschichtswissenschaften unmittelbar selbst, weil digitale Spiele artverwandte Berufsstände in historischen Feldern inszenieren. Die Reihe *Tomb Raider* vermengt klassische Action-Abenteuer mit den Felderkundungen von Archäologinnen und Archäologen.[891] Deren Tätigkeit schwankt zwischen Quellenrecherche und ausschweifenden Expeditionen, zwischen fallengespickten Schatzsuchen in Konkurrenz zu noch gierigeren Schatzjägern und dem unreflektierten Plündern von kulturellem Erbe. Im Gegensatz zu solchen aktiven, action-orientierten Felderkundern stellen digitale Spiele Historiker stereotyp als alternden, textfixierten Archivar dar; zudem höchst selten als weiblich. In der Regel tritt er als Hüter von Herrschafts- und Geheimwissen wie in der Reihe *Assassin's Creed* auf, welche die öffentlich bekannte Geschichte als Ergebnis der Deutungshoheit einer Templer-Organisation interpretiert.[892] Der archäologische Abenteurer wird im Gesamteindruck eher flexibel und als abgeklärter Realist dargestellt, der in seinem Geschäft Abstriche an die Wissenschaftlichkeit machen muss, will er Kulturgüter vor (noch stärker) wirtschaftlich orientierteren Geschichtsbanausen bewahren. Allerdings zeichnet die Reihe *Uncharted* ein Bild, in der das historische Interesse des Schatzjägers als Hauptfigur bestenfalls familienhistorisch ist, um die Geheimnisse seines angeblichen Vorfahren Sir Francis Drake zu klären.[893] Dargestellte Historiker beharren in der Regel auf ihrer historischen Deutung als der einzig Richtigen. Vorherrschende Stereotype über den Berufsstand bieten interessante Ansätze, um bei einer Zusammenarbeit zwischen Historikern und Entwicklern das gegenseitige Verhältnis zu reflektieren. Digitale Spiele bieten zunehmend Beispiele, die spielmechanisch und narrativ komplexer mit Arbeitsweisen der Geschichtswissenschaft umgehen. In *Rise of the Tomb Raider* etwa lernt die forschende Hauptfigur mehr über Schauplätze, indem

---

889 Schröter, Felix: Systemkonflikt. Menschenbilder im Computerspiel am Beispiel des transhumanistischen Diskurses in Deus Ex Human Revolution, in: *kritische berichte. Zeitschrift für Kunst- und Kulturwissenschaften*, Nr. 1 41/2013; S. 75–82.
890 Deus Ex: Mankind Divided 2016; **Halley, Dimitry:** Das Gegenteil von Human Revolution. Deus Ex: Mankind Divided Test, in: *Gamestar* 9/2016; S. 56–61.
891 Siehe Anm. 348. JüngsteTeile: **Kuhls, Ann-Kathrin / Purrucker, Jan:** Von der Heulsuse zur Heldin. Rise of the Tomb Raider. Test, in: *Gamestar* 2/2016; S. 66–69; **Schmidt, Kai / Matschijewsky, Daniel:** Tomb Raider. Test, in: *Gamestar* 5/2013; S. 68–71.
892 Siehe zu den Vertretern der Reihe und ihren historischen Settings Anm. 115.
893 Uncharted: Drakes Schicksal 2007; **Uncharted 2: Among Thieves** 2009; **Uncharted 3: Drake's Deception** 2011; **Uncharted Golden Abyss** 2011; **Uncharted 4: A Thief's End** 2016.

sie historisches Wissen mithilfe von Relikten, Wandmalereien und Textquellen verfeinert.[894]

Implizite Einflüsse aus zeithistorischen Vorstellungen empfehlen sich somit in vielerlei Hinsichten als das zweite geschichtswissenschaftliche Erkenntnisfeld an digitalen Spielen. Durch ihre Vielfalt scheinen die mit der Zeitgeschichte rückgekoppelten Aspekte ebenso bedeutsam zu sein wie bewusst angelegte historische Inszenierungen. Erzählungen, visuelle Geschichtsbilder und spielmechanische Konzepte transportieren komplexe, historische Informationen ihres Entstehungszeitraums.

3.1.3 Technikkulturelle Geschichte digitaler Spiele

Unterschiedliche Rahmenbedingungen für digitale Spiele in den Entstehungszeiträumen der letzten fünfzig Jahren erläuterte Abschnitt 2.2. Aussagen über lange Zeiträume hängen von dem Vermögen der Recheneinheiten, der Relevanz verschiedener Plattformen, veränderlichen Vertriebswegen und wandelbaren Entwicklerkulturen ab. Dass sich darüber hinaus gesellschaftliche Bedingungen änderten, unter denen digitale Spiele produziert und rezipiert werden, zeigte Abschnitt 1.2. Die Beliebtheit von Spielformen schwankte, so wie historische Inszenierungen inhaltliche Konjunkturen aufweisen. Solange die Kanäle ihrer Einflussnahme nicht hinreichend untersucht sind, lässt sich schwer abschätzen, wie sie gesellschaftliche Funktionsweisen in den Regionen der Welt im zeitlichen Verlauf geprägt haben könnten. Bedauerlich ist daher das Versäumnis, dass die Geschichtswissenschaft solche äußeren Rahmenbedingungen nicht erforscht und in Beziehung zu digitalen Spielen setzt. Eine Historiografie digitaler Spiele, die fachlichen Ansprüchen genügen würde, steht zurzeit nicht in Aussicht. Im Sinne einer Kulturgeschichte der Technik nach Martina Heßler wäre die historische Entwicklung von Hardware- und Software-Technologien als kultureller Faktor sowohl in einem mikrosozialen Umfeld als auch in gesellschaftlichen Zusammenhängen zu verorten.[895] Für Gernot Hausar führen am Beispiel der MMOGs die technologischen Zugänge auf eine kulturgeschichtliche Analyse digitaler Mediengesellschaften, welche die Geschichtswissenschaft zu untersuchen versäumt.[896] Für Peter Christiansen bedeutet dies, dass

> „[t]echnological development influences the way we live and interact with the world on a deep level. Technological artifacts like computers and cars dictate how our society functions and how we relate to one another. These influences are [...] persuasive throughout our everyday lives[...]."[897]

---

[894] **Rise of the Tomb Raider** 2015/16.
[895] **Heßler, Martina:** Kulturgeschichte der Technik, Frankfurt a. M. 2012.
[896] **Hausar:** Geschichte, 2013; S. 29. Siehe auf S. 109.
[897] **Christiansen:** Construction, 2014.

Zu diskutieren wäre somit zum Beispiel eine Spiele- und Branchengeschichte, die das gesellschaftliche Vordringen von Netzwerkkonzepten wegen des Internet und MMOGs untersucht. Spieletechnologien für 3D-Animationen koppeln sich mit Film und Fernsehen zurück und bedingen Sehgewohnheiten medialer Darreichungsformen von Geschichte.[898] Kevin Schut sieht zu wenig reflektiert, wie Spielformen, Mechaniken und inhaltliche Themenwahl aus der Geschichte digitaler Spiele erwuchsen, weil Produzenten und Spielende in und mit den technischen wie soziokulturellen Rahmenbedingungen wechselwirkten.[899] Anstelle eines zeitgemäßen Zugriffs der Geschichtswissenschaft aber wächst die Zahl von journalistischen Aufbereitungen. Sie reichen von in sich geschlossenen Chroniken – zur Gesamtheit digitaler Spiele, zu einzelnen, besonders berühmten Titeln oder zu technischen Innovationen – über nostalgische Unternehmenshistorien bis hin zu gelegentlich hagiografischen Biografien über Personengruppen oder Leitfiguren. Abschnitt *3.4 Eine verkürzte Geschichte der digitalen Spiele* benennt schwerwiegende Folgen dieser fehlgeleiteten Perspektive auf die Geschichte der digitalen Spiele.

Allerdings behandeln beileibe nicht nur Texte die Geschichte digitaler Spiele. Entwickler selbst arbeiten die technikkulturelle Geschichte mithilfe der spezifischen Eigenschaften auf, die digitale Spiele technisch, spielmechanisch und inszenatorisch als Medium kennzeichnen. Im Wirtschaftsaufbauspiel *Game Dev Tycoon* übernehmen Spielende die Rolle eines Entwicklers, der als Einzelkämpfer in einer Garage der achtziger Jahre startet.[900] Zu Beginn sind die spielmechanischen Möglichkeiten beschränkt, zeitgenössische technische Plattformen zahlreich und nur zufällige Settings produzierbar.[901] Plattformen und Technologien sind namentlich verfremdet, mit etwas Vorwissen aber lassen sich ihre Pendants ableiten. Spielende entscheiden sich für eine Plattform, ein Szenario und geben ihrem Produkt einen Namen. Eine gewisse Zeit ist dann nötig, um das Spiel zu programmieren und am Ende angefallene Programmierfehler zu bereinigen. Die Spielenden können den Feinschliff abkürzen, leidet aber deshalb das Spielerlebnis, droht der Unmut von Kunden. Branchenmessen, journalistische Rezensionen und die Fankultur bindet das Spiel ebenso ein. Daher kann ein misslungenes Spiel den Ruf ruinieren, eine Tradition guter Spiele lässt treue Fans aber eine überhastete Veröffentlichung verzeihen. Durch die Dekaden wächst die Komplexität, weil sich die Branche ausdifferenziert. Der Entwicklungsprozess unterteilt sich bald in mehrere Phasen und kennt mehr Spielformen. Begeistert anfangs noch zweidimensionale Optik, verlangen Kunden der neunziger Jahre dreidimensionale Landschaften und Charaktermodelle. Statt Rätselkost in Adventures kaufen sie schnelle, teuer zu produzierende Shooter. Software gerät immer komplexer, weshalb

---

898 In *1.2 Der Zeitgeist und die digitalen Spiele* ab S. 12 zu Grafik, Rechnern und Film.
899 Schut, Kevin: Strategic Simulations and Our Past. The Bias of Computer Games in the Presentation of History, in: *Games and Culture*, Nr. 3 2/2007; S. 213–35, hier S. 230/31.
900 Game Dev Tycoon 2013.
901 Nolden, Nico: Alles Gute zum Dreißigsten. Mit dem ‚Game Dev Tycoon' durch die Videospielegeschichte, in: *Keimling* 18.11.2013. Online unter: http://bit.ly/1aMQSR4 (Letzter Zugriff: 30.3.2019).

die Branche Spezialisten benötigt und das Unternehmen zum Wachstum zwingt. Dadurch muss der ehemalige Garagenentwickler plötzlich Personal führen und die Talente seiner Mitarbeiter fördern. Angestellte benötigen Auszeiten und Fortbildungen. Zunehmend wichtig wird eine Abteilung, um neue Techniken zu erforschen. Mit der Spielkultur ändern sich Firmenkultur und gesellschaftliche Bedeutung der Unternehmen. Jeder Entwicklungsprozess greift nun auf Module wie Dialoge, 3D-Technologien und bestimmte Spielmechaniken zurück. Sie können in den Phasen der Spielentwicklung hinzugewählt und gewichtet werden. Je nach den Talenten der Angestellten symbolisieren aufsteigende Bläschen über den Köpfen den Arbeitsfortschritt farblich in verschiedenen Kategorien und füllen langsam den Fortschrittsbalken der Produktion. Die vielen Beteiligten erzeugen mehr Programmierfehler als der Einzelkämpfer zu Beginn, die vor der Veröffentlichung ausgemerzt werden sollten. Gerade langwierige Produktionen senken unaufhörlich die Bilanz des Unternehmens, weil der Verkauf vorheriger Projekte stetig schrumpft. So erschließt das Spiel sogar Zwänge, weshalb die Branche zunehmend unter Zeit- und Erfolgsdruck gerät. Ob das Produkt den Kunden gefällt, entscheidet einerseits die Kombination dieser Elemente, weil etwa ein Shooter ohne 3D-Umgebung nur auf Text-Basis kaum Käufer findet. Andererseits wechselwirken Inhalte und Spielformen zu unterschiedlichen Zeiten sehr unterschiedlich wie Shooter im Weltkriegsszenario oder MMOs mit Fantasy-Settings. Der Wiederspielwert ist enorm hoch, weil nach der Produktion nur eine solide Marktforschung erkennen hilft, welche Kombinationen von Spielform, Inhalt und technischen Lösungen zu welcher Zeit auf welchen Plattformen bei den Kunden verfangen. Die Konzeptphase der Produktion zeigt mit zunehmenden Spielverlauf diese Erfahrungswerte für Interdependenzen durch Minus- und Plus-Symbole. Da das Wirtschaftsaufbauspiel Modding unterstützt, veröffentliche die Community Erweiterungen zu Spielplattformen, Technologien und Settings, die weitere historische Abhängigkeiten in die Spieleentwicklung integrieren.[902] Der *Game Dev Tycoon* schildert also nicht wie ein Buch die historischen Zusammenhänge einer bestimmten Branchen-Entwicklung in textlicher Form. Seine Entwickler rahmen Ausgangsbedingungen und schaffen prozedurale Regeln durch spielmechanische Modelle und Prozesse. Damit erhalten Spielende die Werkzeuge, um selbst eine historiografische Interpretation zu erschließen. Diese Geschichte entwickeln sie aus einer Perspektive als Spieleentwickler, beginnend in den Garagen über die Professionalisierung der Branche bis in die Gegenwart. Nebenbei erfahren sie sehr viel über die historische Entwicklung des Handlungsvermögens digitaler Spiele selbst. Sie gewinnen einen Eindruck, wie die zunehmende Professionalisierung die Wechselwirkung der digitalen Spiele mit der Spielekultur verändert. Die klug durchdachte, erweiterte kulturgeschichtliche Sicht unterscheidet den *Game Dev Tycoon* von vorrangig gegenwartsori-

---

902 Greenheart Games: Game Dev Tycoon. Steam Workshop. Online unter: http://bit.ly/2q6d6RQ (Letzter Zugriff: 30.3.2019).

entierten Wirtschaftssimulationen wie *Mad Games Tycoon* oder *Software Inc.*[903] Im Gegensatz dazu gelingt die Umsetzung bei ersterem Spiel so hervorragend, dass es weder im Studium, noch im Ausbildungskanon der Branche fehlen sollte. Allerdings reflektiert es die gesellschaftliche Relevanz der Branche und ihrer Spiele im Verlauf ihrer Geschichte nur wenig. Journalistischen Feedbacks nach der Veröffentlichung der Spiele und die Kommunikation mit der Fangemeinde bieten jedoch Ansätze.

Einher mit den technischen Entwicklungen geht die Evolution spielmechanischer und audiovisueller Darreichungsformen, allerdings bestimmen nicht allein die technischen Voraussetzungen ihren Verlauf. Trotz einer technischen Evolution im Lauf der Spielegeschichte vereinen japanische Rollenspiele (JRPG) bestimmte spielmechanische Traditionen und kulturelle Stereotype auf sich. Zum Beispiel konstruieren spezielle audiovisuelle Attribute Zuschreibungen von Gender, etwa der ernste, robuste Krieger mit sonorem Bariton und die kindliche, schüchtern piepsige Heilerin. Das experimentelle Action-Rollenspiel *Evoland* erlaubt die lange Tradition dieser Spielform nachzuspielen, indem es diese selbst als JRPG inszeniert.[904] Entlang deren historischer Entwicklung transformieren sich Spielmechanik und Darstellungsformen wie ein spielbarer Museumsbesuch.[905] Geschickt nutzt es dafür Grafik, Perspektiven, Gameplay und Akustik. Zu Beginn zeigt *Evoland* eine Spielwelt in grünlichem Monochrom wie auf den ersten Handheld-Geräten des *GameBoy*.[906] Als Farbe mit ins Spiel kommt, ermöglichen höhere Auflösungen auch mehr Details. Vormals zweidimensional dargestellt, wechselt die spielbare Geschichtslektion bald zu 3D-Grafik und verfeinert Spielwelt und Charaktermodell. *Evoland* lässt in kurzer Zeit durch das eigenhändige Spielen erahnen, was die Veränderungen für die Spielerfahrung bedeutet haben. Die verbesserte Grafik erhöht nicht bloß die Ansehnlichkeit, sondern erlaubt gänzlich andere Perspektiven – etwa durch eine Kameraführung, die um die Hauptfigur rotiert, oder das Spiel mit Räumlichkeit bei Rätseln. *Evoland* zeigt für das Beispiel der JRPGs den starken Einfluss technischer Entwicklungen auf das Gameplay. Zudem ergänzt es für diese Spielform typische spielmechanische Elemente, die weniger technische Entwicklungen sind, sondern die Evolution von Game Design. So entstehen etwa rundenbasierte Kämpfe in speziellen Panoramabildschirmen. Sogar das akustische Vermögen wächst, weil die ungewohnte Stille am Beginn zunächst durch piepsige 8-Bit-Sounds durchbrochen wird, später folgen komplexere Umgebungsgeräusche, volumige Kampfeffekte und orchestrale Soundtracks. Insgesamt zeigt das Independent-Spiel, wie überzeugend digitale Spiele ihre eigene Geschichte hinsichtlich einer Spielform erfahrbar machen. Zwei Jahre später erschienen der Nachfolger

---

903 Mad Games Tycoon 2016; **Software Inc.** 2015; **Ortsik, Thomas:** Der Tag, als ich Peter Molyneux wurde. Backlogged: Spiele übers Spieleentwickeln, in: *Gamestar* 11/2016; S. 86–89.
904 Evoland. A Short Story of Adventure Video Games Evolution 2013; **Gebauer, Jochen:** Evoland. Freispiel, in: *Gamestar* 6/2013; S. 86.
905 Nolden, Nico: Evolutionslehre. Evoland ist ein spielbarer Museumsbesuch, in: *Keimling* 22.10. 2013. Online unter: http://bit.ly/1bbb556 (Letzter Zugriff: 30.3.2019).
906 GameBoy (Nintendo) Japan, U.S.A. 1989 / EU 1990.

Evoland 2 und erwies sich zwar spielerisch besser als der Vorgänger, aber leider aus geschichtswissenschaftlicher Sicht nicht mehr ganz so treffsicher.[907] Orientiert an japanischen Rollenspielen, versuchte es die Gesamtgeschichte digitaler Spiele zu integrieren. Die Hintergrunderzählung einer in Chaos geratenen Raumzeit rechtfertigte, in viele Spielformen und -mechaniken zu springen. Dadurch wechselte das Spiel erratisch durch ein Kaleidoskop von Beat-em-Ups bis Sidescrollern, was historische Zusammenhänge eher verschleierte.

Digitale Spiele thematisieren ihre historische Entwicklung zudem auf einem abstrakten Niveau. Das experimentelle Rätselspiel *The Stanley Parable* handelt nur auf der expliziten Ebene von dem namensgebenden Stanley.[908] Vielmehr lässt es Spielende über ihr persönliches Verhältnis zur geschichtlichen Entwicklung digitaler Spielformen reflektieren. Zu Beginn findet sich der Spieler am Arbeitsplatz von Stanley wieder, das Gebäude allerdings ist verwaist. Auf der Suche, was denn geschehen sein könnte, tritt man mit Stanley aus der Bürotür in eine interaktive Parabel über Spieldesign und Storytelling, die intensiv das Verhältnis zwischen Entwickler und Spieler durchleuchtet.[909] Die Spielerfahrung lebt von dem grandiosen Erzähler, der von Stanleys Innenleben berichtet, solange man seiner Geschichte folgt. Das Spiel erlaubt jedoch auch, vom festen Erzählpfad abzuweichen, wodurch die Erzählstimme zunehmend die Handlungen des Spielers kommentiert. Verkündet er etwa, dass Stanley die linke von zwei Türen öffnen werde, zeigt er sich verwirrt, wenn man als Spieler entgegen seiner Erzählung nach rechts wendet. Gelegentlich gerät dieser wegen der Sturheit des Spielers sogar in Rage oder transformiert frustriert das gesamte Spiel in Konkurrenzprodukte, die beeindruckend auf ihren Kern kondensiert wurden. Zumeist aber tritt er in einen konstruktiven Dialog mit dem Spieler, um dessen Wünsche zu ergründen. Das Verhalten von Spielern führt in verschiedenartige Enden, die jeweils als Metaphern für Entscheidungen im Game-Design stehen. *The Stanley Parable* lädt zu kreativen Experimenten, etwa indem man das Büro vom Beginn gar nicht erst verlässt. Erstaunlich viele Möglichkeiten hat der Entwickler bedacht. Selbst Pfade, die vermeintlich wieder an den Beginn des Spieles zurückführen, entpuppen sich zuweilen als Fortführung des vorherigen Weges. Durch seine Anlage fordert das Spiel großes Reflexionsvermögen von seinen Spielern. Dann aber offenbart der Dialog mit dem Erzähler kluge Überlegungen, welche Formen digitale Spiele für bestimmte Typen von Spielenden annehmen. Damit schafft *The Stanley Parable* ein Denkmal für Formen des Game Design und die Rolle der Spielenden im Laufe der Spielgeschichte.

Ihre historische Entwicklung kommentieren digitale Spiele sogar satirisch. Einen amüsante Kritik an teils stupiden, repetitiven Spielmechaniken großer Shooter-Reihen verkörpert das downloadbare Werbespiel *Duty Calls*, das als Teil der Kampagne eines

---

907 **Evoland 2. A Slight Case of Spacetime Continuum Disorder** 2015.
908 **The Stanley Parable** 2013; **Gebauer, Jochen:** The Stanley Parable, in: *Gamestar* 3/2014; S. 77.
909 **Nolden, Nico:** Subtext, Stanley, Subtext! In ‚The Stanley Parable' geht es um Vieles, am Rande aber nur um Stanley, in: *Keimling* 15.11.2013. Online unter: http://bit.ly/18f8xUY (Letzter Zugriff: 30.3.2019).

polnischen Entwicklerstudios veröffentlicht wurde.[910] In nur fünf Minuten Spielzeit greift es inhaltliche Platitüden zu Krieg, stereotype Feindbilder und irrelevante Nebenfiguren auf.[911] Pathetisch intonierte Dialoge wie „Blah, blah, blah, Secret Things, blah, blah!" unterstreichen, wie lieb- und belanglos viele visuell aufwändige Spiele sind. Zudem präsentiert es ein spielmechanisches Absurditätenkabinett von schlauchartigen Levelstrukturen, immergleichen geskripteten Events, vernachlässigbarer Gegnerintelligenz und kaskadierenden Belohnungssystemen für Nichtigkeiten. Allerdings vergaß Publisher *Electronic Arts* bei der Attacke gegen den Konkurrenten *Activision*, dass die hauseigene Reihe *Medal of Honor* an vergleichbaren Defiziten krankt.[912] Weniger zielgerichtet auf solche kritischen Aspekte und als vollwertiges Spiel auch nicht allein darauf ausgerichtet, thematisiert das Adventure *Thimbleweed Park* an vielen Stellen spielegeschichtliche Traditionen.[913] Die Spielform spannt zwischen Kombinationsrätseln und zahlreichen Dialogen humorige Erzählungen auf. Ron Gilbert, der leitende Entwickler, gehört zu den berühmten Leitfiguren aus der Hochzeit dieser Spielform am Beginn der neunziger Jahre.[914] Die Handlung des neuen Adventures adressiert wegen des Settings im Jahr 1987 zeitgenössische Themen. Visuell folgt das Design dem damaligen, verpixelten Look von detailreich gezeichneten, zweidimensionalen Schauplätzen, allerdings sind Beleuchtung, Partikeleffekte, Bildschirmauflösungen und Animationen auf heutigem Stand. Die Steuerung mithilfe vorgegebener Begriffe und eines Inventars am unteren Bildschirmrand folgt hingegen der frühen Spielmechanik. Inhaltlich spielt *Thimbleweed Park* auf eine Vielzahl von Spielen an, aber auch auf die Spielekultur und Technologien am Ende der achtziger Jahre. Über die erschöpfende Suche pixelgroßer Objekte in den damaligen Spielen belustigen sich die Entwickler heute selbst. Wer im Spiel verteilte, pixelgroße Staubkörner findet, schaltet ein Achievement frei, was die Sammel-Marotte in heutigen Spielen gleich mit kommentiert. Im Gegensatz zu den bisherigen Beispielen persiflierte *Far Cry 3: Blood Dragon* die achtziger Jahre auf demselben technisch hohen

---

910 Duty Calls 2011. Diese spielbare Satire bewarb den Shooter **Bulletstorm** 2011 gegenüber der Reihe Call of Duty als innovativer. Direkt griff sie Kritikpunkte zu **Call of Duty: Modern Warfare 2** 2009 an. Das Download-Spiel ist nur noch über Drittportale erhältlich: **Obermeier, Michael:** Duty Calls – Vollversion der Call of Duty-Persiflage zum Download, in: *gamestar.de* 3.2.2011. Online unter: http://bit.ly/2pT2h4Q (Letzter Zugriff: 30.3.2019). Siehe für das Spielerlebnis: **[unbekannt]:** Duty Calls Bulletstorm Call of Duty Parody [Full], in: *Kanal kreeplx via Youtube* 2.2.2011. Online unter: http://bit.ly/2pT2YLv (Letzter Zugriff: 30.3.2019).

911 Nolden, Nico: Duty Prolls. Ironisch und zielgenau trifft das Werbespiel ‚Duty Calls' die Schwächen des Shooter-Genre, in: *Keimling* 4.2.2011. Online unter: http://bit.ly/2dlnGzI (Letzter Zugriff: 30.3.2019).

912 Kurz zuvor erschien das mäßige **Medal of Honor** 2010.

913 Thimbleweed Park 2017; **Deppe, Martin:** Benutze Köpfchen mit Spiel. Thimbleweed Park Test, in: *Gamestar* 5/2017; S. 78–81.

914 Neben **Maniac Mansion** 1987 und dem Nachfolger **Day of the Tentacle** 1993 war er maßgeblich an der Filmumsetzung **Indiana Jones and the Last Crusade** 1989 beteiligt und schuf die legendäre Monkey Island-Reihe: **The Secret of Monkey Island** 1990; **Monkey Island 2: Le Chuck's Revenge** 1991.

Niveau wie das vorausgegangene Hauptspiel.[915] Das Szenario erweist der Populärkultur von Actionfilmen, frühen digitalen Spielen, der zeitgenössischen Mode, elektronischer Musik und einem neongrellen, retro-futuristischen Stil satirisch seine Reverenz. Inhaltlich überzeichnet es testosteronübersteuerte Filme von Arnold Schwarzenegger oder Jean-Claude van Damme durch betonten Patriotismus und absurden Science-Fiction-Trash:[916] Nach einem zweiten Vietnamkrieg, so erläutert das Setting, fiel die Weltordnung einem globalen Atomkrieg zum Opfer, weshalb nun ein renegater General die Menschheit mit Cyborgs, geklonten Sauriern, Nuklearraketen und einer Privatarmee bedroht. Zwischensequenzen in 8-Bit-Optik lehnen sich an die technische Leistungsfähigkeit damaliger Spiele an, kontrastieren damit aber die zeitgemäße grafischen Darstellung im übrigen Spiel. Dialoge bestehen fast ausschließlich aus einzeiligen Versatzstücken von Helden-Klischees. Daneben dekonstruiert *Blood Dragon* ständig die jahrzehntelangen Standards von Shooter-Spielen. Bereits zu Anfang leistet die Hauptfigur lautstark wie erfolglos Widerstand gegen ein übertriebenes Tutorial, das stoisch dazu auffordert, neben Sprüngen, Laufen und dem Umsehen selbst den Mausklick zu üben. Die Kombination von Bezügen zur Populärkultur der achtziger Jahre mit der technisch aufwändigen Inszenierung zeichnet diesen bemerkenswerten Umgang mir der technikkulturellen Geschichte aus.

Im Gegensatz zu Spielen in den beiden vorherigen Kategorien reflektiert nur eine überschaubare Zahl die eigene technikkulturelle Geschichte. Langsam aber erkunden Entwickler aber die eigene Geschichte als Gegenstand auf charmanten Wegen. Die Entwicklung des Spielejournalismus parallel zu digitalen Spielen zu betrachten, ist ein wichtiges Element, um Zugriff auf die Spielekultur zu erlangen. Die journalistischen Aufbereitungen einer Spielegeschichte genügen geschichtswissenschaftlichen Ansprüchen nicht. In meinem Blog verdeutlichte ich bereits einige solcher bislang fehlenden Aspekte: Diese Perspektive hilft, die umgangssprachliche Bildung von Genres und ihre Veränderungen nachzuvollziehen. Zugleich lässt sie den Einfluss wirtschaftlicher und technischer Rahmenbedingungen auf redaktionell präsentierte Inhalte verstehen.[917] Zum Beispiel transformierten digitale Distributionswege vorbei an großen Verlagen auch das inhaltliche und spielmechanische Potential digitaler Spiele.[918] Um die Veränderungen des Produktionsprozesses und ihre Folgen aus Entwicklersicht zu betrachten, liefern Akteure selbst Hinweise. Sie kommentieren beispielsweise die Branche oder veröffentlichen Dokumente aus dem Designprozess

---

915 **Far Cry 3: Blood Dragon** 2013; **Schmitz, Petra:** Far Cry 3 Blood Dragon. Titelstory Test, in: *Gamestar* 6/2013; S. 24–27. Siehe zum Hauptspiel auf S. 198.
916 **Nolden, Nico:** Van Damme nochmal! Dem Addon ‚Blood Dragon' von ‚Far Cry 3' gelingt eine Persiflage auf die Achtziger, in: *Keimling* 12.3.2014. Online unter: http://bit.ly/1kiUXEe (Letzter Zugriff: 30.3.2019).
917 **Nolden, Nico:** Gibt's das auch als Film? Teil 1 – Feuilleton gegen Stiftung Warentest, in: *Keimling* 9.9.2016. Online unter: http://bit.ly/2cU0Koq (Letzter Zugriff: 30.3.2019).
918 **Nolden:** Indie, 2015.

ihrer Spiele.[919] Häufig präsentieren sie Recherchen oder Designfortschritte in Begleitvideos zum Entwicklungsprozess.[920] Ähnlich nutzen spielejournalistische Veteranen Videobeiträge, um Entwicklungen ihres Arbeitsfeldes zu kommentieren.[921] Filmisch setzen Unternehmen die technischen Innovationen ihrer digitalen Spiele in Szene.[922] Manchmal weisen Indizien dabei auf Verbindungen zu anderen Branchen wie dem militärischen Sektor.[923] Allerdings sind nicht nur wirtschaftliche Aspekte für die technikkulturelle Geschichte relevant, gerade Archiven bereiten digitale Spiele große Herausforderungen, für die nicht immer Emulatoren Lösungen versprechen.[924] Manche technischen Entwicklungen wie Digital Rights-Management (DRM) beunruhigen, weil damit behaftete Software kaum mehr bewahrbar ist.[925] Die technikkulturelle Geschichte digitaler Spiele in all jenen Dimensionen besser zu durchdringen, wird zunehmend wichtiger, weil nur auf dieser Basis relevante von nachrangigen Phänomenen zu trennen sind. Digitale Spiele können geschichtswissenschaftlich nur in einer tauglichen Weise studiert werden, wenn neben Beispielen für historische Inhalte digitaler Spiele und Belege für zeithistorische Einflüsse auch ihr technikkultureller Rahmen dokumentiert bleibt.[926] Wie bedeutend diese Grundlagenarbeit für die Geschichtswissenschaft ist, bergründen die Abschnitte *3.3 Digitale Spiele als Überlieferungsträger* und *3.4 Eine verkürzte Geschichte der digitalen Spiele*.

3.1.4 Erinnerungskulturelle Wissenssysteme

Herausgearbeitet wurde bislang, dass digitale Spiele historische Inhalte in diversen Formen präsentieren. Sie nutzen Sach- und Objektkultur, narrative Elemente, abstrakte Modelle und kleinskalige Weltentwürfe. Die vier Elemente lassen sich in digitalen Spielen meist parallel finden und können unterschiedlich gewichtet sein. Ihre kontinuierliche Wechselwirkung spannt ein dynamisches System historischen Wis-

---

919 Nolden, Nico: Grummelige Legende. Design-Legende Ron Gilbert offenbart bissig seine Einsichten in die Spielebranche, in: *Keimling* 10.1.2011. Online unter: http://bit.ly/2cNG3qN; **Nolden, Nico:** Ein Stück Geschichte. Ron Gilbert veröffentlicht das Designdokument von ‚Maniac Mansion', in: *Keimling* 4.11.2014. Online unter: http://bit.ly/1Gl1ZUA (Letzte Zugriffe: 30.3.2019).
920 Vavrá: Video Update 1, 2014; **Ubisoft:** Far Cry 2 – Dev Diary #02. Location Africa, in: *Kanal Ubisoft via Youtube* 1.10.2008. Online unter: http://bit.ly/2pSX0tG (Letzter Zugriff: 30.3.2019).
921 Nolden, Nico: The Monument Men. Simon Krätschmer und Etienne Gardé zu Gast bei Youtuber David Hain, in: *Keimling* 27.2.2014. Online unter: http://bit.ly/1gEt4Dx (Letzter Zugriff: 30.3.2019).
922 Nolden, Nico: Motor Show. Auf der GDC in San Francisco enthüllten mehrere Entwickler neue Engines, in: *Keimling* 20.3.2014. Online unter: http://bit.ly/Nxm7eJ (Letzter Zugriff: 30.3.2019).
923 Nolden, Nico: Die Vermessung der Welt. Die Entwickler von ReRoll kartografieren offenbar die Erde als Spielschauplatz – ohne Hintergedanken?, in: *Keimling* 11.2.2014. Online unter: http://bit.ly/1iXWfDy (Letzter Zugriff: 30.3.2019).
924 Nolden, Nico: Spiel mit der Vergangenheit. Internet-Archiv lässt Spieleklassiker im Browser auferstehen, in: *Keimling* 9.1.2014. Online unter: http://bit.ly/19fBYJ0 (Letzter Zugriff: 30.3.2019).
925 Nolden: Schlamm, 2014.
926 Nolden: GameBox, 2014.

sens auf – ein Wissenssystem. Nicht von diesem System trennbar sind die Rezipienten, weil ihre Handlungen die historische Inszenierung erst erschaffen. Welche historische Tiefe ein Wissenssystem erreicht, hängt also maßgeblich davon ab, wie ein Rezipient durch fachliche Kenntnisse und populäre Vorstellungen erinnerungskulturell vorgeprägt ist. Deshalb sind Vorstellungen von Spielenden und Entwicklern zu hinterfragen, wie Spielwelten, Spielmechaniken und Nutzer auf historische Inhalte zugreifen.

Die wenigsten Spiele behandeln eine Vorstellung davon. Eine bemerkenswerte Ausnahme bildet die Reihe *Assassin's Creed*, in der eine Technologie namens „Animus" einen solchen Zugriff sogar als Teil des Spielsystems implementiert.[927] Die Spiele der Reihe trennen jeweils eine zeitgeschichtliche Ebene von der historischen Spielebene. Letztere handelt je nach Ableger von Mittelalter, Früher Neuzeit oder Neuzeit. Mit der Hauptfigur dringen Spielende nicht unmittelbar in das historische Szenario vor, erst das „Animus"-Gerät lässt sie Erinnerungen der Vorfahren des Protagonisten nachverfolgen. Dieses Konzept schließt an wissenschaftliche Erkenntnisse der Epigenetik an, die genetische Erinnerungsprozesse auf kurzfristigen, nicht-evolutionären Zeitskalen untersucht. Das Potenzial aber überspitzt die Reihe erheblich.[928] Allerdings erklären die Entwickler der Action-Abenteuer dadurch geschickt die spielmechanischen Schranken der Geschichtserfahrung als logische Folge aus den Zwängen des Gerätes.[929] Die Anzeigen der Spieloberfläche, die im Sichtfeld der Spielenden eigentlich die historische Erfahrung stören, repräsentieren die Steuerungselemente des „Animus". Sind Gebiete nicht oder erst später im Spielverlauf begehbar, gehören sie nicht oder noch nicht zum Lebenshorizont des Vorfahren, dessen Erinnerung nachvollzogen wird. Sogar ihr Ableben setzt Spielende deswegen an Speicherpunkte zurück, weil die Vorfahren und Urheber dieser Erinnerung nicht an dieser Stelle ums Leben kamen. Der Speicherpunkt in der historischen Spielweltebene gilt als letzter bekannter Punkt, der mit diesen Erinnerungen konsistent ist. Wenn die Technologie des „Animus" auch real nicht existiert, ist doch der Aufwand der Entwickler außergewöhnlich, den Grad historischer Inszenierung mittels der zeitgeschichtlichen Ebene und eines Zugriffsinstrumentes zu verdeutlichen. Keine Spielreihe sonst reflektiert derart den Konstruktionscharakter von Geschichte in der spielmechanischen Anlage. Den Spielenden präsentiert das Spiel also nicht einen historischen Verlauf als wahr. Sie greifen auf die Erinnerungen eines Vorfahren zu, gerahmt durch dessen Taten und Perspektiven. Dessen Sichtweise bricht zusätzlich multiperspektivisch, dass ein spielinterner Konflikt zweier Fraktionen die Deutungshoheit über den Verlauf der Weltgeschichte spaltet. Der Einsatz des Animus-Gerätes als Instrument des histori-

---

927 Siehe zu dern Vertretern der Reihe Anm. 115.
928 Neubauer, Philipp: Assassin's Creed: Animus könnte wissenschaftlichen Hintergrund haben, in: *IGN Deutschland* 6.12.2013. Online unter: http://bit.ly/2pY2MIJ (Letzter Zugriff: 31.3.2019). Für einen verständlichen Überblick: **[diverse]:** Themenheft: Epigenetik. Wie die Umwelt unser Erbgut beeinflusst, in: *Spektrum der Wissenschaft Kompakt* 11.10.2014.
929 Ubisoft: Assassin's Creed Walkthrough – Animus Training, in: *Kanal Assassin's Creed Series* 13.5. 2013. Online unter: http://bit.ly/2qi3yTP (Letzter Zugriff: 31.3.2019).

schen Zugriffs offenbart eine kritische Reflexionsdistanz zwischen unserer heutigen Welt und den dargestellten Konstrukten von Vergangenheiten. Diese Komplexität ist bewundernswert für ein digitales Spiel. Damit bietet es für geschichtswissenschaftliche Studien einen interessanten Ansatz, um Vorstellungen über historische Erinnerungskonzepte bei digitalen Spielen aufzuspüren.

Die Gegenwartsebene im vierten Teil *Assassin's Creed Black Flag* fügt einen weiteren Aspekt hinzu. Die Entwickler versetzen Spielende in ein frankokanadisches Spieleunternehmen, das wie Ubisoft in Montreal firmiert.[930] Wie andere Angestellte durchforstet der Protagonist auch hier Erinnerungen, dieses Mal jedoch, um ein digitales Spiel im frühneuzeitlichen Piratensetting zu entwickeln.[931] Die doppelte Brechung des Spielinhaltes, der sich um die karibische Piraterie rankt, gleichzeitig aber um die Produktion eines Piratenspiels, ist ein interessanter Kniff. Im Setting der Spielwelt befindet sich das Spiel noch in der Produktionsphase, weshalb sich die Entwickler in einer internen Datenbank über die Fortschritte austauschen. Die Einträge thematisieren historische Gebäude, Gegenstände und Personen in Orten wie Nassau und Kingston. So kommentieren und dokumentieren die Entwickler kontroverse Sichtweisen auf den Umgang mit historischen Inszenierungen. Die vielfältigen Konflikte um die geschichtliche Inszenierung sind interessant für Historiker, weil reale Entwickler sie den spielweltlichen Entwicklern aufgrund lebensweltlicher Erfahrungen zuschreiben. Die Einen kritisieren die Gestalt der Kathedrale von Havanna, weil sie nicht zeitgerecht rekonstruiert sei, für andere entscheidet das Gameplay, weil die unzeitgemäße Variante besser zu beklettern sei.[932] So reflektieren die Kommentare den Anteil von Entwicklern an der Konstruktion von Geschichtsbildern und verweisen auf den Umgang der Branche mit historischen Inhalten insgesamt. Neben Vorstellungen, wie in Spielen auf Geschichte zugegriffen wird, spannt die skizzierte Selbstreflexion eine zweite, erinnerungskulturelle Ebene. Sie zeigt, welche widerstreitenden Vorstellungen historische Produktionen entwicklerseitig bestimmen.

Die Geschichtswissenschaft konzentriert sich, wie der Forschungsstand zu MMORPGs zeigte, fast ausschließlich auf das Verhältnis zwischen einem digitalen Spiel und einem einzelnen Nutzer. Dadurch fällt ihr der Zugriff darauf schwer, welchen Vorstellungen von einer Erinnerungskultur einzelne Spieler anhängen. Sie kapituliert daher vor der Frage, welche Bedeutung die einzelne Erfahrung in einer historischen Erinnerungskultur hat. Eine Kultur manifestiert sich durch kommunizierende Menschen und die medialen Zeugnisse ihrer Kommunikation. Im Falle einer historischen Erinnerungskultur also entsteht sie durch Menschen, die sich über Historisches austauschen oder über etwas, das sie für historisch halten. Bis auf Indizien ist unklar, wie eine solche spezifische Erinnerungskultur für digitale Spiele aussieht. Theoretische

---

930 Assassin's Creed IV. Black Flag 2013.
931 Ubisoft: Assassin's Creed IV: Black Flag – Abstergo Introduction, in: *Kanal Generic Gaming via Youtube* 29.10.2013. Online unter: http://bit.ly/2qi6LTg (Letzter Zugriff: 31.3.2019).
932 [unbekannt]: Cathedral of Havanna. Animus Omega Database Entries, in: *Assassin's Creed Wiki* [2013]. Online unter: http://bit.ly/2rUQ81s (Letzter Zugriff: 31.3.2019).

Überlegungen skizzieren zwar, wie sich historische Erinnerungskulturen aufbauen, empirische Beobachtungen zu ihrer Bestätigung sind jedoch schwierig zu erlangen. Besonders komplex, bezüglich erinnerungskultureller Überlegungen aber auch besonders interessant, sind *Massively Multiplayer Online-Games* (MMOGs). Dort agiert nicht nur ein Nutzer, sondern eine Vielzahl simultan mit dem digitalen Spiel und untereinander. Wie ein Einzelspielertitel bieten sie die Komponenten historischen Wissens an, ermöglichen zudem aber gemeinsame Erfahrungen in sozialen Gruppen. Einerseits agieren und kommunizieren diese Gruppen in inneren, spielmechanisch vorgesehenen Räumen und Prozessen, andererseits schaffen die Gruppen sich selbst Strukturen innerhalb und außerhalb des Spielsystemes. Gerade weil MMOGs durch ihre Spielerschaften ausgeprägte Bindeglieder zwischen digitalen Spielwelten und der äußeren Welt bilden, bietet sich geschichtswissenschaftlich die Chance, erinnerungskulturelle Prozesse und Strukturen aufzuspüren und so Theorien auf die Probe zu stellen. Patterson empfiehlt zudem intensivere Untersuchungen der Vielzahl von MMOGs auf mobilen Plattformen oder im Browser.[933] Dieser Abschnitt konzentriert sich dennoch auf PC- und Konsolenspiele, die deutlich aufwändiger produziert werden. Deshalb verfügen sie über komplexere Spielmechaniken, aufwändige Rechenprozesse, grafische Höchstleistungen und differenziertere Inhalte. Der Markt mobiler Spiele ist zudem wechselhaft und veränderlich. Als erste Annäherung empfehlen sich daher die stabileren Verhältnisse bei PCs und Konsolen.

Eine Menge von Militär-Shootern mäandert durch eine Grauzone von MMOs. Sie bieten Erfahrungen als Einzelspieler in Kampagnen, kooperative Kämpfe von einigen dutzend Spielern in zwei Mannschaften auf begrenzten Schlachtfeldern und eine Gesamtspielerschaft von mehreren hunderttausend bis einigen millionen Personen. Direkt nach der Veröffentlichung von *Battlefield 3* verkaufte *Electronic Arts* allein im Oktober 2011 acht Millionen Einheiten.[934] In hektischen, zwischen 20 und 30 Minuten dauernden Multiplayer-Gefechten bleiben Atempausen zu rar, als dass sich Spielende über die Inhalte des Settings austauschen. Die technisch aufwändig inszenierte Hintergrundgeschichte handelt von einem militärischen Einsatz zur Bekämpfung von Aufständischen im iranisch-irakischen Grenzgebiet. Der Versuch, damit einen Großanschlag auf Paris abzuwenden, versandet aufgrund eines Erdbebens im Chaos. Der Plot bewegt sich auf dem Niveau eines mäßigen Actionfilms, operiert aber mit historisch relevanten zeitgeschichtlichen Motiven.[935] Dazu gehören die Bekämpfung von Aufständen durch das U.S.-Militär im Irak, Einmischungen von Geheimdiensten, islamistischer Terror und Konfliktlinien zwischen den U.S.A., Russland, Iran und Irak. Die Rahmenbedingungen dieses Szenarios prägen auch die Multiplayer-Schlachten. Deren Schauplätze referenzieren neben der Pariser Metro und einem Stadtteil Teherans weitere iranische Orte wie den Berg Damavand, die Hafenstadt Noshahr oder die Insel

---

933 **Patterson:** Casual Medieval Games, 2013. Siehe zuvor S. 109/110 und S. 120.
934 **Battlefield 3** 2011; **Reilly, Jim:** Battlefield 3 Sales Reach 8 Million, in: *gameinformer.com* 31.10. 2011. Online unter: http://bit.ly/2qzNSZB (Letzter Zugriff: 31.3.2019).
935 **Schmitz, Petra:** Die Solokampagne. Battlefield 3 Test, in: *Gamestar* 1/2012; S. 80–82.

Kharg.⁹³⁶ Der Nachfolger *Battlefield 4* verschob seinen Handlungsrahmen auf nicht weniger bedeutsame zeitgeschichtliche Konflikte.⁹³⁷ Auf Schauplätzen entlang des chinesischen Meers und in Zentralasien eskalierten vor allem Gefechte zwischen China und den U.S.A., die Kampagne allerdings setzte die Intentionen widersprüchlich in Szene.⁹³⁸ Wenn auch die direkte Kommunikation der Spielenden keine erinnerungskulturellen Befunde liefert, gibt es verschriftliche Hinweise. Die Diskussionen in offiziellen oder von Spielergemeinschaften betriebenen Foren weisen aus, was die Spielerinnen und Spieler über die historisch aufgeladenen Settings äußern. Zum vierten Teil etwa tauschten sich Spielende aus, weshalb China und Russland in dem Szenario überhaupt mit den U.S.A. in einen Krieg treten.⁹³⁹ Spielerinnen und Spieler verarbeiten also die Spielinhalte auch dann erinnerungskulturell, wenn das Spiel selbst wenig Raum für Reflexion lässt. Ein ähnliches Verhalten ergibt der Blick auf die Flug- und Fahrzeug-MMOs *World of Tanks* und *War Thunder.*⁹⁴⁰ Ersteres inszeniert weitläufige Panzerschlachten ohne Infanteristen mit akribisch nachgebildetem Kriegsgerät der vierziger und fünfziger Jahre.⁹⁴¹ Der weißrussische Hersteller *Wargaming.net* entwickelte mit *World of Warplanes* und *World of Warships* zwei separate Spiele zu den anderen Truppengattungen, die jedoch dem Konzept des Panzer-MMOs folgen.⁹⁴² *War Thunder* hingegen fügt Schiffsgefechte sowie Luftkämpfe und Bombardements durch Flugzeuge aus dem Zweiten Weltkrieg direkt in die Panzerschlachten ein.⁹⁴³ Alle diese Titel erläutern historische Zusammenhänge nur oberflächlich, stark orientiert am Kriegsgerät selbst. Daran aber schließen in den zugehörigen Foren zahlreiche Spieler intensive Diskussionen zur Geschichtsinszenierung an. Offenbar eskalieren diese angesichts ideologischer Konflikte gelegentlich so weit, dass sie vorrübergehend geschlossen werden, wie Forendiskussionen zu externem Bildmaterial belegen.⁹⁴⁴

In jüngerer Zeit entstehen vermehrt Multiplayerspiele, die über solche militärischen Szenarien hinausgehen. Sie fokussieren historische Alltagsabläufe unter Beteiligung vieler Spieler. Ihre Mehrzahl zielt letztlich zwar auf den Kampf zwischen

---

936 Siegismund, Fabian: Battlefield 3 Der Multiplayer-Modus. Test, in: *Gamestar* 1/2012; S. 74–78.
937 Battlefield 4 2013.
938 Schmitz, Petra / Rohe, Johannes: Battlefield 4. Test, in: *Gamestar* 13/2013; S. 42–49.
939 Forum Diskussion zum Beispiel in **tracksuitmarklar:** why are china and russia fighting in the multiplaye[r], in: *Battlefield 4. Offizielles Forum. Battlefield 4 – General Discussions* 8.1.2014. Online unter: http://bit.ly/2qwezA7 (Letzter Zugriff: 31.3.2019).
940 World of Tanks 2010; **War Thunder** 2012.
941 Graf, Michael: World of Tanks. Test, in: *Gamestar* 7/2011; S. 82–83.
942 World of Warplanes 2013; **World of Warships** 2015; **Stöffel, Jürgen:** World of Warplanes. Test, in: *Gamestar* 1/2014; S. 52–54; **Rohe, Johannes:** Der 15-Minuten-Admiral. World of Warships Test, in: *Gamestar* 8/2015; S. 50–53; **Stöffel, Jürgen:** Die Rache der Bismarck! World of Warships. Test, in: *Gamestar* 11/2016; S. 82–83.
943 Stöffel, Jürgen: War Thunder, in: *Gamestar* 1/2014; S. 56–58.
944 Tsunderer2K: Fotos des 2. Weltkriegs und weiterer Konflikte. Thread, in: *Offizielles Forum. Deutschsprachige Community* 7.9.2014. Online unter: http://bit.ly/2qZe3Me (Letzter Zugriff: 31.3.2019).

Spielergruppen. Zuvor jedoch stehen langwierige, handwerkliche Arbeitsprozesse im Vordergrund, die der Gemeinschaft nur nützen, wenn Spielende kontinuierlich kollaborieren. Ihre Entwickler leiten die Mechaniken historisch ab, verzichten jedoch auf narrative Strukturen. *Life is Feudal: Your Own* zum Beispiel will das komplexe Zusammenspiel einer mittelalterlichen Dorfgemeinschaft inszenieren.[945] Spielende üben arbeitsteilig Berufe aus und schulen die Fertigkeiten ihres Avatars, um gemeinschaftlich eine Siedlung zu errichten, sie zu verbessern und militärisch zu schützen.[946] Unablässig müssen Spielende ihre Ziele abstimmen, unter den Bedingungen der Spielsysteme verwirklichen und so ihre Interpretation einer mittelalterlichen Dorfgemeinschaft ausgestalten. Da eine Rahmenhandlung oder gar eine Kampagne nicht existiert, bestimmt das alltagskulturelle System maßgeblich die Geschichtserfahrung. Diese historische Inszenierung vereint Rechenmodelle und Produktionsprozesse mit einer Gruppendynamik der Teilnehmenden. Im *Arbeitskreis Geschichtswissenschaft und digitale Spiele (AKGWDS)* erkundeten 2016 als Pilotstudie Forschende und Studierende, was ein solches Spielprinzip jenseits von Kulissen überhaupt historisch machen könnte.[947] Stellvertretend für die Beteiligten sammelte Ecem Temurtürkan Eindrücke zum Experiment in einem Erfahrungsbericht.[948] Der Bericht skizziert die Bemühungen der Gemeinschaft, Grundbedürfnisse zu sichern, sich handwerklich zu spezialisieren, gemeinsam Bauplätze zu bedienen und eine Ökonomie zu errichten. Daraus habe sich eine gildenähnliche Sozialstruktur entwickelt, welche die Teilnehmenden nach der investierten Arbeitszeit im Spiel, und somit dem Leistungsvermögen ausdifferenzierte. Das mühselige Modell vom gemeinschaftlichen Wirtschaftsleben konstituierte eine plausible soziale Gemeinschaftsordnung. Zum Abschluss des Projektes wertete Daniel Giere mit Studierenden und Fachkollegen vor allem Modelle und Rechenprozesse aus, die dem mittelalterlichen Eindruck zugrundeliegen.[949] Aus den Grenzen der Darstellung entwickelte er Vorschläge für die Entwickler, eine mittelalterliche Dorfgemeinschaft des Jahres 1016 plausibler zu inszenieren. Die sozialen Strukturen seien entgegen dem Versprechen aus dem Titel des Spieles nicht feudal, weil Spielende sich über interne wie externe Kommunikationskanäle selbst eine Ordnung verliehen. Ein Gesellschaftssystem als spielmechanisch relevantes Element implementierten die Entwickler allerdings noch nicht, sieht man von Sperrzonen zur Besitzstandswahrung für Spielergemeinschaften ab. Für die Weiterentwicklung *Life is Feudal: MMO* schaffen die Entwickler eine mittelalterliche Spielwelt für tausende

---

945 *Life is Feudal: Your Own* 2015.
946 Deppe, Martin: Ein Dorf, dutzende Baumeister. Life is Feudal: Your Own Test, in: *gamestar.de* 10.12.2015. Online unter: http://bit.ly/2qAQ2dh (Letzter Zugriff: 31.3.2019).
947 Nolden: Life, 2016.
948 Temurtürkan, Ecem: „Life is Feudal: Your Own". Ein Erfahrungsbericht über räumliche Abhängigkeiten, gildenähnliche Sozialstrukturen und eine meditative Eigendynamik, in: *gespielt* 27.1. 2017. Online unter: http://bit.ly/2rm9USj (Letzter Zugriff: 31.3.2019).
949 Giere, Daniel: Wir spielen das Jahr 1016: Life is Futile, in: *gespielt* 9.1.2017. Online unter: http://bit.ly/2jjAbtg (Letzter Zugriff: 31.3.2019).

Spieler gleichzeitig, in der Bündnisse aus Dorfgemeinschaften zu Herrschaftsgebieten führen.[950] Dort soll die Spielmechanik die namensgebenden Feudalstrukturen hervorrufen, indem Spielende Ländereien als Lehen vergeben, um Gefolge zu bilden. Die geschichtswissenschaftlich hochinteressante Frage, inwieweit spielmechanische Strukturen, Modelle und Prozesse das Zusammenspiel von Personen aus heutigen Gesellschaften in eine mittelalterliche Feudalstruktur überführen, ist daran aber noch nicht untersucht.

Nach vergleichbaren Prinzipien entstehen zurzeit bemerkenswert viele Spiele, die als sogenannte Sandbox-MMOs häufig historische Anleihen aufweisen.[951] Ähnlich intensiv geschichtlich konzipiert wie *Life is Feudal*, segeln Spielende beim MMO *Naval Action* durch die karibische See des 18. Jahrhunderts.[952] Auch wenn solche Spiele Abstraktionen bleiben, versuchen die Entwickler einfallsreich, die historische Inszenierung glaubwürdig zu gestalten. Seegebiete etwa sind groß genug, um gegenüberliegende Küsten nicht zu sehen, 365 historische Häfen lassen sich an originalen Standorten anlaufen und Spielende müssen mit Landmarken und Kompass navigieren. Ein Wirtschaftssystem regelt den Güterverkehr dynamisch durch Angebot und Nachfrage. Besegelt wird die Karibik unter Flaggen von Ländern, die dort zwischen 1600 und 1830 präsent waren. Ob nun für den Handel oder Seegefechte organisieren sich Spielende in Flotten, um zum Beispiel nötige Ressourcen für effektivere Schiffstypen zu beschaffen. Gemeinschaftlich gesteuert wie im MMORPG *Sea of Thieves* werden indes die Schiffe nicht.[953] Grafisch und spielmechanisch sucht dieses Piraten-Abenteuer weit weniger nach historischer Realitätsnähe in der Karibik als *Naval Action*.[954] Es führt aber Spielende kooperativ zu Schiffsmannschaften zusammen, in denen jede Person eine Rolle für die Gemeinschaft ausfüllt. Auch ohne historische Begleiterzählungen versetzen diese Spiele in eine historische Inszenierung, in der sich Spielgemeinschaften aktiv selbst verorten – sei es nun als mittelalterliche Dorfgemeinschaft, als Kapitäne unter gemeinsamer Flagge oder in kleinerem Maßstab als Mannschaft auf einem Segelschiff. Wie diese rein spielmechanischen historischen Inszenierungen funktionieren und wie sie die Gemeinschaftsformen beeinflussen, ist aus historischer Perspektive kaum untersucht.

Unter den vielen MMOs in historischen Zusammenhängen finden sich nur wenige, die auf kampfbasierten Wettstreit unter Spielenden verzichten. Selbst die obigen

---

950 Life is Feudal: MMO des. 2019; **Weber, Maurice:** Wer Mittelalter will, muss leiden. Beta-Ersteindruck. Life is Feudal: MMO Preview, in: *gamestar.de* 4.5.2017. Online unter: http://bit.ly/2q0jSEU; **Bitbox:** Life is Feudal. Vergleich der Spielmodi, 2017. Online unter: http://bit.ly/2qBFs63; **Royce, Bree:** Life is Feudal MMO begins another round of its closed beta, in: *Massively Overpowered* 26.4.2017. Online unter: http://bit.ly/2rmpU6 L (Letzte Zugriffe: 31.3.2019).
951 Graf, Michael / Schmitz, Petra et al.: Der Preis der Freiheit. Sandbox-MMOs. Camelot Unchained, Naval Action: Age of Sails, Crowfall, Albion Online, in: *Gamestar* 3/2016; S. 40–49.
952 Naval Action 2016.
953 Sea of Thieves 2017.
954 Freundorfer, Stephan: Mit vollen Segeln in unbekannte MMO-Gewässer. Sea of Thieves Preview, in: *gamestar.de* 15.6.2017. Online unter: http://bit.ly/2pWKz1n (Letzter Zugriff: 31.3.2019).

Beispiele führen nach langen handwerklichen Phasen letztlich doch zu bewaffneten Konflikten. Einen außergewöhnlichen und langlebigen Gegenentwurf schuf das kollaborative *A Tale in the Desert*.[955] Seit 2003 errichtet dessen Community eine Zivilisation, die dem frühen Ägypten nachempfunden ist.[956] In Zyklen von etwa eineinhalb Jahren ruft der Pharao sieben Aufgaben für alle Spielenden auf, die sie kollaborativ und arbeitsteilig in beruflichen Disziplinen erfüllen. Die Welt befindet sich seit 2018 im achten Zyklus. Jeder dieser Zyklen ergänzte neue Forschungsziele und Gebäude, welche die inszenierte ägyptische Gesellschaft auf komplexere Ebenen führt. Zwar gibt es individuelle Herausforderungen, aber die Bevölkerung des MMOs erreicht die nächste Stufe der Zivilisation nur gemeinschaftlich. Dafür entwickeln die Spielenden sogar ein Gesetzeswesen. Das Spiel konzipiert einen altägyptischen Gesellschaftsentwurf, in dem die Rolle der Spielergemeinschaften als Bestandteil der historischen Inszenierung zu studieren ist.

Die komplexesten Formen aber bieten MMORPGs. Die Aufwändigsten führen eine große Zahl von Spielerinnen und Spielern in ihren Spielwelten zusammen, um sich zu organisieren, zu bekämpfen und vielfältig auszutauschen. Gleichzeitig betten sie zahlreiche computergesteuerte Charaktere in detailreiche Hintergrundwelten ein, von denen Spielende einzeln oder kooperativ Aufträge übernehmen. Sie fügen damit Fragment für Fragment eine individuelle Erfahrung als Teil dieser Hintergrundwelt zusammen. Häufig lehnen sich MMORPGs an historische Hintergründe an, wie ihre mehr als zwanzigjährige Geschichte zeigt. Ihre Entwicklung führte auch zu den Rahmenbedingungen für *The Secret World* im empirischen Teil dieses Buches.[957] Abschnitt *4.2 Technikkulturelle Einordnung* beleuchtet technik- und kulturgeschichtlich relevante Spielformen detaillierter, als hier Raum wäre. Auf erinnerungskulturell bedeutende Aspekte sei knapp schon an dieser Stelle verwiesen: Spielerinnen und Spieler verfolgen in realitätsnahen Schauplätzen von Neuengland, Ägypten und Rumänien narrative Fragmente, die sie mit historischen Überlieferungen und populärkulturellen Vorstellungen konfrontieren.[958] Sie bewegen sich dabei in einer gegenwärtigen Zeitebene etwa um das Jahr 2010 und erkunden die Vorgeschichte der verschiedenen Weltregionen entlang fast aller historischer Epochen. Diese Überlieferungen verweben sie zu einem Netzwerk, das für die Gegenwartsebene vielfältig Bedeutung erlangt, wodurch das Spiel eine Gegenwart inszeniert, die nur durch die Erkundung ihrer Geschichte begreifbar wird. Nicht minder wichtig ist die Erfahrung von Vergangenheiten für oft mehrjährige Spielerbiografien, wie einleitend das Beispiel *World of Warcraft* für MMORPGs verdeutlichte.[959] Das Gewebe aus historischen Narrativen schrieb der Entwickler durch fünfzehn Ausgaben fort. Das geschichtliche

---

955 **A Tale in the Desert** 2003.
956 **BroadcastDinosaur:** A Tale in the Desert Review, in: mmogames.com 4.9.2014. Online unter: http://bit.ly/2qHrOwf (Letzter Zugriff: 31.3.2019).
957 **The Secret World** 2012ff.
958 **Nolden:** Schrank, 2012.
959 Siehe zur Bildung von Vergangenheiten S. 2.

Hintergrundnetzwerk, die Fortschreibung der zeitlichen Entwicklung auf der Gegenwartsebene und der individuelle Verlauf der Spielerfahrung erschaffen eine bislang beispiellose Qualität für eine Geschichtserfahrung. In räumlich begrenzteren Knotenpunkten, stilistisch Stadtteilen von New York, London, Sëoul und Tokio nachempfunden, treffen sich die Spielenden häufiger als in den weitläufigen Gebieten Neuenglands, Ägyptens und Rumäniens. Diese Zentren bieten öffentliche Räume wie Box-Arenen, Märkte, Netzwerkcafés, Geschäfte für Bekleidung, Nachtclubs, Pubs, in denen Spielerinnen und Spieler Musikevents veranstalten, und sogar das Albion Theater, in dem sie Stücke aus eigener Feder aufführen. Wie viel über historische Inhalte innerhalb des Spieles gesprochen wird, ist schwierig nachzuweisen. Diskussionsforen der Community aber bieten zahlreiche Belege, wie Spielerinnen und Spieler mit der historischen Inszenierung interagieren. Die Konstellation der Spielbestandteile bei *The Secret World* erscheint besonders vielversprechend, um eine historische Erinnerungskultur aufzuspüren. Daher erhebt der empirische Teil dieses MMORPG in Kapitel 4 zum Untersuchungsgegenstand. Mittlerweile widerfuhr dem MMORPG eine ebenso gravierende Zäsur wie beim einleitend geschilderten Weltenbrand von *World of Warcraft: Cataclysm*.[960] 2017 entschied sich der norwegische Entwickler für eine Neuauflage als *Secret World Legends* mit einer veränderten Spielmechanik.[961] Nur die Neuveröffentlichung erhält seither inhaltliche Erweiterungen, das Original wurde in einen Wartungsmodus versetzt. Vorherige Besitzer müssen auf zukünftige Inhalte verzichten und mit den verbliebenen Spielern die alten Server bespielen. Oder sie beugen sich der veränderten Spielmechanik, lassen ihre Errungenschaften und den Spielfortschritt hinter sich, um mit einem neuen Avatar von vorn zu beginnen. Diese Zäsur spaltete die Community in zwei Lager und schuf eine weitere Ebene der Vergangenheitserfahrung, denn Veteranen treffen mit Wissen und Erfahrung über die Spielwelt auf Neulinge, die nur die neue Variante kennen.

Als Erinnerungskulturelle Wissenssysteme betrachtet, sind historische Inszenierungen digitaler Spiele mit zahlreichen, gleichzeitigen Spielenden lohnenswerte Untersuchungsgegenstände sind. Die Spielform bietet vielversprechende Instrumente und Gegenstände für einen zugriff auf historische Erinnerungskulturen im Umfeld digitaler Spiele. Die Untersuchung einzelner Exemplare kann der Geschichtswissenschaft nicht genügen, weil Spielende nicht nur jeweils in einem Spiel mit einer scharf abgrenzbaren Spielgemeinschaft verweilen. Sie spielen mehrere Exemplare nacheinander und nebeneinander, und sie kommunizieren innerhalb wie außerhalb der Spielwelten. Umfassender ließe sich die Erinnerungskultur nur langfristig und mosaikartig über mehrere Titel erschließen. Zudem vermengt sie sich mit Eindrücken aus anderen historischen Medienformaten sowie größeren Kreisen gesellschaftlicher Erinnerungskulturen. Deshalb sind Erinnerungskulturen digitaler Spiele ins Verhältnis

---

[960] Siehe zur Endzeitigkeit dieser Spielform im Serverbetrieb S. 35.
[961] **Secret World Legends** 2017 ff.; **Guthrie, M. J.:** FunCom Reboots the Secret World as Secret World Legends, A ‚Shared-World Action RPG', in: *Massively Overpowered* 29. 3. 2017. Online unter: http://bit.ly/2q1MGRz (Letzter Zugriff: 31. 3. 2019).

zu einer deutschen historischen Erinnerungskultur einzuorden, wie ich es etwa für den Umgang mit dem Dritten Reich skizzierte.[962] Wie keine andere Medienform stehen digitale Spiele als junges, nicht voll emanzipiertes Medium in einem Kulturkampf, der ihre Erinnerungskultur beeinflusst. 2014 legte ein Skandal um den Deutschen Computerspielpreis eben diese Differenzen offen.[963] Um die erinnerungskulturelle Funktion digitaler Spiele zu verstehen, sind ihre gesellschaftlichen Rahmenbedingungen in Studien einzubeziehen.

3.2 Anknüpfungspunkte und Lösungsansätze

3.2.1 Geschichtswissenschaft

Die Verfassung digitaler Spiele erwies sich bis hierher als immer komplexer. Sie kombinieren Sachkultur, narrative Elemente, Spielmechaniken sowie makro- und mikrohistorische Rechensysteme zu einer einmaligen geschichtlichen Inszenierung. Abschnitt *3.1 Geschichte in digitalen Spielen* arbeitete heraus, dass sie historische Vorstellungen auf vier Arten transportieren. Sie operieren gezielt mit Geschichtsbildern und koppeln sich, bewusst oder unbewusst, an zeithistorische Entwicklungen. Sie referenzieren zudem auf die eigene technikkulturelle Geschichte. Besonders Multiplayer-Online-Spiele spannen Erinnerungskulturelle Wissenssysteme auf. Sicherlich muss nicht jede geschichtswissenschaftliche Fragestellung jeden strukturellen Aspekt und jede historische Erkenntnisebene einbeziehen. Jede Studie allerdings sollte Einflüsse dieser Elemente wenigstens erwägen. Bislang berücksichtigt die Geschichtswissenschaft das breite Spektrum historischer Inszenierungen nicht zufriedenstellend. Weil viele Aspekte bislang keine Beachtung fanden, wären deutlich mehr Einzelfälle im Detail zu analysiern und differenziertere methodische Ansätze zu entwickeln. Abstand ist davon zu nehmen, Befunde aus einer geringen Anzahl von Beispielen zu verabsolutieren.

Die Überblicke zu historisch relevanten Spielinhalten und zum Forschungsstand zeigten Berührungspunkte mit einigen geschichtswissenschaftlichen Teildisziplinen. Ein Arbeitsfeld aus historischer Perspektive kann sich also auf Vorarbeiten stützen. Geschichtstheoretisch erdachte bereits Gustav Droysen Konzepte von Geschichte, die digitale Netzwerke zu bearbeiten helfen.[964] Narratologische Strukturen erhob Jörn

---

962 Nolden: Bunkermentalitäten, 2014.
963 Nolden, Nico: Computerspielpreis des Sicherheitsrates. Unter Protest verlässt die Gamestar die Jurys des Deutschen Computerspielpreises, in: *Keimling* 18.5.2014. Online unter: http://bit.ly/1hVChYb (Letzter Zugriff: 31.3.2019).
964 Droysen, Johann G. / Hübner, Rudolf (Hg.): Historik. Vorlesungen über Enzyklopädie und Methodologie der Geschichte. Unveränd. reprograf. Nachdr. der 7. Aufl., München 1974; **Blanke, Horst W.** (Hg.): Historie und Historik. 200 Jahre Johann Gustav Droysen. Festschrift für Jörn Rüsen, Köln, u. a. 2009.

Rüsen zur Stütze der modernen Historik, was jedoch ein narratives Dogma erzeugte.[965] Hayden Whites Analyse der geschichtswissenschaftlichen Textproduktion schlug über die konstruktive Vorstellungskraft in historischen Darstellungsformen eine Brücke zur Literaturwissenschaft.[966] Netzwerkartigen Verknüpfungen zwischen fragmentierten, historischen Narrativen bei digitalen Medien hilft Jakob Krameritsch zu verstehen.[967] Die Dominanz der Geschichtserzählung verstellt für Roy Gilles im Zeitalter digitaler Daten innovative Perspektiven.[968] Einerseits betreffen solche Überlegungen den Umgang mit dem Gegenstand, andererseits wirken sie sich auf ein Selbstverständnis der historischen Fachdisziplin aus, wie es Wolfgang Schmale skizzierte.[969] Nach Peter Haber kann in einer digitalisierten Gesellschaft der textlicher Umgang mit Geschichte nur noch einen Teil der wissenschaftlichen Beschäftigung ausmachen.[970] Dass rasante technologische Veränderungen erfordern, geschichtswissenschaftliche Methoden zu überdenken, legen die Aufsätze im Band von Douglas Boyd und Mary Larson für die Oral History nahe.[971] Technologien formen geisteswissenschaftliche Inhalte, weshalb ihre Funktionsweisen zu entschlüsseln sind.[972] Auch digitale Spiele und ihr Umgang mit Geschichte sollte daher als Teil einer Neueren Kulturgeschichte behandelt werden.[973] Grundlegend konzipierte Ute Daniel diesen Ansatz.[974] Martina Heßler betonte, wie technologische Entwicklungen eine Gesellschaft kulturell prägen und kulturelle Prozesse wiederum auf die Technologien rückwirken.[975] Ein kulturgeschichtlicher Blickwinkel fördert eine geschichtswissenschaftlich geprägte Mediengeschichte wie bei Frank Bösch, auch wenn er die Digitalisierung durch Computer dort noch ausgeklammert.[976]

---

[965] **Rüsen, Jörn:** Historik. Theorie der Geschichtswissenschaft, Köln 2013.
[966] **White:** Metahistory, 2015².
[967] **Krameritsch:** Geschichte(n), 2007.
[968] In der Beitragsreihe **Roy, Gilles:** Big History. Or the Curse of Storytelling in Human Knowledge. Thematic Introduction: Future of Quantification in History, in: *Play the Past* 8.4.2015. Online unter: http://bit.ly/2vASGCM, besonders die theoretische Einführung: **Roy, Gilles:** Big Data: Endgame of Virtual History. Part 1 of 4: Future of Quantification in History, in: *Play the Past* 1.6.2016. Online unter: http://bit.ly/2viEcVw (Letzte Zugriffe: 31.3.2019).
[969] **Schmale, Wolfgang:** Digitale Geschichtswissenschaft, Wien 2010; **Schmale, Wolfgang** (Hg.): Digital Humanities. Praktiken der Digitalisierung, der Dissemination und der Selbstreflexivität, Stuttgart 2015.
[970] **Haber, Peter:** Digital Past. Geschichtswissenschaft im digitalen Zeitalter, München 2011.
[971] **Boyd, Douglas A. / Larson, Mary** (Hg.): Oral History and Digital Humanities. Voice, Access, and Engagement, New York 2014.
[972] **Berry, David M.** (Hg.): Understanding Digital Humanities, Basingstoke 2012.
[973] Neben anderen bei **Sandkühler:** Historiker, 2010³; S. 220/21; **Hausar:** Geschichte, 2013; S. 29, Sp. 3; **Inderst:** Fire, 2012; S. 140–45.
[974] **Daniel, Ute:** Kompendium Kulturgeschichte. Theorien, Praxis, Schlüsselwörter, 4. verb. u. erg. Aufl., Frankfurt a. M. 2004; S. 7–25.
[975] **Heßler:** Kulturgeschichte, 2012; S. 7–20.
[976] **Bösch:** Mediengeschichte, 2011; S. 20–23.

Die technischen Möglichkeiten prägen maßgeblich die Formen des Umgangs mit Geschichte. Davon hängt die Geschichtskultur ab und das Maß, mit dem Geschichte wirtschaftlich verwertbar ist.[977] Die traditionelle Bezeichnung *Angewandte Geschichte* wirkt für den Umgang mit historischen Projekten unzeitgemäß. Sie konzentriert sich auf Geschichtsprodukte, die bewusste Darstellungsziele verfolgen.[978] Die digitale Sphäre aber erhebt immer mehr Menschen zu Produzenten historischer Inhalte. In der Regel werden digitale Spiele nicht bewusst als historische Anwendung angelegt, ihre geschichtlichen Inszenierungen sind aber soziokulturell wirkmächtig. Wissenschaftliche, populärkulturelle wie nicht-intentionale historische Repräsentationen umfasst der Oberbegriff *Public History* besser, weil er die aktive, bewusste Anwendung von Geschichte weniger betont. Den Umgang unter den gegenwärtigen technischen und kulturellen Bedingungen müssen Historikerinnen und Historiker ebenso reflektieren wie sich selbst in ihrer eigenen Rolle.[979] Insbesondere müssen die verbreiteten Vorstellungen über historische Authentizität an verschiedenen Medienformen reflektiert werden.[980] Anschlusspunkte bieten geschichtswissenschaftliche Vorarbeiten wie etwa zur Darstellung des Nationalsozialismus im Fernsehen und in Bildern.[981] Internationale Überblickswerke zur Public History wie von Thomas Cauvin und Faye Sayer orientieren sich an angelsächsischen Arbeitsfeldern und sind nur bedingt auf den deutschsprachigen Raum übertragbar.[982] Bislang fehlt der Disziplin theoretische Verortung und methodische Reflexion; nicht zuletzt, um das Verhältnis zwischen einer originär geschichtswissenschaftlichen Public History und dem gleichnamigen Arbeitsfeld der Geschichtsdidaktik zu klären.[983] Diffus bleibt so ihre Zuständigkeit für praktische Felder, digitale Spiele etwa umschifft sie bislang konsequent. Für ein Verständnis einer Geschichtskultur, welche digitale Medien verbreitet und vielfältig beeinflussen, ist das problematisch.[984]

---

977 **Hardtwig, Wolfgang / Schug, Alexander** (Hg.): History sells! Angewandte Geschichte als Wissenschaft und Markt, Stuttgart 2009.
978 **Nießer, Jacqueline / Tomann, Juliane** (Hg.): Angewandte Geschichte. Neue Perspektiven auf Geschichte in der Öffentlichkeit, Paderborn 2014.
979 **Groot, Jerome de:** Consuming History. Historians and Heritage in Contemporary Popular Culture, London, New York 2009.
980 **Sabrow, Martin / Saupe, Achim** (Hg.): Historische Authentizität. Eine Publikation des Leibniz-Forschungsverbunds, Göttingen 2016.
981 **Keilbach, Judith:** Geschichtsbilder und Zeitzeugen. Zur Darstellung des Nationalsozialismus im Bundesdeutschen Fernsehen, 2. unveränd. Onlineausgabe, [Münster] 2010; **Keilbach, Judith:** Photographs, Symbolic Images, and the Holocaust. On the (Im)Possibility of Depicting Historical Truth, in: *History and Theory*, Nr. 2 48/2009; S. 54–76.
982 **Cauvin, Thomas:** Public History. A Textbook of Practice, New York 2016; **Sayer, Faye:** Public History. A Practical Guide, London 2015.
983 **Logge:** Public History, 2016.
984 **Kansteiner, Wulf:** Alternative Welten und erfundene Gemeinschaften. Geschichtsbewusstsein im Zeitalter interaktiver Medien, in: Meyer, Erik (Hg.): Erinnerungskultur 2.0. Kommemorative Kommunikation in digitalen Medien, Frankfurt a. M. 2009; S. 29–54.

Kommunizieren Spielende über diese medialen Inszenierungen, erzeugen sie eine spezifische Erinnerungskultur, die mit Astrid Erll in Verbindungen zu anderen Erinnerungskulturen zu setzen ist.[985] Ihre Untersuchung führt zwangsläufig auf historischen Vorbilder für kulturelle Gedächtnisse, wie sie Jan Assmann findet.[986] Diverse Container für Erinnerungen systematisierte Aleida Assmann.[987] Nützlich ist das Verständnis von Maurice Halbwachs über die sozialen Rahmungen der Erinnerungsprozesse.[988] Ein Gedächtnis lässt sich nicht auf einzelne Menschen beschränken, sondern operiert in Kommunikation zwischen Menschen, woraus Harald Welzer Folgen für die Funktionsweise von Erinnerungen für Gesellschaften herausarbeitet.[989] Damit hängt nach Karl-Ernst Jeismann eng das Geschichtsbewusstsein von Menschen zusammen.[990] Forschungsergebnisse über das Geschichtsbewusstsein setzt Wulff Kansteiner in Beziehung zu Analysen der Kultur um digitale Spiele.[991] Stark abstrahierend, überschätzt er allerdings teils die zukünftige Rolle interaktiver Medien und manch andere Stelle wirkt schon heute überholt, wohl auch weil Studien an Rezipienten fehlen.

In jüngerer Zeit erlangte Globalgeschichte als geschichtswissenschaftliche Disziplin Auftrieb.[992] Globalgeschichtliche Diskurse schließen an ein weites Spektrum zwischen Transnationaler Geschichte, Weltgeschichte und Universalgeschichte an, je nach Denktradition, Weltregion und historischem Zeitraum.[993] Sie löst sich von nationalstaatlich orientierten, historischen Interpretationen, um diverse Blickwinkel historiografischer Traditionen global zu würdigen. Dafür reflektiert Globalgeschichte

---

985 Erll: Gedächtnis, 2011²; bes. S. 109–172.
986 Assmann: Gedächtnis, 2007⁶.
987 Assmann: Erinnerungsräume, 2010⁵.
988 Halbwachs, Maurice: Das Gedächtnis und seine sozialen Bedingungen, 4. uneveränd. Aufl., Frankfurt a. M. 1985.
989 Welzer, Harald: Das kommunikative Gedächtnis. Eine Theorie der Erinnerung, 3. Aufl., München 2008.
990 Jeismann, Karl-Ernst: Didaktik der Geschichte. Die Wissenschaft von Zustand, Funktion und Veränderung geschichtlicher Vorstellungen im Selbstverständnis der Gegenwart, in: Kosthorst, Erich (Hg.): Geschichtswissenschaft. Didaktik, Forschung, Theorie, Göttingen 1977; S. 9–33, hier S. 12/13; **Jeismann, Karl-Ernst:** Verlust der Geschichte? Zur gesellschaftlichen und anthropologischen Funktion des Geschichtsbewusstseins in der gegenwärtigen Situation (1977), in: Jeismann, Karl-Ernst / Jacobmeyer, Wolfgang / Kosthorst, Erich (Hgg.): Geschichte als Horizont der Gegenwart. Über den Zusammenhang von Vergangenheitsdeutung, Gegenwartsverständis und Zukunftsperspektive, Paderborn 1985; S. 11–26 sowie **Jeismann, Karl-Ernst:** „Geschichtsbewusstsein". Überlegungen zur zentralen Kategorie eines neuen Ansatzes der Geschichtsdidaktik (1980) in demselben Band S. 43–70; **Jeismann, Karl-Ernst:** Geschichtsbewußtsein als zentrale Kategorie der Geschichtsdidaktik, in: Schneider, Gerhard (Hg.): Geschichtsbewußtsein und historisch-politisches Lernen, Pfaffenweiler 1988; S. 1–24.
991 Kansteiner: Alternative Welten, 2009.
992 Conrad, Sebastian: Globalgeschichte. Eine Einführung, München 2013; S. 8.
993 Sieder, Reinhard / Langthaler, Ernst: Was heißt Globalgeschichte? Einleitung, in: Sieder, Reinhard / Langthaler, Ernst (Hg.): Globalgeschiche 1800–2010, Wien 2010; S. 9–37, hier S. 9–22; **Conrad:** Globalgeschichte, 2013; S. 13–52.

stets weltweite Zusammenhänge, grenzübergreifende Verflechtungen und Kommunikation sowie Prozesse globaler Integration.[994] Methodisch gibt sie Beziehungen zwischen Strukturen, Akteuren und Prozessen den Vorrang vor internalistischen Erklärungsmustern.[995] Neben Zeitlichkeit unterstreicht Andrea Komlosy Räumlichkeit als Analysekategorie, um interregionale Beziehungen geografisch wie kulturell zu überdenken.[996] Globalisierung, zu oft rein wirtschaftlich und institutionell diskutiert, gerät dann zu einem zeithistorischen Prozess, der Menschen und Gesellschaften mithilfe technischer Optionen in sozialen Netzwerken zusammenführt, in denen sie globale Prozesse mitgestalten.[997] Ihre Kommunikation transportiert Informationen zwischen Kulturregionen und verdichtet Interaktionsräume einer Netzwerkgesellschaft im Sinne von Manuel Castells.[998] Einen Teil solcher weltweit kommunizierenden, grenzübergreifenden und interagierenden Verflechtungskultur bilden online vernetzte Spielergemeinschaften. Damit sind sie globalhistorisch relevant. Dieser Begriff von Globalisierung fokussiert die globale Integration individueller Kommunikation, gerahmt durch soziale Netzwerke, unter Berücksichtigung ihrer technologischen Basis. Er knüpft damit an eine Globalgeschichte an, die auf Transfer-, Netzwerk- und globaler Gesellschaftsgeschichte aufbaut.[999] Wird in den vernetzten Kommunikationssphären historisches Wissen verhandelt, treffen regionale Geschichtsdeutungen und Erinnerungskulturen aufeinander. MMOs im Allgemeinen, insbesondere aber Online-Rollenspiele, lassen mehrere Ebenen globalhistorischer Relevanz erkennen:[1000] Ein technischer Rahmen ermöglicht die Spielerfahrung, der sich rasant entwickelt und weltweit standardisiert. Die Spielwelten vermengen regionale Geschichtstraditionen, greifen diverse Epochen auf und wechseln kulturelle Perspektiven, wodurch sich ihre historische Gesamtinszenierung globalisiert. Mit einem kulturgeschichtlichen Überblick zum Online-Spielen in China setzt Matthew Chew daher einen wichtigen Grundstein, wäre aber mit anderen Regionen zu vergleichen und in ein globalhistorisches Gesamtbild einzuordnen.[1001] Zusammen spannen technische Grundlagen und historische Inszenierungen der Online-Rollenspiele den Kommunikations- und Interaktionsraum auf, der Spielende aus diversen soziokulturellen Hintergründen zu globalen Erfahrungen zusammenführt. Diese Komponenten weisen auf das Entstehen globalisierter Erinnerungskulturen hin. Infolge der Abkehr von nationalen Deutungsmustern eröffnet die Globalgeschichte als

---

994 Conrad: Globalgeschichte, 2013; S. 10 – 12.
995 Conrad: Globalgeschichte, 2013; S. 21– 27.
996 Komlosy, Andrea: Globalgeschichte. Methoden und Theorien, Stuttgart 2011.
997 Osterhammel, Jürgen / Petersson, Niels P.: Geschichte der Globalisierung. Dimensionen, Prozesse, Epochen, 5., durchges. Aufl., München 2012; S. 10 – 15 u. 20 – 24.
998 Castells, Manuel: The Information Age. Vol. 1: The Rise of the Network Society, Cambridge 1996.
999 Sieder / Langthaler: Globalgeschichte, 2010; hier S. 15, 19 u. 20/21.
1000 Nolden, Nico: Keimzellen verborgener Welten. Globalisierungsprozesse beim MMORPG The Secret World als globalhistorische Zugriffswege, in: Köstlbauer, Josef / Pfister, Eugen / Winnerling, Tobias / Zimmermann, Felix (Hg.): Weltmaschine Computerspiel, Wien 2018; S. 181– 201.
1001 Chew: Cultural History, 2016. Vgl. Anm. 353.

Methode eine Chance, die jahrhundertelange eurozentristische Prägung der Geschichtswissenschaft zu durchbrechen. Dass bereits Fachtermini erschweren, historiografische Auffassungen anderer Weltregionen aufzunehmen, zeigte Margrit Pernau am Beispiel Indien.[1002] Daher erweist der Vergleich von Dominic Sachsenmaier zwischen China, den USA und Deutschland, dass nur ein grundlegender Umbau der Geschichtswissenschaft traditionelle Schranken aufzubrechen vermag.[1003] Die globalgeschichtliche Perspektive erhebt somit einen dekolonialisierenden Anspruch, der emanzipatorisch anderen Geschichtsüberlieferungen die gleiche Relevanz wie der europäischen Wissenschaftstradition einräumt. Im Umkehrschluss ist die bisherige eurozentrische Geschichtsschreibung mithilfe der Post-Colonial Studies zu überdenken. Wie sich koloniale Denkmuster bis heute kulturell manifestieren, erläutert Gayatri Spivak an philosophischen Denkmustern, literarischen Vorstellungen, historischen Interpretationen und politischen wie wirtschaftlichen Strukturen.[1004] Betroffen von einer eurozentristisch-westlichen Haltung sind dadurch ebenso historische Inszenierungen in digitalen Spielen. Erwähnt wurde Souvik Mukherjee, der die Perspektiven-Einfalt bezüglich der kolonialen Expansion Europas an indischen Spielerfahrungen mit der Reihe *Europa Universalis* zeigte.[1005] Dass eine globalhistorische, postkolonial reflektierte Herangehensweise auch auf die Entwicklerkreise diverser Weltregionen auszuweiten ist, zeigte Xenia Zeilers Blick auf die Entwicklerszene Indiens.[1006] Paul Martin arbeitete den Einfluss kolonialer und ethnischer Vorstellungen auf die Produktionsbedingungen im japanischen Markt heraus.[1007] Nach Jessica Langer reproduziert *World of Warcraft* postkoloniale Themen durch die Symbolsprache, mit der die spielinternen Völker sowie ihre Beziehungen untereinander inszeniert sind.[1008]

Die aufgezeigten Themenfelder lassen erkennen, wie wichtig die Klärung ist, was historisches Wissen überhaupt kennzeichnet, in welchen Traditionen es steht und was darunter zu welchen Zeiten verstanden wurde. Aus der geschichtlichen Funktion und dem Verständnis von Archiven leitet Markus Friedrich eine Wissensgeschichte ab, an die sich strukturierte Wissensangebote von Medien wie digitalen Spielen anschließen lassen.[1009] Sein kulturwissenschaftlicher Ansatz behandelt Strukturen als komplexe Wissensspeicher mit wandelbarer historischer Bedeutung des Wissens für die Ge-

---

1002 **Pernau, Margrit:** Transnationale Geschichte, Stuttgart 2011.
1003 **Sachsenmaier, Dominic:** Global Perspectives on Global History. Theorie and Approaches in a Connected World, Cambridge 2011; hier S. 232–245.
1004 **Spivak, Gayatri C. / Nehring, Andreas:** Kritik der postkolonialen Vernunft. Hin zu einer Geschichte der verrinnenden Gegenwart, Stuttgart 2014.
1005 **Mukherjee:** Subaltern, 2016. Siehe Anm. 352.
1006 **Zeiler:** Scene, 2016. Siehe Anm. 355.
1007 **Martin:** Race, 2016. Siehe Anm. 354.
1008 **Langer, Jessica:** The Familiar and the Foreign. Playing (Post)Colonialism in World of Warcraft, in: Corneliussen, Hilde / Rettberg, Jill W. (Hg.): Digital Culture, Play, and Identity. A World of Warcraft Reader, Cambridge 2008; S. 87–108.
1009 **Friedrich, Markus:** Die Geburt des Archivs. Eine Wissensgeschichte, München 2013.

sellschaft. Eben diese menschliche Gesellschaft verhandelt Bedeutung und Funktion von Wissen, wie die Wissenssoziologie nach Peter Berger und Thomas Luckmann seit den siebziger Jahren herausarbeitet.[1010] Die Erkenntnistheorie lässt zudem die Verarbeitung von Informationen im menschlichen Denken näher begreifen und die Folgen für Wissensprozesse aufzeigen.[1011] Nach Jacques Derrida muss somit in digitalen wie in analogen Lebenswelten die kollektive Konstruktion von Ereignissen hinterfragt werden.[1012] Die Forschungen von Michel Foucault zeigen, dass sowohl gesellschaftliche Normen als auch die technischen Grenzen eines Kommunikationsmittels Schranken dafür aufstellen, was kommuniziert werden kann und was nicht.[1013] Auf Basis solcher Überlegungen zu Wissensgenerierung, -speicherung und der historischen Diskursformung in Abhängigkeit von gesellschaftlichen und technischen Normen kann sich die Geschichtswissenschaft einem Wissenssystem nähern, das digitale Spiele aufspannen. MMORPGs eröffnen zusätzlich Einblicke in kommunizierende, kollaborative Verständigungsgemeinschaften. An die Überlegungen von Adam Chapman zu digitalen Spielen zwischen Simulationsformen und Epistemologie lässt sich dafür anschließen.[1014]

Fragen der Wahrnehmung, die wirklichkeitsformende Macht des Gesagten oder das, was gesellschaftlich als sagbar oder nicht sagbar gilt, führen zusammen mit Handlungsprozessen auf das Konzept der Performativität. Gerade in digitalen Spielen ist die gestalterische, aktiv handelnde Rolle von Spielenden eine mediale Kerneigenschaft. Jürgen Martschukat und Steffen Patzold führen wichtige Strömungen eines „performative turn" für die Geschichtswissenschaft zusammen, weil die einzelnen Beiträger des Sammelbandes Begriffe unterschiedlich konnotieren.[1015] Berührungspunkte mit einer neueren Historischen Diskursanalyse wie bei Achim Landwehr sind deutlich zu erkennen.[1016] Vielfältige Schlaglichter zeigen bei Erika Fischer-Lichte die Spannweite der aktuellen Beschäftigung mit Performativität auch für die Geschichtswissenschaft.[1017] Wie andere Inszenierungen lässt sich ein digitales Spiel mit seinen technischen, inhaltlichen und spielmechanischen Komponenten als Bühne

---
1010 Berger, Peter L. / Luckmann, Thomas: Die gesellschaftliche Konstruktion der Wirklichkeit. Eine Theorie der Wissenssoziologie, 25. Aufl., Frankfurt a. M. 2013.
1011 Foerster, Heinz v.: Sicht und Einsicht. Versuche zu einer operativen Erkenntnistheorie, Braunschweig 1985.
1012 Derrida, Jacques: Eine gewisse unmögliche Moglichkeit, vom Ereignis zu sprechen. Vortrag am 1. April 1997 in Montréal, Berlin 2003.
1013 Foucault, Michel: Die Ordnung des Diskurses, in: Foucault, Michel / Konersmann, Ralf / Seitter, Walter (Hg.): Die Ordnung des Diskurses. Mit einem Essay von Ralf Konersmann. 12. Aufl., München 2012; S. 7–49.
1014 Chapman: Digital Games, 2016; hier insbes. S. 59–89. Vgl. dazu S. 70.
1015 Martschukat, Jürgen / Patzold, Steffen (Hg.): Geschichtswissenschaft und „performative turn". Ritual, Inszenierung und Performanz vom Mittelalter bis zur Neuzeit, Köln 2003.
1016 Landwehr, Achim: Historische Diskursanalyse, Frankfurt a. M. 2008.
1017 Fischer-Lichte, Erika (Hg.): Performing The Future. Die Zukunft der Performativitätsforschung, Paderborn 2013.

begreifen, die der aktiven Rolle der Spielenden einen historischen Rahmen setzt.[1018] In der Regel bezieht die Geschichtswissenschaft digitale Spiele jedoch nicht in das Konzert performativer Geschichtspraktiken ein.[1019] Als seltene Ausnahme erkennt Brian Rejack in digitalen Spielen Parallelen zu körperlich-historischen Erfahrungen von Praktiken des Reenactments.[1020] Populärkulturelle Repräsentationen von Geschichte können aufgrund der performativen Macht ihrer Inszenierungen nachhaltig das historische Verständnis von Menschen beeindrucken.[1021] Welche Belegformen von der Glaubwürdigkeit historischer Inszenierungen überzeugen, ist daher ein elementar geschichtswissenschaftliches Forschungsgebiet.[1022] Schließlich sieht Simon Reynolds ein grundsätzliches, tiefes Bedürfnis nach Vergangenheit in der Popkultur.[1023] Eine Popgeschichte als historischen Zugang systematisiert die Aufsatzsammlung von Marcus Kleiner und Michael Rappe.[1024] Mit ihren Beiträgern nähern sie sich der popkulturellen Forschung interdisziplinär, wobei Rolf Nohr die Verhandlung von temporär gültigen Wahrheiten anhand digitaler Spiele betrachtet.[1025] Sein diskursanalytischer Beitrag verweist zurück auf Verständigung in Gemeinschaften und zu Erinnerungskulturen.

Die Mechanismen historischer Inszenierungen arbeiten mit Repräsentationsformen verschiedener Medientypen. Die Geschichtswissenschaft entwickelte für Medien jenseits des Textes spezialisierte Arbeitsfelder. Visual History befasst sich der Analyse bildlicher medialer Darstellungen von Geschichte wie zum Beispiel auf politischen Plakaten.[1026] Die Bildsprache von Fotografien und filmischen Materialien stellen digitale Spiele gezielt her, um historische Eindrücke hervorzurufen.[1027] Bilder sind als historische Quellen stets Teil eines größeren Diskurses, ohne aber die Methodik ihrer Inszenierung zu entschlüsseln, verfallen Betrachter einer vermeintlichen Objektivität

---

1018 Hochbruck, Wolfgang / Schlehe, Judith / Oesterle, Carolyn / Uike-Bormann, Michiko (Hg.): Staging the Past. Themed Environments in Transcultural Perspectives, Bielefeld 2010.
1019 Willner, Sarah / Koch, Georg / Samida, Stefanie (Hg.): Doing History. Performative Praktiken in der Geschichtskultur, Münster 2016.
1020 Rejack: Reenactment, 2007. Vgl. S. 92.
1021 Korte, Barbara / Paletschek, Sylvia (Hg.): History goes Pop. Zur Repräsentation von Geschichte in populären Medien und Genres, Bielefeld 2009.
1022 Pirker, Eva U. (Hg.): Echte Geschichte. Authentizitätsfiktionen in populären Geschichtskulturen, Bielefeld 2010.
1023 Reynolds: Retromania 2013².
1024 Geisthövel, Alexa / Mrozek, Bodo (Hg.): Popgeschichte. Bd. 1: Konzepte und Methoden, Bielefeld 2014.
1025 Nohr, Rolf F.: Die Aushandlung ‚zeitweilig gültiger Wahrheiten'. Die kritische Diskursanalyse als Methode am Beispiel des Computerspiels, in: Kleiner, Marcus S. / Rappe, Michael (Hg.): Methoden der Populärkulturforschung. Interdisziplinäre Perspektiven auf Film, Fernsehen, Musik, Internet und Computerspiele, Berlin 2012; S. 417–47.
1026 Brocks, Christine: Bildquellen der Neuzeit, Stuttgart 2012.
1027 Jäger, Jens: Fotografie und Geschichte, Frankfurt a. M. 2009.

des Dargestellten.[1028] Die postulierte radikale Wende zum Visuellen lässt sich im Rückblick nach mehr als 20 Jahren nicht ausmachen, Bilder waren vielmehr schon immer Teil der gesellschaftlichen Kommunikation.[1029] Prominent beteiligten sie sich lediglich in den jüngsten Dekaden daran, wie sich mediale Kanäle in digitalen Formen ausdifferenzieren. Bilder, die digitale Spiele produzieren, sind in der Regel räumlich, weil Spielende sich durch Spielwelten bewegen. Konzepte von Räumlichkeit, wie sie Susanne Rau erläutert, spielen in der Geschichtswissenschaft für ihre Analyse eine wesentliche Rolle.[1030] Verstärkt widmen sich Forschende den Klangwelten der Vergangenheit. Obwohl grundlegende Gedanken zu Soundscapes Raymond M. Schafer bereits Ende der siebziger Jahre formulierte, stecken geschichtswissenschaftliche Arbeiten in den Anfängen.[1031] Florence Feiereisen und Alexandra M. Hill verfolgen mit ihren Beiträgern die Frage, welchen Geräusche die deutsche Geschichte im 20. Jahrhundert prägen.[1032] Die Kombination aus Texten von 83 Autorinnen und Autoren bei Gerhard Paul und Ralph Schock mit einer DVD von 82 ausgesuchten Klangbeispielen zeigt bestechend die Vielfalt möglicher Ansätze der Sound History für die deutsche Geschichte.[1033] Zur Sound-Geschichte urbaner Vergangenheiten, die nicht unbedingt nationalgeschichtlich fixiert sein müssen, stellt Karin Bijsterveld Überlegungen am Beispiel von Amsterdam an.[1034] Sie bricht mit der Annahme über Städte, es wäre vor der technischen Revolution und dem Straßenverkehr zum Beginn des 20. Jahrhunderts leiser zugegangen. Sie koppelt ihre Klanggeschichte zudem an performative Konzepte zurück. Problematisch ist, dass durchweg die industrialisierte großstädtische Klangwelt im Mittelpunkt steht, weil es dafür Aufzeichnungen gibt. Der historische Wert des Sounds etwa einer altägyptischen Tempelanlage oder einem Dorf im transylvanischen Winterwald des 17. Jahrhunderts wird noch nicht ergründet. Eben solche Soundscapes gerade versuchen digitale Spiele zu simulieren. Die offenen Desiderate aus Visual History und Sound Studies greift die Beispielstudie in Kapitel 4 noch auf, um die Elemente einer historischen Atmosphäre zu durchdenken. Auch das historische Teilfeld der Emotionsgeschichte wird dort relevant, denn historische Repräsentationen in Bild, Ton und auch Text transportieren verschiedenste Gefühle. Die Geschichtswissenschaft erarbeitete hierzu verschiedene Ansätze, wie der For-

---

1028 Eder, Franz X. / Kühschelm, Oliver / Linsboth, Christina (Hg.): Bilder in historischen Diskursen, Wiesbaden 2014.
1029 Geise, Stephanie / Birkner, Thomas et. al. (Hg.): Historische Perspektiven auf den Iconic Turn. Die Entwicklung der öffentlichen visuellen Kommunikation, Köln 2016.
1030 Rau, Susanne: Räume. Konzepte, Wahrnehmungen, Nutzungen, Frankfurt a. M. 2013.
1031 Schafer, Raymond M.: The Soundscape. Our Sonic Environment and the Tuning of the World. Nachdr. d. Aufl. v. 1977, Rochester 1994.
1032 Feiereisen, Florence / Hill, Alexandra M. (Hg.): Germany in the Loud Twentieth Century. An Introduction, New York 2012.
1033 Paul, Gerhard / Schock, Ralph (Hg.): Sound des Jahrhunderts. Geräusche, Töne, Stimmen – 1889 bis heute, Bonn 2013.
1034 Bijsterveld, Karin (Hg.): Soundscapes of the Urban Past. Staged Sound as Mediated Cultural Heritage, Bielefeld 2014.

schungsbericht von Bettina Hitzer zeigt.[1035] Je nach historischem Kontext wohnen Gefühlen unterschiedliche Bedeutungen inne. Wut oder Liebe etwa bedeuteten nicht dasselbe durch die Jahrhunderte. Trotz einiger geschichtswissenschaftlicher Studien hält Nina Verheyen Gefühle als historische Kategorie für methodisch noch immer nicht einfach zu fassen.[1036] Es müsse sich noch erweisen, dass Emotionen als historischer Zugriff produktiv seien. Monique Scheer sieht die historische Bedeutung von Emotionen in ihrer Qualität als performative Praxis, die an den Habitus-Begriff bei Bourdieu anschließt.[1037] Kontraproduktiv positioniert daher Jan Plampers sozialkonstruktivistischer Überblicksversuch die historische Emotionsforschung in einen Gegensatz zu Kultur- und Medienwissenschaften.[1038] Produktiver wäre gewesen, den gewinnbringenden Anteil der Geschichtswissenschaft am Konzert der Teildisziplinen zu benennen.

Ein solcher, interdisziplinärer Zuschnitt könnte dazu beitragen, eine historische Atmosphäre anzunähern, die digitale Spiele an historischen Schauplätzen aus vielen Komponenten komponieren. Für Walter Benjamin verschwindet die Aura eines künstlerischen Produktes durch die technischen Möglichkeiten der Neuzeit, es zu reproduzieren.[1039] Das ästhetische Konzept der Aura aber ist ein definitorisch nie ganz eindeutiges, ätherisches Hilfskonstrukt, um den Eindruck von Achtung im Angesicht eines Originals zu beschreiben. Gernot Böhme geht in der Neuen Ästhetik zu einem Begriff der Atmosphäre über, die er als Summe aller Beziehungen von Subjekten mit dem betrachteten Objekt in dem Raum definiert, der das Objekt umgibt.[1040] Ein solcher atmosphärischer Begriff von Ästhetik ist eine Wahrnehmungskategorie und als solche für das Verständnis von digitalen Medienprodukten anwendbar.[1041] Daniel Feige schloss digitale Spiele an den wahrnehmungsorientierten Ästhetik-Begriff bereits durch eine philosophische Analyse ästhetischer Eigenarten an.[1042] Aus geschichtswissenschaftlicher Sicht bietet die Neue Ästhetik solide Vorlagen, um einen

---

1035 Hitzer, Bettina: Emotionsgeschichte – ein Anfang mit Folgen. Forschungsbericht, in: *H-Soz-Kult* 23.11.2011. Online unter: http://bit.ly/2umzYur (Letzter Zugriff: 31.3.2019).
1036 Verheyen, Nina: Geschichte der Gefühle, in: *Docupedia-Zeitgeschichte* 18.6.2010. Online unter: http://bit.ly/2toawbf (Letzter Zugriff: 31.3.2019).
1037 Scheer, Monique: Are Emotions a Kind of Practice (and is that what Makes Them Have a History)? A Bourdieuian Approach to Understanding Emotion, in: *History and Theory*, Nr. 2 51/2012; S. 193–220. Online unter: http://bit.ly/2mzuxXv (Letzter Zugriff: 31.3.2019).
1038 Plamper, Jan: Geschichte und Gefühl. Grundlagen der Emotionsgeschichte, München 2012.
1039 Benjamin, Walter: Das Kunstwerk im Zeitalter seiner technischen Reproduzierbarkeit, in: Benjamin, Walter (Hg.): Das Kunstwerk im Zeitalter seiner technischen Reproduzierbarkeit. Drei Studien zur Kunstsoziologie, Frankfurt a. M. 2012 [=Nachdr. Aufl. 1963]; S. 7–44.
1040 Böhme, Gernot: Atmosphäre. Essays zur neuen Ästhetik, 7., erw. und überarb. Aufl, Berlin 2013; S. 42.
1041 Böhme, Gernot: Aisthetik. Vorlesungen über Ästhetik als allgemeine Wahrnehmungslehre, München 2001.
1042 Feige, Daniel M.: Computerspiele. Eine Ästhetik, Berlin 2015.

historischen Atmosphärenbegriff anzunähern und ihn mit digitalen Spielen zu verknüpfen.

3.2.2 Nachbardisziplinen

In der Geschichtswissenschaft bedarf es noch erhebliche Anstrengungen, um digitale Spiele ausreichend zu würdigen. Dennoch gibt es keinen Anlass, an ihrer unüberschaubaren Menge zu verzweifeln. Viele wissenschaftliche Disziplinen erkannten früher die Bedeutung digitaler Spiele und veröffentlichten nützliche Vorarbeiten. Diese Disziplinen werfen allerdings jeweils einen speziellen fachlichen Blick auf sie, gegründet auf eigener Theorie und Methodik. Deshalb sind ihre Befunde nicht ohne Weiteres auf historische Fragestellungen übertragbar. Sehr wohl aber bieten sie einen umfangreichen Fundus bedenkenswerter Ansätze, um Studien zu erweitern und zu schärfen. Dieser Abschnitt legt daher die geschichtswissenschaftlich wertvollen Anknüpfungspunkte dar.

Mich beschämt als Historiker, dass keine technikkulturelle Geschichte digitaler Spiele aus geschichtswissenschaftlicher Perspektive geschrieben wird. Ansätze für ihre Historiografie liefern kulturwissenschaftliche Texte, die Medienwissenschaft und Autoren der Archivwissenschaften sowie Museumskuratoren. Den hohen Anspruch, ein kritisches Nachschlagewerk zu offenen Fragen der Geschichte digitaler Spiele vorzulegen, lösen Museumskurator Henry Lowood und der kulturwissenschaftliche Technikforscher Raiford Guins leider nicht ein.[1043] Allerdings versammelt ihr Band Aspekte, die für eine Historiografie notwendig zu beachten wären. Ein Spektrum von Aktivitäten, mit denen diverse Akteure digitale Spiele bewahren wollen, skizzieren die Informationswissenschaftler Joanna Barwick, James Dearnley und Adrienne Muir.[1044] Guins betrachtete zudem in einer kulturwissenschaftlichen Studie das museale Nachleben der technologischen Relikte, wenn digitale Spiele ihren kommerziellen Lebenszyklus hinter sich lassen.[1045] Er wendet sich gegen nostalgische Chronologien, die er zu einer reflektierten Geschichtsschreibung entwickeln will. Aus der Analyse von Ausstellungen ermittelt er Ansätze, wie digitale Spiele sinnvoll zu bewahren wären. Während er erstrebenswert findet, die Spielerfahrung an sich zu bewahren, dokumentieren die Medienwissenschaftlerinnen Helen Stuckey, Melanie Swalwell und Angela Ndalianis die Erinnerungen von Spielern an ihre Spielerfahrung.[1046] Vier

---

1043 Guins, Raiford / Lowood, Henry (Hg.): Debugging Game History. A Critical Lexicon, Cambridge 2016.
1044 Barwick, Joanna / Dearnley, James / Muir, Adrienne: Playing Games with Cultural Heritage. A Comparative Case Study Analysis of the Current Status of Digital Game Preservation, in: *Games and Culture*, Nr. 4 6/2011; S. 373–90.
1045 Guins, Raiford: Game After. A Cultural Study of Video Game Afterlife, Cambridge 2014.
1046 Stuckey, Helen / Swalwell, Melanie / Ndalianis, Angela: The Popular Memory Archive. Collecting and Exhibiting Player Culture from the 1980s, in: Tatnall, Arthur / Blyth, Tilly / Johnson, Roger

Modi identifiziert der Kulturforscher Jaakko Souminen, nach denen die Geschichte digitaler Spiele zielgruppenspezifisch präsentiert werden könne.[1047] Für eine Ludoarchäologie, die als Teil einer Geschichtsschreibung vergessene analoge Spiele und ihre Dokumente auffindet, plädiert der Kulturwissenschaftler Matthias Fuchs, was auf digitale Spielerelikte übertragbar wäre.[1048] Verbindungen gäbe es zu einer digitalen Medienarchäologie nach Jussi Parikka.[1049] In der Regel befassen sich die in diesem Abschnitt genannten Disziplinen mit Inhalten der Spiele, dem Verhalten von Rezipienten und dem Widerhall in der Gesellschaft. Das technische Artefakt selbst bleibt dagegen zu häufig im Hintergrund. Schwierig wird es daher, ein digitales Spiel über den Zeitrahmen seiner kommerziellen Nutzung hinaus für Forschung und Gesellschaft zu bewahren. Christoph Deeg, Andreas Lange und Winfried Bergmeyer sehen für Bibliotheks- wie Archivwissenschaften gravierendere Herausforderungen für dieses Kulturgut als jemals bei einem anderen Medium.[1050] Die rasante Vergänglichkeit von technischen Plattformen und Speichertechnologien sowie die kurzen Lebenszyklen digitaler Spiele stellen etwa die Methode Emulation vor mannigfaltige Schwierigkeiten.[1051] Obendrein müssen diese Probleme zügig gelöst werden, da immer größere Teile der Überlieferung unwiderbringlich verloren gehen. Was aus diesen Umständen für eine Historiografie digitaler Spiele folgt, erläutert Abschnitt *3.3 Digitale Spiele als Überlieferungsträger*, denn für die Geschichtswissenschaft ist ein adäquater Erhalt ihrer Quellen essentiell.

Parallel zu den beginnenden geschichtswissenschaftlichen Aktivitäten entdeckte auch die Archäologie digitale Spiele als Untersuchungsgegenstand. Einerseits lässt sich ihre Expertise bei der Erkundung von historischen Örtlichkeiten auf virtuelle Räume übertragen, andererseits befruchten ihre Methoden eine digitale Medienarchäologie auf der Suche nach Relikten vergessener, verschollener oder nicht mehr lesbarer digitaler Spiele. Beim Forschungsstand zu den Epochen bereits erwähnt, diskutierte Colleen Morgan in einem Videostream die eiszeitliche Inszenierung von

---

(Hg.): Making the History of Computing Relevant. IFIP WG 9.7 International Conference on the History of Computing, HC 2013, London, 17th-18th June 2013. Revised Selected Papers, Berlin 2013; S. 215–25.
1047 Suominen, Jaakko: How to Present the History of Digital Games. Enthusiast, Emancipatory, Genealogical, and Pathological Approaches, in: *Games and Culture* 20.6.2016; S. 1–19. Online unter: http://bit.ly/2vxv1E0 (Letzter Zugriff: 31.3.2019).
1048 Fuchs, Matthias: Ludoarchaeology, in: *Games and Culture*, Nr. 6 9/2014; S. 528–38.
1049 Parikka, Jussi: What is Media Archaeology?, Cambridge 2012.
1050 Deeg, Christoph: Gaming und Bibliotheken, Berlin 2013; **Lange:** Pacman, 2012; **Bergmeyer, Winfried:** Computerspiele. Die Herausforderung des Sammelns und Bewahrens eines neuen Mediums, in: Letourneur, Ann-Marie / Mosel, Michael / Raupach, Tim (Hg.): Retro-Games und Retro-Gaming. Nostalgie als Phänomen einer performativen Ästhetik von Computer- und Videospielkulturen, Glückstadt 2015; S. 143–64.
1051 Loebel, Jens-Martin: Lost in Translation. Leistungsfähigkeit, Einsatz und Grenzen von Emulatoren bei der Langzeitbewahrung digitaler multimedialer Objekte am Beispiel von Computerspielen, Glückstadt 2014.

Far Cry Primal.[1052] Umtriebig zeigt sich auch Andrew Gardner, der fachliche Rezensionen archäologisch interessanter Spiele vorschlug.[1053] Die Kraft von Strategiespielen motiviere Studierende und die Öffentlichkeit, sich archäologischen Themen zu nähern.[1054] Letztlich müsse die Forschung untersuchen, welche Methoden digitale Spiele nutzen, um die antike Welt in Spielwelten zu repräsentieren.[1055] Das Blog von Andrew Reinhard intensivierte die Anwendung archäologischer Methoden bei der Erkundung innerhalb von digitalen Spielen.[1056] In New Mexico spürte er mit einer Ausgrabung erfolgreich digitale Spiele der Firma Atari auf, die gerüchteweise in der Wüste vergraben sein sollten.[1057] Reinhard schreibt zudem an einer ersten umfassenden Einführung in die Archäologie digitaler Spiele.[1058] Ein Blogbeitrag gibt einen Einblick in das Konzept.[1059] Tara Copplestone erläutert Chancen sowie Risiken für den Transport des kulturellen Erbes durch digitale Spiele.[1060] Bei ihr rücken Spiele in den Fokus, die Archäologie behandeln, andererseits untersucht sie, wie digitale Spiele als Mittel der archäologischen Ausbildung nutzbar sind, um zum Beispiel methodische Varianten von Ausgrabungen in einer Spielwelt zu erproben.[1061] Eine Aufsatzsammlung von Angus Mol et al. überblickt das archäologischen Arbeitsfeld und schließt zu andere Disziplinen an.[1062] Im deutschsprachigen Raum sticht das Blog von Dominik Schott heraus, der ähnlich wie Andrew Reinhard archäologisch an digitale Spiele herangeht.[1063] Seine Beiträge verhandeln Themen mit allgemeinem historischen Zuschnitt, weniger speziell die archäologische Sicht. Verfasst sind sie im Stil eher journalistisch

---

1052 **Morgan:** Archaeology, 2016. Siehe weiter oben S. 112.
1053 **Gardner, Andrew:** Playing with the Past. A Review of three „Archaeological" PC Games, in: *European Journal of Archaeology*, Nr. 1 10/2007; S. 74–77 (Letzter Zugriff: 31.3.2019).
1054 **Gardner, Andrew:** Strategy Games and Engagement Strategies, in: Bonacchi, Chiara (Hg.): Archaeology and Digital Communication. Towards Strategies of Public Engagement, London 2012; S. 38–49.
1055 **Gardner, Andrew:** The Past as Playground. The Ancient World in Video Game Representation, in: Clack, Timothy / Brittain, Marcus (Hgg.): Archaeology and the Media, Walnut Creek 2007; S. 255–72.
1056 **Reinhard, Andrew** (Hg.): Archaeogaming. Exploring the Archaeology in (and of) Video Games 2013ff. Online unter: https://archaeogaming.com (Letzter Zugriff: 31.3.2019).
1057 **Reinhard, Andrew:** An Open Letter to Atari, SA and the State of New Mexico, in: *Archaeogaming. Exploring the Archaeology in (and of) Video Games* 27.10.2015. Online unter: http://bit.ly/2thHlm6 (Letzter Zugriff: 31.3.2019).
1058 **Reinhard, Andrew:** Archaogaming. An Introduction to Archaeology in (and of) Video Games, New York, Oxford 2018.
1059 **Reinhard, Andrew:** Archaeogaming: The Book, in: *Archaeogaming. Exploring the Archaeology in (and of) Video Games* 14.10.2016. Online unter: http://bit.ly/2uVeFkI (Letzter Zugriff: 31.3.2019).
1060 **Copplestone, Tara:** Playing with the Past. The Possibilities and Pitfalls of Video-Games for and About Cultural Heritage. Univ. MScDiss, York 2014.
1061 **Copplestone, Tara** (Hg.): GamingArchaeo. The Study of Games about Archaeology. The Creation of Games for Archaeology. Online unter: http://taracopplestone.co.uk/ (Letzter Zugriff: 13.7.2017).
1062 **Mol, Angus A. A. / Ariese-Vandemeulebroucke, Csilla E.** et al. (Hg.): The Interactive Past. Archaeology, Heritage, and Video Games, Leiden 2017.
1063 **Schott, Dominik:** Archaeogames [Blog]. Online unter: http://archaogames.net (Letzter Zugriff: 31.3.2019).

für eine weite Zielgruppe, dadurch schafft er jedoch bedenkenswerten Zugängen zu historischen Inszenierungen Gehör. Weil es der Geschichtswissenschaft schwerfällt, vorschriftliche historische Inszenierungen zu fassen, ist eine tiefere Kooperation mit der Archäologie wünschenswert. Archäologen neigen auf der anderen Seite dazu, bei der Rekonstruktion von Örtlichkeiten im digitalen Raum stehenzubleiben, die nur die Bühne bereiten, nicht aber eine historische Inszenierung bilden.

Als Mittler für solche Verbindungen kann die Geschichtsdidaktik dienen. Didaktische Arbeiten werden in der Geschichtswissenschaft zu wenig zur Kenntnis genommen. Dieser Abschnitt fokussiert Beiträge der historischen Fachdidaktik und solche, die explizit digitale Spiele als Transportmittel für historisches Wissen betrachten. Allgemeine mediendidaktische Literatur geht zusammen mit medienpsychologischen Studien im Abschnitt *3.2.3 Geistes- und Sozialwissenschaften* nach medien- und kommunikationswissenschaftlichen Ansätze ein. Die Didaktik steuert wertvolle Erkenntnisse bei, weil sie sich mit Prozessen des Wissenserwerbs, individuellem und sozialem Verhalten, Nutzerperspektiven und medialen Transportwegen befasst. Welche Rahmenbedingungen und Prozesse historisches Lernen bestimmen, überblickt Jörn Rüsen grundlegend.[1064] Die Gestaltung schulischer und akademischer Lehre bedarf nach Bärbel Völkl erheblicher Modernisierung: Postmoderne, plurale Wissensgesellschaften müssen den Lernenden mehr Eigenverantwortung und Urteilsvermögen zugestehen.[1065] Sie setzt auf konstruktivistische Grundkonzepte, in denen aktiv handelnde Lernende Wissen selbstbestimmt, reflektiert und interaktiv erwerben. Daher, betont Klaus Bergmann, müssen konstruktivistische Denkweisen multiperspektivisch sein, sollen sie Menschen befähigen, Geschichte selber zu denken.[1066] Konstruktivistische Anregungen betreffen daher auch im vorliegende Buch den Abschnitt *4.4 Nutzerperspektiven*. Insbesondere die Beziehungen von Lernenden untereinander berücksichtigen die systemischen Überlegungen von Kersten Reich zu konstruktivistischen Lehr-Lern-Modellen.[1067] Er bindet sein Denkmodell an System- und Erkenntnistheorie an, begründet die Relevanz von Beziehungen in Lernprozessen und Anschlüsse an Lebenswelten, woraus er eine interaktionistisch orientierte Perspektive auf den Konstruktivismus schafft.[1068] Einige geschichtsdidaktische Texte konzentrieren sich auf die Einbindung digitaler Spiele für Unterrichtszwecke. Die

---

1064 Rüsen, Jörn: Historisches Lernen. Grundlagen und Paradigmen. Mit e. Beitrag von Ingetraud Rüsen, 2. überarb. u. erw., Schwalbach/Ts. 2008.
1065 Völkel, Bärbel: Wie kann man Geschichte lehren? Die Bedeutung des Konstruktivismus für die Geschichtsdidaktik, 2. unveränd. Aufl., Schwalbach 2010.
1066 Bergmann, Klaus: Multiperspektivität. Geschichte selber denken, 2. Aufl., Schwalbach/Ts. 2008.
1067 Reich, Kersten: Systemisch-konstruktivistische Pädagogik. Einführung in Grundlagen einer interaktionistisch-konstruktivistischen Pädagogik, 5., völlig überarb. Aufl., Weinheim 2005.
1068 Reich, Kersten: Die Ordnung der Blicke. Bd. 1: Beobachtung und die Unschärfen der Erkenntnis. völlig überarb. 2. Aufl., [Köln] 2009. Online unter: http://bit.ly/2uN2A3s; **Reich, Kersten:** Die Ordnung der Blicke. Bd. 2: Beziehungen und Lebenswelt. völlig überarb. 2. Aufl., [Köln] 2009. Online unter: http://bit.ly/2vxCJKJ (Letzte Zugriffe: 31.3.2019).

erwähnte tiefgehende Studie von Waldemar Grosch erschloss das Medium früh und erfreulich unauferegt.[1069] Kurt Squire fand positive Effekte im Umfeld des Unterrichtes, wenn digitale Spiele als Lernmittel eingesetzt werden.[1070] Konkrete Unterrichtspläne für weiterführende Schulen entwirft Jeremiah McCall.[1071] Sein umfangreicher Anhang konzentriert sich allerdings deutlich überwiegend auf Strategiespiele, Handels- und Militärsimulationen. Christoph Kühberger und Wolfgang Buchberger untersuchen gezielt dynamische Spielsysteme.[1072] Zudem untersuchen Autoren Fallbeispiele, wie Marco Wottge den Unterricht mit *Caesar III*.[1073] Zwischen geschichtswissenschaftlichen Ansätzen und der Geschichtsdidaktik positioniert sich Lutz Schröder am Strategietitel *Empire: Total War*.[1074] Den Nutzen digitaler Spiele, um die lateinische Sprache zu lernen, erörterte Andrew Reinhard.[1075] Versuche wie von Scott Metzger und Richard Paxton allerdings, ein Framework zu strukturieren, um digitale Spiele für Unterrichtszwecke vergleichend zu betrachten, überzeugen bislang nicht.[1076] Dieser Fall verengt die didaktischen Perspektive auf visuelle Eindrücke, weil sich die Autoren an ein filmanalytisches Konzept anlehnen. Zudem versuchen sie, aus wenigen Beispielen ein allgemeingültiges Regelkorsett abzuleiten, das Erfahrungstypen strukturiert. Sie sind sich bewusst, dass die Rolle der Spielenden zentral für das Verständnis digitaler Spiele sei. Für ihre Schlüsse liegen jedoch nicht genügend Erkenntnisse über Rezipientinnen und Rezipienten vor. Um überhaupt sinnvoll zu analysieren, wie Spielerinnen und Spieler historische Inszenierungen bei digitalen Spielen wahrnehmen, schlägt Daniel Giere sein grundlegendes Instrumentarium vor.[1077] Andere Ansätze reflektieren die Produzentenrolle didaktisch. Barbara McManus und Daniel Jung erläutern die teils divergierenden Perspektiven im Produktionsalltag einer Lernumgebung für antike Geschichte, die sich aus der Zusammenarbeit von Geschichtswissenschaft und Informatik ergeben.[1078] Tobias Winnerling untersucht den Entstehungsprozess eines universitären Strategiespiels zur spani-

---

1069 Grosch: Computerspiele, 2002.
1070 Squire, Kurt D.: Changing the Game. What Happens When Video Games Enter the Classroom?, in: *Innovate*, Nr. 6 1/2005. Online unter: http://bit.ly/2unAiMj (Letzter Zugriff: 31.3.2019).
1071 McCall: Gaming, 2011.
1072 Buchberger / Kühberger: Computerspiele, 2013.
1073 Wottge, Marco: Der Einsatz von Computerspielen im Geschichtsunterricht am Beispiel von „Caesar III", in: *Geschichte in Wissenschaft und Unterricht*, Nr. 7/8 62/2011; S. 469–77; **Caesar III** 1998.
1074 Schröder, Lutz: Spielerisch Geschichte lernen? Analyse von unterhaltsamen Computerspielen mit historischem Kontext und ihre Verwendbarkeit im Game-Based Learning. Masterarbeit, Hamburg 2011; **Total War: Empire** 2009.
1075 Reinhard, Andrew: Learning Latin via Gaming, in: Thorsen, Thea S. (Hg.): Greek and Roman Games in the Computer Age, Trondheim 2012; S. 127–53.
1076 Metzger, Scott A. / Paxton, Richard J.: Gaming History. A Framework for What Video Games Teach About the Past, in: *Theory & Research in Social Education*, Nr. 4 44/2016; S. 532–64. Online unter: http://bit.ly/2kwnHTx (Letzter Zugriff: 31.3.2019).
1077 Giere: Computerspiele, 2019.
1078 McManus, Barbara / Jung, Daniel: Romans Can't Carry Coins in Their Togas, in: Thorsen, Thea S. (Hg.): Greek and Roman Games in the Computer Age, Trondheim 2012; S. 155–74.

schen Conquista in Südamerika.¹⁰⁷⁹ Jüngst erleichterte ein Praxishandbuch zu Medienbildung und historischem Lernen den Überblick zu geschichtsdidaktischer Theorie und Methodik, Medienformaten, praktischen Arbeitsfeldern und Anbindungen an die Geschichtswissenschaft.¹⁰⁸⁰ Eingangs führen die Herausgeber Daniel Bernsen und Ulf Kerber medientheoretische und didaktische Überlegungen für den Umgang mit vielerlei Medien zusammen.¹⁰⁸¹ In dieses Medienkonzert integrieren die Beiträge von Christoph Kühberger sowie Michael Wagner und Sonja Gabriel digitale Spiele und historische Inhalte erstmals explizit und emanzipiert.¹⁰⁸² Fallen auch ein paar praktisch orientierte Beiträge dünn aus, weist das Themenspektrum zahlreiche Berührungspunkte zu digitalen Spielen aus. So manche davon knüpfen zu Abschnitt *3.2.1 Geschichtswissenschaft* an: performative Akte wie virtuelle Exkursionen und Reenactment, Visual History, Geschichts- und Erinnerungskultur, Einfluss von Web-Technologien auf historische Darstellungen sowie ihre Verhandlung in sozialen Netzwerken.¹⁰⁸³ Vortrefflich lässt sich darüber der Bogen zurück zur Geschichtswissenschaft schlagen.

3.2.3 Geistes- und Sozialwissenschaften

Sinnvolle Impulse für geschichtswissenschaftlichen Herangehensweisen bieten geistes- und sozialwissenschaftlichen Disziplinen. Aktuelle Forschungsansätze überblickt ein Sammelband von Klaus Sachs-Hombach und Jan-Noël Thon interdisziplinär.¹⁰⁸⁴ Zentrale wissenschaftliche Teilsparten arbeiten bekannte Größen der Arbeitsfelder im deutschsprachigen Raum heraus. Ob allerdings von „disziplinär kanonisierten An-

---

1079 **Winnerling, Tobias:** [Wenn die Aussage lautet:] Spielerisch Geschichte lernen? [bezieht sich das worauf?], in: *Medien Pädagogik*, Nr. 28 22. 2. 2017; S. 19–27; **Winnerling, Tobias:** Selbstversuch: Wenn zwei Historiker ein Spiel machen..., in: *gespielt* 27. 2. 2017. Online unter: http://bit.ly/2mFTU7Q (Letzter Zugriff: 31. 3. 2019).
1080 **Bernsen / Kerber:** Praxishandbuch, 2017.
1081 **Bernsen / Kerber:** Praxishandbuch, 2017; S. 22–82.
1082 **Kühberger, Christoph:** Computerspiele als Teil des historischen Lernens, in: Bernsen, Daniel/ Kerber, Ulf (Hgg.): Praxishandbuch Historisches Lernen und Medienbildung im digitalen Zeitalter, Berlin 2017; S. 229–36; **Wagner, Michael G. / Gabriel, Sonja:** Game-Based Learning. Computerspiele im Geschichtsunterricht, in: Ebd.; S. 337–46.
1083 **Bernsen, Daniel:** Virtuelle Exkursionen, in: Bernsen, Daniel / Kerber, Ulf (Hg.): Praxishandbuch Historisches Lernen und Medienbildung im digitalen Zeitalter, Berlin 2017; S. 274–82; **Ders.:** Virtuelles Reenactment, in: Ebd.; S. 373–82; **Braun, Nadja:** Visual History. Visuelle Rhetorik bei Bild und Bewegtbild verstehen, in: Ebd.; S. 119–26; **Liever, Hanna:** Erinnerungskultur online, in: Ebd.; S. 110–18; **Spahn, Thomas:** Historisches Lernen mit Webquests, in: Ebd.; S. 355–62; **Rosa, Lisa:** Geschichte und Geschichtslernen in Blogs, sozialen Netzwerken und Foren, in: Ebd.; S. 193–205.
1084 **Sachs-Hombach, Klaus/Thon, Jan-Noël** (Hg.): Game Studies. Aktuelle Ansätze der Computerspielforschung, Köln 2015. Eine weitere deutschsprachige Einführung in die Game Studies ist angekündigt: **Beil, Benjamin / Hensel, Thomas / Rauscher, Andreas** (Hg.): Game Studies, Wiesbaden des. 2017.

sätzen" geschrieben werden kann, ist zumindest für die Geschichtswissenschaft zu bezweifeln.[1085] Der enthaltene Beitrag von Angela Schwarz fasst vorwiegend ihre eigenen Perspektiven zusammen, ohne das gesamte Forschungsfeld einzubeziehen, und bietet konzeptionell genügend Anlass für Kritik, um nicht als Kanon gelten zu können.[1086] In die hierzulande gesellschaftlich virulenten Fragen führen Winfred Kaminski und Tanja Witting ein.[1087] Obwohl der kleine Band vor Längerem entstand, stellt er eine empfehlenswerte Basis dar, um den Gegenstand im Mittelpunkt gesellschaftlicher Debatten zwischen Jugendkultur und erwachsenen Bedenken zu begreifen.

Die Forschung an digitalen Spielen ist in Deutschland nicht unter dem Begriff Game Studies akademisch institutionalisiert. Spezialisten widmen sich den Spielen aus einem breiten wissenschaftlichen Spektrum und organisieren sich interdisziplinär quer zu institutionellen Arbeitsstrukturen. Was der Finanzierung, der Präsenz des Arbeitsgebiets in Bibliotheken und der Stellenlage nicht zuträgt, bringt fachlich anregende, vielseitige Ergebnisse hervor. Zwischen Spielforschung, Game Design, künstlerisch-ästhetischen Fragen, vorwiegend visuellen, medienwissenschaftlichen Erschließungsversuchen sowie Kultur-, Theater- und Literaturwissenschaften bilanzieren die Herausgeber Benjamin Beil, Gundolf Freyermuth und Lisa Gotto die bisherigen Diskurse.[1088] Mark Wolf und Bernard Perron versammeln konstituierende Texte der digitalen Spieleforschung in zwei Readern.[1089] Ein Schwerpunkt vieler Studien liegt auf dem visuell Wahrnehmbaren, da die Perspektive in der Regel auf digitale Spiele als ein Bildmedium eingestellt ist.[1090] Darin liegen Anschlusspunkte für die Visual History. Außerhalb Deutschlands emanzipierte sich eine eigenständige wissenschaftliche Disziplin, insbesondere durch Auseinandersetzungen zwischen Narratologen und Ludologen.[1091] Auch deutsche Forschende tauschen sich über Or-

---

1085 Verlagsmeldung. Online unter: http://bit.ly/1 m81cAe (Letzter Zugriff: 31.3.2019).
1086 **Schwarz:** Game Studies, 2015.
1087 **Kaminski, Winfred / Witting, Tanja** (Hg.): Digitale Spielräume. Basiswissen Computer- und Videospiele, München 2007.
1088 **Beil, Benjamin / Freyermuth, Gundolf S. / Gotto, Lisa** (Hg.): New Game Plus. Perspektiven der Game Studies. Genres – Künste – Diskurse, Bielefeld 2015.
1089 **Wolf, Mark J. P. / Perron, Bernard** (Hg.): The Video Game Theory Reader [1], New York 2003. In Band 2 mit jüngeren Entwicklungen und Einflüssen fortgesetzt: **Wolf, Mark J. P. / Perron, Bernard** (Hg.): The Video Game Theory Reader 2, New York 2009.
1090 **Beil, Benjamin / Bonner, Marc / Hensel, Thomas** (Hg.): Computer | Spiel | Bilder, Glückstadt 2014.
1091 Wesentliche Wortführer, um sich von narratologischen Ansätzen zu befreien, waren **Frasca:** Simulation, 2003 und **Juul, Jesper:** Games Telling Stories? A Brief Note on Games and Narratives, in: Game Studies Nr. 1 1/2001. Online unter: http://bit.ly/2clxTsm (Letzter Zugriff: 31.3.2019). Eine Ursache für die aufgeheizte, scharfe Diskussion lag darin, dass Ludologen die (digital) Game Studies als unabhängige Disziplin gegenüber Medien- und Literaturwissenschaften emanzipieren wollten: **Frasca, Gonzalo:** Ludology Meets Narratology. Similitude and Differences between (Video)Games and Narrative, [1999]. Online unter: http://bit.ly/2ceSewk (Letzter Zugriff: 31.3.2019). Jahre später wird die Atmosphäre versöhnlicher: **Frasca, Gonzalo:** Ludologists Love Stories, Too. Notes from a Debate that

ganisationen wie die *Digital Games Research Association* (DiGRA) international aus.[1092] Dadurch konstituieren sich die Game Studies als wissenschaftlicher Zugriffsweg, auch ohne als Fachrichtung institutionalisiert zu sein. Den Weg in ihre Arbeitsfelder und Methoden weist Benjamin Beil.[1093] Komplementär geht ein weiterer Band methodisch und theoretisch in die Tiefe.[1094] Ausführlicher bezog Frans Mäyrä 2008 die Disziplin nicht nur auf Digitales, sondern schloss sie zur analogen Spielforschung an.[1095] Die genannte Literatur lässt erkennen, dass sich Game Studies vorwiegend als medien- und kommunikationswissenschaftliche Disziplin verstehen, die im Dialog mit Game Designern ein Medienartefakt sowohl systemisch als auch an konkreten Beispielen untersucht. Trotz unscharf definierter Außengrenzen besitzt das Arbeitsfeld somit einen klar umrissenen Kern. Dadurch widmen sich viele Beiträge methodischen Untersuchungen, um Zugriffswege auf digitale und analoge Spiele gleichermaßen zu finden.[1096] Es gilt ein sinnvolles Instrumentarium speziell für die Analyse und die Produktion digitaler Spiele zu ermitteln.[1097] Dafür klären sie das Verhältnis von Komponenten untereinander – etwa Narration und Räumlichkeit.[1098] Forschende nähern sich stets interdisziplinär an, wie die Fallstudien zu *Silent Hill* multiperspektivisch sowie an *Portal* polyperspektivisch zeigen.[1099] Gezielt widmeten sie sich auch Spielformen wie Shootern oder Strategiespielen.[1100] Dadurch entdecken

---

Never Took Place, 2003. Online unter: http://bit.ly/2d6qpZd (Letzter Zugriff: 31.3.2019). Die Forschenden räumen ein, dass digitale Spiele beides zugleich sind: **Juul:** Half-Real, 2005.
1092 Die **Digital Games Research Association (DiGRA).** Online unter: www.digra.org (Letzter Zugriff: 29.3.2019) bietet eine Online-Bibliothek von Konferenz-Papers unter **DiGRA:** The Digital Library. Online unter: http://www.digra.org/digital-library/ (Letzter Zugriff: 31.3.2019).
1093 Beil, Benjamin: Game Studies. Eine Einführung, Berlin 2013.
1094 GamesCoop (Hg.): Theorien des Computerspiels. Zur Einführung, Hamburg 2012.
1095 Mäyrä, Frans: An Introduction to Game Studies. Games in Culture, Los Angeles 2008.
1096 Aarseth, Espen: Playing Research. Methodological Approaches to Game Analysis. Conference Paper of the 5th International Digital Arts and Culture Conference (DAC), Melbourne, May 19th-23rd 2003, 2003. Online unter: http://bit.ly/1QmwYFl (Letzter Zugriff: 5.12.2015).
1097 Consalvo, Mia / Dutton, Nathan: Game Analysis. Developing a Methodological Toolkit for the Qualitative Study of Games, in: *Game Studies*, Nr. 1 6/2006. Online unter: http://bit.ly/2fUNC3R (Letzter Zugriff: 31.3.2019); **Järvinen, Aki:** Games without Frontiers. Theories and Methods for Game Studies and Design, Univ. Diss., Tampere 2008.
1098 Black, Michael L.: Narrative and Spatial Form in Digital Media. A Platform Study of the SCUMM Engine and Ron Gilbert's The Secret of Monkey Island, in: *Games and Culture*, Nr. 3 7/2012; S. 209–37. Online unter: http://bit.ly/2gpcRcV (Letzter Zugriff: 31.3.2019).
1099 Neitzel, Britta / Bopp, Matthias / Nohr, Rolf F. (Hg.): 'See? I'm real...' Multidisziplinäre Zugänge zum Computerspiel am Beispiel von ‚Silent Hill', 3. unveränd. Aufl., Münster 2010; **Hensel, Thomas / Neitzel, Britta / Nohr, Rolf F.** (Hg.): „The cake is a lie!". Polyperspektivische Betrachtungen des Computerspiels am Beispiel von „Portal", Münster 2015; siehe zur Reihe **Silent Hill** Anm. 852; **Portal** 2007; **Portal 2** 2011.
1100 Bopp, Matthias / Nohr, Rolf F. / Wiemer, Serjoscha (Hg.): Shooter. Eine multidisziplinäre Einführung, Münster 2009; **Günzel, Stephan:** Egoshooter. Das Raumbild des Computerspiels, Frankfurt a. M. 2012; **Böhme, Stefan / Nohr, Rolf F. / Wiemer, Serjoscha** (Hg.): Diskurse des strategischen Spiels: Medialität, Gouvernementalität, Topografie, Münster 2014.

Ian Bogost und Gonzalo Frasca im Zusammenspiel von visuellen, akustischen und haptischen Eindrücken mit den Inhalten, der spielmechanischen Anlage und den Rechenmodellen eine spezifische Rhetorik digitaler Spiele.[1101] Nicht nur Ausgesprochenes oder Niedergeschriebenes transportiert also Aussagen, sondern bereits die Anlage von Spielsystem und -mechanik. Viel Energie der Game Studies fließt in Debatten um den Zuschnitt von Genres. Die Disziplin versucht seit ihren Anfängen zu erklären, was ein Genre überhaupt definiert.[1102] Dabei ist den Forschenden durchaus bewusst, dass Genres Perspektiven auf digitale Spiele vorjustieren.[1103] Weil sich Spielprinzipien stetig verändern sowie journalistische und spielekulturell übliche Bezeichnungen schwanken, nützen vorgelegte, statische Genre-Konzepte wenig.[1104] Andererseits helfen lose Zusammenhänge von Gattungen, die historische Entwicklung von Spielformen wie etwa Adventures besser zu strukturieren.[1105] Gewisse spielmechanische und inhaltliche Eigenarten phänomenologisch zu gruppieren, ist durchaus sinnvoll, solange sie nicht auf starre Typisierungen hinauslaufen.[1106] Phänomenologisch an digitalen Spielen orientiert, sind als Frameworks bezeichnete Studienmodelle hilfreicher. Ihr Instrumentarium soll Vergleichbarkeit für den wandelbaren Studiengegenstand herstellen. Clara Fernández-Vara entwarf eine solche Brücke für performative Aspekte.[1107] In Erweiterung auf das oben genannte Gesamtspektrum wissenschaftlicher Teilgebiete der Game Studies schuf sie eine umfassende Einführung in die Analyse mit zahlreichen Anwendungsbeispielen.[1108] Um derartige Studienmodelle aufzustellen, suchen die Game Studies nach strukturellen Zugängen. Sogar

---

1101 Frasca, Gonzalo: Play the Message. Play, Game and Video Game Rhetoric. PhD Diss., Copenhagen 2007; **Bogost:** Persuasive Games, 2007.
1102 Wolf, Mark J. P.: Genre and the Video Game, in: Wolf, Mark J. P (Hg.): The Medium of the Video Game, Austin 2001; S. 113–34; **Clearwater, David A.:** What Defines Video Game Genre? Thinking about Genre Study after the Great Divide, in: *Loading... The Journal of the Canadian Game Studies Association*, Nr. 8 5/2011; S. 29–49.
1103 Elverdam, Christian / Aarseth, Espen: Game Classification and Game Design. Construction Through Critical Analysis, in: *Games and Culture*, Nr. 1 2/2007; S. 3–22. Online unter: http://bit.ly/2tVrygb (Letzter Zugriff: 31.3.2019).
1104 Clarke, Rachel I. / Lee, Jin H. / Clark, Neils: Why Video Game Genres Fail. A Classificatory Analysis, in: *Games and Culture* 6.7.2015; S. 1–21. Online unter: http://bit.ly/2v3X6Pw (Letzter Zugriff: 31.3.2019).
1105 Lessard, Jonathan: Adventure before Adventure Games. A New Look at Crowther and Wood's Seminal Program, in: *Games and Culture*, Nr. 3 8/2013; S. 119–35. Online unter: http://bit.ly/2v3TNYq (Letzter Zugriff: 31.3.2019).
1106 Crick, Timothy: The Game Body. Toward a Phenomenology of Contemporary Video Gaming, in: *Games and Culture*, Nr. 3 6/2011; S. 259–69. Online unter: http://bit.ly/2gp8KxG (Letzter Zugriff: 31.3.2019).
1107 Fernández-Vara, Clara: Play's the Thing. A Framework to Study Videogames as Performance, in: Digital Games Researcher Association (DiGRA) (Hg.): Breaking New Ground. Innovation in Games, Play, Practice and Theory. Proceedings of DiGRA Conference 2009, 2009. Online unter: http://bit.ly/1nc5K5O (Letzter Zugriff: 31.3.2019).
1108 Fernández-Vara, Clara: Introduction to Game Analysis, New York 2015.

Interfaces und die Haptik von Eingabegeräten konstituieren das Spielerlebnis, wie Graeme Kirkpatrick zeigt.[1109] Zahlreiche Detailfragen sind dabei bezüglich sozialer Interaktion und körperlichen Einsatzes zu berücksichtigen.[1110] Verstärkt werden Überlegungen zur dynamischen Interaktion mit Sound und Musik.[1111] Sie sind zusammen mit prozeduralen Regeln Bestandteile der Rahmenbedingungen eines Spielsystems. Regeln und die Spielsysteme, die sie schaffen, bilden einen zentralen Diskurs der Game Studies, den Katie Salen und Eric Zimmermann prägten.[1112] Entgegen einer dominierenden, repressiven Wertung von Regelsystemen betrachtet Rowan Tulloch sie als Garanten spielerischer Freiheit.[1113] Soziale, mentale und kulturelle Rahmenbedingungen wiederum beeinflussen nach Jakko Stenros das Spielen, selbst wenn der Schauplatz meist als autarker Spielraum gesehen wird.[1114] Als diffuser, entrückter „Magic Circle" nimmt er eine zentrale Rolle für die Game Studies ein, um Spielstrukturen und Regelsysteme zu betrachten, seit ihn Salen und Zimmerman aus den Überlegungen von Johann Huizinga über Spielräume weiter entwickelten.[1115] Über Räume und Strukturen hinaus besteht in der Untersuchung von Formen des Spielens und des Spielerverhaltens eine zweite zentrale Säule. Salen und Zimmerman identifizierten Typen des Spielens.[1116] Motivationen, welche Spielende dabei antreiben, nähern sich Forschende aus diversen Richtungen. Brendan Keogh versucht beispielsweise eine phänomenologische Bestandsaufnahme, wie sich Spielerfahrungen abhängig von Spielenden und Apparaturen manifestieren.[1117] Die Erfahrungen hängen nach Thomas Henricks von grundsätzlichen Aspekten ab, die das Phänomen des

---

1109 Kirkpatrick, Graeme: Controller, Hand, Screen. Aesthetic Form in the Computer Game, in: *Games and Culture*, Nr. 2 4/2009; S. 127–43. Online unter: http://bit.ly/2u1CVlm (Letzter Zugriff: 31.3.2019).
1110 Nijholt, Anton (Hg.): Playful User Interfaces. Interfaces that Invite Social and Physical Interaction, Singapur 2014; **Nijholt, Anton** (Hg.): More Playful User Interfaces. Interfaces that Invite Social and Physical Interaction, Singapore 2015.
1111 Collins, Karen: Playing with Sound. A Theory of Interacting with Sound and Music in Video Games, Cambridge 2013; **Donnelly, Kevin J. / Gibbons, William / Lerner, Neil W.** (Hg.): Music in Video Games. All Your Bass are Belong to Us, New York 2014.
1112 Salen, Katie / Zimmerman, Eric: Rules of Play. Game Design Fundamentals, Cambridge 2007 [=Nachdr. 2004]; bes. S. 116–39.
1113 Tulloch, Rowan: The Construction of Play. Rules, Restrictions, and the Repressive Hypothesis, in: *Games and Culture*, Nr. 5 9/2014; S. 335–50. Online unter: http://bit.ly/2tjsGeL (Letzter Zugriff: 31.3.2019).
1114 Stenros, Jakko: In Defence of a Magic Circle. The Social, Mental and Cultural Boundaries of Play, in: *Transactions of the Digital Games Research Association (ToDiGRA)*, Nr. 2 1/2014; S. 147–85. Online unter: http://bit.ly/2hLfPaO (Letzter Zugriff: 31.3.2019).
1115 Huizinga, Johan: Homo Ludens. Vom Ursprung der Kultur im Spiel, 19. Aufl., Reinbek 2004; S. 14–22; **Salen / Zimmerman:** Rules, 2007; S. 92–95.
1116 Salen / Zimmerman: Rules, 2007; S. 298–488.
1117 Keogh, Brendan: A Play of Bodies. A Phenomenology of Videogame Experience. Univ. Diss., Melbourne 2015. Online unter: http://bit.ly/1 l2DfK6 (Letzter Zugriff: 31.3.2019).

Spielens determinieren.[1118] Als treibende Kraft des Spielflusses integrierten die Game Studies das Konzept von Flow, das Mihaly Csikszentmihalyi als Lebensphilosophie entwickelte.[1119] Verfeinert in motivationale Nuancen wie Engagement, Meaningful Play und andere Konzepte, überwanden Forschende die einseitige Haltung, dass Spiele stets Spielspaß (Fun) hervorzubringen hätten.[1120] Das Handeln der Spielenden gilt als wesentlicher Faktor für ihre Immersion; also das Maß des Eintauchens in eine Spielwelt, in dessen Zuge die übrige Umgebung in den Hintergrund tritt.[1121] Verschiedene Spielertypen trugen Juho Hamari und Janne Tuunanen in einer Metastudie zusammen.[1122] Um deren Spielerfahrungen zu studieren, macht nach Gareth Schott und Jasper van Vught einen erheblichen Unterschied, ob sie direkt aus dem Spiel oder mithilfe von Video-Mitschnitten wahrgenommen werden.[1123] Die Spielenden sind meist mit einer Verkörperung ihres Selbst in der Spielwelt unterwegs. Benjamin Beil vergleicht visuelle Perspektiven, die im Vergleich zwischen filmischer Darstellung und der Inszenierung in digitalen Spielen erkennbar sind.[1124] Als Avatar etabliert die gespielte Figur eine enge Bindung zwischen dem Charakter des Spielenden und der Ausrichtung seiner Spielfigur.[1125] Sie verkörpert, wie sehr die Spielenden mit ihrem Handeln in der Spielwelt stehen und mithilfe des Avatars eigene Vorstellungen in ihr

---

1118 **Henricks, Thomas S.:** Play as Experience, in: *American Journal of Play*, Nr. 1 8/2015. Online unter: http://bit.ly/1lGpmBT (Letzter Zugriff: 31.3.2019).
1119 **Salisbury, John H. / Tomlinson, Penda:** Reconciling Csikszentmihalyi's Broader Flow Theory. With Meaning and Value in Digital Games, in: *Transactions of the Digital Games Research Association (ToDiGRA)*, Nr. 2 2/2016; S. 55–77. Online unter: http://bit.ly/2iz52CE (Letzter Zugriff: 31.3.2019); **Csikszentmihalyi, Mihaly:** Flow. The Psychology of Optimal Experience, [Nachdr.], New York 2009.
1120 **Veale, Kevin:** Affect, Responsibility, and How Modes of Engagement Shape the Experience of Videogames, in: *Transactions of the Digital Games Research Association (ToDiGRA)*, Nr. 1 2/2015; S. 129–63. Online unter: http://bit.ly/2j4gn0 t (Letzter Zugriff: 31.3.2019).
1121 **Frasca, Gonzalo:** Rethinking Agency and Immersion. Videogames as a Means of Conciousnessraising, 2001. Online unter: http://bit.ly/2gMQUby (Letzter Zugriff: 31.3.2019); **Venus, Jochen:** Erlebtes Handeln in Computerspielen, in: GamesCoop (Hg.): Theorien des Computerspiels, Hamburg 2012; S. 104–27.
1122 **Hamari, Juho / Tuunanen, Janne:** Player Types: A Meta-Synthesis, in: *Transactions of the Digital Games Research Association (ToDiGRA)*, Nr. 2 1/2014; S. 29–53. Online unter: http://bit.ly/2iKQoI1 (Letzter Zugriff: 31.3.2019).
1123 **Schott, Gareth / Vught, Jasper van:** Replaying Preconceived Accounts of Digital Games with Experience of Play. When Parents went Native in GTA IV, in: *Transactions of the Digital Games Research Association (ToDiGRA)*, Nr. 1 1/2013; S. 1–12. Online unter: http://bit.ly/2iKH2ff (Letzter Zugriff: 31.3.2019).
1124 **Beil, Benjamin:** First Person Perspectives. Point of View und figurenzentrierte Erzählformen im Film und im Computerspiel, Münster 2010.
1125 **Fahlenbrach, Kathrin / Schröter, Felix:** Embodied Avatars in Video Games. Metaphors in the Design of Player Characters, in: Fahlenbrach, Kathrin (Hg.): Embodied Metaphors in Film, Television, and Video Games. Cognitive Approaches, London 2016; S. 251–68.

Handeln einbringen.¹¹²⁶ Wenn die Zeichnung des spielinternen Charakters eng vorgegeben ist, kann die Integration zwischen Spielenden und Spielfigur auch gering ausfallen.¹¹²⁷ Dieses Verhältnis bestimmt somit, inwieweit Beziehungen zwischen Avatar und anderen Figuren als Beziehungen des Spielers oder der verkörperten Figur zu anderen Figuren gelten können.¹¹²⁸ Kommen in einer Online-Umgebung, ob nun zu spielerischen Zwecken oder für Arbeitsprozesse, weitere Personen hinzu, zeigt der Sammelband von Ralph Schroder und Ann-Sofie Axelsson komplexe Verhältnisse bei der Wahrnehmung von Avataren und der Spielenden untereinander, auch wenn die Befunde betagt sind.¹¹²⁹ Die soziale Relevanz komplexer Beziehungsgeflechte in MMORPGs überblicken darin die statistische Untersuchung von Nick Yee, die Studie von Mikael Jakobsson an *Everquest*, Barry Brown und Marek Bell mit *There* sowie Francis Steen, Mari Davies, Brendesha Tyne und Patricia Greenfield durch *Die Sims Online*.¹¹³⁰ Sie spannen ein Spektrum von sozialen Beziehungen unter menschlichen Spielern mit spielweltlichen Figuren auf. Angesichts der Komplexität von Verknüpfungen zwischen den Handlungsmöglichkeiten von Spielenden und den Formen, wie menschliche und computerinszenierte Subjekte verfasst sein können, wirkt die Haltung von Ralf Adelmann und Hartmut Winkler stark verkürzt, dass die Verfügungsgewalt von Spielenden an „kurze Ketten" gelegt sei.¹¹³¹ Game Studies bemühen sich intensiv, die determinierenden Rahmenbedingungen von MMORPGs zu erörtern.

1126 Schröter, Felix: Walk a Mile in My Shoes. Subjectivity and Embodiment in Video Games, in: Reinerth, Maike S. / Thon, Jan-Noël (Hg.): Subjectivity Across Media. Interdisciplinary and Transmedial Perspectives, London 2016; S. 196–213, hier bes. 198–205.
1127 Vella, Daniel: A Structural Model for Player-Characters as Semiotic Constructs, in: *Transactions of the Digital Games Research Association (ToDiGRA)*, Nr. 2 2/2016; S. 79–121. Online unter: http://bit.ly/2hNNQKQ (Letzter Zugriff: 31.3.2019); **Schröter, Felix / Thon, Jan-Noël:** Video Game Characters. Theory and Analysis, in: *DIEGESIS*, Nr. 1 3/2014; S. 40–77. Online unter: http://bit.ly/1Paguwo (Letzter Zugriff: 31.3.2019); **Weiß, Alexander:** Ludologie, Arguing im Spiel und die Spieler-Avatar-Differenz als Allegorie auf die Postmoderne, in: Bevc, Tobias / Zapf, Holger (Hg.): Wie wir spielen, was wir werden. Computerspiele in unserer Gesellschaft, Konstanz 2009; S. 49–64.
1128 Schröter, Felix / Thon, Jan-Noël: Simulierte Spielfiguren und/oder/als mediale Menschenbilder. Zur Medialität von Figurendarstellungen am Beispiel der Computerspielfigur, in: Eder, Jens / Imorde, Joseph/ Reinerth, Maike S. (Hg.): Medialität und Menschenbild, Berlin 2013; S. 119–43.
1129 Schroeder, Ralph / Axelsson, Ann-Sofie (Hg.): Avatars at Work and Play. Collaboration and Interaction in Shared Virtual Environments, Dordrecht 2006.
1130 Yee, Nick: The Psychology of Massively Multi-User Online Role-Playing Games. Motivations, Emotional Investment, Relationships and Problematic Usage, in: Schroeder / Axelsson: Avatars, 2006; S. 187–207; **Jakobsson, Mikael:** Questing for Knowledge. Virtual Worlds as Dynamic Processes of Social Interaction, in: Ebd.; S. 209–26; **EverQuest** 1999 ff.; **Brown, Barry / Bell, Marek:** Play and Sociability in There: Some Lessons from Online Games for Collaborative Virtual Environments, in: Ebd.; S. 227–46; **There** 2001–2010; **Steen, Francis F. / Davies, Mari S. / Tynes, Brendesha / Greenfield, Patricia M.:** Digital Dystopia: Player Control and Strategic Innovation in the Sims Online, in: Ebd.; S. 247–72; **The Sims Online** 2002–2008.
1131 Adelmann, Ralf / Winkler, Hartmut: Kurze Ketten. Handeln und Subjektkonstitution in Computerspielen, in: Böhme, Stefan (Hg.): Diskurse des strategischen Spiels: Medialität, Gouvernementalität, Topografie, Münster 2014; S. 69–82.

Forschende zeigen Vorläufer im digitalen Bereich wie Torill Mortensen die Multi-User-Dungeons (MUD).[1132] Prägend waren zudem analoge Systeme, auf Papier, Stift und Würfeln basierende, fantastische Rollenspiele wie etwa *Dungeons&Dragons*.[1133] Inwieweit unter den technischen Vorgaben der Spielwelt und spielmechanischen Regeln eine spielerische Freiheit entsteht, wie groß ihre Freiheitsgrade sind und worin Einflüsse auf die Spielenden bestehen, verdeutlicht Kerrie Graham für MMORPGs.[1134] Forschende studieren, was Spielende zur Nutzung von Online-Rollenspielen motiviert. An *World of Warcraft* untersuchten Nick Yee, Nicolas Duchenaut, Eric Nickell und Robert Moore, welche Faktoren die Spielerfahrung im Vergleich zu Konkurrenten so viel massentauglicher machte.[1135] MMOs werden in der Regel kontinuierlich über mehrere Jahre weiterentwickelt. Dabei verändert sich die Spielerfahrung, wie Andrea Braithwaite am Spielgefühl des zentralen Multiplayer-Aspekts aufzeigt.[1136] Wegen des aufgezeigten thematischen Spektrums liefern viele Disziplinen Impulse an die *Game Studies* und greifen auf sie im Gegenzug als Hilfswissenschaft zurück. Die nachfolgenden Absätze erheben nicht den Anspruch, den Forschungsstand der jeweiligen Disziplin vollständig abzubilden. Vielmehr werfen sie Schlaglichter, um die wichtigsten Anwendungsbereiche der Disziplinen für geschichtswissenschaftliche Perspektiven aufzuzeigen. Die zugeordneten Felder decken sich nicht notwendig mit der disziplinären Herkunft der Autoren, sie orientieren sich am methodischen Zuschnitt der Studien.

Klare Grenzen zu den Game Studies sind schwierig zu ziehen, aber auch Medien- und Kommunikationswissenschaften unterstützen mit eigenen Blickwinkeln, die nicht notwendig digitale Spiele fokussieren. Gundolf Freyermuth strukturiert die mediengeschichtlichen Entwicklungsphasen, ausgehend vom analogen Spiel, bevor er die audiovisuelle Medienform digitaler Spiele aus einer künstlerisch-ästhetischen Perspektive würdigt.[1137] In englischer Fassung mit ein paar mehr Beiträgen neuaufgelegt, gibt das Buch geisteswissenschaftlichen und soziologischen Forschern mit

---

1132 Mortensen, Torill E.: WoW is the New MUD. Social Gaming from Text to Video, in: *Games and Culture*, Nr. 4 1/2006; S. 397–413. Online unter: http://bit.ly/2vAjDGh (Letzter Zugriff: 31.3.2019).
1133 Call, Josh / Whitlock, Katie / Voorhees, Gerald: From Dungeons to Digital Denizens, in: Voorhees, Gerald / Call, Josh / Whitlock, Katie (Hg.): Dungeons, Dragons, and Digital Denizens. The Digital Role-Playing Game, New York 2012; S. 11–24; **Arneson, David / Gygax, Gary:** Dungeons & Dragons, Lake Geneva 1974; **Janus, Ulrich / Janus, Ludwig** (Hg.): Abenteuer in anderen Welten. Fantasy Rollenspiele. Geschichte, Bedeutung, Möglichkeiten, Gießen 2007.
1134 Graham, Kerrie L.: Virtual Playgrounds? Assessing the Playfulness of Massively Multiplayer Online-Role-Playing Games, in: *American Journal of Play*, Nr. 1 3/2010. Online unter: http://bit.ly/1YS3P7R (Letzter Zugriff: 31.3.2019).
1135 Yee, Nick / Ducheneaut, Nicolas / Nickell, Eric / Moore, Robert J.: Building an MMO with Mass Appeal. A Look at Gameplay in World of Warcraft, in: *Games and Culture*, Nr. 4 1/2006; S. 281–317. Online unter: http://bit.ly/2hxe2et (Letzter Zugriff: 31.3.2019).
1136 Braithwaite, Andrea: WoWing Alone. The Evolution of „Multiplayer" in World of Warcraft, in: *Games and Culture* 8.10.2015; S. 1–17. Online unter: http://bit.ly/2vA9KZ7 (Letzter Zugriff: 31.3.2019).
1137 Freyermuth, Gundolf S.: Games, Game Design, Game Studies. Eine Einführung, Bielefeld 2015.

einem breiteren medienwissenschaftlichen Konzept Ansatzpunkte für eigene Arbeiten.[1138] Dadurch ordnet es Game Studies in ein Verhältnis zur Medienwissenschaft ein. Autoren in diesem Arbeitsfeld erschließen den einzigartigen Mediencharakter von digitalen Spielen im Verhältnis zu anderen medialen Repräsentationsformen. So reflektiert ein Sammelband von Britta Neitzel und Rolf Nohr die Prinzipien von Partizipation, Immersion und Interaktion bei Kunstformen, Fernsehen, dem Kinofilm und digitalen Spielen.[1139] Aus einer technikkulturellen Perspektive durchdringen spielerische Aspekte bei Neitzel verschiedenste Formen digitaler Medien.[1140] Metaphern der Körperlichkeit, wie sie im Abschnitt zu den Game Studies anhand von Avataren erwähnt wurden, vergleicht ein Sammelband von Kathrin Fahlenbrach zwischen digitalen Spielen, Film- und TV-Produktionen.[1141] Rolf Nohr erörtert medientheoretisch, wie ein Spiel von einer Realität außerhalb abgrenzbar wäre.[1142] Die Wirkungsmacht des vermeintlich objektiv Sichtbaren schlüsseln die Beiträger eines weiteren Sammelbändes von Nohr auf.[1143] Dabei dürften die anerlernten Sehgewohnheiten aufgrund der spezifischen Ästhetik inbesondere von Fernsehbildern wie bei Ralf Adelmann eine große Rolle spielen.[1144] Im Vergleich stellt Oskar Voretzsch fest, dass digitale Spiele im Setting des Zweiten Weltkrieges bewusst an filmisch etablierte Motive anschließen.[1145] Nach Julian Kücklich kennzeichnen den Grad des spielinternen Realismus drei Elemente: Illusionismus (Kohärenz), Immersivität (Präsenz) und mimetischer Realismus (Verwechselbarkeit).[1146] Die besonderen Ästhetik digitaler

---

1138 Der englischsprachige Band wurde nicht substantiell verändert, die Beiträger erweitern Abschnitte in einzelnen Kapiteln: **Freyermuth, Gundolf S.:** Games, Game Design, Game Studies. An Introduction. With Contributions by André Czauderna, Nathalie Pozzi and Eric Zimmerman, Bielefeld 2015.
1139 **Neitzel, Britta / Nohr, Rolf F.** (Hg.): Das Spiel mit dem Medium. Partizipation, Immersion, Interaktion. Zur Teilhabe an den Medien von Kunst bis Computerspiel, Marburg 2006.
1140 **Neitzel, Britta:** Spielerische Aspekte digitaler Medien. Rollen, Regeln, Interaktionen, in: Thimm, Caja (Hg.): Das Spiel. Muster und Metapher der Mediengesellschaft, Wiesbaden 2010; S. 107–25.
1141 **Fahlenbrach, Kathrin** (Hg.): Embodied Metaphors in Film, Television, and Video Games. Cognitive Approaches, London 2016.
1142 **Nohr, Rolf F.:** Die Natürlichkeit des Spielens. Vom Verschwinden des Gemachten im Spiel, Münster 2008.
1143 **Nohr, Rolf F.** (Hg.): Evidenz – „...das sieht man doch!", unveränd. Online-Ausgabe, Münster 2004.
1144 **Adelmann, Ralf:** Visualität und Kontrolle. Studien zur Ästhetik des Fernsehens, Münster 2015.
1145 **Voretzsch, Oskar H.:** Authentifizierung und Geschichtsvermittlung im Film Der Soldat James Ryan und in der Spieleserie Brothers in Arms. Vergleichende Analyse der Inszenierungsmittel in Kriegsfilm und Kriegsspiel, in: Appel, Daniel / Huberts, Christian / Raupach, Tim / Standke, Sebastian (Hg.): Welt|Kriegs|Shooter. Computerspiele als realistische Erinnerungsmedien?, Boizenburg 2012; S. 104–33. Vgl. die Befunde bei **Bender:** Erinnern, 2012. Siehe Anm. 319.
1146 **Kücklich, Julian:** Wieviele Polygone hat die Wirklichkeit? Zur Frage des Realismus in Ego-Shooter- Spielen, in: Jahrhaus, Oliver/Scheffer, Bernd/Jahraus, Oliver (Hg.): Wie im Film. Zur Analyse populärer Medienereignisse, Bielefeld 2004; S. 219–32.

Spiele verbindet Serjoscha Wiemer mit medientheoretischen Ansätzen.[1147] Stephan Schwingeler hingegen betrachtet die Anwendung digitaler Spiele als Kunstwerk und bietet medientheoretische Zugriffswege auf künstlerische Artefakte.[1148] Kommunikationswissenschaftliche Herangehensweisen präsentierte Christoph Klimmt.[1149] In Teilen betagt sind zwei Sammelbände von Noah Wardrip-Fruin und Pat Harrigan leider inhaltlich, weil manches technisch dem heutigen Zustand digitaler Spiele nicht gerecht wird. Einmalig aber offenbart die diskursive Konzeption mit Rede und Gegenrede zentrale Strömungen und Gegenströmungen aus dem Beginn der medien- und kommunikationswissenschaftlichen Forschung.[1150] Beide Bände sind zur wissenschaftsgeschichtlichen Betrachtung der damaligen Branche und ihrer Technologien zu empfehlen. Kommunikationswissenschaftliche Forschungen lassen die aktive Rolle der Rezipienten unter den technischen Bedingungen des Gegenstandes besser verstehen. So lässt die Analyse der Kommunikation von LAN-Parties durch Judith Ackermann Dynamiken von Gruppen und die Aneignungsprozesse des Mediums erschließen.[1151] Laut Axel Kuhn konstituiert sich die virtuelle Wirklichkeit im MMORPG mittels Kommunikation als komplexer Sozialraum.[1152] Der empirische Teil seiner Studie untersucht durch eine Befragung quantitativ, wie kognitive und emotionale Kommunikationsprozesse die Wahrnehmung durch die Spielenden strukturieren. Leider resümiert das Fazit seine Befunde nur knapp und oberflächlich. Innerhalb der Spielumgebung desselben Online-Rollenspiels findet Robert Seifert Mechanismen der Gratifikation.[1153] Seine Befragung trägt aus dessen früher Phase Gewohnheiten und Motivationen der Nutzer, soziale und demografische Daten und Daten zur Spielerfahrung zusammen. Kommunikationswissenschaften fokussieren die kommunikative Kraft digitaler Spiele, mit der nicht nur explizit Erläutertes, sondern auch die Anlage eines Spielsystems eine prozedurale Rhetorik birgt.[1154] Geschichtswissenschaftlich wäre stärker nach historischen Interpretationen auszuschauen, die Rechenmodelle, prozedurale Systeme und spielmechanische Handlungsmöglichkeiten umfassen. Für

---

1147 Wiemer, Serjoscha: Das geöffnete Intervall. Medientheorie und Ästhetik des Videospiels, Paderborn 2014.
1148 Schwingeler, Stephan: Kunstwerk Computerspiel. Digitale Spiele als künstlerisches Material. Eine bildwissenschaftliche und medientheoretische Analyse, Bielefeld 2014.
1149 Klimmt, Christoph: Empirische Medienforschung. Kommunikationswissenschaftliche Perspektiven auf Computerspiele, in: Bevc, Tobias/Zapf, Holger (Hg.): Wie wir spielen, was wir werden. Computerspiele in unserer Gesellschaft, Konstanz 2009; S. 65–74.
1150 Wardrip-Fruin, Noah / Harrigan, Pat (Hg.): First Person. New Media as Story, Performance, and Game, Cambridge 2004; **Wardrip-Fruin, Noah / Harrigan, Pat** (Hg.): Second Person. Role-Playing and Story in Games and Playable Media, Cambridge, 2007.
1151 Ackermann, Judith: Gemeinschaftliches Computerspielen auf LAN-Partys. Kommunikation, Medienaneignung, Gruppendynamiken, Münster 2011.
1152 Kuhn, Axel: Vernetzte Medien. Nutzung und Rezeption am Beispiel von „World of Warcraft", Konstanz 2009.
1153 Seifert, Robert: Flow in Azeroth. Eine Analyse von Spielerfahrungen in MMO(RP)Gs am Beispiel von World of Warcraft, Saarbrücken 2007.
1154 Bogost: Persuasive Games, 2007.

ein Medium wie digitale Spiele, das neben seiner spielmechanischen Aussagekraft mehrere Informationskanäle wie Bild, Ton und Text zugleich verwendet, ergibt eine Trennung zwischen Medien-, Kommunikations- und Literaturwissenschaft höchstens aufgrund verschiedener Methodik einen Sinn. Die Verflechtungen zwischen Theorien der Geschichtsschreibung und der Erzähltheorie sind ohnehin erheblich.[1155] Moderne Konzepte wie Emplotment beschreiben auch geschichtswissenschaftliche Vorgehensweisen wie bereits die Metahistory von Hayden White.[1156] Frank Degler nennt die speziellen Möglichkeiten und Grenzen des Erzählens in digitalen Spielen labyrinthisch.[1157] Disziplinär zwischen Informatik und Literaturwissenschaft angesiedelt, arbeitete Janet Murray frühzeitig und visionär an vielen Phänomenen heraus, welche narrativen Erscheinungsformen durch die digitale Sphäre begünstigt werden.[1158] Murray stellte der fiktionstheoretischen, stark aus textlicher Perspektive gedachten Grundlagenarbeit von Marie-Laure Ryan explizite empirische Beobachtungen in der digitalen Sphäre gegenüber.[1159] Aus der besonderen Verfassung digitaler Medien entwickelt Hartmut Koenitz ein theoretisches Modell spezifisch für interaktive digitale Narrative.[1160] Viele Publikationen von Jan-Noël Thon setzen sich mit narratologischen Konzepten bei digitalen Spielen und anderen Medienformen auseinander.[1161] Überblickt Julian Kücklich narratologische Ansätze, ergänzt sie Martin Sallge um die spezifische Qualität von interaktiven Erzählungen.[1162] Thon beschäftigte zuletzt interdisziplinär und transmedial, wie Spielwelt, Erzählung und Subjektivität zu einem

---

1155 Schiffer, Werner: Theorien der Geschichtsschreibung und ihre erzähltheoretische Relevanz. Danto, Habermas, Baumgartner, Droysen, Stuttgart 1980.
1156 Martínez, Matías / Scheffel, Michael: Einführung in die Erzähltheorie. 10. überarb. u. akt. Aufl., München 2016; S. 176–80; **White:** Metahistory, 2015^2. Siehe S. 220.
1157 Degler, Frank: Erspielte Geschichten. Labyrinthisches Erzählen im Computerspiel, in: Neitzel, Britta/Bopp, Matthias/Nohr, Rolf F. (Hgg.): 'See? I'm real...'. Multidisziplinäre Zugänge zum Computerspiel am Beispiel von 'Silent Hill', 3. unveränd. Aufl., Münster 2010; S. 58–72.
1158 Murray, Janet H.: Hamlet on the Holodeck. The Future of Narrative in Cyberspace, Cambridge 1998.
1159 Ryan, Marie-Laure: Possible Worlds, Artificial Intelligence and Narrative Theory, Indiana 1991.
1160 Koenitz, Hartmut: Towards a Specific Theory of Interactive Digital Narrative, in: Koenitz, Hartmut / Ferri, Gabriele / Haahr, Mads / Sezen, Digdem / Sezen, Tonguç I. (Hg.): Interactive Digital Narrative. History, Theory and Practice, New York 2015; S. 91–105.
1161 Thon, Jan-Noël: Unendliche Weiten? Schauplätze, fiktionale Welten und soziale Räume heutiger Computerspiele, in: Bartels, Klaus / Thon, Jan-Noël (Hg.): Computer/Spiel/Räume. Materialien zur Einführung in die Computer Game Studies, Hamburg 2007; S. 29–60; **Thon, Jan-Noël:** Game Studies und Narratologie, in: Sachs-Hombach, Klaus / Thon, Jan-Noël (Hgg.): Game Studies. Aktuelle Ansätze der Computerspielforschung, Köln 2015; S. 104–64.
1162 Kücklich, Julian: Narratologische Ansätze. Computerspiele als Erzählungen, in: Bevc, Tobias / Zapf, Holger (Hgg.): Wie wir spielen, was wir werden. Computerspiele in unserer Gesellschaft, Konstanz 2009; S. 27–48; **Sallge, Martin:** Interaktive Narration im Computerspiel, in: Thimm, Caja (Hg.): Das Spiel. Muster und Metapher der Mediengesellschaft, Wiesbaden 2010; S. 79–104.

Ganzen zusammenwirken.[1163] Frank Furtwängler verwies bereits darauf, dass historisches Setting und narrative Inszenierung das Gameplay massiv beeinflussen.[1164] Jedes Medium, so auch die digitalen Formen, benötigt nach Dennis Eick eine spezifische Dramaturgie, deren Funktionsweise zu ergründen ist.[1165] Daraus Möglichkeiten zu erdenken, die zuvor separaten Mediensorten in der digitalen Sphäre zu verschränken, führt nach Simon Sturm auf neue Wege zum Beispiel im Journalismus.[1166] Ähnlich sind transmediale und crossmediale Produktionen auch geschichtswissenschaftlich denkbar, sofern man die Möglichkeiten an Anforderungen der Historik reflektiert. Zwar mit einem filmwissenschaftlichen Schwerpunkt offenbart der Sammelband von James Lyons und John Plunkett einen reichhaltigen Fundus an historischen Versuchen, Mediensorten miteinander zu etwas Neuem zu entwickeln – auch aus Epochen vor dem digitalen Zeitalter.[1167] Ian Christie fordert, auch die Hardware digitaler Spiele stärker einzubeziehen.[1168] Andrea Zapp diskutiert, wie sich Nutzerinnen und Nutzern an vernetzten narrativen Umgebungen beteiligen.[1169] Wie sich in interaktiver Hinsicht digitale Spiele und der Film beeinflussen, erörtert Richard Grusin.[1170] Dabei scheint die Vision von Roland Barthes über den Tod des Autors durch die technologische Konstitution digitaler Plattformen Realität zu werden.[1171] Ihre Nutzer konsumieren nicht nur, sondern produzieren zunehmend parallel. In diesem Sinne als Prosumenten bezeichnet, sind sie neben den digitalen Spielen in vielen anderen medialen Kulturen zu finden, wie die Beiträger eines Bandes von Sebastian Abresch, Benjamin Beil und Anja Griesbach ausdifferenzieren.[1172] Insbesondere die

---

1163 Thon, Jan-Noël: Transmedial Narratology and Contemporary Media Culture, Lincoln 2015; **Reinerth, Maike S. / Thon, Jan-Noël** (Hg.): Subjectivity across media. Interdisciplinary and Transmedial Perspectives, London 2016.
1164 Furtwängler: God, 2012. Siehe zuvor S. 114.
1165 Eick, Dennis: Digitales Erzählen. Die Dramaturgie der Neuen Medien, Konstanz 2013.
1166 Sturm, Simon: Digitales Storytelling. Eine Einführung in neue Formen des Qualitätsjournalismus, Wiesbaden 2013, zentral zur Rolle digitaler Spiele S. 75–81. Siehe auch **Jakubetz, Christian:** Crossmedia, 2. überarb. Aufl., Konstanz 2011.
1167 Lyons, James / Plunkett, John (Hg.): Multimedia Histories. From the Magic Lantern to the Internet, Exeter 2007.
1168 Christie, Ian: Toys, Instruments, Machines. Why the Hardware Matters, in: Lyons, James/ Plunkett, John (Hgg.): Multimedia Histories. From the Magic Lantern to the Internet, Exeter 2007; S. 3–17.
1169 Zapp, Andrea: Imaginary Spaces. User Participation in Networked Narrative Environments, in: Lyons, James / Plunkett, John (Hg.): Multimedia Histories. From the Magic Lantern to the Internet, Exeter 2007; S. 163–76.
1170 Grusin, Richard: DVDs, Video Games, and the Cinema of Interactions, in: Lyons, James/Plunkett, John (Hgg.): Multimedia Histories. From the Magic Lantern to the Internet, Exeter 2007; S. 209–21.
1171 Barthes, Roland: Der Tod des Autors, in: Barthes, Roland (Hg.): Das Rauschen der Sprache, 4. Aufl., Frankfurt a. M. 2015; S. 57–63.
1172 Abresch, Sebastian / Beil, Benjamin / Griesbach, Anja (Hg.): Prosumenten-Kulturen, Siegen 2009.

bereits erwähnte Modifikation (Modding) bei digitalen Spielen fällt darunter.[1173] Zunehmend können Spielerinnen und Spieler mit niedrigschwelligen Programmier-Editoren wie dem *RPG-Maker* oder *Twine* eigene Spiele erschaffen.[1174] Ihre Werke können sie auf Webplattformen wie *itch.io* unkompliziert und direkt am Markt anbieten.[1175] So wächst ein weltweites Phänomen von bemerkenswerter Relevanz. Die Ergebnisse aus dem skizzierten Konglomerat medien- und kommunikationswissenschaftlicher Untersuchungen führen jenseits der reinen Analyse auf Hinweise, wie digitale Spiele als simulative Umgebungen anwendbar sein könnten. So behandelt Matthew Wells die von Will Wright geschaffene Städtebausimulation Sim City als fiktionales Model, das im Kontext historischer stadtplanerischer Vorstellungen steht.[1176] Simon Järvela et al. entwickeln praktische Anleitungen, um digitale Spiele als Hilfsmittel bei Experimenten einzusetzen.[1177]

Basierend auf medien- und kommunikationswissenschaftlichen Erkenntnissen, will die Medienpädagogik oft im schulischen Kontext Menschen dafür rüsten, reflektiert mit digitalen Spielen umzugehen. Als Schnittstelle erarbeitete Danny Kringiel aus pädagogischem Interesse eine medienanalytische Methodik, nach der digitale Spiele vergleichend in vielen Kategorien untersucht werden könnten.[1178] Die deutsche gesellschaftliche Debatte dominierten lange Zeit medienpsychologische und -pädagogische Bedenkenträger, deren Diskurse sich in einer großen Zahl von Publikationen niederschlugen. Medienpädagogen, Wirkungsforscher und Psychologen befassten sich mit den Eindrücken der Spieler, die sie aus den Spielen mitnehmen und ihrem Einfluss auf die jugendliche Entwicklung. Medienwirksam dominieren die öffentliche Debatte medienfeindliche Alarmisten wie Manfred Spitzer mit „kruden Theorien".[1179] Differenzierter erschließen unaufgeregte Wissenschaftler das komplexe Phänomen und vergleichen das Verhalten von Nutzerinnen und Nutzern digitaler Spiele mit anderen Medientraditionen.[1180] Moralisch aufgeladene Kampflinien entbrannten vor

---

1173 Siehe insbesondere S. 98.
1174 RPG Maker. Make Your Own Role-Playing Games. Online unter: www.rpgmakerweb.com; **Twine.** An Open-Source Tool for Telling Interactive, Nonlinear Stories, [2009]. Online unter: https://twinery.org (Letzte Zugriffe: 31.3.2019).
1175 itch.io Offizielle Webseite. Online unter: https://itch.io (Letzter Zugriff: 31.3.2019).
1176 Wells, Matthew: Deliberate Constructions of the Mind. Simulation Games as Fictional Models, in: *Games and Culture*, Nr. 5 11/2016; S. 528–47. Online unter: http://bit.ly/2tNADnX (Letzter Zugriff: 31.3.2019).
1177 Järvela, Simon / Ekman, Inger et al.: A Practical Guide to Using Digital Games as an Experiment Stimulus, in: *Transactions of the Digital Games Research Association (ToDiGRA)*, Nr. 2 1/2014; S. 85–115. Online unter: http://bit.ly/2hLvruR (Letzter Zugriff: 31.3.2019).
1178 Kringiel: Computerspielanalyse, 2009.
1179 Spitzer: Demenz, 2012; **Bartens, Werner:** Krude Theorien, populistisch montiert. Der Bestseller „Digitale Demenz" von Manfred Spitzer, in: *sueddeutsche.de* 9.9.2012. Online unter: http://bit.ly/1QveZgh (Letzter Zugriff: 31.3.2019).
1180 Trepte, Sabine / Reinecke, Leonard: Medienpsychologie, Stuttgart 2013; **Reinecke, Leonard / Trepte, Sabine** (Hg.): Unterhaltung in neuen Medien. Perspektiven zur Rezeption und Wirkung von Online-Medien und interaktiven Unterhaltungsformaten, Köln 2012.

allem an der vermeintlichen Übertragung spielerischer Erfahrungen auf alltägliche Verhaltensweisen.[1181] Zwar wäre jene Übertragbarkeit wissenschaftlich vielfältig interessant, vor allem prüften Studien aber die Vorannahme, digitale Spiele provozierten Gewalttätigkeit. Lange sehr prominent vertrat Christian Pfeiffer vom Kriminologischen Forschungsinstitut Niedersachsen (KFN) monokausale Erklärungsversuche zu Verrohung, Verwahrlosung und Gewalttätigkeit bei Jugendlichen aufgrund des Konsums digitaler Spiele.[1182] Fundiert überblickt Michael Kunczik die Sucht- und Gewaltdebatten und bezieht an anderer Stelle alle Medienformen ein.[1183] Weniger voreingenommen als Pfeiffer untersuchte das Hamburger Hans-Bredow-Institut digitale Spiele wie etwa für ein Gutachten zum System des Jugendschutzes.[1184] Mögliche Gefährdungsszenarien zeichneten dortige Wissenschaftler wesentlich komplexer und mehrdeutiger.[1185] Warum die Antworten der Forschung zu Aggression und Gewalt so umkämpft wie unzuverlässig sind, zeigt ein historischer Abriss von Richard Stanton.[1186] Neben individueller Gewalttätigkeit interessiert sich die psychologische Forschung zum Beispiel auch für Einstellungen zu organisierter Gewalt. Auch mit einer großen Zahl von Probanden weisen Ruth Festl, Michael Scharkow und Thorsten Quandt jedoch keine Verbindung zwischen dem Konsum digitaler Spiele und militaristischen Haltungen nach.[1187] Dieser Verdacht von Rainer Pöppinghege über Spiele zum Zweiten Weltkrieg bestätigt sich somit nicht.[1188] Umstand, Ausmaß und Strukturen etwaiger Transfers aus medialen in „reale" Welten bleiben äußerst umstritten.[1189] Neben verhaltenspsychologischen Fragen befassen sich Medienpädagogen mit

---

1181 Bigl, Benjamin: Game over? – Was vom Spielen übrig bleibt. Empirische Studie zu assoziativen Transfereffekten zwischen Spiel- und Alltagswelt, München 2009.
1182 Pfeiffer, Christian / Mößle, Thomas et al.: Die PISA-Verlierer – Opfer ihres Medienkonsums. Eine Analyse auf Basis verschiedener empirischer Untersuchungen, Hannover 2007.
1183 Kunczik, Michael: Gewalt – Medien – Sucht. Computerspiele, Münster 2013; **Kunczik, Michael:** Medien und Gewalt. Überblick über den aktuellen Stand der Forschung und der Theoriediskussion, Wiesbaden 2017.
1184 Brunn, Inka / Dreier, Hardy et al.: Das deutsche Jugendschutzsystem im Bereich der Video- und Computerspiele. Endbericht, Hamburg 2007. Online unter: http://bit.ly/2gQ5XkX (Letzter Zugriff: 31.3.2019).
1185 Lampert, Claudia / Schwinge, Christiane et al.: Computerspiele(n) in der Familie. Computerspielesozialisation von Heranwachsenden unter Berücksichtigung genderspezifischer Aspekte, Düsseldorf 2012.
1186 Stanton, Richard C.: Do Video Games Make Children Violent? Nobody Knows – And This Is Why, in: *The Guardian* 9.3.2016. Online unter: http://bit.ly/222bc1y (Letzter Zugriff: 31.3.2019).
1187 Festl, Ruth / Scharkow, Michael / Quandt, Thorsten: Militaristic Attitudes and the Use of Digital Games, in: *Games and Culture*, Nr. 6 8/2013; S. 392–407. Online unter: http://bit.ly/2uAzWCl (Letzter Zugriff: 31.3.2019).
1188 Pöppinghege: Ballern, 2009. Siehe ab S. 140.
1189 Fritz: Welten, 2003; **Bigl:** Game over?, 2009; **Bigl, Benjamin:** If the Game Goes On. Perceived Transfer Effects from Virtual Game Worlds into Everyday Life, in: Bigl, Benjamin / Stoppe, Sebastian (Hgg.): Playing with Virtuality. Theories and Methods of Computer Game Studies, Frankfurt a. M. 2013; S. 135–46.

dem Einsatz digitaler Medien in der schulischen und akademischen Ausbildung, so auch von Computerspielen. Eine anfängliche Euphorie billigte Jugendlichen quasi eine neue evolutionäre Stufe zu, nur weil sie als *Digital Natives* synchron mit den digialen Errungenschaften aufwachsen.[1190] Weil sie nicht durchweg reflektiert mit deren Möglichkeiten umgehen, kehrte Ernüchterung ein.[1191] Der äußere Blick von Menschen des digitalen Vorzeitalters muss eben nicht weniger reflektiert sein. Wie komplex digitale Systeme als Lehr-Lern-Umgebungen anzulegen wären, zeigte Rolf Schulmeister für das E-Learning.[1192] Seine Evaluation förderte neben Chancen viele Schwierigkeiten beim Einsatz digitaler Systeme zutage: so etwa eine Wohlstandsschere zwischen Lernenden sowie das Management von Diversität und Diskursivität.[1193] Den Schwierigkeiten mit der digitalen Sphäre aber stehen nach Ansicht von James Gee mithilfe von digitalen Spiele erhebliche Chancen für Lern- und Bildungsprozesse gegenüber.[1194] Peter Glanniger evaluierte die ersten Welle des E-Learnings und entwickelte ein holistisches Modell, das neben fachlichen und didaktischen auch systemische, verwaltungsorganisatorische, finanzielle und juristische Grundpfeiler einzieht.[1195] Ulf-Daniel Ehlers plädiert dafür, zukünftig mithilfe sozialer Netzwerke ernsthaft offene Lernkulturen zu betreiben, für deren Qualität er evaluierbare Kriterien aufstellt.[1196] Vertreter der Medienpädagogik wie Jürgen Fritz prüften schon früh digitale Spiele auf ihre Tauglichkeit zum Einsatz als historische Lehr- und Lernmittel im Unterreicht.[1197] Weil die Fachliteratur schlicht keine fachdidaktischen oder geschichtswissenschaftlichen Stellungnahmen hergab, blieben diese Überlegungen unzureichend. Seit Kurzem liefert das Handbuch zur Medienbildung von Daniel Bernsen und Ulf Kerber diese Grundlage nach, das wegen seiner fachdidaktischen

---

1190 Prensky, Marc: Digital Natives, Digital Immigrants. Part I: A New Way to Look at Ourselves and Our Kids, in: *On the Horizon*, Nr. 5 9/2001; S. 1–6. Online unter: http://bit.ly/2uV3TJX; **Prensky, Marc:** Digital Natives, Digital Immigrants. Part II: Do They Really Think Differently?, in: *On the Horizon*, Nr. 6 9/2001; S. 1–6. Online unter: http://bit.ly/2vxkgjI (Letzte Zugriffe: 31.3.2019); **Prensky, Marc:** Teaching Digital Natives. Partnering for Real Learning, Thousand Oaks 2010.
1191 Schmidt, Jan-Hinrik: Jugend 2.0 – Leben in der Medienwelt. Von „Digital Natives" und anderen Mythen des Internets, in: Kamin, Anna-Maria / Meister, Dorothee M. / Schulte, Dietmar (Hg.): Kinder – Eltern – Medien. Medienpädagogische Anregungen für den Erziehungsalltag, München 2013; S. 89–100.
1192 Schulmeister, Rolf: Grundlagen hypermedialer Lernsysteme. Theorie – Didaktik – Design. 4., überarb. und akt. Aufl., München 2007.
1193 Schulmeister, Rolf: eLearning: Einsichten und Aussichten, München 2006.
1194 Gee, James P.: What Video Games Have to Teach us About Learning and Literacy. revis. and upd. Ed., New York 2007.
1195 Glanninger, Peter: Systemisches E-Learning. Ein theoretisches Modell für die Gestaltung offener Wissenssysteme, Frankfurt a. M. 2010.
1196 Ehlers, Ulf-Daniel: Open Learning Cultures. A Guide to Quality, Evaluation, and Assessment for Future Learning, Berlin 2013.
1197 Fritz, Jürgen: Geschichtsverständnis via Computerspiel. „Civilization" simuliert Grundstrukturen historischer Prozesse, in: Bundeszentrale für Politische Bildung (bpb) (Hg.): Dossier: Computerspiele, Bonn 2005. Online unter: http://bit.ly/2fu4pIH (Letzter Zugriff: 31.3.2019).

Relevanz bereits hervorgehoben wurde.[1198] Neben den expliziten Beiträgen zu digitalen Spielen sei ausdrücklich auf Anwendungsbeispiele der medienpädagogischen Praxis verwiesen. Relevant auch für das Studium digitaler Spiele, reichen sie von Digital Storytelling über Soziale Netzwerke und Blogs, Video- und Audioquellen, Oral History bis hin zu virtuellen Exkursionen und 3D-Rekonstruktionen.[1199] Ein Abschnitt des Handbuchs setzt Arbeitstechniken mit Kompetenzen in Bezug zur digitalen Sphäre, die als Prozesse und Methoden der Inszenierung ebenso in digitalen Spielen auftreten: den Umgang mit digitalen Quellen, Kollaboration, Webquests, translokale und internationale Zusammenarbeit, virtuelles Reenactment, digitale Enzyklopädien und augmentierte Museumsrallyes.[1200] Grundlegende Fragen, wie Lehrende digitale Spiele einsetzen sollen, lässt allerdings auch dieser Band offen, wie theoretische Herangehensweisen an das Lernen mit Spielen und technische Zwänge bei Selen Turkay, Daniel Hoffmann und anderen offenlegen.[1201] Dass ernsthafte Lernspiele einen Unterhaltungswert vermissen lassen, wie Ulrich Wechselberger meint, spricht nicht prinzipiell gegen das Lernen mit ihnen, sondern gegen die Art ihrer Konzeption.[1202] James Gee belegt an dem Actionspiel *Portal*, dass kommerzielle Spiele ebenfalls Lernumgebungen sind, denen es keineswegs an Entertainment fehlt.[1203] Tobias Winnerling dekliniert einige Herausforderungen am frühneuzeitlichen Projekt *Lienzo* und erörtert, wie digitale Spiele historischen Sinn plausibel transportieren könnten.[1204] Wie erwähnt, trug Stefan Wesener Indizien für Transferprozesse von historischem Wissen zusammen.[1205] Für Christa Gebel lehren die Spiele weniger konkrete

---

1198 Bernsen / Kerber: Praxishandbuch, 2017. Siehe S. 234.
1199 Kerber, Ulf: Narration und Digital Storytelling im Geschichtsunterricht, in: Bernsen / Kerber: Praxishandbuch, 2017; S. 181–92; **Rosa:** Geschichtslernen, 2017; **Wehen, Britta:** Geschichtsvideos im Netz, in: Ebd.; S. 237–48; **Liebig, Sabine:** Digitale Audioquellen im Geschichtsunterricht, in: Ebd.; S. 249–55; **Bernsen, Daniel:** Zeitzeugen digital, in: Ebd.; S. 256–64; **Bernsen:** Exkursionen, 2017; **Laubinger, Andres / Lösche, Daniel:** 3D-Modelle und Visualisierung, in: Ebd.; S. 283–91.
1200 Bernsen, Daniel: Arbeiten mit digitalen Quellen im Geschichtsunterricht, in: Bernsen, / Kerber: Praxishandbuch, 2017; S. 295–303; **Pallaske, Christoph:** Kollaboratives Schreiben, in: Bernsen / Kerber: Praxishandbuch, 2017; S. 304–12; **Rosa, Lisa:** Projektarbeit 2.0, in: Ebd.; S. 320–236; **Spahn:** Webquests, 2017; **Bernsen, Daniel:** Translokale und internationale Geschichtsprojekte, in: Ebd.; S. 363–72; **Bernsen:** Reenactment, 2017; **Risch, Maren / Brauburger, Michaela D.:** Digital gestützte Rallyes im Museum. Mobiles Lernen mit Actionbound und QR-Codes am Beispiel des Gutenberg-Museums Mainz, in: Ebd.; S. 404–10; **Altenkirch, Manuel:** Online-Lexika und ihr Potential am Beispiel der Wikipedia, in: Ebd.; S. 411–16.
1201 Turkay, Selen / Hoffmann, Daniel et al.: Toward Understanding the Potential of Games for Learning. Learning Theory, Game Design, Characteristics, and Situated Video Games in Classrooms, in: *Rethinking History*, Nr. 2 31/2014. Online unter: http://bit.ly/2frt3Oi (Letzter Zugriff: 31.3.2019).
1202 Wechselberger, Ulrich: Einige theoretische Überlegungen über das pädagogische Potential digitaler Lernspiele, in: Bevc, Tobias/Zapf, Holger (Hg.): Wie wir spielen, was wir werden. Computerspiele in unserer Gesellschaft, Konstanz 2009; S. 95–112.
1203 Gee, James P.: Cats and Portals. Video Games, Learning, and Play, in: *American Journal of Play*, Nr. 2 1/2008. Online unter: http://bit.ly/1jI2NLL (Letzter Zugriff: 31.3.2019).
1204 Winnerling: Aussage, 2017; **Winnerling:** Selbstversuch, 2017.
1205 Wesener: Geschichte, 2007. Siehe S. 95.

Inhalte, sondern grundlegende Kompetenzen, die aus dem Verständnis komplexer Zusammenhänge im Geflecht von Ursachen und Wirkungen folgen.[1206] Selbst das Horrorspiel *Silent Hill 2* lässt sich nach Matthias Bopp als Lernumgebung auffassen.[1207] Daher stellt die Forschung allgemein theoretische Überlegungen an, um Nutzen und Grenzen digitaler Spiele als Lehr-Lern-Konstruktionen zu erfassen. Direkt bezieht Markus Bernhardt spieltheoretische und didaktische Grundlagen auf Beispiele zwischen Brettspielen, Rollenspielen, Quizzes, historische Simulationen und Stadterkundungen auf historische Inhalte.[1208] Nadia Kraam-Aulenbach verwendet digitale, vernetzte Spiele als analytisches Werkzeug, um Kompetenzen zu identifizieren.[1209] Dort wird erneut der Zusammenhang zwischen Konstruktivismus und Problemlösungsprozessen bei der Entwicklung von individuellen Lösungsstrategien deutlich. Gerade das vernetzte Spiel berge Chancen, das Antizipieren der wahrgenommenen „Wirklichkeit" des Gegenübers zu schulen. Abschnitt *1.4 Herausforderungen für die Geschichtswissenschaft* hob die Bemühungen von Simon Egenfeldt-Nielsen hervor, digitale Spiele explizit als Lehr-Lern-Umgebungen zu produzieren.[1210] Weil die Handelnden darin im Mittelpunkt stehen, analysiert Matthias Bopp didaktische Prozesse, die Immersion erzeugen und die Spielerfahrung rahmen.[1211] Eine solche Umgebung muss für historische Zwecke sorgsam konstruiert werden weil sich nach einer Studie von Jan Hatlen durch das Spielen problematische Geschichtsauffassungen selbst bei geschichtswissenschaftlichen Probanden festigten.[1212] Nach David Shaffer lässt sich nur schwer identifizieren, welche Wissensbestände Spielende im epistemischen Rahmen solcher Umgebungen wahr- und aufnehmen und danach in andere Umstände übertragen.[1213] Eine zweistufiges Konzept von Wey-Han Tan hilft,

---

1206 Gebel, Christa: Lernen und Kompetenzerwerb mit Computerspielen, in: Bevc, Tobias / Zapf, Holger (Hg.): Wie wir spielen, was wir werden. Computerspiele in unserer Gesellschaft, Konstanz 2009; S. 77–94.
1207 Bopp, Matthias: Didaktische Methoden in Silent Hill 2. Das Computerspiel als arrangierte Lernumgebung, in: Neitzel, Britta / Bopp, Matthias / Nohr, Rolf F. (Hg.): ‚See? I'm real...' Multidisziplinäre Zugänge zum Computerspiel am Beispiel von ‚Silent Hill', 3. unveränd. Aufl., Münster 2010; S. 74–95; **Silent Hill 2** 2001.
1208 Bernhardt, Markus: Das Spiel im Geschichtsunterricht, 2. Aufl., Schwalbach/Ts. 2010.
1209 Kraam-Aulenbach, Nadia: Interaktives, problemlösendes Denken im vernetzten Computerspiel, Wuppertal 2002.
1210 Vgl. ab S. 23; **Egenfeldt-Nielsen:** Potential, 2007; **Egenfeldt-Nielsen, Simon / Smith, Jonas H. / Tosca, Susana P.:** Understanding Video Games. The Essential Introduction, New York 2008.
1211 Bopp, Matthias: Immersive Didaktik und Framingprozesse in Computerspielen. Ein handlungstheoretischer Ansatz, in: Neitzel, Britta / Nohr, Rolf F. (Hg.): Das Spiel mit dem Medium. Partizipation, Immersion, Interaktion. Zur Teilhabe an den Medien von Kunst bis Computerspiel, Marburg 2006; S. 170–86.
1212 Hatlen: Students, 2012. Siehe S. 115.
1213 Shaffer, David W.: Epistemic Frames for Epistemic Games, in: *Computers & Education* 46/2006; S. 223–34.

taugliche Lehr-Lern-Umgebungen in Spielform zu erschaffen:[1214] Narrative Elemente und Regelsysteme werden zunächst auf die zu erreichenden Lernziele angepasst. Danach ist das Bewusstsein von Spielenden für Grenzen, Kontexte und Stereotypen in Bezug auf Spielinhalte aber auch das Medium an sich zu klären. Digitale Spiele als Lehr- und Lernsystem verknüpfte die erwähnte Katie Salen mit jugendlichen Verhaltensweisen federführend zum Schulmodell „Quest to Learn", das außerordentliche Bildungserfolge erzielt, indem es schulische Inhalte spielerisch aufbereitet.[1215] Insbesondere bei MMOGs bedeuten spielerische Umgebungen auch immer soziale Gemeinschaften aus Spielenden. Constance Steinkuehler kritisierte früh den Mangel gezielter Forschung an den sozial komplexen Spielsystemen und den hervorgerufenen Lernprozessen und studierte das Verhalten von Spielenden im MMORPG *Lineage* langfristig ethnografisch.[1216] Ihre gut zweijährige Studie zeigte die grundlegenden Lernprozesse, welche Fähigkeiten sie schulen, und wie sie in die alltägliche Lebenswelt der Spielenden reichen.[1217] Die skizzierte Relevanz des Lernens im individuellen Prozess lässt sich also auf kollaborativen und kooperativen Wissenserwerb erweitern. Steinkuehler plädierte dafür, die Befunde aus ihrem Fallbeispiel an weiteren MMORPGs zu überprüfen, um Bildungsaktivitäten zu erdenken, welche die identifizierten Lernprozesse nutzen.[1218] Zusammen mit Sean Duncan belegte ihre Sprachanalyse an Foren des MMORPGs *World of Warcraft* eine Diskussionskultur mit wissenschaftlichen Denkweisen.[1219] Sie lasse sich nicht nur für eine bessere schulische Kultur und bildungsorientierte Freizeitaktivitäten nutzen, sondern auch an wissenschaftliche Diskurse anschließen. Als Lehr-Lern-Gemeinschaften bieten sie Berührungspunkte mit der erwähnten, interaktionistisch-konstruktivistischen Didaktik von Kersten Reich.[1220] Dafür muss das Verhalten von Spielenden in MMOGs aufgeschlüsselt werden. Hinreichend gesichert, können digitale Spiele kognitive Fähigkeiten

---

1214 **Tan, Wey-Han:** Playing (with) Educational Games. First and Second Order Gaming. Master Thesis, Helsinki / Hamburg 2009.
1215 **Salen, Katie** (Hg.): The Ecology of Games. Connecting Youth, Games, and Learning, Cambridge 2008; **Salen, Katie / Torres, Robert et al.** (Hg.): Quest to Learn. Developing the School for Digital Kids, Cambridge 2011; **Quest to Learn (Q2 L).** Offizielle Webseite. Online unter: http://www.q2 l.org/ (Letzter Zugriff: 31.3.2019).
1216 **Steinkuehler, Constance:** Learning in Massively Multiplayer Online Games, in: Kafai, Yasmin B. / Sandoval, William A. / Enyedy, Noel / Nixon, Althea Scott / Herrera, Francisco (Hgg.): Embracing Diversity in the Learning Sciences. International Conference of the Learning Sciences (ICLS) 2004. Proceedings, Mahwah 2004; S. 521–28. Online unter: http://bit.ly/2w3NXuc (Letzter Zugriff: 31.3.2019); **Lineage** 1998 ff.
1217 **Steinkuehler, Constance:** Cognition and Learning in Massively Multiplayer Online Games. A Critical Approach. Univ. Diss., Madison 2005.
1218 **Steinkuehler, Constance:** Massively Multiplayer Online Games as an Educational Technology. An Outline for Research, in: *Educational Technology Magazine*, Nr. 1 48/2008; S. 10–21.
1219 **Steinkuehler, Constance / Duncan, Sean:** Scientific Habits of Mind in Virtual Worlds, in: *Journal of Science Education & Technology*, Nr. 6 17/2008; S. 530–43. Online unter: http://bit.ly/2fHAWgD (Letzter Zugriff: 31.3.2019).
1220 Vgl. weiter oben auf S. 232.

positiv beeinflussen, unklar ist, ob sie auch das Bewusstsein erweitern.[1221] Psychologische Aspekte wie die Motivation, die emotionale Bindung der Spielenden an Spielwelt und Avatar sowie ihre Beziehungsgeflechte und problematisches Nutzerverhalten analysierte Nick Yee über Jahre akribisch und detailreich.[1222] Seine Studie zu Motivationen für das Online-Spielen hinterfragte behauptete Grundsätze von Game Designern und bot empirisch untermauerte Alternativen für Spielertypen an.[1223] Relevante Aspekte bereitete er zwischen 1999 und 2004 mit seinem Daedalus Gateway beziehungsweise 2002–2009 mit dem Daedalus Projekt auf.[1224] Zusammen mit Dmitri Williams und Scott Caplan legte Yee eine Studie an 7.000 Spielerinnen und Spielern des Online-Rollenspieles *EverQuest* vor – mit Daten über ihre Echtweltsituation, Spielmotivationen und körperliche sowie geistige Gesundheit.[1225] Die Erhebung wich erheblich von üblichen stereotypen Vorstellungen über Spielende ab: so waren sie weiblicher und älter als erwartet, gesünder und atheistischer als Nicht-Spieler und Minderheiten waren geringer vertreten. Mehr als tausend Spieler von *World of Warcraft* unterstützten Yee, Nicolas Duchenaut, Les Nelson und Peter Likarish dabei, aus dem Spielverhalten auf Persönlichkeiten der Spielenden zurückzuschließen.[1226] Mit seiner Dissertation gibt Nick Yee daher wichtige Einblicke in die psychologische Verfassung des Online-Spielens mit zahlreichen Menschen in einer virtuellen Welt.[1227] Einige Jahre später reflektierte er diese Basis wegen der stetigen Veränderung von Online-Spielen und erläuterte, was das für die Spielenden bedeutet.[1228]

Überall, wo Menschen zusammenkommen, so auch in der digitalen Sphäre eines MMOs, ergründet die Soziologie die entstehenden sozialen Kommunikationsräume. Interdisziplinär ermittelt auch sie die gesellschaftliche Bedeutung digitaler Spiele.[1229] Dafür dokumentiert sie das Nutzungsverhalten von Spielenden in Subkulturen, Spielformen und gesellschaftlichen Kontexten.[1230] Insbesondere Mulitplayer-Spiele

---

1221 Gackenbach, Jayne I.: Video Game Play and Consciousness Development. A Replication and Extension, in: *International Journal of Dream Research (IJoDR)*, Nr. 1 2/2009; S. 3–11.
1222 Yee: Psychology, 2006.
1223 Yee, Nick: Motivations of Play in Online Games, in: *CyberPsychology & Behavior*, Nr. 6 9/2006; S. 772–75.
1224 Yee, Nick (Hg.): The Daedalus Project. The Psychology of MMORPGs 2002–2009. Online unter: http://www.nickyee.com/daedalus/ (Letzter Zugriff: 31.3.2019).
1225 Williams, Dmitri / Yee, Nick / Caplan, Scott: Who Plays, How Much, And Why? Debunking the Stereotypical Gamer Profile, in: *Journal of Computer-Mediated Communication* 13/2008; S. 993–1018.
1226 Yee, Nick / Ducheneaut, Nicolas / Nelson, Les / Likarish, Peter: Introverted Elves and Conscentious Gnomes. The Expression of Personality in World of Warcraft, [Vancouver] 2011.
1227 Yee, Nick: The Proteus Effect. Behavioral Modification via Transformations of Digital Self-Representation. Univ. Diss., Stanford 2007.
1228 Yee, Nick: The Proteus Paradox. How Online Games and Virtual Worlds Change Us – And How They Don't, Yale 2014.
1229 Bevc, Tobias / Zapf, Holger (Hg.): Wie wir spielen, was wir werden. Computerspiele in unserer Gesellschaft, Konstanz 2009.
1230 Quandt, Thorsten / Wolling, Jens / Wimmer, Jeffrey (Hg.): Die Computerspieler. Studien zur Nutzung von Computergames, Wiesbaden 2008.

durchdringt eine ausgeprägte soziale Aktivität, die über die Vorgänge in der eigentlichen Spielumgebung hinausreicht.[1231] Caja Thimm bezeichnet das Spiel sogar als Muster für die medial geprägte Gesellschaft, allerdings skizziert der Sammelband viele Facetten des Musters nur vage.[1232] Am differenziertesten überblicken Christoph Klimmt, Konstantin Mitgutsch und Herbert Rosenstingl bereits 2010 die gesellschaftliche und gruppendynamische Forschung.[1233] Darin spannen die fünf Schwerpunkte Bildung und Lernen, spielende Gemeinschaften, theoretische und methodische Einflüsse, Entwicklungen und Umwälzungen sowie Fallstudien die bestimmenden Arbeitsgebiete der Soziologie auf. In der Reihe *Clash of Realities* veröffentlichen Winfried Kaminski und Martin Lorber Aufsatzbände zu diversen thematischen Schwerpunkten, um aus vielen disziplinären Richtungen die gesellschaftliche Bedeutung digitaler Spielen herauszuschälen.[1234] Daten als Grundlage für gesellschaftliche Studien erhebt regelmäßig der deutsche Interessenverband Games-Branche.[1235] Konzentriert erhebt der Medienpädagogische Forschungsverbund Südwest (MPFS) jährlich den Umgang von Heranwachsenden mit digitalen und anderen Medien mit seinen Studien Jugend in Medien (JIM) und Kinder in Medien (KIM), wie die Einleitung erwähnte.[1236] Forschende zeigen umwälzende gesellschaftliche Entwicklungen durch digitale Spiele auf. Jörg Müller-Lietzkow sieht das gesellschaftliche Verständnis von Sport im Wandel wegen der Verbreitung von eSport.[1237] Da virtuelle Welten die Lebenswelt vieler Menschen an Attraktivität überflügeln, fordern sie nach

---

1231 Quandt, Thorsten / Kröger, Sonja (Hg.): Multiplayer. The Social Aspects of Digital Gaming, London 2014, insbes. die Einleitung S. 3–9.
1232 Thimm, Caja: Spiel – Gesellschaft – Medien. Perspektiven auf ein vielfältiges Forschungsfeld, in: Thimm, Caja (Hg.): Das Spiel. Muster und Metapher der Mediengesellschaft, Wiesbaden 2010; S. 7–16.
1233 Klimmt, Christoph / Mitgutsch, Konstantin / Rosenstingl, Herbert (Hg.): Exploring the Edges of Gaming. Proceedings of the Vienna Games Conference 2008–2009: Future and Reality of Gaming, Wien 2010.
1234 Kaminski, Winfred / Lorber, Martin (Hg.): Clash of realities. Computerspiele und soziale Wirklichkeit. Beiträge der ersten 'International Computer Game Conference Cologne' März 2006, München 2006; **Kaminski, Winfred / Lorber, Martin** (Hg.): Clash of realities 2008 – Spielen in digitalen Welten, München 2008; **Kaminski, Winfred / Lorber, Martin** (Hg.): Clash of Realities 2010. Computerspiele: Medien und mehr…, München 2010; **Kaminski, Winfred / Lorber, Martin** (Hg.): Gamebased Learning. Clash of Realities 2012. International Computer Game Conference „Clash of Realities" in Köln, München 2012; **Kaminski, Winfred / Lorber, Martin** (Hg.): Spielwelt – Weltspiel. Narration, Interaktion und Kooperation im Computerspiel. Internationale Fachkonferenz „Clash of Realities" 2014, München 2014.
1235 game. Verband der deutschen Games-Branche: Marktdaten. Zahlen und Fakten zur deutschen Computer- und Videospiel-Branche. Online unter: https://www.game.de/marktdaten/ (Letzter Zugriff: 25.3.2019).
1236 Medienpädagogischer Forschungsverbund Südwest (MPFS): Offizielle Seite. Online unter: www.mpfs.de (Letzter Zugriff: 31.3.2019). Siehe in der Einleitung ab S. 10.
1237 Müller-Lietzkow, Jörg: Die Veränderung des traditionellen Sportbildes in Gesellschaft und Politik durch eSport, in: Bevc, Tobias (Hg.): Computerspiele und Politik. Zur Konstruktion von Politik und Gesellschaft in Computerspielen, Berlin 2007; S. 221–48.

Edward Castronova die Gesellschaft heraus, die Arbeits- und Alltagswelten anzupassen, solle keine Fluchtbewegung in digitale Welten um sich greifen.[1238] Vergleichbar hält auch Jane McGonigal einen Gegensatz zwischen einer Realität und Spielwelten für kein taugliches Konzept mehr.[1239] Die Kraft digitaler Spielwelten könnte die verschwimmende Lebenswelt neu formen. Beide Autoren lassen den Anspruch einer gesellschaftspolitischen Neuordnung spüren. Beobachtungen von Patrick Jagoda, Melissa Gilliam, Peter McDonald und Christopher Russel an einem Alternate Reality Game (ARG) bekräftigen, dass sich die Kommunikationssphäre digitaler Spiele nicht mehr klar von einer vermeintlich realeren Gesellschaft abgrenzen lässt.[1240] Im ARG verschmolzen die analoge und digitale Welt für große Teilnehmerzahlen in großangelegten Lernprozessen über ihr soziales Verhalten. Soziologisch relevante Verbindungen bestehen zwischen digitalen Spielen und Wirtschaft, Politik, Gesellschaft und Kultur. Die bereits angeführte Studie von Patrick Crogan zeigte, wie verquickt etwa der militärisch-industrielle Komplex mit der Produktion und der Spielkultur ist.[1241] Devin Griffiths schildert viele Aspekte digitaler Spiele, ihrer Kultur und der zugehörigen Branche, die schon gesellschaftliche Bereiche geprägt haben.[1242] Konsumsoziologisch stellen Birgit Blättel-Mink und Kai Hellmann die Prosumenten-Kultur um digitale Medien in längere ökonomische Traditionen – wenn auch digitale Spiele nur implizit.[1243] Veränderungsprozesse von gesellschaftlichen Strukturen bis zu Realitätsbegriffen schreiten also voran. Umgekehrt beeinflussen nach Winfried Kaminski nicht nur digitale Spiele die Gesellschaft, sondern werden als sozial sensible Kulturgüter von soziokulturellen Vorstellungen selbst verändert.[1244] Weil sich die Kommunikationsmittel rasant entwickeln und ihre Kraft das kommunikative Handeln der Gesellschaft prägt, empfielt Hubert Knoblauch, das Konzept der sozialen Konstruktion von Wirklichkeit nach Luckmann und Berger in einen handlungssoziologischen Ansatz der kommunikativen Konstruktion von Wirklichkeit zu überführen.[1245]

1238 Castronova, Edward: Exodus to the Virtual World. How Online Fun is Changing Reality, New York 2008.
1239 McGonigal, Jane: Reality is Broken. Why Games Make us Better and How They Can Change the World, New York 2011.
1240 Jagoda, Patrick / Gilliam, Melissa et al.: Worlding through Play. Alternate Reality Games, Large-Scale Learning and The Source, in: *American Journal of Play*, Nr. 1 8/2015. Online unter: http://bit.ly/1OO4EtF (Letzter Zugriff: 31.3.2019).
1241 Crogan: Gameplay, 2011. Vgl. die Erwähnung auf S. 190.
1242 Griffiths, Devin C.: Virtual Ascendance. Video Games and the Remaking of Reality, Lanham 2013.
1243 Blättel-Mink / Hellmann: Prosumer, 2010. Vgl. beim geschichtswissenschaftlichen Forschungsstand zu digitalen Spielen S. 98 und S. 245 im Abschnitt bei Medien- und Kommunikationswissenschaften.
1244 Kaminski, Winfred: Wenn Computerspiele und Spieler aufeinandertreffen. Oder: die Veränderung des Spiels durch die Spieler, in: Thimm, Caja (Hg.): Das Spiel. Muster und Metapher der Mediengesellschaft, Wiesbaden 2010; S. 215–40.
1245 Knoblauch, Hubert: Die kommunikative Konstruktion der Wirklichkeit, Wiesbaden 2017; **Berger / Luckmann:** Konstruktion, 2013^5. Siehe S. 225.

Sein Sammelband mit Reiner Keller und Jo Reichertz unterfüttert diese Herangehensweise theoretisch und empirisch mit soziologischen Perspektiven.[1246] Allerdings überzeugt der Ansatz nicht recht, weil er den Fokus nur von sozialen Rahmenbedingungen und Prozessen auf die technischen Kommunikationsmittel verlagert. Die Kommunikationskanäle mögen sich verändert und diversifiziert haben, die Entstehung gesellschaftlicher Wirklichkeiten basierte jedoch schon immer auf Kommunikation. Der Fokus auf Kommunikationskanäle nimmt lediglich einen komplementären Blickwinkel ein. Von soziologischem Interesse sind daher nicht nur die Auswirkungen digitaler Spiele auf Gesellschaften, sondern auch die soziale Konstitution von Gemeinschaften in Spielen und ihrem Umfeld. Insbesondere bei Multiplayer-Online-Spielen entstehen Communities des digitalen Zusammenlebens, deren Zusammensetzung der erwähnte Nick Yee analysierte.[1247] Im historischen Überblick leitet Rudolf Inderst Rahmenbedingungen, Strukturen und tragende Prozesse ab, mit denen diese Gemeinschaften entstanden und nach denen sie funktionieren.[1248] Der empirische Anteil seiner Studie unterstreicht die Komplexität zentraler gesellschaftlicher Phänomene zwischen utopischen Konzepten, konkreten Strukturen der Organisation und Prozessen der Streitschlichtung bis hin zu Geschenkökonomien und sozialem Kapital in den Gemeinschaften. Die soziale Genetik von MMORPGs verknüpft er mit politischer Ideengeschichte, denn die bestmöglichen Gemeinschaften in Online-Rollenspielen würden sich stets aus einer Sehnsucht nach utopischen gesellschaftlichen Entwürfen etablieren.[1249] Martin Geisler legt seinen Schwerpunkt darauf, die soziale Realität der Gemeinschaften in Multiplayer-Spielen zu strukturieren.[1250] Seine Befragungen erfassten zwar Nutzer von MMORPGs, Shootern und Echtzeitstrategiespielen, erst seine Schlussfolgerungen aber streifen die soziale Organisation außerhalb des Spielumfeldes. Mit ihrem Fokus auf die Kommunikation innerhalb der Gemeinschaften beleuchtet Rebecca Trippe die Funktionsweise der Gruppen näher, und belegt kommunikative Beziehungen auch außerhalb einzelner Spiele.[1251] Über ein erfolgreiches Funktionieren von MMORPGs entscheiden die Möglichkeiten innerhalb des Spieles und im Umfeld, mit denen die Spielerinnen und Spieler kommunizieren

---

1246 Keller, Reiner / Reichertz, Jo / Knoblauch, Hubert (Hg.): Kommunikativer Konstruktivismus. Theoretische und empirische Arbeiten zu einem neuen wissenssoziologischen Ansatz, Wiesbaden 2013.
1247 Yee, Nick: The Demographics, Motivations and Derived Experiences of Users of Massively-Multiplayer Online Graphical Environments, in: *PRESENCE* 15/2006; S. 309–29.
1248 Inderst, Rudolf T.: Vergemeinschaftung in MMORPGs, Boizenburg 2009.
1249 Inderst, Rudolf T.: Von der Sehnsucht nach der Möglichkeit der besten aller Welten. Gemeinschaftsbildung in Massively Multiplayer Online Role-Playing Games-Gilden, in: Brincken, Jörg von / Konietzky, Horst (Hg.): Emotional Gaming. Gefühlsdimensionen des Computerspielens, München 2012; S. 107–19.
1250 Geisler, Martin: Clans, Gilden und Gamefamilies. Soziale Prozesse in Computerspielgemeinschaften, Weinheim 2009.
1251 Trippe, Rebecca: Virtuelle Gemeinschaften in Online-Rollenspielen. Eine empirische Untersuchung der sozialen Strukturen in MMORPGs, Berlin u.a 2009.

und interagieren.[1252] Elke Hemminger bezeichnet die dichte Vermischung aus Gameplay und Aktivität in sozialen Netzwerken bei Online-Rollenspielen gar als „Fantasy Facebook".[1253] Die ineinander überfließenden Typen von Spielenden aus der erwähnten Metastudie von Hamari und Tuuanen verteilen im sozialen Miteinander von Online-Rollenspielen bestimmte Rollen, für die nach Diane Carr und Oliver Martin die Kompetenzen der Spielenden den Ausschlag geben.[1254] Dafür organisieren sich die Spielenden teils innerhalb des Spielsystems, teils außerhalb etwa in Diskussionsforen zu komplexen sozialen Gebilden mit eigenem Lebenszyklus.[1255] Esther MacCallum-Stewart erläutert an Formen von Online-Spielen, wie Gemeinschaften auf unterschiedliche soziale Narrative zurückgreifen und neue generieren.[1256] Ihr Vergleich lässt erkennen, dass es zwar Schwerpunkte der sozialen Interaktion gibt, jedoch nicht eine typische Form. Zu berücksichtigen ist, dass Spielende zum Schutz ihrer Privatsphäre nur in kleinsten Kreisen ihre realen Persönlichkeiten offenbaren. Wie erwähnt, begeben sich Spielende mit einem Avatar der Spielwelt sowie mit einer Webidentität in die sozialen Netzwerke.[1257] Dass die Muster der sozialen Praktiken in diesen Welten Funktionen für die Spielerpersönlichkeiten übernehmen, belegen Dmitri Williams, Tracy Kennedy und Robert Moore.[1258] Esther MacCallum-Stewart und Justin Parsler stellen ein widersprüchliches Verhaltensspektrum beim Eintauchen der Spielenden in

---

1252 Tan, Wee K. / Yeh, Yi D. / Chen, Ssu H.: The Role of Social Interaction Element on Intention to Play MMORPG in the Future. From the Perspective of Leisure Constraint Negotiation Process, in: *Games and Culture*, Nr. 1 12/2017; S. 28–55. Online unter: http://bit.ly/2uCB7Pe (Letzter Zugriff: 31.3.2019).
1253 Hemminger, Elke: Fantasy Facebook. Merged Gameplay in MMORPGs as Social Networking Activities, in: Klimmt, Christoph / Mitgutsch, Konstantin / Rosenstingl, Herbert (Hg.): Exploring the Edges of Gaming. Proceedings of the Vienna Games Conference 2008–2009: Future and Reality of Gaming, Wien 2010; S. 91–102.
1254 Carr, Diane / Oliver, Martin: Tanks, Chauffeurs, and Backseat Drivers. Competence in MMORPGs, in: Klimmt, Christoph/Mitgutsch, Konstantin/Rosenstingl, Herbert (Hg.): Exploring the Edges of Gaming. Proceedings of the Vienna Games Conference 2008–2009: Future and Reality of Gaming, Wien 2010; S. 35–46; **Hamari / Tuunanen:** Player Types, 2014. Vgl. S. 239.
1255 Wimmer, Jeffrey / Quandt, Thorsten / Vogel, Kristin: The Edge of Virtual Communities? An Explorative Analysis of Clans and Computer Games, in: Klimmt, Christoph / Mitgutsch, Konstantin / Rosenstingl, Herbert (Hgg.): Exploring the Edges of Gaming. Proceedings of the Vienna Games Conference 2008–2009: Future and Reality of Gaming, Wien 2010; S. 77–90. Befunde aus einer früheren Entwicklungsphase bei **Williams, Dmitri / Yee, Nick / Ducheneaut, Nicolas / Xiong, Li / Nickell, Eric:** From Tree House to Barracks. The Social Life of Guilds in World of Warcraft, in: *Games and Culture*, Nr. 4 1/2006; S. 338–61. Online unter: http://bit.ly/2fC2HJL (Letzter Zugriff: 31.3.2019); **Ducheneaut, Nicolas / Yee, Nick / Nickell, Eric / Moore, Robert J.:** The Life and Death of Online Gaming Communities. A Look at Guilds in World of Warcraft, in: *Proceedings of ACM CHI 2007 Conference on Human Factors in Computing Systems* 2007; S. 839–48. Online unter: http://bit.ly/2vhXuZr (Letzter Zugriff: 31.3.2019).
1256 MacCallum-Stewart, Esther: Online Games, Social Narratives, New York 2014.
1257 Siehe zu Avatarforschung oben beim Abschnitt zu Digital Game Studies ab S. 239.
1258 Williams, Dmitri / Kennedy, Tracy L. M. / Moore, Robert J.: Behind the Avatars. The Patterns, Practices, and Functions of Role Playing in MMOs, in: *Games and Culture*, Nr. 2 6/2011; S. 171–200. Online unter: http://bit.ly/2w1dvI4 (Letzter Zugriff: 31.3.2019).

soziale Gemeinschaften und in die Spielwelt fest.[1259] Das Beispiel von *Second Life* wies in einer Studie von Nick Yee mit Kollegen jedoch darauf hin, dass Nutzerinnen und Nutzer soziale Verhaltensweisen und Normen aus der analogen Welt auf Online-Umgebungen übertragen.[1260] Bei diesem speziellen Beispiel fragen sich Caja Thimm und Sebastian Klement sogar, ob es sich dabei noch um ein Spiel oder bereits um ein Labor für alternative Gesellschaftsentwürfe handelt.[1261] Soziologische Untersuchungen ermitteln also zusammen mit psychologischen Studien an individuellem und kollektiven Verhalten wichtige Grundlagen, um Verarbeitung und Rezeption historischer Inszenierungen in Multiplayer-Spielen durch die Spielenden zu verstehen und gleichzeitig zu ergründen, wer diese Spielerinnen und Spieler überhaupt sind.

Deshalb rücken mit den Gender Studies zunehmend geschlechterspezifische Studien in den Blick. Der aktuellste Forschungsüberblick bei Claudia Wilhelm zeigt eine Perspektive, die gesellschaftliche Stereotypen in sozial konstruierten Geschlechterrollen offenlegt und Diskriminierungen reflektiert.[1262] Zu weitreichender Wahrnehmung verhalf die Mediensoziologin Anita Sarkeesian dem Thema bei digitalen Spielen, die 2012 via Crowd-Funding Mittel für eine Videoreihe einwarb.[1263] Methodisch betrachtet, produziert sie tendenziös und plakativ, was ihre Beiträge eher politisch macht als wissenschaftlich. Dennoch pointiert sie treffend soziokulturelle Befunde in und um digitale Spiele. In der Literatur verschwimmt die Grenze zwischen politischem Engagement und wissenschaftlichem Beitrag. Abigail Johnson dekonstruiert etwa nicht ihre eigene dichiotome Vorannahme, es gäbe gezielt weibliche oder männlich bedeutsame Spielinhalte, und folgert, dass Kritik durch Männer an Spielen, die nach ihrer Ansicht für Frauen gedacht seien, inhärent sexistisch sei.[1264] Nick Yee wies jüngst für 272.000 Teilnehmende an einer Studie erhebliche Schwankungen zwischen den Geschlechtern nach, je nachdem, welche Spielform betrachtet wird.[1265] Allerdings zeigen sich innerhalb der gewählten Formen erhebliche, bedenkenswerte

---

1259 MacCallum-Stewart, Esther / Parsler, Justin: Role-Play vs. Gameplay. The Difficulties of Playing a Role in World of Warcraft, in: Corneliussen, Hilde / Rettberg, Jill W. (Hg.): Digital Culture, Play, and Identity. A World of Warcraft Reader, Cambridge 2008; S. 225–46.
1260 Yee, Nick / Bailenson, Jeremy N. / Urbanek, Mark / Chang, Francis / Merget, Dan: The Unbearable Likeness of Being Digital. The Persistence of Nonverbal Social Norms in Online Virtual Environments, in: *CyberPsychology and Behavior*, Nr. 1 10/2007; S. 115–21; **Second Life** 2003.
1261 Thimm, Caja / Klement, Sebastian: Spiel oder virtueller Gesellschaftsentwurf? Der Fall Second Life, in: Thimm, Caja (Hg.): Das Spiel. Muster und Metapher der Mediengesellschaft, Wiesbaden 2010; S. 191–213.
1262 Wilhelm, Claudia: Game Studies und Geschlechterforschung, in: Sachs-Hombach, Klaus / Thon, Jan-Noël (Hg.): Game Studies. Aktuelle Ansätze der Computerspielforschung, Köln 2015; S. 316–40.
1263 Sarkeesian: Tropes.
1264 Johnson, Abigail: Between Barbie and Life is Strange: the history of the „Girl Games" Movement, in: *The Ontological Geek* 31.12.2016. Online unter: http://bit.ly/2k9Obdy (Letzter Zugriff: 31.3.2019).
1265 Yee, Nick: Beyond 50/50: Breaking Down the Percentage of Female Gamers by Genre, in: *Quantic Foundry* 19.1.2017. Online unter: http://bit.ly/2vzAK7r (Letzter Zugriff: 31.3.2019).

Ausreißer. Forschende müssen ihre Studien zu Gender methodisch also sorgfältig an eigenen Einstellungen und Vorannahmen reflektieren. Wilhelm konstatiert den Gender Studies zu digitalen Spielen, dass ihr theoretisches Fundament schwach sei, worunter die empirische Umsetzung leide.[1266] Sozioökonomische Faktoren wie die Zugehörigkeit zu gesellschaftlichen Schichten oder individuelle Vorlieben von Individuen können zudem den genderisierten Blickwinkel überlagern. Rückblickend auf den Artikel von Abigail Johnson könnte die Ablehnung oder Zuneigung zu bestimmten Spielformen also weniger von *Gender*, sondern etwa von *Class* als sozialer Kategorie, dem Bildungsstand oder individuellen Präferenzen bei Spielinhalten abhängen. Gender Studies stehen zweifellos als wichtige Sichtweise neben anderen wissenschaftlichen Zugriffen, sind aber stets mit ihnen ins Verhältnis zu setzen. Studien befassen sich mit der Spielerschaft, in der lange Zeit Frauen einen geringeren Anteil stellten, mittlerweile jedoch aufschließen.[1267] Astrid Deuber-Mankowsky näherte sich dem Widerhall von Geschlechterkonstruktionen aus der analogen Welt im Verständnis von Rollen bei digitalen Spielen.[1268] Einen aufschlussreichen Vergleich zwischen dem Stand des Diskurses vor der Jahrtausendwende und am Ende von dessen erster Dekade ermöglichen die Sammelbände von Justine Cassell und Henry Jenkins beziehungsweise von Yasmin Kafai, Carrie Heeter, Jill Denner und Jennifer Sun, wobei Letzterer sich nicht nur dem Titel nach, sondern inhaltlich auf den Vorläufer bezieht.[1269] Dmitri Williams, Nick Yee, Scott Caplan und Mia Consalvo studierten die gender-spezifischen Verhaltensweisen von Spielenden in Online-Welten und fanden über ein Jahr so bemerkenswerte wie überraschende Unterschiede:[1270] Nicht nur brachten sich beispielsweise die Spielerinnen erheblich länger und tiefer ins Spiel ein als männliche Spieler, entgegen der landläufigen Erwartung an Intensivspieler waren sie erheblich gesünder. Dass sich Entwicklerinnen und Entwickler trotzdem nicht gezielt an die weibliche Gruppe wendeten, erklären die Forschenden mit einer Hypothese: Geistig seien sie darauf voreingestellt, dass sie Spiele von Männern für Männer entwickelten. In der Tat bestätigen die Bände von Julie Prescott (ein Mal mit Jan Bogg und ein mal mit Julie McGurren) eine männlich dominierte Berufswelt im Entwicklungsbereich, die unreflektiert das Produktangebot, die Inhalte und die Vor-

---

1266 Wilhelm: Game Studies, 2015; S. 332.
1267 Siehe die oben erwähnten Sprünge in den Jugendstudien des MPFS (siehe Anm. 28).
1268 Deuber-Mankowsky, Astrid: Das virtuelle Geschlecht. Gender und Computerspiele, eine diskurs-analytische Annäherung, in: Holtorf, Christian / Pias, Claus (Hg.): Escape! Computerspiele als Kulturtechnik, Köln 2007; S. 85–105.
1269 Cassell, Justine / Jenkins, Henry (Hg.): From Barbie to Mortal Kombat. Gender and Computer Games, Cambridge 2000; **Kafai, Yasmin B. / Heeter, Carrie / Denner, Jill / Sun, Jennifer Y.** (Hg.): Beyond Barbie and Mortal Kombat. New Perspectives on Gender and Gaming, Cambridge 2011.
1270 Williams, Dmitri / Yee, Nick / Caplan, Scott / Consalvo, Mia: Looking for Gender. Gender Roles and Behaviours Among Online Gamers, in: *Journal of Communication* 59/2009; S. 700–25.

stellungen über Nutzerinnen und Nutzern verzerren könnte.[1271] Ein wesentlicher Anteil der Studien entschlüsselt Rollenvorstellungen der Geschlechter in digitalen Spielen. Selten analysieren sie Inhalte jedoch textlich, sprachlich oder die dargestellten Gesellschaftsmodelle, sondern vorwiegend die Funktion und Inszenierung von Figuren wie bei Sarkeesian. Die Forschung konzentriert sich hauptsächlich auf Inszenierungen von Weiblichkeit, wenig auf Männlichkeiten und bleibt aufgrund der Konzentration auf Spielfiguren in der Deutung von Äußerlichkeiten verhaftet. Differenzierter setzt sich Nina Kiel mit beiden Seiten über eine lange Entwicklungsgeschichte auseinander.[1272] Kurzanalysen diverser Spielformen, vor allem aber der Action-Abenteuer aus den Reihen *The Legend of Zelda* und *Tomb Raider*, arbeiten offene Fragen der Gender Studies an digitale Spiele heraus.[1273] Neben weiblich konnotierten Stereotypen, die vorbildhaft oder repressiv sein können, kursieren in digitalen Spielen auch Vorstellungen über Männlichkeiten, ebenso toxisch oder beispielhaft. Nicht nur in Spielen, sondern in deren journalistischer Rezeption enttarnen Monica Miller und Alicia Summers geschlechterspezifische Konstruktionen.[1274] Diese wie bei Kiel zu kontrastieren, könnte geschichtswissenschaftlich aufschlussreich sein, um etwa wie bei Stone, Kudenov und Combs mittelalterliche Inszenierungen an gegenwartlichen Vorstellungen zu reflektieren.[1275] Wenig belastbar blieben Versuche, eine Wirkung des Dargestellten auf die Spielerschaft nachzuweisen, weil sie an vergleichbaren Defiziten wie bei der Wirkungsforschung in der Medienpädagogik leiden.[1276]

Auch die Politikwissenschaft findet eine ganze Reihe historisch relevanter Themenfelder bei digitalen Spielen. Zum Beispiel untersucht ein Band von Rolf Nohr und Serjoscha Wiemer die Wechselwirkung von strategischem Denken zwischen dem digitalen Spiel und gesellschaftlichen Aspekten.[1277] An Strategiespielen erläuterte Ramòn Reichert, wie Praktiken des Regierungshandelns die Anlage ihrer Spielmechanik dominieren und so im Anschluss an Foucaults Überlegungen zu Gouvernementalität

---

[1271] **Prescott, Julie / Bogg, Jan:** Gender Divide and the Computer Game Industry, Hershey 2014; **Prescott, Julie / McGurren, Julie E.** (Hg.): Gender Considerations and Influence in the Digital Media and Gaming Industry, Hershey 2014.
[1272] **Kiel, Nina:** Gender in Games. Geschlechtsspezifische Rollenbilder in zeitgenössischen Action-Adventures, Hamburg 2014.
[1273] Begründet mit **The Legend of Zelda** 1986 untersucht Kiel gezielt 9 Titel bis zu **The Legend of Zelda: Skyward Sword** 2011. Jüngere Fortsetzungen wie das erfolgreiche **The Legend of Zelda: Breath of the Wild** 2017 erfasst ihre Studie aus 2014 nicht mehr. Siehe zur Geschichte von **Tomb Raider** Anm. 348.
[1274] **Miller, Monica K. / Summers, Alicia:** Gender Differences in Video Game Characters' Roles, Appearances, and Attire as Portrayed in Video Game Magazines, in: *Sex Roles* 57/2007; S. 733–42.
[1275] **Stone / Kudenov** et al: Accumulating, 2013. Siehe Anm. 439 u. 511.
[1276] Vgl. die Debatte in Medienpädagogik und Psychologie von S. 246 bis 247.
[1277] **Nohr, Rolf F. / Wiemer, Serjoscha** (Hg.): Strategie spielen. Medialität, Geschichte und Politik des Strategiespiels, Berlin 2008.

bestimmte Einstellungen zum Regieren bei Spielenden befördern.[1278] Foucaults Diskurse, die Sagbares und Unsagbares bestimmen, veranschaulichen jedoch nicht nur spielmechanisch die Akzeptanz von Regierungshandeln.[1279] Sein Konzept eröffnet ein Verständnis dafür, wie die technische Anlage digitaler Spiele gesellschaftliche Diskurse vorformatiert, indem sie diese zulässt oder ausschließt. Einblicke in die technischen Grundlagen von Datenbanken etwa in einem Sammelband von Stefan Böhme, Rolf Nohr und Serjoscha Wiemer werfen viele Fragen nach der Beeinflussung von Inhalten auf.[1280] Die konzeptionelle Grundanlage durch Politiken im Sinne von *policies* etwa bedingen praktische Verfahrensweisen und umgekehrt.[1281] Ob bewusst oder unbewusst durch Entwickler angelegt, bewahren digitale Spiele also durch ihre technische und spielmechanische Verfassung politische Denkmuster. Alexander Weiß spürte daher Aspekten der Politischen Theorie in *Age of Empires* und *Sid Meier's Civilization* nach.[1282] Daneben wirft der Sammelband von Tobias Bevc weitere Schlaglichter auf die Konstruktion von Politik und Gesellschaft, den visuellen Transport politischer Theorie, Rassismus und auf das jeweilige Verhältnis zu Geschichte.[1283] Der Herausgeber versteht den Band als politikwissenschaftliche Forschungsagenda, leider kam dem die Politikwissenschaft nur wenig nach. An anderer Stelle skizziert Bevc noch Politik- und Gesellschaftsmodelle in digitalen Spielen.[1284] So facettenreich, wie das vorliegende Buch die Bestandteile historischer Inszenierungen herausarbeitete, wirkt seine These zu verkürzt, das Politische werde in digitalen Spielen vor allem visuell kommuniziert.[1285] Politikwissenschaftliche Studien bleiben daher leider begrenzt und lückenhaft, obwohl digitale Spiele nach Ian Bogost als rhetorisch besonders überzeugendes Medium an der Grenze zwischen Politik und Wirtschaft stehen.[1286] Den politischen Diskurs über digitale Spiele selbst konturiert Jens Wüstefeld

---

1278 Reichert, Ramón: Government-Games und Gouverntainment. Das Globalstrategiespiel CIVILIZATION von Sid Meier, in: Nohr, Rolf F. / Wiemer, Serjoscha (Hg.): Strategie spielen. Medialität, Geschichte und Politik des Strategiespiels, Berlin 2008; S. 189–212.
1279 Foucault: Ordnung, 2012[12]. Vgl. Anm. 1013.
1280 Böhme, Stefan / Nohr, Rolf F. / Wiemer, Serjoscha (Hg.): Sortieren, Sammeln, Suchen, Spielen. Die Datenbank als mediale Praxis, Münster 2012.
1281 Böhme / Nohr et al.: Sortieren, 2012; S. 122–338.
1282 Weiß, Alexander: Computerspiele als Aufbewahrungsform des Politischen. Politische Theorie in Age of Empires und Civilization, in: Bevc, Tobias (Hg.): Computerspiele und Politik. Zur Konstruktion von Politik und Gesellschaft in Computerspielen, Berlin 2007; S. 77–98, bes. 92–96.
1283 Bevc, Tobias (Hg.): Computerspiele und Politik. Zur Konstruktion von Politik und Gesellschaft in Computerspielen, Berlin 2007.
1284 Bevc, Tobias: Virtuelle Politik- und Gesellschaftsmodelle, in: Bevc, Tobias / Zapf, Holger (Hg.): Wie wir spielen, was wir werden. Computerspiele in unserer Gesellschaft, Konstanz 2009; S. 141–60.
1285 Bevc, Tobias: Visuelle Kommunikation und Politik in Videospielen. Perspektiven für die politische Bildung?, in: Thimm, Caja (Hg.): Das Spiel. Muster und Metapher der Mediengesellschaft, Wiesbaden 2010; S. 169–90.
1286 Bogost: Persuasive Games, 2007; bes. S. 28–64 und 121–43.

als „Computerspielpolitik", ein komplexes Feld aus medienpolitischen Akteuren, ihren Aufgaben und Zielen.[1287]

Der Überblick zu Gender Studies deutete schon an, dass sich mit den gesellschaftlichen Einflüssen von digitalen Spielen auch ihre ökonomische Dimension verbindet. Politischer Einfluss digitaler Spiele begründet sich zudem dadurch, wie bedeutend sie als Wirtschaftsfaktor sind. Damit liegt im ökonomischen Beitrag der Branche ein Schlüssel zu ihrer Selbstreflexion. Enorm umfassend studierten den deutschen Standort vor mehr als zehn Jahren Jörg Müller-Lietzkow, Ricarda Bouncken und Wolfang Seufert.[1288] Deren Befunde alterten mittlerweile, ihr Überblickswerk strukturiert jedoch die Grundlagen des Feldes und einen historischen Entwicklungsstand. Müller-Lietzkow dokumentierte an verschiedenen Stellen, wie komplex und rasant sich Branche und Spiele aus ökonomischer Sicht verändern.[1289] Sein jüngster Überblick veranschaulichte, wie anspruchsvoll wirtschaftswissenschaftliche Forschungen an einer so volatilen Branche ist.[1290] Veröffentlichungen halten kaum mit dem Tempo der Erneuerung von Spielprinzipien, Wirtschaftsformen und Technologien mit. Ihren Anspruch, den gesamten Status der Branche weltweit zu überblicken, erfüllen Peter Zackariasson und Timothy Wilson aber nicht nur deswegen nicht. Ihr Blick richtet sich zu einseitig auf die westliche Hemisphäre und auf Großunternehmen. Das mag aus Investment-Sicht sinnvoll sein, ganzheitlich überblicken sie die Branche so nicht.[1291] Neben quantitativen Analysen verfolgen Ökonomen die wirtschaftlichen Prozesse und Strukturen von Distributionswegen, die Umstände der Produktion, aber auch die Darstellung von Wirtschaft in den Spielen selbst.[1292] Früh erkannte Edward Castronova die wirtschaftliche Bedeutung des Online-Spielens und dessen gesellschaftlich verändernde Kraft.[1293] Sozioökonomische Modelle in digitalen Spielen studieren Ökonomen als wirtschaftliche Simulationen, mit denen menschli-

---

1287 Wüstefeld, Jens: Computerspielpolitik – zwischen Kontrolle und Förderung, in: Bevc, Tobias / Zapf, Holger (Hgg.): Wie wir spielen, was wir werden. Computerspiele in unserer Gesellschaft, Konstanz 2009; S. 209–26.
1288 Müller-Lietzkow / Bouncken / Seufert: Gegenwart, 2006.
1289 Müller-Lietzkow, Jörg: Überblick über die Computer- und Videospielindustrie, in: Bevc, Tobias / Zapf, Holger (Hgg.): Wie wir spielen, was wir werden. Computerspiele in unserer Gesellschaft, Konstanz 2009; S. 241–60.
1290 Müller-Lietzkow: Game Studies, 2015.
1291 Zackariasson, Peter / Wilson, Timothy L. (Hg.): The Video Game Industry. Formation, Present State, and Future, New York 2012.
1292 Ein umfassender Überblick bei **Lehdonvirta, Vili / Castronova, Edward:** Virtual Economies. Design and Analysis, Cambridge 2014. Ein Beispiel für die Analyse von Geschäftsmodellen bei **Selke, Stefan:** Das Soziale an Software. Rekonstruktion impliziter Gesellschaftsmodelle bei der Entwicklung des Computerspiels MyTown, in: Bevc, Tobias (Hg.): Computerspiele und Politik. Zur Konstruktion von Politik und Gesellschaft in Computerspielen, Berlin 2007; S. 167–92.
1293 Castronova, Edward: Synthetic worlds. The business and Culture of Online Games, [Nachdr.] Chicago 2006.

ches Verhalten für die analoge Lebenswirklichkeit untersuchbar wird.[1294] Konsumentenstudien weisen darauf hin, dass jenseits von digitalen Spielen auch andere Online-Umgebungen besser spielerisch auszurichten wären.[1295] Weil spielerische Umgebungen motivierend wirken, wurde Gamification ein ökonomisches Arbeitsfeld, um Verwaltungsprozesse oder berufliche Umgebungen nach Spielprinzipien zu gestalten.[1296] Yu-Kai Chou zeigt, wie mächtig die Nutzung von Verspieltheit ist, um beispielsweise unkreative, monotone Betätigungen aufzuwerten.[1297] Aus ökonomischem Interesse menschliches Verhalten behaviouristisch zu steuern, ist jedoch fragwürdig, wenn nur das effektive Ergebnis, nicht das Verständnis des Prozesses gesucht wird.[1298] Erwähnt wurden Versicherungen, die durch Gamification das Verhalten ihrer Versicherten manipulieren und ihnen sensible persönliche Gesundheitsdaten entlocken.[1299] Ein solcher Gebrauch von Gamification entmündigt und überwältigt Nutzer, gepaart mit ökonomischer Effizienzrhetorik, ist ihr Einsatz in Bildungskontexten daher hochumstritten.[1300] Wirtschaftswissenschaftliche Expertise nutzen Spieleproduzenten wie die isländischen Entwickler von CCP sogar beim MMO *Eve Online*, um die finanzielle Ökosphäre ihrer Spielwelt zu stabilisieren.[1301] Sogar die Spekulation an Wechselkursen verbindet die ökonomischen Sphären von Spiel- und Realwirtschaften.[1302] Der Umsatz mit virtuellen Gütern nimmt ebenfalls eine erheb-

---

1294 Castronova, Edward / Williams, Dmitri / Shen, Cuihua / Ratan, Rabindra / Xiong, Li / Huang, Yun / Keegan, Brian: As real as real? Macroeconomic Behavior in a large-scale virtual world, in: *New Media & Society*, Nr. 5 11/2009; S. 685–707; **Seiler, Joey:** What Can Virtual-World Economists Tell Us about Real-World Economies. As Virtual Economies Expand, the Study of Their Inner Workings is Shaping up to Become a Serious Discipline, in: *Scientific American (online)* 17.3.2008. Online unter: http://bit.ly/1mhNqLe (Letzter Zugriff: 31.3.2019); **Plumer, Brad:** The Economics of Video Games, in: *The Washington Post. Online* 28.9.2012. Online unter: http://wapo.st/1TIpZZn (Letzter Zugriff: 31.3.2019).
1295 Mathwick, Charla / Rigdon, Edward: Play, Flow, and the Online Search Experience, in: *Journal of Consumer Research* 31/2004; S. 324–32.
1296 Yee, Nick: The Labor of Fun. How Video Games Blur the Boundaries of Work and Play, in: *Games and Culture*, Nr. 1 1/2006; S. 68–71.
1297 Chou, You-kai: Actionable Gamification, Freemont 2016; **Sailer, Michael:** Die Wirkung von Gamification auf Motivation und Leistung. Empirische Studien im Kontext manueller Arbeitsprozesse, Wiesbaden 2016.
1298 Burke, Brian: Gamify. How Gamification motivates People to do Extraordinary Things, Brookline 2014.
1299 Siehe in der Einleitung auf S. 13.
1300 Raczkowski, Felix: It's all Fun and Games… A history of Ideas Concerning Gamification, in: *Proceedings of DiGRA 2013: DeFragging Game Studies*2013. Online unter: http://bit.ly/2vXoOQj (Letzter Zugriff: 31.3.2019).
1301 Eve Online 2003ff. Wirkungen von Störungen bei **Parkin:** Eve Online, 2015.
1302 Neben den erzeugten Produkten, die Spieler innerhalb von Spielwelten gegen Echtgeld handeln, oder weltweit operierenden Verkaufsplattformen von Spielwährungen gab es im Fall der Online-Welt **Second Life** 2003 sogar Probleme bei der Währung Linden Dollar. Siehe **Sidel, Robin:** Cheer Up, Ben. Your Economy Isn't As Bad As This One. In the Make-Believe World of Second Life, Banks Are Really Collapsing, in: *The Wall Street Journal. Online* 23.1.2008. Online unter: http://on.wsj.com/1X7SijF

liche ökonomische Dimension an.[1303] Folgerichtig analysieren große Firmen für Wirtschaftsberatung wie *Price Waterhouse Coopers* die Branche und den Markt.[1304] Letztlich sind digitale Spiele Produkte, die sich wirtschaftlich tragen müssen. Ökonomen suchen daher nach Wegen der Monetarisierung. Knapp überblickt Simon Korchmar in einer Bachelorarbeit von 2007 diversen Formen bei MMORPGs, auch wenn sie sich seither weiterentwickelten.[1305] Die wirtschaftswissenschaftliche Literatur bleibt fragmentiert, weil auf kurzfristige, begrenzte Phänomene fokussiert. Kontinuierlicher analysieren der Branchenverband *game*, die Branchenmagazine *Games Markt* und *Making Games* sowie die Branchenwebseite *gameswirtschaft.de* die ökonomischen Umstände.[1306]

Damit Wirtschaft und Gesellschaft konfliktarm funktionieren, benötigen sie einen soziokulturellen Rahmen, dessen Logik im Regelfall akzeptiert wird. Geisteswissenschaftliche Arbeitsergebnisse, zu denen aus einer kulturell-normativen Sicht auch juristische Studien zu zählen sind, liefern Erkenntnisse über den kulturellen Raum des digitalen Spielens, seine Verhaltensregeln und wie er juristisch zu fassen ist. Rechtliche Folgen und Rahmenbedingungen aus deutschen Gewalt- und Jugendschutzdebatten untersucht Patrick Portz unter Berücksichtigung der wandelbaren Spielkultur.[1307] Die Spiele(r)-Kultur steht also in Beziehung zu bereits geregelten soziokulturellen und juristischen Sphären. So sind digitale Spiele als Produkt auf einen rechtlichen Rahmen angewiesen, der international gültig ist. Sebastian Kreutz betrachtet Entwickler und Produzenten im Spannungsfeld von verschiedenen Auffassungen zu den Rechten von Urhebern, unterschiedlichen Traditionen des Jugendschutzes oder der Sicherheit internationaler Transaktionen – doch auch Spielende sind in immer mehr juristisch relevante Vorgänge eingebunden.[1308] Dazu gehören die Gewährleistung von in Spielen integrierten Bezahlsystemen, Reklamationsvorgänge oder Streitigkeiten beim Erwerb digitaler Gegenstände in Auktionshäusern, ob als Teil

---

(Letzter Zugriff: 31.3.2019); **Erstberger, Philip:** Linden Dollar and Virtual Monetary Policy. Working Paper 2009. Online unter: http://bit.ly/1VUaY5d (Letzter Zugriff: 31.3.2019).
1303 Frieling, Jens: Virtuelle Güter in Computerspielen. Grundlagen, Konsum und Wirkungen von Games, Glückstadt 2017.
1304 PriceWaterhouseCoopers: Videogames, 2012.
1305 Korchmar, Simon: Erlösmodelle in Massively Multiplayer Online Games, Norderstedt 2008.
1306 game. Verband der deutschen Games-Branche: Marktdaten. Zahlen und Fakten zur deutschen Computer- und Videospiel-Branche. Online unter: https://www.game.de/marktdaten; **Games Markt**, hg. von Busch Entertainment Media, 2001ff. [Relaunch 2016]. Online unter: http://www.mediabiz.de/games/news; **Making Games Magazin**, hg. von Computec Media, 2005ff. Online unter: http://www.makinggames.biz; **GamesWirtschaft**, hg. von Petra Fröhlich, 2016ff. Online unter: http://www.gameswirtschaft.de (Letzte Zugriffe: 31.3.2019). Vergleiche die journalistischen Verweise in Abschnitt *3.2.4 Journalismus und Branche*.
1307 Portz, Patrick: Der Jugendmedienschutz bei Gewalt darstellenden Computerspielen. Mediengewaltwirkungsforschung, Jugendschutz, Gewaltdarstellungsverbot, Moralpanik. Techn. Hochsch. Diss., Aachen 2013. Online unter: http://bit.ly/2cOzyId (Letzter Zugriff: 31.3.2019). Vgl. Medienpädagogik, Wirkungsforschung und Psychologie ab S. 246.
1308 Creutz, Sebastian: Regeln virtueller Welten, Hamburg 2014.

der Spielmechanik oder via Drittanbietern. Juristische Herausforderungen sind durch nationalstaatliche Rechtssysteme allein kaum in den Griff zu bekommen. Nicht selten befinden sich Produzenten, Spielserver, Bezahlsysteme und Foren jeweils in unterschiedlichen Staaten, obwohl sie Teil einundderselben Spielumgebung sind. Um keine parallele digitale Rechtsetzung aufzubauen, führen Juristen Entscheidungen auf das bereits gesetzte Recht zurück. Speziell für digitale Spiele formuliert die deutsche Politik ohnehin kaum eigene regulatorische Vorstellungen. Deshalb übernehmen Gerichte und die Bundesprüfstelle für Jugendgefährdende Medien (BPjM) durch ihre Spruchpraxis eine Vorbildfunktion, was gesellschaftspolitisch kein befriedigender Zustand ist.[1309] Für das Umfeld von digitalen Spielen, die journalistische Arbeit, aber auch wissenschaftliche Umgangsregeln haben sich Anwälte gezielt Expertise erarbeitet.[1310] Ihre Publikationen in Branchenmagazinen machen die Rahmenbedingungen auch Fachfremden besser verständlich, sei es nun für Spieleentwickler oder Historiker.[1311] Zudem sind digitale Spiele durch einen Verhaltenskodex geprägt, der sich als Rahmen aus gesellschaftlichen Traditionen und Setzungen aus ihrer eigenen Geschichte etabliert hat. Um dessen Funktionslogik zu entschlüsseln empfiehlt sich ein kulturwissenschaftliches Herangehen. So sieht Natascha Adamowsky als Kernaufgabe dieser Disziplin, die Perspektive des Spiels als Ausdruck kultureller Transformation herauszuarbeiten.[1312] Ein Sammelband von Christian Holtorf und Claus Pias umreißt digitale Spiele sogar als neue Kulturtechnik, womit sie als Erweiterung menschlichen Zusammenlebens zu sehen sind.[1313] Daher ergründet Thomas Lackner kulturanthropologische Phänomene im Zusammenspiel zwischen Technik, Spiel und Mensch:[1314] Bedeutsam findet er die Kategorien Gewalt, Mythen, Heldentum, Moral, Körperlichkeit, Geschlechterrollen, sowie die Spannung zwischen Identität, Virtualität und Realität. So gesehen, geraten verklärte, nostalgische Rückblicke auf ältere Spiele, die Neuinszenierung ihres Stils durch Retro-Spiele, ihre Historiografie oder ihre wissenschaftlich reflektierte Bewahrung mithilfe von Archiven zu Aspekten einer iden-

---

1309 Siehe beispielsweise die befremdliche Rechtslage im Umgang mit verfassungsfeindlichen Kennzeichen (**Kogel:** Hakenkreuze, 2014. Vgl. oben S. 186). Schwer nachzuvollziehen auch manche Entscheidungen in Jugendschutzfragen wie im Falle der finalen Tötungsanimationen (Fatalities) beim im Zweikampfspiel **Mortal Kombat X** (Netherrealm Studios / Warner Bros. Interactive) 2015: **Kogel, Dennis:** Zu Brutal für den Index? Mortal Kombat X, in: *Gamestar* 9/2015; S. 78–80.
1310 Zum Beispiel gilt für digitale Spiele die Hamburger Kanzlei *Graef Anwälte* als renommiert, insbesondere ihr Mitglied Dr. Christian Rauda: **Graef Rechtsanwälte:** Offizielle Seite der Kanzlei. Dr. Christian Rauda. Online unter: http://bit.ly/1T6p99f (Letzter Zugriff: 31.3.2019).
1311 Siehe zum Beispiel Stephan Mathé, Janine Smitklewicz, Andreas Lober und Carina Neumüller zu juristischen Fragen aus Sicht der Spielenden: **Fränkel, Harald / Schmidt, Christian:** Die Rechte der Spieler, in: *Gamestar* 6/2010; S. 110–15.
1312 Adamowsky, Natascha: Game Studies und Kulturwissenschaft, in: Sachs-Hombach, Klaus / Thon, Jan-Noël (Hgg.): Game Studies. Aktuelle Ansätze der Computerspielforschung, Köln 2015; S. 342–72; hier S. 347.
1313 Holtorf, Christian / Pias, Claus (Hg.): Escape! Computerspiele als Kulturtechnik, Köln 2007.
1314 Lackner, Thomas: Computerspiel und Lebenswelt. Kulturanthropologische Perspektiven, Bielefeld 2014.

titätsstiftenden Selbstreflexion eines neuen Kulturmenschen im digitalen Zeitalter.[1315] Umgekehrt skizziert eine Aufsatzsammlung von Jochen Koubek, Michael Mosel und Stefan Werning eine Gegenwartskultur, die bereits von der digitalen Spielkultur geprägt wird.[1316] Nicht-digitale Vorläufer wie zum Beispiel *Pen-&-Paper*-Rollenspiele, die mit Würfel, Stift und Papier bis heute begeistern, schufen beständige, spielekulturelle Konventionen.[1317] Wie bestimmend sie für ihre computergestützten Nachfahren blieben, zeichnet der Sammelband von Gerald Voorhees, Josh Call und Katie Whitlock nach.[1318] Über Multi User Dungeons (MUDs) hinaus blieben spielekulturelle Setzungen bis zu heutigen Massively-Multiplayer Online-Rollenspielen bestimmend.[1319] Überraschende Übertragungen kultureller Rituale in die digitale Sphäre findet die theologische Forschung. Stefan Piasecki ordnete in seiner Habilitationsschrift über religiöse Weltanschauungen in der digitalen Spielkultur religionswissenschaftliche Studien zwischen Geistes- und Sozialwissenschaften ein und verortete religiöse Aspekte zwischen spielmechanischen, technischen und spielekulturellen Phänomenen.[1320] Er befragte angehende Berliner Spieleentwickler nach religiösen Weltvorstellungen. Simon Eckhardt weist Hochzeiten und Bestattungsrituale unter Spielenden in den Spielwelten von MMORPGs nach.[1321] Der Band von Ilona Nord und Swantje Luthe skizziert viele Verbindungen zwischen Religion, Kirche und Sozialen Netzwerken, die im Hinblick auf die digitale Spielkultur relevant sind.[1322] Nord ergänzte mit Thomas Klie in einem weiteren Sammelband weitere Aspekte im Hinblick auf Sterben und Tod.[1323] An digitalen Spielen diskutiert darin Jens Palkowitsch-Kühl Tod und Sterben als Feedback für Scheitern, als teils sogar belanglos, als moralisierende Triebfeder und in Form einer Diffusion zwischen Außen- und Spielwelt bei Gedenksteinen im Spiel.[1324] Vergleichbar mit der analogen Welt eignen sich nach Ilona Nord und Swantje

---

1315 Letourneur, Ann-Marie / Mosel, Michael / Raupach, Tim (Hg.): Retro-Games und Retro-Gaming. Nostalgie als Phänomen einer performativen Ästhetik von Computer- und Videospielkulturen, Glückstadt 2015.
1316 Vorwiegend mithilfe der Einführung und der ersten beiden Hauptsektionen „Spielfelder" sowie „Spielästhetik": **Koubek, Jochen / Mosel, Michael / Werning, Stefan** (Hg.): Spielkulturen. Funktionen und Bedeutungen des Phänomens Spiel in der Gegenwartskultur und im Alltagsdiskurs. Beiträge zur Tagung „Spielkulturen" der Universität Bayreuth, 15./16. Februar 2013, Glückstadt 2013.
1317 Janus / Janus: Abenteuer, 2007.
1318 Voorhees / Call et al.: Dungeons, 2012. Vgl. zur Relevanz für Game Studies S. 241.
1319 Mortensen: WoW, 2006.
1320 Piasecki, Stefan: Erlösung durch Vernichtung?! Religion und Weltanschauung im Videospiel. Eine explorative Studie zu religiösen und weltanschaulichen Ansichten junger Spieleentwickler, Kassel 2016.
1321 Eckhardt: Hochzeit, 2014.
1322 Nord, Ilona / Luthe, Swantje (Hg.): Social Media, christliche Religiosität und Kirche. Studien zur Praktischen Theologie mit religionspädagogischem Schwerpunkt, Jena 2014.
1323 Klie, Thomas / Nord, Ilona (Hg.): Tod und Trauer im Netz. Mediale Kommunikationen in der Bestattungskultur, Stuttgart 2015.
1324 Palkowitsch-Kühl, Jens: Tod, Sterben und Bestattungen im Computerspiel, in: Klie, Thomas / Nord, Ilona (Hg.): Tod und Trauer im Netz. Mediale Kommunikationen in der Bestattungskultur,

Luthe die Spielenden ihre Spielwelten zur eigenen Selbstvergewisserung an.[1325] Gewohnheiten, Rituale und rechtliche Setzungen, die sich in die digitale Spielkultur eingetragen haben, werden durch Bestandteile bestimmt, die mit der medialen und technischen Konstitution digitaler Spiele zusammenhängen. Für Alexander Galloway gehen daher alle ihre Aspekte von ihrer technischen Verfassung und den Operationsprozessen aus, weshalb Algorithmen die dortige Kultur bestimmen.[1326] Insofern könne man ohnehin nur den Programmcode nachspielen. In fünf prägenden Essays umriss er die Anlage digitaler Spiele, technisch, spielmechanisch und soziokulturell, und systematisierte Praktiken in dieser speziellen digitalen Kultur. Alison Gazzard und Alan Peacock bezeichnen diesen Umstand als Rituallogik, die aus der Medialität digitaler Spiele folgt.[1327] Jenseits einer Kultur der Vorgänge in einer Spielsitzung untersuchte Graeme Kirkpatrick britische Spielezeitschriften der achtziger und neunziger Jahre auf die damals entstehende Kultur unter Spielenden.[1328] Parallel entwickelte sich zudem eine Kultur der Haptik und Ästhetik von Hardware sowie der Interfaces. Kirkpatrick wies am Beispiel der Handheld-Konsolen darauf hin, dass sie sensorisch, haptisch sowie als Kontroll- und Zugriffsmittel einen bedeutenden Einfluss auf die Spielkultur ausüben.[1329] Haptik und Sensorik integrieren die Körperlichkeit von Spielenden in die ästhetische Erfahrung und bieten so Anschluss zur Theorie der Ästhetik.[1330] Steven Johnson sieht weit über digitale Spiele hinaus Interfaces kulturell prägend für die Gesellschaft.[1331] Je aufwändiger und komplexer die rechnerischen und grafischen Systeme werden, umso stärker erzeugen digitale Spiele eine kulturell kodierte Atmosphäre, die mit der Lebenswelt verbunden ist, auch wenn die Spiele nicht explizit die physische Welt nachahmen. Wie Atmosphäre im Zusammenspiel zwischen Spielenden und der Spielwelt funktioniert, ist allerdings noch kaum erforscht. Erkenntnisse darüber könnten der Geschichtswissenschaft im Hinblick auf historische Atmosphären helfen zu verstehen, wie digitale Spielwelten bei Spielenden den Eindruck von einer altägyptischen Wüste oder vom frühneuzeitlichen Transylvanien

---

Stuttgart 2015; S. 75–96. Siehe auch **Klimmt, Christoph:** Du bist tot, nur noch zwei Leben übrig! Sterben im Computerspiel, in: Klie, Thomas / Kumlehn, Martina / Kunz, Ralph / Schlag, Thomas (Hg.): Praktische Theologie der Bestattung, Berlin 2015; S. 575–90.
1325 Nord, Ilona / Luthe, Swantje: Räume, die Selbstvergewisserung ermöglichen. Virtuelle Bestattungs- und Gedenkräume und ihre Bedeutung für die Diskussion um den Wandel in der Friedhofskultur, in: Klie, Thomas / Kumlehn, Martina / Kunz, Ralph / Schlag, Thomas (Hg.): Praktische Theologie der Bestattung, Berlin 2015; S. 307–28.
1326 Galloway, Alexander R.: Gaming. Essays on Algorithmic Culture, Minneapolis 2006.
1327 Gazzard, Alison / Peacock, Alan: Repetition and Ritual Logic in Video Games, in: *Games and Culture*, Nr. 4 6/2011; S. 499–512. Online unter: http://bit.ly/2wrnzu5 (Letzter Zugriff: 31.3.2019).
1328 Kirkpatrick, Graeme: The Formation of Gaming Culture. UK Gaming Magazines. 1981–1995, London 2015.
1329 Kirkpatrick: Controller, 2009. Siehe Erwähnung bei Game Studies auf S. 238.
1330 Kirkpatrick, Graeme: Aesthetic Theory and the Video Game, Manchester 2011.
1331 Johnson, Steven: Interface Culture. Wie neue Technologien Kreativität und Kommunikation verändern, Stuttgart 1999.

hervorrufen. Kulturwissenschaftler Christian Huberts untersucht atmosphärische Phänomene an digitalen Spielen, seit er mit Marshall McLuhans Konzept heißer und kalter Medien atmosphärische Eindrücke als Teil der Partizipation begriff.[1332] Zusammen mit Sebastian Standke intensivierte er in einem Sammelband diese Forschung an Atmosphären phänomenologisch und stellte sie gleichzeitig auf ein theoretisch-methodisches Fundament.[1333] Letzteres verknüpften sie mit der Neuen Ästhetik nach Gernot Böhme, auf die Abschnitt *3.2.1 Geschichtswissenschaft* als Verbindung zur Emotionsgeschichte verwies.[1334] Die Vielfalt bislang kaum beleuchteter Phänomene, welche die Beiträger in verschiedensten Facetten zusammentragen, ist verblüffend. Als wichtige Aspekte auch für eine Spielwelt, wie sie am Beispiel des MMORPG der empirische Teil untersucht, kristallisieren sich neben dem Detailreichtum der Spielweltlandschaft vor allem Soundscapes und Lichtstimmungen als bedeutsam heraus. An diese Erkenntnisse lässt sich die Suche nach einer speziell *historischen* Atmosphäre im digitalen Spiel anschließen. Zum Sound in digitalen Spielen, also Musik, Klängen und Umgebungsgeräuschen, leistete Karen Collins zweierlei wichtige Grundlagenarbeiten: Passend zum partizipativen gedanklichen Ansatz bei Huberts arbeitete sie ein Modell heraus, wie Spielende in digitalen Welten mit Sound und Musik interagieren.[1335] Als Grundlage dafür hatte sie zuvor die historische Entwicklung von Sound in digitalen Spielen analysiert, ihre Produktionsprozesse und die Abhängigkeit von ihrem nicht-linearen Charakter.[1336] Mit einem Schwerpunkt auf die Musik entwickelte Tim Summers einen theoretisch-methodischen Zugriff an Beispielen zwischen 1970 und 2010.[1337] Dem stellen die Aufsätze im Band von Kevin Donnelly, William Gibbons und Neil Lerner gezielte Fallstudien zur Seite.[1338] Wie Musik die Narration oder Interaktionsreize unterstützt, um eine Atmosphäre zu erzeugen, welche die Spielenden lenkt, zeigt Yvonne Stingel-Voigt.[1339] Den wesentlichsten Beitrag zur Entstehung der Atmosphären leisten die Spielenden selbst. Daher helfen die Theaterwissenschaften und Studien zu anderen Performance-Künsten, die digitale Sphäre mit ihren stark handelnden Akteuren zu verstehen. Wie Performativität von den Technologien geformt wird und wie die performativen Praktiken wiederum die technische Form und soziokulturelle Verhaltensweisen beeinflussen, arbeiten die Beiträger zum Sammelband von Martina Leeker, Imanuel Schipper und Timon Beyes

---

[1332] **Huberts, Christian:** Raumtemperatur. Marshall McLuhans Kategorien „heiß" und „kalt" im Computerspiel, Göttingen 2010.
[1333] **Huberts, Christian / Standke, Sebastian** (Hg.): Zwischen | Welten. Atmosphären im Computerspiel, Glückstadt 2014.
[1334] **Böhme:** Atmosphäre, 2013⁷; **Böhme:** Aisthetik, 2001. Vgl. Emotionsgeschichte S. 228.
[1335] **Collins:** Sound, 2013.
[1336] **Collins, Karen:** Game Sound. An Introduction to the History, Theory, and Practice of Video Game Music and Sound Design, Cambridge 2008.
[1337] **Summers, Tim:** Understanding Video Game Music. Foreword by James Hannigan, Cambridge 2016.
[1338] **Donnelly / Gibbons** et al.: Music, 2014.
[1339] **Stingel-Voigt, Yvonne:** Soundtracks virtueller Welten. Musik in Videospielen, Glückstadt 2014.

transdisziplinär heraus.¹³⁴⁰ Darauf, dass geschichtswissenschaftliche Anknüpfungspunkte existieren, wurde bereits hingewiesen.¹³⁴¹ Streng genommen, rückt der Begriff Performanz das handelnde Subjekt in den Fokus. Performativität gesteht dem Konstrukt, dem Rahmen, in dem gehandelt wird, zulasten eines selbstbestimmten Subjekts die treibende Kraft zu. Erika Fischer-Lichte führt in die historische Entwicklung und die Bedeutung der Performativität als kulturwissenschaftliche, handlungsorientierte Perspektive ein, die Kultur nicht mehr als Summe stehender Texte begreift, sondern als kontinuierlichen Fluss.¹³⁴² Die Sammlung von Schlüsseltexten bei Uwe Wirth hingegen schließt an die dominante Position des Subjekts aus der sprachwissenschaftlichen oder sprachphilosophischen Tradition an.¹³⁴³ Mit Brenda Laurel lassen sich computergestützte Umgebungen wie die digitalen Spiele als Kombination aus einer den Rahmen setzende Bühne (eher Performativität) und dem Rezipienten als Teil der darin entstehenden Inszenierung (eher Performanz) begreifen.¹³⁴⁴ Beide Perspektiven haben also ihre Berechtigung, je nachdem, welcher Aspekt betont werden soll. Eine weitere Aufsatzsammlung von Wirth versetzt digitale Möglichkeitenräume (Marcus Burkhardt) und digitale Spiele (Beat Suter) in ein Geflecht aus anderen performativen Praktiken.¹³⁴⁵ Für Ann Rigney folgt aus performativen Überlegungen, dass digitale Medien die als natürlich postulierte Hegemonie des niedergeschriebenen Textes mit einem neuen kulturellen Verständnis von Narrativität durchbrechen würden.¹³⁴⁶ Damit bietet sie Anschluss an das literaturwissenschaftliche Konzept des Interactive Narrative Design nach Koenitz.¹³⁴⁷ Es weist der Historik den Weg, historische Narration bezüglich digitaler Medien fortzuentwickeln.¹³⁴⁸ Die Wandlung zu einem performativen Medienbegriff hält Andrea Seier für wissenschaftlich produktiv.¹³⁴⁹ Dass räumliche Inszenierungen von jeher bestehen, die ähnlich wie digitale Spiele Rezipienten immersiv und aktiv in Performances einbeziehen, zeigt Alison Griffiths an

---

1340 Leeker, Martina / Schipper, Imanuel / Beyes, Timon (Hg.): Performing the Digital. Performativity and Performance Studies in Digital Cultures, Bielefeld 2017.
1341 Siehe S. 92 bis 94 speziell zum geschichtswissenschaftlichen Forschungstand an digitalen Spielen und dem Aufgreifen in der Geschichtswissenschaft allgemein auf S. 225.
1342 **Fischer-Lichte, Erika:** Performativität. Eine Einführung, Bielefeld 2011.
1343 **Wirth, Uwe** (Hg.): Performanz. Zwischen Sprachphilosophie und Kulturwissenschaft 6. Aufl., Frankfurt 2015.
1344 **Laurel, Brenda:** Computers as Theatre, 2. Aufl., Upper Saddle River 2014.
1345 **Wirth, Uwe** (Hg.): Rahmenbrüche, Rahmenwechsel, Berlin 2013; darin: **Burkhardt, Marcus:** Digitale Möglichkeitsräume. Rahmungsprozesse diesseits des Notwendigen; S. 313–30; **Suter, Beat:** Boundary Breaker. Rahmenbrüche in Videogames; S. 331–48.
1346 **Rigney, Ann:** When the Monograph is no Longer the Medium. Historical Narrative in the Online Age, in: *History and Theory*, Nr. 4 49/2010; S. 100–17.
1347 **Koenitz:** Specific Theory, 2015. Siehe Anm. 1160.
1348 Vgl. den Abschnitt zu geschichtswissenschaftlichen Perspektiven ab S. 219.
1349 **Seier, Andrea:** Remediatisierung. Die performative Konstitution von Gender und Medien, 2. Aufl., Münster 2010.

Kathedralen, Panoramen, Museen sowie IMAX-Kinos und Planetarien.[1350] Sie arbeitet Scharniere heraus, die klassische Betätigungsfelder der Geschichtswissenschaft mit Medien- und Kommunikationswissenschaften sowie Performanz und Atmosphären in der Kulturwissenschaft verknüpfen. Freddie Rokem betrachtete an historischen Inszenierungen des Gegenwartstheaters die Bühne als Verhandlungsraum gesellschaftlicher Perspektiven auf Vergangenheiten, der kollektive Identitäten mitkonstruiert.[1351] Der theatralen Inszenierung wohnt nach Jonas Tinius wie anderen performativen Kunstformen eine ethnografische Dimension inne.[1352] Für Christoph Wulf liegen in der bildlichen Vorstellungskraft und der Summe aus performativen Praktiken nachhaltig prägende Grundlagen für die Transmission kulturellen Wissens.[1353] Auch digitale Spiele nehmen als Teil künstlerischer Performances daran Anteil.[1354] Die Funktion von Inszenierungen, soziale Gemeinschaften und ihre Identitäten zu konstruieren, arbeiten die Beiträger zu Hermann Blume, Elisabeth Grossegger, Andrea Sommer-Mathis und Michael Rösner heraus.[1355] Inszenierungen erörtern sie dabei als gesellschaftliche und ästhetische Kommunikationsform, Instrument kollektiver Erinnerung und der Weitergabe von Wissen, häufig mit Bezug auf historische Überlieferungen. Insofern geben Versuche, an historische Vorläufer anzuschließen, genügend Anlass, klassische kultursoziologische Studien des Spieles und des Spielens wie bei Roger Caillois und Johan Huizinga neu zu reflektieren.[1356] Die Analyse performativer Inszenierungen macht also nicht nicht nur digitale Spiele verständlicher, sie eröffnet auch geschichtswissenschaftlich Möglichkeiten, an historische Erinnerungskulturen und kollektive Gedächtnisse anzuknüpfen.[1357]

1350 Griffiths, Alison: Shivers Down your Spine. Cinema, Museums, and the Immersive View, New York 2008.
1351 Rokem, Freddie: Geschichte aufführen. Darstellungen der Vergangenheit im Gegenwartstheater, Berlin 2012.
1352 Tinius, Jonas: Was für ein Theater! Überlegungen zum Spielraum zwischen ethnografischer Praxis und performativer Kunst, in: Amelang, Katrin (Hg.): Abseitiges. An den Rändern der Kulturanthropologie, Berlin 2015; S. 30–42.
1353 Wulf, Christoph: Bilder des Menschen. Imaginäre und performative Grundlagen der Kultur, Bielefeld 2014.
1354 Balzerani, Margherita: Déjouer le jeu. Réappropriation et détournement de l'univers de jeux vidéo dans la création contemporaine, in: *L'évolution psychatrique* 71/2006; S. 559–71.
1355 Blume, Hermann / Grossegger, Elisabeth / Sommer-Mathis, Andrea / Rössner, Michael (Hg.): Inszenierung und Gedächtnis. Soziokulturelle und ästhetische Praxis, Bielefeld 2014.
1356 Caillois, Roger: Die Spiele und die Menschen. Maske und Rausch, durchges. u. erw. Ausg., Berlin 2017; **Huizinga:** Homo Ludens, 2004[19].
1357 Siehe zu geschichtswissenschaftlichen Perspektiven ab S. 221.

3.2.4 Journalismus und Branche

Die Forschung an digitalen Spielen ist auf journalistische Texte und Dokumente der Branche selbst angewiesen. Mithilfe von Zeitschriften und später Webseiten lässt sich eine erheblich längere Tradition überblicken als durch wissenschaftliche Texte, insbesondere geschichtswissenschaftliche. Spezifische Fachmagazine sind unerlässlich, um zeitweilige technische Trends, die Verfassung und Entwicklungen der Spielkultur, systematische Zwänge von Spielformen oder detaillierte Informationen zu bestimmten digitalen Spielen aufzuspüren. Weltweit rezensieren Expertinnen und Experten Spiele aus einem großen Erfahrungsschatz über Spielhintergründe, Personen und die Branche.

Das letzte Jahrzehnt hat den Journalismus zu digitalen Spielen stark umgewälzt.[1358] Sinkende Auflagen verkleinerten die erfahrenen Stammbelegschaften von Redaktionen, die vermehrt auf Freie Autoren zurückgreifen. Nicht notwendig verringert diese Entwicklung die Qualität, immerhin treten viele ehemalige Festangestellten nun als Freie Journalisten auf. Je öfter Autoren wechseln, umso schwieriger lässt sich der journalistische Standard eines Magazins einschätzen. Manche Autoren beschreiben bloß technische und spielmechanische Eigenschaften ihrer Testobjekte, ohne tiefgründiger auf einen kulturellen Wert einzugehen. Viele Kunden sehen in den Zeitschriften Test-Instanzen, die lediglich erschöpfende technischen Daten für eine Kaufentscheidung liefern sollen. Doch nicht nur deswegen bestehen qualitative Unterschiede, die über einen Gebrauch zu wissenschaftlichen Zwecken entscheiden, auch das redaktionelle Selbstverständnis wandelt sich. Die beiden Leitmagazine *Gamestar* und *PCGames* für den deutschsprachigen Markt konzentrieren sich vermehrt auf das Online-Geschäft.[1359] Seit 2014 dämpft die *Gamestar* den Abstieg im Printbereich, indem sie aufwändige Reportagen einführte. Sie liefern auch wichtige

---

1358 **Nolden:** Film. Teil 1, 2016.
1359 **Gamestar**, hg. von Webedia / IDG Verlag, München 1997 ff. Online unter: www.gamestar.de; **PC Games**, hg. von Computec Media Fürth 1992 ff. Online unter: www.pcgames.de. Die *Computer Bild Spiele* erreicht zwar deutlich höhere Auflagen, richtet sich aber an Anfänger und widmet sich kaum der Spielekultur (**Computer Bild Spiele** (CBS), hg. von Axel Springer SE, Berlin 1999 ff. Online unter: www.computerbildspiele.de). Den Sachverstand gerade der *GameStar* und ihre Reichweite bei fachkundigen Spielern sowie der Branche erreicht sie nicht. Zwar thematisiert die *Games Aktuell* Digitale Spiele auf allen Plattformen, leidet aber auflagenbedingt unter einer geringen Reichweite (**Games Aktuell**, hg. von Computec Media, Fürth 2003 ff. Online unter: www.gamesaktuell.de). Zahlreiche weitere, für ihre Zeiträume relevante Zeitschriften wie das *SEGA Magazin* und die *PC Joker* wurden im Laufe der Zeit eingestellt (**SEGA Magazin**, hg. von Computec Media, Fürth 1993–2000; **PC Joker**, hg. von Joker-Verlag, Haar 1991–2004). Neben den auf PCs konzentrierten Magazinen *Gamestar* und *PCGames* widmet sich zurzeit *GamePro* allen Konsolen insgesamt, *Play⁴* dem Spielen auf der PlayStation und *XBG Games* (2003 ff.) auf der *XBox* (**GamePro**, hg. von Webedia (seit 2015) / IDG Verlag, München 2002. Online unter: www.gamepro.de; **Play⁴**, hg. von Computec Media, Fürth 2007 ff. Online unter: http://bit.ly/1o2ApHw; **XBG Games**, hg. von Computec Media, Fürth 2003 ff. Online unter: http://bit.ly/1XifM5P (Letzte Zugriffe: 31.3.2019)). Da viele Spiele auch für den PC erscheinen, sind diese Magazine und ihre Webangebote insbesondere für exklusive Titel auf den Konsolen bedeutend.

Impulse für eine geschichtswissenschaftliche Spieleforschung. Halbjährlich erscheint das *WASD Bookazine*, das digitale Spiele aus außergewöhnlichen künstlerischen, kulturellen und philosophischen Perspektiven beleuchtet.[1360] Etabliert hat sich mit der *Making Games* eine Fachzeitschrift, die besonders mit Gastbeiträgen aus der Branche einzigartige Einblicke in Tendenzen, Produktionsverhältnisse und Vorstellungen ihrer Akteure liefert.[1361] So befragte Sebastian Zelada angesichts einer Entlassungswelle langjährige Beobachter der Branche nach den drängensten Problemen der deutschen Spieleindustrie.[1362] Ein Special behandelte kulturelle Unterschiede von den USA über China und Brasilien bis nach Russland bezüglich Spielkulturen, Märkten und Entwicklertraditionen.[1363] Das Magazin ist mittlerweile grenzübergreifend eine europäische Instanz für die Branche, bietet eine differenzierte Online-Repräsentanz mit allerlei Funktionen wie Adress- und Stellendatenbanken und veranstaltet die Karrierebörse *Making Games Talents*. In eine ähnliche Richtung stößt das 2016 neu initiierte Magazin *Games Markt*, dessen Webseite sich vergleichbar an die Branche richtet.[1364] Als Nachrichtenmagazin stellt sich dagegen die Webseite *gameswirtschaft.de* auf, indem sie Branche und Spielkultur im Kontext von Politik, Wirtschaft und Gesellschaft thematisiert.[1365]

Gravierender stellt sich die Umwälzung im internationalen Journalismus dar. Gedruckte Angebote zu digitalen Spielen, ihrer Kultur und der Produzentenseite sind weitgehend durch Online-Angebote ersetzt. Einige Printmagazine wandelten sich in Webangebote um, relevanten Einfluss behielten aber nur wenige. Sogar das renommierte *Game Developer Magazine (GDM)*, das Äquivalent zur *making games* auf internationaler Ebene, traf dieses Schicksal 2013.[1366] Die britische Zeitschrift *EDGE* behauptet sich international, indem ihre Artikel tief in die Branche eintauchen, digitale Spiele aus einer soziokulturellen Perspektive beleuchten, Forschung und Wirtschaft

---

[1360] Die Herausgeber erklärten zu ihrem Vorhaben, mithilfe der *WASD* ein Feuilleton zu digitalen Spielen im deutschsprachigen Raum zu etablieren (**WASD. Bookazine für Gameskultur**, hg. von Sea of Sundries, München 2012 ff. Online unter: www.wasd-magazin.de). Ein ebenfalls sehr soziokulturelles Verständnis zeichnete das **GEE Magazin** (2003–13. Online unter: www.geemag.de (Letzte Zugriffe: 31.3.2019)) aus, das nicht mehr gedruckt erscheint, sondern nur sporadisch als Blog.
[1361] **Making Games Magazin** [=bis 2/2008 *gamestar/dev*], hg. von Computec Media (seit 2016), davor Webedia (seit 2015) / IDG Verlag, München 2005 ff. Online unter: http://www.makinggames.biz/ (Letzter Zugriff: 31.3.2019).
[1362] **Zelada, Sebastian:** Status Quo Spieleindustrie?, in: *Making Games Magazin. Magazin für Spiele-Entwicklung und Business-Development* 01–02/2017; S. 56–59.
[1363] **[diverse]:** Titelthema „Culture Shock" in: *Making Games Magazin. Magazin für Spiele-Entwicklung und Business-Development* 04/2016; S. 14–41.
[1364] **Games Markt**, 2001 ff. [Relaunch 2016].
[1365] **GamesWirtschaft**, 2016 ff.
[1366] Glücklicherweise existiert im *GDC Vault* ein digitales Archiv: **Game Developer Magazine (gd)** [=Online Archiv], hg. von UBM TechWEb, London 1994–2013. Online unter: http://www.gdcvault.com/gdmag (Letzter Zugriff: 31.3.2019).

Raum geben und Persönlichkeiten in den Blick nehmen.[1367] Befasst sich dieses Magazin mit allen Plattformen, besitzt die *PC Gamer* in den britischen und amerikanischen Varianten hohe Reputation für Spiele auf dem Windows-PCs.[1368] Beide Magazine verfügen über reichweitenstarke Webseiten, die in einem kaum zu überblickenden, englischsprachigen Online-Angebot konkurrieren. Einzelne Schlaglichter helfen mit ihren Schwerpunkten jedoch bei der Orientierung. *gamasutra* veröffentlicht Beiträge des eingestellten *GDM* neu.[1369] Die Webplattform versteht sich als Kanal dafür, was zwischen der Kunst des Game Designs und dem wirtschaftlichen Geschäft liegt. Das Austauschforum für Entwickler bietet Fallstudien, Business Reports sowie Berichte aus der Produktion und Insiderinformationen. Das Blog *Kotaku* hingegen fokussiert digitale Spiele und polarisiert meinungsstark, setzt sich gleichzeitig aber offensiv für Toleranz gegenüber Andersdenkenden ein – etwa bezüglich Gender und Ethnien.[1370] Dagegen konzentriert sich das Blog *RockPaperShotgun* mit Rezensionen auf den weltweiten PC-Markt, wird aber besonders geschätzt für kluge Interviews und investigative Reports über die Branche.[1371] Aus einer speziell europäischen Sicht bietet *Eurogamer* sprachlich angepasste Unterseiten für mehrere europäische Länder.[1372]

Behandeln auch die meisten Webseiten und Magazine MMO(RPG)s mit, widmen sich einige Webportale ihnen gezielt und gehen dadurch stärker in die Tiefe. Dominante Print-Magazine finden sich für dieses Segment nicht mehr. Journalistisch werden Online-Spielen fragmentiert auf zahlreiche Webseiten behandelt, deren Nutzungszahlen kaum zu überschauen sind. Die Qualität der Berichterstattung ist ebenso schwierig einzuschätzen, da sogar Unternehmen, die selbst Online-Spiele produzieren, mit eigenen journalistisch erscheinenden Angeboten auftreten.[1373] Im deutschsprachigen Raum verfügt das Webportal *Buffed* über eine große Reichweite, lang-

---

1367 EDGE, hg. von Future Publishing, London 1993 ff. Online unter: http://www.edge-online.com/ (Letzter Zugriff: 31.3.2019).
1368 PC Gamer, hg. von Future Publishing 1993 ff. (UK), 1994 ff. (US) Online unter: http://www.pcgamer.com (Letzter Zugriff: 31.3.2019).
1369 In Form eines Blogs republiziert *gamasutra* Beiträge aus dem eingestellten Games Developer Magazine (**gamasutra**, hg. von UBM TechWeb, London 1997 ff. Online unter: http://www.gamasutra.com (Letzter Zugriff: 31.3.2019); **gamasutra** (Hg.): *Game Developer On Gamasutra. New and old developer-focused columns, analysis, and deep technical dives from Contributors to the (now closed) Game Developer Magazine*. Online unter: http://ubm.io/20Rj8i2 (Letzter Zugriff: 31.3.2019).
1370 Kotaku, hg. von Gawker Media, New York 2004 ff. Online unter: www.kotaku.com (Letzter Zugriff: 31.3.2019).
1371 RockPaperShotgun (RPS), hg. von Kieron Gillen / Alec Meer / Jim Rossignol / Jim Walker, [Großbritannien] 2007 ff. Online unter: https://www.rockpapershotgun.com (Letzter Zugriff: 31.3.2019). Siehe das Beispiel **Nolden:** Indie, 2015.
1372 Eurogamer, hg. von Gamer Network, Brighton 1999 ff. Online unter: www.eurogamer.net (Letzter Zugriff: 31.3.2019).
1373 Zum Beispiel das Portal **mmorpg.de**, betrieben durch die Advertising GmbH der Hamburger Gamigo AG. Online unter: http://mmorpg.de (Letzter Zugriff: 31.3.2019).

jährigen Bestand und eine große Community.[1374] Erfahrenen Autorinnen und Autoren produzieren Beiträge mit großer Detailkenntnis. Daneben existiert noch ein großes Feld von anderen Anbietern, deren Relevanz schwer einzuschätzen ist, weil dort etablierte Autorinnen und Autoren des Spielejournalismus nicht prominent erkennbar sind. Im internationalen Raum wird diese Lage noch unübersichtlicher, da allein das englischsprachige Angebot enorm ist. Entsprechend ist das Portal *mmorpg.com* ein riesiger Hybride aus journalistischen Beiträgen eines festen Teams, Freien Autorinnen und Autoren sowie zahlreichen Stellungnahmen von mehr 3 Millionen angemeldeten Mitgliedern.[1375] Sie trugen seit 2001 Informationen von unterschiedlicher Qualität über fast 1.000 MMORPGs zusammen. Mit einem Bestand von mehr als sieben Millionen Mitgliedern und einem Spektrum, das über Online-Rollenspiele hinaus alle MMOs erfasst, behandelte *mmosite.com* seit 2005 fast 2.000 Online-Spiele.[1376] Eine wichtige Quelle für tiefergehende Reportagen und Hintergrundberichte bildet das unabhängige Blog *Massively Overpowered*, 2015 ausgegründet aus dem Vorgänger *Massively*.[1377] Gerade die Entwicklung und den Betrieb des Online-Rollenspiels *The Secret World*, das als Fallbeispiel zentral wird, begleiteten die Autorinnen und Autoren intensiv mit Beiträgen in Text und Bewegtbild.

Bei einem multimedialen, interaktiven Bewegtbildprodukt lassen sowohl offizielle Videomaterialien des Marketings als auch nutzergenerierte Mitschnitte digitalen Spielen aus möglichst vielen Perspektiven annähern. Unterschiedliche Spielweisen und Intentionen von Nutzern lassen sich so nachvollziehen. *GameTrailers* stellte solche Filme im Netz zusammen, musste jedoch im 2015 nach dreizehn Jahren den Betrieb einstellen.[1378] Denn im Gegensatz zur Jahrtausendwende bieten nun alle genannten Webseiten selbst produzierte Videos und Marketingmaterial an. Bei *Game-Trailers* konnte die breite Masse der Nutzer, nicht mehr nur Journalisten Spielerfahrungen und redaktionelle Beiträge veröffentlichen (Prosumer-Content). So wie aufseiten der Spielsoftware das Modding die Grenzen zwischen Produzenten und Konsumenten verwischte, schufen im journalistischen Bereich nun Laien eigene Texte und Videos. Heute berichtet eine Webseite wie *GameSpot* mit einem Kernteam zu

---

[1374] **Buffed**, hg. von Computec Media, Fürth 2006 ff. Online unter: http://www.buffed.de (Letzter Zugriff: 31.3.2019).
[1375] **mmorpg.com**, hg. von Cyber Creations, Santa Fe 2001ff. Online unter: http://mmorpg.com (Letzter Zugriff: 31.3.2019).
[1376] **MMOSite.com**, hg. von TM Websoft, o. O. 2005ff. Online unter: http://www.mmosite.com (Letzter Zugriff: 31.3.2019).
[1377] **Massively Overpowered**, hg. von Overpowered Media, o. O. 2015 [= zuvor Massively seit 2007]. Online unter: http://massivelyop.com (Letzter Zugriff: 31.3.2019); **Massively** [=archiviert]. Joystiq Network, hg. von AOL, o.O. 2007–2015. Online unter: http://bit.ly/2xq882E [=archiviert via Archive.org, Snapshot 21.2.2015] (Letzter Zugriff: 31.3.2019).
[1378] **GameTrailers** (GT), hg. Defy Media, Santa Monica 2002–2015. Online: www.gametrailers.com (Letzter Zugriff: 31.3.2019). Post Mortem bei **Stange, Sebastian:** Goodbye, GameTrailers! Sebastian verabschiedet sich, in: *Kanal Gamestar via Youtube* 14.2.2016. Online unter: https://youtu.be/6 m01ittg5EQ (Letzter Zugriff: 31.3.2019).

digitalen Spielen auf allen Geräte-Plattformen und erlaubt seiner Community, eigene Rezensionen zu veröffentlichen.[1379] Von Nutzern direkt erstellte Inhalte sind heute überall verbreitet. Mit *MobyGames* etwa entsteht eine bedeutende Datenbank zu digitalen Spielen, die enzyklopädische Informationen zu Personen und Unternehmen sowie einer Vielzahl von Plattformen und zehntausenden Titeln aus mehr als vierzig Jahren Geschichte umfasst.[1380] Den Konsumenten fällt sogar erhebliche wirtschaftliche Macht zu. Das Portal *Metacritics* etwa trägt weltweit journalistische Wertungen und Meinungen von Spielenden zu Gesamtwertungen für Spiele zusammen.[1381] Publisher messen diesen Wertungen so viel Bedeutung bei, dass sie finanzielle Zuwendungen an ihre Entwicklungsstudios von Wertungserfolgen abhängig machen.[1382] Dadurch ist der Einfluss von Journalisten sowie Spielerinnen und Spielern sehr groß. Bislang ist der geschriebene Text noch nicht totzusagen. In den letzten zehn Jahren entwickelten sich aber vor allem Video-Formate rasant, die Nutzer zu digitalen Spielen produzieren, auf Plattformen wie *Youtube* hochladen und so theoretisch eine weltweite Zuschauerschaft erreichen. Die technischen Voraussetzungen und die damit verbundenen Kosten sanken im Zuge der Entwicklung so stark, dass ihre Produktion schon in jedem Jugendzimmer möglich ist. Die Zuschauer verfolgen meist Aufzeichnungen, in denen bekannte Spielerinnen und Spieler digitale Spiele vorspielen und kommentieren. Mit diesen *Let's Plays* feiern auch deutschsprachige *Youtuber* Erfolge, werden dafür von Unternehmen unter Vertrag genommen oder gründen selbst eigene Firmen.[1383] Auch Historiker entdecken dieses niedrigschwellige Filmformat. Im Kanal *History Respawned* diskutieren und kommentieren zwei Historiker aus den USA historische Darstellungen in digitalen Spielen.[1384] Leider verwenden sie Spielszenen in der Regel illustrativ und nicht unmittelbar in Bezug auf das gemeinsame Gespräch, was erhebliches Potential verschenkt. Weil es, eine stabile und leistungsfähige Internetverbindung vorausgesetzt, einfacher handzuhaben ist und Videos nicht bearbeitet werden müssen, geht der Trend dieser *Let's Plays* über zu Live-Streaming wie bei

---

1379 GameSpot, hg. von CBS Interactive, San Francisco 1996 ff. Online unter: www.gamespot.com (Letzter Zugriff: 31.3.2019).
1380 MobyGames, hg. von Blue Flame Labs, San Francisco 1999 ff. Online unter: www.mobygames.com (Letzter Zugriff: 31.3.2019). Siehe die Hinweise zu Methodik und Nutzung in der Geschichtswissenschaft auf S. 139.
1381 metacritic, hg. von CBS Interactive, San Francisco 1999 ff. Online unter: www.metacritic.com (Letzter Zugriff: 31.3.2019).
1382 Schreier, Jason: Metacritic Matters. How Review Scores Hurt Video Games, in: *Kotaku* 11.4.2013 [Repost: 8.8.2015]. Online unter: http://bit.ly/1oiQEjL (Letzter Zugriff: 31.3.2019).
1383 Prominent sind Erik Range (alias *Gronkh*) und Valentin Rahmel (*Sarazar*), die mit *Let's Plays* auf *Youtube* eine eigene Firma aufbauten: **PlayMassive GmbH:** Kanal Gronkh. Via Youtube, 2006 ff. Online unter: http://bit.ly/1PKywJB (Letzter Zugriff: 31.3.2019).
1384 Whitaker, Bob / Harney, John: History Respawned, in: *Kanal History Respawned via Youtube* 2013 ff. Online unter: http://bit.ly/20VEbnj (Letzter Zugriff: 31.3.2019).

Twitch.[1385] Die dort produzierten Sendungen werden in der Regel jedoch nicht archiviert. Manche, wie der einzige deutschsprachige Sender *RocketBeansTV*, der rund um die Uhr zu digitalen Spielen und ihrer Kultur aus Hamburg sendet, archivieren daher ihre Aufzeichnungen mit ein paar Tagen Verzug weiterhin bei *Youtube*.[1386]

Über Produktionsbedingungen, Gepflogenheiten und das Game Design bieten auch Entwickler und andere Vertreter der Branche Literatur an. Sie publizieren ihre Erfahrungen zum Beispiel als Lehrende für Ausbildungsgänge. Chris Crawford rückte als einer der Pioniere der Spieleentwicklung1984 das Design digitaler Spiele in den Mittelpunkt und nicht deren Programmierung.[1387] Auch über *Interactive Storytelling* gehört Crawford zu den Standards der Branche, selbst wenn er gelegentlich seine früheren Erfahrungen nicht genug an den heutigen Verhältnissen reflektiert.[1388] Katie Salen und Eric Zimmerman trafen Grundannahmen über die Logik des Spielens und entwarfen digitale Spiele als komplexe Regelsysteme entlang verschiedener Systemvorstellungen.[1389] Sie veröffentlichen ein Kompendium der wichtigsten Vordenker im Game Design, an denen ein Weg vorbei kaum denkbar ist, ob nun für Vorreiter der Spieltheorie oder Autoren aus dem Massively Multiplayer Online-Kosmos.[1390] Für das Verhältnis von Spielkonzepten und Spielfreude rückte 2005 Raph Koster die Belohnungssysteme des Gehirns in den Fokus.[1391] Für weitere psychologische Prozesse schlug Jesse Schell Wege vor, sie im Game Design zu nutzen.[1392] Richard Bartle erläuterte die Produktionsprozesse und Designabläufe bei modernen Formen von digitalen Spielen, identifizierte verschiedene Spielertypen und und erläuterte den Weltenbau besonders bei Multiplayer-Spielen.[1393] Sein Standardwerk zu virtuellen Welten ist unverzichtbar, um die Produktion moderner Spielwelten mit tausenden von Spielern in MMORPGs zu verstehen. Hinzu kommen zahlreiche Spezialschriften, die sich zum Beispiel im Fall von Steve Horowitz und Scott Looney mit Teilgebieten wie dem Audio Designs befassen.[1394] Die Erkenntnisse der Veteranen gingen gezielt in Lehrbücher für die Ausbildung von neuen Spieleentwicklern ein. Gunther Rehfeld legte für den Games Master der Hamburger Hochschule für Angewandte Wissen-

---

1385 **Twitch. Streaming Video Platform**, hg. von Amazon.com 2011ff. Online unter: http://www.twitch.tv (Letzter Zugriff: 31.3.2019).
1386 **RocketBeansTV.** 24/7 Entertainment, hg. von Rocket Beans GmbH, Hamburg 2015. Online unter: http://www.rocketbeans.tv (Letzter Zugriff: 28.8.2017).
1387 **Crawford, Chris:** The Art of Computer Game Design, Berkeley 1984.
1388 **Crawford, Chris:** Chris Crawford on Game Design, Indianapolis 2003; **Crawford, Chris:** Chris Crawford on Interactive Storytelling. 2. Aufl., Berkeley 2013.
1389 **Salen / Zimmerman:** Rules. Siehe oben S. 238.
1390 **Salen, Katie / Zimmerman, Eric** (Hg.): The Game Design Reader. A Rules of Play Anthology, Cambridge 2006.
1391 **Koster, Raph:** A Theory of Fun for Game Design. With a Foreword by Will Wright. 2. Aufl. 2013.
1392 **Schell, Jesse:** The Art of Game Design. A Book of Lenses. 2. Aufl., Boca Raton 2014.
1393 **Bartle, Richard A.:** Designing Virtual Worlds [=Nachdr. 2004], Berkeley 2006.
1394 **Horowitz, Steve / Looney, Scott:** The Essential Guide to Game Audio. The Theory and Practice of Sound for Games [free companion iOS App, available on the App Store], New York 2014.

schaften (HAW) ein Lehrbuch vor, dass sich mit vielen Abbildungen und Beispielen an Einsteiger richtet.[1395] Konzentriert auf das Produkt zeichnet das international wichtige Lehrbuch von Tracy Fullerton den kompletten Entwicklungsprozess von der Ideenfindung bis zur Platzierung am Markt nach.[1396] Historikern helfen solche Einführungen, den Designprozess zu verstehen. In einer vielgelobten Einführung in das Studien- und Berufsfeld des Game Design erläuterten Simon Egenfelt-Nielsen, Jonas Smith und Susana Tosca umfassend Ausbildungswege, den Zustand der Branche, den Charakter digitaler Spiele sowie Forschungen der Game Studies.[1397] Die Vorgänger der mittlerweile dritten Auflage bieten Aufschluss über frühere Querschnitte durch Ausbildung, Branche und Forschung. Veränderungen des Arbeitsprozesses und der Branche dokumentieren auch die vorherigen Auflagen von Fullerton. Komplementär zu der Literatur, die Branchenakteure und Ausbilder nach ihren Zielvorstellungen vorstrukturieren, geben auch Studios Auskunft. So begleitet eine Web-Dokumentation mit 20 Folgen den zweijährigen Prozess von Konzeption, Entwicklung und Produktion bei *Broken Age*, einem Adventure, das in maßgeblich den Trend zum Crowd-Funding digitaler Spiele anstieß.[1398] Auch die Prager *Warhorse Studios* dokumentierten filmisch ihren Entwicklungsprozess von *Kingdom Come: Deliverance*.[1399] Einerseits warben sie damit um finanzielle Mittel der Spielerinnen und Spieler, versuchten andererseits dem Vertrauen in ihren Anspruch historischer Akkuratesse gerecht zu werden. Als Teil des Marketings sind diese Quellen kritisch zu reflektieren, dennoch geben sie wertvolle Einblicke in die Arbeitsweisen der Branche.

3.3 Digitale Spiele als Überlieferungsträger

Wie der vorherige Abschnitt zeigte, lassen sich viele offenen Flanken der bisherigen Arbeit an digitalen Spielen mit vorhandenen geschichtswissenschaftlichen Teilfel-

---

1395 Rehfeld, Gunther: Game Design und Produktion. Grundlagen, Anwendungen und Beispiele, München 2013. Siehe Games-Master und Projekte: **Hochschule für Angewandte Wissenschaften (HAW) Hamburg:** Games Master Hamburg. Online unter: http://www.gamesmaster-hamburg.de/ (Letzter Zugriff: 31.3.2019).
1396 Fullerton, Tracy: Game Design Workshop. A Playcentric Approach to Creating Innovative Games. 3. Aufl., Boca Raton 2014.
1397 Egenfeldt-Nielsen, Simon / Smith, Jonas H. / Tosca, Susana P.: Understanding Video Games. The Essential Introduction. 3. durchges. Aufl., London 2016.
1398 Double Fine Productions: Double Fine Adventure, in: *Kanal DoubleFineProd via Youtube* 3.3. 2015–17.7.2015. Online unter: http://bit.ly/2kwjpYv (Letzter Zugriff: 31.3.2019); **Broken Age** 2014 ff. (Episoden).
1399 Warhorse Studios: Warhorse Studios – Dev Diaries and Video Updates. Updates from Warhorse Studios focused on Kingdom Come: Deliverance development for our backers and supporters, in: *Kanal Warhorse Studios via Youtube* 22.1.2014 ff. Online unter: http://bit.ly/2lzN3MB (Letzter Zugriff: 31.3. 2019); **Kingdom Come: Deliverance** 2018. Siehe bezüglich der Entwicklerperspektiven ab S. 51/52 und zur Rolle des Spieles für mittelalterliche Geschichtsbilder ab S. 176.

dern und artverwandten Disziplinen, sozial- und geisteswissenschaftlichen Arbeitsgebieten sowie journalistischen und Branchenquellen schließen. Der Überblick formierte ein Betätigungsfeld, das weit über bislang gesetzte Themen, Perspektiven und Dimensionen ausgreift. Der Abschnitt davor arbeitete vier rekurrierende Formen von historischen Inszenierungen bei digitalen Spielen heraus: explizite Geschichtsbilder, zeitgeschichtliche Rückkopplungen, technik-kulturelle Geschichte und Erinnerungskulturelle Wissenssysteme. Im Spannungsfeld zwischen den Formen historischer Inszenierungen und interdisziplinären Lösungsansätzen wird erkennbar, dass die Geschichtswissenschaft das Potential digitaler Spiele kaum schöpft. Wird der Gegenstand nicht fundierter erkundet, lassen sich historisch bewahrenswerte von weniger bedeutsamen digitalen Spielen nicht systematisch unterscheiden. Nur aber eine adäquate Kenntnis digitaler Spiele ließe sie als historische Quelle gezielt und effizient dokumentieren, archivieren und kritisch edieren, weil Personal und Mittel begrenzt sind. Tom Chatfield verlangt daher von der Geschichtswissenschaft, sich endlich methodisch den Herausforderungen zu stellen, die aus der Veränderlichkeit der technischen Grundlagen resultieren:

> „Are aging games to be studied in emulated form, or on original systems? What is worth preserving, and how should this best be done? What does it mean to play a game outside its original community and context, or to link the experience of play to research in other arts and other discourses?"[1400]

Jene Fragen stellen sich umso drängender, je mehr Spiele entstehen und vergehen. Immer mehr technischen Schwierigkeiten bleiben für die Erhaltung und Bewahrung ungelöst. Geschichtswissenschaftlich sind diese verschleppten Defizite zusätzlich gravierend: Für Luca Cannellotto gewähren digitale Spiele als Quellen einer Hybridkultur Einblick in kulturhistorisch relevante Sphären gewähren, die einst getrennt waren, einander nun aber fortwährend beeinflussen.[1401] Der heutige Umgang mit digitalen Spielen bestimmt also für den Überlieferungsträger, welche geschichtswissenschaftlichen Studien noch zukünftig an ihm möglich sind. Für ein geschichtswissenschaftliches Urteil über die Geschichte der letzten fünfzig Jahre fehlt ein zufriedenstellendes Verständnis des Gegenstandes. Ein Bewusstsein ist dafür zu schärfen, wie viel drängender die Schwierigkeiten im Vergleich zu anderen Archivalien nach Lösungen verlangen.

Digitale Spiele wissenschaftlich zu betrachten, bedeutet gleichzeitig, ihre Plattformen, Technologien und Betriebssysteme mitzudenken. Die Geräte und ihre Peripherie ermöglichen die Spielerfahrung erst und sind somit untrennbar mit dem Spielvorgang verbunden. Recht zügig verdrängen jüngere Konsolengenerationen ihre Vorgänger, auf denen Titel der vorherigen Generation eingeschränkt oder gar nicht

---

[1400] **Chatfield:** Difficulties, 2014; S. xxii/xxiii.
[1401] **Cannellotto, Luca:** Digitale Spiele und Hybridkultur, Glückstadt 2014.

spielbar werden.¹⁴⁰² Ausnahmen bestehen für verbreitete, liebgewonnene Klassiker, deren technische Plattformen noch lange im Gebrauchtmarkt erhältlich sind. Sind Geräte und Controller nicht mehr ersetzbar, stirbt der Überlieferungszweig in wenigen Jahren aus. Sogar das Wissen um die technische Konstruktion ihrer Hardware oder Software gerät in Vergessenheit. Unwiderruflich gelingt dann nicht einmal mehr versierten Mikro-Elektronikern oder Programmierern, die Hard- und Software zu rekonstruieren, um die Bytes der Daten zu einem Spiel zu entschlüsseln.¹⁴⁰³ Nur schwer ist diese besondere Eigenart digitaler Spiele mit dem archivischen Aufwand bei konventionellen Überlieferungsformen zu vergleichen. Am ähnlichsten wäre dieser Fall wohl dem Vergessen einer Sprache. Doch selbst dann wäre nur der Text unlesbar, seine Zeichen blieben bestehen. Digitale Quellen hingegen lassen sich aus dem binären Code nicht mehr verständlich rekonstruieren, sobald Abspielsysteme und deren Betriebssoftware verloren gehen. Übrig bleibt ein Gewirr aus Nullen und Einsen, das ein Bild, ein Textfragment oder die Sequenz einer Datenbank sein könnte.¹⁴⁰⁴ Spurlos verschwinden jedoch nicht nur aussterbende Konsolenplattformen. Seit den neunziger Jahren verbreiteten sich Personal Computer (PCs) als Spielplattform, verwendeten mit *Microsoft Windows* jedoch nur scheinbar ein einheitliches Betriebssystem. Jede Generation des Betriebssystemes nutzte andere interne Strukturen (z. B. Programmbibliotheken wie *DirectX*), andere Grafikverarbeitung (z. B. 3D-Beschleunigung) oder Rechenvorgänge in Prozessoren (z. B. Hyperthreading bei Mehrkern-Prozessoren). Die Weiterentwickelung der Eigenschaften eines Betriebssystemes erschwert so, ältere Titel spielbar zu erhalten. Behaupten sich digitale Spiele im Massenmarkt nicht mehr, bestehen für Unternehmen wirtschaftlich keine Gründe mehr, betroffene Spiele aufwändig zu pflegen, um sie etwa als kulturelles Erbe zu erhalten. Das Engagement der ursprünglichen Produzenten erlischt daher für ein digitales Spiel in der Regel nach kurzer Zeit.¹⁴⁰⁵ Auch die vermeintlich stabilen PC-Plattformen verlieren so erhebliche Mengen ihrer Überlieferung. Eine Ludoarchäologie, wie sie Matthias Fuchs versteht, müsste daher den entstandenen Schaden an der Überlieferung rückwirkend mildern, indem sie vergessene Spiele und zugehörige Texte aufspürt.¹⁴⁰⁶

Raiford Guins schrieb deswegen der Geschichtswissenschaft einige Arbeitsaufträge ins Stammbuch, um digitale Spiele adäquat zu erhalten. Entlang von Erfahrungen mit Museen, Sammlungen und Ausstellungen illustrierte er Herausforderun-

---

1402 Siehe dazu genauer Abschnitt *2.2 Die Vermessung des Historischen* ab S. 58.
1403 Lange: Pacman, 2012; S. 330.
1404 Siehe ausführlich zu Problemen wie der Demagnetisierung, dem Bit-Zerfall oder der Migration von technischen Plattformen aufgrund von Überalterung bei **Lowood, Henry / Monnens, Devin et al.:** Before It's Too Late. A Digital Game Preservation White Paper, in: *American Journal of Play*, Nr. 2 2/2009; S. 139–66, hier S. 140–147. Online unter: http://bit.ly/1QoLyfm (Letzter Zugriff: 31. 3. 2019).
1405 Rigoros schaltet Branchenriese Electronic Arts durchaus Spiele ab, die sogar noch eine größere Fangemeinde haben. Aus Sicht von Spielenden hingegen vorbildlich pflegt Blizzard selbst mehr als zehn Jahre alte Titel wie **Warcraft III. Reign of Chaos** 2002 noch regelmäßig.
1406 Fuchs: Ludoarchaeology, 2014. Vgl. hierzu die Ausführungen zu *Historiografie und Bewahrung* sowie zur *Archäologie* in Abschnitt *3.2.2 Nachbardisziplinen*.

gen und Möglichkeiten, Spiele methodisch angemessen für Zeitgenossen verfügbar zu machen.[1407] Als Kurator der 2011 gegründeten *William A. Higinbotham Game Studies Collection*[1408] sammelt er Belege der Geschichte von digitalen Spielen und erhebt ihre Bewahrung zu einem zentralen wissenschaftlichen Anliegen. Staatliches Engagement, sie als bewahrenswerte Überlieferungsträger zu begreifen, lassen Archive nicht spüren. Ihr offizieller Auftrag, Verwaltungsakte zu bewahren, lässt für kulturelle Eskapaden wenig Spielraum. Zudem wäre zu klären, wohin ein digitales Spiel gehört: Als Objekt im Sinne einer Skulptur oder eines anderen physisch greifbaren Artefaktes wäre es eher museal zu bewahren. Handelt es sich beim digitalen Spiel und der Spielerfahrung eher um einen Text im wissenschaftlichen Sinne, obläge seine Bewahrung einem Archiv. Eine institutionelle Zuordnung wäre an dieser Unterscheidung zu messen. Beiden Optionen treffen plausibel auf ein digitales Spiel zu. Wäre es also zwischen den Einrichtungen anzusiedeln, müssten beide verstärkt kooperieren. Teilnahmslos steht leider die Geschichtswissenschaft ohne eigene Position daneben. In erschreckend geringem Maße befasst sie sich mit Fragen des Bewahrens und nachhaltigen Sicherns im digitalen Bereich, obwohl ihr dadurch zunehmend die Quellen für zukünftige Arbeiten abhanden kommen, nicht bloß digitale Spiele.[1409] Museen ist diese Aufgabe nicht allein auzubürden, auch wenn sie ein Bewusstsein für digitale Spiele und ihre Besonderheiten entwickeln.[1410] Einzigartiges technisches und methodisches Know-How besitzen zwei deutsche Standorte: das Zentrum für Kunst und Medientechnologie (ZKM) in Karlsruhe, im weiteren Sinne für interaktive digitale Medien zuständig, und das spezialisierte Computerspielemuseum Berlin.[1411] Das Museum wurde 1997 als weltweit erstes spezifisch für digitale Spiele gegründet. Nach Schließung der Dauerausstellung 1999 reisten die Exponate als Wanderausstellung durch die Bundesrepublik, bevor sie 2011 im heutigen Standort Berlin eine feste Heimat bekamen.[1412] Auch das Archiv der Sammlung ist dort nun dauerhaft untergebracht, denn der Ausstellungsbereich kann sie nicht vollständig präsentieren – nur etwa 2 % der Bestände sind öffentlich zugänglich.[1413] Auch international gilt, dass „[g]ames and their historical value have [...] been noticed on an institutional level", was eine wachsenden Zahl von Ausstellungen zeigt.[1414] Überwiegend präsentieren Museen

---

1407 Guins: Game After, 2014. Weitere bei: **Barwick / Dearnley** et al: Cultural Heritage, 2011; S. 375 – 386.
1408 Stony Brook University Libraries: William A. Higinbotham Game Studies Collection, 2011ff. Online unter: http://bit.ly/1T0klTh (Letzter Zugriff: 31.3.2019).
1409 In Bezug auf digitale Spiele bei **Barwick / Dearnley et al.:** Cultural Heritage, S. 373.
1410 Barwick / Dearnley et al.: Cultural Heritage, S. 386.
1411 Zentrum für Kunst und Medientechnologie (ZKM) **Karlsruhe.** Online unter: http://zkm.de/ueber-uns (Letzter Zugriff: 9.12.2017); **Computerspielemuseum (CSM) Berlin.** Online unter: http://www.computerspielemuseum.de (Letzter Zugriff: 31.3.2019).
1412 Bergmeyer: Computerspiele, 2015; S. 143.
1413 Bergmeyer: Computerspiele, 2015; S. 144.
1414 Naskali, Tiia / Suominen, Jaakko / Saarikoski, Petri: The Introduction of Computer and Video Games in Museums. Experiences and Possibilities, in: Tatnall, Arthur / Blyth, Tilly / Johnson, Roger

zeitweilige Sonderausstellungen, oder Wanderausstellungen reisen von Ort zu Ort.[1415] Weil sich dadurch keine Kontinuität einstellt, können Museen die systematische Bewahrung und Sicherung des digitalen kulturellen Erbes nicht allein gewährleisten. Zwar überschneiden sich manche Tätigkeiten mit den Aufgaben von Archiven, doch im Vordergrund steht die publikumswirksame Präsentation von Exponaten.[1416]

Raiford Guins kritisiert den Mangel an einem kulturhistorischen Bewusstsein für digitale Spiele, obwohl sie auf materieller und programmierter Ebene nach kurzem Lebenszyklus vergehen.[1417] Vorwiegend an historisch frühen Exemplaren erläutert er Konzepte, um digitale Spiele systematisch vor dem Vergessen zu bewahren und sie geschichtswissenschaftlich urbar zu machen. Längst überfällig sei ein Arbeitsmodell für „critical historical studies of video games".[1418] Um ein solches Modell zu finden, sei der Blick auf die Geschichte digitaler Spiele grundlegend zu verändern. Bislang entstünden nostalgische Chroniken, die zu theoretisch fundierten, wissenschaftlich-historischen Reflexionen entwickelt werden müssten, denn „critical histories [...] run deeper than fact checking".[1419] Historiker müssten ihre Studien auf „the historical life cycles of video games and the diverse ways we experience them today" konzentrieren.[1420] Um ein historiografisches Rahmenkonzept zu entwerfen, betrachtet er staatliche und private Initiativen, die sich ihrem Nachleben annehmen – also der Zeit nach ihrem kommerziellen Lebenszyklus.[1421] Guins kommt zu dem Schluss, sie möglichst nahe an ihren Ursprungsbedingungen zu bewahren. In dem Fall wären sie mitsamt den Relikten ihrer Materialkultur zu dokumentieren. Will man Spielerfahrungen nachvollziehen, müssten Spiele technisch lauffähig bewahrt werden:

> „[...] [T]he aim is to simulate a reliable and easily distributable copy (copies of copies like game software) so that the working program, the experience of game play, can persist in the present (and hopefully for the future) even if experienced on different machines and within different social contexts from those still resonating in the not-so-distant past."[1422]

Diese Rolle übernehmen Hilfsprogramme, die als Emulatoren bezeichnet werden. Sie schalten zwischen neuere Betriebssysteme und ältere Spiele eine Instanz, die in di-

---

(Hg.): Making the History of Computing Relevant. IFIP WG 9.7 International Conference on the History of Computing, HC 2013, London, 17th-18th June 2013. Revised Selected Papers, Berlin, Heidelberg 2013; S. 226–45, hier S. 227. Der Beitrag enthält auch einen Überblick zu weltweiten Ausstellungen, deren Konzepte und Inhalte vielfältig sind. Auch **Guins:** Game After, 2014 widmet weite Teile seines Buches einer kritischen Reflexion über digitale Spiele in Archiven, Sammlungen, Ausstellungen und Museen.
1415 **Naskali / Souminen et al.:** Introduction, 2013; S. 229–31.
1416 Zielgruppenspezifische Präsentationsformen bei **Suominen:** History, 2016.
1417 **Guins:** Game After, 2014; S. 16–18 u. 20–26.
1418 **Guins:** Game After, 2014; S. 21.
1419 **Guins:** Game After, 2014; S. 3, Zitat S. 26.
1420 **Guins:** Game After, 2014; S. 4.
1421 **Guins:** Game After, 2014; S. 7.
1422 **Guins:** Game After, 2014; S. 36.

versen Formen übersetzt und vermittelt: Sie simulieren Rechnerumgebungen vollständig (z. B. *DOSBox*), halten Spiele spezifischer Hersteller lauffähig (z. B. *ScummVM* für *Lucas Arts*) oder stellen Konsolensysteme auf einem anderen Gerät nach (z. B. *nullDC* für die *SEGA Dreamcast*).[1423] Zwar bleiben digitale Spiele der achtziger und neunziger Jahren so spielbar, ihre Existenz jedoch hängt stark von dem Antrieb nostalgisch begeisterter Fans ab. Klassiker besitzen häufig eine genügend breite Fanbasis, dass aus ihrer Mitte Programmierer in ihrer Freizeit Emulatoren entwickeln. Als konzertierte, langfristig sichernde Maßnahme können Fankulturen nicht einspringen. Emulatoren sind wie jede Software zu pflegen, sollen sie auch mit nachfolgenden Betriebssystemen verlässlich kommunizieren. Erlischt die Fangemeinde, enden auch die Anstrengungen für die Emulation. Andererseits kann auch eine professionelle Bewahrung nicht auf Spieler und Fans mit technischen Fertigkeiten und Kenntnissen verzichten.[1424] Andreas Lange, bis 2018 Direktor des Berliner Computerspielemuseums, verfolgt eine Emulationsstrategie und versteht seine Institution als Archiv.[1425] Archivwissenschaftlich leistete er wichtige Pionierarbeit, die angesichts einer Vielzahl vergleichbarer digitaler Quellen kaum überschätzbar ist, denn am Beispiel von digitalen Spielen kämen „alle Probleme der digitalen Archivierung zusammen."[1426] Verstehe man sie

> „[a]ls komplexe, interaktive, digitale Artefakte sind Computerspiele [...] paradigmatisch: Wenn man Computerspiele bewahren kann, kann man auch alle anderen digitalen Kulturgüter bewahren."[1427]

Emulationen käme dafür eine wesentliche Funktion zu.[1428] Lange kooperierte mit dem europäischen Projekt *Keeping Emulation Environments Portable* (KEEP), das eine Methode zu entwickeln versuchte, um digitale Spiele in einem interaktiven Archiv zu

---

1423 DOSBox. Emulator des Microsoft Disc-Operating System (DOS) Online unter: http://www.dosbox.com; **ScummVM.** Script Creation Utility for Maniac Mansion. Offizielle Webseite. Online unter: http://www.scummvm.org; **nullDC.** SEGA Dreamcast Emulator for WinX86. Online unter: https://code.google.com/p/nulldc/ (Letzte Zugriffe: 31. 3. 2019).
1424 Bergmeyer: Computerspiele, 2015; S. 147; **Stuckey / Swalwell et al.:** Memory Archive, 2013; S. 219/20; **Barwick / Dearnley et al.:** Cultural Heritage, 2011; S. 376/77.
1425 Strategien der Emulationen bei **Bergmeyer:** Computerspiele, 2015; S. 150–55.
1426 Schmidt, Stefan: Ewiges Leben für die Pixelhelden. Wie bewahrt man digitale Kulturgüter? In Berlin eröffnet ein Computerspielemuseum, in: *Die Zeit*, Nr. 4 20.1.2011. Online unter: http://bit.ly/1TetJ20 (Letzter Zugriff: 31. 3. 2019).
1427 Lange: Pacman, 2012; S. 327.
1428 Lange: Pacman, 2012; S. 331–33 erläutert diese Haltung detailliert und plausibel. Er ergänzte diesen Beitrag in: **Lange, Andreas:** Die Erhaltung von Computerspielen und die Rolle der Emulation. Vortrag am ZKM Karlsruhe vom 8. 2. 2012. Online unter: http://bit.ly/1lQLU37 (Letzter Zugriff: 31. 3. 2019).

betreiben.¹⁴²⁹ Wegweisend entstand dort ein *Emulation Framework* (KEEP EF), das automatisiert Emulationsumgebungen auf verschiedenen Plattformen bereitstellt.¹⁴³⁰

Trotz ihrer gesellschaftlichen Relevanz als Kulturgut stehen der Bewahrung digitaler Spiele geradezu absurde rechtliche Schranken entgegen. Weil Eingriffe in Software oder Hardware die Lizenzen ihrer Hersteller verletzen, ist selbst die Emulation ältester Titel schlicht illegal. Lange sieht sich deswegen verurteilt, „to stand there watching day after day as our collection, one of the most significant collections worldwide, demagnetizes."¹⁴³¹ Winfried Bergmeyer zählt 2015 etwa die Hälfte der Hardware-Systeme als funktionsunfähig, „und diese Zahl wird trotz der Erhaltungsbemühungen [...] zunehmen."¹⁴³² Selbst die objektgerechteste Lagerung könne auch die Datenträger nicht vor magnetischen, chemischen und mechanischen Schäden schützen. Die Ohnmacht gegenüber den Verlusten ist jedoch kein deutsches, sondern ein internationales Rechtsproblem:

> „Relying on a technological preservation approach of collecting hardware, software, and the paraphernalia surrounding games cannot be relied on as a *permanent* [hervorgeh. i. Orig.] solution to providing access to these materials, [...] it is essentially the *only* [hervorg. i. Orig.] effective method of preservation, which does not break the law."¹⁴³³

Lizenzrechtliche Fragen regelt nicht nationales Recht, sondern weitgehend die Europäische Union. Dortige Aktivitäten drohen den gegenwärtigen Zustand zu verschlechtern.¹⁴³⁴ Neben den juristischen Barrieren bei der Emulation stellt ein Rechtsgutachten im Auftrag des Verbandes der Historiker und Historikerinnen Deutschlands (VHD) weitere Unsicherheiten fest: Urheberrecht und Nutzungsrecht erschweren wissenschaftliches Arbeiten mit audiovisuellen Quellen in Forschung und Lehre über den und im medialen Bereich, kriminalisieren es teils sogar.¹⁴³⁵ Lehrmaterial könne legal nicht bereitgestellt werden, und im Zweifel würden Forschungs-

---

1429 Federführend leitete dieses europäische Kooperationsprojekt die französische Nationalbibliothek (BNF): **Keeping Emulation Environments Portable (KEEP).** Forschungsprojekt im 7. Rahmenprogramm der Europäischen Union com 1.2.2009–31.3.2012. ICT-3–4.3 Digital Libraries and Technology-Enhanced Learning Priority. Online unter: http://bit.ly/2AGMWHK (Letzter Zugriff: 31.3.2019); **Schmidt:** Leben, 2011.
1430 **Bergmeyer:** Computerspiele, 2015; S. 156–59.
1431 **Zainzinger, Vanessa:** Saving the Game. Why Preserving Video Games Is Illegal, in: *The Next Web. Insider* 22.4.2012. Online unter: http://tnw.to/1E7zq (Letzter Zugriff: 31.3.2019).
1432 **Bergmeyer:** Computerspiele, 2015; S. 149.
1433 **Barwick / Dearnley et al.:** Cultural Heritage, 2011; S. 387.
1434 **Tiani, Vincenzo / Reda, Julia** (Hg.): The EU Copyright Reform. Why Stakeholders agree it must be changed. A new hub for debate about EU copyright reform, [Berlin] 2016. Online unter: http://bit.ly/2h4zRjE (Letzter Zugriff: 31.3.2019).
1435 **Klimpel, Paul / König, Eva-Marie:** Urheberrechtliche Aspekte beim Umgang mit audiovisuellen Materialien in Forschung und Lehre. Rechtsgutachten im Auftrag des Verbands der Historiker und Historikerinnen Deutschlands (VHD), Berlin 2015. Online unter: http://bit.ly/1HYo4wF (Letzter Zugriff: 31.3.2019).

projekte gar nicht erst beantragt. Wissenschafts- und lehrfeindliche Regelungen behindern die Forschung an digitalen Spielen oder ihren Einsatz im Unterricht schon genug. Als Thema in Lehre und Forschung liegen digitale Spiele obendrein weit außerhalb der Wahrnehmung der Geschichtswissenschaft. Das Gutachten zu audiovisuellen Quellen, die Stellungnahme des VHD dazu sowie der Kommentar von Medienhistorikern verwendet kaum ein Wort auf sie.[1436] Ohne ein Bewusstsein für den geschichtswissenschaftlichen Wert digitaler Spiele erwähnen sie auch die untragbaren Bedingungen ihrer Bewahrung nicht. Skandalös vergehen so historische Zeugnisse stillschweigend und unwiederbringlich. Mutige Netzrebellen finden sich damit nicht ab und erklären digitale Spiele zu *Abandonware*, wenn Entwickler und Publisher Rechte nicht aktiv nutzen.[1437] Unentgeltlich bieten die Betreiber solcher Plattformen diese Titel zum Download an, weil – nach ihrer Lesart – der Eigner kein Interesse mehr an den Rechten zeige, nutzt er sie nicht faktisch etwa für Neuauflagen oder Nachfolger. Weil Urheberrechte nicht einfach erlöschen, trägt diese Haltung juristisch nicht. Aus wissenschaftlicher Sicht aber bleibt so wenigstens eine bedingte Quellengrundlage erhalten, solange sich wissenschaftspolitisch niemand darum sorgt.

Trotz der rechtlich schwierigen Lage stellen sich auch semi-offizielle Akteure dem Überlieferungsschwund entgegen. Über 1.700 Arkadespiele holte die Initiative *Archive.org* mithilfe des Emulators *JSMAME* zurück ins Leben (Stand: 27.3.2019).[1438] Diese Spielhallen-Titel prägen wesentlich die Jugendkultur in den USA zwischen den siebziger und neunziger Jahren und lassen sich jetzt frei verfügbar mit einem potenten Internet-Browser spielen. Neben der selektiven Auswahl hat diese Überlieferung weitere Grenzen. Der Browser mit PC und Tastatur überliefert nicht die identische Spielerfahrung, spielt man doch nicht an einem mannshohen Gerät mit speziellen Eingabewerkzeugen in einer rumorenden Spielhalle. Vergleichbares betrifft die dort repräsentierten 29 Konsolensysteme mit über 6.000 Spielen (Stand: 27.3.2019).[1439] Spezielle Peripherie aus Eingabegeräten erlaubte, auf eine bestimmte Art mit den Spielen zu interagieren, deren Haptik und Atmosphäre aber gehen im Browser verloren.[1440] Die MS DOS-Spiele des *Internet Archive* in der Sektion Software befinden sich

---

1436 **Klimpel / König:** Aspekte, 2015; S. 23 erwähnt Computerspiele nur bei dem Leistungsschutz von Laufzeitbildern, also Übertragungen von Videospielebildern. In der Stellungnahme des VHD und dem Kommentar von Wissenschaftlern ebenso: **Vorstand und Ausschuss des Verbandes der Historiker und Historikerinnen Deutschlands (VHD) / Vorstand der Gesellschaft für Medienwissenschaft:** Rechtsgutachten sieht Forschung und Lehre durch bestehendes Urheberrecht gefährdet. Fachverbände fordern allgemeine Wissenschaftsschranke, Frankfurt a. M. / Marburg 2015. Online unter: http://bit.ly/1RImhOr; **Bösch, Frank / Classen, Christoph / Kramp, Leif:** Forum: Medienquellen in Forschung und Lehre. Befunde eines neuen Rechtsgutachtens, in: *H-Soz-Kult* 30.10.2015. Online unter: http://bit.ly/1OVXupe (Letzte Zugriffe: 31.3.2019).
1437 Siehe das Portal **Abandonware**. The Official Ring. Online unter: http://www.abandonware-ring.com (Letzter Zugriff: 31.3.2019).
1438 **Scott:** Internet Arcade.
1439 **Scott:** Console Living Room.
1440 Vgl. auf S. 266 zu Haptik und Sensorik bei **Kirkpatrick:** Theory, 2011.

näher an der ursprünglichen Eingabeerfahrung, weil auch sie meist mit der Tastatur gespielt wurden.[1441] Mehr als 4.000 digitale Spiele (Stand: 27.3.2019) aus den Zeiten, bevor Windows zum Standard wurde, erstehen dort im Browser auf. Dass Emulation an Grenzen stößt, historische Begleitumstände und das damalige Spielgefühl zu reproduzieren, ist zu akzeptieren, wenn aktives Gameplay die Spielerfahrung wenigstens annähert. Es gaukele nicht vor

> „to ,be' the original game it simulates but only [...] a faithful and robust version of the game. In the context of the museum, running emulators attempt to enliven nonfunctioning hardware; they attempt to bring forth a working game program to unsilence its sourrounding partners that can no longer run code."[1442]

Das Anliegen, mithilfe von Emulatoren historischen Spielerfahrungen nahe zu kommen, ist als wissenschaftlich konsequent zu unterstützen. Die Auswahl ist jedoch vor allem aus angelsächsischer Sicht zusammengestellt, für einen mitteleuropäischen oder asiatischen Blick würden einige Beispiele fehlen. Ob diese wichtige Initiative dauerhaft fortgeführt werden kann, ist angesichts der Rechtslage offen.

Jüngere Phasen der Spielegeschichte erschweren diesen Lösungsansatz, denn digitale Spiele wurden im Laufe der neunziger Jahre komplexer, benötigten externe Grafikkarten und integrierten Softwarelösungen von Drittanbietern wie Engines und Middleware. Exponentiell wachsen damit die Schwierigkeiten, die für ihren Betrieb nötigen Umgebungen lauffähig zu simulieren und rechtliche Besitzansprüche zu befriedigen. Aus wissenschaftlicher Sicht folgt daraus, alle bisher genannten Akteure wie Fans, Produzenten, Entwickler, Distributeure, Archive und Museen in die Bewahrung einzubeziehen. Nachhaltig sichere Methoden, um bedeutende Anteile der Überlieferung vor dem Verlust zu bewahren, sind ab diesem technischen Niveau nur noch in Austausch und Zusammenarbeit denkbar. An Lösungen arbeitete seit 2003 die *Special Interest Group „Game Preservation"* in der *International Game Developer Association (IGDA)*, deren Aktivität jedoch ermattet scheint.[1443] Wesentliche Akteure dokumentierten in der Sektion *Archiving Virtual Worlds* des *Stanford Humanities Lab* seit 2008 beim Internet Archive durch eine Sammlung von Videos verschiedene Facetten digitaler Spielwelten und -erfahrungen filmisch.[1444] Eine substantielle Lösung für die aufgeführten Probleme der Bewahrung liefert diese Plattform aber nicht. Ohne ein systematisches Vorgehen bestimmen gegenwärtig einzelne „Leuchtturm"-Projekte

---

1441 Scott: Software Library.
1442 Guins: Game After, 2014; S. 36.
1443 International Game Developer Association (IDGA): Game Preservation Special Interest Group, 2003-[unklar] Online unter: https://www.igda.org/?page=sigs (Letzter Zugriff: 31.3.2019). Offiziell zwar noch gelistet, ist eine Webrepräsentanz ist jedoch nicht vermerkt und nach weiterer Recherche nicht auszumachen.
1444 Stanford Humanities Lab (Hg.): Archiving Virtual Worlds. Video Archive, Dedicated to the Academic Investigation and Historical Preservation of Documentation of Virtual Worlds, [Stanford] 2008 ff. Online unter: http://bit.ly/1UtUp1M (Letzter Zugriff: 31.3.2019).

die Archivlandschaft, mit nur begrenztem Nutzen: Die Universität Stanford erkundete zum Beispiel zusammen mit dem *National Institute of Standards and Technology (NIST)* mehrere Jahre die umfangreiche Privatsammlung von Stephen Cabrinety, eines Vorreiters für die Bewahrung von Software.[1445] Er trug bis zu seinem Tod mehr als 15.000 Exemplare von Spielen und anderen Programmen aus den Anfängen bis in die neunziger Jahre zusammen. Bislang sind die Stücke jedoch nur in der Universitätsbibliothek archiviert, der Zugang ist beschränkt und weder im Netz, noch vor Ort spielbar.[1446]

Inzwischen verstehen jedoch Akteure der Games-Branche, dass ein breites Interesse an älteren Spielen besteht, das wirtschaftlich verwertbar ist. Der Service *Steam* bietet betagte, digitale Spiele an und versorgt sie mit einer adäquaten Software-Umgebung, um spielbar zu bleiben.[1447] Webservices wie *Steam*, *UPlay* oder *Origin* auf dem PC oder *XBox Live* und *PlayStationNetwork* (PSN) auf den Konsolen sind aber eher Teil des Problems als der Lösung, weil sie als Kopierschutz dienen oder Code-Fragmente zu den Spielprogrammen übertragen, die für ihren Betrieb nötig sind.[1448] Sind die Geräte mit den Webdiensten nicht verbunden, lassen sich die Spiele nicht ausführen. Oftmals verhindern solche, lange nicht mehr von Herstellern betriebene oder gepflegte Sicherungssysteme, Software und Spiele zu erhalten.[1449] Auf digitalen Distributionsplattformen sind Spiele nur als Download erhältlich, verdrängen aber zunehmend den Vertrieb von abgepackten Einheiten im Einzelhandel. Spiele existieren so nur noch innerhalb dieser Plattformen und können an Archive nicht überstellt werden.[1450] Mit einem zukunftsweisenden Konzept allerdings will der Anbieter *Good Old Games* Spiele möglichst lange kommerziell nutzbar halten.[1451] Schon jetzt bietet er Spielversionen an, die von Kopierschutz – und damit von einem wichtigen Hindernis für ihre Bewahrung – befreit sind. Die Plattform baut stetig ein klassisches Angebot der achtziger und neunziger Jahre aus, für heutige Rechner lauffähig aufgearbeitet. Experimentiert wird mit der Möglichkeit, die Installationscodes älterer Spiele dort einzutragen, um eine angepasste Version für aktuelle Rechner zum Download zu er-

---

1445 Francis, Bryant: Unexpected Alliance Aids Notable Preservation of Video Game History, in: *Gamasutra* 13. 9. 2016. Online unter: http://ubm.io/2cXbDbh (Letzter Zugriff: 31. 3. 2019).
1446 Stanford University Libraries: Cabrinety-NIST Project. Project Summary, o. J. Online unter: http://stanford.io/2vQZcl3 (Letzter Zugriff: 27. 3. 2019).
1447 Steam, Valve Corporation 2003 ff. (Online unter: http://store.steampowered.com (Letzter Zugriff: 28. 3. 2019)) bietet Titel bis hinab zu den späten neunziger Jahren an.
1448 UPlay, Ubisoft 2009 ff. Online unter: uplay.ubi.com; **Origin**, Electronic Arts 2005 ff. Online unter: www.origin.com; **XBox Live**, Microsoft 2002 ff. Online unter: http://www.xbox.com/de-DE/Live und **PlayStation Network (PSN)**, Sony 2006 ff. Online unter: http://bit.ly/1pcHwNK (Letzte Zugriffe: 29. 3. 2019). Siehe zum Beispiel **Lowood / Monnens et.al:** Preservation, 2009; S. 146/7.
1449 Siehe den Fall von *SafeDisc*, das für Windows 10 kein Update mehr erhält: **Mantel, Mark:** Windows 10: Spiele mit Safedisc-Kopierschutz starten nicht, u. a. Battlefield 1942. [Update], in: *PC Games Hardware*, 4. 8. 2015. Online unter: http://bit.ly/1Xrw93R (Letzter Zugriff: 31. 3. 2019).
1450 Bergmeyer: Computerspiele, 2015; S. 161/62.
1451 Good Old Games. Online unter: http://www.gog.com (Letzter Zugriff: 29. 3. 2019).

halten.¹⁴⁵² Dieser Service erfordert Arbeitsschritte von erheblichem Aufwand, denn den Rechteinhabern ist nachzuforschen, das Reverse-Engineering der Software durchzuführen, jede erdenkliche Spielszene auf Fehler zu spielen, obendrein sind Begleitmaterialien wie Karten oder Handbücher zu archivieren. Wirtschaftlich geführte Unternehmen können diesen Aufwand nur leisten, wenn genügend Profite in Aussicht stehen. Dadurch betrifft diese Methode auch zukünftig nur einen kleinen Teil älterer Spiele.

Abgesehen von technischen und rechtlichen Problemen lassen sich manche Spiele aus strukturellen Gründen grundsätzlich nicht bewahren, insbesondere Massively-Multiplayer Online-Spiele (MMOs).¹⁴⁵³ Als eines ihrer Derivate sind auch Online-Rollenspiele (MMORPGs) wie das Fallbeispiel *The Secret World* im empirischen Teil betroffen. Beeindruckend skizziert Matt Sayer die technischen Hürden im Entwicklungsprozess eines Fan-Projekts, das versucht, das 2009 eingestellte Online-Rollenspiel *The Matrix Online* betriebsfähig zu emulieren.¹⁴⁵⁴ Diese Spielform benötigt einerseits eine Vielzahl anderer Spieler, um die Spielerfahrung auszukosten. Andererseits lassen sie sich als Objekte selbst kaum bewahren, weil sie nur funktionieren, wenn ein zentraler Server mit dem lokalen Rechner (Client) des Spielenden kommuniziert. Das Spielgeschehen hängt essentiell von beidem ab. Um diese Konstruktion aufrecht zu erhalten, liegen bislang keine überzeugenden Ansätze vor, zumal Archive und Bibliotheken von dem Willen der Hersteller abhängig wären, ein solches MMO zu bewahren.¹⁴⁵⁵ Diese systematischen Schwierigkeiten wiegen umso schwerer, da seit einigen Jahren Multiplayer-Elemente in fast alle Spielprinzipien einziehen. War der Modus für Einzelspieler zuvor von der Mehrspieler-Erfahrung getrennt, so verweben Entwickler beide zunehmend ineinander.¹⁴⁵⁶ Symptomatisch dafür ist *The Division*, in dem eine Epidemie New York verseucht und das öffentliche Leben zusammenbricht. Die Stadt kann sinnvoll nur von bewaffneten Kriminellen befreit werden, indem Spieler miteinander kooperieren.¹⁴⁵⁷ Sogar das Abenteuerspiel *Dreamfall Chapters: The Longest Journey* kontaktiert nach Schlüsselstellen einen zentralen Server, um die eigenen Entscheidungen mit denen anderer Spieler zu ver-

---

1452 Immerhin befinden sich knapp 150 Videospiele im Angebot, die vor dem Jahr 1995 datieren. Einen Überblick zur Vorgehensweise des Unternehmens gibt **Deppe, Martin:** Jäger der verlorenen Spiele. Hinter den Kulissen von gog.com, in: *Gamestar* 26. 2. 2015. Online unter: http://bit.ly/1SrH4DQ (Letzter Zugriff: 31. 3. 2019).
1453 **Bergmeyer:** Computerspiele, 2015; S. 160/61.
1454 **Sayer, Matt:** The Death and Rebirth of 'The Matrix Online'. Game Preservation, in: *Vice Waypoint* 7. 12. 2016. Online unter: http://bit.ly/2 h7frnS; **Stojadinovic, Rajko:** The Matrix Online Server Emulator (mxoemu), 2009 ff. Online unter: http://mxoemu.info (Letzte Zugriffe: 31. 3. 2019).
1455 **Lowood / Monnens et al.:** Preservation, 2009; S. 147.
1456 Klassisch trennen zum Beispiel den Einzelspieler- vom Mehrspielermodus: das Ostfront-Strategiespiel **Company of Heroes 2** 2013, das Open-World-Actionspiel mit karibischem Piratensetting **Assassin's Creed IV. Black Flag** 2013 und der Militär-Shooter **Battlefield 4** 2013.
1457 **The Division** 2016.

gleichen.[1458] Besonders fließend verweben sich die Multiplayer-Elemente in das Open-World-Actionspiel *Watch_Dogs*, denn fremde Spieler können sogar in das Spielerlebnis der Einzelspielerkampagne eindringen.[1459] Verschmelzen in digitalen Spielen Mehrspieler- und Einzelspieler-Erlebnisse, erschwert sich die systematische Bewahrung wie für MMO-Titel. Marc Weber nennt in einer Fallstudie zur musealen Praxis „the mercurial, complex, immaterial reaches of cyberspace [...] some of the hardest subjects to pin down and effectively display."[1460] Online-Welten hätten zwei systematische Kernprobleme: einerseits seien sie immateriell und prozesshaft, und daher schwieriger zu präsentieren als fixierbare Gegenstände. Andererseits verkomplizieren Technologien, geografische Regionen und politische Auswirkungen ihre einfachsten Elemente. Zur Ausstellung im *Computer History Museum* wählte Weber daher Screenshots als Eindrücke von Online-Welten.[1461] Eine Online-Welt bestehe natürlich nicht aus statischen Bildern, sondern sei mehr „like an ongoing conversation, or a literature; an interactive experience that unfolds over months and years of practice and immersion."[1462] Ungemildert trifft diese Feststellung auch auf Spielerfahrungen in MMOs zu, was die Frage aufwirft, wie Besucher in diese Konversation binnen weniger Minuten eintauchen könnten. Natürlich könne man dafür „re-creations of the live online system itself" verwenden.[1463] Damit plädiert er im Grunde dafür, MMOs zu emulieren und ihre soziale Kommunikation nachzustellen. Je komplexer Online-Umgebungen sind, umso stärker können Besucher von einer geführten Tour profitieren, anstatt sie selbst zu ergründen. Webers Ausstellungen verwenden daher Videos von Online-Systemen in Aktion, mal kommentiert, mal nicht, aber auch strukturierte Interaktionsobjekte, die beispielsweise schematisch durch den Erarbeitungsprozess eines Wikipedia-Artikel führen.[1464] Emulierte historische Online-Welten seien selten, weil soziale Interaktion zentral für die Erfahrung und ohne andere Nutzer nicht simulierbar sei.[1465] Weber stellt fest, dass „[f]or highly social online systems like virtual worlds, some researchers have essentially had to give up on trying to meaningfully preserve the system itself."[1466] Bemühungen, die ursprüngliche Spielerfahrung von Massively-Multiplayer Online-Spielen mithilfe von Emulation anzunähern, erteilt er also eine Absage. Aufgrund der strukturellen Schwierigkeiten blieben videografische

---

1458 **Dreamfall Chapters. The Longest Journey** 2014–2017.
1459 **Watch_Dogs** 2014.
1460 Weber, Marc: Exhibiting the Online World. A Case Study, in: Tatnall, Arthur / Blyth, Tilly / Johnson, Roger (Hg.): Making the History of Computing Relevant. IFIP WG 9.7 International Conference on the History of Computing, HC 2013, London, 17th-18th June 2013. Revised Selected Papers, Berlin 2013; S. 3–24, hier S. 3/4.
1461 **Computer History Museum.** Online unter: http://www.computerhistory.org (Letzter Zugriff: 31.3.2019); **Weber:** Exhibiting, 2013; S. 6.
1462 **Weber:** Exhibiting, 2013; S. 7.
1463 **Weber:** Exhibiting, 2013; S. 7.
1464 **Weber:** Exhibiting, 2013; S. 10.
1465 **Weber:** Exhibiting, 2013; S. 11/12.
1466 **Weber:** Exhibiting, 2013; S. 12.

Aufzeichnungen als „standard way to capture the look and feel of the online experience *not* just for exhibits, but for preservation purposes."[1467]

Trotz dieser grundsätzlichen Grenzen müssen Wege der Bewahrung für digitale Spiele gesucht werden. Dass sie vergänglicher sind als andere Überlieferungsformen, ist längst bekannt. Schon vor einer Dekade erinnerten Forschende dramatisch an den dringenden Handlungsbedarf. Sie kritisierten, dass die wenigen Aktivitäten unsystematisch und unkoordiniert verliefen, obwohl besonders ein Punkt klar sein: „[I]f we fail to address the problems of game preservation, the digital games of today will disappear" und „[w]e will lose access to the history and culture of contemporary games".[1468] Wirtschaftlich sinnvoll und praktisch sei deren Bewahrung als Ideenfundus gerade für die Games-Industrie selbst. Für die Forschung sind digitale Spiele als Teil der historischen Entwicklung in den letzten Jahrzehnten zu verstehen, als Artefakte einer Design- und Kunstgeschichte sowie Kulturgeschichte.[1469] Eine geeignete Archivierung bewahre nicht allein Programmcode und Verpackung inaktiv in einem Archivschrank, denn „[a]fter all, if a future game developer or historian cannot experience the gameplay, then all other issues will pale in comparison."[1470] Wird dieser Anspruch in jeder Konsequenz ernst genommen, stellt er vor schwerwiegende Probleme, die bislang weder theoretisch, noch methodisch durchdacht sind. Gewiss wäre eine Vergleichbarkeit von heutigen und historischen Spielerfahrungen hilfreich, digitale Spiele können jedoch nicht genau so wahrgenommen werden wie zu Zeiten ihres Lebenszyklus. Daher wären die Apparate und ihre Peripherie, Eingabemittel und Soundgeräte aus ihrer Entstehungszeit mit zu bewahren. Die Spielerfahrung in dem interaktiven Medium hängt stark von der Einflussnahme durch die Rezipierenden ab, also vom Spielgeschehen, das die Spielenden beeinflusst. Ihre Wahrnehmungen werden dadurch in größerem Maße als bei anderen Medienformen auch Teil des medialen Geschehens selbst. Für eine vergleichbare Rezeption des Spieles müsste daher der soziokulturelle Kontext des Spielenden, seine Vorstellungswelt, seine Vorerfahrungen mit digitalen Spielen ebenfalls aus dem historischen Horizont in die jeweilige Gegenwart transportiert werden. Digitale Spiele also mit dem Anspruch zu bewahren, dass sie eine ursprüngliche, eine orginale Erfahrung nacherleben ließen, ist unmöglich. Mit denselben Argumenten jedoch gilt das Urteil auch in der Gegenwart, also beispielsweise für den Austausch von Erfahrungen unter Forschenden. Gäbe es keinen Zugang zu den Spielerfahrungen anderer, könnte man auch nicht darüber kommunizieren, also ist ein Austausch von Erfahrungen offenbar möglich. Man kann daher versuchen, eine solche Erfahrung anzunähern, wenn es geschichtswissenschaftlich sinnvoll erscheint.

[1467] **Weber:** Exhibiting, 2013; S. 12. Hervorhebung im Original.
[1468] **Lowood / Monnens et al.:** Preservation, 2009; S. 140.
[1469] **Lowood / Monnens et al.:** Preservation, 2009; S. 149/50.
[1470] **Lowood / Monnens et al.:** Preservation, 2009; S. 151.

Eine solche Annäherung besser zu unterlassen, vertritt Melanie Swalwell, die zusammen mit Kolleginnen das *Popular Memory Archive* ins Leben rief.[1471] Die Datenbank sammelt digitale Spiele, die in den achtziger Jahren im neuseeländisch-australischen Raum entstanden. Neben einer kurzen Beschreibung finden sich dort Videos von Spielszenen sowie Bilder von Verpackungen, Anleitungen und Spielhilfen, aber auch weiterführende Informationen zu den Entwicklern und Firmen. Deren Dokumentation an sich ist von hohem historiografischem Wert, allerdings verfolgen die Initiatorinnen mehr als nur den enzyklopädischen Zweck. Nutzer sind dazu eingeladen, ihre Erinnerungen an das Spielerlebnis kollaborativ dem Archiv Populärer Erinnerung hinzuzufügen.[1472] Dadurch könnte die Datenbank ein Spektrum an Erinnerungen zu digitalen Spielen bewahren. Leider ist die Beteiligung gering, und viele Beiträge sind noch unkommentiert. Die seltenen Kommentare stellen meist bloß fest, dass ein Spiel „gut" gewesen sei, ohne Näheres zu differenzieren, oder fragen nach Möglichkeiten des Erwerbs, tragen jedoch kaum zur Rückschau bei.[1473] Die Hoffnung, einen Zugang zu vielfältigen Spielerfahrungen zu gewinnen, erfüllt sich daher noch nicht. Methodisch ist der Ansatz jedoch zu begrüßen, den Bereich für Kommentare als Erinnerungssammlung zu den jeweiligen Spielen zu nutzen. Langfristig knüpfen die Schöpferinnen große Hoffnungen an das Archiv. Die Erinnerungen sollen ein erinnerungskulturelles Netzwerk um die eingereichten Materialien hervorrufen, das Einblicke in den historischen, soziokulturellen Kontext der Spielenden offenbart:[1474]

> „Whilst these memories may be fragmentary, told in different voices, together with different artefacts and documentation, they will allow future researchers to piece together a sense of what it might have been like to play these games in 1980s Australia and New Zealand."[1475]

Dieses Archiv ermutigt, andere geschichtswissenschaftliche Herangehensweisen zu bedenken, als Hardware und Software bespielbar zu erhalten. Ein vergleichbares erinnerungskulturelles Archiv besteht im deutschsprachigen Raum nicht.[1476]

1471 Popular Memory Archive. Play it again… Remembering 1980's gaming, hg. Ndalianis, Angela / Stuckey, Helen / Swalwell, Melanie 2013 ff. Online unter: http://bit.ly/2ARnAsL (Letzter Zugriff: 27.3.2019).
1472 Stuckey / Swalwell et al.: Memory Archive, 2013; S. 217. Siehe die jüngere Entwicklung in **Stuckey, Helen / Swalwell, Melanie et al.:** Remembering & Exhibiting Games Past: The Popular Memory Archive, in: *Transactions of the Digital Games Research Association (ToDiGRA)*, Nr. 1 2/2015; S. 9–35. Online unter: http://bit.ly/2iE5jGF (Letzter Zugriff: 31.3.2019).
1473 Der Beitrag zu **Goldfields** 1986 enthält einen repräsentativen Querschnitt für Kommentare: **[unbekannt]:** Goldfields, in: Popular Memory Archive. Online unter: http://bit.ly/2 A9MyAz (Letzter Zugriff: 31.3.2019)
1474 Stuckey / Swalwell et al.: Memory Archive, 2013; S. 220–22.
1475 Stuckey / Swalwell et al.: Memory Archive, 2013; S. 224.
1476 Annährungen bietet **Videospielgeschichten.de.** Persönliche Texte über Video- und Computerspiele der vergangenen Jahrzehnte, hg. von Eymann, André / Frank, Guido. Online unter: http://videospielgeschichten.de (Letzter Zugriff: 31.3.2019).

Swalwell kritisiert das technische Engagement, weil es oft von nostalgischer Begeisterung angetrieben, aber wissenschaftlich nicht kritisch durchdacht werde. Spieleliebhaber forderten eine „Original Experience", die weder heutige, noch zukünftige Nutzer nacherleben könnten.[1477] Jüngere Spieler besäßen überhaupt keine Erinnerungen, die sie annähern könnten, und ältere seien nicht mehr Teil der damaligen Kultur. Technische Innovationen veränderten Spielerfahrungen ebenfalls. Der Sprung von Röhrentechnik auf Flüssigkristalle bei Monitoren änderte die visuellen Eindrücke für ein bestimmtes Spiel grundlegend. Ein anderes technisches Argument betrifft das ikonische *Space Invaders*, dessen Raumschiffreihen im Spielverlauf immer schneller auf den Spieler herabschwebten.[1478] Dieser Effekt, der mit jedem erfolgreichen Abschuss die Anspannung erhöhte, war jedoch nicht beabsichtigt. Die beschränkte Rechenleistung der ersten Microchips erhöhte schlicht das Tempo der grafischen Darstellung, je weniger Objekte auf dem Bildschirm zu berechnen waren.[1479] Mit höherer Rechenkraft der Computer verschwand dieser Effekt und wurde in späteren Versionen gezielt simuliert. Der technologische Wandel ändert also essentielle Bestandteile der Spielerfahrung. Somit hält Swalwell eine damalige Erfahrungswelt nicht für annäherbar, ganz gleich welchen technischen Aufwand man betreibe. Der Versuch „denies the discursive status of experience", weil Spielerinnen und Spieler sich persönlich verändert haben und mit anderen heute in einem veränderten soziokulturellen Horizont leben.[1480] Selbst wenn diese Hindernisse nicht bestünden, müssen Kuratoren und Archivare in den laufenden Betrieb eingreifen, weil – wie oben erläutert – die technische Basis zerfällt. Eingriffe in Software und Hardware rücken die Spielerfahrung weiter vom Ursprung fort: Änderungen seien „unavoidable when software is preserved and – as is typical – emulated. There will be degrees of fidelity."[1481] In der Tat verwendete die Forschung bislang wenig Aufmersamkeit auf Methoden, um die Langlebigkeit der Sammlungen und Archivbestände von digitalen Spielen zu gewährleisten.[1482] Wie fixiert Institutionen und alle Beteiligten sind „on collecting and preserving the game itself, sometimes at the expense of other artifacts in game history", leuchtet ihr somit nicht ein.[1483] Sowohl Forscher als auch das zukünftige wissbegierige Publikum benötigen ihrer Ansicht nach mehr als nur ein

---

[1477] **Swalwell, Melanie:** Moving on From the Original Experience. Games History, Preservation and Presentation, in: *DiGRA '13 – Proceedings of the 2013 DiGRA International Conference: DeFragging Game Studies* 7/2014; S. 1–13, hier S. 1–5. Online unter: http://bit.ly/1P3S6vD (Letzter Zugriff: 31.3.2019).
[1478] **Space Invaders** 1978. Zur Bedeutung des Arcade-Titels siehe **Parkin, Simon:** The Space Invader, in: *The New Yorker* 17.10.2013. Online unter: http://bit.ly/1RbaPNa (Letzter Zugriff: 31.3.2019).
[1479] **Retro Gamer Redaktion:** Nishikado-san speaks. Toshihiro Nishikado, Desinger of the Original Game and Chief Supervisor on Space Invaders Anniversary, Talks about His World Famous Creation, in: *Retro Gamer* 3/2004; S. 35.
[1480] **Swalwell:** Experience, 2014; S. 6.
[1481] **Swalwell:** Experience, 2014; S. 7.
[1482] **Barwick / Dearnley et al.:** Cultural Heritage, 2011; S. 386.
[1483] **Swalwell:** Experience, 2014; S. 7.

lauffähiges Spiel, um seinen Sinn und seine Signifikanz zu verstehen. Ein breiter Blick auf die Kultur müsste mehr Aspekte durch eine Sammlung abbilden als nur die Spiele: Oral Histories ihrer Schöpfer, Dokumente aus dem Designprozess, den Quellcode, Rezensionen in Magazinen, Verpackungen und Werbematerial sowie Aufzeichungen und Fotografien von Spielszenen.[1484] Ein breites Angebot in einer Ausstellung verschaffe Besuchern die Gelegenheit, sich aus diesen Quellen zu erschließen, wie es gewesen sein könnte, zu spielen, zu designen und in anderer Weise digitalen Spielen zu begegnen.[1485] Ähnlich will auch James Newman nicht, dass Museen und Ausstellungen den Spielbetrieb unbegrenzt und um jeden Preis gewährleisten.[1486] Stattdessen sollte das Spiel dokumentiert werden, während es existiert; indem Foren archiviert werden, Komplettlösungen oder andere Dokumente, die belegen, wie und warum gespielt werde. Dem pflichtet als Begleitmaßnahme auch Bergmeyer bei, das Computerspielemuseum Berlin setze dennoch auf Emulation.[1487] Weil aber via Download vertriebene Titel und netzwerkbasierte MMOs kaum archivierbar seien, sei das Sammlungskonzept zu erweitern und zu überdenken. Bestehende Richtlinien würden gegenwärtig einer Revision unterzogen, die den Grad berücksichtige, wie gefährdet die Verfügbarkeit als interaktives Objekt auf Dauer ist. Abhängig davon würden Screenshots und Videos aufgezeichnet und Lösungshilfen archiviert. Dafür setze man auf Crowd-Sourcing, also die Mitwirkung interessierter Spielerinnen und Spieler an der Dokumentation. Um freiwillige Mitarbeit an den Sammlungen zu ermöglichen, wolle das Museum seine Datenbank öffentlich zugänglich machen.[1488]

Letztlich zeigen die Ausführungen dieses Kapitels, dass nur die konzertierte Zusammenarbeit aller Beteiligter digitale Spiele erfolgversprechend bewahrt. Dafür aber wären engagiertere, koordinierte Strategien „between the academic community, the computer game industry, and the heritage institutions" zu entwickeln, „to resolve the barriers and challenges of digital games preservation. Only then will digital game history be assured a secure place within digital heritage."[1489] Ohne dass Spielerinnen und Spielern zuarbeiten, könnten offizielle Bemühungen nur einen geringen Teil der digitalen Spiele erschließen. Alle Autoren drängen darauf, zügig zu handeln, da ohne eine gemeinsame Anstrengung viele digitale Spiele, begleitende Materialien und Apparate sowie die Erinnerungen der Spielerinnen und Spieler verloren gehen. So wohlüberlegt und professionell das akribische Vorgehen insbesondere des Anbieters *gog.com* auch ist, mit dem digitale Spiele vor dem endgültigen Verfall bewahrt oder sogar aus ihm hervorgeholt werden, bleibt es doch eine wirtschaftliche Unternehmung. Dieser Aufwand erfolgt nur so lange, wie es eine tragfähige, profitable Nachfrage nach dem Service gibt. Unentgeltliche Varianten, wie die Webseiten für *Aban-*

[1484] **Swalwell:** Experience, 2014; S. 7/8.
[1485] **Swalwell:** Experience, 2014; S. 10.
[1486] **Newman, James:** Best Before. Videogames, Supersession and Obsolescence, Milton Park 2012.
[1487] **Bergmeyer:** Computerspiele, 2015; S. 161.
[1488] **Bergmeyer:** Computerspiele, 2015; S. 162.
[1489] **Barwick / Dearnley et al.:** Cultural Heritage, 2011; S. 387.

donware oder Emulatoren, hängen stets von einer Fanbasis ab, die ausdauernd genügend informatisch-technisches Wissen einbringt. Zugleich widersprechen alle Versuche, die nicht durch Inhaber der Rechte lizensiert sind, geltendem Recht. Wirtschaftlich erhalten wird zudem nur, was gegenwärtig beliebt ist. Spiele, die aus anderen Gründen bewahrenswert wären, so zum Beispiel aufgrund einer früheren gesellschaftlichen Bedeutung, werden so nicht erfasst. Verlässliche, standardisierte und im Sinne von Archiven nachhaltige Sicherung und Bewahrung liegen in weiter Ferne. Kooperativ müssten alle Akteure technische wie gesetzliche Voraussetzungen und ihre Grenzen, Standards der Erschließung und geschichtswissenschaftliche Notwendigkeiten ausloten. Vertreter verschiedener Institutionen setzen auf unterschiedliche Kernstrategien, um digitale Spiele späteren Generationen zu überliefern. Die meisten wünschen sich eine interaktive Präsenz der zu bewahrenden Objekte, um die historische Spielerfahrung zumindest anzunähern. Andererseits besteht Skepsis, weil kein Aufwand das Ziel absolut erreichen könne. Die ständige Pflege von Emulatoren und der Geräte stoße möglicherweise langfristig auf technische Grenzen und binde zunehmend Personal und Mittel. In einem Erinnerungsprojekt wären sie dann effizienter angelegt, das nicht interaktive Objekte sammele, sondern sich auf überlieferte Begleitobjekte und Erinnerungen an die Spielerfahrungen konzentriere.

Letztlich überzeugt aber aus geschichtwissenschaftlicher Sicht, eine interaktive Spielerfahrung technisch zu ermöglichen, die der historischen Situation zumindest ähnlich ist. Auch wenn der fehlende soziokulturelle Kontext des wahrnehmenden Spielers die Annäherung beschränkt, ermöglicht nur der aktive Bewahrungszustand, ein Spielgefühl zu transportieren. Anstrengende Passagen, Überforderung oder Langeweile, die Variabilität zwischen Handlungsoptionen, ein eventuelles Korsett aus Beschränkungen von Spielgebieten, Regeln oder Mechaniken beeinflussen auch die Wahrnehmung historischer Elemente. Den Möglichkeitenraum eines digitalen Spieles aktiv aus der Sicht eines Rezipienten zu erkunden, bieten andere Formen der Überlieferung wie Mitschnitte, textliche Beschreibungen, Ablaufdiagramme und statische Bilder wie Screenshots nicht. Daher hat grundsätzlich das spielbare Objekt als historischer Erfahrungsraum Vorrang, will man erfahren, wie die Elemente eines digitalen Spieles zu einer historischen Inszenierung zusammenwirken. Gleichwohl lassen sich die Argumente dagegen nicht einfach übergehen. Wird zum Beispiel der finanzielle oder der zeitliche Aufwand für eine Emulation so hoch, dass die technische Grundlage, Handbücher und beigelegte Materialien, Erinnerungen oder aufgezeichnete Videos nicht bewahrbar wären, wäre der Preis für die spielbare Fassung zu hoch. Andererseits überhöht die alleinige Konzentration auf Materialien und Erinnerungen die Fähigkeit von Besuchern einer Ausstellung, ein eigenes Bild zusammenzusetzen. Diese Methode birgt die Auffassung, Materialien würden im Verbund für sich selbst sprechen, wenn nur der Kontext dicht genug präsentiert würde. Ohne Hilfe der wissenschaftlichen Aussteller aber wären Besucher hilflos, die historischen Materialien in den soziokulturellen Kontext jener Zeit einzuordnen. Diese Hilflosigkeit gälte auch für Menschen, die zwar zur gleichen Zeit lebten, jedoch nicht als Teil des kulturellen Phänomens. Als Komponente dieser Einordnung sollte der Möglichkeitenraum eigenhändig ergründet werden. Am besten wären digitale Spiele daher durch ein ausgewogenes Konzept zwischen allen vorgestellten Methoden zu bewahren. Das Computerspielemuseum Berlin ist auch deswegen eine besondere Institution, weil die wissenschaftliche Nutzung des Sammlungsbestandes integraler Teil des Selbstverständnisses ist und es seine Organisation, Erschließung, Inventarisierung und Langzeitbewahrung bewusst für diesen Zweck entwickelt.[1490] Im Dialog mit den Verantwortlichen könnten sinnvolle Richtlinien alle Elemente vertretbar austarieren.

Im Falle eines Online-Rollenspiels bliebe prinzipiell kaum eine andere Wahl, als Spielerfahrungen aufzuzeichnen.[1491] Um Spielerfahrungen als Belege wissenschaftlich zu referenzieren, hält Simon Hassemer aufgezeichnete Videos für unverzichtbar, aber ausreichend.[1492] Für die Studie am Fallbeispiel ermittelt daher Abschnitt *4.1. Methodische Folgen für Modell und Quellen*. Die Aufzeichnungen widersprechen nur auf dem ersten Blick bisherigen Argumenten. Erlaubt das interaktiv erhaltene Objekt Nutzern, ein Gefühl für die Möglichkeiten des digitalen Spieles zu erlangen, liegt der Referenzierung ein anderer Gedanke zugrunde. Argumente, die Forschende zu einem Fallbeispiel vorlegen, beruhen ja gerade auf der aufgezeichneten Spielerfahrung. Weil sie die Argumente untermauert, ist der Nachweis durch diese eine bestimmte Erfahrung sinnvoll. Das Zitat belegt, ob plausibel ist, was der Text daraus ableitet. Nun konzentriert sich jeder wissenschaftliche Autor auf diejenigen Eigenschaften und Erfahrungen in einem digitalen Spiel, die seine Fragestellung beantworten helfen. Daher wird nur ein kleiner Teil der bestehenden Möglichkeiten, die bei einem untersuchten Titel insgesamt denkbar wären, auch als Beleg aufgezeichnet. Forschende aber stellen jeweils andere Fragen an denselben Gegenstand, die aus den Bedürfnissen und gesellschaftlichen Fragen ihrer jeweiligen Zeit folgen. Es lassen sich also nicht alle möglichen Betrachtungsweisen eines digitalen Spieles durch eine oder mehrere wissenschaftliche Studien erschöpfend behandeln. Aufzeichnungen dienen somit als veritables Hilfsmittel, um die eigene Argumentation zu referenzieren, sie ersetzen jedoch die Erfahrung der spielerischen und inhaltlichen Möglichkeiten nicht. Im Übrigen kann auch eine textliche Beschreibung von Strukturen, Prozessen und Wahrnehmungen eines Spieles diese Funktion nicht übernehmen. Um möglichst umfassende Eindrücke von Spielsystemen und Inhalten zu gewinnen, ist das Studienobjekt zu spielen. Insofern steht für das empirische Fallbeispiel dieses Buches zu hoffen, dass Leserinnen und Leser das MMORPG noch selbst erkunden können. Emulationen stellen sich aus geschichtswissenschaftlicher Sicht als unabdingbar heraus, wenn das ursprüngliche Programm in seiner originalen Umgebung nicht betriebsfähig ist. Bislang wird dieser Aufwand meist nur für eine bestimmte Plattform betrieben, auch wenn ein Titel häufig auf verschiedenen Konsolen, dem PC, vielleicht auch noch mobilen Systemen erscheint. Diese Versionen können sich erheblich

---

1490 Bergmeyer: Computerspiele, 2015; S. 144.
1491 Erläutert im gegenwärtigen Abschnitt ab S. 286.
1492 Hassemer: Screening, 2014; S. 55–70.

voneinander unterscheiden: technisch und grafisch wie inhaltlich und spielmechanisch. Dem Archäologinnen-Abenteuer *Tomb Raider: Legend* etwa fehlte auf der Konsole *XBox* wegen technischer Problem das in Intro-Video, in der Fassung für *GameCube* wurden Animationen der Hauptfigur herausgeschnitten und auf dem *PC* und der *XBox360* glänzte das Spiel mit verbesserter Grafik.[1493] Besonders gravierend unterschieden sich die Fassungen des Schleich-Shooters *Splinter Cell: Double Agent* für *PC* und *PlayStation 2*.[1494] Wesentliche zum Verständnis der Handlung benötigte Sequenzen fehlten der PC-Fassung und der Missionsverlauf war gekürzt.[1495] Obendrein verbreitet sich ein Trend, dass Handelsketten oder Anbieter im digitalen Vertrieb spezielle Versionen mit exklusiven Inhalten zum Verkaufsstart anbieten.[1496] Derartige Änderungen können mit der Spielerfahrung, auch die historische Inszenierung modifizieren. Um einschätzen zu können, wie bedeutend diese Abweichungen sind, wären alle Versionen für die Nachwelt auszuwerten.

Für MMOs lassen sich Spielerfahrungen bereits mittelfristig nur durch Mitschnitte bewahren. Jederzeit können kommerzielle Betreiber sie abschalten, die soziale Interaktion bildet eine notwendige Grundlage des Spielens, und die Spiele verändert ein kontinuierlicher Prozess mit Patches, downloadbaren Zusatzpaketen sowie größeren Erweiterungen. Die Software ist von den begleitenden Informationen zudem nicht so einfach zu trennen, wie Swalwell es darstellt. Bis in die frühen neunziger Jahre ließen sich Handbücher und digitale Spiele noch getrennt voneinander bewahren, weil erstere, gelegentlich zusammen mit Landkarten oder Artbooks, physisch vorhanden waren. Seither sind jedoch Veröffentlichungen mit beigelegten Materialien rar, abgesehen von limitierten Sammler-Editionen. Solche aufwendigen Versionen erreichen die meisten Spieler schon aufgrund exorbitanter Preise nicht. Hersteller legen Handbücher und Artbooks aufgrund der Produktionskosten nun als PDF-Dateien bei, die als solche Dateien archivierbar sind. Auch sie beschränkt ihr digitaler Charakter in ihrer langfristigen Bewahrung. Die meisten Spiele integrieren aber begleitende Informationen mittlerweile direkt in die Spielmechanik: Enzyklopädien, Anleitungen, Überblicke über Charaktere und historische Hintergründe erweitern nach und nach Datenbanken mit dem Spielverlauf. In einer solchen Konstruktion lassen sich daher selbst begleitende Materialien nur mithilfe lauffähiger Spielumgebungen sinnvoll bewahren. Ein Ausweg aus der Emulation, wie ihn Swalwell vorschlägt, existiert für jüngere Entstehungszeiträume daher nicht.

1493 **Tomb Raider: Legend** 2006; **XBox** (Microsoft, 2002–07); **GameCube** (Nintendo, 2001–07); **XBox360** (Microsoft, 2005–11).
1494 **Splinter Cell. Double Agent (PC)** 2006; **Splinter Cell. Double Agent (PS2)** 2006.
1495 **Siegismund, Fabian:** Splinter Cell: Double Agent, in: *Gamestar* 1/2007; S. 56–60.
1496 Zu komplexen Varianten bei **Assassin's Creed Unity** 2014 und **Assassin's Creed Syndicate** 2015 siehe **Corriea, Alexa R.:** Assassin's Creed Unity pre-orders include a weekly chance at prize roulette, in: *Polygon* 23.6.2014. Online unter: http://bit.ly/1VO8KGR und **Totilo, Stephen:** Assassin's Creed Syndicate Has Pre-Order Incentives, Of Course, in: *Kotaku* 12.5.2015. Online unter: http://bit.ly/1SnOT08 (Letzte Zugriffe: 31.3.2019).

Langfristig muss sich also die Geschichtswissenschaft dafür einsetzen, dass die Möglichkeitenräume digitaler Spiele möglichst dauerhaft für immer neue, multiperspektivische Fragestellungen lauffähig erhalten bleiben – auch weil Nutzer sie nicht in derselben, eindeutigen Weise erleben. Regelmäßige inhaltliche Erweiterungen, Patches, die Fehler beheben, oder Fans, welche die Software nach dem Lebenszyklus pflegen, verändern den Gegenstand kontinuierlich. Wenn ein Nutzer niederschreibt oder filmt, wie er ein Spiel erlebt hat, ist die berichtete Erfahrung nicht notwendig für andere Nutzer repräsentativ. Die Geschichtswissenschaft muss daher zu allererst die Eigenschaften digitaler Spiele besser begreifen, die von Relevanz für historische Inszenierungen sind. Kapitel 2 *Digitale Spiele, Geschichtswissenschaft und der Forschungsstand* bot dafür vielfältige Anknüpfungspunkte. Nur dann lässt sich entscheiden, welche Exemplare aus geschichtswissenschaftlicher Perspektive bewahrenswert sind. Wahllos alle Spiele zu bewahren, lässt die schiere Menge von Veröffentlichungen nicht bewältigen. Als zweite Aufgabe muss die Geschichtswissenschaft aus einer zeitgemäßen Sicht ihre historischen Erkenntnisinteressen an digitalen Spielen ermitteln. Dafür entwarf Kapitel 3 *Die Erweiterung des Arbeitsfeldes* inhaltliche, systematische und disziplinäre Ansatzpunkte. Guins ist unbedingt zuzustimmen, dass die Geschichtswissenschaft eine Historiografie entwickeln muss, welche die soziokulturelle Relevanz digitaler Spiele herausarbeitet und weniger nostalgische Chroniken. Nach Bösch und Götz muss der spezifisch geschichtswissenschaftliche Ansatz in einer Medienhistorie genau dies leisten:[1497] Sie muss historische Bedürfnisse und Bedingungen einer Gesellschaft ermitteln, welche die digitalen Spiele in ihrem jeweiligen Entstehungszeitraum und kommerziellen Lebenszyklus hervorgebracht hat, und diese an heutigen gesellschaftlichen Verhältnissen spiegeln. Spiele, die diesem Zweck dienen, muss die Geschichtswissenschaft gezielt in Kooperation mit Archiven, Museen, der Branche und Fankreisen bewahren. Als großer Schritt in die richtige Richtung hat die Bundesrepublik Deutschland 2017 Mittel im Bundeshaushalt bereitgestellt, um das weltweit größte Archiv digitaler Spiele zu schaffen.[1498] Das Vorhaben setzt Geschichts-, Editions- und Archivwissenschaften unter Zugzwang, damit dieses Archiv für über 50.000 Titel methodisch in geeigneter Form angelegt wird. Um überhaupt entscheiden zu können, welche Exemplare dem oben genannten Zweck dienen, muss die Geschichtswissenschaft zunächst umfassend das historische Spektrum digitaler Spiele, ihren Formen und Inhalten und deren historischen Verlauf überblicken. Dafür muss der Komplex des Bewahrens und Archivierens ins Bewusstsein der geschichtswissenschaftlichen Debatte rücken.

1497 Siehe **Bösch**: Mediengeschichte, 2011 und **Götz**: Fragestellung, 2003 auf S. 26/27 mit Anm. 70 und 71.
1498 Stiftung Digitale Spielkultur: Die weltweit größte Sammlung für Computerspiele, 17.11.2016. Online unter: http://bit.ly/2 g4uYoF (Letzter Zugriff: 31.3.2019).

3.4 Eine verkürzte Geschichte der digitalen Spiele

Nicht nur die Überlieferung wird unzureichend gesichert, um die Geschichte digitaler Spiele zu reflektieren. Bis auf wenige Ansätze entwickelt sich auch keine fachlich belastbare Historiografie. Über die langen Züge der historischen Entwicklung Kenntnisse zu sammeln, hilft bei der Auswahl von Exemplaren, die es vordringlich zu bewahren gilt. Da jährlich tausende Titel neu erscheinen, wären sie vollständig nicht zu bewahren, selbst bei einer oben empfohlenen, institutionellen Kooperation. Bei anderen Überlieferungsträgern wie Büchern oder Urkunden verlässt sich die Geschichtswissenschaft auf veranwortungsvolle Archivarinnen und Archivare, die nach vereinbarten Grundsätzen Aktenmeter reduzieren. Verlässlich dünnen sie im Verfahren der Kassation Duplikate oder Rezitationen vorangegangener Dokumente aus. Sie konzentrieren vergleichbare Vorgänge auf ein Beispiel und bevorzugen Quellen, die ihrer Ansicht nach historisch relevanter sind als andere.[1499] Aussortierte Vorgänge werden vernichtet. In Anbetracht dieser verantwortungsvollen Funktion als Torwächter, lange bevor historische Quellen in fachliche Diskurse eintreten, räumt die universitäre Ausbildung einem Bewusstsein für das Archivwesen keinen angemessenen Stellenwert mehr ein.[1500] Die Geschichtswissenschaft widmet auch anderen archivwissenschaftlichen Entwicklungen nicht genügend Aufmersamkeit.[1501] Erst mit einem Bewusstsein für Funktion und Auftrag des Archivwesens lassen sich Defizite der archivischen Überlieferung historischer Quellen erkennen und formulieren. Dieses Bewusstsein ist umso wichtiger, seit bewusster politischer Wille immer mehr Archive von einer Forschungseinrichtung zu administrativen Dienstleistungsservices verformt.[1502] Über digitale Spiele hinaus sollten sich daher Museen, Archive und Akademie besser austauschen. So vergewissern sich alle Beteiligten der Heraus- sowie Anforderungen historischer Fragestellungen an die bewahrten Gegenstände. Archive

---

1499 Vgl. zu Aufgaben und Arbeitsweisen von Archivaren die Einführung von Eckhart Franz. Eine Neuauflage, berücksichtigt, wie sich die Tätigkeit durch die Digitalisierung verändert: **Franz, Eckhart G. / Lux, Thomas:** Einführung in die Archivkunde, 9. vollst. überarb. u. erw. Auflage, Darmstadt 2018.
1500 Stieldorf, Andrea: Die Historischen Grundwissenschaften an den deutschen Universitäten heute – eine Bestandsaufnahme, in: *Archivar*, Nr. 3 67/2014; S. 257–64.
1501 Die mächtigen Funktionen der Archivarbeit für den geschichtswissenschaftlichen Diskurs zeigen **Hering, Rainer / Schenk, Dietmar** (Hg.): Wie mächtig sind Archive? Perspektiven der Archivwissenschaft, Hamburg 2013. Online unter: urn:nbn:de:gbv:18–3–1336. Wie sich die Rolle von Archiven in einer zunehmend digitalen Welt verändert, während die Geschichtswissenschaft neue Ansprüche formuliert, erörtern: **Hering, Rainer / Sarnowsky, Jürgen / Schäfer, Christoph / Schäfer, Udo** (Hg.): Forschung in der digitalen Welt. Sicherung, Erschließung und Aufbereitung von Wissensbeständen, Hamburg 2006. Online unter: http://bit.ly/1RhuXvm. Das 300-jährige Jubiläum des Hamburger Archives veranlasste, über historische Traditionen und Umbrüche im Archivwesen nachzudenken: **Frank, Joachim W. / Brakmann, Thomas** (Hg.): Aus erster Quelle. Beiträge zum 300-jährigen Jubiläum des Staatsarchivs der Freien und Hansestadt Hamburg, Hamburg 2013. Online unter: urn:nbn:de:gbv:18–3–1362 (Letzte Zugriffe: 31.3.2019).
1502 Siehe zum Beispiel die Entwicklung bei **Rödel, Eva:** Bewertungsmanagement im Hessischen Landesarchiv. Ein Werkstattbericht, in: *Archivar*, Nr. 1 70/2017; S. 38–40.

besitzen nach Brigitta Nimz durchaus den Willen, für die jeweilige Zeitgeschichte über eine amtliche Überlieferung hinaus auch Alltagsobjekte zu archivieren.[1503]

Empfehlenswert ist das strategische, koordinierte Vorgehen, um die prägnantesten digitalen Spiele ihrer Zeit zu überliefern. Sie belegen zum Beispiel Einflüsse von technologischen, spielmechanischen oder distributiven Entwicklungen oder von Leitfiguren auf die Branche. Einerseits ließe sich so eine in sich geschlossene Geschichte digitaler Spiele nachzeichnen, andererseits wäre sie an Medienkultur und Gesellschaft anzuschließen. Schnittbereiche erlauben Einblicke in eine kontinuierliche Wechselwirkung: Technologien werden soziokulturell verhandelt, wodurch gesellschaftliche Bedürfnisse erwachsen, die sich wiederum auf weitere Technologien auswirken, wie Martina Heßler in einer kulturgeschichtlichen Sicht beschreibt.[1504] So entwickelten die erwähnten Leitfiguren nicht nur digitale Spiele, sondern prägten damit die Spielenden und Berufsfelder wie die Filmbranche kulturell. Dafür sind auch Unternehmensgeschichten zu erarbeiten. Raiford Guins konstatierte bereits den Mangel an kulturhistorischem Bewusstsein für digitale Spiele in der historischen Forschung.[1505] Das sei verhängnisvoll, denn „[v]ideo games are historically specific things in time and place. This is in contrast to the study of games as an abstracted totality, or as an ahistorical consensus."[1506] Überfällig sei daher eine theoretisch fundierte, kritische Gesamtgeschichte digitaler Spiele.[1507] Er fordert einen explizit geschichtswissenschaftlichen Zugriff, wie er von Bösch und Götz für eine Mediengeschichte abgeleitet wurde.[1508] Explizit geschichtswissenschaftliche Medienstudien analysieren die historischen Bedingungen, in denen die Medienformen entstanden, sowie die Bedürfnisse, welche sie befriedigten, um diese Ergebnisse an heutigen Verhältnissen zu reflektieren. Erst dann verlässt man eine chronistische Geschichtsschreibung digitaler Spiele, die um sich selbst kreist, und entwickelt sie zu einer zeitgemäßen technikkulturellen Historiografie im Sinne von Guins und Heßler. Digitale Spiele adäquat in die soziokulturelle Bedeutung ihrer Zeit einzuordnen, ist aber keine leichte Aufgabe. Viele Faktoren können dabei eine Rolle spielen, was fundierte Kenntnisse darüber erfordert, wie sich digitale Spiele entwickelten, über ihre Produktionsbedingungen, ihr wirtschaftliches Umfeld und Spielerschaften. So sind etwa Funktionslogiken von Plattformen wichtige Aspekte, der Wandel von Technologien und Traditionen globaler Kulturregionen.

1503 Nimz, Brigitta: Sammlungsqualifizierung im Staatsarchiv Bremen. „Die wesentliche Dokumentation auszusondern und aufzubewahren, ist in allen Jahrhunderten seine Aufgabe gewesen.", in: *Archivar*, Nr. 1 70/2017; S. 41–47.
1504 Heßler: Kulturgeschichte, 2012; S. 18/19.
1505 Guins: Game After, 2014; S. 16–18 u. 20–26. Vgl. zuvor ab S. 280.
1506 Guins: Game After, 2014; S. 11.
1507 Guins: Game After, 2014; S. 21 und S. 3. Damit kritisiert er Werke wie etwa **Kent:** Ultimate History, 2001.
1508 Siehe Anm. 1497.

Im deutschsprachigen Raum bieten vor allem journalistische Reportagen in Spielezeitschriften Einblicke in historiografischen Fragen.[1509] Dennis Gießler griff mit Spieleproduktionen in der DDR ein geschichtswissenschaftlich so gut wie unbehandeltes Thema auf.[1510] Reportagen behandeln legendäre Studios, einflussreiche Spieleserien und Klassiker, Trends und Technologien, wirtschaftliche Faktoren und impulsgebenden Persönlichkeiten. Dimitry Halley und Jochen Gebauer erläuterten die prägende Ubisoft-Formel, welche die Spielform von Open-World Action-Abenteuern schematisierte.[1511] Anlässlich einer versuchten, feindlichen Übernahme des Publishers blickte Benjamin Schäfer auf eine Unternehmensgeschichte von über 30 Jahren zurück.[1512] Wie das legendäre Studio *Interplay* die Geschichte digitaler Spiele nachhaltig prägt, erläuterte Heinrich Lenhardt.[1513] Ohne die zwanzigjährige Geschichte der Marke *Pokémon*, dargelegt von Thorsten Küchler, ließe sich der Erfolg des Konzerns *Nintendo* nicht erklären.[1514] Die kreativen Köpfe im Entwicklerstudio *idSoft* schufen nicht nur das Spiel *Doom*, sondern im Grunde die Spielform der Shooter.[1515] Ähnlich prägt die Marke *Diablo* die Charakteristika von Action-Rollenspielen.[1516] Solche Magazin-Beiträge tragen Stellungnahmen und Gespräche mit beteiligten Personen wie etwa Entwicklern von *Diablo* zusammen.[1517] Sie dokumentieren Ansätze einer Oral History zu Spieleentwicklung und Spielekultur, wie sie die Geschichtswissenschaft bislang versäumt. Die historische Forschung daran muss intensiviert werden, solange noch Entwicklerkreise und Vertreter von Fankulturen befragbar sind.[1518] Häufig verfassen erfahrene, kenntnisreiche Journalistinnen und Journalisten detailreiche Texte. Selten reflektieren sie sich aber selbst als Quellen, die Zusammenhänge aus ihrer Erinnerung konstruieren. Jenseits der Namen von Gesprächspartnern weisen sie Quellen nicht aus. Jeder Beitrag wirf Schlaglichter auf kleine Gruppen von Personen, einzelne Individuen oder bestimmte Unternehmen. Deren Einordnung in die gesamte Branche müsste besser kontextualisiert werden. Das beachtliche Wissen dieser Journalisten, nirgendwo regelmäßig und an fester Stelle publiziert, erreicht

---

1509 Wichtige journalistische Erzeugnisse in *Abschnitt 3.2.4 Journalismus und Branche* auf S. 270 – 275.
1510 **Gießler, Dennis:** Der verspielte Osten. Computerspiele in der DDR, in: *Gamestar* 5/2017; S. 94 – 107.
1511 **Halley, Dimitry / Gebauer, Jochen:** Die Ubisoft-Formel, in: *Gamestar* 11/2014; S. 22 – 26.
1512 **Schäfer, Benjamin:** Der bedrohte Riese. 30 Jahre Ubisoft, in: *Gamestar* 1/2017; S. 80 – 89.
1513 **Lenhardt, Heinrich:** Aufstieg und Fall(out) Legendäre Studios: Interplay, in: *Gamestar*, 12/2015; S. 86 – 94.
1514 **Küchler, Thorsten:** Wie die Monster die Welt eroberten. 20 Jahre Pokémon, in: *Gamestar* 3/2016; S. 90 – 93.
1515 **Lenhardt, Heinrich:** Es werde Doom. Die Wiege der Ego-Shooter, in: *Gamestar* 3/2016; S. 74 – 80.
1516 **Lenhardt, Heinrich:** Ein teuflischer Klick. 20 Jahre Diablo, in: *Gamestar* 1/2017; S. 20 – 30.
1517 **Lenhardt, Heinrich:** „Unsere Freundschaft wurde im Höllenfeuer geschmiedet". Die Diablo-Väter im Gespräch, in: *Gamestar* 1/2017; S. 31 – 33.
1518 Mit Ästhetik und Technik vergangener Plattformen wie C64 entwickeln Programmierer sogar neue Spiele: **Schwerdtel, Markus:** Die besten C64-Spiele. GamesCom 2016, in: *Gamestar* 10/2016; S. 34 – 35. Diese Kreise bieten noch viele befragbare Zeitzeugen.

Leserinnen und Leser somit fragmentarisch und disparat. Geschichtswissenschaftliche Recherchen zu einem bestimmten Interessengebiet sind dadurch schwer durchzuführen. Einzig die *Gamestar* verfügt über ein digitalisiertes Volltextarchiv, das allerdings ein Online-Abonnement erfordert.[1519] Allen anderen Magazine mangelt es an indizierenden Findmitteln, unsystematisch und mühselig sind dann Bestände von Bibliotheken zu durchsuchen, sofern vorhanden.

Im angelsächsischen Raum finden sich Magazinbeiträge mit historischen Abrissen in vergleichbarer Form, zudem entstanden jedoch erste fachliche Untersuchungen zu journalistischen Beiträgen. Die Entstehung einer britischen Spielkultur zwischen 1981 und 1995 untersuchte Graeme Kirkpatrick an Magazinen im Vereinigten Königreich.[1520] In die Entwicklung von Moraldiskursen stößt Brian McKernan anhand der *New York Times* für ganze dreißig Jahre von 1980 bis 2010 vor.[1521] Derartige historische Untersuchungen stehen für deutschsprachige journalistische Quellen bislang aus. Umso wichtiger wäre für geschichtswissenschaftliche Studierende, Lehrende und Forschende an digitalen Spielen, wenn kompakte Einführungsliteratur digitale Spiele, ihre Kultur und die Produktionsbedingungen überblicken würde. Weil ein deutschsprachiges Kompendium jedoch nicht vorliegt, betreibt das vorliegende Buch dies so ausführlich. Im angelsächsischen Raum speisen sich Darstellungen eher aus Erfahrungsberichten. Sie sind durchaus spannend erzählt, aber weder umfassend, noch systematisch. Weil sie journalistischen Arbeitsweisen folgen, eignen sie sich nur bedingt als wissenschaftliche Grundlagenliteratur. Als sekundäre Überlieferungen der Oral-History von Zeitzeugen geben sie Einblicke in die Games-Branche. Zu Zeitzeugen zählen ihre Autorinnen und Autoren oft selbst. Sie erheben ohnehin nicht den Anspruch in eine wissenschaftliche Gesamtgeschichte digitaler Spiele einzuführen. Oft widmen sich die Autoren persönlich präferierten Teilaspekten. Steven Kent nennt seine viel zitierte Geschichte digitaler Spiele eine „Ultimate History".[1522] Allerdings erschien sie 2001, ist seither nicht neu aufgelegt und bildet jüngere Entwicklungen daher nicht ab. Kent wählt zudem seine Interviewpartner und die Diskussionsobjekte konsolenlastig, selektiv und unreflektiert. Immerhin liegen dem Werk angeblich 500 Gespräche mit Akteuren der Branche zugrunde. Wer hoffte, dass Tristan Donovan mit weiteren 140 Interviews und anderen digitalen Spielen den Ereignishorizont voran schieben würde, wurde enttäuscht.[1523] Zwar erläuterte er auch regionale Entwicklungslinien in Großbritannien, Japan und Europa, allerdings konzentrierte er sich 2010 wie Kent auf die Zeit vor den neunziger Jahren. Tom Bissell näherte sich über

---

1519 **Gamestar Heftarchiv**, hg. Webedia. Online: http://www.gamestar.de/plus/heftarchiv/ (Letzter Zugriff: 31.3.2019).
1520 **Kirkpatrick:** Formation 2015. Vgl. oben S. 266.
1521 **McKernan, Brian:** The Morality of Play. Video Game Coverage in The New York Times From 1980 to 2010, in: *Games and Culture*, Nr. 5 8/2013; S. 307–29. Online unter: http://bit.ly/2wuKrb7 (Letzter Zugriff: 31.3.2019).
1522 **Kent:** Ultimate History, 2001.
1523 **Donovan, Tristan:** Replay. The History of Video Games, East Sussex 2010.

seine Gesprächspartner der Games-Branche aus einer künstlerisch-ästhetischen Perspektive.[1524] Seine Beispiele sollen erklären, warum Videospiele zu einer so dominanten Medienform geworden sind. Essayistisch verweist er kaum auf Quellen, sieht man von der namentlichen Nennung der Gesprächspartner ab. Sein Buch reflektiert aufschlussreich, in welcher Weise Spielejournalisten digitale Spiele rezensieren. Er selbst bestreitet, eine Videospielegeschichte zu verfassen, ordnet aber seine Beispiele in eine Entwicklungsgeschichte ein. Explizit die Entwicklungsgeschichte von einer Spanne über fünfzig Jahre möchte Harold Goldberg vorlegen.[1525] Erneut übernehmen mutmaßliche Legenden in Interviews die Rolle, aus ihrer Sicht die Vergangenheit zu deuten. Weil Goldberg nach firmeninternen Prozessen fahndet, wie Spiele entwickelt werden, ist der Ansatz jedoch im Vergleich plausibler. Selbst einst Entwickler, sind ihm geeignete Fragen zuzutrauen. Ohnehin bleiben vom Produktionsprozess häufig nur persönliche Eindrücke der Beteiligten übrig, da in den wenigsten Fällen Design-Dokumente öffentlich zugänglich sind. Daran krankt auch der Versuch von Roberto Dillon, ein Goldenes Zeitalter für digitale Spiele für die siebziger bis neunziger Jahre zu begründen.[1526] Das Ende dieses Zeithorizonts scheint willkürlich, teilt man nicht seine Position, das Spielen auf mobilen Endgeräten habe grundsätzlich ein neues Zeitalter eingeläutet. Allerdings zeichnet er das Aufwachsen einer erfolgreichen Industrie nach, die von den Geburtswehen über Kleinstentwickler, pubertäre Kämpfe der Behauptung und Selbstfindung bis hin zu einem gesetzten Business Mitte der neunziger Jahre tatsächlich eine Zäsur erreichte. Andere Autoren entwickeln ihr Narrativ entlang einer Reihe ausgewählter Spiele. Michael Ray beschreibt seine persönliche Sicht auf sie bis in die jüngere Vergangenheit und ordnet sie Genres zu.[1527] Auf 150 Seiten hinterlässt sein Anspruch nur ein oberflächliches Buch, das unübersichtlich aufgeteilt und inkonsequent wirkt. Ausführlich und bebildert, gelegentlich auch anekdotisch steigt Simon Parkin in 151 Spiele ein.[1528] Im Gegensatz zu Donovan oder Kent berücksichtigt er Veröffentlichungen bis 2012, also auch die siebte Konsolengeneration von *Playstation 3* und *XBox 360*, kürt aber die nach seiner Ansicht „besten" Videospiele und will keine ausgewogene Geschichte präsentieren. Die Objekte fokussiert auch Richard Stanton, rückt aber die Erfahrungswelten in digitalen Spielen in den Mittelpunkt, wie sie sich veränderten und dadurch ihre Nutzer prägten.[1529] Einhundert, teils aktuelle Beispiele, welche die Spielekultur geprägt haben sollen, hebt ein

---

1524 **Bissell, Tom:** Extra Lives. Why Video Games Matter, New York 2010.
1525 **Goldberg, Harold:** All your Base are Belong to Us. How Fifty Years of Videogames Conquered Pop Culture, New York 2011.
1526 **Dillon, Roberto:** The Golden Age of Video Games. The Birth of a Multi-Billion Dollar Industry, Boca Raton 2011.
1527 **Ray, Michael:** Gaming. From Atari to Xbox, New York 2012.
1528 **Parkin, Simon:** An Illustrated History of 151 Videogames, London 2013.
1529 **Stanton, Richard C.:** A Brief History of Video Games, London 2015.

Sonderheft des renommierten Magazins *EDGE* ins Rampenlicht.[1530] Mit Artworks und Screenshots präsentieren Essays erneut die vermeintlich relevantesten Spiele chronistisch.

Geschichtswissenschaftlichen Ansprüchen, wie sie dieses Kapitel eingangs erläuterte, genügt keines der Bücher. Das Expertentum der befragten Personen ordnen die Autoren nicht genügend in die jeweilige Zeit ein oder reflektieren sich selbst methodisch. Keines folgt Standards wissenschaftlicher Arbeitsweisen, nachvollziehbarer Zitation und Terminologie, die sich aus guten Gründen etabliert haben, weil sie Verlässlichkeit und Anschlussfähigkeit herstellen. Auf wissenschaftlich höherem Niveau, wenn auch nicht mit einem strukturierten historiografischen Ansatz, siedelt Mark Wolf 2012 eine zweibändige Enzyklopädie an.[1531] Der erfahrene Forscher der Game Studies gewann 97 Beiträger, die 300 Artikel zu diversen Aspekten verfassten. Eine mehr als fünfzigjährige Geschichte verdeutlicht jedoch schnell, dass zwischen digitalen Spielen, Plattformen, Unternehmen und Personen stark selektiert wurde. Als Einstieg empfiehlt sich das Nachschlagewerk dennoch, weil es bewusst wissenschaftlichen Gepflogenheiten entspricht sowie Kunst, Kultur und Technologie einbezieht. Das ausgewählte Spektrum bezüglich Weltregionen, Personen, Unternehmen, Technologien, der digitalen Spiele selbst und theoretischer Zugriffe ist jedoch nicht erschöpfend. Löblich verweisen aber die meisten lexikalischen Einträge nach Handbuchcharakter auf weiterführende Literatur zu den Lemmata und schließen so die Welt der digitalen Spiele auf. Alle Aspekte in einem zweibändigen Lexikon abzuhandeln, war jedoch überambitioniert. Zudem variieren die behandelten Teilbereiche zu stark, um sie in einem gedruckten Handbuch dauerhaft zu fassen. Ein solches Anliegen wäre mit einer verlagsgestützten Datenbank sinnvoller zu lösen, um neue Entwicklungen einarbeiten zu können. Eine historisch-kritische Perspektive zu etablieren, versprachen Raiford Guins und Henry Lowood, weil „[h]istories have generally been fact-by-fact chronicles", weshalb „fundamental terms of game design and development, technology, and play have rarely been examined in the context of their historical, etymological, and conceptual underpinnings".[1532] Ihre Einleitung räumt jedoch ein, dass ihr kritisches Lexikon diesen Anspruch nur teilweise einlöse, denn es führt ein Spektrum offener Fragen ohne abschließende Antworten enzyklopädisch zusammen.[1533] Die knapp fünfzig enthaltenen Zugriffswege bieten Startpunkte für eine zeitgemäße historisch-kritische Perspektive. Mit einer solchen Intention sind darüber

---

1530 Future Publishing (Hg.): EDGE – The 100 Greatest Videogames. The Ultimate Collection of Modern Classics, London 2015. Online unter: http://bit.ly/1QRu7ac (Letzter Zugriff: 31.3.2019).
1531 Wolf, Mark J. P (Hg.): Encyclopedia of Video Games. The Culture, Technology, and Art of Gaming. Bde.: A-L, M-Z, Santa Barbara 2012.
1532 Debugging Game History. Offizielle Verlagsseite, hg. MIT Press. Online unter: http://bit.ly/1TIqbbY (Letzter Zugriff: 31.3.2019).
1533 Lowood, Henry / Raiford, Guins: Introduction: Why We Are Debugging, in: Guins, Raiford / Lowood, Henry (Hg.): Debugging Game History. A Critical Lexicon, Cambridge 2016; S. XIII-XXX, hier S. XIV/XV.

hinaus bislang lediglich erste Sondierungen zu finden, die zum Beispiel gezielt nach den Ursprüngen von Spielformen fragen wie Jonathan Lessard für Adventures.[1534]

Dabei gäbe es viele Perspektiven, für die es sich lohnen würde, eine Geschichte digitaler Spiele auszuweiten. Auffällig gehen viele Autoren stillschweigend davon aus, es gäbe eine einheitliche Geschichte digitaler Spiele, obwohl sie implizit zum Beispiel eine angelsächsische, oft auf die USA konzentrierte Geschichtserzählung betrachten. Andere zeichen die Geschichte der Konsolenspiele nach und vernachlässigen dabei die PC-Plattform. Bislang fehlt eine Behandlung der Diversität verschiedener Weltregionen bezüglich Produktion, Entwicklung und der Vorlieben von Spielenden. Thomas Bidaux nutzte für eine weltweite Untersuchung die Medienkanäle, deren Berichterstattung über digitale Spiele auf spielekulturelle Landschaften verschiedener Sprachräume hinweist.[1535] Da insbesondere die englische Sprache international genutzt wird, fallen Rückschlüsse aus der Sprache auf geografische Räume schwer. Dass sich aber in differenzierteren, gleichwohl interdependenten Analysen weltweiter Spielekulturen und Branchenschwerpunkte globalgeschichtlich relevante Zugriffswege verbergen, legten vorangegangene Abschnitte bereits als zukunftsträchtige Forschungsfelder nahe.[1536] Im Gegensatz zur angelsächsischen Literatur wäre eine deutsche Perspektive auf manche Verläufe und Ereignisse der letzten fünfzig Jahren sicherlich eine andere. Immerhin verfügt Deutschland über eine aktive Publisher- und Entwicklertradition, die in den Anfängen ein starkes, eigenständiges Gewicht am internationalen Markt hatte. Gleiches könnte man über die französische und frankokanadische Tradition sagen, die sich heute deutlich erfolgreicher behauptet. Vergleichende Studien könnten ermitteln, weshalb die heutige Bedeutung der deutschen Entwickler- und Publisherlandschaft dagegen marginal ist. Ein Sammelband von Nina Huntemann und Ben Aslinger überblickt gegenwärtige Produktionsbedingungen und die Branche in ausgewählten Weltregionen.[1537] Primär versuchen die Beiträger einen Querschnitt der heutigen Verhältnisse darzustellen, wodurch auch geschichtliche Aspekte vorkommen, aber oberflächlich bleiben. Ein historiografischer Vergleich wäre auf dieser Basis sicherlich erhellend. Ein Überblick von Mark Wolf stellt die Spielebranchen und -kulturen von 39 Ländern nebeneinander, gegenseitige Bezüge der Beiträger untereinander bleiben aber rar.[1538] Obwohl der Band namhafte Autoren sammelt, geraten die meisten Beiträge kursorisch, essayistisch und kondensieren lange historische Phasen auf wenige Seiten. Die nationalstaatliche Struktur mag sich

---

1534 **Lessard:** Adventure, 2013.
1535 **Bideaux, Thomas:** The Landscapes of Video Games Media, in: *Making Games Magazin. Magazin für Spiele-Entwicklung u. Business-Development* 01–02/2017; S. 64–67.
1536 Siehe die Abschnitte *2.5.1 Disziplinäre Arbeitsfelder* ab S. 97 und *3.2.1 Geschichtswissenschaft* ab S. 222.
1537 **Huntemann, Nina / Aslinger, Ben** (Hg.): Gaming Globally. Production, Play, and Place, New York 2013.
1538 **Wolf, Mark J. P.** (Hg.): Video Games Around the World. Foreword by Toru Iwatani, Cambridge 2015.

an der Marktperspektive global tätiger Entwickler orientieren, die Konzeption verstellt aber für ein globalhistorisches Interesse die spielekulturellen Zusammenhänge zum Beispiel in Mitteleuropa oder Ostasien. So dient auch dieser umfangreiche Band geschichtswissenschaftlich nur als anregender Einstieg. Genügend Ansatzpunkte verdeutlichen allerdings, dass es eine einheitliche Geschichte digitaler Spiele nie gegeben hat und viele regionale Traditionen näher zu untersuchen wären. Speziell zum nordamerikanischen Markt verfasste Brett Weiss drei Bände, welche die dort prägenden Konsolen und Spiele für den Untersuchungszeitraum von 1972 bis 1990 behandelt.[1539] Leider bleiben die Informationen begrenzt. Einblicke in die japanische Branche gibt John Szczepaniak durch 36 Interviews, in denen auch Ungewöhnliches wie etwa unveröffentlichte Titel angesprochen wird.[1540] Im Begleitband zu einer Film-Dokumentation über Entwickler in Großbritannien trägt Alex Whiltshire Interviews mit britischen Akteuren zusammen, einige davon prägende Leitfiguren der weltweiten Spielekultur.[1541] Der deutschsprachige Raum weist keine vergleichbaren Versuche auf.

Aber nicht nur Software und Schöpfer sind einen geschichtswissenschaftlichen Blick wert, auch die technische Fortentwicklung der Plattformen ist einzubeziehen. Damit meint die vorliegende Literatur vorwiegend Heim- und Personalcomputer sowie Konsolen bis zur achten Generation. Erneut fokussieren Publikationen deskriptiv den chronologischen Ablauf und vernachlässigen die soziokulturelle Bedeutung der technischen Entwicklung. Winnie Forster bietet die beste Übersicht technischer Errungenschaften im Zeitraum von 1972 bis 2015.[1542] Das Nachschlagewerk ist umfangreich, ihm fehlen allerdings die technischen Lösungen der östlichen Hemisphäre. Besonders aus deutscher Perspektive vermisst man Entwicklungen der ehemaligen DDR. Jens Schröder verpricht sie zwar kulturgeschichtlich zu erfassen, ordnet sie allerdings eher wirtschaftspolitisch im sozialistischen Deutschland ein.[1543] Forster schuf zudem ein beispielloses Lexikon über Spieledesigner, Programmierer und Verlage mit bewundernswerter Detailfülle.[1544] Ohne Eingabegeräte wären die technischen Plattformen nutzlos, verknüpfen doch Controller die Spielenden mit der Apparatur.[1545]

1539 Weiss, Brett: Classic Home Video Games. 1972–1984. A Complete Reference Guide. Repr., Jefferson 2012; **Weiss, Brett / Kunkel, Bill:** Classic Home Video Games. 1985–1988. A Complete Reference Guide. Repr., Jefferson 2012.
1540 Szczepaniak, John: The Untold History of Japanese Game Developers. [?] 2014.
1541 Wiltshire, Alex: Britsoft. An Oral History, London 2015. Der zugehörige Dokumentarfilm: **Caulfield, Anthony / Caulfield, Nicola:** From Bedrooms to Billions 2014. Vgl. Eintrag bei IMDB: http://imdb.to/1N3VOLO (Letzter Zugriff: 31.3.2019).
1542 Forster: Spielkonsolen 2015⁴.
1543 Schröder, Jens: Auferstanden aus Platinen. Die Kulturgeschichte der Computer- und Videospiele unter besonderer Berücksichtigung der ehemaligen DDR, Stuttgart 2010.
1544 Forster, Winnie: Computer- und Video-Spielmacher. Das Lexikon der Spieledesigner und Programmierer, internationalen Teams und Verlage, Utting 2008.
1545 Zur herausragenden Rolle von Eingabegeräten und Interfaces bei **Schemer-Reinhard, Timo:** Steuerung als Analysegegenstand, in: Hagner, Michael / Kerner, Ina / Thomä, Dieter (Hg.): Theorien des Computerspiels. Zur Einführung, Hamburg 2012; S. 38–74.

Erneut schrieb Forster einen Katalog verschiedener Geräte, allerdings erschien die Auflage schon 2003.[1546] Im Zeitalter von Bewegungssteuerung per Kinect-Kamera oder Datenbrillen für Virtuelle Realität wäre eine überarbeitete Auflage wünschenswert. Auch Bill Loguidice und Matt Barton zeichnen drei Generationen technologischer Entwicklungen zwischen 1971 und 2001 nach.[1547] Ihre Analyse schließt ebenfalls früh mit der sechsten Generation der Konsolen *Playstation 2* (2000), *XBox* (2001) und *GameCube* (2001).[1548] Die Autoren diskutieren Geräte und ihre Nachfolger in ihrer Funktion für digitale Spiele selbst und als Objekte der Auseinandersetzung zwischen beteiligten Firmen, nicht aber in ihrer gesellschaftlichen Relevanz. Differenziert man die Technologiegeschichte weiter, lässt sich die Historiografie digitaler Spiele wie bei Steve Horowitz und Scott Looney als Klanggeschichte schreiben.[1549] Stefan Günzel legt seinem großformatigen Bildband Beispiele für die Musikgeschichte digitaler Spiele bei und zeichnet die Entwicklung ihrer visuellen Ästhetik nach.[1550] Ebenso nehmen Steve Jarrat und Sam Dyer die visuelle Perspektive ein, speziell für die Plattform des *Commodore 64*.[1551]

Eine Geschichte digitaler Spiele lässt sich jedoch auch unternehmensgeschichtlich verfassen. Peter Zackariasson und Timothy Wilson stellen die Entstehung, den gegenwärtigen Zustand und die nahe Zukunft der Videospiele-Industrie global vor.[1552] Technologische und ökonomische Perspektiven dominieren auch diesen Band. Er vernachlässigt die wichtige Branche in Fernost und nimmt die Indie-Szene nicht in den Blick, in der Kleinunternehmen mithilfe des digitalen Vertriebs erstarken. Für den angelsächsisch-westeuropäischen Teil der Industrie bietet der Band jedoch einen Einstieg für Forscher. Darüber hinaus liegen Fallstudien vor. Brian Bagnall beleuchtet die einst bedeutende Rolle des Traditionsherstellers *Commodore*, der über Homecomputer letztlich auch Personal Computern den Weg bereitete.[1553] Erneut erhalten „Insider" das Wort, die zentral an der Firmengeschichte und technischen Entwicklungen mitgewirkt hatten. Den vor allem in Europa bedeutenden *Amiga* von *Com-*

1546 Forster, Winnie: Joysticks. Eine illustrierte Geschichte der Game-Controller 1972–2004, Utting 2003.
1547 Loguidice, Bill / Barton, Matt: Vintage Game Consoles. An Inside Look at Apple, Atari, Commodore, Nintendo, and the Greatest Gaming Platforms of All Time, New York 2014.
1548 PlayStation 2 (Sony) 2000–2013; **XBox** (Microsoft Game Studios) 2001–2009; **GameCube** (Nintendo) 2001–2007.
1549 Horowitz / Looney: Guide, 2014; S. 19–34. Vgl. **Collins:** Game Sound, 2008.
1550 Günzel, Stephan: Push Start. The Art of Video Games, Hamburg 2014.
1551 Jarratt, Steve / Dyer, Sam: Commodore 64. A Visual Compendium, [UK] 2016; **Commodore 64/ 128** (Commodore) 1982/1985 bis 1994/1989.
1552 Zackariasson / Wilson: Industry, 2012.
1553 Bagnall, Brian: Volkscomputer. Aufstieg und Fall des Computer-Pioniers Commodore. Die Geschichte von Pet und VC-20, C64 und Amiga und die Geburt des Personal Computers. verb. u. überarb. dt. Aufl., Utting 2011.

modore würdigt Jimmy Maher.[1554] Der Autor verbindet technische Ausführungen damit, wie die Geräte die Subkulturen der Cracker und der Demo-Szene ermöglichten. Ausgerechnet dem Titel mit diesem Anspruch ist mangelndes soziokulturelles Bewusstsein vorzuhalten, weil selbst dort technologische und chronistische Herangehensweisen dominieren, ohne wirklich tiefgreifend kulturelle Zusammenhänge aufzuzeigen. Dass der unreflektierte Umgang mit Zeitzeugen ein Defizit der Literatur darstellt, unterstreicht eine Firmengeschichte von *Atari*. Die Autoren Marty Goldberg und Curt Vendel versprechen die wahre Geschichte des Unternehmens vom Beginn in den siebziger Jahren bis zum Kollaps von 1984, „told by the People who were there!"[1555] Mit Menschen vor Ort gesprochen zu haben, hilft gewiss, dass ihre persönliche Erfahrung aber etwa unmittelbarer oder wahrer wäre als diejenige von Historikern mit Akteneinsicht zu mehreren Perspektiven, ist ein verbreitetes Missverständnis über die Qualität von Zeitzeugen. Immerhin legt auch dieses Buch ein Fundament, um die Unternehmenslandschaft und ihre Akteure kennenzulernen. Die Autoren vertrauen auf ihre mehreren hundert Interviewpartner und berufen sich auf eine Vielzahl untersuchter Dokumente, die sie aber nicht explizit ausweisen. Nick Montfort und Ian Bogost werfen einen Blick speziell auf die *Atari Video Computer Systeme* (VCS).[1556] Sie versprechen, die technische Plattform mit der Unternehmensgeschichte und den beteiligten Personen zu verknüpfen, arbeiten jedoch erneut nicht die historische Relevanz der Technik heraus. Vermutlich, weil ihr beruflicher Fokus zwischen Game Studies und Medienwissenschaften liegt, begnügen sie sich mit der Frage, welche Einflüsse *Atari* auf spätere Technologien, das Game Design und die Videospielekultur hatte. So liefert das Buch immerhin Indizien für die gesamtgesellschaftliche Bedeutung dieser technokulturellen Umwälzung. Vergleichbaren Tiefgang bieten weitere Bücher zum Unternehmen *Atari* nicht. Justin Kyle ordnet die Firmengeschichte ausgesuchten Spielebeispielen auf dem *Atari 2600* unter.[1557] Erfahrungsbasiert wählt er Beispiele dieser Plattform nach persönlichen Vorlieben und nutzt sie illustrativ, weniger für eine Geschichte der Plattform oder des Unternehmens. Dietmar Bertling arbeitet die wichtige Rolle der Arcadeautomaten beim Aufstieg Ataris heraus.[1558] Damit erzählt er nicht nur die Firmengeschichte aus einem anderen Blickwinkel, er

---

1554 Maher, Jimmy: The Future was Here. The Commodore Amiga, Cambridge 2012; **Amiga 500 / 2000** (Commodore) 1987–1991.
1555 Goldberg, Marty / Vendel, Curt: Atari Inc. Business is fun. The True Story Behind the Iconic Company, told by the People who were there!, Brewster 2012. Die Autoren kündigten 2014 ein weiteres Buch an, das unter dem Titel *Atari Corp.* die Amtszeit von Jack Tramiel nach dem Kollaps 1984 beleuchten soll.
1556 Montfort, Nick / Bogost, Ian: Racing the beam. The Atari Video Computer System, Cambridge 2009; **Video Computer System** (VCS) [=Atari 2600 ab 1982] (Atari) 1977–1992.
1557 Kyle, Justin: The A-Z of the Atari 2600. The Games, the Technology, and the Visionaries who Created an Industry, 2013.
1558 Bertling, Dietmar: Coin-Op. Ataris Spielautomaten. Entstehungsgeschichten, Fakten und Anekdorten rund um Atari Games, Star Wars et Dragon's Lair, Morschen 2013. Eine Neuauflage kündigt die Reihe *Computer Archäologie* für 2018 an.

bezieht auch die Unternehmensgeschichte nach dem Krisenjahr 1984 ein. Leider verfällt der Atari-Fan häufig anekdotisch in persönliche Erfahrungen. Ein ebenso anekdotischer Stil prägt die Unternehmensgeschichte der japanischen Firma *Nintendo* von Christian Gehlen anhand des Geschicklichkeitsspieles *Tetris*.[1559] Man merkt dem Autor an, dass er begeisterter Fan ist, aber eben auch historisch und journalistisch fachfremd. Viele Zusammenhänge handelt er oberflächlich ab, ein gut erklärter roten Faden fehlt, weshalb manches verwirrt. Dem nostalgisch verehrten, japanischen Unternehmen entstammte das *Nintendo Entertainment System* (NES), das nach dem großen Zusammenbruch des Marktes in den achtziger Jahren die Massenverbreitung der Konsolen einleitete.[1560] Diesen Erfolg zeichnet Nathan Altice wie Nick Montfort und Ian Bogost in der Reihe Platform Studies nach.[1561] Entsprechend zeigt der Band ebenfalls detailreich die technische Entwicklung der Plattform auf, begreift als kulturell jedoch auch nur den Einfluss auf die Spielekultur und die technische Basis. Dass die Firmengeschichte von Nintendo weit mehr bietet als nur Konsolen und deren Spielen, arbeitet Florent Gorges auf.[1562] Gorges erläutert den langen historischen Bogen von Kartenspielen, Spielzeugen, Brettspielen bis zu Automaten für Spielhallen. Der dritte Band befasst sich mit der jüngeren Geschichte Nintendos bis 2003, liegt seit 2011 auf Französisch vor.[1563] Darin behandelt er vor allem das NES und dessen Bedeutung für den europäischen, speziell den französischen Markt. Die jüngere Geschichte der Firma im Segment digitaler Spiele beschreiben Steven Jones und George Thiruvathukal mittels der Plattform *Wii*.[1564] Mit dieser grafisch schlichten Konsole entzog sich *Nintendo* 2006 geschickt dem kostspieligen technischen Wettrüsten der anderen Konsolenhersteller Microsoft (*XBox*) und Sony (*Playstation*). Setzen sie auf immer aufwändigerer Grafik, um den Wünschen der Kunden nach mehr Realismus bei Shootern und in Open-World-Spielen nachzukommen, erfordert die benötigte Rechenleistung erhebliche Investitionen. Nintendos Strategie ging einerseits durch die revolutionären Eingabegeräte auf, andererseits zielte das Unternehmen auf Familien und jugendliche Gruppen als Kunden, die leichte Kurzweil langwierig zu erlernenden Spielmechaniken vorziehen. Osamu Inoue erläutert, wie sich *Nintendo* dabei gegen

---

1559 Gehlen, Christian: Und dann kam Tetris. Wie Nintendo innerhalb eines Jahrzehnts den Videospielmarkt eroberte, Winnenden 2016; **Tetris** (Pajitnov, Alexey / Pokhilko, Vladimir / diverse) 1984.
1560 Nintendo Entertainment System (NES) / **Family Computer** (FamiCom) (Nintendo) Japan 1983 / USA 1985 / EU 1986 bis USA 1995 / Japan 2003.
1561 Altice, Nathan: I Am Error. The Nintendo Family Computer/Entertainment System Platform, Cambridge 2015. Vgl. **Montfort / Bogost:** Beam, 2009. (siehe Anm. 1556).
1562 Gorges, Florent / Yamazaki, Isao / Mourlanne, Raphael / Daniel, Benjamin: The History of Nintendo. Vol. 1: From Playing-Cards to Game & Watch. 1889–1980, Triel-sur-Seine 2011; **Gorges, Florent / Yamazaki, Isao:** The History of Nintendo. Volume 2: The Game & Watch Games, an Amazing Invention. 1980–1991, Triel-sur-Seine 2012.
1563 Gorges, Florent: L' Histoire de Nintendo. Vol. 3: 1983–2003. La FamiCom-Nintendo Entertainment System, Châtillon 2011.
1564 Jones, Steven E. / Thiruvathukal, George K.: Codename Revolution. The Nintendo Wii platform, Cambridge 2012; **Wii** (Nintendo) 2006.

den japanischen Konkurrenten *Sony* behauptete.[1565] Wenn auch der Gegensatz zwischen den Weltfirmen in vielen Facetten nachvollziehbar wird, verwundert doch der glorifizierende Duktus gegenüber *Nintendo*, denn *Inoue* erzählt von Scham und Wiederaufstieg und bemüht fragwürdige Kategorien wie „David gegen Goliath". Vielleicht wird aber gerade dadurch der energische Kampf beider Firmen um die Hoheit über den Konsolenmarkt greifbar. Er vergleicht den jüngeren Konflikt zwischen *Wii* und *PlayStation 3* zudem mit dem älteren zwischen *SNES* und der ersten *PlayStation* zu Beginn der neunziger Jahre.[1566] Technologische und wirtschaftliche Konkurrenzkämpfe trugen große Marktteilnehmer in verschiedenen Phasen aus. Einer führte 1983/84, wie das Beispiel *Atari* andeutete, hauptsächlich in den USA zum totalen Zusammenbruch des Marktes. Ein paar weitere Anlässe blieben dank ihrer Heftigkeit zwischen wenigen Marktteilnehmern als *Console Wars* in Erinnerung.[1567] *Nintendo* war als Marktführer bereits am Beginn der neunziger Jahre in heftige Auseinandersetzungen mit *SEGA* verstrickt, von denen Blake Harris mithilfe von Interviews berichtet.[1568] Zum Aufstieg von *SEGA* gegen den konkurrierenden Monopolisten erläutert dieses Buch nicht nur den Streit zweier Unternehmen, sondern mit Kulturen und Märkten Japans und den USA zwei global bedeutenden Mächten. Harris lässt bisweilen die Neutralität zugunsten der amerikanischen Partei missen. Reichhaltig und farbig illustriert, erneut aber technisch und deskriptiv, nähern sich Keith Stuart und Darren Wall der erfolgreichen, technischen Plattform des *SEGA Genesis* bzw. *Mega Drive*.[1569] Im Eigenverlag veröffentlicht, listet James Kearns über weite Strecken eine tabellarische Auflistung technischer Daten der Plattform und weckt strukturell wie inhaltlich den Verdacht, aus Wikipedia zusammenkopiert zu sein.[1570] Den versprochenen umfassenden Einblick leistet es im geschichtswissenschaftlichen Sinne ohnehin nicht.

Obwohl es noch eine große Zahl an Akteuren des Marktes gäbe, erschöpft sich damit das Spektrum unternehmensgeschichtlicher Veröffentlichungen. Ist Nintendo relativ dicht vertreten, so mangelt es bereits an Publikationen zu Sonys Konsolensparte, internen Produktionen von digitalen Spielen und dem unternehmerischen Teil. Nach einer Geschichte von fünfzig Jahren listet Raiford Guins viele offene Posi-

---

1565 Inoue, Osamu: Nintendo Magic. Winning the Videogame Wars, New York 2010.
1566 Wii (Nintendo) 2006; **PlayStation 3** (Sony) 2006 – 2017; **Super Nintendo Entertainment System** (SNES) (Nintendo) 1990 – 2003; **PlayStation** (Sony) 1994 – 2005.
1567 Inflationär wird mittlerweile jeder Wettlauf neuer Generationen von Konsolen als *Console War* dramatisiert: **Smith, Edward:** PS4 vs. XBox One. Who Won the Next-Gen Console War, in: *International Business Times* 19.12.2013. Online unter: http://bit.ly/1I8O9st (Letzter Zugriff: 31.3.2019).
1568 Harris, Blake J.: Console Wars. Sega, Nintendo, and the Battle that Defined a Generation. New York 2014.
1569 Stuart, Keith / Wall, Darren: Sega Mega Drive/Genesis. Collected Works, London 2014; **Genesis / Mega Drive** (SEGA) 1988 – 1997.
1570 Kearns, James P.: The Sega Genesis. A Comprehensive Look at the History, Technology, and Success of the Sega Genesis, North Charleston 2015; **Sega Genesis**, in: *Wikipedia. The Free Encyclopedia*. Online unter: http://bit.ly/2 l2d7VC (Letzter Zugriff: 31.3.2019).

tionen, allein zur Bedeutung unbehandelter, teils kurzlebiger technischer Plattformen, der Relevanz ihrer Hersteller sowie prägenden weiblichen Persönlichkeiten im Gegensatz zu den männlich dominierten Chroniken.[1571] Ebenso tabellarisch wie das erwähnte Buch von Kearns wirkt eine Veröffentlichung von William Mitchell über Geschichte, Technologie und Vermächtnis von Sony's *Playstation*.[1572] Ganze Abschnitte decken sich wortgleich mit Wikipedia, was nicht gegen die Qualität der Informationen spricht, allerdings gegen den Autor. Derart von der Arbeit anderer zu profitieren, ist nicht gutzuheißen.[1573] Die Einträge der kollaborativen Enzyklopädie sind Kearns und Mitchell vorzuziehen, ist sie doch kostenlos, im Zweifel aktueller und ihre Bearbeitung nachvollziehbar. Leider hilft auch bei einem geschichtswissenschaftlichen Interesse am Unternehmen *Microsoft* und seinen *XBox*-Konsolen eher das Online-Nachschlagewerk.[1574] Zwei vielgelobten Bücher von Dean Takahashi erläutern vor allem firmeninterne Prozesse, die zur Produktion von Microsofts *XBox* und ihrem Nachfolger führten.[1575] Solche Publikationen behandeln den Gegenstand nicht historisch, sondern gegenwartsbezogen. Wünschenswert wären fundiert recherchierte Werke auch über die Publisher, also Verlage, die viele Rahmenbedingungen des Marktes bestimmen. Neben den Herstellern von Konsolensystemen gehören dazu die reinen Software-Häuser wie *Electronic Arts*, *Ubisoft* und *Activision Blizzard* und kleinere Firmen wie *Kalypso Media* oder *Koch Media* (*Deep Silver*).[1576] Dass diese Unternehmen und ihre regionalen Firmenkulturen nicht bloß durch Insolvenz verloren gehen, zeigte die Fusion von *Activision* und *Vivendi* zu *Activision Blizzard* im Jahr 2008.[1577] Lange geschäftliche Schwierigkeiten führte 2013 zur Abwicklung von *THQ* mit seinem gigantischen Markenportfolio.[1578] Ein Teil dieser Rechte, inklusive des Traditionsnamens, ging an den jungen schwedischen Publisher *Nordic Games*, nun

---

1571 Guins: Game After, 2014; S. 20–22.
1572 Mitchell, William N.: The Sony Playstation. History, Technology and Legacy. North Charleston 2015. Vgl. das Stichwort **Sony Computer Entertainment**, in: *Wikipedia. The Free Encyclopedia.* Online unter: http://bit.ly/2B8062J (Letzter Zugriff: 31.3.2019).
1573 Auf Anfrage erläuterte ein Vertreter von Wikipedia, dass die Praxis nicht den Grundsätzen widerspräche. Es handele sich um eine geduldete automatisierte Buchfunktion.
1574 Microsoft. Offizielle Webseite. Online unter: https://www.microsoft.com (Letzter Zugriff: 31.3.2019).
1575 Takahashi, Dean: Opening the Xbox, New York 2002; **Takahashi, Dean:** The Xbox 360 Uncloaked. The Real Story behind Microsoft's Next-Generation Video Game Console, Raleigh 2006.
1576 Electronic Arts. Offizielle Webseite. Online unter: http://www.ea.com; **Ubisoft.** Offizielle Webseite. Online unter: https://www.ubisoft.com; **Activision Blizzard.** Offizielle Webseite. Online unter: http://www.activisionblizzard.com; **Kalypso Media.** Offizielle Webseite. Online unter: http://www.kalypsomedia.com; **Deep Silver.** Offizielle Seite [=Label von Koch Media]. Online unter: http://www.deepsilver.com (Letzte Zugriffe: 29.3.2019). Siehe Erwähnung verschiedener Perspektiven auf S. 48.
1577 Lenhardt, Heinrich: Blizzard: Activision und Blizzard fusionieren. Sensationeller 18,9-Milliarden-Dollar-Deal, in: *buffed.de* 2.12.2007. Online unter: http://bit.ly/2wE71g0 (Letzter Zugriff: 31.3.2019).
1578 Grant, Christopher: THQ's Path to Bankruptcy and Beyond, in: *Polygon* 19.12.2012. Online unter: http://bit.ly/2jxys3Q (Letzter Zugriff: 31.3.2019).

THQ Nordic.¹⁵⁷⁹ Wünschenswert wären sowohl Studien historischer als auch gegenwärtiger Schlüssel-Unternehmen, weil sie die zeitlich veränderlichen Produktionsbedingungen und -prozesse im Markt offenlegen und Entscheidungen der leitenden Personen und Angestellten nachvollziehen lassen. Speziell beim Umgang mit historischen Inhalten decken sie deren Motivationen auf. In dieser Hinsicht ist zwar David Kushners Unternehmensgeschichte von *Rockstar Games* ein interessanter Vorstoß, der Hintergründe zu Personen, der Firmenentwicklung und dem Phänomen der Open-World Verbrechenssaga *Grand Theft Auto* zusammenführt.¹⁵⁸⁰ Die soziokulturelle Einordnung aber folgt nicht dem Unternehmen und seinen Akteuren, sondern arbeitet sich teils sensationsheischend entlang von aufgeheizten gesellschaftlichen Debatten an der Spielereihe ab. Selbst wenn darin historisch in die gesellschaftliche Wirkung der Spielreihe geblickt wird, handelt es sich nicht um eine geschichtswissenschaftlich taugliche Unternehmensgeschichte. Die Darstellung des Unternehmens *Rockstar Games* stellt vor allem mit Gründer Sam Houser erneut Personen, nicht Dokumente in den Vordergrund. Auffällig häufig bedienen Bücher und Magazinbeiträge ein erheblich männlich dominiertes historisches Narrativ durch die Personenkreise, die sie befragen und thematisieren. Mit Carol Shaw, Dona Bailey, Carla Meninsky oder Roberta Williams prägen jedoch bereits in den achtziger Jahren historisch relevante Persönlichkeiten das Game Design.¹⁵⁸¹ David Kushner begleitet etwa die Karriere der zwei extrovertierten Persönlichkeiten John Carmack und John Romero.¹⁵⁸² Sie lenkten maßgeblich mit *Wolfenstein 3D*, *Quake* und *Doom* die technologische Entwicklung insbesondere für Shooter in neue Bahnen.¹⁵⁸³ Als Entwickler und Anbieter der *id Tech* Engine blieb *id Software* bis heute ein wesentlicher Akteur.¹⁵⁸⁴ Konzentriert sich Kushner am Buch über *Rockstar Games* also auf das Unternehmen, vor allem aber die Spielereihe, baut er dieses Werk um die charakterlichen Eigenschaften der beiden Leitfiguren auf. Er erörtert ihre Motivationen, die zu Produkten führten, für die eine ganze Subkultur auf Netzwerkparties zusammenkam. Damit knüpft Kushner Verbindungen von Carmacks und Romeros Handeln zur Entwicklung dieser Subkultur in den neunziger Jahren. Ähnlich nahe an der Persönlichkeit eines Entwicklers verfassten

---

1579 THQ Nordic. Offizielle Webseite. Online unter: https://www.thqnordic.com (Letzter Zugriff: 31.3. 2019).
1580 Kushner, David: Jacked. The Rockstar Story of Guns, Games and Grand Theft Auto, London 2012; **Rockstar Games:** Offizielle Webseite. Online unter: http://www.rockstargames.com (Letzter Zugriff: 31.3.2019). Beginnend mit **Grand Theft Auto** 1997, wo Rockstar North noch als DMA Design firmierte, entfachten besonders **Grand Theft Auto [=GTA] III** 2001 und **Grand Theft Auto [=GTA] IV** 2008 heftige Debatten um Gewalt. Bemerkenswert entspannt nahm die Öffentlichkeit **Grand Theft Auto [=GTA] V** 2013 zur Kenntnis.
1581 Guins: Game After, 2014; S. 21.
1582 Kushner, David: Masters of Doom. How Two Guys Created an Empire and Transformed Pop Culture, New York 2004 [=Repr. 2003].
1583 Wolfenstein 3D 1992; **Doom** 1993; **Quake** 1996.
1584 id Software. Offizielle Webseite. Online unter: https://www.idsoftware.com (Letzter Zugriff: 31.3.2019).

Daniel Goldberg, Linus Larsson und Jennifer Hawkins die Erfolgsgeschichte von Markus Persson, genannt „Notch".[1585] Viele biografischen Details geben Einblicke in das Leben des Entwicklers, den nach bedrückenden Jahren sein Erfolg mit dem prozeduralen Kreativbaukasten *Minecraft* regelrecht überrollte.[1586] Schon das Spiel selbst ist ein historisch relevantes Phänomen. Sein persönlicher Erfolg, wenn auch im Ausmaß einzigartig, repräsentiert eine gegenüber den neunziger Jahren veränderte Branche, in der neuartige technische Möglichkeiten unabhängigen Entwicklerinnen und Entwicklern zum weltweiten Erfolg verhelfen. Während sich diese Autoren versuchen, dem Gesamtbild von Persönlichkeiten aus ihrer Sicht zu nähern, wählte Richard Garriott den Weg einer Autobiografie.[1587] Die ebenso extrovertierte wie extravagante Entwickler-Legende verknüpft darin recht überzeugend eine charakterliche Selbstreflexion, Erfahrungen aus Fantasy-Rollenspielen, seinen Forscherdrang und seine Experimentierlust mit einem Lebensweg durch dreißig Jahre. Insbesondere als Schöpfer von *Ultima Online* ist seine Stimme relevant für eine Geschichte der MMORPGs.[1588] Gelegentlich sind seine Selbstauskünfte an seiner Persönlichkeit zu spiegeln, wie die Rezension von Colin Campbell über Garretts Autobiografie verdeutlicht.[1589] Ebenso haben die oben zitierten Video-Reihen von *Double Fine* oder den *Warhorse Studios* eine hybride Funktion als Quellen des Entwicklungsprozesses und gleichzeitig als zielgerichteter Bestandteil des Marketings.[1590] Leider veröffentlichen Unternehmen in der Regel keine Design-Dokumente, die für den internen Gebrauch gedacht sind und daher nicht öffentlichkeitstauglich vorgefiltert werden. Ursprünglich entstehen diese Dokumente als Grundlage für Produktionsprozesse und werden parallel zur Entwicklung weitergepflegt. Dadurch enthalten sie auch Betriebsgeheimnisse oder Material von Dienstleistern wie Artworks, so dass sie nicht ohne Weiteres veröffentlichbar sind. Als Quellenart könnten sie jedoch die entstandenen historischen Narrative in der Games-Branche gegenprüfen helfen. Game Designer Ron Gilbert veröffentlichte die Konzepte seines legendären Adventures *Maniac Mansion*.[1591] Die Publikation erfolgte mit großem zeitlichen Abstand, nur ein überschaubarer Kreis von Beteiligten war an dem Spiel beteiligt und sein Spiel gilt als Klassiker

---

1585 Goldberg, Daniel / Larsson, Linus / Hawkins, Jennifer: Minecraft. The Real Inside Story of Markus 'Notch' Persson and the Gaming Phenomenon of the Century, London 2014.
1586 Minecraft 2009 ff. Siehe S. 8 und 11.
1587 Garriott, Richard: Explore/Create. Gamer Adventurer Pioneer – My Life in Pursuit of New Frontiers, Hidden Worlds, and the Creative Spark, New York 2017.
1588 Garriott: Explore/Create, 2017; S. 13–48; **Ultima Online** 1997 ff.
1589 Campbell, Colin: Richard Garriott: the Man, the Myth, the Mischief. On the Publication of His Autobiography, Polygon Tto one of Gaming's Most Celebrated Creators, in: *Polygon* 30.1.2017. Online unter: http://bit.ly/2jKLCth (Letzter Zugriff: 31.3.2019).
1590 Vgl. Anmm. 1398 und 1399.
1591 Gilbert, Ron: Maniac Mansion Design Doc, in: *Grumpy Gamer Blog V2* 21.7.2014. Online unter: http://bit.ly/2wCN8rd; **Gilbert, Ron:** Maniac Mansion Design Notes, in: *Grumpy Gamer Blog V2* 16.7.2014. Online unter: http://bit.ly/2wHyi1a (Letzte Zugriffe: 31.3.2019); **Maniac Mansion** 1987.

unter den Adventures.¹⁵⁹² Zudem nutzte Gilbert die Dokumente als Teil einer Kampagne für sein Retro-Adventure *Thimbleweed Park*, dessen Crowd-funding auf die Finanzkraft einer mobilisierten Spielerschaft baute.¹⁵⁹³ Ein historisches, dokumentarisches Interesse mochte also vorhanden gewesen sein, stand aber nicht im Vordergrund. Vergleichbare Veröffentlichungen sind rar. Unternehmen behandeln die Dokumente in der Regel dauerhaft als Interna. Verwandte Quellen wie die Tagebücher von Jordan Mechner, mit denen er die Entwicklung des Erstlings *Prince of Persia* begleitete, sind als Selbstzeugnis schon eine absolute Ausnahme.¹⁵⁹⁴ Häufiger schon würdigen Bildbände digitale Spiele, in dem sie die Entstehung der visuellen Kunst durch Skizzen, kolorierte Artworks oder Screenshots wie beispielsweise beim Horror-Shooter *Bioshock* präsentieren.¹⁵⁹⁵ Mit einem besonderen Aufwand übertraf die überarbeitete Neuauflage der *Bioshock Collection* zehn Jahre später diesen Einblick in den Entwicklungsprozess.¹⁵⁹⁶ Fallengelassene und vertiefte Pfade der Produktion zeigte der Remaster in einem interaktiven Museum, in dem neben Artworks auch 3D-Modelle als Skulpturen, Informationen zur Inspiration durch Art Deco buchstäblich begehbar sind.¹⁵⁹⁷ Zudem verteilten die Entwickler in der Spielwelt zehn Kommentarvideos, für die allerdings goldene Filmrollen zu suchen sind.¹⁵⁹⁸ Der Zugriff auf derartige Informationen gestaltet sich schwierig, sobald das Spiel nicht mehr funktioniert oder wenn es nicht gelingt, die Kommentare freizuspielen. Allerdings erlaubt diese Form lediglich Zugriff auf den Entwicklungsprozess von digitalen Spielen, die wenigstens publiziert wurden, häufig aber am Markt eher erfolgreich sind. Dokumentationen zu gescheiterten Entwicklungen werden fast nie publiziert. Einen seltenen Glücksfall stellen Quellenfunde wie von Privatsammler Aric Wilmunder dar.¹⁵⁹⁹ Neben dem originalen Produktionskonzept des Adventures *Indiana Jones and the Last Crusade*, als Remediation des Spielfilmes historisch interessant, präsentiert Wil-

---

1592 Nolden: Stück, 2014.
1593 Gilbert, Ron / Winnick, Gary: Thimbleweed Park: A New Classic Point & Click Adventure! Kampagne, 2014. Online via Kickstarter unter: http://kck.st/2xaJR3I (Letzter Zugriff: 31.3.2019); **Thimbleweed Park** 2017.
1594 Mechner, Jordan: The Making of Prince of Persia. Journals, 1985–1993, [Charleston] 2012; **Prince of Persia** 1989.
1595 2K Games (Hg.): Bioshock – Breaking the Mold. Official Art Book. With A Foreword by Ken Levine, [Novato] 2007; **Bioshock** 2007.
1596 Bioshock: The Collection 2016.
1597 Frostbite Gaming: Bioshock Remaster: Museum of Orphaned Concepts FULL Tour, in: *Kanal Frostbite Gaming via Youtube* 13.9.2016. Online unter: https://youtu.be/t1_JxhL-_Qs (Letzter Zugriff: 31.3.2019).
1598 Levine, Ken / Robertson, Shawn: Imagine Bioshock. Making Rapture Real. [=Bioshock 1 Remastered – Director's Commentary (All Parts)], in: Kanal *AltraWave7* via Youtube 2016. Online unter: https://youtu.be/YxEIOn52BJY (Letzter Zugriff: 31.3.2019).
1599 Hall, Charlie: LucasArts' Indiana Jones and the Iron Phoenix Design Docs Revealed 23 Years Later, in: *Polygon* 26.7.2016. Online unter: http://bit.ly/2asBbJ2 (Letzter Zugriff: 31.3.2019).

munder in seinem Online-Archiv das Design Document eines unveröffentlichten fünften Adventures *Indiana Jones and the Iron Phoenix*.[1600]

Insgesamt lässt dieser Abschnitt erkennen, dass die Historiografie digitaler Spiele nur rudimentär betrieben wird. Um die Geschichte digitaler Spiele zu schreiben, sind ihre Relikte systematisch zu erschließen. Es mangelt an einem Bewusstsein, wie zentral die Rolle von Archiven und Museen als Torwächter für die Überlieferung ist. Sie stellt die Grundlage einer historischen Aufarbeitung dar. Archiv- und Geschichtswissenschaft müssen sich daher über gemeinsame Richtlinien und Standards verständigen und nach außen kommunizieren, was diese einer Historiografie für Chancen bieten und Grenzen setzen. Nur so lässt sich fachlich tauglich ermitteln, welche Spiele, Geräte und Dokumente in welcher Form bewahrenswert sind. Dass die Aufbereitung in den vorwiegend journalistischen Beiträgen nicht das volle Spektrum der Überlieferung behandelt und methodisch problematisch ist, wird vor diesem Hintergrund verständlicher. Umgekehrt aber muss die Geschichtswissenschaft eben auch ein kulturhistorisches Bewusstsein für dieses Medium entwickeln, das die Eigenschaften digitaler Spiele erfasst, ihre technische Grundlage einbezieht und an den dargestellten historischen Inszenierungen sowie ihren Nutzern reflektiert. Erst dann könnten auch geschichtswissenschaftliche Einführungen entstehen, damit sich Neulinge dem Medium strukturiert nähern können. Im Überblick wiesen die vorhandenen Beiträge in Magazinen und Bücher viele historisch relevante Aspekte aus: regionale Besonderheiten, einflussreiche Spieleserien, legendäre Studios, Klassiker, Trends und Technologien, sowie wirtschaftliche Bedingungen und Persönlichkeiten. Ihre Darstellungen genügen zwar nicht geschichtswissenschaftlichen Ansprüchen, da die Autoren jedoch teils über Dekaden Erfahrungen als Spieler, Rezensenten und Beobachter der Branche gesammelt haben, sind ihre Beiträge als Mosaiksteine einer *Oral History* wertvoll. Archive von Spielemagazinen sind schlecht erschlossen, verfügen meist über keinen Index und sind in den seltensten Fällen digital durchsuchbar. Empfehlenswert wäre, ihren Erfahrungsschatz in Bibliotheken geschichtswissenschaftlich zu erschließen. Die begrenzte Qualität der Literatur gründet häufig im chronologischen Überblickscharakter der Bücher. Zeitliche Abfolgen von Ereignissen präsentieren sie als Schlüssel, um die Entwicklung digitaler Spiele oder von Akteuren der Branche zu verstehen. Nicht notwendig aber sind zeitliche Folge und kausale Abhängigkeit identisch. Zwar wird durchaus versucht, die Bedeutung von Spielen und Akteuren für eine Technikgeschichte, eine Geschichte des Game Designs, eine Unternehmensgeschichte oder eines Wirtschaftszweiges zu erörtern. Welche Relevanz

---

1600 Lucas Arts: Indy 5. Indiana Jones and the Iron Phoenix. Design Document, 6.10.1993, Online unter: http://bit.ly/2aiYTIK (Letzter Zugriff: 8.9.2017); **Falstein, Noah:** Indiana Jones and the Last Crusade. The Computer Game. Concept Document, 13.10.1988. Online unter: http://bit.ly/2gPKDw5 (Letzter Zugriff: 13.12.2017); **Wilmunder, Aric** (Hg.): Aric's World. A Peek into my Games Industry Archive [=Privates Archiv von Design Dokumenten der Games Industrie], o.J. Online unter: http://bit.ly/2adWHVg (Letzte Zugriffe: 13.12.2017); **Indiana Jones and the Last Crusade** 1989; **Spielberg, Steven:** Indiana Jones und der letzte Kreuzzug 1989.

aber Leitfiguren, Unternehmen, technische Entwicklungen oder spezielle digitale Spiele jenseits davon für die Gesellschaften einer Zeit und einer Region hatten, bleibt offen. Eine fachlich taugliche Historiografie müsste sich von der chronologischen Darstellungsweise lösen, um den Gegenstand aus Sicht von Teildisziplinen, strukturellen Zusammenhängen oder bestimmten Sachfragen anzunähern. Über interne Wirkungen hinaus müsste sie eine Perspektive auf Spielinhalte, Technologien, Spielkultur und Branche entwickeln, die politische, soziale, wirtschaftliche und kulturelle Auswirkungen auf Gesellschaften studiert. Je nach Weltregion dürften diese unterschiedlich ausfallen und zu unterschiedlichen Zeitpunkten stattfinden. Zu häufig erwecken Autoren den Eindruck, ihre spezifische Schilderung einer Unternehmensgeschichte oder eines Personenkreises wäre weltweit repräsentativ, ohne diese Frage explizit zu diskutieren und zu belegen. Ohnehin behandeln sie lange nicht alle relevanten Akteure, wie die Absätze über Publisher und andere Produzenten darlegten. Dass die Beiträge nur unbefriedigend historisch aufarbeiten, hängt zudem mit ihrem journalistischen Stil zusammen, der ihre Quellen nicht nachvollziehbar offenlegt. Autoren und so mittelbar ihre Leser verlassen sich auf die Reputation von Personen, weil diese lange in der Branche oder im Journalismus tätig war. Dieses Verhalten liegt nahe, weil Unterlagen der Unternehmen, Selbstzeugnisse von Entwicklern und anderen Akteuren sowie Dokumente aus dem Design-Prozess äußerst selten und selektiv veröffentlicht werden. Sie können daher zum Abgleich von Aussagen komplementär nicht herangezogen werden. Obendrein dient ihre Veröffentlichung nur randständig einem historischen Interesse. In erster Linie pflegen sie gezielt eine Fanbasis, begleiten das Marketing einer Neuauflage für ein Jubiläum oder generieren Aufmerksamkeit für Nachfolger im Retro-Gewand. Geschichtswissenschaftlich betrachtet, kann die Reputation von Personen aber nicht ersetzen, verlässlich und nachvollziehbar zu referenzieren. Zusätzlich leiden viele Werke methodisch an der Schwäche, dass ihnen nicht selten werbewirksame Gespräche mit Dutzenden von Leitfiguren der Branche zugrunde liegen, sie die Texte aber als objektiv behandeln. Daher dekonstruieren Autoren nur selten, was die Befragten zu ihrem Handeln motivierte und was sie heutzutage dazu bewegt, selektierte Zusammenhänge zu Erinnerungen zu konstruieren. Wem an einer plausiblen Historiografie liegt, muss daher quellenkritisch arbeiten und die Ergebnisse für Leser nachvollziehbar offenlegen. Gesprächs- und Interviewquellen können daher nicht bloß wegen ihrer Menge als objektiv hingenommen werden. Manche Beiträge wirken geradezu hagiografisch. Aufgrund der dargestellten Lage fällt eine Antwort leider sehr schwer, wie die im empirischen Abschnitt behandelte Spielform der Online-Rollenspiele in eine Geschichte digitaler Spiele einzuordnen wäre. Abschnitt *4.2 Technikkulturelle Einordnung* unternimmt dennoch einen Versuch, das MMORPG *The Secret World* in seine Entwicklungs- und Betriebsgeschichte einzuordnen.

3.5 Digitale Spiele, Geschichte und Public History

Betrachtet man das Phänomen digitaler Spiele also detailliert, offenbart sich ein enormes Aufgabenspektrum bezüglich historischer Inszenierungen. Bislang widmen sich Historikerinnen und Historiker ihm nicht in der nötigen Breite, Tiefe und Intensität. Der große Aufwand, den das vorliegende Buch betreibt, stellt deshalb erstmals das gesamte Spektrum eines geschichtwissenschaftlichen Betätigungsfeldes differenziert, aber kompakt auf. Auf diese Weise wurde die Relevanz historischer Inszenierungen für digitale Spiele, für gesellschaftliche Geschichtsvorstellungen und in Konsequenz für die Geschichtswissenschaft eingeordnet. Das Vorgehen arbeitete die Bedeutung von MMORPGs in den jeweils behandelten Kontexten heraus. Die zusammengetragenen Befunde werfen die Frage auf, wie mit den gewonnenen Erkenntnissen zukünftig geschichtswissenschaftlich verfahren werden sollte. Das vorliegende Buch schritt das junge Feld digitaler Spiele umfassend als Gegenstand ab. Dafür legte das Kapitel zum Forschungsstand eine Basis, indem es die Haltungen von Entwicklern, Versuche der Quantifizierung und das Historische an digitalen Spielen erläuterte. Zusammen mit den speziellen Eigenschaften des Mediums führten diese Überlegungen auf methodische Konsequenzen. Darauffolgende Abschnitte stellten vorhandene disziplinäre Ansätze vor und das Spektrum zu Spielformen. Entlang grober Epochen ordnete der Text die bisherigen Stoßrichtungen der historischen Forschung nach Periodisierungen und erkannte Schwerpunkte in Mikroepochen. Die identifizierten Lücken schloß der erste Abschnitt im nächsten Hauptkapitel. Pointiert identifizierten Beispiele vier zentrale Erkenntnisinteressen für das geschichtswissenschaftliche Arbeitsfeld. Den periodisierenden Ansätzen in der geschichtswissenschaftlichen Forschung stellte ein Abschnitt über Geschichtsbilder bislang unbeachtete Themenkomplexe gegenüber. Es folgten Einblicke in zeitgeschichtliche Rückkopplungen, die häufig unreflektiert in Spiele eingehen. Zudem zeigte ein Abschnitt, wie digitale Spiele selbst ihre technikkulturelle Geschichte mit Mitteln des Mediums aufbereiten. Der letzte Abschnitt widmete sich Erinnerungskulturellen Wissenssystemen, die insbesondere digitale Spielwelten von MMOs mit großen Spielergemeinschaften beschreiben. Der anschließende Abschnitt führte Vorarbeiten aus diversen Disziplinen hinzu, was einige Lösungsansätze für offene Flanken der Geschichtswissenschaft lieferte, insbesondere im Hinblick auf Online-Rollenspiele. Behandelt wurden vorhandene, aber wenig integrierte Teilfelder der Geschichtswissenschaft, eng verwandte Nachbardisziplinen, weitere Geistes- und Sozialwissenschaften sowie journalistische Aufarbeitungen und Literatur aus der Feder von Branchenakteuren. Gesondert lenkte ein Kapitel die Aufmerksamkeit auf Kernprobleme der Überlieferungslage und der Bewahrung bei digitalen Spielen. Der nächste Abschnitt zeigte die Folgen aus der Überlieferungsproblematik für eine zeitgemäße Historiografie digitaler Spiele. Der Überblick zur meist journalistischen Literatur führte große Defizite vor Augen. Um einen Rahmen für eine taugliche technikkulturelle Historiografie zu entwickeln, die im Sinne einer Kulturgeschichte digitaler Mediengesellschaften auch digitalen Spielen ihre Relevanz zumisst, muss die Geschichtswissenschaft sich stärker engagieren. Um digitale Spiele geschichtswissenschaftlich mit einer angemessenen

Aufmerksamkeit zu behandeln, legte das Buch umfassende Vorschläge vor, in welchen Richtungen das Arbeitsfeld zu erweitern ist.

Lässt man alle diskutierten Aspekte revue passieren, so ist der Befund klar und eindeutig: Es ist längst an der Zeit, dass sich die Geschichtswissenschaft intensiver mit digitalen Spielen befasst – und zwar tiefgründiger, vielseitiger sowie methodisch reflektierter und multiperspektivisch. Andere Wissenschaften, aber auch journalistische Arbeiten, Videokanäle und Literatur aus der Branche empfehlen anregende Sichtweisen, welche die Geschichtswissenschaft adaptieren könnte. Dieses Vorgehen trüge dazu bei, das Medium von seinen Grundfesten her und an vielfältigeren Studienbeispielen zu betrachten, bevor über das spezifisch historische Leistungsvermögen geurteilt wird. Schon weil aufgrund der Eigenschaften des Gegenstandes kein Weg an interdisziplinärer Arbeit vorbeiführt, müssen geschichtswissenschaftliche Forschungsansätze sich ihnen öffnen. Die Einführung und die vorangegangenen Abschnitte zeigten, dass die gesellschaftliche Relevanz digitaler Spiele quer durch alle Bevölkerungsschichten und tief bis in jede Altersgruppe viel zu groß ist, als dass sich die Geschichtswissenschaft dem entziehen dürfte. Sie muss bei historischen Inszenierungen von der Selbstmarginalisierung in die Mitte des Diskurses finden. Die spezielle historische Methode leistet einen Beitrag zum gesamtwissenschaftlichen Diskurs, nutzbringend für andere Disziplinen, liefert jedoch auch bedeutende Erkenntnisse zurück an die Gesellschaft. Ein Großteil digitaler Spiele erschafft populärgeschichtliche Bilder, die durch ihre besondere Darstellungsweise und mediale Komplexität so einzigartig wie eindringlich sind, aber durch wissenschaftliche Methoden entschlüsselt und genutzt werden können. Mögen auch historische Inszenierungen nicht wissenschaftlichen Ansprüchen genügen, verbergen sich darin trotzdem geschichtswissenschaftlich interessante Prozesse und Modelle. Erkenntnisse darüber können nützlich sein, um historische Inszenierungen in anderen Medien zu reflektieren, aber auch den geschichtswissenschaftlichen Umgang mit Geschichte neu zu durchdringen.

Howard und Hausar verwiesen bereits auf die Relevanz speziell von Online-Rollenspielen und forderten, die Arbeit an ihnen zu intensivieren.[1601] Bislang blieben aber die historischen Inszenierungen dieser technisch und spielmechanisch komplexen Spiele sowie ihre Gemeinschaften eine geschichtswissenschaftliche Leerstelle. Die wenigen Forschenden, wie die Beiträger des Sammelbandes zu mittelalterlichen Fragestellungen von Kline, diskutierten jeweils spezielle Teilaspekte, kaum aber MMORPGs als eigenständige Spielform.[1602] Der kontinuierliche Versuch im vorliegenden Buch, Online-Rollenspiele in den geschichtswissenschaftlichen Diskurs einzuordnen, hinterlässt ernüchtert. Im Hinblick auf epochenspezifische Zuordnungen behandeln einzig die Beiträger von Kline begrenzte mittelalterliche Fragestellungen an wenigen Titeln. Stimmen von Entwicklern oder anderen Akteuren in der Branche

---

1601 Vgl. auf S. 108.
1602 **Kline:** Digital Gaming, 2013. Siehe S. 109.

dazu, wie MMORPGs historisch inszenieren, gingen bislang nicht in den Diskurs ein. Statistische Untersuchungen zu dem Phänomen liegen nicht vor, und worin das Historische der speziellen Spielform zu finden ist, untersuchte bisher niemand. Dabei unterbreiten MMORPGs komplexe geschichtliche Wissensangebote in ihren Spielwelten, ihre historischen Inszenierungen werden in erheblichem Maße von den Spielenden selbst bestimmt und die integrierten Gemeinschaften deuten auf historische Erinnerungskulturen. Diese Zusammenhänge arbeitete bei den Vorschlägen, wie das Arbeitsfeld zu erweitern wäre, der Abschnitt über Erinnerungskulturelle Wissenssysteme heraus. Besonders diese Dimension von geschichtswissenschaftlichen Erkenntnisinteressen stellte sich für die Betrachtung von MMORPGs als vielversprechend heraus. Auch weiter gefasst für MMOs, ließen die Befunde erinnerungskulturelle Reflexionen bei der Kommunikation unter Spielenden erkennen. Als Exemplar, das besonders divers viele Formen historischer Einflüsse versammelt, eine aktive Spielergemeinschaft über einen verhältnismäßig langen Zeitraum vereint und einen Schwerpunkt auf narrative Netzwerke legt, vertieft daher das nachfolgende Kapitel die Studie auf das Online-Rollenspiel *The Secret World*.[1603] Die Untersuchung des Fallbeispiels aber vermag lediglich die spezifische Erinnerungskultur im Umfeld dieses konkreten Exemplars nachzuweisen. Die Aussagekraft für Erinnerungskulturen anderer MMOs oder gar digitale Spiele insgesamt bleibt beschränkt. Allerdings wird die empirische Fallstudie grundsätzliche Funktionsweisen offenlegen, die an weiteren Beispielen analog verifizierbar wären.

Als die Teilgebiete der Geschichtswissenschaft, ihre Nachbardisziplinen, die Geistes- und Sozialwissenschaften sowie der Journalismus und die Branche betrachtet wurden, stachen überall Aspekte für Online-Rollenspiele heraus, die eine empirische Studie berücksichtigen sollte. Berührungspunkte mit der Historik bestehen in der historischen Narratologie aufgrund narrativer Netzwerke in MMORPGs. Fragen der Geschichtskultur und der Erinnerungskultur führen auf die Public History. Globalgeschichtliche Ansätze versprechen Erkenntnisse in Hinsicht auf die Globalisierung von Wirtschaft, Technologien und Spielerschaften, sensibilisieren jedoch auch dafür, einseitige, zum Beispiel westliche Perspektiven zu durchbrechen. Damit wären postkoloniale Zusammenhänge multiperspektivisch durchleuchtbar. Um das Wissenssystem zu untersuchen, lassen sich Ergebnisse der Wissensgeschichte heranziehen, aber auch der Geschichte von Wissensarchiven. Vorarbeiten zur Performativität zeigen die Rahmenbedingungen für Spielende in der historischen Inszenierung auf. Als kulturelles Artefakt der Mediengesellschaften sind digitale Spiele Teil einer Populärkultur, in der sich bestimmte Vorstellungen über Geschichte festgesetzt haben. Visual History oder die historische Bildforschung liefern Ansatzpunkte, um den visuellen Charakter des Mediums zu verstehen, Soundgeschichte bringt Befunde zu Geräuschen und Musik mit ein. Von Wichtigkeit ist neben Zeitlichkeit angesichts der dreidimensional durchschreitbaren Spielumgebungen die Räumlichkeit als historische Katego-

---

1603 The Secret World 2012 ff. Vgl. die Kurzübersicht ab S. 217.

rie. Zusammen mit emotionsgeschichtlichen Ergebnissen führt die Neue Ästhetik auf einen noch nicht näher definierten Begriff historischer Atmosphären. Aus den diskutierten Nachbardisziplinen ergaben sich ebenso relevante Aspekte für MMORPGs. Sie betrafen historiografische Schwierigkeiten, die Konsequenzen für die Bewahrung und die Vergänglichkeit von Spielerfahrungen. Insbesondere wirft der Mangel an Repräsentativität einer bestimmten Spielerfahrung methodisch die Frage nach dem Sinn von Videografie auf, um Aussagen im empirischen Kapitel nachzuweisen. Geschichtsdidaktische Erwägungen helfen im weiteren Verlauf, die Rolle von Nutzerinnen und Nutzern im sozialen Gefüge der Online-Rollenspiele zu ergründen und die Spielwelt als interaktionistisch-konstruktivistische Lehr-Lern-Umgebung zu begreifen. Wenige Indizien aus vorhandenen Analysen zu Rezipienten liegen zwar vor, speziell zu MMOs stehen sie aber noch aus. Der geistes- und sozialwissenschaftliche Überblick identifiziert eine nützliche Vielfalt von Ansätzen für eine Untersuchung von Online-Rollenspielen. Die Game Studies erarbeiteten Beiträge zur Funktionsweise digitaler Spiele und ihrem Verhältnis zu Einzelspielern wie zu Communities, beleuchten aber auch Traditionen von Spielformen wie den MMORPGs und ihre analoge Vorgeschichte. Auch wenn die Game Studies Vorarbeiten anbieten, wird der empirische Teil weniger die Belange von Hardware und Controllern betrachten, allerdings sind die Interfaces zur Steuerung von Belang, um ein Online-Rollenspiel überhaupt zu beherrschen. Auch an Überlegungen zu Referenzierung und der Videografie kann angeschlossen werden. Die Medien- und Kommunikationswissenschaften bieten zudem Vergleiche zwischen den medialen Eigenarten verschiedener Mediensorten an. Ihre Vorarbeiten zu historischen Inszenierungen etwa im Film bezieht der empirische Teil jedoch nicht ein, weil der mediale Charakter digitaler Spiele davon erheblich abweicht. Der empirische Teil greift aber auf, wie komplexe Sozialräume plausible Realitäten durch Kommunikation konstruieren. Die Erzähltheorie aus der Literaturwissenschaft bietet Anschlüsse an interaktive Narrative. Der Abschnit zur Medienpädagogik und der Psychologie untermauerte, dass letztlich alle digitalen Spiele interaktive Lernumgebung darstellen. Wie aber Online-Rollenspiele bei den Nutzern in Bezug auf historisches Lernen wirken, ist noch relativ unklar, wohl auch weil kaum Studien zu anderen Aspekten als Gewalt und Sucht durchgeführt wurden. Psychologische Ergebnisse helfen, geeignete Untersuchungskategorien für das empirische Beispiel zu finden und Handlungsspielräume der Spielenden aufzuzeigen. Speziell zu Motivationen und Haltungen im MMORPG liegen langfristige Befunde vor. Soziologisch wurden Gemeinschaften von Spielenden ebenfalls untersucht. Für das Fallbeispiel zweitrangig ist ihre präzise Verfassung, vielmehr interessiert, welche Rolle sie im Hinblick auf Prozesse der Kommunikation und den erinnerungskulturellen Austausch spielen. Da Spielinhalte und -gemeinschaften über die Ränder von MMORPGs hinausgreifen, deuten sich Wechselwirkungen zwischen der Gesellschaft und der Spielform an. Die Diffusion durch Grenzen hindurch lässt Realitäten der Lebenswelten innerhalb und außerhalb des Spiels verschwimmen. Umso bedeutender ist die Beobachtung, dass sich in Spielgemeinschaften gesellschaftliche Utopien manifestieren. Gender als Untersuchungskategorie mit zu berücksichtigen, könnte Hinweise auf die

Vielfalt von Geschichtsbildern und den Zustand der Gemeinschaften bergen. Politikwissenschaftliche Studien fanden bestimmte Haltungen gegenüber Regierungen und dem Regieren in digitalen Spielen wieder. An diese Überlegungen kann die zeithistorische Ebene des Fallbeispiels anknüpfen. Wirtschaftliche Fragen könnte das Spiel im Zuge dessen ebenfalls thematisieren. Spielmechanisch sind ökonomisch relevante Systeme zwischen Handwerk, dem Crafting von nutzbaren Spielgegenständen und Währungskreisläufen identifizierbar. Die Umstände im Verlauf der Produktion des Spieles und die zuständigen Akteure beim Entwicklerstudio sind Bestandteile einer technikkulturellen Geschichte des Fallbeispieles. Relevante rechtliche Aspekte finden sich in dieser Entstehungsgeschichte ebenfalls, weil das Unternehmen wegen Marktmanipulation und Veruntreuung in Turbulenzen geriet. Wichtiger aber für die zu behandelnden erinnerungskulturellen Fragen sind die Gewohnheiten und Normen in Online-Rollenspielen, die aus Traditionen von MUDs und MMORPGs entstammen. Die Hinweise aus der Religionswissenschaft auf den Transport von Ritualen in virtuelle Spielwelten sind einen Blick wert, da sie Verbindungen zwischen den Lebenswelten der Spielenden offenbaren. Außerdem referenziert das Fallbeispiel auf inhaltlicher Ebene religiöse Mythen, kirchliche Symbolik und erfordert bisweilen sogar Bibelkenntnis. Kulturwissenschaftliche Beiträge wiesen darauf hin, dass Spiele Teil einer besonderen kulturellen Sphäre sind. Online-Rollenspiele bilden nur einen Teil dieser Spielkultur, denn nicht jeder spielt sie. Zugleich manifestiert ihre Anlage durch die zugrunde liegenden Algorithmen und die technischen Voraussetzungen eine bestimmte kulturelle Spiellogik. Essentiell für die Untersuchung, wie alle Elemente zum Weltentwurf zusammenwirken, ist der Atmosphärenbegriff aus der *Neuen Ästhetik*, dessen Bedeutung für historische Inszenierungen anzunähern ist. In welchem Verhältnis die Performativität von Bühne und Kulissen gegenüber der Performanz der handelnden Subjekte in Spielgemeinschaften stehen, bestimmt den Möglichkeitenraum des Online-Rollenspiels. Wissenschaftliche Betrachtungen unmittelbar zu dem Fallbeispiel liegen nicht vor. Deshalb greift das empirische Kapitel neben den eigenen Befunden auf Tests und Reportagen aus journalistischer Quelle zurück. Sie finden sich in Spielezeitschriften und Webportalen, insbesondere jenen, die sich gezielt mit MMORPGs befassen. Hinzu kommen Geschäftsberichte und Wirtschaftsnachrichten von und über die Entwickler. Damit lässt sich ein Rahmen an Personen, Intentionen und Inhalten für die Untersuchung erschließen. Problematisch ist, dass der Entwickler selbst keine Design-Dokumente oder begleitendes Material veröffentlichte. Nach einem wirtschaftlich enttäuschenden Start wechselte das Unternehmen zudem das leitende Personal aus. Viel Material, das zuvor wie etwa Blogs von dem ursprünglichen Schöpferkreis verfügbar war, wurde aus dem Netz entfernt. Einige Dokumente sicherte ich zwar im Lauf der letzten Jahre offline, einen gewissen Zugriff bietet zudem die *Wayback Machine* des *Internet Archive*, aber häufig sind Inhalte selbst darüber nicht mehr rekonstruierbar. In einer zweiten Welle entfernte das Entwicklerstudio offizielle Texte und Videos zum originalen Spiel 2017 aus dem Netz, als der Relaunch unter dem Namen *Secret World Legends* begann. Selbstzeugnisse beteiligter Personen sind daher für den Untersuchungszeitraum nur schwierig rekonstruierbar.

Speziell dieses MMORPG berührt durch ein zeithistorisches Setting, den Rückgriff auf viele historische Überlieferungsformen und die erinnerungskulturelle Kommunikation der Spielenden über die historischen Inszenierungen eine Vielzahl der hier aufgeschlagenen Untersuchungsfelder. Der besondere Zuschnitt erhebt es zu einem besonders bewahrenswerten Beispiel für Online-Rollenspiele als geschichtswissenschaftlicher Gegenstand. Der Abschnitt zur Bewahrung und Archivierung digitaler Spiele verdeutlichte, wie äußerst schwierig MMORPGs aus technischen und sozialen Gründen für die Nachwelt zu bewahren sind. Schon während meiner Arbeit in den letzten Jahren schwebte ständig die Gefahr über dem Fallbeispiel, unwiederbringlich abgeschaltet zu werden. Der Relaunch verändert jetzt die Spielmechanik etwas, im Wesentlichen bleiben jedoch die historischen Aspekte unangetastet. Gleichwohl wird jeder Betrieb irgendwann eingestellt, weshalb utopisch bleibt, ein Online-Rollenspiel spielbar zu bewahren. Damit aber zumindest die Belege zum empirischen Teil über dessen Lebensdauer hinaus erhalten bleiben, wurde die Spielerfahrung während des Forschungsprozesses aufgezeichnet. Wie diese Videografie das Beispiel sinnvoll belegt, thematisiert Abschnitt *4.1 Methodische Folgen für Modell und Quellen*. Am Beginn des empirischen Kapitels komprimiert er methodische Einsichten und leitet eine Vorgehensweise ab. Ferner wurde deutlich, dass eine zeitgemäße Historiografie digitaler Spiele bislang ausblieb. Einzuordnen, welche Bedeutung und Funktion das Fallbeispiel für eine Geschichte digitaler Spiele hätte, übersteigt daher das Vermögen dieses Buches. Die Bestandteile des Wissensangebotes und die erinnerungskulturellen Funktionsweise von *The Secret World* zu dokumentieren, eröffnet jedoch anderen Studien, an die Befunde anzuschließen und die Bedeutung des MMORPGs für die Spielegeschichte anzunähern. Wegen der Verbindungen zu zahlreichen Themenkomplexen kann die Untersuchung digitaler Spiele nicht in Gänze einem geschichtswissenschaftlichen Teilgebiet allein zugeschlagen werden.

Der spezielle Zugriff des vorliegenden Buches allerdings lässt sich durchaus verorten. Zusammen mit dem historischen Wissenssystem transportieren die erinnerungskulturell kommunizierenden Gemeinschaften in dem MMORPG Teile des kulturellen Erbes. Dass digitale Spiele ein Medium des historischen Erinnerns sind, zeigte Christof Zurschmitten in einem kulturwissenschaftlichen Beitrag zum ukrainischen Endzeit-Shooter *S.T.A.L.K.E.R. – Shadow of Chernobyl*.[1604] Angelehnt an Aleida Assmann identifizierte er Modi der Erinnerung über rekonstruierte Objekte als Erinnerungsorte, simulierte Weltentwürfe und Erzählungen durch Spielfiguren, mit denen selbst die weitgehend fiktive Spielwelt historische Erinnerungen im kulturellen Ge-

---

1604 **S.T.A.L.K.E.R.: Shadow of Chernobyl** 2007; **Zurschmitten, Christof:** Die Zone als Ort der Erinnerung und des freien Sprechens? S.T.A.L.K.E.R. – Shadow of Chernobyl: Der Versuch eines Computerspiels als Erinnerungsmedium, in: Appel, Daniel / Huberts, Christian / Raupach, Tim / Standke, Sebastian (Hg.): Welt|Kriegs|Shooter. Computerspiele als realistische Erinnerungsmedien?, Boizenburg 2012; S. 160–83.

dächtnis weitergibt.[1605] Dem gegenüber thematisiert das experimentelle Adventure *Oxenfree* Begriffe von Zeit und Vergangenheit.[1606] Jugendliche stranden darin auf einer Insel, von deren Geschichte allenthalben Touristeninformationen, Radiomeldungen, Briefe und Landmarken künden. Mit teils widersprüchlichen Deutungen reflektiert es den wechselhaften Umgang mit Geschichte und warum manche Orte für erinnerungswürdig gehalten werden, andere nicht. Nach Christopher Sawula zeigt *Oxenfree*, wie ein Mangel an bewusster Bewahrung und reflektierter Interpretation, Geschichte durch Mythen ersetzt.[1607] Für Sun-ha Hong suchen digitale Spiele unaufhörlich Anleihen bei der Vergangenheit, um sich selbst zwischen Geschichte, Mythos und Ritualen zu konstituieren.[1608] Dies betreffe Techniken der Aneignung im Produktionsprozess, Regeln und Erwartungen daran, Vergangenheit und Wirklichkeit beim Spielen anzuzeigen, und einen fortlaufenden Diskurs in der Spielkultur, die Normen dieser Aneignung neu zu justieren.[1609] Digitale Spiele sind also nicht nur ein wichtiges Medium, um historische Inhalte zu verhandeln, sondern korrelieren gleichzeitig mit klassischen thematischen Schwerpunkten einer Public History. MMORPGs tragen noch zusätzlich Ebenen aufgrund ihres speziellen Charakters zwischen Wissenssystem und Spielergemeinschaften bei. Aus ihrer ständigen Veränderung erwächst eine kollektive Vergangenheitserfahrung über die Zeit ihres Betriebs, wie sich etwa die Mehrspieler-Erfahrung von *World of Warcraft* über seine fünfzehnjährige Laufzeit nach Braithwaite wandelte.[1610] Das Fallbeispiel führte in Abschnitt *1.1* weitere Formen von Geschichtserfahrungen bei MMORPGs an. Für Erik Champion haben insbesondere computergestützte Rollenspiele in virtuellen Welten großes Potential, kulturelles Erbe zu transportieren.[1611] Die Medienwissenschaftlerin Tanya Krzywinska untersuchte an *World of Warcraft* das Hintergrundgewebe (Lore) aus Kennzeichen und Narrativen von prähistorischen und historischen Vergangenheiten.[1612] Populärkultur, Fantasy und Mythen spannten dort in kultureller, stilistischer, räumlicher und zeitlicher Hinsicht eine kohärente Welt auf, die moralisch und emotional geladene, spielweltliche His-

---

[1605] **Assmann, Aleida:** Der lange Schatten der Vergangenheit. Erinnerungskultur und Geschichtspolitik. 2. Aufl, München 2014.
[1606] **Oxenfree** 2016.
[1607] **Sawula, Christopher:** Oxenfree, Memory, and Public History, in: *Play the Past* 22.11.2016. Online unter: http://bit.ly/2xC3ktM (Letzter Zugriff: 31.3.2019).
[1608] **Hong, Sun-ha:** When Life Mattered. The Politics of the Real in Video Games' Reappropriation of History, Myth, and Ritual, in: *Games and Culture*, Nr. 1 10/2015; S. 35–56, hier S. 36. Online unter: http://bit.ly/2vtKwJc (Letzter Zugriff: 31.3.2019).
[1609] **Hong:** Life, 2015; S. 50.
[1610] **Braithwaite:** WoWing Alone, 2015; bes. S. 13/14. Vgl. Anm. 1136.
[1611] **Champion, Erik:** Roleplaying and Rituals for Cultural Heritage-Oriented Games, in: *DiGRA '15. Proceedings of the 2015 DiGRA International Conference* 12/2015; S. 1–16, hier S. 7–14. Online unter: http://bit.ly/2 l7 L859 (Letzter Zugriff: 31.3.2019).
[1612] **Krzywinska, Tanya:** World Creation and Lore. World of Warcraft as Rich Text, in: Corneliussen, Hilde / Rettberg, Jill Walker (Hg.): Digital Culture, Play, and Identity. A World of Warcraft Reader, Cambridge 2008; S. 123–42, hier S. 123/24 u. 137.

toriografien und Spieleridentitäten schafft. Trotz der fiktiven Spielwelt seien die Parallelen zu historischen Prozessen in alltäglichen Lebenswelten bestechend. Weil das historische Wissensangebot eng mit den Spielgemeinschaften zu einem Erinnerungskulturellen Wissenssystems verknüpft ist, lassen sich damit verbundene Strukturen und Prozesse in einem MMORPG wie in einem Laboraufbau beobachten. Dieses Buch leistete bis hierher wesentliche Beiträge, um der Historik nötige theoretische und methodischen Grundlagen hinzuzufügen, digitale Spiele als gleichberechtigtes Medium in die Reihe anderer geschichtswissenschaftlicher Gegenstände einzugliedern. So lässt sich die nachfolgende Fallstudie der *Public History* zuordnen, denn dieses geschichtswissenschaftliche Arbeitsgebiet behandelt akademische wie nicht-akademische Kontexte, gezielte wie unbewusste Reflexionen von Geschichte in allen kommunikativen Sphären.

Weil digitale Spiele zentrale Quellen für einen kulturgeschichtlichen Zugriff auf digitale Mediengesellschaften darstellen, folgt das vorliegende Buch einem Ansatz von Public History als historischer Kulturwissenschaft. Ihn mahnte Stefanie Samida an, weil das vorherrschende Verständnis der Teildisziplin zu zeitgeschichtlich fokussiert und einseitig anwendungsorientiert sei.[1613] *Public History* müsse sich auf alle Epochen und diverse Umgangsformen mit Geschichte von Wissenschaft bis Populärkultur ausweiten. Insbesondere schließt Samida mit den Begriffen Performanz, Materialität und Authentzität an kulturhistorische Theorien an.[1614] Aus Sicht der Performanz plädiert sie für einen Begriff von historischen Inszenierungen, der konstruktivistisch kreative Transformationsprozesse des Menschen mit sich selbst und in der Umwelt beschreibt. Eine solche Auffassung hielt das vorliegende Buch für digitale Spiele bereits inhaltlich konsequent und sprachlich durch. Samida betont die Bedeutung des Zusammenspiels aller Beteiligten an einem solchen Prozess, was die Relevanz für eine Untersuchung großer Spielergemeinschaften bei den historischen Inszenierungen von MMORPGs unterstreicht. Komplementär wäre zu ihren Ausführungen die Performativität automatisierter, prozeduraler Rahmenbedingungen zu ergänzen, wie sie für die historischen Inszenierungen digitaler Spiele herausgearbeitet wurden. Das Konzept des kulturellen Erbes führt sie auf die Materialität historischer Relikte, aus der Authentizität geschöpft werde.[1615] Kulturelles Erbe aber zeigte sich in diesem Buch bei digitalen Spielen durchaus jenseits der Rekonstruktion von Objekten. Begreift man Sachobjekte als ein Medium, das historisch inszeniert, müsste der Begriff Materialität bei digitalen Spielen durch den Begriff Medialität ersetzt werden. Dieser Begriff bezeichnet die Summe ihrer medialen Eigenschaften, die den Charakter der historischen Inszenierung formen. Er umfasst neben Objekten, Gebäuden oder Dokumenten auch jene Versuche, historisch durch narrative Netzwerke, Rechenmo-

---

1613 Samida, Stefanie: Public History als Historische Kulturwissenschaft. Ein Plädoyer, in: *Docupedia-Zeitgeschichte* 17.6.2014; S. 1–11, hier S. 3/4. Online unter: http://bit.ly/2gwgVIh (Letzter Zugriff: 31.3.2019).
1614 Samida: Public History, 2014; S. 6–8.
1615 Samida: Public History, 2014; S. 8.

delle oder Weltentwürfe zu referenzieren. Ihr Plädoyer für mehr interdisziplinären Anschluss sowie theoretische und methodische Blicke über den Tellerrand der bisherigen Public History lässt sich angesichts der bisherigen Befunde uneingeschränkt unterstützen. Als Grundpfeiler eines fundierten Forschungsprogramms der Public History kristallisieren sich also Performativität/Performanz, Authentizität und Medialität heraus. An diese Kategorien schließt die Studie des Fallbeispiels *The Secret World* im empirischen Kapitel somit an.

Historische Inszenierungen in digitalen Spielen, beziehungsweise in MMORPGs, können also wesentliche Beiträge in der Public History leisten. Entgegen der Haltung von Rainer Pöppinghege wurde hinreichend klar, dass Geschichte sehr wohl eine Rolle für digitale Spiele und die Spielenden spielt, und längst nicht erschöpfend von der Geschichtswissenschaft behandelt ist.[1616] Jerome de Groot sieht Public Historians in der Pflicht, historische Inszenierungen in populären Medien zu untersuchen, wenn er auch ausgerechnet mit Weltkriegsshootern recht beschränkte Beispiele für historische Inszenierungen wählt.[1617] Eine breitere Untersuchung dazu, in welchen Modi Geschichte medial konsumiert wird, erweiterte sein Untersuchungsspektrum um (Online-)Rollenspiele und unterschied Strategie- und Kriegsspiele.[1618] Dort werde Geschichte zwar in ein komplexes Geflecht aus Interaktionen versetzt, daraus erwachse jedoch kein immanenter Wert für die Geschichtskultur außerhalb der Spielstrukturen.[1619] Diese Ansicht lässt sich angesichts der hier aufgezeigten Dimensionen historischer Inszenierungen in keinster Weise aufrecht erhalten. Matthew Kapell und Andrew Elliot schließen ihren Sammelband damit, dass eben gerade die speziellen, medialen Eigenschaften digitaler Spiele den Spielenden interaktive Möglichkeiten an die Hand geben, um historische Narrative selbst zu interpretieren, mit gegensätzlichen Positionen zu experimentieren oder Narrative im Ganzen zu verändern.[1620] Ihrer Ansicht nach eröffnen sie damit Möglichkeiten, den kreativen Prozess und die Kontrolle über historische Narrative zu demokratisieren, und erlauben Einzelnen, Spielgemeinschaften und Moddern daran teilzuhaben, Geschichte zu formen. Bei allen mitschwingenden Gefahren hilft eine Zurückhaltung der Geschichtswissenschaft nicht. Vielmehr sind digitale Spiele geschichtswissenschaftlich zu studieren, ihre Eigenschaften zu ergründen, um ihre spezifischen Inszenierungen von Geschichte besser zu verstehen. Erst dann kann die Geschichtswissenschaft Spielenden fundiert mögliche Risiken erläutern, aber auch einen gewinnbringenden Umgang mit ihnen als Teil einer

---

1616 Pöppinghege: Geschichte, 2009. Vgl. ab S. 139.
1617 Groot, Jerome de: Empathy and Enfranchisement. Popular Histories, in: *Rethinking History* Nr. 3 10/2006; S. 391–413, hier S. 411 u. 404–409. Online unter: http://bit.ly/2xxJKfY (Letzter Zugriff: 31.3.2019). Vgl. die Ausführungen zu Weltkriegsshootern weiter oben ab S. 144.
1618 Groot: Consuming History, 2009; S. 133–147.
1619 Groot: Consuming History, 2009; S. 7/8.
1620 Kapell, Matthew W. / Elliott, Andrew B. R.: Conclusion(s): Playing at True Myths, Engaging with Authentic Histories, in: Kapell, Matthew W. / Elliott, Andrew B. R. (Hg.): Playing with the Past. Digital Games and the Simulation of History, London 2013; S. 357–69, hier S. 366.

umfassenderen medialen Geschichtskultur. Zuvorderst, so formuliert es Jamie Taylor, scheidet die eindringliche Erfahrung, eine historische Wahl zu haben, die Geschichte, die man spielen kann, von der Geschichte, die man liest.[1621] Ein Medium, das grundsätzlich solche Möglichkeiten bietet, darf eine kulturhistorisch orientierte Public History nicht übergehen. Aus Freddie Rokems Studie über geschichtliche Repräsentationen in theatralen Inszenierungen zitiert Thorsten Logge als zentrale Erkenntnis:[1622] Jeder Akt des Schreibens oder des Erzählens von einer Version dessen, was geschehen ist, „is a form of performing history and resurrecting the past."[1623] Nach Logge gilt Rokems Haltung für ein weites Spektrum historischer Repräsentationen, weshalb die Erforschung diverser Formen, wie mit Geschichte öffentlich umgegangen wird, die Schlüsselaufgabe einer selbst-reflexiven, interdisziplinären Public History sei. Folge die Teildiziplin diesem Selbstverständnis, diene sie nicht nur „as an academic cross-medial history broadcast-station, but also as a wellspring for new critical insights to the nature of history itself."[1624] Geschichtliche Alternativen mithilfe von digitalen Spielen bewusst erfahrbar zu machen, verspricht große emanzipatorische Chancen für die Geschichtskultur, sobald sie die Historik kritisch begleitet. In diesem Sinne arbeitete ich zusammen mit Thorsten Logge in den vergangenen Jahren an der speziellen Ausrichtung der Hamburger Public History, deren Strategie bezüglich digitaler Spiele ich 2014 formulierte und konsequent ausbaue.[1625] Die geschilderten Schlussfolgerungen legen die Basis für die Analyse des Erinnerungskulturellen Wissenssystems eines MMORPGs im folgenden Kapitel. An dem Fallbeispiel *The Secret World* verspricht sich die Studie, ein möglichst detailiertes geschichtswissenschaftliches Verständnis des Phänomens zu erreichen und zugleich das entwickelte Denkmodell zu prüfen.

* * *

1621 Taylor, Jamie: History As It Can Be Played. A New Public History?, in: *Play the Past* 25.2.2016. Online unter: http://bit.ly/2a6MPa1 (Letzter Zugriff: 31.3.2019).
1622 Logge: Public History, 2016; hier S. 153.
1623 Rokem, Freddie: Performing History. Theatrical Representations of the Past in Contemporary Theater, Iowa City 2000; S. 10. In der deutschen Übersetzung von *performing* durch *aufführen* begrifflich unschärfer: **Rokem:** Geschichte aufführen, 2012; S. 34.
1624 Logge: Public History, 2016; S. 153.
1625 Nolden, Nico: Morgendämmerung. Anbruch einer neuen Zeit für mich, für dieses Blog und für den Fachbereich Geschichte, in: *Keimling* 9.4.2014. Online unter: http://bit.ly/1qiQWm4 (Letzter Zugriff: 31.3.2019). Zu meiner Strategie gehören neben der nun vorliegenden Dissertation, die Projektkurse zu digitalen Spielen mit den Studierenden. Auf freiwilligem Engagement der Studierenden basiert die AG „History Matters", die überregional Branchenvertreter und Forschende einbezieht. Zudem baute ich *GameLab* und *Ludothek* der Public History auf. Siehe **Nolden:** GameBox, 2014; **Nolden, Nico:** Die AG Games. Die Arbeitsgemeinschaft „History Matters": Digitale Spiele und Geschichte, 27.11.2018. Online unter: http://bit.ly/2QlyjzG (Letzter Zugriff: 31.3.2019); **Nolden:** GameLab, 2018; **Nolden:** Ludothek, 2018.

4 Vorstoß in verborgene Welten – Das Erinnerungskulturelle Wissenssystem von *The Secret World*

Abschließend führt dieses Kapitel nun die theoretischen, methodischen, strukturellen und inhaltlichen Vorüberlegungen zusammen und wendet das entstandene Denkmodell zur Untersuchung von Online-Rollenspielen auf das Fallbeispiel *The Secret World* an. Damit verbindet sich die Hoffnung, die Komponenten und das Zusammenspiel des komplexen Erinnerungskulturelle Wissenssystems in allen Facetten zu verstehen. Das Fallbeispiel überprüft zudem die Plausibilität des theoretisch abgeleiteten Modelles an empirischen Befunden, um weitere MMORPGs aus geschichtswissenschaftlicher Perspektive vergleichend bearbeiten zu können. Die Fallstudie identifiziert Desiderate für die historische Forschung an Online-Rollenspielen im Speziellen, aber auch für digitale Spiele im Allgemeinen.

Der vorangegangene Abschnitt legte nahe, die historischen Inszenierungen in Online-Rollenspielen nach einem analytischen Dreiklang von *Medialität*, *Performativität* und *Authentizität* zu untersuchen. Erstere beschreibt die Veranlagung eines Mediums aufgrund seiner grundsätzlichen Eigenschaften, Geschichte in der ihm eigenen Art aufzubereiten. *Performativität* bezeichnet die Anlage der Spielwelt als Bühne für das spielerische Handeln, die Voraussetzung für die historische Inszenierung ist. Wegen des enormen Maßes an eigener Gestaltungshoheit innerhalb der medialen Inszenierung, kommt der Performanz aus der Sicht der Spielenden eine ebenso große Relevanz zu. In einem digitalen Spiel genügen für die historische Inszenierung eben nicht die Voraussetzungen der Umgebung allein. In der formenden Handlungsmacht, welche die Spielenden einbringen, liegt ein erheblicher Unterschied zu anderen medialen Formen der Inszenierung. Demnach wären digitale Spiele eher bei progressiven Bühnenaufführungen mit Publikumsbeteiligung oder interaktiv fordernden Ausstellungen einzuordnen. Zuletzt beschreibt *Authentizität* die Formen und Strategien, um spielweltliche Inhalte an lebensweltliche Inhalte anzuschließen und der historischen Inszenierung ein plausibles Gesamtbild zu verleihen. Eine stimmige Inszenierung kann nicht bedeuten, ein in irgendeiner Weise vollständiges Abbild der Vergangenheit zu erschaffen. Eine authentische historische Darstellung nähert sich daher zum Beispiel der Geschichtserfahrung eines Personenkreises in einer bestimmten Epoche oder entwirft Modelle für historische Prozesse innerhalb einer Gesellschaft, um gezielt Aspekte zu betonen. Spannend wird zu betrachten sein, welche Prinzipien eine so verstandene historische Authentizität im Fallbeispiel verankern.

Medialität, Performativität und Authentizität spiegeln verschiedene Aspekte der Terminologie wider, die das vorliegende Buch entwickelt hat. Der Schwerpunkt liegt zunächst auf den Facetten des historischen Wissenssystems und seiner Veränderlichkeit in Abschnitt *4.3 Wissenssystem, diffuse Grenzen und Veränderlichkeit*. Diese

Grundlage ergänzen die Befunde zu *Nutzerperspektiven* (Abschnitt *4.4*), aus denen einzelne Spieler mit dem Wissenssystem wechselwirken. Größere Spielerzahlen überführen die Perspektiven in Abschnitt *4.5 Gemeinschaften und Erinnerungskultur* dahin, wie Spielergemeinschaften historische Inszenierungen kollektiv kommunizieren und verhandeln. Das gesamte dargestellte System bewertet schließlich Kapitel 5. Dieses System steht durchgängig im Mittelpunkt, um die Leserinnen und Leser mitzunehmen, wird es aber stufenweise aufgebaut. Entlang der empirischen Befunde wächst seine Komplexität behutsam Stück für Stück.

Der vorangestellte Abschnitt *4.1 Methodische Folgen für Modell und Quellen* reflektiert daher die Vorarbeiten zur Methodik. Um den geeigneten Rahmen für die Studie am Fallbeispiel zu wählen, resümiert er die Konsequenzen aus dem Charakter der Quelle und ihrer technischen Eigenschaften. Sie begründen die weitere Vorgehensweise, um Aussagen an Befunden zu referenzieren und legen die Quellenarten fest, die als geschichtswissenschaftliche Belege dienen. Geklärt wird, welche Rolle Videografie, Screenshots oder textliche Beschreibungen für die wissenschaftliche Untersuchung spielen, und warum Forenbeiträge die historische Erinnerungskultur belegen sollen. Das Fallbeispiel ist zudem in die technikkulturelle Geschichte digitaler Spiele einzuordnen. Abschnitt *4.2 Technikkulturelle Einordnung* verortet die Position von *The Secret World* relativ zu anderen Untersuchungsgegenständen und in Bezug auf die gesellschaftlich beeinflussten Kreise. Dieser Teil zeigt die Nähe von MMORPGs zu traditionellen analogen Pen&Paper-Rollenspielen und schließt an die technisch prägenden Vorläufer der Multi-User Dungeons (MUDs) an. Besonderheiten des Fallbeispiels liegen zudem in der Entstehungsgeschichte des Entwicklungsstudios, der Produktion von *The Secret World* und in begleitenden Faktoren während des Betriebs.

4.1 Methodische Folgen für Modell und Quellen

Bevor mit dem empirischen Abschnitt begonnen werden kann, ist an dieser Stelle zusammenzufassen, was methodisch aus den Überlegungen zum Charakter digitaler Spiele als geschichtswissenschaftliche Quelle folgt. Die Vorarbeiten entwickelten aus dem, was die produzierende Branche als historisch identifiziert, und Ansätzen aus der Geschichtswissenschaft ein Verständnis dessen, was als das Historische an einem digitalen Spiel gelten kann. Das Ende von Abschnitt *2.3 Das Historische aus Sicht der Forschung* definierte einen Begriff, der die historische Inszenierung klar umreißt. Das historisches Wissensangebot in digitalen Spielen besteht aus narrativen Elementen, den Objekten der Kulisse, spielmechanischen Modellen und automatisierten Weltentwürfen, wovon die Modelle eher makrohistorische Maßstäbe repräsentieren, die Weltentwürfe eher mikrohistorische. Je mehr dieser Komponenten geschichtliche Anleihen suchen, umso höher fällt der Grad historischer Inszenierung aus. Ausdrücklich bezog diese Definition populärhistorische Vorstellungen als Teil einer medialen Erinnerungskultur mit ein. Außerdem offenbarten die Vorarbeiten geschichtswissenschaftliche Erkenntnisinteressen und stellten ihnen die bisherigen

Studien in dem Feld gegenüber. Im Zuge des umfassenden Überblickes zur Forschung kristallisierten sich in Abschnitt *2.5 Systematische Ansätze* für die Zugriffe nach Disziplinen und Spielformen heraus. Abschnitt *2.6 Zugriffe über historische Periodisierung* offenbarte eine stark schwankende Verteilung von Studien mit epochenspezifischen Zuschnitten. Dass jedoch in all den vorgestellten Gebieten bisher große Lücken bestehen, arbeitete Kapitel 3 *Die Erweiterung des Arbeitsfeldes* mithilfe zahlreicher Beispiele heraus. Abschnitt *3.1 Geschichte in digitalen Spielen* begründete vier zentrale Perspektiven geschichtswissenschaftlicher Erkenntnisinteressen: Geschichtsbilder, zeitgeschichtliche Rückkoppungen, die technikkulturelle Geschichte und Erinnerungskulturelle Wissenssysteme. Abschnitt *3.2 Anknüpfungspunkte und Lösungsansätze* arbeitete zudem wissenschaftliche Disziplinen heraus, die systematische Zugriffe auf digitale Spiele sinnvoll erweitern.

Digitale Spiele ließen also eine erhebliche Komplexität des historischen Wissenstransportes erkennen, der Erinnerungskulturen einbezieht. Die Behauptung, es gäbe auf der einen Seite historische Quellen, die etwas über vergangene Zeiten aussagen, andere aber eben nur etwas über populärgeschichtliche Vorstellungen ihrer Entstehungszeiträume, vereinfacht den Gegenstand unzulässig.[1626] Entscheidend für den geschichtswissenschaftlichen Wert einer Quelle ist die angelegte Forschungsfrage, die zudem bedingt, welche Quellenform sinnvoll heranzuziehen ist. Ob es sich um ein *Oral History*-Interview handelt, eine mittelalterliche Stadturkunde, eine nationalsozialistische Deportationsliste, einen Roman des 17. Jahrhunderts oder eben ein digitales Spiel, manifestieren sich in allen Quellenformen historische Vorstellungen ihrer Zeit. Grundsätzlich ist dies sowohl für die gewählte Form als auch die Inhalte der Quellen festzustellen – und zwar gleichermaßen für eine Interpretation von Vergangenheiten aus ihrem jeweiligen Zeithorizont sowie für Deutungen von zeitgenössischen Sachverhalten. Ganz gleich, welche Quellenform betrachtet wird, brechen sich ihre historischen Inhalte durch die Wahrnehmung ihrer Schöpfer. Eine exakte, verlässliche Vergangenheit kann keine Geschichtsforschung je rekonstruieren, sie vermag sie über die in Quellen artikulierten Vorstellungen bloß anzunähern. Sogar Ereignisse selbst sind nur vermeintlich faktisch oder tatsächlich. Es stellt sich stets die Frage, was ein Ereignis wann für welchen Beobachter konstituiert. Nach Jacques Derrida wird zu oft vergessen,

> „dass die Techniken der unmittelbaren Wiedergabe von Worten und Bildern [...] interpretieren, selektieren, filtern und infolgedessen das Ereignis *machen*, anstatt es bloß abzubilden. [...] Stillschweigend und ohne es zuzugeben, lässt man ein Sprechen, das ein Ereignis macht, als simple Mitteilung des Ereignisses durchgehen." [Hervorheb. i. Orig.][1627]

[1626] Siehe dazu **Schwarz:** Game Studies, 2015, einleitend in Abschnitt *2.5 Systematische Ansätze* ab S. 86.
[1627] **Derrida:** Möglichkeit, 2003; S. 22/23.

Legt man diesen Maßstab an den Begriff der Quelle, dann ist nicht nur der Bericht darüber, sondern bereits das Ereignis selbst eine interpretierende Konstruktion. Erst recht gilt das für die genannten Quellenarten: eine Deportationsliste oder eine städtische Urkunde über einen Landerwerb sind in Inhalt und Form bereits interpretierende Konstruktionsakte. So taugt die Unterscheidung zwischen einer mittelalterlichen Urkunde, die vergangenes menschliches Leben zu rekonstruieren vermag, und einem digitalen Spiel, das Vorstellungen über eine Vergangenheit konstruiert, für einen zeitgemäßen geschichtswissenschaftlichen Quellenbegriff nicht. Ein digitales Spiel und eine Urkunde unterscheiden sich in der Intention ihrer Schöpfer, mit historischen Inhalten umzugehen. Diese Absichten müssen Historiker für ihre Forschungsfragen berücksichtigen, aber dadurch haben die Quellenformen nicht per se geringeren oder höheren historischen Wert. Werden also alle genannten Fälle aus historischen Vorstellungswelten heraus konstruiert, steht bis hinab zum Ereignis immer auf brüchigen Füßen, ihre Informationen durch geschichtswissenschaftliche Forschungen als *korrekt* zu bewerten. Für Sandkühler sind digitale Spiele sinnvoll als geschichtswissenschaftliche Quellen nutzbar.[1628] Eine Geschichtswissenschaft, „die sich unter dem Label der Neuen Kulturgeschichte subsummieren lässt", müsse sich auch Quellen öffnen, „deren Wert nicht daran bemessen werden kann, ob die dargestellten Abläufe >korrekt< sind". Vielmehr müsse sie „den Blick für die Art und Weise der Darstellung und die Gründe ihrer Wirksamkeit" schärfen.[1629] Er verweist damit auf eine Konzeption von Kulturgeschichte, wie sie bei Ute Daniel vorzufinden ist.[1630] Folgt man der Auffassung sind alle Quellenarten in der genannten Weise zu behandeln.

Digitale Spiele besitzen also für die Geschichtswissenschaft einen ebenso hohen Quellenwert, wie jedes andere Medium, das historische Vorstellungen transportiert. Quellenarten nach ihrer historischen Aussagekraft zu hierarchisieren, verkennt diesen Wert für unterschiedliche Arbeitsgebiete der historischen Wissenschaft und in Abhängigkeit von der gewählten Forschungsfrage. Anstelle Quellen derart zu gewichten, sollte die Geschichtswissenschaft besser ein hilfswissenschaftliches und methodisches Instrumentarium entwickeln, um digitale Spiele als Quellenart verstehen zu lernen und ihren Umgang mit Geschichte adäquat diskutieren zu können.

Für die weitere empirische Arbeit ist festzulegen, wie mit den grundlegenden Eigenschaften digitaler Spiele umzugehen ist. Wie gravierend sich deren Verfassung auf historische Fragestellungen auswirkt, unterstrich Abschnitt *3.3 Digitale Spiele als Überlieferungsträger* bezüglich Archivierung, Bewahrung und Präsentation. Zusammen mit den historischen Facetten, die der vorliegende Abschnitt einleitend subsummierte, und den medialen Eigenschaften digitaler Spiele lassen sich treffende Untersuchungselemente für eine empirische Fallstudie bestimmen. Aus der vorhan-

---

[1628] **Sandkühler:** Historiker, 2010³; S. 220/21. Vgl. im vorliegenden Buch ab. S. 75.
[1629] **Sandkühler:** Historiker, 2010³; S. 214.
[1630] **Daniel:** Kompendium, 2004⁴; S. 7–25.

denen geschichtswissenschaftlichen Forschungsliteratur leitete Abschnitt *2.4.1 Die Eigenschaften des Gegenstandes* ab, die für eine historische Studie relevant sind. Carl Heinze rückte das technische System als Basis in den Mittelpunkt, dessen physikalische, technische Ausrichtung prägend für Hard- und Software sei und damit für die historische Inszenierung der Quelle. Adam Chapman strukturierte die Spielerfahrung nach einem Spektrum spielerischer Phänomene, deren Komponenten ihn auf eine neue historische Form führen. Für Martin Zusag führen die beiden Perspektiven durch ihre permanente Wechselwirkung komplementär auf ein produktiv-rezeptives Gesamtsystem dieser Quellenform. Vincenzo Casso und Mattia Thibault knüpften digitale Spiele an geschichtstheoretische Strömungen an. Sie eröffnen dadurch Möglichkeiten, digitale Spiele in ein Verhältnis zu anderen historischen Quellen zu setzen. Diese Vorarbeiten führten zu dem Schluss, dass es nicht sinnvoll ist, Teilkomponenten wie visuelle Aspekte oder Narrationen separat zu untersuchen. Digitale Spiele müssen aufgrund der interdependent wechselwirkenden Funktionsweisen von historischen Bestandteilen der Inszenierung grundsätzlich umfassend als System betrachtet werden. Studien an Teilkomponenten sind also stets in das Gesamtsystem einzuordnen. Die Eigenschaften und ihre Wechselwirkungen näher zu beleuchten, wird den medialen Charakter digitaler Spiele aus geschichtswissenschaftlicher Sicht um weitere Facetten konkretisieren.

In der Summe führt also die konkretere Betrachtung der Quellenform noch über die obige Kritik an der Haltung in der Geschichtswissenschaft hinaus. Digitale Spiele sind nicht einfach eine weitere Quellenform, der mit dem bisherigen geschichtswissenschaftlichen Instrumentarium allein zu begegnen wäre. Sie sind ein besonderes Medium mit außergewöhnlichen Eigenschaften, die sonst keine andere mediale Form aufweist. Es zeigt sich, dass digitale Spiele Geschichte auf bislang ungekannte Arten inszenieren wie etwa durch prozedurale Rechenmodelle, automatisierte Weltentwürfe oder dadurch, erinnerungskulturelle Gemeinschaften mit in die historische Inszenierung hinein zu ziehen. Berücksichtigt man diese grundlegenden Eigenschaften der Quellenform, führen sie auf Folgen für ihre methodische Behandlung als Gegenstand von geschichtswissenschaftlichen Studien, die Abschnitt *2.4.2 Methodische Folgen aus dem Charakter der Quelle* herleitete. Digitale Spiele sind eine Komposition aus diversen medialen Formaten, die sich überlagern und beeinflussen. Jedes einzelne stellt vor erhebliche methodische und theoretische Herausforderungen, zusammen komponiert werden sie umso komplexer. Sie folgen nur wenigen kanonischen Gesetzmäßigkeiten und verändern sich als Medienform unablässig. Inhalte und Form von Software entwickeln sich über ihren Lebenszyklus beständig weiter, insbesondere Online-Spiele, wo die gegenseitige Beeinflussung von Spielenden noch parallel hinzukommt. Schon digitale Spiele zu spielen, setzt einen erheblichen Zeitaufwand voraus, umso mehr sie zu studieren und zu erforschen. Um eine Inszenierung hervorzurufen, sind digitale Spiele auf die Spielenden angewiesen; nur durch ihr Handeln kommt die Inszenierung überhaupt zustande. Weil sie vom aktiven Handeln der Spielenden abhängen, können Forschende eine vollständige Spielerfahrung mit allen erdenklichen Pfaden nicht reproduzieren.

Für geschichtswissenschaftliche Studien an digitalen Spielen müssen Ergebnisse durch verlässliche Terminologie und methodische Standards besser nachvollziehbar und vergleichbar werden. Belege für Spielsituationen sind zu referenzieren, die Quellengrundlage muss ludografisch festgehalten werden und flüchtige Spielsitzungen sind überprüfbar zu dokumentieren. Leider erschweren die Eigenschaften digitaler Spiele diese Aufgabe, wie Gunnar Sandkühler festhielt: „[E]ine [...] Fixierung [der Quelle] ist beim Computerspiel im Gegensatz zur klassischen Text- oder Sachquelle nur schwer möglich[,]" denn „durch die Anlage des variablen Verlaufes [...] und den performativen Charakter des Spielens" existiere keine „abgesicherte, letztgültige Fassung des Spielablaufes [...] [,] keine historisch kritische Ausgabe einer Spielsitzung".[1631] Dieses Kernproblem aber muss gelöst werden, um Beobachtungen von Forschenden durch aussagekräftige Belege am Studienobjekt zu referenzieren. Eine wissenschaftliche Arbeitsweise bedingt, dass Forschende sich Nachweise ihrer Spielerfahrungen videografisch selbst herstellen. Dadurch werden sie zu den Urhebern ihrer eigenen Quelle, mit der sie wiederum die historischen Aspekte in ihren Studien belegen. Diese Belegform überführt die ursprünglich freiere Spielsituation in einen Film mit weniger Freiheitsgraden. Der Mitschnitt lässt nur noch die Perspektive des Forschenden nachvollziehen, zum Beispiel ein Rundumblick wie im Spiel oder abweichende Handlungsoptionen ermöglicht er nicht. Mit einem Video wird also eine eigene Quellenform als Beleg für Aussagen angefertigt. Geschichtswissenschaftlich problematisch, sind Forschende nicht nur Urheber dieser Quellen, sondern zugleich Teil der historischen Inszenierung selbst. Bei der Erforschung eines digitalen Spieles stehen Forschende also nicht als Beobachter neben dem Gesamtsystem, sondern beeinflussen durch ihr Handeln die historische Inszenierung und so ihre Beobachtungen. Aufgrund der theoretischen Vorüberlegungen lassen sich diese Begleitumstände systematisch nicht auflösen. Der Umgang damit kann anderen Forschenden nur offengelegt werden. Methodische Konsequenzen zieht das vorliegende Buch, weil die Empfehlungen für textliche und audiovisuelle Referenzierung von Abschnitt *2.4.2 Methodische Folgen aus dem Charakter der Quelle* stringent befolgt werden. Flexibilität verleiht ein zweistufiges Referenzsystem. Unspezifischer verweist eine ludografische Angabe in den Fussnoten auf den vollen Titel und gegebenenfalls den Untertitel eines digitalen Spieles, gefolgt vom Jahr der Veröffentlichung, und ergänzt sie in der Bibliografie um den Namen des Entwicklerstudios und den Publisher. Diese Form ist tauglich, um auf ein digitales Spiel als generelles Beispiel, sein generelles Thema oder Setting sowie Begleitumstände seiner Entstehung zu verweisen. Nach Simon Hassemer ersetzen Screenshots nicht einen audiovisuellen Mitschnitt des Spielprozesses im Bewegtbild, um konkrete Argumente zu belegen. Spielpfade mitzuschneiden, ermöglicht keine definitive Feststellung, was alles in einem digitalen Spiel zu erfahren ist. Eine Videografie belegt aber die Plausiblität dessen, was Forschende aus einer Spielszene geschlossen haben.

1631 Sandkühler: Historiker, 2010³; S. 214.

Am vorliegenden empirischen Beispiel wurden dutzende Stunden von Videomaterial aus der eigenen Spielerfahrung des Autors mitgeschnitten. Zur besseren Dokumentation ordnet ein Schlagwortsystem schon im Namen der Datei die Beiträge thematisch, das die Dateien in der obersten systematischen Ebene einem Großbuchstaben zuordnet: (A) markiert die Kategorie der Geschichtsbilder, (B) bezieht sich auf die zeitgeschichtlichen Rückkopplungen, (C) verweist auf die technikkulturelle Geschichte. Die Kategorie D als wichtigste Untersuchungskategorie für die Erinnerungskulturellen Wissenssysteme spaltet sich aufgrund ihres Umfanges in (D1) Wissenssystem und (D2) Erinnerungskultur.

Tabelle 4-1: Systematik der Videografie zu *The Secret World*

Kategorie	Erkenntnisinteresse
A	Geschichtsbilder
B	Zeithistorische Rückkopplung
C	Technikkulturelle Geschichte digitaler Spiele
D1	Wissenssystem
D2	Erinnerungskultur

Als Findmittel, um sachlich zusammenhängende Videos zu recherchieren, dient eine Excel-Datei. Sie wird aus den Dateinamen automatisch generiert und lässt sich so frei nach Schlagworten durchforsten. Nun summieren sich die aufgezeichneten Dateien allerdings nicht nur auf Dutzende Stunden im Spielverlauf, sondern auch auf eine große Datenmenge von vier Terabyte. Aufgrund dieses Volumens können die Dateien (noch) nicht online zur Verfügung gestellt werden, wie es Hassemer fordert. Gern können sie vor Ort eingesehen und unter Erwähnung meines Namens als ihr Urheber für weitere Forschungszwecke genutzt werden.

Um die Befunde den Lesern übersichtlicher aufzubereiten, ergänzen drei kompakte Videobeiträge über die Kernaspekte des entworfenen Denkmodells die in den Fussnoten referenzierten Verweise auf die dokumentierten Mitschnitte.[1632] Sie fassen gezielt die obigen Kategorien (A) – (D) zusammen. Das erste Video überblickt die grundlegenden Funktionsweisen des Spieles, um seine Besonderheiten als Bestandteil einer technikkulturellen Geschichte (C) von Online-Rollenspielen herauszuarbeiten. Dadurch ergänzt es die Ausführungen in Abschnitt *4.2 Technikkulturelle Einordnung*. Die bewusst angelegten Geschichtsbilder (A) und zeitgeschichtliche Rückkopplungen (B) sind inhaltliche Kerne des Wissensangebotes und prägen dessen strukturelle Anlage mit. In Anlehnung an Abschnitt *4.3 Wissenssystem, diffuse Grenzen und Veränderlichkeit* verfolgt daher das zweite Video jene Facetten dieses Wis-

---

[1632] **Nolden, Nico:** Geschichte und Erinnerung in Computerspielen. Playlist, in: *Kanal TheBlitzechse via Youtube*. Online unter: https://tinyurl.com/y26hqgrb (Letzter Zugriff: 31.03.2019).

senssystems (D1). An der Schnittstelle zwischen dem Wissenssystem und der Erinnerungskultur befinden sich die Nutzerinnen und Nutzer. Daher widmet sich das dritte Video den Perspektiven der einzelnen Spielenden, welche Abschnitt *4.4 Nutzerperspektiven* behandelt. Deren Einzelwahrnehmung setzt das Video dann in ein Verhältnis zum *Erinnerungskulturellen Wissenssystem* (D), in dem Spielergemeinschaften historische Prozesse aushandeln. Das vorliegende Buch hob hervor, dass die strukturelle Aufbereitung der historischen Inszenierung, die Nutzerperspektiven und erinnerungskulturelle Prozesse wechselwirken und voneinander abhängen. Deshalb sind sie sinnvoll gemeinsam zu veranschaulichen. Systematisch sind die Überblicksvideos daher komplementär zum Textaufbau der Erkenntnisse in Abschnitt *4.3*, *4.4* und *4.5* zu verstehen. Auch wenn das Material geschnitten ist und der Autor und Urheber die Videos kommentiert, ermöglichen sie, die Befunde am Text nachzuvollziehen.

Aus den Schlussfolgerungen der vorangegangenen Kapitel leiten sich die Elemente her, welche die empirische Studie unter Bezugnahme auf die Kategorien (A) – (D) beleuchtet. Zunächst behandelt Abschnitt *4.3 Wissenssystem, diffuse Grenzen und Veränderlichkeit*. Die Untersuchung der Geschichtsbilder greift die Zugriffe über klassische Epochen und über Mikroepochen wieder auf. Neben den bereits behandelten Ansätzen sucht die Studie am Beispiel des Online-Rollenspiels nach Entsprechungen für die Lücken, die Abschnitt *3.1.1 Geschichtsbilder* für jedes epochale Feld identifizierte. Zu reflektieren sind dabei die zeitgeschichtlichen Rückkopplungen, für die Abschnitt *3.1.2 Zeitgeschichtliche Rückkopplung* einige geschichtswissenschaftlich relevante Beispiele aufzeigt. Zudem ist das Beispiel *The Secret World* nicht nur Teil einer technikkulturellen Geschichte, auch seine Spielinhalte nutzen und interpretieren die Spielehistorie vergleichbar mit den Beispielen in Abschnitt *3.1.3 Technikkulturelle Geschichte digitaler Spiele*. Eine Missionsreihe verwendet beispielsweise auf reinem Text basierende Adventures, deren Handlungen sich auf die Spielwelt auswirken.[1633] Ähnlich gilt dies auch für erinnerungskulturelle Reflexionen, deren Spektrum Abschnitt *3.1.4 Erinnerungskulturelle Wissenssysteme* aufzeigte. An den Spielinhalten manifestieren sich Vorstellungen, wie auf historische Inhalte zugegriffen werden kann. Zu betrachten wäre etwa, wie Historikerinnen und Historiker und ihre Arbeitsweisen repräsentiert sind, oder welche Auffassungen von Deutungshoheit über Geschichte die Spielfraktionen vertreten. Diese im Spiel angelegten Repräsentationen sind Teil des Wissensangebotes. Sie sind davon zu unterscheiden, das MMORPGs selbst als Teil erinnerungskultureller Prozesse zu betrachten.

Alle Kapitel zeigen, dass digitale Spiele, ob nun bewusst oder unbewusst, viele historische Sachverhalte thematisieren und überdies eine große Zahl systematischer Zugriffe der Geschichtswissenschaft und anderer Geisteswissenschaften berühren.

[1633] Die Mission *Versenkung* (engl. Spielversion *Immersion*) umfasst Adventures an diversen Schauplätzen: **TSW_D1_QuestInvest_VW_Nebengeschichten_WeitereAnalysen Versenkung Stufe 1b** Einloggen in Spiel 1_0 2015–08–17.

Dazu gehören etwa globalhistorische und postkoloniale Ansätze, aber auch theoretische Fragen wie die Art und Weise, in der narrative Netzwerke funktionieren. Um Rückschlüsse auf das Wissenssystem zu ziehen, sind sowohl die Angebote an historischem Wissen zu identifizieren als auch die Prozesse, mit denen es kontinuierlich verändert wird. Hilfreich dafür werden die Blicke über den disziplinären Tellerrand hinaus sein, wie sie Abschnitt *3.2 Anknüpfungspunkte und Lösungsansätze* anhand eines großen Forschungsüberblicks darstellte. Auf diese Aspekte hin werden verschiedene Elemente untersucht, die der festgelegten Definition des Historischen an einem digitalen Spiel folgen. Bezüglich der *Sach- und Objektkultur* beleuchtet die Studie zeitgenössische und historische Artefakte wie Gebäude, Kleidung, Fahrzeuge, Gebrauchsgegenstände und Kreaturen. Hervorzuheben ist die einfallsreiche Verwendung von Landkarten. Dieser Abschnitt ordnet die Objekte zudem in das Spektrum historischer Hintergründe der Spielgebiete ein. Meist behandeln digitale Spiele Personen objekthaft. Der unorthodoxe Umgang des empirischen Beispiels mit spielinternen, computergesteuerten Figuren verblüfft in manchen Bereichen. Sie werden daher mit einbezogen, wenn *Narrative Netzwerke* als zweite Kategorie untersucht werden. Dieser Abschnitt handelt von dem komplexen Zusammenspiel narrativer historischer Fragmente aus geschichtswissenschaftlichen Erkenntnissen, kulturhistorischen Einflüssen und populärgeschichtlichen Vorstellungen. Dafür sind Enzyklopädien und Wissensdatenbanken von Interesse, historische und spielgeschichtliche Hintergrundfragmente (Lore), die Erzählung in Stufen von Missionen (Quests) und ihre verschiedenen Typen. Die von den Entwicklern in den spielweltlichen Schauplätzen platzierten Figuren spannen mit ihren Berichten ein multiperspektivische Personennetzwerk auf – aus einer jeweiligen persönlichen Sicht über Ereignisse, ihren individuellen Lebensgeschichten und persönlichen Anliegen. Zusammen mit den Weltdeutungen der spielweltlichen Gruppierungen generieren sie eine spielweltliche Oral History. Diese Elemente der Untersuchung müssen ins Verhältnis zueinander gesetzt werden, um die Form des narrativen Netzwerkes herauszuarbeiten. Als dritte Dimension betrachtet die empirische Untersuchung *makrohistorische Rechenmodelle*. Hierunter fallen spielmechanische Fragen, aber auch modellhafte Inszenierungen von Gesellschaft, Politik, Wirtschaft und Wissenschaft. Viertens werden historische *Weltentwürfe* betrachtet, die eine geschichtliche Atmosphäre aus Landschaften, Soundscapes und Lichtverhältnissen schaffen. Diese Atmosphäre stützen automatisierte Systeme wie Tag- und Nachtwechsel, Wetterphänomene und alltägliche Lebensabläufe von computergesteuerten Figuren in mikrohistorischer Perspektive. Zudem diffundieren die parallelen Realitäten der Lebenswelt von Spielenden und die spielweltliche, zeithistorische Ebene ineinander. Verantwortlich sind zum Beispiel geschickte Anknüpfungspunkte des Spieles zu externen Webinhalten.

Tabelle 4-2: Überblick zu den Elementen der Untersuchung am Wissenssystem von *The Secret World*

Objektkultur	Narrative Netzwerke	Makrohistorische (Rechen-)Modelle	Mikrohistorische Weltentwürfe
Gebäude / Infrastruktur	spielweltliches Personennetzwerk (Oral History)	Spielmechanik	Landschaften
Karten	Weltsichten (Gruppierungen)	Gesellschaft	Routinen
Fahrzeuge	Missionen (Stufen / Typen)	Wirtschaft	Soundscapes
Bekleidung	Hintergrundfragmente (Lore)	Politik	Licht
Gebrauchsgegenstände	Enzyklopädien / Wissensdatenbanken	Wissenschaft	Lebenswelt / Spielwelt
Figuren			
Kreaturen			

Mehrfach betont wurde die wichtige Rolle der Spielenden als Teil der historischen Inszenierung, die durch ihr Handeln im historischen Wissenssystem zustande kommt. Entlang der Beobachtungen am empirischen Beispiel ist daher die grundlegende Struktur zu klären, in welche die Spielenden dort eingebettet sind. Mangels tragfähiger Rezeptionsstudien nähert sich Abschnitt *4.4 Nutzerperspektiven* ihrer Funktion zwischen Rezipienten und Prosumenten über die behandelten wissenschaftlichen Ansätze interdisziplinär. Relevant dafür sind Aspekte des Konstruktivismus mit seinen Einflüssen auf Wissenssoziologie und Lerntheorie. Die Medienpsychologie steuert Befunde über die Spielerschaft und ihr Verhalten in bereits untersuchten Online-Rollenspielen bei. Elementar sind auch Studien über das Verhältnis von Spielenden zu ihren Avataren, insbesondere unter Berücksichtigung, dass die spielweltliche Ebene im Fallbeispiel nahe an der lebensweltlichen Realität der Spielenden liegt. Auch wenn digitale Spiele mit historischen Inszenierungen immer Teil von erinnerungskulturellen Sphären sind, weisen Massively-Multiplayer-Online-Spiele die Besonderheit auf, dass große Spielergemeinschaften bereits im Spiel miteinander agieren und kommunizieren. Wirft also der vorher beschriebene Abschnitt Blicke auf den einzelnen Nutzer in einem Online-Rollenspiel, so behandelt Abschnitt *4.5 Gemeinschaften und Erinnerungskultur* nun die erinnerungskulturelle Relevanz der sozialen Spielerverflechtungen. Unter Mithilfe von soziologischen und kulturwissenschaftlichen Forschungen legt dieser Teil offen, wie sich Gemeinschaften bilden, was sie tun und wie sie kommunizieren. So erschließt der Teil dieses Buches die Verbindungswege zu einer historischen Erinnerungskultur, die das empirische Beispiel durchdringt. Letztlich ist dafür zu ermitteln, welche Diskussionen in welcher Weise über historische, für historisch gehaltene und spielweltgeschichtliche Inhalte (*Lore*) stattfinden. Dieses schwierige Unterfangen konzentriert sich letztlich auf verschriftliche Diskussionen aus offiziellen Foren. Ihre Auswertung bildet die spielinternen gemeinschaftlichen Diskussionen erinnerungskulturell ab. Bei der Konzentration auf das offizielle Forum wird außen vor gelassen, dass auch Spielergemeinschaften eigene Webseiten betreiben, in deren Foren über die Spielinhalte kommuniziert wird. Angesichts ihrer kaum übersehbaren Fülle sowie ihres ständigen Entstehens und Vergehens wurde das durchgängig vorhandene, offizielle Forum jedoch bevorzugt.

Theoretisch wären weitere Zugriffe auf erinnerungskulturelle Kommunikationsprozesse denkbar. Zum Beispiel kommunizeren die Spielenden durch Headsets sprachlich mithilfe von *Voice-over-IP* (VoIP). Diese Kommunikation aufzuzeichnen ist jedoch ohne Einverständnis nicht legal. Sie über das Studieninteresse zu informieren, würde jedoch zugleich das Gespräch auf diesen Zweck lenken und die Untersuchungsergebnisse verfälschen. Kommunikation über Chats gibt es zwar in textlicher Form innerhalb des Spieles, dort aber werden nur kürzeste Informationen ausgetauscht, meist in Hinsicht auf Spielfortschritt, Gruppenbildung und Hilferufe bei zu schweren Aufgaben. Für historische Diskussionen erweist sich dieser Weg als zu umständlich. Einen besonderen Aspekt stellen Rollenspielerinnen und Rollenspieler dar, die auch außerhalb der Spielwelt nicht aus ihrer spielinternen Rolle fallen. Eine bemerkenswerte Zahl sammelt sich dafür auf speziellen Community-Seiten für Rollenspieler. Sie führen auf *Twitter* und *Facebook* Accounts, die aus der Perspektive ihrer Spielfiguren kommunizieren. Auch dort werden historische Inhalte thematisiert, allerdings sind Rückschlüsse nicht einfach, ob es sich um das Ausspielen einer spielinternen Auffassung der Spielfigur handelt oder eine Äußerung als Teil der Erinnerungskultur zu werten ist. Vonseiten der Entwickler wären Dokumente aus dem Design- und Produktionsprozess interessant. Sie liegen im Falle von *The Secret World* aber leider nicht öffentlich vor. Einen gewissen Ersatz dafür bieten Geschäftsberichte, in denen der Entwickler *FunCom* als börsennotiertes Unternehmen zu öffentlicher Auskunft verpflichtet ist. Teilweise sind Blogs und VLogs vorhanden, also Selbstauskünfte der Entwickler in Text und Bewegtbild über die Intentionen, nach denen sie das Spiel gestaltet haben. Nicht notwendig aber erreichen diese Intentionen die Spielenden, während diese die Spielwelt erkunden, so dass sie nur als Ergänzung herangezogen werden. Gleiches gilt für Interviews mit den Entwicklern oder spielejournalistische Beiträge, die als ergänzende Indizien nützen, aber nicht direkt auf die Erinnerungskultur der Spielenden rückschließen lassen. Relevant ist eben nicht, wie ein Spiel gemeint ist, sondern wie die Spielenden die historischen Inszenierungen auffassen und kommunizieren. Die Kommunikation von Spielenden in den offiziellen Foren zu untersuchen, erscheint gewinnbringend, denn sie dokumentieren die Kommunikation über den langen Zeitraum von 2007–2017. Ebenso wie weiter oben die Nachteile einer videografischen Methode diskutiert wurden, weist auch der Ansatz, erinnerungskulturelle Belege nachzuweisen, Defizite auf. Gezielte Studien an den erinnerungskulturellen Aspekten eines MMORPG könnten sicherlich stärker in die Tiefe gehen. Beispielsweise wären statistische Untersuchungen über sehr viele Spielende mithilfe der empirischen Sozialforschung denkbar. Ethnografisch könnten

Teilnehmende Beobachtungen als Teil vieler Gemeinschaften erinnerungskulturelle Prozesse aufschlüsseln. Zielgerichtet könnte der Anteil von Gesprächen über Geschichte in MMORPG-typischen Gruppenerfahrungen wie Raids, Dungeons oder organisatorischen Versammlungen ermittelt werden. Umfassende Interviewreihen könnten zudem Spielerinnen und Spieler gezielt zu ihren historischen Erfahrungen am Spiel und ihren Vorkenntnissen befragen und diese weiteren Interviews mit den Herstellern zu deren Intentionen gegenüberstellen. Jede dieser Methoden, die Erinnerungskultur zu erschließen, hat jeweils eigenen Nutzen, aber auch Nachteile. Bei der statistischen Vorgehensweise ist nicht nur die teilnehmende Anzahl von Spielenden entscheidend, sondern auch ihre Kategorisierung und der Wert von Rückschlüssen aus der Spielwelt auf die Lebenswelt und umgekehrt. Die ethnografische Methode wirft die Frage auf, wie repräsentativ die gewonnenen Erkenntnisse sein können und wie viele Gemeinschaften man dafür besuchen müsste. Interviews setzen voraus, dass die Befragten nicht durch die Fragetechnik gelenkt werden, geben aber trotzdem nur wieder, wie sich die Befragten selbst reflektieren. Es wäre sicherlich interessant zu sehen, welche Erkenntnisse solche Methoden am Beispiel *The Secret World* heben könnten. Sie sind bei Weitem zu aufwändig, um sie im Rahmen des vorliegenden Buches zu realisieren. Die Vorstellungen über das Gesamtsystem aber, die hier formuliert werden, können solchen tiefergehenden Studien als Ausgangsbasis dienen.

4.2 Technikkulturelle Einordnung

Das Anwendungsbeispiel *The Secret World* ist als Online-Rollenspiel ein Teil der Historiografie von digitalen Spielen, insbesondere aber ist es in die Geschichte der MMORPGs einzuordnen. Energisch plädierte Raiford Guins dafür, den Umgang mit digitalen Spielen in der Geschichtswissenschaft zu „critical historical studies of video games" fortzuentwickeln.[1634] Die technische Entstehungsgeschichte der Spielform legt das Fundament, um im Sinne einer theoretisch fundierten, wissenschaftlich-historischen Reflexion die soziokulturelle Dimension des Phänomens aufzuarbeiten. Dafür sei der ganze Lebenszyklus eines digitalen Spieles zu fokussieren und die verschiedenartigen Erfahrungen, mit denen Menschen es wahrnehmen könnten, zu diskutieren.[1635] Dieser Vorstellung folgt der Abschnitt über die technikkulturelle Geschichte digitaler Spiele, indem er die komplexen Entwicklungen der heutigen Online-Rollenspiele und darin des empirischen Beispiels *The Secret World* nachzeichnet. Er betrachtet technische Ursprünge bei Multi-User Dungeons (MUDs) aus der Frühzeit von Online-Rollenspielen, die sich maßgeblich an Pen-&-Paper-Rollenspiele anlehnten. Einige der damaligen Spielerinnen und Spieler wuchsen zu prägenden

---

1634 **Guins:** Game After, 2014; S. 21. Vgl. weiter vorn ab S. 280.
1635 **Guins:** Game After, 2014; S. 4.

Leitfiguren der digitalen Spielform. Wenn man auch von Leitfiguren für die Branche von den Entwicklern des Fallbeispieles nicht schreiben kann, produziert doch auch *FunCom* schon lange MMORPGs. Auf sie ist daher ebenfalls einzugehen. Online-Rollenspiele galten früh als besonders perfekte Verkörperung elementarer Eigenschaften der digitalen Sphäre. Darin könnte einer der Gründe liegen, weshalb sich das Phänomen von einer Subkultur zu einem Massenphänomen entwickelte. Allerdings stagniert die Spielform zuletzt in kreativer Hinsicht und veränderte Spielprinzipien eher graduell. Aus dieser Stagnation sticht das Online-Rollenspiel *The Secret World* als außergewöhnliches Unikat hervor, weshalb der Abschnitt mit dessen Besonderheiten schließt. Zum Beispiel ging das MMORPG innovative Wege bei der Narration. Einige seiner Neuerungen allerdings brachen mit etablierten Konventionen, die Kunden eigentlich von der Spielform erwarteten. Ein Relaunch versuchte mit veränderter Spielmechanik vormalige Kritikpunkte zu beheben. Auch wenn damit eine gewisse Zäsur eintrat, änderte sich im Hinblick auf die historische Inszenierung nichts Elementares, so dass die Befunde auch für die neue Fassung ihre Gültigkeit behalten. Als Grundlage der historischen Inszenierung sind technologische Besonderheiten erinnerungskulturell relevant. Der Abschnitt grenzt daher ein, auf welchen technischen, spielmechanischen und inhaltlichen Stand des Gegenstandes sich die Studie bezieht.

4.2.1 Soziokulturelle Ursprünge

Die Anfänge der computerisierten Spielform liegen in den späten siebziger Jahren. Dort enstanden die Multi-User Dungeons (MUDs), deren funktionale Anlage und technische Gestaltung nachhaltig die Weichen für spätere Entwicklungen stellten. Die Bezeichnung leitet sich von dem ersten dieser Multiplayer Online-Rollenspiele aus dem Jahr 1978 ab.[1636] Seit den späten achtziger Jahren wird es als *MUD1* bezeichnet, um es von der Spielform an sich und Nachfolgern zu unterscheiden.[1637] Als einer seiner Schöpfer verfasste Richard Bartle aus der Entwicklerperspektive eine technische und wirtschaftliche Chronik der MUDs, die auch ihre Nachfolger umspannte und von den Anfängen bis zur Jahrtausendwende reichte.[1638] Damit leitete er sein Grundlagenwerk über das Design Virtueller Welten ein, und prägte eine Definition, was diese virtuellen Welten ausmacht:[1639] Die *Physik* der Welt beruhe auf automatisierten Regeln, die Spieler ermächtigen, Veränderungen vorzunehmen. Spielende würden jeweils durch eine Spielfigur in der Spielwelt verkörpert, die einen individuellen *Charakter*, nicht etwa Reiche oder Armeen repräsentiert. Die Interaktion mit der Welt geschehe in *Echtzeit*, nicht etwa rundenbasiert abwechselnd, weshalb auf Handlungen der Spielenden unmittelbares Feedback der Welt folge. Zudem teilten die

---

[1636] **MUD1** 1978.
[1637] **Bartle:** Virtual Worlds, 2006; S. 7.
[1638] **Bartle:** Virtual Worlds, 2006; S. 3–31.
[1639] **Bartle:** Virtual Worlds, 2006; S. 3/4.

Spielenden die Welt *gemeinsam*. Bis zu einem gewissen Grad sei sie *persistent*, besteht also weiter, wenn ein Spieler sich nicht mit ihr verbunden hat, und entwickelt sich unabhängig von ihm fort.

Diese MUDs wirken für heutige Augen nicht spekatulär, weil sie, wie Torill Mortensen es beschreibt, Zeile um Zeile an Texten auswarfen und Spielende nur in textlicher Form aufeinander reagieren konnten.[1640] Eine Maus zu verwenden, gestatteten nur die wenigsten. Um zu navigieren, zu kommunizieren oder um programmierte Rätsel zu lösen, mussten Befehle ausgeschrieben werden. Das Spektrum dieser in der Regel nicht-kommerziellen Spiele variierte nach Mortensen von sozialen Chaträumen mit nur wenigen spielerischen Elementen bis zu stark kompetetiven Umgebungen, in denen Spielerinnen und Spieler gegen Gegner der Spielwelt oder Spielende ins Feld ziehen.[1641] Im Laufe der Zeit, besonders aber in den achtziger und neunziger Jahren, entstanden Derivate von MUDs mit diversen Schwerpunkten.[1642] Bis zum Jahr 2004 waren nach einer Studie, die Rudolf Inderst erwähnt, etwa 1.700 Exemplare bekannt.[1643] Nach Mortensen galt ein Spielerbestand von 200 Personen bereits als solide Basis für MUDs, so dass in der Regel ein paar Dutzend Menschen gleichzeitig online waren. Diese Zahlen sind kaum mit den Dimensionen heutiger Online-Spiele vergleichbar. Allerdings zeigte Mortensen im Vergleich der DIKU-MUDs *DragonRealms* und *Aarinfel* mit dem MMORPG *World of Warcraft*, wie nachhaltig viele grundlegende Spielprinzipien von MUDs die MMORPGs prägen:[1644] Trotz ihrer Textlastigkeit eröffneten sie meist fantastische Spielwelten online, in denen Menschen zusammen Abenteuer bestehen, Kämpfe ausfechten und Rätsel lösen. Zu Beginn generieren Spielende einen Charakter mit äußeren Attributen wie der Zugehörigkeit zu einer Rasse oder einem Volk, Klassen wie Magier oder Krieger und dem Geschlecht. Zahlenwerte repräsentieren Fähigkeiten, auf die während des Spieles Proben gewürfelt werden, um das Gelingen oder Scheitern von Handlungen festzustellen. Mit diesem Basis-Charakter betreten die Spielenden dann Gebiete, um gegen Kreaturen und Spieler zu kämpfen sowie Missionen (Quests) zu bestehen, die nicht immer nur auf Kämpfen basieren müssen, sondern beispielsweise Rätsel enthalten. Sind sie erfolgreich, erhalten sie Erfahrungspunkte, welche die Fähigkeiten ihres Charakters verbessern. Zudem gewinnen sie neue Ausrüstung, die sie in Abhängigkeit von ihren Fähigkeiten nutzen können. Stirbt die Spielfigur, so ersteht sie an nahegelegenen Orten wie Friedhöfen auf. Ein Scheitern wird in unterschiedlicher Weise bestraft. Manchmal müssen Spielende schlicht den Weg bis zur eigenen Leiche als Geist bewältigen, was nur Zeit kostet, manchmal aber können in der Zwischenzeit auch andere Spieler die Überreste plündern, so dass wertvolle Ausrüstung verloren geht. Diese

---

1640 Mortensen: WoW, 2006; S. 398.
1641 Mortensen: WoW, 2006; S. 398.
1642 Bartle: Virtual Worlds, 2006; S. 9–12.
1643 Inderst: Vergemeinschaftung, 2009; S. 54.
1644 Mortensen: WoW, 2006; S. 400–409; **Aarinfel** 1996; **DragonRealms** 1996; **World of Warcraft** 2004/5 ff.

Ausrüstung befindet sich in einem Inventar, das auf Eingabe eines Textbefehles angesehen und auch anderen Spielenden hergezeigt werden kann. Spielende genießen es häufig, ihre Errungenschaften zur Schau zu stellen. Zur Kommunikation mit anderen Spielenden dienen innerhalb von MUDs geschriebene Befehle im Textchat, die je nach Ausruf eine andere Reichweite der Kommunikation verdeutlichen (whisper, say, yell). Kanäle sortieren dabei die Kommunikation nach Adressaten wie zum Beispiel ein World Channel, Guild Channel oder Gruppenkanäle. Einige davon sind reserviert für aktives Rollenspiel „in-character" (IC), in anderen können auch Fragen zum Spiel oder lebensweltliche Themen diskutiert werden, was als „out-of-character" (OOC) bezeichnet wird. Darüber koordinieren Spielende auch den Handel mit Ausrüstungsgegenständen. Für längeren textlichen Austausch können Briefe versendet werden. Eingaben im Textchat artikulieren sogar emotionale Gesten oder Aktionen in Beziehung zu anderen Spielenden. Sogenannten *Emotes* bieten Aktionen wie Begrüßung, Umarmung und Abschied, Mimik wie Lächeln oder Traurigkeit, Gesten wie wütendes Aufstampfen oder gar Tanzeinlagen. In MUDs konnten Spielende zudem individuelle *Emotes* erstellen. Vorgefertigt sind heutige Formen weniger flexibel, dennoch zahlreich genug, dass das Prinzip ähnlich funktioniert. All jene Spielelemente übertrugen sich von den ersten MUDs bis in heutige MMORPGs.

Einen ersten Versuch, virtuelle Welten grafisch darzustellen, stellte *Habitat* dar, nach langer Vorbereitung 1990 veröffentlicht.[1645] Zwar konnten die Nutzer mit Avataren auftreten, mit anderen Personen interagieren und kommunizieren, Gegenstände aufnehmen und Gesten ausführen, es handelte sich jedoch eher um einen sozialen Begegnungsraum mit wenigen Minispiel-Elementen. Habitat erfüllt formal die Bedingungen, die Bartle für eine Virtuelle Welt anlegte, allerdings blieb der Spielanteil gering, so dass man es nicht wie bei Inderst als Spiel bezeichnen könnte.[1646] Die geschilderten Kernaspekte von MUDs fehlten der bebilderten Chatplattform weitestgehend. Immerhin wählten sich seine Nutzer mit Modems in eine gemeinsame Welt mit grafisch dargestellten Örtlichkeiten ein, die persistent auf einem Zentralrechner lief. Eine wirkliche, grafisch dreidimensionale Spielwelt verwendete sechs Jahre später *Meridian 59*, spielmechanisch ein vollwertiges MUD.[1647] Die ökonomischen und spielmechanischen Systeme waren innovativ, nach Einschätzung von Bartle dadurch aber auch fehlerhaft, und anfänglich überforderte der Andrang von Spielenden die Technik.[1648] Knapp vor dem Durchbruch des Internet durch leistungsfähigere Zugangsgeräte veröffentlicht, habe die grafische Inszenierung unter technischen Beschränkungen gelitten – vor allem im Vergleich zu einem zeitgleich erschienenen Shooter wie *Quake* – und Grafikkarten seien noch nicht üblich gewesen.[1649] Dieses Beispiel hätte den Übergang zu MMORPGs markieren können, ihm gelang aber kein

---

1645 **Habitat** 1990.
1646 **Inderst:** Vergemeinschaftung, 2009; S. 55.
1647 **Meridian 59** 1996.
1648 **Bartle:** Virtual Worlds, 2006; S.22.
1649 **Bartle:** Virtual Worlds, 2006; S. 24/25; **Quake** 1996.

wirtschaftlicher Erfolg, selbst wenn es nach einigen Besitzerwechseln bis heute in Betrieb ist und durch die Community weiterentwickelt wird.[1650]

Die Bezeichnung als Multi-User Dungeon hängt nach Ansicht von Bartle nicht direkt damit zusammen, aber das Rollenspielsystem *Dungeons & Dragons* von 1974 beeinflusste die Spielkultur der computergestützten Varianten erheblich.[1651] Die Spielelemente und die Funktionsweise von MUDs ähneln den sogenannten *Pen&Paper*-Rollenspielen, wo Spielende die Spielerfahrung mit Stift, Charakterbögen und Würfeln gemeinschaftlich in lokalen Spielrunden teilen.[1652] Für eine gelungene Spielerfahrung bei analogen Rollenspielformen, die auch heute noch verbreitet sind, entscheidet das interaktive Zusammenspiel zwischen dem Spielleiter und den Abenteurern, die mit erdachten Spielfiguren wechselseitig und möglichst kreativ in ihrer Rolle auf eine erzählte Handlung reagieren. In den computergestützten Varianten übernimmt nun der Rechner die je nach Rollenspielsystem durchaus komplizierte Kalkulation von Würfelproben und Gegnerverhalten. Dem Entwickler und seiner Programmierung fällt dort die Rolle des Spielleiters zu. Spielerinnen und Spieler verbanden sich nun ortsunabhängig über den gemeinsamen Spieltisch hinaus und kommunizierten rechnergestützt. Die *Pen&Paper*-Rollenspiele wurden vielfach inspiriert von Fantasyliteratur, verbunden mit Namen wie J. R. R. Tolkien oder C.S. Lewis.[1653] Körperlich eingetaucht in die performante Erfahrung bestehen Parallelen der MMORPGs zu *Live Action Role-Playing Games (LARP)*, deren Anhänger geschauspielerte Rollenspielevents an lebensweltlichen Orten ebenfalls auf Basis solcher fantastischer Welten durchführen.[1654] Wie vielfältig Spielarten der fantastischen Rollenspiele im Ablauf, ihrer Geschichte, ihren Regelwerken, in ihrer Sprachlichkeit und in ihrer Szene sind, weist ein Sammelband von Ulrich und Ludwig Janus aus.[1655] Sie knüpfen komplexe kulturelle, soziale und psychologische Zusammenhänge zu der performanten Aktivität.

1650 Inderst: Vergemeinschaftung, 2009; S. 57; **Olivetti, Justin:** The game Archaeologist: Meridian 59, in: *Massively Overpowered* 27.2.2016. Online unter: http://bit.ly/2ykNhAF (Letzter Zugriff: 31.3. 2019).
1651 Bartle: Virtual Worlds, 2006; S. 5 zur Ableitung und **Bartle:** Virtual Worlds, 2006; S. 61–76 für Einflüsse aus Büchern, Film und TV und analogen Rollenspielen; **Arneson, David / Gygax, Gary:** Dungeons & Dragons, Lake Geneva 1974; historischer Überblick bei **Inderst:** Vergemeinschaftung, 2009; S. 29–52.
1652 Knapp überblickt bei **Inderst:** Vergemeinschaftung, 2009; S. 34–39.
1653 Inderst: Vergemeinschaftung, 2009; S. 30–34.
1654 Inderst: Vergemeinschaftung, 2009; S. 39–41. Hierin wiederum bestehen große Parallelen zum historischen Reenactment: **Samida, Stefanie:** Per Pedes in die Germania Magna oder Zurück in die Vergangenheit? Kulturwissenschaftliche Annäherungen an eine performative Praktik, in: Willner, Sarah / Koch, Georg / Samida, Stefanie (Hg.): Doing History. Performative Praktiken in der Geschichtskultur, Münster 2016; S. 45–62; **Dreschke, Anja:** Etwas Altes, etwas Neues, etwas Geliehenes... Zum Erfinden von Ritualen im historischen Reenactment, in: Ebd.; S. 173–92.
1655 Janus / Janus: Abenteuer, 2007.

Den deutschsprachigen Raum prägte besonders das Pen&Paper-Rollenspiel „Das Schwarze Auge" seit 1984, das mit einer eigenständigen fantastischen Welt aufwartete, deren Geschichte und Kultur sukzessive in enormer Detaildichte fortgeschrieben wurde.[1656] Nach der Mittelalterstudie von Carl Heinze ließen sich die Entwickler dieser fantastischen Spielwelt vom europäischen Mittelalter inspirieren, weshalb es nicht per se als ahistorisch betrachtet werden darf.[1657] Obwohl mit der *Nordland-Trilogie* für „Das Schwarze Auge" in den neunziger Jahren digitale Spiele für Einzelspieler entstanden, die im deutschsprachigen Raum erfolgreich waren, blieb ihnen ein internationaler Durchbruch zunächst versagt.[1658] Erst zehn Jahre später erlangte *Drakensang: Das Schwarze Auge* weltweite Anerkennung und beachtliche Verkaufszahlen.[1659] Seither folgten zwar, spielerisch gelungen, aber nur mäßig erfolgreich, die Adventures *Satinavs Ketten* und *Memoria*, das Action-Rollenspiel *Demonicon* und die Mischung aus Rundenstrategie und Rollenspiel in den Teilen von *Blackguards*.[1660] Ein Online-Rollenspiel im Sinne eines modernen MMORPGs hingegen, das sowohl den Kriterien für Virtuelle Welten als auch dem Schema für MUDs genügen würde, setzte sich für die Welt des Schwarzen Auges nicht durch. Zwar startete *Herokon Online* 2012 in einer fantasiereich erzählten Spielwelt mit dem offiziellen Regelwerk und umfangreicher Charaktergenerierung als Browser-Rollenspiel.[1661] Die Spielerperspektive allerdings versetzte es in eine isometrische Kartenansicht. Wirtschaftlich behauptete es sich nicht und wurde 2015 eingestellt. Erfolgreicher ist seit 2011 das browserbasierte *Drakensang Online*, allerdings erwarben dessen Entwickler lediglich Namensrechte.[1662] Anstelle des Regelwerkes oder der Spielwelt des Schwarzen Auges entwarfen sie ein eigenes Universum und eigene Mechaniken. Bot *Herokon Online* rollenspieltypisch dichte Erzählungen auf, beschränkt sich *Drakensang Online*: Seine Spielmechanik folgt Prinzipien des Action-Rollenspiels *Diablo* und nicht Eigenschaften von MMORPGs, auch wenn Spielelemente wie eine Kampfarena für Spieler (PvP) und der enorme Abonnentenkreis Ähnlichkeiten aufweisen.[1663]

Ist die Spieleszene der *Pen&Paper*-Rollenspiele auch nach persönlicher Erfahrung digitalen, fantastischen Rollenspielen gegenüber affin, liegen statistische Untersuchungen darüber nicht vor. Durchaus gibt es auch Rollenspieler, bei denen digitale

---

1656 **Inderst:** Vergemeinschaftung, 2009; S. 38; **Kiesow, Ulrich:** Das Schwarze Auge, Berlin 1984. 2015 erschien die bereits fünfte, stark veränderte Auflage im Ulisses Verlag.
1657 **Heinze:** Mittelalter, 2012; S. 185–210. Im vorliegenden Buch erläutert ab S. 117.
1658 Die *Nordland-Trilogie* setzt sich zusammen aus dem bestbewertetsten **Das Schwarze Auge: Die Schicksalsklinge** 1992 und seinen Nachfolgern **Das Schwarze Auge: Sternenschweif** 1994 sowie **Das Schwarze Auge: Schatten über Riva** 1996.
1659 **Drakensang** 2008; **Drakensang: Am Fluss der Zeit** 2010.
1660 **Das Schwarze Auge: Satinavs Ketten** 2012; **Das Schwarze Auge: Memoria** 2013; **Das Schwarze Auge: Demonicon** 2013; **Das Schwarze Auge: Blackguards** 2014; **Das Schwarze Auge: Blackguards 2** 2015.
1661 **Herokon Online** 2012–2015.
1662 **Drakensang Online** 2011.
1663 **Diablo** 1996.

Spiele verpönt sind, wie es digitale Spieler gibt, die sich mit abendlichen Würfelrunden und gespitzten Stiften nicht anfreunden. Daher bleibt schwierig einzuschätzen, wie kongruent die sozialen Kreise von analogen und digitalen Rollenspielern letztlich sind. Ohne Computer zur Hilfe zu nehmen, verkörpern also bereits die analogen Rollenspielvarianten vergleichbare Medienformen, die auf performanten Inszenierungen basieren. Ob nun körperlich in einer Burgruine mit anderen Menschen ausgespielt oder eher in einer abendlichen Spielrunde am Wohnzimmertisch kreativ und kollaborativ erzählt, tauchen Spielende mit einer Spielfigur in eine virtuelle Welt ein, kämpfen, rätseln und erleben abenteuerliche Erfahrungen. Digitale Spiele sind aber, wie die methodischen und sachbezogenen Abschnitte dieses Buches herausarbeiten, Medien von besonderer Komplexität. Ihr spezifischer medialer Charakter rührt daher, dass sie traditionelle Medienformen von Text, Bild, Bewegtbild und Ton mischen und aus deren gemeinsamer Wechselwirkung etwas Neuartiges gebären. Beim Zugriff auf die Spielwelt mittels Interface und Spielmechanik nehmen auch hier die Spielenden die zentrale Rolle selbst ein, da jede Inszenierung ihr Zutun voraussetzt.

Beeindruckt von den entstehenden Möglichkeiten vernetzter digitaler Systeme suchte die Geisteswissenschaftlerin Janet Murray zur Jahrtausendwende nach zentralen Charakteristika. Ihrer Ansicht nach verkörperten insbesondere MMORPGs grundlegende Eigenschaften digitaler Systeme am besten.[1664] Ihre Untersuchung an performativen und interaktiven Formen von Inszenierungen zwischen künstlicher Intelligenz, digitalen Spielen, Theater, Film, Fernsehen und Literatur arbeitete vier intrinsische Eigenschaften digitaler Systeme heraus:[1665] Sie simulieren erstens *prozedural* das komplexe Verhalten des Systemes, indem sie eine Abfolge von Regeln anwenden.[1666] Diese Eigenschaft hat enorme Folgen für das Medium, denn damit legt es keinen stabilen Pfad für die präsentierten Informationen fest. Vielmehr ermöglichen die Regeln der Maschine, in „complex, contingent behaviors" zu reagieren.[1667] Zweitens begünstigen digitale Systeme *partizipativ* individuelle Herangehensweisen von Nutzern. Interaktion mit einem System heißt, dass es auf Eingaben von Nutzern reagiert und durch Feedback die Nutzer zu neuen Eingaben animiert. Für Murray ist „the primary representational property of the computer [...] the codified rendering of responsive behaviors."[1668] Interaktiv ist eine spielerische Umgebung also, wenn sie prozedural und partizipatorisch funktioniert. Benutzer einer digitalen Umgebung legen ihre eigenen Interessen zugrunde, basierend auf ihrem individuellen Vorwissen, ihren Vorlieben und persönlichen Zielen, und wählen selbst ihre Vorgehensweise, wodurch die Individualisierung der Nutzererfahrung intrinsisch im System liegt. Um eine prozedurale Umgebung in ihrem Verhalten zu beeinflussen und zu verändern,

---

1664 Murray: Hamlet, 1998; S. 86.
1665 Murray: Hamlet, 1998; S. 71–90.
1666 Murray: Hamlet, 1998, S. 71.
1667 Murray: Hamlet, 1998, S. 72.
1668 Murray: Hamlet, 1998; S. 74.

erläuterte Murray an dem frühen Adventure *Zork*, müsse ein solches partzipatorisches System seine Nutzer „with opportunities to make decisions" versehen.[1669] Indem sie die Veränderlichkeit eines abstrakten Wissensraumes oder eines rekonstruierten geografischen Ortes im Verlauf der Zeit abbilden, inszenieren digitale Systeme zudem *räumlich*. Dafür räumen sie ihren Nutzern ein, sich selbsttätig multidirektional durch ihre Welten zu bewegen, anstatt zum Beispiel durch ein Printerzeugnis linear geführt zu werden.[1670] Während ein Buch auf die verbale Beschreibung von Entfernungen oder äußeren Maßen von Objekten setzt, können digitale Umgebungen die mediale Durchmischung nutzen, um Räumlichkeit physisch, visuell und akustisch darzustellen. Darüber hinaus meint Murray einen abstrakteren Raumbegriff, denn:

> „this spatial property [...] is in fact independent of the computer's ability to display maps, pictures, or even three-dimensional models. It is also independent of its communicative function in linking geographically distant places. The computer's spatial quality is created by the interactive process of navigation."[1671]

Wenn diese Räume durch die Navigation der Nutzer konstituiert werden, erfüllen auch Systeme aus verknüpften Wissenseinheiten diese Eigenschaft. Sie spannen einen Wissensraum auf, der nicht notwendig geografisch abbildet. Eine räumliche Perspektive im Sinne eines mehrdimensionalen Bezugssystemes zwischen Informationen schließt an das Wissenssystem an, welches für das historische Wissensangebot eines digitalen Spieles weiter vorn als Untersuchungskategorie vorgeschlagen wurde.[1672] Zukünftig ist somit die Geschichtswissenschaft herausgefordert, neue Formen für die Bewegung durch digitale Räume zu ermitteln.[1673] Eine Folge dieser virtuellen Räume ist nahezu unbegrenzter Stauraum, denn der Zusammenschluss von Computern zu Netzwerken ermögliche das „most capacitous medium ever invented".[1674] Durch die beliebige Anzahl vernetzter Wissenselemente verknüpften digitale Systeme enorme *enzyklopädische* Netzwerke aus Informationen. Allerdings ließen weltweit vernetzte Informationssysteme aufgefundene Wissenselemente chaotischer, unvollständiger und fehlleitend erscheinen, weil sie fragmentierter und unorganisierter wären.[1675] Das Widerstreitende oder Unvollständige ist aber für historische Diskurse keine neue Qualität. Digital vernetzte Systeme legen vielfältige Interpretationen nur offener als etwa eine Aufbereitung durch Printerzeugnisse. Sollen Nutzer davon nicht überfordert werden, müssen digitale Systeme sie nicht nur partizipatorisch ermächtigen, durch diese Wissensräume zu navigieren. Sie müssen auch die nötigen Kompetenzen

---

1669 Murray: Hamlet, 1998; S. 77; **Zork** 1977; **[unbekannt]:** Zork Talk, in: *Your64* 2/1984; S. 44. Online via Archive.org: http://bit.ly/2yvcAR8 (Letzter Zugriff: 31.3.2019).
1670 Murray: Hamlet, 1998, S. 79.
1671 Murray: Hamlet, 1998, S. 80.
1672 Siehe zuvor Abschnitt *3.1.4 Erinnerungskulturelle Wissenssysteme*.
1673 Murray: Hamlet, 1998; S. 83.
1674 Murray: Hamlet, 1998; S. 83/84.
1675 Murray: Hamlet, 1998; S. 84.

schulen, um Nutzerinnen und Nutzer bei der eigenen Navigation zur Sinnstiftung zu befähigen. Denn in einem interaktiven Medium ist der interpretative Rahmen abhängig von den Regeln, nach denen das System funktioniert und wie die Teilhabe der Nutzer ausgeformt ist.[1676] Diese Eigenschaften beschreiben die Medialität digitaler Systeme, also unabhängig von digitalen Spielen den Charakter, wie sie als Medium Informationen verarbeiten. Die Faktoren prozedural und partizipatorisch beschreiben in dem Medienbegriff die Interaktivität eines Systems, Räumlichkeit und der enzyklopädische Charakter erzeugen jenseits von grafischer Opulenz und packenden Geschichten bereits durch die Erkundbarkeit und die Weitläufigkeit von virtuellen Welten eine Immersion.[1677] „[C]ombining its spatial, participatory, and procedural elements with its encyclopedic coverage" identifiziert Murray schließlich „online roleplaying environments in the adventure games tradition" als digitale Systeme, die am besten die intrinsischen Eigenschaften verkörperten.[1678] Hatte sie vor zwanzig Jahren vornehmlich MUDs vor Augen, blieben nach Torill Mortensen deren meiste Spielelemente und Kerneigenschaften in Online-Rollenspielen erhalten.[1679] Im Wesentlichen trifft ihr Befund also auch auf MMORPGs zu.

Die computerisierte Variante der Rollenspiele begann zunächst als das Privatvergnügen einer technisch versierten Subkultur. Wie analoge *Pen&Paper*-Rollenspielen kennzeichnet jedoch auch ein MUD essentiell die soziale Erfahrung. Gary Gygax beschrieb als Schöpfer des papiernen Rollenspielsystems *Dungeons&Dragons* dessen zentrale Eigenschaft dadurch, dass eine Spielergemeinschaft eine kollaborative Unterhaltung erschafft.[1680] In seiner Autobiografie schildert Richard Garriott, einer der prägendsten Entwickler von MMORPGs, wie sehr seine Erfahrungen mit *Pen&Paper*-Rollenspielen seine Arbeitsweise beim Design digitaler Pendants formte.[1681] Beim Spielen eines Computer-Rollenspieles online zu sein, bedeutete zu Zeiten der ersten MUDs, einem exklusiven, akademischen Kreis anzugehören, der auf das wissenschaftliche *Advanced Research Projects Agency Network (ARPANet)* zugreifen konnte.[1682] Dieser Vorläufer des Internets etablierte technische Standards und spannte ein erstes weitmaschiges Datennetz über Universitäten und Forschungseinrichtungen zunächst in den USA, später folgten weitere Standorte in westlichen Industrienationen. Die Universität Essex, an der *MUD1* entstand, wurde von der *British Telecom* ausgewählt, als Pilotprojekt in Großbritannien am *ARPANet* teilzunehmen.[1683] Da-

---

1676 **Murray:** Hamlet, 1998; S. 89.
1677 **Murray:** Hamlet, 1998; S. 71.
1678 **Murray:** Hamlet, 1998; S. 86.
1679 **Mortensen:** WoW, 2007. Vgl. S. 337.
1680 **Schiesel, Seth:** Gary Gygax, Game Pioneer, Dies at 69, in: *New York Times* 5.3.2008. Online unter: http://nyti.ms/2tdwlXc (Letzter Zugriff: 31.3.2019).
1681 **Garriott:** Explore/Create, 2017; S. 13–18 u. 27–35.
1682 **Veerapen, Maeva:** Where do Virtual Worlds Come From? A Genealogy of Second Life, in: *Games and Culture*, Nr. 2 8/2013; S. 98–116. Online unter: http://bit.ly/2icsmcA (Letzter Zugriff: 31.3.2019); S. 101–104.
1683 **Bartle:** Virtual Worlds, 2006; S. 6.

durch erhielt die Universität ein Spezialistenteam, eine gewisse Zahl Einwählmodems und erhebliche Ressourcen. Eigentlich diente diese Technologie wissenschaftlichen Zwecken, wurde aber für MUDs zweckentfremdend. Dadurch eröffneten MUDs im *ARPANet* textbasierte, meist fantastische Spielwelten, in denen Menschen gemeinsam Abenteuer bestanden. Bis zur Mitte der achtziger Jahre standen MUDs daher prinzipiell nur einem exklusiven, technologisch affinen und akdamischen Kreis offen. Allerdings zeigen die Memoiren von Garriott, dass er als Sohn eines NASA-Astronauten selbst als Teenager recht unproblematisch Zugriff auf Recheneinheiten des Rüstungskonzerns *Lockheed-Martin* erhielt.[1684] Die Ränder dieses Kreises beschränkten sich somit nicht nur unmittelbar auf akademische Mitarbeiter. Schon vor den sozial vernetzten Online-Rollenspielen erfreuten sich computergestützte Rollenspiele für einzelne Nutzer großer Beliebtheit.[1685] Dadurch hatte sich nach Ansicht von Bartle dank beliebter Text-Abenteuer am Ende der achtziger Jahre die Funktionsweise für Einzelspieler etabliert und viele Begeisterte produzierten eigene MUDs.[1686] Allerdings seien nur wenige akademische Institutionen so großzügig mit ihren computerisierten Ressourcen umgegangen wie die Universität Essex. Die einzelnen Spiele blieben dadurch trotz ihrer wachsenden Gesamtzahl nur lokal begrenzte Phänomene. Über die akademische Sphäre vernetzt jedoch, wuchs die Zahl der überregional genutzten Spiele rasant. Eine Studie von 1993 bemaß ihren Anteil am Gesamtvolumen des damaligen Netzes auf zehn Prozent des gesamten Datenverkehrs.[1687] Unter damaligen Bedingungen spricht der Wert für eine beachtliche Beliebtheit in akademischen Subkulturen.

4.2.2 Zwischen MUDs und MMORPGs

Die Erfindung des heutigen *World Wide Web* brachte trotz einer kommerziellen Öffnung keinen sofortigen Durchbruch als Massenmarkt. Wenige große Anbieter für Internet-Services wie *CompuServe* und *AOL* öffnen den Zugang mit teuren, zeitabhängigen Gebühren zunächst höchstens für wohlhabende Nutzer.[1688] Gemessen an

---

1684 Garriott: Explore/Create, 2017; S. 27/28.
1685 Inderst: Vergemeinschaftung, S. 41–52. Gezielt für Einzelspieler werden parallel bis heute fantastische Rollenspiele entwickelt wie etwa das herausragende **Divinity: Original Sin 2** 2017. 2012 setzte ein Sammelband digitale Rollenspiele – sozial vernetzte Titel, primär aber jene für Einzelnutzer – ins Verhältnis zueinander und zu nicht-digitalen Rollenspiel-Aktivitäten: **Voorhees, Gerald / Call, Josh / Whitlock, Katie** (Hg.): Dungeons, Dragons, and Digital Denizens. The Digital Role-Playing Game, New York 2012.
1686 Bartle: Virtual Worlds, 2006; S. 8.
1687 Bartle: Virtual Worlds, 2006; S. 12.
1688 Bartle: Virtual Worlds, 2006; S. 15.

diesen Bedingungen lief von 1991 bis 1997 sehr erfolgreich *Neverwinter Nights*.[1689] Dieses erste grafisch aufwändigere Online-Rollenspiel betrieb exklusiv der Anbieter *AOL*. Sein zugrunde liegendes fantastisches Universum bediente sich mittelalterlicher Einflüsse. Insgesamt belief sich die Spielerbasis auf einige Zehntausend, in einer Spielwelt gleichzeitig aber kamen nur wenige hundert Spielende zusammen. Der Definition virtueller Welten nach Bartle widerspricht allerding die rundenbasierte Interaktion bei *Neverwinter Nights*. Zu Beginn der neunziger Jahre erreichte die Beschäftigung mit Online-Spielen einen wachsenden Kreis von Personen, die sich über Anbieter in das vergrößerte, kommerzielle Internet einwählen konnten. Da die Anbieter ihre Zugangsgebühren stundenweise abrechneten, blieb dieses Internet für zeitraubende spielerische Aktivitäten nur unwesentlich weniger exklusiv als das akademische ARPANet.[1690] Da ein Spiel wie *Neverwinter Nights* ausschließlich von *AOL* betrieben wurde, erreichte es maximal dessen Kundenkreis, nicht aber den anderer Anbieter. Erst in den späten neunziger Jahren fielen nicht nur die die heute rückblickend absurden Preise für den Online-Zugang, sondern auch die Kosten für Hardware drastisch.[1691] Zudem konnten Übertragungstechniken wie DSL größere Mengen an Daten durch das Telekommunikationsnetz umsetzen.[1692] Deshalb wurden nicht zufällig Online-Rollenspiele nun zu einem Massenphänomen für Millionen von Menschen. Die gesunkenen Preise und die bessere Verfügbarkeit von Internet-Verbindungen ermöglichte plötzlich mehr sozialen Schichten, sich die technisch anspruchsvolle Aktivität zu leisten.

Weil sich kompatible und leistungsfähige Rechensysteme in industrialisierten Gesellschaften massenhaft verbreiteten, gelang kurz vor der Jahrtausendwende grafisch aufwändigeren Online-Rollenspielen der Durchbruch. Für die westliche Hemisphäre markierte *Ultima Online* diesen Punkt, das 1997 Richard Garriot schuf, dem zugeschrieben wird, den Begriff *MMORPG* geprägt zu haben.[1693] Welches Beben das Spiel auslöste, verdeutlicht Bartle:

> „When *Ultima Online* garnered 50.000 subscribers within 3 months, people took notice. When it broke 100.000 within a year, jaws dropped. Never mind the substantial income from retail sales: 100.000 people were each paying $9.95 *per month* having already bought the game – and none of that money was going to retailers."[1694]

1689 Neverwinter Nights 1991–97; **Olivetti, Justin:** The Game Archaeologist: AOL's Neverwinter Nights, in: *Massively Overpowered* 2.5.2015. Online unter: http://bit.ly/2yXkTpD (Letzter Zugriff: 31.3.2019).
1690 Bartle: Virtual Worlds, 2006; S. 13 schreibt von zwei- bis dreitausend britischen Pfund an Verbindungskosten in nur einem Vierteljahr. **Olivetti:** Neverwinter Nights, 2015 beziffert die Kosten auf 6–8$ in der Stunde.
1691 Bartle: Virtual Worlds, 2006; S. 16 bzw. Internet-Gebühren und S. 25. bzgl. Hardware wie 3D-Beschleunigerkarten.
1692 Inderst: Vergemeinschaftung, 2009; S. 61.
1693 Ultima Online 1997 ff.; **Glimm, Charles:** Ultima Online. Test, in: *Gamestar* 12/1997; S. 186–92; **Garriott:** Explore/Create, 2017; S. 151–92.
1694 Beide Hervorhebungen im Original bei **Bartle:** Virtual Worlds, 2006; S. 21.

Der Erfolg diese Online-Rollenspiels lässt sich darauf zurückführen, dass die titelgebende Reihe *Ultima* zugrunde lag, deren Rollenspiele bekannt und geachtet waren.[1695] Epizentren des durch den Titel hervorgerufenen Bebens waren aber spielekulturelle Veränderungen und seine wirtschaftliche Durchschlagskraft. Während des Entwicklungsprozesses, schildert Garriott, habe Publisher *Electronic Arts (EA)* der Idee des Online-Rollenspiels kaum Bedeutung beigemessen und ebenso wenig Ressourcen wie Personal zugewiesen.[1696] Erst als Garriott vor dem eigentlichen Verkaufsstart bereits den Zugang zur Beta-Testphase mit fünf Dollar pro Spieler monetarisierte, habe der Publisher das Potential bemerkt.[1697] Der erfolgreiche Verkaufsstart bewies schließlich der gesamten produzierende Gameswirtschaft, dass Virtuelle Welten zu einem ökonomisch tragfähigen Geschäftsmodell im großen Stil taugen.[1698] Spielekulturell markiert der erste Vorläufer trotz seiner isometrischen Überflugansicht einen Meilenstein für MMORPGs.[1699] Erstmals gestaltete es eine viel reichhaltigere virtuelle Welt als jedes MUD, rückte keine feste Erzählung in den Mittelpunkt, sondern das Community-Building, verfolgte eine auf die Spieler zentrierte Philosophie im Game Design und gestand den Spielenden unterschiedliche Spielstile zu.[1700] Nach Bartle handelte es sich bei diesen Prinzipien um

> „[...] tremendously important insights; they had a powerful impact on the graphical virtual worlds that appeared in the two to three years following UO's release, and are now regarded as absolute prerequisites in the designs for new virtual worlds." [1701]

Der ehemalige Lead Designer, Raph Koster, subsummierte in einem Blogbeitrag anlässlich des zwanzigsten Geburtstags von *Ultima Online* dessen wegweisende Features:[1702] Neuartig sei die Dimension gewesen, denn die nahtlose Spielwelt maß vier Kilometer Kantenlänge mit verschiedenen Landschaftsformen auf mehreren Etagen. 2.500 Personen gleichzeitig ermöglichte es Spielenden eine bislang ungekannte Gemeinschaftserfahrung. Ein Färbesytem für Ausrüstung etablierte handwerkliche Tätigkeiten, dadurch eine eigene Ökonomie, und ermöglichte soziale Symbole wie Hochzeitskleider oder Uniformierung von Spielergemeinschaften. Das vielfältige Verhalten der Spielwelt begünstigte dieses Crafting, denn Spielende konnten am Wasser fischen, sich als Holzfäller verdingen oder Kühe züchten, um Milch oder Fleisch zu verkaufen. Werkzeuge wie Scheren, Messer oder Webstühle waren tat-

---

1695 **Bartle:** Virtual Worlds, 2006; S. 21.
1696 **Garriott:** Explore/Create, 2017; S. 156–160.
1697 **Garriott:** Explore/Create, 2017; S. 160.
1698 **Bartle:** Virtual Worlds, 2006; S. 20/21.
1699 **Inderst:** Vergemeinschaftung, 2009; S. 62.
1700 **Bartle:** Virtual Worlds, 2006; S. 22.
1701 **Bartle:** Virtual Worlds, 2006; S. 22.
1702 **Koster, Raph:** Ultima Online's Influence, in: *Raph Koster's Website* 28.9.2017. Online unter: http://bit.ly/2xTORL3 (Letzter Zugriff: 31.3.2019). Dort erörtert er auch seine persönliche Sicht auf die Entstehungsgeschichte der Spielform und das zeitgenössische Umfeld.

sächlich verwendbar. *Ultima Online* habe die persistente Spielwelt tiefgründig simuliert, und sie lief unabhängig davon weiter, ob ein Spieler seinen Rechner ausschaltete. Computergesteuerte Spielfiguren gingen ihrem Tagwerk nach, Kreaturen plünderten den Besitz von Besiegten. In nie dagewesenem Detailreichtum sei die Welt für Spielende, aber auch in sich selbst interaktiv gewesen. Schlossen sich Spielergemeinschaften zusammen, gab ihnen *Ultima Online* die Möglichkeit, eine Hierarchie aufzubauen, sich mit anderen zu bekriegen, eine Burg zu besitzen oder Schätze anzuhäufen. Ihre komplexen Handlungsoptionen erforderten erste demokratische Abstimmungssysteme. In einem beispiellosen Maß an Freiheit, das dieses Online-Rollenspiel Spielenden verlieh, konnten sich Charaktere auch bösartig verhalten – etwa foltern, überfallen oder gar komplexe, sinistre Fallen ersinnen.[1703] Eine gewisse Art von Spielenden fühlte sich herausgefordert, immer neue Schlechtigkeiten auszudenken. Dadurch, dass Spielende eigene Behausungen in der Spielwelt errichten und einrichten konnten, erhielt Landbesitz ökonomischen Wert. Spielende kauften deshalb Land auf, betätigten sich als Makler, vertrieben auch außerhalb des Spieles über Verkaufsplattformen Parzellen.[1704] Bewusst habe in dieser Virtuellen Welt alles, was digital erschaffen wurde, auch eine Funktion als spielerisches Element erhalten. Sogar Barden konnten mit ihrer Musik Monster besänftigen. Fischer fanden Schatzkarten für zufallsgeneriert Orte in geangelten Flaschen. Die vielfältige Verspieltheit der Rollenspielwelt sei allgegenwärtig gewesen und Ausdruck bewussten Designs. Vorsichtig habe man sich Stück für Stück, Objekt für Objekt in die neuartige Simulation vorgetastet, um das Handlungsspektrum für Spielende zu maximieren. Um herauszufinden, welche Spielerinnen und Spieler sich wie und aus welchen Gründen verhielten, pflegte das Team erstmals aktiv die Spielergemeinschaften. Revolutionär erhielten Spielende diese Angebote für eine monatliche Gebühr zudem im offenen Internet. Die ineinander verschränkten Komponenten lassen verstehen, warum *Ultima Online* auch in den Augen seines Schöpfers Garriott prägend blieb: „[I]t's a world in which people can live a virtual life. Players make up their own goals and objectives within the greater context of the world we place around them."[1705] Das gehörige Maß spielerischer Flexibilität, die Berücksichtigung verschiedener Spielertypen und die Simulation einer persistenten Virtuellen Welt setzte Standards für spielerische Qualität. Das behutsame Management sozialer Gemeinschaften durch die Entwickler war ebenso ein Meilenstein. Mit 2.500 Personen, die zeitgleich in einer Weltkopie spielen konnten, trug dieses MMORPG das Attribut „massively" zurecht. Garriotts ursprüngliche, ebenso innovative Absicht, ein durchgängiges Multiversum für alle Spielenden gleichzeitig zu erschaffen, vereitelte der eigene Erfolg. Die Anzahl von Spielenden überwältigte nicht nur die Entwickler, sondern auch die damaligen technischen Möglichkeiten, weshalb sie die Gesamtspielerzahl auf sogenannte *Shards* aufteil-

---

[1703] Zum Management der Balance zwischen konstruktivem und destruktivem Spielerverhalten bei **Garriott:** Explore/Create, 2017; S. 181–192.
[1704] Detaillierter zur virtuellen Ökonomie bei **Garriott:** Explore/Create, 2017; S. 173–180.
[1705] **Garriott:** Explore/Create, 2017; S. 155/56.

ten.[1706] Relativ daran gemessen, dass digitale Spiele zum Ende der neunziger Jahre insgesamt noch nicht so verbreitet waren wie heute, spiegeln niedrige sechsstellige Abonnements und wenige tausend Spielende in den einzelnen Spielwelten erstmals ein Massenphänomen wieder. Die neuartige Simulationstiefe, ihre komplexen Regeln und die Spielmechanik erforderten andererseits, dass Spielende sich intensiv einarbeiteten, was Inderst zurecht als abschreckend wertet.[1707] Deshalb habe sich bei *Ultima Online* eine engagierte, eingeschworene Rollenspielerschaft herausgebildet, die sich außerordentlich intensiv selbst inszenierte.[1708] Mangelnde Zugänglichkeit und die rollenspielerische Dichte hätten als Faktoren die Durchdringung der damaligen Gesamtmenge von Spielenden gedämpft. Ein Durchbruch als Massenphänomen in Größenordnungen wie heute war noch nicht erreicht, dessen Ursprung aber liegt bei diesem Online-Rollenspiel.

4.2.3 Auf dem Weg zum globalen Massenphänomen

Je weiter sich Breitbandinternet in Nordamerika, West- und Mitteleuropa sowie in Ostasien verbreitete, umso mehr Online-Rollenspiele stießen hinzu. Die Zusammensetzung der Spielerschaften wurde für diese Anfangsphase allerdings ebenso wenig untersucht, wie ihre Verteilung und Veränderung globalgeschichtlich ausdifferenziert. Obwohl sich das Phänomen sozial diversifizierte, sich die Spielerbasis quantitativ verbreiterte und die Nutzung von Computern auch für niedrigere Einkommen erschwinglich wurde, blieben MMORPGs vorwiegend eine Aktivität der industrialisierten Wohlstandsregionen der Nordhalbkugel. Inderst hob am südkoreanischen Beispiel Besonderheiten des asiatischen Raumes zum Millenniumswechsel hervor:[1709] Ein infrastruktureller Kraftakt durchzog das Land Ende der neunziger Jahre mit Internetanschlüssen. Die technikbegeisterte Gesellschaft erhob digitale Spiele zügig zu einer zentralen Aktivität; so begründete etwa das Echtzeitstrategiespiel *Starcraft* den Erfolg des eSports als Breitensportart – mit gefeierten Stars, hochdotierten Turnieren und Fernsehsendern, die ganztägig nur über elektronische Wettkämpfe berichten.[1710]

In diesem Boom eroberte bei den Online-Rollenspielen das südkoreanische *Lineage* die asiatischen Spielerherzen im Sturm.[1711] Die Zahlen bei Inderst lesen sich beeindruckend, denn die Menge der Spielenden sei rasant auf 3,5 Mio. gewachsen.[1712] Allein 2,5 Mio. stammten aus Südkorea, der Rest verteilte sich auf andere asiatische Staaten. Das Online-Rollenspiel konzentrierte sich weniger auf Charakterentwicklung,

---

1706 **Garriott:** Explore/Create, 2017; S. 164/65.
1707 **Inderst:** Vergemeinschaftung, 2009; S. 61.
1708 **Inderst:** Vergemeinschaftung, 2009; S. 62.
1709 **Inderst:** Vergemeinschaftung, 2009; S. 57–61.
1710 **StarCraft** 1998.
1711 **Lineage** 1998 ff.
1712 **Inderst:** Vergemeinschaftung, 2009; S. 58.

sondern rückte Verwaltung, infrastrukturelle Entwicklung und Eroberung von Landstrichen in den Mittelpunkt. Mit ihm erreichte das Phänomen der Online-Rollenspiele eine neue Größenordnung. Erst sein Nachfolger *Lineage II* wurde sechs Jahre später außerhalb Asiens erfolgreich, etwa im deutschsprachigen Raum.[1713] Globalgeschichtlich verwundert angesichts der asiatischen Spielerzahlen, dass sich die Literatur überwiegend auf westliche Entwicklungslinien konzentriert. Sicherlich mitverantwortlich sind sprachliche Barrieren. Allerdings tragen mittlerweile englischsprachige Autoren asiatische Perspektiven dazu bei, wie sie beispielsweise Chew in einem historischen Überblick für China von 1995–2015 darstellt.[1714] Um die techikkulturelle Entwicklung nicht nur aus westlicher Sicht zu betrachten, müssten globalgeschichtliche Ansätze regionale Ursprünge und Kulturen identifizieren und im globalen Zusammenspiel interregionale Verbindungen und Differenzen herausarbeiten. Dass sich etwa *Lineage II* im deutsch*sprachig*en Raum durchsetzte, weist daraufhin, dass nationalstaatliche Betrachtungen wenig geeignet sind, das Grenzen übergreifende Phänomen sinnvoll zu erfassen. Globalhistorisch wäre auch der Raum westlicher Industrienationen zu differenzieren, denn Entwicklungen werden zu einheitlich auf den gesamten Raum bezogen. Eine differenzierte Globalgeschichte kann das vorliegende Buch nicht leisten, auch wenn sie ein wichtiges Desiderat der geschichtswissenschaftlichen Forschung wäre. Dieser Abschnitt zur technikkulturellen Geschichte beschränkt sich daher gezwungenermaßen auf bedeutende Beispiele für den deutschsprachigen Raum.

Bestärkt durch dessen wirtschaftlichen Erfolg erschienen nach *Ultima Online* zahlreiche Online-Rollenspiele. Die Vertreter der immer beliebteren Spielform entwickelten technische und spielmechanische Rahmenbedingungen. Sie schufen spielehistorisch nachhaltige Standards und vereinten Spektren verschiedener Spielertypen auf sich. Sie führten zum heutigen Kreis der Hersteller, auf verschiedene Branchenkulturen und Machtverhältnisse zwischen den Firmen am Markt, den Publishern und Entwicklerstudios sowie den Konsumenten gegenüber den Unternehmen. Dieser Überblick leistet kein umfassendes Kompendium, sondern arbeitet systematisch technikkulturelle Entwicklungslinien entlang prägnanter Vertreter heraus. Einen wichtigen Meilenstein markiert *Asheron's Call*, dessen Technologie erstmals eine durchgängige Spielwelt schuf.[1715] Tausende Spielende trafen einander darin gleichzeitig und kommunizierten miteinander.[1716] Dadurch umfasste zum ersten Mal eine soziale Sphäre innerhalb eines Spieles Spielende und Spielergemeinschaften, die

---

1713 Lineage II. The Chaotic Chronicle 2004; **Schmitz, Petra:** Lineage 2. Schöner Schein, in: *Gamestar* 8/2004; S. 91–94.
1714 Chew: Cultural History, 2016.
1715 Asheron's Call 1999–2017; **Lenhardt, Heinrich:** Asheron's Call. Pflegeleichtes Online-Rollenspiel, in: *Gamestar* 1/2000; S. 172–74.
1716 Inderst: Vergemeinschaftung, 2009; S. 62: schreibt von 150.000 Spielenden zu Spitzenzeiten, später ein paar Zehntausende. Nach **Bartle:** Virtual Worlds, 2006; S. 28 wurden von mehr als 200.000 verkauften Boxen im Handel nur 90.000 in Abonnements umgesetzt.

Zentralrechner nicht in Zonen oder Kopien von Spielwelten separierten.[1717] Ausnahmen stellten Belastungsspitzen dar, wenn zu viele Nutzerinnen und Nutzer einen Ort der Spielwelt aufsuchten. Bemerkenswert an dem fantastischen Online-Rollenspiel ist zudem, dass monatlich getaktete Updates unentgeltlich narrative und spielerische Inhalte ergänzten.[1718]

Das im gleichen Jahr veröffentlichte *EverQuest* partitionierte dagegen die Spielwelt in Zonen, deren Übergang von Server zu Server zwar möglich war, aber spürbare Ladeprozesse auslöste und die Spielerpopulation eines Gebietes auf einen Bruchteil der Gesamtspielerzahl reduzierte.[1719] Mit 300.000 Abonnenten überflügelte es den wirtschaftlichen Erfolg von *Ultima Online* allerdings deutlich.[1720] Überragender ökonomischer Erfolg mit dieser Spielform war also kein Sonderfall der Marke *Ultima*, sondern erwies sich als reproduzierbar. Darin sieht Bartle die Initialzündung, weshalb sich MMORPGs von nun an hunderte Entwickler vornahmen.[1721] Als zentrales Verdienst von *EverQuest* aber steuerten Spielende eine individuelle Perspektive aus der Sicht des Avatars, also der Spielfigur, was beim Durchbruch am Massenmarkt half und den Standard für fast alle heutigen MMORPGs etablierte.[1722] Wie das zuvor genannte MUD *Meridian 59* setzte es dafür auf eine 3D-Welt.[1723] *EverQuest* allerdings fixierte den Blickwinkel nicht auf Augenhöhe, sondern ermöglichte den Spielenden die Sicht ringsum den Charakter weitgehend frei zu drehen, wie es heute üblich ist.[1724] Dass die grafische Darstellung der modellierten Welt einen größeren Anteil des Bildschirms einnahm und die individuelle Sicht des Avatars betonte, erhöhte die visuelle Immersion und die Bindung der Spielenden.[1725] Dieses Spiel machte auch erstmals wissenschaftliche Kreise auf MMORPGs aufmerksam.[1726] Für die Geschichtswissenschaft wurde auf Bemühungen von Josh Howard verwiesen, aus Oral History der Spielwelt von Norrath eine Public History zusammen zu tragen.[1727] Dass ein MMORPG als wissenschaftlich wertvoll begriffen wurde, markierte damals eine Zäsur für die gesellschaftliche Wahrnehmung der komplexen Spielform.

1717 **Bartle:** Virtual Worlds, 2006; S. 28.
1718 **Inderst:** Vergemeinschaftung, 2009; S. 62; **Bartle:** Virtual Worlds, 2006; S. 27; **Lenhardt:** Asheron's Call, 2000; S. 174.
1719 **EverQuest** 1999 ff.; **Bartle:** Virtual Worlds, 2006; S. 27/28; **Lenhardt, Heinrich:** EverQuest. Die Antwort auf Ultima Online. Test, in: *Gamestar* 6/1999; S. 116–18.
1720 **Bartle:** Virtual Worlds, 2006; S. 28; **Inderst:** Vergemeinschaftung, 2009; S. 63 schreibt von 500.000 Spielenden zu Spitzenzeiten, die in der Altersgruppe vorwiegend zwischen der Mitte und dem Ende der Zwanziger lagen.
1721 **Bartle:** Virtual Worlds, 2006; S. 27.
1722 **Gebauer, Jochen:** Everquest. Hall of Fame, in: *Gamestar* 1/2014; S. 106–08 bezeichnet es im Rückblick als „Blaupause für das moderne Online-Rollenspiel".
1723 **Bartle:** Virtual Worlds, 2006; S. 23.
1724 **Bartle:** Virtual Worlds, 2006; S. 25; **Lenhardt:** Everquest, 1999; S. 116.
1725 **Bartle:** Virtual Worlds, 2007; S. 25.
1726 **Inderst:** Vergemeinschaftung, 2009; S. 63.
1727 **Howard:** Public History Norrath, 2015 ff. Vgl. dazu und ergänzende Texte S. 108.

Als dritte große Instanz um die Jahrtausendwende prägte *Dark Age of Camelot* die Spielweisen.[1728] Es führte neben den Kämpfen gegen Kreaturen der Spielwelt (*Player vs. Environment, PvE*) und gegen andere Spieler (*Player vs. Player, PvP*) Fraktionskriege zwischen drei Reichen ein (*Realm vs. Realm, RvR*).[1729] Mit diesem „zentralen Abenteuer" setzte *Dark Age of Camelot* die Standards für die heutige Struktur von Kämpfen zwischen Spielern in verschiedenen Fraktionen.[1730] Schon im Mai 2002, so Bartle, erreichte das MMORPG 200.000 Abonnenten.[1731] Als Folge aus den Fraktionskriegen schied es die Spielenden aber in drei verfeindete Gruppen. Deren Kommunikation war beschränkt, um anderen Mitspielern nicht kriegsentscheidende Informationen verraten zu können. Auf jedem Server separierten sich für die Reiche drei kleinere, separate Spielerschaften. Die Darstellung der Reiche Albion, Hibernia und Midgard ist für Geschichtswissenschaftler interessant. Angelehnt an Mythen, Sagen und Legenden und nicht an den verbreiteten Fantasy-Kanon, kombinieren sie den Zerfall von Albion, das als altenglisches Menschenreich direkt nach dem Tod von König Artus führungslos ist, mit der irischen Sagenwelt von Hibernia und nordischer Mythologie in Midgard.[1732] In einer Studie überblickt Inderst kompakt, aber detailreich diese Hintergründe, Spielmechanik und Steuerung sowie die zeitgenössischen Rezeption.[1733]

Die genannten Beispiele von MMORPGs kennzeichnen gemeinsam eine Phase, die soziale Strukturen der Spielenden und ihrer Selbstverwaltung differenziert und standardisiert. Das zentrale Interesse von Inderst liegt daher auf konstituierenden Prozessen dieser Gemeinschaften.[1734] Die Gemeinschaften erhalten zwar durch die Anlage der Spiele eine gewisse funktionale Grundstruktur, die Spielenden organisieren ihren gemeinschaftlichen Umgang je nach Gruppierung vielfältig und verwirklichen dabei utopische Gesellschaftsvorstellungen. Bemerkenswert gelang der Spielform zudem in dieser Phase nur auf der PC-Plattform, sich zu etablieren. Bartle findet mit *Final Fantasy XI* nur ein Beispiel für einen langfristigen Erfolg auf Konsolen, auch der Titel trug sich wirtschaftlich nur durch den gleichzeitigen PC-Client.[1735] Ein Versuch mit *Phantasy Star Online* auf der *SEGA Dreamcast* sei ebenso gescheitert.[1736]

1728 **Dark Age of Camelot** 2001 ff.
1729 **Schmitz, Petra:** Dark Age of Camelot. Bestes Online-Rollenspiel. Test, in: *Gamestar* 1/2002; S. 138–39, hier S. 139. Seine Entwicklungsgeschichte beschreibt **Inderst:** Vergemeinschaftung, 2009; S. 121–27.
1730 **Schmitz, Petra:** Dark Age of Camelot. Hall of Fame, in: *Gamestar* 10/2014; S. 104/5, hier eine detaillierte Ablaufbeschreibung auf S. 105. Ausführlich gewürdigt auch bei **Witte, Christian / Beyer-Fistrich, Maria:** Dark Age of Camelot wird 15. Ein Rückblick auf das große PvP-MMORPG, in: *buffed.de* 5.2.2017. Online unter: http://bit.ly/2oFLAKj (Letzter Zugriff: 31.3.2019).
1731 **Bartle:** Virtual Worlds, 2006; S. 29.
1732 **Schmitz:** Dark Age of Camelot, 2002; S. 138.
1733 **Inderst:** Vergemeinschaftung, 2009; S. 127–40.
1734 **Inderst:** Vergemeinschaftung, 2009; S. 141–317. Utopische Vorstellungen bei der Gemeinschaftsbildung (S. 193–253) griff er 2012 erneut auf: **Inderst:** Sehnsucht, 2012.
1735 **Bartle:** Virtual Worlds, 2006; S. 29.
1736 **Dreamcast** (SEGA) 1998–2001; **Phantasy Star Online** 2001.

Dieser Befund ist soziokulturell auch für historische Studien relevant, da davon auszugehen ist, dass die verschiedenen Plattformen auf unterschiedliche Gruppen und ihr Spielverhalten abzielen. Um hierin mehr als ein Indiz für verschiedene Spielerkulturen zu sehen, fehlen allerdings adäquate plattformspezifische Untersuchungen über die Zusammensetzung von Spielerschaften. Offenbar aber bedienten Online-Rollenspiele einen bestimmten Anteil der Spielenden, der die PC-Plattform vorzog.

Für den Durchbruch dieser Spielform als globales Massenphänomen steht *World of Warcraft* wie wohl sonst kein anderes MMORPG.[1737] Wie die fachlichen Erwähnungen und die in der Einleitung geschilderten Phänomene zeigen, ist es für den Forschungsdiskurs, aber auch für die Sozialisation von Forschenden mit dieser Spielform bedeutend. Das nordamerikanische Unternehmen *Blizzard Entertainment* schloss mit dem MMORPG an das beliebte hauseigene Universum von *Warcraft 3: Reign of Chaos* und sein Addon *Frozen Throne* an.[1738] Die Echtzeit-Strategiespiele nahmen mit dichter narrativer Inszenierung in einem eigenen Fantasykosmos und der Charakterentwicklung ihrer Hauptfiguren starke Anleihen an Rollenspiele und gerieten zu hochgeschätzten Referenztiteln.[1739] *Blizzard* war aber auch durch andere Spiele ein von Spielenden geachtetes Unternehmen.[1740] Wie Inderst am Beispiel von *Ultima Online* einwarf, besaßen frühere Online-Rollenspiele sperrige Eigenschaften, die nicht jeder potentiell Interessierte inkaufnahm. Für dieses neue Online-Rollenspiel allerdings setzte *Blizzard* auf Massentauglichkeit, weshalb der Entwickler konsequent sperrige Elemente der Spielform rundschliff, was den Zugang für ein breites Publikum reibungsarm gestaltete.[1741] Keinem anderen MMORPG gelang dauerhaft, so viele Millionen von Spielenden über so lange Zeit zu vereinen, selbst wenn sein Zenit mit 12 Millionen Spielern 2010 durchschritten war, wovon allein die Hälfte allein aus China stammte.[1742] Da *Blizzard* die Firmenpolitik änderte, sind jüngere Zahlen kaum

---

1737 **World of Warcraft** 2004/5 ff. Ein tiefgehender Report findet sich zum zehnjährigen Jubiläum des MMORPGs in **Graf, Michael:** Die orcische Dekade. Zehn Jahre World of Warcraft. Report, in: *Gamestar* 12/2014; S. 24–29. Den Start der ursprünglichen Version, bevor die Erweiterungen erschienen, erläutert **Valtin, Georg:** World of Warcraft. Das Abenteuer hat begonnen. Preview, in: *Gamestar* 5/2004; S. 18–23. Zum Start der europäischen Betaphase bei **Graf, Michael:** World of Warcraft. Unglaubliches Abenteuer. Preview Titelstory, in: *Gamestar* 12/2004; S. 58–67. Im ungewöhnlich umfangreichen Test schließlich sehr viele Details bei **Graf, Michael:** World of Warcraft. Ach, du dicker Orc! Test Titelstory, in: *Gamestar* 3/2005; S. 50–61.
1738 **Warcraft III. Reign of Chaos** 2002; **Warcraft III: The Frozen Throne** 2003.
1739 **Schmidt, Christian:** Warcraft 3 [Reign of Chaos]. Die neu Strategie-Referenz. Test Titelstory, in: *Gamestar* 8/2002; S. 52–61; **Valtin, Georg:** Warcraft 3: Frozen Throne. Test, in: *Gamestar* 8/2003; S. 84–88.
1740 **Graf:** Dekade, 2014; S. 25/6.
1741 **Graf:** Dekade, 2014; S. 25 u. 28. Sogkraft und Spielprinzipien führt detailliert seine Rezension aus: **Graf:** World of Warcraft, 2005.
1742 **Graf:** Dekade, 2014; S. 27.

noch verlässlich zu gewinnen.[1743] Das Phänomen der Online-Rollenspiele erreichte dennoch einen neuartigen globalen Maßstab, weil Spielende zahlreich aus diversen Kulturregionen weltweit am Spiel zusammentrafen. Mit Servern, die jeweils ca. 5.000 Spielende fassten, trennten die Entwickler zwar die Spielerschaft in regionale Cluster, wodurch spielerisch der weltumspannende Austausch eher beschränkt blieb.[1744] Die Diskussionskultur in den Foren und weitere Aspekte der Fankultur allerdings überwanden diese Grenzen im Umfeld des Spieles mit zuvor ungekannter Wucht: Bereits für die Anfänge beschreibt Inderst eine tiefen populärkulturelle Verankerung durch hunderttausendfach heruntergeladene Hörspiele, Einflüsse auf TV-Formate, eine Vielzahl von Fans erstellter Filme aus choreografierten Spielszenen, Romane und Graphic Novels.[1745] Dieses MMORPG führte jedoch die Spielform auch auf eine Schattenseite. Andere Anbieter verführte der Erfolg des übermächtigen Konkurrenten, sein wirtschaftlich vielversprechendes Modell anzunähern, weshalb Online-Rollenspiele kreativ stagnieren.[1746] *World of Warcraft* markiert so gleichzeitig spielerisch und technologisch einen vorläufigen Sattelpunkt. Zwar veränderten sechs Erweiterungen Spielinhalte, Spielmechanik und im Zuge dessen auch die Spielkultur sukzessive.[1747] Die Änderungen führten jedoch zu einem einfacheren Einstieg und wachsendem spielerischen Komfort, was aus wirtschaftlicher Sicht nachvollziehbar ist, den Cha-

---

1743 Kollar, Philip: Did Legion boost World of Warcraft's subscriber numbers over 10 million? Despite reports from an interview, Blizzard won't confirm a huge comeback for its MMO, in: *Polygon* 4.10.2016. Online unter: http://bit.ly/2sDq8Y1 (Letzter Zugriff: 31.3.2019).
1744 Erst 2012 führten server-übergreifende Zonen zu einer Durchmischung: **Bergmann, David:** WoW: Server-übergreifende Zonen. Bluepost zu Funktionsweise und Problemen der „Cross Realm Zonen", in: *buffed.de* 24.9.2012. Online unter: http://bit.ly/2gI9ZJe (Letzter Zugriff: 31.3.2019). Chinesische Spielende versuchte Peking nicht nur von der globalen Gemeinschaft fernzuhalten, Blizzard musste das Online-Rollenspiel zudem separat über einen chinesischen Vertragspartner betreiben: **Graf:** Dekade, 2014, S. 27.
1745 Inderst: Vergemeinschaftung, 2009; S. 64–66. Nachzutragen aus heutiger Sicht ist ein Dokumentarfilm zum zehnten Jahrestag der Erstveröffentlichung: **Konwiser, Kern / Konwiser, Kip:** World of Warcraft: Looking for Group 2014 (Online unter: https://youtu.be/xyPzTywUBsQ (Letzter Zugriff: 31.3.2019). Seit 2005 veranstaltet *Blizzard* zudem im kalifornischen Anaheim jährlich mit der *BlizzCon* ein gut besuchtes, weltweit übertragenes Fantreffen.
1746 Koster, Raph: Ten Years of World of Warcraft, in: *Raph Koster's Website* 21.11.2014. Online unter: http://bit.ly/2 A5Nw43; **Nolden, Nico:** Krawall mit MMORPGs. Gast-Kommentator erklärt die Stagnation der MMORPGs auf krawall.de, in: *Keimling* 9.5.2012. Online unter: http://bit.ly/2dUoCd9; **Plass-Fleßenkämper, Benedikt:** Irgendwas riecht hier komisch! Online-Rollenspiele stinken, in: *krawall.de* 3.5.2012. Online via Wayback Machine von Archive.org, http://bit.ly/2uELG5Y, Snapshot: 10.5.2012 (Letzte Zugriffe: 31.3.2019). **Inderst:** Vergemeinschaftung, 2009; S. 71 führt einen solchen Vorwurf gegen die radikale Überarbeitung von **Star Wars Galaxies** 2003–2011 an.
1747 Kompakt und tabellarisch überblickt die Fortentwicklung des Online-Rollenspieles bis zur sechsten Erweiterung: **Stöffel, Jürgen:** Von Classic bis Action. World of Warcraft Legion, in: *Gamestar* 5/2016; S. 38–39. **World of Warcraft. The Burning Crusade** 2007; **World of Warcraft. Wrath of the Lich King** 2008; **World of Warcraft. Cataclysm** 2010; **World of Warcraft. Mists of Pandaria** 2012; **World of Warcraft. Warlords of Draenor** 2014; **World of Warcraft. Legion** 2016.

rakter des Spieles aber verflachte.[1748] Dadurch öffnete *World of Warcraft* die Spielform aber für viele neue Spielende aus unterschiedlichen sozialen Kreisen und kulturellen Sphären. Die skizzierten akademisch-elitären Traditionslinien, die aus Zeiten analoger Rollenspiele, digitaler Multi-User Dungeons und der ersten Online-Rollenspiele herrührten, zerfaserten in einer massenhaften Resonanz des Mainstreams und sind kaum noch verfolgbar. Constance Steinkuehler wies zwar mit Sean Duncan empirisch an Foren von MMOs wissenschaftliche Denkweisen nach, übertrieben aber wäre, daraus eine akademische Sozialisation abzuleiten.[1749]

Nur wenigen Seiten knapp überblickt Inderst die Veränderungen seit dem Jahrtausendwechsel entlang einiger Beispiele. Dabei betrachtete er technische Grundlagen durch die Entwicklung des Internets und die Verfasstheit von Spielerschaften, die den Rahmen für die weitere Entwicklung formen.[1750] Seine prominenten Beispiele wirken allerdings zufällig, markieren doch nicht alle stringent Meilensteine einer technikkulturellen Entwicklung von MMORPGs.[1751] Gezielt wählt daher der vorliegende Abschnitt soziohistorisch bedeutende Beispiele, die trotz des mäßigen Evolutionstempos als graduelle Innovationen geschichtswissenschaftlich erwähnenswert sind.

Bei *Eve Online* etwa handelt es sich zwar um ein Science-Fiction-MMO, in dem Spielende als Pilotinnen und Piloten ihrer Raumschiffe in ein Universum eintauchen, wo sie sich zu widerstreitenden Piratengruppen, Söldner- und Sicherheitsfirmen und Schürfkonzernen zusammenschließen.[1752] Allerdings überlässt der isländische Entwickler den Gemeinschaften radikal spielerische Freiheit. Das Unternehmen lässt sie sogar demokratisch abstimmen, in welche Richtungen sich Handlung, Spielwelt und Spielmechanik fortentwickeln.[1753] Durch einen hohen Grad der Identifikation der Spielenden mit ihrem Spiel schaffen sich die Gruppierungen kollektive Identitäten, die

---

1748 **Graf:** Dekade, 2014; S. 27/28.
1749 **Steinkuehler / Duncan:** Habits, 2008. Vgl. Anm. 1219.
1750 **Inderst:** Vergemeinschaftung, S. 2009; S. 64–73.
1751 Inderst verweist neben dem ab 2004 dominanten **World of Warcraft** 2004/5 ff auf das lizensierte Filmuniversum **Star Wars Galaxies** 2003–2011, das soziale, aber wenig spielerische Experiment einer Virtuellen Welt in **Second Life** 2003 und das japanische MMORPG **Final Fantasy XI** 2002–2016, das zuerst auf einer Konsole erschien. Als weitere Beispiele für Science-Fiction nennt er **Anarchy Online** 2001, das wegen seiner Entwickler hier noch näher betrachtet wird, sowie den lizensierten Cyberspace von **The Matrix Online** 2005–2009 auf, den wegen privater Bemühungen zu seiner Bewahrung bereits der Abschnitt zu Überlieferungsträgern erwähnte (Vgl. S. 286). Zu Unrecht führt er den MMO-Shooter **PlanetSide** 2003–2016 unter den Online-Rollenspielen mit auf. **Eve Online** 2003, das konfliktreiche, von Spielenden selbstverwaltete Weltraumkonzernspiel, findet wiederum zurecht mit stärkeren rollenspielerischen Elementen hier Erwähnung. Den Kreis zu den fantastischen Ursprüngen beim *Pen&Paper*-Rollenspiel in den siebziger Jahren, inspiriert von Tolkiens Mittelerde, schließt **Der Herr der Ringe Online.** Die Schatten von Angmar 2007 ff.
1752 **Eve Online** 2003 ff.; **Kogel, Dennis:** Galaxie der Geschichten. Faszination Eve Online. Magazin, in: *Gamestar* 5/2015; S. 96–103; **Graf, Michael:** Eve Online. Kontrollbesuch, in: *Gamestar* 6/2009; S. 94; **Valtin, Georg:** Eve Online. Geld regiert das All, in: *Gamestar* 9/2003; S. 97.
1753 **Parkin:** Eve Online, 2015.

4.2 Technikkulturelle Einordnung — 355

Chronisten aus den jeweiligen Perspektiven aufzeichnen.[1754] Für die Geschichtswissenschaft aufschlussreich, entsteht damit ein beobachtbares Labor für identitätsstiftende Prozesse, welche die Spielenden aus geschichtlichen Entwicklungen einer Spielwelt ableiten.

Das Online-Rollenspiel *Star Wars: Die alte Republik*, das einige tausend Jahre vor den Filmen in dem Science-Ficion-Universum ansetzt, ermöglicht intensivere Erzählweisen durch besondere technische Einfälle.[1755] Die leitende Hintergrundgeschichte der Online-Spielwelt ergänzen individuelle Handlungsstränge für die verkörperten Spielfiguren.[1756] Betreten Spielende eine dafür relevante Zone erstellt der Server eine Kopie der Welt, eine Instanz, die vorübergehend nur für diesen Spieler existiert. Die individuellen Erfahrungen ziehen die Spielenden in die Spielwelt hinein, weil sie diese stärker an ihre eigene Figur binden.[1757] Damit verwebt das MMORPG die persönlichen Geschichten mit narrativen Elementen der Multiplayer-Missionen und der Hintergrundwelt. Studienwürdig ist das technische Konzept für Geschichtswissenschaftler, weil es erfolgreich individuelle Erfahrungen, die Aspekte der Mehrspielererlebnisse und eine Weltentwicklung miteinander zu einer Geschichtserfahrung verknüpft.

Im fantastischen Online-Rollenspiel *Guild Wars 2* experimentierten die Entwickler drittens mit dynamischen Events, die im Gegensatz zu fest vorgeschriebenen Missionsreihen flexible kollektive Spielerfahrungen erzeugen.[1758] Die Anwesenheit einer bestimmten Zahl von Spielenden löst etwa den Angriff auf ein Dorf aus.[1759] Stellen die Anwesenden sich dem nicht entgegen, so fällt die Siedlung in die Hände der Angreifer. Packt spätere Besucher der Gegend dann doch der Einsatzwille, müssen sie im veränderten Status stärkere Kämpfer oder andere Überraschungen bewältigen. Die dynamische Anlage verschiedenster Aspekte der Spielwelt ist gewiss nicht endlos, sondern führt letztlich auf zyklisch wieder auf einen Anfangspunkt zurück. Dennoch befinden sich die einzelnen Spielenden zu verschiedenen Zeitpunkten an den betroffenen Orten, erfahren somit die Spielwelt in anderen Zuständen und erschaffen mit den jeweils vor Ort befindlichen anderen Spielenden zufallsabhängige, kollektive Erinnerungen, die von denen anderer Spieler zu anderen Zeitpunkten abweichen.[1760]

1754 **Hausar:** Geschichte, 2013; S. 30–33.
1755 **Star Wars: The Old Republic** 2011 ff.; **Matschijewsky, Daniel:** Star Wars: The Old Republic. Test Online-Rollenspiel, in: *Gamestar* 3/2012; S. 70–74; **Matschijewsky, Daniel:** Star Wars The Old Republic. Vorab-Test Online-Rollenspiel, in: *Gamestar* 2/2012; S. 70–79.
1756 **Graf, Michael:** Star Wars: The Old Republic. Preview Titelstory, in: *Gamestar* 9/2011; S. 22–30, hier S. 23.
1757 **Matschijewsky:** Star Wars. Vorab-Test, 2012; S. 71/72.
1758 **Guild Wars 2** 2012 ff.; **Schmitz, Petra:** Guild Wars 2. Test Online-Rollenspiel, in: *Gamestar* 11/2012; S. 48–55, hier bes. 48/49; **Schmitz, Petra / Stöffel, Jürgen:** Guild Wars 2. Test Kontrollbesuch, in: *Gamestar* 3/2014; S. 60–62.
1759 **Schmitz, Petra:** Guild Wars 2. Preview Titelstory, in: *Gamestar* 9/2012; S. 20–29, hier S. 23/24.
1760 Dynamik schafft auch die Vergänglichkeit der Hintergrundgeschichte, da sie in kurzen Zyklen die Spielwelt weiter entwickelt: **Schmitz / Stöffel:** Kontrollbesuch, 2012; S. 61/62.

Geschichtswissenschaftlich betrachtet, handelt es sich bei diese dynamischen System um ein verblüffend eindringliches Konzept: Es fordert geradezu dazu heraus, daran die Konstruktion von Ereignissen als Teil von kollektiven Erinnerungen im Sinne von Derrida zu reflektieren.[1761]

Erwähnt wurde weiter oben, dass es sich bei Online-Rollenspielen vorwiegend um ein PC-Phänomen handelt. In jüngerer Zeit allerdings versuchten Unternehmen, mit der Spielform auf Konsolen der achten Generation Tritt zu fassen.[1762] Insbesondere *The Elder Scrolls Online* bewies ein Jahr nach der Veröffentlichung auf PCs allen Kritikern, dass diese Spielform auf der *PlayStation 4* und der *XBox One* komfortabel spielbar ist, sofern man Steuerungssysteme klug überdenkt.[1763] Dieses vierte Beispiel ist geschichtswissenschaftlich nicht allein von Interesse, weil es die Basis der Spielenden auf Konsolen erweitert, es hat auch einen technischen Grund. Zuvor bereits visualisierten Online-Rollenspiele vereinzelt Veränderungen von Gebieten, sobald Spielende aktiv gewisse Schlüsselereignisse der Spielwelt bewältigen. So verschoben sich für den jeweiligen Spieler beispielsweise Schlachtlinien, Städte stürzten ein oder Landstriche ergrünten. *The Elder Scrolls Online* aber erhebt dieses sogenannte *Phasing* zum grundlegenden Prinzip für die gesamte Spielwelt.[1764] Dessen Wirkmächtigkeit infolge des Spielerhandelns führt zu einer Zeitachse der Spielwelt, die eine erfahrbare Historizität herstellt.

Mit großskaligen Befragungen analysierte der erwähnte Nick Yee soziologisch und psychologisch in der ersten Dekade des neuen Jahrtausends die Spielenden und Gemeinschaften von Online-Rollenspielen.[1765] Mannigfaltig skizzieren seine Befunde überraschend diverse Spielergemeinschaften, die vielen gängigen Stereotypen widersprechen. Dass achtzig Prozent von ihnen zusammen mit Menschen aus ihrer außerspielischen Lebenswelt spielen, entkräftet für Yee das Gerücht, sie seien vereinsamte, antisoziale Persönlichkeiten.[1766] Als er 2014 eine Dekade Forschungsarbeit zusammenfasst, hält er eine breite Altersverteilung fest, etwa 20 Prozent der Spielenden seien Frauen und die übrige demografische Zusammensetzung vielfältig.[1767] Angaben zum Anteil von Frauen unter den Spielenden sind jedoch widersprüchlich, ergab doch die Analyse über 7.000 Personen am Beispiel *Everquest* nicht nur, dass die Spielerschaft gesünder und atheistischer war, als erwartet, sondern auch älter und weiblicher.[1768] Yee bietet einige, noch nicht ausreichend verifizierte Erklä-

---

1761 **Derrida:** Möglichkeit, 2003; S. 22/23. Vgl. im Detail auf S. 326.
1762 **PlayStation 4** (Sony) 2013 ff; **XBox One** (Microsoft) 2013 ff.
1763 **The Elder Scrolls Online** 2014 ff. Die Variante für die Konsolen erschien 2015. Siehe zu dieser Fassung: **Gössling, Jonas:** The Elder Scrolls Online: Tamriel Unlimited im Test. Das Solo-MMO, in: *gamepro.de* 25.6.2015. Online unter: http://bit.ly/2hinShV (Letzter Zugriff: 31.3.2019).
1764 **Danneberg, Benjamin / Schmitz, Petra:** The Elder Scrolls Online. Test Online-Rollenspiel, in: *Gamestar* 5/2014; S. 52–57, hier S. 54.
1765 Seine langjährigen Arbeiten bei *3.2.3 Geistes- und Sozialwissenschaften* ab S. 252.
1766 **Yee:** Proteus Paradox, 2014; S. 27/28.
1767 **Yee:** Proteus Paradox, 2014; S. 24/25.
1768 **Williams, Dmitri / Yee, Nick et al.:** Who Plays, 2008. Vgl. Anm. 1225.

rungsmuster für den *Gender Gap* in Online-Spielen an: zum Teil führt er ihn auf sprachliche Präkonditionierung zurück, auf sozial exkludierende Männlichkeitsclubs mit feindseligen Verhaltensnormen und auf Visualisierungen vorwiegend männlicher Phantasien über weibliche Körper.[1769] Die Gender Studies trugen auch durch die angeführte Videoreihe von Anita Sarkeesians viele Indizien zusammen, allerdings müssten die genannten Aspekte durch statistisch belastbare Befragungen näher untersucht werden.[1770] Jetzt schon belastbar allerdings ist, dass fantastische MMORPGs so angelegt sind, wie sie es sind, weil fast ausschließlich Männer sie mit Blick für die vermeintlichen Interessen von Männern produzierten.[1771] Damit berauben sich die Entwickler nicht nur Spielerinnen als Kunden, so sie denn andere Vorlieben haben, sondern auch jenen Kreis von Männern, die den ihnen zugeschriebenen, angeblich maskulinen Interessen nicht entsprechen.[1772] Unterschiedliche Vorlieben verteilen sich nach Ansicht von Yee weit weniger signifikant nach Geschlechtern als Studien aus Erhebungen ableiten.[1773] So sind auch die experimentellen Grundaufbauten von Studien ursächlich für wenig belastbare und widersprüchliche Zahlen bei Gender-Fragen. Die Schwierigkeiten offenbart sein jüngster Survey, der über 270.000 Datensätze von Spielerinnen und Spielern weltweit erfasst, ohne gezielt auf Online-Spiele abzuheben.[1774] Er weist erhebliche Schwankungen der Geschlechter nach Spielformen, zu einzelnen Titeln aber bemerkenswert deutliche Ausreißer aus. Dass der Anteil von weiblichen Spielenden in allgemeinen Markterhebungen (um 40–45 %) gegenüber den Befunden seiner Befragung (ca. 18 %) stark abweiche, hängt laut Yee mit der Konzentration seiner Erhebung auf sogenannte *Core Gamer* zusammen. Diese seien intensive Spieler komplexerer digitaler Spiele, wohingegen der Vergleichswert in allgemeinen Befragungen auch simple Gelegenheitsspiele mit einbeziehe. Fantastische MMORPGs dagegen, so zeigen seine Befunde, nähern sich mit 36 Prozent Frauenanteil unter den Spielenden schon eher dem Marktschnitt an, Settings von Science Fiction hingegen überzeugen nur zu 16 Prozent Frauen.[1775] Bemerkenswert ist der geringe Anteil von Frauen bei *World of Warcraft* mit 23 Prozent, relativ zu dem durchschnittlichen Befund für fantastische MMOs.

Befunde wie diese weisen darauf hin, dass grundlegende Aspekte an Spielerschaften bisher nicht ausreichend verstanden sind. Bis auf Indizien bleiben Aussagen darüber widersprüchlich, wie die Spielergemeinschaften zusammengesetzt sind und

---

1769 Yee: Proteus Paradox, 2014; S. 96–116.
1770 Sarkeesian: Tropes, 2012ff. Siehe beim Stand der *Gender Studies* ab S. 257.
1771 Yee: Proteus Paradox, 2014; S. 104. Untermauert von **Prescott / Bogg:** Gender Divide, 2014 und **Prescott / McGurren:** Gender Considerations, 2014. Vgl. Anm. 1271.
1772 Yee: Proteus Paradox, 2014; S. 114/15.
1773 Yee: Proteus Paradox, 2014; S. 108–110.
1774 Yee: Beyond 50/50, 2017. Vgl. die Erwähnung auf S. 257.
1775 Einbezogen in die Studie wurden für fantastische MMOs die Datensätze zu **The Elder Scrolls Online** 2014 ff.; **RIFT** 2011 ff.; **Der Herr der Ringe Online. Die Schatten von Angmar** 2007 ff.; **World of Warcraft** 2004/5 ff.; **EverQuest II** 2004 ff. Für Science-Fiction zog die Studie heran: **Star Wars: The Old Republic** 2011 ff.; **Star Trek Online** 2010 ff.; **Eve Online** 2003 ff.

welche Interessen die Spielenden leiten. Die Studie von Inderst zu Prozessen, wie sich Spielende gemeinschaftlich in Online-Rollenspielen organisieren, führte bereits zu wesentlichen Erkenntnissen über institutionalisierte Spielergemeinschaften, die es tiefer zu ergründen und auf alle weiteren Spielenden auszuweiten gilt:[1776] Online-Rollenspiele seien „sehr stark gemeinschaftlich und vergemeinschaftend ausgerichtet".[1777] Die Spielergemeinschaften seien vollwertige soziale Gruppierungen, die auf Dauer und Kontinuität angelegt seien, eine innere Organisation aufwiesen, dadurch eine differenzierte Arbeitsteilung der Spielenden etablierten, sich nach außen gemeinschaftlich abgrenzten und sich ein Selbstverständnis aus Regeln und Normen auf der Basis von Traditionen und Gewohnheiten verliehen.[1778] Damit entstünden lebensweltlich wirksame, soziale Gruppierungen nicht bloß innerhalb der Virtuellen Welten. Die Gemeinschaften in MMORPGs versuchten, im Sinne von Utopien jeweils „ein bestmögliches Gemeinwesen zu etablieren, zu festigen und weiter zu entwickeln."[1779] Inderst schließt aus seinen Beobachtungen, dass eine solche Gemeinschaft „nicht lediglich zusammenkommt, um zu spielen, sondern sie spielt ebenso, um zusammen zu kommen."[1780] Weitere statistische Erhebungen sind unerlässlich, um auf Basis derartiger Befunde auswertbare Daten zum Massenphänomen demografisch, soziologisch und psychologisch zu gewinnen. Wissenschaftliche Studien, so ruft Yee zudem die globale Perspektive in Erinnerung, lägen außerhalb des nordamerikanischen und europäischen Raumes zu den genannten Aspekten kaum vor.[1781] Pioniere zeigten bereits, dass die Konstitution der Spielerschaften etwa in China erheblich von westlichen Befunden abweiche. Für eine globalhistorisch zufriedenstellende, technikkulturelle Würdigung der Entwicklung von MMORPGs sind somit weitere soziokulturelle Erkenntnisse zu heben.

4.2.4 Von Norwegen aus in verborgene Welten

In diese technikkulturelle Geschichte von Online-Rollenspielen ist nun das empirische Beispiel zu verorten. Als Teil einer Äußeren Quellenkritik setzt dieser Abschnitt die Meilensteine der Unternehmensgeschichte in Relation zur Produktgeschichte. Die grundsätzliche Ausrichtung des Produktportfolios lässt zusammen mit dem Wirken von Verantwortlichen eine Firmenkultur erkennen, die das MMORPG *The Secret World* relativ zur Gesamtgeschichte der Spielform einzuschätzen hilft. Im Verlauf kristallisieren sich unter den grundsätzlichen, technikkulturellen Kerneigenschaften jene heraus, die als Alleinstellungsmerkmale gelten können. Die Äußere Quellenkritik legt

---

1776 **Inderst:** Vergemeinschaftung, 2009; S. 309–317.
1777 **Inderst:** Vergemeinschaftung, 2009; S. 310.
1778 **Inderst:** Vergemeinschaftung, 2009; S. 312.
1779 **Inderst:** Vergemeinschaftung, 2009; S. 313.
1780 **Inderst:** Vergemeinschaftung, 2009; S. 317.
1781 **Yee:** Proteus Paradox, 2014; S. 25/26.

somit nicht nur die Basis, um die Formen historischer Inszenierungen und die Folgen für die Erinnerungskultur zu erörtern. Sie ermöglicht zudem am Ende des Abschnittes, das veränderliche und stets fortentwickelte Online-Rollenspiel auf einen fixierbaren Studiengegenstand einzugrenzen. Wenn es also schwierig ist, konkrete Spielerschaften zu identifizieren, die das verhandelte Beispiel nutzen, lässt sich wenigstens einschätzen, wie sich das Produkt relativ zu anderen Exemplaren dieser Spielform positioniert. Dadurch können Rückschlüsse auf die Zusammensetzung der Spielenden gezogen werden.

Gegründet wurde das norwegische Unternehmen *FunCom* im Jahre 1993. Ist es heute vor allem für erwachsene Inhalte durch eigensinnige MMORPGs bekannt, liegen die Anfänge als Zulieferer für andere Hersteller auf vielen Plattformen in Auftragsarbeiten, die als eher mediocre Titel spielekulturell wenig relevant sind.[1782] Mit *The Longest Journey*, das ein internes Team von *FunCom* in eigener Regie entwickelte, änderte sich dies 1999.[1783] Dem Studio gelang mit der Reise einer Studentin durch Doppelwelten zwischen Magie und Technik ein außergewöhnliches Adventure – beliebt bei Spielenden, gelobt von Journalisten und zudem wirtschaftlich erfolgreich.[1784] Im Zuge dessen expandierte das Unternehmen nach Durham in North Carolina.

Das 2001 veröffentlichte *Anarchy Online* setzte nicht nur den ersten Schritt für *FunCom* in die Sphäre der MMORPGs, sondern zeichnete sich durch ein Setting von Science Ficion aus, mit dem es sich als erster Titel überhaupt in der Spielform abseits von Fantasy-Welten bewegte.[1785] Hätte *Anarchy Online* dadurch alle Chancen gehabt, sich von der Veröffentlichung an zu profilieren, hält Bartle das MMORPG für katastrophal gestartet.[1786] Christian Schmidt warnte in seinem damaligen Test ausdrücklich vor dem Kauf, weil eine Unmenge von Programmfehlern die Spielerfahrung beschädige.[1787] Den Erfolg minderte zudem ein im Marktvergleich hohes Monatsabonnement und die Pflicht, eine Kreditkarte anzugeben, die zum Beispiel im deutschsprachigen Markt nicht in der Masse verbreitet war wie etwa in den USA. Auch wenn dieser Start die Reputation der Firma zerrüttete, pflegte und reparierte FunCom *Anarchy Online* sechs Monate lang und gewann so bis zum Ende des ersten Jahres

---

1782 FunCom: Offizielle Webseite. About Us, 2017. Online unter: http://bit.ly/2xAMicB (Letzter Zugriff: 31.3.2019).
1783 The Longest Journey 1999; **Lott, Gunnar:** The Longest Journey. Reise ins Märchenland, in: *Gamestar* 3/2000; S. 106–07.
1784 *FunCom* zeigte sich in einer Pressemitteilung begeistert über den Abverkauf und weltweite Ehrungen: **FunCom:** „The Longest Journey" is Back, Baby! News General. Pressemitteilung, in: *The Longest Journey. Offizielle Webseite* 29.7.2002. Online via Wayback Machine von Archive.org unter: http://bit.ly/2zjdfWH (Letzter Zugriff: 31.3.2019).
1785 Anarchy Online 2001 ff.; **Bartle:** Virtual Worlds, 2006; S. 29.
1786 Bartle: Virtual Worlds, 2006; S. 29.
1787 Schmidt, Christian: Anarchy Online. Internet-Sternenkrieger. Test, in: *Gamestar* 9/2001; S. 90/91, hier S. 90 zählt stundenlange Wartezeiten beim Login auf, fehlerhafte Registrierungscodes, minütliche Verbindungsabrisse, Grafik- und KI-Fehler sowie unvermittelte Abstürze des Programms.

150.000 Abonnenten.[1788] Das Geschäftsmodell bestand aus monatlichen Beiträgen und dem Erwerb des Spieles zum Vollpreis. 2004 bereits, lange vor der Welle an *Free-to-Play*-Spielen (F2P), experimentiere *FunCom* mit freiem Zugriff für Spielende, indem es namhaften Werbepartnern Anzeigeflächen in der Spielwelt von *Anarchy Online* verkaufte.[1789] Mit dieser Initiative gewann das MMORPG über eine Million Spielende. Bis heute in Betrieb, ist es eines der langlebigsten Exemplare überhaupt. Es setzte für *FunCom* den Beginn einer Entwicklerkultur, immer etwas abseits vom Mainstream, spielerisch aber stets innovativ.

Um mehr Kapital in das Unternehmen zu bringen und zu expandieren, notierte *FunCom* mit einer niederländischen Muttergesellschaft ab 2005 an der Börse von Oslo.[1790] Da die Firma seither Investoren gegenüber auskunftspflichtig ist, besteht seit 2006 geschichtswissenschaftlich die glückliche Lage, dass Quartalsberichte und jährliche Geschäftsberichte die Firmentwicklung dokumentieren.[1791] Auch wenn es quellenkritisch Selbstauskünfte sind, ist der börsliche Rahmen streng. Falsche Auskünfte haben juristische Folgen und der Verlust des Vetrauens von Investoren in die Unternehmensführung kann existentiell bedrohlich sein. Abgesehen davon, dass bei der Wortwahl ein beschönigender Spielraum besteht, ist somit grundsätzlich von der Richtigkeit dieser Informationsquelle auszugehen. Äußerungen über Planungen lassen in den Reports erkennen, welche strategischen Ausrichtungen das Entwicklerstudio im Laufe der Jahre vornahm und wie es sein Selbstverständnis modifizierte. Von dem Betätigungsfeld bei Online-Rollenspielen zeigte sich das Unternehmen in seinem Bericht über das Geschäftsjahr 2006 äußerst überzeugt: Im fünften Jahr seines Betriebs habe das MMORPG *Anarchy Online* hunderttausende Spieler angezogen und sei wirtschaftlich erfolgreich.[1792] Beflügelt durch den Erfolg von *Dreamfall: The Longest Journey*, dem Nachfolger zu dem genannten Adventure für Einzelspieler, stellt der Jahresbericht nicht nur das spätere, in Serienkapitel unterteilte *Dreamfall Chapters* in Aussicht, sondern die Möglichkeit, spezifisch dieses Universums als MMO zu adaptieren.[1793] Eine chinesische Niederlassung eröffnete *FunCom* 2005 einen Zugang auf den dortigen Online-Markt und Einblicke in dessen Spielkultur.[1794] Dieser Jahresbericht dokumentiert ebenfalls, dass zu jenem Zeitpunkt bereits das spätere *The Secret*

1788 Olivetti, Justin: The Game Archaeologist: Anarchy Online, in: *Massively Overpowered* 19.9.2015. Online unter: http://bit.ly/2 A2Zurn (Letzter Zugriff: 31.3.2019).
1789 Olivetti: Anarchy Online, 2015; **FunCom:** Annual Report 2006, Oslo 2007; S. 6.
1790 GamesIndustry International: FunCom Successfully Listed on Oslo Stock Exchange, in: *gamesindustry.biz* 14.12.2005. Online unter: http://bit.ly/2z0ayGl (Letzter Zugriff: 31.3.2019).
1791 FunCom: Investor Relations. Financial Reports, 2006ff. Online unter: http://bit.ly/2yhOx9e (Letzter Zugriff: 31.3.2019).
1792 FunCom: Annual Report 2006, 2007; S. 6/7.
1793 FunCom: Annual Report 2006, 2007; S. 9; **Dreamfall: The Longest Journey** 2006; **Dreamfall Chapters. The Longest Journey** 2014–2017.
1794 GamesIndustry International: FunCom opens Office in China. Important new Step to Increase Understanding of the Global Online Market, in: *gamesindustry.biz* 14.5.2005. Online unter: http://bit.ly/2 A3JrKQ (Letzter Zugriff: 31.3.2019).

World unter dem Namen *The World Online* entwickelt wurde.[1795] *FunCom* projektierte das Online-Rollenspiel damals noch für *PC* und die Konsole *XBox 360*, stellte das realweltliche Setting klar heraus und visierte die volle Teamstärke dafür zum Jahr 2008 an. Für jenes Jahr setzt der Bericht an, das frühzeitliche Fantasy-MMORPGs *Age of Conan: Hyborian Adventures* zu veröffentlichen, dessen technologische Basis *The Secret World* adaptieren solle.[1796] Die teure Entwicklung der eigenen technischen Plattform sollte sich amortisieren, indem das Unternehmen die *DreamWorld Engine* in Produktionen mit unterschiedlichen Szenarien verwendet.[1797] Das Know-how um diese proprietäre Technologie, hält der Geschäftsbericht für 2010 fest, „is one of the key reasons for FunCom's achievement in the MMO segment."[1798] Der Bericht aus 2007 richtet die Folgejahre weitgehend auf den Verkauf über Downloads aus, was die MMORPG-Strategie zusätzlich stützte. Dort existieren bereits Online-Plattformen, weshalb digitale Distribution keine zusätzlichen Hürden schafft. Das Unternehmen forcierte einen globalen Wachstumskurs, der Online-Rollenspielen für ein weltweites Publikum das Hauptaugenmerk zuwendete. 2006 arbeiteten noch 230 Personen in Norwegen, den USA, China und der Schweiz für das Unternehmen.[1799] 2007 stieg die Zahl auf mehr als 300 Personen.[1800]

Die Ausrichtung der Strategie an MMORPGs dämpfte 2008 schwerwiegend, dass 1,4 Mio. verkaufte Exemplare von *Age of Conan* zwar einmalig respektable Einnahmen generierten, erneut jedoch kaum in dauerhafte Abonnements übergingen.[1801] *Age of Conan: Hyborian Adventures* griff das brutale, frühzeitlich-mystische Universum von Robert E. Howard auf, dessen Erzählungen insbesondere durch den Action-Film *Conan, der Barbar* mit Arnold Schwarzenegger in der Hauptrolle berühmt wurde.[1802] Die Bekanntheit der Marke zu nutzen, erwies sich als kluger Schachzug, wie die Verkaufszahlen unterstreichen. Allerdings geriet die Veröffentlichung erneut zu einem Desaster. Spielwelt, Spielgefühl und Missionen wurden gelobt, Programmfehler machten aber die Spielerfahrung wie bei *Anarchy Online* zunichte.[1803] Nicht nur deswegen wirkte das Spiel unfertig, für höherstufige Spielende fehlten schlichtweg Inhalte. Da Versprechungen nicht eingehalten wurden, schrumpfte die Abonnententenzahl von anfänglich 700.000 rapide auf lediglich 100.000.[1804] Diese gravierende Enttäuschung der Spielerschaften bescherte dem Unternehmen nachhaltig Probleme mit der Glaubwürdigkeit bei den Kunden. Dieser Schaden verbirgt sich eigentlich dahinter,

---

1795 **FunCom:** Annual Report 2006, 2007; S. 12/13
1796 **FunCom:** Annual Report 2006, 2007; S. 10/11.
1797 **FunCom:** Annual Report 2007, Oslo 2008; S. 13.
1798 **FunCom:** Annual Report 2010, Oslo 2011; S. 3.
1799 **FunCom:** Annual Report 2006, 2007: S. 3.
1800 **FunCom:** Annual Report 2007, 2008; S. 3.
1801 **Age of Conan. Hyborian Adventures** 2008 ff.; **FunCom:** Annual Report 2008, Oslo 2009; S. 2/3; Zahl über Abverkauf aus **FunCom:** Annual Report 2009, Oslo 2010; S. 2, siehe zu Details dort S. 6.
1802 **Milius, John:** Conan, der Barbar 1982.
1803 **Siegismund, Fabian:** Age of Conan. Test, in: *Gamestar* 8/2008; S. 86–93, hier S. 93.
1804 **Siegismund, Fabian:** Age of Conan. v 1.04.7. Test Kontrollbesuch, in: *Gamestar* 6/2009; S. 92.

wenn der Geschäftsberichte von 2009 euphemistisch formuliert, man habe trotz des erfolgreichen Verkaufs nicht die Erwartungen in der Kundenbindung erfüllt.[1805] Um in der entstandenen Krise die laufenden Kosten für die Entwicklung der Online-Rollenspiele zu reduzieren, entstand 2009 eine kanadische Niederlassung in Montreal.[1806] Mit 35 verschiedenen Nationalitäten arbeiteten 2007 zwar insgesamt 300 Personen für das Unternehmen, da aber die Niederlassungen in China und Kanada expandierten, kompensierten Entlassungen an anderen Standorten diese Entwicklung.[1807] Dass nun zwei Drittel der Beschäftigten an der Entwicklung von Spielen, in Montreal arbeiteten, verschob auch die Firmenkultur, ursprünglich geprägt von Angestellten hauptsächlich in Norwegen.[1808] Immerhin zeigten die Maßnahmen Wirkung: Wiesen die Jahresbilanzen für 2008 und 2009 mit 26 bzw. 10 Mio. US-Dollar enorme Verluste aus, reduzierten sich diese im Folgejahr auf eine halbe Million.[1809]

Ab 2010 verstärkte *FunCom* die Aktivitäten, dem Projekt *The Secret World* zu Bekanntheit zu verhelfen. In einem Trailer präsentierten die Entwickler erstmals aufgezeichnetes Material direkt aus dem Spiel auf der *Game Developers Conference (GDC)* in San Francisco.[1810] Nicht nur der Geschäftsbericht für das Jahr 2010 verweist stolz auf die positive Resonanz von Spielenden und im Spielejournalismus, deren gewonnene Schwungkraft man 2011 weiter nutzen wolle.[1811] Reserviert allerdings zeigte sich Petra Schmitz in einem Preview, selbst wenn sie begrüße, dass jemand die ausgetretenen Pfade von Fantasy und Science Fiction verlasse:[1812] Weitere Veröffentlichungen von namhaften MMOs seien nahe. Dass *FunCom* die typische Spielmechanik umwälze, nach der Spielende ihre Charaktere ausbauen, sei riskant. Zudem schließe der angestrebte grafische Detailgrad viele potentielle Kunden aus. Schon *Age of Conan* habe für diese Opulenz enorme Rechenleistung inkaufgenommen. Ergänzend zum obigen Debüt auf der *GDC* stimmten im März 2010 zwei Werbetrailer mithilfe aufwändig gerenderter Computeranimationen auf die Spielatmosphäre ein, welche die Kunden von der Spielerfahrung des ungewöhnlichen Titels zu erwarten hätten.[1813] Sie zeigten westlich gekleidete, menschliche Charaktere in zeitgenössischen, lebensweltlichen Umgebungen, die sich mit ungewöhnlichen Kräften für die Spielform ebenso unty-

---

1805 **FunCom:** Annual Report 2009, 2010; S. 6.
1806 **FunCom:** Annual Report 2009, 2010; S. 4.
1807 **FunCom:** Annual Report 2009, 2010; S. 2.
1808 **FunCom:** Annual Report 2010, 2011; S. 6.
1809 **FunCom:** Annual Report 2009, 2010; S. 34; **FunCom:** Annual Report 2010, 2011; S. 36.
1810 **FunCom:** The Secret World – GDC 2010 Trailer: in: *Kanal Funcom via Youtube*, 29.3.2010. Online unter: https://youtu.be/_clQ4-dDfwI. Zuvor hatte ein Teaser-Trailer die Erwartungen darauf geschürt: **FunCom:** The Secret World Teaser [= Teaser for the GDC 2010 Trailer], in: *Kanal Funcom via Youtube* 14.3.2011. Online unter: https://youtu.be/TCFhLx-HKR4 (Letzter Zugriff: 31.3.2019).
1811 **FunCom:** Annual Report 2010, 2011; S. 12.
1812 **Schmitz, Petra:** The Secret World. Preview, in: *Gamestar* 6/2010; S. 50 – 51.
1813 **FunCom:** The Secret World CGI 1, in: *Kanal Funcom via Youtube* 29.3.2010. Online unter: https://youtu.be/DXFK_UDJUpQ; **FunCom:** The Secret World CGI 2, in: *Kanal Funcom via Youtube* 29.3.2010. Online unter: https://youtu.be/yDj7ojo0j4U (Letzter Zugriff: 31.3.2019).

pischer, monströser Kreaturen erwehren. Aus der Sicht eines Einwohners führte eine fiktive Notfallübertragung in einem weiteren Trailer Orte und Atmosphäre des ersten Spielgebiets *Kingsmouth* ein.[1814] Im Spätsommer desselben Jahres präsentierte *FunCom* auf der deutschen Konsumentenmesse *GamesCom* einen ausführlicheren Trailer. Mit London zeigten Game Director Ragnar Tørnquist und Lead Designer Martin Bruusgaard einen zentralen Knotenpunkt für Spieleraktivitäten, ein sogenanntes Hub.[1815] Sie präsentierten weitere Örtlichkeiten und deren Atmosphäre in der Spielwelt sowie auf Konzept-Skizzen. Zudem erläuterten sie die Weltsicht, mit der die Templer als Partei die Spielwelt sehen. In einer längeren Fassung präsentierte *FunCom* auf der *Gamescom* 2010 Journalisten einige Abschnitte aus den ersten sechzig Minuten des Spieles. Über seine Eindrücke schrieb Spielejournalist Quentin Smith, er habe anfangs die Dichte an Mythen, Legenden und Verschwörungen geradezu albern gefunden.[1816] Wenig später habe er jedoch begriffen, dass dieser raffinierte Kniff *FunCom* eine Spielwelt so fantastisch wie klassische Online-Rollenspiele eröffne, aber mit der zeitgenössischen Gegenwart kombiniere, die Spielenden vertraut sei. Die Kampagne des Marketing bestand jedoch nicht nur aus Videobeiträgen, die visuelle Komponenten in Szene setzten. *FunCom* griff zum Beispiel auf Methoden des *Guerilla Marketing* zurück, indem etwa eine Webseite der fiktiven Gemeinde Kingsmouth im Internet angelegt wurde.[1817] Dass diese Webseite die Interessierten bereits weit vor der Veröffentlichung des Spieles in erhebliche Aufregung versetzte, weisen die offiziellen Foren zum Spiel aus.[1818] Die Sensibilität potentieller Kunden für *The Secret World* und seinen spielweltlichen Hintergrund blieb deswegen hoch, weil *Alternate Reality Games (ARG)* kontinuierlich den Entwicklungsprozess begleiteten. Beginnend mit *Dark Days Are Coming* animierten sie ab 2007 die Interessierten zu komplexen Rätseln, bei denen sie gemeinschaftlich Koordinaten entschlüsselten, Bilder dekodierten oder Übersetzungen vornahmen.[1819] Die Spielenden erschlossen Hintergründe der Spiel-

---

1814 FunCom: Kingsmouth Location Video, in: *Kanal Funcom via Youtube* 20. 3. 2010. Online unter: https://youtu.be/YPqvhS6zuI4 (Letzter Zugriff: 31. 3. 2019).
1815 FunCom: The Secret World – Starting out in London, in: *Kanal Funcom via Youtube* 26. 8. 2010. Online unter: https://youtu.be/C9I0UwV5vec (Letzter Zugriff: 31. 3. 2019).
1816 Smith, Quentin: The Secret World: Preview & Footage, in: *Rock Paper Shotgun* 27. 8. 2010. Online unter: http://bit.ly/2jO7571 (Letzter Zugriff: 31. 3. 2019).
1817 FunCom: Annual Report 2010, 2011; S. 12; **[FunCom]:** Kingsmouth. Welcome to the Town of Kingsmouth, 2010. Online unter: http://www.kingsmouth.com/ (Letzter Zugriff: 31. 3. 2019).
1818 Yume: Kingsmouth – New Website!, in: *The Secret World Forum. English Forum* 22. 1. 2010. Online unter: http://bit.ly/2ivG9rC (Letzter Zugriff: 31. 3. 2019). So entdeckten die Interessierten beispielsweise Sheriff Helen Bannerman, die einen fiktiven Account im sozialen Netzwerk *Twitter* besitzt (@sheriffhelen).
1819 [unbekannt]: Dark Days Are Coming, in: *CryGaia Wiki*, Mai 2007. Online unter: http://bit.ly/2zklktK; **[unbekannt]:** Alternate Reality Game, in: *CryGaia Wiki*. Online unter: http://bit.ly/2hiB75q: Das Wiki listet im Laufe der Werbeaktivitäten vor Veröffentlichung 14 ARGs. Nach dem Release fanden noch fünf weiter ARGs statt, eines wurde sogar von den Fans selbst initiiert und durchgeführt. Den Neustart als *Secret World Legends* begleitete im Juni 2017 ein weiteres ARG: **[unbekannt]:** Kiss of the Revenant, in: *CryGaia Wiki*, 2017. Online unter: http://bit.ly/2hNTJqS (Letzter Zugriff: 31. 3. 2019).

welt und diskutierten dafür historisches Wissen. Nicht nur über diese inhaltliche Ebene, sondern auch weil *FunCom* dafür zahlreiche soziale Netzwerke wie die Bilderdienste *Flickr* und *Instagram* oder die Kurznachrichten-Plattform *Twitter* einband, schufen die Entwickler zugleich enge Verbindungen zwischen Spielwelt und Lebenswelt. Aufmerksamkeit generierte, dass spielejournalistische Webseiten kryptische Emails zugesendet erhielten. 2010 traten in *The Dark Places* erste Persönlichkeiten aus der Spielwelt mit eigenen *Twitter*-Accounts auf, in deren Kurznachrichten sich das ARG verbarg.[1820] Der Aufwand, den die Entwickler über so lange Zeiträume betrieben, war bemerkenswert. Ein ganzes Kapitel könnte allein damit gefüllt werden, die vielfältigen Elemente vollumfänglich zu dokumentieren. Dass *FunCom* die ARGs auch nach dem Spielstart 2012 weiterführte, spricht für eine langfristige Strategie, um Spielwelt und Lebenswelt ineinander zu diffundieren und dadurch die Glaubwürdigkeit des zeitgeschichtlichen Settings zu erhöhen. Wie der Geschäftsbericht zum Jahr 2010 ankündigte, intensivierte sich mit dem Jahr 2011 bis zum Erscheinen von *The Secret World* die Kampagne erheblich, welche *FunCom* nun auf einer zentralen Webseite koordinierte.[1821] Das Unternehmen produzierte weitere optisch eindrucksvolle, aber teure Trailer mit stimmungsvoller Atmosphäre.[1822] Allerdings stieg der Erfolgsdruck auf den Entwickler mit neuen Verbindlichkeiten über 10 Mio. US-Dollar, die ein Großaktionär als Kredit gewährte.[1823] Im Bewusstsein, dass Investitionen in langfristige Großprojekte wie *The Secret World* mit ihrem hohem Personalaufwand riskant seien, zeigte sich Geschäftsführer Tronde Aas im Jahresbericht für 2011 kurz vor der Veröffentlichung angesichts des Feedbacks von Spielenden und Journalisten zuversichtlich, das MMORPG werde nachhaltig erfolgreich sein.[1824] Von 750.000 Betatestern hätten 90 Prozent erklärt, das Spiel nach seiner Veröffentlichung auf jeden Fall zu beginnen.[1825] Weitere atmosphärische Videos erklärten die Prämissen des Online-Rollenspieles, zeigten Spielgebiete in diversen Weltregionen, stellten die konkurrierenden Ideologien der Gruppierungen gegenüber und präsentierten Kreaturen.[1826]

1820 [unbekannt]: The Dark Places (ARG), in: *CryGaia Wiki* Januar 2010. Online unter: http://bit.ly/2AfTYCO (Letzter Zugriff: 31.3.2019).
1821 FunCom: Annual Report 2010, 2011; S. 12.
1822 FunCom: The Secret World – CGI 3, in: *Kanal Funcom via Youtube* 9.7.2011. Online unter: https://youtu.be/ZPf9Mad3EGU; **FunCom:** The Secret World – CGI 4, in: *Kanal Funcom via Youtube* 16.8.2011. Online unter: https://youtu.be/mBrZfrrmTbM (Letzte Zugriffe: 31.3.2019).
1823 FunCom: Annual Report 2010, 2011; S. 7; **FunCom:** Annual Report 2011, Oslo 2012; S. 36 wies für 2011 ein Negativ-Saldo von fast 16 Mio. US-Dollar aus.
1824 FunCom: Annual Report 2011, 2012; S. 6.
1825 FunCom: Annual Report 2011, 2012; S. 12.
1826 Die Prämisse von *The Secret World*, dass Mythen, Legenden und konspirative Theorien der Menschheit im Grunde wahr seien, hob hervor: **FunCom:** Everything is True, in: *Kanal Funcom via Youtube* 8.4.2011. Online unter: https://youtu.be/OymMalX8VYM. Die drei Fraktionen führten im März 2011 ein: **FunCom:** Templar, in: *Kanal Funcom via Youtube* 14.3.2011. Online unter: https://youtu.be/R1vtHUyPHTM; **FunCom:** Illuminati, in: *Kanal Funcom via Youtube* 14.3.2011. Online unter: https://youtu.be/rGIDhAcN5yQ; **FunCom:** The Dragon, in: *Kanal Funcom via Youtube* 14.3.2011. Online unter: https://youtu.be/KrVfI0amgjo. Was Spielende in ersten Spielregionen erwarten würde, zeigten weitere

Unter Einblendung der Kommentare von leitenden Entwicklern erläuterten Video-Tagebücher Schwerpunkte wie Spielmechanik, Hintergrundgeschichten und Missionen, das Setting, die freie Charakterentwicklung sowie den Konflikt der Fraktionen.[1827]

Die Kampagne im Marketing wurde deswegen detailliert behandelt, weil sie in Ermangelung statistischer Daten einige Rückschlüsse auf die Spielenden erlaubt. Die Kampagne war bis auf wenige untertitelte Ausnahmen englischsprachig, etablierte ausdauernd und langfristig einen komplexen Weltentwurf, setzte vorwiegend auf erwachsene, düstere Themen wie Verschwörungen und kommunizierte alle Inhalte in verklausulierter Sprache und multiplen Perspektiven. Gleichzeitig errichtete *FunCom* geduldig nicht nur über das zeitgenössische Szenario, sondern auch mithilfe von *Alternate Reality Games (ARGs)*, nachvollziehbare Verbindungen zwischen Spielwelt und Lebenswelt. Mit der intensiven Nutzung etwa des Nachrichtennetzwerkes *Twitter*, schon bevor es sich massiv durchsetzte, oder dem erwähnten Browserspiel *The Secret War* auf *Facebook*, sprach das Marketing möglicherweise nicht Early Adopters an, aber doch sozial vernetzte, technologieaffine Spielende.[1828] Deutlich machte der detaillierte Einblick, dass die norwegischen Entwickler nicht auf den Mainstream, nicht auf die typischen Kunden der Online-Rollenspiele setzten, sondern eher auf Unzufriedene, die sich bei der Spielform an den immergleichen Spielmechanismen und Szenarien sattgespielt hatten, die Spieltiefe in den Spielwelten vermissten und frustriert von meist belanglosen Geschichten waren. Damit investierten die Entwickler kostenintensiv in Schritte, die in bislang unkartiertes Terrain führten. Zugleich wagten sie einen riskanten Spagat zwischen möglichst vielen Spielenden als zahlende Kunden, die

---

Videos: **FunCom:** Savage Coast Location Video – The Secret World, in: *Kanal Funcom via Youtube* 5.7. 2011. Online unter: https://youtu.be/A0NQAgZ2FqY; **FunCom:** The Secret World – The Scorched Desert Preview Video, in: *Kanal Funcom via Youtube* 13.12.2011. Online unter: https://youtu.be/1HvoXNnrEFc; **FunCom:** The Secret World – Blue Mountain Preview Video, in: *Kanal Funcom via Youtube* 26.1.2012. Online: https://youtu.be/DL5omig6tV0. Ergänzt wurden die Informationen zu den Gruppierungen durch drei weitere Trailer in Zusammenarbeit mit Electronic Arts anfang 2012: **FunCom:** The Secret World – Templer Teaser, in: *Kanal EA -Electronic Arts (deutsch) via Youtube* 23.1.2012. Online unter: https://youtu.be/9p43WBfHMAs; **FunCom:** The Secret World – Illuminaten Teaser, in: *Kanal Funcom via Youtube* 23.1.2012. Online unter: https://youtu.be/9f48xROtIPc; **FunCom:** The Secret World – Drachen Teaser, in: *EA – Electronic Arts (deutsch)* 23.1.2012. Online unter: https://youtu.be/Ww9ch9tH7N4. Mit dem Revenant hob ein Feature eine spezielle Kreatur hervor: **FunCom:** Monster Reveal: The Revenant, in: *Kanal Funcom via Youtube* 15.4.2011. Online unter: https://youtu.be/xF7tA56VMFM (Letzte Zugriffe: 31.3.2019).

1827 FunCom: The Secret World GDC 2011 Trailer, in: *Kanal Funcom via Youtube* 10.3.2011. Online unter: https://youtu.be/XMnJD7Dt1GY; **FunCom:** The Secret World – Developer Diary: Story and Missions, in: *Kanal Funcom via Youtube* 30.5.2011. Online unter: https://youtu.be/hJuEQStDHEI; **FunCom:** The Secret World Developer Diary – World and Setting, in: *Kanal Funcom via Youtube* 11.8.2011. Online unter: https://youtu.be/oSH7GZGEnQk; **FunCom:** The Secret World Developer Diary – The Secret War, in: *Kanal Funcom via Youtube* 14.10.2011. Online unter: https://youtu.be/bFJTprVXHfQ; **FunCom:** The Secret World Entwicklertagebuch – Freie Charakterentwicklung, in: *Kanal Funcom via Youtube* 26.3.2012. Online unter: https://youtu.be/Snnga8qKHwA (Letzte Zugriffe: 31.3.2019).

1828 The Secret War 2011–2012.

bereits lange Erfahrungen mit der Spielform hatten, und einer kaum kalkulierbaren Menge an Interessierten, die sie neu für die Spielform begeistern wollten. Geschäftlich sprachen aber solide Gründe dafür, genau auf diese Marktlücke zu setzen, wie ich im Februar vor der Veröffentlichung zusammenfasste.[1829] Gerade wegen dieser Positionierung lässt sich leider aus den skizzierten Traditionen der Spielform nicht extrapolieren, wie sich die Gruppe der Spielenden soziokulturell und demografisch zusammensetzt.

In Interviews mit Magazinen und Branchenportalen gaben die kreativen Leitfiguren des Entwicklungsprozesses stetig Auskunft über die Produktion und Intention des Spieles.[1830] Zwar weisen die Geschäftsberichte über lange Phasen mehr als hundert Mitarbeiter von Teams in Oslo, Montreal, Durham und Peking aus, die an *The Secret World* mitwirkten. Die wesentliche Gestaltungshoheit jedoch lässt sich auf einen engen Personenkreis zurückführen. Im April 2012, wenige Wochen vor der Veröffentlichung, präsentierten Ragnar Tørnquist, Martin Bruusgaard, Joël Bylos und Øystein Evtevaag das Spiel und ihre Intentionen, als sie sich kritischen Nachfragen internationaler Kolleginnen und Kollegen stellten.[1831] Als zentrale leitende Figur des Game Directors entwickelte Tørnquist die grundsätzliche inhaltliche Ausrichtung von *The Secret World* und schrieb maßgeblich als Autor an den zahlreichen Geschichten.[1832] Dass ihm besonders wichtig war, Online-Rollenspiele narrativ deutlich zu erweitern, erläuterte er 2011 in einem offiziellen Blogbeitrag.[1833] Als Lead Designer verantwortete Bruusgaard die spielmechanischen Elemente wie etwa die freie Gestaltung der Charakterentwicklung und das Design des Kampfsystemes. Bylos setzte die niedergeschriebenen Mythen und Legenden als Lead Content Designer in der Spielwelt mit deutschen, französischen und englischen Sprachvarianten um. Die Programmierarbeiten, insbesondere die Fortentwicklung der hauseigenen *DreamWorld* Engine verantwortete Øystein Evtevaag. Auf dem Panel nicht beteiligt war

---

1829 Nolden, Nico: Allein unter verborgenen Mythen. FunCom leistet möglicherweise mit „The Secret World" die überfällige narrative Revolution der MMORPGs, in: *Keimling* 17. 2. 2012. Online unter: http://bit.ly/2dLbYxw (Letzter Zugriff: 31. 3. 2019).
1830 Ein besonders ausführliches Gespräch mit Ragnar Tørnquist für eine Branchen-Webseite führte **Remo, Chris:** A Little Piece of Hell: Building The Secret World. Interview mit Ragnar Tørnquist, in: *Gamasutra* 12. 2. 2010. Online unter: http://ubm.io/2tBts2n. Auch durch Videos wie **GameBuzz:** The Secret World – Ragnar Tornquist Interview, in: *Kanal GameBuzz via Youtube* 20. 8. 2011. Online unter: https://youtu.be/vq4bBW35aLs. Kurz vor dem Release 2012 erläuterte Tørnquist in einem Interview, welche Leidenschaft ihn persönlich mit dem Szenario verbinde: **Bachner, Wolff:** The Secret World – Exclusive Interview with Creative Director Ragnar Tørnquist, in: *Inquisitr* 7. 6. 2012. Online unter: http://bit.ly/2njC0aX (Letzte Zugriffe: 31. 3. 2019).
1831 International Game Developer Association (IDGA): IDGA-Montreal Apr12 The Secret World, in: *Kanal IGDA Montreal* 4/2012. Online unter: https://vimeo.com/41723065 (Letzter Zugriff: 8. 11. 2017).
1832 Siehe zu den Personen: **[unbekannt]:** The Secret World (2012) Windows Credits, in: *MobyGames*[, 2012]. Online unter: http://bit.ly/2iEQYb8 (Letzter Zugriff: 31. 3. 2019).
1833 Tørnquist, Ragnar: Ragnar Tørnquist on the Story in the Secret World, in: *The Secret World. Offizielles Blog* 4. 4. 2011. Online unter *Wayback Machine* via *Archive.org*: http://bit.ly/2iILs7e (Snapshot 7. 7. 2011, letzter Zugriff: 31. 3. 2019).

Audio Designer Simon Poole, der mit Geräuschen und Klängen eine stimmige spielweltliche Atmosphäre erschuf und zusammen mit dem Komponisten Marc Canham zudem den musikalischen Soundtrack beisteuerte.[1834] Bezüglich der hier relevanten historischen und mythischen Inhalte tritt vor allem Ragnar Tørnquist in den Vordergrund, der schon vorherige Spiele des Unternehmens geprägt hatte. Seine Handschrift als Autor bestimmte bereits die sukzessiv fortentwickelte Hintergrundgeschichte des MMORPGs *Anarchy Online*, auch der Erfolg des Adventures *The Longest Journey* ist maßgeblich auf sein Storydesign zurückzuführen und auch den Nachfolger *Dreamfall: The Longest Journey* prägte seine Erzählkunst.[1835] Selbst wenn letztere beide Titel anderen Spielformen angehören, teilen sie durch Tørnquist mit *The Secret World* die Prämisse, dass verschiedene Realitäten mehrere Weltbilder ineinander diffundieren lassen.

Obwohl technische Pannen dieses Mal selten blieben, startete das einzigartige Online-Rollenspiel vergleichbar katastrophal wie die Vorgänger *Anarchy Online* und *Age of Conan*.[1836] Dabei hatte ein stimmungsvoller Launch-Trailer noch einmal gezielt die eindrucksvolle Atmosphäre des MMORPGs zum Release unterstrichen.[1837] Als Social Media-Kampagne stimmte auf Facebook das Browserspiel *The Secret War* in die Fraktionskämpfe ein.[1838] Die lange erwartete, narrative Umwälzung mit innovativen spielmechanischen Impulsen bestach zwar durch ihre dichte historische Inszenierung in dem ungewöhnlichen zeitgenössischen Setting, enttäuschte aber durch überraschend schlechte Verkäufe.[1839] Die Gründe hierfür waren vielfältig, wie ich in zwei Kommentaren kurz nach der Veröffentlichung und zwei Jahre später ausdifferen-

---

1834 Einen Überblick zu Sound und Musik als Beiträge zur spielweltlichen Atmosphäre bieten: **FunCom:** The Secret World – Cinematic Sound Demo, in: *Kanal Simon Poole via Youtube* 2.10.2012. Online unter: https://youtu.be/GsGkxKrywdY; **FunCom:** The Secret World – Environment Sound Demo, in: *Kanal Simon Poole via Youtube* 2.10.2012. Online unter: https://youtu.be/8IF3GQ9JhrM; **FunCom:** A Selection of Creature Vocal Sounds from The Secret World (Funcom/EA), in: *Kanal Simon Poole via Youtube* 5.10.2012. Online unter: https://youtu.be/liEHA569CfE (Letzte Zugriffe: 31.3.2019).
1835 [unbekannt]: Ragnar Tørnquist. Video Game Credits and Biography, in: *MobyGames*. Online unter: http://bit.ly/2znF3Jj (Letzter Zugriff: 31.3.2019).
1836 The Secret World 2012ff. Eine Einschätzung nach dem Release gab **Gebauer, Jochen:** The Secret World, in: *Gamestar* 9/2012; S. 60–65. Wegen des großen Umfanges des MMORPGs folgte später eine Langzeitrezension durch **Lück, Patrick C. / Gebauer, Jochen:** The Secret World. Test, in: *Gamestar* 2/2013; S. 64–66.
1837 FunCom: The Secret World Launch Trailer (DE), in: *Kanal Funcom via Youtube* 3.7.2012. Online unter: https://youtu.be/QvkCcUN9 m7s (Letzter Zugriff: 31.3.2019), treffend untermalt durch einen Remix des Songs This Bitter World von Dinah Washington: **Washington, Dinah / Richter, Max:** This Bitter Earth / On the Nature of Daylight, 2012 (Original von 1960).
1838 FunCom: Annual Report 2012, Oslo 2013; S. 7; **The Secret War** 2011–2012.
1839 FunCom: Annual Report 2012, 2013; S. 6 u. 8. Trotz der großen Investitionen weist weist der 2. Quartalsbericht 2012 für die wichtigen ersten Monate lediglich 200.000 verkaufte Exemplare aus: **FunCom:** Second Quarter Financial Report 2012, 28.8.2012; hier S. 3. Online unter: http://bit.ly/2zwlZG2 (Letzter Zugriff: 31.3.2019).

zierte.[1840] Zusammengefasst deuten vier zentrale Erklärungsmuster auf Ursachen: die Gestalt der Inhalte und die Spielmechaniken, eine unreflektierte Spielerkultur und unternehmerische Entscheidungen.

Erstens waren die Spielinhalte unzugänglicher als bei typischeren Vertretern der MMORPGs.[1841] Die komplexen, historisch und mythisch angelehnten Geschichten in dem für Spielende ungewohnten Szenario wiesen zwar eine ungekannte narrative Reichhaltigkeit auf, der man die zehnjährige Entwicklungszeit anmerkte. Hinter den verklausulierten, multiperspektivischen Erzählungen Sinn zu bilden, erforderte aber einen höheren eigenen Denkeinsatz als in anderen Online-Rollenspielen. Die diversen historischen Ebenen in den Spielgebieten von Neuengland über Ägypten bis nach Rumänien über dutzende Stunden an Spielzeit nachzuvollziehen, forderte von Spielenden, ihre Umgebungen auch abseits von Missionswegen aufmerksam zu erkunden. Zielorientierten Spielenden entgingen dadurch elementare Spielinhalte. Die Spielgebiete bargen viele ungewohnte Kreaturen, die verschiedensten Kulturräumen entstammten und daher nicht auf Anhieb verständlich waren. Unablässig verwischte die zeitgeschichliche Spielwelt ihre Grenzen zur Lebenswelt der Spielenden, wirkte so aber stets unvollendet. Da das Publikum durch Konkurrenten eher eindeutige Erzählstile gewöhnt ist, konnten die Sichtweisen der drei spielweltlichen Gruppierungen als widersprüchlich missverstanden werden, anstatt sie als mehrdeutige Weltinterpretationen aufgrund prägender Ideologien zu begreifen. Da die Spielerfahrung an den narrativen Elementen ausgerichtet wurde, deren Produktion zeitaufwändig ist, fiel es *FunCom* schwer, gerade für Vielspieler neue Inhalte mit dieser narrativen Dichte nachzuliefern. Der Markenkern um historische und mythische Erzählungen produzierte enorme Kosten, weil vollvertonte, filmreife Zwischensequenzen alle größeren Aufträge einleiteten. *FunCom* ließ sie dreisprachig synchronisieren und die Schauspieler durch Motion-Capturing erfassen, was neben den Kosten für Schauspieler und ein Studio auch einen zeitlichen Aufwand darstellt.[1842]

Um intensive Geschichten mit typischen Spielmechaniken zu verknüpfen, brach *The Secret World* zweitens zentrale Konventionen von MMORPGs.[1843] Ungewöhnlichen Questformen, die typische Kampfeinsätze und Gruppenfeldzüge um verdeckte Sabotage- und investigative Recherchemissionen erweitern, verlangten von Spielenden das eigene Vorgehen zu überdenken. Ohnehin trugen alle Missionen, sogar basale Nebenquests, mit substantiellen Informationen zur Spielwelt bei. Erfahrene Spielerinnen und Spieler von MMORPGs sind zudem gewöhnt, Auftragsbücher mit Mission um

---

1840 Nolden: Schrank, 2012; **Nolden, Nico:** Totengräber verborgener Welten. Die gescheiterte Revolution von The Secret World ist nicht weniger als ein Fanal für die MMO-Branche, in: *Keimling* 20.1. 2014. Online unter: http://bit.ly/1kQ7vX2 (Letzter Zugriff: 31.3.2019).
1841 Nolden: Schrank, 2012; Abschnitt „Quest the way, uhuh, uhuh, I like it"; **Nolden:** Totengräber, 2014; Abschnitt „Guter Hoffnung".
1842 Tørnquist bezifferte ihn im Video vom April 2012 auf etwa vier Jahre: **International Game Developer Association:** The Secret World, 2012.
1843 Nolden: Totengräber, 2014; Abschnitt „In den Wehen liegend".

Mission zu füllen, deren lange Listen sie dann gleichzeitig abarbeiten. Die Entwickler bei *FunCom* jedoch beabsichtigten, dass die Spielenden sich mit mehr Muße auf die Geschichten einlassen. Anstatt diese im Vorbeigehen und durcheinander abzuhaken, sollten sie weniger narrative Fragmente aufnehmen, mit denen sie sich intensiver befassen. Daher gestattet *The Secret World* nur wenige Aufträge zu verfolgen. Neben der Queststruktur mit Schleich- und Detektivmissionen, die sich an einzelne Spieler richten, wirkte die Beschränkung der Anzahl dem kollaborativen Zusammenspiel entgegen, wohl einer der wichtigsten Grundlage von MMORPGs. Eilte jemand einem Mitspieler bei einer Quest zuhilfe, so musste dieser selbst erst einen eigenen Auftrag abbrechen. So passten die durchaus faszinierenden Missionsnetzwerke kaum zum typischen Gruppenspiel. Aufgrund des fehlenden Gruppencontents fragten sich viele Beobachter, weshalb *The Secret World* überhaupt als MMORPG und nicht als Action-Abenteuerspiel für Einzelspieler veröffentlicht worden war.[1844] Online-Rollenspiele bieten weit fortgeschrittenen Spielerinnen und Spielern, welche die Kampagne eines Titels oder andere Hauptinhalte abgeschlossen haben, zudem ein sogenanntes Endgame an. Darin können sie sich mit anderen Spielenden zum Beispiel auf Schlachtfeldern endlos messen. Getrimmt auf die narrativen Inhalte, bot *The Secret World* von solchen Inhalten viel zu wenige. Das MMORPG bot solchen Spielern im Grunde nur, stets dieselben Aufträge zu wiederholen. Die Charakterentwicklung basierte obendrein auf einem neuartigen, stufenlosen Talentsystem 500 freischaltbaren Fertigkeiten. Kreisförmig angeordnet, ließ sich ein Großteil dieser Talente miteinander kombinieren, was eine schier undurchschaubare Kombination von Effekten ermöglichte.[1845] Diese Komplexität schreckte Neulinge ab, die das Setting und die Geschichten für das Spiel gewonnen hatten. Sie kollidierten mit dem komplizierten Talentsystem, das zahlreiche Fachbegriffe der Spielform einstiegsunfreundlich machten.

Der hohe Innovationsgrad auf vielen Gebieten führte drittens zu Inkonsistenzen bei den Zielgruppen. Ungewöhnliche Diskrepanzen unter den Wertungen von Rezensenten stellte zudem ein Indiz dar, dass dieses Online-Rollenspiel für große Verwerfungen in der Spielerkultur sorgte.[1846] Nicht alle Interessierten an der Spielform schienen bereit, sich auf konzeptionelle und inhaltliche Veränderungen einzulassen. Ähnlich äußern sich die Rezensenten Patrick Lück und Jochen Gebauer nach einem ausführlichen Langzeittest, denn

---

1844 So zum Beispiel bei **Lück / Gebauer:** The Secret World. Test, 2013; S. 65.
1845 Wegen dieser Komplexität schuf ein Spieler sogar eine Webseite als Hilfsmittel, die bei der Erstellung passender Kombinationen half: **Christensen, Daniel S.:** The Secret World Ability Wheel, [nach 2012]. Online unter: http://bit.ly/2ztPESi (Letzter Zugriff: 9.11.2017).
1846 Emmerich, Florian: The Secret World: Investoren-Report offenbart – hinter den Erwartungen von FunCom, in: *buffed.de* 11.8.2012. Online unter: http://bit.ly/2u9 L2M2; **Pearson, Dan:** Funcom: Poor Metacritic damaged Secret World performance. Developer making „cost-adjustment initiatives" as MMO underperforms, in: *gamesindustry.biz* 13.8.2012. Online unter: http://bit.ly/2zFNkWo (Letzte Zugriffe: 31.3.2019).

> „die einen halten es für das spannendste und interessanteste Online-Rollenspiel, [...] [d]ie anderen juckt das Szenario kein bisschen. Und die Dritten ärgern sich über die technischen Unzulänglichkeiten. [...] Meisterwerk oder Machwerk, aufregend oder langweilig? Die Antwort gibt das Spiel bereits selbst: Alles ist wahr."[1847]

Als er Ragnar Tørnquist im Oktober 2012 als Game Director ablöste, zeigte sich der vormalige Lead Content Designer Joël Bylos von der Spannweite der Rezeption verblüfft:

> „Looking at reviews, [...] I have never before seen an MMO that has been both praised and criticized to such an extreme extent [...]. On the other hand, if we look at user scores, we are one of the highest rated MMOs on MetaCritic the past decade and on MMORPG.com we come in second place on the list of top voted games in front of some of the most critically acclaimed MMOs ever released." [1848]

Schlüsse daraus zu ziehen, sei schwierig, die Diskrepanzen deuteten aber darauf hin, dass *The Secret World* einen Nerv getroffen habe, weil es versuchte, der Spielform neue Facetten hinzuzufügen. Zwar wurde bereits angeführt, dass die unterschiedlichen Spielerkulturen weltweit schlecht erforscht sind, aber die Hauptkampflinie in den Wertungsdifferenzen verlief zwischen sogenannten *Achievern* und *Explorern*. Richard Bartle hatte an MUDs, den genannten Vorläufern der MMORPGs, vier grundsätzlich unterschiedliche Spielweisen beobachtet:[1849] *Achiever* tendieren dazu, beharrlich die Spielziele zu verfolgen. So viel wie möglich von der Spielwelt erkunden *Explorer*. Sind Spielende eher *Socializer*, suchen sie gezielt die Kommunikation und das Zusammenspiel mit anderen. Ein vierter Anteil nutzt als *Impostor* die Spielmechaniken dafür, anderen Spielenden bewusst zu schaden oder sie auszunutzen. Die Kategorien sind nicht als exklusiv misszuverstehen, denn Spielerverhalten lässt sich nicht scharf nur einem Typ zuordnen, allerdings sind Tendenzen oder Schwerpunkte erkennbar. Einer der Gründe für die diametralen Gegensätze in der Rezeption könnte daher neben den Traditionsbrüchen mit der Spielform darin liegen, dass wettbewerbsorientierte Spielerinnen und Spieler (*Achiever*) weniger Angebote in *The Secret World* fanden als Spielende, die begeistert eine elaborierte, narrativ tiefgründige Spielwelt erkunden (*Explorer*). Es wirkt, als seien die erwartbaren Spielertypen durch die Rezeption in der Spielkultur nicht genügend reflektiert und das jeweils eigene Urteil aus persönlichen Spielvorlieben heraus überbewertet worden.

1847 Lück / Gebauer: The Secret World. Test, 2013; S. 66.
1848 Bylos, Joël: State of the Game: Game Director Joel Bylos Reveals his Plans for The Secret World, in: *The Secret World. Offizielles Blog* Oktober 2012. Online weder im Original, noch via Archive.org abrufbar. (Letzter Zugriff: 5.1.2016). Siehe Diskrepanz der Wertungen bei **metacritic:** The Secret World (PC) Summary, in: *Metacritic.com*. Online unter: http://bit.ly/2zwO68 m (Letzter Zugriff: 31.3.2019).
1849 Bartle, Richard A.: „Hearts, Clubs, Diamonds, Spades". Players Who Suit MUDs, 1996. Online unter: http://bit.ly/2hizlh3 (Letzter Zugriff: 31.3.2019). An den Ausführungen zum *Ultima Online* lassen sie sich ab S. 345 ebenfalls nachvollziehen. Abschnitt *4.4 Nutzerperspektiven* wird auf die Spielertypen im Detail eingehen.

Viertens verantworteten unglückliche wirtschaftliche Umstände, das Marktumfeld und Entscheidungen im Management die schlechte Vorstellung mit, die das MMORPG in den Monaten nach dem Release zeigte.[1850] Tørnquist räumte 2010 in einem Interview ein, dass *FunCom* an *The Secret World* etwa seit 2002 gearbeitet habe, was die Entwicklungszeit auf enorme zehn Jahre addiert.[1851] Die Kosten dieser ungewöhnlich langen Produktion verdammten *FunCom* geradezu zum Erfolg. *FunCom* hatte nach Berichten eines norwegischen Wirschaftsportals über die Jahre etwa 300 Mio. Norwegischen Kronen investiert (ca. 40 Mio. €), die Resonanz aber stimmte die Entwickler optimistisch, und so prognostizierten sie 1,35 Mio. Einheiten als Verkaufsziel und etwa 500.000 Abonnenten.[1852] Den Vorjahresverlust von 15 Mio. US-Dollar im Jahr 2011 überstieg 2012 das Defizit von 60 Mio. US-Dollar nun so erheblich, dass *FunCom* in eine existentielle Krise stürzte.[1853] Nur 200.000 Exemplare waren bis August 2012 verkauft worden, obwohl 1,3 Mio. Interessierte zuvor an den Beta-Tests teilnahmen. Vor allem die Entscheidung für ein teures Abo-Modell dürfte viele Käufer abgeschreckt haben. Für das Spiel fiel somit nicht nur der Kaufpreis von 40 – 50 € an, sondern monatliche Gebühren. *FunCom* ignorierte mit dieser Ausrichtung, dass die meisten Hersteller bereits auf das Geschäftsmodell *Free-2-Play (F2P)* wechselten und setzte die monatlichen Kosten für das Abonnement sogar oberhalb des prominenten MMORPGs *World of Warcraft* an. So versuchte *The Secret World* in einem Marktumfeld zu bestehen, auf dessen veränderte Bedingungen seit dem Beginn seiner Entwicklung es nicht angepasst war. Ende 2012 veteidigten Joël Bylos und Ragnar Tørnquist die Entscheidung, das Online-Rollenspiel nicht als F2P-Spiel veröffentlicht zu haben, in einem Interview mit *eurogamer.net*, denn ohne die Einnahmen aus dem Abverkauf wäre der Schaden für das Unternehmen noch viel größer gewesen.[1854] Unabhängig von F2P hätten sie dennoch klüger den vorhandenen Online-Shop des Spieles nutzen können. Lukrativ hätte *FunCom* dort den Verkauf von digitaler Bekleidung, Fahrzeugen, tierischen Begleitern und anderen ergänzenden Inhalte an die Spielenden ausrichten können. Ihm mangelte es lange jedoch an Vielfalt, und damit an ökonomischem Sinn. Unglücklich war zudem der Zeitpunkt des Release kurz vor dem lange erwarteten Konkurrenten *Guild Wars 2*, der im August 2012 erschien.[1855] Durch seinen Vorgänger beliebt, verzichtete es auf ein Abonnement, und sein fantastisches Setting war massenerprobt. Schon einen Monat später erwartete Spieler mit *Mists of Pandaria*

1850 Nolden: Schrank, 2012; Abschnitt „Money, Money, Money"; **Nolden:** Totengräber, 2014; Abschnitte „Geburtskomplikationen" und „Totgeburt?".
1851 Remo: Piece, 2010.
1852 Landre: Funcom, 2012. Währungen nach Stand Juli 2012 umgerechnet.
1853 FunCom: Annual Report 2012, 2013; S. 42.
1854 Purchese, Robert: The Secret World post mortem. „No, it's not going free-to-play any time soon", in: *eurogamer.net* 2.10.2012; hier Abschnitt „What went wrong – the subscription business model?". Online unter: http://bit.ly/2higFOk (Letzter Zugriff: 31.3.2019).
1855 Guild Wars 2 2012ff.; **Schmitz:** Guild Wars 2. Test, 2012.

eine umfangreiche Erweiterung von *World of Warcraft*.[1856] Um auf dem Markt zu debütieren, handelte sich also um ein denkbar schlechtes Umfeld, nicht bloß für ein innovatives und ungewöhnliches MMORPG. Tørnquist räumte in besagtem Interview mit *eurogamer.net* ein, dass er den Konkurrenzdruck zu *Guild Wars 2* und *Mists of Pandaria* gern gemieden hätte.[1857] Eine Verschiebung aber läge nicht in den Händen des Entwicklerteams und hätte weitere Kosten verursacht.

Betrachtet man also die Spielinhalte und Mechaniken genauer, die Resonanz in der Spielkultur und das Geschäftsmodell, ergibt sich für das ambitionierte Online-Rollenspiel ein ernüchterndes Ergebnis. Aufgrund der Konzentration auf narrative Inhalte integrierte es zu viele gegensätzliche spielmechanische und inhaltliche Konzepte, um konsistent zu sein.[1858] Dadurch erreichte es nicht den wirtschaftlichen Erfolg und die notwendigen Spielerzahlen, um die kreative Stagnation der gesamten Spielform wirksam zu durchbrechen. Zwar blieb die spielekulturelle Tragweite durch die überschaubare Reichweite begrenzt, dennoch konsoldierte sich *The Secret World* wirtschaftlich, so dass es bis heute in Betrieb ist. Schwierig einzuschätzen bleibt aber wegen der widersprüchlichen Rezeption, der turbulenten Anfangsphase und mangelnder soziokultureller und demografischer Studien, wie sich die Spielerschaften zu welchem Zeitpunkt zusammensetzen. Tendenziell handelt es sich dabei um Online-Rollenspieler, die der Spielwelt und dem narrativen Erlebnis den Vorzug vor kompetetiven Spielmechaniken geben. Indizien wie die Komplexität der Spielwelt, die Multiperspektivität der Weltdeutungen, das fragmentierte narrative Netzwerk, die komplizierte, verklausulierte Sprache und ungewöhnliche, nicht leicht zu dekodierende Kreaturen deuten auf eher erwachsene, gebildetere Spielende hin. Es wäre wünschenswert, diese vorsichtig ertasteten Schlussfolgerungen mithilfe von Daten des Entwicklers in einer entsprechenden Studie zu validieren. Im Umfang des vorliegenden Buches ist sie nicht leistbar.

Da der Misserfolg des Millionenprojektes nur gemildert, nicht aber aufgehalten oder gar umgekehrt wurde, geriet das Unternehmen für Jahre in eine Dauerkrise, aus der es sich erst 2017 herausarbeitete. Die verbliebenen Spielenden und mögliche neue Interssierte an *The Secret World* verunsicherten radikale Umstrukturierungen und Entlassungen, welche die Hälfte des vormaligen Personals betrafen.[1859] Zudem

---

1856 World of Warcraft. Mists of Pandaria 2012; **Englmeier, David / Englmeier, Tobias:** World of Warcraft. Mists of Pandaria Test, in: *Gamestar* 12/2012; S. 46–49.
1857 Purchese: Post Mortem, 2012; hier Abschnitt „What went wrong – the subscription business model?"
1858 Diese Analyse deckt sich im Kern mit Schlüssen, die Martin Bruusgaard im Oktober 2012 nach seiner Entlassung zog: **Linken, Andre:** The Secret World – Ehemaliger Lead Designer: „Darum floppte das Spiel", in: *gamestar.de* 9.10.2012. Online unter: http://bit.ly/2 t2rcnx (Letzter Zugriff: 31.3.2019).
1859 Strobach, Tony: Funcom – Entlassungswelle bei den Secret-World-Machern, in: *gamestar.de* 18.1.2013. Online unter: http://bit.ly/2zvihiF; **FunCom:** Investor Relations. The Secret World – Update, 10.8.2012. Online in *Wayback Machine via Archive.org* unter: http://bit.ly/2zBpU6z (Snapshot: 12.8.2012); **FunCom:** Investor Relations. Funcom reduces operational costs following 'The Secret World'

verzögerten sich ab dem Spätherbst 2012 monatliche, inhaltliche Updates, die als Teil der narrativen Strategie angekündigt waren, was Befürchtungen nährte, das Spiel bliebe nicht mehr lange in Betrieb.[1860] Dass mit Tørnquist und Bruusgaard im Zuge des Personalabbaus zwei zentrale Leitfiguren das Unternehmen verließen, beförderte Gerüchte zusätzlich.[1861] Nicht bloß bei *The Secret World*, sondern mehr als zwei Dekaden bei diversen Projekten von *FunCom*, hatten sie gemeinsam für narrativen Einfallsreichtum und spielerische Qualität gestanden.[1862] Ende August des Jahres eröffneten die Zahlen des zweiten Quartalsberichts die existenzbedrohliche Lage des Unternehmens.[1863] Dem nicht genug, belasteten gravierende börsenrechtliche Vorwürfe das Unternehmen. Die Finanzaufsicht Norwegens ermittelte gegen den ehemaligen Geschäftsführer Tronde Aas wegen Insiderhandels, da er einen Tag vor der Veröffentlichung des MMORPGs von seiner Position zurückgetreten war, um Berichten zufolge erhebliche Aktienmengen von *FunCom* zu veräußern.[1864] 2014 führten die Ermittlungen sogar zu Durchsuchungen bei dem norwegischen Entwickler, weil sie auf das Unternehmen selbst ausgeweitet wurden.[1865] MMORPGs sind auf langfristige Spielerfahrungen ausgelegt. Bei *The Secret World* gehört zum Markenkern, stetig neue, sehr aufwändige Inhalte nachzuliefern. Jeder einzelne der Faktoren dämpfte jedoch die Aussichten, dass sich Neukunden auf das MMORPG einließen. Erst im Dezember 2012 ließ *FunCom* die hemmende monatliche Abogebühr fallen, einmalig musste nun

---

launch, 10.8.2012. Online in *Wayback Machine via Archive.org* unter: http://bit.ly/2zwlvSX (Snapshot: 2.9.2012; Letzte Zugriffe: 31.3.2019).
1860 Nolden: Schrank, 2012; hier Abschnitte „Money, Money, Money" und „In the End It Doesn't Really Matter".
1861 Bergmann, David: The Secret World: Joel Bylos wird neuer Game Director. Ragnar Tørnquist zieht sich zurück, bleibt aber im Team, in: *buffed.de* 24.9.2012. Online unter: http://bit.ly/2hdqLk0 (Letzter Zugriff: 31.3.2019); **Linken:** The Secret World, 2012.
1862 Siehe die Absätze weiter oben zu Leitfiguren ab S. 366. Lizensiert von *FunCom*, setzten Törnquist und Bruusgaard ihre Zusammenarbeit an der Serie *The Longest Journey* fort mit **Dreamfall Chapters. The Longest Journey** 2014 ff. fort: **[unbekannt]:** Dreamfall Chapters Credits (Windows), in: *MobyGames*. Online unter: http://bit.ly/2zyc3i5 (Letzter Zugriff: 31.3.2019). Knapp zehn Jahre zuvor hatte es bereits der Geschäftsbericht von 2006 als zukünftiges Projekt in Aussicht gestellt (siehe Anm. 1793). Nun gründeten sie mit der Lizenz und ihrem Erfahrungsschatz das neue Entwicklungsstudio **Red Thread Games.** Offizielle Seite, 2012 ff. Online unter: https://www.redthreadgames.com (Letzter Zugriff: 31.3.2019).
1863 FunCom: Second Quarter Financial Report 2012, 2012.
1864 Kurz nach der Veröffentlichung von *The Secret World* brach der Börsenkurs von FunCom ein, ohne dass sich Analysten dies erklären konnten: **Landre:** Funcom, 2012; **Weber, Rachel:** FunCom CEO steps down as Scret World launches. Trond Arne Aas wanted a „freer role" as chief strategy officer, in: *gamesindustry.biz* 3.7.2012. Online unter: http://bit.ly/2zAKlR2 (Letzter Zugriff: 31.3.2019); **Chalk, Andy:** Former FunCom CEO Faces Insider Trading Allegations, in: *The Escapist Magazine* 11.9.2012. Online unter: http://bit.ly/2zDCccL (Letzter Zugriff: 31.3.2019).
1865 Pearson, Dan: FunCom: „We were back in full production the day after they came". How the Oslo studio survived the F2P transition, job losses and a visit from police, in: *gamesindustry.biz* 13.3.2014. Online unter: http://bit.ly/2yvwoRj (Letzter Zugriff: 31.3.2019).

nur noch die Basisversion gekauft werden (*Buy-To-Play*).[1866] Im Geschäftsbericht für 2013 zeigten sich die Auswirkungen, denn nur noch 130 Personen arbeiteten für das Unternehmen an den verbliebenen Standorten in Kanada, Norwegen und in den USA.[1867] Arbeiten an den MMORPGs konzentrierten sich darauf, eine postive Bilanz herbeizuführen, die eigentliche Unternehmensstrategie wandte sich jedoch von der Spielform ab: Zukünftig würden viel kleinere Teams – ausdrücklich im Gegensatz zu *Age of Conan* und *The Secret World* – kleinere Titel mit Kosten von 3 bis 6 Mio US-Dollar produzieren, dafür mehrere parallel, und das Unternehmen ziele auf breitere Kundenkreise.[1868] Selbst eine vielversprechende Lizenz des Spielzeugkonzerns LEGO für das jugendliche MMO *Lego Minifigures Online* manövrierte das Unternehmen tiefer in die Krise, denn es wurde schon wenige Monate nach Release eingestellt.[1869] Wegen Altlasten und hoher Kredite, teils zu dessen Fertigstellung aufgenommen, drohte sogar ein Verkauf des Unternehmens an Investoren oder die Insolvenz.[1870] Spätestens mit dieser neu ausgerichteten Strategie sanken die Hoffnungen der Spielenden, dass die Entwickler *The Secret World* durch umfangreiche Inhalte wie neue Weltregionen erweitern würden. Für Spielende, die nicht des Englischen mächtig waren, kam es bereits im März 2013 zur Zäsur. Neue Inhalte erhielten keine französische und deutsche Vertonung mehr.[1871] Bis zum Juni 2014 sollte es dauern, dass *Update #9 Das Schwarze Signal* mit einem Teil von Tokio zumindest ein überschaubares, städtisches Gebiet neu öffnete.[1872] Lange erwartet, führte es die Hauptgeschichte zuende. In das Lob für die Erzählungen mischte sich erneut Unmut, weil *FunCom* das Update halbierte und die zweite Hälfte als *Update #10 Nightmares in the Dream Palace* in den Dezember ver-

---

1866 **FunCom:** Investor Relations. FunCom Removes Subscription Requirement For ‚The Secret World', 12.12.2012. Online via *Wayback Machine* von *Archive.org* unter: http://bit.ly/2mfZfHs (Snapshot 17.3.2013; Letzter Zugriff: 31.3.2019). Ein Gameplay-Trailer begleitete diese Änderung des Geschäftsmodells: **FunCom:** The Secret World: Pay Once Play Forever – TSW wird Buy2Play, in: *Kanal buffed.de via Youtube* 12.12.2012. Online unter: https://youtu.be/l4rgROpwCXU (Letzter Zugriff: 31.3.2019).
1867 **FunCom:** Annual Report 2013, Oslo 2014; S. 4.
1868 **FunCom:** Annual Report 2013, 2014; S. 4.
1869 *Lego Minifigures Online* 2015–2016; **FunCom:** Annual Report 2015, Oslo 2016; S. 5; **Royce, Bree:** FunCom is Sunsetting Lego Minifigures Online in September, in: *Massively Overpowered* 14.6.2016. Online unter: http://bit.ly/2iRF39P (Letzter Zugriff: 13.11.2017).
1870 **Martin, Matt:** Age of Conan, Secret World dev Funcom up for sale, in: *VG247* 11.8.2015. Online unter: http://bit.ly/2tAKP7G (Letzter Zugriff: 31.3.2019); **Sinclair, Brendan:** Funcom open to Acquisition, Merger, etc. Disappointing Performance of Lego Minifigures Online has Developer reviewing „strategic options", in: *gamesindustry.biz* 10.8.2015. Online unter: http://bit.ly/2hs6czP (Letzter Zugriff: 31.3.2019).
1871 **Bylos, Joël / Tarib:** Zukünftige Sprachaufnahmen in Deutsch, in: *The Secret World Forum. Deutsches Forum* 8.3.2013. Online unter: http://bit.ly/2ATmpa2 (Letzter Zugriff: 31.3.2019): Insbesondere bei bekannten Charakteren, die neue Missionen erhielten, brach eine plötzliche englische Synchronstimme die Spielatmosphäre.
1872 *The Secret World Issue #9: The Black Signal* 2014; **FunCom:** The Secret World – Issue #9 Preview Video, in: *Kanal Funcom via Youtube* 4.6.2014. Online unter: https://youtu.be/ynkv5YYoMzc (Letzter Zugriff: 31.3.2019).

schob.¹⁸⁷³ Zusätzlich zwang die Einführung eines Schild- und Kampfsystems namens AEGIS die Spielenden, repetitiv dieselben Gegner zu bezwingen.¹⁸⁷⁴ Schleppend entwickelten sie so ihre Ausrüstung auf einen Grad, der den besonders starken Gegnertypen etwas entgegen setzte. Erst dann kamen sie in der Handlung voran. Viele empfanden das Vorgehen als künstliche Streckung der Inhalte.

Für *The Secret World* liegt somit spätestens in der Öffnung nach Tokio eine wesentliche, einschneidende Zäsur: Mit der japanischen Geschichte und Mythologie erschließt das Online-Rollenspiel kulturgeschichtlich einen neuen Raum, der sich von den übrigen Inhalten weitgehend absetzt. Teile der verbliebenen Spielerschaften konnte *The Secret World* aufgrund der Enttäuschungen nicht halten. Die folgenden Abschnitte fokussieren daher *The Secret World* während des fließenden Prozesses in den zwei Jahren zwischen der Erstveröffentlichung 2012 bis kurz vor das erste Update für Tokio im Juni 2014. Diese beiden Schlüsselpunkte des fluiden, ständig veränderlichen Online-Rollenspieles begrenzen den Untersuchungszeitraum plausibel. Die Aussagen der Abschnitte zu Wissenssystem, Nutzerperspektiven und Erinnerungskultur beziehen sich vor allem auf das ursprünglich erschienene Hauptspiel. Inhaltlich sowie spielmechanisch ergänzten es in dem Zeitraum die Updates 1.1 bis 1.8.¹⁸⁷⁵

1873 The Secret World Issue #10: Nightmares in the Dream Palace 2014; **FunCom:** The Secret World Nightmares in the Dream Palace Trailer. Secret World Content Update #10 [= Issue #10 Preview Video], in: *Kanal mmohdtv via Youtube* 5.12.2014. Online unter: https://youtu.be/wXQC6vd4R9E. Siehe Kritikpunkte der Spielenden: **Leovor:** Eintrag #50, **empirej:** Eintrag #59 oder **Paschendale:** Eintrag #484, in: Issue 9: The Black Signal (update 1.9) – Consolidated Feedback / Discussion thread, in: *The Secret World Forum. English Forum* 4.6.2014. Online unter: http://bit.ly/2ht6KFW; **Lyesmyth:** Thread: [Spoilers!] Feedback from Tokyo I am little dissapointed, in: *The Secret World Forum. English Forum* 5.6.2014. Online unter: http://bit.ly/2mpkkiS (Letzte Zugriffe: 31.3.2019).

1874 Guthrie, M. J.: Chaos Theory: The Secret Worlds Tokyo Barrier, in: *engadget.com* 26.6.2014. Online unter: http://engt.co/2mqFFZi (Letzter Zugriff: 31.3.2019); **Lester, Jonathan:** The Secret World: Issue #9 – The Black Signal Review. Welcome To Tokyo, in: *Dealspwn* 4.7.2014. Online unter: http://bit.ly/2z1MGW9 (Letzter Zugriff: 14.11.2017).

1875 The Secret World Issue #1: Unleashed Juli 2012; **The Secret World Issue #2: Digging Deeper** 2012; **FunCom:** The Secret World – Issue #2 Preview. [Digging Deeper], in: *Kanal MMORPGcom via Youtube* 12.9.2012. Online unter: https://youtu.be/KvyOZFY-4CM; **The Secret World Issue #3: The Cat God** Halloween 2012; **FunCom:** The Secret World – Issue #3 Halloween Event [Preview Video], in: *Kanal Funcom via Youtube* 19.10.2012. Online unter: https://youtu.be/791JvAn_y-Y; **The Secret World Issue #4: Big Trouble in the Big Apple** November 2012; **FunCom:** The Secret World – Issue #4 Preview Video, in: *Kanal Funcom via Youtube* 14.11.2012. Online unter: https://youtu.be/PTLRfotK8Ek; **The Secret World Issue #5: The Vanishing of Tyler Freeborn** Dezember 2012; **FunCom:** The Secret World – Issue #5 Preview Video, in: *Kanal Funcom via Youtube* 19.12.2012. Online unter: https://youtu.be/yoVCSpKZ19c; **The Secret World Issue #6: The Last Train to Cairo** März 2013; **FunCom:** The Secret World Issue #6: Preview Video, in: *Kanal Funcom via Youtube* 14.3.2013. Online unter: https://youtu.be/4cPlmwxVASY; **The Secret World Issue #7: A Dream To Kill** Juni 2013; **FunCom:** The Secret World – Issue #7 Preview Video, in: *Kanal Funcom via Youtube* 9.7.2013. Online unter: https://youtu.be/4hnrVi7Jjas; **The Secret World Issue #8: The Venetian Agenda** November 2013; **FunCom:** The Secret World – Issue #8 Preview Video, in: *Kanal Funcom via Youtube* 7.11.2013. Online unter: https://youtu.be/Trr0uRJtMV0 (Letzte Zugriffe: 31.3.2019).

Als *Sidestories* bezeichnet, fügte *Funcom* kleinere Missionspakete hinzu.[1876] Die saisonalen Events *Samhain* und die *Krampus-Nächte* bieten jeweils ein Mal im Jahr temporär verfügbare Spielinhalte, die thematisch von Halloween und Weihnachten handeln.[1877] Bei Letzteren handelt es sich um temporäre Ereignisse, die alle Spieler kostenlos nutzen. Die größeren Issues hingegen waren separat zu erwerben. Ist schon grundsätzlich nicht nachvollziehbar, welche Inhalte welche Spielenden in welcher Reihenfolge wahrnehmen, so ergeben sich dadurch zusätzliche Komplikationen. Nicht alle Spielenden kaufen Update- oder Missionspakete. Die Inhalte sind deswegen in sich selbst schlüssig und nicht konsekutiv. Dennoch ergänzen sie Aspekte zum Hintergrund der Spielregionen oder zu Figuren, die zum Gesamtbild neue Facetten beisteuern. Deshalb können sie Sichtweisen substantiell erweitern oder gar ändern, was den Spielenden entgeht, die sie nicht besitzen. Außerdem verweisen neue Missionen oft auf vorherige, wodurch sich die Erfahrung einer zeitlichen Entwicklung einstellt. Für Spielende, welche die Issues nicht besitzen, dämpft sich somit die Historizität der Spielwelt. Erst die Erweiterung nach Tokio erforderte, die vorherige Ausgabe zu besitzen. Auch deswegen sind ihre Inhalte eine besondere Zäsur.

Die bedrohliche Lage der Mutterfirma durchbrachen erst ab 2015 Erfolge mit kleineren Projekten. So koppelte *FunCom*, ursprünglich als Experiment mit der *Unreal Engine 4* gedacht, einen verlassenen Themenpark der Spielwelt von *The Secret World* als Horrorspiel aus.[1878] *The Park* war nicht nur technisch ein gelungenes Experiment.[1879] Erzählerisch deutete die doppelbödige Einzelspielererfahrung um eine psychisch labile Mutter auf der Suche nach ihrem Sohn, geschickt bekannte Personen und Spielinhalte aus *The Secret World* um.[1880] Da in dieser Zeit die Insolvenz aufgrund hoher Verbindlichkeiten drohte, bewies dieses Spiel Investoren, dass die Strategie überschaubarer Projekte in kürzeren Zyklen und zwar auch auf den Konsolen vielversprechend war.[1881] Mit *Conan Exiles* veröffentlichte *FunCom* 2016 ein Survival-MMO.[1882] Ohne den Aufwand narrativer Elemente, angesiedelt im Universum des

---

1876 The Secret World Sidestories: Further Analysis 8.4.2014. Nachdem die Tokyoter Gebiete veröffentlicht wurden, erschienen außerhalb des Studienzeitraumes noch zwei weitere Missionen-Pakete: **The Secret World Sidestories: Love & Loathing** 3.7.2014 und **The Secret World Sidestories: The Last Pagan** September 2014.
1877 Siehe die jährliche Fortentwicklung zu *Samhain:* **Guthrie, M. J.:** Chaos Theory. A Guide to the Secret World's Samhain 2016, in: *Massively Overpowered* 3.11.2016. Online unter: http://bit.ly/2eeG6RQ (Letzter Zugriff: 31.3.2019).
1878 The Park 2015.
1879 FunCom: Annual Report 2015, 2016; S. 12.
1880 Nolden, Nico: Alone in the Park, in: *Keimling* 25.4.2016. Online unter: http://bit.ly/1WIIu6G (Letzter Zugriff: 31.3.2019).
1881 FunCom: Annual Report 2015, 2016; S. 12: „[B]uilding the Oslo team's capabilities with a new technology (Unreal Engine 4), transitioning from multi-year development cycles to half a year ones, experimenting with new market segments and pr/marketing activities and releasing a game for Consoles."
1882 Conan Exiles 2017 (Early Access), 2018.

MMORPGs *Age of Conan*, wies es zahlreiche Sandbox-Elemente wie Festungsbau auf und richtete sich an kompetitive, auf Kampf orientierte Spielende. Unerwartet bescherte dem Unternehmen dessen Erfolg das beste Halbjahr der Firmengeschichte, auch wenn die Begeisterung der Spielenden nachließ, weil *FunCom* das Survivalspiel im hart umkämpften Marktsegment nur schleppend fortentwickelt.[1883] Spürbar erleichtert angesichts der überwundenen Krise, räumte Geschäftsführer Rui Casais im Interview mit *gameindustry.biz* ein: „It is very important for me, and [...] for us, to humbly accept that, yes, we have lost many battles[.] [...] We won quite a few as well, but we need to recognise our mistakes, our weaknesses."[1884] Ein neues Logo repräsentiere ab 2017 nach Casais als Lehre aus dem Bewusstsein, einen grundsätzlich gewandelten Kurs des Unternehmens: großangelegte, langfristige Investitionen gehörten zugunsten überschaubarer, diverser Produktformen der Vergangenheit an. Mit Großprojekten, wie es umfangreiche MMORPGs sind, scheint *FunCom* daher abgeschlossen zu haben, selbst wenn die bisherigen zunächst in Betrieb bleiben. Im Hinblick auf die speziellen technologischen Kenntnisse zu dieser Spielform, den Erfahrungsschatz der Designer und den ungewöhnlichen, kreativen Innovationsgrad wäre das ein bedauerlicher Verlust für die Branchenkultur.

Nach einem ereignisarmen Jahr 2016 für das Online-Rollenspiel *The Secret World*, kündigte *FunCom* im Bericht über das dritte Quartal 2016 umfangreiche Investitionen darin an.[1885] Hinter dem Update verbarg sich allerdings nicht die Erweiterung für das MMORPG, von der sich treue Spielende endlich neue historische Schauplätze und die Fortsetzung der Handlung erhofften, die angeblich seit Langem für zwei weitere Seasons ausgearbeitet vorlag.[1886] *FunCom* versetzte die alte Spielumgebung von *The Secret World* in einen Wartungsmodus und konzentrierte alle Kräfte auf einen separaten Relaunch als das „shared-world action-rpg" *Secret World Legends* mit dem Ge-

---

[1883] **FunCom:** Annual Report 2016, Oslo 2017; S. 11: Im Early Access-Programm der Distributionsplattform Steam veröffentlicht, wurde es innerhalb einer Woche profitabel und amortisierte sich als schnellstes Projekt der Firmengeschichte. Vom profitabelsten Halbjahr der Firmengeschichte schreibt **FunCom:** 2017 Second Quarter Financial Report, 31.8.2017; S. 1. Online unter: http://bit.ly/2zOTfH2 (Letzter Zugriff: 31.3.2019). **Halley, Dimitry:** Conan Exiles – Bugs, Cheater und fehlende Updates. Daran krankt das Survival Spiel, in: gamestar.de 15.7.2017. Online unter: http://bit.ly/2 A2I7YM (Letzter Zugriff: 31.3.2019).
[1884] **Handrahan, Matthew:** Funcom: „You can't survive for 20 years without a few scars". With a new Logo, new Website and new Product Strategy FunCom CEO Rui Casais is facing the future with confidence, in: *gamesindustry.biz* 31.8.2017. Online unter: http://bit.ly/2yg7 V6 f (Letzter Zugriff: 31.3.2019).
[1885] **FunCom:** 2016 Third Quarter Financial Report, 2.11.2016; S.2. Online unter: http://bit.ly/2zT9IKy; **Royce, Bree:** Funcom's Q3 2016 Financials Hint at Large Secret World Update in Early 2017, in: *Massively Overpowered* 2.11.2016. Online unter: http://bit.ly/2fI7y8r (Letzte Zugriffe: 31.3.2019).
[1886] **Guthrie, M. J.:** Chaos Theory: The Secret World Says Sayonara to 2016, in: *Massively Overpowered* 5.1.2017. Online unter: http://bit.ly/2mcy6DT; **Olivetti, Justin:** The Secret World's Seasons Two and Three are ‚Completely Written', in: *Massively Overpowered* 22.9.2016. Online unter: http://bit.ly/2mwv9Pw (Letzte Zugriffe: 31.3.2019).

schäftsmodell Free-To-Play (F2P).[1887] Die Server des ursprünglichen MMORPG bleiben vorerst in Betrieb, erlauben aber keine Neuanmeldungen mehr, zukünftig erhalten sie aber auch dann keine neuen Inhalte, wenn diese für die neue Variante erscheinen.[1888] Grund für den separaten Neustart waren umfangreiche Änderungen an Spielmechanik und Charaktersystem, mit denen *FunCom* die oben ausgeführten Inkonsistenzen des Originals beseitigen wollte.[1889] Dass ein Online-Rollenspiel in dieser grundlegenden Weise überarbeitet und neu veröffentlicht wird, ist für diese Spielform ein untypischer Schritt. Im Normalfall werden die Spiele eher eingestellt. Die bisherige Spielergemeinschaft sah diesem Schritt daher mit gemischten Gefühlen entgegen.[1890] Enttäuschung lag darin, nach dutzenden, wenn nicht hunderten Stunden in der Spielwelt des Originals von vorn starten zu müssen, alle bekannten Gebiete, Geschichten und Talente erneut freizuschalten und die persönliche, teils jahrelange Bindung an den eigenen Avatar aufzugeben, um sich an einen anderen Spielcharakter zu gewöhnen. Die neue Version konzentriert sich zwar auf kleinere Spielergruppen und zugänglichere Systeme für Kampf und Charakterentwicklung, im inhaltlichen Kern aber bleibt die Spielerfahrung erhalten. Die im vorliegenden Buch diskutierten Befunde sind daher weitestgehend auf die Neufassung übertragbar. Vorerst veröffentlichte *FunCom* schrittweise nur bekannte Inhalte, welche Veteranen des Spieles ein weiteres Mal komplett bewältigen müssten, um mit einer zweiten Season fortsetzen zu können, die bis zum Redaktionsschluss des vorliegenden Buches 2019 noch immer aussteht.[1891] Allerdings besteht durch den Relaunch wenigstens eine langfristige Perspektive, die den Betrieb sichert und neue Inhalte überhaupt ermöglicht. Auch Leserinnen und Leser des vorliegenden Buches gibt der Relaunch die Gelegenheit, die faszinierende historische Spielwelt kostenlos selbst aufzusuchen, und sei es nur, um meine Befunde zu prüfen.

1887 Secret World Legends 2017 ff.; **Guthrie:** FunCom Reboots, 2017. Auch die beiden anderen großen MMORPGs, *Age of Conan* und *Anarchy Online*, versetzte das Unternehmen in einen solchen spielbaren Stillstand: **Royce, Bree:** FunCom is ‚Relaunching' The Secret World in 2017, but it's Maintenance Mode for Anarchy Online and Age of Conan, in: *Massively Overpowered* 27. 2. 2017. Online unter: http://bit.ly/2noZHSm. Zum Geschäftsmodell siehe **Francis, Bryant:** Making free-to-play work for The Secret World [incl. Let's Play with Scott Junior and Romain Amiel], in: *Gamasutra* 27. 7. 2017. Online unter: http://ubm.io/2gvKDkM (Letzte Zugriffe: 31. 3. 2019).
1888 Guthrie, M. J.: Exclusive Interview: FunCom on the Secret World Legends Reboot and the End of Updates for The Secret World, in: *Massively Overpowered* 29. 3. 2017. Online unter: http://bit.ly/2tr2tGN (Letzter Zugriff: 31. 3. 2019).
1889 Guthrie, M. J.: Exclusive Interview: Funcom's Romain Amiel On Secret World Legends' Combat Revamp and More, in: *Massively Overpowered* 31. 3. 2017. Online unter: http://bit.ly/2 t5ZjZE; **Walker, John:** Free and Easy. Secret World Legends Impressions, in: *Rock Paper Shotgun* 4. 7. 2017. Online unter: http://bit.ly/2iIXXDy (Letzte Zugriffe: 31. 3. 2019).
1890 Nolden, Nico: Metamorphosis. Ein Relaunch macht aus dem MMORPG ‚The Secret World' ein neues Spiel – aber auch ein besseres?, in: *Keimling* 22. 4. 2017. Online unter: http://bit.ly/2pPR2u9 (Letzter Zugriff: 31. 3. 2019).
1891 FunCom: Secret World Legends. Update-Plan, 2017. Online unter: http://bit.ly/2mxeOWo (Letzter Zugriff: 31. 3. 2019).

Als ungeheuer schwierig stellte sich im Verlauf dieses Abschnittes heraus, auf die Spielerschaften des Fallbeispiels zu schließen. Die Anfänge der Spielform ließen sich an akademischen Kreisen festmachen. Sie besaßen überhaupt nur den Zugang zum benötigten technischen Gerät und dem damaligen Vorläufer des Internets. Zudem kannten sie bereits analoge Formen von Rollenspielen, ob nun mit Papier und Stift gespielt oder geschauspielert auf lebensweltlichen Schauplätzen. Im Gegensatz zum verbreiteten Bild, Spielende wären Einzelgänger, brachte sie zusammen, dass sie ihre jeweilige Rolle in den komplexen Spiel- und Regelwelten kreativ, narrativ und gemeinsam in sozialen Gemeinschaften ausspielen. Als sich die elektronischen Datennetze schließlich mithilfe von privaten Anbietern kommerziell öffneten, änderte sich zunächst nicht der exklusive, elitäre Charakter. Wegen horrender Kosten, die durch zeitbasierte Abrechnungstarife entstanden, konnten sich nur wohlhabendere Kreise die zeitaufwändige Spielaktivität bis in die neunziger Jahre leisten. Mit dem drastischen Verfall der Preise von Hardware und Webzugang setzten sich kurz vor dem Jahrtausendwechsel erste Online-Rollenspiele als Massenaktivität durch. Erstmals ermöglichten sie technisch, mit mehreren hundert oder gar tausenden Spielerinnen und Spielern zugleich in einer Spielwelt eine gemeinsame Spielerfahrung zu teilen. Mangelnde Zugänglichkeit setzte zu dieser Zeit hingegen noch voraus, dass Spielende bereit waren, viel Einarbeitungszeit zu investieren, um die komplexen Spielsysteme zu verstehen und zu beherrschen. In dieser Phase beginnt sich der Kreis von Spielenden sozial und demografisch zu diversifizieren, sicherlich findet man hier jedoch weniger Menschen, die simple Spielformen bevorzugen. Eine große Zahl verschiedener Anbieter in unterschiedlichen Weltregionen drängte auf den Markt, seit die wirtschaftliche Tauglichkeit des Spielprinzips bewiesen war. Daher gerät es zunehmend schwierig, allgemeine Aussagen über die Gesamtheit der Spiele und Spielerschaften in dieser Spielform zu treffen. Gemeinsam ist ihnen allerdings, dass sich die Spielform deutlich überwiegend auf dem PC als Plattform bewegt. Zwar gab es schon früh Versuche die Spielenden auf Konsolen dafür zu gewinnen, allerdings verfingen diese nicht. Ob in jüngster Zeit unternommene, neue Anläufe nachhaltig sind, bleibt abzuwarten. Untersuchungen darüber, welche Spielerschaften psychologisch, sozial oder demographisch bevorzugt auf welchen Plattformen in welchen Weltregionen zu finden sind, wären für eine Einschätzung der Verfassheit der PC-Spieler von Online-Rollenspielen hilfreich, sind aber ein Desiderat der Forschung. Mit *World of Warcraft*, das seit mehr als zehn Jahren den unangefochtenen Spitzenreiter für MMORPGs darstellt, setzte sich die Spielform als Massenphänomen global durch. Es verbesserte konsequent die Zugänglichkeit und erschloss so Nutzerkreise, denen die vorherigen Online-Rollenspiele zu kompliziert waren. Sein Erfolg ist zudem auf die bekannte Marke und die massenhafte Verbreitung von schnellen Webanschlüssen zurückzuführen. Da sich an diesem Erfolg viele Nachahmer orientierten, stagniert die Spielform seither bis auf graduelle Entwicklungen. Einerseits etablierten sich dadurch wiedererkennbare Standards, die den Einstieg in andere MMORPGs erleichtern, andererseits sind dadurch wirkliche Innovationen rar. Im Verlaufe seiner Existenz wurde *World of Warcraft* gezielt immer zugänglicher gemacht, verglichen mit dem Ausgangspunkt geradezu simplifiziert. Insofern ist die Annahme wohl nicht vermessen, dass insbesondere diejenigen Spielerschaften für einen Großteil der Zahlen hinzukamen, die allzu komplexe Inhalte und Spielmechaniken eher abschrecken. Studien wurden zwar von Psychologen, Soziologen und Demografen gerade zu diesem MMORPG durchgeführt, allerdings sind die Ergebnisse widersprüchlich. Eben gegen diese Beispiele aus dem Mainstream positionierte sich *FunCom* im MMO-Segment ab 2001 inhaltlich wie spielmechanisch. Daher nützen die Studien, die an anderen MMORPGs gewonnen wurden, leider wenig für dieses Beispiel. Das Unternehmen wählte ungewöhnlichen Settings wie Science Fiction bei *Anarchy Online*, kombinierte untypische grafische Brillianz mit harter, erwachsener Brutalität bei *Age of Conan* und eröffnete einen einzigartigen kulturhistorischen Zugang in *The Secret World*. Was die Vielfalt anbetrifft, sind diese qualitativ hochwertigen, einfallsreichen, aber dadurch auch sperrigen Produkte gewiss ein Gewinn für die Spielform. Als Anhaltspunkt, um auf die Spielerschaften zurück zu schließen, welche die Inhalte insbesondere des gewählten empirischen Beispieles erreichen, bleibt lediglich festzuhalten, dass sich diese MMORPGs bewusst entgegen dem Mainstream positionieren. Katastrophale Starts, schlechte Entscheidungen im Marketing und Managementfehler sowie Unsicherheiten über den Fortbetrieb durch große wirtschaftliche Krisen zeigte jedes dieser Beispiele. So bleiben vermutlich eher diejenigen Spielerschaften den Online-Rollenspielen von *FunCom* treu, die den besonderen innovativen Charakter und ungewöhnliche Szenarien schätzen sowie einen simplen Zugang gar nicht erst erwarten. Die Spielenden von *The Secret World* rekrutieren sich also tendenziell eher aus einem Personenkreis, welcher von der spielmechanischen und inhaltlichen Stagnation der Spielform enttäuscht ist. Insbesondere befriedigte dieses MMORPG die Sehnsucht nach einer tiefgründigen Spielwelt mit komplexen Charakteren und Gruppierungen, welche die Welt aus verschiedenen Perspektiven beleuchten. Mehrdeutigkeit wurde zu einem Kernprinzip. Weil sich das Beispiel so weit von bisher untersuchten Online-Rollenspielen absetzt, sind Aussagen über die Rezipientinnen und Rezipienten, die im Untersuchungszeitraum das gewählte Beispiel genutzt haben, zum jetzigen Zeitpunkt nicht möglich. Nur eine Anschlussstudie an den Daten der Spielerschaften, die *FunCom* möglicherweise besitzt, könnte sie näher aufschlüsseln. Eine solche Untersuchung müsste psychische, soziologische und demografische Aspekte in Kooperation mit dem Unternehmen auswerten und würde den Umfang des vorliegenden Buches sprengen. Die folgenden Abschnitte können daher nicht klären, welche konkreten Kreise welche historischen Inhalte in welcher Weise wahrnehmen konnten. Deshalb wird das Fallbeispiel in drei Schritten untersucht: Der folgende Abschnitt *4.3 Wissenssystem, diffuse Grenzen und Veränderlichkeit* betrachtet, aus welchen Komponenten sich das historische Wissensangebot von *The Secret World* zusammensetzt und wie sie wechselwirken. Welche Möglichkeiten einzelne Nutzerinnen und Nutzer haben, mit den historischen Inhalten umzugehen, präzisiert der Abschnitt *4.4 Nutzerperspektiven*. Schließlich zeigt Abschnitt *4.5 Gemeinschaften und Erinnerungskultur* Prozesse und Strukturen auf, in welchen Spielende gemeinsam über historischen Aspekte kommunizieren. Dadurch soll schrittweise erschlossen werden, was die Spielerschaft ausmacht und woraus eine spielspezifische Erinnerungskultur entsteht.

4.3 Wissenssystem, diffuse Grenzen und Veränderlichkeit

Verschiedenste Komponenten wirken im Online-Rollenspiel *The Secret World* als historisches Wissensangebot zusammen, werden von den Spielenden interaktiv beeinflusst und durch den Entwicklungsprozess des Anbieters verändert. Der jetzige Abschnitt strukturiert daher die Komponenten auf Basis der obigen Vorarbeiten und erläutert sie an Beispielen. Zugleich verdeutlicht er, wie sich die historischen Elemente im Laufe einer Spielerfahrung manipulieren lassen und sich gegenseitig beeinflussen. Angesichts der Durchlässigkeit vieler Elemente hin zur lebensweltlichen Umgebung der Spielenden, verschwimmen dessen Grenzen diffus. So können Spielvorgänge nicht trennscharf von einer Außenwelt separiert werden.

Das Zusammenspiel des historischen Wissensangebotes als System zu bezeichnen, setzt es in Beziehung zu einem sozialen Systembegriff nach Niklas Luhmann.[1892] Die dort vorgesehene Trennung aber zwischen dem wissenschaftlichen Beobachter und dem System lässt sich wegen der interaktiven Handlungsmacht der Spielenden jedoch nicht behaupten. Ob nun forschend oder spielend, sind die Nutzerinnen und Nutzer eines MMORPGs stets Teil des zu beobachteten Systems. Eine Beobachtung von außen ist also schwerlich möglich. Von den komplexen sozialen Interaktionen der Spielergemeinschaften sind die wechselwirkenden Elemente des Wissensangebotes nicht zu trennen. Wird hier der Begriff *System* verwendet, so abstrahiert er zunächst die Elemente des Wissensangebotes und untersucht ihre Veränderlichkeit durch spielerische Eingriffe und externe Eingriffe der Entwickler. Markus Friedrich betrachtet in seiner Wissensgeschichte der Archive verschiedene Formen komplexer Wissensspeicher.[1893] Deren archiviertes historisches Wissen erhält für Gesellschaften zu unterschiedlichen Zeiten jeweils andere Bedeutung. Führt man diesen Gedanken bis zu Online-Rollenspielen weiter, lässt sich das mehrdimensionale Angebot historischen Wissens als Wissensspeicher von historischen Vorstellungen digitaler Mediengesellschaften begreifen. Für die Geschichtswissenschaft liegt in dieser Spielform daher ein Ansatzpunkt, um wichtige Zugänge zur Kulturgeschichte digitaler Mediengesellschaften zu erschließen.[1894]

Basierend auf den umfänglichen Arbeiten in den vorherigen Kapiteln legte Abschnitt *4.1 Methodische Folgen für Modell und Quellen* fest, nach welchen Kategorien das Wissenssytem zu untersuchen ist (*Tabelle 4-2*). Neben der dargestellten *Sach- und Objektkultur* und *narrativen Netzwerken* finden sich in digitalen Spielen *makrohisto-*

[1892] **Luhmann, Niklas:** Soziale Systeme. Grundriss einer allgemeinen Theorie, Frankfurt a. M. 2006.
[1893] **Friedrich:** Geburt, 2013.
[1894] **Hausar:** Geschichte, 2013; S. 29. Vgl. zuvor S. 108/9 u. 203.

rische Rechenmodelle und detailreiche *Weltentwürfe*. Diese systematischen Kategorien sind auf die vorgeschlagenen Erkenntnisinteressen hin zu studieren: *Geschichtsbilder, zeitgeschichtliche Rückkopplungen,* Darstellungen von *technikkultureller Geschichte* innerhalb des Spieles und Prinzipien, die abstrakte Vorstellungen für *Erinnerungskulturelle Wissenssysteme* verkörpern. Im Zuge dessen knüpfen die Befunde der Analyse an vorgestellte disziplinäre Zugänge an, welche die Geschichtswissenschaft bereits bei digitalen Spielen berücksichtigte oder zukünftig als Hilfsstellungen von Nachbardisziplinen entlehnen könnte. In aller Deutlichkeit soll betont werden, dass dieser Abschnitt nicht die historischen Inhalte überprüfen will. Das vorliegende Buch handelt nicht davon, ob die historischen Inhalte im Sinne einer geschichtswissenschaftlichen Aufarbeitung tragfähig sind. Sein Interesse liegt nicht darin, ihre jeweilige Korrektheit zu prüfen. Vielmehr wählt die Studie eine aufgeschlossenere Perspektive. Unter Berücksichtigung des medialen Charakters erschließt dieser Abschnitt systematisch, wodurch das MMORPGs einen historischen Eindruck komponiert und welche Sichtweisen von historischen Inhalten dahinter stehen. Die zentrale Stoßrichtung ist also die Frage, in welcher Weise digitale Spiele als Medium Geschichte aufbereiten, und nicht, ob es sich um eine akademische Historiografie handelt.

4.3.1 Objekt- und Sachkultur

Beim Umgang von digitalen Spielen mit Geschichte wirken viele Faktoren zusammen. Die verschiedenen Auffassungen über das Historische in digitalen Spielen, welche die Entwickler und Forschenden zu Beginn von *Kapitel* 2 formulierten, führten auf die digitale Darstellung historischer Objekte als Grundlage der meisten historischen Inszenierungen. Die digital rekonstruierte historische Sachkultur umfasst Gebäude, Infrastruktur, Bekleidung, Fahrzeuge und Gebrauchsgegenstände. Viele digitale Spiele behandeln Personen eher objekthaft, denn sie sind durch ihr Äußeres und ihr Verhalten funktional, um die Kulissen zu beleben. Die Spiele setzten zum Beispiel historische Persönlichkeiten meist interaktionsarm ein, etwa als Auftraggeber für Missionen, verleihen ihnen aber keine tiefe Lebensgeschichte, Interessen oder Widersprüche. In der Gesamtschau rekonstruierter Gebäude und Gegenstände errichtet oft ein gehöriger Aufwand eindrucksvolle, kulissenhafte Sachkulturen als oberflächliche Bühne für eine Spielerfahrung. Enorm aufwändig setzt *The Secret World* Objekte ein. Nach und nach können mehrere verschiedene Weltregionen bereist werden, die vielfältige historische Objekte aus unterschiedlichsten Epochen enthalten, welche die Spielwelt mit anderen Orten und zeitlichen Ebenen verknüpfen. Grundsätzlich nähern sich die Spielenden den Inhalten aus einer zeitgeschichtlichen Spielebene. Etwa um das Jahr 2010, so die Prämisse des MMORPGs, lässt ein zum Spielbeginn unbekanntes Ereignis eine Vielzahl historischer Überlieferungen, Mythen und Legenden auferstehen und körperlich sichtbar in Erscheinung treten. Die Verbindung zu einer lebensweltlichen historischen Ebene besteht also darin, dass sich kulturgeschichtliche Vorstellungen der Menschen aus diversen Weltregionen als Objekte in einer gegenwartlichen Lebenswelt verwirklichen – als Manifestation von Kulturgeschichte. Somit bildet die Spielwelt nicht die alltägliche Lebenswelt ab, ihre Interpretation liegt jedoch auch nicht gänzlich falsch. Schließlich sind Mythen und Legenden wie jedes historische Wissen als Teil des kulturellen Erbes gesellschaftlich im Geschichtsbewusstsein der Lebenswelt präsent, wenn auch nicht physisch wie im Spiel verkörpert.

Ausgangspunkte der spielerischen Aktivitäten sind die Großstädte New York, London und Sëoul. In diesen Knotenpunkten, sogenannten Hubs, beschränken sich die bespielbaren Gelände auf wenige Straßenzüge, welche die Behörden aufgrund der ungeklärten Vorkommnisse abgeriegelt haben. Je nachdem, welcher Gruppierung sich die Spielenden beim Start zuordnen, beginnen ihre Avatare als gewöhnliche Menschen an einem der Orte. Aus einer einleitenden filmischen Sequenz erfahren sie, dass das Weltereignis auch ihren Spielfiguren besondere Kräfte verlieh.[1895] Deshalb wecken sie in den jeweiligen Städten die Aufmerksamkeit von Geheimbünden, die ihnen keine Wahl lassen, als sich einem von ihnen anzuschließen. Den Eindruck von *New York* bestimmen grafitti-besprayte Lagerhallen, abgenutzte Gewerbegebäude und die alles überragende *Manhattan Bridge*, welche den *East River* überspannt.[1896] Als Spielumgebung verweisen Straßennamen zwischen *Pearl Street* und *Plymouth Street* – ungewohnt explizit für digitale Spiele – auf ein überschaubares Areal südlich des *John Street Parks* im Stadtteil *Brooklyn*.[1897] Eine technische Bauzeichnung, welche den Spielenden als Karte bei der Orientierung in diesem Gebiet dient, unterstreicht durch den rechtwinkligen Straßengrundriss, dass sie sich sowohl in einer nordamerikanischen Metropole als auch in einem eher funktionalen Stadtgebiet befinden.[1898] Begehbar ist in diesem Areal etwa ein Park unter der Brücke, in dem eine religiöse Sekte an einem Pavillon ihre Broschüren anbietet.[1899] Manche Missionen führen in die großzügigen Tunnel der backsteinernen Kanalisation hinab.[1900] Ein schmutziger Waschsalon dient als Versteck für einen Verschwörungsblogger, der für einige Missionen relevant wird.[1901] Mit der zweiten Erweiterung in einem Schlachthaus hinzugefügt, lädt die Hinterhofpraxis eines zwielichtigen Plastischen Chirurgen neben ein

---

[1895] Am Beispiel der Gruppierung „Drachen": **TSW_D2_Lore_Drachen Intro Film Wohnung Entführung** 1und 2 2017–04–01.
[1896] **TSW_D1_Hub_NewYork_Agarta Eingang** 2015–06–18, ab 1:49 min; **TSW_D1_SamhainEvent_2014_QuestNeben_NY_DieÜbertragung Stufe 1c** Dave Screed Waschsalon in New York Finden 2015–10–31; **TSW_D2_Atmosphäre_NY_Soundscapes** 2015–06–18; **TSW_D1_Erfolge_Wissen_NY_Illuminaten** 2015–06–18, bis 1:50 min; **TSW_D2_Lore_NY_Illuminaten 1 unerreichbar** 2015–06–18, bis 1:16 min.
[1897] **TSW_D1_Erfolge_Wissen_NY_Illuminaten** 2015–06–18, Zeitpunkt 1:25 min.
[1898] **TSW_D2_Karten_NewYork** 2015–06–18.
[1899] **TSW_D1_SamhainEvent_2014_QuestNeben_NY_DieÜbertragung Stufe 1c** Dave Screed Waschsalon in New York Finden 2015–10–31, 1:31–1:41 min.
[1900] **TSW_D2_Lore_NY_Illuminaten 1 unerreichbar** 2015–06–18, bis 0:25 min.
[1901] **TSW_D2_Lore_NY_Samhain2014 Nr 10 Dave Screed Verschwörung** 2015–10–31.

paar Aufträgen dazu ein, das Aussehen der Spielfiguren kosmetisch zu korrigieren.[1902] Hinter Wachen, die Spielende anderer Gruppierungen fernhalten, liegen in New York die Heimatquartiere für diejenigen Spielerinnen und Spieler, die sich den *Illuminaten* anschließen.[1903] Während die Bekleidung der Nicht-Spieler-Charaktere (NPCs) in dem Gebiet, westlich, unaufwändig und funktional ist, tragen die Angehörigen dieser Gruppe in Anzügen, Kleidern und Uniformen mit Business-Schnitten gehobenen Wohlstand zur Schau.[1904] Ähnlich ist ihr Gebäudestil technisch und kühl, den Glaspalästen der Hochfinanz entlehnt. Vom Baugerät über Pickups bis hin zu Limousinen oder Kleinwagen bietet das westliche Stadtbild allerhand Fahrzeuge, die nicht explizit einer Marke zuzuordnen sind, jedoch bekannte Formen gängiger Fahrzeughersteller wiedererkennen lassen.[1905] Einsatzfahrzeuge an typischen hölzernen Absperrungen ordnen den Schauplatz zusätzlich New York zu.[1906] Überall an den genannten Örtlichkeiten verteilt, weisen Alltagsgegenstände wie Fahrräder, Computer, Waschmaschinen oder Möbel auf einen industrialisierten, großstädtischen Kulturraum des Westens hin.[1907] Bereisbar ist zudem ein nicht näher bezeichneter Stadtteil der fernöstlichen Metropole *Sëoul*. Zwischen niedrigen Häusern rufen die engen verwinkelten Gassen im Gegensatz zu *Brooklyn* den Eindruck eines traditionelleren Stadtbildes hervor, obwohl Infrastruktur und Gebäude modernisiert sind.[1908] Die Karte, welche Spielenden zur Orientierung dient, unterstreicht den moderneren Eindruck: In der nächtlichen Luftaufnahme verzerren elektrische Störungen die Ränder und goldstrahlende Straßenlaternen säumen die nächtlichen Gassen.[1909] Obwohl das Spielgebiet in *Brooklyn* genau im lebensweltlichen Stadtbild identifizierbar ist, bezieht sich das südkoreanische Hub nicht auf einen konkreten Ort. Die Gebäude bilden ein Amalgam aus technisierter Gegenwart und kulturellen Traditionen, das einen fernöstlichen Anschein erweckt. Ersteres unterstreichen das *Kuminho Hotel*, das Netzwerkcafé *Blackhole PC* und die darunter liegende Polizeistation.[1910] Eine traditionel-

---

1902 TSW_A_NewYork_Rundgang 1 TheModernPrometheus 2018–01–01; **TSW_A_NewYork_Rundgang 2** TheModernPrometheus Schönheitschirurgie 2018–01–01.
1903 TSW_D1_SamhainEvent_2014_QuestNeben_NY_DieÜbertragung **Stufe 1c** Dave Screed Waschsalon in New York Finden 2015–10–31, 1:00–1:09 min.
1904 TSW_D2_Lore_Illuminaten Intro 2017–04–01.
1905 TSW_D1_SamhainEvent_2014_QuestNeben_NY_DieÜbertragung **Stufe** 1c Dave Screed Waschsalon in New York Finden 2015–10–31, 1:30–1:59 min.
1906 TSW_D2_Atmosphäre_NY_Soundscapes 2015–06–18, 0:54–1:10 min.
1907 TSW_D2_Atmosphäre_NY_Soundscapes 2015–06–18, 1:10–1:18 min.
1908 TSW_D1_QuestStory_SE_Drachenschulung Stufe 1 Intro Dae-Su Drachen Auserwählte Waffen Training Erkenntnis 2017–04–01, bis 2:17 min.
1909 TSW_D1_QuestInvest_SE_Nebengeschichten_WeitereAnalysen Versenkung **Stufe 3b** Reise nach Seoul Korea Seitengasse V3_0 2015–08–17, hier 5:10–5:20 min.
1910 TSW_D1_SamhainEvent_2015_QuestInvest_LO_DieSiebenStillen **Stufe 3a** Reise Seoul Traum Büro Telefon Lore 2015–11–12, 3:38–5:15 min; **TSW_D1_QuestInvest_SE_Nebengeschichten_WeitereAnalysen Versenkung Stufe 3e** Netzwerkcafe SD Karte V4_0 2015–08–17, ab 1:28 min. Wie relevant gerade Netzwerkcafés für die jüngere südkoreanische Geschichte sind, schilderte ein-

lere Basis legen der Eingangsbereich hinter dem Reiseportal zum Spielgebiet sowie die tempelartigen Anlagen des Spezialbezirkes, in den gerüstete Wachen nur die Gruppierung der *Drachen* einlassen.[1911] Die Kleidung unterstreicht die Koexistenz zweier Welten, denn während die Vertreter der *Drachen* sich in traditionelle Umhänge oder reinen Körperschmuck hüllen, treffen die Spielenden an diesen Orten auf zeitgenössisch im westlichen Stil gekleidete Südkoreaner.[1912] Durch das gegenwartliche Setting fallen bei den Alltagsgegenständen keine wesentlichen Unterschiede zum vorherigen New Yorker Schauplatz ins Auge. Neben einigen koreanischen Schriftzügen kombiniert eher der klare schnörkelloser Stil mit erdener Farbgebung und einzelne pointiert platzierte Objekte das Gesamtbild des Schauplatzes als koreanisch: Marktstände mit Gemischtwaren, Bauweisen, Einsatzfahrzeuge der Polizei, Lampions oder Muster auf den Wänden.[1913] Von den drei Machtzentren der Gruppierungen stellt *London* das elaborierteste Gebiet dar. Dass sich die Spielenden hier in der Zentrale der *Templer* bewegen, machen zahlreiche Symbole bereits auf der Orientierungskarte kenntlich, die ihre grafische Gestaltung insgesamt an einen Stadtplan der imperialen Großmachtzeit am Ende des 19. Jahrhunderts anlehnt.[1914] Das Spielgebiet um den *Ealdwick Park* ist keine konkrete Rekonstruktion, allerdings verweist er als Vorbild semantisch auf die halbmondförmige Straße *Aldwych* im Altstadtkern *Westminster*. Die Gebäude des zentralen großstädtischen Gebietes sind mehrstöckig, teilweise aus rötlichem Backstein errichtet, teils in grauem Farbton verputzt.[1915] Moderne Bauten in Stilen jenseits der Mitte des frühen 20. Jahrhunderts stehen dort nicht. Vegetation bietet in dem großstädtischen Gebiet der genannte öffentliche Park, dessen größter Baum seine Wurzeln bis in die Tunnel der *Ealdwick Station* gegraben hat.[1916] In einer Seitengasse lassen sich wieder Anwerber der religiösen Sekte finden, die bereits in Brooklyn auffielen.[1917] Die Funktionalität aller Gebäude ist gegenüber den anderen Städten umfangreicher. Zum Beispiel ist das *Albion Theater* beim Park für Missionen relevant, zudem aber führen dort Spielergemeinschaften eigenhändig verfasste Theaterstücke

---

gangs der Abschnitt *4.2.3 Auf dem Weg zum globalen Massenphänomen*. Siehe **Inderst:** Vergemeinschaftung, 2009; S. 60 (*baang*).
1911 **TSW_D1_SamhainEvent_2015_QuestInvest_LO_DieSiebenStillen Stufe 3a** Reise Seoul Traum Büro Telefon Lore 2015 – 11 – 12, 3:10 – 5:27 min; **TSW_D1_QuestStory_SE_Drachenschulung Stufe 1** Intro Dae-Su Drachen Auserwählte Waffen Training Erkenntnis 2017 – 04 – 01, 2:45 – 4:42 min.
1912 **TSW_D1_QuestStory_SE_Ground Zero Stufe 3** Seoul Hotel Zimmer fortgeschickt 2017 – 04 – 01; **TSW_D2_OralHistory_SE_Dae-Su 1 Intro Drachenschulung Stufe 1** Drachen Auserwählte Waffen Training Erkenntnis 2017 – 04 – 01, 1:25 – 1:50.
1913 **TSW_D1_QuestInvest_SE_Nebengeschichten_WeitereAnalysen** Versenkung Stufe 3e Netzwerkcafe SD Karte V4_0 2015 – 08 – 17.
1914 **TSW_D2_Karten_London** 2015 – 06 – 18.
1915 **TSW_A_London_Rundgang 1** Ealdwic Plattenladen 2015 – 07 – 27.
1916 **TSW_A_London_Rundgang 3** Ealdwic Park Gedenktafeln 2015 – 07 – 27; **TSW_A_London_Rundgang 19** Agartha Eingang Ealdwic Station 2015 – 07 – 29, ab 0:55 min.
1917 **TSW_A_London_Rundgang 5** Morninglight Anwerber Persönlichkeitstest 2015 – 07 – 27.

auf.[1918] Das Hotel *Tabula Rasa* bietet auf der gegenüberliegenden Seite der Grünanlage Zimmer gleich in mehreren Weltdimensionen.[1919] In der Modeboutique *Pangea* können Spielende gegen spielweltliche Zahlungsmittel ihre Spielcharaktere einkleiden oder beim Friseur *Ockhams Klinge* deren Haarschnitt verändern.[1920] An Marktständen in der stillgelegten U-Bahn-Station sowie bei den düsteren Marktflächen des Viertels *Darkside* können sie Waffen, zwielichtige Verbrauchswaren und exotischste Zutaten erstehen.[1921] Dort messen sich Spielende in der Kampfarena *Fight Club* in Einzel- oder Gruppengefechten, tanzen im Nachtclub *The Crusader* und besuchen Konzerte, wenn sie nicht lieber in die Bar *The Horned God* nahe der stillgelegten U-Bahn-Station für ein Gespräch einkehren[1922] Ebenfalls funktional sind die Poststelle, mit der sich Spielende Nachrichten, Gegenstände oder Geld zukommen lassen, und die Bank *Bartleby & Daughters*, um wertvolle Dinge in Schließfächern zu verwahren und finanzielle Vermögen zu lagern.[1923] Die Gruppierung der Templer residiert in einem wuchtigen, weißgetünchten Säulengebäude, dessen äußere Erscheinung wie Regierungsgebäude Londons, zugleich religiös monumental wie der Petersdom in Rom wirkt.[1924] Gegenüber befindet sich ein exklusiver Club für Templer, ausgestattet mit einer umfangreichen Bibliothek.[1925] Das Hauptgebäude beeindruckt von außen, aber auch innen durch eine riesenhafte Eingangshalle mit mehrere Stockwerke hohen Säulen, Marmor und Teppichen in königlichem Purpur, was die Machtansprüche der Gruppierung aufgrund von Traditionen deutlich artikuliert.[1926] Ähnlich wie in den anderen Zentren sind die NPCs im übrigen Viertel gekleidet, wie es in westlich geprägten Industriestaaten zeitgenössisch üblich ist. Im Gebäude markiert ein eigener Stil von Uniformen und Rüstungen die Zugehörigkeit zur modernen Interpretation

---

1918 **TSW_A_London_Rundgang 4** Albion Theater Maikönigin Straße 2015–07–27; **TSW_D1_QuestInvest_LO_Krampus2014_DieWeihnachtsverschwörung Stufe 1b** Anreise Albion Theater 2015–12–31, ab 2:20 min; **TSW_D1_QuestInvest_LO_Krampus2014_DieWeihnachtsverschwörung Stufe 1c** Theater Angriff Phönizier 2015–12–31, bis 4:06 min.
1919 **TSW_D1_QuestInvest_SC_Issue01_Bach und die Hölle Stufe 4b** Tabula Rasa Septimus Zimmer 2015–06–18, ab 1:45 min.
1920 **TSW_A_London_Rundgang 9** Ealdwic Station bis Pangea Kleidung Shop 2015–07–27; **TSW_A_London_Rundgang 7** Ockhams Klinge Umgestaltung Charakter 2015–07–27.
1921 **TSW_A_London_Rundgang14** Schattenviertel New Model Army Kampfarena 2015–07–27; **TSW_A_London_Rundgang16** Haiti Markt und Läden Annapurna Haus der Kreide 2015–07–27; **TSW_A_London_Rundgang 2** Ealdwic Station Markt Shops The Horned God 2015–07–27, bis 1:46 min.
1922 **TSW_A_London_Rundgang15** Fight Club und Crusades Night Club 2015–07–27; **TSW_A_London_Rundgang 2** Ealdwic Station Markt Shops The Horned God 2015–07–27, ab 1:46 min.
1923 **TSW_A_London_Rundgang 6** Rackham Kino Shops Ockhams Klinge Umgestaltung 2015–07–27; **TSW_A_London_Rundgang10** Auktionshaus Lager Bank 2015–07–27.
1924 **TSW_A_London_Rundgang11** Temple Court und Durchgang 2015–07–27.
1925 **TSW_A_London_Rundgang12** Templer Club 2015–07–27.
1926 **TSW_A_London_Rundgang13** Temple Court Hauptquartier 2015–07–27, ab 0:45 min.

eines Templer-Ordens.¹⁹²⁷ Während die Kleidungsformen der Drachen traditionell erscheinen, und die Illuminaten sich in Brooklyn hinter blau-stählernen Farben kühl in Business-Look präsentieren, kleiden sich nicht-uniformierte Templer eher in erdenen Tönen, akademisch oder in eleganter Abendgarderobe.¹⁹²⁸ Bei den Fahrzeugen, die ähnlich vielen Typen wie an den anderen Standorten entstammen, fallen insbesondere die schwarzen *Cabs* als spezielle Londoner Taxen ins Auge, wie auch die Einsatzfahrzeuge und Uniformen der Polizei eindeutig England zuzuordnen sind.¹⁹²⁹ Die zeitgenössischen Alltagsgegenstände unterscheiden sich nicht sehr vom amerikanischen und dem südkoreanischen Schauplatz. Neben englischsprachigen Plakaten nimmt der Baustil pointiert einzelne Objekte wie die Taxis hinzu, um das plausible Gesamtbild eines Londoner Stadtteils zu komponieren.¹⁹³⁰

Die großstädtischen Zonen, so aufwändig sie bereits als glaubwürdige Orte der Echtwelt eingeführt sind, bilden jedoch nicht die Spielgebiete, in denen sich die Spielenden hauptsächlich aufhalten. Sie dienen ihnen eher als infrastrukturelle Knotenpunkte, sogenannte Hubs, um sozial zu interagieren. Aus historischer Perspektive eine noch viel komplexere Gemengelage erzeugen dagegen die Spielzonen, welche in Neuengland, Ägypten und Rumänien mehrere Einzelabschnitte umfassen. Zwar führen auch in den Städten ein paar Quests in historische Epochen zurück – wie im Falle Londons zu den römischen Fundamenten der Stadt.¹⁹³¹ Die drei Hauptspielgebiete jedoch verknüpfen die gegenwartliche Ebene erheblich komplexer mit älteren Epochen. Von dieser Ebene der Gegenwart stoßen Spielerinnen und Spieler in Gebiete vor, wo sie die Missionen verschiedenster Akteure in historische Erfahrungen entsenden. Sie reisen über ein System von Portalen, die in einer Hohlwelt namens *Agartha* die Spielgebiete über die Äste eines Weltenbäumes miteinander verbinden.¹⁹³² Die historischen Erfahrungen in den Gebieten befassen sich nicht nur mit Zeitgeschichte, sondern diversen Zeitaltern und dem kulturellen Erbe vieler Weltregionen. Sie bewegen sich zwischen belegbaren Überlieferungen, Umdeutungen aufgrund von *Secret History* und Manifestationen aus literaturgeschichtlichen und populärkulturellen Vorlagen von Büchern, Filmen und Musik. Die verblüffende historische Komplexität wirkt sich vielschichtig auf die Sachkultur der Gebiete aus. Nicht zuletzt gilt dies, weil zahlreiche Kreaturen als Manifestationen kultureller Vorstellungen auftre-

---

1927 TSW_A_London_Rundgang13 Temple Court Hauptquartier 2015–07–27, ab 0:55–2:45 min.
1928 TSW_A_London_Rundgang12 Templer Club 2015–07–27; **TSW_A_London_Rundgang13** Temple Court Hauptquartier 2015–07–27, ab 2:46 min; **TSW_D2_OralHistory_LO_Mary Stuart** Templer Sonnac eigene Rolle des Spielers 2015–07–27.
1929 TSW_A_London_Rundgang 4 Albion Theater Maikönigin Straße 2015–07–27, ab 0:26–0:40 min; **TSW_A_London_Rundgang 1** Ealdwic Plattenladen 2015–07–27.
1930 TSW_A_London_Rundgang 2 Ealdwic Station Markt Shops The Horned God 2015–07–27.
1931 TSW_D1_QuestInvest_LO_Issue04_AlleWegeFührenNachRom Stufe 2e Ausgrabung Londinium erkunden INSTANZ 2015–07–29.
1932 TSW_A_Agartha_Portale Hub Spielgebiete Wächter 2015–09–18; **TSW_D2_OralHistory_AG_Der Stationsvorsteher** Eigene Zeit England Queen Secret World Konzept Hohlwelt Agartha 2015–09–18; **TSW_A_VerbrannteWüste_Rundgang 1** Agartha Eingang 2015–07–29.

ten. Als funktionale Objekte im Kampf und bei Rätseln heben die eigenwillig gestalteten Monster und Figuren alle übrigen Relikte der Vergangenheit hervor und binden sie ein. Aus regional üblichen, zeitgenössischen und historischen Gegenständen wie Gebäuden erschaffen die Hauptspielgebiete Neuengland, Ägypten und Rumänien einen geografisch konsistenten Eindruck. In vielen Fällen sind die Objekte nicht bloße Staffage, sondern erhalten glaubwürdige Funktionen: So dient etwa ein mitgeführtes Smartphone dazu, stets für Auftraggeber erreichbar zu sein.[1933] Auf der Suche nach einem Vermissten sind rumänischsprachige Polizeiakten ins Englische zu übersetzen.[1934] Schon aufgrund der speziellen, verwobenen Anlage lassen sich die historischen Ebenen inhaltlich nicht vollständig diskutieren, will man den Umfang des vorliegenden Buches nicht bei Weitem sprengen. Ihre komplexen Bezüge zwischen den Epochen können hier allerdings strukturell dargelegt werden.

Ganz gleich, welcher Gruppierung sich Spielende zuordnen, reisen ihre neu geschaffenen Spielcharaktere zunächst nach *Solomon Island* in den neuenglischen Nordosten Nordamerikas. Das Gebiet ist in drei Zonen aufgeteilt, deren erste das kleine Hafenstädtchen *Kingsmouth* ist. Spielende orientieren sich mithilfe einer Karte, gestaltet wie eine städtische Touristeninformation.[1935] Ortstypisch ist das Hinterland hügelig und felsig, bewachsen mit Mischwald, bis man die teils schroffen Küstenlinien erreicht, vor denen breite Sandstrände bei Ebbe in lange Sandbänke auslaufen.[1936] Als die Mythen und Legenden erwachten, zog ein dichter Nebel vom Meer her über die Region, der seither die Toten aus ihren Grabstätten auferstehen lässt.[1937] Lokale Fischer brachten mit einem Trawler ein Objekt von See und fielen als erste den Untoten zum Opfer.[1938] Diese erheben sich zudem in den Wäldern, denn dort befinden sich neuzeitliche Massengräber.[1939] An der Oberfläche eine beschauliche und ruhige Gemeinde, verscharrten darin Generationen ihrer Bewohner ermordete Ureinwohner, die Opfer von Hexenprozessen, die Toten einiger Grubenunglücke und eines Stadtbrandes von 1712.[1940] Wenn auch besonders morbide, verbinden die Örtlichkeiten plausible Elemente der typischen Regionalgeschichte eines nordostamerikanischen Städtchens über mehrere historischen Ebenen mit lebenden wie verstorbenen Bewohnern der

---

1933 TSW_D1_SamhainEvent_2014_QuestNeben_SW_DieÜbertragung Stufe 1a Telefonat Anruf Dave Screed 2015–10–31.
1934 TSW_D1_QuestInvest_BF_Issue02_TodUndÄxte Stufe 2a Tod Mihail Sasu Ort Polzeiakten Bach Liebende aufsuchen 2015–09–18.
1935 TSW_A_Kingsmouth_Karte 2015–04–08.
1936 TSW_A_Kingsmouth_Rundgang 3 Morning Light Sekte Priest Island 2015–04–08.
1937 TSW_D2_Lore_SC_Der Nebel 2015–03–31.
1938 TSW_D2_Lore_KM_Lady Margaret 7 Wikinger 2015–06–29.
1939 TSW_D1_QuestAttack_KM_Staub zu Staub Stufe 1a Intro Massengräber 2015–05–22.
1940 TSW_D1_QuestAttack_KM_Staub zu Staub Stufe 5 Massengrab Ureinwohner 2015–05–22; **TSW_D1_QuestAttack_KM_Staub zu Staub Stufe 1b** Massengräber Hexenverbrennung 2015–05–22, **TSW_D2_Lore_KM_Feuer 1712** 1 2015–03–31; **TSW_D1_QuestAttack_KM_Staub zu Staub Stufe 2** Massengrab Minenarbeiter Blue Ridge 2015–05–22; **TSW_D1_QuestAttack_KM_Staub zu Staub Stufe 6** Fazit Zentrale 2015–05–22.

Gemeinde. Zudem steigen *Draugen* aus dem Meer, untote Geschöpfe aus skandinavischen Volkssagen, übernehmen die Strände und Buchten entlang der Küste und ziehen Dorfbewohner mit hinaus in die offene See, die wiederum als Untote zurückkehren.[1941] Sie bilden den Anschluss zu einer Vorgeschichte der Region, in der skandinavische Nordmänner anlandeten und auf die lokalen Ureinwohner der *Wabanaki* trafen, einer Föderation von Stämmen der Region. Nur wenige der gegenwärtigen Einwohner retteten sich in die Polizeistation, um sich dort zu verschanzen.[1942] Einzelne, wie eine Wahrsagerin und eine wehrhafte Seemannswitwe, harren in ihren Häusern aus.[1943] In den Wäldern lagern einige Anhänger der religiösen Sekte, die bereits in den Großstädten auffiel.[1944] Der Besitzer eines Schrottplatzes versucht aus dessen Teilen einen alten Schulbus zu reparieren, um die verbliebenen Bewohner zu evakuieren, der Schrott aber fügt sich immer wieder zu angriffslustigen, metallenen Golems zusammen.[1945] In einem Skatepark gegenüber hält sich ein Teenager die Untoten vom Leib, weil er den kleinen Flughafen der Stadt beobachtet.[1946] Neugierig machten ihn dortige Aktivitäten von „Männern in schwarzen Vans".[1947] Von ihrem Basislager aus, mit dem sie die Flucht aus dem Gebiet an einer Brücke unterbinden, pendeln Angehörige des Unternehmens *Orochi* mit Hubschraubern zu städtischen Flugplatz und schirmen ihn ab.[1948] Sie leiten darüber zu einem weiteren historischen Komplex des Gebietes über: zur Vorstellung vom Einfluss verschwörerischer Geheim- und Regierungsorganisationen auf eine tendenziös manipulierte, öffentliche Geschichtsschreibung. Die geheimdienstlich operierenden Teams verbindet der Teenager mit dem Motiv der *Men in Black*, die Geheimnisse vor der Bevölkerung verbergen.[1949] In der Tat geben diese auf Nachfrage an, sie seien Mitarbeiter für eine „unabhängige Ideenfabrik der Gesundheitsbehörde, eine Spezialagentur".[1950] Spannend ist der generationelle Unterschied: Der Fünfzehnjährige verbindet diese Vorstellungen mit Comics und Filmen. Der Priester des Ortes dagegen verweist auf die lange Tradition von Aktivitäten der Illuminaten in dieser Region. Für sie sei *Solomon*

[1941] TSW_A_Kreaturen_KM_Draugen 1 Video Mission Deputy Andy 2015–06–04; **TSW_A_Kingsmouth_Rundgang10** Fletchers Bay 2015–05–20; **TSW_D1_QuestAttack_KM_Draugnet Stufe 2** Feigr Pfähler Zugang Strand 2015–06–04.
[1942] TSW_A_Kingsmouth_Rundgang 1 Agatha Eingang Polizei Hauptstraße 2015–04–08, 0:40–1:20 min.
[1943] **TSW_D1_QuestAttack_KM_Der Rabe Stufe 1a** Intro 2015–05–22; **TSW_D1_QuestAttack_KM_Es kommen immer Neue Stufe 1** Norma Creed Intro 2015–04–08.
[1944] TSW_A_Kingsmouth_Rundgang 2 Hauptstraße Morning Light Sekte2015–04–08, ab 0:44 min.
[1945] TSW_D2_OralHistory_KM_Edgar Schrottplatz 1 2015–05–20; **TSW_A_Kingsmouth_Rundgang 5** Orochi Sperre Scrap Yard 2015–04–08.
[1946] TSW_A_Kingsmouth_Rundgang 6 Schrottplatz Skatepark 2015–04–08, ab 0:30 min.
[1947] **TSW_D1_QuestInvest_KM_Männer in Schwarzen Vans 1** Intro Danny Dufresne 2015–04–08.
[1948] TSW_A_Kingsmouth_Rundgang 4 Priest Island Orochi Sperre 2015–04–08, ab 0:48 min; **TSW_D2_OralHistory_KM_Edgar Schrottplatz 1** 2015–05–20, ab 3:50 min.
[1949] **TSW_D1_QuestInvest_KM_Männer in Schwarzen Vans 1** Intro Danny Dufresne 2015–04–08.
[1950] **TSW_D2_OralHistory_KM_Harrison Blake Orochi 1** 2015–04–08.

Island ein zentraler Ort mit zahlreichen Geheimnissen, weil der Bund hier erstmals die amerikanischen Kolonien betreten habe.[1951] Im Ergebnis aber einig sind sie sich, dass die eigentlichen Hintergründe die Bevölkerung über offizielle Kanäle nur lückenhaft erreichen. Durchaus zeigt sich aber im zweiten Abschnitt *Savage Coast* nicht nur historischer Einfluss der Illuminaten auf das neuenglische Spielgebiet, denn die dortige *Innsmouth Academy* bildet gegenwärtig ihren Nachwuchs aus.[1952] Überlebende verbergen sich im ehemaligen Sekretariat. Auch an der *Savage Coast* hilft eine touristische Gemeindekarte bei der Orientierung.[1953] Sie weist entlang der Westküste der Halbinsel durch Relikte und Ortsnamen auf Landungsstellen von Wikingern (*Norseman's Landing*) hin, wo sie im Wald namens *Vinterskog* auf die *Wabanaki* trafen.[1954] An einer Bucht etwas weiter nördlich haben sich einige ihrer Nachfahren aus drei Generationen in das Angelgeschäft *Red's Bait and Tackle* zurückgezogen.[1955] Ihre Sagenwelt tradiert die ansonsten unbekannten Ereignisse um den Kampf der *Wabanaki* gegen eine einfallende Übermacht, gegen welche die Nordmänner ihnen tausend Jahre zuvor zuhilfe kamen.[1956] Mit der blutigen neuzeitlichen Regionalgeschichte verbindet sie, dass sich der Stamm über die Grubenunglücke entzweite.[1957] Auch das *Black House* im Westen verweist darauf, mit dem zusammen Einheimische vor wenigen Dekaden eine heilkundige Frau als vermeintliche Hexe verbrannten.[1958] Während viele Erwachsene die auferstehenden Kreaturen schon seit den achtziger Jahren ignorieren, bildeten Jugendliche der Region eine *Liga der Monsterjäger*, zu der auch der Teenager vom Skateplatz in *Kingsmouth* gehört.[1959] Ihr Hauptquartier errichteten sie als Baumhaus inmitten des nördlichen Waldes, den insektenartige *Ak'ab* zu ihrer Kolonie umfunktionieren.[1960] Dort sammeln sie schon in zweiter Generation Informationen, wie man die erwachenden Schreckgestalten der Region bekämpft. Die *Savage Coast* lebte einst vom *Atlantic Island Park* inmitten der Halbinsel, der Vergnügungspark wurde jedoch nach grausamen Vorkommnissen mit Besuchern ge-

---

1951 TSW_D1_QuestInvest_KM_Der Kingsmouth Code Stufe 1a Intro 2015–05–20.
1952 TSW_A_Savage Coast_Rundgang 9 Dorf SC – Innsmouth Academy2015–06–04; TSW_A_Savage Coast_Rundgang10 Innsmouth Academy Rundgang intern 2015–06–04.
1953 TSW_A_Savage Coast_Rundgang 0 Map Überblick 2015–06–04.
1954 TSW_A_Savage Coast_Rundgang11 Solomons End – Norsemans Landing 2015–06–04.
1955 TSW_A_Savage Coast_Rundgang15 Reds Bait Tackle Wabanaki 2015–06–04.
1956 TSW_D1_QuestInvest_SCBM_Issue2_Fremde aus einem fremden Land Stufe 1a Intro 2015–06–05; TSW_D1_Dungeon_BM_DerKriegGegenDieFinsternis Stufe 1a Intro Mission Frühgeschichte Wabanaki 2015–07–02.
1957 TSW_D2_OralHistory_SC_Red Bait N Tackles Geschäft Wabanaki 2 Video 2015–06–05; TSW_D2_OralHistory_SC_Ami Bait N Tackles Wabanaki 2 Video Mission 2015–06–05.
1958 TSW_D1_QuestSabot_SC_Das Schwarze Haus Stufe 1 Intro Mission 2015–03–31; TSW_A_Savage Coast_Rundgang 8 Atlantic Island Park – Dorf Savage Coast 2015–06–04.
1959 TSW_D2_Lore_SC_Liga der Monsterjäger Nr 8 b 2015–06–07.
1960 TSW_D2_OralHistory_SC_John Wolf Wabanaki Kindergarten 4 Mission Liga Monsterjäger 2015–03–31.

schlossen und verfällt.[1961] Betreten ihn Spielende graut die Sicht ein, wirkt elektronisch gestört und Vergangenheit und Gegenwart verschwimmen akustisch wie visuell.[1962] Ähnlich verschiebt sich auch die Atmosphäre im Nordosten, sobald Spielende das Gelände des *Overlook Motel* betreten, das an den Rand einer Höllendimension rückte und in Flammen steht.[1963] In dem Areal errichten dämonische Kreaturen einen Brückenkopf und sammeln sich, aufmerksam beobachtet von einem Kriegsreporter.[1964] Auch sie scheinen dort die *Draugen* aus dem Meer abzuwehren.[1965] Von weiter im Süden aus lässt sich, in der Höhe eines Leuchtturms abgeschirmt, ein Autor von Horror-Romanen durch die Ereignisse, die Region und ihre Geschichte inspirieren.[1966] Wendet man sich an der Westseite der Halbinsel hinter dem Anglergeschäft nach Norden so gelangt man zur dritten Zone *Blue Mountain*. Immer noch dicht bewaldet, ist die Landschaft erheblich bergiger und schroffer als in den Abschnitten zuvor. Gemäß der Touristenkarte zu diesem Abschnitt führt eine Küstenstraße im Bogen um den zentralen, namensgebenden Berg, den eine Fabrikanlage verwüstet, ein Steinbruch abgetragen und die oben erwähnte Mine durchbohrt haben.[1967] Hinunter in den Steinbruch zieht es vor allem die *Draugen*, Fabrikarbeiter und Bergleute wandeln als Opfer ehemaliger Unglücke untot bei den Minen.[1968] Dort, wo die Küstenstraße über einen nordöstlichen Tunnel wieder an das Startgebiet von *Kingsmouth* anschließt, setzt eine einzige überlebende Wissenschaftlerin im Lagers des *Center for Disease Control* (CDC) ihre Arbeit fort.[1969] Sie untersucht die Verseuchung der Region durch einen schwärzlichen Schleim, der besonders in einem Sumpf nebenan an die Oberfläche tritt und Kreaturen erschafft.[1970] Anstelle offizieller Institutionen schlug die dubiose Organisation *Orochi* ein befestigtes Lager auf, ihre Agenten allerdings über-

---

1961 TSW_D2_OralHistory_SC_Nicholas Winter 2 Intro Mission Vergnügungsparkkönig 2015–06–25.
1962 TSW_A_Savage Coast_Rundgang 7 Atlantic Island Park innerer Rundgang 2015–06–04.
1963 TSW_A_Savage Coast_Rundgang 1 Tunnel KM Overlook Motel Red Oak Beach 2015–06–04.
1964 TSW_D1_QuestAttack_SC_In der Hölle ist kein Zimmer frei Stufe 1a** Intro Daniel Bach Kriegsreporter 2015–06–12; **TSW_D1_QuestAttack_SC_In der Hölle ist kein Zimmer frei Stufe 1b** Feuertäuferin Schänder töten Portale 2015–06–12.
1965 TSW_A_Savage Coast_Rundgang 2 Red Oak Beach – Baue Die Übersehenen 2015–06–04.
1966 TSW_A_Savage Coast_Rundgang 3b Baue Die Übersehenen – Leuchtturm Sam Krieg 2015–06–04.
1967 TSW_D2_Karten_Blue Mountains 2015–06–05.
1968 TSW_A_BlueMountain_Rundgang15 Blue Ridge Mine Ash Forest Stellung Armee 2015–07–02.
1969 TSW_A_BlueMountain_Rundgang 5 Lager CDC Experimente 2015–06–29; **TSW_A_BlueMountain_Rundgang 6** Übergang KM Mondbucht Feigr Quelle 2015–06–29.
1970 TSW_A_BlueMountain_Rundgang 4 Moon Bog Verseuchung Scheußlichkeiten Monster 2015–06–29; **TSW_D2_OralHistory_BM_Marianne Chen CDC 2** Intro Mission Der Schmutz Orochi Regierung 2015–07–17.

lebten nicht.[1971] In der gesamten Region bildet die Wissenschaftlerin daher zusammen mit ein paar versprengten Trupps von US-Soldaten, die vor allem an der südwestlichen Bucht *Kraken Cove* eingeschlossen sind, die letzten offiziellen Vertreter staatlicher Institutionen in dem Gebiet.[1972] Und selbst angesichts ihrer bedrängten Stellungen verschleiert eine beigeordnete Agentin der *Homeland Security* noch die Lage selbst vor den Spielenden, was das Leitmotiv der Verschwörungen durch Misstrauen selbst noch unter Eingeweihten auf die Spitze treibt.[1973] Südlich des Sumpfes, von *Ak'ab* umstreunt, steht ein Anwesen, in dem die Witwe *Franklin* zusammen mit zahlreichen Katzen lebt.[1974] Buchstäblich durchstreifen die Geister der Vergangenheit lautstark die vielen ungenutzten Zimmer.[1975] Als Frau des ehemaligen Vorarbeiters der *Blue Ridge Mine* verbindet sie Vieles mit den Toten der unglückseligen Lokalgeschichte, ebenso viel entzweit sie mit den *Wabanaki*, von denen etliche ins Gefängnis kamen, nachdem ihre Proteste gegen die Mine für die Toten verantwortlich gemacht wurden.[1976] Sie protestierten gegen die immer größere Expansion des Bergbaus tief in ihre Heiligen Stätten hinein.[1977] Als Entschädigung für die Haft übergab ihnen die Regierung einen Teil des Landes. Im Nordwesten der Insel befindet sich ein Motel mit Campinganlage, in das sich die Nachfahren zurückgezogen haben.[1978] Seine Bewohner entsenden auf Missionen, die sich mit der überlieferten Mythologie der *Wabanaki* befassen, obwohl sich an deren Details nur noch ihr Stammesältester erinnert.[1979] In dem zuvor erwähnte Streit spaltete sich der Stamm, weil die Mehrheit sich dafür entschied, einem Konsortium das Baurecht für ein gigantisches, tipiförmiges Casino auf ihrem gerade

---

1971 **TSW_A_BlueMountain_Rundgang10** Solomon Road Orochi Lager Verseuchung 2015–06–29; **TSW_D2_OralHistory_BM_MarianneChen CDC 3** Intro Mission Orochi Group2015–07–17, bis 1:25 min.
1972 **TSW_A_BlueMountain_Rundgang15** Blue Ridge Mine Ash Forest Stellung Armee 2015–07–02, 3:39–4:00 min; **TSW_A_BlueMountain_Rundgang22** Kraken Bucht Nest und versprengte US-Truppen 2015–07–02; **TSW_D2_OralHistory_BM_MarianneChen CDC 3** Intro Mission Orochi Group2015–07–17, ab 1:26 min.
1973 **TSW_D2_OralHistory_BM_Sarge und Karen Olsen 1** Militär NSA Operation BM Hybris DerFeindMeinesFeindes 2015–07–19; **TSW_D2_OralHistory_BM_Sarge und Karen Olsen 2** Intro Mission DieGütigeVerschwörung Militär NSA Hybris 2015–07–19.
1974 **TSW_A_BlueMountain_Rundgang 3** Franklin Anwesen 2015–06–29.
1975 **TSW_D2_OralHistory_BM_Eleanor Franklin 3** Intro Mission BisDasBlutGefriert Geschichte Franklin Manor 2015–07–18; **TSW_D1_QuestAttack_BM_BisDasBlutGefriert Stufe 2b** 1904 Aussicht 1 Stock Garten ohne Pool 2015–07–18.
1976 **TSW_D2_OralHistory_BM_Eleanor Franklin 2** Intro Mission DieGeisterunddieDunkelheit Ami Blue Ridge Mine 2015–07–18; **TSW_D2_Lore_BM_Wissen_Blue Ridge Mine Nr 2** Hintergründe Wabanaki Minenarbeiter 2015–07–18.
1977 **TSW_A_BlueMountain_Rundgang11** Heilige Stätte der Wabanaki 2015–06–29, ab 3:25 min.
1978 **TSW_A_BlueMountain_Rundgang18** Wabanaki Wohnwagendorf Souvenirshop 2015–07–02.
1979 **TSW_D2_OralHistory_BM_Madahando Joe 1** Intro Mission Von der Karte Gestrichen 2015–07–02; **TSW_D1_QuestAttack_BM_Jagdsaison Stufe 1** Intro Mission Gamelin Wabanaki Jäger 2015–07–02; **TSW_D2_OralHistory_BM_Joseph Old Joe Cajiais 2** Intro Mission Traumfänger Geister fangen 2015–07–02.

zurückgewonnenen Land nördlich des Camping-Motels zu verkaufen.[1980] Durch das Erweckungsereignis blieb das Gebäude des *Golden Wigwam* aber eine riesenhafte Bauruine, ein wuchtiger Fremdkörper, den nun einzig die getöteten Bauarbeiter durchwandeln. Oberhalb, auf einem Kliff, steht die Rekonstruktion eines historischen Dorfes für Touristen. Diese Dorfkulisse ist ebenso wie die Wälder dahinter von *Wendigos* und *Ak'ab* bevölkert.[1981] Besonders dieses Areal thematisiert auf vielfältigen Wegen die Schicksale der amerikanischen Ureinwohner im kolonialen Zeitalter, zeigt zudem aber, wie sich diese Verhältnisse auf ihre jüngere Geschichte und die der Region auswirkten. Ihre Kultur und Sagenwelt ernster zu nehmen, ist das Pladoyer jedes Verweises auf die ältere Überlieferung von vor der frühneuzeitlichen Kolonisierung. Vielerorts erheben sich untote Nordmänner an runenverzierten Grabfelsen, die nicht nur an die gemeinsame Vergangenheit mit den *Wabanaki* erinnern, sondern schließlich offenbaren, dass es ein Stoßtrupp der *Maya* war, gegen den die Allianz aus Wabanaki und Nordmännern kämpfte.[1982] Sie kamen, um ein Ritual durchzuführen, wodurch die Spielwelt die Ereignisse mit dem Niedergang der Maya-Zentren in Mittelamerika verknüpft.

Ab dem vierten Spielgebiet betreten die Spielenden ägyptischen Boden. Im Abschnitt *Verbrannte Wüste* treffen sie sofort auf einheimische Krieger der *Marya*, die hinter Sandsäcken in stetem Gefecht den Eintrittsbereich verteidigen.[1983] Ein blutiger Aufstand ist im Gange, den *Atonisten* angezettelt haben. Um das Gebiet unter Kontrolle zu bekommen, terrorisieren sie Bewohner, entführen sie und opfern sie auf Scheiterhaufen ihrem Idol Pharao *Echnaton*, den sie wiederwecken wollen.[1984] Deren Methoden stehen in Grausamkeit und Gewaltgrad gegenwärtigen fundamentalistischen Strömungen mit religiös verbrämten Motiven in nichts nach, weshalb sie ungewöhnlich explizit für ein digitales Spiel das zeithistorisch relevante Thema des Terrorismus im arabischen Raum aufgreifen.[1985] Auf der anderen Seite entfremdet der Kult um den Sonnenpharao *Echnaton* diesen historischen Komplex mithilfe der altägyptischen Geschichte aus der Epoche vom Neuen Reich um die Mitte des 14. Jahrhunderts vor Christi Geburt. *Echnaton*, auch bekannt als *Amenophis IV.*, populär aber mehr als Gemahl von *Nofretete* (in anderen Sprachen meist *Nefertiti*), verwarf den traditionellen Pantheon, um dem Sonnengott Aton zu huldigen. Dafür konfrontierte er die mächtigen Priesterschaften und errichtete mit *Achet-Aton* sogar eine neue

---

1980 TSW_A_BlueMountain_Rundgang18 Wabanaki Wohnwagendorf Souvenirshop 2015–07–02.
1981 TSW_A_BlueMountain_Rundgang13 Wendigo Weg 2015–06–29; **TSW_A_BlueMountain_Rundgang17** Hochplateau Wabanaki Traditionsdorf gefangener Bärengeist 2015–07–02.
1982 TSW_D1_QuestInvest_SCBM_Issue2_Fremde aus einem fremden Land Stufe 7 Hugin Munin Wabanaki Nordmänner 2015–06–05.
1983 TSW_A_VerbrannteWüste_Rundgang 1 Agartha Eingang 2015–07–29.
1984 TSW_A_VerbrannteWüste_Rundgang 2 Fabrik 2015–07–29.
1985 TSW_B_Extremismus_Glaube Fanatismus Moral VW_Issue06_AllesHatSeineZeit Abdel Daoud 4 Glaube Altes Reich 2015–08–06; **TSW_B_Extremismus_VW_Issue05_VonKarthagoNachKairo Stufe 1a** Intro Mission Explosion Tanis Phönizier 2015–08–03; **TSW_B_Extremismus_VW_Die Belagerung von El-Merayah Stufe 1b** Kultisten in Vorstadt 2015–07–29.

Hauptstadt weit ab der alten Machtzentren, heute bezeichnet als *Tell-el Amarna*.[1986] Entsprechend interpretierten nach seinem unklaren Tod die nachkommenden Machteliten seine Herrschaft als dunkle Zeit unter einem Ketzerpharao. Die Aufständischen der spielweltlichen Gegenwart markieren die eroberten Zonen überall mit einem weißen Auge und Lichtstrahlen als Symbol für den Sonnengott.[1987] Nur mühsam halten die *Marya*, eine paramilitärische Truppe zum Schutz Ägyptens, den Fanatikern am Eingang und an den Mauern im inneren Kern einer kleinen Siedlung namens *Al-Merayah* stand.[1988] Sie liegt auf einer Anhöhe inmitten älterer Überreste von Befestigungsmauern und ist deshalb schwer ohne Hinterlist einzunehmen.[1989] In die Siedlung und das kleine *Café Giza* haben sich die meisten Überlebenden zurückgezogen, ein paar Vertreter der Geheimbünde bieten Unterstützung an, allerdings befinden sich im Ort auch Saboteure, welche Al-Merayah fallen sehen wollen, denn der Kult ist bereits innerhalb der Mauern aktiv.[1990] Die gesamten vorgelagerten Gebäude des Ortes, Farmen, Fabriken und eine Pumpstation fielen bereits in die Hände der Kultisten.[1991] Am östlichen Rand des Gebietes befindet sich das letzte Militärlager der *Marya*, geschützt von hohen Felswänden.[1992] Nördlich begann vor der Krise ein touristischer Bereich, in dem sich nicht ohne Ironie eine Sonderausstellung eines Museumstempels der Herrschaft Echnatons widmete, nun allerdings von Kultisten eingenommen wurde.[1993] Das Hotel *Wahid International* jenseits eines Wadi lud zuvor ausländische Gäste in die Gegend, nun aber durchstreifen es ghulartige Kreaturen.[1994] Respektvoll allerdings halten sie Abstand von einer geschäftstüchtigen Mumie des Alten Königreiches, die auf der Dachterrasse des Hotels residiert.[1995] In der Wüste

---

[1986] **TSW_D2_OralHistory_VW_Montgomery de la Roche 2** Intro Mission DasGroßeSchreckli-cheGanze Echnaton Amarna Gründung Grund 2015–08–09.
[1987] **TSW_D1_QuestAttack_VW_Die Belagerung von El-Merayah Stufe 3** Kultisten im östlichen Vorort beseitigen 2015–07–29.
[1988] **TSW_A_VerbrannteWüste_Rundgang 3** Ortseingang Al-Merayah 2015–07–29.
[1989] **TSW_D1_QuestAttack_VW_DasSchicksalVonAl-Merayah Stufe 1a** Intro Mission Drachen Gesandter Abdel Daoud Tunnel unter Stadt 2015–07–31.
[1990] **TSW_A_VerbrannteWüste_Rundgang 4** Al-Merayah Teil 1 2015–07–29; **TSW_A_VerbrannteWüste_Rundgang 5** Al-Merayah Teil 2 2015–07–29; **TSW_D2_OralHistory_VW_Shani 4** Intro Mission DerVerräter Marya Verrat durch Handelsprinz an Kultisten 2015–07–31; **TSW_D2_SymbolikSprache_Gesten_VW_FreundeUndNachbarn** Versteckte Kultisten Dorf beschuldigen accuse 2015–07–31.
[1991] **TSW_A_VerbrannteWüste_Rundgang 2** Fabrik 2015–07–29; **TSW_A_VerbrannteWüste_Rundgang 6** Verlassene Hütten Verderbte Farm 2015–07–29; **TSW_A_VerbrannteWüste_Rundgang11** Außenbezirke von Al-Marayah 2015–07–29; **TSW_A_VerbrannteWüste_Rundgang19** Orochi Zuflucht Ausschachtung Ölförderanlage 2015–07–29, ab 2:00 min.
[1992] **TSW_A_VerbrannteWüste_Rundgang10** Wüste Marya Lager Halbmondschlucht 2015–07–29.
[1993] **TSW_A_VerbrannteWüste_Rundgang 8** Verbrannte Ebene Touristentempel Der Sonnengott 2015–07–29, ab 1:55 min.
[1994] **TSW_A_VerbrannteWüste_Rundgang 9** Neue Straße Hotel Wahid International 2015–07–29.
[1995] **TSW_D1_QuestAttack_VW_SterbenIstTeuer Stufe 1a** Intro Mission Said Alte Götter Marya Aufzeichnungen 2015–08–08.

davor streifen Kreaturen mit Ähnlichkeit zu Heuschrecken und Skorpionen umher, so groß aber wie Fahrzeuge sind sie ein besonders imposanter Teil der Anspielungen auf biblische Plagen.[1996] Ausgrabungen verschiedener Gruppierungen und antike Ruinen bestimmen den gesamten Norden des Gebietes. Mit den Mauerresten in *Al-Merayah* korrespondiert eine römische Anlage namens *Sol Glorificus* im Westen des Gebietes, in der römische Soldaten des spätantiken Kaiserreichs ihren Schutzpatron und Sonnengott *Sol Invictus* verehrten und nun untot durch die Ruinen streifen.[1997] Deutlich älter sind die ägyptischen Tempel und Ruinen aus der Epoche des Neuen Reiches. Ihre Erforschung betreiben verschiedene Gruppierungen mit unterschiedlichen Interessen. *Kultisten Echnatons* nehmen an zahlreichen Plätze in den Anlagen rituelle Handlungen auf.[1998] Agenten des Unternehmens *Orochi* untersuchen, ausgehend von einem halb überrannten Lager im Nordwesten, eine geöffnete Erdspalte.[1999] Dort fanden sie eine in der Tiefe verborgene, frühantike Anlage, die als *Das Ankh* bezeichnet wird und als Dungeon für Mehrspieler in dem ägyptischen Abschnitt dient. Bevor Kultisten und Kreaturen ihre Arbeit lebensgefährlich machten, unterhielten Archäologen der Universität Oxford in dem Gebiet althistorische Ausgrabungen, mussten sich im Zuge der Ereignisse jedoch von den Stätten zurückziehen.[2000] Einerseits unterstreicht dadurch die Spielwelt, dass die frühgeschichtliche Forschung zur ägyptischen Geschichte und Kultur für die gegenwärtige Geschichtskultur eine wichtige Stellung einnimmt und dass die Forschung viele offene Fragen etwa zur Herrschaft Echnatons hat.[2001] Andererseits thematisieren alle Aktivitäten der Gruppierungen mit Aspekten der kolonialen und postkolonialen Ausbeutung eine zeithistorische Ebene. Ob nun die Archäologen davon träumen, für gefundene Relikte in London bewundert zu werden, *Orochi* antike Gegenstände für wirtschaftliche Zwecke entführen oder Kultisten Artefakte aus ideologischen Gründen außer Landes schmuggeln, alle entreißen dem

---

1996 TSW_A_VerbrannteWüste_Rundgang10 Wüste Marya Lager Halbmondschlucht 2015–07–29.
1997 TSW_A_VerbrannteWüste_Rundgang 7 Sol Glorificus Verlassene Oase Tempel abseits 2015–07–29; **TSW_D2_OralHistory_VW_Khalid Weiser Wüste 3** Intro Mission DieLetzteLegion Khalid Sol Invictus Konstantin Flucht Kultisten Bündnis 2015–08–09, ab 0:30 min; **TSW_A_VerbrannteWüste_Sol Invictus Zeitreise** VW_Issue06_AllesHatSeineZeit Sol Invictus 329AD 2015–08–06.
1998 TSW_A_VerbrannteWüste_Rundgang16 ÖstlicheNarbe Selbstverbrennung Tempel Tal 2015–07–29; **TSW_A_VerbrannteWüste_Rundgang18** Westliche Narbe Haus des Ruhms BAUE 2015–07–29.
1999 TSW_A_VerbrannteWüste_Rundgang20 Verseuchtes OrochiTeam und Ankh Dungeon 1 2015–07–29; **TSW_D1_QuestAttack_VW_VonUnten Stufe 1a** Intro Mission Lisa Hui Orochi Ankh Spalte Schmutz Stellung 2015–08–12.
2000 TSW_A_VerbrannteWüste_Rundgang12 Neue Straße Oxford Lager Ausgrabungsstätte Äußerer Komplex 2015–07–29, ab 2:20 min; **TSW_A_VerbrannteWüste_Rundgang15** Ausgrabungsstelle 1 Oxford 2015–07–29.
2001 TSW_D2_OralHistory_VW_Montgomery de la Roche 2 Intro Mission DasGroßeSchrecklicheGanze Echnaton Amarna Gründung Grund 2015–08–09; **TSW_D2_OralHistory_VW_Montgomery de la Roche 3** Intro Mission DasGroßeSchrecklicheGanze Echnaton Amarna Gründung Erkenntnis Montgomery Alte Zivilisationen BERICHT 2015–08–11.

kulturellen Erbe der Region Schätze.²⁰⁰² Unruhig fiebern die Archäologen einer Beruhigung der Lage entgegen, denn ein Erdbeben legte im Nordosten den Zugang zu einer Anlage frei, als *Stadt des Sonnengottes* der nächste ägyptische Spielabschnitt.²⁰⁰³ Diese verborgene Stadt inmitten in der Wüste diente mithilfe alter altägyptischer Rituale für Jahrtausende dem Sonnen-Pharao *Echnaton* als Gefängnis. Durch die Zerstörungen des Bebens, die Aktivitäten der Kultisten, anderer Gruppierungen und zahlreicher Kreaturen beginnen dessen Mauern aber, brüchig zu werden. Schon beim Eintreten in die Stadt macht ein weithin sichtbares, feuriges Auge, eine schwarze Sonne mit Feuerkranz und gen Boden weisenden Strahlen, über einer zentralen Pyramide deutlich, dass die Wände von *Echnaton* Gefängnis brüchig sind.²⁰⁰⁴ Um zu ihr zu gelangen, durchqueren Spielende im Süden einige funktionale Gebäude wie Unterkünfte und vertrocknete Quellen. Südwestlich befindet sich ein Huldigungsort für den Sonnengott Aton.²⁰⁰⁵ Der halb versandete Tempel der verlorenen Aufzeichnungen zeugt von einer verborgenen Sammlung von Wissensbeständen um *Echnatons* Herrschaft und anderer vergessener Geheimnisse altägyptischer Zeit.²⁰⁰⁶ Von einer südöstlichen Klippe aus ist das weite Tal des Sonnengottes und die massive dunkle Pyramide mit dem feurigen Auge gut zu überblicken.²⁰⁰⁷ Den gesamten Osten durchziehen labyrinthische unterirdische Nekropolen in denen bandagierte Geistwesen sich in ihrer Ruhe gestört fühlen.²⁰⁰⁸ Ihren Frieden stören Atonisten, die auf einer Anhöhe im Südosten eine Stellung errichtet haben, weil sie dort hinein vorstoßen, um kultische Riten zu vollführen.²⁰⁰⁹ Am Tal des Jenseits (*Vallée de l'Au-Delà*), in dem auferstandene Mumien lauern, kreuzen sich die Wege aus dem Norden und ins Zentrum des Gebietes. Nach Norden führt der Weg zu einigen Ruinen, in denen ein

---

2002 **TSW_B_KulturgüterSchmuggel_VW_Abdel Daoud Intro** Mission LiebesgrüßeAusOxford 2015–07–31; **TSW_D1_QuestSabot_VW_Issue06_DieStadtVorUns Stufe 5** Wagemutig Fahrer Nassir BERICHT ÜBERGANG Issue06_DerLetzteZugNachKairo 2015–08–06; **TSW_D1_QuestAttack_VW_Issue06_DerLetzteZugNachKairo Stufe 1b** Fahrer Nassir CUTSCENE Said Zug 2015–08–06.
2003 **TSW_A_VerbrannteWüste_Rundgang13** DerWegZuAton Königsstraße Tempel 2015–07–29.
2004 **TSW_A_StadtDesSonnengottes_Rundgang 1** Übergang Verbrannte Wüste zu Der Riss 2015–08–17, ab 0:50 min.
2005 **TSW_A_StadtDesSonnengottes_Rundgang26** StimmeVonAton Statue Lore 2015–08–17.
2006 **TSW_A_StadtDesSonnengottes_Rundgang 2** Riss Tempel der Verschollenen Aufzeichnungen Die Verdammnis 2015–08–17.
2007 **TSW_A_StadtDesSonnengottes_Rundgang 3** Panorama Pyramide Aton Vertrocknete Quelle Agartha Durchgang 2015–08–17.
2008 **TSW_A_StadtDesSonnengottes_Rundgang 5a** Nekropole Labyrinth 2015–08–17; **TSW_A_StadtDesSonnengottes_Rundgang 5b** Nekropole Labyrinth 2015–08–17; **TSW_A_StadtDesSonnengottes_Rundgang 5c** Nekropole Labyrinth 2015–08–17.
2009 **TSW_A_StadtDesSonnengottes_Rundgang 4a** Die Höhlung BAUE Die Höhlung Anhöhe Atonisten 2015–08–17, ab 3:10 min.

Dimensionstor zu einem weiteren Höllen-Dungeon schwebt.[2010] Das Zentrum hingegen bestimmt eine gewaltige Tempelanlage, deren Namen von Westen nach Osten die Seelenprüfung der ägyptischen Mythologie nachzeichnen. Von der *Halle der Disziplin* über die *Probe* hinüber zum *Tempel der Reinigenden Flammen* endet der Pfad im *Tal des Jenseits*.[2011] Zwischen der Probe und dem Tempel liegt als breite Säulenstraße *Der Spießrutenlauf*, gen Süden auf die bedrohliche schwarze Pyramide ausgerichtet, die dem Sonnenpharao als Gefängnis dient.[2012] Im Westen gruppieren sich einige Tempel um eine ehemalige, nun aber verdorbene Gartenanlage.[2013] Etwas weiter südlich befinden sich im Dunkeln hinter einem schlecht einsehbaren Durchgang unterirdische Hallen mit verborgenem Wissen.[2014] Auch *Orochi* war vom nordwestlichen Winkel des Gebietes aus wieder aktiv, bis das Camp des Unternehmens trotz schwerster Geschütze, gepanzerter Fahrzeuge und Hubschrauber überrannt wurde.[2015] Im Südwesten versinken die Trümmer eines großen Transportflugzeuges des Unternehmens in einer nun verseuchten Oase.[2016] Abgesehen davon, dass sich die Motive und Handlungen um die Kultisten und das Unternehmen in der Stadt des Sonnengottes verlängern, ranken sich zahlreiche Missionen des Gebietes um altägyptische Glaubensvorstellungen, denn nur deren Kraft hält den unwirschen *Echnaton* innerhalb seiner Zellenwände. Dafür verwebt das Spielgebiet die Schicksale von Personen aus der Zeit von *Echnatons* Herrschaft mit altägyptischer Mythologie. Darin liegt der Schlüssel zum Verständnis des Gebietes, denn der Hohepriester *Ptahmose* opferte seine eigenen Kinder, um *Echnaton* in der Stadt einzukerkern.[2017] Überliefert ist *Ptahmose* historisch als Hohepriester für Gott Amun unter *Echnatons* Vater *Amenhotep III.* auf einer Steinstele im *Musée des Beaux-Arts* von Lyon, die auch seine Kinder er-

---

2010 TSW_A_StadtDesSonnengottes_Rundgang10 Wadi nach Norden Wüste Krater Höllentor Dungeon Bab-El-Monzarin 2015–08–17; **TSW_A_StadtDesSonnengottes_Rundgang11** Süden Tal des Jenseits 2015–08–17.
2011 TSW_A_StadtDesSonnengottes_Rundgang18 Das Reformatorium Umgebung Brücke Verderbte Höhle 2015–08–17; **TSW_A_StadtDesSonnengottes_Rundgang 6a** Hallen der Säubernden Flammen 2015–08–17; **TSW_A_StadtDesSonnengottes_Rundgang 6b** Hallen der Säubernden Flammen 2015–08–17.
2012 TSW_A_StadtDesSonnengottes_Rundgang 7 Spießrutenlauf ShiNetjer DiePyramide Atons 2015–08–17; **TSW_A_StadtDesSonnengottes_Rundgang 8** Umfeld Pyramide Atons 2015–08–17.
2013 TSW_A_StadtDesSonnengottes_Rundgang16 Orochi Lager Nachttempel Huoy Statue Wächter 2015–08–17, ab 2:30 min; **TSW_A_StadtDesSonnengottes_Rundgang21** Moutnefert Panorama ErsterPalast Hemitneter 2015–08–17; **TSW_A_StadtDesSonnengottes_Rundgang23** Erster Tempel Oberer Teil Verdorbene Gärten Nefertari d Jüngere 2015–08–17.
2014 TSW_A_StadtDesSonnengottes_Rundgang25 Tal des Absturzes HeroldVonAton 2015–08–17.
2015 TSW_A_StadtDesSonnengottes_Rundgang15 Statue Nefertari Tal Orochi Camp 2015–08–17, ab 1:30 min; **TSW_A_StadtDesSonnengottes_Rundgang16** Orochi Lager Nachttempel Huoy Statue Wächter 2015–08–17, bis 2:30 min.
2016 TSW_A_StadtDesSonnengottes_Rundgang22 Hemitneter Absturzstelle Orochi Erster Tempel 2015–08–17.
2017 TSW_D2_OralHistory_SS_Houy 2 Issue03_DieBindung Familie Ptahmose Opfer Kinder Echnaton 2015–08–20.

wähnt.[2018] Geradezu ein dämonisches Bild zeichnet er im Spiel von *Echnaton*, dessen Jünger Altäre mit Blut getränkt hätten.[2019] Anfangs habe er große Hoffnungen in ihn gelegt, und er bestreitet, dass seine gewachsene Ablehnung an seinem persönlichen Machtverlust als Hohepriester Amuns unter dessen Herrschaft liege.[2020] *Ptahmose* tötete die fleischlichen Hüllen seiner Kinder selbst und übertrug ihre Persönlichkeiten rituell auf Steinfiguren, sogenannte *Uschebti*, die nach altägyptischem Volksglauben einen Verstorbenen verkörpern.[2021] Die Spielenden treffen in dem Spielgebiet auf mehrere große Götterstatuen, in denen sie durch die *Uschebti* mit den Kindern sprechen können.[2022] Sie offenbaren einerseits, wie sehr die Jahrtausende sie als Wächter belasten, schließlich sind sie immer noch Kinder.[2023] Andererseits nehmen sie ihre Aufgabe sehr ernst, mithilfe der Hauptgötter der *Pesedjet* die Versiegelung des Gefängnisses zu bewahren.[2024] Spielende müssen sich in diesem Gebiet in eine komplexe altägyptische Vorstellungswelt hinein denken, um die meisten Vorgänge ohne direkte Erklärungen aus den Gesprächen und Missionen selbst zu erschließen und im Kontext der übergreifenden Ereignisse nachzuvollziehen.[2025] Damit inszenieren die Entwickler ein außergewöhnliches geschichtliches Konstrukt.

Das rumänische Setting erstreckt sich wieder auf drei Teilgebiete. Von der einstigen sowjetischen Vorherrschaft in Rumänien künden kommunistische Betonanlagen und Plattenbauten, die zum Beispiel im *Belagerten Farmland* neben abgewohnten,

---

2018 Stèle de Ptahmès. Musée des Beaux-Arts de Lyon. Inv. Nr. H 1376, ca. 1400 v. Chr. Online unter: http://bit.ly/2ASALdW (Letzter Zugriff: 31.03.2019).
2019 TSW_D2_OralHistory_SS_Ptahmose 2 Intro Mission EineStadtAusBlutGeboren Bedrohung Aton Wächter Kinder Ägypten 2015 – 08 – 17.
2020 TSW_D2_OralHistory_SS_Ptahmose 1 Dialoge Echnaton Khalid Tempelstadt 2015 – 08 – 17.
2021 TSW_D2_Lore_SS_DieWächter Nr 15 Sieben Wächter gg Aton Erfolg Regionale Geschichte 2015 – 08 – 17; **TSW_D2_OralHistory_SS_Ptahmose 4** Uschebti Herstellung Issue03_DieBindung 2015 – 08 – 21.
2022 Seine sieben Kinder sind die Söhne Thutmose und Houy sowie die Töchter Nefertari, Mutemuia, Hemetneter, Moutnefert und Nefertari die Jüngere. **TSW_A_SS_Uschebti_Thutmosis** Intro Mission DieDunklenOrte Familie Uschebti 2015 – 08 – 19; **TSW_D1_QuestAttack_SS_AbschiedVonDenWaffen Stufe 1a** Intro Mission Huoy Technologie Möglichkeiten Atonisten Nachschub Lawrence Arabien 2015 – 08 – 20; **TSW_A_SS_Uschebti Nefertari** Intro Mission Issue01_DasDritteZeitalter Geschwister Zivilisationen Zeitalter 2015 – 08 – 20; **TSW_A_SS_Uschebti_Moutemouia** Intro Mission DasTraurigeLied Todessehnsucht 2015 – 08 – 19; **TSW_A_SS_Pesedjet_Hemitneter** QuestAttack_SS_BlutUndFeuer Aufruf Kampf Regeln Angriff statt Worte 2015 – 08 – 25; **TSW_D2_OralHistory_SS_Moutnefert 1** Intro Mission EinstWarenSieSchön Fernweh Postkarten Reisen 2015 – 08 – 23; **TSW_A_SS_Uschebti NefertariDJüngere** QuestSabot_SS_HallenDerVerschollenenAufzeichnungen Intro Mission Tiere Hilfe Schutz Aufzeichnungen 2015 – 08 – 24.
2023 TSW_A_SS_Uschebti_Ptahmose Hohepriester Amun Opfer Kinder Besuche Hoffnung SS_Issue03_DieBindung 2015 – 08 – 21; **TSW_D2_OralHistory_SS_Moutnefert 2** Intro Mission SS_DieTotenErhebenSich Uschebti Reise Gefahr Tiere Schicksal ungefragt Ptahmose 2015 – 08 – 23.
2024 TSW_A_SS_Uschebti_Aufgaben Schutz 3000 Jahre Hemitneter Thutmosis Nefertari Issue03_DieBindung CUTSCENE 2015 – 08 – 21.
2025 TSW_A_SS_Uschebti_Aufgaben Schutz 3000 Jahre Hemitneter Thutmosis Nefertari Issue03_DieBindung CUTSCENE 2015 – 08 – 21.

älteren Gebäuden des Dorfes von *Harbaburești* aufragen.[2026] Kartografiert ist dieses Gebiet für die Spielenden als frühneuzeitliche Zeichnung mit Tinte auf Pergament, welche die Gebäude der Neuzeit nicht mit abbildet, was neben den rumänischen Bezeichnungen die Orientierung erschwert, aber die historischen Veränderungen betont.[2027] Kürzlich brach ein Feldzug von Vampiren los, in der Spielwelt rumänisch meist als *Strigoi* bezeichnet. Er verwüstete weite Teile dieses Gebietes, verharrte dann aber aus zunächst unerfindlichen Gründen vor den Toren des älteren Ortskerns.[2028] In die Siedlung zogen sich die Überlebenden der Angriffe zurück. Dabei handelt es sich nicht nur um Menschen, sondern auch um *Blajini*, durch die Konflikte der Menschen und Vampire entwurzelte, und nun lautstark protestierende, sozialistische Gnome.[2029] Beschützt wird die Zuflucht im Ortskern, in der Nähe eines alten Gasthauses, von gewöhnlichen Bürgern, aber auch urtümlichen gehörnten Waldwesen.[2030] Ein Waldgott hat sich in die Taverne von *Harbaburești* geflüchtet, dem die Angriffe von Dämonen und Vampiren stark zusetzen.[2031] Die uralte Wächterin der Waldwesen *Cucuvea*, an die sich die Angreifer nicht heran wagen, lebt in einem hohlen Baum inmitten des Gebietes.[2032] Während die nahe Kirche *St. Haralambie* ausgerechnet einem Priester und einem abtrünnigen Vampir als gemeinsame Zuflucht dient, liegen einige Klöster in dem Gebiet länger schon in Trümmern und werden von Geistwesen durchstreift.[2033] In der Nähe haben sich ein paar französische Backpackerinnen zu einer mehrstö-

---

[2026] **TSW_A_DasBelagerteFarmland_Rundgang 2a** Agartha Eingang Hababuresti Rundgang 2015–08–26; **TSW_A_DasBelagerteFarmland_Rundgang 8** Bunkeranlage Observatorium Ostblock Waffen Panzer Stützpunkt 2015–08–26; **TSW_B_Ostblock_BF_Relikte** Symbole Sowjetzeit 2015–08–26.
[2027] **TSW_D2_Karten_DasBelagerteFarmland** 1 u. 2 2015–08–25; **TSW_D2_Erinnerungsorte_BF_Harbaburesti** Rumänien Ostblock Plattenbau Karte Kirche St Haralambie 2015–10–02; **TSW_D2_Erinnerungsorte_BF_SeeDesHeiligenHerzens** Kirche Vergleich Karte Gegenwart Ruinen 2015–10–02 11–20–24–48.
[2028] **TSW_B_Ostblock_Rumänien** Widerstand Besatzer Sowjetunion Templer Goldene Horde BF_FestmahlDerGhule Carmen Preda Belagerung Vampire 2015–08–26; **TSW_A_DasBelagerteFarmland_Rundgang19a** TalDerWölfe Lore DerWaffenstillstand Nr 9 2015–08–26; **TSW_A_DasBelagerteFarmland_Rundgang 4** Strigoi Marai Krieger Vampire Plattenbau Ostblock 2015–08–26; **TSW_A_DasBelagerteFarmland_Rundgang 7** Lager der Belagerer von Hababuresti 2015–08–26.
[2029] **TSW_A_DasBelagerteFarmland_Rundgang 2a** Agartha Eingang Hababuresti Rundgang 2015–08–26, 2:46–3:30 min; **TSW_D2_OralHistory_BF_Petru** Blajini 2 Intro Mission DieFreundlichen Revolution Blajini Widerstand Vampire 2015–09–25.
[2030] **TSW_A_DasBelagerteFarmland_Rundgang 2a** Agartha Eingang Hababuresti Rundgang 2015–08–26, 2:23–2:34 min.
[2031] **TSW_D1_QuestAttack_BF_AusDemWald Stufe 1a** Intro Mission Waldgott Sophie Vampire Zerstörung Natur Plan Dunkler Kreuzzug 2015–09–18.
[2032] **TSW_A_DasBelagerteFarmland_Rundgang16** Cucuveas Baum Vampir Dorf DasWunderbarePferd 2015–08–26, 0:42–1:30 min.
[2033] **TSW_A_DasBelagerteFarmland_Rundgang 5** St Haralambie Kirche Stadtrand Eingang Bau; **TSW_A_DasBelagerteFarmland_Rundgang17** Zerstörung KlosterUnsererFrau DieEwigeEiche BachDerLiebenden 2015–08–26; **TSW_A_DasBelagerteFarmland_Rundgang20a** KlosterUnsererHerrin Refektorium 2015–08–26.

ckigen, baufälligen Windmühle geflüchtet und wehren sich gegen Werwölfe, seit diese die Hohlwege und Täler um eine Sägemühle überrannten.[2034] *Der Schattenhafte Wald*, das zweite rumänische Areal, verbirgt hinter hohen Felswänden ein Lager, in dem sich Roma gemeinsam vor den Gefahren verschanzen.[2035] Anderen Bewohnern bekommt die Strategie nicht sonderlich gut, Kreaturen wie Werwölfe und Vampire zu Fleischwaren zu verarbeiten, nachdem die Angreifer ihr Vieh verschlangen.[2036] Die dortigen, von Volkserzählungen geprägten Personen verbinden das Gebiet mit christlichen und vorchristlichen Mythen. Sogar die antike römische Präsenz wird aufgegriffen, etwa weil der römische Legionär Octavian dort wohnt, seit er zur Unsterblichkeit verflucht wurde.[2037] Viele Legenden der Roma beschäftigen die Spieler mit dem frühneuzeitlichen Fürstentum des Vlad Tepes, populärkulturell besser bekannt als *Dracula*. Dessen Andenken empfinden die Roma von Bram Stoker besudelt und verteidigen dessen Erbe als Mitglieder des Ordens der *Draculeşti*.[2038] Dafür hüten sie die Gebeine des Fürsten in der nahen Kapelle, bekämpfen *Strigoi* und gehen im Westen gegen unruhige Geister des niedergebrannten Dorfes *Iazmăciune* vor.[2039] In dessen unmittelbarer Nähe beginnen die geheimen Tunnel einer Forschungsanlage.[2040] Durch die herumstreunenden Kreaturen teils außer Betrieb gesetzt, sind Infrastrukturanlagen wie Umspann- und Wasserwerke wichtige Voraussetzungen für das Überleben der bedrängten

---

2034 **TSW_A_DasBelagerteFarmland_Rundgang14** SeeDesHeiligenHerzen Schlucht Mühle des Holländers 2015–08–26, ab 3:45 min; **TSW_B_Tourismus_BF_Französinnen** Aurelie Mädchen-SchlagenWolfsalarm Celine Urlaub Mühle Zuflucht Schutz Magie Ort Verteidigung 2015–10–01; **TSW_A_DasBelagerteFarmland_Rundgang15a** Sägewerk von Werwölfen besetzt 2015–08–26.
2035 **TSW_A_DerSchattenhafteWald_Rundgang 9** Roma Lager Überlebende Draculesti Orden Kampf Monster 2015–10–12.
2036 **TSW_A_DerSchattenhafteWald_Rundgang 4b** Dimir Hof Wasser Fluss Quelle Rom Ghul-Hohlweg Magier Höhlen 2015–10–12, 0:52–4:30 min; **TSW_B_Brauchtum_Konflikt** Dimir Hof Störung Tradition Unverständnis QuestSabot_SW_WieGhuleZurSchlachtbank Intro Mission Dimir Silviu Mutter Ghul Geheimnis Brauchtum 2015–10–09.
2037 **TSW_A_DerSchattenhafteWald_Rundgang11b** Domus Rustica Octavian Emilia Idylle Stimmung Licht 2015–10–12.
2038 **TSW_D2_OralHistory_SW_Milosh Roma 3 Intro** Mission DieDraculesti Kampf Orden Personen Gegner Aufgaben Bollwerk 2015–10–16, ab 0:20 min; **TSW_D2_OralHistory_SW_Milosh 1** Dialoge Roma Draculesti Sprachen Aufgaben Welt Kampf Monster Orden 2015–10–18, ab 0:15 min; **TSW_D2_OralHistory_BF_Zaha 1** Dialoge Roma Dracula Orden Verbindung Verteidigung Transylvanien Geschichte 2015–09–28.
2039 **TSW_A_DerSchattenhafteWald_Rundgang12a** Draculesti Friedhof Die Kapelle des Prinzen 2015–10–12; **TSW_A_DerSchattenhafteWald_Rundgang12b** Kapelle des Prinzen Kirchenschiff Innen 2015–10–12; **TSW_A_DerSchattenhafteWald_Rundgang10a** Ruinen von Iazmaciune Böser Ort 2015–10–12; **TSW_D1_QuestAttack_SW_DieLauerndenSchrecken Stufe 1b** Suche Gedenkstein Iazmaciune Inschrift Hinweise Personen 2015–10–16, ab 1:35 min.; **TSW_A_DerSchattenhafteWald_Rundgang10b** Ruinen von Iazmaciune Böser Ort 2015–10–12; **TSW_D2_Lore_SW_Iazmaciune Nr 7** Geschichte Ort Rumänen Frieden Werwölfe Vampire 2015–10–12.
2040 **TSW_D1_QuestSabot_SW_Issue07_WennDasBeilFällt Stufe 5a** Eintritt Beifall Anlage Zusammentreffen Agentin Rat Venedig CUTSCENE 2015–08–28.

Roma.²⁰⁴¹ Dafür überdimensioniert, dient die Infrastruktur aus kommunistischer Zeit zudem verborgenen Aktivitäten des Unternehmens *Orochi*. Als ein zentaler Akteur der Spielwelt nutz es die Hinterlassenschaften für eigene Zwecke.²⁰⁴² Daneben befinden sich dort wie im vorherigen Gebiet mythische Kreaturen aus dem rumänischen Volksmund, denen Spielende zuhilfe eilen. Auf einer Landzunge im *See der Sirene*, unweit des Camps der Roma, steht ein wuchtiger, verzierter Holzwaggon, der das Weltwissen der Feenvölker (*Vântoase*) speichert und mithilfe der Seherin *Anastasia* nach außen kommuniziert.²⁰⁴³ In der Nähe dieses Sees lagert die in Leder gerüstete Waldfee *Iele*.²⁰⁴⁴ Mit ihren Liedern wacht sie an der Grenze zu einem urtümlichen Waldgebiet, wo die globalen Ereignisse die böswillige Mutter des Waldes *Mumă Pădurii* erweckt haben. Sie stachelt wandelnde, baumartige *Pădurii* zum Kämpfen auf.²⁰⁴⁵ Im äußersten Süden betritt die dämonische Gefahr erneut die Bühne. Höllenportale öffnen sich in den glimmenden Überresten eines verwüsteten Dorfes und dämonische Kreaturen ziehen die ehemalige Taverne auf die Grenze mehrerer Realitäten, ähnlich wie das *Overlook Motel* der *Savage Coast*.²⁰⁴⁶ Vor der Erweiterung nach Tokio war das Spielgebiet *Reißzähne der Karpaten* der letzte Abschnitt, welcher die erstveröffentlichte Spielwelt abschloss. Seine tief verschneite Hochgebirgslandschaft setzt sich optisch erheblich von den vorherigen Zonen ab.²⁰⁴⁷ Das wuchtige Schloss, das gleich nach der ersten Biegung am Eingang zu dem Gebiet auf einer Anhöhe trohnt, weist die aufrufbare Karte als Schloß des Drachen (*Castelul Balaurului*) aus, als

---

2041 TSW_A_DerSchattenhafteWald_Rundgang 8a Wasseraufbereitung Elektrizität Werk Brücke des Alten Mannes Mosul Baumgeist 2015–10–12; **TSW_B_Traditionen_SW_Generationen** Konflikt Jugend Emilia Milosh Draculesti Gut Böse ReinigungDesWassers Intro Mission Lager Verseuchung Wasser Reserven 2015–10–18.
2042 TSW_A_DerSchattenhafteWald_Rundgang 3b Taktische Signalstation Unfall Orochi Team Tote Kreuzung 2015–10–12, ab 0:40 min; **TSW_A_DerSchattenhafteWald_Rundgang 4b** Dimir Hof Wasser Fluss Quelle Rom Ghul-Hohlweg Magier Höhlen 2015–10–12, 2:38–2:50 min; **TSW_A_DerSchattenhafteWald_Rundgang 5a** Anhöhe Orochi Lager Ghule Magier Strommast See der Sirene Insel Wagen Anastasia 2015–10–12, 0:35–0:40 min.
2043 TSW_A_DerSchattenhafteWald_Rundgang 5a Anhöhe Orochi Lager Ghule Magier Strommast See der Sirene Insel Wagen Anastasia 2015–10–12, ab 2:48 min; **TSW_D2_OralHistory_SW_Anastasia 1** Dialoge Wagen Mythen Speicher Wikipedia Analogie Knotenpunkt Alt Neu 2016–01–23.
2044 TSW_A_DerSchattenhafteWald_Rundgang 6a Baumfee Lele Morastgehölz Der bleiche Wald SCHWARZ Padurii Garten des Mädchens 2015–10–12, bis 1:05 min.
2045 TSW_D2_OralHistory_SW_Anastasia 2 Intro Mission QuestAttack_SW_DerLetzteTanzDerPadurii See Sirene Wagen Wissen Feen Moderne 2016–01–23; **TSW_A_DerSchattenhafteWald_Rundgang 6a** Baumfee Lele Morastgehölz Der bleiche Wald SCHWARZ Padurii Garten des Mädchens 2015–10–12, ab 1:00 min.
2046 TSW_A_DerSchattenhafteWald_Rundgang13c Höllenspalier Truppen Hölle Verlassenes Gasthaus 2015–10–12.
2047 TSW_D2_Erinnerungsorte_RK_Sonnentempel Agartha Übergang 2015–08–28; **TSW_D1_QuestSabot_RK_Issue07_WennDasBeilFällt Stufe 7d** Suche Stufe 6 Orochi Agent Karpaten 2015–08–28; **TSW_B_Kultur_RK_FilmTVJamesBond_Agentin Rat Venedig 3** Issue07_ManStirbtNurZweimal Verfolgungsjagd Schneemobile Sprung Brücke 2015–09–04.

den fürstlichen Sitz *Draculas*.[2048] Dort kommt es zur Klärung seiner Vergangenheit, wie sie die Spielwelt historisch interpretiert, und die Haupthandlung des rumänischen Erzählzweiges kommt zu einem Ende. Das Gebiet birgt erneut eine Reihe ehemals militärischer Anlagen aus Zeiten der sowjetischen Vorherrschaft, deren ausgebrochene Experimente nun zusätzlich zu Rudeln aus Werwölfen marodierend durch die Landschaft streifen.[2049] Als zeitgenössischer Akteur versucht der Konzern *Orochi* daraus Profit zu schlagen und errichtet überall provisorische Vorposten mit modernsten elektronischen Gerätschaften, zum Teil in unterirdischen Forschungsanlagen.[2050] Daneben spielt in diesem Gebiet etwa der *Drumul roman* als Name einer Straße auf römisches Erbe an, im Süden liegt ein Gebiet, das als römische Bäder (*băile romane*) bezeichnet wird. Auch wenn an dieser Stelle der Überblick zu den Spielgebieten endet, fassen die skizzierten Elemente nur die dominantesten Inhalte zusammen.

Zunächst sind auf dieser Basis die Befunde zur Sach- und Objektkultur zu subsummieren. Bestehende und ehemalige Gebäude sowie infrastrukturelle Einrichtungen erhalten konsequent Bedeutung für die historische Inszenierung. Umfang und Komplexität gehen über die geschilderten Elemente der großstädtischen Hubs hinaus. In den neuenglischen Spielgebieten von *Solomon Island* präsentieren sich Gebäude zumeist in einer Holzbauweise, deren skandinavische Prägung für ländliche nordostamerikanische Siedlungen ortstypisch ist.[2051] Nur die *Innsmouth Academy* und eine niedergebrannte psychiatrische Anstalt sind massiv aus dünnem rötlichen Backstein im Stil des 18./19. Jahrhunderts errichtet.[2052] Lehnt sich die fiktive Region damit einerseits glaubwürdig an das lebensweltliche Vorbild an, so implizieren die Gebäudenamen und Infrastruktur andererseits Motive aus Horrorfilmen und -literatur des 20. Jahrhunderts, die eng mit Maine verbunden sind. Das *Overlook Motel* verweist auf das Hotel, das Stephen King in seinem verfilmten Roman *The Shining* verarbeitete.[2053]

2048 **TSW_D1_QuestAttack_RK_Issue07_ManStirbtNurZweimal Stufe 2a** Dragan Treffen Schneemobil 2015–08–28, ab 2:26 min.
2049 **TSW_D1_QuestAttack_RK_Issue07_ManStirbtNurZweimal Stufe 1b** Eindringen Orochi Sowjetunion Anlage Kommunikation Nursery 2015–08–28; **TSW_D1_QuestAttack_RK_Issue07_ManStirbtNurZweimal Stufe 2a** Dragan Treffen Schneemobil 2015–08–28, bis 2:00 min.
2050 **TSW_D1_QuestAttack_RK_Issue07_ManStirbtNurZweimal Stufe 1c** Sicherheitsprotokolle überschrieben 2015–08–28; **TSW_D2_Erinnerungsorte_SW_Anlage** Beifall Sowjetunion Geräte Stromnetz Nachnutzung Orochi Issue07_WennDasBeilFällt 2015–08–28; **TSW_D1_Instanzen_RK_DerHort Issue07_DerKlangDerKinder Stufe 1** Betreten Hort Damm 2015–09–04; **TSW_D1_QuestAttack_RK_Issue07_DerKlangDerKinder Stufe 2c** Computer Leiter Schreber Forschung Kinder Dokumente 2015–09–04.
2051 **TSW_A_Kingsmouth_Kirche Vorplatz 2** 2015–03–31; **TSW_A_Savage Coast_Rundgang 8** Atlantic Island Park – Dorf Savage Coast 2015–06–04; **TSW_A_Savage Coast_Rundgang 5** Suicide Bluff – Masons Crescent 2015–06–04, ab 2:30 min; **TSW_D2_Erinnerungsorte_BM_Franklin Anwesen** Weg Eingang Gegenwart 2015–07–18.
2052 **TSW_A_Savage Coast_Rundgang 9** Dorf SC – Innsmouth Academy 2015–06–04; **TSW_A_BlueMountain_Rundgang21** Kraken Point und niedergebrannte Anstalt 2015–07–02.
2053 **King, Stephen:** The Shining, Garden City 1977.

Die *Innsmouth Academy* trägt den Namen der Hafenstadt, deren Niedergang H. P. Lovecraft in seiner Erzählung *Shadows over Innsmouth* beschrieb.[2054] Beide Granden der Horrorliteratur sind dadurch untrennbar mit den geschilderten visuellen Eindrücken aus Film und Spiel sowie literarischen Landschaftsbeschreibungen von Neuengland verbunden. Zahlreiche Straßennamen wie die *Lovecraft Lane* und *Poe Cove* in Kingsmouth verweisen auf die Horrortradition der Region, die bis zu Edgar Allan Poe ins 19. Jahrhundert zurückreicht.[2055] Wie erwähnt, kreist ein beachtlicher Anteil der Kultur von digitalen Spielen um das Werk von Lovecraft.[2056] Flurnamen wie der *Miscatonic River* an der Savage Coast referenzieren auf die Gemeinde aus seinen Schriften. Diese Bezüge bleiben jedoch nicht bloß plakativ, wie etwa die *Liga der Monsterjäger* mit ihrer Baumfestung zeigt.[2057] Sie schließen sich dort gegen die Kreaturen unter der Stadt zusammen wie die Jugendlichen in Kings Welterfolg „It", dessen TV-Verfilmung erneut die Region in Szene setzte.[2058] Nicht von ungefähr teilt der Autor Sam Krieg, der sich in den Leuchtturm vor der Ostküste zurückzog, die Initialen mit diesem Bestseller-Autor.[2059] Er stellt die Spielfigur und damit die Spielenden vor die Frage, warum sie den Kampf gegen das Böse suchen und wer sie ohne diesen Konflikt wären. Der auf einer Felsnadel im Meer thronende Leuchtturm wirkt zwar monumental, mit weißem Anstrich und dunklem Kopf repräsentiert die Landmarke aber typische Formen eines neuenglischen Leuchtfeuers.[2060] Die stillgelegten Industrieanlagen von *Blue Mountain*, der verlassene Steinbruch und die geschlossene Mine schließen schon optisch, zudem aber über die oben geschilderte Lokalgeschichte an das dystopische Narrativ des *Rust Belt* im amerikanischen Nordwesten an. Dort verwandelt sich die Schwerindustrie des ehemaligen *Manufacturing Belt* seit den achtziger Jahren in Ruinen. Dazu ist auch der Verlust des verfallenen Vergnügungsparks zu zählen. Dass die *Wabanaki* lange schon ihre ursprüngliche Kultur und ihre Siedlungen verloren, manifestieren das Motel mit Souvenirshop, die Wohnwagensiedlung ringsherum und das rekonstruierte Dorf oberhalb, das als einziges vom traditionellen Wohnstil und ihrer Alltagskultur kündet, wobei die touristische Gebietskarte Letzteres als „authentisch" hervorhebt.[2061] Ihre Unterkünfte im leicht

---

2054 **Lovecraft, Howard P.:** The Shadow over Innsmouth, Everett 1936.
2055 **TSW_D2_Narration_implizit_KM_Straßennamen** Horror-Autoren 1 2015–05–28; **TSW_D2_Karten_Savage Coast** 2015–03–31; **TSW_A_Kingsmouth_Karte** 2015–04–08.
2056 Vergleiche weiter vorn ab S. 180 insbesondere Anm. 782.
2057 **TSW_D1_QuestAttack_SC_Liga der Monsterjäger u NQ 1** 2015–03–31; **TSW_D1_QuestAttack_SC_Liga der Monsterjäger u NQ 2** 2015–03–31.
2058 **King, Stephen:** It, New York 1986; **Wallace, Tommy L.:** Stephen King's It. 1990; **TSW_D2_Lore_SC_Liga der Monsterjäger Nr 8 b** 2015–06–07.
2059 **TSW_D1_QuestAttack_SC_DasLebenImitiertDieKunst Stufe 1a** Intro Mission Literatur Sam Krieg 2015–06–19.
2060 **TSW_A_Savage Coast_Leuchtturm** Sam Krieg 2015–06–19.
2061 **TSW_A_BlueMountain_Rundgang18** Wabanaki Wohnwagendorf Souvenirshop 2015–07–02; **TSW_D2_Erinnerungsorte_BM_Wabanaki Traditionsdorf** 2015–07–02; **TSW_D2_Karten_Blue Mountains** 2015–06–05.

schäbigen Trailer-Park, die Ruine des überdimensionierten Spielkasinos nördlich und die versprengten Relikte der Kultstätten repräsentieren zeithistorische Schwierigkeiten der amerikanischen Ureinwohner.[2062] Als Bauwerke älterer Zeiten überdauerten lediglich Runensteine der Nordmänner, die entlang der Westküste der *Savage Coast* zu finden sind und besonders wuchtig an sieben Positionen um den *Blue Mountain*.[2063] Bei *Norseman's Landing* deuten tiefe Furchen und verwaschene Holzplanken auf Überreste von Langbooten, vom Meer überspült, das sie gelegentlich wieder freigibt. Mancherorts lassen sich Stelen und Felsmarken der *Wabanaki* finden, die mit rituellen Zeichen bemalt sind.[2064]

In den ägyptischen Spielgebieten bestimmen rötlich-gelbe Felsklippen und heller, zu Dünen verwehter Sand die Landschaft, in der nur gelegentlich karge Gärten und Oasen gedeihen.[2065] Die teils mehrstöckigen zeitgenössischen Gebäude in *Al-Merayah* sind aus Lehmziegeln errichtet, ihre flachen Dächer werden teils als Terrassen genutzt.[2066] Außen in der Regel glatt verputzt, liegen mancherorts die Mauersteine innen offen.[2067] Zwischen den Gebäuden hindurch führen verwinkelte, sandige Gassen. Zusammen mit hölzernen Elementen wie Vordächern oder Trennwänden ergeben sie ein durchweg erdiges Farbbild. Diesem Baustil schließen sich auch jüngste Gebäude an wie das internationale *Hotel Wahid*.[2068] Dorthin führt eine von zwei Abzweigungen der am besten ausgebauten Straße der Gegend, deren andere Gabelung am touristischen Tempel mit der Ausstellung über *Echnaton* endet.[2069] Sein Inneres können Spielende nur mithilfe einer Mission betreten, dann offenbart sich allerdings eine beeindruckende museale Säulenhalle mit altägyptischen Inschrifttafeln und Exponaten wie Sarkophagen.[2070] In den südöstlichen Vororten und der südwestlichen Fabrik durchsetzen ein paar technische Geräte wie eine Ladeanlage oder eine Tankstelle

---

2062 TSW_A_BlueMountain_Rundgang 9 Golden Wigwam Casino 2015–06–29; **TSW_A_BlueMountain_Rundgang11** Heilige Stätte der Wabanaki 2015–06–29, ab 3:35 min.
2063 TSW_D2_Erinnerungsorte_SC_Wikinger Landung Vinterskag Norseman 2015–06–25; **TSW_D1_QuestInvest_SCBM_Issue2_Fremde aus einem fremden Land Stufe 1b** Karte vergleichen Blue Mountains 2015–06–05.
2064 TSW_D1_QuestNeben_BM_AlteZeichen Stufe 1 Wabanaki Schutzsymbole Vorfahren Wissen Savage Coast 2015–07–18.
2065 TSW_A_VerbrannteWüste_Rundgang 7 Sol Glorificus Verlassene Oase Tempel abseits 2015–07–29, ab 3:06 min.
2066 TSW_A_VerbrannteWüste_Rundgang 4 Al-Merayah Teil 1 2015–07–29.
2067 TSW_A_VerbrannteWüste_Rundgang 3 Ortseingang Al-Merayah 2015–07–29.
2068 TSW_A_VerbrannteWüste_Rundgang 9 Neue Straße Hotel Wahid International 2015–07–29.
2069 TSW_A_VerbrannteWüste_Rundgang10 Wüste Marya Lager Halbmondschlucht 2015–07–29; **TSW_A_VerbrannteWüste_Rundgang11** Außenbezirke von Al-Marayah 2015–07–29; **TSW_D1_QuestSabot_VW_Issue06_AllesHatSeineZeit Stufe 1c** Zeitgrabmal aufsuchen bei Sol Invictus 2015–08–06, bis 0:15 min; **TSW_A_VerbrannteWüste_Rundgang 8** Verbrannte Ebene Touristentempel Der Sonnengott 2015–07–29, 1:50–2:00 min.
2070 TSW_D1_QuestAttack_VW_EinSchattenÜberÄgypten Stufe 3a Barriere überwunden Tempel betreten 2015–08–08.

die Lehmgebäude.[2071] Im Nordosten liegt eine versuchte Pumpstation.[2072] Überall erkennbar ist modernisierte Infrastruktur wie gespannte Stromkabel, Verteilerkästen, Klimaanlagen und elektrisches Licht.[2073] Werbetafeln und Marktstände sorgen für bunte Flecken.[2074] Auffällig ist, das zwar im Zentrum ein Minarett angedeutet wird, explizit eine Moschee allerdings nicht thematisiert wird.[2075] Als zentraler Ort der Zusammenkunft wird das *Café Giza* am Marktplatz hervorgehoben.[2076] Die Mauern von *Al-Merayah* sind ein Amalgam aus mindestens zwei Epochen. Ältere Mauerreste, auf denen und in die hinein jüngere Gebäude errichtet sind, deuten aufgrund ihrer breiten Ziegelbauweise und mit roten Steinen verzierten Bögen auf die römische Herrschaftszeit hin.[2077] Spätantike Ruinen des Römischen Reiches überdauerten auch in der Tempelstadt *Sol Glorificus* im Westen.[2078] Mithilfe der Zeitreise in einer Mission besuchen Spielende sogar die unzerstörte Römersiedlung zu ihrer Blütezeit.[2079] Das übrige Gebiet dominieren vor allem im Norden weitgehend zerstörte, monumentale Tempelbauten aus massiven Steinblöcken, bemalt im altägyptischen Stil.[2080] Eine weitere Zeitreise lässt den Ursprung des Ortes *Al-Meraya* besuchen, der die Gebäude im Zustand der Frühgeschichte zeigt.[2081] Teils leuchten an sonnengeschützten Orten Bemalungen und Beschriftungen mit Hieroglyphen sogar in der Gegenwart noch farbenfroh.[2082] Ob ihre Beschriftungen wirklich Sinn ergeben, ist nachrangig, weil die weitaus meisten Spielenden diese nicht entziffern könnten. Gleichwohl tragen sie als ägyptisch kodierte Verzierungen zum historischen Gesamteindruck der Ruinen bei. Im zweiten Gebiet, der *Stadt des Sonnengottes*, setzen sich altägyptische Monumentalstätten in großer Menge fort. Teils bleibt ihr Verwendungszweck unklar, manche

---

2071 TSW_A_VerbrannteWüste_Rundgang 2 Fabrik 2015–07–29; **TSW_A_VerbrannteWüste_Rundgang11** Außenbezirke von Al-Marayah 2015–07–29
2072 TSW_A_VerbrannteWüste_Rundgang19 Orochi Zuflucht Ausschachtung Ölförderanlage 2015–07–29, 2:17–2:50 min.
2073 TSW_A_VerbrannteWüste_Rundgang 4 Al-Merayah Teil 1 2015–07–29.
2074 TSW_A_VerbrannteWüste_Rundgang 4 Al-Merayah Teil 1 2015–07–29, 3:26–3:34 min.
2075 TSW_A_VerbrannteWüste_Rundgang 5 Al-Merayah Teil 2 2015–07–29.
2076 TSW_A_VerbrannteWüste_Rundgang 4 Al-Merayah Teil 1 2015–07–29, 2:40 min.
2077 TSW_A_VerbrannteWüste_Rundgang 3 Ortseingang Al-Merayah 2015–07–29; **TSW_A_VerbrannteWüste_Rundgang 4** Al-Merayah Teil 1 2015–07–29, 0:45–1:10 min.
2078 TSW_A_VerbrannteWüste_Rundgang 7 Sol Glorificus Verlassene Oase Tempel abseits 2015–07–29.
2079 TSW_D1_QuestSabot_VW_Issue06_AllesHatSeineZeit Stufe 1d Sol Invictus 329AD Übergang Nebenquest OTemporeOMores 2015–08–06; **TSW_D1_QuestSabot_VW_Issue06_AllesHatSeineZeit Stufe 2b** Dokument für Replika des Ancile finden 2015–08–06.
2080 TSW_A_VerbrannteWüste_Rundgang18 Westliche Narbe Haus des Ruhms BAUE 2015–07–29.
2081 TSW_A_VerbrannteWüste_Altes Reich_Al-Merayah Zeitreise in Issue06_DieStadtVorUns Stufe 2a 2015–08–06.
2082 TSW_A_VerbrannteWüste_Rundgang15 Ausgrabungsstelle 1 Oxford 2015–07–29, 1:19–1:35 min; **TSW_A_VerbrannteWüste_Rundgang19** Orochi Zuflucht Ausschachtung Ölförderanlage 2015–07–29, bis 0:30 min.

Missionen aber erläutern ihre funktionale Bedeutung wie etwa im Falle der Ruinen des *Tempels der Verschollenen Aufzeichnungen*, deren Bedeutung durch die unterirdischen *Hallen der Verschollenen Aufzeichnungen* als Archiv von gefährlichem Wissen erschließbar wird.[2083] Nach und nach lassen Missionen erkennen, dass Anordnung und Ausrichtung der Gebäude zueinander nicht nur bei den Götterstatuen für die Kinder *Ptahmoses* von elementarer Bedeutung sind, die als Wächter auf die schwarze Pyramide im Zentrum des Gebietes blicken.[2084] Der Komplex, der vom Zentrum bis an den östlichen Rand reicht, symbolisiert zudem den gescheiterten Übergang von *Echnaton* ins Jenseits.[2085] Beginnend mit der Halle der Disziplin steht am Ende die *Prüfung des Lebens*, wobei die quertreibende Straße die Kluft zur *Halle des reinigenden Feuers* symbolisiert, deren Überwindung erst den Gang ins *Jenseits* ermöglicht. Dass die Pyramide *Echnatons* sich nach Süden am Ende der Straße anschließt, die als *Spießrutenlauf* bezeichnet wird, versinnbildlicht, wie Echnaton statt ins Jenseits in ein irdisches Gefängnis einging. Bezeichnung und Anordnung der Gebäude transportieren so symbolisch historische Information.

Im gesamten rumänischen Drittel der Spielgebiete mischen sich ebenfalls Gebäude und Infrastruktur aus mehreren historischen Ebenen. Relikte wie Ruinen, aber auch überraschend langlebige Personen sowie Namen für Areale oder Straßen nehmen Bezug auf die Herrschaft des Römischen Reiches in der Region.[2086] Mittelalterliche und frühneuzeitliche Gebäude wie in dem Dorf aus Zeiten des Fürstentums von *Vlad Tepes* liegen größtenteils in Trümmern.[2087] Wenige nur wie die Kirche *St. Haralambie* am Dorfrand, die Kapelle mit den Gebeinen von Vlad Tepes und letztlich das Schloss überdauerten.[2088] Der graue Verputz, Schieferdächer und geschwungene Formen der dörflichen Gebäude von *Harbabureşti* erinnern an die Bauweise der österreichisch-ungarischen Zeit, wobei die Reste einer äußeren Stadtmauer mindes-

---

2083 TSW_D2_OralHistory_SS_NefertariDJüngere 1 Intro Mission QuestSabot_SS_HallenDerVerschollenenAufzeichnungen Tiere Hilfe Schutz Aufzeichnungen 2015 – 08 – 24, ab 0:30 min.
2084 Siehe zu den Uschebti und den gemauerten Statuen ab S. 398.
2085 Siehe zur Beschreibung weiter oben auf S. 397.
2086 TSW_A_DerSchattenhafteWald_Rundgang 4b Dimir Hof Wasser Fluss Quelle Rom Ghul-Hohlweg Magier Höhlen 2015 – 10 – 12, 0:30 – 0:50 min; **TSW_D2_Atmosphäre_RK_Soundscapes Licht Stimmung Eingangsbereich Sonnentempel** Issue07_WennDasBeilFällt Stufe 7d Suche Orochi Agent 2015 – 08 – 28; **TSW_A_DerSchattenhafteWald_Rundgang11b** Domus Rustica Octavian Emilia Idylle Stimmung Licht 2015 – 10 – 12.
2087 TSW_A_DerSchattenhafteWald_Rundgang10a Ruinen von Iazmaciune Böser Ort 2015 – 10 – 12; **TSW_A_DerSchattenhafteWald_Rundgang10b** Ruinen von Iazmaciune Böser Ort 2015 – 10 – 12.
2088 TSW_A_DasBelagerteFarmland_Rundgang 5 St Haralambie Kirche Stadtrand Eingang Bau 2015 – 08 – 26; **TSW_A_DerSchattenhafteWald_Rundgang12a** Draculesti Friedhof Die Kapelle des Prinzen 2015 – 10 – 12; **TSW_A_DerSchattenhafteWald_Rundgang12b** Kapelle des Prinzen Kirchenschiff Innen 2015 – 10 – 12; **TSW_D2_Erinnerungsorte_RK_Sonnentempel** Agartha Übergang 2015 – 08 – 28, 0:15 – 0:25 min.

tens frühneuzeitlich sind.[2089] Die militärische und technische Infrastruktur aus der sowjetischen Zeit Rumäniens ist ebenfalls marode, wird jedoch von der untoten Kriegspartei nachgenutzt.[2090] In manchen der Gebäude nisteten sich zudem Vertreter des Konzerns *Orochi* ein, deren technisch futuristische Gerätschaften umso stärker im Kontrast zu den übrigen Gebäuden und Geräten stehen.[2091] Auch die *Dimirs* nutzen im *Schattenhaften Wald* die Überreste kommunistischer Betonbunker, um ihre Farm zu unterkellern.[2092] Vergleichbar mit der Inszenierung in den ägyptischen Spielgebieten weist die Nutzung von Bauwerken und Ruinen verschiedener Epochen besonders hier aus, wie die spielweltliche Bühne historische Überlieferungen nicht nur nebeneinanderstellt, sondern die Ebenen miteinander vereint und vermengt.

Landkarten helfen den Spielenden nicht bloß bei einer geografischen Orientierung. Vielmehr übernehmen sie historische Funktionen, um die Spielenden auf die besuchten Weltregionen einzustimmen.[2093] Die Karte von Brooklyn unterstreicht als Blaupause einer Bauzeichnung sowohl den Charakter des funktionalen Lagerdistrikts als auch die technokratische, utilitaristische Haltung der dortigen *Illuminaten*.[2094] Londons Karte mahnt mit einem imperialen Stil vom Ende des 19. Jahrhunderts an die britische Großmachtära und verbindet damit Machtansprüche der *Templer*.[2095] In Sëoul repräsentiert die nächtliche Lufaufnahme traditionelle Dachformen mit hell leuchtenden Straßenlampen und leichten Bildstörungen zu einer Koexistenz von Traditionsbewusstsein und moderner Gegenwart.[2096] Die drei Exemplare zu *Solomon Island* zeichnen nicht nur eine Topografie mit einprägsamen Landmarken, sondern

---

[2089] **TSW_A_DasBelagerteFarmland_Rundgang 2b** Harbaburesti Rundgang Gasthaus Eule und Adler 2015–08–26; **TSW_A_DasBelagerteFarmland_Rundgang 2a** Agartha Eingang Hababuresti Rundgang 2015–08–26; **TSW_A_DasBelagerteFarmland_Rundgang 3a** Olaru Hof Durchgang Süden Höhle Felder 2015–08–26, 2:07–2:43 min.
[2090] **TSW_D2_Erinnerungsorte_BF_Bunkeranlage** Observatorium Sowjetunion Rote Hand Fahrzeuge Waffen 2015–10–02.
[2091] **TSW_D2_Erinnerungsorte_SW_Anlage Beifall** Sowjetunion Geräte Stromnetz Nachnutzung Orochi Issue07_WennDasBeilFällt 2015–08–28.
[2092] **TSW_B_Ostblock_SW_Sowjetunion Bunker Nachnutzung** Dimir Hof QuestSabot_SW_WieGhuleZurSchlachtbank Stufe 2 Keller Bunker 2015–10–12.
[2093] Auch wenn der Text sich auf die Hauptspielgebiete fokussiert, gilt dies auch für die Karten der Schlachtzüge (Dungeons). Im Dungeon zur Vorgeschichte der Wabanaki und Nordmänner in *Blue Mountain* handelt es sich um eine Ritzung in Leder mit einer Mischung aus nordischen Symbolen und Bemalungen amerikanischer Ureinwohner. Siehe im Detail **[unbekannt]**: Map: The Darkness War. [=Karte des Dungeons in Blue Mountain], in: *CryGaia Wiki* [=zentrales Fan-Wiki]. Online unter: http://bit.ly/2AH5SZI (Letzter Zugriff: 31.3.2019). Allerdings führen diese meist in dämonsche Welten ein und steuern für Repräsentationen des lebensweltlichen Kontextes keine neuen Erkenntnisse bei: beispielsweise als menschliche Haut **TSW_D2_Karten_Dungeon Overlook Motel** Menschenhaut 2015–06–19 oder mechanische Apparatur **TSW_D2_Karten_Gefallene Hölle Dungeon** 2015–08–19. Weitere reproduzieren Satellitenbilder oder technische Scans.
[2094] **TSW_D2_Karten_NewYork** 2015–06–18.
[2095] **TSW_D2_Karten_London** 2015–06–18.
[2096] **TSW_D1_QuestInvest_SE_Nebengeschichten_WeitereAnalysen Versenkung Stufe 3b** Reise nach Seoul Korea Seitengasse V3_0 2015–08–17, hier 5:10–5:20 min.

illustrieren die Orte, welche für die Spielenden interessant sind wie touristische Sehenswürdigkeiten.[2097] Besonders einfallsreich ist der ägyptische Abschnitt. Er beginnt in der *Verbrannten Wüste* ebenfalls mit einer Touristeninformation, die dreisprachig in Englisch, Französisch und Deutsch die Orte beschreibt.[2098] International gültige Symbole markieren etwa Parkplätze und Sanitäranlagen. Eingebettet sind Fotografien von Sehenswürdigkeiten. Neben den offiziellen, gedruckten Texten und Bildern, fügte jemand im oberen Teil händisch weitere Ortsbeschreibungen hinzu und klebte Dianegative und -positive auf, mit Klebestreifen und teils noch in ihrem Rahmen. Händisch eingetragen wurden entdeckte Ruinen, die Absturzstelle eines Flugzeuges und Schleichwege. Im zweiten ägyptischen Areal wurde eine vergessene Anlage aus Zeiten *Echnatons* erst jüngst wiederentdeckt, weshalb eine touristische Darstellung nicht plausibel wäre. Inszeniert wird die Karte der *Stadt des Sonnengottes* daher als Bleistiftzeichnung, wie sie Archäologen am Beginn des 19. Jahrhunderts als Ausgrabungsskizze angefertigt hätten.[2099] Ihre Beschriftungen sind durchweg auf Französisch und wurden nachträglich mit Tinte eingefügt, wofür jemand die Zeichnungen teils wieder radierte. Als Urheber nennt sie den französischen Maler Francois-Louis-Joseph Watteau für das Jahr 1798, der im gleichen Jahr den Kampf napoleonischer Truppen vor den Pyramiden von Gizeh in Öl malte. Leicht verschmiert ergänzte ein gegenwartlicher Urheber in der nordwestlichen Ecke die Lage eines *Orochi*-Camps mit Kugelschreiber. Die Karte ist so konsequent inszeniert, dass sogar der Prozess bis zu ihrem gegenwärtigen Zustand nachvollziehbar ist. Ebenso konsequent führen die Karten der drei transylvanischen Gebiete in historische Leitfiguren ein.[2100] Bedruckt mit Lettern aus Fraktur besitzen sie das Erscheinungsbild eines Kupferstiches aus dem 16. oder 17. Jahrhundert. Sie übernehmen damit mehrfach Funktionen: Zunächst führen sie in die transylvanische Legendenwelt um *Vlad „Dracula" Tepes*, Vampire, Werwölfe und die weniger bekannten Volkssagen ein. Dann befinden sich neuzeitliche Bauwerke aus der kommunistischen Zeit an Orten, die bereits die frühneuzeitlichen Karten als Befestigungen markieren. Manche Gebäude wie die Kirche *St. Haralambie* im *Belagerten Farmland* stehen dagegen unverändert da wie auf der entsprechenden Karte, andere wie die Kirche im *See des Heiligen Herzens* liegen in Ruinen. Damit gelingt den Entwicklern der erstaunliche Spagat, die historischen Veränderungen des Gebietes schon über die Inszenierung der Landkarten zu transportieren und gleichzeitig mit ausgewählten, konstanten Orten Historisches in der Gegenwart zu verankern. Dass manche Gebäude wie die der Siedlung *Harbaburești* oder das Gehöft der Familie *Dimir* schon in genau der gleichen Form im 17. Jahrhundert

---

2097 TSW_A_Kingsmouth_Karte 2015–04–08; **TSW_D2_Karten_Savage Coast** 2015–03–31; **TSW_D2_Karten_Blue Mountains** 2015–06–05.
2098 TSW_D2_Karten_Verbrannte Wüste 2015–07–29.
2099 TSW_D2_Karten_StadtDesSonnengottes 1 2015–08–17.
2100 TSW_D2_Karten_DasBelagerteFarmland 1 2015–08–25; **TSW_D2_Karten_Das Belagerte-Farmland 2** 2015–08–25; **TSW_D2_Karten_DerSchattenhafteWald** 2015–08–27; **TSW_D2_Karten_Reißzähne der Karpaten** 2018–01–12.

verzeichnet worden sein sollen, wie sie gegenwartlich vorzufinden sind, erscheint unwahrscheinlich. Allerdings ist die Inszenierung des gesamten rumänischen Gebietes damit in sich schlüssig, bekräftigt sie doch die dortige Haltung, dass die Geschichte Transylvanien kaum verändert habe, lediglich die Konfliktparteien hätten gewechselt, die dort ihre Kämpfe austrugen.

Auch bei Einrichtungsgegenständen, Bekleidung, Fahrzeugen und anderen alltäglichen Objekten lassen sich neben den Befunden zu den großstädtischen Zentren insbesondere für die größeren Spielregionen gemeinsame Tendenzen herausarbeiten. Zur Holzbauweise der Häuser auf *Solomon Island* passen die Möbel, die schlicht und geradlinig viel dunkles Holz verwenden.[2101] Seit den Ereignissen nach Aufkommen des Nebels sind besonders in *Kingsmouth* allerhand Gebrauchsobjekte überall verstreut, welche fliehende und kämpfende vormalige Bewohner hinterließen.[2102] Auf einigen Missionen suchen Spielende daher für die Überlebenden Munition, Werkzeuge und Lebensmittel zusammen.[2103] Außerdem finden sich zum Beispiel Haushaltsgegenstände, Spielzeuge, Fahrräder, aber auch verunglückte Fahrzeuge. Manche von ihnen schichteten die Bewohner als Barrikade um die Polizeistation am Ortseingang auf.[2104] Die Fahrzeuge scheinen nicht erst seit der Invasion von Untoten abgenutzt und verbeult zu sein. So manches von ihnen stammt der Bauform nach noch aus den achtziger Jahren, viele sind funktionale Pick-ups und Transporter. Im Hafen liegen nur wenige Boote, die meisten davon sind auf Grund gesetzte Trawler für den Hochseefischfang.[2105] An der Westküste vor *Blue Mountain* haben Einwohner die Schiffe für Touren zur Beobachtung von Walen umgerüstet.[2106] Weitere Trawler strandeten führerlos vor der *Savage Coast*.[2107] Zusammen erschafft diese Sachkultur das Gesamtbild einer typischen neuenglischen Kleinstadt, geprägt von Tourismus und Fischfang, nicht verarmt, aber auch nicht in Wohlstand. Viele Objekte sind touristisch kodiert wie Sonnenschirme, das Museum am Hafen, das Diner und Restaurants.[2108] Die häufig robuste Alltagsbekleidung der Einwohner von Solomon Island ist zeitgemäß und könnte aus jeder westlich geprägten Gesellschaft stammen.[2109] Auch die Nachfahren

---

[2101] **TSW_D1_QuestStory_KM_DämmerungEinerEndlosenNacht Stufe 4a** Dr Bannerman Praxis Patient Akten INSTANZ SAMMYLUXE 2016–02–04; **TSW_A_Savage Coast_Innsmouth Academy** 2015–03–31; **TSW_A_BlueMountain_Franklin Anwesen** Weg Eingang 2015–07–18.
[2102] **TSW_A_Kingsmouth_Rundgang 1** Agatha Eingang Polizei Hauptstraße 2015–04–08.
[2103] **TSW_D1_QuestAttack_KM_Versorgungsaktion Stufe 3** Susis Diner 2015–05–22; **TSW_D1_QuestAttack_KM_Versorgungsaktion Stufe 5–7** Erste Hilfe Feuerwehr 2015–05–22.
[2104] **TSW_D2_Atmosphäre_KM_Soundscapes Angriff** Alarm Polizeistation 2015–06–04.
[2105] **TSW_A_Kingsmouth_Rundgang10** Fletchers Bay 2015–05–20; **TSW_D2_Atmosphäre_KM_Hafen** 2015–05–20.
[2106] **TSW_A_BlueMountain_Rundgang19** Wabanaki Whale Watching 2015–07–02.
[2107] **TSW_A_Savage Coast_Rundgang 5** Suicide Bluff – Masons Crescent 2015–06–04, bis 2:30 min.
[2108] **TSW_D1_QuestAttack_KM_Draugnet Stufe 2** Feigr Pfähler Zugang Strand 2015–06–04.
[2109] **TSW_D2_OralHistory_KM_Madame Roget Ravens Knock Wahrsagerin 1** 2015–05–22; **TSW_D2_OralHistory_KM_Danny Dufresne Skater Popkultur 2** 2015–04–08; **TSW_D2_OralHi-**

der *Wabanaki* kleiden sich weitgehend zeitgenössisch, lediglich ihr Ältester trägt ein paar traditionelle Attribute.[2110] Bemerkenswert wenige mobile Objekte kennzeichnen in den Spielgebieten ihre Kultur, lediglich der Souvernirshop in *Blue Mountain* und das Anglergeschäft an der *Savage Coast* präsentieren Trommeln, Schilde, Statuen und Textilien.[2111] Traumfänger wiederum übernehmen spielmechanische Funktionen als Schutzinstrumente gegen Kreaturen.[2112] Neben den Uniformen von Sheriff Helen Bannerman und ihres Deputys sowie der US-Truppen in *Blue Mountain* verweisen vor allem Service- und Einsatzfahrzeuge auf einen Ort in den USA.[2113] Ein typisches Postfahrzeug steht verlassen in der Nähe des Hafens.[2114] Am Flughafen ist ein Leiterwagen verunglückt.[2115] Der Besitzer des Schrottplatzes setzt einen gelben Schulbus instand.[2116] Stromlinienförmig lehnen sich die Polizeiwagen an Fahrzeuge an, wie sie seit Ende der neunziger Jahre in Gebrauch sind.[2117] Gleiches gilt für die Computer in dieser Region, die zumeist noch Röhrenmonitore verwenden.[2118] Damit verankern die Objekte die neuenglischen Gebiete etwa im zeitlichen Horizont der ersten Dekade nach dem Jahrtausendwechsel. Nur oberflächlich betrachtet, liegt darin keine historische Dimension. Da alle Objekte veraltet und schon ohne Einwirkung der jüngsten Ereignisse ramponiert scheinen, schließen sie als Symptome der Region an das zeithistorische Narrativ des *Rust Belt* an, die der Strukturwandel seit den achtziger Jahren abhängte, wie es die Absätze zu Gebäuden und Infrastruktur anführten. Damit schließt dieses zeithistorische Setting auch an die Erzählwelten der genannten Romane und die visuellen Eindrücke der Verfilmungen aus den achtziger und neunziger

---

story_SC_Annabel Usher 1 Dialoge Templer Hexe Innsmouth 2015–06–25; **TSW_D1_QuestAttack_SC_DasLebenImitiertDieKunst Stufe 1a** Intro Mission Literatur Sam Krieg 2015–06–19.

2110 **TSW_D2_OralHistory_SC_Kyra Dexter Tochter Ami Wabanaki** 2015–06–06; **TSW_D1_QuestAttack_SC_Ami Legend Stufe 1 Intro** 2015–06–05; **TSW_D2_OralHistory_BM_Joseph Old Joe Cajiais 2c** Zwischensequenz Traumfänger Joe ratlos 2015–07–02.

2111 **TSW_A_BlueMountain_Rundgang18** Wabanaki Wohnwagendorf Souvenirshop 2015–07–02, bis 0:30 min; **TSW_A_Savage Coast_Rundgang15** Reds Bait Tackle Wabanaki 2015–06–04.

2112 **TSW_D1_QuestAttack_BM_Traumfänger Stufe 1b** Traumfänger nehmen Grabhügel der Ahnen aufsuchen 2015–07–02; **TSW_A_BlueMountain_Rundgang17** Hochplateau Wabanaki Traditionsdorf gefangener Bärengeist 2015–07–02.

2113 **TSW_D2_OralHistory_KM_Helen Bannerman Polizei** 2015–05–20; **TSW_D2_OralHistory_KM_Andy Deputy 1** 2015–06–04; **TSW_B_RegierungInstitutionen_BM_HomelandInsecurity** Sarge Olssen Regierung Konflikte 2015–07–27.

2114 **TSW_D1_QuestAttack_KM_Draugnet Stufe 2** Feigr Pfähler Zugang Strand 2015–06–04, 0:40 min.

2115 **TSW_D1_QuestStory_KM_DämmerungEinerEndlosenNacht Stufe 7c** Beaumont Spur Flughafen Rundflug SAMMYLUXE 2016–02–05.

2116 **TSW_D2_OralHistory_KM_Edgar Schrottplatz 1** 2015–05–20.

2117 **TSW_A_Kingsmouth_Rundgang 1** Agatha Eingang Polizei Hauptstraße 2015–04–08, 0:47–0:52 min.

2118 **TSW_A_Kingsmouth_Rundgang 1** Agatha Eingang Polizei Hauptstraße 2015–04–08, 1:00 min; **TSW_D1_QuestStory_KM_DämmerungEinerEndlosenNacht Stufe 4a** Dr Bannerman Praxis Patient Akten INSTANZ SAMMYLUXE 2016–02–04, 4:38–6:58 min.

Jahren an. Das Motiv der hintergründigen, von Geheimbünden und der Regierung vor der Öffentlichkeit verborgenen Secret History transportiert das Spiel ebenfalls durch Objekte. So sind auf den Bildelementen in einem Ölgemälde von *Frans Hals* Spuren der *Illuminaten* zu erschließen.[2119] Deren Symbole auf Kanaldeckeln des Abwassersystems weisen den Weg zu Geheimeingängen.[2120] Mit geheimen Gängen ist Solomon Island weitläufig durchzogen.[2121] Mechanismen verbergen sich in Bibliotheken, oder letztere sind gleich im Geheimen angelegt.[2122] Anschluss an jüngere populäre Vorstellungen dieser Verschwörungen bietet die hochtechnisierte Organisation *Orochi*. Sie verfügt über experimentelle Geräte, Waffen und Schildtechnologien.[2123] Männliche wie weibliche Mitarbeiter uniformieren sich mit schwarzen Anzügen und Vans als *Men in Black*.[2124] Sie verfügen über erhebliche Mittel, kreisen doch unablässig Helikopter über Kingsmouth, die dem *Tiger* von *Eurocopter* ähneln.[2125] So gut ausgestattet kämpfen die braun uniformierten Marya am Eingang zu den ägyptischen Spielgebieten oder bei ihrem Rückzugsposten nicht, zumindest aber leisten sie mit automatischen Schnellfeuergewehren gegen die Kultisten Widerstand und legen Landminen an Zugängen.[2126] Einige Atonisten sind zwar an strategisch wichtigen Orten wie dem Verpackungswerk auch schwer bewaffnet, die meisten aber schlagen mit Gebrauchswerkzeugen wie Hämmern, Sicheln oder Messern zu.[2127] Alltagsgegenstände für terroristische Attacken zu verwenden, schließt an ein gegenwartliches Phänomen auch des islamistischen Terrors an. In einer Mission, bei der ein Güterzug der Kultisten aufzuhalten ist, werden sie aber durch einen Hubschrauber und einen Panzer unterstützt. Ersterer ist nicht zu sehen, nur zu hören, letzterer ähnelt vom Typ dem so-

---

2119 **TSW_D1_QuestInvest_KM_Der Kingsmouth Code Stufe 2c** Frans Hals Gemälde 2015–05–20.
2120 **TSW_D1_QuestInvest_KM_Der Kingsmouth Code Stufe 1b** Folge Symbolen 2015–05–20.
2121 **TSW_D1_QuestInvest_KM_Issue2_Tiefer Graben Stufe 1 a** Intro 2015–04–07.
2122 **TSW_D1_QuestAttack_SC_DerFrühstückskult Stufe 4** Verteidigung der Bibliothek 2015–06–26; **TSW_D1_QuestInvest_KM_Der Kingsmouth Code Stufe 4** Lösung 2015–04–07; **TSW_D1_QuestStory_SC_DämmerungEinerEndlosenNacht Stufe 8b** Archiv Keller Illuminaten SAMMYLUXE 2016–02–05; **TSW_D2_OralHistory_SC_John Wolf Wabanaki Kindergarten 6** DämmerungEinerEndlosenNacht Stufe 8d Illuminaten Tunnel SAMMYLUXE 2016–02–05; **TSW_D1_QuestAttack_BM_BisDasBlutGefriert Stufe 1b** Franklin Manor Flyer Gruselort 2015–07–18.
2123 **TSW_D1_QuestInvest_KM_Männer in Schwarzen Vans 4** Gerät gefunden 2015–04–08; **TSW_A_Kingsmouth_Rundgang 4** Priest Island Orochi Sperre 2015–04–08, ab 0:45 min; **TSW_A_Kingsmouth_Rundgang 8** Fletchers Island Flughafen 2015–05–20, 1:10–1:40 min.
2124 **TSW_D2_OralHistory_KM_Ann Radcliffe Orochi** 2015–04–08; **TSW_D1_QuestSabot_BM_DieOrochiGroup Stufe 2** In Orochi Lager eindringen 2015–07–17; **TSW_D1_QuestInvest_KM_Männer in Schwarzen Vans 1** Intro Danny Dufresne 2015–04–08.
2125 **TSW_D1_QuestInvest_KM_Der Kingsmouth Code Stufe 1b** Folge Symbolen 2015–05–20, 1:40–1:50 min.
2126 **TSW_A_VerbrannteWüste_Rundgang 2** Fabrik 2015–07–29, bis 0:25 min; **TSW_A_VerbrannteWüste_Rundgang10** Wüste Marya Lager Halbmondschlucht 2015–07–29, 2:26–3:30 min.
2127 **TSW_A_VerbrannteWüste_Rundgang 2** Fabrik 2015–07–29.

wjetischen T-72.[2128] Den Triebkopf stellt eine silbergraue Diesellokomotive der ägyptischen Staatsbahn aus den achtziger Jahren dar.[2129] Ähnlich veraltet wie die Flach- und Viehwaggons des Zuges sind die Fahrzeuge in der Region, wie etwa die Lastwagen an der Verpackungsanlage.[2130] PKW, teils zu Barrikaden aufgestellt, entstammen verschiedenen älteren Baujahren bis in die sechziger Jahre zurück, befinden sich aber, selbst daran gemessen, in einem erbärmlichen Zustand.[2131] Ähnlich wie in London, Brooklyn oder auf Solomon Island bilden die Spielwelt die Originale nicht exakt nach, die Form aber von Baureihen wie dem ersten *VW Scirocco* oder ein altes *Fiat* Taxi lassen sich durchaus erkennen. Erheblich jüngerer Bauart wirken gelegentlich abgestellte, weiße Kastenwagen.[2132] Weithin sichtbar markiert ein moderner Komfort-Reisebus, der auf der Hauptstraße unterhalb von *Al-Merayah* in Sandverwehungen versinkt, das Wüstental als touristisch.[2133] Bemerkenswert ist im Vergleich zu den übrigen Fahrzeugen sein Zustand in modernster Ausführung und äußerlich gepflegt. Als Inbegriff für Safaris oder Forschungsreisen sind einige ikonische Fahrzeuge zu finden, die dem Typ *Land Rover Defender* ähneln.[2134] An dieses Motiv schließen sich Objekte bei den Ausgrabungsstellen wie zerschlissene Wüstenzelte, Generatoren und Ausgabungsgerät an.[2135] Selbst wenn die Spielregion die ständigen Scharmützel des aktuellen Konfliktes in den Vordergrund rückt, sind aus den Sachobjekten grundsätzlichere zeitgeschichtliche Spannungen herauslesbar. Zwei Begegnungsorte der Siedlung verdeutlichen dies insbesondere: Ein Teehaus, das etwas außerhalb in der Vorstadt bereits Kultisten kontrollieren, ist geprägt von Wasserpfeifen, langläufigen Teekannen und Öllampen, die an niedrigen Tischen, umringt von Sitzkissen, serviert werden.[2136] Große geknüpfte Teppiche bilden den Bodenbelag und durchscheinende Stellwände aus dunklen, hölzernen Schnitzereien trennen Separées. In einem klaren Gegensatz dazu steht das *Café Giza*, das sich beim Marktplatz noch nicht in der Hand der *Atonisten* befindet. Zwar ebenso einheitlich und stimmig, besteht das gepflegte

---

2128 TSW_D1_QuestAttack_VW_Issue06_DerLetzteZugNachKairo Stufe 2c Kampf Zug 2015 – 08 – 06; **TSW_D1_QuestAttack_VW_Issue06_DerLetzteZugNachKairo Stufe 2ab** Kampf Zug 2015 – 08 – 06.
2129 TSW_D1_Erfolge_Bosse_VW_Abdel Daoud Issue06_DerLetzteZugNachKairo endlich besiegt 2015 – 08 – 06.
2130 TSW_A_VerbrannteWüste_Rundgang 2 Fabrik 2015 – 07 – 29, 0:48 – 0:57 min.
2131 TSW_A_VerbrannteWüste_Rundgang 3 Ortseingang Al-Merayah 2015 – 07 – 29.
2132 TSW_A_VerbrannteWüste_Rundgang11 Außenbezirke von Al-Marayah 2015 – 07 – 29, 1:00 – 1:04 min.
2133 TSW_A_VerbrannteWüste_Rundgang12 Neue Straße Oxford Lager Ausgrabungsstätte Äußerer Komplex 2015 – 07 – 29, 0:55 – 1:06 min.
2134 TSW_A_VerbrannteWüste_Rundgang 7 Sol Glorificus Verlassene Oase Tempel abseits 2015 – 07 – 29, 4:00 – 4:06 min; **TSW_A_VerbrannteWüste_Rundgang 4** Al-Merayah Teil 1 2015 – 07 – 29, 1:20 – 1:26 min; **TSW_A_VerbrannteWüste_Rundgang11** Außenbezirke von Al-Marayah 2015 – 07 – 29, 0:25 – 0:30 min und 1:04 – 1:08 min.
2135 TSW_A_VerbrannteWüste_Rundgang12 Neue Straße Oxford Lager Ausgrabungsstätte Äußerer Komplex 2015 – 07 – 29, 2:20 – 3:15 min.
2136 TSW_A_VerbrannteWüste_Rundgang 3 Ortseingang Al-Merayah 2015 – 07 – 29, ab 0:20 min.

Mobiliar dort aber aus zeitgenössischen Stühlen von Plastik und Metall, im Außenbereich finden sich Gartentische und Sitze aus weißem Plastik.[2137] Ein Stück abseits bietet ein Netzwerkcafé die Gelegenheit, an älteren Rechnern mit Röhren-Monitoren das Internet zu nutzen, wie sie bereits für Neuengland oder Sëoul beschrieben wurden.[2138] Auch dort findet sich das Plastikmobiliar. Ebenfalls in der Nähe des Marktes bietet ein Händler zeitgemäße Haushaltsgeräte wie Kühlschränke und Mikrowellen an.[2139] Der Kontrast zwischen den Sachobjekten an diesen Orten verkörpert einen grundlegenden Konflikt zwischen Tradition und Moderne. Die Gestaltung der Schauplätze beeinflusst so die Wahrnehmung über die Konfliktparteien. Dem Bekleidungsbild ist dies nicht so sehr anzumerken. Unabhängig von ihrem leichenblassen Erscheinungsbild, sind zwar höhere Kultisten in traditionellere Umhänge gehüllt, alle Übrigen aber schlicht nach westlichem Vorbild gekleidet, durchaus verschiedenfarbig, doch ausgegraut.[2140] Im Vergleich mit den unverschleierten Frauen der *Marya* und in *Al-Merayah* fallen zwar die Kopftücher der Kultistinnen auf, manchmal als *Shaila* lose gebunden, als *Hijab* schon enger.[2141] Sie sind jedoch nicht unbedingt ein besonders konservativer Ausdruck, zumal sich männliche *Atonisten* ebenso in Teilen vermummen.[2142] Manche von ihnen tragen zwar das rote, zylindrische *Fes* aus osmanischer Zeit oder die muslimische *Takke* als Kopfbedeckung, allerdings nicht häufig genug, als dass daraus ein Statement für die Gemeinschaft zu konstruieren wäre.[2143] Auch innerhalb von *Al-Merayah* tragen manche Frauen eher traditionellere Bekleidung mit *Hijab*.[2144] Verbunden mit den Wüstenregionen nördlich, in denen sich die vielen Tempelanlagen und die Stadt des Sonnengottes befinden, greift die Spielumgebung einige althistorische Objekte und Motive auf. Auffällig ist, ähnlich wie bei den fehlenden Kennzeichen der Moschee in den Absätzen zu Gebäuden, dass Referenzen auf christliche, jüdische und muslimische Mythologien nur Andeutungen bleiben. Wie zum Beispiel *Khalid*, der Weise vom Berge auf einer Felskuppe nahe der östlichen Oase, darin einzuordnen ist, bleibt trotz einiger Gesprächsoptionen unklar.[2145] Scheinbar sogar als Zeitzeuge berichtet er davon, dass die

---

2137 TSW_D2_OralHistory_VW_Zhara Barkeeper Giza Cafe 1 Dialoge Atonisten Nachbarschaft Al-Merayah Geschichte 2015 – 07 – 31.
2138 TSW_A_VerbrannteWüste_Rundgang 4 Al-Merayah Teil 1 2015 – 07 – 29, 4:42 – 4:53 min.
2139 TSW_A_VerbrannteWüste_Rundgang 6 Verlassene Hütten Verderbte Farm 2015 – 07 – 29, 0:20 – 0:26 min.
2140 TSW_A_VerbrannteWüste_Rundgang 8 Verbrannte Ebene Touristentempel Der Sonnengott 2015 – 07 – 29, 1:58 min.
2141 TSW_A_VerbrannteWüste_Rundgang 2 Fabrik 2015 – 07 – 29, 0:14 – 0:26 min; **TSW_A_VerbrannteWüste_Rundgang11** Außenbezirke von Al-Marayah 2015 – 07 – 29.
2142 TSW_A_VerbrannteWüste_Rundgang 2 Fabrik 2015 – 07 – 29, 0:45 – 0:51 min.
2143 TSW_A_VerbrannteWüste_Rundgang 6 Verlassene Hütten Verderbte Farm 2015 – 07 – 29, 3:35 – 4:00 min.
2144 TSW_A_VerbrannteWüste_Rundgang 4 Al-Merayah Teil 1 2015 – 07 – 29, 0:35 – 0:45 min.
2145 TSW_D2_OralHistory_VW_Khalid Weiser Wüste 1 Dialoge Ägypten Marya Unsterblichkeit Plagen 2015 – 08 – 09.

römischen Soldaten zur Errichtung der benachbarten Siedlung ihr Kult um den Sonnengott *Sol Invictus* antrieb, den Kaiser Konstantin im Zuge der Christianisierung aufgelöst habe.[2146] Er sendet die Spielenden in eine Mission über biblische Plagen, welche einst die Ägypter zum Auszug von Moses genötigt haben sollen.[2147] Einen brennenden Dornbusch, der sporadisch neben ihm aufflammt, bezeichnet *Khalid* als seinen Bruder.[2148] Selbst für *Ptahmose*, den langlebigen Hohepriester von *Echnaton*, bleibt die greise Figur ein Geheimnis, obwohl *Khalid* als einziger Außenstehender von dessen Gefängnisstadt Kenntnis hatte.[2149] Bemerkenswert für ein althistorisches Setting ist, dass die Entwickler in einer Region wie Ägypten die reichhaltigen Verbindungen der christlichen, jüdischen und muslimischen Mythologie weitgehend meiden. Möglicherweise dämpfen sie die Einbindung, um zeitgenössische Religionskonflikte nicht zu befeuern. Aus arabischen Volkssagen entlehnen die Entwickler stattdessen zum Beispiel die Dämonenwesen der *Dschinn*, die nicht religös aufgeladen sind und neben Engeln und Menschen die Erde bevölkern sollen.[2150] Über die ruinenhaften Relikte der Region hinaus transportieren weitere Gegenstände zudem Eindrücke der althistorischen Zeit. Bei der oben genannten Zeitreise zur römischen Siedlung in das Jahr 329 n. Chr. transportieren Mosaike, Gewänder, Amphoren und hölzerne Karren eine spätrömische Sachkultur.[2151] Die altägyptischen Vorläufer des Dorfes *Al-Merayah* besuchen Spielende ebenfalls in einer Zeitreise, bei der Gebäude, Bekleidung der Einwohner und sogar eine ägyptisch gesprochene Sequenz den historischen Eindruck tragen.[2152] Rituelle Objekte, deren mystische Kraft auch in Vorstellungen anderer Kulturkreise eine Rolle spielen, schlagen den Bogen von his-

---

2146 **TSW_D2_OralHistory_VW_Khalid Weiser Wüste 3** Intro Mission DieLetzteLegion Khalid Sol Invictus Konstantin Flucht Kultisten Bündnis 2015–08–09.
2147 **TSW_D1_QuestInvest_VW_DerNicht-BrennendeBusch Stufe 1b** brennendem Busch folgen Schriftzeichen Arabisch 2015–08–09; **TSW_D1_QuestInvest_VW_DerNicht-BrennendeBusch Stufe 1d** Sieg über Kultisten Blut Wasser Steintafel 2015–08–09; **TSW_D1_QuestInvest_VW_DerNicht-BrennendeBusch Stufe 2a** Zweite Plage Übersetzung Altar 2015–08–09; **TSW_D1_QuestInvest_VW_DerNicht-BrennendeBusch Stufe 3c** Angreifende Kultisten mit Heuschrecken bekämpfen Steintafel 2015–08–09; **TSW_D1_QuestInvest_VW_DerNicht-BrennendeBusch Stufe 4** Nächster Altar Finsternis Steintafel 2015–08–09; **TSW_D1_QuestInvest_VW_DerNicht-BrennendeBusch Stufe 5** Tod der Ungeborenen Steintafel 2015–08–09.
2148 **TSW_D2_OralHistory_VW_Khalid Weiser Wüste 4** Intro Mission DerNicht-BrennendeBusch Khalid Plagen Bruder Brennender Busch 2015–08–09.
2149 **TSW_D2_OralHistory_SS_Ptahmose 1** Dialoge Echnaton Khalid Tempelstadt 2015–08–17; 1:15–1:55 min.
2150 **TSW_D2_OralHistory_SS_Amir Dschinn 2** Intro Mission DerLaufDerDinge Exil Dschinn Ehre Menschen Affen 2015–08–19, ab 0:30 min.
2151 **TSW_D1_QuestSabot_VW_Issue06_AllesHatSeineZeit Stufe 1d** Sol Invictus 329AD Übergang Nebenquest OTemporeOMores 2015–08–06; **TSW_D1_QuestSabot_VW_Issue06_AllesHatSeineZeit Stufe 2b** Dokument für Replika des Ancile finden 2015–08–06; **TSW_D2_OralHistory_VW_Said 4** CUTSCENE Issue06_DieStadtVorUns Zeittempel Said lebend jung 2015–08–06.
2152 **TSW_A_VerbrannteWüste_Altes Reich_Al-Merayah** Zeitreise in Issue06_DieStadtVorUns Stufe 2a 2015–08–06.

torisch nicht aufgezeichneten Zeitaltern etwa zu christlicher Mythologie.[2153] Weil ihre spätere Version defekt ist, bergen Spielende zum Beispiel eine scheinbar uralte Maschine, bezeichnet als Arche, aus der frühägyptischen Vergangenheit von *Al-Merayah*.[2154] Zurück in der Gegenwart wird das mächtige Gerät von *Atonisten* verschleppt, um ihre Kraft als terroristisches Werkzeug einzusetzen. Bei der oben erwähnten Befreiung aus dem Güterzug, beziehen sich zahlreiche Elemente wie das musikalische Motiv und das bedrohliche Leuchten der Transportkiste in den Händen der Kultisten auf die Inszenierung der Bundeslade im ersten Indiana Jones-Film *Die Jäger des verlorenen Schatzes* von 1981 (engl. *Raiders of the Lost Ark*).[2155] Die Referenzen an die Bundeslade der Israeliten werden darüber hinaus nur angedeutet, sind jedoch populärkulturell einfach zu dekodieren. In der spielweltlichen Interpretation ist ein weiterer Gegenstand dieser früheren Zeitalter das legendäre Schild des Kriegsgottes Mars, das als *Ancile* zu den Heilitümern Roms gehörte.[2156] Als ein weiteres solches Artefakt verwendete Hohepriester *Ptahmose* die Kraft vom *Stab des Amun*, um seine Kinder in die steinernen *Uschebti* als Wachen für Echnaton zu transformieren.[2157] Auch ein *Ankh* und ein *Skarabäus*, die einem Sarkophag eine holografische Botschaft entlocken, und eine Anlage die Mitarbeiter von Orochi tief unter dem Wüstensand entdeckt haben, gehören dazu.[2158] Legendäre Gegenstände versucht die Spielwelt also auf lebensweltliche Gegenstände mit unbekannter mächtiger Funktion zurückzuführen, die aus vergessenen Zeitaltern stammen und deshalb von ihren Zeitgenossen nicht verstanden und mythisiert wurden. Als wohl umspannendste Verbindung zwischen der ägyptischen Antike und der gegenwartlichen Spielebene residiert die geschäftstüchtige Mumie *Saïd* auf der Dachterrasse des *Hotels Wahid* und zieht ihre

---

2153 **TSW_D1_QuestSabot_VW_Issue06_AllesHatSeineZeit Stufe 3c** Ancile Said CUTSCENE ÜBERGANG Issue06_DieStadtUnterUns 2015–08–06; **TSW_D1_QuestInvest_VW_DasGroßeSchrecklicheGanze Stufe 6** Erkenntnis zu Montgomery CUTSCENE Alte Zivilisationen BERICHT 2015–08–11.
2154 **TSW_D1_QuestSabot_VW_Issue06_DieStadtVorUns Stufe 3** Funktionierende Arche bergen Entkommen 2015–08–06.
2155 **Steven Spielberg:** Jäger des verlorenen Schatzes 1981; **TSW_D1_QuestAttack_VW_Issue06_DerLetzteZugNachKairo Stufe 1b** Fahrer Nassir CUTSCENE Said Zug 2015–08–06; **TSW_D1_QuestAttack_VW_Issue06_DerLetzteZugNachKairo Stufe 3b** Kampf Abdel Daoud Boss endlich besiegt 2015–08–06.
2156 **TSW_D1_QuestSabot_VW_Issue06_AllesHatSeineZeit Stufe 1a** Intro Mission Said Atonisten Artefakt ÜBERGANG von Issue06_DerGefangene 2015–08–06; **TSW_D1_QuestSabot_VW_Issue06_AllesHatSeineZeit Stufe 3c** Ancile Said CUTSCENE ÜBERGANG Issue06_DieStadtUnterUns 2015–08–06.
2157 **TSW_D1_QuestInvest_SS_Issue03_DieBindung Stufe 1b** Ungewöhnlicher Besucher Falke Rätsel Blick der Götter Statuen 2015–08–21; **TSW_A_SS_Uschebti_Herstellung** Issue03_DieBindung CUTSCENE Ptahmose Uschebti Herstellung Kinder 2015–08–21.
2158 **TSW_D1_QuestInvest_VW_DasGroßeSchrecklicheGanze Stufe 2e** Kohlebecken Reihenfolge 2015–08–11; **TSW_D1_QuestInvest_VW_DasGroßeSchrecklicheGanze Stufe 3c** Lichträtsel Kammer öffnen Ankh nehmen 2015–08–11; **TSW_D1_QuestInvest_VW_DasGroßeSchrecklicheGanze Stufe 5b** Auge Skarabäus einfügen Holograf Nachricht 2015–08–11.

Fäden zwischen den Gruppierungen zeitgemäß mit weißem Anzug und Smartphone.[2159] Mithilfe seiner Erläuterungen deutet die Spielwelt die rituelle Verwendung in der Geschichte zu einem Missverständnis der Mächte älterer Zeitalter. Weiter oben wurde erwähnt, wie eng der spielweltliche Wettlauf um diese Gegenstände mit der langen Geschichte von Plünderungen ägyptischer Kulturgegenstände verknüpft ist. Ob nun die Mumie *Saïd*, die Kultisten oder die britischen Oxford-Archäologen, beteiligen und beteiligten sich alle Akteure daran, frühantike Gegenstände außer Landes zu schaffen. In einer Mission gehen dem Unternehmen *Orochi* dabei sogar die Spielenden zur Hand, was, bar jeder Reflexion der Motive dieser Firma, als Rettung der Kulturgüter vor den Kultisten dargestellt wird.[2160] Viele weitere antike Objekte lehnen sich an historischer Vorbilder an, ohne akribisch rekonstruiert zu sein, wie es schon die Fahrzeuge zeigten. Inschriften von Hieroglyphen etwa, die in den ägyptischen Gebieten auf vielen Relikten zu finden sind, mögen in erster Linie atmosphärisch sein. Beispielsweise aber in der Mission, um mithilfe von *Ankh* und *Skarabäus* den Sarkophag zu aktivieren, müssen Spielende die Lebensphasen von Pharao *Echnaton* ordnen. Dafür ist die korrekte Reihenfolge von Namenssymbolen des Herrschers zu entschlüsseln, die auf Steintafeln in Hieroglyphen zu lesen stehen.[2161] Die repräsentierte Sachkultur bildet so vielfach keine bloße Kulisse, sondern wird akkurater, je wichtiger ihre historische Funktion ist. Auch wenn es sich durch die Handlung des Spieles bei den rumänischen Gebieten um ein Kriegsgebiet handelt, dessen Fronten sich festgefahren haben, lässt sich der dortige Zustand von Gebäuden und Gerät nicht allein darauf zurückführen. Abgewohnt, rostig und heruntergekommen inszeniert die gegenwartliche Ebene durch alle Gegenstände eine Vorstellung vom postsowjetischen Osteuropa, wie es sicherlich nicht alle dortigen Regionen repräsentiert, abgelegene ländliche Gebiete aber schon eher trifft.[2162] In diesem Zustand befinden sich auch die Campingwagen und Fahrzeuge im Lager der Roma.[2163] So schließt das Spiel an gängige, sachkulturelle Vorstellungen über osteuropäische Settings in digitalen Spielen von *S.T.A.L.K.E.R* bis jüngst zu *Player's Unknown Battlegrounds* an.[2164] Insbesondere verweisen auf Osteuropa Nutzfahrzeuge wie die Lastwagen und Traktoren sowie

---

2159 TSW_D2_OralHistory_VW_Said 5 Intro Mission EinSchattenÜberÄgypten Said Echnaton Geheimbünde Rückkehr 2015 – 08 – 08.
2160 TSW_D1_QuestAttack_VW_LiebesgrüßeAusOxford Stufe 5 Hubschrauber anfordern Artefakte verteidigen und übergeben BERICHT 2015 – 07 – 31.
2161 TSW_D1_QuestInvest_VW_DasGroßeSchrecklicheGanze Stufe 4a Dritte Phase Tempelkammer Notizen Entschlüsseln 2015 – 08 – 11; **TSW_D1_QuestInvest_VW_DasGroßeSchrecklicheGanze Stufe 4b** Hieroglyphen Wahrer Name Echnaton Gebet 2015 – 08 – 11; **TSW_D1_QuestInvest_VW_DasGroßeSchrecklicheGanze Stufe 4e** Wahrer Name Amenophis Gebete rechts 2015 – 08 – 11.
2162 TSW_A_DasBelagerteFarmland_Rundgang 2a Agartha Eingang Hababuresti Rundgang 2015 – 08 – 26.
2163 TSW_A_DerSchattenhafteWald_Rundgang 9 Roma Lager Überlebende Draculesti Orden Kampf Monster 2015 – 10 – 12.
2164 S.T.A.L.K.E.R.: Shadow of Chernobyl 2007; **PlayerUnkown's Battlegrounds** 2017.

Personenwagen mit Ähnlichkeiten zu *Lada* oder dem *Trabant*.[2165] Wracks von militärischen Fahrzeugen oder Panzer der russischen Bauart *T-72* schließen an diesen Erinnerungsort an.[2166] Die noch nicht überrannten Bereiche zeichnen ein ärmliches, rustikales, heimeliges Landleben mit viel Holz bei Interieur und Mobiliar in den Gebäuden.[2167] Wie in einem Kampfgebiet nicht anders zu erwarten, ist der Zustand der Bekleidung bei menschlichen Bewohner nicht gut. Sie ist dem gegenwartlichen Setting und den Umständen entsprechend zeitgemäß und zweckmäßig, weist aber gelegentlich Blutspritzer, Bissspuren und Kratzer auf und wirkt verschmutzt.[2168] Holz bildet auch den Übergang zu den natürlichen Stoffen wie Leder oder Pflanzenfasern, aus denen die Bekleidung vieler mythischer Kreaturen aus dem Volksglauben wie etwa bei der *Iele* oder dem Waldgott der Taverne besteht. Dabei mischen sich die zeitlichen Ebenen – die aus vorchristlichen Mythen entstammende Herrin des Waldes (*Cucuvea*) müht sich zwischen Kerzen und aus Bäumstämmen geschnittenen Möbeln redlich mit den Einstellungen einer Foto-Kamera ab, während ihr veralteter Computer daneben grünlich schimmert.[2169]

Sind es in den großstädtischen Gebieten vor allem zeitgenössisch gekleidete Menschen, die auf festen Laufwegen die Umgebung beleben, stapfen in den größeren Spielgebieten zahlreiche Kreaturen in meist räumlich eng begrenzten Bahnen. Die weitaus meisten von ihnen dienen lediglich den Spielenden als Gegner im Kampf. Sie sind also reine Objekte der Spielwelt ohne eigene Interessen als Individuen, selbst wenn ihre Gruppierungen als Ganzes durchaus Ziele verfolgen. Eine große Menge an Gegnern stellen untote Einwohner der Gemeinde Kingsmouth, deren unterschiedliche Todeszeitpunkte in historischen Phasen der Lokalgeschichte vor allem durch ihre Kleidung transportiert werden.[2170] Hinzu gehören auch wiedererweckte Nordmänner

---

2165 TSW_A_DasBelagerteFarmland_Rundgang 2a Agartha Eingang Hababuresti Rundgang 2015–08–26, 3:36–3:54 min.
2166 TSW_D2_Erinnerungsorte_BF_Bunkeranlage Observatorium Sowjetunion Rote Hand Fahrzeuge Waffen 2015–10–02.
2167 TSW_A_DasBelagerteFarmland_Rundgang 2b Harbaburesti Rundgang Gasthaus Eule und Adler 2015–08–26.
2168 TSW_D2_OralHistory_BF_Carmen Preda 2 Intro Mission FestmahlDerGhule Belagerung Vampire Geschichte Wiederholung 2015–08–26; **TSW_D1_QuestInvest_SW_Nebengeschichten_Analysen_PrüfungenDesDrachen Stufe 1a** Intro Mission Tibor Luminita Mihas Blaga Draculesti Prüfungen 2015–11–20; **TSW_B_Tourismus_BF_Französinnen** Aurelie MädchenSchlagenWolfsalarm Celine Urlaub Mühle Zuflucht Schutz Magie Ort Verteidigung 2015–10–01.
2169 TSW_D2_OralHistory_BF_Cucuvea 2 Intro Mission DieVersammlung Feindschaft Lilith Vampir Königin Kreaturen Krieg Zeitalter 2015–10–01.
2170 TSW_D1_QuestAttack_KM_Es kommen immer Neue Stufe 3 a Zombie Typen 2015–04–08; **TSW_D1_QuestAttack_KM_Es kommen immer Neue Stufe 3 c** Zombie Feueropfer 2015–04–08; **TSW_D1_QuestAttack_KM_Staub zu Staub Stufe 2** Massengrab Minenarbeiter Blue Ridge 2015–05–22; **TSW_D1_QuestAttack_KM_Staub zu Staub Stufe 3** Massengrab Minenarbeiter erstickt 2015–05–22; **TSW_D1_QuestAttack_KM_Staub zu Staub Stufe 5** Massengrab Ureinwohner 2015–05–22; **TSW_D1_QuestAttack_SC_EinVernünftigerMann Stufe 1b** Fischer Zombies Leuchtpistole 2015–06–19.

und untote amerikanische Ureinwohner, die jedoch nur durch die Bezeichnung zuzuordnen sind, weil ihr Verwesungszustand über die Kleidung nur selten Rückschlüsse auf ihre Herkunft erlaubt.[2171] Einige Kreaturen scheinen in jüngster Vergangenheit durch Mitarbeiter von Orochi erschaffen worden zu sein.[2172] Das weitgehend menschliche Erscheinungsbild der Zombies ist populärkulturell üblich. Ausnahmen bilden besonders starke oder aufgedunsene Formen, deren Darstellung jedoch in der Kultur digitaler Spiele wie etwa beim Mulitplayer-Shooter *Left4Dead* durchaus verbreitet sind.[2173] Die skandinavischen *Draugen* hingegen entsteigen in diversen ungewöhnlichen Typen dem Meer und besitzen meergrüne Körper, Algenbewuchs und teils tierische Gestalt.[2174] Seit ihrer Ankunft mit dem Nebel ziehen sie Einwohner in die Tiefen des Meeres und bringen sie als ertrunkene Untote wieder mit.[2175] Insofern binden sie die jüngsten Ereignisse an die Region, während viele Untote an Land die Region mit den genannten Episoden der lokalen Geschichte verknüpfen. Der Mythologie amerikanischer Ureinwohner entstammen ebenso Gestalten, deren körperliche Form exotisch wirkt. Zum Beispiel durchstreifen *Wendigos* die Wälder.[2176] Den Volkssagen im Sprachraum der Algonkin nach waren sie einst Vorfahren, büßten aber durch den Genuss von Menschenfleisch ihre Menschlichkeit ein und verwandelten sich zu den blutdurstigen Kreaturen.[2177] Häufig vertreten sind in den bewaldeten Regionen einige Varianten der *Ak'ab*, merkwürdige geflügelte Wesen, Insekten nicht unähnlich und doch groß wie Bären, die mannshohe Kokons zwischen die Stämme dichter Wälder flechten.[2178] Auch die spielweltlichen Akteure können sie zunächst

---

2171 **TSW_D1_QuestInvest_SCBM_Issue2_Fremde aus einem fremden Land Stufe 1d** Hugin Munin Nordmänner 2015–06–05; **TSW_D1_QuestInvest_SCBM_Issue2_Fremde aus einem fremden Land Stufe 2b** Hugin Munin Nordmänner 2015–06–05; **TSW_D1_QuestInvest_SCBM_Issue2_Fremde aus einem fremden Land Stufe 3** neuer Stein Hugin Munin Rätsel 2015–06–05; **TSW_D1_QuestInvest_SCBM_Issue2_Fremde aus einem fremden Land Stufe 5a** neuer Stein 2015–06–05.
2172 **TSW_A_Schmutz_SC_Fässer Infizierte Zombies** 2015–06–19.
2173 **TSW_D1_QuestAttack_BM_Jagdsaison Stufe 2** Zombies auf Friedhof töten 2015–07–02, ab 3:50 min; **TSW_D1_QuestAttack_KM_Kolossaler Schlag Stufe 1_2** Ursache Zombies 2015–04–08; **TSW_D1_QuestStory_KM_DämmerungEinerEndlosenNacht Stufe 5b** Suche Besatzung Joe Slater Mutation INSTANZ SAMMYLUXE 2016–02–04; **Left 4 Dead** 2008.
2174 **TSW_D1_QuestAttack_KM_Draugnet Stufe 2** Feigr Pfähler Zugang Strand 2015–06–04; **TSW_D1_QuestAttack_KM_Draugnet Stufe 3** Feigr Zerfleischer Brutschoten 2015–06–04; **TSW_D1_QuestAttack_KM_Draugnet Stufe 4** Inkubatoren zerstören 2015–06–04; **TSW_D1_QuestAttack_KM_Draugnet Stufe 6** Den Herren der Feigr töten 2015–06–04; **TSW_D1_QuestAttack_SC_Spieler nicht Figur Stufe 3a** Askr Hexen abwehren 2015–06–05.
2175 **TSW_D1_QuestAttack_KM_Draugnet Stufe 3** Feigr Zerfleischer Brutschoten 2015–06–04.
2176 **TSW_D1_QuestNeben_SC_Wahlkurs Stufe 2** kleine Wendigos töten 2015–06–27.
2177 **TSW_A_Kingsmouth_Rundgang12** Norma Creed Kürbisbaum Whispwood 2015–05–20; **TSW_D1_QuestNeben_SC_Wahlkurs Stufe 2** kleine Wendigos töten 2015–06–27; **TSW_D1_QuestAttack_BM_Jagdsaison Stufe 3** Wendigos im Wabanaki Dorf töten 2015–07–02; **TSW_D1_QuestAttack_BM_VonDerKarteGestrichen Stufe 5** Wendigo Ältester Bericht 2015–07–02.
2178 **TSW_D1_QuestAttack_SC_Ami Legend Stufe 2** In den Wald Akab abwehren 2015–06–05; **TSW_D1_QuestAttack_SC_Ami Legend Stufe 5** Ami verteidigen Ausgang erreichen 2015–06–05;

keiner Tradition von Mythologie zuordnen, selbst die Nachfahren der neuenglischen Ureinwohner kennen sie nicht aus ihren Sagen. Lange bleibt ihre Herkunft im Spiel unklar, bis sich die Schwarmkreaturen letztlich als Begleiter der Maya offenbaren, die sie auf ihrem Feldzug in die Region einsetzen und die sich seither verbergen. Darüber hinaus durchstreift manch weitere Kreatur *Solomon Island*. Ohne sie alle vollständig aufzuführen, handelt es sich etwa um animierte Trainingspuppen in der *Innsmouth Academy*, Varianten von Golems in Stein, Lehm oder gar Schrott, monströse Vogelscheuchen, bewaffnet mit Schrotflinten und Kettensägen, einen albtraumhaften Kindesentführer oder wütende Irrlichter in Waldgebieten.[2179] Ihre Anwesenheit rahmt die Hauptmotive aus der Kulturgeschichte der Horrorliteratur, sie tragen jedoch nur mittelbar und implizit zu bisher genannten historischen Narrativen bei. In allen Regionen finden sich zwischen den normalen Gegnertypen zusätzlich benannte, stärkere Kreaturen, die etwa wie ein untoter Pirat, ein Wendigo oder ein Bär noch kleine, zusätzliche Geschichten mitbringen, vorwiegend aber zur Jagd nach höherwertiger Ausrüstung dienen.[2180] Etwas mehr als nur eine solche Randerscheinung, und doch weder nennenswert in die historischen Narrative, noch in die Hauptgeschichte eingewoben, sind die Bergriesen der *Sasquatch*. Friedliebend und klug, aber bei der Verteidigung auch wehrhaft dargestellt, zogen sich die Exemplare auf Solomon Island vor den jüngsten Bedrohungen in ein abgelegenes Bergtal im Süden von *Blue Mountain* zurück.[2181] Bemerkenswert ist nicht nur, dass das Spiel mit den Riesen eine Gruppierung mit aufwändigem Design installiert, die sich dann weitgehend zurückhält. Zudem wählen die Entwickler anstelle des US-amerikanischen Begriffs *Bigfoot* die kanadische Bezeichnung, die aus dem Algonkin abgeleitet ist und angeblich auf

---

TSW_D1_QuestAttack_SC_Liga der Monsterjäger u NQ 3 2015–03–31; **TSW_D1_QuestAttack_BM_KriegDerTotems Stufe 3** Brutmarkierungen Akab beseitigen 2015–07–19; **TSW_A_BlueMountain_Rundgang 2** Akab Gebiet 2015–06–29.
2179 **TSW_D1_QuestAttack_SC_Issue01_Carter Entfesselt Stufe 3** Fleischmonster im Keller töten Bericht 2015–06–25; **TSW_D1_QuestAttack_SC_Liga der Monsterjäger u NQ 8** 2015–03–31; **TSW_D1_QuestAttack_KM_DieUnschärferelation Stufe 6a** Mit Quantenkern Golem laden Inkohärenz bekämpfen 2015–05–28; **TSW_D1_QuestAttack_SC_Kürbiskopf ist zurück Stufe 2** Vogelscheuchen KK töten 2015–06–07; **TSW_D1_QuestAttack_SC_EinTanzDerTotenSeelen Stufe 4** Die Freude der Kinder befreien 2015–06–25; **TSW_D1_QuestAttack_SC_EinTanzDerTotenSeelen Stufe 5** Den Schwarzen Mann bekämpfen Monokel Briefing 2015–06–25; **TSW_D1_QuestAttack_SC_Kürbiskopf ist zurück Stufe 1b** Irrlichter Kürbiskopf bekämpfen 2015–06–07.
2180 **TSW_D1_QuestNeben_KM_Dixie Bull** muss sterben Pirat Zombie 2015–05–22; **TSW_D1_QuestAttack_SC_Liga der Monsterjäger u NQ 3** 2015–03–31, ab 4:00 min; **TSW_A_BlueMountain_Rundgang17** Hochplateau Wabanaki Traditionsdorf gefangener Bärengeist 2015–07–02.
2181 **TSW_A_BlueMountain_Rundgang 1** Übergang SC Sasquatch Lager 2015–06–29; **TSW_D1_QuestAttack_BM_KriegDerTotems Stufe 1** Sasquatch Häuptling Folge Energie Totem reinigen 2015–07–19; **TSW_D1_QuestAttack_BM_DerFeindMeinesFeindes Stufe 3b** In Höhle eindringen INSTANZ Sasquatch befreien 2015–07–19; **TSW_D1_QuestAttack_BM_Jagdsaison Stufe 5** Sasquatch Klippenspringer finden 2015–07–02, ab 3:00 min; **TSW_D1_QuestAttack_BM_Plünderer Stufe 1** Fabrikgelände nach Schrott durchsuchen Sasquatch Auftrag 2015–07–19.

Berichte amerikanischer Ureinwohner zurückgeht. Auf eine dämonische Gruppierung stoßen Spielende erstmals beim *Overlook Motel* an der *Savage Coast*. Sie besteht aus verschiedenen Kreaturen wie die auf allen vieren krabbelnden *Schänder*, den Wendigo ähnlich, barbusige, geflügelte Sukkubi namens *Feuertäuferinnen* oder hühnenhafte Höllenkrieger. Dort versuchen sie Durchbrüche in Höllendimensionen zu öffnen. Die dämonische Invasion ist im Kontext der übrigen Spielwelt nicht einfach zu deuten, im Wesentlichen verbindet das Motiv einige Dungeons, also Spielfelder, die nur gemeinsam mit mehreren Spielern zu bewältigen sind. Über alle Spielgebiete von Neuengland bis Rumänien verteilt, treten Spielende darin in die Fußstapfen eines seit 1987 verschollenen Okkultismus- Experten, der die Sphären von Menschen und Dämonen vereinen will.[2182] Neben vagen Anspielungen auf Dante Alighieris Höllenreise in der *Göttlichen Kommödie* bleiben konkrete Verweise auf religiöse Vorstellungen rar; gelegentlich beziehen sich einzelne Worte wie *Succubi*, *Rakshasa* oder *Nephilim* auf missgünstige Höllenwesen diverser Kulturkreise.[2183] In den ägyptischen Spielgebieten sinkt die Vielfalt an Kreaturen. Gegner wie die Atonisten scheinen trotz ihrer grau verfärbten Haut und schwarzumrandeten Augen lebende Menschen zu sein, nicht etwa Untote wie in *Kingsmouth*.[2184] Sie scheinen nur im übertragenen Sinne durch den Kult wiedergeboren zu werden, obwohl er einigen von ihnen übermenschliche Kräfte verleiht.[2185] Atonisten treten in verschiedenen Varianten männlich und weiblich auf, operieren in Gruppen und sind hierarchisch organisiert, wobei Frauen offenbar in höheren Rängen seltener vertreten sind.[2186] In blindem Hass greifen sie unverzüglich auf Sicht an.[2187] Lediglich ihrem Anführer *Daoud* begegnen die Spielenden in knappen, recht einseitigen Gesprächen.[2188] Daher gehören die Kultisten eindeutig zu den reinen Objekten spielerischen Handelns. Untote Kreaturen treten in den ägyptischen Spielgebieten im Motiv der Mumie an vielerlei Orten auf. Manche davon, wie die römischen Soldaten in der Ruinenstadt *Sol Glorificus*, sind wiederauferstande Verstorbene, von denen die einen in militärischer Ausrüstung patrouillieren, andere, ban-

---

2182 **TSW_D1_Dungeon_SC_Noch einmal ins Inferno Stufe 1a** Intro Mission 2015–06–19; **TSW_D1_Dungeon_SS_MitleidMitDemTeufel Stufe 1a** Intro Mission Dschinn Amir Theodore Wicker Hölle Krieg Gaia 2015–08–19; **TSW_B_Historiker Statement_London Tabula Rasa Wicker Tonband** 2015–06–18; **TSW_D1_DiffusionGrenzen_Youtube** Video Wicker Vortrag 2015–06–18.
2183 Alighieri, Dante: Göttliche Kommödie, ca. 1320.
2184 **TSW_D1_QuestAttack_VW_Die Belagerung von El-Merayah Stufe 3** Kultisten im östlichen Vorort beseitigen 2015–07–29.
2185 **TSW_D1_QuestAttack_SS_DasHorus-Auge Stufe 3a** Schutz Horus Auge Adjutanten General töten 2015–08–20.
2186 **TSW_A_VerbrannteWüste_Rundgang 4** Al-Merayah Teil 1 2015–07–29, ab 5:08 min.
2187 **TSW_D1_QuestAttack_VW_DasSchicksalVonAl-Merayah Stufe 2** Nördliche Barrikade verteidigen 2015–07–31.
2188 **TSW_D2_OralHistory_VW_Abdel Daoud 4 Issue06_AllesHatSeineZeit Stufe 3a** CUTSCENE Glaube Daoud Altes Reich 2015–08–06, 0:35–2:24 min; **TSW_D2_OralHistory_VW_Abdel Daoud 3** Issue06_DerGefangene CUTSCENE Pläne Aton Unsterblich 2015–08–06, 0:50–2:20 min.

dagiert wie Mumien, attackieren eher unorganisiert.[2189] Hingegen scheint die wandelnde Mumie des Alten Reiches namens *Saïd* schlicht nie gestorben zu sein.[2190] In der *Stadt des Sonnengottes* stehen hochrangige Beamte und sogar sein möglicher Nachfolger *Semenchkare Echnaton* selbst als Mumien noch zur Seite, besonders stark, übergroß und den Kopf zu tierischen Fratzen verzerrt.[2191] In der östlichen Nekropole gehen die Mumien in mumifizierte, schwebende Geisterwesen über, wohl weil die fleischliche Hülle der Ahnen längst verfallen ist.[2192] Tatsächliche tierische Formen von Kreaturen sind ebenso reich zu finden und fast durchweg feindselig. Einzig die Söldnerin *Tanis* nutzt in *Al-Merayah* Schlangen als Kundschafter, die als Helfer in einer Missionsreihe auch den Spielenden beistehen.[2193] Auf die biblischen Plagen anspielend, durchstreifen aggressive überdimensionale Heuschrecken den Wüstensand, unter welchem sich ebenso große Skorpione verbergen, meist nur erkennbar an tanzenden Staubteufeln an der Oberfläche.[2194] Seltener sind schwarze Spinnen, die zum Beispiel in der Oase im Westen, im *Ankh* oder in Tempeln der *Stadt des Sonnengottes* stärkere Gegner stellen und kleinere Varianten herbeirufen.[2195] Daneben gibt es weitere Gruppen mythischer Kreaturen, die auch in den anderen Spielgebieten durchaus anzutreffen sind. Mehrere Stockwerke große Golems aus Stein, Sand und Geröll stapfen durch die Wüstengebiete.[2196] Angeblich, weil *Echnaton* Blutopfer

---

2189 TSW_A_VerbrannteWüste_Rundgang 7 Sol Glorificus Verlassene Oase Tempel abseits 2015–07–29; **TSW_D1_QuestAttack_VW_DieLetzteLegion Stufe 3b** Beschworene Mumie töten BERICHT 2015–08–09.
2190 TSW_D2_OralHistory_VW_Said 5 Intro Mission SterbenIstTeuer Alte Götter Marya Aufzeichnungen 2015–08–08.
2191 TSW_D1_QuestAttack_SS_Mumienprobleme Stufe 2 Obersten Schreiber herbeirufen und bekämpfen 2015–08–19; **TSW_D1_QuestAttack_SS_Mumienprobleme Stufe 4** Rib-Hadda besiegen BERICHT 2015–08–19; **TSW_D1_Baue_SS_DasHeimgesuchteKönigreich** Sofortiger Tod allein 2015–08–17; **TSW_D1_QuestNeben_SS_EsKamAusDerWüste Stufe 1** Sarkophag Kreatur Mumie auferstanden 2015–08–23; **TSW_A_SS_Smenkhkare Pharao** QuestAttack_SS_DieTotenErhebenSich Stufe 4 Auferstehung Treue Echnaton Nachfolger BERICHT 2015–08–24.
2192 TSW_D1_QuestNeben_SS_DasReichDerToten Stufe 1a Orochi Diebstahl Grabtuch Rückgabe 2015–08–23; **TSW_D1_QuestAttack_SS_DieDunklenOrte Stufe 2** Fernglas Schlucht Sturz Kampf Geister Tod 2015–08–20; **TSW_D1_QuestAttack_SS_DasTraurigeLied Stufe 1b** Zu den Urkatakomben gehen 2015–08–19; **TSW_D1_QuestAttack_SS_DasTraurigeLied Stufe 2** Herausfinden wer die Ahnen quält 2015–08–19; **TSW_D1_QuestAttack_SS_DasTraurigeLied Stufe 6** König der Totengeister vernichten BERICHT 2015–08–19.
2193 TSW_D1_QuestAttack_VW_EinUnbehaglichesBündnis Stufe 1b Tanis Schlange folgen Angreifer abwehren 2015–08–03.
2194 TSW_A_VerbrannteWüste_Rundgang10 Wüste Marya Lager Halbmondschlucht 2015–07–29.
2195 TSW_D1_QuestNeben_VW_Issue06_OTemporeOMores Stufe 1a Befreiung Blutopfer Aufstand Bewaffnung Übergang von Issue06_AllesHatSeineZeit 2015–08–06; **TSW_D1_QuestNeben_VW_Issue06_OTemporeOMores Stufe 2** Verschlinger besiegen 2015–08–06; **TSW_D1_QuestAttack_SS_EinstWarenSieSchön Stufe 4** Heropsis Spinnenmonster töten BERICHT 2015–08–23.
2196 TSW_D1_Erfolge_Bosse_VW_Ain der Vorbote Golem 2015–08–17; **TSW_D1_QuestNeben_VW_BergInBewegungSteigenderSand Stufe 1** Sandgolems in Verbrannter Ebene töten BERICHT 2015–08–09; **TSW_D1_Erfolge_Bosse_VW_Kaipihiri Sandgolem** Wüste 2015–08–06;

durchführen ließ, streifen blutdürstige Ghule durch die *Stadt des Sonnengottes*.[2197] Sie bevölkern aber auch das *Hotel Wahid* im vorherigen Spielgebiet.[2198] Aus dem tiefschwarzen Schmutz, der bereits in *Blue Mountain* die Sümpfe verseuchte, mutieren schlaksige Kreaturen beim Pumpwerk und dem Schacht in der *Verbrannten Wüste* sowie in den nordöstlichen Tälern vor *Echnatons* Stadt hervor.[2199] Obwohl dämonische Kreaturen einen Höllenriss im Nordosten der Stadt öffneten, spielen sie in den ägyptischen Gebieten nur eine untergeordnete Rolle, denn ihre Armeen bekämpfen sich gegenseitig jenseits des Tores.[2200] Außerdem scheuen sie den Konflikt mit den mächtigen *Dschinn*, uralten Wesen, die nach arabischen Volkssagen neben Menschen und Engeln die Erde bevölkern. Sie sind nicht notwendig bösartig, aber zwiespältig, denn ihre Interpretation beruht auf ursprünglicheren Vorstellungen der Geschichten aus 1001 Nacht. Keineswegs verkörpern sie die verniedlichten Wunscherfüller, die seit der abgewandelten, französischen Übertragung aus dem 17. Jahrhundert in westliche Vorstellungen wie etwa beim Disney-Animationsfilm *Aladdin* einzogen.[2201] Als einer dieser archetypischen, flammenden *Dschinns* toleriert *Amir* im Tal des Jenseits (*Vallée de l'Au-Delà*) Menschen bestenfalls als „ekelhafte Affen", traut ihnen entsprechend wenig zu, die Schöpfung zu bewahren, und sieht deshalb die Ausbruchsversuche *Echnatons* mit großer Sorge.[2202] Einige von Seinesgleichen ließen sich auf die Seite der Dämonen locken. Weil mit der Schöpfung somit die Ehre der *Dschinn* in Gefahr sei, bittet er die Spielenden um ein Bündnis.[2203] Nicht mehr eine lebende Kreatur, und doch unübersehbares Merkmal im Norden von *Echnatons* Stadt ragen bleiche Gebeine

---

TSW_D1_QuestAttack_VW_DerMenschenWahnsinn Stufe 3 Portal untersuchen Dämon aufhalten 2015–08–01.

2197 **TSW_D1_QuestAttack_SS_EineStadtAusBlutGeboren Stufe 1a** Intro Mission Ptahmose Bedrohung Aton Wächter Kinder Ägypten 2015–08–17; **TSW_D1_QuestAttack_SS_EineStadtAusBlutGeboren Stufe 1b** Säubere Tempel von Ghulen 2015–08–17; **TSW_D1_QuestAttack_SS_EineStadtAusBlutGeboren Stufe 3 4** Golems befreien um Ghule anzugreifen 2015–08–17.

2198 **TSW_D1_QuestAttack_VW_EinLöweAufDenStraßen Stufe 1b** verschiedene Ghule und Anführer Tier vor Hotel beseitigen 2015–08–01.

2199 **TSW_D1_QuestNeben_VW_PrimumNonNocere Stufe 2** erstatte Lisa Hui Bericht im Orochi Lager BERICHT 2015–08–12; **TSW_D1_QuestSabot_VW_DiePrometheus-Initiative Stufe 1b** Spuren sichern Orochi Tablet Laptop Zelt 2015–08–12; **TSW_D1_QuestAttack_SS_DieBefleckteOase Stufe 2b** Seelen Initianten Urteil Schmutz Quellen verstopfen 2015–08–20; **TSW_D1_QuestAttack_SS_DieDunklenOrte Stufe 6** Seelenverderber PathogenVogel besiegen BERICHT 2015–08–20.

2200 **TSW_D1_Dungeon_SS_MitleidMitDemTeufel Stufe 1f** Schergen Wicker Tod übermannt ABBRUCH TOD 2015–08–19; **TSW_D1_Dungeon_SS_MitleidMitDemTeufel Stufe 1 g** Respawn Schutz Türme Sandsturm Reste Krieger 2015–08–19.

2201 **Galland, Antoine:** Les mille et une nuits. 12 Bde., Paris 1704–1708; **Musker, John / Clements, Ron:** Aladdin 1992.

2202 **TSW_D2_OralHistory_SS_Amir Dschinn 1** Intro Mission Mumienprobleme Gaia Menschen Hass 2015–08–19; **TSW_D1_QuestAttack_SS_DerLaufDerDinge Stufe 1a** Intro Mission Amir Dschinn Verderbte Dschinn beseitigen 2015–08–19; **TSW_D1_QuestAttack_SS_DerLaufDerDinge Stufe 1b** Mit Amir Dschinn finden verbannen 2015–08–19.

2203 **TSW_D1_QuestAttack_SS_DerLaufDerDinge Stufe 1a** Intro Mission Amir Dschinn Verderbte Dschinn beseitigen 2015–08–19.

eines Skelettes aus dem Wüstensand.²²⁰⁴ Von größeren Dimensionen als ein Dinosaurier ist es auch wegen des gehörnten Schädels keine bekannte Kreatur. Bis heute ließen die Entwickler unklar, worum es sich handelt, weshalb sich um seinen Ursprung Deutungsversuche in Forendiskussionen ranken.²²⁰⁵ Diverse Formen aggressiver Untoter und schwebender Geistwesen durchstreifen in den rumänischen Gebieten Friedhöfe und ehemalige Schauplätze großer Grausamkeiten wie ein Kloster oder ein niedergebranntes Dorf.²²⁰⁶ Die verschiedenen Abstufungen von Werwölfen bis zu Wölfen sind noch als solche zu erkennen und werden von den Bewohnern rumänisch als *Vârcolac* bezeichnet.²²⁰⁷ Die *Strigoi* hingegen entspringen als Vampire eigenwilligen Designs und entsprechen nicht gängigen Erwartungen: In bläuliche Kaputzenumhänge gehüllt, verbergen sie ihre Gesichter hinter Gasmasken, um auch bei Sonnenlicht zu kämpfen.²²⁰⁸ Das Blut ihrer Opfer dient ihnen immer noch als Nahrungsquelle, weshalb sie menschliche Körper in einer technischen Konstruktion mit sich führen, um sie am Leben zu halten. Das zeithistorische Setting denkt traditionelle Vorstellungen so zu einem zeithistorischen Amalgam weiter. Anders liegt der Fall bei allgemein weniger bekannten Verkörperungen von Figuren aus rumänischen Volkssagen: Bei der Gestaltung der Hüterin des Waldes, den *Vântoase* und den *Pădurii* ließ der Mangel an visuellen Vorbildern den Entwicklern des Spieles relativ freie Hand. Ihr saftiges, naturgrünes Design in den dichtbewaldeten Gebieten verbindet natürliche Stoffe wie Holz, Pflanzenfasern und Blattwerk. Ihr charakteristisches Spektrum reicht von wohlwollend bis bösartig, wodurch diese rumänische Sagenwelt unberechenbar wirkt. Bemerkenswert ist auch hier, wie pointiert zeitgenössische Gegenstände wie etwa der Computer *Cucuveas* eingesetzt werden, um die stete Vermischung der Welten zu bekräftigen. Wissenschaftlich fragwürdige Experimente des Unternehmens Orochi führten zu neuartigen Kreaturen, die keinen Vorbildern

---

2204 **TSW_A_StadtDesSonnengottes_Rundgang14** Die Wiedergeburt bis zur Statue von Nefertari 2015–08–17, 1:14–1:40 min; **TSW_D1_QuestNeben_SS_Fundamente Stufe 2a** Zweite Tafel finden und übersetzen 2015–08–20.

2205 **Albaster:** Dinosaurier in TSW, in: *The Secret World Forum. Deutsches Forum* 9.4.2014. Online unter: http://bit.ly/2y8tzEE; **ranmore38:** Enormous skeleton in City of the Sun God, in: *The Secret World Forum. English Forum* 12.1.2014. Online unter: http://bit.ly/2B18n93; **Tarqtarq:** City of the Sun God – Mystery Solved, in: *The Secret World Forum. English Forum* 26.1.2013. Online unter: http://bit.ly/2BgDAWp (Letzte Zugriffe: 31.3.2019).

2206 **TSW_A_DerSchattenhafteWald_Rundgang10a** Ruinen von Iazmaciune Böser Ort 2015–10–12; **TSW_A_DerSchattenhafteWald_Rundgang12a** Draculesti Friedhof Die Kapelle des Prinzen 2015–10–12; **TSW_A_DasBelagerteFarmland_Rundgang20b** KlosterUnsererHerrin Gärten Brücke Tod Haus des Abts 2015–08–26.

2207 **TSW_A_DerSchattenhafteWald_Rundgang 2a** Zahnspitzen-Hain Werwölfe Wald Lager Gruppen Gegner Reißzahn-Alpha 2015–10–12; **TSW_D2_OralHistory_BF_Dr Varias 1** Dialoge Die Rote Hand Sowjetunion Vater Werwölfe Rationalismus Volksglaube 2015–09–20.

2208 **TSW_D1_QuestAttack_BF_TrinkenGegenDasVergessen Stufe 2** Gefangene Vampire Strigoi Befreiung 2015–09–26.

bekannter Mythen und Legenden entsprechen.²²⁰⁹ Eine Grenze zu denjenigen Kreaturen zu ziehen, die dem spielweltlichen Volksmund nach eher sowjetischen Zeiten entstammen, fällt aufgrund von Gerüchten durch Gesprächspartner nicht immer leicht.²²¹⁰ Erneut wird deutlich, wie die Spielwelt sich bemüht, nicht bloß traditionelle Vorstellungen zu reproduzieren, sondern sie zu einer eigenen zeithistorisch viablen Interpretation fortzuentwickeln.

4.3.2 Narrative Netzwerke

Nachdem wesentliche Themen der historischen Inszenierung dargelegt und die Funktionen der Sachkultur dafür aufgeschlüsselt sind, widmet sich der jetzige Abschnitt den Narrativen Netzwerken. Sie verknüpfen Fragmente historischen Wissens innerhalb des Online-Rollenspieles. Der vorangegangene Abschnitt geriet ausführlich, um die wesentlichen Zusammenhänge mit denjenigen historischen Themen darzulegen, welche die Vorarbeiten als geschichtswissenschaftliche Anliegen identifizierten und die an den sachkulturellen Bestandteilen nachgewiesen werden konnten. Für die Narrativen Netzwerke spielen geschichtswissenschaftliche Erkenntnisse, kulturhistorische Überlieferungen und populärgeschichtliche Vorstellungen zusammen. Dieser Abschnitt betrachtet das strukturelle Zusammenwirken verschiedener Elemente, die exemplarisch belegt werden. Als Elemente der narrativen Netzwerke untersucht er die in der Spielwelt platzierten Persönlichkeiten und die Rolle der Gruppierungen, Missionen (Quests), ihre Formen sowie einleitende Filmsequenzen, enzyklopädische Wissensdatenbanken und die Funktion spielgeschichtlicher Hintergrundfragmente (Lore).

Die Umgebung aus Landschaften, Gebäuden, Fahrzeugen und Alltagsobjekten formt geographische und kulturhistorische Identitäten der Hubs und Spielgebiete aus. Dort hinein setzt das Online-Rollenspiel eine große Anzahl von Spielfiguren. Abschnitt *2.1 Geschichte aus der Sicht der Branche* arbeitete in Bezug auf dargestellte Personen heraus, dass digitale Spiele sie in der Mehrzahl objekthaft behandeln.²²¹¹ Sie sind historische Referenzobjekte mit nur eingeschränkten Möglichkeiten der Kommunikation und Interaktion, dienen häufig nur als Angriffsziele. Auch in der Spielwelt von *The Secret World* sind nicht alle menschlichen Figuren ansprechbar, Passanten

---

2209 TSW_D1_QuestNeben_RK_Issue07_WoDieKleinenHingehen Stufe 1a Berichte Experimente Kreaturen Misserfolge Orochi 2015–09–04, ab 3:10 min; **TSW_D1_QuestAttack_RK_Issue07_Der-KlangDerKinder Stufe 2e** Forschung Trakt Experimente Kreaturen Kampf 1 2015–09–04; **TSW_D1_QuestAttack_RK_Issue07_DerKlangDerKinder Stufe 2f** Forschung Trakt Experimente Kreaturen Kampf 2 2015–09–04.
2210 TSW_D1_QuestSabot_BF_DieSündenDesVaters Stufe 5b Experiment Soldat Vampir Sowjetunion Proliferation BERICHT 2015–09–21; **TSW_D2_OralHistory_BF_Dr Varias 1** Dialoge Die Rote Hand Sowjetunion Vater Werwölfe Rationalismus Volksglaube 2015–09–20.
2211 Siehe bes. S. 46.

etwa dekorieren lediglich die Kulisse der Stadtbilder.[2212] Andere erfüllen lediglich die Aufgabe, käufliche Waren anzubieten, oder verkörpern spielmechanische Funktionen wie die Angestellten in der Bank.[2213] Weitere namentlich genannte Personen treten in Zwischensequenzen auf oder sind Teil von Missionen, die beispielsweise ihren Verbleib klären sollen wie bei Fischer *Joe Slater* in *Kingsmouth*.[2214] Diesem typischen objekthaften Umgang stehen ausgearbeitete Persönlichkeiten in der Spielwelt diametral entgegen, die Dialoge und Aufträge bereit halten. Je nachdem, ob man Persönlichkeiten mitzählt, die am Rande auftreten, aber in Gespräche einbezogen werden und so eigene Haltungen erkennen lassen, bevölkern neunzig bis hundert dieser Persönlichkeiten die Spielwelt. Jenseits des Untersuchungsrahmens, der diesem Buch zugrunde liegt, fügte das Tokyoter Spielgebiet zu dieser Zahl weitere Figuren hinzu. Ein Grenzfall ist etwa die laszive *Cassandra* im Lager der Morninglight-Sekte vor *Kingsmouth*, die keine eigenen Gesprächsoptionen besitzt, aber in Zwischensequenzen auftritt.[2215] Auch Assistent *Arun Singh* äußert sich lediglich innerhalb der Gespräche, die Spielende mit dem Archäologen Montgomery in der *Verbrannten Wüste* führen.[2216] Ebenso lassen sich die Freundinnen *Céline* und *Aurelie* im *Schattenhaften Wald* nicht klar trennen.[2217] In den städtischen Gebieten kann eine geringe Zahl von Personen, zu denen etwa Kontaktmann *Richard Sonnac* bei den Londoner Templern oder Ausbilder *Dae-Su* bei den Drachen in Sëoul gehören, nur von den Spielenden der jeweiligen Gruppierung aufgesucht werden.[2218] Nicht nur für die Zahl von Charakteren oder speziell für Online-Rollenspiele sind die Persönlichkeiten und ihre Verflechtungen bemerkenswert facettenreich, sondern an digitalen Spielen insgesamt gemessen. Von der Gemeinde *Kingsmouth* bis zu den *Reißzähnen der Karpaten* bevölkern männliche und weibliche Personen unterschiedlichen Alters und aus diversen sozialen Gruppen die Spielgebiete. Der zehnjährige Junge *Tibor* und die gleichaltrige *Luminita* in Rumänien leben in ärmlichen Verhältnissen.[2219] Die Teenager *Carter* und

---

[2212] **TSW_A_London_Rundgang 1** Ealdwic Plattenladen 2015–07–27.
[2213] **TSW_A_London_Rundgang 9** Ealdwic Station bis Pangea Kleidung Shop 2015–07–27, 0:33–1:00 min; **TSW_A_London_Rundgang10** Auktionshaus Lager Bank 2015–07–27.
[2214] **TSW_D1_QuestStory_KM_DämmerungEinerEndlosenNacht Stufe 5b** Suche Besatzung Joe Slater Mutation INSTANZ SAMMYLUXE 2016–02–04.
[2215] **TSW_D1_QuestSabot_KM_Die Lieferung Stufe 1a** Intro Cassandra Che Morninglight 2015–05–28.
[2216] **TSW_D2_OralHistory_VW_Montgomery de la Roche 1** Dialoge Oxford Wissenschaft Okkult Plagen 2015–08–09.
[2217] **TSW_D1_QuestAttack_BF_RacheHeißServiert Stufe 1a** Intro Mission Aurelie Celine Überfall Werwölfe Reise Laurent Mühle Liebe Tod Bruder 2015–10–01.
[2218] **TSW_D2_OralHistory_LO_Richard Sonnac 1** Templer Weltsicht Legenden Mythen Fraktionen 2015–07–27; **TSW_D2_OralHistory_SE_Dae-Su 1** Intro Drachenschulung Stufe 1 Drachen Auserwählte Waffen Training Erkenntnis 2017–04–01, ab 2:50 min.
[2219] **TSW_D2_OralHistory_SW_Tibor Luminita 1** Dialoge Milosh Anführer Nachfolge König Mutter Draculesti 2015–10–19; **TSW_D2_OralHistory_SW_Luminita 1** Intro Mission Pilz-Feuerwerk Tibor Mihas Kampf Draculesti Held Dracul 2015–10–19.

Danny entstammen der Mittelschicht in den USA.[2220] Vertreten sind viele Erwachsene unterschiedlichen Alters und sozialer Lebenslagen wie die verarmten Hilfsarbeiter-Brüder *Frank* und *Joe Madahândo*, *Deputy Andy* im Polizeidienst oder die Lehrerin *Annabel Usher* an der privaten Innsmouth Academy.[2221] Das Altersspektrum reicht bis zu den bescheidenen Lebensverhältnissen der Witwe *Norma Creed* und des reichen Erben *Nicholas Winter*.[2222] Die Persönlichkeiten zeichnen mit diversen ethnischen und kulturellen Hintergründen in allen Spielgebieten vielfältige Gesellschaften. Die genannte *Annabel Usher* immigrierte aus Großbritannien in die USA. Gespräche mit *Red* und den *Madahandos*, Angehörigen des Stammes der *Wabanaki*, und mit *Eleanor Franklin*, der Witwe des ehemaligen Vorarbeiters der lokalen Mine, offenbaren persönliche Haltungen zu den ethnischen und sozialen Konflikten in *Blue Mountain*.[2223] *Zhara*, die Besitzerin des *Café Giza*, ist gebürtige Ägypterin, ließ ihr altes Leben zurück, um im entlegenen Dorf *Al-Merayah* neu anzufangen.[2224] *Milosh Blaga* verteidigt nicht nur den *Schattenhaften Wald* gegen die *Strigoi*-Invasoren, sondern auch das kulturelle Erbe der Roma.[2225] Für den Spielfortschritt notwendig sind Gespräche, die mit vertonten Zwischensequenzen Missionen einleiten. Die Filmsequenzen verleihen den Spielfiguren menschliche Glaubwürdigkeit. Zusätzliche Dialogoptionen erläutern zu mehreren Stichpunkten in vertonten Monologen tiefergehende Hintergründe zu Personen, Gruppierungen, Ereignissen und Örtlichkeiten, ungeduldige Spielende jedoch überspringen sie eventuell. Die Persönlichkeiten eröffnen verschiedene Interpretationen der gegenwartlichen Ausgangsebene. Die beiden Lehrkräfte *Anabel Usher* und *Hayden Montag* bewerten etwa das Schicksal der *Innsmouth Academy* angesichts der jüngeren Entwicklungen unterschiedlich. Sorgt sich Montag eher darum, was aus Todesfällen für das Image der Schule folgt, kümmert Usher das Leben der Schülerinnen und Schüler.[2226] Als heilbegabte Hexe bildet letztere Lehrkraft lieber junge Menschen aus und entzog sich daher bewusst lästigen Dogmen der Geheimgesell-

---

2220 **TSW_D2_OralHistory_SC_Carter 1** Dialoge Dufresne Kräfte 2015–06–25; **TSW_D2_OralHistory_KM_Danny Dufresne Skater Popkultur 2** 2015–04–08.
2221 **TSW_D2_OralHistory_BM_Madahando Frank** Dialoge Familie Ami Mine 2015–07–02; **TSW_D2_OralHistory_KM_Andy Deputy 1** 2015–06–04; **TSW_D2_OralHistory_SC_Annabel Usher 1** Dialoge Templer Hexe Innsmouth 2015–06–25.
2222 **TSW_D1_QuestAttack_KM_Es kommen immer Neue Stufe 1** Norma Creed Intro 2015–04–08; **TSW_D2_OralHistory_SC_Nicholas Winter 1** Dialoge Vergnügungspark 2015–06–25.
2223 **TSW_D2_OralHistory_SC_Red Bait N Tackles Geschäft Wabanaki 1** 2015–06–05; **TSW_D2_OralHistory_BM_Eleanor Franklin 1** Dialoge Herkunft Wabanaki FranklinManor DerNebel 2015–07–18.
2224 **TSW_D2_OralHistory_VW_Zhara Barkeeper Giza Cafe 1** Dialoge Atonisten Nachbarschaft Al-Merayah Geschichte 2015–07–31.
2225 **TSW_D2_OralHistory_SW_Milosh 1** Dialoge Roma Draculesti Sprachen Aufgaben Welt Kampf Monster Orden 2015–10–18.
2226 **TSW_D2_OralHistory_SC_Annabel Usher 2** Intro Mission Freizeitzentrum 2015–06–25; **TSW_D2_OralHistory_SC_Annabel Usher 3** Intro Mission Bootshaus im Nebel 2015–06–25; **TSW_D2_OralHistory_SC_Hayden Montag 2** Intro Mission Frühstückskult Schutzzauber 2015–06–26.

schaften, obwohl sie einer alten britischen Familie von Templern entstammt.[2227] Den neurotischen *Montag* hingegen lobten die Illuminaten zum Direktor der Academy fort, weil seine soziale Inkompetenz, gepaart mit ungebändigem Forscherdrang, erst zu gefühlskalten Experimenten an Kindern und Jugendlichen führte, dann zu unschönen Gerichtsverfahren.[2228] Die Perspektiven beider unterscheiden sich erheblich, weil für Usher der Schutz menschlichen Lebens Priorität hat, bei Montag die wissenschaftliche Erkenntnis.[2229] Für ihn ist nur folgerichtig, dass die Illuminaten einen Nutzen aus der gegenwärtigen Lage ziehen.[2230] Zwischen beiden Auffassungen etwas hilflos ist die Teenagerin *Carter* mit im Sekretariat eingeschlossen, die einzige überlebende Schülerin der Academy und mit vergleichbaren Kräften wie die Spielenden ausgestattet.[2231] Alle Gruppierungen versuchen, sie deshalb für ihre Sache zu gewinnen, und ihr ist bewusst, dass gerade die Illuminaten für ihre Ausbildung eine Rechnung präsentieren werden.[2232] Zwischen den widersprüchlichen Perspektiven der Lehrkräfte auf die Welt bleibt sie jedoch orientierungslos und vertagt eine Entscheidung. Als Orientierungspunkt konzentriert sie sich vielmehr auf *Danny Dufresne*, den erwähnten Teenager im Skatepark von Kingsmouth, der seine Weltsicht maßgeblich aus Referenzen an digitale Spiele, Filme, Bücher und Comic-Hefte seit den achtziger Jahren formt, sich aufgrund der Ereignisse nun aber nordische Sagen etwa über die *Draugen* anliest.[2233] Für ihn enthalten zunächst einmal alle enthaltenen Narrative, ob nun popkulturell, mythologisch oder historisch, Wahrheiten, die ihm bei der Orientierung helfen. Daher beobachtet er die teils lebensgefährlichen Kräfte seiner Freundin *Carter* mit neugieriger Aufgeschlossenheit. In der Kirche von Kingsmouth interpretiert hingegen Pastor *Henry Hawthorne* alle Ereignisse aus einer langen historischen Vorgeschichte der Illuminaten auf Solomon Island, seit die ersten von ihnen die Kolonien betraten.[2234] Unerschütterlich ist der Priester vielleicht deswegen in dem Glauben, dass die bedrohlichen Entwicklungen weder das Werk Gottes sind, noch das Ende aller Tage.[2235] Nüchtern hingegen betrachtet *Norma Creed*, die Hebamme und Witwe eines Seemannes bei ihrem Haus am Hafen die Ereignisse. Sie mache sich nichts aus historischen Überlieferungen, denn Kultur bestehe für sie höchstens aus „Wiederholungen

---

[2227] **TSW_D2_OralHistory_SC_Annabel Usher 1** Dialoge Templer Hexe Innsmouth 2015–06–25.
[2228] **TSW_D2_OralHistory_SC_Hayden Montag 1a** Dialoge Direktor Innsmouth 2015–06–26.
[2229] **TSW_D2_OralHistory_SC_Hayden Montag 3** Intro Mission WissenschaftKunst Eingemauerte 2015–06–26.
[2230] **TSW_D2_OralHistory_SC_Hayden Montag 1b** Dialoge Direktor Innsmouth 2015–06–26.
[2231] **TSW_D2_OralHistory_SC_Hayden Montag 5** Intro Mission Herausgefordert Wraith austreiben 2015–06–26.
[2232] **TSW_D2_OralHistory_SC_Carter 1** Dialoge Dufresne Kräfte 2015–06–25.
[2233] **TSW_D2_OralHistory_KM_Danny Dufresne Skater Popkultur 1** 2015–04–08; **TSW_D1_QuestInvest_KM_Männer in Schwarzen Vans 1** Intro Danny Dufresne 2015–04–08.
[2234] **TSW_D1_QuestInvest_KM_Der Kingsmouth Code Stufe 1a** Intro 2015–05–20.
[2235] **TSW_D2_OralHistory_KM_Henry Hawthorne Priester Kirche 1** 2015–05–22.

von Cheers".²²³⁶ Deshalb kümmert sie nicht weiter, was für Kreaturen ihre Schrotflinte zerschießt. Selbst Ignoranz zeichnet die Spielwelt als möglichen Umgang mit den Ereignissen der Gegenwartsebene. Auch über die verschiedenen historischen Ebenen präsentieren die Figuren jeweils unterschiedliche Deutungen. Dass, um die gegenwärtige Krise zu überstehen, ein Verständnis der Überlieferungen von den *Wabanaki* notwendig ist, die seit der Begegnung der amerikanischen Ureinwohner mit den Skandinaviern um das Jahr 1.000 weitergetragen werden, davon ist *Joe Cajiais*, der Älteste des Stammes, überzeugt.²²³⁷ Der Stamm aber ist gespalten, weil viele wie etwa die *Madahândo*-Brüder nicht den Traditionen folgen wollen, sie nicht einmal mehr kennen, geschweigedenn daran glauben, und ihre Zukunft im Geschäft mit dem Casino sehen.²²³⁸ Ihre Schwester *Ami Dexter* versuchte schon vor den jüngsten Ereignissen den Stamm im Sinne der Traditionen und mündlich tradierten Sagen über die Wachsamkeit der *Wabanaki* über *Blue Mountain* zu einen, bleibt aber selbst im Angesicht der auferstandenen Gefahren erfolglos.²²³⁹ Für ihren Vater *Red* sind die früheren blutigen Konflikte um die Schließung der *Blue Ridge Mine* ebenso darauf zurückzuführen, dass Legenden davor warnen, zu tief in den Berg vorzudringen.²²⁴⁰ Die Witwe des Minenvorstehers, *Eleanor Franklin*, hält die Argumente auf der Basis mündlicher Überlieferung hingegen für vorgeschoben, trägt den Wabanaki verbittert den Tod ihres Mannes nach, und hält die Riten der Ureinwohner für „Hokuspokus".²²⁴¹ Die jüngsten Entwicklungen aber lassen sie zweifeln, ob *Ami Dexter* nicht doch recht haben könnte. Auf dem ägyptischen Schauplatz scheiden sich die Geister daran, wie das Auferstehen Echnatons zu bewerten ist. *Zhara*, die Besitzerin des Cafés in Al-Merayah nimmt an, dass neben Gerüchten über eine lange Tradition von Kultisten im Ort vor allem die Machtgier von *Abdel Daoud* die Aufstände befeuert.²²⁴² Sie vermutet allerdings, dass die Ereignisse sich aus Gründen auf die kleine Siedlung konzentrieren, die aus der mehrere Jahrtausende langen Siedlungsgeschichte an dem Ort stammen.²²⁴³ *Daoud* glaubt tatsächlich, zur Erfüllung von *Echnatons* historischer

---

2236 TSW_D1_QuestAttack_KM_Es kommen immer Neue Stufe 1 Norma Creed Intro 2015–04–08.
2237 TSW_D2_OralHistory_BM_Joseph Old Joe Cajiais 1a Dialoge Wabanaki Schutz Land Familie Ami 2015–07–02.
2238 TSW_D2_OralHistory_BM_Madahando Frank Dialog Familie Ami Mine 2015–07–02.
2239 TSW_D2_OralHistory_SC_Ami Bait N Tackles Wabanaki 3 Dialoge 2015–06–05; **TSW_D2_OralHistory_SC_Kyra Dexter** Tochter Ami Wabanaki 2015–06–06.
2240 TSW_D2_OralHistory_SC_Red Bait N Tackles Geschäft Wabanaki 1 2015–06–05.
2241 TSW_D2_OralHistory_BM_Eleanor Franklin 1 Dialoge Herkunft Wabanaki FranklinManor DerNebel 2015–07–18; **TSW_D2_OralHistory_BM_Eleanor Franklin 2** Intro Mission DieGeisterunddieDunkelheit Ami Blue Ridge Mine 2015–07–18.
2242 TSW_D2_OralHistory_VW_Zhara Barkeeper Giza Cafe 1 Dialoge Atonisten Nachbarschaft Al-Merayah Geschichte 2015–07–31.
2243 TSW_D2_OralHistory_VW_Zhara Barkeeper Giza Cafe 2 Dialoge Atonisten Al-Merayah Regionale Geschichte 2015–07–31.

Aufgabe auserwählt zu sein und verspricht sich davon persönliche Macht.[2244] Im Auftrag der Mumie *Saïd* stören die Spielenden seine Pläne, für den Echnatons Herrschaft besser eine dunkle Episode der Althistorie bleiben soll.[2245] Ein Gespräch mit *Daoud* wirft allerdings die Frage auf, weshalb man sich eigentlich so sicher über die Motivation dieses uralten Spielers sei, dass man ihn und sein altes Königreich unterstütze.[2246] Schließlich glaube dieser nur an seinen persönlichen Wohlstand, habe bislang nicht die Welt verbessert, sondern plündere die reiche Geschichte Ägyptens. Im Umkehrschluss hält *Daoud* offenbar seine Mission für eine Sache des Guten. Wie Konflikte mit *Tanis* zeigen, der Vertreterin einer als *Phönizier* bezeichneten Gruppe, entdeckte *Saïd* erst kürzlich ein Gewissen.[2247] Zuvor hatte er noch am Schmuggel von Relikten ins Ausland verdient, welche eine verheerende Explosion in *Tokyo* überhaupt erst ermöglichten.[2248] *Ptahmose*, der Hohepriester von Amun, begründet die Gefangenschaft von Echnaton aus dem althistorischen Horizont seiner damaligen Erfahrungen.[2249] Zweifel an seinen Schilderungen kommen nur aufmerksamen Zuhörern auf, da er im Gespräch vorbeugend Vorwürfe zu entkräften versucht, er sei gegen Echnaton vorgegangen, weil er seine eigene Macht als Priester Amuns bedroht sah.[2250] Von seinen sieben Kindern, deren Persönlichkeiten *Ptahmose* an die *Uschebti* in der *Stadt des Sonnengottes* band, schwanken die Ältesten im Zweifel, ob ihr Vater ihnen den rechten Weg weist.[2251] Die jüngsten schämen sich dagegen mehr, dass ihr Wachschutz nicht gehalten hat, treu ergeben in die Aufgabe ihres Vaters, als dass sie

---

2244 TSW_D2_OralHistory_VW_Abdel Daoud 2 Intro Mission LiebesgrüßeAusOxford Prophet Aton Drachen Relikte Verkauf Kolonialismus 2015–07–31, ab 0:30 min; **TSW_D2_OralHistory_VW_Abdel Daoud 3** Issue06_DerGefangene CUTSCENE Pläne Aton Unsterblich 2015–08–06, ab 1:00 min.
2245 TSW_D2_OralHistory_VW_Said 5 Intro Mission EinSchattenÜberÄgypten Said Echnaton Geheimbünde Rückkehr 2015–08–08.
2246 TSW_D2_OralHistory_VW_Abdel Daoud 4 Issue06_AllesHatSeineZeit Stufe 3a CUTSCENE Glaube Daoud Altes Reich 2015–08–06, ab 0:35 min.
2247 TSW_D2_OralHistory_VW_Tanis 5 Intro Mission Issue05 VonKarthagoNachKairo Tanis Mumie Said Kultisten Anschläge 2015–08–03, ab 3:45 min.
2248 TSW_D2_OralHistory_VW_Said 2 Intro Issue06_DieStadtUnterUns Ancile Fake Tokio Vorfall ÜBERGANG von Issue06_AllesHatSeineZeit 2015–08–06; **TSW_D2_OralHistory_VW_Said 3** Intro Issue06_DieStadtVorUns Arche bergen in Vergangenheit ÜBERGANG Issue06_DieStadtUnterUns 2015–08–06, ab 5:48 min.
2249 TSW_D2_OralHistory_SS_Ptahmose 2 Intro Mission EineStadtAusBlutGeboren Bedrohung Aton Wächter Kinder Ägypten 2015–08–17.
2250 TSW_D2_OralHistory_SS_Ptahmose 1 Dialoge Echnaton Khalid Tempelstadt 2015–08–17.
2251 TSW_D2_OralHistory_SS_Thutmosis 1 Intro Mission DieDunklenOrte Krieg gg Schwarzen Pharao Familie Uschebti 2015–08–19; **TSW_D2_OralHistory_SS_Thutmosis 2** Intro Mission DasHorus-Auge General Sammlung Atonisten Wächter körperlos 2015–08–20; **TSW_D2_OralHistory_SS_Moutemouia 1** Intro Mission DasTraurigeLied Atonisten Beschwörung Kreaturen Todessehnsucht 2015–08–19; **TSW_D2_OralHistory_SS_Nefertari 1** Intro Mission DieBefleckteOase Rote Nächte Schutz Geschwister Sterblichkeit Uschebti 2015–08–20; **TSW_D2_OralHistory_SS_Nefertari 2** Intro Mission Issue01_DasDritteZeitalter Geschwister Zivilisationen Zeitalter 2015–08–20.

ihre historische Funktion reflektieren.[2252] Hilflos verfügen sie alle nicht über genügend Kenntnisse der Welt außerhalb ihres Tals, um die gegenwartlichen Ereignisse in ihren historischen Horizont einordnen zu können.[2253] Vergleichbar zeigen die Persönlichkeiten in den rumänischen Spielgebieten unterschiedliche Interpretationen etwa über den Vampirmythos. Als Nachfahren des Drachenordens der *Draculeşti*, dem Vlad Tepeş selbst angehört haben soll, verteidigen die Roma mit ihrem Anführer *Milosh* zwar den *Schattenhaften Wald* gegen alle feindseligen Kreaturen.[2254] Vor allem aber wachen sie, aus jahrhundertealter Tradition und aus aller Welt zusammengekommen, gegen die Vampire, die *Strigoi*.[2255] Empört äußern sie sich über Bram Stoker, der durch seine Vampirgeschichten das Ansehen ausgerechnet ihres Herren als Vampir *Dracula* entehrt habe.[2256] Im Gegenteil habe dieser den Kampf gegen die *Strigoi* bis zum letzten ausgefochten. Streit entsteht vor allem mit seiner Tochter *Emilia*, die alle Gefahren, auch die jüngst hinzugekommenen Kreaturen bekämpfen will, weil sie alle die Gegend schädigen.[2257] *Milosh* hingegen beharrt auf der traditionellen Aufgabe gegen die Vampire, und schätzt die nichtmenschlichen Wesen der *Vântoase* gering. Jeder solle sich um seine Angelegenheiten kümmern. Die Herrin *Cucuvea* im *Belagerten Farmland* interessiert sich im Gegenzug für die Konflikte zwischen Menschen und Vampiren oder zwischen politischen Mächten kaum, die in Jahrtausenden wechselnd Anspruch über die Gegend erhoben.[2258] Für die langen historischen Züge sei dies alles unerheblich, denn ihre Lebenswelt habe schon immer umfasst, was andere als Volkssagen, Mythen und Legenden abtaten. Zum Schutz der darin versammelten Kreaturen wehrt

---

2252 **TSW_D2_OralHistory_SS_Houy 2** Issue03_DieBindung Familie Ptahmose Opfer Kinder Echnaton 2015–08–20.
2253 **TSW_D2_OralHistory_SS_Moutnefert 2** Intro Mission SS_DieTotenErhebenSich Uschebti Reise Gefahr Tiere Schicksal ungefragt Ptahmose 2015–08–23; **TSW_D2_OralHistory_SS_Houy 1** Intro Mission AbschiedVonDenWaffen Technologie Möglichkeiten Atonisten Nachschub Lawrence Arabien 2015–08–20; **TSW_D2_OralHistory_SS_Moutnefert 1** Intro Mission EinstWarenSieSchön Fernweh Postkarten Reisen 2015–08–23.
2254 **TSW_D2_OralHistory_SW_Milosh 2** Intro Mission DieLauerndenSchrecken Milosh Draculesti Erbe Tradition Geschichte Kampf 2015–10–12.
2255 **TSW_D2_OralHistory_SW_Milosh 1** Dialoge Roma Draculesti Sprachen Aufgaben Welt Kampf Monster Orden 2015–10–18; **TSW_D2_OralHistory_BF_Zaha 1** Dialoge Roma Dracula Orden Verbindung Verteidigung Transylvanien Geschichte 2015–09–28; **TSW_D2_OralHistory_SW_Milosh Roma 3** Intro Mission DieDraculesti Kampf Orden Personen Gegner Aufgaben Bollwerk 2015–10–16; **TSW_D2_OralHistory_SW_Tibor Luminita 1** Dialoge Milosh Anführer Nachfolge König Mutter Draculesti 2015–10–19; **TSW_D2_OralHistory_SW_Mihas Blaga 1** Dialoge Boxer Aufnahme Draculesti Vlad Dracula Der Wald Geschichte Roma 2015–10–02.
2256 **TSW_D2_OralHistory_SW_Milosh 1** Dialoge Roma Draculesti Sprachen Aufgaben Welt Kampf Monster Orden 2015–10–18.
2257 **TSW_D1_QuestAttack_SW_ReinigungDesWassers Stufe 1a** Intro Mission Emilia Roma Lager Verseuchung Pilz Wald Wasser Reserven Streit Rassismus 2015–10–18; **TSW_D2_OralHistory_SW_Emilia 1** Dialoge Roma Lager Jugendliche Kampf Draculesti Probleme Jugend 2015–10–18.
2258 **TSW_D2_OralHistory_BF_Cucuvea 1** Dialoge Baum Alte Frau Geheime Welt Krieg Rache Schwester Zeitalter 2015–10–01.

sie sich aber immerhin gemeinsam mit den Spielenden gegen den Feldzug der Vampire.²²⁵⁹ Die Roma bekämpfen alle Vampire pauschal, *Cucuvea* verteidigt ihresgleichen teilnahmslos nur gegen Angreifende. Der uralte, adlige Vampir *Hasdatean*, der Zuflucht ausgerechnet bei einem Priester in der kleinen Kapelle *St. Haralambie* gesucht hat, verurteilt hingegen die *Strigoi* im Feldzug scharf als rebellische, verleitete Kinder.²²⁶⁰ Mit den abergläubischen Eiferern des Roma-Ordens könne man nicht verhandeln, mit der übrigen Bevölkerung als Untertanen habe man sich jahrhundertelang in einer Koexistenz arrangiert, die nun auf dem Spiel stehe. Ein namenloser Vampirjäger, der sich in einem Jagdparadies wähnt, schenkt keiner historischen Überlieferung, Volkssagen und Mythen über die *Strigoi* Glauben: er hält sie alle für Propaganda der Vampire, um sich geheimnisvoll erscheinen zu lassen.²²⁶¹ Die zentralen Spielfiguren also sind somit nicht bloß mit mehr Informationen ausgestattete Kulissen- oder Interaktionsobjekte wie in vielen anderen digitalen Spielen. Vielmehr spannen sie ein glaubwürdiges gesellschaftliches Geflecht aus vielfältigen Beziehungen zwischen Angehörigen unterschiedlicher Altersgruppen, aus verschiedenen sozialen Lagen und diversen kulturellen und ethnischen Hintergründen, persönlich mal enger, mal distanzierter. Aus ihrer jeweiligen Persönlichkeit, ihrer Herkunft und ihrer sozialen Lage heraus offenbart jede Figur eigene Motivationen, Haltungen und damit eine gefärbte Perspektive, so dass in der spielweltlichen Gegenwartsebene einander widerstreitende Deutungen kursieren. Die Gesprächspartner äußern sich zudem über die historischen Themen der Spielwelt. Beleuchtet wurden oben als Beispiele der Konflikt über die Überlieferungen der *Wabanaki* in Neuengland, die Deutungen um das frühgeschichtliche ägyptische Erbe aus der Zeit des Sonnen-Pharaos und die Perspektiven auf den Vampirmythos in Rumänien. Diese platzierten Figuren mit ihren Deutungen der Ereignisse, Meinungen über historische Überlieferung sowie persönlichen individuellen Lebenseinstellungen, spannen ein multiperspektivisches Personennetzwerk auf. Die Spielenden treffen die Personen zu unterschiedlichen Zeitpunkten im Spiel und in ihrer individuellen Spielerfahrung an, weil sie nicht gezwungen sind, sie zu in einer bestimmten Reihenfolge aufzusuchen. Sie erhalten dabei Informationen über die Regionen und über andere Personen, die ihnen in Abhängigkeit vom Verlauf der vorherigen Erfahrung im Spiel plausibel oder unglaubwürdig erscheinen können. Aus den widerstreitenden, narrativen Fragmenten, die ihnen rund hundert spielweltliche Repräsentanten anbieten, erschließen die

---

2259 TSW_D2_OralHistory_BF_Cucuvea 2 Intro Mission DieVersammlung Feindschaft Lilith Vampir Königin Kreaturen Krieg Zeitalter 2015–10–01; **TSW_D2_OralHistory_BF_Waldgott 2** Intro Mission AusdemWald Waldgott Sophie Vampire Zerstörung Natur Plan Dunkler Kreuzzug 2015–09–18.
2260 TSW_D2_OralHistory_BF_Hasdatean 1 Dialoge Vampir Adel Interpretation Dracula Geschichte Stoker Verfälschung Kampf Koexistenz 2015–09–28; **TSW_D1_QuestAttack_BF_Kaltblütig Stufe 1a** Intro Mission Hasdatean Strafe Verrat Vampire Waffenstillstand Koexistenz Rumänien Ehre 2015–09–28.
2261 TSW_D2_OralHistory_BF_Vampirjäger 1 Dialoge Vampire Klugheit Dummheit Experimente Sowjetunion Kreuzzug Belagerung 2015–09–28.

Spielenden somit eine spielweltliche *Oral History*. Sie müssen aus diesem Geflecht eigene Deutungen destillieren. Wie sie das Mosaik zusammensetzen, hängt davon ab, mit welchen Persönlichkeiten sie zu welchem Stand des Spielfortschritts über welche Aspekte gesprochen haben. So entsteht ein geschichtswissenschaftlich beeindruckendes Netzwerk, dessen multiperspektivische Komplexität eindeutige Interpretationen nicht zulässt.

Als übergreifende Ebene der Gruppierungen divergieren die Weltsichten der drei Hauptgruppen erheblich, weshalb sie die individuelle Spielerfahrung aus unterschiedlichen Richtungen einfärben. Als weiter oben die großstädtischen Heimatzentralen in New York, London und Sëoul beschrieben wurden, deuteten Indizien bereits die ideologischen Einstellungen durch die Sachkultur an.[2262] Zu Beginn müssen sich die Spielenden für eine dieser Gruppen entscheiden. Einführend stellen drei überblicksartige Videos die Kernphilosophien dieser Gruppierungen gegenüber, um die Entscheidung zu erleichtern. Knapp zusammengefasst, präsentiert das erste Video die *Illuminaten* als eine Organisation, welche mithilfe kommerziellen und politischen Mitteln Einfluss gewinnen will, um ihre Macht legal oder illegal auszubauen.[2263] Utilitaristisch ist für sie nur interessant, was diesem Zweck dient. Dafür setzen sie ihre erheblichen finanziellen Mittel ein, erforschen wissenschaftlich ohne Grenzen okkulte Kräfte und die erschienenen Kreaturen, um sie mit Technologie zu kontrollieren, für ihre Zwecke einzusetzen und daraus Kapital zu schlagen. Ihr Auftreten durch ihre Kleidung, sterile Büros und kühle Architektur erinnert zusammen mit dem Selbstverständnis aus dem Einführungsfilm an skrupellose Geschäftspraktiken global operierender, transnationaler Konzerne. Die *Templer* dagegen inszenieren sich in ihrem Video als Hüter des Guten und Kämpfer gegen das Böse.[2264] Ihre These ist, dass eine Weltordnung ohne Struktur, Disziplin und klare Herrschaftsverhältnisse untergehe. Um Stabilität herzustellen, müsse die Finsternis ausgerottet werden. Sie berufen sich auf Traditionen, Loyalität und die Macht des Gesetzes, Tugendhaftigkeit und Rechtschaffenheit. Sie aber beanspruchen die Hoheit zu definieren, was die Kategorien „gut" und „böse" erfüllt, welche Traditionen loyal zu befolgen sind und was zu ihrem Recht gehört. Sie repräsentieren, heutige Vorstellungen über den Ehrenkodex eines Ritterordens. Religiöse Motive bleiben dabei, abgesehen von einem roten Kreuz auf weißem Grund als Symbol, gering, auch wenn das historische Vorbild als christliche Glaubensgemeinschaft firmierte. Nimmt man die Befunde aus der Sachkultur hinzu, die auf einen Anschluss an das britische Empire hindeutete, gründet die Tugendhaftigkeit stärker in dem weltlichen Stereotyp von einer besonderen britischen Höflichkeit, gepaart mit Vorstellungen von Ritterlichkeit wie aus der Artus-Sage. Im dritten Video präsentieren sich die asiatischen *Drachen* als eine Gruppierung, die

---

[2262] Siehe ab S. 383.
[2263] **TSW_D2_Lore_Illuminaten Intro** 2017–04–01.
[2264] **TSW_D2_Lore_Templer Intro** 2017–04–01.

Chaos als Ordnungsprinzip zu ergründen versucht.[2265] Während andere dies als Schicksal akzeptierten, bestehe jede Situation schlicht aus zahllosen Elementen wie tausende Münzwürfe. Durch die Analyse dieses Chaos versuchen ihre Angehörigen Gleichungen und Modelle zu entwickeln, um aus dem unüberschaubaren Chaos zu ermitteln, wo sich eine gezielte Einflussnahme lohnt. Ihr Anspruch ist zu ergründen, welche Münze nach dem Wurf wo landet. Dafür nutzen sie Philosophie, Wissenschaft sowie magische Kräfte. Zusammen mit den Indizien aus der Sachkultur lässt sich einschätzen, dass das Selbstverständnis dieser Gruppierung vage an Vorstellungen über fernöstliche Harmonie durch Disziplin und Ordnung sowie die Koexistenz von Tradition und Moderne in ständiger Veränderlichkeit anschließt. Wenn man so möchte, sind sie von Chaos-Theoretikern zu Chaos-Praktikern fortgeschritten. Weitere Gruppierungen sind zwar nicht spielbar, treten aber im Spielverlauf nach und nach in Erscheinung. Sie besitzen je eine eigene Agenda, welche die Spielenden jedoch nur erahnen können, weil sie als Angehörige der spielbaren Fraktionen nicht zum Kreis der Eingeweihten gehören. Die *Phönizier* berufen sich auf Traditionen und Besitztümer, die sie auf Karthago zurückführen.[2266] Ihre Agentin in Ägypten ist in dubiöse Waffen- und Artefaktschmuggel verstrickt.[2267] Sie reagiert äußerst aggressiv auf die Spieler als Vertreter einer der drei spielbaren Organisationen.[2268] Einen *Rat von Venedig* bildeten die Geheimbünde ursprünglich als friedenswahrendes Gremium für den waffenlosen Ausgleich von Konflikten zwischen den Gruppen.[2269] Seine Angehörigen sammeln in verborgenen Bibliotheken verlorenes Wissen.[2270] Sie agieren aber auch mit eigenen Agenten und Wächtern in der Spielwelt.[2271] An gesicherten Brückenköpfen bieten sie allen Reisenden der drei Gruppierungen in jedem der Spielgebiete Waffen, Ausrüstung und Verbrauchsgüter an.[2272] Die Mumie *Saïd* gehört zum

---

[2265] **TSW_D2_Lore_Drachen Intro** 2017–04–01; **TSW_D2_Lore_SE_QuestStory Schmetterlingseffekt Stufe 2** Hoon Erklärung Wirkung Drachen Chaos Theorie 2017–04–01.
[2266] **TSW_B_Extremismus_VW_Issue05_VonKarthagoNachKairo Stufe 1b** Gespräch belauschen Mumie Said Altes Reich Tanis 2015–08–03, ab 3:42 min; **TSW_D2_OralHistory_SE_Jin Jae-Hoon 5** Dialog Die Phönizier Seoul Der Rat von Venedig 2017–04–01.
[2267] **TSW_D2_OralHistory_VW_Tanis 2** Intro Mission AlteGötterNeueTricks Verschollene Artefakte Phönizier 2015–08–01.
[2268] **TSW_D2_OralHistory_VW_Tanis 1** Dialoge Drohung Fraktion Phönizier 2015–08–01; **TSW_D2_OralHistory_VW_Tanis 4** Intro Mission EinUnbehaglichesBündnis Phönizier Zusammenarbeit gg Kultisten 2015–08–03.
[2269] **TSW_D2_OralHistory_VW_Amparo Osorio Rat Venedig 2** Dialoge Rat von Venedig Verortung Geheime Welt 2015–08–01.
[2270] **TSW_D1_QuestInvest_VB_Krampus2014_DieWeihnachtsverschwörung Stufe 2b** Nikolaus Manna Tod Mozart 2015–12–31.
[2271] **TSW_D2_OralHistory_VW_Amparo Osorio Rat Venedig 4** Intro Mission EinLöweAufDenStraßen Menschen verschleppt Verstärkung Rat 2015–08–01; **TSW_D2_OralHistory_SW_Agentin Rat Venedig 1** Issue07_WennDasBeilFällt Eintritt Beifall Anlage Zusammentreffen Rat Venedig 2015–08–28.
[2272] **TSW_D2_OralHistory_VW_Amparo Osorio Rat Venedig 1** Dialoge Al-Merayah Geheimgesellschaften 2015–08–01.

Alten Königreich, das Ägypten als sein Einflussgebiet beansprucht und bislang den Einfluss des Venizianischen Rates und der anderen Bünde aus Ägypten fernhielt.[2273] Ihn empört der Einsatz von Agenten der drei Gruppierungen auf dem ägyptischen Kampfschauplatz, ohne zuvor das Königreich um Erlaubnis zu bitten. Als weltumspannender Orden im Kampf gegen Vampire präsentieren sich auch die *Draculeşti* im transylvanischen Gebiet, als eine der wenigen Gruppen jedoch mit einer Doktrin der Verteidigung und nicht mit Herrschaftsansprüchen.[2274] Ähnlich verstehen sich auch die *Marya* als Verteidiger Ägyptens, wie ihre Anführerin und ihr Sprengstoffexperte erklären.[2275] Das Unternehmen *Orochi* mit seinen hochtechnisierten Einsatzkräften überall in der Spielwelt erfüllt ebenso die Kriterien einer verschlossenen Geheimgesellschaft mit schwer zu ergründenden Motiven.[2276] Erwähnt wurde zudem die Sekte *Morninglight*, die nicht nur aufgrund vermeintlicher psychologischer Tests Parallelen zu Scientology aufweist, überall auf der Welt aktiv ist und verborgene Ziele verfolgt.[2277] Sie setzt einige Personen der Spielwelt unter existenziellem Druck.[2278] Ihre Vertreter empfinden es angesichts der Aktivitäten anderer Geheimbünde als heuchlerisch, dass diese sich gegen ihre „Religion" für etwas Besseres halten.[2279] Jede dieser Gruppierungen weist eine eigene Agenda auf, die Uneingeweihten nicht explizit eröffnet wird. Das gilt nicht nur für die Spielenden, sondern auch für die handelnden Figuren und Gesprächspartner in der Spielwelt. Das Handeln der Angehörigen dieser Gruppierungen basiert auf den diffusen Grundeinstellungen ihrer Weltsicht. Durch Gespräche und innerhalb der Missionen erfahren Spielende im Verlauf ihrer Reise zwar immer

---

2273 **TSW_D2_OralHistory_VW_Said 0** Dialoge Mumie AltesReich Digitales Zeitalter Anonymität Al-Merayah 2015–08–08.
2274 **TSW_D2_OralHistory_SW_Milosh 1** Dialoge Roma Draculesti Sprachen Aufgaben Welt Kampf Monster Orden 2015–10–18.
2275 **TSW_D2_OralHistory_VW_Shani 1** Dialoge Marya Ägypten Echnaton verrufene Geheimbünde 2015–07–29; **TSW_D2_OralHistory_VW_Shani 2** Dialoge Marya Ägypten Echnaton verrufene Geheimbünde 2015–07–29; **TSW_D2_OralHistory_VW_Shani 3** Intro Mission Die Belagerung von El-Merayah 2015–07–29; **TSW_D2_OralHistory_VW_Nassir MaryaLager 1a** Dialoge Ausbildung USA Krieg Marya Sonnengott Stadt 2015–08–03.
2276 **TSW_D2_OralHistory_KM_Ann Radcliffe Orochi** 2015–04–08; **TSW_D2_OralHistory_KM_Harrison Blake Orochi 2** 2015–04–08; **TSW_B_VerschwörungRegierung_BM_MarianneChen CDC 2** Intro Mission Orochi Group 2015–07–17; **TSW_D1_QuestNeben_SW_Issue07_GemischteGemeinheiten Stufe 1a** Waffen Orochi Sammeln Rat Venedig BERICHT 2016–01–23; **TSW_D2_OralHistory_RK_DraganDzoavich 3** Intro Mission Issue07_ManStirbtNurZweimal Orochi Agent Nursery Mädchen Bär Verrücktheit 2015–08–28.
2277 **TSW_A_London_Rundgang 5** Morninglight Anwerber Persönlichkeitstest 2015–07–27; **TSW_D2_OralHistory_KM_Che Garcia Hansen 1** Morninglight Erlösung Belmont Geheimgesell 2015–05–28.
2278 **TSW_D2_OralHistory_SW_Alina Florea 1** Dialoge Emo Selbstmord Morninglight Sekte Ereignisse Transylvanien 2015–10–02; **TSW_B_Morninglight_BF_Insider Praktiken Dusko Biukovic** Issue05_HinderlichePersonen Stufe 4c Abtrünniger Kritiker 2015–10–02.
2279 **TSW_D2_OralHistory_KM_Che Garcia Hansen 2** Morninglight Erlösung Belmont Geheimgesell 2015–05–28.

mehr über sie, dennoch bleibt es bei Andeutungen und gegensätzlichen Meinungen der Gesprächspartner. Das ohnehin komplexe Gemenge aus den Erzählungen, Haltungen und Beziehungen der einzelnen Personen potenzieren die verschiedenen Weltsichten der spielweltlichen Organisationen zusätzlich. Sie bieten für die spielweltlichen und historischen Ereignisse einige zusätzliche Perspektiven an, um die individuelle Spielerfahrung zu rahmen. Besonders prägend ist dabei das Verhältnis zur eigenen Gruppierung, denn jede Mission schließt mit einem Bericht an die Zentrale ab, um nach und nach die Ereignisse vor Ort zu erschließen.[2280] Bei den Templern ordnet zum Beispiel *Richard Sonnac* die Entwicklungen aus seiner Sicht ein und legt damit Denkmuster offen.[2281] Gelegentlich teilt er dann geschichtliches Geheimwissen, über das die Gruppierung im Gegensatz zu den Spielenden verfügt.[2282] Auch offenbaren diese Rückmeldungen seine Einschätzungen über die genannten anderen Gemeinschaften und frühere Konflikte.[2283] So kommentiert die eigene Gruppierung den Fortschritt der Spielenden kontinuierlich entlang der Missionen, erheblich gefärbt durch die Weltsicht.[2284] Auch wenn diese Rückmeldungen sich auf dieselben Inhalte der Missionen beziehen, unterscheiden sie sich daher in ihrer ideologischen Einfärbung und lassen viele Entwicklungen in anderem Licht als bei den anderen Gruppen erscheinen.[2285] Schwierig abzuschätzen ist, wie viele Spielende mehrere Charaktere in verschiedenen Gruppierungen erstellt und über längere Zeit gespielt haben. Zwar ist die Wahrscheinlichkeit hoch, dass sie allein aus Neugierde zumindest mehrere Charaktere begonnen haben, um die Eingangsmissionen kennenzulernen. Dass aber viele von ihnen längerfristig unterschiedliche Avatare geführt haben, erscheint unwahrscheinlich, müssten sie sich doch erneut mehrere Dutzende von Stunden durch Spielgebiete arbeiten, die sie bereits kennen. Wie viele Spielende also tatsächlich über den einführenden Introfilm der jeweiligen Gruppierungen hinaus mehrere Weltsich-

---

[2280] **TSW_D1_QuestAttack_BM_EineNummerZuGroß Stufe 4** Herren der Hvammvr töten Bericht 2015–07–02.
[2281] **TSW_D2_OralHistory_LO_Richard Sonnac 1** Templer Weltsicht Legenden Mythen Fraktionen 2015–07–27; **TSW_D2_OralHistory_LO_Richard Sonnac 2** Templer Weltsicht Legenden Mythen Fraktionen 2015–07–27; **TSW_B_Templer_Werte_SS_DieBefleckteOase Stufe 4 BERICHT** Urteil Richten Templer Tugend 2015–08–20.
[2282] **TSW_D1_QuestInvest_SCBM_Issue2_Fremde aus einem fremden Land Stufe 7** Hugin Munin Wabanaki Nordmänner 2015–06–05, ab 4:30 min.
[2283] **TSW_B_Templer_Werte_SS_DieBefleckteOase Stufe 4 BERICHT** Urteil Richten Templer Tugend 2015–08–20; **TSW_D1_QuestInvest_KM_Der Kingsmouth Code Stufe 4** Lösung 2015–04–07, ab 1:10 min; **TSW_D1_QuestSabot_VW_DerVerräter Stufe 3c** Flucht Verräter Drachen Fraktion BERICHT 2015–07–31; **TSW_B_Roma_SW_Traditionen Wissen Kampf** DieDraculesti Stufe 4b BERICHT 2015–10–18; **TSW_D1_QuestSabot_SS_Notfallmaßnahmen Stufe 4** Upload Informationen Orochi Templer London Bericht 2015–08–23; **TSW_D1_QuestInvest_VB_Krampus2014_DieWeihnachtsverschwörung Stufe 3i** Manna Bergung Nikolaus Angelina BERICHT 2015–12–31.
[2284] **TSW_B_Templer_Werte SS_DieDunklenOrte Stufe 6 BERICHT** Gut Böse Tugend Soldat Anführer 2015–08–20.
[2285] **TSW_D1_QuestStory_KM_DämmerungEinerEndlosenNacht Stufe 7d** Flugbuch Beaumont Savage Coast BERICHT SAMMYLUXE 2016–02–05.

ten der Gruppierungen spielerisch erfahren haben, ist schwierig zu erfassen. Allerdings verweist dies auf das grundsätzliche Problem, dass die Inszenierung stark von Verhalten und Interessen der Spielenden abhängt. Gleichwohl bietet das Spiel diese Weltdeutungen an und trägt sie in Gesprächen und Missionen weiter. In allen Gruppierungen führen diese grundsätzlichen Einstellungen dazu, dass die historischen Überlieferungen, Mythen und Legenden in der Spielwelt aus der Perspektive unterschiedlicher Geschichtsphilosophien gesehen werden. Hier ließe sich etwa an die geschilderten Vorarbeiten von Vincenzo Casso und Mattia Thibault anschließen, die ihr Untersuchungsmodell an geschichtstheoretischen Strömungen ausrichten.[2286]

Einen wesentlichen Anteil des spielerischen Handelns in *The Secret World* nehmen Missionen ein, auf welche die Spielenden durch die oben genannten spielweltlichen Hauptfiguren entsendet werden. Als langer, verworrener Faden mäandert zwar eine Haupthandlung durch alle Spielgebiete, die von einander bekämpfenden Universalkräften des Guten und des Bösen handelt. Als fantastische, übergreifende Erzählung koppelt sie sich jedoch metaphysisch und esoterisch so sehr von den historischen Themen und Schauplätzen ab, dass ihr analytischer geschichtswissenschaftlicher Wert gering ist. Wesentlich zahlreicher sind hingegen die Missionen, welche von dieser Hauptgeschichte unabhängig sind. Sie beginnen bei Persönlichkeiten der Spielwelt und enden, teils nach mehrstufigen Abläufen und Reisen, welche die Regionen und Städte übergreifen, mit den Berichten an die Heimatfraktion. Dazwischen ordnen sich die Missionen nach wenigen grundsätzlichen Typen, die nach und nach dazu führen, jeden Winkel der Spielgebiete zu erkunden. Mit einer weißen Waffe auf einem roten Icon illustriert, sind in Kampfmissionen meist eine Anzahl von Gegnern oder Objekten zu suchen und zu vernichten, ihnen muss standgehalten werden oder gezielt sind besonders fähige starke Gegenspieler zu eleminiert.[2287] Für ein Online-Rollenspiel bergen sie konventionelle Aufgaben, erläutern aber über ihre Rahmenhandlung spielweltliche und historische Zusammenhänge. Ebenso kampflastig sind Gemeinschaftsaufträge hinter den violetten Dungeon-Markern, auf denen die Silhouette einer Spielergruppe zu den Schlachtfeldern für Mehrspieler überführt.[2288] Deren weitgehend unabhängige Handlung um einen Herrschaftskonflikt in dämonischen Dimensionen erwähnte bereits die sachkulturelle Beschreibung der Spielgebiete. Überall finden sich türkise Symbole mit einem weißen Paket darauf, die zu überschaubaren, zeitlich wenig beanspru-

---

[2286] Casso / Thibault: HGR Framework, 2016. Siehe weiter oben ab S. 78.
[2287] **TSW_D1_QuestAttack_KM_Draugnet Stufe 2** Feigr Pfähler Zugang Strand 2015–06–04; **TSW_D1_QuestAttack_VW_VonUnten Stufe 1b** Stellung gegen Ansturm halten 2015–08–12; **TSW_D1_QuestAttack_SW_DerLetzteTanzDerPadurii Stufe 4** Mama Padurii Feen Sieg Trick BERICHT 2016–01–23.
[2288] **TSW_D1_Dungeon_SC_Noch einmal ins Inferno Stufe 1a** Intro Mission 2015–06–19; **TSW_D1_Dungeon_SS_MitleidMitDemTeufel Stufe 1a** Intro Mission Dschinn Amir Theodore Wicker Hölle Krieg Gaia 2015–08–19. Ähnlich die Schlachtfelder für größere Spielergruppen (Raid) in New York und der Zwischenwelt Agartha: **TSW_D1_Dungeon_NY_Issue04_KreuzungderWelten Stufe 1a** Intro Mission Dave Screed Angriff Militär Verschwörung Times Square Vertuschung 2015–10–31; **TSW_D2_Lore_AG_FlüsterndeFlut Nr 1 3** Nullpunkt Pathogen Vogel Raid 2015–10–02, ab 3: 30 min.

chenden Nebenquests führen.²²⁸⁹ Sogar sie tragen stimmig zahlreiche kleine Fragmente zum spielweltlichen Gesamthintergrund bei und sind teils trotz ihrer Kürze spielmechanisch einfallsreich.²²⁹⁰ Ungewöhnlicher und etwas seltener treten Aufträge mit einem gelben Icon auf, das einen Sprengsatz mit Zeitzünder zeigt. Bei diesen Sabotage-Aufträgen schleichen die Spielenden weitgehend ohne den Einsatz von Waffengewalt an Kameras und Wachen vorbei, infiltrieren unentdeckt Orte, bergen oder stehlen Gegenstände und setzen feindliches Gerät außer Gefecht.²²⁹¹ Die Schleichmissionen sind nicht nur spannend und ungewöhnlich, die geänderte Vorgehensweise, Kämpfen auszuweichen, wandelt auch die Wahrnehmung der spielweltlichen und historischen Inhalte. Leider erschwert eine unpräzise Steuerung das Verstecken, Schleichen oder in Sprungpassagen, um Missionen überhaupt zu lösen.²²⁹² Tragen schon diese Typen von Missionen vielseitig zu den historischen Hintergründen bei, bindet *FunCom* mit Investigativ-Missionen eine besonders innovative Auftragsform ein. Was zu tun ist, präsentiert den Spielenden nicht einfach der nächste Auftragsschritt, vielmehr müssen sie aus Andeutungen, Bilderrätseln oder lückenhaften Unterlagen selbst Schlüsse ziehen. In der Mission, für die *Echnatons* Namen seinen Lebensphasen zuzuordnen sind, müssen die Spielenden beispielsweise ein Code-System dechiffrieren. Unterlagen der Oxforder Archäologen deuten an, dass die Notizen mit „rudimentären Kenntnissen der römischen Geschichte" entschlüsselbar wären.²²⁹³ In der Tat können die Zeichen auf verstreuten Blättern händisch oder mithilfe eines Webtools als Verschiebungscode entschlüsselt werden, der Julius Cäsar zugeschrieben wird.²²⁹⁴ Die dechiffrierten Texte sind im Laufe der Quest nötig, um weitere Schritte durchzuführen. Viele Missionen erfordern, zumindest die Webenzyklopädie *Wikipedia* außerhalb des Spieles zu konsultieren, in

---

2289 TSW_D1_QuestNeben_BM_DerUnfall **Stufe 1** Überlebende des Bus Crashs suchen 2015–07–19; **TSW_D1_QuestNeben_SS_EsKamAusDerWüste Stufe 1** Sarkophag Kreatur Mumie auferstanden 2015–08–23.
2290 TSW_D1_QuestNeben_SS_SieMagStille **Stufe 1** Schwert bergen Höhle Atonisten Schmieden Moutemouia BERICHT 2015–08–25.
2291 TSW_D1_QuestSabot_KM_Die Lieferung **Stufe 2** Wartungstunnel INSTANZ 2015–06–04; **TSW_D1_QuestSabot_SW_WieGhuleZurSchlachtbank Stufe 2** Keller Dimir Hof Bunker Sowjetunion Schlachthaus Sicherheit INSTANZ 2015–10–12; **TSW_D1_QuestSabot_SC_Das Schwarze Haus Stufe 2** 2015–03–31; **TSW_D1_QuestSabot_VW_Issue06_AllesHatSeineZeit Stufe 2b** Dokument für Replika des Ancile finden 2015–08–06; **TSW_D1_QuestSabot_KM_Flugsicherung 3** EMP Generatoren abschalten 2015–04–08.
2292 **TSW_D1_QuestSabot_VW_DiePrometheus-Initiative Stufe 2** Kraftwerk neu starten Scheitern Erfolg Schleichen 2015–08–12; **TSW_D1_QuestSabot_BF_DerPreisDerMagie Stufe 2a** Blut Alter Vampir Zutat Zauber Besorgung SCHEITERN Stoß Plattform 2015–10–09; **TSW_D1_QuestSabot_BF_DerPreisDerMagie Stufe 2b** Blut Alter Vampir Zutat Zauber Besorgung SCHEITERN Stoß Plattform 2015–10–09.
2293 **TSW_D1_QuestInvest_VW_DasGroßeSchrecklicheGanze Stufe 1b** Karte und Notizen Montgomery Lager 2015–08–11.
2294 **TSW_D1_QuestInvest_VW_DasGroßeSchrecklicheGanze Stufe 2a** Verschlüsselung Cäsar Notizen 2015–08–11; **TSW_D1_QuestInvest_VW_DasGroßeSchrecklicheGanze Stufe 4a** Dritte Phase Tempelkammer Notizen Entschlüsseln 2015–08–11.

jenem Fall helfen die Hieroglyphen zu Echnatons Lebensphasen einen verborgenen Mechanismus zu öffnen.[2295] Für Webrecherchen, die auch in andere Regionen des Internets führen, integrierten die Entwickler einen Web-Browser direkt im Spiel. Durch diesen Kniff verbinden sie die narrativen Netzwerke innerhalb des Spieles mit meist historischen Fragmenten außerhalb, was geschickt die Tiefe der Spielwelt erhöht. Spielende tauchen auf diese Weise tief in kulturgeschichtliche Zusammenhänge ein, wodurch die spielweltliche Grenze in die Lebenswelt der Spielenden diffundiert. Die Aufgaben können auch Übersetzungen umfassen. Die hebräische Gravur auf dem Stab des Khalid ist etwa mit arabischen Schriftzeichen in der Spielwelt abzugleichen, um legendäre biblische Plagen zu bekämpfen.[2296] Mit internen Hilfsmitteln des Spieles kann man die Aufgabe nicht lösen, so muss man ihre Bedeutung mithilfe einer Übersetzungswebseite übertragen. Gelegentlich sind längere Texte ähnlich zu übersetzen wie im Fall der rumänischen Polizeiakten auf der Suche nach einer verschollenen Person im *Belagerten Farmland*.[2297] Auf die Literaturgeschichte nimmt ein Auftrag in New York Bezug, als eine monströse, aber intelligente Kreatur entflieht, geschaffen von einem Plastischen Chirurgen, arm an Skrupel.[2298] Da das Monster versucht, seine Existenzkrise durch Mary Shelleys *Modern Prometheus* zu bewältigen, führt dessen Lektüre auf das Passwort eines Rechners und dadurch der Kreatur auf die Spur.[2299] Von besonderer Eleganz ist eine saisonale Investigativ-Mission, die nur zur Weihnachtszeit spielbar ist. Auf der Suche nach dem Leichnam der historischen Figur des *St. Nikolaus von Myra* müssen Spielende zahlreiche Motive aus Mozarts Zauberflöte entschlüsseln, um musikalische Elemente als Zauber nutzbar zu machen.[2300] Die diversen Formen der Quests

---

2295 **TSW_D1_QuestInvest_VW_DasGroßeSchrecklicheGanze Stufe 4b** Hieroglyphen Wahrer Name Echnaton Gebet 2015–08–11.
2296 **TSW_D1_QuestInvest_VW_DerNicht-BrennendeBusch Stufe 1b** brennendem Busch folgen Schriftzeichen Arabisch 2015–08–09; **TSW_D1_QuestInvest_VW_DerNicht-BrennendeBusch Stufe 1c** Rätsel Plage Blutige Flüsse Schriftzeichen Hebräisch auf Stab 2015–08–09; **TSW_D1_QuestInvest_VW_DerNicht-BrennendeBusch Stufe 1d** Sieg über Kultisten Blut Wasser Steintafel 2015–08–09.
2297 **TSW_D1_QuestInvest_BF_Issue02_TodUndÄxte Stufe 1c** Informationen über Petrescu finden 2015–09–18; **TSW_D1_QuestInvest_BF_Issue02_TodUndÄxte Stufe 1d** Fälle Informationen Petrescu Ermittlungen 2015–09–18; **TSW_D1_QuestInvest_BF_Issue02_TodUndÄxte Stufe 2a** Tod Mihail Sasu Ort Polzeiakten Bach Liebende aufsuchen 2015–09–18.
2298 **TSW_D1_QuestInvest_NY_Nebengeschichten_WeitereAnalysen DerBelebteLehm Stufe 1a** Dr Aldini Intro 2018–01–01.
2299 **TSW_D1_QuestInvest_NY_Nebengeschichten_WeitereAnalysen DerBelebteLehm Stufe 2a** Recherche Lieblingsbuch Monster 2018–01–01; **TSW_D1_QuestInvest_NY_Nebengeschichten_WeitereAnalysen DerBelebteLehm Stufe 2b** Passwort Paradise Lost 2018–01–01.
2300 **TSW_D1_QuestInvest_LO_Krampus2014_DieWeihnachtsverschwörung Stufe 1d** Mozart Zauberflöte Mord Manna Nikolaus 2015–12–31; **TSW_D1_QuestInvest_VB_Krampus2014_DieWeihnachtsverschwörung Stufe 2b** Nikolaus Manna Tod Mozart 2015–12–31; **TSW_D1_QuestInvest_VB_Krampus2014_DieWeihnachtsverschwörung Stufe 3b** Lied Vögel Papageno Stimme 2015–12–31; **TSW_D1_QuestInvest_VB_Krampus2014_DieWeihnachtsverschwörung Stufe 3d**

ließen sich noch eine Weile weiter fortführen. Dieser Abschnitt zielt jedoch nicht auf Vollständigkeit, sondern arbeitet die strukturelle Anlage des narrativen Netzwerkes heraus. Die Spielenden können in den Spielgebieten, die sie bereits erreicht haben, überall Aufträge beginnen, die Spielfiguren dort anbieten. Auch wenn wenige von ihnen voraussetzen, zuvor bestimmte andere Missionen abzuschließen, unterscheidet sich also die Reihenfolge grundsätzlich, in der Spielerinnen und Spieler die narrativen Fragmente aus den Missionen erfahren. Da sie auch nicht notwendig alle Missionen lösen müssen, um in neue Gebiete vorzustoßen, setzt jeder und jede von ihnen aus den narrativen Fragmenten eine individuelle Narration für sich persönlich in dem narrativen Netzwerk zusammen. Die Investigativ-Missionen binden zudem die lebensweltliche Außenwelt der Spielenden als Teil der spielweltlichen Gegenwartsebene mit ein und verknüpfen die spielweltlichen, historischen Hintergründe mit geschichtlichem Wissen außerhalb des Spielsystems. Somit verbinden sich zeithistorische und ältere Epochen in einer kulturhistorischen Spielerfahrung, die sich für alle Spielenden unterschiedlich zusammensetzt. Quests, die aufeinander aufbauen, sowie später durch Updates hinzugefügte Missionen weisen zudem eine zeitliche Entwicklungsrichtung der Spielwelt aus. So erinnert sich beispielsweise der Schrottplatzbesitzer *Edgar*, dass Spielende bereits zuvor einmal bei ihm waren.[2301] Für die Spielenden entsteht die Vergangenheitserfahrung durch die Verkettung der Missionen zum individuellen Spielverlauf, andererseits durch die Äußerungen der Spielfiguren über Vorangegangenes.

Überall in der Spielwelt verteilt, schweben zudem leuchtende Symbole, die wie Bienenwaben aussehen und honiggelb glühen. Sie liefern nur wenige Sätze lange Fragmente zu spielweltlichen und historischen Hintergründen des Online-Rollenspieles. Hunderte von ihnen enthalten Informationen über die Spielerfraktionen und andere Gruppierungen, über Orte wie spielweltliche Ereignisse, Personen und Kreaturen, sowie eine Art Weltwissen über älteste historische Zusammenhänge, Legenden und Mythen.[2302] Solche Hintergrundinformationen werden als Lore bezeichnet. Häufig stehen sie hier in einer inhaltlichen Beziehung zu den Orten, an denen sie zu finden sind.[2303] Manchmal offensichtlich und im Vorbeigehen einzusammeln, befinden sie sich teils an schwer zugänglichen Orten, und es erfordert Geduld und Geschick sie zu

---

Pamina Monotheastes Rettung 2015–12–31; **TSW_D1_QuestInvest_VB_Krampus2014_DieWeihnachtsverschwörung Stufe 3 g Mischung** Lieder Königin Nacht Zerstörung 2015–12–31.
2301 **TSW_D2_OralHistory_KM_Edgar Schrottplatz 3** 2015–05–28.
2302 **TSW_D1_Erfolge_Wissen_NY_Illuminaten** 2015–06–18; **TSW_D2_Lore_BF_DieOrochiGroup Nr 6** Der Turm in Tokio 2015–08–26; **TSW_D2_Lore_VW_DasReich Nr 6** vollständig 2015–08–17; **TSW_D2_Lore_SS_DiePyramide Nr 5** vollständig 2015–08–25; **TSW_D2_Lore_BF_Iazmaciune Nr 2** Bedeutung Wort Schrecken Fundort Kloster 2015–10–16; **TSW_D2_Lore_SS_DieWächter Nr 15** Sieben Wächter gg Aton Erfolg Regionale Geschichte 2015–08–17; **TSW_D2_Lore_SS_FundInDerTempelstadt Nr 10** vollständig Erfolge AktuelleEreignisse 2015–08–25.
2303 **TSW_D2_Lore_KM_Lady Margarete 2** 2015–05–20; **TSW_D2_Lore_SS_Die Pyramide Nr 1** 2015–08–17; **TSW_D2_Lore_BF_DieAnlage Nr 1** 2015–08–26; **TSW_D2_Lore_SW_Anastasias Wagen Nr 1** Roma Geister Helfer Zigeuner Zauberei Fahrendes Volk 2015–10–09.

erreichen.²³⁰⁴ Manche dieser Schnipsel sind nur in Regionen zu finden, in die bestimmte Missionen führen, einige erscheinen saisonal um Halloween oder Weihnachten.²³⁰⁵ Informationen erreichen darin die Spielenden nicht als neutral formulierter Sachtext. Sie sind durch die Waben symbolisiert, weil nach der spielweltlichen Perspektive dieses Weltwissen durch Bienen gesammelt und transportiert wird. Dadurch nehmen alle erläuternden Texte die Sicht des kollektiven Schwarmbewusstseins ein, das die Spielenden etwas befremdlich als „Süßling" anspricht. Kryptisch verlieren sich viele Informationen in Satzfragmenten, die abgebrochen und unterbrochen werden, plötzlich werden historische Erläuterungen eingeschoben oder Verweise auf Personen und Fraktionen der Spielwelt ergänzt. So erschließen sie zum Beispiel in Rumänien eine Sichtweise der Herrschaft von *Vlad Tepes* auf der Basis historischer Informationen, interpretieren den Einfluss von Gruppierungen wie den *Draculeşti*, bringen die Fragmente mit den Hintergründen des Feldzuges der *Strigoi* zusammen und verbinden dies mit einer persönlichen Geschichte über das Schicksal des *Dracula*.²³⁰⁶ Grob zusammengefasst, habe sich während der Kämpfe mit den Osmanen eine Vampirkönigin ausgebreitet, vor welcher der gerechte Herrscher Vlad Dracula 1462 schließlich fliehen musste. Erst ein Bündnis mit den Waldvölkern Rumäniens und den zusammengerufenen Roma ermöglichte ihm, diese zu vertreiben, er selbst allerdings sei dabei durch Verrat gestorben. Besonders im ersten Spieldrittel aber, wo die Fragmente punktuell Hintergrundtexte freischalten, erschließt sich ein Verständnis nur schleppend. Um etwa das Schicksal der Besatzung auf dem Fisch-Trawler *Lady Margaret* aus *Kingsmouth* zu verstehen, fehlen beispielsweise anfangs die Sagen der *Wabanaki* über ihre Zusammenkunft mit Skandinaviern.²³⁰⁷ Zahlreiche Fragmente müssen gefunden werden, um die Zusammenhänge zwischen den *Wabanaki* und der *Blue Ridge Mine* in *Blue Mountain* zu verstehen.²³⁰⁸ Dass das Feuer von 1712 in *Kingsmouth* kein Zufall war, wird durch die Waben erst spät deutlich und verändert die lokalgeschichtliche Sicht auf den verheerenden Stadtbrand.²³⁰⁹ Später wird erkennbar, dass auch dieses bienengestützte Weltwissen nicht allwissend ist, so liegt etwa die Bedrohung der Spielwelt außerhalb ihres Horizonts. Erst die Erweite-

---

2304 **TSW_D2_Lore_NY_Illuminaten 2 Wissen Sprünge Schwer** 2015–06–18.
2305 **TSW_D2_Lore_VW_Lagerkisten Issue06_DerGefangene Stufe 1b** 2015–08–06; **TSW_D2_Lore_LO_Samhain 2012 Nr 1** Übertragung Beginn Vodoo Shop House of Chalk 2015–11–12; **TSW_D2_Lore_BM_Samhain 2012 Nr 3** Stonehenge Ursprung Beschwörung Katzengott VOLLSTÄNDIG 2015–11–12; **TSW_D2_Lore_VB_Krampus2014_DasMannaDesHlgNikolaus Nr 3** komplett Balsam Gift Tofana Mozart 2015–12–31.
2306 **TSW_D2_Lore_SW_Überblick** Wissen 2015–10–09; **TSW_D2_Lore_SW_Iazmaciune Nr 7** Geschichte Ort Rumänen Frieden Werwölfe Vampire 2015–10–12; **TSW_D2_Lore_SW_Vampir-Kreuzzüge Nr 3** Beginn Geschichte Mara Vlad Dracul 2015–10–12; **TSW_D2_Lore_BF_DerWaffenstillstand Nr10** KlosterUnsererHerrin Haus des Abtes 2015–08–26.
2307 **TSW_D2_Lore_KM_Lady Margaret 7** Wikinger 2015–06–29.
2308 **TSW_D2_Lore_BM_Wissen_Blue Ridge Mine Nr 2** Hintergründe Wabanaki Minenarbeiter 2015–07–18.
2309 **TSW_D2_Lore_KM_Feuer 1712 3** 2015–03–31.

rung nach Tokyo stellt mit dem *Schwarzen Signal* eine andere Weltsicht dagegen. Insgesamt gelingt dadurch dem Lore-System eine hervorragende Interpretation von Prozessen des Wissenserwerbs. Perspektivisch gefärbte Fragmente, die für sich kaum verständlich sind, fügen sich erst im Laufe längerer Beschäftigung zu einem umfangreichen, verwobenen Geflecht zusammen, in dem die einzelnen narrativen Elemente sich gegenseitig Bedeutung zuweisen. So fügen die Spielenden beispielsweise die Fragmente der historischen Überlieferungen zu einem Wissensnetzwerk zusammen, das Orte, Personen und Weltregionen sukzessive miteinander verbindet. Es entsteht so zwar keine akademische Historiografie, sondern eine kulturgeschichtliche Secret History, die jedoch zieht enorm vielfältig Verbindungen zwischen historischen Ereignissen, Artefakten, Persönlichkeiten und Gruppierungen. Erneut erschwert die Einschätzung, welche historischen Vorstellungen die Spielenden dadurch erreichen, dass nicht alle von ihnen sich überhaupt mit den Waben befassen. Wenn sie diese einsammeln wollen, finden sie möglicherweise nicht alle, sie bleiben ihnen verschlossen, weil sie an einer Mission oder einem saisonalen Evenet nicht teilnehmen, oder weil sie schwieriger angebrachte Waben aufgrund spielerischer Schwächen oder spielmechanischer Defizite nicht erreichen. Erneut tritt also zutage, wie die Wahrnehmung der historischen Inszenierung von der Spielmechanik, Spielweisen, den Vorlieben und Fähigkeiten der Nutzerinnen und Nutzer abhängt.

Diese ganzen Informationen speichert das Wissenssytem des Spieles in einer umfangreichen enzyklopädischen Datenbank. Sofern man sie denn einsammelt, gehen die gefundenen Fragmente des Wissens so in ein wachsendes Nachschlagewerk ein, das Stück für Stück mehr spielweltliche und historische Hintergründe enthüllt und sie durch seine Struktur in Beziehungen zueinander setzt. Diese Datenbank katalogisiert die Wissenswaben unter der Kategorie „Global" zu den weltweiten Zusammenhängen, den regionalen Spielgebieten, bestimmten Veranstaltungen und den Updates, welche die Spielinhalte stetig erweiterten.[2310] Beispielsweise zu *Solomon Island* führt es „Regionalgeschichte" wie die Entstehung der *Liga der Monsterjäger* auf, erläutert „Interessante Orte" wie die *Innsmouth Academy* und unter „Mythen und Legenden" die Abwehr der Invasoren durch *Wabanaki* und Wikinger. Aktuelle Entwicklungen wie das Schicksal des Trawlers *Lady Margaret* kommen hinzu. Eine analoge Struktur sammelt aufgefundene Wissensfragmente zu den ägyptischen und rumänischen Spielgebieten, später auch zum ergänzten Tokyo. Etwas unglücklich befindet sich in dieser Ebene erneut eine Kategorie „Global", die „Alte Geheimnisse" zum Wissen der Bienen, dem Weltgeist Gaia oder der Hohlwelt Agartha umfasst, Informationen zu den „Fraktionen" wie Templer und Phönizier sowie zu „Gruppen" wie die Orochi-Group oder die Morninglight-Sekte.[2311] Schließlich sammelt der Reiter „Völker" Informationen über Ethnien und ihre Kultur, so zum Beispiel zu den neu-

---

[2310] TSW_D2_Enzyklopädie_Wissen 1 2015–03–31.
[2311] TSW_D2_Enzyklopädie_Wissen 2 2015–03–31.

englischen *Wabanaki* und den *Marya* in Ägypten.[2312] Eine weitere Kategorie überblickt Inhalte zu den saisonalen „Veranstaltungen", die jahreszeitlich bedingt oder als gelegentliche Ereignisse nur temporär bespielbar sind, wozu die jährlichen *Samhain*-Feste im zeitlichen Umfeld von Halloween gehören oder die *Krampus-Nächte*, die sich um Legenden der Weihnachtszeit ranken.[2313] Die Kategorien „Ausgaben" und „Nebengeschichten" beinhalten Hintergründe, die kostenpflichtige inhaltliche Updates im Laufe des Spielbetriebs ergänzten. Die Enzyklopädie unterstützt den Entdeckerdrang in der Spielwelt mit einem zweiten großen Bereich „Erfolge" (Achievement). Zum Zeitpunkt meiner Aufzeichnungen konnten Spielende immerhin 685 Erfolge erreichen.[2314] Sie belohnen mit spielweltlichen Zahlungsmitteln, investierbarer Erfahrung, seltener Kleidung oder Gegenständen der Ausrüstung. Dafür können Spielende zum Beispiel in einem Gebiet wie Ägypten die Missionen erfüllen, vollständig die Waben des Weltwissens in bestimmten Gebieten oder zu Themen vollständig sammeln, tierische Begleiter für den Spielcharakter erspielen oder kaufen und im Talentsystem verschiedene Spielstile (*Decks*) freischalten. Zudem erlangen Spielerinnen und Spieler Erfolge im Kampf gegen andere menschliche Spieler. Gegen gegnerische Kreaturen lassen sich Erfolge erringen, indem bestimmte Zahlen wie 1.000 Zombies besiegt werden. Schwieriger zu schlagende „Bosse" hingegen sind häufig nur gemeinsam durch Spielergruppen zu bewältigen und schalten einmalig einen Erfolg frei. Auch innerhalb von „Missionen" sind Erfolge zu erringen, indem zusätzliche besondere Bedingungen eingehalten werden, zum Beispiel im Missionsverlauf nicht entdeckt zu werden. Erfolge für „Szenarien" hängen mit Trainingsgebieten in der *Versunkenen Bibliothek* der Venizianer zusammen.[2315] Vergleichbare Erfolge wie oben ermöglichen „Dungeons", „Raids", die „Ausgaben", „Nebengeschichten" und „Veranstaltungen". Die Wissensdatenbank besteht also zu einer Hälfte aus den Fragmenten im narrativen Netzwerk des spielweltlichen und historischen Wissens. Zur anderen Hälfte motivieren freischaltbare Erfolge mit gekoppelten Belohnungen, das Wissen unabhängig von seinen Inhalten gezielt zu suchen. Wer sich auf die Suche nach den Waben begibt, handelt also nicht zwangsläufig aus einem intrinsischen Interesse an dem Wissen, sondern eventuell aus einem Sammelantrieb mit dem Wunsch nach Vollständigkeit, einem grundsätzlichen Drang etwas freizuschalten oder letztlich wegen der Belohnungen. Die Enzyklopädie sammelt nach und nach alle Leistungen, die etwa aus den erworbenen Wissenswaben, erfolgreichen Missionen und bekämpften Gegnern hervorgehen, und verbindet alle Elemente im Hintergrund miteinander. Im Lauf des Spielbetriebes veränderten sich die Bestandteile der Enzyklopädie kontinuierlich. Bereiche fügten die Entwickler zum Beispiel durch die größeren inhaltlichen Spiel-Updates hinzu, veränderten sie aber auch durch Patches zwischendurch. Saisonale Elemente blieben zwar in der Datenbank sichtbar, ihre

---

2312 **TSW_D2_Enzyklopädie_Wissen 3 u Echos** 2015–03–31.
2313 **TSW_D2_Enzyklopädie_Wissen 3 u Echos** 2015–03–31.
2314 **TSW_D2_Enzyklopädie_Erfolge 1** 2015–03–31.
2315 **TSW_D2_Enzyklopädie_Erfolge 2** 2015–03–31.

Fragmente später freizuspielen, erforderte jedoch eine Wiederholung des Events. So entsteht ein enzyklopädisches System im Hintergrund, dass kontinuierlich in Veränderung begriffen ist.

4.3.3 Makrohistorische (Rechen-)Modelle

Neben der skizzierten sachkulturellen Basis in der spielweltlichen Umgebung sowie den geschilderten Komponenten und dem Zusammenwirken zu narrativen Netzwerken, enthält das historische Wissenssystem als dritten Aspekt makrohistorische Modelle. Rechenmodelle prägen den spielweltlichen Hintergrund, etwa indem sie im Kampf Schäden, Rüstungen und Lebensenergie zwischen Spielfigur und gegnerischen Kreaturen kalkulieren oder wenn Veränderungen am Spielcharakter sich auf die einsetzbaren Talente auswirken. Dieser Abschnitt konzentriert sich auf diejenigen Modelle, die historische Inszenierungen des Online-Rollenspieles beeinflussen. Komplexe automatisierte Rechenmodelle, wie sie etwa in Strategiespielen diplomatische und militärische Systeme zwischen vielen Entitäten kalkulieren oder in Simulationen wirtschaftliche Abläufe nachbilden, finden sich in dem MMORPG nicht. Auf automatische Rechenmodelle, mit denen die Laufwege von Kreaturen in den Spielgebieten oder von menschlichen NPCs etwa im Stadtgebiet von London einen belebteren Eindruck hervorrufen wollen, wird Abschnitt *4.3.4 Mikrohistorische Weltentwürfe* zurückkommen. Als makrohistorische Modelle identifizierten die Vorarbeiten einige Kategorien, die *Tabelle 4-2* als aussichtsreich aufführte, um sie an *The Secret World* zu untersuchen. Mangels Elementen wie Diplomatie und Militär sind Modellierungen bezüglich Gesellschaft, Wissenschaft, Wirtschaft, Politik, Kultur und der Begriff von Realität in den Spielsystemen zu betrachten.

Befunde, welche ein gesellschaftliches Modell untermauern, lassen sich nur punktuell finden, formen aber ein schlüssiges Gesamtbild. In den Spielgebieten und Städten bewegen sich computergesteuerte NPCs, die weitgehend westlich gekleidet sind, nur teilweise Kennzeichen des jeweiligen Kulturraumes tragen. Dass die Spielgebiete nach dem anfänglichen Großereignis in allen Teilen der Welt durch Behörden hermetisch abgeriegelt sind, begrenzt einerseits den Produktionsaufwand.[2316] Weil sich dort mythische Vorfälle häufen und Menschen mit neuartigen Fähigkeiten erwachen, grenzt sich andererseits die Außenwelt damit von den neuen Entwicklungen ab.[2317] Diese hermetische Einkreisung zeichnet das Bild einer Majoritätsgesellschaft,

---

[2316] **TSW_A_London_Rundgang 4** Albion Theater Maikönigin Straße 2015–07–27; **TSW_D2_Atmosphäre_NY_Soundscapes** 2015–06–18.
[2317] **TSW_D2_OralHistory_LO_Callie James 1** London Templer Konflikte Fantasie Galahad 2015–07–27; **TSW_D2_OralHistory_LO_Callie James 2** Erweckung Geheimgesellschaften Magie Gaia 2015–07–27.

die Andersartiges nicht begrüßt, sondern ausschließt.[2318] Grundsätzlich teilen aber auch die Gruppierungen, denen sich die Spielenden zuordnen müssen, die Gesellschaft in Eingeweihte, welche von den Geheimnissen der magischen Welten wissen, und unbedarfte Unwissenden, die außerhalb stehen.[2319] Wie beispielsweise Pastor *Hawthorne* in *Kingsmouth* oder die *Wabanaki Ami Dexter* zwangen diese scharfen Selbst- und Fremdwahrnehmungen jedoch viele Personen lange vor den Umwälzungen, in einer Grauzone zwischen beiden Sphären zu leben.[2320] Was das Bild von Individuen anbetrifft, beschrieb hingegen der zurückliegende Abschnitt divers durchmischte Persönlichkeiten verschiedener Geschlechter, Altersgruppen, sozialer Situationen, kultureller sowie ethnischer Hintergründe.[2321] Ein solch breites Spektrum ermöglicht der Editor für die Spielenden, mit dem sie ihre Spielfiguren erstellen, im Kontrast dazu nicht.[2322] Zwar können Spielende sowohl Männer als auch Frauen verkörpern und ihre Avatare mit allerlei Kleidung und Accessoires ausstatten, die Diversität lässt allerdings zu wünschen übrig. Gerade weil sich *The Secret World* bewusst an die gegenwartliche Lebenswelt der Spielenden anschließen will, fallen die beschränkten Möglichkeiten auf. Sie betreffen etwa Hautfarben, die von blass bis bräunlich reichen, dunklere Typen aber nicht ermöglichen.[2323] Obwohl das Szenario ein breiteres Spektrum zuließe, kann ein Charakter nur in mittleren Altersklassen etwa zwischen zwanzig und vierzig Jahren erstellt werden. Soziale Hintergründe können nicht zugewiesen werden. Körperlich bestehen zwar kosmetische Optionen, um die Physiognomie des Gesichtes einzustellen, der Editor gestattet aber keine magere oder korpulente Gestalt. Variationen in der Körperhöhe sind begrenzt. Versehrtheiten wie zum Beispiel fehlende Gliedmaßen sind ebenfalls nicht vorgesehen. Brillen korrigieren daher auch nicht das Sehvermögen, sondern dienen als Modeaccessoirs. Zugespitzt bedauerte ich 2012 das vergebene Potenzial, mit dem Charaktereditor eine diversere lebensweltliche Normalität zu zeichnen, anstelle körperliche Uniformität zu normieren:

> „Wieso darf man [...] keinen fetten, alten Armeeveteranen mit Narben, Beinprothese und Glatze spielen? [...] Oder eine dürre, wütende und wehrhafte Teeniegöre in einem rosa Cocktailkleid?"[2324]

2318 **TSW_D2_OralHistory_LO_Marianne Shelley 1** Templer Geheime Welt Staat Politik Polizeiarbeit 2015–07–27; **TSW_D2_OralHistory_LO_Marianne Shelley 2** Templer Geheime Welt Staat Politik Polizeiarbeit 2015–07–27.
2319 **TSW_D2_OralHistory_LO_Richard Sonnac 1** Templer Weltsicht Legenden Mythen Fraktionen 2015–07–27; **TSW_D2_OralHistory_LO_Richard Sonnac 2** Templer Weltsicht Legenden Mythen Fraktionen 2015–07–27.
2320 **TSW_D1_QuestInvest_KM_Der Kingsmouth Code Stufe 1a** Intro 2015–05–20; **TSW_D2_OralHistory_SC_Red Bait N Tackles Geschäft Wabanaki 2** Video 2015–06–05.
2321 Siehe die Befunde im Abschnitt *4.3.2 Narrative Netzwerke* ab S. 425.
2322 **TSW_D1_Charakter_Erstellung Dragon Rosa Wildner 1** 2017–04–01; **TSW_D1_Charakter_Erstellung Dragon Rosa Wildner 2** 2017–04–01.
2323 Der Relaunch als **Secret World Legends** 2017 ff. erweiterte die Optionen dahingehend erheblich.
2324 **Nolden:** Schrank, 2012; Abschnitt „Money, Money Money", Abs. 2.

Im Verlauf des Spieles können die Körpergestalt einer Spielfigur und ihre Frisur nur gegen Bezahlung verändert werden.[2325] Kleidungsstücke hingegen passen das Erscheinungsbild in großer Vielfalt zum Beispiel der Optik von Witterungsbedingungen in den Spielregionen an.[2326] Als Belohnungen für Spielerfolge strahlen sie zudem spielweltlichen Status aus.[2327] Eben dieser nach außen gekennzeichnete Status bei der Bekleidung führt zu Aufstiegsmechanismen, welche das Spiel innerhalb der Geheimgesellschaften inszeniert. Zwar besteht nicht im gewöhnlichen Sinne die Chance auf gesellschaftlichen Aufstieg, zu größerem Wohlstand etwa oder höherem Status, allerdings herrschen innerhalb der drei Gruppierungen für Spielende hierarchische Ordnungen.[2328] Als Initianten beginnen Spielende durch Missionen für die eigene Fraktion Meriten zu verdienen, die sie in einem Rangsystem aufsteigen lassen, das Titel und Uniformen freischaltet.[2329] So wie besondere Bekleidungsstücke, die aus Missionen gewonnen werden, heben die Uniformen einen spielweltlichen sozialen Status gegenüber Anderen hervor. Der Aufstieg innerhalb der Geheimgesellschaft weiht Spielende zunehmend in Geheimnisse ein, vorrangig durch die Rückmeldungen aus der Zentrale auf Berichte über Missionen.[2330] Verschwörerisch weisen sie gelegentlich darauf hin, dass man für den Wissensstand eigentlich keine Freigabe habe. Damit zeichnet der Aufstieg nicht nur einen Spielfortschritt nach, die Rangfolge dient direkt als Bestandteil der Inszenierung um Geheimbünde und Verschwörungen, weil die Spielenden in deren Geheimwissen nach und nach vordringen.

Von diesem Grundmotiv ausgehend, bringen die Personen in der Spielwelt insgesamt Behörden, politischen Akteuren und Regierungen großes Misstrauen entgegen. Eine solch negative Haltung formulieren beispielsweise *Danny Dufresne*, der in *Kingsmouth* die Schwarzen Vans beobachtet, und die zurückgelassene Mitarbeiterin *Marianne Chen* vom zerstörten Außenposten des *Center for Disease Control (CDC)* in *Blue Mountain*. Ersterer geht davon aus, dass die Besitzer der Vans von der Regierung stammen, die in schwarzen Anzügen den Flughafen und die Brücke blockieren, ist jedoch unentschlossen, ob sie aufseiten der Einwohner oder der untoten Angreifer operieren.[2331] Letztere habe viel Hoffnungen in einen Demokraten als Präsidenten gesetzt, fragwürdige Alleingänge von Institutionen zu beenden, offenbar korrumpiere

---

2325 TSW_D1_Charakter_Customization_New York Schönheitschirurgie 2018–01–01; TSW_A_London_Rundgang 7 Ockhams Klinge Umgestaltung Charakter 2015–07–27.
2326 TSW_D1_Charakter_Kleidung Wintermantel Reißzähne der Karpaten 2015–08–28; TSW_D1_Charakter_Kleidung Freizeit Wüstenkleid Belohnung Erkundung_SS_voll erkundet 2015–08–25.
2327 TSW_D1_Charakter_Kleidung_Deck Hexenmeister Freischaltung Erfolg Belohnung Outfit 2015–08–06.
2328 TSW_D2_OralHistory_LO_Dame Julia Beatrix Tyburn Alte Templer Missachtung Neue 2015–07–27.
2329 TSW_D1_Kleidung_Customization_Templer Outfit Templer Club angemessen 2015–07–27.
2330 Siehe Abschnitt *4.3.2 Narrative Netzwerke* ab S. 435.
2331 TSW_D1_QuestInvest_KM_Männer in Schwarzen Vans 1 Intro Danny Dufresne 2015–04–08.

Macht allerdings zügig.[2332] Offizier Sarge bei den versprengten US-Truppen an der südwestlichen Küste von *Blue Mountain* will schon lange Jahre weltweit in verdeckten Militäroperationen der US-Regierung gedient haben.[2333] Seine Schilderungen von Kämpfen überall auf der Welt gegen Kreaturen, aber auch Geheimverträgen, um Blutvergießen zu vermeiden, bestärken den Eindruck, Behörden und Regierungen hielten sich für nicht rechenschaftspflichtig. *Karen Olsen* versucht als Vertreterin von *Homeland Security* selbst unter den Bedigungen des fortschreitenden Armageddon noch die Äußerungen des Offiziers gegenüber den Spielenden zu vertuschen.[2334] Sie bilden beide nicht gerade Vertrauen in den Staat und seine Institutionen. Deren Verschleierungstaktiken stellt die Spielwelt sogar so perfide dar, dass der Enthüllungsjournalist *Dave Screed* in New York behauptet, Informationen über Militäreinsätze mitten in Manhatten gegen riesenhafte Kreaturen direkt durch Regierungsstellen zu erhalten.[2335] Detaillierte Berichte darüber in seinen Verschwörungsblogs empfänden diese Stellen als nützlich, um ihren offziellen Varianten von Erdbeben oder Gaslecks Glaubwürdigkeit zu verleihen. Den Institutionen außerhalb der Geheimbünde sprechen Angehörige angesichts ihres Vorsprunges an Wissen, das die Bünde schon Jahrhunderte hüten und verbergen, weniger Macht zu, als diese der Gesellschaft suggerierten. Ein aufrichtiges Interesse an den Menschen vor Ort billigen Gesprächspartner in der Spielwelt nur Vertreterinnen und Vertretern von staatlichen Organen zu, wenn sie wie Sheriff *Helen Bannerman* in *Kingsmouth* und ihr Deputy regional verwurzelt sind.[2336] Auch wenn das Online-Rollenspiel 2012 veröffentlicht wurde, ist doch bemerkenswert, wie sehr diese Haltung der Spielwelt einem bedenklichen Zeitgeist vorgriff. Die kontinuierliche Delegitimierung von Politik und Regierungen wie bei „Reichsbürgern" und „Alternativen Rechten" sowie Unterstellungen von „Systempresse" und „Fake News" hieven nun, wenige Jahre später, sogar Parteien und Präsidenten an die Macht. Dass die Spielwelt politische Institutionen delegitimiert, hängt mit dem Motiv der Verschwörungen zusammen.

Verquickungen zeichnet die Spielwelt auch zwischen Regierungen und der Wirtschaft. Neben kleineren Details steht als zentrale Figur für überwältigende Machtverhältnisse der transnationale Konzern *Orochi*. Dessen Sicherheitskräfte sind zwar auch weitgehend von den auferstandenen Kreaturen überwältigt, Subunternehmen wie *Plethron* jedoch operieren weitgehend unbehelligt von staatlichen Stellen in allen

---

2332 TSW_D2_OralHistory_BM_Marianne Chen CDC 2 Intro Mission Der Schmutz Orochi Regierung 2015 – 07 – 17.
2333 TSW_D2_OralHistory_BM_Sarge und Karen Olsen 2 Intro Mission DieGütigeVerschwörung Militär NSA Hybris 2015 – 07 – 19; **TSW_D2_OralHistory_BM_Sarge und Karen Olssen 3** Mission Intro HomelandInsecurity Regierung Konflikt 2015 – 07 – 27.
2334 TSW_D2_OralHistory_BM_Sarge und Karen Olsen 1 Militär NSA Operation BM Hybris DerFeindMeinesFeindes 2015 – 07 – 19; **TSW_D2_OralHistory_BM_Karen Olsen NSA 1 Dialoge** Militärapparat Landesverteidigung Hybris 2015 – 07 – 19.
2335 TSW_D2_OralHistory_NY_Dave Screed 2 Intro Mission Issue04_KreuzungderWelten Angriff Militär Verschwörung Times Square 2015 – 10 – 31.
2336 TSW_D2_OralHistory_KM_Helen Bannerman Polizei 2015 – 05 – 20.

Spielregionen.[2337] Als Angehöriger von *Orochi* behauptet Agent *Harrison Blake*, dass er im Auftrag von Regierungsstellen vor Ort in *Kingsmouth* sei.[2338] Wie *Marianne Chen* vom *CDC* vermutet, geschieht dies zumindest auf *Solomon Island* tatsächlich auf deren Betreiben.[2339] Mit schwersten, teils futuristischen Waffen ausgerüstet, operiert der Konzern inmitten von Staatsgebieten der USA, Ägypten und Rumänien und missachtet hoheitliche Zuständigkeiten.[2340] An zahlreichen Standorten scheinen seine Angehörigen mythische Kreaturen für Experimente zu missbrauchen.[2341] Die fragwürdigen Methoden stellen den Profit im Zweifel sogar über Menschenleben, wie die Entführungen rumänischer Kindern im *Schattenhaften Wald* vorführen.[2342] Sogar das eigene Personal lässt der Konzern im Ernstfall zurück wie *Lisa Hui* und ihr Team in der *Verbrannten Wüste* oder den unter Schock stehenden, verwirrten *Dragan Dzoavich* im Gebiet *Reißzähne der Karpaten*.[2343] In der Summe entwirft die Spielwelt dadurch das Modell einer transnationaler Konzernwirtschaft, die ihre Aktivitäten durch Teilun-

---

2337 **TSW_D1_QuestInvest_VW_EngelUndDämonen Stufe 1b** Hinweise Orochi Plethron Al-Merayah Plakat 2015–07–31; **TSW_A_Kingsmouth_Rundgang 5** Orochi Sperre Scrap Yard 2015–04–08; **TSW_D1_QuestSabot_BM_DieOrochiGroup Stufe 2** In Orochi Lager eindringen 2015–07–17; **TSW_A_StadtDesSonnengottes_Rundgang16** Orochi Lager Nachttempel Huoy Statue Wächter 2015–08–17.
2338 **TSW_D2_OralHistory_KM_Harrison Blake Orochi 1** 2015–04–08.
2339 **TSW_D1_QuestSabot_BM_DieOrochiGroup Stufe 1** Intro Mission Marianne Chen CDC 2015–07–17.
2340 **TSW_A_Kingsmouth_Rundgang 5** Orochi Sperre Scrap Yard 2015–04–08; **TSW_A_BlueMountain_Rundgang10** Solomon Road Orochi Lager Verseuchung 2015–06–29; **TSW_A_VerbrannteWüste_Rundgang20** Verseuchtes OrochiTeam und Ankh Dungeon 1 2015–07–29; **TSW_A_StadtDesSonnengottes_Rundgang15** Statue Nefertari Tal Orochi Camp 2015–08–17; **TSW_D1_QuestAttack_SS_EinBescheidenerVorschlag Stufe 1b** Orochi Geschütz aktivieren Feinde abwehren 2015–08–23; **TSW_A_DerSchattenhafteWald_Rundgang 3b** Taktische Signalstation Unfall Orochi Team Tote Kreuzung 2015–10–12; **TSW_D1_QuestAttack_RK_Issue07_ManStirbtNurZweimal Stufe 1b** Eindringen Orochi Sowjetunion Anlage Kommunikation Nursery 2015–08–28.
2341 **TSW_D1_QuestNeben_SW_Issue07_EineFinstereMenagerie Stufe 1b** Bericht Orochi Außenposten 2 Experimente 2015–08–27; **TSW_D1_QuestAttack_SW_Issue07_EineSpurAusBrotkrumen Stufe 2** Orochi Stützpunkt Lykanthrop Untersuchung Ergebnisse 2015–08–27; **TSW_D1_QuestAttack_SW_Issue07_EineSpurAusBrotkrumen Stufe 5a** Stützpunkt 4 Pilzwesen Strom Sammlung Wesen Orochi Ergebnisse 2015–08–27.
2342 **TSW_D1_QuestSabot_SW_Issue07_WennDasBeilFällt Stufe 1a** Intro Mission Tibor Luminita Verschwundene Kinder Hof Wald 2015–08–27; **TSW_D1_QuestAttack_SW_Issue07_EineSpurAusBrotkrumen Stufe 6a** Stützpunkt 5 Geist Roma Orochi Ergebnisse Kind Versuche 2015–08–27; **TSW_D1_QuestSabot_SW_Issue07_WennDasBeilFällt Stufe 6b** Anlage Erkundung Kinder Gefangenschaft Trauer Tür 2 2015–08–28; **TSW_D1_QuestSabot_SW_Issue07_WennDasBeilFällt Stufe 7b** Berichte Angriff Anlage Komplex Orochi Kinder Experimente Sowjetunion 2015–08–28; **TSW_D1_QuestAttack_RK_Issue07_DerKlangDerKinder Stufe 2b** Kinder Hort Spuren Wächter Roboter Kinderzimmer Musik Kampf 2015–09–04; **TSW_D1_QuestAttack_RK_Issue07_DerKlangDerKinder Stufe 2c** Computer Leiter Schreber Forschung Kinder Dokumente 2015–09–04.
2343 **TSW_D1_QuestSabot_VW_DiePrometheus-Initiative Stufe 1a** Intro Mission Lisa Hui Pumpwerk Verrat Logistik Orochi 2015–08–12; **TSW_D2_OralHistory_RK_DraganDzoavich 3** Intro Mission Issue07_ManStirbtNurZweimal Orochi Agent Nursery Mädchen Bär Verrücktheit 2015–08–28.

ternehmen verschleiert, sich über Gesetze und Regierungen stellt – teils unter deren Komplizenschaft – und deren Methoden weit ab von humanistischen Idealen liegen. Auch in spielmechanischer Hinsicht befindet sich ein Wirtschaftssystem im Spiel, bleibt jedoch rudimentär. Durch Aufträge oder den Verkauf von Objekten, welche die Spielenden durch besiegte Kreaturen in der Spielwelt erringen, erhalten sie die Hauptwährung *Pax Romana*, deren Name sich an die Errungenschaft des Römischen Friedens anlehnt. Kosten entstehen etwa durch den Kauf von Waffen, Amuletten oder Verbrauchsmaterial bei Händlern, die an gesicherten Zonen wie etwa im Dorf an der Savage Coast stehen.[2344] Gelegentlich sind Einkäufe von Waren auch nötig, um Quests zu lösen.[2345] Darüber hinaus befanden sich einige andere Währungen im Spiel, die für die meist höherwertigen Waren bestimmter Händler vorgesehen waren.[2346] Trotz der zahlreichen Währungen simulierte das Spiel keine Schwankungen der Umtauschwerte. Die Systeme blieben statisch. Zu Unterschieden in den Bezahlformen führten die größeren inhaltlichen Updates, die nicht alle Spielenden hinzukauften. Die genannten Händler verkauften ihre Angebote daher nur gegen Währungen, die man wie die *Ehrungen von Ca'd'Oro* durch Missionen der entsprechenden Ausgabe erhielt – hier das sechste Update.[2347] Der Name verweist auf einen frühneuzeitlichen venizianischen Palast und damit auf eine Ehrung durch den bei den Geheimgesellschaften erwähnten *Rat von Venedig*.[2348] Mit dem Update #12 wurden diese Währungen schließlich alle vereinheitlicht, was die historischen Bezeichnungen tilgte.[2349] Höherwertige Gegenstände wie etwa Heiltränke oder Waffensysteme in zehn Qualitätsniveaus können Spielende mithilfe eines Crafting-Systems herstellen.[2350] Diese Objekte können sie selbst anwenden, anziehen oder ausrüsten, anderen mit der Post als Geschenk senden oder in einem Auktionshaus feilbieten. Nur am dortigen Handelsplatz bestimmen Angebot und Nachfrage der Spielenden schwankende Preise.[2351] Dieses Währungs- und Handelssystem fußt weitgehend auf spielmechanischen Funktionen und ist nicht auf lebensweltliche Zustände zu übertragen. Die Mittel, welche aufgebracht werden müssen, um bei den Händlern Materialien und Objekte zu erstehen, sind in Relation zum Verdienst durch Missionen oder den Verkauf von eigenen Objekten exorbitant. Preise bestimmen allein die Händler. Diese Verhältnisse erinnern etwas an Monopolisten auf Schwarzmärkten in Krisengebieten, Verhältnisse, die durchaus auf die ge-

---

2344 **TSW_A_Savage Coast_Rundgang 8** Atlantic Island Park – Dorf Savage Coast 2015–06–04, ab 2:00 min.
2345 **TSW_D1_SamhainEvent_2012_QuestInvest_LO_DenSchwarzenPfadKreuzen Stufe 1 g** Chicoree Wurzel HousOfChalk Kauf 2015–11–12.
2346 **TSW_D1_Währung_Token besondere Währungen** Quests Issues 2015–08–19.
2347 **TSW_D1_Währung_Sonderwährung CaDOro** 2015–08–08.
2348 Siehe bei Abschnitt *4.3.2 Narrative Netzwerke* S. 433.
2349 **TSW_D1_Währung_Issue12_Reduktion Komplexität Reform** 2015–08–20.
2350 **TSW_D1_Crafting_Tränke_Qualitätsstufen Faktor** 2015–08–08; **TSW_D1_Crafting_Waffen_KM_DieUnschärferelation Strahlengewehr 1** 2015–05–28.
2351 **TSW_D1_Auktionshaus_LO_Lager Bank** 2015–07–27.

samten Spielgebiete zutreffen, allerdings sind konkrete historische Bezüge hier nicht herstellbar.

Da sich der größte Teil der Spielwelt um die Suche nach historischem Wissen, Mythen und Legenden rankt, verwundert nicht, dass auch Vorstellungen über Wissenschaften sich zu einem Modell formen. Erkenntnisse fügen sich, wie zuvor über den Fortschritt des spielweltlichen Lore erläutert, nach und nach in einer Wissensdatenbank zusammen.[2352] Der Prozess bildet ab, wie die einzeln kaum verständlichen Wissensfragmente nach und nach ein Gesamtbild herausschälen. Die geschilderte Perspektive, aus der sie formuliert sind, lässt auch dann Spielraum für Interpretationen, wenn alle Teile des Mosaiks freigeschaltet sind. Der Prozess, wie Erkenntnisse in der Wissenschaft erwachsen, ist also recht plausibel dargestellt, sieht man einmal davon ab, dass dort nicht bloß ein determinierter Umfang von Wissensfragmenten aufgedeckt würde. Mit den Erweiterungen der Spielumgebung verändert sich allerdings auch die Wissensdatenbank, so dass unentdecktes Wissen im Laufe des Spielbetriebes erkundbar wird. Nimmt man die Inhalte der Missionen und die Gesprächsquellen hinzu, handelt das Online-Rollenspiel insgesamt von einem Prozess des Erkenntnisgewinns. Dieser Prozess ist geeicht durch die Auffassungen hinter den Weltbildern der Geheimorganisationen, für welche die Spielenden im Feld operieren. Schon die Einleitungsfilme für die Fraktionen verdeutlichen, wie diese jeweils Wissen und Erkenntnisgewinn abhängig von ihrer Weltsicht interpretieren. Die *Illuminaten* instrumentalisieren jeden Wissenszuwachs für ihre Ziele und Profite.[2353] Bei *Templern* steht das Dogma im Vordergrund, je mehr Wissen man besitze, umso besser seien Gefahren für sich und andere abzuwehren.[2354] Drittens betrachten die *Drachen* die Welt aus einer Perspektive der Chaos Theorie: Sie sammeln immer mehr Wissen, um im Chaos eine Ordnung zu entdecken und diese wiederum zu manipulieren.[2355] So durchziehen Konflikte über den vertretbaren Einsatz und Nutzen von Wissenschaften die Spielwelt, wie ihn beispielsweise *Hayden Montag* und *Annabel Usher* in der *Innsmouth Academy* austragen.[2356] Dass Vorstellungen über Historikerinnen und Historiker sowie Archäologinnen und Archäologen in digitalen Spielen kursieren, wurde oben gezeigt.[2357] Auch *The Secret World* wirft Schlaglichter auf geschichtswissenschaftliche Berufsstände. Erkennbar trägt sich die allgemeine Auffassung über Wissenschaften durch das Spiel, ihre Vertreterinnen und Vertreter sollten hinaus gehen ins Feld, anstelle in den Universitäten um sich selbst zu kreisen. Schon die Expeditionen der Spielenden, mit denen sie gegenwärtliche und historische Informationen in den Spielgebieten sammeln und an die Zentrale ihrer Gruppierung

---

[2352] Siehe zuvor Abschnitt *4.3.2 Narrative Netzwerke* ab S. 439.
[2353] **TSW_D2_Lore_Illuminaten** Intro 2017–04–01.
[2354] **TSW_D2_Lore_Templer Intro** 2017–04–01.
[2355] **TSW_D2_Lore_Drachen Intro** 2017–04–01; **TSW_D2_OralHistory_SE_Jin Jae-Hoon 1** Intro Mission Schmetterlingseffekt Stufe 1 2 2017–04–01.
[2356] Siehe Erläuterung bei Persönlichkeiten in Abschnitt *4.3.2 Narrative Netzwerke* S. 426.
[2357] Siehe Abschnitt *3.1.2 Zeitgeschichtliche Rückkopplung* ab S. 202.

zurückmelden, stehen für diesen Charakter. Nach Ansicht des Archäologen *Montgomery de la Roche*, der mit seinem Assistenten *Arun Singh* in der Verbrannten Wüste lagert, hätten sich Altertumswissenschaftler vor den spielweltlichen Ereignissen wie „verstaubte Verwalter von Wissen" aufgeführt.[2358] Begeistert zeigt sich sein Assistent wegen der Auferstehung so vieler mystischer Kreaturen, denn „[d]ie einzig wahre Methode, okkulte Geschichte zu erleben, besteht darin, loszuziehen und sich mit ihr anzulegen".[2359] So wichtig es sei, bei Büchern und Schriftquellen auf dem Laufenden zu sein, betont auch der Historiker *Iain Gladstone* in London, könnten manche Befunde zum Beispiel in Form mündlicher Überlieferungen eben nur vor Ort gewonnen werden.[2360] Historiker sind für die Geheimbünde offenbar wichtig. Zum Beispiel halten die Templer *Gladstone* in London gegen seinen Willen fest, bis er sein Wissen mit ihnen teilt.[2361] Bei Historiker *Jin Jae-Hoon* zogen die Drachen so lange feine Fäden, bis er seine Professur in den USA verlor und ihnen nach Seoul folgen musste.[2362] Bezüglich der Tätigkeitsfelder plädiert *Gladstone* dafür, Historikerinnen und Historiker müssten kulturwissenschaftliche Universalgelehrte zwischen Archäologie, Geschichtswissenschaft und Ethnologie sein, als Feldforscher ungewöhnliche Orte erkunden und Methoden ausprobieren.[2363] Ungewöhnliche Interessen aber führten bei seinem koreanischen Kollegen gerade zum Ausschluss aus der Akademie.[2364] Die Spielwelt inszeniert also eine Vorstellung von historischen Wissenschaften, für die ungewöhnliche neuartige Ansätze gewinnbringend wären, deren Vertreter aber dazu tendieren, unkonforme Auffassungen zu verstoßen. Dazu, welchen Charakter historisches Wissen hat, formulieren Persönlichkeiten in der Spielwelt einige bemerkenswerte Positionen. Frustriert ist der Okkultismus-Experte *Theodore Wicker*, zuvor mit dem Versuch erwähnt, in Höllendimensionen vorzudringen.[2365] Er empfindet den Blick auf die Geschichte „als Fluch des Historikers, außerhalb zu stehen, hineinzublicken auf Fossil gewordenen Ruhm."[2366] *Hayden Montag*, der Direktor der Innsmouth Academy, sieht immer neue lose Fäden im Gewebe der Geschichte zutage

---

2358 TSW_D2_OralHistory_VW_Montgomery de la Roche 1 Dialoge Oxford Wissenschaft Okkult Plagen 2015–08–09, 1:13–1:25 min.
2359 TSW_D2_OralHistory_VW_Montgomery de la Roche 1 Dialoge Oxford Wissenschaft Okkult Plagen 2015–08–09, 0:44–0:56 min.
2360 TSW_D2_OralHistory_LO_Iain Tibet Gladstone 1 Historiker Schriftlichkeit Interpretation Templer Secret History 2015–07–27, 0:08–0:45 min.
2361 TSW_D2_OralHistory_LO_Iain Tibet Gladstone 1 Historiker Schriftlichkeit Interpretation Templer Secret History 2015–07–27, bei 2: 05 min.
2362 TSW_D2_OralHistory_SE_Jin Jae-Hoon 2 Dialog Über sich selbst 2017–04–01.
2363 TSW_D2_OralHistory_LO_Iain Tibet Gladstone 1 Historiker Schriftlichkeit Interpretation Templer Secret History 2015–07–27, 1:10–2:28 min.
2364 TSW_D2_OralHistory_SE_Jin Jae-Hoon 2 Dialog Über sich selbst 2017–04–01.
2365 Siehe weiter vorn in Abschnitt *4.3.1 Objekt- und Sachkultur* S. 420.
2366 TSW_B_Historiker Statement_London Tabula Rasa Wicker Tonband 2015–06–18, 0:35–0:40 min.

treten.²³⁶⁷ In London äußert *Gladstone* eine postmoderne, konstruktivistische Geschichtsauffassung, wie sie repräsentativ für die Anlage des gesamten Spieles stehen könnte:

> „Es gibt keine singuläre Wahrheit. Es gibt keine Tatsachen. Die Geschichte wird nicht nur vom Sieger geschrieben, sondern auch von den Siegern nach ihm umgeschrieben – oder von den Verlierern, die in den Besitz der Texte des Siegers kommen, oder, oder, oder [sic!] von den Geliebten der Sieger, die sich selbst in die Geschichte einfügen, um unsterblich zu werden. Geschichte ist variabel, sie verwandelt sich, ändert Form und Erscheinungsbild, Kontext und Inhalt."²³⁶⁸

Nach Ansicht von Jae-Hoon sehen die Drachen Geschichte prinzipiell als chaotisches Durcheinander von Prozessen, Personen und Ereignissen.²³⁶⁹ Sie gehen jedoch davon aus, dass man eine zugrunde liegende Ordnung lediglich noch entdecken müsse. Es steht hinter ihrer Sicht auf historische Prozesse jedoch keine teleologische Weltauffassung im eigentlichen Sinne, weil diese Ordnung keine Entwicklungsrichtung beispielsweise hin zu einer Heilsvorstellung impliziert. Ihr Wunsch wird jedoch deutlich, die historischen Zusammenhänge zu erschließen, um aus dem Verständnis der Ordnung für die Zukunft zu lernen und diese zu beeinflussen. *Milosh Blaga*, der Anführer der *Draculeşti* im Camp des *Schattenhaften Waldes*, betrachtet mündliche Überlieferungen als unterschätzten, aber wichtigen historischen Wissensspeicher.²³⁷⁰ Sagen und Legenden bildeten ein Vermächtnis, das Lektionen aus der Geschichte transportiere, nur sei die Lektion nicht immer gleich klar. *Anastasia*, die unweit vom Lager auf einer Halbinsel bei dem hölzernen Feen-Wagen wohnt, findet für dieses mündlich tradierte Wissen eine interessante Analogie. Das überlieferte Weltwissen der *Vântoase* manifestiere sich in dem Holzwagen als „ein Speicher für Wissen, Geschichte und alte Sprachen. Ein Wikipedia auf vier Rädern[...]. Alles, was die Waldgeister je wussten, steckt darin."²³⁷¹ Nach diesem Bild von Geschichtswissenschaften, wie es die Spielwelt zeichnet, verfügen die Forschenden nur über einen begrenzten Zugriff auf die Geschichte. Diese Grenzen hängen mit ihrem selbst gewählten Blick zusammen, was sie als historischen Gegenstand zulassen. Schon kulturgeschichtliche Aspekte in den mündlichen Überlieferungen regionaler Bevölkerungen der Spielgebiete nimmt sie nur begrenzt zur Kenntnis. Andere Formen von Überlieferungen wie Sagen und Mythen über vermeintlich irrationale, fantastische Wesen, betrachte sie als gegen-

---

2367 TSW_B_Geschichte Netzwerk Fäden 2015–06–25, 1:05–1:12 min.
2368 TSW_D2_OralHistory_LO_Iain Tibet Gladstone 2 Historiker Schriftlichkeit Interpretation Templer Secret History 2015–07–27, bei 3:02 min.
2369 TSW_D2_OralHistory_SE_Jin Jae-Hoon 1 Intro Mission Schmetterlingseffekt Stufe 1 2 2017–04–01, ab 1:35–4:15 min.
2370 TSW_B_Geschichte_SW_Traditionen Roma Überlieferung Geschichten OralHistory Milosh DieLauerndenSchrecken Erbe Tradition Geschichte 2015–10–12, 1:23–2:00 min.
2371 TSW_B_Wissenschaft_SW_Wikipedia Anastasia Wagen Mythen Speicher Analogie Knotenpunkt Alt Neu 2016–01–23, 0:50–1:25 min.

standslos für ihre Forschungen. Archäologe *Arun Singh* reflektiert zudem die Grenzen der Erkenntnis über Frühzeiten oder zu Umständen der Geschichte, aus denen weder textliche noch physische Befunde überliefert sind. Theoretische Überlegungen zum Erinnern und Vergessen würden besagen, dass „wir – das kollektive Wir, die Menschheit – mehr vergessen haben, als wir jemals wussten."[2372] *Montgomery de la Roche* ergänzt, dass Relikte, deren Funktionsweise Menschen verschiedener Zeitalter nicht verstünden, leicht als „Stoff von Mythen und Legenden, zum Werk von Göttern und Teufeln" verklärt würden.[2373] Dass man Überlieferungen nicht mehr verstehe oder gar keine Belege für vergangene Zeiten besitze, bedeute nicht, dass es dort keine Menschheit, Zivilisationen und historische Überlieferungen gegeben habe. Deshalb, so bringt es Singh auf den Punkt, „graben wir unter jeder Stadt noch eine andere Stadt aus."[2374] Resigniert befindet *de la Roche*: „Wir wühlen im Staub nach Antworten und finden nur noch mehr Fragen."[2375] Die Vorstellungen, welche sich in der Spielwelt über geschichtswissenschaftliche Erkenntnisinteressen und Arbeitsweisen äußern, sind bemerkenswert differenziert und zeitgemäß, und zwar nicht nur gemessen an den Maßstäben digitaler Spiele. Die Ansichten entsprechen im Wesentlichen multiperspektivischen Auffassungen über postmoderne, konstruktivistische Denkweisen, wie Geschichte geformt wird und welche Grenzen ihr Zugriff besitzt. Die genannten Persönlichkeiten, die sich in verschiedenen Formen mit historischen Überlieferungen befassen, fordern Geschichtswissenschaften, welche weiterhin auf Schriftquellen basieren, sie aber im Feld und vor Ort prüfen. Zudem sollten sie nicht nur Schriftquellen auf ihre Perspektivität überprüfen, sondern mit einer geistig offeneneren Einstellung mündliche Überlieferungen über jüngere Ereignisse sowie Sagen und Mythen als Quellen einbeziehen.

4.3.4 Mikrohistorische Weltentwürfe

Wie gezeigt wurde, modelliert die Spielwelt makrohistorisch gesellschaftliche, wirtschaftliche und politische Vorstellungen und entwirft Denkmodelle zu geschichtswissenschaftlicher Erkenntnis. Der nun folgende Abschnitt behandelt dagegen kleinskaligere Weltentwürfe, die sich mikrohistorisch auf ein lebensweltliches Gefüge konzentrieren, dicht und detailliert gestaltet, meist innerhalb von wenigen Quadratkilometern. Hierfür rekurriert der Abschnitt auf räumliche Gestaltungen der Spielgebiete

---

2372 **TSW_D1_QuestInvest_VW_DasGroßeSchrecklicheGanze Stufe** 6 Erkenntnis zu Montgomery CUTSCENE Alte Zivilisationen BERICHT 2015–08–11, 2:21–2:27 min.
2373 **TSW_D1_QuestInvest_VW_DasGroßeSchrecklicheGanze Stufe** 6 Erkenntnis zu Montgomery CUTSCENE Alte Zivilisationen BERICHT 2015–08–11, 2:40–2:45 min.
2374 **TSW_D1_QuestInvest_VW_DasGroßeSchrecklicheGanze Stufe** 6 Erkenntnis zu Montgomery CUTSCENE Alte Zivilisationen BERICHT 2015–08–11, 2:48–2:53 min.
2375 **TSW_D1_QuestInvest_VW_DasGroßeSchrecklicheGanze Stufe** 6 Erkenntnis zu Montgomery CUTSCENE Alte Zivilisationen BERICHT 2015–08–11, 3:19–3:26 min.

und bezieht ein, wie automatisierten Systeme zum Beispiel für Bewegung sowie einen Zyklus aus Tag und Nacht genutzt werden. Mit Tag und Nacht verbunden, nicht aber darauf beschränkt, ist ein Wandel von Lichtstimmungen, denn sie beeinflussen die Wahrnehmung der Spielinhalte. Vergleichbar kombiniert die Spielwelt Geräusche, Klänge und Musik dynamisch zu Soundscapes. Zudem lässt *The Secret World* lebensweltliche Anker in die Außenwelt ausgreifen, so dass die Grenze zwischen Spielwelt und Lebenswelt diffus wird. Alle genannten Faktoren nehmen Einfluss auch auf die historischen Eindrücke, die Spielende in der Spielwelt gewinnen.

Eine Basis legen die Befunde zu den Spielgebieten und Stadtvierteln, wie sie der Abschnitt zur Sachkultur als spielweltlichen Hintergrund beschrieb. Sie umfassten Landschaften, Gebäude und Infrastruktur, Fahrzeuge, Mobiliar, Kreaturen und Alltagsobjekte, die gemeinsam eine stimmige räumliche Bühne für die spielweltliche Inszenierung mehrerer Kulturräume aufspannen. Durch sie bewegen sich die Spielenden im Laufe der Spielerfahrung relativ frei, sieht man von gelegentlichen Beschränkungen bei Bereichen ab, die nur im Zuge bestimmter Missionen betretbar sind oder nur für Spielende, die einer bestimmten Gruppierung zugehören. Lediglich knapp wurde auf die Mittel eingegangen, mit denen die spielweltlichen Landschaften glaubwürdig in Szene gesetzt werden. In Neuengland bestimmen schroffe Küsten das Bild.[2376] Die Topografie reicht von leicht hügeligen Gebieten, bis hin zum Berg von *Blue Mountain* und steilen Küsten.[2377] Viele Gegenden sind dicht mit Mischwald bedeckt.[2378] Niedrigwasser im Atlantik legt flach auslaufende Strände und vorgelagerte Sandbänke frei.[2379] Auch wenn der Nebel um *Solomon Island* nicht natürlichen Ursprunges ist, fügt er sich in das nordatlantische Seeklima doch gut ein.[2380] Am Himmel ziehen schnelle, zerfasernde Wolken.[2381] Die teils dichte Vegetation aus bemoosten Bäumen und satter Grasbewuchs deutet auf feuchtes, gemäßigtes Klima hin.[2382] In den ägyptischen Ge-

---

[2376] TSW_A_Kingsmouth_Rundgang 3 Morning Light Sekte Priest Island 2015–04–08; TSW_A_Savage Coast_Rundgang12 Vinterskogs Wood Miskatonic River 2015–06–04; TSW_A_BlueMountain_Rundgang20 Whale Watching Trawler 2015–07–02.
[2377] TSW_A_Savage Coast_Rundgang 9 Dorf SC – Innsmouth Academy2015–06–04; TSW_A_Savage Coast_Rundgang 4 Leuchtturm Suicide Bluff u Meer 2015–06–04; TSW_A_BlueMountain_Rundgang15 Blue Ridge Mine Ash Forest Stellung Armee 2015–07–02.
[2378] TSW_A_Kingsmouth_Rundgang 2 Hauptstraße Morning Light Sekte2015–04–08; TSW_A_BlueMountain_Rundgang 2 Akab Gebiet 2015–06–29.
[2379] TSW_A_Kingsmouth_Rundgang11 Pyramid Point Norma Creed Wald 2015–05–20; TSW_A_Savage Coast_Rundgang11 Solomons End – Norsemans Landing 2015–06–04; TSW_A_BlueMountain_Rundgang 7 Nordküste Agartha Eingang 2015–06–29.
[2380] TSW_A_Kingsmouth_Rundgang10 Fletchers Bay 2015–05–20; TSW_A_BlueMountain_Rundgang16 Ash Forest Stellung Armee Nordmann Bucht Azeban Span 2015–07–02.
[2381] TSW_A_Kingsmouth_Rundgang 8 Fletchers Island Flughafen 2015–05–20.
[2382] TSW_A_Kingsmouth_Rundgang 3 Morning Light Sekte Priest Island 2015–04–08; TSW_D1_QuestAttack_SC_Liga der Monsterjäger u NQ 1 2015–03–31; TSW_A_BlueMountain_Rundgang17 Hochplateau Wabanaki Traditionsdorf gefangener Bärengeist 2015–07–02.

bieten hingegen bestimmen sandige Ebenen mit Dünen das Bild.[2383] Umringt sind sie von hohen Felsklippen aus rötlich-gelbem, später rußiggrauem Gestein.[2384] Den Eindruck eines kargen Gebietes unter gleißender Sonne durchbrechen Oasen nur an wenigen Stellen, in denen Palmen und niedriges Grün wächst.[2385] In Rumänien treffen Spielende erneut auf eine bewaldete Zone, die im Gegensatz zu Neuengland im Hochgebirge liegt.[2386] Folglich erheben sich die umgebenden Berge nicht nur massiver und zeigen schneebedeckte Kuppen, sondern sind schroffer und steiler.[2387] Dadurch sind die bespielbaren Areale felsiger und weisen große Höhenunterschiede auf.[2388] Weite Teile bedecken Wälder, deren Vegetation düsterer wirkt als in den neuenglischen Gebieten.[2389] Insbesondere im zweiten Areal ist der *Schattenhafte Wald* urtümlich.[2390] Einige flache Seen sammeln das Wasser von schmalen Bächen und Wildwassern, die das Gebiet durchziehen.[2391] Teils stürzen sie gischtend und don-

---

2383 TSW_D1_QuestSabot_VW_Issue06_DerGefangene Stufe 4c Said bei Hotel Wahid Weg dorthin 2015-08-06; **TSW_A_StadtDesSonnengottes_Rundgang10** Wadi nach Norden Wüste Krater Höllentor Dungeon Bab-El-Monzarin 2015-08-17.

2384 TSW_A_VerbrannteWüste_Rundgang 6 Verlassene Hütten Verderbte Farm 2015-07-29; **TSW_A_VerbrannteWüste_Rundgang18** Westliche Narbe Haus des Ruhms BAUE 2015-07-29; **TSW_A_StadtDesSonnengottes_Rundgang 3** Panorama Pyramide Aton Vertrocknete Quelle Agartha Durchgang 2015-08-17.

2385 TSW_A_VerbrannteWüste_Rundgang 8 Verbrannte Ebene Touristentempel Der Sonnengott 2015-07-29; **TSW_A_StadtDesSonnengottes_Rundgang25** Tal des Absturzes HeroldVonAton 2015-08-17.

2386 TSW_A_DasBelagerteFarmland_Rundgang11 Vantoase Hügel Minen Sprengfallen Roma Golem 2015-08-26; **TSW_A_DerSchattenhafteWald_Rundgang11a** Beilfall Fluss Untote Bewohner Iazmaciune Wald Domus Rustica 2015-10-12.

2387 TSW_A_DasBelagerteFarmland_Rundgang 2a Agartha Eingang Hababuresti Rundgang 2015-08-26; **TSW_A_DasBelagerteFarmland_Rundgang12** Vantoase Hügel Übergang Schattenhafter Wald 2015-08-26.

2388 TSW_A_DasBelagerteFarmland_Rundgang 1 Agartha Eingang 2015-08-25; **TSW_A_DasBelagerteFarmland_Rundgang 9** Felder TischDesRiesen Gehöft Aussichtspunkt Zaha 2015-08-26; **TSW_D1_QuestAttack_RK_Issue07_ManStirbtNurZweimal Stufe 1b** Eindringen Orochi Sowjetunion Anlage Kommunikation Nursery 2015-08-28.

2389 TSW_A_DasBelagerteFarmland_Rundgang 3b Felder Wassermühle Wasserkraftwerk 2015-08-26; **TSW_A_DasBelagerteFarmland_Rundgang13** Dunkle Wälder Werwölfe Nadelöhr SeeDesHeiligenHerzen 2015-08-26; **TSW_A_DerSchattenhafteWald_Rundgang 2b** Zahnspitzen-Hain Umgebung Wald Stimmung Tunnel 2 Alina Florea 2015-10-12.

2390 TSW_A_DerSchattenhafteWald_Rundgang 3a Flüsterwald Taktische Signalstation Ghule Sumpf 2015-10-12; **TSW_A_DerSchattenhafteWald_Rundgang 6c** Morastgehölz Pilzlandschaft Pilzwerdung Farben Verseuchung Schmutz 2015-10-12.

2391 TSW_A_DasBelagerteFarmland_Rundgang17 Zerstörung KlosterUnsererFrau DieEwigeEiche BachDerLiebenden 2015-08-26; **TSW_A_DerSchattenhafteWald_Rundgang 5b** See der Sirene Insel Wagen Anastasia 2015-10-12, **TSW_A_DerSchattenhafteWald_Rundgang 6a** Baumfee Lele Morastgehölz Der bleiche Wald SCHWARZ Padurii Garten des Mädchens 2015-10-12; **TSW_A_DerSchattenhafteWald_Rundgang11a** Beilfall Fluss Untote Bewohner Iazmaciune Wald Domus Rustica 2015-10-12.

nernd von hohen Wasserfällen.[2392] Die rumänischen Gebiete schließen mit einem tief verschneiten Gebiet im Hochgebirge der Karpaten ab.[2393] In dieser Höhe findet sich nur noch Tannenbewuchs, die weitere Vegetation liegt unter einer dicken Schneeschicht begraben.[2394]

Ist die Flora ansonsten in den Gebieten mit Details wie Blumen, Moos und Büschen detailliert, finden sich passende friedliche Tiere zu den Spielgebieten so gut wie keine. Selbst Vögel lassen sich, wie zum Beispiel Möwen am Hafen von Kingsmouth, nur selten beobachten, obwohl sie permanent zu hören sind.[2395] Gruppieren sich Krähen, weisen sie in erster Linie auf den Aufenthalt einer Kreatur namens *Der Wiedergänger* hin.[2396] Boden- oder Küstenbewohner wie Hasen oder Robben finden sich keine. Umherstreifende Mythenwesen beleben stattdessen die Spielwelt, wie im Abschnitt zur Sachkultur unter Kreaturen beschrieben. Um diese lebendig wirken zu lassen, bewegen sich Einzelwesen wie ein großer *Wendigo* an der *Savage Coast*, manchmal auch Gruppen von Kreaturen wie etwa die dortigen *Ak'ab*, *(Wer-)Wölfe* in den Karpaten oder ägyptische *Ghule* in Ägypten auf vorgegebenen Bahnen durch die Landschaften.[2397] Sie verfügen über kein eigenständiges Verhalten, das erheblichen Programmieraufwand bedeutet hätte, sondern laufen bis zu einem Kontakt mit Spielenden in einem Zyklus. Dennoch genügt dieser Pfad, um im Vorbeigehen den Eindruck von Lebendigkeit zu suggerieren. Die Welt ist nicht darauf angelegt, dass Spielende lange an einem Ort verweilen und Kreaturen beobachten. Meist haben sie zum Beispiel wegen eines Auftrages ein Ziel, weshalb sie kaum flanieren, sondern sich meist auf kürzester Durchreise befinden. Daher verhalten sich menschlich aussehende Figuren im Spiel nach genau demselben Muster, ob nun Freund oder Feind. Auf automatisierten Bahnen durchwandern friedliche Bewohner Gebiete wie *London* oder *New York*, das ägyptische *Al-Merayah* oder das rumänische *Harbabureşti*.[2398] Gleiches gilt für die feindseligen Kultisten in Ägypten, die *Draugen* in *Kingsmouth* oder die

---

2392 **TSW_A_DasBelagerteFarmland_Rundgang18** Durchgang Harbaburesti Wasserfall Durchgang 2015–08–26.
2393 **TSW_D2_Atmosphäre_RK_Soundscapes Licht Stimmung** Eingangsbereich Sonnentempel Issue07_WennDasBeilFällt Stufe 7d Suche Orochi Agent 2015–08–28.
2394 **TSW_D1_QuestAttack_RK_Issue07_ManStirbtNurZweimal Stufe 2b 3 4 5** Verfolgungsjagd Schneemobile Brücke Sprung Hort Kinder Damm 2015–09–04.
2395 **TSW_A_Kingsmouth_Rundgang10** Fletchers Bay 2015–05–20, 3:10–3:15 min.
2396 **TSW_D1_QuestAttack_KM_Der Rabe Stufe 1b** Den Raben folgen Rabenalbtraum 2015–05–22.
2397 **TSW_D1_QuestAttack_SC_Liga der Monsterjäger u NQ 3** 2015–03–31; **TSW_A_StadtDesSonnengottes_Rundgang 2** Riss Tempel der Verschollenen Aufzeichnungen Die Verdammnis 2015–08–17; **TSW_A_DerSchattenhafteWald_Rundgang 2a** Zahnspitzen-Hain Werwölfe Wald Lager Gruppen Gegner Reißzahn-Alpha 2015–10–12.
2398 **TSW_A_London_Rundgang 9** Ealdwic Station bis Pangea Kleidung Shop 2015–07–27; **TSW_D2_Atmosphäre_NY_Soundscapes** 2015–06–18; **TSW_A_VerbrannteWüste_Rundgang 4** Al-Merayah Teil 1 2015–07–29; **TSW_A_DasBelagerteFarmland_Rundgang 2a** Agartha Eingang Hababuresti Rundgang 2015–08–26;

Strigoi in Rumänien.²³⁹⁹ Ansonsten verhält sich die Spielwelt, abgesehen von sporadischen Gesten der Figuren und Kreaturen, statisch. Dem mikrohistorischen Weltentwurf fehlen komplexe Systeme, mit denen andere digitale Spielen zum Beispiel Alltagsabläufe menschlicher Figuren simulieren. Als Beispiel wurde etwa *Kingdom Come: Deliverance* angeführt, das eine mittelalterliche Lebenswelt Böhmens entwirft.²⁴⁰⁰ Auch das Open-World Action-Rollenspiel *Gothic 3* simulierte bereits komplette Tagesabläufe für menschliche NPCs, die einen Schlafzyklus wahrnahmen und täglich ihre Arbeitsstelle aufsuchten.²⁴⁰¹ In mehreren Titeln der ebenfalls erwähnten Reihe *Far Cry* simulierte die Spielwelt jeweils eine Fauna, die gegenseitig interagierte, floh und nach Beute jagte, wenn auch die Tierwelt des Himalaya im vierten Teil aberwitzig aggressiv reagierte.²⁴⁰² Hinter einem solchen Aufwand bleiben die Spielgebiete von *The Secret World* weit zurück. Wettereffekte bietet die Spielwelt auch nur selten wie leichte Regenfälle in Rumänien.²⁴⁰³ Allerdings setzen die Entwickler neben den Laufwegen von Kreaturen und NPCs pointiert Marken, mit denen die Spielwelt landschaftlich veränderlicher erscheint. In *Fletcher's Bay* vor der Stadt Kingsmouth schlagen flache Wellen auf dem Wasser und laufen mit feinem Schaum auf den Sandstrand, Staubteufel wirbeln in der *Verbrannten Wüste* auf den Dünen und über den Schneewehen der Karpaten zerfasert der Höhenwind den Schnee.²⁴⁰⁴ Diese Akzente fügen sich mit den Laufroutinen und gelegentlichen Gesten zu einem bewegten, lebendigen, variablen Eindruck der Spielwelt zusammen. Anstelle zu beklagen, dass die automatisierte Animation der spielweltlichen Landschaftseindrücke nicht so komplex wie in anderen Spielen ausfällt, könnte man die Anlage als besonders effizienten Einsatz begrenzter Mittel begreifen.

Mangels ausreichender Kenntnisse über die Branche und ihre Arbeitsweisen sind Historikerinnen und Historiker häufig überrascht, wie akribisch und bewusst Spieleentwickler Sound und Musik aufbereiten, um spielweltliche Inszenierungen authentisch wirken zu lassen.²⁴⁰⁵ Wie Hintergrundgeräusche, Klänge und Musik die Spielerfahrung beeinflussen, wirkt sich daher auf die gegenwartlichen und histori-

---

2399 **TSW_A_VerbrannteWüste_Rundgang** 2 Fabrik 2015–07–29; **TSW_D1_QuestAttack_KM_Draugnet Stufe 5a** Draug Hexen töten 2015–06–04; **TSW_A_DasBelagerteFarmland_Rundgang10a** Lager Maras Feld Vampire Geräte Belagerung 2015–08–26.
2400 Siehe zu **Kingdom Come: Deliverance** 2018 im Abschnitt *3.1.1 Geschichtsbilder* auf S. 176.
2401 **Gothic 3** 2006; **Matschijewsky, Daniel:** Gothic 3. Test, in: *Gamestar* 11/2006; S. 26–47.
2402 Siehe zum steinzeitlichen Serienteil in *Abschnitt 3.1.1 Geschichtsbilder* ab S. 171/2 und zu den übrigen Titeln Abschnitt *3.1.2 Zeitgeschichtliche Rückkopplung* ab S. 198.
2403 **TSW_D2_Atmosphäre_BF_Soundscape BelagertesFarmland** Agartha Eingang 2015–08–25.
2404 **TSW_A_Kingsmouth_Rundgang10** Fletchers Bay 2015–05–20; **TSW_A_VerbrannteWüste_Rundgang15** Ausgrabungsstelle 1 Oxford 2015–07–29; **TSW_D2_Erinnerungsorte_RK_Sonnentempel** Agartha Übergang 2015–08–28, 0:38–0:45 min.
2405 Der Bericht von der Tagung „Work with Sounds" vom 19.8.-21.8. 2015 in Dortmund hebt dies deutlich hervor. Siehe Panel IV bei **Schmidt, Uta C.:** Tagungsbericht. Work with Sounds: Theory – Practices – Networks, 19.-21.8.2015, in: *H-Soz-Kult* 23.10.2015. Online unter: http://bit.ly/1OlJHn7 (Letzter Zugriff: 31.3.2019).

schen Inszenierungen aus. Akustische Eindrücke ergänzen die Immersion um einen wichtigen Wahrnehmungskanal. In allen Spielgebieten wechseln Phasen, geprägt von atmosphärischen Umgebungsgeräuschen, mit Phasen, die musikalische Untermalung einspielen. In Kingsmouth mischen sich viele Eindrücke zu variierenden Klangbildern.[2406] Dumpf dröhnen etwa bei einem Marsch entlang der Hauptstraße entfernt die Rotoren von Hubschraubern durch das leise Rauschen einer Brise in den Bäumen. Gelegentlich schwillt das Rotorgeräusch an und ab, als würde ein Hubschrauber seine Position wechseln. Dazwischen ertönen natürliche tierische Laute, etwa von Hunden und Vogelarten wie Krähen, Möwen und anderen. Metallisch klingend, schlagen Windspiele oder Masten aneinander, durchsetzt mit dumpfen Schlägen unklarer Herkunft oder dem Ton einer Schiffsglocke. In diesen allgemeinen Hintergrund setzen die Sound Designer pointiert sporadische Geräusche. Plötzlich peitscht ein Gewehrschuss durch die Luft oder ein ferner Laut lässt sich nicht genau zwischen Waldtier oder mythischer Kreatur unterscheiden. Gierig lechzen herbeieilende Untote nach Opfern, über Leichen gebeugt entfahren ihnen unangenehm aufgeregte Schreie. Kampfeffekte wie einen gefrierenden Schneesturm begleitet pfeifender Wind, ein Blitzschlag aus den Händen der Spielfigur lässt die Luft elektrisch brutzeln. Durch eine Mission an der Polizeistation lösen manche Spielende regelmäßig eine Luftschutzsirene aus, die für alle in dem Stadt zu hören ist.[2407] Bewegen sich Spielende in die Hafengegend, an den Strand oder auf die von den Gezeiten freigelegten Sandbänke, so mischt sich das Rauschen von stärkerem Wind und Meereswellen unter die Umgebungsgeräusche, tendenziell scheinen auch mehr Möwen unter den Vögeln zu sein.[2408] Ähnliche Umgebungsgeräusche wie an Land prägen auch die anderen Gebiete von *Solomon Island*. Im Dorfkern der *Savage Coast* ruft Einwohner *John Wolf* im Vorbeigehen einen freundlichen Gruß zu. Hinter ihm brabbeln die Geister unglücklicher Kinder, welche die Ereignisse im Kindergarten nicht lebend überstanden.[2409] Eine Spieluhr spielt plötzlich eine verzerrte Melodie. In der Nähe des *Overlook Motels* dröhnen lodernde Flammen und auf dem Weg ins naheliegende Dorf brutzelt sporadisch der Kurzschluss in einer defekten Anzeigetafel des *Atlantic Island Parks*.[2410] Schon visuell mutet im Park ein grauer Schleier an eine gestörten Schwarz-Weiß-Übertragung an, passend zu diesem Motiv wird hörbares Störrauschen ergänzt.[2411] Passiert man die Fahrgeschäfte drängen längst vergangene Betriebsgeräusche verzerrt durch den Schleier, durchmischt mit Johlen einstiger Besucher und Jahrmarktsmusik. Ähnlich verschiebt das Betreten des verseuchten Sumpfes im Nordosten des *Blue Mountain* die Geräuschkulisse zu dumpfen, bedrohlichen Sounds neben den eigenen

---

2406 TSW_D2_Atmosphäre_KM_Soundscapes Stadt 2015–05–28; TSW_D2_Atmosphäre_KM_Hafen 2015–05–20.
2407 TSW_D2_Atmosphäre_KM_Soundscapes Angriff Alarm Polizeistation 2015–06–04.
2408 TSW_D2_Atmosphäre_KM_Hafen 2015–05–20.
2409 TSW_D2_Atmosphäre_SC_Soundscapes Kindergarten Dorf 2015–06–04.
2410 TSW_D2_Atmosphäre_SC_Soundscape Licht Dorf 2015–06–18.
2411 TSW_D2_Atmosphäre_SC_Soundscapes Stimmung Atlantic Island Park 2015–06–04.

matschenden Schritten.[2412] Gelegentlich setzen die Entwickler auch gezielt natürliche Geräuschquellen in kleineren Arealen, wie etwa das Quaken von Fröschen den überwucherten Gartenpool des Franklin Anwesens betont.[2413] Unnatürliche, befremdliche Geräusche lenken gezielt auf besondere Orte wie das lautstarkes Knarren am niedergebrannten Haus einer vermeintlichen Hexe an der *Savage Coast*.[2414] In der *Verbrannten Wüste* von Ägypten bestimmen die natürlichen Geräusche von Wind, fein rieselndem Sand und das Knirschen der Schritte in den Dünen das Klangbild.[2415] Hervorgerufen von stärkerem Wind in Höhen an scharfen Felsen, durchströmt die *Stadt des Sonnengottes* zusätzlich ein brummender Unterton.[2416] Auch unterirdisch dringt der entfernte Wind an die Ohren, der durch hohe Säulengänge wie in der dortigen Nekropole hallt.[2417] Die akustische Kulisse des Gebietes wirkt dadurch grundsätzlich bedrohlicher als im ersten Wüstengebiet. Die Siedlung *Al-Merayah* verbindet am Marktkern arabisch klingende Musik aus einer Jukebox und Koffer-Radios mit arabischen Grußformeln und Gesprächsfetzen, die dumpf hinter den Mauern hervorklingen.[2418] Kreaturen wie die *Ghule* oder riesenhafte *Heuschrecken* bieten ein Spektrum tierischer Geräusche.[2419] Beim Betreten der hochgebirglichen Gebiete Rumäniens besitzt der Bunkereingang zum *Belagerten Farmland* eine ähnliche Klangkulisse wie die Nekropolen in der *Stadt des Sonnengottes*.[2420] Vergleichbar wird auch der Innenraum der *Kapelle des Prinzen* im *Schattenhaften Wald* inszeniert.[2421] Auf der Hügelkuppe vor *Harbabureşti* prasseln leichte Regenfälle eines dumpf in der Ferne polternden Gewitters auf feuchten Grasboden, während ein leicht gehender Wind gelegentlich das Geheul von Wölfen, den Knall einer Explosion oder eines Schusses aus der Ferne heranträgt. Weiter im Süden des Gebietes verstärkt sich das dumpfe Donnergrollen über dem Tal, in das bei Nacht zirpende Grillen einstimmen.[2422] Wie in

---

2412 TSW_D2_Atmosphäre_BM_Soundscapes_Sumpf Nordosten Der Schmutz 2015 – 07 – 17.
2413 TSW_D2_Atmosphäre_BM_Soundscapes Franklin Manor Garten Pool Frösche 2015 – 11 – 12.
2414 TSW_D2_Erinnerungsorte_SC_Das Schwarze Haus 1 2015 – 03 – 31.
2415 TSW_A_VerbrannteWüste_Rundgang 8 Verbrannte Ebene Touristentempel Der Sonnengott 2015 – 07 – 29 ; TSW_D2_Atmosphäre_VW_Soundscapes Wüste Ausgrabung Nacht Vollmond Licht 2015 – 08 – 11.
2416 TSW_D1_QuestInvest_VW_DasGroßeSchrecklicheGanze Stufe 1c Weg zu Ausgrabung Norwesten Westl Narbe 2015 – 08 – 11.
2417 TSW_A_StadtDesSonnengottes_Rundgang 5a Nekropole Labyrinth 2015 – 08 – 17.
2418 TSW_D2_Atmosphäre_VW_Al-Merayah Soundscapes Licht 2015 – 07 – 31; TSW_A_VerbrannteWüste_Rundgang 4 Al-Merayah Teil 1 2015 – 07 – 29.
2419 TSW_D1_QuestInvest_VW_DasGroßeSchrecklicheGanze Stufe 1c Weg zu Ausgrabung Norwesten Westl Narbe 2015 – 08 – 11; TSW_A_VerbrannteWüste_Rundgang14 Absturzstelle Orochi Flugzeug TempelRoteNächte 2015 – 07 – 29.
2420 TSW_D2_Atmosphäre_BF_Soundscape BelagertesFarmland Agartha Eingang 2015 – 08 – 25.
2421 TSW_D2_Atmosphäre_SW_Soundscapes Lichtstimmung Kapelle des Prinzen Innen Außen 2015 – 10 – 12.
2422 TSW_D2_Atmosphäre_BF_Soundscape Belagertes Farmland Alte Mühle Regen Nacht 2015 – 10 – 01.

Neuengland sind Krähen zu hören, allerdings keine Möwen. Dafür mischen sich andere Vogellaute wie zum Beispiel das Hämmern eines Spechtes darunter. Im Gasthaus des belagerten Örtchens spielt ein Kofferradio südosteuropäische Musik.[2423] Beim Betreten der Kirche *St. Haralambie* gehen die Umgebungsgeräusche des Regens, der auf Gräser und Blattwerk prasselt, langsam und stufenlos in Gregorianische Gesänge über.[2424] Fehlen im *Schattenhaften Wald* zwar die Regenfälle, sind nachts Grillen präsent, zudem sind weit mehr Wölfe zu hören und dunkle Rufe von Uhus schallen in den Wäldern.[2425] Am *See der Sirene* sind neben einem weiteren Specht und den Lauten zahlreicher Vogelarten auch Bienen und ein Schwarm von Wildgänsen zu hören.[2426] Ein Marsch vom zerstörten Dorf im Westen zum Lager der Roma macht verständlich, wie unterschiedliche Klänge von Schritten auf verschiedenen Bodenbelägen – von Kopfstein, über Waldboden und Kies bis hin zu hölzernen Brücken – zu einer plausiblen Welterfahrung beitragen, indem sie an Erinnerungen von physischen Wahrnehmungen andocken.[2427] Unter den Füßen knirschen im verschneiten Hochgebirge der *Reißzähne der Karpaten* einige Zentimeter Schnee.[2428] Den akustischen Hintergrund bildet ein eisiger Höhenwind, der durch die Tannenwipfel pfeift, fast ohne sporadische Geräusche wie Gewehrschüsse oder Wolfsgeheul heranzutragen.[2429] Der Kontrast dieser Inszenierung trägt Einsamkeit im Verhältnis zu den Soundkulissen der anderen Gebiete in sich. Nachdem eine Weile in *Kingsmouth* nur Umgebungsgeräusche den Eindruck bestimmten, setzt mit sanftem Übergang dezente musikalische Untermalung ein, die instrumental die bedrohliche Atmosphäre unterstreicht, aber kaum lauter ist als der vorherige Wind.[2430] Sie mischt sich unter die Umgebungsgeräusche und bricht nur phasenweise aus dem Hintergrundgemisch hervor. Was die Musik bezwecken soll, außer vielleicht Abwechslung in die Alltagsgeräusche zu bringen, ist an der neuenglischen Küste nicht klar. An der *Savage Coast* fällt die musikalische Untermalung zudem lauter aus und verbleibt nicht mehr dezent im Hintergrund.[2431] In Ägypten und den rumänischen Gebieten hingegen unterstreicht die gezielte Auswahl von Stil und Instrumenten eine Zugehörigkeit zu den kulturellen

---

2423 **TSW_D2_Atmosphäre_BF_Soundscapes Hababuresti Licht Radio Musik** 2015–08–26.
2424 **TSW_D2_Atmosphäre_BF_Soundscapes StHaralambie Kirche** 2015–08–26.
2425 **TSW_D2_Atmosphäre_SW_Soundscapes Nacht Weg nach Norden Wölfe Zikaden** DieDraculesti Stufe 2a 2015–10–18.
2426 **TSW_D2_Atmosphäre_SW_Soundscapes See der Sirene Baum des Lebens TAG Sonne Geräusche** 2015–10–18.
2427 **TSW_D2_Atmosphäre_SW_Soundscapes TAG Weg Iazmaciune Roma Lager** 2015–10–16.
2428 **TSW_D2_Atmosphäre_RK_Soundscapes Licht Stimmung Eingangsbereich Sonnentempel** Issue07_WennDasBeilFällt Stufe 7d Suche Orochi Agent 2015–08–28.
2429 **TSW_D1_QuestAttack_RK_Issue07_ManStirbtNurZweimal Stufe 2a** Dragan Treffen Schneemobil 2015–08–28.
2430 **TSW_D2_Atmosphäre_KM_Soundscapes Stadt** 2015–05–28, ab 2:27 min; **TSW_A_Kingsmouth_Rundgang 3** Morning Light Sekte Priest Island 2015–04–08.
2431 **TSW_D2_Atmosphäre_SC_Übergang Black Goat Forest Licht Stimmung** 2015–06–04; **TSW_D2_Atmosphäre_SC_Soundscapes Kindergarten Dorf** 2015–06–04.

Räumen. Manchmal verwendet Ägypten zwar auch die musikalische Untermalung der übrigen Gebiete.[2432] In anderen Fällen unterstreichen musikalische Motive, dass sich Spielende hier in einer arabisch geprägten Region aufhalten.[2433] In Rumänien untermalt zeitweilig ebenso dezente Musik den Hintergrund, die nicht unbedingt einem Kulturraum zuzuordnen ist.[2434] Sie geht aber in Instrumentalmusik über, die südosteuropäisch anmutet.[2435] Bezüglich einer plausiblen lebensweltlichen Erfahrung hinterlässt das Element der Spielmusik etwas unschlüssig, sieht man von den kulturell zuordnenden musikalischen Mitteln ab. Die natürlichen Umgebungsgeräusche sind als Kulisse bereits so immersiv, dass die losgelöste musikalische Untermalung mit der lebensweltlichen Inszenierung bricht. Besser gelöst, weil in die Spielwelt logisch eingefügt, sind Musikstücke, die im Gasthaus von *Harbabureşti* oder im *Café Giza* aus Radios oder der Jukebox ertönen. Meist tragen die Melodien subtil und dezent zur allgemeinen Klangumgebung bei. Einen Sonderfall stellt Musik dar, die lediglich zu einem Kampf eingespielt wird. Sie ändert so prägnant die Spielatmosphäre, dass sie mit fortschreitendem Spielverlauf wie eine Pawlowsche Glocke in Kampfbereitschaft versetzt, selbst wenn ein Gegner nicht im Blickfeld ist.[2436] Allerdings tritt sie nicht in jeden Kampf auf. Viele Bestandteile der Soundscapes sind zudem funktionale Elemente der Spielwelt. Scheitern Spielende zum Beispiel daran, Objekte bei Kombinationsrätseln in eine bestimmte Reihenfolge zu bringen oder Aufgaben in einer bestimmten Zeit zu lösen, so weist ein kurzes Störgeräusch subtil auf das Scheitern hin, ein Blip auf den Erfolg.[2437] Sind ganze Missionsschritte erfolgreich, vermeldet ein Klimpern belohnend diesen Fortschritt.[2438] Eine kurze Hymne quittiert den erfolgreichen Abschluss von Missionen und ein zwitscherndes Geräusch den Erhalt von Punkten, welche in die Charakterentwicklung investiert werden können.[2439] Diese Klänge setzen sich im Lauf der langen Spielerfahrung in einem MMORPG in der Wahrnehmung der Spielenden als spielmechanische Mittel fest. Für die Spielenden sind Geräusche, Klänge und Musik jedoch auch Werkzeuge, die sie selbst spielweltlich

---

2432 **TSW_D1_QuestInvest_VW_DasGroßeSchrecklicheGanze Stufe 1c** Weg zu Ausgrabung Norwesten Westl Narbe 2015 – 08 – 11.
2433 **TSW_D1_QuestSabot_VW_Issue06_DerGefangene Stufe 4c** Said bei Hotel Wahid Weg dorthin 2015 – 08 – 06.
2434 **TSW_D2_Atmosphäre_BF_Soundscape BelagertesFarmland** Agartha Eingang 2015 – 08 – 25; **TSW_D2_Atmosphäre_BF_Soundscapes Hababuresti Licht Radio Musik** 2015 – 08 – 26, ab 0:52 min; **TSW_D2_Atmosphäre_SW_Soundscapes Lichtstimmung Weg Wald Geräusche** 2015 – 10 – 12.
2435 **TSW_D2_Atmosphäre_SW_Soundscapes Nacht Weg nach Norden Wölfe Zikaden** DieDraculesti Stufe 2a 2015 – 10 – 18.
2436 **TSW_A_VerbrannteWüste_Rundgang 9** Neue Straße Hotel Wahid International 2015 – 07 – 29.
2437 **TSW_D1_QuestInvest_VB_Krampus2014_DieWeihnachtsverschwörung Stufe 3b** Lied Vögel Papageno Stimme 2015 – 12 – 31, bei 3:16 min; **TSW_D1_QuestInvest_KM_Issue2_Tiefer Graben Stufe 4 a** Plattenrätsel Psalm41_8 Abyssus 2015 – 04 – 08, bei 6:00 min.
2438 **TSW_D1_QuestInvest_KM_Der Kingsmouth Code Stufe 4** Lösung 2015 – 04 – 07, bei 2:00 min.
2439 **TSW_D1_QuestInvest_KM_Der Kingsmouth Code Stufe 4** Lösung 2015 – 04 – 07, bei 1:13 min bzw. bei 1:44 min.

anwenden. In so mancher Mission spüren etwa Tracker wichtige Orte oder Objekte der Spielwelt auf.[2440] Je näher sich die Spielenden bei ihnen befinden, umso häufiger ertönt ein Geräusch dieses Peilgerätes. Am Flughafen von *Kingsmouth* sendet eine Funkübertragung einen Morsecode, die zu entschlüsseln ist. Für eine Auftragsreihe des *Samhain*-Festes lassen sich in der Spielwelt Radio-Übertragungen von Gruselgeschichten aus den vierziger Jahren finden.[2441] Die neun Hörspiele verschiedener Sender korrespondieren mit geisterhaften Erscheinungen in der Spielwelt.[2442] Jenseits davon führt Musik auch als Werkzeug durch manche Mission. Ein Kinderlied etwa leitet als Motiv durch die Missionen von Update #7.[2443] Auf der Suche nach einem Gegenstand weist der Gesang von Sirenen den Weg durch *Kingsmouth*.[2444] Passende kombiniert, lösen Tonfolgen aus Taminos Zauberflöte die Rätsel einer Weihnachtsverschwörung, die sich um die gleichnamige Oper von Wolfgang Amadeus Mozart ranken.[2445] An anderer Stelle hilft eine Kantate, Orgelpfeifen in der korrekten Reihenfolge auszulösen.[2446] In besonderer Form nahmen Spielerinnen und Spieler musikalisch durch einen Wettbewerb vom März 2013 auf die Spielwelt Einfluss. Musikstücke, welche die Community einsendete, ertönen nun in einem spielweltlichen Plattenladen im Londoner Stadtteil *Ealdwic*.[2447]

Erheblich steuert *The Secret World* den lebensweltlichen Eindruck zudem durch die spielweltlichen Lichtverhältnisse. Auch wenn das Wetter in Rumänien durch leichten Regen mit hineinspielt, varriieren vor allem die unterschiedlichen klimatischen Bedigungen der Spielgebiete die Lichtstimmungen. An der neuenglischen *Savage Coast* wirft die niedrig stehende Nachmittagssonne rötliche, tanzende Strahlen

---

2440 **TSW_D1_QuestInvest_KM_Männer in Schwarzen Vans 3** Suchgerät benutzen 2015–04–08.
2441 **TSW_D1_SamhainEvent_2014_QuestNeben_KM_DieÜbertragung Stufe 2b** Friedhof Kingsmouth Radio Übertragung 50er 2015–11–10.
2442 Neben anderen Radiosendungen der vierziger Jahre verwendet wurde das Hörspiel: **CBS Radio:** Suspense Ghost Hunt 1949, in: *Kanal OTR HALLOWEENHOLIDAZE via Youtube*, 23.6.1949. Online unter: https://youtu.be/lgyQbONkYec. Liste der genutzten Sendungen: **Albaster:** Die Übertragung: Paranormale Kurzwelle und die Radiosendungen, in: *The Secret World Forum. Deutsches Forum* 9.11.2014. Online unter: http://bit.ly/2C7BLf9. Diese und die weiteren Sendungen im genannten Kanal bei Youtube oder als reine Hörspuren bei **Rossi, Alexis:** Old Time Radio Archive via Archive.org. Online unter: http://bit.ly/2E8d8fZ (Letzte Zugriffe: 31.3.2019).
2443 **TSW_D1_QuestAttack_RK_Issue07_DerKlangDerKinder Stufe 2b** Kinder Hort Spuren Wächter Roboter Kinderzimmer Musik Kampf 2015–09–04.
2444 **TSW_D1_QuestStory_KM_DämmerungEinerEndlosenNacht Stufe 6a** Lied Sirenen Weg Tunnel Beaumont Kassy INSTANZ SAMMYLUXE 2016–02–04.
2445 **TSW_D1_Spielmechanik_Musikrätsel** QuestInvest_VB_Krampus2014_DieWeihnachtsverschwörung Stufe 3b Lied Vögel 2015–12–31; **TSW_D1_QuestInvest_VB_Krampus2014_DieWeihnachtsverschwörung Stufe 3 g** Mischung Lieder Königin Nacht Zerstörung 2015–12–31.
2446 **TSW_D1_QuestInvest_KM_Issue2_Tiefer Graben Stufe 4 b** Dolandi Cantate Musikrätsel 2015–04–08.
2447 **TSW_D1_Community_Contest_LO_RomanWail Plattenladen Gewinner Musikwettbewerb 2013** 2015–07–27.

durch Baumkronen in die Nebelbänke.[2448] In London kämpft sich die Sonne fahl durch einen bedeckten Himmel.[2449] Verschwommen schimmert die morgendliche Sonne im Hochgebirge der Karpaten durch schneehaltigen Höhendunst.[2450] Der automatische Ablauf eines Tag- und Nachtwechsels verleiht den Spielgebieten eine ähnliche Dynamik wie die punktuellen Einsätze der obigen Routinen als landschaftliche Elemente. Die Nacht etwa taucht den Marktplatz des ägyptischen *Al-Merayah* in kühlen, bläulichen Mondschein, die Morgendämmerung ruft rosa Schleier aus Dunst über der Wüste hinzu, bevor wieder die gleißende Sonne auf die Lehmgebäude brennt.[2451] Dank der visuellen Effekte durch den Zyklus erscheinen dieselben Orte wie das Zentrum von *Kingsmouth* zu unterschiedlichen Tageszeiten buchstäblich in anderem Licht.[2452] Dadurch beeinflusst die Lichtstimmung auch die historische Erfahrung, etwa wenn Gebäude im nächtlichen Mondlicht düsterer erscheinen als tags oder Gegenstände je nach Objekt im Hellen oder im Dunkel besser erkennbar sind. Den weiten Kontrast zwischen gleißendem Sonnenlicht am Tag und der nachtfahlen Dunkelheit stellt besonders eindrucksvoll der Tagesablauf in der *Verbrannten Wüste* dar.[2453] Lichteffekte betonen ebenso gezielt den Zonenwechsel in besondere Areale der Spielwelt. An der *Savage Coast* verfärbt sich etwa der spätsommerlich warmgoldene Eindruck beim Betreten des Waldgebietes, das *Ak'ab* in Beschlag genommen haben, in einen ungesund grünlichen Dunst.[2454] Ein ähnlicher Effekt beim *Overlook Motel* verdeutlicht den Übertritt in das Areal, welches die Vorhut der Dämonen näher an ihre Höllendimension rückte.[2455] In der Nähe verändert der Übergang zum *Atlantic Island Park* die Lichtverhältnisse wie zu einer feinkörnig gestörten, schwarz-weißen Über-

---

2448 **TSW_D2_Atmosphäre_SC_Soundscape Licht Dorf** 2015–06–18.
2449 **TSW_D2_Atmosphäre_LO_Ealdwic Soundscapes Tageslicht** 2015–07–27.
2450 **TSW_D2_Atmosphäre_RK_Soundscapes Licht Stimmung Eingangsbereich Sonnentempel** Issue07_WennDasBeilFällt Stufe 7d Suche Orochi Agent 2015–08–28.
2451 **TSW_D1_QuestNeben_VW_DasEntschärfungskommando Stufe 1** Sprengsätze in Al-Merayah entschärfen 1 2015–08–01; **TSW_D2_Atmosphäre_VW_Al-Merayah Soundscapes Licht** 2015–07–31; **TSW_A_VerbrannteWüste_Rundgang 4** Al-Merayah Teil 1 2015–07–29.
2452 **TSW_A_Kingsmouth_Rundgang 1** Agatha Eingang Polizei Hauptstraße 2015–04–08; **TSW_D1_QuestInvest_KM_Die Vision Stufe 6** Hangmans Span Kampf Bericht 2015–05–22.
2453 Vom frühen Morgen bis in die Nacht: **TSW_D1_QuestInvest_VW_DerNicht-BrennendeBusch Stufe 1b** brennendem Busch folgen Schriftzeichen Arabisch 2015–08–09; **TSW_D1_QuestSabot_VW_Issue06_DerGefangene Stufe 4c** Said bei Hotel Wahid Weg dorthin 2015–08–06; **TSW_D1_QuestInvest_VW_DerNicht-BrennendeBusch Stufe 3a** Dritte Plage Ort suchen 2015–08–09; **TSW_D1_QuestInvest_VW_DerNicht-BrennendeBusch Stufe 4** Nächster Altar Finsternis Steintafel 2015–08–09; **TSW_D1_QuestAttack_VW_EinSchattenÜberÄgypten Stufe 1b** Tempel Vorplatz freikämpfen Eingang finden 2015–08–08; **TSW_A_VerbrannteWüste_Rundgang 8** Verbrannte Ebene Touristentempel Der Sonnengott 2015–07–29; **TSW_D1_QuestNeben_VW_BergInBewegungSteigenderSand Stufe 1** Sandgolems in Verbrannter Ebene töten BERICHT 2015–08–09.
2454 **TSW_D2_Atmosphäre_SC_Übergang Black Goat Forest Licht Stimmung** 2015–06–04; **TSW_D1_QuestAttack_SC_Liga der Monsterjäger u NQ 1** 2015–03–31.
2455 **TSW_D2_Atmosphäre_SC_Übergang Overlook Motel Licht Stimmung** 2015–06–04.

tragung im Fernsehen.²⁴⁵⁶ Diese Verschiebungen potenziert der Tag- und Nachtrhythmus der Spielwelt noch, weil Spielende die Übergänge unter dem Einfluss von jeweils unterschiedlichen Lichtverhältnissen der Tageszeit erfahren. Subtil verändern sich die örtlichen Lichtverhältnisse auch, wenn längere Strecken in Spielgebieten durchreist werden. Solch graduelle Variationen zeigt etwa ein Laufweg vom Eintrittsbereich in das Gebiet *Kingsmouth* über die Stadt und den Hafen hin zu den nördlichen Waldgebieten bis an die Felsküste vor *Priest Island*.²⁴⁵⁷ Natürlich beschränkt sich ein vergleichbarer Einsatz von variablen Lichtstimmungen nicht allein auf Gebiete von *Solomon Island*. Im *Schattenhaften Wald* etwa, wo die Waldfee *Iele* an einem Bach die *Pădurii* in ihre Grenzen verweist, wandelt sich der düstere transylvanische Mischwald mit jedem Schritt in einen urtümlicheren Waldbereich, den leuchtende Mose und Pilze in Neonfarben in eine unwirklichen Lichtstimmung versetzen.²⁴⁵⁸ Überall in der Spielwelt nutzen die Entwickler also bewusst Lichtverhältnisse, um die Wahrnehmung der Spielenden in eine bestimmte Richtung zu lenken. Sie weisen sogar gezielt auf besondere Orte hin, die sich durch die Wahl der Lichteffekte besonders hervorheben. Dazu gehört etwa der grünlich leuchtende Schein von Irrlichtern, die um einen alter Baum in *Kingsmouth* ziehen, welcher für ein paar Missionen relevant ist.²⁴⁵⁹ Die schwebenden Waben, die beim Aufsammeln das Lore der Spielwelt erweitern, tauchen ihre nahe Umgebung in einen goldstrahlenden Lichtschein. Da sie je nach Perspektive, aus der sich die Spielenden nähern, von Objekten wie Felsen oder Möbeln verdeckt sein können, weckt der indirekte Schimmer Aufmerksamkeit. Viele einzelne zivilisatorische Lichtquellen prägen jeweils eine örtlich unterschiedliche Lichtstimmung, erneut mit dem Tageslicht oder nächtlichem Mondschein gekoppelt. Auf *Solomon Island* und in *Transylvanien* fallen eher düstere Winkel mit schummerigen, warmen Lichtquellen auf.²⁴⁶⁰ Dagegen scheinen die zivilisatorischen Lichtquellen in Ägypten grell, klar und bläulich-kühl, was den Kontrast der natürlichen Lichtverhältnisse dort unterstreicht.²⁴⁶¹ Für Aufträge spielt hingegen Licht als Instrument nur selten eine Rolle. In Ägypten etwa lenken Kristalle bei einem Kombinationsrätsel das Sonnenlicht in eine Tempelanlage.²⁴⁶² Wer eine Mission in der *Blue Ridge Mine* von *Blue Mountain* wahrnimmt, verfügt für das weitere Spiel über

---

2456 TSW_D2_Atmosphäre_SC_Übergang zu Atlantic Island Park Licht Stimmung 2015–06–04.
2457 TSW_A_Kingsmouth_Rundgang 1 Agatha Eingang Polizei Hauptstraße 2015–04–08; **TSW_A_Kingsmouth_Rundgang 2** Hauptstraße Morning Light Sekte2015–04–08; **TSW_A_Kingsmouth_Rundgang 3** Morning Light Sekte Priest Island 2015–04–08.
2458 TSW_A_DerSchattenhafteWald_Rundgang 6c Morastgehölz Pilzlandschaft Pilzwerdung Farben Verseuchung Schmutz 2015–10–12.
2459 TSW_A_Kingsmouth_Rundgang12 Norma Creed Kürbisbaum Whispwood 2015–05–20.
2460 TSW_D2_Atmosphäre_KM_Soundscapes Stadt 2015–05–28; TSW_D2_Atmosphäre_BF_Soundscapes Hababuresti Licht Radio Musik 2015–08–26.
2461 TSW_D1_QuestAttack_VW_Die Belagerung von El-Merayah Stufe 4 Anführer der Kultisten töten 2015–07–29.
2462 TSW_D1_QuestInvest_VW_DasGroßeSchrecklicheGanze Stufe 3b Lichträtsel 2015–08–11.

einen Bergarbeiter-Helm mit Taschenlampe.[2463] Sie erleichtert den Fortschritt bei den düsteren Lichtverhältnissen unter Tage, nützt aber später auch bei anderen Missionen wie zum Beispiel in der *Halle der Verschollenen Aufzeichnungen* in der *Stadt des Sonnengottes*.[2464] In deren absoluter Finsternis müssten sich Spielende sonst an den glühenden Augen von Kreaturen orientieren. Gelegentlich nutzen sie auch Fackeln wie bei der Untersuchung der römischen Überreste unter London, um Licht zu spenden.[2465]

Der mikrohistorische Weltentwurf von *The Secret World* verzahnt alle vorigen Spielelemente zudem mit der Außenwelt. Anders formuliert, greift die Spielwelt auf die Lebenswelt der Spielenden aus. Weil sie gezielt den Eindruck einer stimmigen, übergreifenden Lebenswelt simuliert, verschwimmen die Grenzen zwischen Spielwelt und Lebenswelt ineinander. Die Spielwelt modelliert in einzigartiger Weise diese Lebenswelt als Teil des spielweltlichen Weltentwurfes. Diese enge Verzahnung betrifft häufig historische Inhalte. Der Abschnitt über narrative Netzwerke wies bezüglich der Investigativ-Missionen bereits darauf hin, wie viele Aufgaben gängige Vorstellungen herausfordern, dass eine analoge, lebensweltliche Wirklichkeit außerhalb auf der einen Seite von einer digitalen spielweltlichen Realitätsebene andererseits zu trennen sei. Diese Missionen verlangen von den Spielenden, Wissen, das nicht direkt in der Spielwelt auffindbar ist, mindestens mithilfe einer Webrecherche zu entschlüsseln.[2466] Viele Aufgaben erfordern den Zugriff auf Inhalte, die beispielsweise bei der Internet-Enzyklopädie *Wikipedia* bereits von Dritten angelegt wurden. Solche Aufgaben sind so zahlreich, vielseitig und aufwändig, dass der eingebaute Web-Browser zu einem wichtigen Werkzeug im Spielverlauf wird. Auf die Webrecherche für eine Mission, in der die Namen *Echnatons* nach seinen Lebensphasen zu ordnen sind, wurde bei Investigativ-Aufträgen schon hingewiesen. An anderer Stelle hilft das Internet, verschlüsselte Bestandteile eines bewusstseinserweiternden Rauches zu verstehen.[2467] Verwundete in einem rumänischen Feldlazarett zu versorgen, erfordert sogar die Wirkstoffe von Medikamenten anhand ihrer Wirkweisen und der Symptome von Erkrankten zu ermitteln.[2468] Manche Inhalte aber befänden sich ohne das aktive Zutun der Entwickler überhaupt nicht im Internet. Eine Mission in *Kingsmouth* erfordert beispielsweise, die Ehefrau eines Mitarbeiters des spielweltlichen Konzerns *Orochi* zu

---

2463 TSW_D1_QuestSabot_BM_DieGeisterunddieDunkelheit Stufe 2 Geister Minenarbeiter Sprechen bringen 2015–07–18.
2464 TSW_D1_QuestInvest_SS_Issue01_DasDritteZeitalter Stufe 3i Hallen Verlorene Aufzeichnungen Dunkelheit 2015–08–20.
2465 TSW_D1_QuestInvest_LO_Issue04_AlleWegeFührenNachRom Stufe 3c Schwert Rune craften Münzen INSTANZ 2015–07–29, ab 3:50 min.
2466 Siehe zu Investigativ-Missionen in Abschnitt 4.3.2 *Narrative Netzwerke* ab S. 437.
2467 TSW_D1_DiffusionGrenzen_LO_Siabhras Rauch Recherche 1 SamhainEvent_2012_QuestInvest_LO_DenSchwarzenPfadKreuzen 2015–11–12; **TSW_D1_DiffusionGrenzen_LO_Siabhras Rauch Recherche 2** SamhainEvent_2012_QuestInvest_LO_DenSchwarzenPfadKreuzen Stufe2015–11–12.
2468 TSW_D1_DiffusionGrenzen_BF_Medikament Diagnostik Patienten Recherche Web QuestInvest_BF_Issue01_AufFrischerTatErtappt 2015–09–25.

identifizieren, um das Passwort ihres Ehemannes auf einem Firmenrechner zu überwinden.[2469] Verblüffend ist, dass die Webseite des Konzerns regulär im Internet angelegt ist, in deren Personalbereich sich ihr Name auffinden lässt.[2470] Für *Alina Florea*, ein geläutertes und daher verfolgtes Ex-Mitglied von *Morninglight*, das im *Schattenhaften Wald* anzutreffen ist, manipulieren Spielende die Rekrutierungs-Webseite der dubiosen weltweiten Sekte.[2471] In der Spielwelt wiederum dringen sie mit ermittelten Hinweisen in die Datenbanken der Organisation ein, um *Floreas* Akten zu vernichten.[2472] Ein weiteres Beispiel führt zum Wohnort eines aufdringlichen Fans des spielweltlichen Autors *Sam Krieg*. Ein signiertes Foto verweist nicht nur mithilfe des Motivs auf das dortige Haus dieses namenlosen Fans.[2473] Er notierte darauf zudem die Webadresse seines *Wordpress*-Blogs, mit dem er die Stationen seines Idols dokumentiert.[2474] Die dortige Publikationsliste lässt auf die ISBN-Nummer eines Buches als Code schließen, um den gesicherten Kellerraum unter dem Haus des Fans in der Spielwelt zu öffnen.[2475] Im fünften Update zu *The Secret World* schickten die Entwickler Spielende aus, um den Verbleib von *Tyler Freeborn* aufzuklären.[2476] Der Verschwörungstheoretiker führte außerhalb der Spielwelt das Blog „Monsters of Maine" beim Anbieter *blogspot*, wo er schon vor dem flächendeckenden Ausbruch merkwürdige Kreaturen auf *Solomon Island* dokumentierte.[2477] Mit dessen Hilfe ermitteln Spielende seine Aufenthaltsorte, als er die Entdeckungen machte. Faszinierend ist

---

2469 TSW_D1_DiffusionGrenzen_Orochi Firmenwebseite Personal 2015 – 04 – 08.
2470 Orochi Group: Offizielle Webseite, 2012. Online unter: http://www.orochi-group.com (Letzter Zugriff: 31.3.2019).
2471 The Morninglight International: Join the Morninglight. Offizielle Seite. Online unter: http://joinmorninglight.com (Letzter Zugriff: 31.3.2019); **TSW_D1_QuestInvest_SW_Issue05_HinderlichePersonen Stufe 1b** Suche Umgebung Alina Spuren Morninglight Detektiv 2015 – 10 – 02; **TSW_D1_QuestInvest_SW_Issue05_HinderlichePersonen Stufe 2a** Herausfinden Akte Alina Florea Schließung BÜNA Programm 2015 – 10 – 02; **TSW_D1_QuestInvest_SW_Issue05_HinderlichePersonen Stufe 2b** Eingabe JoinMorninglight Fehler Hinweis Persönlichkeitstest 2015 – 10 – 02.
2472 TSW_D1_QuestInvest_LO_Issue05_HinderlichePersonen Stufe 3 Persönlichkeitstest Antworten 412 Fehler Webseite 19c Hexadezimal Geheime Akten Schließung Reise aus SW 2015 – 10 – 02; **TSW_D1_QuestInvest_BF_Issue05_HinderlichePersonen Stufe 4f** Morninglight Tablet Fehler Quest BERICHT 2015 – 10 – 02.
2473 TSW_D1_QuestInvest_SC_Issue1_Schuld und Sühne Stufe 3b Wohnort gefunden 2015 – 06 – 19.
2474 [FunCom]: Sam Krieg Sightings. A Site dedicated to horror writer Sam Krieg. Online unter: http://bit.ly/2 1870ft (Letzter Zugriff: 31.3.2019); **TSW_D1_DiffusionGrenzen_SamKriegSightings Webseite Fan Wordpress** 2015 – 06 – 19.
2475 TSW_D1_QuestInvest_SC_Issue1_Schuld und Sühne Stufe 4b Keller betreten Code in Webseite 2015 – 06 – 19.
2476 The Secret World Issue #5: The Vanishing of Tyler Freeborn (FunCom / FunCom) Dezember 2012; **TSW_D1_QuestAttack_BM_Issue05_DieSuche NachTylerFreeborn Stufe 1a** Intro Mission 2015 – 07 – 13.
2477 Freeborn, Tyler: Monsters of Maine. An Investigation into the Cryptozoological and Occult Events Occuring on Solomon Island, 2009. Online unter: http://bit.ly/2sn4lkR (Letzter Zugriff: 31.3.2019); **TSW_D1_DiffusionGrenzen_BM_Blog Tyler Freeborn blogspot** 2015 – 07 – 13.

zudem, welche Follower sich dieser Webseite im Laufe des Spielbetriebes anschlossen. Wie im Fall der Brasilianerin Isadora Valentina mit ihrem Blog „Letters from Agartha" bleibt unklar, ob dahinter Menschen stehen, welche die Diffusion der Realitäten einfach nur mitspielen, oder ob der Account ebenfalls vom Entwicklerstudio angelegt ist.[2478] Ungewissheit durch die Einflüsse Dritter verwischt so die Grenzen zwischen Spielwelt und Lebenswelt zusätzlich. Diese Diffusion mit der Lebenswelt außerhalb des Spiels betreiben die Entwickler von *The Secret World* gezielt und mit großem Engagement, um die gegenwärtliche Spielebene an die lebensweltliche Zeitgeschichte außerhalb der Spielwelt anzuschließen. Sowohl für die Zeit vor der Veröffentlichung als auch während des Spielbetriebs wies die Entstehungsgeschichte von *The Secret World* bereits darauf hin, wie die Entwickler zu diesem Zweck Webseiten etwa für die Gemeinde *Kingsmouth* anlegten oder spielweltliche Figuren bei *Twitter* und *Instagram* mit Accounts ausstatteten.[2479] Auch während des Spielbetriebes nutzte *FunCom* externe Anbieter für die verschiedensten Zwecke. Eine Notiz deutete in einer Mission etwa auf eine Londoner Telefonnummer, unter der tatsächlich eine Sprachnachricht hinterlegt ist, die auf den Standort eines Geschäftes im spielweltlichen *Ealdwic* als nächsten Schritt der Mission hinweist.[2480] Dieselbe Mission setzt nahe der *Innsmouth Academy* voraus, dass die Spielenden einen Barcode vom Monitor scannen.[2481] Mit einer App im Smartphone kann er in numerische Zahlen gewandelt werden, um im Verwaltungs-PC des Sekretariats das zugehörige Personal zu ermitteln.[2482] Eine andere Mission am *Overlook Motel* der *Savage Coast* ergründet, weshalb der erwähnte Okkultismus-Experte *Theodore Wicker* 1987 überhaupt in die Höllendimensionen aufbrach.[2483] An ihrem Ende verweist eine Nachricht zum Kanal *ElliotDewhurst* auf der Plattform *Youtube*.[2484] Ein Video enthüllt dort den verwackelten Mitschnitt einer fiktiven Vorlesung von 1977 und darin einige seiner Motive.[2485] Immerhin ein paar hundert Personen behielten den Kanal vorsichtshalber im Auge und abonnierten ihn. Derartige externe Inhalte wurden auch für das später ergänzte

---

2478 Valentina, Isadora: Letters From Agartha, 2012 ff. Online unter: http://bit.ly/2tzkYZV (Letzter Zugriff: 31.3.2019).
2479 Siehe Abschnitt *4.2.4 Von Norwegen aus in verborgene Welten* zu Methoden ab S. 363.
2480 TSW_D1_DiffusionGrenzen_NY_Telefonnummer London Schuyler Sons QuestInvest DerBelebteLehm Stufe 1b 2018–01–01, ab 5:26 min; **TSW_D1_DiffusionGrenzen_LO_Telefonnummer London Anruf** Schuyler Sons QuestInvest DerBelebteLehm Stufe 2e 2018–01–01.
2481 TSW_D1_DiffusionGrenzen_SC_Barcode Scanner QuestInvest DerBelebteLehm Stufe 3c Leiche Mann 2018–01–01.
2482 TSW_D1_QuestInvest_SC_Nebengeschichten_WeitereAnalysen DerBelebteLehm Stufe 3d Barcode Personal Vater Aldini 2018–01–01.
2483 TSW_D1_QuestInvest_SC_Issue01_Bach und die Hölle Stufe 1a Intro Mission Wicker 2015–06–12. Siehe weiter vorn in Abschnitt *4.3.1 Objekt- und Sachkultur* S. 420.
2484 TSW_D1_QuestInvest_SC_Issue01_Bach und die Hölle Stufe 5b Notizzettel Hinweis Youtube 2015–06–18.
2485 TSW_D1_QuestInvest_SC_Issue01_Bach und die Hölle Stufe 6 Youtube Video Wicker Vortrag 2015–06–18; **[FunCom]:** Theodore Wicker lecture, in: *Kanal EliotDewhurst via Youtube* 26.7.2012. Online unter: https://youtu.be/0jSx-oyIEZE (Letzter Zugriff: 31.3.2019).

Spielgebiet Tokyos beibehalten. Dort hilft man der Teenagerin *Harumi* in der Stadt, die von Kreaturen weitgehend überrannt ist, den Verbleib einiger ihrer Freunde zu klären, da sie selbst ihren geistig zurückgebliebenen Bruder in einer Hochhauswohnung schützen muss. Eine von ihnen lässt sich mithilfe von Bildern ausfindig machen, die sie zuletzt auf ihren Account bei der Foto-Community *Flickr* hochgeladen hat.[2486] Die Formen, mit denen die Entwickler diese Verknüpfungen erschaffen, fallen somit bemerkenswert einfallsreich und kreativ aus. Der Aufwand, mit dem die Entwickler gezielt die Verschmelzung von Lebenswelt und Spielwelt betreiben, und die Dichte, mit der sie die Verknüpfungen verweben, lassen staunen. Dieser spielweltliche Weltentwurf wirft Fragen danach auf, in wieweit traditionelle Realitätsbegriffe unter den Bedingungen derartig verschmelzender Systeme überhaupt noch taugen. Die Effekte der gewählten Mittel auf die spielweltliche Glaubwürdigkeit sind jedenfalls mächtig. Zusammen mit der landschaftlichen Gestaltung, den automatischen Routinen von Kreaturen und Spielfiguren, komplexen und dynamischen Soundumgebungen und den Lichtstimmungen erschafft die bewusste Verschmelzung von Spiel- und Lebenswelt einen einzigartigen Weltentwurf – nicht nur gemessen an Online-Rollenspielen, sondern an allen digitalen Spielen.

4.3.5 Das historische Wissenssystem

In *The Secret World* betreten Spielende eine Inszenierung von verschiedenartigen geschichtlichen Bestandteilen, die historische Überlieferungen, Volkssagen und zeithistorische wie populärkulturelle Vorstellungen einbeziehen. Im Gegensatz zu den meisten anderen digitalen Spielen thematisert das MMORPG gleich mehrere Epochen einiger Weltregionen kulturgeschichtlich, die es bemerkenswert einfallsreich untereinander verknüpft. Komplex und vielschichtig wirken zum historischen Wissenssystem des Online-Rollenspieles viele Facetten einer Sach- und Objektkultur mit den Elementen narrativer Netzwerke, makrohistorischen Denkmodellen und mikrohistorischen Weltentwürfen in einer räumlichen Spielwelt zusammen. Mithilfe der Vorarbeiten aus dem Überblick der Forschungsstände lassen sie sich an geschichtswissenschaftliche Forschungsgebiete anschließen. So knüpft etwa die Objekt- und Sachkultur an Konzepte der Authentizität an, für narrative Netzwerke bestehen Möglichkeiten, sie sinnvoll in die Historik einzubinden, die Denkmodelle bauen auf Überlegungen zu Simulationen auf und mikrohistorische Weltentwürfe führen auf Gedanken über eine historische Atmosphäre und die Tauglichkeit von Realitätsbegriffen.

Die im zurückliegenden Abschnitt behandelte Sach- und Objektkultur führte zu bemerkenswert vielschichtigen Befunden, die weit über eine rein plakative Kulisse

---

[2486] **[FunCom]:** flashygurl27. Fotostream bei Fotocommunity flickr. Online unter: http://bit.ly/2pReNmS (Letzter Zugriff: 31.3.2019).

hinausgehen, wie sie die Fachliteratur häufig verallgemeinernd für alle digitalen Spiele annimmt. In der Gesamtschau vermengen sich ihre historischen Konnotationen. Das empirische Beispiel enthält eine solche Menge an Sachobjekten, dass sie kaum vollständig darstellbar sind. Pointiert unternahm der Abschnitt daher den Versuch an den dominantesten Linien die komplexe Gemengelage auf Basis der Objekte nachzuzeichnen. Wichtig festzuhalten ist, dass die Sachkultur im Wesentlichen eine zeithistorische Ebene unterfüttert. Nutzerinnen und Nutzer des Online-Rollenspieles befinden sich eben nicht innerhalb einer älteren Epoche, sondern besuchen jene aus einer gegenwartlichen Ebene. Darauf wiesen etwa die westliche Bekleidung der meisten menschlichen Figuren, auch bei Gegnern wie den Atonisten oder viele Fahrzeuge hin. Spielende blicken also aus einer gegenwartlichen Perspektive über ihre Spielfiguren in die Vergangenheit. Damit nimmt die Spielwelt per se eine erinnerungskulturelle Perspektive ein, die auf zahlreiche Manifestationen von Kulturgeschichte trifft. Es ist in digitalen Spielen nicht selbstverständlich, dass den Spielenden deutlich vor Augen geführt wird, dass sie Interpretationen von Vergangenheiten besuchen, nicht etwa die Vergangenheiten selbst. Dadurch legt auch *The Secret World* offen, dass die Historizität der Schauplätze stets nur in Bezug auf ihren gegenwartlichen Zustand deutbar ist. Der sachkulturelle Abschnitt studierte zudem einige Grundelemente der Inszenierung durch Objekte: Gebäude und Infrastruktur, die Wirkmacht der Orientierungskarten, Fahrzeuge, Bekleidung und Alltagsobjekte sowie die Kreaturen. Die großstädtischen Hubs beleuchteten aufgrund ihrer besonderen Funktion als soziale Knotenpunkte und Heimatzentralen der wichtigsten Gruppierungen gesonderte Absätze. Die diskutierten Elemente unterstrichen deutlich, wie sich die Gebiete von New York, London und Sëoul auf die ideologischen Grundeinstellungen dieser Gruppierungen beziehen. Erheblich umfangreicher als die städtischen Zonen diskutierte der Abschnitt die landschaftlich und thematisch weit variierenden Hauptspielgebiete Neuengland, Ägypten und Rumänien. Gebäude und Infrastrukturen verleihen gezielt der jeweiligen Inszenierung eine bestimmte historische Färbung. Dafür verwenden die Entwickler Baustile, Materialien und deren Abnutzungszustand, arbeiten jedoch auch mit Bezeichnungen wie den Namen von Horror-Autoren für Straßen oder Flurnamen, die auf Wikinger deuten. Anspielungen auf die Themen der Regionen funktionieren auch direkt durch Objekte wie das Baumhaus der *Liga der Monsterjäger*. Darüber hinaus wurde die Wirkmacht der Orientierungskarten festgehalten. Sie stellen die Atmosphären der Städte, gerade aber der großen Spielgebiete auf bestimmte historische Tonalitäten ein, welche die Leitmotive der jeweiligen Gebiete stützen. Auch bei den Fahrzeugen gab es historische Implikationen zu beobachten. Ihre digitalen Pendants rekonstruieren nicht exakt lebensweltliche Vorbilder, dennoch sind die Formen von Typen wiedererkennbar, markieren gezielt lokale Spezifika oder betonen Themenkomplexe wie Ausgrabungen und Tourismus. Fahrzeugen fällt so eine entscheidende Rolle zu, die geografischen Räume für die Spielenden zu enkodieren. Die Bekleidung stellte sich in allen Gebieten als weitgehend gegenwartstypisch heraus, wenige Accessoires betonten regionale Kulturen. Verschwörungstheorien betonen schwarze Anzüge und Uniformen. Bekleidung hebt trotz der durchmischten Zeithorizonte die jeweiligen historischen Kontexte von Personen und Kreaturen hervor. Alltagsobjekte nutzt die Spielwelt gezielt und vielfältig, um die Kulturräume auf der zeitgeschichtlichen Ebene zuzuordnen. Deutlich überwiegend handelt es sich dabei um gegenwartliche Sachobjekte, die allerdings mit traditionelleren Objekten vermengt sind. Auffällig war, dass viele Objekte leicht veraltet wirken. Wie diese PCs oder Smartphones haben viele Objekte tatsächliche Funktionen für die Spielwelt, zum Beispiel zu Recherchezwecken. Manche Objekte tragen versteckte Hinweise wie geheime Symbole in Bildern, Inschriften oder gar auf Kanaldeckeln. Legendäre Objekte interpretiert die Spielwelt als Relikte vergessener Zeitalter, die spätere Menschen missverstanden und zu Kultobjekten überhöhten. Kreaturen sind zentrale Elemente der historischen Inszenierung älterer Epochen. Sie bleiben meist objekthaft, weil sie lediglich Ziele spielerischen Handelns sind. Dabei offenbaren sie ein überraschend komplexes Gemisch von Strategien kulturgeschichtlicher Annäherung: populärkulturell gewohnte Motive, eigenwillige Abwandlungen bekannter Gestalten, ursprüngliche Interpretationen ohne visualisierte Vorbilder, originär spielweltliche Schöpfungen. Ungewöhnlich ist, die Gruppe der *Sasquatch* zwar aufwändig zu gestalten, dann aber nur geringfügig einzusetzen. So, wie das gigantische Skelett in der Wüste reizen diese Unklarheiten zu Spekulationen unter den Spielenden.

Auf Basis dieser dargestellten Sachkultur lassen sich historische Epochen identifizieren, die interregional verknüpft und ineinander verschränkt sind.[2487] Chronologisch beginnt das Spektrum bei der ägyptischen Vor- und Frühgeschichte, insbesondere der Herrschaft *Echnatons* und ihre Umdeutung durch die nachfolgenden Macheliten. Theorien verweisen anhand legendärer Objekte auf nichtschriftliche Vorzeitalter. Die römische Spätantike adressieren ägyptische Zonen, aber auch Rumänien und die Londoner Unterwelt. Mittelalterliche Referenzen finden sich bei den Geheimorden, vor allem aber in der Begegnung von *Wabanaki*, *Wikingern* und *Maya* etwa um das Jahr 1.000. Vor allem mit Transylvanien eröffnet sich ein Spektrum frühneuzeitlicher Geschichte, etwa um den Dracula-Mythos und die historische Figur des Fürsten Vlad Tepes. An den frühneuzeitlichen Zerstörungen im Gebiet ist bemerkenswert, dass sie weitgehend ohne direkte Verweise auf osmanische Eroberungen bleiben. Ganz anders dagegen die zeitgeschichtlichen Bezüge auf die kommunistische Ära, die deutlich auf die sowjetische Vorherrschaft referenzieren. Ungewöhnlich ist, dass die bei digitalen Spielen ansonsten so beliebte Phase des Dritten Reiches und der Weltkriege nicht aufgegriffen wird. Durch die zeitliche Nähe zur Gegenwart der Spielenden möglicherweise schwieriger als historisch zu erkennen, sind die zahlreichen Hinweise insbesondere in Neuengland auf die jüngste Vergangenheit etwa seit den achtziger Jahren. Wenn auch auffällige Lücken bei den historischen Epochen bestehen, die in der Spielkultur sonst recht verbreitet sind, und auch darüber hinaus viele relevante Aspekte einer Menschheitsgeschichte fehlen, erschaffen die Entwickler bereits durch die Sachkultur ein außerordentlich komplexes

---

2487 Vgl. hierzu das Spektrum in Abschnitt *2.6 Zugriffe über historische Periodisierung*.

Denkmal für Kulturgeschichte. In der zeitgeschichtlichen, gegenwartlichen Ausgangsebene für die Spielenden transportieren Sachobjekte, Landschaften und Gebäude ebenso historische Facetten. So zum Beispiel über die Existenz von Geheimbünden oder Orden. Die Gestaltung der Großstadtzonen in New York, London und Sëoul repräsentiert grundsätzlich divergierende Auffassungen der Gruppierungen über die Welt, die alle tendenziös sind. Spielende stoßen auf weitere Gruppierungen, die im Verborgenen operieren und ihre eigene Agenda betreiben, die weitgehend verschlossen bleibt. Die Grenzen dieser ideologischen Gruppierungen gehen fließend bis zu einer Art Sekte. Dadurch wirft die Spielwelt die Frage auf, was einen verschwörerischen Geheimbund von einer sektenhaften Gruppierung unterscheiden sollte. Zeithistorisch relevante Auswirkungen der Veränderungen finden sich ebenso wie ein tragendes, postkoloniale Motiv von Missachtung und Nichtbeachtung indigener Kulturen. Dahinter steht einerseits die geschichtstheoretische Frage, welches Wissen durch eine textlastige, verobjektivierte Historiografie verloren geht, die Überlieferungen aus Volkssagen für minderwertig erachtet. Andererseits zeigen sich zeithistorische Auswirkungen der kolonialen Unterdrückung auf die gegenwärtigen Lebensumstände. In Ägypten zeigen sich historische Wirkungen an dem Gegensatz von Tourismus gegen Kulturraub, die beide aus Forschungsinteresse und Kommerzialisierung betrieben werden. Beide verdeutlichen, wie sehr sich die Gegenwart für die Antike interessiert und daran reflektiert. Der Raubexport, auf dessen lange Tradition das Spiel seit dem Kolonialzeitalter verweist, dient auch in der Spielwelt Gewinnlern, zum Teil terroristischen. Der Konflikt zwischen den drei monotheistischen Weltreligionen wird weitgehend ausgespart. Der Aufstand von *Atonisten* präsentiert dennoch den zeithistorischen Komplex von Fundamentalismus und Terrorismus. Ihn durch den Kult Atons zu verfremden, ermöglicht also, das zeithistorisch delikate Thema sichtbar zu machen. In Rumänien verweisen die kommunistische Herrschaftsrelikte, verdeckte Operationen des *Orochi*-Konzerns und der Feldzug der *Strigoi* explizit darauf, dass die Region schon immer ein Spielball größerer Invasoren gewesen sei, was sie auf lokaler Ebene jedoch relativ unverändert überdauerte. Dort, wie in den anderen Spielzonen, herrscht die Haltung der spielweltlichen Einwohner vor, dass ihr lokales, mündlich überliefertes Wissen nicht genügend Beachtung in der offiziellen Geschichtsschreibung fände. Damit bietet die Spielwelt Anschlüsse an jene bedenkliche, virulente Entwicklung in der Lebenswelt, in der ganze Bevölkerungsgruppen Regierungen Verschleierung und Verschwörung unterstellen, Journalisten pauschal als Angehörige von System- und Lügenmedien diffamieren und pauschal der Geschichtswissenschaft misstrauen. Nimmt man diese zeithistorischen Ebenen zu den älteren Epochen hinzu entsteht nicht nur ein einzigartiges Gewebe von historischen Schichten, sondern auch ein thematisch ungewöhnliches Spektrum historischer Inhalte für die Sphäre der digitalen Spiele. Selbst wenn *The Secret World* stets einen Gegenwartsbezug aufweist, transportiert es doch auch einige zentrale geschichtswissenschaftliche Arbeitsfelder.[2488] Es behandelt Mythologien und Götterwelten verschiedener Kulturen und verbindet sie weltumspannend. Ins Bewusstsein der Spielenden gelangen so Volkssagen und Alltagsglauben über die gesamte Spielwelt, die nicht in allen ihren lebensweltlichen Herkunftsregionen bekannt sind. So verknüpft das Spiel das Wissen globalhistorisch, denn es überschreitet Schranken nationaler Geschichtstraditionen. Viele Aufträge und Handlungsstränge basieren auf der Kenntnis historiografischer Überlieferung, die Spielwelt plädiert jedoch komplementär für einen Wert nicht-schriftlicher Überlieferungen. Durch seine postkolonialen Folgen ist auch der Kolonialismus stets präsent. Verwoben mit den Örtlichkeiten thematisiert Neuengland die Geschichte von Horror-Vorstellungen im 20. Jahrhundert. Zugleich greifen die nordamerikanischen Spielgebiete die Sozial- und Wirtschaftsgeschichte der USA am Ende des 20. Jahrhunderts auf. Zudem berühren die Ereignisse die Regionalgeschichte Neuenglands seit der Zeit der Kolonien. Geradezu ironisch ist, dass spielweltliche Konfliktlinien häufig zwischen Traditionalisten und Modernisten verlaufen, obwohl die Inszenierung postmodern, multiperspektivisch und mehrdeutig ist. Diese Befunde führen letztlich auf geschichtstheoretische Erkenntnisse für die Historik.[2489]

Die meisten Bestandteile der Sachkultur werden in der Spielwelt von *The Secret World* nicht nur dekorativ als Kulisse verwendet, sondern erhalten Funktionen für die historische Gesamtinszenierung wie bei dem Konflikt von Tradition gegen Moderne in den ägyptischen Gebieten. Spielmechanisch sind viele gegenwartliche Objekte mit der Spielwelt verwoben. Viele historische Objekte tragen darüber hinaus, so wie es Carl Heinze von einer historischen Inszenierung forderte, als nutzbare Elemente der Spielwelt spielrelevante Referenzen auf historische Wissensbestände.[2490] Mit den *Uschebti* können Spielende interagieren, Schriftstücke sind zu übersetzen oder mit Hieroglyphen beschriftete Platten müssen geordnet und betätigt werden. Die globale transregionale Inszenierung der Spielwelt greift auf Geschichte über den Blick aus der Gegenwart zu und behandelt keine bestimmte Epoche exklusiv. Mithilfe der Gebäude, Landschaften, Sachobjekte und Kreaturen erschafft sie ein vielschichtiges Amalgam in einer räumlichen Welt, in der jedes Element historische Bedeutung trägt und mit anderen Objekten in Beziehungen steht. Die Spielwelt inszeniert so den Inbegriff der Historizität von Gegenwart. An vielen Stellen stößt die Konstruktion der Spielwelt die Spielenden auf essentielle Fragen der Geschichtswissenschaft: nach den Grenzen der Erkenntnis, weil Belege nicht überdauern, nach der Rolle von Historikerinnen und Historikern als Schriftsteller narrativer Konstrukte, nach dem vermeintlichen Wert unmittelbarer Erfahrungen von Augenzeugen oder nach der Masse von unbehandelten Dokumenten in bewusst verborgenen, vergessenen oder schlicht unentdeckten Archiven. Weniger reflektiert die Spielwelt die weitgehend männlich genderte Re-

---

[2488] Siehe zuvor zu den Zugriffen *2.5.1 Disziplinäre Arbeitsfelder*.
[2489] Siehe die Ausführungen zur *Historik* ab S. 219.
[2490] **Heinze:** Mittelalter, 2012. Siehe oben auf S. 57 und ab S. 64.

präsentation der Geschichtswissenschaft etwa durch *Pastor Hawthorne*, den Okkultisten *Wicker* oder die Oxforder Archäologen.[2491] Ständig veränderliche Deutungen der historischen Überlieferungen werden zum Beispiel an den Verschwörungen der Geheimbünde und ihren Konflikten thematisiert (*Secret History*), aber auch grundsätzlich durch die fragmentierte Lage der Befunde über die Vergangenheit.[2492] Die historische Figur *Echnatons* mag ganz andere Motive auf der Basis des altägyptischen Götterglaubens gehabt haben, zum Beispiel die Erneuerung des Reiches und der Künste, als die Nachwelt ihm zuschrieb. Seine Umwälzungen wurden zunichte gemacht und von späteren Machteliten als Ketzerei tradiert und wirken sich auf die spätere Wahrnehmung der Nachkommen aus. Die Darstellung Echnatons in der Spielwelt treibt diese nachweltliche Interpretation auf die Spitze. Ob allerdings trotz mancher Andeutungen die Spielenden eine solche historische Perspektivabhängigkeit dekonstruieren und reflektieren, ist schwer zu beantworten.

Wegen der schieren Menge an Bestandteilen geriet der Abschnitt zur Sachkultur äußerst detailreich, denn die Spielgebiete von *The Secret World* kombinieren mit einem enormen Aufwand historisch kodierte Objekte. Mit diesen Objekten verbinden die Entwickler einen Grad an Komplexität von gegenwartlichen und historischen Anknüpfungspunkten, der zu einer historischen Inszenierung der Spielwelt führt. Beispiele zeigten weiter vorn, dass Entwickler durchaus unterschiedliche Vorstellungen davon entwickeln, was in digitalen Spielen für historische Authentizität nötig ist.[2493] Bislang leistet die Geschichtswissenschaft allerdings nur wenig Hilfestellung und erforscht diese Vorstellungen kaum. Im Gegenteil verallgemeinert sie Auffassungen von Wenigen, obwohl diese in einem Spektrum von Ansätzen stehen.[2494] Deutlich gemacht wurde, dass die Inszenierung in *The Secret World* keinen Versuch darstellt, lebensweltliche Räume exakt zu rekonstruieren. In dem MMORPG bespielen die Nutzerinnen und Nutzer auch nicht lediglich geschichtswissenschaftliches Buchwissen. Gleichwohl erschafft die Sachkultur Verbindungen zur Lebenswelt der Spielenden. Durch sie erzeugt die Spielwelt einen kulturgeschichtlichen Raum, in dem sich Mythen, Legenden und historische Überlieferungen aus Volkserzählungen und dem historiografischen Buchwissen heraus manifestiert haben. In Bezug auf den Diskurs zur historischer Authentizität zeigen die beschriebenen Bestandteile bei *The Secret World*, dass die digitalen Objekte ihren lebensweltlichen Vorbildern nicht exakt nachgebildet sein müssen.[2495] Damit Spielende sie als Anker für eine bestimmte geschichtliche Zeitebene dekodieren, genügen offenbar glaubwürdige Abstraktionen.

2491 Siehe zu *Gender* ab S. 257 und zu kursierenden Vorstellungen über HistorikerInnen und ArchäologInnen ab S. 202.
2492 Siehe zu *Secret History* und anderen Alternativkonzepten ab S. 90.
2493 **Nolden:** Abstract, 2014.
2494 Diesen bedauerlichen Zustand arbeitete Abschnitt *2.1 Geschichte aus der Sicht der Branche* heraus.
2495 Siehe zu *Authentizität* ab S. 91 und bei *Geschichtskultur, Public History, Erinnerungskultur* ab S. 221.

Die Befunde werfen geschichtswissenschaftlich die Frage auf, ab welchem Punkt eine Nachbildung historisch als genügend plausibel wahrgenommen wird. Wenn für die Wahrnehmung von historischer oder lebensweltlicher Authentizität eine Komposition abstrahierter Symbole völlig ausreicht, erscheinen akribische digitale Rekonstruktionen – wie sie nicht nur teuerste Produktionen digitaler Spiele betreiben, sondern auch Fernsehsender für TV-Dokumentationen sowie zunehmend Produzenten für Virtuelle Realität – zwar beeindruckend, von ihrem historischen Gehalt aus beurteilt, aber übertrieben und ineffizient.[2496] Der Grad und die Menge, mit denen *FunCom* die einzelnen Elemente nachbildete, werfen weitere Fragen auf. Marc Bonner stellte in Bezug auf Architektur in Echtzeitstrategie-Spielen fest, dass Authentizität nicht durch akribische Rekonstruktion erzeugt werde, sondern durch einen möglichst kohärenten Gesamteindruck.[2497] Abgesehen davon, dass er Strategiespiele betrachtet und nicht die Virtuellen Welten von Online-Rollenspielen, bleibt unklar, was genau eine solche Kohärenz des historischen Gesamteindrucks hervorbringt. Ein solcher Eindruck muss in Abhängigkeit von den Objekten vor allem bei den Spielenden entstehen und ist damit erneut individuell.[2498] Die diversen Komponenten, mit denen Objekte wie etwa Fahrzeuge und Alltagsgegenstände zum Gesamtbild beitragen, laden nicht nur dazu ein, Erkenntnisse der Visual History über die Visualisierung von Historischem einzubeziehen, sondern aufgrund der Bedeutung von den landschaftlich und topografisch ausgestalteten Spielräumen auch die Forschung zu Räumlichkeiten als historischer Kategorie.[2499] In einen fiktiven und einen historischen Referenzrahmen zu unterscheiden, schlägt Daniel Appel vor, gerade aber eine kulturgeschichtliche Inszenierung von *The Secret World* belegt, wie wenig hilfreich eine solche Unterscheidung geschichtswissenschaftlich wäre.[2500] Die sichtbaren Manifestationen von Objekten, Orten und Kreaturen etwa sind im spielweltlichen Szenario historisch nicht weniger authentisch, nur weil ihre Interpretationen auf Volkssagen basieren. Wenn Authentizität aus der Kohärenz eines Gesamteindruckes entsteht, referenziert das einzelne Objekt zwar als historischer Anker, kann aber allein nicht für den historischen Zusammenhang bürgen. Außerdem fehlt dem digitalen Objekt die Materialität des Reliktes, die Stefanie Samida als einen wesentlichen Ursprung von Authentizität betrachtet.[2501] Möglicherweise spielen aber auch Erinnerungen an die Materialität der Objekte eine Rolle. Darüber hinaus bleibt unklar, ab welcher Menge von Objekten ein historisch kohärenter Eindruck entsteht oder wie die geschilderten Komponenten von der landschaftlichen Umgebung über Gebäude und Infrastruktur bis hin zu Fahr-

---

[2496] Siehe **Kücklich:** Polygone, 2004 zu digitalen Spielen; zur digitalen Aufbereitung des kulturellen Erbes in VR **Champion:** Past, 2011.
[2497] **Bonner:** Bauen, 2014; S. 239–56.
[2498] **Raupach:** Authentizität, 2014; S. 101.
[2499] Siehe zu *Visual History* und *Räumlichkeit* ab S. 226.
[2500] **Appel:** Authentizität, 2012; S. 214–16.
[2501] **Samida:** Public History, 2014; S. 8. Vgl. ausführlich im Abschnitt *3.5 Digitale Spiele, Geschichte und Public History* auf S. 321.

zeugen und Alltagsgegenständen untereinander für einen kohärenten Eindruck zu gewichten sind. Außerdem werden Objekte und Architektur stets nur auf ihre Funktion als Authentizitätsanker untersucht. Viele Objekte dienen aber bei *The Secret World* nicht als Anschauungsmaterial für eine Kulissenauthentizität, sondern sind vielmehr selbst funktional in die historisch inszenierenden Spielwelten eingebunden. Dabei ist offen, ob solche, interaktiv nutzbaren Elemente für eine kohärente Authentizitätserfahrung eine produktive oder hemmende Rolle einnehmen. Die Sachkultur in der Spielwelt von *The Secret World* bietet somit eine Vielzahl von gegenwartlichen und historischen Authentizitätsankern, die zu einer ungewöhnlich komplexen, kulturgeschichtlichen Inszenierung zusammenwirken. Ein solches digitales Spiel verspricht neue Erkenntnisse über mediale Strategien historischer Authentifizierung und bietet Anschlusspunkte an die genannten geschichtswissenschaftlichen Teilfelder. Als Aufgabe des *Leibniz-Forschungsverbunds Historische Authentizität* sehen Martin Sabrow und Achim Saupe,

> „die öffentliche, museale und wissenschaftliche Konstruktion des Authentischen im Umgang mit der Vergangenheit sowie seine wissenschaftstheoretische, kulturelle gesellschaftliche und politische Bedeutung länder- und epochenübergreifend zu thematisieren."[2502]

Bedeutend sei in dem Zusammenhang die „Frage nach den Medien der Authentifizierung und nach den Milieus, in denen das Authentische ausgehandelt wird".[2503] Folglich sollte ein MMORPG wie *The Secret World* mit seinen diskutierten Bestandteilen und Strategien als wesentliche Quelle für die Kulturgeschichte digitaler Mediengesellschaften einbezogen werden.[2504] Technologien und Darstellungsweisen digitaler Spiele insgesamt beeinflussen Vorstellungen von Authentizität. Ferner strahlen sie auf Tätigkeitsfelder von Historikerinnen und Historikern aus, etwa in der digitalen 3D-Rekonstruktion, musealen Inszenierungen oder der Virtuellen Realität.

Der zweite Abschnitt zeigte ein narratives Netzwerk für das Wissenssystem auf, das bemerkenswert vielseitig spielweltliche, gegenwartliche und historische Elemente verknüpft. Spürbar liegt der Schwerpunkt dieses Systems auf narrativen Strukturen und wie Spielende damit interagieren. Sie setzen die skizzierten Elemente zu einer individuellen, persönlichen Spielerfahrung in der Inszenierung eines historischen Möglichkeitsraumes zusammen. Zwar gibt es auch in *The Secret World* Figuren, die eher funktionalen, objekthaften Charakter haben. Im Untersuchungszeitraum sind etwa hundert von ihnen aber erstaunlich komplex als Persönlichkeiten ausgearbeitet. Aus ihren jeweiligen persönlichen Haltungen sowie demografischen, sozialen und ethnischen Hintergründen deuten sie äußerst unterschiedlich die Gruppierungen, spielweltliche Ereignisse, kulturhistorische Inhalte und andere Personen, die ihnen

---

2502 Sabrow, Martin / Saupe, Achim: Historische Authentizität. Zur Kartierung eines Forschungsfeldes, in: Dies. (Hg.): Historische Authentizität, Göttingen 2016; S. 7–28, hier S. 9.
2503 Sabrow / Saupe: Kartierung, 2016; S. 27.
2504 Hausar: Geschichte, 2013; S. 29, Sp. 3. Vgl. weiter oben S. 109.

bekannt sind. Multiperspektivisch spannen sie so ein plausibles Netzwerk einer spielweltlichen *Oral History* auf. Es beleuchtet sowohl die gegenwartliche als auch die historischen Ebenen aus verschiedenen Richtungen. Dem nicht genug, bieten die Gruppierungen der Spielwelt weitere Weltsichten an, die ihren unterschiedlichen Ideologien und Auffassungen über die Rolle von Geschichte für diese Weltordnungen entspringen. Im Laufe der Spielerfahrung dominiert für die Spielenden die Weltsicht der Gruppierung, welcher sie sich zu Beginn angeschlossen haben, denn sie gibt auf Berichte über Missionen Rückmeldungen. Um die Weltsichten anderer Gruppen vergleichbar intensiv zu erfahren, müssten Spielende das gesamte Spiel drei Mal von vorn beginnen und weitgehend durchspielen. Weitere, nicht spielbare Gruppierungen besitzen andere Einstellungen zu den gegenwartlichen Ereignissen und zu historischen Hintergründen. Sie offenbaren diese jedoch den Spielerinnen und Spielern nur punktuell, weil diese nicht in ihren Kreis eingeweiht sind. Dadurch färben unterschiedliche Weltsichten die historischen Aspekte der Spielerfahrung. Selbst wenn die Ansichten der Gruppierungen jenseits der eigenen nicht tief zu erschließen sind, offenbaren ihre Angehörigen doch im Laufe des Spiels viele grundsätzliche Haltungsunterschiede. Neben Persönlichkeiten tragen also auch die Gruppierungen zur multiperspektivischen Vielfalt in der Spielwelt bei. Ein großer Anteil des spielerischen Handelns besteht darin, Missionen durchzuführen, auf welche die Persönlichkeiten der Spielwelt entsenden. Verschiedene Typen von Aufträgen verleihen dem Zugriff auf die Spielwelt jeweils einen anderen Charakter. Selbst vermeintlich schlichte kämpferische Missionen tragen durch ihre Rahmenhandlung zu den kulturhistorischen Zusammenhängen bei. Eine geschichtlich enorm gehaltvolle Innovation stellen jedoch Investigativ-Missionen. Darin serviert das Spiel die nächsten Missionsschritte nie direkt, was intensives Nachdenken erfordert. Denkaufgaben ranken sich um historische Probleme, für deren Lösung etwa altägyptische Hieroglyphen Lebensphasen zuzuordnen sind, römische Geschichte ein Code-System offenbart, hebräische und arabische Schriften zu entziffern sind oder alte Polizeiakten aus dem Rumänischen zu übersetzen. Für die Lösung vieler Aufgaben sind jeweils historische Zusammenhänge zu begreifen, die zumindest eine Recherche in Webenzyklopädien voraussetzen. Den Entwicklern gelingen damit zwei erstaunliche Kniffe: Einerseits verbinden sie die spielweltliche Gegenwartsebene mit der Lebenswelt der Spielenden außerhalb, zum Anderen verleihen sie der Spielwelt eine bislang ungekannte historische Tiefe, die weit über die für das Spiel angelegten Inhalte hinaus reicht. Der Weg einzelner Spielerinnen oder Spieler durch das Geflecht des Auftragsangebotes fällt erneut individuell unterschiedlich aus, weil etwa die Reihenfolge frei wählbar ist. Zudem müssen Spielende nicht jede Quest notwendig durchführen. Das Angebot aus narrativen Fragmenten in dem Netzwerk aus Möglichkeiten fixiert erst die Perspektive der einzelnen Spielenden zu einer individuellen Narration. In Bezug auf die zeithistorischen und älteren Epochen bildet sich somit eine kulturhistorische Spielerfahrung heraus, die sich für alle Spielenden unterschiedlich kombiniert. Updates, aufeinander aufbauende Quests und Hinweise durch Gesprächspartner weisen ferner der Spielwelt eine zeitliche Entwicklungsrichtung zu, die dem individuellen Spielverlauf eine Vergangenheitserfahrung verleiht. Schwebende Waben transportieren Informationen über die Spielwelt und historische Inhalte. Das sogenannte Lore bildet ein Weltwissen, das aber die Zusammenhänge zwischen Ereignissen, Orten und Historischem aus der Perspektive des kollektiven Bewusstseins einer Schwarmintelligenz formuliert. Diese perspektivisch gefärbten Fragmente fügen sich erst im Laufe längerer Beschäftigung zu einem verständlicheren Geflecht zusammen, in dem die Elemente sich gegenseitig Bedeutung zuweisen. Eine Enzyklopädie im Hintergrund sammelt einerseits die Fragmente im narrativen Netzwerk des spielweltlichen und historischen Wissens, andererseits motivieren freischaltbare Erfolge (Achievements), das Wissen gezielt zu suchen. Die Enzyklopädie ist nur vermeintlich statisch, denn die Inhalte der Datenbank entwickeln sich kontinuierlich weiter.

Alle untersuchten Bestandteile des narrativen Netzwerkes, die hier aufgeführt sind, hängen vom individuellen Weg der Spielenden durch das Wissensangebot ab und verändern sich darüber hinaus durch zeitweise Events oder inhaltliche, teils kostenpflichtige Updates. Die historischen Fragmente lassen eine multiperspektivische und mehrdeutige Spielwelt entstehen. Um ein solches Netzwerk aus fragmentarischen Narrativen mit einer performativen Handlungsmacht der Nutzer als historische Inszenierung theoretisch, methodisch und inhaltlich zu fassen, fehlt es der Geschichtswissenschaft noch an geeigneten Konzepten. Dabei begleitet die Debatte, in welcher Weise historische Inhalte darstellbar sind, die Geschichtswissenschaft seit ihren neuzeitlichen Anfängen. Johann Gustav Droysen begründete vier historische Darstellungsformen.[2505] Sein Blickwinkel konzentriert sich auf die Intentionen, mit denen geschichtliche Texte produziert werden.[2506] *Erzählende* Varianten schätzte er allerdings gering, weil sie eine unpräzise künstlerische Vision von Geschichte entwerfen würden.[2507] Die *didaktische* Form rekonstruiere lange historische Züge aus einzelnen Ereignissen, um sie mit dem Wirken moralischer Kräfte zu einer Universalgeschichte zu kombinieren.[2508] *Diskussiv* werde drittens ein Problem in seinen historischen Kontext gestellt, um etwa bei einer politischen Entscheidungsfindung zu helfen.[2509] *Untersuchende* Darstellungsformen eigneten sich, wenn zu wenige historische Befunde vorliegen, die sich nicht zu einem schlüssigen Bild fügten.[2510] Für Werner Schiffer, der 1980 erzähltheoretisch Droysen mit Danto, Habermas, und Baumgartner verglich, weicht der Begriff des „Erzählens" bei Droysen vom heutigen Verständnis der Narration ab.[2511] Alle vier Formen hätten narrativen Charakter.[2512]

2505 Droysen / Hübner: Historik, 1974[7], S. 144, S. 274–278 (*erzählend*), S. 277–281 (*untersuchend*), S. 287–307 (*didaktisch*), S. 309–314 (*diskussiv*).
2506 Schiffer: Theorien, 1980; S. 106.
2507 Schiffer: Theorien, 1980; S. 108.
2508 Schiffer: Theorien, 1980; S. 97.
2509 Schiffer: Theorien, 1980; S. 102
2510 Schiffer: Theorien, 1980; S. 104.
2511 Schiffer: Theorien, 1980; S. 141.

Droysen legte also ungewollt den Grundstein, um historisch strukturierende Texte geschichtswissenschaftlich als Narrationen zu verstehen.[2513] Für den *untersuchenden* Typ aber gelte dies nur eingeschränkt, denn bei ihm stellten Lesende den narrativen Kontext zwischen losen Befunden selbst her.[2514] Wie in den narrativen Netzwerken des MMORPGs liegt der Schlüssel für historische Sinnbildung beim Individuum und dessen Auffassungsgabe.[2515] Mithilfe der Literaturtheorie analysierte Hayden White die Prozesse der Sinnbildung beim Verfassen historiografischer Texte.[2516] Grundsätzlich ausgehend von der narrativen Struktur historischer Aussagen, schlussfolgerte er vier Strategien, welche historische Vielfalt überblicken, eine Synthese bilden, Beziehungen und Prozesse betonen sowie in Kontexte einordnen.[2517] Daran kritisiert Jörn Rüsen, dass White von den Prozessen ablenke, mithilfe derer Narrationen historischen Sinn bilden, er disqualifiziere sie als poetischen Akt und verurteile historische Forschung als nicht- oder protowissenschaftlich.[2518] Dem stellte er vier Gegenentwürfe ausdrücklich als wissenschaftliche Erzählformen entgegen.[2519] Diese seien bemüht, Kontinuität aus historischen Traditionen zu bilden, allgemeingültige Regeln für Verhalten zu destillieren, andererseits auch kritisch Traditionen zu brechen und die ständige Veränderung als Kern historischer Prozesse zu begreifen. Komplementär bestimmten sie in schwankendener Gewichtung alle historischen Texte.[2520] Bereits „in den sinnbildenden Konstruktionsleistungen des historischen Erzählens" würden „Elemente einer diskursiven Rationalität wirksam[...], in denen Geschichte als Wissenschaft wurzelt."[2521] Überträgt man diese Haltung auf die Spielenden im narrativen Netzwerk von *The Secret World*, dann entspricht ihre individuelle Komposition narrativer Fragmente zur historischen Spielerfahrung bereits einer diskursiven Erzählleistung, die wie beim wissenschaftlichen Erzählen historischen Sinn bildet. Historische Sinnbildung erfolgt durch das Inszenieren und Strukturieren von Befunden.

2512 **Schiffer:** Theorien, 1980; S. 100 für den *didaktischen*, S. 103 zum *diskussiven*, S. 111 zum *erzählenden* Typ.
2513 **Schiffer:** Theorien, 1980; S. 112.
2514 **Schiffer:** Theorien, 1980; S. 106/7.
2515 **Schiffer:** Theorien, 1980; S. 104/5.
2516 **White:** Metahistory, 2015²; S. 15–62.
2517 **White:** Metahistory, 2015²; S. 29–34: Die *formativistische* betone die Vielfalt durch Überblick von Besonderheiten, die *organizistische* verfolge integrativ und vereinfachend die Synthese aus Einzelbefunden. *Mechanistische* Darstellungen betrachteten Beziehungen und Abläufe, wohingegen *kontextualistische* Muster Beobachtungen durch ihren historischen Kontext erklären.
2518 **Rüsen:** Typen, 1982; S. 515–17.
2519 **Rüsen:** Typen, 1982: Das *traditionale* Erzählen verfolge Kontinuität unter Bezug auf Traditionen oder Abstammungen (S. 537 u. 545/46). *Exemplarisches* Erzählen entwirft allgemeingültige Verhaltensregeln, die zeitlos als Vorbilder für die Gegenwart der Verfasser fungieren (S. 537/38 u. 548/49). Traditionen und Regeln hingegen wolle das *kritische* Erzählen gerade berechen (S. 538 u. 551/52). Die *genetische* Form begreife Veränderung als Kern historischer Prozesse (S. 539 u. 555–57). Vgl. **Rüsen:** Historik, 2013; S. 201–215.
2520 **Rüsen:** Typen, 1982; S. 542.
2521 **Rüsen:** Typen, 1982; S. 516.

Den Sinn der historischen Inszenierung bilden also weitgehend nicht die Entwickler, welche die Inhalte im narrativen Netzwerk zuvor angelegt haben, sondern vor allem die Spielenden. Jeder Versuch einer objektiven Beschreibung geschichtlicher Zusammenhänge gerät bereits zu einer Interpretation, die in narrativer Form bereits übergreifende Konstruktionen verwendet, die über Gegebenes hinausgehen.[2522] Historiker stehen wie die Spielenden im „wirkungsgeschichtlichen Zusammenhang" ihrer eigenen Gegenwart.[2523] Sie gewinnen zu einem bestimmten zeitgeschichtlichen Zeitpunkt ihre historische Spielerfahrung auf der Basis ihres demografischen, sozialen und ethnischen Hintergrundes. Umso mehr gewinnt diese Erkenntnis an Bedeutung, als dass weltweit Menschen aus unterschiedlichen kulturell geprägten Regionen *The Secret World* spielen. Die Spielenden fügen daher in ihrer Spielerfahrung das fragmentierte, narrative Angebot zu völlig unterschiedlichen historischen Erfahrungen zusammen. Die Grundlage von Geschichte bildet für Droysen das „Gedränge von endlosen Geschäften und jedes derselben bedingt andere und wird von ihnen bedingt."[2524] Diese interdependente Auffassung geschichtlicher Prozesse in endloser Verknüpfung trifft auf das Handeln der Spielenden im skizzierten Gewebe des Online-Rollenspieles zu. Janet Murray befand, dass die Eigenschaften von MMORPGs ideal die grundlegenden Prinzipien digitaler Netzwerke verkörpern.[2525] Narrationen mithilfe von Hyptertext nutzten etwa im Internet „the encyclopedic extent of the computer to develop multithreaded stories composed of many intersecting plots".[2526] Unter Anderem untersuchte sie *multiform stories*, die Handlungsabläufe aus verschiedenen Perspektiven darstellen, zum Beispiel mithilfe verschiedener Charaktere und aus diversen zeitlichen Ebenen heraus.[2527] Solche digitalen narrativen Geflechte repräsentierten ein Weltverständnis, nach dem „at the same time multiple contradictory alternatives" möglich sind. Diese Weltsicht bedeute, „to be aware of the alternative possible selves, of alternative possible worlds, and of the limitness intersecting stories of the actual world."[2528] Vielfältige Blickwinkel zu ermöglichen und offenzulegen, führe zu aktiveren und mündigeren Hörern, Zuschauern und Lesern (*active audience*).[2529] Indem die Aufmerksamkeit auf den kreativen Prozess verschoben werde, verbessere sich die narrative Einbindung der Lesenden und Zuhörenden, die eine Vorstellung über die Rolle des Schöpfers entwickeln müssen.[2530] Anstatt also passiv zu konsumieren, ermöglichen digitale narrative Netzwerke den Beteiligten einen besseren Zugang zu einem narrativen Rahmen wie zum Beispiel einer historischen Epoche.

2522 **Schiffer:** Theorien, 1980; S. 29.
2523 **Schiffer:** Theorien, 1980; S. 71.
2524 **Droysen / Hübner:** Historik, 1974⁷; S. 28.
2525 **Murray:** Hamlet, 1998; S. 86. Siehe weiter oben von S. 341 bis 343.
2526 **Murray:** Hamlet, 1998; S. 86.
2527 **Murray:** Hamlet, 1998; S. 30.
2528 **Murray:** Hamlet, 1998; S. 38.
2529 **Murray:** Hamlet, 1998; S. 38.
2530 **Murray:** Hamlet, 1998; S. 40.

Überdies schärfen sie deren Bewusstsein, dass sie selbst es sind, welche die Geschichte aus einer eigenen Perspektive konstruieren. Murray hebt aus ihren Beispielen für *active audiences* das Rollenspiel explizit hervor.[2531] Deren zentrale Eigenschaften beschrieb der technikkulturelle Abschnitt.[2532] Alle Mitspielenden sind hier zugleich Akteure und treiben die Narration mit Wort und Tat voran, weil sie stets neue Entwicklungsoptionen aushandeln. Die Beteiligten sind an die vorherige Narration gebunden, an die Regeln des Szenarios und an die Hintergrundwelt. Selbst wenn also keineswegs beliebige Handlungsfreiheit existiert, liegt hierin ein hohes Maß an Beteiligung bei der Narration. Die narrativen Fragmente digitaler Netzwerke können also ähnlich aus der Perspektive verschiedener Menschen theoretisch in beliebiger Zahl kombiniert werden, verkettet und zueinander verortet.[2533] Analog wie bei dem möglichen Vorgehen von Spielenden auf ihrer Reise durch die Spielgebiete in *The Secret World* haben auch andere digitale, narrative Netzwerke mehr als nur einen Eintrittspunkt, viele interne Verzweigungen, keinen klaren Abschluss und bilden verschlungene, vielfach ineinander verflechtende Gewebe.[2534] Ruft man sich Droysens Beschreibung von geschäftigen historischen Prozessen in Erinnerung, scheinen solche digitalen Gewebe geschichtliche Strukturen und Prozesse gut abbilden zu können. Nach eigenen Interessen und Vorlieben erlaubt die Spielwelt den Spielenden, durch Möglichkeitenräume der Spielwelt zu navigieren. Sie springen zwischen den Perspektiven der betrachteten Persönlichkeiten, wechseln zwischen Sichtweisen der Gruppierungen, erkunden selbsttätig zeithistorische Themen und die älterer historischer Epochen, bewältigen die narrativen Elemente der Missionen in nahezu beliebiger Reihenfolge und verknüpfen weitere Hintergrundfragmente des Lore damit. Geordnet wird das historische Wissensangebot erst durch die rückblickende Narration, also den historischen Sinn, welchen die Nutzerinnen und Nutzer eines solchen Mediums selbst bilden. Eine derartige Präsentation und Rezeption legt somit die Reichweite möglicher Interpretationen offen, welche etwa das klassische Buch durch seine linear vorstrukturierte Form zu überdecken tendiert. Als eine ihrer Stärken legen digitale narrative Netzwerke gerade das kontinuierliche Kreisen durch verwirrende, widersprüchliche Räume offen, die eine zeitgemäße, postmoderne und konstruktivistische Geschichtsauffassung begrüßen muss.[2535] Geschichtswissenschaftlich stieß bisher am Weitesten Jakob Krameritsch in digitale narrative Netzwerke vor, um sie für die Historik fassbar zu machen. Bei dem praktischen Versuch *Past Perfect* setzte er seine geschichtstheoretischen Überlegungen als frühneuzeitlichen Netzwerk-Atlas über verschiedene Themen der Renaissance und der Reformation um, vernetzt aus Beiträgen von über sechzig Autorinnen und Autoren.[2536] Krameritsch untersuchte in

---

[2531] **Murray:** Hamlet, 1998; S. 42–44.
[2532] Siehe Abschnitt *4.2.1 Soziokulturelle Ursprünge* ab S. 339.
[2533] **Murray:** Hamlet, 1998; S. 55.
[2534] **Murray:** Hamlet, 1998; S. 56.
[2535] **Murray:** Hamlet, 1998; S. 57/58.
[2536] **Krameritsch:** Past Perfect, o.J. [2006].

seiner Dissertation konstruktivistische Ansätze geschichtswissenschaftlicher Erzählformen in digitalen Netzwerkstrukturen wie dem Internet.[2537] Wie zuvor Rüsen betonte, sind auch für ihn Erzählungen von Geschichte durch ihre kausale Konstruktion bereits ein Teil des Erkenntnisprozesses und somit elementarer Bestandteil jeder geschichtswissenschaftlichen Forschung.[2538] Die digitale Umwälzung verändere nicht nur die Forschungsarbeit, sondern auch auch die Erzählweisen, weil ihr „Potenzial zu grundlegenden *qualitativen* Veränderungen wissenschaftlicher Tätigkeiten bis hinein in den Inhalt und die ‚Verfasstheit' der Forschung selbst" reiche.[2539] Die historische Erzählung verändere sich, weil sie durch die Rahmenbedingungen desjenigen Mediums mitgeprägt werde, das sie kommuniziert.[2540] Als Kerntechnologie der vernetzten digitalen Strukturen im Internet untersucht er den *Hypertext*. Die textbasiert verknüpften Elemente seien modular strukturiert, in Informations- und Wissenseinheiten fragmentiert und würden vernetzt präsentiert.[2541] Sie seien darauf ausgelegt, je nach Interesse der Nutzerinnen und Nutzer ohne hierarchische Vorgaben nicht-linear oder multilinear kombinier- und erfahrbar zu sein. Segmente der *Hypertexte* besäßen offene Enden, an welche weitere anknüpfen können. Auch Kramerisch sieht dadurch Konsumenten und Produzenten zunehmend ineinander verschmelzen, denn sie könnten jederzeit an offene Enden neue Inhalte ankoppeln. Für die Geschichtswissenschaft ist seiner Ansicht nach jene Form digitaler Webnetzwerke interessant, „die eine an der Struktur des Netzes orientierte Verschränkung von Inhalten forciert".[2542] So könnten Rezipienten einerseits nach ihren Interessen und Vorlieben eigene Pfade zu individuellen Geweben spinnen, um Erkenntnisse zu gewinnen. Andererseits erweitere sich ihr Handlungsspielraum erheblich, wenn sie inhaltliche Knoten zu dem Gewebe hinzufügen könnten und so zu Produzenten und Bewertern des vernetzten Wissensangebotes aufstiegen. Während ersteres bei der beschriebenen Spielwelt des MMORPGs gegeben scheint, beschränkt sie den zweiten Aspekt, dass Spielende eigene Inhalte einfügen, doch erheblich. Prozesse der Auswahl, der Auslassung und Sortierung in eine individuelle Reihenfolge aber ermöglichen in dem gesteckten Rahmen der Spielwelt, eigene inhaltliche Knoten zu bilden und diese zu verknüpfen. Dadurch werden sie zwar nur bedingt Prosumenten, wenn man diese begrenzte Handlungsmacht mit Fällen vergleicht, wie sie beim Modding diskutiert wurden.[2543] In der digitalen Sphäre sind Spielende allerdings nicht darauf festgelegt, narrative Inhalte nur innerhalb der spielweltlichen Netzwerke zu knüpfen. Sie erweitern den Möglichkeitenraum über die Grenzen der spielweltlichen Systeme in weitere narrative Netzwerke der Spielergemeinschaften wie Foren und Blogs hinein, die Abschnitt *4.5 Gemein-*

2537 **Krameritsch:** Geschichte(n), 2007.
2538 **Krameritsch:** Geschichte(n), 2007; S. 9/10.
2539 **Krameritsch:** Geschichte(n), 2007; S. 13.
2540 **Krameritsch:** Geschichte(n), 2007; S. 14.
2541 **Krameritsch:** Geschichte(n), 2007; S. 14.
2542 **Krameritsch:** Geschichte(n), 2007; S. 17.
2543 Siehe zu *Prosumenten* und *Modifikationen* ab S. 98 und 245.

schaften und Erinnerungskultur noch näher erläutern wird. Derartige, nach außen offene und anschließbare narrative Netzwerke verdeutlichen nach Krameritsch „den prozessualen und diskursiven Charakter von (geschichts-) wissenschaftlicher Forschung".[2544] Überträgt man die Analyse von Krameritsch auf die historisch geprägte Spielwelt des Online-Rollenspieles, können die narrativen Netzwerke von *The Secret World* geradezu idealtypisch ein

> „[...] Netzwerk der argumentativen Vielstimmigkeit von verhandelbaren Bedeutungen plausibilisieren, augenfällig veranschaulichen und nicht zuletzt dessen Sinnhaftigkeit und Produktivität hervorkehren."[2545]

Dort entsteht also ein Laborsystem, das die Prozesse narrativer historischer Sinnbildung offenlegt. Der Charakter von Geschichte und Gegenwart lasse sich in einem so angelegten System „als Netz im Castellsschen Sinne begreifen, weniger als lineare Abfolge und Kette von Ereignissen, die in Richtung Gegenwart oder Zukunft streben."[2546] Auf Manuel Castells einflussreiches Werk über digitale Netzwerkgesellschaften wurde oben bezüglich globalhistorischer Verknüpfungen verwiesen.[2547] Nach Ansicht von Krameritsch wirke diese Struktur „Verabsolutierungen von Zentren" oder der „Identifikation von singulären, die Geschichte antreibenden Motoren" entgegen, die „oft in einem monokausalen Schematismus" enden würden, „der Ambivalenzen keinen Platz lässt und (vergangener) komplexer Wirklichkeit nicht gerecht" werde.[2548] Daher ruft er Historikerinnen und Historiker auf, in narrativen Netzwerken zu erzählen und Verknüpfungen als „Kohärenzstrukturen" herzustellen. Dass die Geschichtswissenschaft die dargestellten narrativen Netzwerke einer historischen Inszenierung wie bei *The Secret World* noch nicht zu erfassen vermag, liegt also vorrangig an der essentiellen Rolle des spielenden Individuums. Die Spielenden komponieren die historische Inszenierung durch das eigene aktive Handeln und bilden aus den fragmentarischen Narrativen weitgehend selbst die individuelle historische Erzählung. Geprägt ist das fluide, unbeständige Netzwerk von zahlreichen historischen Narrativen, von Multiperspektivität und Widersprüchlichkeit, nicht zuletzt durch das Personengeflecht einer Oral History, das Weltsichten, persönliche Interessen und Motivationen mit einfasst. Als Nutzer einer Hypertext-Geschichte, wie es Krameritsch formuliert, sind auch die Spielenden also „gefordert, sich selektierend durch das Netz zu bewegen und die ‚informationellen Einheiten' zu eigenen Geschichten und kohärenten, in sich stimmigen Erzählungen zu verknüpfen und zu argumentieren." Dass dahingehend eine narrative Kompetenz erweiterbar und trainierbar sei, habe er an

---

[2544] **Krameritsch:** Geschichte(n), 2007; S. 298.
[2545] **Krameritsch:** Geschichte(n), 2007; S. 298.
[2546] **Krameritsch:** Geschichte(n), 2007; S. 298.
[2547] **Castells:** Information Age. Vol. 1, 1996. Siehe weiter oben auf S. 223. Krameritsch verweist auf **Stalder, Felix:** Manuel Castells. The Theory of the Network Society, Repr., Cambridge 2007.
[2548] **Krameritsch:** Geschichte(n), 2007; S. 298.

den Rezeptionsmöglichkeiten des genannten Projekts *PastPerfect* zeigen können.[2549] Der oben diskutierten Anlage digitaler Netzwerke folgend, ergänzt Krameritsch das *situative* Erzählen.[2550] Dieser fünfte Typ erweitere die vier wissenschaftlichen Erzählweisen nach Jörn Rüsen und sei in seinen Grundzügen dort bereits angelegt.[2551] Er ermögliche „kontextabhängige, situative Kohärenzbildung sowie hybride, flexible und fluide Identitätskonstruktionen", die nicht nur bestimmende postmoderne Faktoren seien für „Individuen einer Netzwerkgesellschaft, sondern auch zentrale Charakteristika digitaler Kulturtechniken und Organisationsformen."[2552] Ähnlich bewertete auch Murray diesen Zusammenhang zwischen Netzwerktechnologie und Kulturtechniken. In dieser Netzstruktur gerate die Assoziation zum leitenden Prinzip von „Schreib- und Lese-, Produktions- und Handlungsräumen", deren Akteure narrative Fragmente raum- und zeitübergreifend in einem andauernden Prozess zu neue Beziehungen verknüpfen, weshalb er nie abgeschlossen sei.[2553] Die kulturell tief verankerte Trennung von Produktion und Rezeption gerate ins Wanken. Wie beim narrativen Netzwerk des Online-Rollenspiels verschmelzen deswegen Prozenten und Konsumenten zu Prosumenten. *Situatives* Erzählen schlägt somit den Bogen zurück zu Droysens *untersuchender* Form des historiografischen Arbeitens, welche den Lesenden die sinnstiftende Macht zwischen Fragmenten von Befunden zuweist.[2554] Die geschichtswissenschaftliche Historik muss den Formen situativen Erzählens in narrativen historischen Netzwerken wie *The Secret World* somit verstärkt mit methodischen und theoretischen Konzepten begegnen. Nach Krameritsch müssten sie wie *histoire croisée* oder *entangled history* „die Verwobenheit unterschiedlicher Zeit- und Kulturschichten, transkulturelle Beziehungsgeschichte, Diversitäten, multiperspektivische Geschichtsschreibung" betonen.[2555] Ambivalenzen und Widersprüche seien keine Verluste, sondern gewinnbringende Alteritätserfahrungen. Zu ergänzen wäre der Hinweis auf aufstrebende, globalgeschichtliche Ansätze und Prinzipien, wie bereits weiter oben erläutert.[2556] Geschichtswissenschaft und Geschichtsdidaktik müssten Menschen deswegen dazu ermächtigen, selbstständig in diesen Strukturen sinnvolle Kohärenzen zu bilden, um nicht bloß bei rein egozentrischen, beliebigen Assoziationen stehen zu bleiben.[2557] Daher ruft Krameritsch die Geschichtswissenschaft auf, sich mit den Rezipientinnen und Rezipienten historischer Erzählformen in der Gegenwart auseinanderzusetzen. Dass die „Rezeptions- und Produktionsästhetiken historischer Erzählungen" in digitalen Netzwerken noch weitgehend unerforscht

---

[2549] **Krameritsch:** Geschichte(n), 2007; S. 299.
[2550] **Krameritsch:** Typen, 2009. Vgl. im Abschnitt *2.4.1 Die Eigenschaften des Gegenstandes* auf S. 79.
[2551] **Krameritsch:** Typen, 2009; S. 419.
[2552] **Krameritsch:** Typen, 2009; S. 423.
[2553] **Krameritsch:** Typen, 2009; S. 423.
[2554] **Schiffer:** Theorien, 1980. Siehe weiter oben S. 476.
[2555] **Krameritsch:** Typen, 2009; S. 426.
[2556] Vgl. im Abschnitt *3.2 Anknüpfungspunkte und Lösungsansätze* ab S. 222.
[2557] **Krameritsch:** Typen, 2009; S. 429.

seien, bestätigten die Vorarbeiten im vorliegenden Buch für digitale Spiele.[2558] Eine mögliche Hilfestellung, um situative Narrationsformen digitaler Netzwerke geschichtswissenschaftlich zu fassen, bietet Hartmut Koenitz mit seinem Versuch, eine Theorie über interaktive digitale Narrative zu bilden.[2559] Auch er bestätigt den Befund, dass letztere die Funktionsweisen von Narrativen herausfordern, wie sie die westliche Welt als grundlegend annimmt.[2560] Auf dem Weg zu einer elaborierten Theorie schlägt er vor, interaktive digitale Narrative stets über den Dreiklang aus System, Prozess und Produkt zu untersuchen.[2561] Anstatt eine Vielzahl konkreter Narrationsformen zu bestimmen, bringt er für die Analyse die Begriffe *Protostory*, *Narratives Design* und *Narrative Vektoren* ein, wobei ersterer den Raum der möglichen narrativen Fragmente im System bezeichne, bevor sie ein Nutzer oder ein Algorithmus zusammenfügt.[2562] Daher gehören zu einer *Protostory* Elemente wie Konstanten der Erzählumgebung (*Environment Definitions*), ihre narrativen Fragmente (*Assets*), Möglichkeiten für Einstellungen (Settings) und das *Narrative Design*. Als *Narratives Design* beschreibt er die angelegte Struktur innerhalb einer *Protostory*, durch die Narrative flexibel aufgeteilt, aufgereiht oder verbunden werden können. *Narrative Vektoren* bezeichnen die Strukturen, die innerhalb des *Narrativen Designs* spezifische Entwicklungsrichtungen vorgeben. Vergleichbar mit dem mathematischen Konzept von Vektoren verdeutlichen sie also Zustandsverschiebungen, die ein Narrativ mit anderen verbindet. Geschichtswissenschaftliche Studien an digitalen Spielen, speziell an Online-Rollenspielen, aber auch an anderen Strukturen wie webgestützten Erzählnetzwerken nach dem Vorbild von Krameritsch könnten also *situative* Erzählweisen mithilfe des Konzepts der *Interaktiven Digitalen Narrative* für die Historik urbar machen. Dadurch würde auch die komplexe narrative Anlage eines Online-Rollenspieles wie *The Secret World* durch die Geschichtswissenschaft handhabbar.

Rechenbasierte Systeme operieren als dritte untersuchte Komponente der Wissenssysteme im spielmechanischen Hintergrund. Dafür kalkulieren sie etwa Attacken und Wirkungen in Kämpfen auf der Basis von Charakterwerten und der Eigenschaften von Gegnern. Rechenmodelle beeinflussen beim empirischen Beispiel historische Zusammenhänge aber nur indirekt. Sie simulieren keine diplomatische Politik oder wirtschaftliche Abläufe wie etwa in Strategiespielen. Dennoch unterliegt die spielweltliche Anlage makrohistorischen Modellannahmen. Sie entwerfen komplexe und bemerkenswert differenzierte Denkmodelle über Gesellschaften, Funktionsweisen der Wirtschaft, politischen Einfluss und die Rolle von Wissenschaften. Wegen seines Szenarios inszeniert *The Secret World* differenzierte Auffassungen auch über die Ge-

---

[2558] **Krameritsch:** Typen, 2009; S. 429/30. Vgl. zur historischen Rezeptionsforschung in Abschnitt *2.5.1 Disziplinäre Arbeitsfelder* ab S. 94.
[2559] **Koenitz:** Specific Theory, 2015. Vgl. im Kontext der *Medien- und Kommunikationswissenschaften* im Abschnitt *3.2.3 Geistes- und Sozialwissenschaften* ab S. 244.
[2560] **Koenitz:** Specific Theory, 2015; S. 91.
[2561] **Koenitz:** Specific Theory, 2015; S. 102.
[2562] **Koenitz:** Specific Theory, 2015; S. 99.

schichtswissenschaften. Das gesellschaftliche Bild, welches die spielweltlichen Vorstellungen zeichnen, prägen weitgehend westlich gekleidete Menschen, die nur sporadisch Kennzeichen bestimmter Kulturräume tragen. Abgesehen von diesen Äußerlichkeiten repräsentieren die spielweltlichen Personen hingegen außerordentlich breite Diversität, was Geschlecht, Demografie, Sozialisation, Kultur und ethnische Wurzeln anbetrifft. Die weltweit verteilten Spielzonen, in denen sich die mythischen Entwicklungen zutragen, sind jeweils von Behörden hermetisch abgeschlossen. Wo immer man sich also global bewegt, deuten diese Containment-Bezirke auf eine Majoritätsgesellschaft, die Fremdes nicht begrüßt, sondern ausschließt. Die Gruppierungen scheiden ebenso scharf in Menschen, die eingeweiht und ihnen zugehörig sind, und jenen, die außerhalb stehen. Dabei bleibt die Spielwelt aber nicht stehen, denn Spielende treffen auf eine große Zahl von Personen, die schon lange vor den jüngsten spielweltlichen Ereignissen mit den Folgen leben mussten, in einer Grauzone zwischen den vermeintlich klaren Fronten zu stehen. Im Unterschied zur diversen Durchmischung der spielweltlichen Charaktere bestehen für die Spielenden erheblich weniger Möglichkeiten, ihre persönlichen Avatare vergleichbar vielfältig zu gestalten. Der Charaktereditor ist etwa bei Hautfarbe, Körperformen und Alter beschränkt, ermöglicht etwa keinen schwarzen Teint, Fettleibigkeit, Versehrtheiten oder rüstige Senioren. Auch einen sozialen Hintergrund können ihnen Spielende nicht zuweisen. Gerade weil *The Secret World* mit vielen Methoden gekonnt an eine gesellschaftliche Lebenswirklichkeit der Spielenden anschließt, verschenkt die Gestaltung der eigenen Verkörperung in der Spielwelt viel Potential. Durch Bekleidung, die im Laufe der Spielerfahrung in Missionen erworben wird oder durch den Aufstieg im Rang bei der eigenen Fraktion, können Spielende ihren sozialen Status innerhalb der Spielwelt repräsentieren. Im Zuge des Aufstiegs in der eigenen Gruppierung werden die Spielenden mit ihrer Spielfigur zudem in tiefere Geheimnisse eingeweiht, wodurch die Repräsentation des sozialen Status zugleich in den Kosmos aus Verschwörungen und Geheimbünden eingebettet ist. Politik und Behörden wird in der Spielwelt verbreitet misstraut. Die Personen in der Spielwelt trauen ihnen jegliche Handlungen zu. So erscheint ihnen sowohl vorstellbar, dass in *Kingsmouth* bald Rettung eintreffen könnte, als auch, dass die Regierung mit den wandelnden Untoten selbst ein flächendeckendes Experiment an der Bevölkerung durchführt. Sogar Mitarbeiterinnen und Mitarbeiter von staatlichen Einrichtungen lassen erkennen, dass sie sich mit fragwürdigen Methoden und Alleingängen von Institutionen abgefunden haben. Im Umkehrschluss aber wünschen sie sich, dass ihre Vorgesetzten ein stärkeres Verantwortungsbewusstsein entwickeln würden. Bürgern gegenüber hielten diese sich aber nicht für rechenschaftspflichtig, je weiter sie hierarchisch aufsteigen. Jahrzehntelang operieren staatliche Institutionen zum Beispiel insgeheim gegen mythische Kreaturen, nicht nur mit Waffengewalt, sondern sogar vertraglich abgesichert. Selbst Regierenden erteilen sie nicht auf alle Informationen Zugriff. Dadurch zeichnet die Spielwelt das Bild eines verselbstständigten administrativen Apparates, der Verträge selbst mit Sukkubi für vertretbar hält, solange der Verwaltungsakt nur korrekt abläuft. Versuche, selbst vor den Spielenden die Lage noch zu verschleiern, obwohl diese durch ihre Geheimbünde längst Eingeweihte sind, offenbaren eine groteske Paranoia der Institutionen. Demgegenüber halten die Geheimorganisationen den Wissensstand der Behörden, ganz im Konstrast zum arroganten Auftreten ihrer Vertreterinnen und Vertreter, für lückenhaft und oberflächlich. Schließlich sammeln erstere bereits seit Jahrhunderten Wissen und nicht erst seit Dekaden. Ein aufrichtiges Interesse an den Menschen in den Spielgebieten schreiben Persönlichkeiten in der Spielwelt nur denjenigen Vertreterinnen und Vertretern zu, die lokal verwurzelt sind. So griff die Spielwelt den bedenklichen Mustern von Delegitimierung der Politik und Vertrauensverlust gegenüber staatlichen Institutionen vor, die mit der Einschwörung heimatfixierter Gemeinschaften einhergeht und gegenwärtig in westlichen Demokratien grassiert. Dass den politischen Systemen in der Spielwelt misstraut wird, hängt mit Verquickungen zwischen staatlichen Institutionen und der Wirtschaft zusammen. Das ökonomische Denkmodell zeichnet eine überwältigende Macht transnationaler Konzerne, die staatliche Hoheitsgebiete missachten. Sie verschleiern ihre Aktivitäten durch Subunternehmen, stellen sich über Gesetze und Regierungen und entfernen sich weit von humanistischen Idealen. Ökonomische Systeme existieren zwar, sind aber vorwiegend an spielmechanischen Zwecken orientiert. Entfernt erinnern sie durch exorbitant hohe Preise bei wenigen festen Händlern in gesicherten Vorposten an Monopolisten, die ihre Machtstellung auf Schwarzmärkten in Krisengebieten ausnutzen. In Summe treten wirtschaftliche Akteure eher als destruktiv auf und auf Partikularinteressen fixiert, die gleichzeitig das Gemeinwesen fest im Griff halten. Aus spielweltlicher Sicht gibt es keine alternativen Darstellungen, weshalb die Ablehnung sowohl des globalen Konzernwesens als auch von Regierungen und ihren Institutionen virulent ist. In Bezug auf Wissenschaften offenbaren Spielsysteme und Spielfiguren dagegen erstaunlich aufgeschlossene, geradezu postmoderne, konstruktivistische Haltungen. Die Denkmodelle betreffen allgemeine Grundsätze über wissenschaftliche Erkenntnisprozesse, die Berufsstände in einem universalen Feld der Geschichtswissenschaften sowie das grundsätzliche Zugriffsvermögen auf die Vergangenheit durch akademische Geschichtsschreibungen und volksmündliche Überlieferungen. In einem begleitenden Prozess tragen Spielende Wissen über die Spielwelt aus den Fragmenten des Lore in einer Datenbank zusammen. Dieser Erkenntnisprozess bildet ab, wie sich anfangs kryptische Bestandteile mosaikartig zu einem Gesamtbild vernetzen. Zudem objektiviert dieses Wissensarchiv die Fragmente nicht wie in einer Enzyklopädie. Vielmehr nehmen die Texte die Perspektive eines Weltwissens ein, das sich selbst als nicht allwissend herausstellt. Aufgrund der Gestaltung der Missionen, Themen der Gesprächsquellen sowie der stetigen Veränderung durch Updates handeln die Elemente der Spielwelt insgesamt von einem Prozess der Erkenntnissuche. Zu diesem Prozess nehmen die Gruppierungen jeweils Haltungen in Abhängigkeit von ihren grundsätzlichen Weltsichten ein. So ziehen sich Konflikte über den Nutzen von Wissenschaften und ihren legitimen Einsatz durch die gesamte Spielwelt. Insbesondere Vorstellungen über Tätigkeitsfelder in den Geschichtswissenschaften sind spielweltlich bedeutsam. Sie werden bestimmt von der Auffassung, dass Forschende neben der umfassenden Kenntnis von Buchwissen verstärkt Feldforschung vor Ort betreiben sollten. Letztlich werden daher die Spielenden über ihre Spielfiguren zu Forschenden. Zahlreiche Äußerungen von Spielfiguren über und als Historiker transportieren die Vorstellung, dass sie kulturwissenschaftliche Universalgelehrte sein sollten, archäologisch, geschichtswissenschaftlich und ethnologisch gleichermaßen kundig. Zugleich aber verweist die Spielwelt wiederholt darauf, dass die Vertreterinnen und Vertreter historischer Wissenschaften dazu neigen, ungewöhnliche, neuartige Ansätze zusammen mit deren Verfechtern aus ihrer Mitte auszustoßen. Ferner formulieren Akteure der Spielwelt bemerkenswerte Ansichten, welchen Charakter historisches Wissen hat. Sie bedauern, sich der Vergangenheit nur begrenzt annähern zu können. Die Geschichte wird als Gewebe loser Fäden betrachtet. Konstruktivistische Ansichten zeichnen eine fluide, variable Geschichte wechselhafter multiperspektivischer Interpretationen mit immer neuen Umdeutungen, die von ihren jeweiligen historischen Kontexten abhängen. Dennoch fahnden alle in diesem chaotischen Gewirr nach Ordnung, um für die Zukunft zu lernen und sie beeinflussen zu können. Sagen und Legenden würden dafür ein Vermächtnis bilden, das verklausulierte Lektionen aus der Geschichte übermittle. Diese Form der Überlieferung gegenüber der wissenschaftlichen Historiografie gering zu schätzen, vernachlässige wichtige historische Wissensspeicher verschiedener Weltregionen. Daher erfasse der akademische Zugriff die Geschichte auch nur begrenzt und führe auf beschränkte historische Erkenntnisse. Das spielweltliche Denkmodell zur Geschichte sinniert zudem über die Grenzen historischer Erkenntnis: Leicht versteige sich der Mensch dazu, Relikte verschiedener Zeitalter, deren Funktionsweise er nicht mehr verstünde, mythisch oder legendär zu verklären. Auch Frühzeiten der menschlichen Entwicklung oder Lücken der Überlieferung thematisiert das Spiel. Dass man etwa Überlieferungen nicht mehr verstehe oder keine Belege für vergangene Zeiten besitze, bedeute nicht, dass es keine Menschheit, Zivilisationen und historische Überlieferungen gegeben habe – nur eben keine überlieferten Schriftquellen und Relikte.

Nicht nur gemessen an Online-Rollenspielen, sondern für digitale Spiele insgesamt, zeichnen die aufgeführten Denkmodelle zu Gesellschaft, Politik, Wirtschaft und Wissenschaft in der Summe ein ungewöhnliches Bild von kulturgeschichtlichen Prozessen und ihren gesellschaftlichen Rahmenbedingungen. Der Forschungsüberblick zeigte bereits einige Fälle, in denen sich Forschende der Geschichtswissenschaft mit Rechenmodellen befassten, die Aspekte historischer Inszenierungen simulieren.[2563] Vorwiegend konzentrierten sich die Autorinnen und Autoren auf Simulationen, die militärische Konflikte möglichst detailgetreu ausmodellieren. In den simulierten Umgebungen können Spielende zeitnah erkennen, welche unmittelbaren Folgen ihr Handeln hat und ihr Verhalten daran anpassen. Allerdings werden Simulationen meist nur auf Teilsysteme wie Militär, Politik und Wirtschaft reduziert. Sie versuchen sich an Imitationen von realweltlichen Situationen und Prozessen im Laufe

---

2563 Siehe zu *Simulationen* in Abschnitt *2.5.2 Konzentration auf Spielformen* ab S. 101.

der Zeit. Dabei stellen sie Nutzerinnen und Nutzern Werkzeuge und Informationen bereit, um in einer kontrollierten Umgebung reichhaltiges Wissen über historische Konzepte zu erzeugen. Insbesondere die Fahrzeug-Simulationen verdeutlichten, dass dieser Spielform die zur Kontextualisierung notwendigen Systeme weitgehend fehlen, um zum Beispiel sozial- oder alltagsgeschichtliche Prozesse einzubeziehen. Das simulierte Geschichtsbild bleibt so auf Teilaspekte wie die Lenkung eines historischen Panzers im Gefecht beschränkt. Dadurch suggerieren die Teilaspekte fälschlicherweise, von anderen relevanten Geschichtsfeldern wie etwa einem soziohistorischen Umfeld unabhängig zu sein. Unscharf wird zwar der Begriff der Simulation auch für Strategietitel verwandt, aber auch hier versuchen mal mehr, mal weniger komplexe Rechensysteme historische Teilaspekte zu modellieren.[2564] Auffällig ist, dass erneut das Interesse der Forschenden auf politischen, militärischen, diplomatischen und wirtschaftlichen Aspekten liegt. Hinzu kommen insbesondere bei epochenübergreifenden Titeln geschichtstheoretische und ideengeschichtliche Betrachtungen, die den Auffassungen über historische Entwicklungsprozesse in digitalen Spielen nachspüren. Wenn also davon geschrieben wird, dass digitale Spiele historistische Geschichtsauffassungen reproduzierten, könnte diesen Eindruck vielmehr hervorrufen, welchen Zugriff die Forschenden selbst auf den Gegenstand wählen.[2565] An gezielt gewählten Beispielen untersuchen Forschende Kategorien wie Staat, Herrschaft, Militär und Diplomatie, die eben klassische Säulen eines historistischen Geschichtsverständnisses bilden. Deswegen führte der Abschnitt über die Erweiterung des Arbeitsfeldes einige Beispiele für digitale Spiele an, deren Modelle weit über die bislang erforschten Aspekte hinaus gehen.[2566] Jüngere Vertreter der epochenübergreifenden Strategiespiele aus der Reihe *Civilization* weiten ihre spielmechanische Modelle substantiell auf kulturelle und religiöse Systeme aus, die wiederum militärische und politische Spielprinzipien beeinflussen. Zudem skalieren digitale Spiele die Systeme, wie ein Vertreter der epochenübergreifenden Globalstrategiespiele verdeutlichte. Dort gewann das städtische Umland in makrohistorischer Hinsicht erheblich an Bedeutung. Bis auf die Ebene lokaler Territorialherrscher modelliert das Strategiespiel *Crusader Kings II* mittelalterliche Eigenarten wie dynastische Einflüsse, Religiosität und Ehrbegriffe. Wirtschaftliche Aufbauspiele behandelt die Literatur nur selten, obwohl das Beispiel *Anno 1404* ein Modell für den Austausch zwischen Mitteleuropa und dem Nahen Osten entwarf. *Grand Ages: Medieval* skizzierte das Wagnis mittelalterlichen Handels zwischen weit entfernten Städten. Das frühneuzeitliche Globalstrategiespiel *Europa Universalis IV* transportiert durch Spielsysteme die Andersartigkeit herrschaftlicher Strukturen bei amerikanischen Stämmen und unter ihnen. Optional unterstreichen dort zufallsgenerierte Landkarten das Gefühl, unbekannte Gebiete zu erforschen. Die überseeischen Expeditionen in *The Curious Expedition* sind

---

[2564] Siehe in demselben Abschnitt ab S. 103.
[2565] Stellvertretend etwa **Kerschbaumer / Winnerling:** Visionen, 2014; S. 15.
[2566] Siehe in Abschnitt *3.1 Geschichte in digitalen Spielen* den Abschnitt *3.1.1 Geschichtsbilder*.

nicht nur dadurch geprägt, sondern berücksichtigen in den Spielsystemen interdependente Effekte von Verhaltensweisen wie Fanatismus, Rassismus und geistigem Verfall. *Tropico 5* bezieht außenpolitische Veränderungen im internationalen Staatensystem von der Kolonialzeit bis zum Ende des 20. Jahrhunderts in das Wirtschaftsaufbauspiel ein. Ebenso hob der Abschnitt zu zeithistorischen Rückkopplungen einige makrohistorische Modelle in digitalen Spielen hervor, die bislang kaum behandelt sind.[2567] Selbst ein Strategiespiel wie *Civilization: Beyond Earth*, das in Science-Fiction angesiedelt ist, integriert ein Modell, nach dem Gesellschaft und Technologie in einem ständigen Miteinander wechselwirken. Ein bedenkliches Spielsystem, das den sozioökonomischen Alltag rein am gesellschaftlichen und wirtschaftlichen Aufstieg orientiert, errichtet die Lebenssimulation *Die Sims*. Spielmechanische Modelle des letzten *Sim City* verkörpern den ökonomischen Zeitgeist von Dezentralisierung, Globalisierung, Regionalisierung und Arbeitsteilung. Als Sozialsimulation des städtischen Aufstiegs integrierte *Die Gilde 2* befremdlich moderne emanzipatorische Vorstellungen in ein spätmittelalterliches Szenario. Gegenüber allen Inszenierungen der aktiven, handelnden Parteien im Krieg konzentrierte sich *This War of Mine* erstmals auf ein Modell, in dem Zivilisten in den Trümmern eines Kriegsgebiets die Gewalt schlicht zu überleben versuchen. Als Mitarbeiter eines Grenzüberganges in *Papers Please!* gerieten Spielende in widerstreitende bürokratische Systeme, in deren Routine sie auch noch alltägliche persönliche Zwänge ausgleichen mussten. *Orwell* und *Watch_Dogs* schufen jeweils Modelle, wie staatliche Überwachungssysteme jeden Winkel des Alltags dominieren könnten. Einige Spiele wie etwa *Rise of the Tomb Raider* modellieren sogar Vorstellungen, wie Geschichtswissenschaften und Erkenntnisprozesse systemisch funktionieren. Nicht nur in dem gewählten Fallbeispiel, sondern insgesamt in digitalen Spielen treten somit also weit vielfältigere Modelle auf, die Vorstellungen etwa von Gesellschaft, Wirtschaft oder Politik transportieren, als bislang beachtet werden. Entscheidend ist zu verstehen, dass diese historischen Denkmodelle häufig nicht explizit mitgeteilt werden, etwa durch erläuternde Texte, Zwischensequenzen oder Erzählungen. Digitale Spiele lassen eben Möglichkeitenräume entstehen, so dass sie implizit im Gewebe verschiedenster Komponenten angelegt sind, die das spielerische Handeln von Individuen erst zusammenfügt und zutage treten lässt. Sie verbergen sich im Zusammenspiel etwa der spielmechanischen Anlage, Rechenmodellen, der Konstruktionweise von Spielgebieten, Umweltbedingungen, reflektieren sich durch die Gesamtschau von Äußerungen der Gesprächspartner, den Erfahrungen in Missionen und auffindbaren Textfragmenten. Das gewählte empirische Beispiel *The Secret World* modelliert daraus eine kulturgeschichtliche Interpretation über den gesellschaftlichen und individuellen Umgang mit Kulturellem Erbe, das eine geschichtswissenschaftliche Historiografie gleichberechtigt neben volksmündliche Überlieferungen stellt. Diese Interpretation ist

---

2567 Siehe in Abschnitt *3.1 Geschichte in digitalen Spielen* den Abschnitt *3.1.2 Zeitgeschichtliche Rückkopplung*.

multiperspektivisch angelegt und bindet konstruktivistisch die Spielenden in individuelle Prozesse des Erkenntnisgewinns ein. Das angelegte Denkmodell, nach dem sich die Spielenden nun durch die vernetzte narrative Umgebung bewegen und einen eigenen Erkenntnisprozess verfolgen, konditioniert den Zugriff auf die zuvor dargelegten Inhalte und Konzepte.

Als viertes Element des historischen Wissenssystems fügt die Spielwelt von *The Secret World* einen mikrohistorischen Weltentwurf zusammen. Eine Komponente ist die Inszenierung von Landschaften, welche den Elementen der Sachkultur als Bühnen dienen. Sie verwenden topografische und geologische Merkmale, die sie den Spielregionen zuordnen. Ebenso gezielt setzen die Entwickler Vegetation, visuelle Eindrücke von klimatischen Bedingungen und Wetterphänomene dafür ein. Eine friedliche Fauna ist bis auf wenige Ausnahmen nicht anzutreffen, belebt werden die Gebiete durch umherstreifende Kreaturen aus der Mythologie. Eigenständig wirkt das periodisch zyklische Verhalten bei ihnen wie bei menschlichen NPCs nur, solange Spielende nicht allzu lang an einem Ort verweilen. In der Regel genügen die Routinen aus Bewegung und Gestik, um den Eindruck einer belebten Umgebung in den Spielgebieten hervorzurufen. Pointierte Naturerscheinungen wie Staubteufel suggerieren vergleichbar effizient dynamische Umgebungen. Mit den landschaftlichen Eindrücken einer belebten Umwelt vermengen sich die aufwändigen Soundkulissen der Spielgebiete. Geräusche, Klänge und Musik beeinflussen die historische Spielerfahrung, denn sie bedienen einen wichtigen Wahrnehmungskanal. In allen Spielgebieten inszenieren die Entwickler ein kontinuierliches Geräuschbild aus regional unterschiedlichen, jeweils plausiblen Soundeffekten, aus denen sporadische Laute und Geräusche plötzlich hervorstechen. Wahrnehmbar ist eine Tiefenerfahrung der Welt durch dieses Soundgemisch, weil sich Lärm und Klänge auf die Spielenden zu und von ihnen fortbewegen. Lösen die Spielenden sie aus, können zudem andere sie wahrnehmen. Den Übergang in Gebiete betonen die Entwickler durch eine langsame Verschiebung der Klangumgebung. Ähnlich betonen sie gezielt Objekte in der Spielwelt. In den jeweiligen Spielgebieten werden Soundumgebungen wieder aufgegriffen, die aus vorherigen Zusammenhängen wie zum Beispiel Katakomben bereits bekannt sind, grundsätzlich verfügen jedoch alle Gebiete um besondere, wiedererkennbare Geräuschkulissen im Hintergrund. Neben der genannten Tiefenwahrnehmung steuern Geräusche und Klänge auch die Wahrnehmung der Spielgebiete als physische Körper, wie unterschiedliche Bodenbeläge und damit verbundene Laufgeräusche zeigen. Gelegentlich binden Soundscapes die Spielgebiete durch kulturell passende Melodien und Instrumente an, allerdings brechen manche die lebensweltliche Inszenierung. Eine Ausnahme von diesem Bruch bilden jene Musikstücke, die Jukeboxen oder Radiogeräte spielen und dadurch im Vorbeigehen klar räumlich zu verorten sind. Eine Vielzahl von Klängen verwendet die Spielwelt zudem als spielmechanische Signale, relevanter für die spielweltliche Inszenierung aber sind Geräusche, Klänge und Musik als Werkzeuge. Ein weiterer wichtiger Aspekt der Weltentwürfe ist der Einfluss von Lichtstimmungen auf die Spielgebiete. Vor allem die unterschiedlichen klimatischen Bedingungen nehmen Einfluss auf dortige Lichteffekte. Ein Tagesablauf taucht sie zudem in ähnlich dynamische Routinen, wie die Laufwege der Kreaturen oder die pointierten Landschaftsmerkmale. Da Tag, Nacht und Dämmerungen die Sichtverhältnisse beeinflussen, die Erkennbarkeit von Objekten und den Eindruck von den Spielgebieten, wirken diese Lichtstimmungen auch auf die historische Spielerfahrung. Ähnlich wie bei den Soundkulissen setzen die Entwickler globale Umschwünge von Lichteffekten pointiert bei Übergängen zu Spielgebieten ein. Subtiler und graduell wechseln die Lichtverhältnisse, wenn Spielende längere Distanzen in Spielgebieten überwinden. Lichtverhältnisse werden also bewusst verwendet, um die Wahrnehmung der Spielenden in den Landschaften zu lenken. Gezielt heben Lichteffekte Orte und Objekte hervor. Zivilisatorische Lichtquellen unterstreichen zudem den Kontrast bei den natürlichen Lichtverhältnissen der Gebiete. Im Gegensatz zu Sound und Musik spielt Licht als Werkzeug nur eine untergeordnete Rolle, wird eher zur Orientierung in dunklen Gebieten eingesetzt, in seltenen Fällen für Kombinationsrätsel. In bislang einmaliger Art und Weise verzahnen sich zudem spielweltliche Inhalte mit außerspielischen Elementen der Lebenswelt. So verschränkt, erschafft *The Secret World* die Simulation einer übergreifenden Lebenswelt, die häufig historische Inhalte betrifft. Instrumente, um diesen Effekt hervorzurufen, sind die Investigativ-Missionen. Um sie zu bewältigen, müssen Spielende im Internet nach teils komplexen, geschichtlichen Zusammenhängen recherchieren. Diese Inhalte stammen jedoch nicht nur von Dritten, die Entwickler legten selbst Webseiten und Accounts von spielweltlichen Akteuren im Internet an, wodurch die spielweltlichen Außengrenzen verschwimmen. Wo das Spiel beginnt und wo die Lebenswelt der Spielenden aufhört, ist nicht mehr scharf zu differenzieren. Diese Verschmelzung wird insbesondere da deutlich, wo Internetnutzer, bei denen nicht klar ist, ob sie zum Entwicklerstudio gehören oder nicht, die angelegten Webseiten und Accounts in eigene Netzinhalte einbeziehen. Die Entwickler bei *FunCom* griffen zu außergewöhnlich kreativen Formen schon weit vor der Veröffentlichung wie die geschilderten Alternate Reality Games (ARGs). Spielfiguren erhielten Blogs, *Twitter*-Accounts und posteten Fotos bei *Flickr*. Sogar eine Sprachnachricht hinterlegten die Entwickler im Telefonnetz von London oder veröffentlichen ein Youtube-Video im Stil eines Mitschnittes aus den siebziger Jahren. Insgesamt gerät damit die lebensweltliche Simulation zu einem wesentlichen Bestandteil der spielweltlichen Inszenierung des Weltenwurfes. Dadurch, dass sie zahlreiche geschichtliche Inhalte tangiert, prägt sie auch die historische Erfahrung.

Aus Perspektive der Geschichtswissenschaft ist ein solcher Weltenwurf schwierig zu fassen. Die einzelnen Komponenten zu betrachten, genügt nicht, weil alle dargestellten Facetten nicht nur für sich historische Inhalte beeinflussen, sondern dabei wechselwirken. Landschaften erscheinen in unterschiedlichem Licht aufgrund klimatischer Bedigungen und wandeln sich im Laufe des Tageszyklus. Soundscapes verleihen den Spielgebieten eine Tiefenwahrnehmung und steuern Reminiszenzen an physikalische Eigenschaften des Bodens. Ohne die Landschaften wiederum gäbe es keine Grundeinstellung der spielweltlichen Eindrücke, sie beeinflussen jedoch auch durch ihre Topografie, wie sich Licht und Sound überhaupt entfalten können. Neben dem Zyklus von Tag und Nacht beleben zudem die Laufwege von Kreaturen und NPCs den topografisch, akustisch und lichttechnisch aufgespannten Möglichkeitenraum. Eine mehrdimensionale Beschreibung durch Landscapes, Soundscapes und Lightscapes würde schon deswegen zu kurz greifen. Obendrein durchbricht der Weltentwurf die spielweltlichen Räume, um lebensweltlich auszugreifen. Dadurch wird die Außenwelt zu einem Teil des spielweltlichen Möglichkeitsraumes und lässt sich kaum mehr von einem Spielinneren abgrenzen. Nicht zu vernachlässigen ist, dass die sichtbaren Eindrücke der dargestellten Landschaften, der Sound und die Lichteffekte erheblich von der Leistungsfähigkeit des genutzten Rechensystemes abhängen. Raumklang wie etwa *5.1 Suround-Sound* erleichtert beispielsweise die Ortung von Gegnern im Vergleich zu einfachen Stereo-Kopfhörern. Neben Prozessor und RAM-Speicher gibt vor allem die Leistungskraft einer Grafikkarte vor, in welcher Weise Spielende einen solchen Weltentwurf wahrnehmen können. Im Falle der vorliegenden Untersuchung wurde ein leistungsfähiges Notebook der oberen Mittelklasse mit einem Vierkern-Prozessor und einer NVIDIA-Grafikkarte genutzt, die für den Mobilbetrieb optimiert ist.[2568] In dem engen, kompakten Gerät entstanden vor allem in heißen Monaten Temperaturprobleme, weshalb die grafische Qualität gelegentlich gedrosselt wurde. Sicherlich gäbe es eindrucksvollere Möglichkeiten für die visuelle Darstellung, allerdings können entsprechende Geräte mehrere tausend Euro kosten. Im Zeitrahmen der Aufzeichnungen lag das genutzte Gerät im oberen Mittelfeld und stellte *The Secret World* bereits ansehnlich dar. Unterschiede der Leistungskraft betreffen etwa die Detailgrade zum Beispiel bei hochauflösenden Landschaftstexturen, die Güte der grafischen Effekte und ihre flüssige Darstellung. Gegenüber Konsolen fallen die Möglichkeiten, Details des grafischen Gesamteindruckes einzustellen, auf PCs mannigfaltig aus. Technische Prozesse wie *Anti-Aliasing* glätten Treppeneffekte aufgrund entstehender Pixelstufen. *Anisotrope Filterung* optimiert das stufenweise Nachladen höher aufgelöster Texturen, sobald sich Spielende ihnen annähern. Schweben etwa in einer Wohnung Staubteilchen oder einem Wald Nebel in der Luft, stellen dies *Volumen-* beziehungsweise *Partikeleffekte* dar, die viel Leistung verschlingen können. *Tesselation* ist eine aufwändige Methode, Oberflächen einen plastischen Eindruck durch Erhebungen zu verleihen, insbesondere, wenn der Beobachter in einem geneigten Winkel auf sie blickt. Diese Technik zeichnete im *Schattenhaften Wald* eindrucksvoll die plastische Oberflächenstruktur eines gepflasterten Waldweges.[2569] Je nach Rechner, Betriebssystem, Grafikkarte und deren Software können Wechselwirkungen an beliebig vielen Stellen Fehler hervorrufen, die zu ungewollten Artefakten in der Darstellung führen. So löste etwa der Tesselation-Effekt unter dem Einfluss von Lichtquellen in der *Stadt des Sonnengottes* flackernde Polygone auf Sandoberflächen

---

2568 One Barebone K73-4N.870TX, Prozessor Intel i7-4700MQ, Grafikchip NVIDIA GTX-870M, 8 Gigabyte RAM und Betriebssystem Windows 7 64 bit.
2569 TSW_D2_Atmosphäre_SW_Soundscapes TAG Weg Iazmaciune Roma Lager 2015-10-16.

aus, weshalb er dort für die Untersuchung abgeschaltet wurde.[2570] Manchem Lesenden mögen diese Erläuterungen als unnötiger technischer Exkurs vorkommen, als technikverliebte Fachsimpelei. Im Gegenteil sind diese technischen Rahmenbedingungen aber von maßgeblichem Einfluss auf den Weltentwurf und seine historische Inszenierung. Sie sind Bestandteile der physikalischen Grundkonstanten jeder Virtuellen Welt. Dadurch relativieren sie die Aussagen über mögliche Wahrnehmungen von Landschaft, Soundscapes und Lichtstimmungen durch die Spielenden. Aus geschichtswissenschaftlicher Perspektive sind daher ihre Einflüsse methodisch zu untersuchen und zu berücksichtigen, um historische Weltentwürfe wie den skizzierten als Teil eines historischen Wissenssystems zu diskutieren. Die einander beeinflussenden Bestandteile des Weltentwurfes befinden sich zusammen mit den Objekten der Sachkultur, mit den Fragmenten des narrativen Netzwerkes und den geschilderten Denkmodellen gemeinsam in einem Spielsystem, das durch seine historischen Elemente ein historisches Wissenssystem aufspannt. Zur Analyse einzelner Komponenten kann an geschichtswissenschaftliche Vorarbeiten etwa zu Räumlichkeit und *Visual History* angedockt werden, wie weiter oben bei Objekt- und Sachkultur erwähnt.[2571] Ebenso können Vorarbeiten zu Geräuschen, Klängen, Musik und Soundscapes aus dem Forschungsüberblick herangezogen werden.[2572] Vergleichbare Studien zur Wahrnehmung von Lichtstimmungen liegen im historischen Kontext nicht vor. Das Zusammenspiel der Komponenten wirkt zudem auf der Ebene von Emotionen. Die landschaftliche Gestaltung, eingesetzte Lichteffekte und Klangkulissen können zu einem Gefühl der Bedrohung zusammenspielen. Vor dem Hintergrund der historischen Inszenierung ließe sich an Forschungen zur Emotionsgeschichte anschließen.[2573] Mit diesen Dimensionen begibt man sich als Historiker auf ein Feld, das zwar für die festgestellten Weltentwürfe offenbar methodische Wichtigkeit besitzt, in dem offene Fragen jedoch zahlreich sind. Was an einer Geräuschkulisse kann überhaupt historisch sein, wenn die Geräusche selbst nicht aus der Vergangenheit überliefert sind? Welche Soundelemente genügen, damit eine Soundscape nicht nur spielweltlich, sondern in einem historischen Sinne zufriedenstellend komponiert ist? Wie etwa will man wissen, wie die winterlich verschneite Landschaft der Karpaten im 17. Jahrhundert geklungen hat, um sie plausibel in einem Gebiet wie den *Reißzähnen der Karpaten* zu inszenieren? Vor ähnliche Rätsel stellen die Lichtverhältnisse in vergangenen Zeiten. Man müsste zum Beispiel Antworten etwa darauf finden, wie ein Sonnenuntergang am Ende des 19. Jahrhunderts in Mitteleuropa auf die Wahrnehmung wirkte, nachdem der explodierte Vulkan Krakatau die atmosphärischen Ver-

---

2570 Zum Vergleich: **TSW_D2_OralHistory_SS_Moutemouia 1** Intro Mission DasTraurigeLied Atonisten Beschwörung Kreaturen Todessehnsucht 2015–08–19; **TSW_D2_OralHistory_SS_Moutnefert 1** Intro Mission EinstWarenSieSchön Fernweh Postkarten Reisen 2015–08–23.
2571 Siehe hierzu die Hinweise ab S. 473.
2572 Siehe zu Soundscapes in der *3.2.1 Geschichtswissenschaft* ab S. 227 sowie Sound und Musik in den Game Studies beziehungsweise den Musikwissenschaften ab S. 267.
2573 Siehe zur Emotionsgeschichte in Abschnitt *3.2.1 Geschichtswissenschaft* ab S. 227.

hältnisse weltumspannend beeinflusste. In *The Secret World* reisen Spielende sogar innerhalb des historischen Weltentwurfs noch tausende Jahre in die frühägyptische Geschichte zurück. Nicht minder wichtig wäre zu erforschen, ob und wenn ja aus welchen Gründen eine Nachbildung der Umweltverhältnisse für die historische Erfahrung von Bedeutung wäre.

Die bislang zusammengetragenen Befunde zu den Weltentwürfen errichten lediglich Brückenköpfe in ein unbekanntes Terrain, um das Zusammenwirken der Komponenten zum Weltentwurf verstehen zu lernen. Gemeinsam wechselwirkend, verdichten sich offenbar alle genannten Elemente dabei zu etwas, das man als historische Atmosphäre bezeichnen könnte. Wie eine solche historische Atmosphäre funktionieren und auf die Wahrnehmung wirken könnte, ist bislang unklar. Die Betrachtung der Spielgebiete lieferte dazu jedoch Indizien. Bislang findet sich in der Geschichtswissenschaft als vergleichbares Konzept die Aura eines Artefaktes, wie Walter Benjamin sie prägte.[2574] Diese Aura beschreibt eine abstrakte Eigenschaft von Objekten, die sie umgibt, ihre historische Relevanz festmacht und auf ihr Umfeld ausstrahlt. Sie wird dann durch Betrachter wahrgenommen. Nun befindet sich im Falle der Spielwelt mit ihrer historischen Inszenierung der Betrachter aber nicht vor dem Objekt wie im Falle einer Statue, eines Gemäldes oder einer Urkunde. Bei einem digitalen Spiel wie dem behandelten Online-Rollenspiel ist der Betrachter Teil des Artefaktes, als Spielender zudem die handelnde und formende Kraft der historischen Inszenierung aus seinem Inneren heraus. Sinnvoller erscheint deswegen, das Konzept der Atmosphäre von Gernot Böhme, wie es der Kulturwissenschaftler Christian Huberts bereits bei digitalen Spiele anwendete, auf den geschilderten mikrohistorischen Weltentwurf zu übertragen.[2575] Im Gegensatz zu dem Begriff der Aura, die einem Objekt intrinsisch innewohnt, verschiebt Böhme den Fokus auf die Relationen von Objekten und Subjekten in Wechselwirkung untereinander und mit dem sie umgebenden Raum.[2576] Die Atmosphäre liegt also nicht im Objekt, sondern zwischen Objekt und Subjekt. Mathematisch illustriert, wäre eine Atmosphäre dann die Summe aller Wirkvektoren zwischen Objekten und Subjekten im einem aufgespannten Möglichkeitenraum. Ein solches Denkmodell scheint die vielfältigen, oben beschriebenen Elemente in den diversen Spielgebieten des Beispiels gut zu umfassen, welche einander in den Weltentwürfen gegenseitig beeinflussen und von den Spielenden zu einem individuellen Eindruck komponiert werden. Analog entstünde eine historische Atmosphäre dadurch, dass unter dem Einfluss des Gemisches aus Systemen im Weltentwurf vorrangig die Beziehungen der Spielenden zu den historischen Elementen des Wissenssystemes betrachtet werden, wie sie die vorangegangenen Abschnitte beschrieben. Weil die lebensweltliche Simulation des Weltentwurfes von *The Secret World* in die Außenwelt ausgreift, bleibt allerdings immer noch unklar, was den

---

2574 Benjamin: Kunstwerk, 2012; S. 7–44.
2575 Zum Term bei **Böhme:** Atmosphäre, 2013[7] und Anwendung bei **Huberts:** Raumtemperatur, 2010. Vgl. auch Abschnitt *3.2.3 Geistes- und Sozialwissenschaften* ab S. 266.
2576 Böhme: Atmosphäre, 2013[7]; S. 42.

Raum, welcher das Artefakt und die Spielenden umfasst, begrenzen könnte. Weil Virtuelle Welten mit höchst komplexen Systemen, enormem Detailreichtum und grafisch verblüffender Qualität entstehen, diffundieren Realitäten zunehmend ineinander. Traditionelle Vorstellungen von Wirklichkeiten, von real und nicht-real, Lebenswelt und Spielwelt, fordert ein Weltentwurf wie bei *The Secret World* stark heraus. Studien wie von Edward Castronova und Jane McGonigal stellen solche Entwicklungen schon seit Längerem fest.[2577] Um die historische Atmosphäre einer Inszenierung wie in dem Online-Rollenspiel zu untersuchen, müsste die Geschichtswissenschaft dafür zukünftig Lösungen finden.

Alle hier aufgeführten Elemente verweben sich zu einer faszinierend komplexen historischen Gesamtinszenierung. Aus gegenwartlicher zeithistorischer Perspektive dringen Spielende in ältere historische Epochen, aber auch zeithistorische Themenfelder vor. Die Inszenierung verbindet und verknüpft alle Ebenen bewusst miteinander und übergreift verschiedene Weltregionen. Multiperspektivisch bietet das MMORPG viele, teils einander widerstreitende Deutungen spielweltlicher und historischer Ereignisse. Sie fußen in kulturellen und ethnischen Hintergründen einzelner Personen oder beruhen auf den Weltbildern global agierender Organisationen. Je nach Gewichtung und Region beziehen sie unterschiedlich stark lokale und überregionale Geschichte ein. Diese postmoderne, konstruktivistische Widersprüchlichkeit der Spielwelt hält das Geflecht nicht nur aus, sondern erhebt sie zum grundlegenden Prinzip. Dafür nutzt das Spiel klug konzertierte narrative Bausteine von verschiedener historischer Dichte. Die Missionsformen zeigten etwa, wie vielseitig Geschichte funktional eingesetzt wird, wobei Spielwelt und Außenwelt regelmäßig diffundieren. Für sie bereiten glaubwürdig rekonstruierte Landschaften, Sachobjekte und Gebäude der besuchten Regionen die Bühne. Objekten, die funktionale Bedeutung für spielweltliche Abläufe haben, verliehen die Entwickler dabei einen sorgfältigeren Grad historischer Akkuratesse, verglichen etwa mit dekorativen Stilelementen. Im Kontrast beispielsweise zu Simulationen und Strategiespielen erhalten Rechenmodelle im Fallbeispiel nur eine untergeordnete historische Bedeutung. Allerdings ließen sich grundlegende Denkmodelle über den Aufbau der (Spiel-)Welt nachweisen. Neben Einstellungen zur Gesellschaft offenbarten sie differenzierte Haltungen zum geschichtswissenschaftlichen Erkenntnisprozess. Auch wenn komplexere Weltentwürfe in der Sphäre digitaler Spiele existieren, ließ sich bei *The Secret World* zwischen belebten Landschaften, Soundscapes und Lichtstimmungen eine historische Atmosphäre aufspüren. Theoretisch und methodisch ist das Konzept an weiteren Beispielen zu prüfen und besser auszuarbeiten. Entlang der Bestandteile des Wissenssystems offenbarte der Überblick zu den inhaltlich behandelten, historischen Themen aber eine Spielwelt mit einer weltumfassenden, differenzierten Kulturgeschichte, deren Bestandteile sich an der Zeitgeschichte reflektieren.

[2577] Siehe **Castronova:** Exodus, 2008 und **McGonigal:** Reality, 2011 zur Diffusion von Realitäten. Vgl. dazu auch Abschnitt *3.2.3 Geistes- und Sozialwissenschaften* ab S. 253/4.

4.4 Nutzerperspektiven

In der räumlichen Spielwelt eines Online-Rollenspiels besitzen die Spielenden die Handlungsmacht. Ihre Entscheidungen über Perspektiven auf die Spielgebiete und ihre Gegenstände lassen eine persönliche Inszenierung entstehen. Sie wählen aus, mit welchen die Spielfiguren sie interagieren oder welche sie übergehen. Ihren Vorlieben nach erfüllen sie Missionen in unterschiedlicher Reihenfolge. So formt die Spielerfahrung nach und nach jeweils eine Vorstellung von der Spielwelt, die sich zwangsläufig von denen anderer Nutzerinnen und Nutzer unterscheidet. Beim Umgang mit denselben Inhalten verhalten sich Spielende zudem unterschiedlich. Möglicherweise füllen die Einen die Wissensdatenbank akribisch mit Fragmenten des Lore. Andere suchen solche Inhalte nur sporadisch, weil sie etwa ein bestimmtes Thema interessiert. Dritte wiederum passieren womöglich die Hintergründe völlig teilnahmslos. Vielleicht stürzen Letzere sich lieber in Kämpfe und sammeln in der Wissensdatenbank die damit zusammenhängende Erfolge. Einträge komplettieren sie dann, indem sie möglichst viele Gegner einer Art besiegen oder besonders mächtige Kreaturen, die teils nur mit anderen Spielenden zusammen zu erlegen sind. Andere wiederum vermögen spielerisch nicht, alle Elemente des Spieles gleichermaßen zu beherrschen – manche vielleicht sogar gar nicht. Zum Beispiel verstehen sie das System aus Fertigkeiten nicht, weil es zu komplex ist. Oder sie sind zu behäbig für Kämpfe. Zu schwierige Quests oder kryptische Beschreibungen verschließen ihnen dann Informationen. Spielende verändern das Wissenssystem, während sie in ihrer Spielerfahrung fortschreiten. Sie dringen nicht nur räumlich in neue Gebiete vor, sondern eben auch in Wissensbestände. Die Spielwelt eines Online-Rollenspieles verharrt zudem nicht statisch, sondern entwickelt sich dynamisch. Durch technische, spielmechanische und inhaltliche Updates verändern die Entwickler das Wissenssystem, fügen neue Spielelemente und -gebiete hinzu, ändern grafische Effekte oder die Steuerung und ergänzen neue Missionen, Gesprächspartner und Lore-Fragmente. Einigen Veränderungen sind die Spielenden ausgeliefert, weil Entwickler viele Funktionen und Inhalte ohne weitere Nachfrage implementieren. Andererseits haben die Spielenden bei umfangreichen inhaltlichen Erweiterungen erheblichen Einfluss. Wegen ihres Umfanges, ihrer Komplexität und der damit verbundenen Produktionskosten müssen solche Updates oft käuflich erworben werden. Nur wenn die Spielenden die konkreten Inhalte auswählen fügen sich diese in ihre Spielwelt ein. Als Gemeinschaft entscheiden die Käufer mit dem Erfolg oder Misserfolg der Erweiterungen darüber, in welcher Form die Entwickler weitere Updates konzipieren. So beeinflussen Nutzerinnen und Nutzer die Spielwelt indirekt. Nimmt man nun wie im Falle von *The Secret World* zu diesen allgemeineren Ausführungen die historischen Inhalte hinzu, so gilt die mächtige Position der Spielenden ebenso in Bezug auf das skizzierte historische Wissenssystem und seine verwobenen Bestandteile. Die Spielenden gewinnen also äußerst persönliche historische Gesamteindrücke. Auch sie hängen vom Verlauf ihrer Spielerfahrung ab, ihrem Startzeitpunkt in das Spiel, den Veränderungen der globalen und ihrer individuellen Spielwelt sowie ihrem spielerischen Vermögen, das Spiel zu steuern. Aus diesen Rahmenbedingungen heraus greifen sie auf Sachkulturen, narrative Netzwerke, makrohistorische Denkmodelle und mikrohistorische Weltentwürfe in den Spielregionen zu. Sie gewichten die Elemente nach persönlichen Vorlieben und entscheiden so über das Mischungsverhältnis ihrer historischen Eindrücke.

Über die Spielerinnen und Spieler von Online-Rollenspielen im Laufe ihrer Geschichte trugen vorangegangene Kapitel bereits Erkenntnisse aus der soziologischen und psychologischen Forschung zusammen.[2578] Erfahrungswerte aus dem Game Design ergänzte der Überblick zur technikulturellen Geschichte von Online-Rollenspielen.[2579] Das Gesamtbild aber, wie sich die Spielenden und ihre Motivationen zusammensetzen, blieb beschränkt, abhängig von den jeweils zugrunde gelegten Beispielen, widersprüchlich, lückenhaft und diffus. Weltweit spielen diese Spiele heute mehrere Millionen Menschen, die sich auf ein weites demografisches und soziales Spektrum verteilen. Studien weisen zudem signifikante Anomalien bei bestimmten Titeln aus, die darauf deuten, dass Grundlegendes noch nicht verstanden ist. Je nach Spielform und Setting, nach Verortung als Gelegenheits- oder Intensiv-Spieler schwankt der Anteil von Frauen stark. Die Spielerschaften stammen jedenfalls nicht mehr aus begrenzten akademischen oder wohlhabenden Soziotopen wie zu Zeiten der MUDs. Online-Rollenspiele sind deutlich überwiegend ein Phänomen der PC-Plattform, wobei auch hier unklar ist, was dies für die Sozialisation der Spielenden bedeutet. In seiner Zusammenfassung von zehn Jahren Forschung bestätigt Pionier Nick Yee, dass noch viele Fragen offen und die bisherigen Antworten widersprüchlich sind.[2580] Befunde fielen zum Beispiel zu Gender je nach Messmethode unterschiedlich aus. Grundsätzlich werde viel zu global über Spielende geschrieben, ohne regionale Spielkulturen zu berücksichtigen. Aus einer solchen Basis lässt sich kaum ableiten, wie sich die Spielerschaften von *The Secret World* zusammensetzen könnten. Wie zudem der Abschnitt über dessen Produktgeschichte entlang einer Unternehmensgeschichte herausarbeitete, positionierte Entwickler *FunCom* das empirische Beispiel gezielt gegen vorherrschende Strömungen und Traditionen.[2581] Ob man diesen Versuch als gegensätzlich zu anderen Vertretern der Spielform begreift, als zwischen ihnen oder außerhalb stehend, hängt mit dem Blickwinkel zusammen, aus dem man *The Secret World* im Nachhinein beurteilt. Daraus eine Verfasstheit der Spielerinnen und Spieler zu destillieren, die sich auf das Experiment einließen, bleibt schwierig. Allerdings konnten einige Indizien zusammengetragen werden. Wahrscheinlich schätzen Spielerschaften an den Online-Rollenspielen von *FunCom* den besonderen innovativen Charakter und ungewöhnliche Szenarien. Sie erwarten keinen simplen

---

2578 Siehe die Erkenntnisse über MMORPGS aus den Disziplinen im Abschnitt *3.2.3 Geistes- und Sozialwissenschaften*.
2579 Siehe die ersten drei Abschnitte bei *4.2 Technikkulturelle Einordnung*.
2580 Siehe den gegenwärtigen Stand der Forschungen am Ende von Abschnitt *4.2.3 Auf dem Weg zum globalen Massenphänomen* ab S. 356.
2581 Siehe Zusammenfassung am Ende von Abschnitt *4.2.4 Von Norwegen aus in verborgene Welten* ab S. 379.

spielerischen und inhaltlichen Zugang. Sie rekrutieren sich aus einem Personenkreis, der von der spielmechanischen und inhaltlichen Stagnation der Spielform enttäuscht ist. *The Secret World* befriedigte ihre Sehnsucht nach einer tiefgründigeren Spielwelt mit komplexen Charakteren und Gruppierungen, welche die Welt in gehaltvollen Geschichten aus diversen Perspektiven beleuchten. Während fast alle Konkurrenten Fantasywelten anbieten, schuf *FunCom* ein ungewöhnliches gegenwartliches Setting, dessen Inhalte maßgeblich historische Überlieferungen bestimmen. Mehrdeutigkeit wurde überall zu einem Kernprinzip.

Die Produktgeschichte stellte einen problematischen Verlauf nach der Veröffentlichung dar.[2582] Die überraschenden, desaströsen Schwierigkeiten beim Start von *The Secret World* führten auf eine zu kleine Spielerschaft, lösten eine existenzbedrohliche Unternehmenskrise aus, erforderten deshalb Umstrukturierungen und Entlassungen, weshalb die Produktion von neuen Inhalten spätestens ab Dezember 2012 stockte. Wie nachhaltig die Umstellung auf Buy-To-Play an der dauerhaften Spielermenge etwas änderte, ist mangels veröffentlichter Spielerzahlen unklar. Schließlich lässt sich aus dem einmalig verkündeten Zuwachs neuer Accounts nicht ableiten, wie lange die Spielenden das MMORPG tatsächlich nutzten. Vom Verkaufsstart bis zur Veröffentlichung des Spielgebietes Tokyo 2014 ist wenigstens mit großer Wahrscheinlichkeit davon auszugehen, dass die Zusammensetzung der Spielerschaften und die Verteilung ihrer Interessen wegen des Charakters des Spieles in etwa vergleichbar blieben. Danach führten Enttäuschungen über lange Abstände zwischen neuen Inhalten und ermüdende repetitive Spielmechaniken unter ursprünglichen Spielerinnen und Spielern zu Protesten und wahrscheinlich zu Verlusten. Ohne verlässliche Daten über die Spielerschaften ist nur schwierig den Perspektiven nachzuspüren, die Spielende auf das historische Wissenssystem einnehmen. Vorläufig bleibt daher nur der Weg, einen detaillierteren Blick auf die Möglichkeiten im empirischen Beispiel zu werfen. Entsprechend der obigen Begrenzung des Untersuchungsgegenstandes untersucht der vorliegende Abschnitt daher spielerische Optionen, die im Untersuchungszeitraum von 2012 bis 2014 für die Spielenden bestanden. Als Basis, um die Spielerfahrung zu strukturieren, liegen vier grundlegende Typen von Spielenden vor, die Bartle 1996 durch seine Untersuchung an MUDs aufstellte.[2583] Spielende lassen sich demnach in vier Typen strukturieren: Sie reichen von wettbewerbsorientierten *Achievern* über forschende *Explorer* bis zu kommunikativen *Socializern* und schließlich zu *Imposters*, wobei letztere Regeln und Mitspieler zu brechen versuchen. Diese Kategorien bilden maßgebliche Schwerpunkte, denn Spielende können in unterschiedlicher Intensität mehreren von ihnen angehören. Nach Studien von Nick Yee erzielen die meisten Spielenden in ein oder zwei Kategorien Höchstwertungen, in den anderen

---

2582 Abschnitt *4.2.4 Von Norwegen aus in verborgene Welten* differenzierte die veranwortlichen Faktoren ab S. 367/8 in die Umstände des Release, die narrative Umwälzung, widersprüchliche Spielmechaniken, Rezeption und Spielkultur sowie unternehmerische Entscheidungen.
2583 Bartle: Hearts, 1996. Siehe weiter oben ab S. 370.

dagegen unterdurchschnittliche Ergebnisse.[2584] Murray ahnte bereits 1998, was Mortensen 2006 nachwies, dass die Eigenarten von MUDs sich weitgehend auf die MMORPGs übertrugen.[2585] Dem folgten auch die festgestellten Schwerpunkte der Spielenden. Bartle bezeichnet die *Impostors* später zwar als *Killers*, bekräftigt aber in seinem einflussreichen Standardwerk über das Design Virtueller Welten inhaltlich diese Typen.[2586] Dort vertieft er, wie überproportionale Populationen bei den einen Gruppen auf die anderen wirken. Plausibel erscheinen diese Typen, weil sie sich mit Beobachtungen aus der Praxis des Game Design decken, wie sie etwa Raph Koster oder Richard Garriott für *Ultima Online* schildern.[2587] Bis zu einem gewissen Grad ist dabei ein Zirkelschluss nicht auszuschließen: Einmal festgelegt beeinflussten die Kategorien das Design weiterer Online-Rollenspiele, die damit umgekehrt wiederum die Kategorien bestätigten. Möglicherweise gibt es daher unentdeckte Arten, wie man Virtuelle Welten konzipieren könnte. Allerdings prägt das strukturelle Denkmodell deswegen auch das Fallbeispiel. Die Gültigkeit dieser Schwerpunkte beim Spielverhalten vorausgesetzt, liegen darin ebenso unterschiedliche Formen, wie Spielende mit dem historischen Wissenssystem interagieren. Da der vorliegende Abschnitt an einem konstruktiven, aufgeschlossenen Umgang mit den Spielinhalten interessiert ist, konzentriert er sich auf die ersten drei Typen. Da *Impostors/Killers* vorwiegend gegen Spielsysteme, Inhalte und Mitspieler handeln, diese vorliegende Studie aber untersucht, welche Optionen des Umgangs die Spielenden im Sinne des Spieles besitzen, tragen sie zu den Befunden nichts bei und werden außen vor gelassen. Ihr Einfluss aber auf Spielende, welche nach den ersten drei Typen handeln, kann unter Umständen erheblich sein, wie Bartle erläutert.[2588] Bei der Betrachtung anderer historischer Wissenssysteme in Online-Rollenspielen können sie daher durchaus relevant werden. Bartle skizziert auch die Motivationen der anderen drei Spielertypen.[2589] *Achievers* sehen demnach *Virtuelle Welten* vorwiegend als Spiele. Sie zielten darauf, sich und ihre Spielfigur zu optimieren, verlangten nach Fortschritt und strebten letztlich nach dem Gefühl zu gewinnen. *Explorer* würden die Spielwelt als Zeitvertreib betrachten. Sie motiviere, wenn sie eine Spielwelt erkunden können und tieferes Verständnis ihrer Inhalte erlangen. Für *Socializer* sei die Spielwelt ein Ort der Unterhaltung. Ihr Spielvergnügen bezögen sie daraus, dass sie sich mit anderen über die Inszenierung und das Verhalten von Spielenden austauschen. Für jeden dieser Schwerpunkte bietet *The Secret World* spezifische Mechanismen an, welche insofern

---

2584 Yee: Proteus Paradox, 2014; S. 29.
2585 Mortensen: WoW, 2006; 400 – 409. Siehe weiter oben ab S. 337; **Murray:** Hamlet, 1998; S. 71– 90. Weiter oben ab S. 337.
2586 Bartle: Virtual Worlds, 2006; S. 128 – 157.
2587 Ultima Online (Origin Systems / Electronic Arts) 1997 ff.; **Koster:** Influence, 2017. Weiter oben ab S. 346; **Garriott:** Explore/Create, 2017; S. 151– 92. Weiter oben ab S. 345.
2588 Bartle: Virtual Worlds, 2006; S. 133 – 37.
2589 Bartle: Virtual Worlds, 2006; S. 137.

die Perspektive der Nutzerinnen und Nutzer auf das historische Wissenssystem konditionieren.

Achiever suchen nach Herausforderungen und lieben es, sie zu bewältigen. Sie müssen nicht notwendig nur in (Wett-)Kämpfen bestehen. Dennoch bietet ihnen das Kampfsystem viele Möglichkeiten, sich mit Kreaturen der Spielgebiete in verschiedenen Schwierigkeitsgraden zu messen.[2590] Ein Fortschrittsgefühl stellt sich zudem durch das Absolvieren der Missionen ein, die in der Datenbank wiederum buchstäblich abgehakt werden.[2591] Sind die Missionen eines Gebietes abgeschlossen, betreten Spielende eine neue Spielregion. Um ihren Spielfluss zu optimieren, passen *Achiever* die Charakterwerte ihrer Spielfigur akribisch auf veränderte Bedingungen der Spielwelt an. In *The Secret World* können die Charakterwerte der Spielfigur nicht wie in anderen MMORPGs direkt manipuliert werden. Dem lebensweltlichen Setting der Spielwelt entsprechend, verwenden die Spielfiguren stattdessen Talismane, Ketten oder Gürtel, um Werte wie die Angriffskraft, den Durchschlag von Waffen, Schutz vor magischen oder physischen Attacken oder die eigene Lebenskraft zu verbessern.[2592] Die vielfältigen Waffen von Messern über Gewehren bis hin zu magischen Masken besitzen unterschiedliche Kampfkraft und beeinflussen zusätzlich Charakterwerte. Um bessere Qualitätsstufen von Waffen und Ausrüstung nutzen können, erhöhen die Spielenden Fähigkeiten in Kategorien durch erspielte Punkte.[2593] Im sogenannten Crafting können Spielende Ausrüstung und Waffen mit Glyphen und Siegeln ausstatten, um deren spezielle Eigenschaften einzubauen.[2594] Dem nicht genug, sind Waffen, Ausrüstung, Tränke mit Kurzzeit- und Langzeiteffekten oder Glyphen durch Rohstoffe eigenhändig herstellbar.[2595] Ungenutzte Gegenstände lassen sich zerlegen und nach Baumustern zu höherwertigen Objekten formen.[2596] Mit einem derartigen Arsenal ausgestattet, geben die Spielmechaniken *Achievern* eine große Menge an Möglichkeiten, ihren Spielcharakter stetig auf größtmögliche Effizienz hin zu optimieren. Um alle spielerischen Herausforderungen zu bewältigen und besonders fähige oder starke Gegner zu bezwingen, sind die komplexen Spielsysteme im Detail zu beherrschen. Zum Einsatz der richtigen Waffentypen kommen etwa bestimmte Ver-

---

2590 Siehe zu den Kreaturen Abschnitt *4.3.1 Objekt- und Sachkultur* ab S. 417.
2591 **TSW_D1_Erfolge_Missionen_BF_DieDraculesti alle Quests erfüllt** DerPreisDerMagie Stufe 6 Ritual Magie Test Golem BERICHT 2015–10–01.
2592 **TSW_D1_Crafting_Waffen_Pistolen 2 Episch Verbesserung Siegel Glyphen** 2015–10–01.
2593 **TSW_D1_Talentsystem_Fähigkeiten** Basisfertigkeiten vollständig alle aufgeklappt 2015–07–31; **TSW_D1_Talentsystem_Fertigkeiten** Augmentierung Steigerung 2015–08–06.
2594 **TSW_D1_Crafting_Waffen_Pistolen 1 Episch Verbesserung Siegel Glyphen** 2015–10–01; **TSW_D1_Crafting_Waffen_Pistolen 2 Episch Verbesserung Siegel Glyphen** 2015–10–01; **TSW_D1_Crafting_Siegel in Nebenwaffe Quanten Zuke 1** 2015–06–05; **TSW_D1_Crafting_Siegel in Nebenwaffe Quanten Zuke 2** 2015–06–05.
2595 **TSW_D1_Crafting_Waffen Glyphen Talismane** 2015–07–18; **TSW_D1_Crafting_Tränke_Anima und Einmaltränke** 2015–08–08.
2596 **TSW_D1_Crafting_Beute zerlegen** 2015–07–19; **TSW_D1_Crafting_Tränke_Qualitätsstufen Faktor** 2015–08–08.

teidigungsformen und Angriffseffekte hinzu. Dafür schalten die Spielenden nach und nach aktive und passive Talente frei, die sich gegenseitig beeinflussen und deren Wirkweisen zusätzlich zu erlernen sind.[2597] Zum Beispiel teilen sie unterschiedliche Schadensformen aus wie Schlag oder Durchbohren, die jeweils gegen bestimmte gegnerische Verteidigungen helfen. Zeitabhängige Wirkungen bei Freund und Feind behindern oder betäuben etwa, lösen sich gegenseitig aus und können gestaffelt aufeinander aufbauen.[2598] Sie wirken mal auf einzelne Ziele, mal auf Gruppen, ein anderes Mal auf eine Fläche oder in einem Korridor. Um diese komplexen Beziehungen im Kampf möglichst effektiv zu nutzen, investieren *Achiever* viel Zeit in deren Abstimmung. Insbesondere tarieren sie Schadens- und Verteidigungseffekte aus, wenn sie als Gruppe gemeinsam gegen schwierige Gegner zu Felde ziehen, und passen sie den jeweiligen Fähigkeiten der Gegner an.[2599] Solche Gruppenkämpfer können als die *Socializer* unter den *Achievern* gelten. Das komplexe System zu beherrschen, gestaltet sich als anspruchsvolle Herausforderung. *Achiever* sammeln Erfolge, die wie Trophäen eine Wissensdatenbank befüllen.[2600] Insofern belohnt die Freischaltung des umfänglichen Lore in dieser Datenbank die *Achiever* unter jenen Spielenden, die ihr Forscherdrang hauptsächlich *Explorern* zuordnet.[2601] *Explorer* erkunden jedoch zu allererst eine Welt, ihre Möglichkeiten und verborgenes Wissen und fühlen sich dadurch entlohnt. Sie benötigen im Prinzip keine Belohnungen durch Punkte, besondere Kleidung oder den Pawlowschen Klang, wenn ein weiterer Erfolg freigeschaltet wird.[2602] Diese wiederum dienen *Achievern* als Signale der Belohnung, weil sie ihren Fortschritt im Spiel spielmechanisch, visuell und akustisch repräsentieren. Welche Vielfalt an Inhalten und Spielgebieten es für *Explorer* zu erkunden gibt, machte die detailreiche Erläuterung des Wissenssystems in *Abschnitt 4.3* deutlich. Sie zeigte auch, wie die Spielwelt einlädt, Inhalte über Grenzen des Online-Rollenspiels hinaus zu erkunden. Andererseits kann sich der Entdeckerdrang auch im Charaktersystem ungewöhnlich stark entfalten. Die Fertigkeiten des Talentnetzwerkes haben Effekte, die sich durch interdependente Wirkweisen und ihre visuelle Darstellung unterscheiden. *Explorer* dürften daher an der Freischaltung interessiert sein, um neugierig Möglichkeiten auszukundschaften, hingegen weniger als die *Achiever* an Optimierung. Tendenziell suchen sie jedes Fragment, das Informationen über die Spielwelt offenbaren könnte. Maximierung von Erkenntnis ist ihre Form der Optimierung. *Socializer* suchen

---

[2597] **TSW_D1_Talentsystem_Deck_Prediger** Steigerung Talente 2 2015–12–31; **TSW_D1_Talentsystem_Deck_Paladin** Fertigkeiten Steigerung 2015–09–18; **TSW_D1_Talentsystem_Deck_Hexenmeister** Steigerung fortsetzen Al-Merayah 2015–07–31.
[2598] **TSW_D1_Gruppen_VW_EinSchattenÜberÄgypten** Dämon Abeh Blaue Gruppenkämpfe Barriere 2015–08–08.
[2599] **TSW_D1_SamhainEvent_2012_Dungeon_BM_DerKatzengott** Stufe 1b Stonehenge Katzengott Kampf Gruppe Agenten 2015–11–12.
[2600] Siehe zu Erfolgen Abschnitt *4.3.2 Narrative Netzwerke* ab S. 442.
[2601] Siehe hierzu Abschnitt *4.3.2 Narrative Netzwerke* ab S. 441.
[2602] **TSW_D1_Charakter_Kleidung_Deck Hexenmeister** Freischaltung Erfolg Belohnung Outfit 2015–08–06; **TSW_D1_Erfolge_Erkundung_VW_voll erkundet** 2015–07–29.

nach mitmenschlichem Kontakt und genießen die Repräsentation ihres Selbst in der Spielwelt. Umfangreich ermöglichen Online-Rollenspiele sogenannte Customization, um die Spielfigur und damit den visuellen Charakter möglichst genau ihren Vorstellungen anzupassen und stets neu zu gestalten. Optionen für die körperlichen Aspekte der Avatare in *The Secret World* fallen geringer aus, als die hohe Diversität des gesellschaftlichen Modells es anböte.[2603] Im späteren Verlauf lässt sich das Erscheinungsbild begrenzt modifizieren, so erlauben die Friseure von *Ockhams Klinge* in London das Haupthaar gegen Echtgeld zu ordnen.[2604] Bei Bedarf gestaltet der plastische Hinterhofchirurg von *The Modern Prometheus* in New York gegen eine solche Bezahlung sogar Gesichtsformen um.[2605] Umfangreichere Möglichkeiten, sich als *Socializer* gegenüber anderen zu präsentieren, bietet die Garderobe.[2606] Diverse Stile an Kleidung lassen sich gegen Spielwährung in der Londoner Boutique *Pangea* erstehen.[2607] Manche Missionsreihen, Erfolge in der Datenbank oder Kombinationen der Talente zu Archetypen schalten Einzelstücke wie T-Shirts oder Bekleidungssets für den ganzen Körper frei.[2608] Derartige Belohnungen strahlen wie die Hierarchie der Uniformen der Geheimgruppierungen spielweltlich sozialen Status gegenüber anderen Spielenden aus.[2609] Solche *Vanity Items* kommen der repräsentativen Neigung von *Sozializern* entgegen. Im eingebauten Online-Shop des Spieles können Spielende gegen Echtgeld weitere Kleidungsstücke oder -sets erwerben. Ähnlich durch Belohnungen und im Online-Shop zu erstehen sind tierische Begleiter.[2610] Das können Haus- und Wildtiere wie Katzen, Hunde, Wölfe, ein Rabe oder ein Uhu sein, aber auch domestizierte Versionen gefährlicher Kreaturen wie *Ak'ab* oder mechanische Wächter aus *Agartha*.[2611] Wie Fahrzeuge dienen sie als kosmetische Accessoirs ohne spielmechanische Relevanz. Vehikel wie Motorräder etwa ersetzen lediglich visuell die Laufanimation, ermöglichen aber keine höhere Geschwindigkeit.[2612] Mag für andere

---

2603 Siehe hierzu Abschnitt *4.3.3 Makrohistorische (Rechen-)Modelle* ab S. 444.
2604 TSW_D1_Charakter_Customization_London Ockhams Klinge Umgestaltung Charakter 2015–07–27.
2605 TSW_D1_Charakter_Customization_New York Schönheitschirurgie 2018–01–01.
2606 TSW_D1_Charakter_Kleidung Aussehen Savage Coast 2015–06–19.
2607 TSW_A_London_Rundgang 9 Ealdwic Station bis Pangea Kleidung Shop 2015–07–27.
2608 TSW_D1_Talentsystem_Deck_Überblick über alle Decks 2015–08–19; **TSW_D1_Charakter_Kleidung Freizeit Wüstenkleid** Belohnung Erkundung_SS_voll erkundet 2015–08–25; **TSW_D1_Charakter_Kleidung_Deck Hexenmeister** Freischaltung Erfolg Belohnung Outfit 2015–08–06.
2609 Siehe Abschnitt *4.3.3 Makrohistorische (Rechen-)Modelle* ab S. 445; **TSW_D1_ Kleidung_Customization_Templer Outfit** Templer Club angemessen 2015–07–27.
2610 TSW_D1_Begleiter_Samhain 2012 Nermegal Verderbte Katze Belohnung Halloween Event 2012 2015–11–12.
2611 TSW_D1_Begleiter_Überblick Herkunft Hund Katze Eule 2015–11–12; **TSW_D1_QuestInvest_SS_Issue01_DasDritteZeitalter Stufe 3e** Suche letzter Ausgrabungsort mit Begleiter 2015–08–20.
2612 TSW_D1_Customize_BF_Motorrad Sprint Harbaburesti_Durchfahrt Hauptstraße 2015–09–20.

Spielertypen der Umfang von Wahlmöglichkeiten übertrieben scheinen, ist sie *Socializern* wichtig, um sich zu repräsentieren. Gerade Rollenspieler legen Wert auf glaubwürdiges Verhalten ihrer Spielfigur. Obwohl es spielmechanisch keinerlei Auswirkungen hat, ziehen sie ihrer Spielfigur in Wüsten beispielsweise leichte Kleidung an und hüllen sie in den Karpaten in Wintermäntel.[2613] Die repräsentative Neigung von *Socializern* unterstützt die Selbstwahrnehmung als Teil der Filmsequenzen bei Missionen.[2614] Selbst wenn die Spielfigur stumm Gesprächspartnern lauscht und Mimik wie Gestik beschränkt bleiben, binden sie den Zustand der körperlichen Gestaltung, Bekleidung und Ausrüstung ein.[2615] Die individuelle Gestaltung des Avatars spiegelt so auf die Spielenden zurück, der zugleich in Szenen mit spielweltlichen Persönlichkeiten agiert. Erheblich intensiviert sich dadurch die Selbstwahrnehmung der Spielfigur als plausiblen Teil der Spielwelt. *Socializer* benötigen zudem Begegnungsorte, um in der Spielwelt in Gruppen zusammenzukommen. Grundsätzlich dienen dazu die Hubs für Angehörige der eigenen Fraktion in *Brooklyn*, *Ealdwic* und *Sëoul*.[2616] Gruppen übergreifend, treffen Spielende insbesondere in London aufeinander. Die Eckkneipe *The Horned God* am stillgelegten U-Bahnhof von *Ealdwic* läd zum Gespräch.[2617] Im Nachtclub *The Crusades* treffen sie sich zum Tanzen und für Konzerte.[2618] Mit dem *Albion Theatre* schufen die Entwickler sogar einen Ort, in dem Spielende eigene Schauspiele aufführen.[2619] Knotenpunkte von Reisewegen führen sie darüber hinaus zusammen. Neben der Umgebung von Auftraggebern überkreuzen sich die Reisepfade vor allem in der Hohlwelt *Agartha* im Erdinnern.[2620] Zur Kommunikation untereinander steht ihnen spielintern nur ein Textchat zur Verfügung, der höchstens knappe Abstimmungen ermöglicht. Längere Nachrichten lassen sich schriftlich über das Londoner Postamt an andere Spielende verschicken – im Anhang zusammen mit Gegenständen, für die sogar Geschenkpapier angeboten wird.[2621] Ein umfangreicher Katalog von Emotes ermöglicht zudem, Gesten, Mimik und Stimmungen bei der

---

2613 **TSW_D1_Charakter_Kleidung Aussehen Verbrannte Wüste** 2015–07–29; **TSW_D1_Charakter_Kleidung Wintermantel** Reißzähne der Karpaten 2015–08–28.
2614 **TSW_D2_OralHistory_KM_Madame Roget Ravens Knock Wahrsagerin 4** SamhainEvent_2012_KM_DasMiauendeTier Stufe 1a 2015–11–10.
2615 **TSW_D2_OralHistory_KM_Edgar Schrottplatz 3** 2015–05–28.
2616 **TSW_D1_QuestStory_SE_Drachenschulung Stufe 1** Intro Dae-Su Drachen Auserwählte Waffen Training Erkenntnis 2017–04–01, ab 1:00 min; **TSW_A_London_Rundgang13** Temple Court Hauptquartier 2015–07–27, ab 0:40 min.
2617 **TSW_A_London_Rundgang 2** Ealdwic Station Markt Shops The Horned God 2015–07–27, ab 1:43 min.
2618 **TSW_A_London_Rundgang15** Fight Club und Crusades Night Club 2015–07–27, ab 2:30 min.
2619 **TSW_D1_Community_Albion Theatre** Bühne London 2015–07–29; **TSW_D1_Theater_Ausstattung New England Erfolg und Objekte** 2015–07–02, ab 2:30 min.
2620 **TSW_A_Agartha_Portale** Hub Spielgebiete Wächter 2015–09–18; **TSW_A_Agartha_Hub** 2015–01–23; **TSW_D2_OralHistory_AG_Der Stationsvorsteher** Eigene Zeit England Queen Secret World Konzept Hohlwelt Agartha 2015–09–18.
2621 **TSW_A_London_Rundgang 6** Rackham Kino Shops Ockhams Klinge Umgestaltung 2015–07–27, 2:10–2:30 min.

Spielfigur auszulösen, um mit animierten Symbolhandlungen nicht-sprachlich zu kommunizieren.[2622] Da für komplexere Missionen oder Gespräche über Inhalte diese genannten Kommunikationsformen nicht ausreichen, verwenden die Spielenden meist externe Software für Sprach-Chat (VoIP). Eine solche Lösung bietet *The Secret World* selbst nicht an. Gemeinsame Kämpfe machen aber häufig notwendig, sich im Angesicht schwieriger Gegner flugs abzustimmen. Im Londoner Untergrund der *Darkside*, aber auch in New York und Sëoul, bieten *Fight Clubs* die Gelegenheit, sich gemeinsam mit anderen Spielenden gegen andere Gruppen oder Einzelspieler zu messen.[2623] Dort können die *Achiever* unter den *Socializern* üben, ihre Waffen und Talente mit anderen Mitspielenden abzustimmen. Gemeinsam können sie einzelne Kreaturen oder Gruppen in der freien Spielwelt attackieren oder sie betreten gezielt die erwähnten *Dungeons*.[2624] Diese bieten sich für kleine Gruppen von Spielenden an, im Gegensatz zu einem großen *Raid*-Gebiet wie am *Times Square* in *New York*, wo mehrere dutzend Spielende gemeinsam gegen Kreaturen kämpfen.[2625] Spielende der verschiedenden Geheimorganisationen kämpfen im ewigen Geheimen Krieg zum Beispiel auf dem Schlachtfeld von *Fusang* gegeneinander (PvP).[2626] Während im Kampf für *Socializer* das Gruppenerleben im Vordergrund steht, bewältigen *Achiever* in den Gruppen besondere Herausforderungen. Insgesamt verdeutlicht dieser Überblick unterschiedliche Einstellungen von Spielenden, mit denen sie an die Spielinhalte herangehen. Die Schwerpunkte mischen sich und erzeugen fließende Übergänge zwischen den Formen des Spielerverhaltens. Die drei Grundeinstellungen bedingen also unterschiedliche Blickwinkel auf die Spielwelt. Auf diese Weisen begegnen die Spielenden auch den Inhalten des historischen Wissenssystems. Keine der Formen könnte man für weitere Untersuchungen vernachlässigen, denn alle drei Typen interagieren mit historischen Inhalten. *Explorer* interessieren sich vielleicht am ehesten für die historischen Inhalte selbst. *Achiever* aber genießen ebenso die Erfolge, möglichst alle Inhalte umfangreich freizuschalten. *Socializer* mögen sich vielleicht weniger für die Herausforderungen interessieren und die historischen Inhalte weniger beachten, sie wollen aber die historische Inszenierung mit anderen gemeinschaftlich genießen. Für die weitere Betrachtung, wie das Spielergefüge dem historischen Wis-

---

2622 **TSW_D2_SpracheSymbolik_Chatbefehle Emotes Gestik** 2015–08–17; **TSW_D2_Symbolik-Sprache_Emotes Quest Nutzung** AlleWegeFührenNachRom Stufe 2c CRY Ealdwic Park Baum 2015–07–29, 0:28–0:38 min; **TSW_D2_SymbolikSprache_Emotes Quest Nutzung** Tiefer Graben Stufe 4 d Statuen 2015–04–08, ab 2:42 min; **TSW_D2_SymbolikSprache_Emote Schlafen** Tabula Rasa SamhainEvent_2015_QuestInvest_LO_DieSiebenStillen Stufe 2 2015–11–12, bis 0:50 min; **TSW_D2_SymbolikSprache_Gesten_VW_FreundeUndNachbarn** Versteckte Kultisten Dorf beschuldigen accuse 2015–07–31; **TSW_D1_QuestInvest_VW_DasGroßeSchrecklicheGanze Stufe 4e** Wahrer Name Amenophis Gebete rechts 2015–08–11, 2:50–3:28 min.
2623 **TSW_A_London_Rundgang15** Fight Club und Crusades Night Club 2015–07–27, bis 1:45 min.
2624 Siehe im Abschnitt *4.3.1 Objekt- und Sachkultur* auf S. 420
2625 **TSW_D1_Dungeon_NY_Issue04_KreuzungderWelten Stufe 1a** Intro Mission Dave Screed Angriff Militär Verschwörung Times Square Vertuschung 2015–10–31.
2626 **FunCom:** Developer Diary. Secret War, 2011.

senssystem begegnet, bleiben *Achiever, Explorer* und *Socializer* also gleichermaßen bedeutend.

Die verschiedenen Wahrnehmungen der Anteile des Spielangebotes prägen auch die historische Spielerfahrung unterschiedlich. Betrachtet man die Vielzahl von Spielsystemen, die sich auf die Spielfigur und ihren Ausbau konzentrieren, beruhen fast alle Interaktionen der verschiedenen Verhaltenstypen auf Handlungen mittels ihrer Avatare. Für dreidimensional animierte Spiele, die wie *The Secret World* aus einer halbsubjektiven Perspektive gespielt werden, halten Kathrin Fahlenbrach und Felix Schröter fest, dass „the player character's design significantly structures both the player's cognitive orientation and his or her understanding of the fictional world [...]."[2627] Avatare dienen somit als maßgebliche Brücke zwischen den Spielenden und der Spielwelt, und zwar – wie Felix Schröter anderenorts festhält – nicht nur in mentaler Hinsicht, sondern auch als Verlängerung des physischen Körpers in der Spielwelt.[2628] Indizien, die aus der Analyse des Wissenssystems gewonnen wurden, stützen eine solche Auffassung. Laufgeräusche des Avatars transportieren die Bodenbeschaffenheit und signalisieren damit dem lebensweltlichen Körper eine physische Wirkung des Avatars im Spielraum. Die Präsenz der virtuellen Verkörperung verstärkt, dass spielweltliche Persönlichkeiten den Avatar der Spielenden in Zwischensequenzen direkt einbeziehen. Der Forschungsstand verwies auf weitere Facetten einer Kopplung zwischen Spielenden und Spielfiguren.[2629] Auch wenn Fahlenbrach und Schröter zwei digitale Spiele für Einzelspieler betrachten, ist ihr Schluss plausibel, dass Spielfiguren grundsätzlich als audiovisuelle Metaphern für narrative Hintergründe angelegt werden.[2630] Wenn Spielende in Online-Rollenspielen ihren eigenen Avatar gestalten und verändern, manifestieren sie somit eine narrative Vorstellung über das verkörperte Selbst. Diese Metapher geben die Entwickler, abgesehen von spielmechanischen Grenzen, nicht vor. Anders formuliert, verbinden die Spielenden idealisierte, persönliche Vorstellungen damit, wie sie die Spielfigur anlegen und ausgestalten, um sich selbst in der gegebenen Spielwelt zu repräsentieren, auf diese zuzugreifen und um auf andere Spielende zuzugehen. Vorarbeiten von Nick Yee und Kollegen deuten darauf hin, dass Nutzerinnen und Nutzer ihre sozialen Verhaltensweisen und Normen eher aus der analogen Welt auf eine Virtuelle Welt übertragen, wenn sie der Lebenswelt ähnlich scheint.[2631] Da *The Secret World* erheblichen Aufwand betreibt, um explizit an gegenwärtliche Umgebungen in unterschiedlichen kulturellen Regionen anzuschließen, dürfte die Bindung zwischen den Spielenden und der Spielwelt über ihre Avatare eng sein. Die Spielwelt bildet nicht nur eine Lebenswelt ab, sondern verwischt Spielwelt und Außenwelt ineinander, wie der

---

2627 Fahlenbrach / Schröter: Avatars, 2016; S. 256.
2628 Schröter: Mile, 2016; S. 197 u. 201.
2629 Siehe Game Studies in Abschnitt *3.2.3 Geistes- und Sozialwissenschaften* ab S. 239.
2630 Fahlenbrach / Schröter: Avatars, 2016; S. 252.
2631 Yee / Bailenson et al.: Likeness, 2007; S. 119. Vgl. weiter oben auf S. 257.

lebensweltliche Weltentwurf im historischen Wissenssystem zeigte.[2632] In einem solchen Fall müssten sich Spielende mit dem lebensweltlichen Setting besonders intensiv identifizieren. Zu klären ist, was aus diesen Erkenntnissen dafür folgt, wie Spielende speziell die Elemente des historischen Wissenssystems über die Handlungen ihrer Spielfigur im Kontext der Spielwelt und ihrer individuellen Spielerfahrung wahrnehmen. Die drei grundsätzlichen Verhaltensformen filtern, in welcher Weise sie die Inszenierung betreiben, und somit, auf welche historischen Bestandteile sie achten.

Durch ihre Avatare stehen die Spielenden auf einer räumlichen lebensweltlichen Bühne, die durch das historische Wissenssystem aufgespannt wird. Ihre Grenzen und Spielmechaniken stehen als Rahmen fest, wie Handlungen jedoch verlaufen können, ist in weiten Zügen nicht festgelegt. Die Spielenden arrangieren in dem festgelegten Möglichkeitenraum Kulissen, Objekte und andere Personen nach eigenen Vorlieben. Zudem sind weitere Personen anwesend, die dem Treiben zusehen und sich daran beteiligen können. Damit weist das Online-Rollenspiel nicht nur Ähnlichkeiten mit den Inszenierungen auf, wie sie an *Pen&Paper*-Rollenspielen und *Live-Action-Rollenspielen* (LARP) geschildert wurden.[2633] Parallelen bestehen darüber hinaus zu Praktiken des Improvisationstheaters. Wie der Forschungsstand weiter oben auswies, untersucht die Geschichtswissenschaft bereits spezifisch historische Inszenierungen, Praktiken und Rahmenbedingungen als performative Handlungsräume.[2634] Digitale Spiele aber, beziehe sie noch nicht als performative Praxis mit ein. Populärkulturelle Geschichtspraktiken und ihre sinnlich-emotionalen Dimensionen vernachlässige sie nach Stefanie Samida, Sarah Willner und Georg Koch weitgehend.[2635] Wertvolle Ansätze, dahingehend die Geschichtswissenschaft fortzuentwickeln, nannte der Forschungsüberblick zum Feld der Emotionsgeschichte und zu Theater- und Kulturwissenschaften.[2636] In ihrem Sammelband tragen Samida, Willner und Koch empirische Beispiele zusammen, wie populärhistorische Inszenierungen im Zusammenspiel von Person, Körper, Raum und Objekt erzeugt werden.[2637] Ganz im Sinne der Forschung zur Performanz stehe „die Herstellung von Bedeutung im Vollzug von Handlungen im Vordergrund, bei der alle Anwesenden, aber auch Dinge und Atmosphären mitwirken."[2638] An dieser Stelle halten sie zudem zentrale Kategorien für derartige Studien fest: Handeln, Interaktion, Symbole und Kommunikation sowie Erfahrung, Performanz, Akteur, Körper, Artefakte und deren Wechselwirkungen untereinander. Die

---

[2632] Siehe Abschnitt *4.3.4 Mikrohistorische Weltentwürfe* ab S. 464.
[2633] Siehe zu den *Pen&Paper-* und *Live-Rollenspielen* in Abschnitt *4.2.1 Soziokulturelle Ursprünge* ab S. 339.
[2634] Siehe Performativität im Abschnitt *3.2.1 Geschichtswissenschaft* ab S. 225.
[2635] **Samida / Willner et al:** Doing History, 2016; S. 2–4.
[2636] Siehe zur Emotionsgeschichte Abschnitt *3.2.1 Geschichtswissenschaft* ab S. 227 und zu kultur- und theaterwissenschaftlichen Einflüsse Abschnitt *3.2.3 Geistes- und Sozialwissenschaften* ab S. 267.
[2637] **Samida / Willner et al:** Doing History, 2016; S. 1.
[2638] **Samida / Willner et al:** Doing History, 2016; S. 5/6.

aufgezählten Begriffe decken sich weitgehend mit zentralen Befunden, die als wichtige Elemente des historischen Wissenssystems am Beispiel *The Secret World* herausgearbeitet wurden. Somit ist ein solches Online-Rollenspiel in den geschichtswissenschaftlichen Fragenkatalog einzuschließen, den die drei Forschenden formulieren – wie Geschichte in welchen gesellschaftlichen Kontexten gemacht wird, welche Praktiken feststellbar sind, welche Aushandlungsprozesse dabei stattfinden, wie die Geschichte dort reproduziert, inszeniert und angeeignet wird, welche Funktion dabei Körper Raum und Dinge haben und vor allem welches Wissen über die Vergangenheit im Ausüben historischer Praktiken überhaupt erzeugt wird.[2639] Ihrer Auffassung nach kann die sinnlich-körperliche Erfahrung des aktiven Handelns, gebunden an eine spezifische gegenwartliche Räumlichkeit, im Zusammenspiel von der atmosphärischen Präsenzerfahrung mit den Beziehungen zu und der Bedeutung von Objekten zu eindrucksvollen „subjektiv-kulturell hergestellten Imaginationen von Vergangenheit" führen.[2640] Gerade sie würden in verschiedenen Vergangenheiten und in der Gegenwart Geschichtskulturen konstituieren.

Diese Perspektive eröffnet Wege für geschichtswissenschaftliche Studien, um systematisch das Verhalten der drei Spielertypen in Online-Rollenspielen zu untersuchen. Beschrieben wurde zwar Möglichkeiten einige Absätze zuvor, wie Spielende abhängig von diesen Typen spielmechanisch mit dem empirischen Beispiel interagieren können.[2641] Zudem legten die Kapitel zum Wissenssystem dar, welches historische Angebot ihnen das Spiel unterbreitet. Wie aber die Spielenden in Abhängigkeit von den Verhaltensweisen die Bestandteile des historischen Wissenssystems rezipieren und in welchem Mischungsverhältnis sie die Komponenten zu ihrer individuellen Inszenierung zusammenfügen, müsste eine gesonderte Untersuchung ermitteln. Ihr empirischer Umfang überstiege die Möglichkeiten des vorliegenden Buches. Allzu leichtfertig wäre geurteilt, den *Explorern* etwa eine besonders intensive historische Spielerfahrung zuzuschreiben, nur weil sie neugierig allem Unerschlossenen nachfahnden. Für *Achiever* könnte ein intensiver historischer Eindruck ebenso durch Herausforderungen entstehen, in denen sie sich mit mythologischen Kreaturen und Orten auseinandersetzen, Erfolge erringen und Missionen bewältigen. *Socializer* mögen gerade deshalb ein historisches Verständnis herausbilden, weil sie unablässig mit Spielenden in der und über die Spielwelt kommunizieren. Im Laufe dieses Buches wurden hilfreiche Vorarbeiten identifiziert, die einzubeziehen, eine solche Untersuchung performativer Praktiken an einem Online-Rollenspiel unterstützen würden. Janet Murray beschrieb die Eigenschaften digitaler Netzwerke, die MMORPGs besonders gut verkörpern würden.[2642] Richard Bartle erläutert nicht nur die Spielertypen, sondern überblickt umfassend die praktischen Design-Aspekte von Virtuellen Wel-

---

2639 **Samida / Willner et al:** Doing History, 2016; S. 6.
2640 **Samida / Willner et al:** Doing History. Praxis, 2016; S. 17.
2641 Siehe hierzu ab S. 498.
2642 **Murray:** Hamlet, 1998; 71–90. Siehe zur Medialität weiter oben ab S. 341.

ten.²⁶⁴³ An die Historik schließt Jakob Krameritsch durch das situative Erzählen die Netzwerke digitaler, narrativer Fragmente an.²⁶⁴⁴ Überlegungen von Harmut Koenitz zu interaktiven digitalen Narrativen flankieren ihn.²⁶⁴⁵ Den Aufgeführten ist gemein, dass sie die performative Handlungsmacht der Nutzerinnen und Nutzer in digitalen Netzwerkstrukturen in den Mittelpunkt rücken. Ihre Untersuchungen setzen so wichtige Rahmenbedingungen für das Design einer Studie, welche die performativen Praktiken aufschlüsselt, die zu einer Geschichtskultur im Online-Rollenspiel führen, wie es Samida, Willner und Koch beschreiben.

In einem solchen System aber gibt die Geschichtswissenschaft die Deutungshoheit über die historischen Inhalte an die Nutzerinnen und Nutzer ab. Der Forschungsstand führte etwa am Beispiel des Dritten Reiches und des Holocaust vor, wie delikat dieser Wechsel der Deutungshoheit bei historischen Themen in digitalen Spielen sein kann.²⁶⁴⁶ Unter solchen Bedingungen lassen sich plausible historische Inszenierungen und Interpretationen nicht dadurch erzeugen, wenn Historikerinnen und Historiker sich dekonstruierend und kritisierend an den Deutungen der Spielenden abarbeiten. Diese Korrektur müsste bei der Vielzahl an Möglichkeiten im Grunde bei jedem einzelnen von ihnen erfolgen. Sinnvoller wäre es, wenn die Geschichtswissenschaft helfen würde, intelligente Leitsysteme zu entwickeln, welche den Spielenden sinnvolle Schlussfolgerungen je nach der eigenen Interessenlage ermöglichen, ohne ihnen gleich eine ganze Narration vorzustrukturieren. Einen solchen Blick auf die Nutzerinnen und Nutzer erschwert, dass die Geschichtswissenschaft erhebliche Defizite im Verständnis von Rezipienten historischer Inhalte aufweist. Schon produzentenseitig vorkonditionierte Perspektiven in Medienformen wie dem Fachbuch oder dem Dokumentarfilm bilden eine offene Flanke. Genauer wären zudem die Unterschiede in der Rezeption unterschiedlicher medialer Darreichungsformen zu differenzieren. Thorsten Logge betrachtet deshalb eine differenzierte Erforschung dieser Formen als zukünftige Schlüsselaufgabe der Public History.²⁶⁴⁷ Die Erforschung von Rezipierenden historischer Inhalte bei digitalen Spielen erwies sich ebenso wenig zufriedenstellend.²⁶⁴⁸ Bisherigen Studien befragten kleine Gruppen, wenig divers und daher nicht repräsentativ. Sie liefern nur Indizien, in welche Richtungen tiefergehende Studien forschen müssten. Ob die erwähnte Studie von Daniel Giere ein methodisch durchdachteres Grundgerüst für verlässlichere Studien errichten wird, um die historische Rezeption aus digitalen Spielen bei Spielenden umfassender und vergleichbarer zu erforschen, ließ sich bis zum Abschluss dieses Buches leider

---

2643 **Bartle:** Virtual Worlds, 2006; S. 81–705. Zu den Spielertypen oben ab S. 497.
2644 **Krameritsch:** Geschichte(n), 2007; **Krameritsch:** Typen, 2009. Siehe oben ab S. 479.
2645 **Koenitz:** Specific Theory, 2015. Siehe weiter oben ab S. 483.
2646 Siehe in Abschnitt *3.1.1 Geschichtsbilder* zur lückenhaften Darstellung des Dritten Reiches ab S. 184, zum Holocaust ab S. 187 und rechtsradikalen Inhalten ab S. 187.
2647 **Logge:** Public History, 2016; S. 153. Vgl. Abschnitt *3.5 Digitale Spiele, Geschichte und Public History* auf S. 323.
2648 Siehe Abschnitt *2.5.1 Disziplinäre Arbeitsfelder* ab S. 94.

noch nicht beantworten.²⁶⁴⁹ Ob seine Ergebnisse überdies auf Online-Rollenspiele übertragbar wären, lässt sich daher nicht beurteilen. Dort rezipieren Spielende nicht nur wie in einem Einzelspieler-Titel für sich allein die angebotenen Inhalte eines historischen Wissenssystem und komponieren die historische Inszenierung. Vielmehr bewegen sie sich innerhalb der Spielwelt mit zahlreichen Spielenden zusammen, die mit dem historischen Wissenssystem ebenso interagieren, seine Inhalte rezipieren und mit denen sie direkt kommunizieren. Abgesehen davon, dass auch die Frage bislang unbeantwortet ist, welchen Anteil der Austausch über diese historischen Erfahrungen an der gesamten Kommunikation der Spielenden besäße, leuchtet ein, dass die kollektive Rezeption im Austausch untereinander eine andere Qualität darstellt als die individuelle Situation im Einzelspieler-Modus. Zudem treffen Rezipienten mit identischen Interessen aufeinander, da sich Spielende aus Typen des Spielverhaltens in einem unbekannten Verhältnis mischen.

Hilfestellung, um speziell die geschichtswissenschaftliche Erforschung von Nutzerinnen und Nutzer an MMORPGs voranzutreiben, könnte daher die didaktische Forschung bereiten. Schon 2003 wies Bernward Hoffmann in einer medienpädagogischen Einführung bezüglich digitaler Systeme darauf hin:

> „Lernen ist [...] eine Aktivität des Lernenden auf der Basis eines Angebotes mit Inhalt und Form. Der Mensch bekommt sein Wissen nicht einseitig vermittelt oder eingetrichtert, sondern erwirbt es in eigen konstruierender Aktivität, in aktiver Auseinandersetzung mit Materialien und Umwelt."²⁶⁵⁰

Dieser Perspektive lägen die Grundideen des entdeckenden Lernens und das konstruktivistische Paradigma zugrunde.²⁶⁵¹ So kann die Spielwelt von *The Secret World* als Lernumgebung begriffen werden, in der sich Spielende spielmechanisches, aber eben auch historisches Wissen aneignen. Bärbel Völkl sieht im Konstruktivismus das zentrale Denkmodell, um unter den Bedingungen eines postmodernen Wissenschaftsverständnisses eine geeignete Geschichtsdidaktik zu betreiben.²⁶⁵² Nach Kersten Reich ist für jede Anlage von Prozessen des Wissenserwerbs und der Erkenntnisgewinnung die didaktische Reflexion bedeutend, die Praxis schöpfe jedoch „nicht die produktiven Möglichkeiten des Lernens und eine Verbesserung der Lernkultur aus."²⁶⁵³ Die Perspektive sei zentral an den Lernenden auszurichten.²⁶⁵⁴ Dazu

---

2649 **Giere:** Computerspiele, 2019. Siehe Erwähnung auf S. 95.
2650 **Hoffmann:** Medienpädagogik, 2003; S. 322.
2651 Konstruktivistische Didaktik fußt auf der Rezeption von John Dewey, Jean Piaget und Lev Vygotskij: **Hickman, Larry A. / Neubert, Stefan / Reich, Kersten (Hg.):** John Dewey between Pragmatism and Constructivism, New York 2009; **Glasersfeld, Ernst von:** Radikaler Konstruktivismus. Ideen, Ergebnisse, Probleme, Frankfurt a. M. 2005, S. 98–131; **Bruner, Jerome S. / Haste, Helen** (Hg.): Making Sense. The Child's Construction of the World, Abingdon 2010 [=Nachdr. 1987].
2652 **Völkel:** Geschichte lehren, 2010²; S. 20–22.
2653 **Reich:** Didaktik, 2006³; S. 69.
2654 **Reich:** Didaktik, 2006³; S. 51.

sei zu erschließen, wie handlungsorientiert-kommunikatives Lehren und Lernen in Bezug auf Inhalte und Beziehungen funktioniert.[2655] Deshalb binden jüngere Strömungen des Konstruktivismus kulturelle und soziale Einflüsse mit ein, wobei Kersten Reich mit dem interaktionistischen Konstruktivismus einen Schwerpunkt auf die mitmenschlichen Beziehungen in Gruppen bei Lehr-Lern-Umgebungen legt.[2656] Neben der inhaltlichen Betrachtungsweise von Lehren und Lernen seien dafür die Interaktionen in diesen Gruppen zu betrachten, und die Kommunikation über subjektive Wahrnehmungen der einzelnen ernst zu nehmen.[2657] Erziehungswissenschaftler Wey-Han Tan stellte fest, dass Lernprozesse zur „Eingliederung in eine Kultur durch einerseits beobachtende Teilnahme und andererseits aktive Interaktion mit Gleichgestellten und Experten [...] in den zahlreichen virtuellen Gemeinschaften des Internets, insbesondere in denen der Multiplayer-Online-Spiele" der Normalfall seien.[2658] Spielergemeinschaften gingen über spielmechanische Zwecke hinaus und hätten soziokulturelle Funktionen. Sie organisieren das virtuelle Zusammenleben und pflegen kollektiv die Geschichte der eigenen Gruppierung. Der Austausch über vergangene Erfahrungen gebe „Schutz und Hilfestellung bei der Bewältigung von Problemen in der spezifischen Spielwelt."[2659] Wie Reich es formuliert, entsteht dann ein System zwischen den Beteiligten untereinander und von ihnen zu der Lernumgebung, indem sie sich durch vielfältige, wechselwirkende Beziehungsgeflechte mit „Rückkopplungen von Einstellungen und Handlungen" sowie „symbolische[n] und imaginäre[n] Interaktionen" verständigen.[2660] Solche Verständigungsgemeinschaften verhandeln daher kontinuierlich neu zwischen den Perspektiven aller Beteiligten, welche Deutungen aus dem historischen Wissenssystem ihnen zeitweilig als plausibel erscheinen, was wiederum die Einstellung der Gruppe gegenüber hinzukommenden Informationen konditioniert.[2661] Mithilfe der Konzeption der interaktionistischen-konstruktivistischen Umgebung nach Reich ließe sich somit ein Studiendesign entwickeln, das berücksichtigt, wie der individuelle Wissenserwerb von Spielenden im historischen Wissensystem eines Online-Rollenspieles in die soziokulturell gerahmten, kollektiven Erkenntnisprozesse der Spielergemeinschaften eingebettet ist.

[2655] **Reich:** Didaktik, 2006³; S. 47.
[2656] **Reich:** Pädagogik, Weinheim 2005⁵; **Reich:** Didaktik, 2006³; vorbereitende Theorieentwicklung dazu in **Reich:** Blicke. Bde. 1 u. 2, 2009.
[2657] **Reich:** Didaktik, 2006³; S. 61.
[2658] **Tan:** Potenzial, 2006; S. 63.
[2659] **Tan:** Potenzial, 2006; S. 63.
[2660] **Reich:** Didaktik, 2006³; S. 33.
[2661] **Reich:** Didaktik, 2006³; S. 125.

4.5 Gemeinschaften und Erinnerungskultur

Die Geschichtskultur innerhalb des spielweltlichen Systems am Beispiel von *The Secret World* scheint weitgehend ausgeforscht. Als *Geschichtskultur* wird die Summe aller Zeugnisse betrachtet, die in einer Gesellschaft Vergangenes reflektieren, ob nun bewusst oder unbewusst, was auf die Bestandteile des historischen Wissenssystems sowohl spielweltlich als auch als Teil der Lebenswelt zutrifft.[2662] Mit den Nutzerperspektiven versuchte sich dieses Buch verschiedenen Formen von *Geschichtsbewusstsein* bei Spielenden anzunähern, wie vor allem Jeismann das Konzept der individuellen Wahrnehmung von Vergangenheiten und Geschichtskulturen prägte.[2663] Wenn Spielende innerhalb und außerhalb der Spielwelt über ihre individuellen Wahrnehmungen der historischen Inhalte kommunizieren, erschaffen sie zudem eine spezifische historische *Erinnerungskultur* des gemeinschaftlichen Spielraumes, die in Bezug zu weiteren medialen Erinnerungskulturen steht.[2664] Erinnerungsräume, deren Funktionen und Formen sich im historischen Verlauf Geschichte wandelten, systematisierte Aleida Assmann. Sie betrachtete Funktionen, die Erinnerungen in historischen Kontexten für das kulturelle Gedächtnis übernahmen.[2665] Ein solches Gedächtnis werde in diesen Kontexten

> „immer neu ausgehandelt, etabliert, vermittelt und angeeignet [...]. Individuen und Kulturen bauen ihr Gedächtnis interaktiv durch Kommunikation in Sprache, Bildern und rituellen Wiederholungen auf. Beide, Individuen und Kulturen, organisieren ihr Gedächtnis mit Hilfe externer Speichermedien und kultureller Praktiken."[2666]

Sie beleuchtet, wie Erinnerungen mittels Metaphern, Schrift, durch bildliche Darstellungen, mithilfe des Körpers (zum Beispiel durch Affekte, Symbole und Traumata) und durch Erinnerungsorte medial transportiert werden.[2667] Ohne diese Speichermedien lasse sich „kein generationen- und epochenübergreifendes Gedächtnis aufbauen," was zugleich bedeute, „daß sich mit dem wandelnden Entwicklungsstand dieser Medien auch die Verfaßtheit des Gedächtnisses mitverändert."[2668] Unter Berücksichtigung der Ergebnisse von Murray, Bartle und Krameritsch zuvor über die Medialität von digitalen Netzwerken bedeutet diese Feststellung im Umkehrschluss, dass das skizzierte historische Wissenssystem des Online-Rollenspieles eine technische Form des kollektiven historischen Gedächtnisses ist, die sich den Bedürfnissen und Bege-

---

[2662] Siehe zu den Konzepten in Abschnitt *3.2.1 Geschichtswissenschaft* ab S. 222.
[2663] **Jeismann:** Didaktik, 1977; S. 12/13. Siehe weitere bei Anm. 990.
[2664] **Erll:** Gedächtnis, 2011² erläutert auf S. 109–172 übersichtlich die komplexen Konzepte von kulturellem Gedächtnis, über kulturell-semiotische Übertragungswege, bis hin zu Medien als Katalysatoren und der Ausprägung von Erinnerungskulturen.
[2665] **Assmann:** Erinnerungsräume 2010⁵; S. 27–145.
[2666] **Assmann:** Erinnerungsräume 2010⁵; S. 19.
[2667] **Assmann:** Erinnerungsräume 2010⁵; S. 149–339.
[2668] **Assmann:** Erinnerungsräume 2010⁵; S. 19.

benheiten des digitalen Netzwerkzeitalters angepasst hat. Im dritten Abschnitt erläutert Assmann Formen der Archivierung für das kulturelle Gedächtnis.[2669] Von einem Archiv für das kulturelle Gedächtnis ist auch *The Secret World* nicht zu trennen, denn „Voraussetzung für das Archiv als einen kollektiven Wissensspeicher sind materielle Datenträger, die als Gedächtnisstützen eingesetzt werden. Archive sind also von technischen Medien abhängig."[2670] In untersuchten Fall transponiert das Online-Rollenspiel historische Objekte und Dokumente in eine digitale Form. Zum Beispiel wies der sachkulturelle Abschnitt darauf hin, dass Fahrzeuge gezielt ikonisch für die Schauplätze eingesetzt werden.[2671] Für den Erinnerungseffekt genügte, ihre äußere Form abstrakt nachzubilden. Diese Darstellung im spielweltlichen Raum besitzt archivische Funktion, weil Spielende an den kollektiven Wissensspeicher andocken. Nach Harald Welzer lässt sich das individuelle Gedächtnis nicht vom kollektiven Erinnern trennen, denn „[d]as Verbindende [...] ist die soziale Praxis, und die besteht in kommunikativen Prozessen[.]"[2672] Ein kommunikatives Gedächtnis gehe dann mit dem Verlauf der Zeit in das kulturelle Gedächtnis einer sozialen Gemeinschaft über.[2673] Als erinnerungskulturelle Belege können somit Zeugnisse der Kommunikationsprozesse unter den Spielenden in ihren Gemeinschaften herangezogen werden. Spielende kommunizieren sowohl innerhalb der spielweltlichen Grenzen, etwa durch Text-Chat und *Emotes*, als auch außerhalb durch Hilfsmittel wie Software für Sprachkommunikation (VoIP).[2674] Als rechtlich problematisch stellte sich in den methodischen Vorüberlegungen heraus, die schriftliche, sprachliche und semiotische Kommunikation der Spielenden innerhalb der Spielwelt ohne ihr Einverständnis zu dokumentieren.[2675] Sie über die Intentionen der Aufzeichnung aufzuklären, um ihr Einverständnis zu erlangen, droht Ergebnisse zu verfälschen. Daher konzentriert sich dieser Abschnitt darauf, die verschriftliche Kommunikation der Spielenden zu historischen Aspekten im offiziellen Forum des MMORPGs auszuwerten.[2676] Seine geschichtswissenschaftliche Betrachtung historischer Vorbilder von kollektiven, kulturellen Gedächtnissen bei frühgeschichtlichen Hochkulturen führte Jan Assmann auf die soziale Konstruktion von Vorstellungen über Vergangenheiten nach Maurice Halbwachs zurück.[2677] Wie es Peter Berger und Thomas Luckmann für das Konzept der Wirklichkeit begründeten, sei auch die Vergangenheit, „eine soziale Konstruktion, deren Be-

---

2669 **Assmann:** Erinnerungsräume 2010[5]; S. 343–407.
2670 **Assmann:** Erinnerungsräume 2010[5]; S. 21.
2671 Siehe Abschnitt *4.3.1 Objekt- und Sachkultur* ab S. 409.
2672 **Welzer:** Gedächtnis, 2008[3]; S. 225.
2673 **Wälzer:** Gedächtnis, 2008[3]; S. 235.
2674 Siehe zu den Kommunikationsformen Abschnitt *4.4 Nutzerperspektiven* ab S. 502.
2675 Siehe die Erläuterungen zur Vorgehensweise in Hinsicht auf Erinnerungskulturen in Abschnitt *4.1 Methodische Folgen für Modell und Quellen*.
2676 **FunCom:** The Secret World. [Offizielle Foren.] Online unter: http://bit.ly/2sMTe4z (Letzter Zugriff: 31.3.2019).
2677 **Assmann:** Gedächtnis, 2007[6]; S. 34–48; **Halbwachs:** Gedächtnis, 1985[4]; S. 125–62 individuell nach Lebensphasen, im Abschluss S. 381–90 kollektiv.

schaffenheit sich aus den Sinnbedürfnissen und Bezugsrahmen der jeweiligen Gegenwarten her ergibt. [...] [S]ie ist eine kulturelle Schöpfung."[2678] Wenn also soziale Gruppen wie die Nutzerinnen und Nutzer eines Online-Rollenspieles auf das skizzierte historische Angebot des Wissenssystemes treffen und sich miteinander darüber austauschen, deuten sie daraus Vergangenheiten. Nach den Überlegungen zur interaktionistisch-konstruktivistischen Didaktik einigen sich die Gruppen auf Interpretationen, die ihren Verständigungsgemeinschaften zu einem bestimmten Zeitpunkt am plausibelsten erscheinen.[2679]

Die Formen individueller und kollektiver Rückbezüge auf Geschichtserinnerungen in und um *The Secret World* spannen also eine spezifische Erinnerungskultur des Online-Rollenspieles auf. Sie bezieht sich einerseits auf die Historizität der Spielwelt selbst. Da aber die spielbezogene Form der Erinnerungskultur nicht im Mittelpunkt dieser Untersuchung steht, sei auf bereits skizzierte Phänomene in der Einleitung dieses Buches hier nur verwiesen.[2680] Im Forschungsüberblick zu Recht, Religion und Kultur zeigten kulturwissenschaftliche Texte, dass sich je nach Spielform Verhaltensnormen setzen und welche Funktionen nostalgisches Erinnern besitzt; theologische Vorarbeiten belegten, dass religiöse Rituale und Gedenkformen auf Virtuelle Welten übertragen werden.[2681] Der vorliegende Abschnitt konzentriert sich darauf, wie Spielende in Gemeinschaften mit den geschichtlichen Informationen umgehen, welche die Spielwelt ihnen durch das historische Wissenssystem anbietet. Um zu ermitteln, wie diese spezifische Erinnerungskultur entstehen könnte, ist zunächst zu verstehen, wie sich die einzelnen Spielenden zu sozialen Gemeinschaften zusammenfinden und wie sie sich organisieren.[2682] Aus der Perspektive eines Game Designers wie Richard Bartle stellen sich die Beziehungen zwischen Spielenden verschiedener Typen enorm komplex dar.[2683] Die Komplexität macht es nicht einfach, die spielweltlichen Bedingungen für Gemeinschaften sinnvoll zu fördern und nicht zu behindern, denn „[c]ommunity ranks among the most powerful reasons for players to stay with a virtual world."[2684] Das Design ihrer Beziehungen müsse sich an den Intensitätsgraden von Gemeinschaften orientieren: Zunächst führten sie gemeinsame Interessen zusammen, dann handelten sie gemeinsam, würden sich auf dem nächsten Niveau füreinander oder für etwas engagieren und schließlich basierten die Gemeinschaften auf persönlichem Vertrauen.[2685] Jedes Design müsse berücksichtigen, dass erstens die Entscheidung, sich an einer Gruppe zu beteiligen, eine freiwillige

---

2678 **Assmann:** Gedächtnis, 2007[6]; S. 47/48. Vgl. **Berger / Luckmann:** Konstruktion, 2013[25].
2679 Siehe Abschnitt *4.4 Nutzerperspektiven* ab S. 508.
2680 Siehe Abschnitt *1.1 Rastende Krieger, Geschichten und Erinnerungen*.
2681 Siehe Abschnitt *3.2.3 Geistes- und Sozialwissenschaften* ab S. 265.
2682 Siehe den Forschungsüberblick bei *3.2.3 Geistes- und Sozialwissenschaften* ab S. 255.
2683 **Bartle:** Virtual Worlds, 2006; S. 125–211. Vgl. auch zuvor Abschnitt *4.4 Nutzerperspektiven* ab S. 497.
2684 **Bartle:** Virtual Worlds, 2006; S. 212–245, hier S. 220.
2685 **Bartle:** Virtual Worlds, 2006; S. 218.

Enscheidung bleibt, und zweitens die Aufgaben, welche eine Spielumgebung ihnen stellt, den Intensitätsgrad der Gemeinschaft nicht überfordern.[2686] Bartle nennt daher Voraussetzungen, um einen solchen Zustand einer Spielwelt herbeizuführen.[2687] Erstens träfen sich zeitweilige Gruppen für eine Spielsitzung, zweitens spielten *Parties* regelmäßig lose zusammen, ein *Clan* bilde drittens ein großes, soziales Netzwerk, das sich auch abseits der Spielwelt organisiere.[2688] Im Gegensatz zu Clans würden viertens *Gilden* den spielweltlichen Hintergrund mit einbeziehen, beispielsweise bei Fantasy-Welten. *Allianzen* gruppieren schließlich fünftens sogar Gilden zu größeren Gemeinschaften. In vielen Gruppen übernehmen nach Ansicht von Bartle „politician-type players" als Organistoren zentrale Funktionen für die virtuelle Gemeinschaft, um die Gruppen zusammenzuhalten und gemeinsame Unternehmungen vorzubereiten.[2689] Nach Diane Carr und Martin Oliver kooperieren Spielerinnen und Spieler mit unterschiedliche Rollen in der sozialen Gemeinschaft, entwickeln Kompetenzen und schulen sie im Spielverlauf.[2690] Spielende schätzen diese Gruppenaufteilungen komplementär zu ihren eigenen Fähigkeiten. Als Dmitri Williams, Nick Yee et al. das soziale Leben von Gilden erkundeten, begegneten ihnen auffällige Muster bei der Organisation von Gruppen und auf dem individuellen Level.[2691] Mitglieder von Gilden legen demnach Wert auf Mitspieler, die reifes erwachsenes Verhalten an den Tag legen. Welcher Intensität die Beziehungen ihrer Mitglieder seien, verteile sich auf ein weites Spektrum. Etwa ein Drittel sei bereits lebensweltlich befreundet, ein kleiner Teil habe sich über das Spiel zu solchen Freundschaften gefunden. Etwa ein Drittel bis zur Hälfte fühle sich lose verbunden. Ein Viertel sah die virtuellen Beziehungen nur als Bestandteil der Spielmechanik. Gilden organisierten sich in verschiedensten Strukturen, die von ihrer Grundeinstellung abhängen und daher von einer entspannten Baumhaus-Atmosphäre bis zu hierarchisch gedrillten Kasernen reichen. Stärker formal strukturierte Gilden neigen zu intensiveren sozialen Erfahrungen. Sind zentrale Spielende häufig aktiv, zeigen sie sich nicht notwendig sozialer in der Gemeinschaft, weil etwa komplexe Mehrspieler-Schlachtzüge kaum Zeit für Austausch jenseits des konkreten Kampfes lassen. Menschen, die hingegen Führungsaufgaben in der Gruppe übernehmen, haben auch in ihrer Lebenswelt eher leitende Fähigkeiten, zum Beispiel im Beruf. Während ein großer Teil in Gilden als Mensch von außerhalb des Spieles auftritt, lassen manche ausdrücklich nur Rollenspiel zu. Spielenden

---

2686 Bartle: Virtual Worlds, 2006; S. 219.
2687 Bartle: Virtual Worlds, 2006; S. 351–471.
2688 Bartle: Virtual Worlds, 2006; S. 397/98. Allgemein zu Clans als Gemeinschaften siehe **Wimmer / Quandt et al.:** Edge, 2010.
2689 Bartle: Virtual Worlds, 2006; S. 398.
2690 Carr / Oliver: Tanks, 2010; S. 41–44.
2691 Williams / Yee et al.: Tree House, 2006; S. 344–350 zu Gruppen, S. 351–357 zu Individuen. Auf vergleichbare soziale Strukturen stieß die kommunikationswissenschaftliche Studie von **Trippe:** Gemeinschaften, 2009 durch Befragungen von Spielenden bei **Age of Conan. Hyborian Adventures** 2008 ff.

agieren und sprechen dann nur im Horizont ihrer Spielfigur. Die gesammelten Befunde von Dmitri Williams, Nick Yee et al. kristallisieren vier Muster von Gilden heraus: sozial orientierte Gruppierungen, am Spielerkampf untereinander (PvP) interessierte, auf gemeinsame Schlachtzüge (Raid) fokussierte und die Rollenspieler, wobei sich die Typen durchaus überlagern würden. Bemerkenswert ist die hohe Fluktuation, denn 21 Prozent der Gilden in *World of Warcraft* existierten höchstens einen Monat.[2692] Kleinere Gilden mit weniger als zehn Mitgliedern tendierten dazu, sich stärker auf das soziale Miteinander zu konzentrieren. Je größer sie wachsen, umso mehr würden Management und Organisation für angeleitete Spielaktivitäten bedeutsam. Das Soziale verlagere sich zurück in kleinere Einheiten. Als formalisierte Praktiken von Gilden fanden sie das gemeinsam formulierte Selbstverständnis (Mission Statement), Regeln für Rekrutierung und Ausschluss aus der Gemeinschaft sowie externe repräsentative Webseiten. Schon damals kommunizierten sechzig Prozent der Mitglieder von Gilden über zusätzliche Sprachsysteme außerhalb des Spieles (VoIP). Diese Kommunikationsform setzte sich bis heute weithin für organisierte Spielerschaften durch. Mehr als 70 Prozent der Spielenden von Gilden gaben an, regelmäßig mit anderen über Inhalte zu sprechen, die nicht konkret aktuelles Gameplay betreffen. Angesichts dieser komplexen, sozialen Verhältnisse ist verständlich, dass Carl Heinze Online-Rollenspiele von seiner Untersuchung an digitalen Spielen ausschloss.[2693] Sie unterschieden sich „wesentlich von anderen Computerspielen", denn sie „müssen als soziale Umgebungen aufgefasst werden."[2694] Daher würde ihre Untersuchung „nicht einfach den Gegenstand erweitern, sondern einer Arbeit über Computerspiele, eine Arbeit über Virtuelle Welten hintenan stellen."[2695] Nun sind Online-Rollenspiele dennoch digitale Spiele und grundsätzlich nicht von deren Sphäre zu trennen, ihre soziale Qualität verleiht ihnen aber weitere Dimensionen. Für Julian Kücklich macht die gemeinschaftliche Ausrichtung sie zu sozialen Experimentierräumen.[2696] Rudolf Inderst differenzierte die gesellschaftlichen Phänomene in Gilden bei *Dark Age of Camelot*.[2697] Detailreich zeigt er ihre Komplexität zwischen utopischen Vorstellungen, konkreten Organisationsstrukturen, Prozessen der Streitschlichtung, Geschenkökonomien und dem sozialen Kapital in den Gemeinschaften. Sozialen Handlungen komme in diesen Spielwelten nach seinen Befunden enorme Bedeutung zu, denn

---

2692 Ducheneaut / Yee et al.: Life, 2007 konzentrierten sich auf eine Untersuchung des Lebenszyklus von Gilden bei *World of Warcraft* zwischen Juli 2005 und Januar 2006.
2693 Heinze: Mittelalter, 2012; S. 66–73.
2694 Heinze: Mittelalter, 2012; S. 68.
2695 Heinze: Mittelalter, 2012; S. 73.
2696 Kücklich, Julian: Online-Rollenspiele als soziale Experimentierräume, in: Bevc, Tobias (Hg.): Computerspiele und Politik. Zur Konstruktion von Politik und Gesellschaft in Computerspielen, Berlin 2007; S. 55–76, hier S. 72.
2697 Inderst: Vergemeinschaftung, 2009; **Dark Age of Camelot** 2001 ff.

„sie sind nicht lediglich Nebenprodukt des Spieles, sondern formen Online-Rollenspiele zu Kommunikations- und Gruppenspielen. Dies bedeutet, dass die Gemeinschaft nicht lediglich zusammenkommt, um zu spielen, sondern sie spielt ebenso, um zusammen zu kommen."[2698]

Mit *Pen&Paper*-Rollenspielen und *Live Action Rollenspielen (LARPs)*, aber auch anderen digitalen Spielen, die zunehmend webgestützte Multiplayer-Modi besitzen, stützen sich Online-Rollenspiele seiner Ansicht nach „auf eine Mediengeschichte der Vergemeinschaftung", die sie „nicht nur konsequent fortsetzen, sondern sie auch um viele Möglichkeiten und Details in technischer und inhaltlicher Hinsicht erweitern."[2699] Der Überblick offenbart also vielfältige Formen von Gemeinschaften mit unterschiedlich engen Bindungen, Intentionen und Größenordnungen. Spielende übernehmen Rollen nach ihren Kompetenzen und sind in den Hierarchien der Gemeinschaftsformen unterschiedlich einflussreich. Spielerinnen und Spieler finden nicht nur wegen des Spielens zusammen, sondern zur Gemeinschaftserfahrung selbst. Gerade Personen aus sozial enger verbundenen Gemeinschaften gaben überwiegend an, häufig mit anderen über Inhalte jenseits des unmittelbaren Gameplays zu kommunizieren. Wenn also Äußerungen von Spielenden als Belege für eine Erinnerungskultur angeführt werden, so handelt es sich aller Wahrscheinlichkeit nach um die Regel und nicht um seltene Ausnahmen der Kommunikation. Dass ähnliche Unterhaltungen wie in den Foren beispielsweise mithilfe der verbreitet genutzten Sprachkommunikation geführt werden, ist zumindest wahrscheinlich.

Wenn eine historische Erinnerungskultur bedeutet, dass sich Menschen unter den Rahmenbedingungen der Spielgemeinschaften über die historischen Wissenssysteme austauschen, müssen die Wege dieser Kommunikation genauer betrachtet werden. Technologien und soziale Netzwerke zeichnen die Verknüpfungslinien dieser Kommunikationswege. Wo die Schwerpunkte der Kommunikation liegen und von welcher Intensität die jeweils genutzten Formen sind, ist angesichts der skizzierten Vielfalt sozialer Gemeinschaften nur schwer ohne weitere statistische Untersuchungen feststellbar. Das Beispiel *The Secret World* lässt drei einander überlappende Ebenen von Kommunikationswegen erkennen: innerhalb der Grenzen der Spielsoftware, gänzlich außerhalb und hybride Formen. Innerhalb der Spielsoftware stellt die Oral History, wie sie unter den Persönlichkeiten für die narrative Netzwerken der Spielwelt herausgearbeitet wurde, einen Grenzfall dar.[2700] Die vernetzten Spielfiguren besteht zwar nicht aus Menschen, reflektieren aber multiperspektivisch spielweltliche Ereignisse, historische Hintergründe, Weltsichten der Geheimbünde, Lokalgeschichte und persönliche Haltungen zu anderen Spielfiguren. Wie nur selten bei digitalen Spielen kommunizieren sie als komplexe, glaubwürdige Persönlichkeiten in den Gesprächen mit Spielenden. Neue Missionen in Updates verleihen der Spielwelt eine spürbare Zeit-

---

2698 Inderst: Vergemeinschaftung, 2009; S. 316/17.
2699 Inderst: Vergemeinschaftung, 2009; S. 311.
2700 Siehe zu Personen, Weltsichten, Diversität und Oral History in Abschnitt *4.3.2 Narrative Netzwerke* ab S. 425.

achse, weil die Spielfiguren sich auf vorherige Gespräche beziehen. Die Glaubwürdigkeit der virtuellen, sozialen Kontakte erhöht sich weiter. Angesichts der Vermischung von Spiel- und Lebenswelt kann die Kommunikation mit den computerisierten Persönlichkeiten nicht unerwähnt bleiben, könnte sie doch als erinnerungskulturell relevant angesehen werden. Interne Werkzeuge aber für die zwischenmenschliche Kommunikation hob der vorangegangene Abschnitt in Form von Textchat, Brief- und Paketpost sowie Emotes für das Online-Rollenspiel hervor.[2701] Auch die Funktion spielweltlicher Orte als Begegnungsräume zeigte sich dort. Ein Textchat erlaubt, Nachrichten an einzelne Personen oder Gruppen zu verschicken oder Äußerungen direkt und ohne konkreten Adressaten in die nähere Umgebung der Spielwelt zu rufen. Bevölkern große Spielerzahlen ein Gebiet, eignen sich öffentliche Chatkanäle wegen der Vielzahl an Äußerungen nur für knappe Gespräche, um etwa Mitspieler für Beistand in schwierigen Missionen zu gewinnen oder Handelspartner zu suchen. Temporäre Gruppen könen Gruppenchats abkapseln, aber selbst dann oder in weniger frequentierten Spielregionen ermöglicht das schriftliche Werkzeug keine ausführlichen Gespräche. Die symbolgestützte Kommunikation durch die Emotes stellt wissenschaftlich ein besonders interessantes Mittel dar. Sie definieren einen nonverbalen Standard der Kommunikation, unabhängig von Sprachbarrieren, obwohl Gesten kulturell unterschiedliche Bedeutungen besitzen können. Damit über kurzfristige Gruppen hinaus längerfristige Gemeinschaften entstehen können, ermöglicht die Spielsoftware, Freundschaftslisten zu pflegen, zu denen Spielende Bekannte aus der Spielwelt einladen. Manche Kommunikationsmittel nutzen Spielende sowohl in der Spielwelt wie außerhalb. Diese Hybride erschweren, eine Grenze um das eigentliche Spiel zu ziehen. Zusammenschlüsse zu Gilden, wie sie ausdifferenziert wurden, operieren zwar in den vorgegebenen Strukturen des Spiels, organisieren sich jedoch auch außerhalb, über eigene Webseiten. *The Secret World* bezeichnet die organisierten Spielgemeinschaften als *Cabals*.[2702] Sie bieten Mitgliedern Kommunikationswege, Möglichkeiten der Organisation und formulieren oft ein gemeinsames Selbstverständnis mit Verhaltensregeln. Nicht selten dokumentieren Mitglieder die gemeinsame Spielerfahrung in einer Chronik, zudem schaffen Diskussionsforen Räume des Austausches. Dadurch bilden sie eine gemeinsame Identität heraus, die das gemeinschaftliche Handeln in der Spielwelt und das Auftreten gegenüber Einzelnen wie anderen Spielergruppen begründet. Mitglieder der gesamten Community betreiben für *The Secret World* sogar den inoffiziellen Radiosender *Radio Free Gaia*, der Spielende von außerhalb der Spielumgebung, aber aus der Perspektive der Spielwelt mit Musik und Informationen über Events informiert.[2703] Besonders eng verbunden mit der

---

2701 Siehe zu Kommunikationsformen Abschnitt *4.4 Nutzerperspektiven* ab S. 502.
2702 Cabals. The Secret World Forums. English Forum, o. J. Online unter: http://bit.ly/2stfgtc; **[unbekannt]:** Cabal Directory, in: *The Secret World Stuff* o. J. Online unter: http://bit.ly/2tlaZld (Letzte Zugriffe: 31.3.2019).
2703 Radio Free Gaia, September 2012. Online unter: http://www.radiofreegaia.com (Letzter Zugriff: 31.3.2019).

Spielwelt sind Rollenspielerinnen und Rollenspieler. Sie äußern sich möglichst ohne Ausnahmen aus der Perspektive ihres spielweltlichen Charakters und handeln dementsprechend. Die Rollenspiel-Community vereint zum Beispiel auf der Webseite *Secret World RP* mehr als 4.000 Accounts.[2704] Sie identifizieren sich mit der Spielwelt so intensiv, dass manche weitere Accounts beim Kurznachrichtendienst *Twitter* anlegen, um aus der Sicht ihrer Spielfiguren über die Spielwelt und Spielerfahrungen zu berichten und mit Spielfiguren anderer zu kommunizieren. Allein der dortige Account *Secret World Roleplay* listet über 1.800 Mitglieder, die als Spielfiguren aus ihrer Rolle twittern.[2705] Ähnliche Aktivitäten betreiben Spielende auch in anderen Netzwerken wie *Facebook*. Auch die Sprachsoftware verwenden Spielende für die Kommunikation innerhalb von Gruppen. Da *The Secret World* keine VoIP-Lösung mitliefert, bewegen sich die Spielenden mit diesen Hilfsmitteln grundsätzlich innerhalb wie außerhalb der Spielwelt. Verbreitet sind Anwendungen wie *Ventrilo*, *Teamspeak* oder *Skype*.[2706] Sie stammen von externen Anbietern und werden oft durch Gilden, beziehungsweise Cabals, auf eigenen Servern betrieben. Den Kommunikationsraum nutzen Spielende während des Spielbetriebs für ausführliche Gespräche. Darin können sie sich verbal und verzögerungsfrei austauschen. Kommunikation, die gänzlich außerhalb der Spielwelt erfolgt, findet sich vor allem schriftlich in Diskussionsforen. Wie bei Gilden üblich, richten *Cabals* solche Foren ein. Magazine wie die *Gamestar* bieten Diskussionsbereiche auf ihren Webseiten an und in den Kommentarspalten bei Webportalen wie dem auf MMORPGs spezialisierten *Massively Overpowered* diskutieren Spielende unterhalb von Artikeln.[2707] Die meisten digitalen, journalistischen Formate ermöglichen solche Optionen.[2708] In Video-Portalen wie *Youtube* oder dem Streaming-Dienst *Twitch* teilen Spielende zudem Spielerfahrungen als abrufbare Mitschnitte *(Let's Play)* oder übertragen direkt an ihre Zuschauer, die nicht notwendig aktive Spieler sind. In parallelen Chats oder dem Kommentarbereich unter den Videos kommentieren diese wiederum in textlicher Form. Alle diese Diskussionsmöglichkeiten systematisch auf Beiträge zu *The Secret World* zu durchkämmen, lässt sich für das vorliegende Buch nicht leisten. Allerdings konzentrieren sich die Diskussionen der Spielenden auf den zentralen Anlaufpunkt der offiziellen Foren zum Spiel beim Entwicklerstudio *FunCom* selbst.[2709] Dort liegt der entscheidende Fundus, der von 2007 bis heute zahlreiche Meinungsäußerungen, technische Nachfragen, aber eben auch über Jahre währende

---

2704 Secret World RP. RP Community for The Secret World & Secret World Legends. Online unter: https://secretworldrp.enjin.com/ (Letzter Zugriff: 31.3.2019).
2705 Secret World RP @SecretWorldRP. RP Hub for Secret World Legends and legacy The Secret World. [=Twitter Account Liste], 2014 ff. Online unter: http://bit.ly/2sNoJvC (Letzter Zugriff: 31.3.2019).
2706 Ventrilo 4.0 (Flagship Industries Inc.) 2017 ff.; **TeamSpeak 3** (TeamSpeak Systems GmbH) 2011 ff.; **Skype** (Skype Technologies / Microsoft) 2003 ff.
2707 Gamestar. Online unter: http://www.gamestar.de; **Massively Overpowered.** Online unter: http://massivelyop.com (Letzte Zugriffe: 31.3.2019).
2708 Siehe hierzu im Abschnitt *3.2.4 Journalismus und Branche*.
2709 FunCom: The Secret World. Foren.

Diskurse um die spielweltlichen Erzählungen und historische Hintergründe dokumentiert.

Die verwendeten Technologien eines Online-Rollenspieles rahmen diese Kommunikation unter den Spielenden. Eine technologische Besonderheit von *The Secret World* führt dazu, dass Reichweite und Durchmischung der Spielerschaften besonders groß sind. In der technikkulturellen Entwicklung teilen Online-Rollenspiele ihre Spielerschaften in der Regel auf weit kleinere Einheiten von Servern auf, als ihre Gesamtspielerzahlen vermuten lassen.[2710] Bei den meisten Anbietern wählen sich auf demselben Server ein paar tausend Spielende ein. Gruppiert werden die Spielenden zu unterschiedlichen Clustern von Servern damit die Berechnung des Datenverkehrs nicht leidet, aus wirtschaftlichen Gründen, wegen der administrativen Betreuung oder aufgrund unvermeidlicher technischer Latenzen bei geografisch weiter entfernten Clients.[2711] *The Secret World* dagegen schuf eine durchlässige Servertechnologie, die einen gemeinsamen Spiel- und Kommunikationsraum über all diese physisch aufgestellten Server-Rechner spannt und zu „Dimensionen" für das Zusammenspielen aller Spielerinnen und Spieler flexibilisiert.[2712] Das MMORPG öffnete die anderswo hermetisch abgeschlossenen Teilsphären somit für einen weltweiten Austausch unter den Spielenden.[2713] Dass alle Spielenden tatsächlich ständig und zu jeder Tageszeit miteinander in Kontakt kommen, beschränken wandernde Kernspielzeiten im Tagesverlauf um den Globus oder sprachliche Barrieren. Dennoch unterbindet die technische Anlage an sich nicht mehr prinzipiell, dass sich Spielende weltweit austauschen. Gemäß der Diskurslehre von Foucault beeinflusst die technisches Gestaltung eines solchen Kommunikationsraumes, welche Gesprächsdiskurse führbar sind und welche dadurch nicht – ganz ähnlich wie gesellschaftliche Schranken.[2714] Mit dieser Technologie einer einheitlichen Spielwelt begeben sich Spielende aus kulturell unterschiedlich geprägten Regionen weltweit miteinander in eine lebensweltlich inszenierte Spielwelt. Sie tauschen sich über geschichtliche Traditionen, Wahrnehmungen und Deutungen im globalen Maßstab aus. Die ungewöhliche technische und historische Konstruktion ermöglicht also den erinnerungskulturellen Austausch.

Wie sich die Anteile historischer Gespräche auf die jeweiligen Kanäle der genannten Kommunikationsmittel verteilen, ist kaum abzuschätzbar. Ebenso wenig lässt sich ermitteln, welchen Anteil historische Gesprächsinhalte an der Kommunikation insgesamt besitzen. Welche Effekte auf eine Erinnerungskultur des Online-

---

2710 Siehe die beiden mittleren Teile in Abschnitt *4.2 Technikkulturelle Einordnung*.
2711 Reahard, Jef: Chaos Theory: The Secret World's Single-Server Tech, in: *engadget.com* 19.7.2012. Online unter: http://engt.co/2tgsUzV (Letzter Zugriff: 31.3.2019).
2712 Bruusgaard, Martin: Einzel-Server-Technologie von The Secret World, in: *The Secret World: Entwickler Blog* 26.6.2012 [=im Google Cache bis 23.2.2017]. Online via *Wayback Machine* von *Archive.org*, engl. Fassung: http://bit.ly/2fW5eP4 [Snapshot 20.8.2016] (Letzter Zugriff: 31.3.2019).
2713 Gellesch, Anja: The Secret World: Die Einzel-Server-Technologie. Ein Server mehrere Dimensionen, in: *OnlineWelten* 28.6.2012. Online unter: http://bit.ly/2sHf7W4 (Letzter Zugriff: 18.7.2017).
2714 Foucault: Ordnung, 2012[12]. Vgl. weiter oben auf S. 260.

Rollenspiels welche Kanäle haben, und ob sie einen Beitrag leisten, lässt sich ihm Rahmen der vorliegenden Studie nicht feststellen. Schon für das Fallbeispiel wäre die Kommunikation von zehntausenden Spielenden auszuwerten, die über Jahre des Spielbetriebes verlief. Viele Kanäle ließen sich auch in einer umfangreicheren, gezielt darauf fokussierten Studie nur punktuell und qualitativ erschließen, nie jedoch vollständig über den gesamten Zeitraum. So sind etwa die Gespräche der Spielenden in den zahllosen Gruppen über VoIP vergangen. Der historische Wert einer symbolischen Kommunikation durch Emotes ist gegenwärtig nicht einzuschätzen. Die knappen Äußerungen im getippten Chat erscheinen inhaltlich nicht ergiebig. Diese erste Exploration der Erinnerungskultur konzentriert sich daher auf die Zeugnisse derjenigen Kommunikation, welche die Spielenden in den offiziellen Foren zum Online-Rollenspiel selbst verschriftlicht haben. Die globale Suche nach den englischen Begriffen „lore" und „history" führt jeweils zu etwa 500 Diskussionsthreads. Da das Forum bereits vor dem Release eine Community aufbaute, reicht die Zeitspanne von Beiträgen aus dem Jahr 2007 über zehn Jahre bis in die Gegenwart. Unter dem deutschen Begriff „Geschichte" sind die Beiträge schwieriger zu differenzieren, weil er Prosa wie Kurzgeschichten oder Lebensläufe der Spielfiguren von Rollenspielern mit erfasst. Darunter sammeln sich 309 Diskussionsordner. Verknüpft man die Begriffe „Lore" und „Geschichte", weil ersterer auch unter deutschsprachigen Spielenden verwendet wird, erhält man immerhin noch 27 Threads. Diese Zahlen sollen lediglich die Größenordnungen verdeutlichen. Da auch deutschsprachige Spielende im englischen Forum kommunizieren, wäre eine Trennung analytisch nicht sinnvoll. Ebenso wenig, wie die englischsprachigen Beiträge alle von Spielenden aus dem angelsächsischen Raum stammen, ließe sich dadurch auf eine deutsch(sprachig)e Erinnerungskultur rückschließen. Im Ganzen betrachtet, ist die Aktivitiät bei den einzelnen Diskussionsthreads unterschiedlich intensiv. Diskussionen zu den genannten Begriffen streuen breit von einigen wenigen Beiträgen an nur einem Tag bis hin zu hunderten von Unterseiten, die über mehrere Jahre immer wieder aufgegriffen wurden. Verborgen hinter den Namen ihrer Accounts diskutieren Spielerinnen und Spieler relativ anonym die innere Stimmigkeit der Spielwelt und Verbindungen zur äußeren historischen Überlieferung. Ein Anteil, der sich allein mit Fragen der wissenschaftlichen Geschichtsschreibung befassen würde, lässt sich nicht separieren. Die erdachten Elemente, kulturhistorische Quellen, die angeführt werden, und wissenschaftlich untermauerte Beiträge vermischen sich in den Diskussionen fortwährend. Den vollen Umfang der Forenbeiträge auszuwerten, ist für die hiesige Fragestellung nicht nötig. Nachzuprüfen ist lediglich, ob sich erinnerungskulturelle Diskurse grundsätzlich über Elemente nachweisen lassen, die als Teil des Wissenssystems identifiziert wurden. Eine viel umfassendere Studie, die beispielsweise mit Befragungstechniken auch andere Kommunikationskanäle den Foren gegenüberstellt, müsste für einen genaueren Einblick die Inhalte der Diskussionen tiefer erschließen. Im Kontext des vorliegenden Kapitels geht es nur um den Nachweis, dass eine erinnerungskulturelle Kommunikation erfolgt, die im besten Fall nicht nur punktuell aufgespürt wird, sondern über lange Zeiträume vorhanden ist. Nachzuweisen wären also Diskurse, welche die Spielenden über die vier dargelegten Elemente des Wissenssystems führen: *Sach- und Objektkultur, narrative Netzwerke, makrohistorische Modelle* und *mikrohistorische Weltentwürfe*. Maßgeblich sind all jene Diskussionen in den Foren, die über historische, für historisch gehaltene und über spielweltliche Inhalte des Lore stattfanden, und zwar unabhängig davon, ob sie nun im Vorhinein oder während des Spielbetriebes dokumentiert sind.

Schon im Sommer 2007 begannen Spielende allgemeinen historischen Hintergründe zu beraten und mögliche Themen aus der Literaturgeschichte, die eingang in das angekündigte Spiel finden könnten.[2715] Insbesondere die *Alternate Reality Games (ARG)*, die im Vorfeld eine Community aktivierten, führten auch nach der Veröffentlichung zu aufwendigen kollaborativen Recherchen, in denen die Teilnehmenden historische Hintergründe kryptischer Rätsel erschlossen und dem dankbar historische Lerneffekte zuschrieben.[2716] Ebenfalls umfassend setzten sich die Spielenden mit allgemeinen Fragen auseinander. Sie betrachteten, inwieweit Religiosität in einem Spiel mit historischem Hintergrund eine Rolle spielen dürfe, vielleicht sogar müsse.[2717] Sie erörterten, ob der britische Einfluss auf die Weltgeschichte so groß gewesen sei, wie die Spielwelt ihn darstelle.[2718] Zudem klärten sie sich gegenseitig über Hintergründe weniger bekannter, historischer Mythen wie zum Beispiel die Hohlerde *Agartha* auf.[2719] Nur selten stießen Spielenden historische Perspektiven oder vermeintliche Fehler auf. Bemängelt wurde etwa die dämonisierende Perspektive auf Pharao *Echnaton*, obwohl sein frühgeschichtliches Wirken durchaus positiv auslegbar sei, andere Spielende problematisierten die Darstellung des kommunistischen Rumäniens.[2720] Ungereimtheiten in spielweltlichen Äußerungen wurden teils spitzfindig thematisiert, so habe es etwa den Staat Maine 1702 noch nicht gegeben.[2721] Bedenken wurden geäußert, ob die final an-

---

2715 Steelyeye: Possible legends from literature in game? Thread, in: *The Secret World Forum. English Forum* 17. 5. 2007. Online: http://bit.ly/2n4gjgP (Letzter Zugriff: 31. 3. 2019).

2716 Siehe zu ARGs als Begleiterscheinung in Abschnitt *4.2.4 Von Norwegen aus in verborgene Welten* ab S. 363. Beispiele im Forum finden sich zu allen Phasen: **Lyle:** Everyone. check This... THREAD, in: *The Secret World Forum. English Forum* 25. 6. 2007. Online unter: http://bit.ly/2n2GeX6; **SA_Avenger:** Nicolas Belmont notes: Names Focus. Thread, in: *The Secret World Forum. English Forum* 25. 5. 2009. Online unter: http://bit.ly/2rzlEC6; **Lazuri65:** Ongoing ARG thank you thread. Thread, in: *The Secret World Forum. English Forum* 28. 8. 2011. Online unter: http://bit.ly/2n6NMr9; **Selena:** The End is Coming – New ARG. Thread, in: *The Secret World Forum. English Forum* 3. 12. 2012. Online unter: http://bit.ly/2F7T8d4 (Letzter Zugriff auf alle: 31. 3. 2019).

2717 Grayn: Can a game go too far? Thread, in: *The Secret World Forum. English Forum* 11. 4. 2009. Online unter: http://bit.ly/2rxspVa (Letzter Zugriff: 23. 1. 2018).

2718 Andiamo: British Influence within The Secret World. Thread, in: *The Secret World. English Forum* 26. 8. 2011. Online unter: http://bit.ly/2rCfscX (Letzter Zugriff: 23. 1. 2018).

2719 Hycinthus: Do you like Agartha? Thread, in: *The Secret World Forum. English Forum* 5. 8. 2012. Online unter: http://bit.ly/2E2tqr4 (Letzter Zugriff: 23. 1. 2018).

2720 tamino: Aton Kult in Ägypten. Thread, in: *The Secret World Forum. Deutsches Forum* 28. 7. 2012. Online unter: http://bit.ly/2rvknvT (Letzter Zugriff: 23. 1. 2018).

2721 leiserl: Digging Deeper and immersion. Thread, in: *The Secret World Forum. English Forum* 4. 10. 2012. Online unter: http://bit.ly/2rx8Kor (Letzter Zugriff: 31. 3. 2019).

gekündigten Spielgebiete genügend Vielfalt in historischer und spielerischer Hinsicht abbilden würden.[2722] Andere Diskussionsthreads schlugen auf Basis des mythisch-historischen Spielansatzes neue Themen in einem enorm kreativen Spektrum vor, um die Spielwelt zu erweitern. Die Spielenden machten sie an geografischen Schauplätzen fest wie ganze Weltregionen oder Städte, konkretisierten aber auch spezielle mythische Orte wie das Bermuda-Dreieck oder das Königreich Shambhala.[2723] Thematisch kreisten Vorschläge um neuzeitliche Verschwörungen und historische Mythologie.[2724] Zeithistorisch aktuelle Themen wie der Mythos vom Weltuntergang 2012, vermeintlich durch Kalender der Maya angekündigt, griffen die Diskussionen ebenso auf.[2725] Manche Beiträge drangen tief in Details vor, diskutierten etwa das Siegel von König Salomon und Amulette oder den Verbleib der israelitischen Bundeslade.[2726] Gemeinsam setzten sie sich mit historischen Inszenierungen in anderen Medien auseinander, die tiefere Einblicke zur kulturgeschichtlichen Spielwelt ermöglichen würden.[2727] Beispielsweise

---

2722 Merc: New England, Egypt, Tranylvania. That's it? Thread, in: *The Secret World Forum. English Forum* 28.2.2012. Online unter: http://bit.ly/2E0wiVf (Letzter Zugriff: 31.3.2019).
2723 Solitaire: Places the game could take you. Thread, in: *The Secret World Forum. English Forum* 21.6.2012. Online unter: http://bit.ly/2Ds5xIb; **dpeters911:** What should the next content zone be? Thread, in: *The Secret World Forum. English Forum* 10.7.2012. Online unter: http://bit.ly/2DujoxG; **dersumser:** Welche Region soll als nächstes kommen? Eure Vorschläge. Thread, in: *The Secret World Forum. Deutsches Forum* 18.7.2012. Online unter: http://bit.ly/2G5wSSl; **lemonnormalguy:** What Regions Would You Like To See In TSW? Thread, in: *The Secret World Forum. English Forum* 29.1.2013. Online unter: http://bit.ly/2rysvMb; **Cercei:** What areas of the world would you like to see next in TSW? Thread, in: *The Secret World Forum. English Forum* 27.6.2014. Online unter: http://bit.ly/2F7NnMh; **It's a Sekkrit:** What City(s) would you like added in expansions? Thread, in: *The Secret World Forum. English Forum* 16.5.2009. Online unter: http://bit.ly/2E1FfxH; **Teala:** What other cities or locations do you hope get added? Thread, in: *The Secret World Forum. English Forum* 22.9.2009. Online unter: http://bit.ly/2rsg4S6; **Anzer'ke:** Bermuda Triangle. Thread, in: *The Secret World Forum. English Forum* 1.6.2009. Online unter: http://bit.ly/2F2R9Xh; **Trygve Johansen jr.:** Shambhala, in: *The Secret World Forum. English Forum* 27.9.2007. Online unter: http://bit.ly/2DuyNhr (Letzte Zugriffe: 31.3.2019).
2724 Emberlain: Your favourite conspiracy? Thread, in: *The Secret World Forum. English Forum* 14.4.2011. Online unter: http://bit.ly/2DuH2dn; **Len:** City On The Moon: Speculation. Thread, in: *The Secret World Forum. English Forum* 25.6.2011. Online unter: http://bit.ly/2n39BZm; **Sokkett:** Mr. Ragnar can you confirm or deny... Thread, in: *The Secret World Forum. English Forum* 19.7.2012. Online unter: http://bit.ly/2E08yk2; **Gamegamer0:** What areas/myths do YOU want to see in TSW? Thread, in: *The Secret World Forum. English Forum* 16.2.2012. Online unter: http://bit.ly/2rwby59; **Nordavind:** Myth wishlist. Thread, in: *The Secret World Forum. English Forum* 18.7.2013. Online unter: http://bit.ly/2DDKN3 m (Letzte Zugriffe: 31.3.2019).
2725 Focused: „The end of the World?!" Dec 21 or 23 2012 explained. Thread, in: *The Secret World Forum. English Forum* 19.10.2009. Online unter: http://bit.ly/2E0ILbB (Letzter Zugriff: 31.3.2019).
2726 Axel Denar: The Seal of Solomon and Pentacle of the Moon. Thread, in: *The Secret World Forum. English Forum* 20.2.2010. Online unter: http://bit.ly/2F7Oyx3; **Yume:** Ark of the Covenant being moved – because of a leaky roof. Thread, in: *The Secret World Forum. English Forum* 7.12.2011. Online unter: http://bit.ly/2DChCxK (Letzte Zugriffe: 31.3.2019).
2727 Umfangreich im deutschen Forum: **Albaster:** Das abendfüllende Kneipengespräch. Thread, in: *The Secret World Forum. Deutsches Forum* 28.1.2014. Online unter: http://bit.ly/2n2LLw3 (Letzter Zugriff: 31.3.2019).

kündigten sie Sendetermine für TV-Dokumentationen und schlugen sich gegenseitig Fernsehserien vor.[2728] Sie verwiesen auf Spielfilme und auch jenseits von Wikipedia auf Funde in Webseiten und Videoportalen.[2729] Viele Beiträge empfahlen Literatur, und zwar sowohl Sachtexte als auch Titel der Literaturgeschichte, die zum Verständnis der Spielwelt und ihrer historischen Hintergründe beitragen würden.[2730] Überrascht, dass eine Oper über das Wirken von Pharao Echnaton existiert, diskutierten sie über dessen historische Relevanz und Perspektiven der Nachwelt in der Überlieferung.[2731] Sie fanden die historischen Radiosendungen von Übertragungen in der Spielwelt und spürten ungewöhnliche Thesen etwa zu Klangsteinen von Stonehenge in Zeitungsmeldungen auf.[2732] Diskussionen über Funde, die in *The Secret World* auf andere Spielwelten der Entwickler deuten, sind als Beiträge zur technikkulturellen Geschichte digitaler Spiele zu erwähnen.[2733]

Die Spielenden berieten auch über die Elemente, die als sachkulturelle Basis aufgezeigt wurden. Wie die Völker der nordamerikanischen Ureinwohner in die Spielwelt und ihre Alltags- und Ritualobjekte in das nordostamerikanische Spielgebiet integriert werden können, führte zu einer Diskussion über zeithistorische Auswirkungen des Kolonialismus.[2734] Ob Runensteine in Nordostamerika die Anwesenheit

---

2728 Vercingetorix: History Channel Shows 9/14/09. Thread, in: *The Secret World Forum. English Forum* 6.9.2009. Online unter: http://bit.ly/2rzLSEM; **Callisti:** TV series related to The Secret World, in: *The Secret World Forum. English Forum* 24.10.2009. Online unter: http://bit.ly/2E70D4E (Letzte Zugriffe: 31.3.2019).
2729 Aela: Movies you should watch while playing TSW! Thread, in: *The Secret World Forum. English Forum* 5.8.2012. Online unter: http://bit.ly/2E3TIJa; **gadreel23:** Supernaturality. Thread, in: *The Secret World Forum. English Forum* 6.4.2008. Online unter: http://bit.ly/2n3FAIN; **Xanoth:** The Crusades. Thread, in: *The Secret World Forum. English Forum* 5.5.2012. Online unter: http://bit.ly/2F6n5da (Letzte Zugriffe: 31.3.2019).
2730 valiah: Texts to help solve the Mysteries of TSW. Thread, in: *The Secret World Forum. English Forum* 15.7.2011. Online unter: http://bit.ly/2Bqwjib; **Royal-Blue:** Suggested Reading. Thread, in: *The Secret World Forum. English Forum* 9.7.2012. Online unter: http://bit.ly/2n5LDN6; **Cadwin:** A Reading List for TSW. Thread, in: *The Secret World Forum. English Forum* 7.7.2013. Online unter: http://bit.ly/2E5E2Wa (Letzte Zugriffe: 31.3.2019).
2731 Ironblade: Akhenaten, the Opera! Thread, in: *The Secret World Forum. English Forum* 2.2.2013. Online unter: http://bit.ly/2E5vsXn (Letzter Zugriff: 31.3.2019).
2732 supplanter: The Broadcast Radio show lists. Thread, in: *The Secret World Forum. English Forum* 9.11.2014. Online unter: http://bit.ly/2EbgrmY; **Albaster:** Die Übertragung, 2014; **Nordavind:** About Stonehenge. Thread, in: *The Secret World Forum. Deutsches Forum* 7.3.2014. Online unter: http://bit.ly/2DBbMNQ (Letzte Zugriffe: 31.3.2019).
2733 boxcar: Easter egg. Thread, in: *The Secret World Forum. English Forum* 9.7.2012. Online unter: http://bit.ly/2DD20uH; **Cedan:** Parallelen zu Dreamfall. Thread, in: *The Secret World Forum. Deutsches Forum* 16.7.2012. Online unter: http://bit.ly/2DDmIqe; **caabal78:** Solom Island's book... in The Park. Thread, in: *The Secret World Forum. English Forum* 20.11.2015. Online unter: http://bit.ly/2F8PGyG (Letzte Zugriffe: 31.3.2019).
2734 BerserkNurple: Native American Stuff? Thread, in: *The Secret World Forum. English Forum* 18.9.2009. Online unter: http://bit.ly/2GfmxDu (Letzter Zugriff: 31.3.2019).

von Skandinaviern belegen, brachten sie ebenfalls zur Sprache.[2735] Sie thematisierten, was die Templer mit dem legendären Heiligen Gral zu tun haben könnten und ob dieser überhaupt ein Gegenstand sei.[2736] Die Beschriftungen spielweltlicher und historisch relevanter Objekte in den Spielzonen entzifferten sie gemeinschaftlich und versuchten diese Inhalte einzuordnen.[2737] Sie diskutierten legendäre Vorbilder von Waffen, die sie gern durch die Entwickler berücksichtigt sehen würden, nicht ohne dass aufgrund vermeintlicher Fehler umfangreiche, aber fundierte Auseinandersetzungen folgten.[2738] Spielende suchten vergeblich nach realweltlichen Vorbildern für Gebäude, etwa für eine Tempelanlage in der Verbrannten Wüste.[2739] Andere wurden durchaus fündig und diskutierten über Vorlagen außerhalb der Spielwelt für Gebäude wie den Pub im Londoner Spielgebiet oder allgemeiner die Baustile der Zonen.[2740] Freizügige Darstellungen bei ägyptischen Statuen ließen sie gegenwärtliche Prüderie an historischen Einstellungen zum Körper reflektieren.[2741] Sie versuchten zu klären, von welchen Objekten sich die Symbolik und Bekleidung von Gruppierungen ableiten ließe.[2742] Kontrovers diskutierten sie Kleidung auch in Bezug auf Kreaturen, weshalb sie welche tragen und ob diese plausibel sei.[2743] Spielende aus Rumänien dankten sogar dafür, dass die transylvanische Region nicht populärkulturell stereotyp mit Kreaturen bevölkert wurde, sondern dass die Entwickler sie aus volksmundlichen Überlieferungen detailverliebt und glaubwürdig interpretierten.[2744] Andeutungen der Entwickler, selbst nur durch Namen von Kreaturen, forschten die Spielenden ge-

---

2735 **Harry Dresden:** Kensington Rune Stone. Thread, in: *The Secret World Forum. English Forum* 21.9. 2009. Online unter: http://bit.ly/2FaFDt3 (Letzter Zugriff: 31.3.2019).
2736 **Aequitas8196:** Templars and the Grail. Thread, in: *The Secret World Forum. English Forum* 8.1. 2012. Online unter: http://bit.ly/2Gdcsqk (Letzter Zugriff: 31.3.2019).
2737 **Azagthor:** Tokyo Billboard Translation Project. Thread, in: *The Secret World Forum. English Forum* 24.6.2014. Online unter: http://bit.ly/2E3B58r (Letzter Zugriff: 31.3.2019).
2738 **Rising:** legendary weapons? Thread, in: *The Secret World Forum. English Forum* 11.6.2011. Online unter: http://bit.ly/2DAuRQn; **urielswing:** if one more person calls it a katana. Thread, in: *The Secret World Forum. English Forum* 10.9.2009. Online unter: http://bit.ly/2n8fSSJ (Letzte Zugriffe: 31.3.2019).
2739 **Ariensky Crowley:** Help us find the Ultor temple. Thread, in: *The Secret World. English Forum* 10.7.2012. Online unter: http://bit.ly/2DD76Xg (Letzter Zugriff: 31.3.2019).
2740 **Laurinoschka:** Der gehörnte Gott aka „The Glassblower". Thread, in: *The Secret World Forum. Deutsches Forum* 18.2.2015. Online unter: http://bit.ly/2rzE8CD; **whuber:** Real-world locations which inspired TSW environments. Thread, in: *The Secret World Forum. English Forum* 25.9.2016. Online unter: http://bit.ly/2n8Xb15 (Letzte Zugriffe: 31.3.2019).
2741 **Mizeraj:** Art department's jokes. Thread, in: *The Secret World Forum. English Forum* 13.7.2012. Online unter: http://bit.ly/2n8MGuD (Letzter Zugriff: 31.3.2019).
2742 **Clavain:** The Dragon Symbol. Thread, in: *The Secret World Forum. English Forum* 12.9.2011. Online unter: http://bit.ly/2GeP5wH; **Guardianwulf:** Templar Images. Thread, in: *The Secret World Forum. English Forum* 21.9.2011. Online unter: http://bit.ly/2DEgHgY (Letzte Zugriffe: 31.3.2019).
2743 **Mindsweep:** Where do they get it from? Thread, in: *The Secret World Forum. English Forum* 4.8. 2011. Online unter: http://bit.ly/2DI1bQN (Letzter Zugriff: 31.3.2019).
2744 **sybbie:** A big big thanks for Transylvania. Thread, in: *The Secret World Forum. English Forum* 17.7. 2012. Online unter: http://bit.ly/2n8OcwP (Letzter Zugriff: 31.3.2019).

meinsam nach.²⁷⁴⁵ So analysierten sie die Relikte riesenhafter Kreaturen in der Stadt des Sonnengottes.²⁷⁴⁶ Sie spekulierten über mögliche Ursprünge und die Glaubwürdigkeit solcher Riesen, speziell auch wegen paläontologischer Befunde in der Sahara, stellten jedoch auch Beziehungen zu Dinosauriern her, weil das Marketing sie zuvor aufgegriffen hatte.²⁷⁴⁷

Bezüglich der skizzierten Elemente von Narrativen Netzwerken finden sich ebenfalls Befunde in der Forenkommunikation. Die ungewohnte, strukturelle Anlage mit ihrer verwobenen nicht-linearen Erzählweise und der Notwendigkeit, eigenständig aus der Vielstimmigkeit Schlüsse zu ziehen, hinterließ einige Spielenden irritiert und führte zu Diskussionen über die Existenz einer Haupthandlung.²⁷⁴⁸ Um das Verständnis zu unterstützen, sammelte ein französischsprachiger Spieler Erkenntnisse aus spielweltlichen und historischen Ereignissen in einer Chronik.²⁷⁴⁹ Verhältnismäßig wenig, und angesichts der Inszenierung erstaunlich, setzten sich die Forenbeiträger mit spielweltlichen Persönlichkeiten auseinander. Wünschten sich die einen, man könne tiefer die biografischen Hintergründe von Personen anlesen, schätzten andere die Perspektivität ihrer Äußerungen als besonders glaubwürdigen Teil der Inszenierung.²⁷⁵⁰ Motive und Handlungen diskutierten sie bei historischen und mythologischen Figuren im spielweltlichen Hintergrund.²⁷⁵¹ Einige Darstellungen der Figuren empfanden Spielende als unpassend, beispielsweise rassistisch, während andere diese als glaubwürdige Inszenierung von deren jeweiligen Hintergründen verteidigten.²⁷⁵² Insofern versuchten sich viele Spielenden in die Situationen und damit verbundenen Sichtweisen hineinzudenken.²⁷⁵³ Bewusst reflektierten sie die

---

2745 kiwikabuttle: Question about the Rider. Thread, in: *The Secret World Forum. English Forum* 13.1. 2017. Online unter: http://bit.ly/2DH4JCQ (Letzter Zugriff: 31.3.2019).
2746 Tarqtarq: City, 2013; **ranmore38:** skeleton, 2014.
2747 Albaster: Dinosaurier, 2014.
2748 Qoun: Storyproblem. Thread, in: *The Secret World Forum. Deutsches Forum* 11.7.2012. Online unter: http://bit.ly/2n8LLuj; **immi14:** Die Storymission – wer erklärt's mir? Thread, in: *The Secret World Forum. Deutsches Forum* 20.8.2012. Online unter: http://bit.ly/2DvTk5 g; **ordoxeno:** Issue 7 story and after. Thread, in: *The Secret World Forum. English Forum* 9.7.2013. Online unter: http://bit.ly/2FaitmD; **Oliin:** The Season One Story-related Missions. Thread, in: *The Secret World Forum. English Forum* 12.5. 2015. Online unter: http://bit.ly/2n7khX0 (Letzte Zugriffe: 31.3.2019).
2749 DarkMoonrise: Brauche ein übersetzer. Thread, in: *The Secret World Forum. Deutsches Forum* 5.10.2015. Online unter: http://bit.ly/2DzAoqt (Letzter Zugriff: 31.3.2019).
2750 Tori: Is there a repository of histories? Thread, in: *The Secret World Forum. English Forum* 4.9. 2014. Online unter: http://bit.ly/2DF9xbC (Letzter Zugriff: 31.3.2019).
2751 Shreyas: Empathy for the devil – Dissecting the motives of Samuel Chandra. Thread, in: *The Secret World Forum. English Forum* 20.5.2015. Online unter: http://bit.ly/2FamB67; **johns0:** Head of the Orochi & his affiliations. Thread, in: *The Secret World Forum. English Forum* 4.8.2013. Online unter: http://bit.ly/2GhkjTM (Letzte Zugriffe: 31.3.2019).
2752 Gruemann: The racist Dr. Klein. Thread, in: *The Secret World Forum. English Forum* 14.7.2012. Online unter: http://bit.ly/2DErqIw (Letzter Zugriff: 31.3.2019).
2753 thechosenone: That day when the fog came. Thread, in: *The Secret World Forum. English Forum* 21.7.2014. Online unter: http://bit.ly/2n777co (Letzter Zugriff: 31.3.2019).

Perspektiven der unterschiedlichen Geheimbünde aufgrund ihrer jeweiligen Weltdeutung.[2754] Das größte Gewicht unter den Forenthreads nehmen Diskussionen zu den Geheimbünden, ihren Ursprüngen und ihrer Repräsentation ein.[2755] Zudem interessierte die Diskutierenden, welche historischen Persönlichkeiten und Ereignisse die anderen Gesprächsteilnehmer welcher Gruppierung zuschlagen würden.[2756] Es sind so viele Beiträge, dass ihre Themenbreite hier weder umfänglich darstellbar, noch referenzierbar ist. Darunter beschäftigen sich auffällig viele mit den Templern.[2757] Warum sich deren Zentrale in London und nicht in Rom befände, führten die Diskutanden auf die historischen Konflikte mit der Kirche zurück.[2758] An anderer Stelle zogen sie Verbindungen zwischen den Geheimorganisationen und Institutionen wie dem *British Secret Service*.[2759] Überproportional interessierten sich die Spielenden für die historischen Vorbilder des Templer-Geheimbundes und verhandeln regelmäßig über historisch Glaubwürdiges und Legendenhaftes.[2760] Insbesondere strittig war, wie weit

---

2754 zaghist: fraktionen questverlauf. Thread, in: *The Secret World Forum. Deutsches Forum* 19.5.2012. Online unter: http://bit.ly/2n8Ehs2; **zarkzervo:** Hi fellow Dragon (The Dragon Thread) Thread, in: *The Secret World Forum. English Forum* 4.9.2009. Online unter: http://bit.ly/2BsEWJq; **Grieva86:** tempplars seem like good guys. Thread, in: *The Secret World Forum. English Forum* 10.7.2011. Online unter: http://bit.ly/2E6zdfb; **Ginny:** Sex, Drugs & Rockefeller (Der Illuminaten Thread) Thread, in: *The Secret World Forum. Deutsches Forum* 9.7.2012. Online unter: http://bit.ly/2Bqv171; **limosis:** Faction Comparisons... Thread, in: *The Secret World Forum. English Forum* 25.10.2012. Online unter: http://bit.ly/2n9kAiX (Letzte Zugriffe: 31.3.2019).
2755 AngeHell: True meaning of Societies. Thread, in: *The Secret World Forum. English Forum* 7.9.2009. Online unter: http://bit.ly/2Brhjk7; **Haldurson:** Illuminati influences. Thread, in: *The Secret World Forum. English Forum* 19.4.2011. Online unter: http://bit.ly/2BpUnBR; **Guardianwulf:** Historical/fictional character – Templar, Illuminati or Dragon? Thread, in: *The Secret World Forum. English Forum* 5.9.2011. Online unter: http://bit.ly/2E4Mvss; **MrEMeat73:** Questions about Illuminati. Thread, in: *The Secret World Forum. English Forum* 20.9.2011. Online unter: http://bit.ly/2DEGhTi; **Vhaleesi:** The Secret Societies, in all their glory. Thread, in: *The Secret World Forum. English Forum* 20.11.2013. Online unter: http://bit.ly/2Ebgorn; **Ani Taneen:** Templar Pre-Classical History. Thread, in: *The Secret World Forum. English Forum* 3.2.2014. Online unter: http://bit.ly/2naPKqc (Letzte Zugriffe: 31.3.2019).
2756 Dredi: The Factions Throughout History. Thread, in: *The Secret World Forum. English Forum* 5.11.2009. Online unter: http://bit.ly/2DGEP2w (Letzter Zugriff: 31.3.2019);
2757 Syrius: Taking a different path. The Templar Knights. Thread, in: *The Secret World Forum. English Forum* 14.5.2007. Online unter: http://bit.ly/2DFbpRL; **Sakresol:** Orden der Templer (Der Templer Thread) Thread, in: *The Secret World Forum. Deutsches Forum* 21.3.2012. Online unter: http://bit.ly/2E76jeM; **Queenie:** Templars and Vows of Celibacy. Thread, in: *The Secret World Forum. English Forum* 27.7.2012. Online unter: http://bit.ly/2ncyO2D (Letzte Zugriffe: 31.3.2019).
2758 Lightshadow: Templer: Warum London und nicht Rom, in: *The Secret World Forum. Deutsches Forum* 5.10.2012. Online unter: http://bit.ly/2sjm7qt; **Ocura:** Stone buildings and long tables? Thread, in: *The Secret World Forum. English Forum* 16.5.2007. Online unter: http://bit.ly/2DznQeo (Letzte Zugriffe: 31.3.2019).
2759 Yume: The British Secret Service and the Occult. Thread, in: *The Secret World Forum. English Forum* 14.5.2008. Online unter: http://bit.ly/2n9p4X0 (Letzter Zugriff: 31.3.2019).
2760 Minispence: Facts on Templars. Thread, in: *The Secret World Forum. English Forum* 7.9.2009. Online unter: http://bit.ly/2GbZFVr; **Samual:** Templars History. Thread, in: *The Secret World Forum. English Forum* 7.3.2010. Online unter: http://bit.ly/2n8rLrR; **Pyrrho:** SPOILER ALERT: Templar lore, can

Religion in seiner neuzeitlichen Form eine Rolle spielt – und somit im Spiel einnehmen dürfe.[2761] Den Illuminaten wurden aufgrund ihres Weltbildes faschistische Verbindungen unterstellt, wogegen sich andere verwahren.[2762] Besonders umstritten blieben die Motive und Vorbilder der fernöstlichen Drachen, weil die Spielenden sie klaren Vorbildern nicht zuzuordnen vermochten.[2763] Sie suchten zudem nach historischen Belegen für Konflikte zwischen den Gruppierungen.[2764] Erheblich weniger Spielende zeigten ein Interesse an den anderen Fraktionen jenseits der drei Hauptgruppen wie etwa den Phöniziern oder der Orochi-Group.[2765] Selten, aber kontrovers diskutierten sie die Ergänzung weiterer zeitgeschichtlicher Organisationen wie zum Beispiel der Hacker von *Anonymous*.[2766] Jenseits von Personen und Geheimbünden thematisierten Spielende die Historizität der Spielwelt. Dass durch Updates und Erweiterungen eine Zeitachse entsteht, die eine Entwicklung der Spielwelt vermittelt und damit Vergangenheiten entstehen lässt, begrüßten Spielende ausdrücklich als Faktor der spielweltlichen Glaubwürdigkeit.[2767] Bewusst wahr nahmen die Spielenden, dass Bienenwaben das Weltwissen transportieren, diskutierten den Charakter des Schwarmbewusstseins, die Bedeutung der Bienen dafür und historische Vorbil-

---

we even discuss it? Thread, in: *The Secret World Forum. English Forum* 22.5.2012. Online unter: http://bit.ly/2FbFV2 A (Letzte Zugriffe: 31.3.2019).

2761 nephilim2001: A general misconception about Templars. Thread, in: *The Secret World Forum. English Forum* 28.3.2011. Online unter: http://bit.ly/2FbcOI5; **Mitchcraft:** Templars and Witches? Thread, in: *The Secret World Forum. English Forum* 26.6.2012. Online unter: http://bit.ly/2DJMnAY (Letzte Zugriffe: 31.3.2019).

2762 shawn: Illuminazi. Thread, in: *The Secret World Forum. English Forum* 11.9.2009. Online unter: http://bit.ly/2DEzrgA; **Gathor:** Illuminati – we are good people. Thread, in: *The Secret World Forum. English Forum* 21.4.2011. Online unter: http://bit.ly/2DzX1uN (Letzter Zugriff: 31.3.2019).

2763 Vemmelig: The Green and the Red Societies, the IRL version of Dragon? Thread, in: *The Secret World Forum. English Forum* 17.3.2010. Online unter: http://bit.ly/2DFDUPe; **Secondthought:** Order of the Dragon. Thread, in: *The Secret World Forum. English Forum* 19.8.2010. Online unter: http://bit.ly/2n73ino; **Thalinor:** Dragons getting jipped out of a real historical reference? Thread, in: *The Secret World Forum. English Forum* 15.4.2011. Online unter: http://bit.ly/2DAdxuS; **Vercingetorix:** Origins of the Dragons. Thread, in: *The Secret World Forum. English Forum* 11.2.2012. Online unter: http://bit.ly/2DBuZPH (Letzte Zugriffe: 31.3.2019).

2764 Mike Murray: Templar versus Illuminati. Thread, in: *The Secret World Forum. English Forum* 30.9.2009. Online unter: http://bit.ly/2F7Kprc (Letzter Zugriff: 31.3.2019).

2765 aQiss: The Phoenix rises. Thread, in: *The Secret World Forum. English Forum* 28.8.2011. Online unter: http://bit.ly/2n7cOWN; **Psygnosis:** Orochi and the Factions? Thread, in: *The Secret World Forum. English Forum* 17.6.2015. Online unter: http://bit.ly/2DxaejT (Letzte Zugriffe: 31.3.2019).

2766 ShadowViper: A Major Secret Society Missing from Game. Thread, in: *The Secret World Forum. English Forum* 4.5.2012. Online unter: http://bit.ly/2ndtOFY (Letzter Zugriff: 31.3.2019).

2767 ulffie: [Future] Real History ((blissfully excited)) Thread, in: *The Secret World Forum. English Forum* 13.7.2012. Online unter: http://bit.ly/2naMMlK; **TheSecretATLAS:** True World Changing Events. Thread, in: *The Secret World Forum. English Forum* 10.3.2012. Online unter: http://bit.ly/2DzTv3w (Letzte Zugriffe: 31.3.2019).

der.²⁷⁶⁸ Die meisten von ihnen empfanden die Informationen aus dem Lore relevant, um die Spielwelt und ihre Hintergründe zufriedenstellend zu verstehen.²⁷⁶⁹ Lob erhielten die Verfasser der Wissensfragmente für deren ungewöhnliche Form, Perspektive und Qualität.²⁷⁷⁰ Beeindruckt fanden sie bei der Datenbank heraus, dass sogar die Titel von Achievements aus nordischer Lyrik entstammten und übersetzen sie für die anderen.²⁷⁷¹ Inhaltlich debattierten sie die Auslegung der dortigen historischen Information wie etwa die Bedeutung von Begriffen, historische Ereignisse und Kontexte oder die Plausibilität spielweltlicher Ereignisse vor dem geschichtlichen Hintergrund.²⁷⁷²

Überlegungen zu den Modellannahmen, die der Spielwelt zugrunde liegen, oder möglichen Rechenmodellen lassen sich nur wenige in den Diskussionsforen nachweisen. Vorstellungen von Ideologie, Politik, Wirtschaft und Religiosität stehen, wie oben erläutert, eher in direktem Bezug zu den spielbaren Gruppierungen und deren Weltsichten. Bezüglich der Spielwelt selbst werden sie kaum thematisiert. Eine recht intensive, teils scharfe Diskussion entbrannte allerdings um gesellschaftliche Diversität. Sie entzündete sich an den Optionen für Bekleidung, Bärten oder Körperformen, mit denen Avatare als Verkörperung der Spielenden in der Spielwelt gestaltet werden.²⁷⁷³ Dort offenbarten sich extreme Gegensätze zwischen Spielenden, die sich für die Spielwelt möglichst vielfältige Auswahloptionen vorstellten, und jenen, die auf klaren geschlechtspezifisch erkennbaren Bekleidungsformen, Haupt- und Gesichtsbehaarung beharrten. Für Letztere hänge davon die Glaubwürdigkeit des lebensweltlichen Szenarios ab. Häufiger schon handelten Diskussionen von Vorstellungen über historische Zugriffe auf die Vergangenheit und wie die Spielwelt diese umsetzen könnte. So diskutierten die Forenbeiträger über die Plausibilität von Zeitreisen als Spielmechanik und inwieweit sie in einem lebensweltlichen Szenario Platz fänden.²⁷⁷⁴

2768 **Vihar:** The Meaning of Bees. Thread, in: *The Secret World Forum. English Forum* 8.4.2009. Online unter: http://bit.ly/2E77Hhy; **Denholm:** Bees. Bees. Bees. Bees. Thread, in: *The Secret World Forum. English Forum* 27.6.2012. Online unter: http://bit.ly/2n9xEFT (Letzter Zugriff: 31.3.2019).
2769 **Eirulan:** Achievements/Lore – was bringt's?! Thread, in: *The Secret World Forum. English Forum* 18.5.2012. Online unter: http://bit.ly/2Ff5FLH (Letzter Zugriff: 31.3.2019).
2770 **Technarch:** Hats off to the lore writers. Thread, in: *The Secret World Forum. English Forum* 24.12.2012. Online unter: http://bit.ly/2DMH43C (Letzter Zugriff: 31.3.2019).
2771 **ViniH:** They call me a troll... Thread, in: *The Secret World Forum. English Forum* 17.7.2012. Online unter: http://bit.ly/2DzSvbI (Letzter Zugriff: 31.3.2019).
2772 **Dubsguy:** Small details of lore that you like please. Thread, in: *The Secret World Forum. English Forum* 29.1.2013. Online unter: http://bit.ly/2E4HQXr; **Rezilia:** What was Loki doing in Guatemala? Thread, in: *The Secret World Forum. English Forum* 19.1.2015. Online unter: http://bit.ly/2Dyrc1o (Letzter Zugriff: 31.3.2019).
2773 **Nethbuk:** Clothing options & gender. Thread, in: *The Secret World Forum. English Forum* 5.5.2012. Online unter: http://bit.ly/2FdFncA (Letzter Zugriff: 31.3.2019).
2774 **Yume:** Portals Through Time: past, present... and future? Thread, in: *The Secret World Forum. English Forum* 7.4.2009. Online unter: http://bit.ly/2rGQUiC; **aero916:** anyone else feel this way? Thread, in: *The Secret World Forum. English Forum* 21.7.2009. Online unter: http://bit.ly/2FdXMpO (Letzter Zugriff: 31.3.2019).

Deutlich mehr riefen in den Foren Aspekte der Weltentwürfe Diskussionen der Spielenden hervor. Sie versuchten zu verorten, um was für eine Spielform es sich bei *The Secret World* handeln würde. Bemerkenswert treffsicher angesichts der Befunde, die im vorliegenden Buch die Vermischung zwischen Lebens- und Spielwelt zeigten, erwies sich einer der frühesten Vorschläge, es als „Massively Multiplayer Online Alternate Reality Social Network Game" zu betrachten.[2775] Irritiert diskutierten die Spielenden, was das Etikett Nischenprodukt bedeuten solle, das der spielekulturelle Diskurs dem Online-Rollenspiel aufpräge.[2776] Unschlüssig fragten sie sich, ob die Bezeichnung vom gegenwartlichen Szenario, der Spielmechanik oder inhaltlicher Komplexität herrühre. Um ein Online-Rollenspiel länger als den ersten Freimonat zu spielen, stellten sich für die Diskutanden als Motivation neben hochstufigen Herausforderungen und einer funktionierenden sozialen Gemeinschaft die Komplexität der Spielwelt und ihrer Geschichten heraus.[2777] Aufgrund des gegenwartlichen Setting diskutierten die Spielenden früh, wie der lebensweltliche Eindruck aus Spielersicht gewahrt bleibe, wenn alle Spielenden an demselben Ort mit übermenschlichen Fähigkeiten starten.[2778] Ohnehin spielen Debatten um ein glaubwürdiges Verhältnis zwischen historischen Aspekten der Spielwelt und der Lebenswelt außerhalb eine große Rolle.[2779] Beeindruckende Details des Environmental Storytelling würden die glaubwürdige Spielwelt befördern.[2780] Selbst penible Rechercheure äußerten sich lobend, wie akribisch die Entwickler bei Funcom jedes geschichtliche Detail glaubwürdig an die Lebenswelt anschlossen.[2781] Wenige dagegen empfanden den kulturellen Detailgrad nicht ausreichend, um Städte und Spielgebiete als plausibel anzusehen.[2782] Wie sich auf die Möglichkeiten ihrer Darstellung Gesetze und Tabus auswirken können, diskutierten sie anhand der Verlegung des Schauplatzes Shanghai nach Sëoul möglicherweise aufgrund der chinesischen Tabus über die Darstellung

---

2775 Yogsothoth: Mmoarsng? Thread, in: *The Secret World Forum. English Forum* 16.8.2008. Online unter: http://bit.ly/2DIb0Oq (Letzter Zugriff: 31.3.2019).
2776 Skeeter: „niche" is a codeword..., in: *The Secret World Forum. English Forum* 9.5.2012. Online unter: http://bit.ly/2nccxC3 (Letzter Zugriff: 31.3.2019).
2777 Axle: What truly keeps YOU playing a game longer than the first free month or so? Thread, in: *The Secret World Forum. English Forum* 5.6.2012. Online unter: http://bit.ly/2nbKTVV (Letzter Zugriff: 31.3.2019).
2778 Vagrant: Non-linear introduction. Thread, in: *The Secret World Forum. English Forum* 13.10.2009. Online unter: http://bit.ly/2DC8x4E (Letzter Zugriff: 31.3.2019).
2779 Shoob: ZAM Interview with Joel Bylos. Thread, in: *The Secret World Forum. English Forum* 30.6.2011. Online unter: http://bit.ly/2FgytmP (Letzter Zugriff: 31.3.2019).
2780 LuckyStampede: Environmental Storytelling–what's your favorite detail? Thread, in: *The Secret World Forum. English Forum* 19.5.2016. Online unter: http://bit.ly/2DCzJEB (Letzter Zugriff: 31.3.2019).
2781 z4oslo: I gotta give it to you Funcom, you did your homework. Thread, in: *The Secret World Forum. English Forum* 17.7.2012. Online unter: http://bit.ly/2DHhWLR (Letzter Zugriff: 31.3.2019).
2782 Lucy Phurr: Where's the Culture? Thread, in: *The Secret World Forum. English Forum* 28.10.2012. Online unter: http://bit.ly/2nanZy4 (Letzter Zugriff: 31.3.2019).

versehrter Körper zum Beispiel bei Untoten.[2783] Auch am Beispiel von Tibet diskutierten sie mögliche Konflikte mit der chinesischen Staatsraison. An anderer Stelle stellten sie sich der Frage, ob Magie nicht schlicht ein verschobener Blickwinkel auf unverstandene, weit fortgeschrittene Technologien sei und worin sie sich unterscheiden könnten.[2784] Im Gegensatz zu den obigen Wunschlisten danach, weitere Verschwörungen oder Mythen spielweltlich zu implementieren, gingen andere Diskussionen mit der Frage, welche Verschwörungen die Diskutierenden für glaubwürdig halten, darüber hinaus.[2785] Insbesondere die Diffusion der spielweltlichen Grenzen und der Lebenswelt führte zu vielen Diskussionen unter den Spielenden. Weil einigen der Detailgrad zu Verschwörungen und historischen Hintergründen außerordentlich dicht erschien, diskutierten sie, ob die Entwickler nicht bloß akribisch recherchierten, sondern auf Geheimwissen zurückgriffen.[2786] Daran schloss sich für manche die Frage an, ob vermeintlich fiktive spielweltliche Inhalte, und wenn ja welche, möglicherweise doch real wären.[2787] Von Anfang an aktivierten die ARGs entlang der spielweltlichen Grenze in großem Umfang die Spielenden zu engagierten Recherchen für historische Diskussionen.[2788] Dabei verschwamm bereits die Grenze des Spieles, weil nicht immer zu klären war, ob Beiträge zu den ARGs vonseiten der Entwickler oder engagierten Dritten kamen.[2789] In dieser spielweltlichen Grauzone entstanden so interessante Randphänomene wie die Annonce angeblicher Vampirjäger oder das verselbständigte Gerücht über eine spielweltliche Geistererscheinung, wenn Spielende zu einer bestim-

---

2783 wandrew: Shanghai becomes Seoul. Thread, in: *The Secret World Forum. English Forum* 11.4. 2009. Online unter: http://bit.ly/2GgOVF1 (Letzter Zugriff: 31.3.2019).
2784 Omnires: Magic vs. Technology. Thread, in: *The Secret World Forum. English Forum* 1.8.2010. Online unter: http://bit.ly/2n9GlzU; **FRB:** How should magic differ from technolgy? Thread, in: *The Secret World Forum. English Forum* 29.10.2009. Online unter: http://bit.ly/2naIkUL (Letzter Zugriff: 31.3. 2019).
2785 crazyhorse: FUNCOM – Why not go deeper on real conspiracies? Thread, in: *The Secret World Forum. English Forum* 14.9.2012. Online unter: http://bit.ly/2DE8euu; **T3XT:** What conspiracies do you believe in? Thread, in: *The Secret World Forum. English Forum* 22.12.2013. Online unter: http://bit.ly/2nc54D9 (Letzter Zugriff: 31.3.2019).
2786 Leshrac: What if this game... Thread, in: *The Secret World Forum. English Forum* 12.12.2011. Online unter: http://bit.ly/2rI3VIP (Letzter Zugriff: 31.3.2019).
2787 Maelwydd: What if everything IS real? Thread, in: *The Secret World Forum. English Forum* 3.8. 2012. Online unter: http://bit.ly/2ncvUMe (Letzter Zugriff: 31.3.2019).
2788 Kendrick: Countdown to 12/21 on CryGaia.com. Thread, in: *The Secret World Forum. English Forum* 5.12.2007. Online unter: http://bit.ly/2GfGolL; **Yume:** June 18th, anniversary of Roald Amundsen's „disappearance". Thread, in: *The Secret World Forum. English Forum* 16.6.2009. Online unter: http://bit.ly/2Girs6z; **AlexanderG:** New arg! Thread, in: *The Secret World Forum. English Forum* 29.5. 2012. Online unter: http://bit.ly/2FkIgIB; **hsekiu:** The fate of Aveline belmont / A Friend. Thread, in: *The Secret World Forum. English Forum* 7.5.2015. Online unter: http://bit.ly/2DCJApY (Letzte Zugriffe: 31.3. 2019).
2789 Arghus: I need your help... Thread, in: *The Secret World Forum. English Forum* 9.5.2011. Online unter: http://bit.ly/2ndNPBj; **Ripin3:** Ivanhoe ARG(?) Thread, in: *The Secret World Forum. English Forum* 30.8.2011. Online unter: http://bit.ly/2Bv7f9Q (Letzte Zugriffe: 31.3.2019).

ten Uhrzeit in einen Spiegel des *Franklin Manor* in *Blue Mountain* blicken würden.[2790] Eine enorme Resonanz löste aus, als Spielende die Webseite der Gemeinde Kingsmouth im Internet aufspürten, welche die Entwickler angelegt hatten.[2791] Einige Spielende vermuteten hinter den dortigen Informationen, einen realen lebensweltlichen Ort und recherchierten der Vermutung nach. Jede Äußerung der twitternden, spielweltlichen Persönlichkeiten wurde ebenfalls auf ihre Hintergründe abgeprüft.[2792] So untersuchten sie die Äußerungen darauf, in welchem Verhältnis die geheime Welt zur Realität stehen würde.[2793] Dass spielweltliche Figuren selbst in Dialogen beispielsweise gesichtete Kreaturen auf Werke von H. P. Lovecraft zurückführten, beeindrucke nach Ansicht von Forenbeiträgern durch den Effekt, die Spielwelt als glaubwürdigen Teil der Lebenswelt wahrzunehmen.[2794] Daher tauschten sie sich früh aus, was eine spielweltliche Atmosphäre zerstöre.[2795] Sie schlugen selbst weitere Instrumente vor, um Lebenswelt und Spielwelt tiefer miteinander zu verknüpfen. Im grundsätzlichen Diskurs über das Verhältnis von Magie und Technik diskutierte ein Thread, ob historisch nicht Alchemie beides verbinde.[2796] Andere baten, den britische Akzent zu beheben, den die Synchronsprecher einigen Ägyptern und Rumänen verliehen, weil er der Verschmelzung schade.[2797]

Wenn auch im Rahmen des vorliegenden Buches auf Details nicht tiefer eingegangen werden kann, so wiesen die Ausführungen doch zu allen Elementen des skizzierten Wissenssystems Diskurse im Forum zu *The Secret World* nach. Sie werden unter Beteiligung vieler verschiedener Personen über den gesamten zehnjährigen Forumsbetrieb immer geführt. Die Diskussionen greifen allgemeinere geschichtlichen Themen auf, schlagen Schauplätze und historischer Inhalte vor, die sich ihrer Ansicht nach in das spielweltliche Angebot einfügen und werden mit historischen Inhalten aus diversen medialen Formaten verknüpft. Bezüglich der *Objekt- und Sachkulturen* diskutierten Beiträge Ritual- und Alltagsgegenstände sowie Waffen und beschäftigten

---

[2790] **Contranoctis:** Fvza. Thread, in: *The Secret World Forum. English Forum* 23.11.2009. Online unter: http://bit.ly/2EbCbyN; **Ravenhurst:** Bloody Mary and the mirror in the attic in Franklin Mansion. Thread, in: *The Secret World Forum. English Forum* 15.1.2013. Online unter: http://bit.ly/2nd1nxV (Letzte Zugriffe: 31.3.2019).
[2791] **Yume:** Kingsmouth, 2010.
[2792] **Grue:** Emergency in Kingsmouth. Thread, in: *The Secret World Forum. English Forum* 26.11.2010. Online unter: http://bit.ly/2DAp5Kv; **nusquam:** The Twitterverse Experiment. Thread, in: *The Secret World Forum. English Forum* 6.2.2013. Online unter: http://bit.ly/2DEsYlH (Letzte Zugriffe: 31.3.2019).
[2793] **Nilxain:** Harrison Blake and My Journey for Lore. Thread, in: *The Secret World Forum. English Forum* 3.4.2013. Online unter: http://bit.ly/2ncReRR (Letzter Zugriff: 31.3.2019).
[2794] **Sanguinantis:** Ur Draug aka Cthulu oder nicht? Thread, in: *The Secret World Forum. Deutsches Forum* 10.7.2012. Online unter: http://bit.ly/2FglOAz (Letzter Zugriff: 31.3.2019).
[2795] **MonMalthias:** On Atmosphere, and the generation thereof. Thread, in: *The Secret World Forum. English Forum* 20.6.2010. Online unter: http://bit.ly/2DJeDEs (Letzter Zugriff: 31.3.2019).
[2796] **Omnires:** Alchemy: blending science and magic. Thread, in: *The Secret World Forum. English Forum* 10.3.2010. Online unter: http://bit.ly/2DH6fEX (Letzter Zugriff: 31.3.2019).
[2797] **Boggart:** British Egyptian gods, british Romanian spirits. Thread, in: *The Secret World Forum. English Forum* 17.7.2012. Online unter: http://bit.ly/2rEWQcf (Letzter Zugriff: 31.3.2019).

sich mit den Gebäudestilen der Spielgebiete. Über Diskussionen zum Grad eines stimmigen Gesamteindruckes hinaus reflektierten sie sachkulturelle Darstellungen aus historischen Epochen an neuzeitlichen Vorstellungen. Dankbar lobten viele, dass die Entwickler auf den Ursprung von Legenden zurückgegangen wären, anstelle populärkulturelle Sterotype zu reproduzieren. Von der vielstimmigen, multiperspektivischen Anlage des *narrativen Netzwerks* zeigten sich manche Spielende verwirrt und hofften auf eindeutige Erklärungen durch das Forum. Wenig nur thematisierten die Diskussionen die dafür verantwortlichen Persönlichkeiten und ihre Darstellung. Die meisten Diskutanden begriffen die verschiedenen Perspektiven als besonders glaubwürdige Inszenierung einer spielweltlichen Gegenwart. Eine enorme Vielzahl von Diskussionen befasste sich dagegen mit lebensweltlichen Vorbildern der Geheimbünde, deren spielweltlichen und historischen Weltsichten sowie ihre Repräsentation in den Spielgebieten. Dass Updates der Spielwelt eine zeitliche Entwicklungsrichtung verleihen, begrüßten Diskussionsbeiträge als wirksamen Faktor für eine glaubwürdige Spielwelt. Intensiv diskutierten Teilnehmer des Forums auch das Lore in der Wissensdatenbank als essentiell für das Verständnis der Spielwelt. Dass diese Datenbank Wissen nicht als objektiv präsentiere, sondern in der Perspektive des Weltwissens eines Schwarmbewusstseins, verstanden viele als besondere Qualität. *Makrohistorische Modelle* wurden nur selten im Forum diskutiert. Eine umfangreichere Diskussion entspann sich allerdings zur Darstellung gesellschaftlicher Diversität, weil sie mit der spielweltlichen Glaubwürdigkeit verknüpft sei. Ebenfalls diskutierten sie Formen, wie der historische Zugriff auf Vergangenheiten möglichst plausibel in die Spielwelt integriert werden könnte. Erheblich stärkeren Gesprächsbedarf hatten die Diskutierenden zu *mikrohistorischen Weltentwürfen.* Die Diskussionen belegten, dass für ein langfristiges Engagement eines Teils der Spielenden die Geschichten und die Komplexität der Spielwelt eine wesentliche Rolle spielten. Technische Fragen der spielweltlichen Inszenierung wie Soundscapes oder Lichtverhältnisse erörterten sie kaum. Kontinuierlich aber besprachen sie, wie die Spielwelt eines gegenwartlichen Szenarios inhaltlich einen lebensweltlichen Entwurf zeichnen könne, ohne dass Details Spielende aus diesem Eindruck entreißen. Sie lobten die Entwickler für die detailverliebte Akribie bei der Stimmigkeit der Hintergrundwelt. Diskurse um ein glaubwürdiges Verhältnis von historischen Aspekten in Spiel- und Lebenswelt nahmen großen Raum ein, besonders zur Diffusion spielweltlicher Grenzen.

Insgesamt belegt der Überblick eine verbreitete erinnerungskulturelle Reflexion durch die Spielerschaften. Sie kommunizieren über die meisten Elemente des historischen Wissenssystemes, setzen sie in Beziehungen zu Geschichtsbildern und eigenen lebensweltlichen Erfahrungen, ziehen Belege aus der Geschichtskultur von außerhalb heran und verständigen sich darüber mit den anderen Diskutierenden. Wie Aleida Assmann es formulierte, organisieren die Spielenden also ihr historisches Gedächtnis mit Hilfe externer Speichermedien und kultureller Praktiken in dieser Gemeinschaft. Nach Jan Assmann handeln sie so Vorstellungen über Vergangenheiten immer wieder neu aus. Die Diskussionen werden nicht nur punktuell geführt. Sie treten kontinuierlich über den langen Untersuchungszeitraum des Forums von fast zehn Jahren zu verschiedensten geschichtlichen Facetten auf. Nach Harald Welzer stellt diese soziale Praxis kommunikativer Prozesse ein kommunikatives Gedächtnis her, das im Verlauf der Zeit in das kulturelle Gedächtnis einer Gemeinschaft übergeht. Da der spielweltliche Entwurf eine kulturgeschichtliche Perspektive auf die Lebenswelt wirft, beziehen die Diskutierenden Mythen und Legenden, Literaturgeschichte und populärkulturelle Vorstellungen mit in die erinnerungskulturellen Diskurse ein. Die Diskussionsbeiträge offenbaren bemerkenswerte Fähigkeiten, den spielweltlichen Entwurf als glaubwürdige Interpretation der Lebenswelt zu betrachten, obwohl das Setting ihn kulturgeschichtlich hin zu Manifestationen historischer Mythen und Legenden verschiebt.

Diese Befund ist ein interessanter Aspekt der erinnerungskulturellen Sphäre, an den weitere geschichtswissenschaftliche Forschungen anschließen sollten. Ebenso wäre es empfehlenswert, die Häufung von Themen oder historische Argumentationsstrukturen zu erschließen. Das thematische Spektrum könnte dann auch auf die Aspekte spielweltlicher Erinnerungskulturen erweitert werden, wie sie bezüglich Ritualen des Gedenkens, Prozessen der Oral History unter Spielenden in Spielwelten und spielweltlich-historischen Umbrüchen aufgezeigt wurden. Zufriedenstellend aber erbringt die vorliegende Studie den Nachweis, dass im Umfeld des empirischen Beispiels eine lebendige Erinnerungskultur besteht, in der sich Beteiligte zahlreich und kontinuierlich, lange vor der Veröffentlichung und während des Spielbetriebs über historisch relevante Themen verständigten. Weitere Forschungen müssten die skizzierten Ebenen der Kommunikationsstrukturen dieser Erinnerungskultur einbeziehen. Als schriftliche Quellen wären Foren etwa bei spielekulturellen Magazinen zu betrachten und Diskussionen in den Kommentarspalten von Webportalen. Auch der erinnerungskulturelle Wert symbolischer Kommunikation durch Emotes wäre zu beleuchten. Die Ausführungen zu den sozialen Gemeinschaften der Spielenden ergaben im vorliegenden Abschnitt des Buches differenzierte Strukturen von losen kurzfristigen Gruppen bis hin zu organisierten Gilden mit jeweils unterschiedlichen Kommunikationsstilen. In den Gruppen schließen sich zudem jene Nutzertypen zusammen, welche der vorangegangene Abschnitt aufzeigte. Gezielt wäre daher für weitere geschichtswissenschaftliche Untersuchungen zu ermitteln, innerhalb welcher Gruppenstrukturen die erinnerungskulturelle Kommunikation besonders wahrscheinlich ist. Nick Yee und Rudolf Inderst bieten bereits einige Anregungen für ein sinnvolles Forschungsdesign, das Überlegungen zu geschichtskulturellen Praktiken einbeziehen müsste, wie sie Stefanie Samida, Sandra Willner und Georg Koch im Abschnitt zu den Nutzerperspektiven formulierten. Erst eine solche Beschränkung des Arbeitsvolumens ermöglicht schließlich, die Kommunikation unter Spielenden systematisch zu erschließen, indem gezielt die Gruppen mit den potentiell reichsten Befunden ermittelt werden. So wäre auch, um den Bogen zu Foren zurückzuschlagen, die Kommunikation in den Diskussionsforen auf Gilden-Webseiten in Relation zu den übrigen Spielerschaften setztbar. Substantiell nähert sich die Geschichtswissenschaft so einem Verständnis, wie historische Inhalte in einem komplexen medialen Sozialkonstrukt wie Online-Rollenspielen rezipiert werden und zur erinnerungskulturellen Sinnbildung führen.

* * *

5 Erinnerungskulturelle Wissensysteme in digitalen Spielen

Am Ausgangspunkt der vorliegenden Studie standen einige Beobachtungen, die auf geschichtswissenschaftlich relevante Strukturen und Prozesse in digitalen Spielen und ihrem Umfeld deuteten. Viele waren bislang unbehandelt. Der Überblick zeigte genügend Anhaltspunkte, dass die Phänomene auch gesellschaftlich bedeutend sind. Insbesondere Online-Spiele, speziell die MMORPGs, betrachtete die Einführung als aussichtsreich, um dem Umgang von Spielenden mit historischen Inszenierungen nachzuspüren. Wenn Spielende dort bereits im gemeinschaftlichen Spiel aufeinandertreffen, einzeln und kollaborativ mit historischen Inhalten interagieren und darüber kommunizieren, könnte hierin ein Zugriffsweg auf historische Erinnerungskulturen liegen. Im Kern zielte das Forschungsinteresse also darauf, ein geschichtswissenschaftliches Modell zu entwickeln, um digitale Spiele mit historischen Inszenierungen und Spielergemeinschaften als Erinnerungskulturelle Wissenssysteme handhabbar zu machen.

Um sich dem Begriff des Historischen an digitalen Spielen zu nähern, überblickte das erste Kapitel zunächst die Haltungen von Entwicklern. Verbreitete Vorstellungen in der Geschichtswissenschaft über sie stellten sich als einseitig und undifferenziert heraus. Die Motivationen der Entwickler, mit geschichtlichen Inhalten umzugehen, und ihre Auffassungen, was an ihren Produkten das Historische ausmache, fiel sehr viel diverser aus, als Historikerinnen und Historiker bislang zur Kenntnis nehmen. Die Analyse führte auf vier Darstellungsformen, die das historische Wissen in einem digitalen Spiel transportieren. Die Ergebnisse verglich der nächste Schritt mit bereits vorhandenen geschichtswissenschaftlichen Studien, die Vorstellungen über das Historische an digitalen Spielen entwickeln. Zusammen mit den Vorstellungen bei Entwicklern ließ sich daraus ein Begriff des Historischen für die vorliegende Untersuchung entwickeln, der Behelfskonstruktionen wie historische Resonanz oder Anmutung präzisierte. Digitale Spiele weisen eine historische Inszenierung auf, wenn einer oder mehrere der Bestandteile historische Inhalte aufgreift: Narrative Elemente, Objekte der Kulisse, spielmechanische Modelle und automatisierte Weltentwürfe. Je mehr der Komponenten geschichtliche Anleihen suchen, umso höher ist der Grad einer historischen Inszenierung. Ausgehend von den Vorarbeiten untersuchte der folgende Abschnitt den medialen Charakter digitaler Spiele als historische Quelle und was daraus für den methodischen Zugriff folgt. Es stellte sich eine besondere Medialität heraus, die ein räumliches System mit einem interaktiven Wissensangebot und der zentralen Handlungsmacht von Spielenden verbindet. Die besonderen Eigenschaften digitaler Spiele führen zu methodischen Herausforderungen für ihre Untersuchung, weil die Spielerfahrungen von Forschenden nicht einfach zu referenzieren sind. Für das weitere Vorgehen legte daher die Methodik fest, allgemeine Beschreibungen mit einer Fussnote und einer Ludografie im Anhang zu referenzieren. Konkrete Beobachtungen am Spielsystem durch Forschende belegen sinnvoll aber nur filmische Mitschnitte, die wiederum eigene Beschränkungen besitzen. Auf dieser umfassenden Grundlage untersuchte das Kapitel den geschichtswissenschaftlichen Forschungsstand erstens aus einer systematischen Perspektive und zweitens mit einem Blick auf die behandelnden Epochen. Systematische Ansätze erschöpfen nicht das Spektrum geschichtswissenschaftlich möglicher Fragestellungen, wohl auch weil einzelne Studien bislang wenig Anschluss an vorhandene Aufsätze suchen und Überblicksliteratur sich selbst nur erste Vorstöße in das Feld bescheinigt. So zeigten sich zwar einige aufschlussreiche Ansätze in gezielten Studien an digitalen Spielen, sie greifen aber nicht die Variationsbreite von Perspektiven und Themen auf, wie digitale Spiele sie anbieten. Die oben skizzierten Elemente des Historischen an digitalen Spielen betrachten sie nur in Teilen. Zudem beziehen sie zum Beispiel Performanz-Theorien nicht genügend ein, um das handelnde Individuum in der historischen Inszenierung besser zu verstehen. In Hinsicht auf die Spielformen betrachtet die Geschichtswissenschaft bislang vorwiegend ein Teilspektrum wie Simulationen, Shooter und Strategiespiele. Die Veränderlichkeit dieser Kategorien reflektiert sie zudem nicht genügend. Vermutlich fiele andernfalls auch mehr auf, dass sie ganze Bereiche historischer Inszenierungen vernachlässigt wie etwa Alltags- und Lebenssimulationen. Viele Spielformen finden gar keine Beachtung. Auch weil eine grundsätzliche Behandlung von MMORPGs bislang fehlt, greift die vorliegende Dissertation diese Spielform auf. Der Forschungsüberblick zu periodisierenden Ansätzen zeigte große Unterschiede für die Epochen. Die Vor- und Frühgeschichte wird kaum behandelt. Erst die römische Antike erhält prominent Aufmerksamkeit. Vielfach werden mittelalterliche und frühneuzeitliche Szenarien untersucht. Bei letzteren werden beispielsweise koloniale Inszenierungen viel zu selten fokussiert. Neuzeitlich dominiert die Sicht auf Darstellungen von Krieg. Perspektiven konzentrieren sich besonders auf die drei Mikroepochen des Ersten, Zweiten und Kalten Weltkrieges. Insgesamt ließen sich sowohl im systematischen Teil als auch epochen-spezifisch große geschichtswissenschaftliche Lücken identifizieren, die es vor allem dadurch zu schließen gilt, einen besseren Austausch unter den Forschenden über Ansätze und Inhalte herbeizuführen. Zudem berücksichtigen Autorinnen und Autoren nicht genügend die Historizität des Gegenstandes selbst. Befunde, die zu einem bestimmten Zeitpunkt gewonnen werden, ordnen sie nicht genügend in den Kontext einer mehr als fünfzigjährigen Geschichte digitaler Spiele ein.

Das zweite große Hauptkapitel stieß gezielt mit Beispielen in bestehende Lücken des geschichtswissenschaftlichen Diskurses vor. Entlang der zuvor festgestellten epochalen Phasen ließen sich für diese Lücken bei Geschichtsbildern zahlreiche Beispiele finden. Zudem identifizierte dieser Abschnitt historisch relevante Rückkopplungen aus zeithistorischen Entwicklungen und Vorstellungen auf digitale Spiele. Drittens zeigte sich, dass digitale Spiele selbst längst ihre eigene Geschichte thematisieren, obwohl eine technikkulturelle Aufarbeitung durch die Geschichtswissenschaft nach mehr als fünfzig Jahren immer noch aussteht. Viertens inszenieren digitale Spiele selbst den Rückgriff auf Vergangenheiten etwa durch ihre spielmechanische Anlage und schaffen Räume, in denen Spielende über Historisches kommunizieren. Auf diese Weise entstehen besonders bei Multiplayer-Online-Spielen erinnerungskulturelle Wissenssysteme. Der nachfolgende Abschnitt identifizierte zahlreiche Lösungsansätze, um die systematischen und inhaltlichen Lücken der Geschichtswissenschaft interdisziplinär zu schließen. Insbesondere bezüglich der Online-Rollenspiele schälten sich viele wertvolle Anknüpfungspunkte heraus. Einige Lösungsansätze aus der Historik, Globalgeschichte oder Emotionsgeschichte bietet das Repertoire der Geschichtswissenschaft bereits selbst. Unmittelbare Nachbardisziplinen wie die Archäologie oder die historische Didaktik erlauben frühgeschichtliche Rekonstruktionen einzubeziehen sowie Rezipienten als historische Lerner. Eine Vielzahl von geistes- und sozialwissenschaftlichen Disziplinen ermöglicht tiefer in die Medialität und die Performativität digitaler Spiele vorzudringen, aber auch ihren Charakter als Wirtschaftsprodukt, soziale Beschäftigung und als Kulturraum zu erfassen. Journalistische Texte oder Autoren aus der Games-Branche arbeiteten zudem etwa zur Geschichte digitaler Spiele vor oder helfen, die Produktionsprozesse und Zwänge aufgrund von Eingabegeräten zu verstehen. Da ihr Charakter als Träger von historischen Überlieferungen eng mit ihrer Medialität verbunden ist, untersuchte ein Abschnitt daraufhin, welche Auffassungen über ihre Bewahrung und Archivierung bestehen. Daraus wurde ermittelt, in welcher Weise die Dokumentation der Befunde für die vorliegende Dissertation erfolgen sollte. Ferner verdeutlichte der Abschnitt, wie wichtig es zum Erhalt der flüchtigen Quellengrundlage wäre, wenn die Geschichtswissenschaft ein stärkeres Bewusstsein für sie entwickelt und sich aktiver mit dem Erhalt einer repräsentativen Überlieferung befasst. Insbesondere die Bewahrung von Online-Rollenspielen stellt vor schier unlösbare Aufgaben. Dass die gleichgültige Enthaltung der Geschichtswissenschaft höchst problematisch ist, wies der Überblick zu bisherigen Veröffentlichungen über die Geschichte digitaler Spiele aus. Jene Publikationen genügen fachlichen Ansprüchen nicht. Um speziell MMORPGs in diese Geschichte einzuordnen, fehlen taugliche historiografische Vorarbeiten. Der abschließende Abschnitt dieses Kapitels zog dann eindeutig das Resummée, dass es für die Geschichtswissenschaft längst Zeit sei, sich intensiver mit digitalen Spielen zu befassen, und zwar tiefgründiger, vielseitiger, methodisch reflektierter und stärker multiperspektivisch. Letztlich raubt ihre Selbstmarginalisierung dem wissenschaftlichen Diskurs eine wesentliche Perspektive, die nutzbringend auch zu Forschungen anderer Disziplinen beitragen kann. Auch wenn der Versuch stetig unternommen wurde, Online-Rollenspiele im geschichtswissenschaftlichen Diskurs verorten, hinterließen die Befunde im Forschungsstand doch ernüchtert. Wenn es an Vorarbeiten auch mangelt, schienen MMORPGs als Erinnerungskulturelle Wissenssysteme geschichtswissenschaftlich vielversprechende Gegenstände zu sein. Ihre Konstitution zwischen historischen Wissensangeboten, performativ handelnden Spielenden und kommunizierenden Gemeinschaften verorten sie am sinnvollsten als Gegenstand der Public History. Gerade sie befasst sich mit Nutzerinnen und Nutzern, die aktiv historischen Sinn auf der Basis von öffentlichen medialen Inszenierungen des kulturellen Erbes bilden.

Die vorliegende Studie sollte nicht nur den Zugriff auf Online-Rollenspiele als Erinnerungskulturelles Wissenssystem aus geschichtswissenschaftlicher Perspektive entwickeln und seine Eignung postulieren. Vielmehr sollten die methodischen und theoretischen Vorüberlegungen empirisch am Fallbeispiel des MMORPG *The Secret World* erprobt werden. Zunächst fasste daher das vierte Kapitel die methodischen Folgen aus dem Charakter digitaler Spiele als Quelle und aus dem Arbeitsmodell zusammen. Dieser Abschnitt legte methodisch fest, wie die Videografie die Aspekte des Wissenssystemes dokumentiert. Zudem erläuterte er, welchen Themenkomplexe die Untersuchung nachspürt, angesichts der aufgezeigten behandelten und der bislang vernachlässigten Bereiche aus dem Forschungsstand zur Geschichtswissenschaft. Dieser Abschnitt zeigte Wege auf, die Perspektiven der Spielenden mit dem historischen Wissenssystem in Beziehung zu setzen. Zuletzt arbeitete er Kriterien für die Untersuchung der erinnerungskulturellen Aspekte heraus und ermittelte Forendiskussion als besonders geeigneten Zugriffsweg. Dieser erste Vorstoß konnte nicht alle möglichen Fragestellungen in Tiefe und Breite abhandeln. Aus systematischen Defiziten der methodischen und inhaltlichen Vorgehensweisen entwickelte der Abschnitt Empfehlungen für zukünftige Studien. In Ermangelung historiografisch geeigneter Vorarbeiten zu Online-Rollenspielen verortete der zweite Abschnitt dieses Kapitels das Beispiel in einer technikkulturellen Geschichte. Sie thematisierte die Entstehung der Spielform aus digitalen und analogen Vorläufern und arbeitete die damit verbundenen sozialen Gruppen heraus. Die weitere Untersuchung von Massively-Multiplayer Online-Rollenspielen zeigte markante Schritte ihrer Entwicklung und wie sich dadurch sowohl die Möglichkeitenräume innerhalb der Spiele sowie die beteiligten sozialen Gruppen veränderten. Zum vorläufigen Höhepunkt der Entwicklung allerdings verlieren sich die Spuren der ursprünglichen Soziotope in einem breiten Massenphänomen mit diversifizierten Spielerschaften. Soziologische und medienpsychologische Untersuchungen zeigten, abgesehen von wenigen verlässlicheren Indizien, widersprüchliche Befunde über die Zusammensetzung der Spielerschaften. Einer der wesentlichen Forschungsakteure des Feldes bemängelte den Umgang mit genderspezifischen Themen und dass Studien kaum nach Kulturräumen differenzieren. Da eine Einordnung des konkreten Beispieles *The Secret World* in die technikkulturelle Geschichte von MMORPGs über allgemeine Befunde zu den Spielerschaften nur begrenzt möglich war, näherte sich dieser Abschnitt dem Fallbeispiel über die spezifische Produkt- und Unternehmensgeschichte. Belege entschlüsselten die grundsätzliche Unternehmensphilosophie im Umgang mit Online-Rollenspielen, betrachteten den Entwicklungsprozess, und wie sich das Marketing positionierte. So ließen sich historisch relevante Kerninhalte identifizieren und wie sie an die potentiellen Spielenden kommuniziert wurden. Nicht nur die Umstände der Veröffentlichung, sondern auch die gezielte Anlage deuteten auf ein ungewöhnliches Produkt für einen speziellen Personenkreis. An weiteren Virtuellen Welten und deren Spielergemeinschaften wäre sicherlich zu klären, ob die ermittelten Befunde zum historischen Wissenssystem und der Erinnerungskultur dorthin übertragbar sind.

Der nächste Abschnitt sammelte detaillierte Befunde auf Basis der zuvor entwickelten Unterkategorien für das historische Wissenssystem in den Spielgebieten. Ein gesonderter Teil komprimierte die Befunde daher in einem Überblick und verknüpfte sie mit Lösungswegen, sie zukünftig näher in geschichtswissenschaftlichen Forschungsfeldern zu behandeln. Die *Objekt- und Sachkultur* markierten Objekte von Gebäuden über Fahrzeuge, Karten und Kreaturen bis hin zu Alltagsgegenständen als zugehörig zu den Weltregionen und Großstädten. Sie transportierten eine Vielzahl von historischen Themen aus diversen Epochen, die das gegenwartliche Setting stets an der Zeitgeschichte reflektierte. Insbesondere fiel auf, dass diese Spielwelt Objekte nicht wie andere digitale Spiele nur als Kulisse nutzt, sondern sie substantiell und vielseitig als funktionale Bestandteile in Handlungen der Spielenden einbindet. Dass die spielweltliche Objektkultur mit performativ handelnden Spielenden verquickt ist, warf neue Fragen für die Diskussion um historische Authentizität auf, die eben nicht nur den Abstraktionsgrad der Objekte oder der Detailtreue von historischen Gegenständen betreffen, sondern auch die Beziehung der handelnden Subjekte mit ihnen. Die besondere Form der Sachkultur in der Spielwelt bietet eine Vielzahl gegenwartlicher und historischer Authentizitätsanker, deren geschichtswissenschaftliches Verständnis für die Historik relevant ist. Mit den Medienformen historischer Authentifizierung gehen Verständigungsmilieus einher, die es zu erschließen gilt. MMORPGs wären wesentliche Quellen für die Kulturgeschichte digitaler Mediengesellschaften. Erkenntnisse zur Sachkultur wirken sich auf praktische Arbeitsfelder wie 3D-Rekonstruktionen und die Anlage von Virtueller Realität aus.

Als bedeutend für die historische Inszenierung stellten sich zudem *narrative Netzwerke* heraus. Deren Fragmente kombinieren Spielende individuell aus einem spielweltlichen Personennetzwerk, Weltsichten von Gruppierungen, besonderen Missionsformen, dem Lore des Hintergrundes sowie einer Wissensdatenbank. Über hundert ausgearbeitete Persönlichkeiten zeigen individuelle Haltungen in der Spielwelt zu historischen und spielweltlichen Zusammenhängen, anderen Persönlichkeiten und Geheimbünden. Sie sind in einer großen Diversität dargestellt, so dass ihre Einstellungen aus demografischen, sozialen, ethnischen und kulturellen Hintergründen plausibel wirken. Weil sie sich oft widersprechen, entstehen für die Spielenden mehrdeutige Interpretationen. Aus der vielstimmigen Multiperspektivität dieser Oral History ziehen Spielende ihre eigenen Schlüsse. Obendrein schließen sie sich einem von drei Geheimbünden an, deren Weltsichten die Spielwelt einfärben. Die Aufgaben von Missionen lassen sich häufig nur lösen, werden historische Informationen aus dem Internet hinzugezogen. Narrative Netzwerke werden um Fragmente außerhalb der Spielwelt erweitert, dadurch vertieft und glaubwürdiger. Sofern sie gesucht und gefunden werden, fügen verstreute Fragmente der Hintergrundgeschichte in einer veränderlichen Datenbank nach und nach verwobenes Wissen zusammen. Der Vorgang simuliert einen Erkenntnisprozess. Individuell hängt die Spielerfahrung davon ab, welche Fragmente in welcher Kombination und Reihenfolge die Spielenden zusammenfügen. Wenn Narration ein essentieller Bestandteil der historischen Sinnbildung ist, stellt diese performative Struktur die Historik vor erhebliche Herausforderungen. Die Geschichtswissenschaft muss damit umgehen lernen, dass Spielende die Deutungshoheit besitzen. Jedem Spielenden individuell bei der Dekonstruktion der eigenen Spielerfahrung zu helfen, ist angesichts der Vielzahl von Spielenden und ihrer möglichen historischer Eindrücke kaum praktikabel. Intelligente Konzepte, um die historische Sinnbildung dennoch in geeignete Bahnen zu lenken, verspricht das *situative Erzählen*. Seine Kombination mit der Theorie interaktiver digitaler Narrative ließe die Historik durch wirksame Instrumente erweitern, um derartige narrative Netzwerke in digitalen Medien geschichtswissenschaftlich zu erschließen.

Makrohistorische Rechenmodelle zeigte der Forschungsstand etwa bei Simulationen oder globalhistorischen Strategiespielen auf. Sie ließen sich am gewählten Beispiel *The Secret World* nicht nachweisen. Allerdings konstituierten die Spielelemente und die Anlage der Spielwelt historisch relevante Denkmodelle. Modelle von Gesellschaft, Politik, Wirtschaft und Wissenschaft zeigten Vorstellungen von kulturhistorischen Prozessen und ihren gesellschaftlichen Rahmenbedingungen. Die Darstellung der Geschichtswissenschaft und damit verbundene historische Erkenntnisprozesse stellte sich als bemerkenswert vielfältig heraus. Sie zeigten geradezu postmoderne und konstruktivistische Haltungen. Bislang konzentrieren sich geschichtswissenschaftlich Forschende mit Militär, Diplomatie und Wirtschaft fast ausnahmslos auf Teilaspekte modellhafter Vorstellungen in digitalen Spielen. Urteile, digitale Spiele reproduzierten primär historische Geschichtsbilder, könnten somit der gewählte Blickwinkel der Forschenden präkonditionieren. Das Kapitel zur Erweiterung des Arbeitsfeldes führte zahlreiche Beispiele für makrohistorische Modelle an, die weit über bislang behandelte Fragestellungen hinaus gehen. Sie modellieren beispielsweise kulturellen Einfluss, Religiosität, mittelalterliche Ehrbegriffe und dynastische Heiratspolitik. Zudem beschränken sich solche Modelle nicht auf historische Epochen, sondern stellen auch zeithistorische Vorstellungen des jeweiligen Entstehungszeitpunktes und Produktionsraumes eines digitalen Spieles dar. Selbst ein Science-Fiction-Spiel bietet daher historische Auskunft etwa über die Anlage eines Modells, wie Wissenschaften, Technologie und Gesellschaft miteinander wechselwirken. Die häufige These, solche Systeme orientierten sich grundsätzlich bloß an einer effizienten Spielmechanik, widerlegen die Beispiele jedenfalls. Modelle werden nicht ausdrücklich erklärt, verbergen sich vielmehr im Zusammenspiel vieler Spielelemente wie der spielmechanischen Anlage, Rechenmodellen oder der Konstruktionsweise von Spielgebieten. Das Fallbeispiel modelliert eine kulturgeschichtliche Interpretation über den gesellschaftlichen und individuellen Umgang mit einem Kulturellen Erbe, die eine geschichtswissenschaftliche Historiografie gleichbereichtigt neben volksmündliche Überlieferungen stellt. Dieses angelegte Denkmodell, nach dem sich die Spielenden durch die vernetzte Spielwelt bewegen und dabei ihrem Erkenntnisprozess folgen, konditioniert den Zugriff auf alle dargelegten Inhalte des historischen Wissenssystems. Es ist also dringend anzuraten, dass die Geschichtswissenschaft solche Modelle umfassender und detaillierter in digitalen Spielen analysiert. Sie besser zu verstehen, könnte sogar Erkenntnisse bergen, um rechenbasierte Modelle als geschichtswissenschaftliches Instrument anzuwenden. So könnte die

Plausibilität von Gesellschaftsmodellen überprüft werden, die Wahrscheinlichkeit historische Prozesse berechnet oder Arbeitsabläufe auf beobachtbare Erkenntnisprozesse optimiert werden.

Als viertes Element für historische Wissenssysteme arbeitete dieses Buch den *mikrohistorischen Weltentwurf* heraus. Seine Komponenten ließen sich auf Landschaften, Routinen, Soundscapes, Lichtstimmungen und die lebensweltliche Inszenierung zurückführen. Die Landschaften ordneten sich über topografische und geologische Merkmale, Vegetation und klimatische Bedingungen einer Weltregion zu. Die weitgehend statischen Spielgebiete erhielten Dynamik durch pointierte Routinen von Kreaturen und Naturphänomenen. Aufwändig verorten Soundscapes die Kulturräume glaubwürdig und inszenieren räumliche Tiefenwahrnehmung. Der akustische Wahrnehmungskanal übernimmt wichtige Funktionen etwa bei Gebietsübergängen, als Teil spielerischer Aufgaben oder als Mittler von Körperlichkeit. Ähnlich rücken die Lichtstimmungen der Spielgebiete und ein stetiger Tag- und Nachtwechsel die historischen Inhalte buchstäblich in unterschiedliches Licht. An Übergängen verschieben die Entwickler die Lichtverhältnisse gezielt, um den Wechsel hin zu einer anderen Stimmung zu betonen. Gezielte Lichteffekte lenken die Aufmerksamkeit auf Objekte und übernehmen spielmechanische Funktionen. Mithilfe vieler Mittel vermengt das empirische Beispiel zudem einzigartig Spiel- und Lebenswelt. Inhalte müssen aus dem Internet herangezogen werden, um Missionen zu lösen. Außerhalb der Spielwelt sind Webseiten, Blogs und Accounts von spielweltlichen Akteuren zu finden. Die Grenze, wo das eigentliche Spiel beginnt und wo die Lebenswelt der Spielenden aufhört, verschwimmt durch einen verblüffenden Aufwand zum Beispiel durch ARGs. Dritte erweitern diese Unschärfe mit Inhalten im Internet, weil ihr Ursprung unklar ist: lebensweltlich real, insgeheim von Entwicklern angelegt oder als Scherz fingiert. Um einen solchen komplexen Weltentwurf zu fassen, bietet sich der Begriff einer historischen Atmosphäre an. Vorarbeiten in der Neuen Ästhetik bieten für den untersuchten Weltentwurf geeignete Begriffe. Atmosphären sind demnach die Beziehungen von Subjekten und Objekten zueinander und zu dem sie umgebenden Raum. Gerade in einem Online-Rollenspiel treffen Objekte nicht nur auf einen Beobachter, vielmehr bewegen sich viele Spielende gleichzeitig im Raum. Ihre Wechselwirkungen untereinander und mit den Komponenten des historischen Wissenssysteme ließen dann die historische Atmosphäre entstehen. Das Maß, in dem dieser Weltentwurf Lebenswelt und Spielwelt vermischt, stellt traditionelle Vorstellungen von Wirklichkeiten infrage, die in analoge und digitale Welten trennen.

Vielfach wurde betont, welche Handlungsmacht Spielende in digitalen Spielen besitzen. In der Spielwelt lassen ihre Entscheidungen und Interaktionen eine persönliche historische Inszenierung entstehen. Bewusst oder unbewusst wählen sie, welche Elemente des historischen Wissenssystems sie in welcher Reihenfolge zur Kenntnis nehmen, und ob sie sie zur Kenntnis nehmen. Ihre individuelle historische Inszenierung unterscheidet sich zudem in Abhängigkeit von ihrem Spielverhalten. Hauptsächlich stellte die Forschung an Online-Rollenspielen drei relevante Spielertypen fest, die auffällig eigen mit den Spielinhalten umgehen. *Achiever* orientieren sich auf Herausforderungen und den spielerischen Fortschritt. *Explorer* erkunden das Unbekannte. *Socializer* repräsentieren gern und tauschen sich kommunikativ aus. Ihre unterschiedlichen Herangehensweisen und Blickwinkel erläuterte ein empirischer Überblick entlang spielmechanischer Bestandteile. Die Nutzerperspektiven im Wissensystemes eines Online-Rollenspieles stellten sich somit als komplex und vielseitig heraus. Fast alle Spielsysteme sind auf Interaktionen mithilfe von Avataren ausgelegt, die den Spielenden als idealisiertes Selbst zur Verköperung in der Spielwelt dienen. Wissenssystem und Spielwelt bilden eine Bühne, deren Bestandteile sie nach ihren Vorlieben kombinieren. An dieser Inszenierung wirken die anderen Spielenden mit, so dass sich gemeinschaftliche performative Praktiken herausschälen, mit denen die Spielenden Vorstellungen von Vergangenheiten erzeugen, aus denen Geschichtskulturen erwachsen. Um die vielfältigen Nutzerperspektiven im historischen Wissenssystem eines Online-Rollenspiels zu untersuchen, müsste ein Forschungsdesign auf Vorarbeiten zur Performanzforschung aufbauen. Eine solche Studie müsste klären, wie die Spielenden in Abhängigkeit von ihren Spielweisen die Bestandteile des Wissenssystemes rezpieren und in welcher Mischung sie die Komponenten zur individuellen Inszenierung zusammenfügen. Um für ein solches Studiendesign repräsentative Gruppen zu finden, müsste die Geschichtswissenschaft eine Rezeptionsforschung zu digitalen Spielen betreiben. Auch die gegenwärtigen soziologischen und psychologischen Studien zu Spielenden erwiesen sich als zu widersprüchlich, um Untersuchungsgruppen und Fragestellungen abzuleiten. Die interaktionistisch-konstruktivistische Didaktik bietet Möglichkeiten, Prozesse des Wissenserwerbs im Beziehungsgeflecht von Gruppen in die Studie der Nutzerperspektiven einzubeziehen.

Schwierig ist also, ohne weitere Forschungen zur Rezeption und der Handlungsmacht der Spielenden Aussagen zu treffen, welche Formen historische Wahrnehmungen im historischen Wissenssystem des Online-Rollenspieles bei den Spielenden annehmen können und wie sie genau funktionieren. Zeigt das angelegte historische System eine Geschichtskultur, so versuchte sich der Abschnitt über Nutzerperspektiven verschiedenen Formen des Geschichtsbewusstseins bei Spielenden anzunähern. Wenn Spielende aber innerhalb und außerhalb der Spielwelt über ihre individuellen Wahrnehmungen kommunizieren, erschaffen sie zudem gemeinschaftlich eine Erinnerungskultur. Sie organisieren ihr historisches Gedächtnis mithilfe von Speichermedien und kulturellen Praktiken in dieser speziellen Gemeinschaft und handeln Vorstellungen über Vergangenheiten immer wieder neu aus. Die soziale Praxis kommunikativer Prozesse stellt ein kommunikatives Gedächtnis her, das in ein kulturelles Gedächnis der Gemeinschaft übergeht. Der Abschnitt zur Erinnerungskultur betrachtete daher intensiv, in welchen Formen und auf welchen Kanälen die Kommunikation von Spielenden im Online-Rollenspiel und in seinem Umfeld verläuft. Da sich ein wesentlicher Teil der Kommunikation über mehr als zehn Jahren im Offiziellen Forum konzentrierte, wertete eine Überblicksanalyse dort die Kommunikation zu *The Secret World* aus. Forenteilnehmer diskutierten zu den verschiedensten Aspekten des herausgearbeiteten historischen Wissenssystems. Eindeutig erwiesen sich Diskurse über historisch relevante Themen als wesentlicher Bestandteil der Forumskommunikation. Die Beiträger kommunizierten über die meisten Elemente des historischen Wissenssystemes, setzten sie in Beziehungen zu Geschichtsbildern und eigenen lebensweltlichen Erfahrungen, zogen Belege aus der Geschichtskultur von außerhalb heran und verständigten sich darüber mit den anderen Diskutierenden. Grundsätzlich ließ sich somit eine verbreitete, gemeinschaftliche erinnerungskulturelle Reflexion nachweisen. Um detailliertere Erkenntnisse über diese Erinnerungskultur durch vertiefende geschichtswissenschaftliche Untersuchungen zu erlangen, müssten weitere Forendiskussionen an anderern Orten ausgewertet werden. Auch anderere Kommunikationskanäle wie der Textchat, die symbolische Kommunikation durch Emotes oder mithilfe von VoIP wäre dann zu untersuchen. Betrachtet man die Struktur der sozialen Gemeinschaften, wie sie in dem Abschnitt vorgestellt wurden, und bezieht die unterschiedlichen Nutzerperspektiven mit ein, zeigt sich, dass in manchen Gruppen erinnerungskulturelle Kommunikation wahrscheinlicher ist als in anderen. Um den Untersuchungsaufwand einzugrenzen, wäre daher sinnvoll, diese Teilgruppen zunächst zu identifizieren, um eine Studie zur Kommunikation handhabbar zu machen. Vorarbeiten von Yee und Inderst bieten zu den sozialen Gruppen einige Anregungen für ein Forschungsdesign. Es müsste geschichtskulturelle Praktiken mitbedenken, wie sie Samida, Willner und Koch formulierten. Dann ließe sich zunächst tiefer in die Erinnerungskultur dieses einen Beispiels vordringen, bevor weitere Studien die erinnerungskulturellen Sphären anderer Online-Rollenspiele oder Multiplayer-Online-Spiele im Allgemeinen erschließen.

Letzlich erfüllten sich die Ziele, die für das Vorhaben des vorliegenden Buches formuliert wurden. Ein Arbeitsmodell, um digitale Spiele, speziell MMORPGs, als Erinnerungskulturelle Wissensyteme zu betrachten, ließ sich aus den theoretischmethodischen Vorarbeiten ableiten und führte auf gewinnbringende Ergebnisse für die Geschichtswissenschaft. Der Forschungsüberblick über die geschichtswissenschaftlichen Arbeitsgebiete und bislang behandelten Themen an digitalen Spielen identifizierte Lücken des Umgangs, die durch die Untersuchung einer großen Zahl von Beispielen und mithilfe anderer Geistes- und Sozialwissenschaften geschlossen wurden. Sowohl die zu behandelnden Bestandteile des Wissenssystems als auch grundsätzliche Erkenntnisinteressen an digitalen Spielen ließen sich so ermitteln. Aus der intensiven Erörterung des Charakters digitaler Spiele als historische Quelle entwickelte die vorliegende Studie zudem einen Begriff des Historischen für digitale Spiele, eine plausible Referenzierung für Spielerfahrungen aus dem Forschungsprozess und identifizierte geeignete Quellen, um auf die Erinnerungskultur zuzugreifen. Die empirische Studie am Fallbeispiel *The Secret World* führte auf viele geschichtswissenschaftlich wertvolle Erkenntnisse über historische Wissensysteme, Nutzerperspektiven sowie Erinnerungskulturen. Sie lassen sich gewinnbringend an vorhandene Fragestellungen in anderen geschichtswissenschaftlichen Arbeitsgebieten anknüpfen. Damit bringen sie nicht nur die Erforschung digitaler Spiele als Gegenstand der geschichtswissenschaftlichen Forschung voran, sondern durch die Impulse in andere Arbeitsfelder auch die Geschichtswissenschaft selbst. Sie erlangt durch das Arbeitsmodell einen Zugriffsweg auf eine relevante Quelle für die Geschichte digitaler Mediengesellschaften. Tatsächlich lassen sich die kommunikativen Sphären in und um Online-Rollenspiele als Laborsysteme einrichten, um erinnerungskulturelle Prozesse zu analysieren.

Das empirische Beispiel stellt einen speziellen Fall unter den Online-Rollenspielen dar, wie zum Beispiel die Eingrenzung der Spielerschaften und der thematische Zuschnitt belegten. Keineswegs aber handelt es sich um den einzigen Fall eines Online-Rollenspiels, der geschichtswissenschaftlich reizvolle Fragen aufwirft. Im Verlaufe dieser Untersuchung wurden einige Beispiele erwähnt, die lohnenswerte weitere Gegenstände für geschichtswissenschaftliche Untersuchungen darstellen. *Life is Feudal* will eine ursprünglich dörfliche Alltagssimulation um vermeintlich feudale Herrschaftssysteme erweitern.[2798] Mit seinem akribisch rekonstruierten, visuell realitätsnahen Seefahrtsentwurf in der Karibik steht *Naval Action* dem cartoonartigen Piratenabenteuer *Sea of Thieves* gegenüber.[2799] Beide animieren in unterschiedlicher Weise die Spielenden in verschiedenen Rollen zur Zusammenarbeit und zur Kommunikation im frühneuzeitlichen Setting. So könnten sie sich für einen Vergleich von Wissenssystemen und der erinnerungskulturellen Kommunikation eignen. Der Urvater der Online-Rollenspiele *MUD1* und seine Spielgemeinschaften sind geschichtswissenschaftlich noch nicht auf ihre historische Funktion für die Entstehungszeit untersucht.[2800] Der Erfolg von *World of Warcraft* und der Einflusses seiner enormen Spielerschaft auf eine technikkulturelle Geschichte digitaler Spiele ist ebenfalls nicht eingeordnet.[2801] Den Spielergemeinschaften des Science-Fiction-MMOs *Eve Online* überlassen die Entwickler große Freiheit, so dass sie die Entwicklungsrichtung mitbestimmen und in historischen Chroniken relevante Ereignisse ihrer Gruppierungen aufzeichnen.[2802] *Der Herr der Ringe – Online* setzt den literarischen Fantasystoff von Tolkien um, steht daher in Bezug zu den Fankulturen der Bücher und Filme und stellt zugleich einen Beitrag zum Verhältnis von Fantasy und mittelalterlichen Inszenierungen dar.[2803] Beim Online-Rollenspiel *Guild Wars 2* handelt es sich um ein anderes, aber ebenfalls fantastisches Szenario.[2804] Dessen Spielgebiete lösen in Abhängigkeit von den Anwesenden Spontanereignisse aus, welche auf einer abstrakteren Ebene besondere individuelle Geschichtserfahrungen hevorrufen. Wie sie auf die Spielergemeinschaften wirken und ob sie als erinnerungskulturell verstanden werden, wäre daher interessant um die historische Konstruktion von Ereignissen zu beobachten. Das Beispiel *Watch_Dogs* schließlich zeigte, dass sich Mehrspieler-Anteil und Einzelspielererfahrungen nicht mehr scharf trennen lassen, denn dort können Spielende

---

2798 **Life is Feudal: MMO** des. 2019.
2799 **Naval Action** 2016; **Sea of Thieves** 2017.
2800 **MUD1** 1978.
2801 **World of Warcraft** 2004/5 ff.
2802 **Eve Online** 2003 ff.
2803 **Der Herr der Ringe Online. Die Schatten von Angmar** 2007 ff.
2804 **Guild Wars 2** 2012 ff.

vermehrt in die Spielwelten anderer eindringen.[2805] Die aufgezählten Titel repräsentieren nur einige wenige Beispiele für historisch relevante Erfahrungen, die es an digitalen Spielen und ihren Gemeinschaften geschichtswissenschaftlich zu untersuchen gilt. Dafür stellt das entwickelte Arbeitsmodell nun wesentliche Instrumente bereit.

★ ★ ★

[2805] Watch_Dogs 2014.

Quellenverzeichnis

Literaturverzeichnis

[diverse]: Themenheft: Epigenetik. Wie die Umwelt unser Erbgut beeinflusst, in: *Spektrum der Wissenschaft Kompakt* 11.10.2014.
[diverse]: The Age of Steam. Titelthema, in: *Making Games Magazin. Magazin für Spiele-Entwicklung und Business-Development* 4/2015; S. 16–39.
[diverse]: Weltmacht Steam, in: *Gamestar* 1/2016; S. 16–37.
[diverse]: Titelthema „Culture Shock" in: *Making Games Magazin. Magazin für Spiele-Entwicklung und Business-Development* 04/2016; S. 14–41.
[diverse]: The Rise of eSport. Evolution, Chancen, Probleme. Vom Nischenthema zum Massenphänomen, in: *Making Games Magazine* 06/2016, S. 14–45.
[unbekannt]: Zork Talk [=Test zur C64-Portierung], in: *Your64* 2/1984; S. 44. Online via Archive.org: http://bit.ly/2yvcAR8 (Letzter Zugriff: 31.3.2019).
[unbekannt]: Cathedral of Havanna. Animus Omega Database Entries [=Ingame Database Black Flag], in: *Assassin's Creed Wiki* [2013]. Online unter: http://bit.ly/2rUQ81s (Letzter Zugriff: 31.3.2019).
2K Games (Hg.): Bioshock – Breaking the Mold. Official Art Book. With A Foreword by Ken Levine, [Novato] 2007.
2K Games: Take-Two Interactive Software, Inc., 2K and Firaxis Games Partner with GlassLab Inc., to Bring CivilizationEDU to High Schools Throughout North America in 2017. Online unter: http://bit.ly/29iMnGd (Letzter Zugriff: 29.3.2019).
Aarseth, Espen: Playing Research. Methodological Approaches to Game Analysis. Conference Paper of the 5th International Digital Arts and Culture Conference (DAC), Melbourne, May 19th-23rd 2003, 2003. Online unter: http://bit.ly/1QmwYFl (Letzter Zugriff: 5.12.2015).
Abresch, Sebastian / Beil, Benjamin / Griesbach, Anja (Hg.): Prosumenten-Kulturen (= Massenmedien und Kommunikation MuK, 172/173), Siegen 2009.
Ackermann, Judith: Gemeinschaftliches Computerspielen auf LAN-Partys. Kommunikation, Medienaneignung, Gruppendynamiken (= Bonner Beiträge zur Onlineforschung, 1.), Münster 2011.
Adamowsky, Natascha: Game Studies und Kulturwissenschaft, in: Sachs-Hombach, Klaus / Thon, Jan-Noël (Hgg.): Game Studies. Aktuelle Ansätze der Computerspielforschung, Köln 2015; S. 342–72.
Adelmann, Ralf: Visualität und Kontrolle. Studien zur Ästhetik des Fernsehens (= Medien'Welten. Braunschweiger Schriften zur Medienkultur, 3.), Münster 2015.
Adelmann, Ralf / Winkler, Hartmut: Kurze Ketten. Handeln und Subjektkonstitution in Computerspielen, in: Böhme, Stefan (Hg.): Diskurse des strategischen Spiels: Medialität, Gouvernementalität, Topografie (=Medien'Welten, 19), Münster 2014; S. 69–82.
Alighieri, Dante: Göttliche Kommödie, ca. 1320.
Altenkirch, Manuel: Online-Lexika und ihr Potential am Beispiel der Wikipedia, in: Bernsen, Daniel / Kerber, Ulf (Hgg.): Praxishandbuch Historisches Lernen und Medienbildung im digitalen Zeitalter, Berlin 2017; S. 411–16.
Altice, Nathan: I Am Error. The Nintendo Family Computer/Entertainment System Platform (= Platform Studies), Cambridge 2015.
Antley, Jeremy: Going Beyond the Textual in History, in: *Journal of Digital Humanities*, Nr. 2 1/2012. Online unter: http://bit.ly/1ONV8H8 (Letzter Zugriff: 29.3.2019).
Appel, Daniel: Die Authentizität im virtuellen Schützengraben. Zum möglichen Forschungsfeld eines Authentizitätsbegriffes im Computerspiel, in: Appel, Daniel / Huberts, Christian / Raupach, Tim

/ Standke, Sebastian (Hg.): Welt|Kriegs|Shooter. Computerspiele als realistische Erinnerungsmedien? (=Game Studies), Boizenburg 2012; S. 205–25.

Apperley, Tom: Modding the Historian's Code. Historical Versimilitude and the Counterfactual Imagination, in: Kapell, Matthew W. / Elliott, Andrew B. R. (Eds.): Playing With the Past. Digital Games and the Simulation of History, London 2013; S. 185–98.

Arbeitskreis Geschichtswissenschaft und Digitale Spiele (AKGWDS): Geschichtswissenschaft und Digitale Spiele. Ein Manifest für geschichtswissenschaftliches Arbeiten mit digitalen Spielen. (Version 1.1), in: *gespielt. Blog des Arbeitskreises Geschichtswissenschaft und Digitale Spiele (AKGWDS)* 21.9.2016. Online unter: http://gespielt.hypotheses.org/manifest_v1–1 (Letzter Zugriff: 29.3.2019).

Arneson, David / Gygax, Gary: Dungeons & Dragons, Lake Geneva 1974.

Assmann, Aleida: Geschichte im Gedächtnis. Von der individuellen Erfahrung zur öffentlichen Inszenierung (= Krupp-Vorlesungen zu Politik und Geschichte am Kulturwissenschaftlichen Institut im Wissenschaftszentrum Nordrhein-Westfalen, 6.), München 2007.

Assmann, Aleida: Erinnerungsräume. Formen und Wandlungen des kulturellen Gedächtnisses. 5., durchges. Aufl., München 2010.

Assmann, Aleida: Der lange Schatten der Vergangenheit. Erinnerungskultur und Geschichtspolitik. 2. Aufl, München 2014.

Assmann, Aleida: Formen des Vergessens (= Historische Geisteswissenschaften, Frankfurter Vorträge, 9.), Göttingen 2016.

Assmann, Jan: Das kulturelle Gedächtnis. Schrift, Erinnnerung und politische Identität in frühen Hochkulturen (=Beck'sche Reihe, 1307.). 6. Aufl., München 2007.

Associated Press (AP): Video Game Uncovered in Europe Uses Nazi Death Camps as Theme, in: *The New York Times* 1.5.1991. Online unter: http://nyti.ms/2jnjHk4 (Letzter Zugriff: 30.3.2019).

Atabay, Mithat / Körpe, Reyhan / Erat, Muhammet: Remembering Gallipoli from a Turkish Perspective, in: Sagona, Antonio G. / Atabay, Mithat / Mackie, Christopher J. / McGibbon, Ian C. / Reid, Richard (Hgg.): Anzac Battlefield. A Gallipoli Landscape of War and Memory, Melbourne 2016; S. 222–43.

Azrioual, Samir: Developing Time: Representing Historical Progression through Level Structures, in: *gamevironments* 5/2016; S. 46–79. Online unter: http://bit.ly/2jo9Qxf (Letzter Zugriff: 29.3.2019).

Bachner, Wolff: The Secret World – Exclusive Interview with Creative Director Ragnar Tørnquist, in: *Inquisitr* 7.6.2012. Online unter: http://bit.ly/2njC0aX (Letzter Zugriff: 31.3.2019).

Bagnall, Brian: Volkscomputer. Aufstieg und Fall des Computer-Pioniers Commodore. Die Geschichte von Pet und VC-20, C64 und Amiga und die Geburt des Personal Computers. verb. u. überarb. dt. Aufl., Utting 2011.

Balzerani, Margherita: Déjouer le jeu. Réappropriation et détournement de l'univers de jeux vidéo dans la création contemporaine [=Elude the game. Reappropriation and diversion of the video games universe in contemporary art], in: *L'évolution psychatrique* 71/2006; S. 559–71.

Barceló, Juan A. / Del Castillo, Florencia (Hg.): Simulating Prehistoric and Ancient Worlds (= Computational Social Sciences), Cham 2016.

Barrington, Candace / English, Timothy: „Best and Only Bulwark". How Epic Narrative Redeems Beowulf: The Game, in: Kline, Daniel T. (Hg.): Digital Gaming Re-Imagines the Middle Ages (=Routledge Studies in New Media and Cyberculture, 15), Hoboken 2013; S. 31–42.

Bartens, Werner: Krude Theorien, populistisch montiert. Der Bestseller „Digitale Demenz" von Manfred Spitzer, in: *sueddeutsche.de* 9.9.2012. Online unter: http://bit.ly/1QveZgh (Letzter Zugriff: 31.3.2019).

Barthes, Roland: Der Tod des Autors, in: Barthes, Roland (Hg.): Das Rauschen der Sprache (=Kritische Essays, 4), 4. Aufl., Frankfurt a. M. 2015; S. 57–63.

Bartle, Richard A.: „Hearts, Clubs, Diamonds, Spades". Players Who Suit MUDs, 1996. Online unter: http://bit.ly/2hizlh3 (Letzter Zugriff: 31. 3. 2019).

Bartle, Richard A.: Designing Virtual Worlds, Berkeley 2006 [=Nachdr. 2004].

Barwick, Joanna / Dearnley, James / Muir, Adrienne: Playing Games with Cultural Heritage. A Comparative Case Study Analysis of the Current Status of Digital Game Preservation, in: *Games and Culture*, Nr. 4 6/2011; S. 373–90.

Baudrillard, Jean: History: A Retro Scenario, in: Baudrillard, Jean (Hg.): Simulacra and Simulation. Translated by Sheila Faria Glaser. [=Nachdr.] Ann Arbor 2010; S. 43–48.

Baumgartner, Robert: „Totaler Krieg" im Mittelalter. Die Umsetzung hochmittelalterlicher Kriegsführung durch Narration & Simulation in den Strategiespielen Medieval II und Crusader Kings II, in: *Paidia. Zeitschrift für Computerspielforschung* 30.5.2016. Online unter: http://www.paidia.de/?p=7469 (Letzter Zugriff: 30. 3. 2019).

Beacham, Richard: Observations on Staging the Ludi Virtuales, in: Thorsen, Thea Selliaas (Ed.): Greek and Roman Games in the Computer Age [=International Conference Greek and Roman Games in the Computer Age, 20./21. 2. 2009, Trondheim] (=Trondheim Studies in Greek and Latin), Trondheim 2012; S. 109–24.

Behn, Rolf: Videospiele als Abbild unserer Wirklichkeit, in: Kreuzer, Karl Josef (Hg.): Das Spiel als Erfahrungsraum und Medium (=Handbuch der Spielpädagogik, 3), Düsseldorf 1984; S. 683–95.

Beil, Benjamin: First Person Perspectives. Point of View und figurenzentrierte Erzählformen im Film und im Computerspiel (= Medien'Welten. Braunschweiger Schriften zur Medienkultur, 14.), Münster 2010.

Beil, Benjamin: Genrekonzepte des Computerspiels, in: GamesCoop (Hg.): Theorien des Computerspiels (=Zur Einführung, 391), Hamburg 2012; S. 13–37.

Beil, Benjamin: Game Studies. Eine Einführung, Berlin 2013.

Beil, Benjamin / Bonner, Marc / Hensel, Thomas (Hg.): Computer | Spiel | Bilder, Glückstadt 2014.

Beil, Benjamin / Freyermuth, Gundolf S. / Gotto, Lisa (Hg.): New Game Plus. Perspektiven der Game Studies. Genres – Künste – Diskurse (= Bild und Bit. Studien zur digitalen Medienkultur, 3.), Bielefeld 2015.

Beil, Benjamin / Hensel, Thomas / Rauscher, Andreas (Hg.): Game Studies (= Film, Fernsehen, Neue Medien), Wiesbaden des. 2017.

Bembeneck, Emily J.: Phantasms of Rome. Video Games and Cultural Identity, in: Kapell, Matthew W. / Elliott, Andrew B. R. (Hgg.): Playing With the Past. Digital Games and the Simulation of History, London 2013; S. 77–90.

Bender, Steffen: Erinnerung im virtuellen Weltkrieg. Computerspielgenres und die Konstruktion von Geschichtsbildern, in: Heinemann, Monika / Maischein, Hannah / Flacke, Monika / Haslinger, Peter / Schulze Wessel, Martin (Hgg.): Medien zwischen Fiction-Making und Realitätsanspruch. Konstruktionen historischer Erinnerungen (=Veröffentlichungen des Collegium Carolinum, 121), München 2011; S. 93–115.

Bender, Steffen: Virtuelles Erinnern. Kriege des 20. Jahrhunderts in Computerspielen (= Histoire, 23.), Bielefeld 2012.

Bender, Steffen: Durch die Augen einfacher Soldaten und namenloser Helden. Weltkriegsshooter als Simulation historischer Kriegserfahrung?, in: Schwarz, Angela (Hg.): „Wollten Sie auch immer schon einmal pestverseuchte Kühe auf Ihre Gegner werfen?" Eine fachwissenschaftliche Annährung an Geschichte im Computerspiel (=Medien'Welten, 13) 2. erw. Aufl., Münster 2012; S. 137–62.

Benjamin, Walter: Das Kunstwerk im Zeitalter seiner technischen Reproduzierbarkeit, in: Benjamin, Walter (Hg.): Das Kunstwerk im Zeitalter seiner technischen Reproduzierbarkeit. Drei Studien zur Kunstsoziologie (=Edition Suhrkamp, 28), Frankfurt a. M. 2012 [=Nachdr. Aufl. 1963]; S. 7–44.

Benz, Wolfgang: KZ-Manager im Kinderzimmer. Rechtsextreme Computerspiele, in: Benz, Wolfgang (Hg.): Rechtsextremismus in Deutschland. Voraussetzungen, Zusammenhänge, Wirkungen. akt. u. erw. Neuausg., Frankfurt a. M. 1996; S. 219–27.

Bergmann, David: WoW: Server-übergreifende Zonen. Bluepost zu Funktionsweise und Problemen der „Cross Realm Zonen", in: *buffed.de* 24.9.2012. Online unter: http://bit.ly/2gl9ZJe (Letzter Zugriff: 31.3.2019).

Bergmann, David: The Secret World: Joel Bylos wird neuer Game Director. Ragnar Tørnquist zieht sich zurück, bleibt aber im Team, in: *buffed.de* 24.9.2012. Online unter: http://bit.ly/2hdqLk0 (Letzter Zugriff: 31.3.2019)

Bergmann, Klaus: „So viel Geschichte wie heute war nie". Historische Bildung angesichts der Allgegenwart von Geschichte, in: Ders. (Hg.): Geschichtsdidaktik. Beiträge zu einer Theorie historischen Lernens (=Forum Historisches Lernen), 3. Aufl., Schwalbach/Ts. 2008; S. 13–31.

Bergmann, Klaus: Geschichte in der didaktischen Reflexion, in: Ders. (Hg.): Geschichtsdidaktik. Beiträge zu einer Theorie historischen Lernens (=Forum Historisches Lernen), 3. Aufl., Schwalbach/Ts. 2008; S. 53–62.

Bergmann, Klaus: Multiperspektivität. Geschichte selber denken (= Methoden historischen Lernens), 2. Aufl., Schwalbach/Ts. 2008.

Berger, Peter L. / Luckmann, Thomas: Die gesellschaftliche Konstruktion der Wirklichkeit. Eine Theorie der Wissenssoziologie. Mit einer Einleitung zur deutschen Ausgabe von Helmuth Plessner. Übersetzt von Monika Plessner. 25. Aufl., Frankfurt a. M. 2013.

Bergmeyer, Winfried: Computerspiele. Die Herausforderung des Sammelns und Bewahrens eines neuen Mediums, in: Letourneur, Ann-Marie / Mosel, Michael / Raupach, Tim (Hgg.): Retro-Games und Retro-Gaming. Nostalgie als Phänomen einer performativen Ästhetik von Computer- und Videospielkulturen (=Game Studies), Glückstadt 2015; S. 143–64.

Bernhardt, Markus: Das Spiel im Geschichtsunterricht (= Wochenschau Geschichte), 2. Aufl., Schwalbach/Ts. 2010.

Bernsen, Daniel: Zeitzeugen digital, in: Bernsen, Daniel / Kerber, Ulf (Hgg.): Praxishandbuch Historisches Lernen und Medienbildung im digitalen Zeitalter, Berlin 2017; S. 256–64.

Bernsen, Daniel: Virtuelle Exkursionen, in: Bernsen, Daniel / Kerber, Ulf (Hgg.): Praxishandbuch Historisches Lernen und Medienbildung im digitalen Zeitalter, Berlin 2017; S. 274–82.

Bernsen, Daniel: Arbeiten mit digitalen Quellen im Geschichtsunterricht, in: Bernsen, Daniel / Kerber, Ulf (Hgg.): Praxishandbuch Historisches Lernen und Medienbildung im digitalen Zeitalter, Berlin 2017; S. 295–303.

Bernsen, Daniel: Translokale und internationale Geschichtsprojekte, in: Bernsen, Daniel / Kerber, Ulf (Hgg.): Praxishandbuch Historisches Lernen und Medienbildung im digitalen Zeitalter, Berlin 2017; S. 363–72.

Bernsen, Daniel: Virtuelles Reenactment, in: Bernsen, Daniel / Kerber, Ulf (Hgg.): Praxishandbuch Historisches Lernen und Medienbildung im digitalen Zeitalter, Berlin 2017; S. 373–82.

Bernsen, Daniel / Kerber, Ulf (Hg.): Praxishandbuch Historisches Lernen und Medienbildung im digitalen Zeitalter, Berlin 2017.

Berry, David M. (Hg.): Understanding Digital Humanities, Basingstoke 2012.

Bertling, Dietmar: Coin-Op. Ataris Spielautomaten. Entstehungsgeschichten, Fakten und Anekdoten rund um Atari Games, Star Wars et Dragon's Lair (= Edition Retrobooks), Morschen 2013.

Bevc, Tobias (Hg.): Computerspiele und Politik. Zur Konstruktion von Politik und Gesellschaft in Computerspielen (= Studien zur visuellen Politik, 5.), Berlin 2007.

Bevc, Tobias: Virtuelle Politik- und Gesellschaftsmodelle, in: Bevc, Tobias / Zapf, Holger (Hgg.): Wie wir spielen, was wir werden. Computerspiele in unserer Gesellschaft, Konstanz 2009; S. 141–60.

Bevc, Tobias: Visuelle Kommunikation und Politik in Videospielen. Perspektiven für die politische Bildung?, in: Thimm, Caja (Hg.): Das Spiel. Muster und Metapher der Mediengesellschaft, Wiesbaden 2010; S. 169–90.
Bevc, Tobias / Zapf, Holger (Hg.): Wie wir spielen, was wir werden. Computerspiele in unserer Gesellschaft, Konstanz 2009.
Bideaux, Thomas: The Landscapes of Video Games Media, in: *Making Games Magazin. Magazin für Spiele-Entwicklung und Business-Development* 01–02/2017; S. 64–67.
Bigl, Benjamin: Game over? – Was vom Spielen übrig bleibt. Empirische Studie zu assoziativen Transfereffekten zwischen Spiel- und Alltagswelt, München 2009.
Bigl, Benjamin: If the Game Goes On. Perceived Transfer Effects from Virtual Game Worlds into Everyday Life, in: Bigl, Benjamin / Stoppe, Sebastian (Hgg.): Playing with Virtuality. Theories and Methods of Computer Game Studies (=Medienrausch. Schriftenreihe des Zentrums für Wissenschaft und Forschung, 5), Frankfurt a. M. 2013; S. 135–46.
Bijsterveld, Karin (Hg.): Soundscapes of the Urban Past. Staged Sound as Mediated Cultural Heritage (= Sound Studies, 5.), Bielefeld 2014.
Bissell, Tom: Extra Lives. Why Video Games Matter, New York 2010.
BIU: eSports. Infografik: eSports Überblick 2016, 25.4.2016. Online unter: http://bit.ly/2ePrAvQ (Letzter Zugriff: 4.12.2016).
Black, Michael L.: Narrative and Spatial Form in Digital Media. A Platform Study of the SCUMM Engine and Ron Gilbert's The Secret of Monkey Island, in: *Games and Culture*, Nr. 3 7/2012; S. 209–37. Online unter: http://bit.ly/2gpcRcV (Letzter Zugriff: 31.3.2019).
Blanke, Horst W. (Hg.): Historie und Historik. 200 Jahre Johann Gustav Droysen. Festschrift für Jörn Rüsen, Köln, u.a. 2009.
Blättel-Mink, Birgit / Hellmann, Kai U. (Hg.): Prosumer Revisited. Zur Aktualität einer Debatte (= Konsumsoziologie und Massenkultur), Wiesbaden 2010.
Bluekens, Laurens: Erinnerungskultur 2.0. Videogames en de populaire herinneringscultuur omtrent de Tweede Wereldoorlog. Master Thesis, Amsterdam 2014.
Blume, Hermann / Grossegger, Elisabeth / Sommer-Mathis, Andrea / Rössner, Michael (Hg.): Inszenierung und Gedächtnis. Soziokulturelle und ästhetische Praxis (= Kultur- und Medientheorie), Bielefeld 2014.
Blundell, Greggory: Personal Computers in the Eighties. Looking Ahead, in: *Byte Magazine*, Nr. 1 8/1983; S. 166–82. Online unter: http://bit.ly/2aIDUxW (Letzter Zugriff: 29.3.2019).
Bogost, Ian: Persuasive Games. The Expressive Power of Video Games, Cambridge 2007.
Boie, Johannes: Vollkommene Freiheit. Grand Theft Auto V, in: *süddeutsche.de* 17.09.2013. Online unter: http://bit.ly/1WJfatg (Letzter Zugriff: 27.3.2019).
Bonner, Marc: Bauen als Bedingung zum Sieg. Darstellung und Funktion frühneuzeitlicher Architektur und Stadtgefüge in Strategie- und Aufbauspielen, in: Kerschbaumer, Florian / Winnerling, Tobias (Hgg.): Frühe Neuzeit im Videospiel. Geschichtswissenschaftliche Perspektiven (=Histoire, 50), Bielefeld 2014; S. 239–56.
Bonner, Marc: Construction as a Condition to Win. Depiction and Function of Early Modern Architecture and Urban Landscapes in Strategy and Economic Simulation Games, in: Winnerling, Tobias/Kerschbaumer, Florian (Hgg.): Early Modernity and Video Games, Newcastle upon Tyne 2014; S. 91–104.
Bopp, Matthias: Immersive Didaktik und Framingprozesse in Computerspielen. Ein handlungstheoretischer Ansatz, in: Neitzel, Britta / Nohr, Rolf F. (Hgg.): Das Spiel mit dem Medium. Partizipation, Immersion, Interaktion. Zur Teilhabe an den Medien von Kunst bis Computerspiel (=Schriftenreihe der Gesellschaft für Medienwissenschaft (GfM), 14), Marburg 2006; S. 170–86.
Bopp, Matthias: Didaktische Methoden in Silent Hill 2. Das Computerspiel als arrangierte Lernumgebung, in: Neitzel, Britta / Bopp, Matthias / Nohr, Rolf F. (Hgg.): ‚See? I'm real…'

Multidisziplinäre Zugänge zum Computerspiel am Beispiel von ‚Silent Hill' (=Medien'Welten, 4) 3. unveränd. Aufl., Münster 2010; S. 74–95.

Bopp, Matthias / Nohr, Rolf F. / Wiemer, Serjoscha (Hg.): Shooter. Eine multidisziplinäre Einführung (= Medien'Welten. Braunschweiger Schriften zur Medienkultur, 12.), Münster 2009.

Boyd, Douglas A. / Larson, Mary (Hg.): Oral History and Digital Humanities. Voice, Access, and Engagement, New York 2014.

Böhme, Gernot: Aisthetik. Vorlesungen über Ästhetik als allgemeine Wahrnehmungslehre, München 2001.

Böhme, Gernot: Atmosphäre. Essays zur neuen Ästhetik (= Edition Suhrkamp, 2664.) 7., erw. und überarb. Aufl, Berlin 2013.

Böhme, Stefan / Nohr, Rolf F. / Wiemer, Serjoscha (Hg.): Sortieren, Sammeln, Suchen, Spielen. Die Datenbank als mediale Praxis (= Medien'Welten, 18.), Münster 2012.

Böhme, Stefan / Nohr, Rolf F. / Wiemer, Serjoscha (Hg.): Diskurse des strategischen Spiels: Medialität, Gouvernementalität, Topografie (= Medien'Welten. Braunschweiger Schriften zur Medienkultur, 19.), Münster 2014.

Bösch, Frank: Mediengeschichte. Vom asiatischen Buchdruck zum Fernsehen (= Historische Einführungen, 10.), Frankfurt a. M. 2011.

Bösch, Frank / Classen, Christoph / Kramp, Leif: Forum: Medienquellen in Forschung und Lehre. Befunde eines neuen Rechtsgutachtens, in: *H-Soz-Kult* 30.10.2015. Online unter: http://bit.ly/1OVXupe (Letzter Zugriff: 31.3.2019).

Braithwaite, Andrea: WoWing Alone. The Evolution of „Multiplayer" in World of Warcraft, in: *Games and Culture* 8.10.2015; S. 1–17. Online unter: http://bit.ly/2vA9KZ7 (Letzter Zugriff: 31.3.2019).

Brandes-Hell, Clemens: Flash Ist Tot! Es Lebe HTML5?, in: *Making Games Magazin. Magazin für Spiele-Entwicklung und Business-Development* 01–02/2017; S. 68–73.

Braun, Nadja: Visual History. Visuelle Rhetorik bei Bild und Bewegtbild verstehen, in: Bernsen, Daniel/Kerber, Ulf (Hgg.): Praxishandbuch Historisches Lernen und Medienbildung im digitalen Zeitalter, Berlin 2017; S. 119–26.

Brendel, Heiko: Historischer Determinismus und historische Tiefe – oder Spielspaß? Die Globalechtzeitstrategiespiele von Paradox Interactive, in: Schwarz, Angela (Hg.): „Wollten Sie auch immer schon einmal pestverseuchte Kühe auf Ihre Gegner werfen?" Eine fachwissenschaftliche Annährung an Geschichte im Computerspiel (=Medien'Welten, 13) 2. erw. Aufl., Münster 2012; S. 107–35.

Breuer, Johannes: Mittendrin – statt nur dabei, in: Mosel, Michael (Hg.): Gefangen im Flow? Ästhetik und dispositive Strukturen von Computerspielen, Boizenburg 2009; S. 181–212.

BroadcastDinosaur: A Tale in the Desert Review, in: *mmogames.com* 4.9.2014. Online unter: http://bit.ly/2qHrOwf (Letzter Zugriff: 31.3.2019).

Brocks, Christine: Bildquellen der Neuzeit (= Historische Quellen Interpretieren), Stuttgart 2012.

Brown, Barry / Bell, Marek: Play and Sociability in There: Some Lessons from Online Games for Collaborative Virtual Environments, in: Schroeder, Ralph / Axelsson, Ann-Sofie (Hgg.): Avatars at Work and Play. Collaboration and Interaction in Shared Virtual Environments (=Computer Supported Cooperative Work, 34), Dordrecht 2006; S. 227–46.

Brown, Harry J.: The Consolation of Paranoia. Conspiracy, Epistemology, and the Templars in Assassin's Creed, Deus Ex, and Dragon Age, in: Kline, Daniel T. (Hg.): Digital Gaming Re-Imagines the Middle Ages (=Routledge Studies in New Media and Cyberculture, 15), Hoboken 2013; S. 227–39.

Bruner, Jerome S. / Haste, Helen (Hg.): Making Sense. The Child's Construction of the World (= Routledge Revivals), Abingdon 2010 [=Nachdr. 1987].

Brunn, Inka / Dreier, Hardy / Dreyer, Stephan / Hasebrink, Uwe / Held, Thorsten / Lampert, Claudia / Schulz, Wolfgang: Das deutsche Jugendschutzsystem im Bereich der Video- und

Computerspiele. Endbericht, Hamburg 2007. Online unter: http://bit.ly/2gQ5XkX (Letzter Zugriff: 31.3.2019).

Bruusgaard, Martin: Einzel-Server-Technologie von The Secret World, in: *The Secret World: Entwickler Blog* 26.6.2012 [=im Google Cache bis 23.2.2017]. Online via *Wayback Machine* von *Archive.org*, engl. Fassung: http://bit.ly/2fW5eP4 [Snapshot 20.8.2016] (Letzter Zugriff: 31.3.2019).

Buchberger, Wolfgang / Kühberger, Christoph: Computerspiele und Geschichtsunterricht. Dynamische digitale Spielwelten kritisch hinterfragen, in: *Historische Sozialkunde* 4/2013; S. 36–44.

Burke, Brian: Gamify. How Gamification motivates People to do Extraordinary Things, Brookline 2014.

Burkhardt, Marcus: Digitale Möglichkeitsräume. Rahmungsprozesse diesseits des Notwendigen, in: Wirth, Uwe (Hg.): Rahmenbrüche, Rahmenwechsel (=Wege der Kulturforschung, 4), Berlin 2013; S. 313–30.

Burns, Steven: Death from Above. How COD4 is the most realistic war game ever made, in: *Videogamer.com* 18.1.2014. Online unter: http://bit.ly/2qpG4YW (Letzter Zugriff: 30.3.2019).

Butler, Mark: Zur Performativität des Computerspielens. Erfahrende Beobachtung beim digitalen Nervenkitzel, in: Holtorf, Christian / Pias, Claus (Hgg.): Escape! Computerspiele als Kulturtechnik (=Schriften des Deutschen Hygiene-Museums Dresden, 6), Köln 2007; S. 65–84.

Bylos, Joël: State of the Game: Game Director Joel Bylos Reveals his Plans for The Secret World, in: *The Secret World. Offizielles Blog* Oktober 2012. Online weder im Original, noch via *Archive.org* abrufbar. (Letzter Zugriff: 5.1.2016).

Call, Josh / Whitlock, Katie / Voorhees, Gerald: From Dungeons to Digital Denizens, in: Voorhees, Gerald / Call, Josh / Whitlock, Katie (Hgg.): Dungeons, Dragons, and Digital Denizens. The Digital Role-Playing Game (=Approaches to Digital Game Studies, 1), New York 2012; S. 11–24.

Caillois, Roger: Die Spiele und die Menschen. Maske und Rausch (= Wege der Kulturforschung, 27.), durchges. u. erw. Ausg., Berlin 2017.

Campbell, Colin: Why Gaming's Latest Take on War is so Offensive to Russians, in: *Polygon* 25.7.2013. Online unter: http://bit.ly/2oZkH3p (Letzter Zugriff: 30.3.2019).

Campbell, Colin: Richard Garriott: the Man, the Myth, the Mischief. On the Publication of His Autobiography, Polygon Tto one of Gaming's Most Celebrated Creators, in: *Polygon* 30.1.2017. Online unter: http://bit.ly/2jKLCth (Letzter Zugriff: 31.3.2019).

Cannellotto, Luca: Digitale Spiele und Hybridkultur (=Game Studies), Glückstadt 2014.

Carr, Diane / Oliver, Martin: Tanks, Chauffeurs, and Backseat Drivers. Competence in MMORPGs, in: Klimmt, Christoph / Mitgutsch, Konstantin / Rosenstingl, Herbert (Hg.): Exploring the Edges of Gaming. Proceedings of the Vienna Games Conference 2008–2009: Future and Reality of Gaming, Wien 2010; S. 35–46.

Carvalho, Vincius M.: History and Human Agency in Videogames, in: *gamevironments* 5/2016; S. 104–31. Online unter: http://bit.ly/2iDuGHL (Letzter Zugriff: 29.3.2019).

Cassell, Justine / Jenkins, Henry (Hg.): From Barbie to Mortal Kombat. Gender and Computer Games, Cambridge 2000.

Casso, Vincenzo I. / Thibault, Mattia: The HGR Framework. A Semiotic Approach to the Representation of History in Digital Games, in: *gamevironments* 5/2016; S. 156–204. Online unter: http://bit.ly/2j0tn3s (Letzter Zugriff: 29.3.2019).

Castells, Manuel: The Information Age. Vol 1: The Rise of the Network Society, Cambridge 1996.

Castronova, Edward: Synthetic worlds. The business and Culture of Online Games, [Nachdr.] Chicago 2006.

Castronova, Edward: Exodus to the Virtual World. How Online Fun is Changing Reality, New York 2008.

Castronova, Edward / Williams, Dmitri / Shen, Cuihua / Ratan, Rabindra / Xiong, Li / Huang, Yun / Keegan, Brian: As real as real? Macroeconomic Behavior in a large-scale virtual world, in: *New Media & Society*, Nr. 5 11/2009; S. 685–707.

Cauvin, Thomas: Public History. A Textbook of Practice, New York 2016.

CGW Redaktion: Mordred in the Land of Camelot. The Software Publishers Association and Mass Market Seduction, in: *Computer Gaming World* 101/1992; S. 62 u. 156, hier S. 156. Online unter: http://bit.ly/2qrlxXn (Letzter Zugriff: 29.3.2019).

Chadwick, Oliver: Courtly Violence, Digital Play. Adapting Medieval Courtly Masculinities in Dante's Inferno, in: Kline, Daniel T. (Hg.): Digital Gaming Re-Imagines the Middle Ages (=Routledge Studies in New Media and Cyberculture, 15), Hoboken 2013; S. 148–61.

Chalk, Andy: Former FunCom CEO Faces Insider Trading Allegations, in: *The Escapist Magazine* 11.9.2012. Online unter: http://bit.ly/2zDCccL (Letzter Zugriff: 31.3.2019).

Champion, Erik: Playing with the Past (= Human-Computer Interaction Series), London 2011.

Champion, Erik: Roleplaying and Rituals For Cultural Heritage-Oriented Games, in: *DiGRA '15. Proceedings of the 2015 DiGRA International Conference* 12/2015; S. 1–16. Online unter: http://bit.ly/2 l7 L859 (Letzter Zugriff: 31.3.2019).

Chapman, Adam: Privileging Form Over Content. Analysing Historical Videogames, in: *Journal of Digital Humanities*, Nr. 2 1/2012, Abs. 1. Online unter: http://bit.ly/1OHPvvQ (Letzter Zugriff: 29.3.2019).

Chapman, Adam: The Great Game of History. An Analytical Approach to and Analysis of the Videogame as a Historical Form. PhD Thesis, Hull 2013.

Chapman, Adam: Is Sid Meier's Civilization History?, in: *Rethinking History. The Journal of Theory and Practice*, Nr. 3 17/2013; S. 312–32.

Chapman, Adam: Affording History. Civilization and the Ecological Approach, in: Kapell, Matthew W./Elliott, Andrew B. R. (Hg.): Playing With the Past. Digital Games and the Simulation of History, London 2013; S. 61–73.

Chapman, Adam: The History beyond the Frame. Off-screen Space in the Historical Strategy Game, in: Kerschbaumer, Florian/Winnerling, Tobias (Hg.): Frühe Neuzeit im Videospiel. Geschichtswissenschaftliche Perspektiven (=Histoire, 50), Bielefeld 2014; S. 87–98.

Chapman, Adam: The History beyond the Frame. Off-Screen Space in the Historical First-Person Shooter, in: Winnerling, Tobias / Kerschbaumer, Florian (Eds.): Early Modernity and Video Games, Newcastle upon Tyne 2014; S. 38–51.

Chapman, Adam: Digital Games as History. How Videogames Represent the Past and Offer Access to Historical Practice (= Routledge Advances in Game Studies, 7.), New York 2016.

Chapman, Adam: It's Hard to Play in the Trenches. World War I, Collective Memory and Videogames, in: *Game Studies. The international Journal of Computer Game Research*, Nr. 2 16/2016. Online unter: http://bit.ly/2lxTQKO (Letzter Zugriff: 30.3.2019).

Chapman, Adam / Kempshall, Chris: Battlefield 1: Can the Great War be a Great Game? [=Dialog], in: *The Ontological Geek* 16.2.2017. Online unter: http://bit.ly/2lemDRy (Letzter Zugriff: 30.3.2019).

Chapman, Adam / Linderoth, Jonas: Exploring the Limits of Play. A Case Study of Representations of Nazism in Games, in: Mortensen, Torill E. / Linderoth, Jonas / Brown, Ashley M. L. (Hgg.): The Dark Side of Game Play. Controversial Issues in Playful Environments (=Routledge Advances in Game Studies, 4), London 2015; S. 137–53.

Chatfield, Tom: Special Difficulties, Special Opportunities. Prelude, in: Winnerling, Tobias/Kerschbaumer, Florian (Eds.): Early Modernity and Video Games, Newcastle upon Tyne 2014; S. xxi–xxiii.

Chew, Matthew M.: A Critical Cultural History of Online Games in China. 1995–2015, in: *Games and Culture* 11.8.2016; S. 1–21. Online unter: http://bit.ly/2mt1CWH (Letzter Zugriff: 29.3.2019).

Chou, You-kai: Actionable Gamification, Freemont 2016.

Christesen, Paul / Machado, Dominic: Video Games and Classical Antiquity, in: *Classical World*, Nr. 1 104/2010; S. 107–10. Online unter: http://bit.ly/2gYAcUT (Letzter Zugriff: 30.3.2019).
Christiansen, Peter: Social Construction of Technology in Games, in: *Play the Past* 11.6.2014. Online unter: http://bit.ly/2p49Ypn (Letzter Zugriff: 29.3.2019).
Christiansen, Peter: Beyond Trees. Tech Webs, ANTs, and Black Boxes, in: *Play the Past* 26.11.2014. Online unter: http://bit.ly/2rQhXYc (Letzter Zugriff: 29.3.2019).
Christiansen, Peter: Medieval Ethics. Designing Historical Systems, in: *Play the Past* 15.5.2015. Online unter: http://bit.ly/2sGlRjx (Letzter Zugriff: 30.3.2019).
Christie, Ian: Toys, Instruments, Machines. Why the Hardware Matters, in: Lyons, James/Plunkett, John (Hgg.): Multimedia Histories. From the Magic Lantern to the Internet (=Exeter Studies in Film History), Exeter 2007; S. 3–17.
Clancy, Tom: Das Echo aller Furcht [=engl. Original: The Sum of All Fears, 1991], München 1992.
Clarke, Rachel I. / Lee, Jin H. / Clark, Neils: Why Video Game Genres Fail. A Classificatory Analysis, in: *Games and Culture* 6.7.2015; S. 1–21. Online unter: http://bit.ly/2v3X6Pw (Letzter Zugriff: 31.3.2019).
Clearwater, David A.: What Defines Video Game Genre? Thinking about Genre Study after the Great Divide, in: *Loading… The Journal of the Canadian Game Studies Association*, Nr. 8 5/2011; S. 29–49.
Collins, Karen: Game Sound. An Introduction to the History, Theory, and Practice of Video Game Music and Sound Design, Cambridge 2008.
Collins, Karen: Playing with Sound. A Theory of Interacting with Sound and Music in Video Games, Cambridge 2013.
Conrad, Sebastian: Globalgeschichte. Eine Einführung (= Beck'sche Reihe, 6079.), München 2013.
Conrad, Joseph / Murfin, Ross C. (Hg.): Heart of Darkness. Complete, Authoritative Text with Biographical, Historical, and Cultural Contexts, Critical History, and Essays from Contemporary Critical Perspectives (= Case Studies in Contemporary Criticism) 3. Aufl., Boston 2011.
Consalvo, Mia / Dutton, Nathan: Game Analysis. Developing a Methodological Toolkit for the Qualitative Study of Games, in: *Game Studies. The international Journal of Computer Game Research*, Nr. 1 6/2006. Online unter: http://bit.ly/2fUNC3R (Letzter Zugriff: 31.3.2019).
Cook, Karen M.: Music, History, and Progress in Sid Meier's Civilization IV., in: Donnelly, Kevin J./Gibbons, William/Lerner, Neil William (Eds.): Music in Video Games. All Your Bass are Belong to Us (=Routledge Music and Screen Media Series), New York 2014; S. 166–82.
Copplestone, Tara: Playing with the Past. The Possibilities and Pitfalls of Video-Games for and About Cultural Heritage. Univ. MScDiss, York 2014.
Corriea, Alexa R.: Assassin's Creed Unity pre-orders include a weekly chance at prize roulette, in: *Polygon* 23.6.2014. Online unter: http://bit.ly/1VO8KGR (Letzter Zugriff: 31.3.2019).
Crabtree, Gareth: Modding as Digital Reenactment. A Case Study of the Battlefield Series, in: Kapell, Matthew W. / Elliott, Andrew B. R. (Eds.): Playing With the Past. Digital Games and the Simulation of History, London 2013; S. 199–212.
Crawford, Chris: The Art of Computer Game Design, Berkeley 1984.
Crawford, Chris: Chris Crawford on Game Design, Indianapolis 2003.
Crawford, Chris: Chris Crawford on Interactive Storytelling. 2. Aufl., Berkeley 2013.
Creutz, Sebastian: Regeln virtueller Welten (= Recht der Neuen Medien, 65.), Hamburg 2014 (=Univ. Diss., Potsdam 2012).
Crick, Timothy: The Game Body. Toward a Phenomenology of Contemporary Video Gaming, in: *Games and Culture*, Nr. 3 6/2011; S. 259–69. Online unter: http://bit.ly/2gp8KxG (Letzter Zugriff: 31.3.2019).
Crogan, Patrick: Gameplay Mode: War, Simulation and Technoculture (= Electronic Mediations, 36.), Minneapolis 2011.

Csikszentmihalyi, Mihaly: Flow. The Psychology of Optimal Experience (= Harper Perennial Modern Classics) [Nachdr.], New York 2009.

Cutterham, Tom: Irony and American Historical Consciousness in Fallout 3, in: Kapell, Matthew W. / Elliott, Andrew B. R. (Hgg.): Playing With the Past. Digital Games and the Simulation of History, London 2013; S. 313–26.

Daniel, Ute: Kompendium Kulturgeschichte. Theorien, Praxis, Schlüsselwörter (= Suhrkamp-Taschenbuch Wissenschaft, 1523.) 4. verb. u. erg. Aufl., Frankfurt a. M. 2004.

Danneberg, Benjamin: Uralter Wein in neuen Schläuchen. Cossacks 3 Test, in: *Gamestar* 11/2016; S. 66–68.

Danneberg, Benjamin / Schmitz, Petra: The Elder Scrolls Online. Test Online-Rollenspiel, in: *Gamestar* 5/2014; S. 52–57.

Deeg, Christoph: Gaming und Bibliotheken (= Praxiswissen), Berlin 2013.

Degler, Frank: Erspielte Geschichten. Labyrinthisches Erzählen im Computerspiel, in: Neitzel, Britta/Bopp, Matthias/Nohr, Rolf F. (Hgg.): 'See? I'm real...'. Multidisziplinäre Zugänge zum Computerspiel am Beispiel von 'Silent Hill' (=Medien'Welten, 4) 3. unveränd. Aufl., Münster 2010; S. 58–72.

Demandt, Alexander: Ungeschehene Geschichte. Ein Traktat über die Frage: Was wäre geschehen, wenn...?, Göttingen 1984.

Deppe, Martin: Civilization 4 Colonization. Preview, in: *Gamestar* 10/2008; S. 72–74.

Deppe, Martin: Company of Heroes 2. Test, in: *Gamestar* 8/2013; S. 58–63.

Deppe, Martin: Jäger der verlorenen Spiele. Hinter den Kulissen von gog.com, in: *Gamestar* 26.2.2015. Online unter: http://bit.ly/1SrH4DQ (Letzter Zugriff: 31.3.2019).

Deppe, Martin: Ein Dorf, dutzende Baumeister. Life is Feudal: Your Own Test, in: *gamestar.de* 10.12.2015. Online unter: http://bit.ly/2qAQ2dh (Letzter Zugriff: 31.3.2019).

Deppe, Martin: Spass im Schlamm. Kingdom Come: Deliverance, in: *Gamestar* 4/2016; S. 32–35.

Deppe, Martin: Das Erfolgsrezept. Faszination Civilization, in: *Gamestar* 8/2016; S. 98–101.

Deppe, Martin: Benutze Köpfchen mit Spiel. Thimbleweed Park Test, in: *Gamestar* 5/2017; S. 78–81.

Derrida, Jacques: Eine gewisse unmögliche Moglichkeit, vom Ereignis zu sprechen. Vortrag am 1. April 1997 in Montréal, Berlin 2003.

Deuber-Mankowsky, Astrid: Das virtuelle Geschlecht. Gender und Computerspiele, eine diskurs-analytische Annäherung, in: Holtorf, Christian/Pias, Claus (Hgg.): Escape! Computerspiele als Kulturtechnik (=Schriften des Deutschen Hygiene-Museums Dresden, 6), Köln 2007; S. 85–105.

Dickel, Susanne: Frau in Not. Sexismus in Videospielen, in: *sueddeutsche.de* 25.3.2014. Online unter: http://bit.ly/2eQkLcW (Letzter Zugriff: 29.3.2019).

Dillinger, Johannes: Uchronie. Ungeschehene Geschichte von der Antike bis zum Steampunk, Paderborn 2015.

Dillon, Roberto: The Golden Age of Video Games. The Birth of a Multi-Billion Dollar Industry, Boca Raton 2011.

DiPietro, Michelle: Author, Text, and Medievalism in *The Elder Scrolls, in:* Kline, Daniel T. (Hg.): Digital Gaming Re-Imagines the Middle Ages (=Routledge Studies in New Media and Cyberculture, 15), Hoboken 2013; S. 202–13.

Donecker, Stefan: Civilization und der Geist des Jahres 1991, in: Kerschbaumer, Florian / Winnerling, Tobias (Hg.): Frühe Neuzeit im Videospiel. Geschichtswissenschaftliche Perspektiven (=Histoire, 50), Bielefeld 2014; S. 269–88.

Donecker, Stefan: Pharao Mao Zedong and the Musketeers of Bablyon. The Civilization Series between Primordialist Nationalism and Subversive Parody, in: Winnerling, Tobias / Kerschbaumer, Florian (Eds.): Early Modernity and Video Games, Newcastle upon Tyne 2014; S. 105–22.

Donecker, Stefan / Hausar, Gernot: Sid Meier als Geschichtsphilosoph? Die Strategiespiele der Civilization-Serie als Herausforderung für die Geschichtswissenschaften, in: *Historische Sozialkunde*, 4/2013; S. 23–28.

Donnelly, Kevin J. / Gibbons, William / Lerner, Neil W. (Hg.): Music in Video Games. All Your Bass are Belong to Us (= Routledge Music and Screen Media Series), New York 2014.

Donovan, Tristan: Replay. The History of Video Games, East Sussex 2010.

Dow, Douglas N.: Historical Veneers. Anachronism, Simulation, and Art History in Assassin's Creed II, in: Kapell, Matthew W. / Elliott, Andrew B. R. (Hgg.): Playing With the Past. Digital Games and the Simulation of History, London 2013; S. 215–31.

Dreschke, Anja: Etwas Altes, etwas Neues, etwas Geliehenes... Zum Erfinden von Ritualen im historischen Reenactment, in: Willner, Sarah/Koch, Georg/Samida, Stefanie (Hgg.): Doing History. Performative Praktiken in der Geschichtskultur (=Edition Historische Kulturwissenschaften, 1), Münster 2016; S. 173–92.

Droysen, Johann G. / Hübner, Rudolf (Hg.): Historik. Vorlesungen über Enzyklopädie und Methodologie der Geschichte. Unveränd. reprograf. Nachdr. der 7. Aufl., München 1974.

Ducheneaut, Nicolas / Yee, Nick / Nickell, Eric / Moore, Robert J.: The Life and Death of Online Gaming Communities. A Look at Guilds in World of Warcraft, in: *Proceedings of ACM CHI 2007 Conference on Human Factors in Computing Systems* 2007; S. 839–48. Online unter: http://bit.ly/2vhXuZr (Letzter Zugriff: 31.3.2019).

Dunker, Janko / Dupke, Benjamin / Reinhold, Stefanie / Storz, Coretta: Erlebbares Mittelalter? Inszenierte Authentizität am Beispiel der Schlacht von Hastings in Medieval II: Total War, in: *Portal Militärgeschichte* 27.2.2017. Online unter: http://bit.ly/2 m1Lvyj (Letzter Zugriff: 29.3.2019).

Dutton, Fred: Far Cry 3 Preview: The Social Philosophy of Shark Punching. Ubisoft's Bonkers Sequel Tears up the Map, in: *eurogamer.net* 6.5.2012. Online unter: http://bit.ly/2puJ9rA (Letzter Zugriff: 30.3.2019).

Dworschak, Stefan: Mount & Blade: Warband. Test, in: *Gamestar* 6/2010; S. 92–93.

Dyer, John: Chicago's High-Tech Surveillance Experiment Brings Privacy Fears, in: *Vice News* 27.6.2014. Online unter: http://bit.ly/2oXGFQE (Letzter Zugriff: 1.5.2017).

Eckhardt, Simon: Hochzeit und Bestattung – Passagerituale in MMORPG. Phänomenologische und theologische Analysen zu Symbol, Ritual und Lebenswelt, in: Nord, Ilona / Luthe, Swantje (Hgg.): Social Media, christliche Religiosität und Kirche. Studien zur Praktischen Theologie mit religionspädagogischem Schwerpunkt (=POPKULT – Populäre Kultur und Theologie, 14), Jena 2014.

Eder, Franz X. / Kühschelm, Oliver / Linsboth, Christina (Hg.): Bilder in historischen Diskursen (= Interdisziplinäre Diskursforschung), Wiesbaden 2014.

Egenfeldt-Nielsen, Simon: Educational Potential of Computer Games. (=Univ. Diss., Kopenhagen 2005), London 2007.

Egenfeldt-Nielsen, Simon / Smith, Jonas H. / Tosca, Susana P.: Understanding Video Games. The Essential Introduction, New York 2008.

Egenfeldt-Nielsen, Simon / Smith, Jonas H. / Tosca, Susana P.: Understanding Video Games. The Essential Introduction. 3. durchges. Aufl., London 2016.

Ehlers, Ulf-Daniel: Open Learning Cultures. A Guide to Quality, Evaluation, and Assessment for Future Learning, Berlin 2013.

Eick, Dennis: Digitales Erzählen. Die Dramaturgie der Neuen Medien (= Praxis Film, 81.), Konstanz 2013.

Elverdam, Christian / Aarseth, Espen: Game Classification and Game Design. Construction Through Critical Analysis, in: *Games and Culture*, Nr. 1 2/2007; S. 3–22. Online unter: http://bit.ly/2tVrygb (Letzter Zugriff: 31.3.2019).

Emmerich, Florian: The Secret World: Investoren-Report offenbart – hinter den Erwartungen von FunCom, in: *buffed.de* 11.8.2012. Online unter: http://bit.ly/2u9 L2M2 (Letzter Zugriff: 31.3.2019).

Englmeier, David / Englmeier, Tobias: World of Warcraft. Mists of Pandaria Test, in: *Gamestar* 12/2012; S. 46–49.

Erll, Astrid: Kollektives Gedächtnis und Erinnerungskulturen. Eine Einführung. 2. akt. u. erw. Aufl., Stuttgart 2011.

Erstberger, Philip: Linden Dollar and Virtual Monetary Policy. Working Paper 2009. Online unter: http://bit.ly/1VUaY5d (Letzter Zugriff: 31.3.2019).

Evans, Erin: The Struggle with Gnosis. Ancient Religion and Future Technology in the Xenosaga Series, in: Kapell, Matthew W. / Elliott, Andrew B. R. (Hgg.): Playing with the Past. Digital Games and the Simulation of History, London 2013; S. 343–56.

Fahlenbrach, Kathrin (Hg.): Embodied Metaphors in Film, Television, and Video Games. Cognitive Approaches (= Routledge Research in Cultural and Media Studies, 76.), London 2016.

Fahlenbrach, Kathrin / Schröter, Felix: Embodied Avatars in Video Games. Metaphors in the Design of Player Characters, in: Fahlenbrach, Kathrin (Hg.): Embodied Metaphors in Film, Television, and Video Games. Cognitive Approaches (=Routledge Research in Cultural and Media Studies, 76), London 2016; S. 251–68.

Falstein, Noah: Indiana Jones and the Last Crusade. The Computer Game. Concept Document, 13.10.1988. Online unter: http://bit.ly/2gPKDw5 (Letzter Zugriff: 13.12.2017).

Fedorenko, Gregory: The Portrayal of Medieval Warfare in *Medieval Total War* and *Medieval 2: Total War, in:* Kline, Daniel T. (Hg.): Digital Gaming Re-Imagines the Middle Ages (=Routledge Studies in New Media and Cyberculture, 15), Hoboken 2013; S. 53–66.

Fehr, Wolfgang / Fritz, Jürgen: Videospiele und ihre Typisierung, in: Ernst, Tilman (Hg.): Computerspiele. Bunte Welt im grauen Alltag. Ein medien- und kulturpädagogisches Arbeitsbuch, Bonn 1993; S. 67–88.

Feiereisen, Florence / Hill, Alexandra M. (Hg.): Germany in the Loud Twentieth Century. An Introduction, New York 2012.

Feige, Daniel M.: Computerspiele. Eine Ästhetik (= Suhrkamp Wissenschaft, 2160.), Berlin 2015.

Fernández-Vara, Clara: Play's The Thing. A Framework to Study Videogames as Performance, in: Digital Games Researcher Association (DiGRA) (Hg.): Breaking New Ground. Innovation in Games, Play, Practice and Theory. Proceedings of DiGRA Conference 2009, 2009. Online unter: http://bit.ly/1nc5K5O (Letzter Zugriff: 17.7.2017).

Fernández-Vara, Clara: Introduction to Game Analysis, New York 2015.

Festl, Ruth / Scharkow, Michael / Quandt, Thorsten: Militaristic Attitudes and the Use of Digital Games, in: *Games and Culture*, Nr. 6 8/2013; S. 392–407. Online unter: http://bit.ly/2uAzWCl (Letzter Zugriff: 31.3.2019).

Fischer, Andreas: Spiel im Spiel. Über die Geschichte des Spielens in Assassin's Creed II, in: Kerschbaumer, Florian / Winnerling, Tobias (Hgg.): Frühe Neuzeit im Videospiel. Geschichtswissenschaftliche Perspektiven (=Histoire, 50), Bielefeld 2014; S. 227–38.

Fischer, Andreas: Games within the Game. On the History of Playing in Assassin's Creed II, in: Winnerling, Tobias/Kerschbaumer, Florian (Hgg.): Early Modernity and Video Games, Newcastle upon Tyne 2014; S. 189–200.

Fischer-Lichte, Erika: Performativität. Eine Einführung (= Edition Kulturwissenschaft, 10.), Bielefeld 2011.

Fischer-Lichte, Erika (Hg.): Performing The Future. Die Zukunft der Performativitätsforschung, Paderborn 2013.

Fleming, Ryan: The Future of Gaming (still) Belongs to Consoles, in: *digitaltrends.com* 18.10.2014. Online unter: http://bit.ly/2qrMJWX (Letzter Zugriff: 29.3.2019).

Fogu, Claudio: Digitalizing Historical Consciousness, in: *History and Theory*, Nr. 2 48/2009; S. 103–21. Online unter: http://bit.ly/2fulLEN (Letzter Zugriff: 3.6.2017).
Foerster, Heinz v.: Sicht und Einsicht. Versuche zu einer operativen Erkenntnistheorie (=Wissenschaftstheorie. Wissenschaft und Philosophie, 21.), Braunschweig 1985.
Forster, Winnie: Joysticks. Eine illustrierte Geschichte der Game-Controller 1972–2004 (= Gameplan, 2.), Utting 2003.
Forster, Winnie: Computer- und Video-Spielmacher. Das Lexikon der Spieldesigner und Programmierer, internationalen Teams und Verlage, Utting 2008.
Forster, Winnie: Spielkonsolen und Heimcomputer 1972–2015 (= Gameplan, 1.) 4. überarb. und erw. Aufl., Utting 2015.
Foucault, Michel: Die Ordnung des Diskurses, in: Foucault, Michel / Konersmann, Ralf / Seitter, Walter (Hgg.): Die Ordnung des Diskurses. Mit einem Essay von Ralf Konersmann. 12. Aufl., München 2012; S. 7–49.
Francis, Bryant: Unexpected Alliance Aids Notable Preservation of Video Game History, in: *Gamasutra* 13.9.2016. Online unter: http://ubm.io/2cXbDbh (Letzter Zugriff: 31.3.2019).
Francis, Bryant: Making free-to-play work for The Secret World [incl. Let's Play with Scott Junior and Romain Amiel], in: *Gamasutra* 27.7.2017. Online unter: http://ubm.io/2gvKDkM (Letzter Zugriff: 31.3.2019).
Frank, Allegra: Call of Duty's New eSports League Will Have $3 Million and Amateurs in 2016, in: *Polygon* 24.9.2015. Online unter: http://bit.ly/1npNevc (Letzter Zugriff: 27.3.2019).
Frank, Allegra: Civilization is Heading to the Classroom with New Educational Edition. It Almost Makes You Want to Go Back to High School, in: *Polygon* 23.6.2016. Online unter: http://bit.ly/29ql9O0 (Letzter Zugriff: 29.3.2019).
Frank, Joachim W. / Brakmann, Thomas (Hg.): Aus erster Quelle. Beiträge zum 300-jährigen Jubiläum des Staatsarchivs der Freien und Hansestadt Hamburg (= Veröffentlichungen aus dem Staatsarchiv der Freien und Hansestadt Hamburg, 22.), Hamburg 2013. Online unter: urn:nbn:de:gbv:18–3–1362 (Letzter Zugriff: 31.3.2019).
Franz, Eckhart G. / Lux, Thomas: Einführung in die Archivkunde (= Einführung) 9., vollst. überarb. u. erw. Auflage, Darmstadt des. 2018.
Frasca, Gonzalo: Ludology Meets Narratology. Similitude and Differences between (Video)Games and Narrative, [1999]. Online unter: http://bit.ly/2ceSewk (Letzter Zugriff: 31.3.2019).
Frasca, Gonzalo: Rethinking Agency and Immersion. Videogames as a Means of Conciousnessraising [=Aufsatz zur Siggraph 2001 Conference, Los Angeles], 2001. Online unter: http://bit.ly/2gMQUby (Letzter Zugriff: 31.3.2019).
Frasca, Gonzalo: Ludologists Love Stories, Too. Notes from a Debate that Never Took Place, 2003. Online unter: http://bit.ly/2d6qpZd (Letzter Zugriff: 31.3.2019).
Frasca, Gonzalo: Simulation vs. Narrative. Introduction to Ludology, in: Wolf, Mark J. P. / Perron, Bernard (Eds.): The Video Game Theory Reader. [1], New York 2003; S. 221–35.
Frasca, Gonzalo: Play the Message. Play, Game and Video Game Rhetoric. PhD Diss., Kopenhagen 2007.
Fränkel, Harald / Schmidt, Christian: Die Rechte der Spieler, in: *Gamestar* 6/2010; S. 110–15.
Frei, Karsten: Nur ein Klick zum Sieg. Der Zweite Weltkrieg im Videospiel: Aufstieg und Niedergang, in: *Neue Osnabrücker Zeitung* 2.5.2015. Online unter: http://bit.ly/2kj3zQk (Letzter Zugriff: 27.3.2019).
Freundorfer, Stephan: Am Anfang war der Automat. Arcade-Wurzeln der Spielebranche, in: *gamestar.de* 8.4.2017. Online unter: http://bit.ly/2oPYsxc (Letzter Zugriff: 29.3.2019).
Freundorfer, Stephan: Mit vollen Segeln in unbekannte MMO-Gewässer. Sea of Thieves Preview, in: *gamestar.de* 15.6.2017. Online unter: http://bit.ly/2pWKz1n (Letzter Zugriff: 31.3.2019).
Freyermuth, Gundolf S.: Games, Game Design, Game Studies. Eine Einführung (= Edition Medienwissenschaft, 20), Bielefeld 2015.

Freyermuth, Gundolf S.: Games, Game Design, Game Studies. An Introduction. With Contributions by André Czauderna, Nathalie Pozzi and Eric Zimmerman (= Media Studies, 20.), Bielefeld 2015.

Friedrich, Markus: Die Geburt des Archivs. Eine Wissensgeschichte, München 2013.

Frieling, Jens: Virtuelle Güter in Computerspielen. Grundlagen, Konsum und Wirkungen von Games [=zugl. Univ. Diss. Flensburg, 2016], Glückstadt 2017.

Fritsch, Manuel: Wahnsinn mit Methode. The Curious Expedition Test, in: *Gamestar* 10/2016; S. 66–67.

Fritz, Jürgen: Zur „Landschaft" der Computerspiele, in: Fritz, Jürgen / Fehr, Wolfgang (Hgg.): Handbuch Medien. Computerspiele. Theorie, Forschung, Praxis. Unveränd. Nachdr. d. Ausg. v. 1997, Bonn 1999; S. 87–98.

Fritz, Jürgen: Wie virtuelle Welten wirken. Über die Struktur von Transfers aus der medialen in die reale Welt, in: Fritz, Jürgen / Fehr, Wolfgang (Hgg.): Computerspiele. Virtuelle Spiel- und Lernwelten, Bonn 2003. Online via Bundeszentrale für Politische Bildung (2005) unter: http://bit.ly/2fMWtTB (Letzter Zugriff: 29.3.2019).

Fritz, Jürgen: Geschichtsverständnis via Computerspiel. „Civilization" simuliert Grundstrukturen historischer Prozesse, in: Bundeszentrale für Politische Bildung (bpb) (Hg.): Dossier: Computerspiele, Bonn 2005. Online unter: http://bit.ly/2fu4pIH (Letzter Zugriff: 31.3.2019).

Fröhlich, Petra: Schweinezyklus + Free2play. Deutsche Games-Branche vor Zäsur, in: *gameswirtschaft.de* 5.9.2016. Online unter: http://bit.ly/2c0nX7K (Letzter Zugriff: 29.3.2019).

Fuchs, Matthias: Ludoarchaeology, in: *Games and Culture*, Nr. 6 9/2014; S. 528–38.

Fullerton, Tracy: Game Design Workshop. A Playcentric Approach to Creating Innovative Games. 3. Aufl., Boca Raton 2014.

FunCom: „The Longest Journey" is Back, Baby! News General. Pressemitteilung, in: *The Longest Journey. Offizielle Webseite* 29.7.2002. Online via Wayback Machine von Archive.org unter: http://bit.ly/2zjdfWH (Letzter Zugriff: 30.10.2017).

Funke, Janine: Die Computerisierung der Bundeswehr und der NVA von den Anfängen bis in die 1980er Jahre [=Univ. Diss, Potsdam], Potsdam unveröff.

Furtwängler, Frank: God of War and the Mythology of Games, in: Thorsen, Thea Selliaas (Hg.): Greek and Roman Games in the Computer Age. [=International Conference Greek and Roman Games in the Computer Age, 20./21.2.2009, Trondheim] (=Trondheim Studies in Greek and Latin), Trondheim 2012; S. 27–52.

Future Publishing (Hg.): EDGE – The 100 Greatest Videogames. The Ultimate Collection of Modern Classics (= An Edge Special Edition), London 2015. Online unter: http://bit.ly/1QRu7ac (Letzter Zugriff: 31.3.2019).

Gackenbach, Jayne I.: Video Game Play and Consciousness Development. A Replication and Extension, in: *International Journal of Dream Research (IJoDR)*, Nr. 1 2/2009; S. 3–11.

Galland, Antoine: Les mille et une nuits. 12 Bde., Paris 1704–1708.

Galloway, Alexander R.: Gaming. Essays on Algorithmic Culture (= Electronic Mediations, 18.), Minneapolis 2006.

gamasutra (Hg.): *Game Developer on Gamasutra*. New and old developer-focused columns, analysis, and deep technical dives from Contributors to the (now closed) Game Developer Magazine. Online unter: http://ubm.io/20Rj8i2 (Letzter Zugriff: 31.3.2019).

game: Marktzahlen 2013. Nutzer-Statistiken. Spieler in Deutschland, 2014. Online unter: http://bit.ly/1TPNrAO (Letzter Zugriff: 27.3.2019).

game: Marktzahlen 2014. Infografik: Nutzer digitaler Spiele in Deutschland, 20.4.2015. Online unter: http://bit.ly/2gVhA8R (Letzter Zugriff: 27.3.2019).

game: Umsatz mit Spiele-Apps 2016. App-Kauf und In-App-Kauf (virtuelle Güter und Zusatzinhalte), 12.4.2017. Online unter: http://bit.ly/2rttHPe (Letzter Zugriff: 29.3.2019).

GamesCoop (Hg.): Theorien des Computerspiels. Zur Einführung (= Zur Einführung, 391.), Hamburg 2012.
GamesIndustry International: FunCom opens Office in China. Important new Step to Increase Understanding of the Global Online Market, in: *gamesindustry.biz* 14.5.2005. Online unter: http://bit.ly/2 A3JrKQ (Letzter Zugriff: 31.3.2019).
GamesIndustry International: FunCom Successfully Listed on Oslo Stock Exchange, in: *gamesindustry.biz* 14.12.2005. Online unter: http://bit.ly/2z0ayGl (Letzter Zugriff: 31.3.2019).
Gardner, Andrew: Playing with the Past. A Review of three „Archaeological" PC Games, in: *European Journal of Archaeology*, Nr. 1 10/2007; S. 74–77 (Letzter Zugriff: 31.3.2019).
Gardner, Andrew: The Past as Playground. The Ancient World in Video Game Representation, in: Clack, Timothy / Brittain, Marcus (Hgg.): Archaeology and the Media, Walnut Creek 2007; S. 255–72.
Gardner, Andrew: Strategy Games and Engagement Strategies, in: Bonacchi, Chiara (Hg.): Archaeology and Digital Communication. Towards Strategies of Public Engagement [=Workshop, London, 16.5.2011], London 2012; S. 38–49.
Garriott, Richard: Explore/Create. Gamer Adventurer Pioneer – My Life in Pursuit of New Frontiers, Hidden Worlds, and the Creative Spark, New York 2017.
Gazzard, Alison / Peacock, Alan: Repetition and Ritual Logic in Video Games, in: *Games and Culture*, Nr. 4 6/2011; S. 499–512. Online unter: http://bit.ly/2wrnzu5 (Letzter Zugriff: 31.3.2019).
GDC Staff: GDC State of the Industry: Developers double down on PS4, XBox One, in: *gdcconf.com* 15.1.2015. Online unter: http://ubm.io/2rcvgiG (Letzter Zugriff: 29.3.2019).
Gebauer, Jochen: L.A. Noire. Test, in: *Gamestar* 1/2012; S. 108–09.
Gebauer, Jochen: The Secret World, in: *Gamestar* 9/2012; S. 60–65.
Gebauer, Jochen: Dishonored. Die Maske des Zorns. Test, in: *Gamestar* 12/2012; S. 50–56.
Gebauer, Jochen: Far Cry 3. Test Titelstory, in: *Gamestar* 1/2013; S. 14–25.
Gebauer, Jochen: SimCity. Test, in: *Gamestar* 5/2013; S. 60–66.
Gebauer, Jochen: Evoland. Freispiel, in: *Gamestar* 6/2013; S. 86.
Gebauer, Jochen: Assassin's Creed 4. Titelstory. Vorabtest, in: *Gamestar* 12/2013; S. 14–23.
Gebauer, Jochen: Assassin's Creed 4. Black Flag. Test, in: *Gamestar* 13/2013; S. 38–40.
Gebauer, Jochen: Everquest. Hall of Fame, in: *Gamestar* 1/2014; S. 106–08.
Gebauer, Jochen: The Stanley Parable, in: *Gamestar* 3/2014; S. 77.
Gebauer, Jochen: Watch Dogs. Preview, in: *Gamestar* 5/2014; S. 34–38.
Gebel, Christa: Lernen und Kompetenzerwerb mit Computerspielen, in: Bevc, Tobias / Zapf, Holger (Hgg.): Wie wir spielen, was wir werden. Computerspiele in unserer Gesellschaft, Konstanz 2009; S. 77–94.
Gee, James P.: What Video Games Have to Teach us About Learning and Literacy, revis. and upd. Ed., New York 2007.
Gee, James P.: Cats and Portals. Video Games, Learning, and Play, in: *American Journal of Play*, Nr. 2 1/2008. Online unter: http://bit.ly/1jI2NLL (Letzter Zugriff: 31.3.2019).
Gehlen, Christian: Und dann kam Tetris. Wie Nintendo innerhalb eines Jahrzehnts den Videospielmarkt eroberte, Winnenden 2016.
Geise, Stephanie / Birkner, Thomas / Arnold, Klaus / Löblich, Maria / Lobinger, Katharina (Hg.): Historische Perspektiven auf den Iconic Turn. Die Entwicklung der öffentlichen visuellen Kommunikation, Köln 2016.
Geisler, Martin: Clans, Gilden und Gamefamilies. Soziale Prozesse in Computerspielgemeinschaften (= Juventa Materialien) (=Erfurt, Univ. Diss., 2008), Weinheim 2009.
Geisthövel, Alexa / Mrozek, Bodo (Hg.): Popgeschichte. Bd. 1: Konzepte und Methoden (= Histoire, 48), Bielefeld 2014.

Gellesch, Anja: The Secret World: Die Einzel-Server-Technologie. Ein Server mehrere Dimensionen, in: *OnlineWelten* 28.6.2012. Online unter: http://bit.ly/2sHf7W4 (Letzter Zugriff: 18.7.2017).

Gerwat, Jan: Alpha Protocol. Preview, in: *Gamestar* 3/2010; S. 34–35.

Ghita, Christian / Adrikopoulos, Georgios: Total War and Total Realism. A Battle for Antiquity in Computer Game History, in: Lowe, Dunstan / Shahabudin, Kim (Hgg.): Classics for All. Reworking Antiquity in Mass Culture [=Conference „Classics for All", Reading, 2007], Newcastle upon Tyne 2009; S. 109–27.

Gießler, Denis / Graf, Michael: Das spielbare Gestern. Geschichte in Spielen, Teil 1, in: *Gamestar* 8/2016; S. 90–97.

Gießler, Denis / Graf, Michael: Spielerisch Geschichte Lernen. Geschichte in Spielen, Teil 2, in: *Gamestar* 9/2016; S. 74–81.

Giere, Daniel: Wir spielen das Jahr 1016: Life is Futile, in: *gespielt. Blog des Arbeitskreises Geschichtswissenschaft und Digitale Spiele (AKGWDS)* 9.1.2017. Online unter: http://bit.ly/2jjAbtg (Letzter Zugriff: 31.3.2019).

Giere, Daniel: Computerspiele – Medienbildung – historisches Lernen. Zu Repräsentation und Rezeption von Geschichte in digitalen Spielen (= Forum Historisches Lernen), Frankfurt a. M. 2019.

Gießler, Denis: Der verspielte Osten. Computerspiele in der DDR, in: *Gamestar* 5/2017; S. 94–107.

Gilbert, Ron: Maniac Mansion Design Notes, in: *Grumpy Gamer Blog V2. Ron Gilbert's often incoherent and bitter ramblings* 16.7.2014. Online unter: http://bit.ly/2wHyi1a (Letzter Zugriff: 31.3.2019).

Gilbert, Ron: Maniac Mansion Design Doc, in: *Grumpy Gamer Blog V2. Ron Gilbert's often incoherent and bitter ramblings* 21.7.2014. Online unter: http://bit.ly/2wCN8rd (Letzter Zugriff: 31.3.2019).

Glanninger, Peter: Systemisches E-Learning. Ein theoretisches Modell für die Gestaltung offener Wissenssysteme (=Univ. Diss, Wien 2009) (= Reihe XL: Kommunikationswissenschaft und Publizistik, 101.), Frankfurt a. M. 2010.

Glasersfeld, Ernst von: Radikaler Konstruktivismus. Ideen, Ergebnisse, Probleme (= Suhrkamp Wissenschaft, 1326.), Frankfurt a. M. 2005.

Glimm, Charles: Ultima Online. Test, in: *Gamestar* 12/1997; S. 186–92.

Goetz, Hans-Werner: Die Historische Fragestellung in ihrer Bedeutung für die Theorie und Methode der Geschichtswissenschaft, in: Hering, Rainer/Nicolaysen, Rainer (Hgg.): Lebendige Sozialgeschichte. Gedenkschrift für Peter Borowsky, Wiesbaden 2003; S. 94–101.

Goldberg, Daniel / Larsson, Linus / Hawkins, Jennifer: Minecraft. The Real Inside Story of Markus 'Notch' Persson and the Gaming Phenomenon of the Century, London 2014.

Goldberg, Harold: All your Base are Belong to Us. How Fifty Years of Videogames Conquered Pop Culture, New York 2011.

Goldberg, Marty / Vendel, Curt: Atari Inc. Business is fun. The True Story Behind the Iconic Company, told by the People who were there!, Brewster 2012.

Gorges, Florent: L' Histoire de Nintendo. Vol. 3: 1983–2003. La FamiCom-Nintendo Entertainment System, Châtillon 2011.

Gorges, Florent / Yamazaki, Isao / Mourlanne, Raphael / Daniel, Benjamin: The History of Nintendo. Vol. 1: From Playing-Cards to Game & Watch. 1889–1980, Triel-sur-Seine 2011.

Gorges, Florent / Yamazaki, Isao: The History of Nintendo. Volume 2: The Game & Watch Games, an Amazing Invention. 1980–1991, Triel-sur-Seine 2012.

Gottlieb, Owen: Who Really Said What? Mobile Historical Situated Documentary as Liminal Learning Space, in: *gamevironments* 5/2016; S. 237–56. Online unter: http://bit.ly/2jOD2qS (Letzter Zugriff: 28.3.2019).

Gössling, Jonas: The Elder Scrolls Online: Tamriel Unlimited im Test. Das Solo-MMO, in: *gamepro.de* 25.6.2015. Online unter: http://bit.ly/2hinShV (Letzter Zugriff: 31.3.2019).

Graf, Michael: Spielekisten. Von Dreamcast bis Dolphin. Hardware Schwerpunkt Konsolen, in: *Gamestar* 12/1999; S. 246–48.
Graf, Michael: World of Warcraft. Unglaubliches Abenteuer. Preview Titelstory, in: *Gamestar* 12/2004; S. 58–67.
Graf, Michael: World of Warcraft. Ach, du dicker Orc! Test Titelstory, in: *Gamestar* 3/2005; S. 50–61.
Graf, Michael: Süchtig nach Staaten. Civilization 4 Preview, in: *Gamestar* 11/2005; S. 40–42.
Graf, Michael: Medieval 2. Titelstory, in: *Gamestar* 4/2006; S. 28–35.
Graf, Michael: Medieval 2. Die Ritter der Runde. Test, in: *Gamestar* 12/2006; S. 90–95.
Graf, Michael: Firaxis erneuert die Neue Welt. Civilization 4 Colonization. Test, in: *Gamestar* 11/2008; S. 82–85.
Graf, Michael: Eve Online. Kontrollbesuch, in: *Gamestar* 6/2009; S. 94.
Graf, Michael: World of Tanks. Test, in: *Gamestar* 7/2011; S. 82–83.
Graf, Michael: Star Wars: The Old Republic. Preview Titelstory, in: *Gamestar* 9/2011; S. 22–30.
Graf, Michael: The Witcher 3. Titelstory Angeschaut, in: *Gamestar* 9/2014; S. 20–26.
Graf, Michael: Sid Meier Der Spieleprofessor. Der Civilization-Schöpfer gilt als lebende Legende, als Meister der Spieldesign-Wissenschaft – und der Bescheidenheit. Ein Porträt, in: *Gamestar* 9/2014; S. 100–06.
Graf, Michael: Was ist GamerGate?, in: *Gamestar* 10/2014; S. 10–18.
Graf, Michael: Die Sims 4. Test, in: *Gamestar* 10/2014; S. 64–68.
Graf, Michael: Civilization Beyond Earth. Titelstory, in: *Gamestar* 8/2014; S. 14–21.
Graf, Michael: Civilization: Beyond Earth. Test, in: *Gamestar* 11/2014; S. 42–49.
Graf, Michael: Die orcische Dekade. Zehn Jahre World of Warcraft. Report, in: *Gamestar* 12/2014; S. 24–29.
Graf, Michael: Des Hexers Meisterstück. The Witcher 3: Wild Hunt Test, in: *Gamestar* 6/2015; S. 22–36.
Graf, Michael: Das verflixte siebte Jahr. Sieben Jahre Minecraft, in: *Gamestar* 6/2016; S. 80–85.
Graf, Michael: Das beste Civilization? Civilization 6 Titelstory, in: *Gamestar* 11/2016; S. 24–29.
Graf, Michael / Schmitz, Petra / Penzhorn, Sascha / Danneberg, Benjamin / Austinat, Roland: Der Preis der Freiheit. Sandbox-MMOs. Camelot Unchained, Naval Action: Age of Sails, Crowfall, Albion Online, in: *Gamestar* 3/2016; S. 40–49.
Graham, Kerrie L.: Virtual Playgrounds? Assessing the Playfulness of Massively Multiplayer Online-Role-Playing Games, in: *American Journal of Play*, Nr. 1 3/2010. Online unter: http://bit.ly/1YS3P7R (Letzter Zugriff: 31.3.2019).
Grant, Christopher: THQ's Path to Bankruptcy and Beyond [=updating stream / Dossier], in: *Polygon* 19.12.2012. Online unter: http://bit.ly/2jxys3Q (Letzter Zugriff: 31.3.2019).
Griesser, Doris: Wie Shooter-Games Diskurs prägen. Kathrin Trattner untersucht das Bild des Islam in Kriegsvideospielen, in: *derStandard.at* 10.2.2017. Online unter: http://bit.ly/2oMYYI2 (Letzter Zugriff: 30.3.2019).
Griffiths, Alison: Shivers Down your Spine. Cinema, Museums, and the Immersive View (= Film and Culture), New York 2008.
Griffiths, Devin C.: Virtual Ascendance. Video Games and the Remaking of Reality, Lanham 2013.
Grimm, Rae: The Sound of Violence. Mafia 3 Preview, in: *Gamestar* 10/2016; S. 46–49.
Groot, Jerome de: Empathy and Enfranchisement. Popular Histories, in: *Rethinking History. The Journal of Theory and Practice*, Nr. 3 10/2006; S. 391–413. Online unter: http://bit.ly/2xxJKfY (Letzter Zugriff: 31.3.2019).
Groot, Jerome de: Consuming History. Historians and Heritage in Contemporary Popular Culture, London, New York 2009.
Grosch, Waldemar: Computerspiele im Geschichtsunterricht (= Geschichte am Computer, 2.), Schwalbach/Ts. 2002.

Grusin, Richard: DVDs, Video Games, and the Cinema of Interactions, in: Lyons, James / Plunkett, John (Hgg.): Multimedia Histories. From the Magic Lantern to the Internet (=Exeter Studies in Film History), Exeter 2007; S. 209–21.
Guins, Raiford: Game After. A Cultural Study of Video Game Afterlife, Cambridge 2014.
Guins, Raiford / Lowood, Henry (Hg.): Debugging Game History. A Critical Lexicon (= Game Histories), Cambridge 2016.
Guthrie, M. J.: Chaos Theory: The Secret Worlds Tokyo Barrier, in: *engadget.com* 26.6.2014. Online unter: http://engt.co/2mqFFZi (Letzter Zugriff: 31.3.2019).
Guthrie, M. J.: Chaos Theory. A Guide to the Secret World's Samhain 2016, in: *Massively Overpowered* 3.11.2016. Online unter: http://bit.ly/2eeG6RQ (Letzter Zugriff: 31.3.2019).
Guthrie, M. J.: Chaos Theory: The Secret World Says Sayonara to 2016, in: *Massively Overpowered* 5.1.2017. Online unter: http://bit.ly/2mcy6DT (Letzter Zugriff: 17.11.2017).
Guthrie, M. J.: FunCom Reboots The Secret World as Secret World Legends, A ‚Shared-World Action RPG', in: *Massively Overpowered* 29.3.2017. Online unter: http://bit.ly/2q1MGRz (Letzter Zugriff: 31.3.2019).
Guthrie, M. J.: Exclusive Interview: FunCom on the Secret World Legends Reboot and the End of Updates for The Secret World, in: *Massively Overpowered* 29.3.2017. Online unter: http://bit.ly/2tr2tGN (Letzter Zugriff: 31.3.2019).
Guthrie, M. J.: Exclusive Interview: Funcom's Romain Amiel On Secret World Legends' Combat Revamp and More, in: *Massively Overpowered* 31.3.2017. Online unter: http://bit.ly/2 t5ZjZE (Letzter Zugriff: 31.3.2019).
Günzel, Stephan: Egoshooter. Das Raumbild des Computerspiels, Frankfurt a. M. 2012.
Günzel, Stephan: Push Start. The Art of Video Games, Hamburg 2014.
Haber, Peter: Digital Past. Geschichtswissenschaft im digitalen Zeitalter (=Univ. Habil, Basel 2010), München 2011.
Hafer, T. J.: Europa Universalis IV: Conquest of Paradise. Review, in: *pcgamer.com* 18.1.2014. Online unter: http://bit.ly/2o3nyoD (Letzter Zugriff: 30.3.2019).
Halbwachs, Maurice: Das Gedächtnis und seine sozialen Bedingungen (= Suhrkamp Taschenbuch Wissenschaft, 538.) 4. unveränd. Aufl., Frankfurt a. M. 1985.
Halfhill, Tom R.: The MS-DOS Invasion. IBM Compatibles Are Coming Home, in: *Compute!* 79/1986; S. 32–38. Online unter: http://bit.ly/2aEtn8 l (Letzter Zugriff: 29.3.2019).
Hall, Charlie: LucasArts' Indiana Jones and the Iron Phoenix Design Docs Revealed 23 Years Later, in: *Polygon* 26.7.2016. Online unter: http://bit.ly/2asBbJ2 (Letzter Zugriff: 31.3.2019).
Halley, Dimitry: Tropico 5. Test, in: *Gamestar* 6/2014; S. 80–84.
Halley, Dimitry: Grand Ages Medieval. Preview, in: *Gamestar* 10/2014; S. 32–34.
Halley, Dimitry: Ryse Son of Rome, in: *Gamestar* 11/2014; S. 58/59.
Halley, Dimitry: London Calling. Assassin's Creed Syndicate, in: *Gamestar* 1/2016; S. 60–63.
Halley, Dimitry: Tolle Tapete. Far Cry Primal Test, in: *Gamestar* 4/2016; S. 62–64.
Halley, Dimitry: Das Gegenteil von Human Revolution. Deus Ex: Mankind Divided Test, in: *Gamestar* 9/2016; S. 56–61.
Halley, Dimitry: Besser als Chivalry? For Honor Preview, in: *Gamestar* 11/2016; S. 38–39.
Halley, Dimitry: Conan Exiles – Bugs, Cheater und fehlende Updates. Daran krankt das Survival Spiel, in: *gamestar.de* 15.7.2017. Online unter: http://bit.ly/2 A2I7YM (Letzter Zugriff: 31.3.2019).
Halley, Dimitry / Gebauer, Jochen: Die Ubisoft-Formel, in: *Gamestar* 11/2014; S. 22–26.
Hamari, Juho / Tuunanen, Janne: Player Types: A Meta-Synthesis, in: *Transactions of the Digital Games Research Association (ToDiGRA)*, Nr. 2 1/2014; S. 29–53. Online unter: http://bit.ly/2iKQol1 (Letzter Zugriff: 31.3.2019).

Hammel-Kiesow, Rolf: Die Hanse im Computerspiel, in: Hammel-Kiesow, Rolf / Holbach, Rudolf (Hgg.): Geschichtsbewusstsein in der Gesellschaft. Konstrukte der Hanse in den Medien und in der Öffentlichkeit (=Hansische Studien, 19), Trier 2010; S. 113–24.

Handrahan, Matthew: Funcom: „You can't survive for 20 years without a few scars". With a new Logo, new Website and new Product Strategy FunCom CEO Rui Casais is facing the future with confidence, in: *gamesindustry.biz* 31.8.2017. Online unter: http://bit.ly/2yg7V6f (Letzter Zugriff: 31.3.2019).

Hardtwig, Wolfgang / Schug, Alexander (Hg.): History sells! Angewandte Geschichte als Wissenschaft und Markt, Stuttgart 2009.

Harris, Blake J.: Console Wars. Sega, Nintendo, and the Battle that Defined a Generation. New York 2014.

Hartmann, Patrick: C&C Generals. Krieg gegen den Terror, in: *Gamestar* 3/2003; S. 76–81.

Hasegawa, Kazumi: Falling in Love with History. Japanese Girls' Otome Sexuality and Queering Historical Imagination, in: Kapell, Matthew W. / Elliott, Andrew B. R. (Eds.): Playing With the Past. Digital Games and the Simulation of History, London 2013; S. 135–49.

Hassemer, Simon M.: Screening the Game – Screening the Play. Zur videografischen Analyse von Videospielen, in: Kerschbaumer, Florian / Winnerling, Tobias (Hgg.): Frühe Neuzeit im Videospiel. Geschichtswissenschaftliche Perspektiven (=Histoire, 50), Bielefeld 2014; S. 55–70.

Hassemer, Simon M.: Does History Play the Role of Storyline? Historiographical Periodization as Theme in Video Game Series, in: Winnerling, Tobias / Kerschbaumer, Florian (Eds.): Early Modernity and Video Games, Newcastle upon Tyne 2014; S. 64–75.

Hatlen, Jan F.: Students of Rome: Total War, in: Thorsen, Thea Selliaas (Hg.): Greek and Roman Games in the Computer Age [=International Conference Greek and Roman Games in the Computer Age, 20./21.2.2009, Trondheim] (=Trondheim Studies in Greek and Latin), Trondheim 2012; S. 175–98.

Hausar, Gernot: Gespielte Geschichte. Die Bedeutung von „Lore" im Massive Multiplayer Spiel Eve Online, in: *Historische Sozialkunde*, 4/2013; S. 29–35.

Hausar, Gernot: Der Stadt ihre Spieler. Wahrnehmung und Wirkung historischer Metropolen in der Assassin's Creed Reihe, in: Kerschbaumer, Florian / Winnerling, Tobias (Hgg.): Frühe Neuzeit im Videospiel. Geschichtswissenschaftliche Perspektiven (=Histoire, 50), Bielefeld 2014; S. 211–25.

Hausar, Gernot: Players in the Digital City. Immersion, History and City Architecture in the Assassin's Creed Series, in: Winnerling, Tobias / Kerschbaumer, Florian (Eds.): Early Modernity and Video Games, Newcastle upon Tyne 2014; S. 175–88.

Hayden, Scott: Preview: 'Arnswalde VR' is a Memorial to Life as it Was Before WW2, in: *Road To VR* 18.1.2016. Online unter: http://bit.ly/1PPqzVb (Letzter Zugriff: 28.3.2019).

Heinze, Carl: Mittelalter Computer Spiele. Zur Darstellung und Modellierung von Geschichte im populären Computerspiel (= zugl. Freiburg, Univ. Diss., 2012 / = Historische Lebenswelten in populären Wissenskulturen / History in Popular Cultures, 8.), Bielefeld 2012.

Heinze, Carsten: Identität und Geschichte in autobiographischen Lebenskonstruktionen. Jüdische und nicht-jüdische Vergangenheitsbearbeitungen in Ost- und Westdeutschland. [=zugl. Univ. Diss, Hamburg 2006], Wiesbaden 2009.

Hemminger, Elke: Fantasy Facebook. Merged Gameplay in MMORPGs as Social Networking Activities, in: Klimmt, Christoph / Mitgutsch, Konstantin / Rosenstingl, Herbert (Hgg.): Exploring the Edges of Gaming. Proceedings of the Vienna Games Conference 2008–2009: Future and Reality of Gaming, Wien 2010; S. 91–102.

Henricks, Thomas S.: Play as Experience, in: *American Journal of Play*, Nr. 1 8/2015. Online unter: http://bit.ly/1lGpmBT (Letzter Zugriff: 31.3.2019).

Hensel, Thomas / Neitzel, Britta / Nohr, Rolf F. (Hg.): „The cake is a lie!". Polyperspektivische Betrachtungen des Computerspiels am Beispiel von „Portal" (= Medien'Welten. Braunschweiger Schriften zur Medienkultur, 26.), Münster 2015.

Hering, Rainer / Sarnowsky, Jürgen / Schäfer, Christoph / Schäfer, Udo (Hg.): Forschung in der digitalen Welt. Sicherung, Erschließung und Aufbereitung von Wissensbeständen [=Tagung des Staatsarchivs Hamburg und des Zentrums „Geisteswissenschaften in der Digitalen Welt" an der Universität Hamburg am 10. und 11. April 2006] (= Veröffentlichungen aus dem Staatsarchiv der Freien und Hansestadt Hamburg, 20.), Hamburg 2006. Online unter: http://bit.ly/1RhuXvm (Letzter Zugriff: 31.3.2019).

Hering, Rainer / Schenk, Dietmar (Hg.): Wie mächtig sind Archive? Perspektiven der Archivwissenschaft (= Veröffentlichungen des Landesarchivs Schleswig-Holstein, 104), Hamburg 2013. Online unter: urn:nbn:de:gbv:18 – 3 – 1336 (Letzter Zugriff: 31.3.2019).

Hern, Alex: Schiefe Debatte Gamergate, in: *Der Freitag* 22.10.2014. Online unter: http://bit.ly/2fw7RCs (Letzter Zugriff: 30.3.2019).

Heßler, Martina: Kulturgeschichte der Technik (= Historische Einführungen, 13.), Frankfurt a. M. 2012.

Hickman, Larry A. / Neubert, Stefan / Reich, Kersten (Hg.): John Dewey between Pragmatism and Constructivism (= American Philosophy Series), New York 2009.

Hitzer, Bettina: Emotionsgeschichte – ein Anfang mit Folgen. Forschungsbericht, in: *H-Soz-Kult* 23.11.2011. Online unter: http://bit.ly/2umzYur (Letzter Zugriff: 31.3.2019).

Hochbruck, Wolfgang / Schlehe, Judith / Oesterle, Carolyn / Uike-Bormann, Michiko (Hg.): Staging the Past. Themed Environments in Transcultural Perspectives (= Historische Lebenswelten in populären Wissenskulturen / History in Popular Cultures, 2.), Bielefeld 2010.

Hoffmann, Bernward: Medienpädagogik. Eine Einführung in Theorie und Praxis (= UTB Medienwissenschaften, Pädagogik, 2421.), Paderborn [u. a.] 2003.

Holdenried, Joshua D. / Trépanier, Nicolas: Dominance and the Aztec Empire. Representations in Age of Empires II and Medieval II: Total War, in: Kapell, Matthew W. / Elliott, Andrew B. R. (Eds.): Playing With the Past. Digital Games and the Simulation of History, London 2013; S. 107 – 19.

Holtorf, Christian / Pias, Claus (Hg.): Escape! Computerspiele als Kulturtechnik (= Schriften des Deutschen Hygiene-Museums Dresden, 6.), Köln 2007.

Hong, Sun-ha: When Life Mattered. The Politics of the Real in Video Games' Reappropriation of History, Myth, and Ritual, in: *Games and Culture*, Nr. 1 10/2015; S. 35 – 56. Online unter: http://bit.ly/2vtKwJc (Letzter Zugriff: 31.3.2019).

Horowitz, Steve / Looney, Scott: The Essential Guide to Game Audio. The Theory and Practice of Sound for Games [free companion iOS App, available on the App Store], New York 2014.

Houghton, Robert: Where Did You Learn That? The Self-Perceived Impact of Historical Computer Games on Undergraduates, in: *gamevironments* 5/2016; S. 8 – 45. Online unter: http://bit.ly/2jgqzQB (Letzter Zugriff: 29.3.2019).

Howard, Josh: Goodman and Ribbitribbit. How MMO Communities Memorialize, in: *J. Howard History. Public History & Public History Accessories Blog* 28.4.2015. Online unter: http://bit.ly/2lwthRv (Letzter Zugriff: 30.3.2019).

Howard, Josh: Forgotten Spaces of Norrath. Why We Need a History of Digital Spaces, in: *J. Howard History. Public History & Public History Accessories Blog* 20.5.2015. Online unter: http://bit.ly/2lCWdbC (Letzter Zugriff: 30.3.2019).

Howard, Josh: Public History and Video Gaming: Spontaneous Digital Remembrance, in: *History @ Work. Blog of the National Council of Public History (NCPH)* 2.6.2015. Online unter: http://bit.ly/2mPpJuG (Letzter Zugriff: 30.3.2019).

Howard, Josh: The Oral History of MMOs, in: *Play the Past* 3.9.2015. Online unter: http://bit.ly/2mwINlA (Letzter Zugriff: 30.3.2019).

Huber, Simon: Zwischen Immersion und Simulation. Geschichte und filmische Kulturen des Erzählens in Computerspielen, in: *Historische Sozialkunde*, Nr. 4 2013; S. 17–22.
Huber, Simon: Zur Geschichte der Cutscenes. Versuch einer Medienarchäologie kommerzieller Videospiele, in: Kerschbaumer, Florian / Winnerling, Tobias (Hgg.): Frühe Neuzeit im Videospiel. Geschichtswissenschaftliche Perspektiven (=Histoire, 50), Bielefeld 2014; S. 71–86.
Huber, Simon: The Remediation of History in Assassin's Creed, in: Winnerling, Tobias / Kerschbaumer, Florian (Hgg.): Early Modernity and Video Games, Newcastle upon Tyne 2014; S. 162–74.
Huberts, Christian: Raumtemperatur. Marshall McLuhans Kategorien „heiß" und „kalt" im Computerspiel, Göttingen 2010.
Huberts, Christian / Standke, Sebastian (Hg.): Zwischen | Welten. Atmosphären im Computerspiel (= Game Studies), Glückstadt 2014.
Huizinga, Johan: Homo Ludens. Vom Ursprung der Kultur im Spiel (= Rowohlts Enzyklopädie, 435.) 19. Aufl., Reinbek 2004.
Huntemann, Nina / Aslinger, Ben (Hg.): Gaming Globally. Production, Play, and Place (= Critical Media Studies), New York 2013.
Hussey, David R.: Assassins Creed Week. Part I: Introduction, in: *Play the Past* 17.2.2014. Online unter: http://bit.ly/2ic9IRO (Letzter Zugriff: 30.3.2019).
Hussey, David R.: Assassins Creed Week. Part II: Native Relations and Slavery, in: *Play the Past* 18.2.2014. Online unter: http://bit.ly/2j0nyUL (Letzter Zugriff: 30.3.2019).
Hussey, David R.: Assassins Creed Week. Part III: Women of the Past, in: *Play the Past* 19.2.2014. Online unter: http://bit.ly/2jhVHiy (Letzter Zugriff: 30.3.2019).
Hussey, David R.: Assassins Creed Week. Part IV: Grand Narratives, in: *Play the Past* 20.2.2014. Online unter: http://bit.ly/2iEHbAs (Letzter Zugriff: 30.3.2019).
Hussey, David R.: Assassins Creed Week. Part V: When They Get It Wrong, in: *Play the Past* 21.2.2014. Online unter: http://bit.ly/2j53vqg (Letzter Zugriff: 30.3.2019).
Hussey, David R.: Valiant Hearts: The Problem (and Solution) of Historical War Video Games, in: *Play the Past* 23.7.2014. Online unter: http://bit.ly/2lu3cX1 (Letzter Zugriff: 30.3.2019).
Inderst, Rudolf T.: Vergemeinschaftung in MMORPGs (=Univ. Diss., München 2008), Boizenburg 2009.
Inderst, Rudolf T.: „Fire in the Hole!". Zur Darstellung des Vietnamkrieges 1965–1973 in ausgesuchten Videospielen, in: Appel, Daniel / Huberts, Christian / Raupach, Tim / Standke, Sebastian (Hg.): Welt|Kriegs|Shooter. Computerspiele als realistische Erinnerungsmedien? (=Game Studies), Boizenburg 2012; S. 136–59.
Inderst, Rudolf T.: Von der Sehnsucht nach der Möglichkeit der besten aller Welten. Gemeinschaftsbildung in Massively Multiplayer Online Role-Playing Games-Gilden, in: Brincken, Jörg von / Konietzky, Horst (Hgg.): Emotional Gaming. Gefühlsdimensionen des Computerspielens (=Intervisionen: Texte zu Theater und anderen Künsten, 10), München 2012; S. 107–19.
Inoue, Osamu: Nintendo Magic. Winning the Videogame Wars, New York 2010.
Jagoda, Patrick / Gilliam, Melissa / McDonald, Peter / Russell, Christopher: Worlding through Play. Alternate Reality Games, Large-Scale Learning and The Source, in: *American Journal of Play*, Nr. 1 8/2015. Online unter: http://bit.ly/1OO4EtF (Letzter Zugriff: 31.3.2019).
Jakobsson, Mikael: Questing for Knowledge. Virtual Worlds as Dynamic Processes of Social Interaction, in: Schroeder, Ralph / Axelsson, Ann-Sofie (Hgg.): Avatars at Work and Play. Collaboration and Interaction in Shared Virtual Environments (=Computer Supported Cooperative Work, 34), Dordrecht 2006; S. 209–26.
Jakubetz, Christian: Crossmedia (= Praktischer Journalismus, 80.) 2. überarb. Aufl., Konstanz 2011.

Janus, Ulrich / Janus, Ludwig (Hg.): Abenteuer in anderen Welten. Fantasy Rollenspiele. Geschichte, Bedeutung, Möglichkeiten (= IMAGO), Gießen 2007.

Jarratt, Steve / Dyer, Sam: Commodore 64. A Visual Compendium, [UK] 2016.

Jäger, Jens: Fotografie und Geschichte (= Historische Einführungen, 7.), Frankfurt a. M. 2009.

Järvela, Simon / Ekman, Inger / Kivikangas, J. M. / Ravaja, Niklas: A Practical Guide to Using Digital Games as an Experiment Stimulus, in: *Transactions of the Digital Games Research Association (ToDiGRA)*, Nr. 2 1/2014; S. 85–115. Online unter: http://bit.ly/2hLvruR (Letzter Zugriff: 31.3.2019).

Järvinen, Aki: Games without Frontiers. Theories and Methods for Game Studies and Design (= Acta Electronica Universitatis Temperensis, 701.) Univ. Diss., Tampere 2008.

Jeismann, Karl-Ernst: Didaktik der Geschichte. Die Wissenschaft von Zustand, Funktion und Veränderung geschichtlicher Vorstellungen im Selbstverständnis der Gegenwart, in: Kosthorst, Erich (Hg.): Geschichtswissenschaft. Didaktik, Forschung, Theorie, Göttingen 1977; S. 9–33.

Jeismann, Karl-Ernst: Verlust der Geschichte? Zur gesellschaftlichen und anthropologischen Funktion des Geschichtsbewusstseins in der gegenwärtigen Situation (1977), in: Jeismann, Karl-Ernst / Jacobmeyer, Wolfgang / Kosthorst, Erich (Hgg.): Geschichte als Horizont der Gegenwart. Über den Zusammenhang von Vergangenheitsdeutung, Gegenwartsverständis und Zukunftsperspektive (=Sammlung Schöningh zur Geschichte und Gegenwart), Paderborn 1985; S. 11–26.

Jeismann, Karl-Ernst: „Geschichtsbewusstsein". Überlegungen zur zentralen Kategorie eines neuen Ansatzes der Geschichtsdidaktik (1980), in: Jeismann, Karl-Ernst/Jacobmeyer, Wolfgang/Kosthorst, Erich (Hgg.): Geschichte als Horizont der Gegenwart. Über den Zusammenhang von Vergangenheitsdeutung, Gegenwartsverständis und Zukunftsperspektive (=Sammlung Schöningh zur Geschichte und Gegenwart), Paderborn 1985; S. 43–70.

Jeismann, Karl-Ernst: Geschichtsbewußtsein als zentrale Kategorie der Geschichtsdidaktik, in: Schneider, Gerhard (Hg.): Geschichtsbewußtsein und historisch-politisches Lernen (=Jahrbuch für Geschichtsdidaktik, 1), Pfaffenweiler 1988; S. 1–24.

Jeismann, Karl-Ernst: Geschichtsbilder. Zeitdeutung und Zukunftsperspektive, in: *Aus Politik und Zeitgeschichte (APuZ)* B51–52/2002; S. 13–22.

Jeismann, Karl-Ernst: Geschichtsbilder: Zeitdeutung und Zukunftsperspektive, in: Bundeszentrale für Politische Bildung (bpb) (Hg.): Dossier: Geschichte und Erinnerung [gedruckte Fassung: 2015]. Online unter: http://bit.ly/1r3JJLI (Letzter Zugriff: 30.3.2019).

Jegust, Stefan: „Valiant Hearts". Kriegserfahrung 2014 im Computerspiel, in: Kuhn, Bärbel / Windus, Astrid (Hg.): Der Erste Weltkrieg im Geschichtsunterricht. Grenzen – Grenzüberschreitungen – Medialisierung von Grenzen (=HISTORICA ET DIDACTICA. Fortbildung Geschichte, 7), St. Ingbert 2014; S. 205–13.

Johnson, Steven: Interface Culture. Wie neue Technologien Kreativität und Kommunikation verändern, Stuttgart 1999.

Johnson, Abigail: Between Barbie and Life is Strange: the history of the „Girl Games" Movement, in: *The Ontological Geek* 31.12.2016. Online unter: http://bit.ly/2k9Obdy (Letzter Zugriff: 31.3.2019).

Jones, Steven E. / Thiruvathukal, George K.: Codename Revolution. The Nintendo Wii platform (= Platform Studies), Cambridge 2012.

Juul, Jesper: Games Telling Stories? A Brief Note on Games and Narratives, in: *Game Studies. The international Journal of Computer Game Research*, Nr. 1 1/2001. Online unter: http://bit.ly/2clxTsm (Letzter Zugriff: 31.3.2019).

Juul, Jesper: Half-Real. Video Games between Real Rules and Fictional Worlds, Cambridge 2005.

Kafai, Yasmin B. / Heeter, Carrie / Denner, Jill / Sun, Jennifer Y. (Hg.): Beyond Barbie and Mortal Kombat. New Perspectives on Gender and Gaming, Cambridge 2011.

Kaindel, Christoph / Steffelbauer, Ilja: Civilization, Inventions and Empires. Impilcit Theories of History and Society in Computer Games, in: Klimmt, Christoph / Mitgutsch, Konstantin / Rosenstingl, Herbert (Hg.): Exploring the Edges of Gaming. Proceedings of the Vienna Games Conference 2008–2009: Future and Reality of Gaming, Wien 2010; S. 251–64.

Kaminski, Winfred: Wenn Computerspiele und Spieler aufeinandertreffen. Oder: die Veränderung des Spiels durch die Spieler, in: Thimm, Caja (Hg.): Das Spiel. Muster und Metapher der Mediengesellschaft, Wiesbaden 2010; S. 215–40.

Kaminski, Winfred / Lorber, Martin (Hg.): Clash of realities. Computerspiele und soziale Wirklichkeit. Beiträge der ersten 'International Computer Game Conference Cologne' März 2006 (= EA-Studie, 5.), München 2006.

Kaminski, Winfred / Lorber, Martin (Hg.): Clash of realities 2008 – Spielen in digitalen Welten, München 2008.

Kaminski, Winfred / Lorber, Martin (Hg.): Clash of Realities 2010. Computerspiele: Medien und mehr..., München 2010.

Kaminski, Winfred / Lorber, Martin (Hg.): Gamebased Learning. Clash of Realities 2012. International Computer Game Conference „Clash of Realities" in Köln, München 2012.

Kaminski, Winfred / Lorber, Martin (Hg.): Spielwelt – Weltspiel. Narration, Interaktion und Kooperation im Computerspiel. Internationale Fachkonferenz „Clash of Realities" 2014, München 2014.

Kaminski, Winfred / Witting, Tanja (Hg.): Digitale Spielräume. Basiswissen Computer- und Videospiele, München 2007.

Kansteiner, Wulf: Alternative Welten und erfundene Gemeinschaften. Geschichtsbewusstsein im Zeitalter interaktiver Medien, in: Meyer, Erik (Hg.): Erinnerungskultur 2.0. Kommemorative Kommunikation in digitalen Medien [=Tagungsband zur Konferenz „Virtual Memory, Virtual History – Digitale Verbreitungsmedien: Konkurrenz und Komplementität?", Gießen im Nov. 2006] (=Interaktiva. Schriftenreihe des Zentrums für Medien und Interaktivität (ZMI) Gießen, 6), Frankfurt a. M. 2009; S. 29–54.

Kapell, Matthew W. / Elliott, Andrew B. R.: Introduction: To Build a Past That Will „Stand the Test of Time". Discovering Historical Facts, Assembling Historical Narratives, in: Dies. (Eds.): Playing With the Past. Digital Games and the Simulation of History, London 2013; S. 1–29.

Kapell, Matthew W. / Elliott, Andrew B. R.: Conclusion(s): Playing at True Myths, Engaging with Authentic Histories, in: Dies. (Eds.): Playing With the Past. Digital Games and the Simulation of History, London 2013; S. 357–69.

Karhulahti, Veli-Matti: Hermeneutics and Ludocriticism, in: *Journal of Games Criticism*, Nr. 1 2/2015. Online unter: http://bit.ly/1PM5ZEC (Letzter Zugriff: 29.3.2019).

Kearns, James P.: The Sega Genesis. A Comprehensive Look at the History, Technology, and Success of the Sega Genesis, North Charleston 2015.

Keilbach, Judith: Photographs, Symbolic Images, and the Holocaust. On the (Im)Possibility of Depicting Historical Truth, in: *History and Theory*, Nr. 2 48/2009; S. 54–76.

Keilbach, Judith: Geschichtsbilder und Zeitzeugen. Zur Darstellung des Nationalsozialismus im Bundesdeutschen Fernsehen. (=Univ. Diss., Berlin 2004) (= Medien'Welten. Braunschweiger Schriften zur Medienkultur, 8.) 2. unveränd. Onlineausgabe, [Münster] 2010.

Keller, Reiner / Reichertz, Jo / Knoblauch, Hubert (Hg.): Kommunikativer Konstruktivismus. Theoretische und empirische Arbeiten zu einem neuen wissenssoziologischen Ansatz, Wiesbaden 2013.

Keller, Stephan: Patrizier Online: Der Niedergang der Hanse, in: *browsergames.de* 2.11.2012. Online unter: http://bit.ly/2ia41U5 (Letzter Zugriff: 30.3.2019).

Kempshall, Chris: Pixel Lions. The Image of the Soldier in First World War Computer Games, in: *Historical Journal of Film, Radio and Television*, Nr. 4 35/2015; S. 656–72. Online unter: http://bit.ly/2eXbZif (Letzter Zugriff: 30.3.2019).

Kempshall, Chris: The First World War in Computer Games. With a Foreword by Esther MacCallum-Stewart, Basingstoke 2015.

Kent, Steven L.: The Ultimate History of Video Games. From Pong to Pokémon and Beyond. The Story Behind the Craze That Touched Our Lives and Changed the World, Roseville 2001.

Keogh, Brendan: A Play of Bodies. A Phenomenology of Videogame Experience. Univ. Diss., Melbourne 2015. Online unter: http://bit.ly/1 l2DfK6 (Letzter Zugriff: 31.3.2019).

Kerber, Ulf: Narration und Digital Storytelling im Geschichtsunterricht, in: Bernsen, Daniel / Kerber, Ulf (Hgg.): Praxishandbuch Historisches Lernen und Medienbildung im digitalen Zeitalter, Berlin 2017; S. 181–92.

Kerschbaumer, Florian / Winnerling, Tobias: Postmoderne Visionen des Vor-Modernen. Des 19. Jahrhunderts geisterhaftes Echo, in: Dies. (Hg.): Frühe Neuzeit im Videospiel. Geschichtswissenschaftliche Perspektiven (= Histoire, 50.), Bielefeld 2014; S. 11–24.

Kerschbaumer, Florian / Winnerling, Tobias: The Devil is in the Details. Why Video Game Analysis is such a Hard Task for Historians, and How we Nevertheless Try, in: Winnerling, Tobias / Kerschbaumer, Florian (Hgg.): Early Modernity and Video Games, Newcastle upon Tyne 2014; S. ix–xx.

Kerschbaumer, Florian / Winnerling, Tobias (Hg.): Frühe Neuzeit im Videospiel. Geschichtswissenschaftliche Perspektiven (= Histoire, 50.), Bielefeld 2014.

Kidd, Stephen E.: Herodotus and the New Historiography of Virtual Worlds, in: Thorsen, Thea Selliaas (Hg.): Greek and Roman Games in the Computer Age. [=International Conference Greek and Roman Games in the Computer Age, 20./21.2.2009, Trondheim] (=Trondheim Studies in Greek and Latin), Trondheim 2012; S. 91–108.

Kiel, Nina: Gender in Games. Geschlechtsspezifische Rollenbilder in zeitgenössischen Action-Adventures (= Gender Studies, 27.), Hamburg 2014.

Kiesow, Ulrich: Das Schwarze Auge [=Pen&Paper-Rollenspielsystem], Berlin 1984.

Kiliç, Sinem D.: Homo homini ludus? Vom Spiel in der Philosophie der Neuzeit zur Philosophie im Videospiel Assassin's Creed, in: Kerschbaumer, Florian / Winnerling, Tobias (Hgg.): Frühe Neuzeit im Videospiel. Geschichtswissenschaftliche Perspektiven (=Histoire, 50), Bielefeld 2014; S. 159–78.

King, Stephen: The Shining, Garden City 1977.

King, Stephen: It, New York 1986.

Kingsepp, Eva: Fighting Hyperreality With Hyperreality. History and Death in World War II Digital Games, in: *Games and Culture*, Nr. 4 2/2007; S. 366–75.

Kirkpatrick, Graeme: Controller, Hand, Screen. Aesthetic Form in the Computer Game, in: *Games and Culture*, Nr. 2 4/2009; S. 127–43. Online unter: http://bit.ly/2u1CVlm (Letzter Zugriff: 31.3.2019).

Kirkpatrick, Graeme: Aesthetic Theory and the Video Game, Manchester 2011.

Kirkpatrick, Graeme: The Formation of Gaming Culture. UK Gaming Magazines. 1981–1995, London 2015.

Klein, Florian: Das Ende der Konsolen. Der PC als Spielemaschine der Zukunft, in: *Gamestar* 8/2015; S. 12.

Klie, Thomas / Nord, Ilona (Hg.): Tod und Trauer im Netz. Mediale Kommunikationen in der Bestattungskultur, Stuttgart 2015.

Klimmt, Christoph: Empirische Medienforschung. Kommunikationswissenschaftliche Perspektiven auf Computerspiele, in: Bevc, Tobias / Zapf, Holger (Hgg.): Wie wir spielen, was wir werden. Computerspiele in unserer Gesellschaft, Konstanz 2009; S. 65–74.

Klimmt, Christoph: Du bist tot, nur noch zwei Leben übrig! Sterben im Computerspiel, in: Klie, Thomas / Kumlehn, Martina / Kunz, Ralph / Schlag, Thomas (Hgg.): Praktische Theologie der Bestattung (=Praktische Theologie im Wissenschaftsdiskurs, 17), Berlin 2015; S. 575–90.

Klimmt, Christoph / Mitgutsch, Konstantin / Rosenstingl, Herbert (Hg.): Exploring the Edges of Gaming. Proceedings of the Vienna Games Conference 2008–2009: Future and Reality of Gaming, Wien 2010.

Klimpel, Paul / König, Eva-Marie: Urheberrechtliche Aspekte beim Umgang mit audiovisuellen Materialien in Forschung und Lehre. Rechtsgutachten im Auftrag des Verbands der Historiker und Historikerinnen Deutschlands (VHD), Berlin 2015. Online unter: http://bit.ly/1HYo4wF (Letzter Zugriff: 31.3.2019).

Kline, Daniel T. (Hg.): Digital Gaming Re-Imagines the Middle Ages (= Routledge Studies in New Media and Cyberculture, 15.), Hoboken 2013.

Kline, Daniel T.: Introduction. „All Your History Are Belong To Us": Digital Gaming Re-Imagines the Middle Ages, in: Kline, Daniel T. (Hg.): Digital Gaming Re-Imagines the Middle Ages (=Routledge Studies in New Media and Cyberculture, 15), Hoboken 2013; S. 1–11.

Klinge, Heiko: Anno 1404. Preview, in: *Gamestar* 4/2009; S. 24–33.

Klinge, Heiko: Anno 1404. Test [=Vorabtest], in: *Gamestar* 7/2009; S. 80–83.

Klinge, Heiko: Valiant Hearts The Great War. Test, in: *Gamestar* 8/2014; S. 58–60.

Klinge, Heiko: Genie mit Größenwahn. The Witcher 3 Angespielt, in: *Gamestar* 4/2015; S. 22–29.

Knoblauch, Hubert: Die kommunikative Konstruktion der Wirklichkeit (= Neue Bibliothek der Sozialwissenschaften), Wiesbaden 2017.

Knoblauch, William M.: Strategic Digital Defense. Video Games and Reagan's „Star Wars" Program. 1980–1987, in: Kapell, Matthew W. / Elliott, Andrew B. R. (Hgg.): Playing With the Past. Digital Games and the Simulation of History, London 2013; S. 279–95.

Knoll-Jung, Sebastian: Geschlecht, Geschichte und Computerspiele. Die Kategorie ›Geschlecht‹ und die Darstellung von Frauen in Historienspielen, in: Schwarz, Angela (Hg.): „Wollten Sie auch immer schon einmal pestverseuchte Kühe auf Ihre Gegner werfen?" Eine fachwissenschaftliche Annäherung an Geschichte im Computerspiel (=Medien'Welten, 13) 2. erw. Aufl., Münster 2012; S. 185–211.

Koch, Sebastian / Raupach, Tim: Authentizität und Aneignung von Geschichtsdarstellungen in Weltkriegsshootern, in: *Literatur in Wissenschaft und Unterricht*, Nr. 2/3 46/2013; S. 205–218.

Koenitz, Hartmut: Towards a Specific Theory of Interactive Digital Narrative, in: Koenitz, Hartmut / Ferri, Gabriele / Haahr, Mads / Sezen, Digdem / Sezen, Tonguç I. (Hgg.): Interactive Digital Narrative. History, Theory and Practice (=Routledge Studies in European Communication Research and Education, 7), New York 2015; S. 91–105.

Kogel, Dennis: Hakenkreuze. Im Fernsehen normal, auf dem Bildschirm verboten: Warum dürfen Spiele immer noch keine verfassungsfeindlichen Symbole zeigen?, in: *Gamestar* 6/2014; S. 100–06.

Kogel, Dennis: Hungrig, müde, depressiv. This War of Mine, in: *Gamestar* 1/2015; S. 76–77.

Kogel, Dennis: Galaxie der Geschichten. Faszination Eve Online. Magazin, in: *Gamestar* 5/2015; S. 96–103

Kogel, Dennis: Zu Brutal für den Index? Mortal Kombat X, in: *Gamestar* 9/2015; S. 78–80.

Kogel, Dennis / Graf, Michael: Im Grenzbereich. Flüchtlinge in Spielen, in: *Gamestar* 4/2015; S. 88–91.

Kollar, Philip: Did Legion boost World of Warcraft's subscriber numbers over 10 million? Despite reports from an interview, Blizzard won't confirm a huge comeback for its MMO, in: *Polygon* 4.10.2016. Online unter: http://bit.ly/2sDq8Y1 (Letzter Zugriff: 31.3.2019).

Komlosy, Andrea: Globalgeschichte. Methoden und Theorien, Stuttgart 2011.

Korchmar, Simon: Erlösmodelle in Massively Multiplayer Online Games [=BA-Arbeit, St. Pölten 2007], Norderstedt 2008.

Korte, Barbara / Paletschek, Sylvia (Hg.): History goes Pop. Zur Repräsentation von Geschichte in populären Medien und Genres (= Historische Lebenswelten in populären Wissenskulturen / History in Popular Cultures, 1.), Bielefeld 2009.

Korte, Barbara / Paletschek, Sylvia / Hochbruck, Wolfgang (Hg.): Der Erste Weltkrieg in der populären Erinnerungskultur (= Schriften der Bibliothek für Zeitgeschichte, Neue Folge, 22.), Essen 2008.

Koster, Raph: A Theory of Fun for Game Design. With a Foreword by Will Wright. 2. Aufl. 2013.

Koster, Raph: Ten Years of World of Warcraft, in: *Raph Koster's Website* 21.11.2014. Online unter: http://bit.ly/2 A5Nw43 (Letzter Zugriff: 31.3.2019).

Koster, Raph: Ultima Online's Influence [=Answering Questions for UO's 20th Anniversary], in: *Raph Koster's Website* 28.9.2017. Online unter: http://bit.ly/2xTORL3 (Letzter Zugriff: 31.3.2019).

Koubek, Jochen / Mosel, Michael / Werning, Stefan (Hg.): Spielkulturen. Funktionen und Bedeutungen des Phänomens Spiel in der Gegenwartskultur und im Alltagsdiskurs. Beiträge zur Tagung „Spielkulturen" der Universität Bayreuth, 15./16. Februar 2013 (= Game Studies), Glückstadt 2013.

Köck, Julian: Geschichtsbilder im Weltkriegsshooter und ihre Rezeption beim Spieler, in: *Zeitschrift für Digitale Geschichtswissenschaft* 1/2012; S. 1–22. Online unter: http://bit.ly/1QqJR11 (Letzter Zugriff: 29.3.2019).

Köhler, Stefan: Ultimate General Gettysburg. Early Access Test, in: *Gamestar* 9/2014; S. 91.

Köroğlu, Erol: Ottoman Propaganda and Turkish Identity. Literature in Turkey during World War I (= The Library of Ottoman Studies, 13.), London 2007.

Köstlbauer, Josef: The Strange Attraction of Simulation. Realism, Authenticity, Virtuality, in: Kapell, Matthew W. / Elliott, Andrew B. R. (Eds.): Playing With the Past. Digital Games and the Simulation of History, London 2013; S. 169–83, hier S. 169/70.

Köstlbauer, Josef: Do Computers Play History? in: Winnerling, Tobias / Kerschbaumer, Florian (Hgg.): Early Modernity and Video Games, Newcastle upon Tyne 2014; S. 24–37.

Köstlbauer, Josef: Operationen an den Grenzen des Spiels. Annäherungen an das Simulationsspiel. Schwerpunkt Krieg im Computerspiel, in: *Portal Militärgeschichte* 6.2.2017. Online unter: http://bit.ly/2kcheIr (Letzter Zugriff: 30.3.2019).

Köstlbauer, Josef / Gasteiner, Martin: Simulation und Imagination. Gedanken zum Problem der Realität im Spiel, in: *Historische Sozialkunde*, Nr. 4 2013; S. 9–16.

Kraam-Aulenbach, Nadia: Interaktives, problemlösendes Denken im vernetzten Computerspiel, Univ. Diss, Wuppertal 2002.

Krameritsch, Jakob: Geschichte(n) im Netzwerk. Hypertext und dessen Potenziale für die Produktion, Repräsentation und Rezeption der historischen Erzählung (= Medien in der Wissenschaft, 43.) (=zugl. Wien, Univ. Diss., 2006), Münster [u.a.] 2007.

Krameritsch, Jakob: Die fünf Typen des historischen Erzählens – im Zeitalter digitaler Medien, in: *Zeithistorische Forschungen/Studies in Contemporary History* 6/2009; S. 413–32. Online unter: http://bit.ly/2exvgHx (Letzter Zugriff: 29.3.2019).

Kringiel, Danny: Computerspielanalyse konkret. Methoden und Instrumente – erprobt an Max Payne 2 (=Univ. Diss. Frankfurt a.M., 2008), München 2009.

Krzywinska, Tanya: World Creation and Lore. World of Warcraft as Rich Text, in: Corneliussen, Hilde / Rettberg, Jill Walker (Hgg.): Digital Culture, Play, and Identity. A World of Warcraft Reader, Cambridge 2008; S. 123–42.

Kubetzky, Thomas: Computerspiele als Vermittlungsinstanzen von Geschichte? Geschichtsbilder in Aufbausimulationsspielen am Beispiel von Civilization III, in: Schwarz, Angela (Hg.): „Wollten Sie auch immer schon einmal pestverseuchte Kühe auf Ihre Gegner werfen?" Eine fachwissenschaftliche Annährung an Geschichte im Computerspiel (=Medien'Welten, 13) 2. erw. Aufl., Münster 2012; S. 75–106.

Kuhls, Ann-Kathrin: Spielen mit Behinderung. Barrierefreies Gaming, in: *Gamestar* 3/2016; S. 94–97.

Kuhls, Ann-Kathrin / Purrucker, Jan: Von der Heulsuse zur Heldin. Rise of the Tomb Raider. Test, in: *Gamestar* 2/2016; S. 66–69.

Kuhn, Axel: Vernetzte Medien. Nutzung und Rezeption am Beispiel von „World of Warcraft" (=Univ. Diss., Erlangen-Nürnberg 2008), Konstanz 2009.
Kuhn, Brittany: The Architecture of Bioshock as Metaphor for Ayn Rand's Objectivism, in: *gamevironments* 5/2016; S. 132–55. Online unter: http://bit.ly/2jgyLjO (Letzter Zugriff: 29.3.2019).
Kunczik, Michael: Gewalt – Medien – Sucht. Computerspiele (= Medien: Forschung und Wissenschaft, 31.), Münster 2013.
Kunczik, Michael: Medien und Gewalt. Überblick über den aktuellen Stand der Forschung und der Theoriediskussion (= Essentials), Wiesbaden 2017.
Kushner, David: Masters of Doom. How Two Guys Created an Empire and Transformed Pop Culture, New York 2004 [=Repr. 2003].
Kushner, David: Jacked. The Rockstar Story of Guns, Games and Grand Theft Auto, London 2012.
Küchler, Thorsten: Wie die Monster die Welt eroberten. 20 Jahre Pokémon, in: *Gamestar* 3/2016; S. 90–93.
Kücklich, Julian: Wieviele Polygone hat die Wirklichkeit? Zur Frage des Realismus in Ego-Shooter-Spielen, in: Jahrhaus, Oliver / Scheffer, Bernd / Jahraus, Oliver (Hgg.): Wie im Film. Zur Analyse populärer Medienereignisse (=Schrift und Bild in Bewegung, 8), Bielefeld 2004; S. 219–32.
Kücklich, Julian: Online-Rollenspiele als soziale Experimentierräume, in: Bevc, Tobias (Hg.): Computerspiele und Politik. Zur Konstruktion von Politik und Gesellschaft in Computerspielen (=Studien zur visuellen Politik, 5), Berlin 2007; S. 55–76.
Kücklich, Julian: Narratologische Ansätze. Computerspiele als Erzählungen, in: Bevc, Tobias / Zapf, Holger (Hgg.): Wie wir spielen, was wir werden. Computerspiele in unserer Gesellschaft, Konstanz 2009; S. 27–48.
Kühberger, Christoph: Computerspiele als Teil des historischen Lernens, in: Bernsen, Daniel/Kerber, Ulf (Hgg.): Praxishandbuch Historisches Lernen und Medienbildung im digitalen Zeitalter, Berlin 2017; S. 229–36.
Kwon, Hyuk-Chan: Historical Novel Revived. The Heyday of Romance of the Three Kingdoms Role-Playing Game, in: Kapell, Matthew W. / Elliott, Andrew B. R. (Eds.): Playing With the Past. Digital Games and the Simulation of History, London 2013; S. 121–34.
Kyle, Justin: The A-Z of the Atari 2600. The Games, the Technology, and the Visionaries who Created an Industry (= Retro Gaming, 1.) 2013.
Lackner, Thomas: Computerspiel und Lebenswelt. Kulturanthropologische Perspektiven [=Univ. Diss., Graz 2013] (= Edition Kulturwissenschaft, 53.), Bielefeld 2014.
Lampert, Claudia / Schwinge, Christiane / Kammerl, Rudolf / Hirschhäuser, Lena: Computerspiele(n) in der Familie. Computerspielesozialisation von Heranwachsenden unter Berücksichtigung genderspezifischer Aspekte (= LfM Dokumentation, 47.), Düsseldorf 2012.
Landre, Even: Funcom stuper på Børsen. Det er trangt i døren for investorer på vei ut av spillaksje, in: *E24. Først med økonominyhetene. Norges største nettavis for økonomi og næringsliv* 6.7.2012. Online unter: http://bit.ly/1Um293 L (Letzter Zugriff: 27.3.2019).
Landwehr, Achim: Historische Diskursanalyse (= Historische Einführungen, 4.), Frankfurt a. M. 2008.
Lange, Andreas: Pacman im Archiv. Computerspiele als digitales Kulturgut, in: *Zeithistorische Forschungen/Studies in Contemporary History* 9/2012; S. 326–33. Online unter: http://bit.ly/1Lohxgm (Letzter Zugriff: 28.3.2019).
Langer, Jessica: The Familiar and the Foreign. Playing (Post)Colonialism in World of Warcraft, in: Corneliussen, Hilde / Rettberg, Jill W. (Hgg.): Digital Culture, Play, and Identity. A World of Warcraft Reader, Cambridge 2008; S. 87–108.

Laubinger, Andres / Lösche, Daniel: 3D-Modelle und Visualisierung, in: Bernsen, Daniel / Kerber, Ulf (Hgg.): Praxishandbuch Historisches Lernen und Medienbildung im digitalen Zeitalter, Berlin 2017; S. 283–91.

Laurel, Brenda: Computers as Theatre, 2. Aufl., Upper Saddle River 2014.

Lee, Kevin: Unity 5 engine unveiled with better lighting, sound and browser gaming. Bridging the gap to web browsers and 64-bit platforms, in: *techradar.com* 18.3.2014. Online unter: http://bit.ly/2qEvein (Letzter Zugriff: 29.3.2019).

Leeker, Martina / Schipper, Imanuel / Beyes, Timon (Hg.): Performing the Digital. Performativity and Performance Studies in Digital Cultures (= Digitale Gesellschaft, 11.), Bielefeld 2017.

Lehdonvirta, Vili / Castronova, Edward: Virtual Economies. Design and Analysis (= Information policy series), Cambridge 2014.

Lenhardt, Heinrich: EverQuest. Die Antwort auf Ultima Online. Test, in: *Gamestar* 6/1999; S. 116–18.

Lenhardt, Heinrich: Asheron's Call. Pflegeleichtes Online-Rollenspiel, in: *Gamestar* 1/2000; S. 172–74.

Lenhardt, Heinrich: Die Sims. Daily Soap ohne Fernseher, in: *Gamestar* 3/2000; S. 62–71.

Lenhardt, Heinrich: Splinter Cell. Die im Dunkeln sieht man nicht, in: *Gamestar* 1/2003; S. 20–23.

Lenhardt, Heinrich: Blizzard: Activision und Blizzard fusionieren. Sensationeller 18,9-Milliarden-Dollar-Deal, in: *buffed.de* 2.12.2007. Online unter: http://bit.ly/2wE71 g0 (Letzter Zugriff: 31.3.2019).

Lenhardt, Heinrich: Aufstieg und Fall(out) Legendäre Studios: Interplay, in: *Gamestar*, 12/2015; S. 86–94.

Lenhardt, Heinrich: Es werde Doom. Die Wiege der Ego-Shooter, in: *Gamestar* 3/2016; S. 74–80.

Lenhardt, Heinrich: Eine Runde Geschichte. Geschichte der Rundenstrategie, Teil 1, in: *Gamestar* 6/2016; S. 98–105.

Lenhardt, Heinrich: Civilization VI. Stadt, Land, Weltherrschaft, in: *Gamestar* 7/2016; S. 28–38.

Lenhardt, Heinrich: Noch Rundere Geschichte. Geschichte der Rundenstrategie, Teil 2, in: *Gamestar* 7/2016; S. 40–51.

Lenhardt, Heinrich: Ein teuflischer Klick. 20 Jahre Diablo, in: *Gamestar* 1/2017; S. 20–30.

Lenhardt, Heinrich: „Unsere Freundschaft wurde im Höllenfeuer geschmiedet". Die Diablo-Väter im Gespräch [=Max Schaefer, Erich Schaefer, Bill Roper, David Brevik], in: *Gamestar* 1/2017; S. 31–33.

Lessard, Bruno: The Game's Two Bodies, or the Fate of *Figura* in *Dante's Inferno, in:* Kline, Daniel T. (Hg.): Digital Gaming Re-Imagines the Middle Ages (=Routledge Studies in New Media and Cyberculture, 15), Hoboken 2013; S. 133–47.

Lessard, Jonathan: Adventure before Adventure Games. A New Look at Crowther and Wood's Seminal Program, in: *Games and Culture*, Nr. 3 8/2013; S. 119–35. Online unter: http://bit.ly/2v3TNYq (Letzter Zugriff: 31.3.2019).

Lester, Jonathan: The Secret World: Issue #9 – The Black Signal Review. Welcome To Tokyo, in: *Dealspwn* 4.7.2014. Online unter: http://bit.ly/2z1MGW9 (Letzter Zugriff: 14.11.2017).

Letourneur, Ann-Marie / Mosel, Michael / Raupach, Tim: Nostalgie, Erinnerungskultur und Retrotechnologien im Zeitalter des Hipstertums. Einleitung, in: Dies. (Hgg.): Retro-Games und Retro-Gaming. Nostalgie als Phänomen einer performativen Ästhetik von Computer- und Videospielkulturen (=Game Studies), Glückstadt 2015; S. 13–27.

Letourneur, Ann-Marie / Mosel, Michael / Raupach, Tim (Hg.): Retro-Games und Retro-Gaming. Nostalgie als Phänomen einer performativen Ästhetik von Computer- und Videospielkulturen (= Game Studies), Glückstadt 2015.

Liebig, Sabine: Digitale Audioquellen im Gscheichtsunterricht, in: Bernsen, Daniel/Kerber, Ulf (Hgg.): Praxishandbuch Historisches Lernen und Medienbildung im digitalen Zeitalter, Berlin 2017; S. 249–55.

Liever, Hanna: Erinnerungskultur online, in: Bernsen, Daniel/Kerber, Ulf (Hgg.): Praxishandbuch Historisches Lernen und Medienbildung im digitalen Zeitalter, Berlin 2017; S. 110–18.
Linken, Andre: The Secret World – Ehemaliger Lead Designer: „Darum floppte das Spiel", in: *gamestar.de* 9.10.2012. Online unter: http://bit.ly/2 t2rcnx (Letzter Zugriff: 31.3.2019).
Loebel, Jens-Martin: Lost in Translation. Leistungsfähigkeit, Einsatz und Grenzen von Emulatoren bei der Langzeitbewahrung digitaler multimedialer Objekte am Beispiel von Computerspielen [=Univ. Diss. Berlin, 2013], Glückstadt 2014.
Logge, Thorsten: Public History in Germany. Challenges and Opportunities. (Review Essay), in: *German Studies Review* 39.1/2016; S. 141–53.
Loguidice, Bill / Barton, Matt: Vintage Game Consoles. An Inside Look at Apple, Atari, Commodore, Nintendo, and the Greatest Gaming Platforms of All Time, New York 2014.
Lott, Gunnar: The Longest Journey. Reise ins Märchenland, in: *Gamestar* 3/2000; S. 106–07.
Lovecraft, Howard P.: The Shadow over Innsmouth, Everett 1936.
Lowe, Dunstan: Playing with Antiquity. Videogame Receptions of the Classical World, in: Lowe, Dunstan / Shahabudin, Kim (Hgg.): Classics for All. Reworking Antiquity in Mass Culture. (=Conference „Classics for All", Reading, 2007), Newcastle upon Tyne 2009; S. 64–90.
Lowe, Dunstan: Always Already Ancient. Ruins in the Virtual World, in: Thorsen, Thea Selliaas (Hg.): Greek and Roman Games in the Computer Age [=International Conference Greek and Roman Games in the Computer Age, 20./21.2.2009, Trondheim] (=Trondheim Studies in Greek and Latin), Trondheim 2012; S. 53–90.
Lowood, Henry / Monnens, Devin / Vowell, Zack / Ruggill, Judd E. / McAllister, Ken S. / Armstrong, Andrew: Before It's Too Late. A Digital Game Preservation White Paper, in: *American Journal of Play*, Nr. 2 2/2009; S. 139–66, hier S. 140–147. Online unter: http://bit.ly/1QoLyfm (Letzter Zugriff: 31.3.2019).
Lowood, Henry / Raiford, Guins: Introduction: Why We Are Debugging, in: Guins, Raiford / Lowood, Henry (Hg.): Debugging Game History. A Critical Lexicon, Cambridge 2016; S. XIII-XXX.
Luerweg, Susanne: „Unabhängige Designer führen das Computerspiel zu neuen Ufern". Stephan Schwingeler im Gespräch mit Susanne Luerweg, in: *deutschlandfunk.de* 2.11.2016. Online unter: http://bit.ly/2fFk62k (Letzter Zugriff: 29.3.2019).
Niklas Luhmann: Soziale Systeme. Grundriss einer allgemeinen Theorie (=Suhrkamp Wissenschaft, 666), Frankfurt a. M. 2006.
Lück, Patrick C.: Wargame European Escalation. Test, in: *Gamestar* 5/2012; S. 70–72.
Lück, Patrick C. / Gebauer, Jochen: The Secret World. Test, in: *Gamestar* 2/2013; S. 64–66.
Lyons, James / Plunkett, John (Hg.): Multimedia Histories. From the Magic Lantern to the Internet (= Exeter Studies in Film History), Exeter 2007.
MacCallum-Stewart, Esther: Geschichte und Computerspiele, in: Hardtwig, Wolfgang/Schug, Alexander (Hgg.): History sells! Angewandte Geschichte als Wissenschaft und Markt, Stuttgart 2009; S. 119–29.
MacCallum-Stewart, Esther: Online Games, Social Narratives (= Routledge Studies in New Media and Cyberculture, 21.), New York 2014.
MacCallum-Stewart, Esther / Parsler, Justin: Controversies. Historicising the Computer Game, in: *DiGRA '07 – Proceedings of the 2007 DiGRA International Conference: Situated Play*, Nr. 4 2007; S. 203–210. Online unter: http://bit.ly/1W2XJQt (Letzter Zugriff: 29.3.2019).
MacCallum-Stewart, Esther / Parsler, Justin: Role-Play vs. Gameplay. The Difficulties of Playing a Role in World of Warcraft, in: Corneliussen, Hilde / Rettberg, Jill W. (Hgg.): Digital Culture, Play, and Identity. A World of Warcraft Reader, Cambridge 2008; S. 225–46.
Maher, Jimmy: The Future was Here. The Commodore Amiga (= Platform studies), Cambridge 2012.
Maier, Frank: Deutsche Spiele-Verkaufscharts. Civilization 5 unter den Top 3, in: *gamestar.de* 27.9.2010. Online unter: http://bit.ly/29aXJz9 (Letzter Zugriff: 29.3.2019).

Mallandine, Jayme D.: Ghost in the Cartridge. Nostalgia and the Construction of the JRPG Genre, in: *gamevironments* 5/2016; S. 80–103. Online unter: http://bit.ly/2iykAVi (Letzter Zugriff: 29.3.2019).

Mantel, Mark: Windows 10: Spiele mit Safedisc-Kopierschutz starten nicht, u. a. Battlefield 1942. [Update], in: *PC Games Hardware*, 4.8.2015. Online unter: http://bit.ly/1Xrw93R (Letzter Zugriff: 31.3.2019).

Margulies, Simon B.: Digitale Daten als Quelle der Geschichtswissenschaft. Eine Einführung (= Schriftenreihe Kölner Beiträge zu einer geisteswissenschaftlichen Fachinformatik, 2.), Hamburg 2009.

Martin, Jean-Clément / Turcot, Laurent (Hg.): Au coeur de la Révolution. Les leçons d'histoire d'un jeu vidéo, Paris 2015.

Martin, Matt: Age of Conan, Secret World dev Funcom up for sale, in: *VG247* 11.8.2015. Online unter: http://bit.ly/2tAKP7G (Letzter Zugriff: 31.3.2019).

Martin, Paul: Race, Colonial History, and National Identity. Resident Evil 5 as a Japanese Game, in: *Games and Culture* 22.2.2016; S. 1–19. Online unter: http://bit.ly/2lyLhvy (Letzter Zugriff: 29.3.2019).

Martínez, Matías / Scheffel, Michael: Einführung in die Erzähltheorie. 10. überarb. u. akt. Aufl., München 2016.

Martschukat, Jürgen / Patzold, Steffen (Hg.): Geschichtswissenschaft und „performative turn". Ritual, Inszenierung und Performanz vom Mittelalter bis zur Neuzeit (= Norm und Struktur. Studien zum sozialen Wandel in Mittelalter und früher Neuzeit, 19), Köln 2003.

Mathwick, Charla / Rigdon, Edward: Play, Flow, and the Online Search Experience, in: *Journal of Consumer Research* 31/2004; S. 324–32.

Matschijewsky, Daniel: Gothic 3. Test, in: *Gamestar* 11/2006; S. 26–47.

Matschijewsky, Daniel: Herr der Ringe Online Preview. Ein Spiel, sie zu knechten, in: *Gamestar* 2/2007; S. 44–47. Online unter: http://bit.ly/1ZjjCMn (Letzter Zugriff: 27.3.2019).

Matschijewsky, Daniel: World in Conflict. Test, in: *Gamestar* 10/2007; S. 86–93.

Matschijewsky, Daniel: Medal of Honor. Test, in: *Gamestar* 12/2010; S. 68–70.

Matschijewsky, Daniel: Star Wars The Old Republic. Vorab-Test Online-Rollenspiel, in: *Gamestar* 2/2012; S. 70–79.

Matschijewsky, Daniel: Star Wars: The Old Republic. Test Online-Rollenspiel, in: *Gamestar* 3/2012; S. 70–74.

Matschijewsky, Daniel: Medal of Honor: Warfighter, in: *Gamestar* 1/2013; S. 64–66.

Matuszkiewicz, Kai: Agency und Interaktivität. Zur Kompatibilität von zwei Handlungskonzepten der Digital Game Studies, in: *Paidia. Zeitschrift für Computerspielforschung* 30.6.2016. Online unter: http://www.paidia.de/?p=7640 (Letzter Zugriff: 29.3.2019).

Mayar, Mashid (Hg.): Encounters in the ‚Game-Over Era': The Americas in/and Video Games (= Forum for Inter-American Research, 11.2.), Bielefeld 2018. Online unter: http://bit.ly/2WHNCr8 (Letzter Zugriff: 1.2.2019).

Mäyrä, Frans: An Introduction to Game Studies. Games in Culture, Los Angeles 2008.

McCall, Jeremiah: Gaming the Past. Using Video Games to Teach Secondary History, New York 2011.

McCall, Jeremiah: Historical Simulations as Problem Spaces. Criticism and Classroom Use, in: *Journal of Digital Humanities*, Nr. 2 1/2012. Online unter: http://bit.ly/1XT1GGH (Letzter Zugriff: 29.3.2019).

McGonigal, Jane: Reality is Broken. Why Games Make us Better and How They Can Change the World, New York 2011.

McKernan, Brian: The Morality of Play. Video Game Coverage in The New York Times From 1980 to 2010, in: *Games and Culture*, Nr. 5 8/2013; S. 307–29. Online unter: http://bit.ly/2wuKrb7 (Letzter Zugriff: 31.3.2019).

McLaughlin, Martyn: New GTA V Release Tipped to Rake in £1bn in Sales, in: *The Scotsman. Scotlands National Newspaper* 8.9.2013. Online unter: http://bit.ly/27paSdv (Letzter Zugriff: 27.3.2019).
McManus, Barbara / Jung, Daniel: Romans Can't Carry Coins in Their Togas, in: Thorsen, Thea Selliaas (Hg.): Greek and Roman Games in the Computer Age. [=International Conference Greek and Roman Games in the Computer Age, 20./21.2.2009, Trondheim] (=Trondheim Studies in Greek and Latin), Trondheim 2012; S. 155–74.
Mechner, Jordan: The Making of Prince of Persia. Journals, 1985–1993, [Charleston] 2012.
Medienpädagogischer Forschungsverbund Südwest (MPFS) (Hg.): JIM-Studie 2013. Jugend, Information, (Multi-)Media. Basisstudie zum Medienumgang 12- bis 19-Jähriger in Deutschland, Stuttgart 2013. Online unter: http://bit.ly/2gVf8PO (Letzter Zugriff: 27.3.2019).
Medienpädagogischer Forschungsverbund Südwest (MPFS) (Hg.): JIM-Studie 2015. Jugend, Information, (Multi-)Media. Basisstudie zum Medienumgang 12- bis 19-Jähriger in Deutschland, Stuttgart 2015. Online unter: http://bit.ly/1RTK1uW (Letzter Zugriff: 27.3.2019).
Meija, Robert / Komaki, Ryuta: The Historical Conception of Biohazard in *Biohazard/Resident Evil*, in: Kapell, Matthew W. / Elliott, Andrew B. R. (Hgg.): Playing With the Past. Digital Games and the Simulation of History, London 2013; S. 327–41.
Melanchton, Daniel: Generation HTML 5. Neue Browser, neue Herausforderungen, in: *Making Games Magazin. Magazin für Spiele-Entwicklung und Business-Development* 3/2011; S. 48–53.
Meredith, Elysse T.: Coloring Tension. Medieval and Contemporary Concepts in Classifying and Using Digital Objects in World of Warcraft, in: Kline, Daniel T. (Hg.): Digital Gaming Re-Imagines the Middle Ages (=Routledge Studies in New Media and Cyberculture, 15), Hoboken 2013; S. 81–92.
Metzger, Scott A. / Paxton, Richard J.: Gaming History. A Framework for What Video Games Teach About the Past, in: *Theory & Research in Social Education*, Nr. 4 44/2016; S. 532–64. Online unter: http://bit.ly/2kwnHTx (Letzter Zugriff: 31.3.2019).
Meyer, Steffen D.: Rechtsextremismus in Computerspielen. Rechtsextreme PC-Spiele, in: *MotzMeyer* [nach 21.9.2009]. Online unter: http://bit.ly/2igPztN (Letzter Zugriff: 30.3.2019).
Meyer, Till: Geschichte im Brettspiel – am Beispiel „Colony". Gastbeitrag, in: *Medien im Geschichtsunterricht* 3.11.2016. Online unter: http://bit.ly/2fKFqjr (Letzter Zugriff: 29.3.2019).
Miller, Monica K. / Summers, Alicia: Gender Differences in Video Game Characters' Roles, Appearances, and Attire as Portrayed in Video Game Magazines, in: *Sex Roles* 57/2007; S. 733–42.
Mir, Rebecca / Owens, Trevor: Modeling Indigenious People. Unpacking Ideology in Sid Meier's Colonization, in: Kapell, Matthew W. / Elliott, Andrew B. R. (Eds.): Playing With the Past. Digital Games and the Simulation of History, London 2013; S. 91–106.
Mitchell, William N.: The Sony Playstation. History, Technology and Legacy, North Charleston 2015.
Mol, Angus A. A. / Ariese-Vandemeulebroucke, Csilla E. / Boom, Krijn H. J. / Politopoulos, Aris (Hg.): The Interactive Past. Archaeology, Heritage, and Video Games, Leiden 2017.
Montfort, Nick / Bogost, Ian: Racing the beam. The Atari Video Computer System (= Platform Studies, 1.), Cambridge 2009.
Morgan, Colleen: The Archaeology of Far Cry Primal. University of York Archaeology Professors Play FarCry: Primal on Twitch, in: *Middle Savagery* 28.3.2016. Online unter: http://bit.ly/2hkUg4B (Letzter Zugriff: 30.3.2019).
Mortensen, Torill E.: WoW is the New MUD. Social Gaming from Text to Video, in: *Games and Culture*, Nr. 4 1/2006; S. 397–413. Online unter: http://bit.ly/2vAjDGh (Letzter Zugriff: 31.3.2019).
Mukherjee, Souvik: Playing Subaltern. Video Games and Postcolonialism, in: *Games and Culture* 9.2.2016; S. 1–17. Online unter: http://bit.ly/2jNw4FT (Letzter Zugriff: 29.3.2019).

Murray, Janet H.: Hamlet on the Holodeck. The Future of Narrative in Cyberspace, Cambridge 1998.
Müller-Lietzkow, Jörg: Die Veränderung des traditionellen Sportbildes in Gesellschaft und Politik durch eSport, in: Bevc, Tobias (Hg.): Computerspiele und Politik. Zur Konstruktion von Politik und Gesellschaft in Computerspielen (=Studien zur visuellen Politik, 5), Berlin 2007; S. 221–48.
Müller-Lietzkow, Jörg: Überblick über die Computer- und Videospielindustrie, in: Bevc, Tobias / Zapf, Holger (Hgg.): Wie wir spielen, was wir werden. Computerspiele in unserer Gesellschaft, Konstanz 2009; S. 241–60.
Müller-Lietzkow, Jörg: Game Studies und Medienökonomie, in: Sachs-Hombach, Klaus / Thon, Jan-Noël (Hgg.): Game Studies. Aktuelle Ansätze der Computerspielforschung, Köln 2015; S. 448–78.
Müller-Lietzkow, Jörg / Bouncken, Ricarda B. / Seufert, Wolfgang (Hg.): Gegenwart und Zukunft der Computer- und Videospielindustrie in Deutschland (= Edition GamesMarkt), Dornach 2006.
Naskali, Tiia / Suominen, Jaakko / Saarikoski, Petri: The Introduction of Computer and Video Games in Museums. Experiences and Possibilities, in: Tatnall, Arthur / Blyth, Tilly / Johnson, Roger (Hgg.): Making the History of Computing Relevant. IFIP WG 9.7 International Conference on the History of Computing, HC 2013, London, 17th-18th June 2013. Revised Selected Papers (=IFIP Advances in Information and Communication Technology, 416), Berlin 2013; S. 226–45.
NDR: Propaganda-Spiele „KZ-Manager" und „Quest for Bush". Screenshot-Galerie, 2.12.2014. Online via Wayback Machine in Archive.org unter: http://bit.ly/2j4Dh5b (Letzter Zugriff: 30.3.2019).
Neitzel, Britta: Spielerische Aspekte digitaler Medien. Rollen, Regeln, Interaktionen, in: Thimm, Caja (Hg.): Das Spiel. Muster und Metapher der Mediengesellschaft, Wiesbaden 2010; S. 107–25.
Neitzel, Britta / Bopp, Matthias / Nohr, Rolf F. (Hg.): 'See? I'm real...' Multidisziplinäre Zugänge zum Computerspiel am Beispiel von ‚Silent Hill' (= Medien'Welten. Braunschweiger Schriften zur Medienkultur, 4.) 3. unveränd. Aufl., Münster 2010.
Neitzel, Britta / Nohr, Rolf F. (Hg.): Das Spiel mit dem Medium. Partizipation, Immersion, Interaktion. Zur Teilhabe an den Medien von Kunst bis Computerspiel (= Schriftenreihe der Gesellschaft für Medienwissenschaft (GfM), 14.), Marburg 2006.
Neubauer, Philipp: Assassin's Creed: Animus könnte wissenschaftlichen Hintergrund haben, in: *IGN Deutschland* 6.12.2013. Online unter: http://bit.ly/2pY2MIJ (Letzter Zugriff: 31.3.2019).
Newman, James: Best Before. Videogames, Supersession and Obsolescence, Milton Park 2012.
Nießer, Jacqueline / Tomann, Juliane (Hg.): Angewandte Geschichte. Neue Perspektiven auf Geschichte in der Öffentlichkeit, Paderborn 2014.
Nijholt, Anton (Hg.): Playful User Interfaces. Interfaces that Invite Social and Physical Interaction (= Gaming media and social effects), Singapur 2014.
Nijholt, Anton (Hg.): More Playful User Interfaces. Interfaces that Invite Social and Physical Interaction (= Gaming Media and Social Effects), Singapore 2015.
Nimz, Brigitta: Sammlungsqualifizierung im Staatsarchiv Bremen. „Die wesentliche Dokumentation auszusondern und aufzubewahren, ist in allen Jahrhunderten seine Aufgabe gewesen.", in: *Archivar*, Nr. 1 70/2017; S. 41–47.
Nohr, Rolf F. (Hg.): Evidenz – „...das sieht man doch!" (= Medien'Welten. Braunschweiger Schriften zur Medienkultur, 1.), unveränd. Online-Ausgabe, Münster 2004.
Nohr, Rolf F.: Die Natürlichkeit des Spielens. Vom Verschwinden des Gemachten im Spiel (= Medien'Welten, 10.), Münster 2008.
Nohr, Rolf F.: Die Aushandlung ‚zeitweilig gültiger Wahrheiten'. Die kritische Diskursanalyse als Methode am Beispiel des Computerspiels, in: Kleiner, Marcus S. / Rappe, Michael (Hgg.): Methoden der Populärkulturforschung. Interdisziplinäre Perspektiven auf Film, Fernsehen, Musik, Internet und Computerspiele, Berlin 2012; S. 417–47.

Nohr, Rolf F.: The Game is a Medium: The Game is a Message, in: Winnerling, Tobias/Kerschbaumer, Florian (Eds.): Early Modernity and Video Games, Newcastle upon Tyne 2014; S. 2–23.

Nohr, Rolf F. / Wiemer, Serjoscha (Hg.): Strategie spielen. Medialität, Geschichte und Politik des Strategiespiels (= Medien'Welten, 9.), Berlin 2008.

Nolden, Nico: Werner, die Russen kommen... Mit ‚World in Conflict' erobert Massive den Thron im RTS-Genre, in: *Keimling* 14.6.2009. Online unter: http://bit.ly/2mhDo1q (Letzter Zugriff: 30.3.2019).

Nolden, Nico: Grummelige Legende. Design-Legende Ron Gilbert offenbart bissig seine Einsichten in die Spielebranche, in: *Keimling* 10.1.2011. Online unter: http://bit.ly/2cNG3qN (Letzter Zugriff: 30.3.2019).

Nolden, Nico: Duty Prolls. Ironisch und zielgenau trifft das Werbespiel ‚Duty Calls' die Schwächen des Shooter-Genre, in: *Keimling* 4.2.2011. Online unter: http://bit.ly/2dlnGzI (Letzter Zugriff: 30.3.2019).

Nolden, Nico: Verspielt? Konsequenzen eines konstruktivistischen Weltbildes für die (digitale) historische Editorik, in: *Zeitschrift für Digitale Geschichtswissenschaft* 1/2012. Online unter: http://bit.ly/Xq15MT (Letzter Zugriff: 29.3.2019).

Nolden, Nico: Allein unter verborgenen Mythen. FunCom leistet möglicherweise mit „The Secret World" die überfällige narrative Revolution der MMORPGs, in: *Keimling* 17.2.2012. Online unter: http://bit.ly/2dLbYxw (Letzter Zugriff: 31.3.2019).

Nolden, Nico: Krawall mit MMORPGs. Gast-Kommentator erklärt die Stagnation der MMORPGs auf krawall.de, in: *Keimling* 9.5.2012. Online unter: http://bit.ly/2dUoCd9 (Letzter Zugriff: 31.3.2019).

Nolden, Nico: Da wohnt doch was im Schrank. Questsystem und Erzählweise von ‚The Secret World' revolutionieren MMORPGs, in: *Keimling* 5.10.2012. Online unter: http://bit.ly/PeBhFT (Letzter Zugriff: 27.3.2019).

Nolden, Nico: Die leidige Verwandtschaft. ‚Crusader Kings 2' inszeniert aufwändig Herrscherdynastien, in: *Keimling* 10.10.2012. Online unter: http://bit.ly/1U8H3XB (Letzter Zugriff: 29.3.2019).

Nolden, Nico: Das Ende der Finsternis. Potenziale mittelalterlicher Inszenierungen in digitalen Spielen. Teil 1: Geschichte und die Forschung an Digitalen Spielen, in: *Keimling* 23.10.2012. Online unter: http://bit.ly/SRYvRR (Letzter Zugriff: 29.3.2019).

Nolden, Nico: Das Ende der Finsternis. Potenziale mittelalterlicher Inszenierungen in digitalen Spielen. Teil 3: Inszenierung militärischer Strategie, in: *Keimling* 11.2.2013. Online unter: http://bit.ly/12GtYfp (Letzter Zugriff: 30.3.2019).

Nolden, Nico: Das Ende der Finsternis. Potenziale mittelalterlicher Inszenierungen in digitalen Spielen. Teil 4: Inszenierung wirtschaftlichen Aufbaus, in: *Keimling* 28.6.2013. Online unter: http://bit.ly/28T6SrA (Letzter Zugriff: 29.3.2019).

Nolden, Nico: Hey, Watch Your Dog! In ‚WatchDogs' wird die Welt zu einem besseren Ort gehackt, in: *Keimling* 26.7.2013. Online unter: http://bit.ly/25NELWA (Letzter Zugriff: 30.3.2019).

Nolden, Nico: Der Geruch von Phosphor am Morgen. Spec Ops – The Line: ein Shooter-Lehrstück des Grauens, in: *Keimling* 15.8.2013. Online unter: http://bit.ly/1cG5IQw (Letzter Zugriff: 30.3.2019).

Nolden, Nico: Evolutionslehre. Evoland ist ein spielbarer Museumsbesuch, in: *Keimling* 22.10.2013. Online unter: http://bit.ly/1bbb556 (Letzter Zugriff: 30.3.2019).

Nolden, Nico: Subtext, Stanley, Subtext! In ‚The Stanley Parable' geht es um Vieles, am Rande aber nur um Stanley, in: *Keimling* 15.11.2013. Online unter: http://bit.ly/18f8xUY (Letzter Zugriff: 30.3.2019).

Nolden, Nico: Alles Gute zum Dreißigsten. Mit dem ‚Game Dev Tycoon' durch die Videospielegeschichte, in: *Keimling* 18.11.2013. Online unter: http://bit.ly/1aMQSR4 (Letzter Zugriff: 30.3.2019).

Nolden, Nico: Thou Shalt Not Pass. Öffnet sich eine Diktatur, heißt es „Papers Please", in: *Keimling* 16.12.2013. Online unter: http://bit.ly/19Ntxzj (Letzter Zugriff: 28.3.2019).

Nolden, Nico: C.S.I. 1947, in: *Keimling* 11.12.2013. Online unter: http://bit.ly/1d7TyvF (Letzter Zugriff: 30.3.2019).

Nolden, Nico: Was tribe ich da eigentlich? Ein Addon zu 'Europa Universalis 4' scheitert an amerikanischen Ureinwohnern, in: *Keimling* 18.12.2013. Online unter: http://bit.ly/IVqfn3 (Letzter Zugriff: 30.3.2019).

Nolden, Nico: Spiel mit der Vergangenheit. Internet-Archiv lässt Spieleklassiker im Browser auferstehen, in: *Keimling* 9.1.2014. Online unter: http://bit.ly/19fBYJ0 (Letzter Zugriff: 30.3.2019).

Nolden, Nico: Totengräber verborgener Welten. Die gescheiterte Revolution von The Secret World ist nicht weniger als ein Fanal für die MMO-Branche, in: *Keimling* 20.1.2014. Online unter: http://bit.ly/1kQ7vX2 (Letzter Zugriff: 31.3.2019).

Nolden, Nico: Licht und Schanden. Das authentische Mittelalter-RPG ‚Kingdom Come: Deliverance' benötigt jetzt Hilfe durch Kickstarter, in: *Keimling* 23.1.2014. Online unter: http://bit.ly/1cZoL2f (Letzter Zugriff: 29.3.2019).

Nolden, Nico: How to Abstract. Entwickler von ‚Kingdom Come: Deliverance' zeigen ihr Engagement für Authentizität, in: *Keimling* 29.1.2014. Online unter: http://bit.ly/1egKo2J (Letzter Zugriff: 29.3.2019).

Nolden, Nico: Der vergessene Krieg. Wie man den Ersten Weltkrieg in Szene setzt – und wie nicht, in: *Keimling* 30.1.2014. Online unter: http://bit.ly/1jNGpOZ (Letzter Zugriff: 30.3.2019).

Nolden, Nico: Die Vermessung der Welt. Die Entwickler von ReRoll kartografieren offenbar die Erde als Spielschauplatz – ohne Hintergedanken?, in: *Keimling* 11.2.2014. Online unter: http://bit.ly/1iXWfDy (Letzter Zugriff: 30.3.2019).

Nolden, Nico: The Monument Men. Simon Krätschmer und Etienne Gardé zu Gast bei Youtuber David Hain, in: *Keimling* 27.2.2014. Online unter: http://bit.ly/1gEt4Dx (Letzter Zugriff: 30.3.2019).

Nolden, Nico: Van Damme nochmal! Dem Addon ‚Blood Dragon' von ‚Far Cry 3' gelingt eine Persiflage auf die Achtziger, in: *Keimling* 12.3.2014. Online unter: http://bit.ly/1kiUXEe (Letzter Zugriff: 30.3.2019).

Nolden, Nico: Motor Show. Auf der GDC in San Francisco enthüllten mehrere Entwickler neue Engines, in: *Keimling* 20.3.2014. Online unter: http://bit.ly/Nxm7eJ (Letzter Zugriff: 30.3.2019).

Nolden, Nico: Morgendämmerung. Anbruch einer neuen Zeit für mich, für dieses Blog und für den Fachbereich Geschichte, in: *Keimling* 9.4.2014. Online unter: http://bit.ly/1qiQWm4 (Letzter Zugriff: 31.3.2019).

Nolden, Nico: Bunkermentalitäten. Zwei Gamesredakteure werden von ihrer eigenen Chuzpe überrumpelt, in: *Keimling* 23.4.2014. Online unter: http://bit.ly/1mEj9Vt (Letzter Zugriff: 27.3.2019).

Nolden, Nico: Computerspielpreis des Sicherheitsrates. Unter Protest verlässt die Gamestar die Jurys des Deutschen Computerspielpreises, in: *Keimling* 18.5.2014. Online unter: http://bit.ly/1hVChYb (Letzter Zugriff: 31.3.2019).

Nolden, Nico: Im Schlamm der Geschichte. Company of Heroes inszeniert eine Geschichte der alliierten Landung im Zweiten Weltkrieg, in: *Keimling* 6.6.2014. Online unter: http://bit.ly/1tXQaul (Letzter Zugriff: 30.3.2019).

Nolden, Nico: Reich ist nicht gleich Reich. Die Gamestar thematisiert die Abstrusitäten der deutschen Zensurpraxis, in: *Keimling* 17.6.2014. Online unter: http://bit.ly/1uAXjBv (Letzter Zugriff: 28.3.2019).

Nolden, Nico: GameBox Advance. An der Fakultät für Geisteswissenschaft der Universität Hamburg entsteht ein GameLab, in: *Keimling* 10.8.2014. Online unter: http://bit.ly/1mAj5BI (Letzter Zugriff: 27.3.2019).

Nolden, Nico: Aus Scherben einer Karaffe eine Vase bauen. Rezension von Carl Heinze: Mittelalter, Computer Spiele, in: *Keimling* 31.8.2014. Online unter: http://bit.ly/1sTdaLL (Letzter Zugriff: 29.3.2019).

Nolden, Nico: Zersiebt, verlobt, verheiratet. Mit ‚Valiant Hearts' entstand ein spielbares Stück Erinnerungskultur mit erfrischenden Blickwinkeln auf den Ersten Weltkrieg, in: *Keimling* 6.10.2014. Online unter: http://bit.ly/1n9 V36w (Letzter Zugriff: 28.3.2019).

Nolden, Nico: Ein Stück Geschichte. Ron Gilbert veröffentlicht das Designdokument von ‚Maniac Mansion', in: *Keimling* 4.11.2014. Online unter: http://bit.ly/1Gl1ZUA (Letzter Zugriff: 30.3.2019).

Nolden, Nico: Noch 'ne Runde für die Menschheit. Civilization zeichnet eine Geschichte der Menschheit – und im 4. Teil auch endlich die der Kulturen, in: *Keimling* 17.11.2014. Online unter: http://bit.ly/1wNSB40 (Letzter Zugriff: 29.3.2019).

Nolden, Nico: Ein Ruf aus dem Himalaja. Far Cry 4 verlegt den Schauplatz ins asiatische Hochgebirge, in: *Keimling* 29.11.2014. Online unter: http://bit.ly/1 A1JQ9Z (Letzter Zugriff: 30.3.2019).

Nolden, Nico: Geschichte, die man sich schenken kann! Für Neugierige zum Jahresende – historische Inszenierungen zum Ausprobieren, in: *Keimling* 30.12.2014. Online unter: http://bit.ly/1x1a6lX (Letzter Zugriff: 30.3.2019).

Nolden, Nico: Indie Fresse, Crowd! Das unredliche Verhalten von Entwicklern spielerfinanzierter Projekte gefährdet den Boom innovativer Ideen, in: *Keimling* 24.5.2015. Online unter: http://bit.ly/1bBaPTD (Letzter Zugriff: 28.3.2019).

Nolden, Nico: Nimm es ruhig persönlich. In ‚This War of Mine' taumeln Zivilisten durch die Grauen des Krieges, in: *Keimling* 12.7.2015. Online unter: http://bit.ly/1eTTma3 (Letzter Zugriff: 30.3.2019).

Nolden, Nico: Krämerseele. Grand Ages: Medieval verleiht dem Mittelalter Größe, in: *Keimling* 5.10.2015. Online unter: http://bit.ly/1j118AV (Letzter Zugriff: 30.3.2019).

Nolden, Nico: Männer mit Fell. Der nächste Teil von Far Cry führt in die Steinzeit, in: *Keimling* 17.10.2015. Online unter: http://bit.ly/1Xbpyqv (Letzter Zugriff: 30.3.2019).

Nolden, Nico: Kinderkram. ‚This War of Mine' fügt Kinder als Zivilisten ins Kriegsgebiet, in: *Keimling* 22.11.2015. Online unter: http://bit.ly/1lCAShQ (Letzter Zugriff: 30.3.2019).

Nolden, Nico: Sim Region. Sim City erweckte 2013 falsche Erwartungen, ist jedoch weit besser als sein Ruf, in: *Keimling* 18.1.2016. Online unter: http://bit.ly/1SYE58o (Letzter Zugriff: 28.3.2019).

Nolden, Nico: Tagungsbericht „Digitale Spiele vs. Geschichte". Workshop an der Leibniz Universität Hannover am 12./13. Dezember 2015, in: *gespielt* 16.2.2016. Online unter: http://gespielt.hypotheses.org/172 (Letzter Zugriff: 29.3.2019).

Nolden, Nico: Rückzug oder Vormarsch? Mit 'Battalion 1944' kehrt das Shootergenre zum Zweiten Weltkrieg zurück, in: *Keimling* 27.2.2016. Online unter: http://bit.ly/1oFaGo4 (Letzter Zugriff: 27.3.2019).

Nolden, Nico: Digitale Spiele vs. Geschichte. Tagungsbericht des Workshops, 12./13.12.2015 in Hannover, in: *H-Soz-Kult* 14.4.2016. Online unter: http://bit.ly/1TnoxdE (Letzter Zugriff: 28.3.2019).

Nolden, Nico: Alone in the Park, in: *Keimling* 25.4.2016. Online unter: http://bit.ly/1WlIu6G (Letzter Zugriff: 31.3.2019).

Nolden, Nico: Life is Futile? Studie des Arbeitskreises am MMO „Life is Feudal", in: *gespielt* 13.5.2016. Online unter: http://bit.ly/1W2cJ40 (Letzter Zugriff: 28.3.2019).

Nolden, Nico: Historische Erinnerungslücken. Geschichtserfahrungen und Erinnerungskultur bei digitalen Spielen, in: *spielbar.de* 2.9.2016. Online unter: http://bit.ly/2c44VO9 (Letzter Zugriff: 30.3.2019).

Nolden, Nico: Gibt's das auch als Film? Teil 1 – Feuilleton gegen Stiftung Warentest, in: *Keimling* 9.9.2016. Online unter: http://bit.ly/2cU0Koq (Letzter Zugriff: 30.3.2019).

Nolden, Nico: Battlefield Won. Mit ‚Battlefield 1' machen die Entwickler nicht alles am Ersten Weltkrieg richtig, aber doch Vieles besser, in: *Keimling* 16.1.2017. Online unter: http://bit.ly/2iRPLv5 (Letzter Zugriff: 30.3.2019).

Nolden, Nico: Geschenkt! – Neuzugang im GameLab von Public History. Krieg und Konflikt in digitalen Spielen. Pressemitteilung, 31.1.2017. Online unter: http://bit.ly/2jSZwPd (Letzter Zugriff: 30.3.2019).

Nolden, Nico: Gebietsreform. Überraschend macht eine Neuerung ‚Civilization VI' zum besten Reihenableger – trotz einer trotteligen KI, in: *Keimling* 31.3.2017. Online unter: http://bit.ly/2nH5jFV (Letzter Zugriff: 29.3.2019).

Nolden, Nico: Metamorphosis. Ein Relaunch macht aus dem MMORPG ‚The Secret World' ein neues Spiel – aber auch ein besseres?, in: *Keimling* 22.4.2017. Online unter: http://bit.ly/2pPR2u9 (Letzter Zugriff: 31.3.2019).

Nolden, Nico: Ludothek, Katalog und Ausleihe. Die Sammlung digitaler Spiele in der Public History, 15.11.2018. Online unter: http://bit.ly/2uAznHu (Letzter Zugriff: 28.3.2019).

Nolden, Nico: GameLab Public History am Fachbereich Geschichte der Universität Hamburg, 21.11.2018. Online unter: http://bit.ly/2SxsTDK (Letzter Zugriff: 27.3.2019)

Nolden, Nico: Die AG Games. Die Arbeitsgemeinschaft „History Matters": Digitale Spiele und Geschichte, 27.11.2018. Online unter: http://bit.ly/2QlyjzG (Letzter Zugriff: 31.3.2019)

Nolden, Nico: Keimzellen verborgener Welten. Globalisierungsprozesse beim MMORPG The Secret World als globalhistorische Zugriffswege, in: Köstlbauer, Josef / Pfister, Eugen / Winnerling, Tobias / Zimmermann, Felix (Hg.): Weltmaschine Computerspiel (=Expansion, Interaktion, Akkulturation), Wien 2018; S. 181–201.

Nolte, Paul: Öffentliche Geschichte. Die neue Nähe von Fachwissenschaft, Massenmedien und Publikum: Ursachen, Chancen und Grenzen, in: Barricelli, Michele/Hornig, Julia (Hgg.): Aufklärung, Bildung, „Histotainment". Zeitgeschichte in Unterricht und Gesellschaft heute, Frankfurt a. M. 2008; S. 131–46.

Noone, Kristin / Kavetsky, Jennifer: Sir Thomas Malory and the Death Knights of New Avalon. Imagining Medieval Identities in World of Warcraft, in: Kline, Daniel T. (Hg.): Digital Gaming Re-Imagines the Middle Ages (=Routledge Studies in New Media and Cyberculture, 15), Hoboken 2013; S. 93–106.

Nord, Ilona / Luthe, Swantje (Hg.): Social Media, christliche Religiosität und Kirche. Studien zur Praktischen Theologie mit religionspädagogischem Schwerpunkt (= POPKULT – Populäre Kultur und Theologie, 14.), Jena 2014.

Nord, Ilona / Luthe, Swantje: Räume, die Selbstvergewisserung ermöglichen. Virtuelle Bestattungs- und Gedenkräume und ihre Bedeutung für die Diskussion um den Wandel in der Friedhofskultur, in: Klie, Thomas / Kumlehn, Martina / Kunz, Ralph / Schlag, Thomas (Hgg.): Praktische Theologie der Bestattung (=Praktische Theologie im Wissenschaftsdiskurs, 17), Berlin 2015; S. 307–28.

November, Joseph A.: Fallout and Yesterday's Impossible Tomorrow, in: Kapell, Matthew W. / Elliott, Andrew B. R. (Hgg.): Playing With the Past. Digital Games and the Simulation of History, London 2013; S. 297–312.

Obermeier, Michael: Duty Calls – Vollversion der Call of Duty-Persiflage zum Download, in: *gamestar.de* 3.2.2011. Online unter: http://bit.ly/2pT2 h4Q (Letzter Zugriff: 30.3.2019).

OLG Frankfurt, AZ 1 Ss 407/97 „Hakenkreuze in Computerspielen" (18.3.1998).
Olivetti, Justin: The Game Archaeologist: AOL's Neverwinter Nights, in: *Massively Overpowered* 2.5.2015. Online unter: http://bit.ly/2yXkTpD (Letzter Zugriff: 31.3.2019).
Olivetti, Justin: The Game Archaeologist: Anarchy Online, in: *Massively Overpowered* 19.9.2015. Online unter: http://bit.ly/2 A2Zurn (Letzter Zugriff: 31.3.2019).
Olivetti, Justin: The Game Archaeologist: Meridian 59, in: *Massively Overpowered* 27.2.2016. Online unter: http://bit.ly/2ykNhAF (Letzter Zugriff: 31.3.2019).
Olivetti, Justin: The Secret World's Seasons Two and Three are ‚Completely Written', in: *Massively Overpowered* 22.9.2016. Online unter: http://bit.ly/2mwv9Pw (Letzter Zugriff: 31.3.2019).
Ortsik, Thomas: Das Mittelalter lebt. Phänomen Mount & Blade, in: *Gamestar* 4/2016; S. 36–39.
Ortsik, Thomas: Der Tag, als ich Peter Molyneux wurde. Backlogged: Spiele übers Spieleentwickeln, in: *Gamestar* 11/2016; S. 86–89.
Osterhammel, Jürgen / Petersson, Niels P.: Geschichte der Globalisierung. Dimensionen, Prozesse, Epochen (= C.H. Beck Wissen), 5., durchges. Aufl., München 2012.
Owens, Trevor: Playing with World Religion. What Religion Means in Civ IV, in: *Play the Past* 16.2.2012. Online unter: http://bit.ly/2rpFduF (Letzter Zugriff: 29.3.2019).
Palkowitsch-Kühl, Jens: Tod, Sterben und Bestattungen im Computerspiel, in: Klie, Thomas / Nord, Ilona (Hgg.): Tod und Trauer im Netz. Mediale Kommunikationen in der Bestattungskultur, Stuttgart 2015; S. 75–96.
Pallaske, Christoph: Kollaboratives Schreiben, in: Bernsen, Daniel/Kerber, Ulf (Hgg.): Praxishandbuch Historisches Lernen und Medienbildung im digitalen Zeitalter, Berlin 2017; S. 304–12.
Paradox Interactive: Paradox Interactive Announces Grand Success for Grand Strategy Titles. Sales Milestones Reached for Multiple Games, Free DLC Awarded to Europa Universalis Players. Pressemitteilung, 21.6.2016. Online unter: http://bit.ly/29gWCgX (Letzter Zugriff: 29.3.2019).
Parikka, Jussi: What is Media Archaeology?, Cambridge 2012.
Parkin, Simon: An Illustrated History of 151 Videogames, London 2013.
Parkin, Simon: The Space Invader, in: *The New Yorker* 17.10.2013. Online unter: http://bit.ly/1RbaP Na (Letzter Zugriff: 31.3.2019).
Parkin, Simon: Eve Online. How a Virtual World Went to the Edge of Apocalypse and Back, in: *The Guardian* 12.5.2015. Online unter: http://bit.ly/1PWOE6 h (Letzter Zugriff: 30.3.2019).
Pasternak, Jan: „Just do it". Konzepte historischen Handelns in Computerspielen, in: Padberg, Martina / Schmidt, Martin (Hgg.): Die Magie der Geschichte. Geschichtskultur und Museum (=Schriften des Bundesverbands freiberuflicher Kulturwissenschaftler, 3), Bielefeld 2010; S. 101–20.
Pasternak, Jan: 500.000 Jahre Menschheitsgeschichte an einem Tag. Möglichkeiten und Grenzen der Darstellung von Geschichte in epochenübergreifenden Echtzeitstrategiespielen, in: Schwarz, Angela (Hg.): „Wollten Sie auch immer schon einmal pestverseuchte Kühe auf Ihre Gegner werfen?" Eine fachwissenschaftliche Annäherung an Geschichte im Computerspiel (=Medien'Welten, 13) 2. erw. Aufl., Münster 2012; S. 35–73.
Patalong, Frank: Grand Theft Auto IV. Wunderschöne Welt des Schießens, in: *Spiegel Online Netzwelt* 28.4.2008. Online unter: http://bit.ly/1M2xvth (Letzter Zugriff: 27.3.2019).
Patterson, Serina: Casual Medieval Games, Interactivity, and Social Play in Social Network and Mobile Applications, in: Kline, Daniel T. (Hg.): Digital Gaming Re-Imagines the Middle Ages (=Routledge Studies in New Media and Cyberculture, 15), Hoboken 2013; S. 243–56.
Paul, Gerhard / Schock, Ralph (Hg.): Sound des Jahrhunderts. Geräusche, Töne, Stimmen – 1889 bis heute, Bonn 2013.
Pearson, Dan: Funcom: Poor Metacritic damaged Secret World performance. Developer making „cost-adjustment initiatives" as MMO underperforms, in: *gamesindustry.biz* 13.8.2012. Online unter: http://bit.ly/2zFNkWo (Letzter Zugriff: 31.3.2019).

Pearson, Dan: FunCom: „We were back in full production the day after they came". How the Oslo studio survived the F2P transition, job losses and a visit from police, in: *gamesindustry.biz* 13.3.2014. Online unter: http://bit.ly/2yvwoRj (Letzter Zugriff: 31.3.2019).

Pernau, Margrit: Transnationale Geschichte (= Grundkurs Neue Geschichte, 3535.), Stuttgart 2011.

Peschke, Andre: Watch Dogs. Vorabanalyse, in: *Gamestar* 6/2014; S. 42–47.

Peschke, Andre: Watch Dogs. Test, in: *Gamestar* 7/2014; S. 64–67

Peterson, Rolfe D. / Miller, Andrew J. / Fedorko, Sean J.: The Same River Twice. Exploring Historical Representation and the Value of Simulation in the Total War, Civilization, and Patrician Franchises, in: Kapell, Matthew W. / Elliott, Andrew B. R. (Eds.): Playing With the Past. Digital Games and the Simulation of History, London 2013; S. 33–48.

Pfeiffer, Christian / Mößle, Thomas / Kleimann, Matthias / Rehbein, Florian: Die PISA-Verlierer – Opfer ihres Medienkonsums. Eine Analyse auf Basis verschiedener empirischer Untersuchungen, Hannover 2007.

Pfister, Eugen: Von der Notwendigkeit der historischen Analyse von Computerspielen, in: *Historische Sozialkunde*, Nr. 4 2013; S. 4–8.

Pfister, Eugen: „Don't eat me I'm a mighty pirate". Das Piratenbild in Videospielen, in: Kerschbaumer, Florian / Winnerling, Tobias (Hgg.): Frühe Neuzeit im Videospiel. Geschichtswissenschaftliche Perspektiven (=Histoire, 50), Bielefeld 2014; S. 195–210.

Pfister, Eugen: Der Pirat als Demokrat. Assassin's Creed IV: Black Flag – Eine Rezension, in: *Frühneuzeit-Info. Weblog des Instituts für die Erforschung der frühen Neuzeit* 3.8.2015. Online unter: http://bit.ly/2jy0gbF (Letzter Zugriff: 30.3.2019).

Pfister, Eugen: Cold War Games™. Die Marke Kalter Krieg im Digitalen Spiel, in: *Spiel-Kultur-Wissenschaften. Mythen im digitalen Spiel* 17.11.2015. Online unter: http://bit.ly/2iA3bwF (Letzter Zugriff: 30.3.2019).

Pfister, Eugen: „Escape to Freedom". Imaginationen von Grenzen und Flucht im digitalen Spiel, in: *Spiel-Kultur-Wissenschaften. Mythen im digitalen Spiel* 17.12.2015. Online unter: http://bit.ly/2j3v9nJ (Letzter Zugriff: 30.3.2019).

Pfister, Eugen: Das Unspielbare spielen. Imaginationen des Holocausts in Digitalen Spielen, in: *zeitgeschichte*, Nr. 4 43/2016; S. 250–65, hier S. 250/51.

Pfister, Eugen: „Des patriotes, ces abrutis!". Imaginationen der französischen Revolution im digitalen Spiel Assassin's Creed: Unity, in: *Frühneuzeit-Info* 26.9.2016; S. 198–201. Online unter: http://bit.ly/2ibOVZD (Letzter Zugriff: 30.3.2019).

Pfister, Eugen: Assassin's Creed: Unity – Die zweifelhafte Revolution, in: *VideoGameTourism.at* 21.12.2016. Online unter: http://bit.ly/2iA1dNo (Letzter Zugriff: 30.3.2019).

Pfister, Eugen: Cold War Games™. Der Kalte-Krieg-Diskurs im digitalen Spiel, in: *Portal Militärgeschichte* 10.4.2017. Online unter: http://bit.ly/2omCj8u (Letzter Zugriff: 30.3.2019).

Piasecki, Stefan: Erlösung durch Vernichtung?! Religion und Weltanschauung im Videospiel. Eine explorative Studie zu religiösen und weltanschaulichen Ansichten junger Spieleentwickler [=Univ. Habil., Kassel 2016], Kassel 2016.

Pirker, Eva U. (Hg.): Echte Geschichte. Authentizitätsfiktionen in populären Geschichtskulturen (= Historische Lebenswelten in populären Wissenskulturen / History in Popular Cultures, 3.), Bielefeld 2010.

Pitruzzello, Jason: Systematizing Culture in Medievalism. Geography, Dynasty, Culture, and Imperialism in Crusader Kings: Deus Vult, in: Kline, Daniel T. (Hg.): Digital Gaming Re-Imagines the Middle Ages (=Routledge Studies in New Media and Cyberculture, 15), Hoboken 2013; S. 43–52.

Plamper, Jan: Geschichte und Gefühl. Grundlagen der Emotionsgeschichte, München 2012.

Plass-Fleßenkämper, Benedikt: Irgendwas riecht hier komisch! Online-Rollenspiele stinken, in: *krawall.de* 3.5.2012. Online via Wayback Machine von Archive.org, http://bit.ly/2uELG5Y, Snapshot: 10.5.2012 (Letzter Zugriff: 31.3.2019).

Plass-Fleßenkämper, Benedikt: Ritt auf dem Säbelzahntiger. Far Cry Primal, in: *Zeit Online* 23.2.2016. Online unter: http://bit.ly/2gPii3p (Letzter Zugriff: 30.3.2019).

Plumer, Brad: The Economics of Video Games, in: *The Washington Post. Online* 28.9.2012. Online unter: http://wapo.st/1TlpZZn (Letzter Zugriff: 31.3.2019).

Portz, Patrick: Der Jugendmedienschutz bei Gewalt darstellenden Computerspielen. Mediengewaltwirkungsforschung, Jugendschutz, Gewaltdarstellungsverbot, Moralpanik. Techn. Hochsch. Diss., Aachen 2013. Online unter: http://bit.ly/2cOzyId (Letzter Zugriff: 31.3.2019).

Pöhlmann, Markus / Walter, Dierk: Guderian fürs Kinderzimmer? Historische Konfliktsimulationen im Computerspiel, in: *Zeitschrift für Geschichtswissenschaft*, Nr. 12 46/1998; S. 1087–1109.

Pöppinghege, Rainer: Ballern für den Führer. Der Zweite Weltkrieg im Computerspiel, in: Steinberg, Swen / Meissner, Stefan / Trepsdorf, Daniel (Hgg.): Vergessenes Erinnern. Medien von Erinnerungskultur und kollektivem Gedächtnis (=Impulse. Studien zu Geschichte, Politik und Gesellschaft, 1), Berlin 2009; S. 105–20.

Pöppinghege, Rainer: Wenn Geschichte keine Rolle spielt. „Historische" Computerspiele, in: Hardtwig, Wolfgang / Schug, Alexander (Hgg.): History sells! Angewandte Geschichte als Wissenschaft und Markt, Stuttgart 2009; S. 131–38.

Pörksen, Bernhard: Alles vergeben, alles egal! Überwachung, in: *Zeit Online* 49/2016. Online unter: http://bit.ly/2pA3gqn (Letzter Zugriff: 30.3.2019).

Pötzsch, Holger / Šisler, Vít: Playing Cultural Memory. Framing History in Call of Duty: Black Ops and Czechoslovakia 38–39: Assassination, in: *Games and Culture* 21.3.2016; S. 1–23. Online unter: http://bit.ly/2rSYALo (Letzter Zugriff: 30.3.2019).

Prensky, Marc: Digital Natives, Digital Immigrants. Part 1: A New Way to Look at Ourselves and Our Kids, in: *On the Horizon*, Nr. 5 9/2001; S. 1–6. Online unter: http://bit.ly/2uV3TJX (Letzter Zugriff: 31.3.2019).

Prensky, Marc: Digital Natives, Digital Immigrants. Part II: Do They Really Think Differently?, in: *On the Horizon*, Nr. 6 9/2001; S. 1–6. Online unter: http://bit.ly/2vxkgjI (Letzter Zugriff: 31.3.2019).

Prensky, Marc: Teaching Digital Natives. Partnering for Real Learning, Thousand Oaks 2010.

Prescott, Julie / Bogg, Jan: Gender Divide and the Computer Game Industry (= Advances in Human and Social Aspects of Technology (AHSAT)), Hershey 2014.

Prescott, Julie / McGurren, Julie E. (Hg.): Gender Considerations and Influence in the Digital Media and Gaming Industry (= Advances in Human and Social Aspects of Technology (AHSAT)), Hershey 2014.

PriceWaterhouseCoopers (PWC) Wirtschaftsprüfungsgesellschaft (Hg.): Videogames in Deutschland, Frankfurt a.M. 2012.

Purchese, Robert: The Secret World post mortem. „No, it's not going free-to-play any time soon" [=Interview with Joël Bylos and Ragnar Tørnquist], in: *eurogamer.net* 2.10.2012. Online unter: http://bit.ly/2higFOk (Letzter Zugriff: 31.3.2019).

Quandt, Thorsten / Kröger, Sonja (Hg.): Multiplayer. The Social Aspects of Digital Gaming (= Routledge Studies in European Communication Research and Education, 3.), London 2014.

Quandt, Thorsten / Wolling, Jens / Wimmer, Jeffrey (Hg.): Die Computerspieler. Studien zur Nutzung von Computergames, Wiesbaden 2008.

Raczkowski, Felix: It's all Fun and Games… A history of Ideas Concerning Gamification, in: *Proceedings of DiGRA 2013: DeFragging Game Studies* 2013. Online unter: http://bit.ly/2vXoOQj (Letzter Zugriff: 31.3.2019).

Ranke, Leopold: Geschichten der romanischen und germanischen Völker. Teil 1: Von 1494–1535. [=Digitale Edition der Bayerischen Staatsbibliothek], [1824]. Online unter: http://bit.ly/2kKP8Ij (Letzter Zugriff: 29.3.2019).

Ranke, Leopold: Preußische Geschichte. Ungekürzte Textausgabe, Hamburg [1934].

Rau, Susanne: Räume. Konzepte, Wahrnehmungen, Nutzungen (= Historische Einführungen, 14.), Frankfurt a. M. 2013.

Raupach, Tim: Towards an Analysis of Strategies of Authenticity Production in World War II First-Person Shooter Games, in: Winnerling, Tobias / Kerschbaumer, Florian (Hgg.): Early Modernity and Video Games, Newcastle upon Tyne 2014; S. 123–36.

Raupach, Tim: Authentizität als Darstellung interaktiver Simulationsbilder populärer Videospiele mit historischem Setting, in: Kerschbaumer, Florian / Winnerling, Tobias (Hgg.): Frühe Neuzeit im Videospiel. Geschichtswissenschaftliche Perspektiven (=Histoire, 50), Bielefeld 2014; S. 99–116.

Raupach, Tim: Geschichte im Computerspiel, in: *Aus Politik und Zeitgeschichte (APuZ)*, Nr. 51 66/2016; S. 33–38. Online unter: http://bit.ly/2hZOVk3 (Letzter Zugriff: 29.3.2019).

Rautzenberg, Markus: Navigating Uncertainty. Ludic epistemology in an age of new essentialisms, in: Fuchs, Matthias (Hg.): Diversity of Play [=Chapters based on keynote lectures held at DiGRA 2015 in Lüneburg], Lüneburg 2015; S. 83–109.

Rautzenberg, Markus: Phantasms of Computability, in: Fuchs, Mathias/Lushetich, Natasha (Hgg.): Performance Research. On Game Structures (=Performance Research, Vol. 21. Nr. 4), London 2016; S. 108–12.

Ray, Michael: Gaming. From Atari to Xbox (= Computing and Connecting in the 21st century), New York 2012.

Reahard, Jef: Chaos Theory: The Secret World's Single-Server Tech, in: *engadget.com* 19.7.2012. Online unter: http://engt.co/2tgsUzV (Letzter Zugriff: 31.3.2019).

Redinger, Jochen: War of the Roses. Test, in: *Gamestar* 12/2012; S. 62–63.

Reece, Mark: GoldenEye 007. Review N64, in: *Nintendo Life* 8.10.2011. Online unter: http://bit.ly/2poi9gf (Letzter Zugriff: 22.4.2017).

Rehfeld, Gunther: Game Design und Produktion. Grundlagen, Anwendungen und Beispiele, München 2013.

Reich, Kersten: Systemisch-konstruktivistische Pädagogik. Einführung in Grundlagen einer interaktionistisch-konstruktivistischen Pädagogik (= Pädagogik und Konstruktivismus), 5., völlig überarb. Aufl., Weinheim 2005.

Reich, Kersten: Konstruktivistische Didaktik. Lehr- und Studienbuch mit Methodenpool (= Beltz Pädagogik), 3., völlig neu bearb. Aufl., Weinheim 2006.

Reich, Kersten: Die Ordnung der Blicke. Bd. 1: Beobachtung und die Unschärfen der Erkenntnis. völlig überarb. 2. Aufl., [Köln] 2009. Online unter: http://bit.ly/2uN2 A3s (Letzter Zugriff: 31.3.2019).

Reich, Kersten: Die Ordnung der Blicke. Bd. 2: Beziehungen und Lebenswelt. völlig überarb. 2. Aufl., [Köln] 2009. Online unter: http://bit.ly/2vxCJKJ (Letzter Zugriff: 31.3.2019).

Reichert, Ramón: Government-Games und Gouverntainment. Das Globalstrategiespiel CIVILIZATION von Sid Meier, in: Nohr, Rolf F. / Wiemer, Serjoscha (Hg.): Strategie spielen. Medialität, Geschichte und Politik des Strategiespiels (=Medien'Welten. Braunschweiger Schriften zur Medienkultur, 9), Berlin 2008; S. 189–212.

Reilly, Jim: Battlefield 3 Sales Reach 8 Million, in: *gameinformer.com* 31.10.2011. Online unter: http://bit.ly/2qzNSZB (Letzter Zugriff: 31.3.2019).

Reinecke, Leonard / Trepte, Sabine (Hg.): Unterhaltung in neuen Medien. Perspektiven zur Rezeption und Wirkung von Online-Medien und interaktiven Unterhaltungsformaten (= Unterhaltungsforschung, 7.), Köln 2012.

Reinerth, Maike S. / Thon, Jan-Noël (Hg.): Subjectivity across media. Interdisciplinary and Transmedial Perspectives (= Routledge Research in Cultural and Media Studies, 95.), London 2016.

Reinhard, Andrew: Learning Latin via Gaming, in: Thorsen, Thea Selliaas (Hg.): Greek and Roman Games in the Computer Age [=International Conference Greek and Roman Games in the

Computer Age, 20./21. 2. 2009, Trondheim] (=Trondheim Studies in Greek and Latin), Trondheim 2012; S. 127–53.

Reinhard, Andrew: An Open Letter to Atari, SA and the State of New Mexico, in: *Archaeogaming. Exploring the Archaeology in (and of) Video Games* 27. 10. 2015. Online unter: http://bit.ly/2thHlm6 (Letzter Zugriff: 31. 3. 2019).

Reinhard, Andrew: Archaeogaming: The Book, in: *Archaeogaming. Exploring the Archaeology in (and of) Video Games* 14. 10. 2016. Online unter: http://bit.ly/2uVeFkI (Letzter Zugriff: 31. 3. 2019).

Reinhard, Andrew: Archaogaming. An Introduction to Archaeology in (and of) Video Games, New York, Oxford 2018.

Reisner, Clemens: Der Kalte Krieg in Computerspielen. Ca. 1980–2010. Projektbeschreibung. Webseite der Universität Siegen. Online unter: http://bit.ly/2slndmH (Letzter Zugriff: 30. 3. 2019).

Reisner, Clemens: Der Kalte Krieg in Computerspielen. Ca. 1980–2010, Univ. Diss., Siegen unveröff.

Reisner, Clemens: „The Reality Behind It All Is Very True". Call of Duty: Black Ops and the Remembrance of the Cold War, in: Kapell, Matthew W. / Elliott, Andrew B. R. (Hgg.): Playing with the Past. Digital Games and the Simulation of History, London 2013; S. 247–60.

Rejack, Brian: Toward a Virtual Reenactment of History. Video Games and the Recreation of the Past, in: *Rethinking History. The Journal of Theory and Practice*, Nr. 3 11/2007; S. 411–25.

Remo, Chris: A Little Piece of Hell: Building The Secret World. Interview mit Ragnar Tørnquist, in: *Gamasutra* 12. 2. 2010. Online unter: http://ubm.io/2tBts2n (Letzter Zugriff: 31. 3. 2019).

Retro Gamer Redaktion: Nishikado-san speaks. Toshihiro Nishikado, Desinger of the Original Game and Chief Supervisor on Space Invaders Anniversary, Talks about His World Famous Creation, in: *Retro Gamer* 3/2004; S. 35.

Reynolds, Simon: Retromania. Warum Pop nicht von seiner Vergangenheit lassen kann. 2. Aufl., Mainz 2013.

Rigney, Ann: When the Monograph is no Longer The Medium. Historical Narrative in the Online Age, in: *History and Theory*, Nr. 4 49/2010; S. 100–17.

Risch, Maren / Brauburger, Michaela D.: Digital gestützte Rallyes im Museum. Mobiles Lernen mit Actionbound und QR-Codes am Beispiel des Gutenberg-Museums Mainz, in: Bernsen, Daniel / Kerber, Ulf (Hgg.): Praxishandbuch Historisches Lernen und Medienbildung im digitalen Zeitalter, Berlin 2017; S. 404–10.

Rohe, Johannes: Weltkriegs-Neustart. Battalion 1944. Titelstory, in: *Gamestar* 3/2016; S. 22–25.

Rohe, Johannes: Ein Attentäter lernt beim Rockstar. Assassin's Creed Syndicate, in: *Gamestar* 6/2015; S. 50–53.

Rohe, Johannes: Der 15-Minuten-Admiral. World of Warships Test, in: *Gamestar* 8/2015; S. 50–53.

Rohe, Johannes: Das Nahkampf-Call-Of-Duty. For Honor, in: *Gamestar* 8/2016; S. 20–28.

Rohe, Johannes / Veltin, Tobias: Multiplayer hui… Battlefield 1 – Ersteindruck. Test, in: *Gamestar* 11/2016; S. 48–51.

Rokem, Freddie: Performing History. Theatrical Representations of the Past in Contemporary Theater, Iowa City 2000.

Rokem, Freddie: Geschichte aufführen. Darstellungen der Vergangenheit im Gegenwartstheater, Berlin 2012.

Rollinger, Christian: Roma victrix? Rezeption und Simulation antiker Inhalte im Computerspiel, in: *Der Altsprachliche Unterricht*, Nr. 2/3 57/2014; S. 88–92.

Rollinger, Christian: Brot, Spiele… und Latrinen? Zur Darstellung römischer Stadträume im Computerspiel, in: Walde, Christine/Stoffel, Christian (Hgg.): Caesar's Salad. Antikerezeption im 20. und 21. Jahrhundert (=theresites. Journal for Transcultural Presences & Diachronic Identities from Antiquity to Date, 1), Mainz 2015; S. 1–45. Online unter: http://bit.ly/2gYHZSC (Letzter Zugriff: 30. 3. 2019).

Rollinger, Christian: Phantasmagorien des Krieges. Authentizitätsstrategien, affektive Historizität und der antike Krieg im modernen Computerspiel, in: Ambühl, Annemarie (Hg.): Krieg der Sinne – Die Sinne im Krieg. Kriegsdarstellungen im Spannungsfeld zwischen antiker und moderner Kultur (=theresites. Journal for Transcultural Presences & Diachronic Identities from Antiquity to Date, 4), Mainz 2016; S. 313–41. Online unter: http://bit.ly/2rPsq3d (Letzter Zugriff: 30.3.2019).

Romera, César S. N. / Ojeda, Miguel Á. N. / Velasco, Josefa R.: Video Games Set in the Middle Ages. Time, Spans, Plots, and Genres. (online before print), in: *Games and Culture* 14.2.2016; S. 1–22. Online unter: http://bit.ly/2 h7EzOZ (Letzter Zugriff: 30.3.2019).

Rosa, Lisa: Geschichte und Geschichtslernen in Blogs, sozialen Netzwerken und Foren, in: Bernsen, Daniel / Kerber, Ulf (Hgg.): Praxishandbuch Historisches Lernen und Medienbildung im digitalen Zeitalter, Berlin 2017; S. 193–205.

Rosa, Lisa: Projektarbeit 2.0, in: Bernsen, Daniel / Kerber, Ulf (Hgg.): Praxishandbuch Hidstorisches Lernen und Medienbildung im digitalen Zeitalter, Berlin 2017; S. 320–236.

Rowland, Thomas: We Will Travel by Map. Maps as Narrative Spaces in Video Games and Medieval Texts, in: Kline, Daniel T. (Hg.): Digital Gaming Re-Imagines the Middle Ages (=Routledge Studies in New Media and Cyberculture, 15), Hoboken 2013; S. 189–201.

Roy, Gilles: Big History. Or the Curse of Storytelling in Human Knowledge. Thematic Introduction: Future of Quantification in History, in: *Play the Past* 8.4.2015. Online unter: http://bit.ly/2vASGCM (Letzter Zugriff: 31.3.2019).

Roy, Gilles: Big Data: Endgame of Virtual History. Part 1 of 4: Future of Quantification in History, in: *Play the Past* 1.6.2016. Online unter: http://bit.ly/2viEcVw (Letzter Zugriff: 31.3.2019).

Roy, Gilles: This War of Mine: Human Survival and the Ethics of Care. Part 3 of 4: Future of Quantification in History, in: *Play the Past* 27.7.2016. Online unter: http://bit.ly/2WBBK9 g (Letzter Zugriff: 30.3.2019).

Royce, Bree: FunCom is Sunsetting Lego Minifigures Online in September, in: *Massively Overpowered* 14.6.2016. Online unter: http://bit.ly/2iRF39P (Letzter Zugriff: 31.3.2019).

Royce, Bree: Funcom's Q3 2016 Financials Hint at Large Secret World Update in Early 2017, in: *Massively Overpowered* 2.11.2016. Online unter: http://bit.ly/2 fl7y8r (Letzter Zugriff: 31.3.2019).

Royce, Bree: The MMOs We Lost in 2016, in: *Massively Overpowered* 4.1.2017. Online unter: http://bit.ly/2lCjHNY (Letzter Zugriff: 28.9.2019).

Royce, Bree: FunCom is ‚Relaunching' The Secret World in 2017, but it's Maintenance Mode for Anarchy Online and Age of Conan, in: *Massively Overpowered* 27.2.2017. Online unter: http://bit.ly/2noZHSm (Letzter Zugriff: 31.3.2019).

Royce, Bree: Life is Feudal MMO begins another round of its closed beta, in: *Massively Overpowered* 26.4.2017. Online unter: http://bit.ly/2rmpU6 L (Letzter Zugriff: 31.3.2019).

Rödel, Eva: Bewertungsmanagement im Hessischen Landesarchiv. Ein Werkstattbericht, in: *Archivar*, Nr. 1 70/2017; S. 38–40.

Rüsen, Jörn: Geschichtsschreibung als Theorieproblem der Geschichtswissenschaft. Skizze zum historischen Hintergrund der gegenwärtigen Diskussion, in: Koselleck, Reinhart (Hg.): Formen der Geschichtsschreibung. Traditionen der Geschichtsschreibung und ihrer Reflexion, Fallstudien, systematische Rekonstruktionen, Diskussion und Kritik -(=Beiträge zur Historik, 4) Orig.-Ausg., München 1982; S. 14–35.

Rüsen, Jörn: Die vier Typen des historischen Erzählens, in: Koselleck, Reinhart (Hg.): Formen der Geschichtsschreibung. Traditionen der Geschichtsschreibung und ihrer Reflexion, Fallstudien, systematische Rekonstruktionen, Diskussion und Kritik (=Beiträge zur Historik, 4) Orig.-Ausg., München 1982; S. 514–606.

Rüsen, Jörn: Historisches Lernen. Grundlagen und Paradigmen. Mit e. Beitrag von Ingetraud Rüsen (= Forum Historisches Lernen) 2. überarb. u. erw., Schwalbach/Ts. 2008.

Rüsen, Jörn: Historik. Theorie der Geschichtswissenschaft, Köln 2013.
Ryan, Marie-Laure: Possible Worlds, Artificial Intelligence and Narrative Theory, Indiana 1991.
Sabin, Philip: Simulating War. Studying Conflict Through Simulation Games. Reprint d. Aufl. v. 2012, London 2014.
Sabrow, Martin / Saupe, Achim: Historische Authentizität. Zur Kartierung eines Forschungsfeldes, in: Sabrow, Martin/Saupe, Achim (Hgg.): Historische Authentizität. Eine Publikation des Leibniz-Forschungsverbunds, Göttingen 2016; S. 7 – 28.
Sabrow, Martin / Saupe, Achim (Hg.): Historische Authentizität. Eine Publikation des Leibniz-Forschungsverbunds, Göttingen 2016.
Sachs-Hombach, Klaus/Thon, Jan-Noël (Hgg.): Game Studies. Aktuelle Ansätze der Computerspielforschung, Köln 2015.
Sachsenmaier, Dominic: Global Perspectives on Global History. Theorie and Approaches in a Connected World, Cambridge 2011.
Sailer, Michael: Die Wirkung von Gamification auf Motivation und Leistung. Empirische Studien im Kontext manueller Arbeitsprozesse [=Univ. Diss., München 2016], Wiesbaden 2016.
Salen, Katie (Hg.): The Ecology of Games. Connecting Youth, Games, and Learning (= The John D. and Catherine T. Macarthur Foundation Series on Digital Media and Learning), Cambridge 2008.
Salen, Katie / Torres, Robert / Wolozin, Loretta / Rufo-Tepper, Rebecca / Shapiro, Arana (Hg.): Quest to Learn. Developing the School for Digital Kids (= The John D. and Catherine T. MacArthur Foundation Reports on Digital Media and Learning), Cambridge 2011.
Salen, Katie / Zimmerman, Eric: Rules of Play. Game Design Fundamentals, Cambridge 2007 [=Nachdr. 2004].
Salen, Katie / Zimmerman, Eric (Hg.): The Game Design Reader. A Rules of Play Anthology, Cambridge 2006.
Salisbury, John H. / Tomlinson, Penda: Reconciling Csikszentmihalyi's Broader Flow Theory. With Meaning and Value in Digital Games, in: *Transactions of the Digital Games Research Association (ToDiGRA)*, Nr. 2 2/2016; S. 55 – 77. Online unter: http://bit.ly/2iz52CE (Letzter Zugriff: 31.3.2019).
Sallge, Martin: Interaktive Narration im Computerspiel, in: Thimm, Caja (Hg.): Das Spiel. Muster und Metapher der Mediengesellschaft, Wiesbaden 2010; S. 79 – 104.
Salvati, Andrew / Bullinger, Jonathan: Selective Authenticity and the Playable Past, in: Kapell, Matthew W. / Elliott, Andrew B. R. (Eds.): Playing with the Past. Digital Games and the Simulation of History, London 2013; S. 153 – 67.
Salvati, Andrew: The Play of History, in: *Play the Past* 22.1.2014. Online unter: http://bit.ly/2spxmMh (Letzter Zugriff: 29.3.2019).
Samida, Stefanie: Public History als Historische Kulturwissenschaft. Ein Plädoyer, in: *Docupedia-Zeitgeschichte. Begriffe, Methoden und Debatten der zeithistorischen Forschung* 17.6.2014; S. 1 – 11. Online unter: http://bit.ly/2gwgVIh (Letzter Zugriff: 31.3.2019).
Samida, Stefanie: Per Pedes in die Germania Magna oder Zurück in die Vergangenheit? Kulturwissenschaftliche Annäherungen an eine performative Praktik, in: Willner, Sarah/Koch, Georg/Samida, Stefanie (Hgg.): Doing History. Performative Praktiken in der Geschichtskultur (=Edition Historische Kulturwissenschaften, 1), Münster 2016; S. 45 – 62.
Samida, Stefanie / Willner, Sarah / Koch, Georg: Doing History – Geschichte als Praxis. Programmatische Annäherungen, in: Willner, Sarah / Koch, Georg / Samida, Stefanie (Hgg.): Doing History. Performative Praktiken in der Geschichtskultur (=Edition Historische Kulturwissenschaften, 1), Münster 2016; S. 1 – 25.
Sandkühler, Gunnar: Der Zweite Weltkrieg im Computerspiel. Ego-Shooter als Geschichtsdarstellung zwischen Remediation und Immersion, in: Meyer, Erik (Hg.): Erinnerungskultur 2.0. Kommemorative Kommunikation in digitalen Medien [=Tagungsband zur Konferenz „Virtual

Memory, Virtual History – Digitale Verbreitungsmedien: Konkurrenz und Komplementität?", Gießen im Nov. 2006] (=Interaktiva. Schriftenreihe des Zentrums für Medien und Interaktivität (ZMI) Gießen, 6), Frankfurt a. M. 2009; S. 55–65.

Sandkühler, Gunnar: Der Historiker und Silent Hill. Prospektives Quellenstudium, in: Neitzel, Britta / Bopp, Matthias / Nohr, Rolf F. (Hg.): ,See? I'm real...'. Multidisziplinäre Zugänge zum Computerspiel am Beispiel von ,Silent Hill' (=Medien'Welten, 4), 3. unveränd. Aufl., Münster 2010; S. 213–26.

Sandkühler, Gunnar: Sid Meier's Pirates!, in: Kerschbaumer, Florian / Winnerling, Tobias (Hgg.): Frühe Neuzeit im Videospiel. Geschichtswissenschaftliche Perspektiven (=Histoire, 50), Bielefeld 2014; S. 181–94.

Sawula, Christopher: Valiant Hearts. The Great War, and The Shaping of Historical Memory, in: *Play the Past* 10.12.2014. Online unter: http://bit.ly/2jCoDVG (Letzter Zugriff: 30.3.2019).

Sawula, Christopher: Oxenfree, Memory, and Public History, in: *Play the Past* 22.11.2016. Online unter: http://bit.ly/2xC3ktM (Letzter Zugriff: 31.3.2019).

Sayer, Faye: Public History. A Practical Guide, London 2015.

Sayer, Matt: The Death and Rebirth of 'The Matrix Online'. Game Preservation, in: *Vice Waypoint* 7.12.2016. Online unter: http://bit.ly/2 h7frnS (Letzter Zugriff: 31.3.2019).

Schafer, Raymond M.: The Soundscape. Our Sonic Environment and the Tuning of the World. Nachdr. d. Aufl. v. 1977, Rochester 1994.

Schallegger, René: Homo Ex Machina? Cyber-Renaissance and Transhumanism in Deus Ex: Human Revolution, in: Winnerling, Tobias / Kerschbaumer, Florian (Hgg.): Early Modernity and Video Games, Newcastle upon Tyne 2014; S. 52–63.

Schauenberg, Tim: Fitness-Apps. Krankenkassen haben ein Auge auf die Daten, in: *deutschlandfunk.de* 14.8.2014. Online unter: http://bit.ly/1rZW4S3 (Letzter Zugriff: 27.3.2019).

Schäfer, Benjamin: Der bedrohte Riese. 30 Jahre Ubisoft, in: *Gamestar* 1/2017; S. 80–89.

Scheer, Monique: Are Emotions a Kind of Practice (and is that what Makes Them Have a History)? A Bourdieuian Approach to Understanding Emotion, in: *History and Theory*, Nr. 2 51/2012; S. 193–220. Online unter: http://bit.ly/2mzuxXv (Letzter Zugriff: 31.3.2019).

Schell, Jesse: The Art of Game Design. A Book of Lenses. 2. Aufl., Boca Raton 2014.

Schemer-Reinhard, Timo: Steuerung als Analysegegenstand, in: Hagner, Michael / Kerner, Ina / Thomä, Dieter (Hgg.): Theorien des Computerspiels. Zur Einführung, Hamburg 2012; S. 38–74.

Schiesel, Seth: Gary Gygax, Game Pioneer, Dies at 69, in: *New York Times* 5.3.2008. Online unter: http://nyti.ms/2tdwlXc (Letzter Zugriff: 31.3.2019).

Schiesel, Seth: Facing the Horrors of Distant Battlefields with a TV and Console, in: *The New York Times* 19.3.2008. Online unter: http://nyti.ms/2ps4zFP (Letzter Zugriff: 30.3.2019).

Schiffer, Werner: Theorien der Geschichtsschreibung und ihre erzähltheoretische Relevanz. Danto, Habermas, Baumgartner, Droysen. (=zugl. Univ. Diss. Heidelberg 1979; Studien zur allgemeinen und vergleichenden Literaturwissenschaft, 19.), Stuttgart 1980.

Schmale, Wolfgang: Digitale Geschichtswissenschaft, Wien 2010.

Schmale, Wolfgang (Hg.): Digital Humanities. Praktiken der Digitalisierung, der Dissemination und der Selbstreflexivität (= Geschichte, 91.), Stuttgart 2015.

Schmidt, Christian: Anarchy Online. Internet-Sternenkrieger. Test, in: *Gamestar* 9/2001; S. 90/91.

Schmidt, Christian: Warcraft 3 [Reign of Chaos]. Die neu Strategie-Referenz. Test Titelstory, in: *Gamestar* 8/2002; S. 52–61.

Schmidt, Christian: Die Sims 3. Test, in: *Gamestar* 7/2009; S. 74–78.

Schmidt, Jan-Hinrik: Jugend 2.0 – Leben in der Medienwelt. Von „Digital Natives" und anderen Mythen des Internets, in: Kamin, Anna-Maria / Meister, Dorothee M. / Schulte, Dietmar (Hgg.): Kinder – Eltern – Medien. Medienpädagogische Anregungen für den Erziehungsalltag, München 2013; S. 89–100.

Schmidt, Kai: Ryse: Son of Rome im Test – Geschnetzeltes mit Ryse, in: *gamepro.de* 21.11.2013. Online unter: http://bit.ly/2oE7vxY (Letzter Zugriff: 30.3.2019).
Schmidt, Kai: The Order: 1886 im Test. Die Linearität trägt Schnauzbart, in: *gamepro.de* 19.2.2015. Online unter: http://bit.ly/2pApp4w (Letzter Zugriff: 30.3.2019).
Schmidt, Kai / Matschijewsky, Daniel: Tomb Raider. Test, in: *Gamestar* 5/2013; S. 68–71.
Schmidt, Stefan: Ewiges Leben für die Pixelhelden. Wie bewahrt man digitale Kulturgüter? In Berlin eröffnet ein Computerspielemuseum, in: *Die Zeit*, Nr. 4 20.1.2011. Online unter: http://bit.ly/1TetJ20 (Letzter Zugriff: 31.3.2019).
Schmidt, Uta C.: Tagungsbericht. Work with Sounds: Theory – Practices – Networks, 19.-21.8.2015, in: *H-Soz-Kult* 23.10.2015. Online unter: http://bit.ly/1OlJHn7 (Letzter Zugriff: 31.3.2019).
Schmitz, Petra: Dark Age of Camelot. Bestes Online-Rollenspiel. Test, in: *Gamestar* 1/2002; S. 138–39.
Schmitz, Petra: Der Anschlag. Spiel zum Kinofilm, in: *Gamestar* 8/2002; S. 70–71.
Schmitz, Petra: Lineage 2. Schöner Schein, in: *Gamestar* 8/2004; S. 91–94.
Schmitz, Petra: Call of Duty: Modern Warfare. Test Titelstory, in: *Gamestar* 12/2007; S. 18–27.
Schmitz, Petra: Assassin's Creed, in: *Gamestar* 5/2008; S. 72–78.
Schmitz, Petra: Far Cry 2. Test, in: *Gamestar* 12/2008; S. 66–71.
Schmitz, Petra: Saboteur. Test, in: *Gamestar* 2/2010; S. 64–68.
Schmitz, Petra: Alpha Protocol. Preview, in: *Gamestar* 6/2010; S. 38–40.
Schmitz, Petra: The Secret World. Preview, in: *Gamestar* 6/2010; S. 50–51.
Schmitz, Petra: Alpha Protocol. Test, in: *Gamestar* 8/2010; S. 66–68.
Schmitz, Petra: Die Solokampagne. Battlefield 3 Test, in: *Gamestar* 1/2012; S. 80–82.
Schmitz, Petra: Spec Ops The Line. Test, in: *Gamestar* 8/2012; S. 70–74.
Schmitz, Petra: Guild Wars 2. Preview Titelstory, in: *Gamestar* 9/2012; S. 20–29.
Schmitz, Petra: Guild Wars 2. Test Online-Rollenspiel, in: *Gamestar* 11/2012; S. 48–55.
Schmitz, Petra: Far Cry 3 Blood Dragon. Titelstory Test, in: *Gamestar* 6/2013; S. 24–27.
Schmitz, Petra: Wolfenstein The New Order. Test, in: *Gamestar* 6/2014; S. 54–59.
Schmitz, Petra: Dark Age of Camelot. Hall of Fame, in: *Gamestar* 10/2014; S. 104/5.
Schmitz, Petra: Far Cry 4. Titelstory, in: *Gamestar* 11/2014; S. 12–21.
Schmitz, Petra: Höhenrausch. Far Cry 4, in: *Gamestar* 12/2014; S. 56–61.
Schmitz, Petra: Warum ist Die Sims 4 so dünn? Kommentar, in: *Gamestar* 12/2014; S. 102–03.
Schmitz, Petra / Rohe, Johannes: Battlefield 4. Test, in: *Gamestar* 13/2013; S. 42–49.
Schmitz, Petra / Rohe, Johannes: Die Schlachtfeld-Analyse. Battlefield 1 Titelstory, in: *Gamestar* 10/2016; S. 18–25.
Schmitz, Petra / Stöffel, Jürgen: Guild Wars 2. Test Kontrollbesuch, in: *Gamestar* 3/2014; S. 60–62.
Schneider, Christian: James Bond. Ein Quantum Trost, in: *Gamestar* 1/2009; S. 78–79.
Schott, Gareth / Vught, Jasper van: Replaying Preconceived Accounts of Digital Games with Experience of Play. When Parents went Native in GTA IV, in: *Transactions of the Digital Games Research Association (ToDiGRA)*, Nr. 1 1/2013; S. 1–12. Online unter: http://bit.ly/2iKH2ff (Letzter Zugriff: 31.3.2019).
Schönleben, Dominik: Warum die Sprache in „Far Cry Primal" wirklich aus der Steinzeit stammt, in: *WIRED Germany* 22.2.2016. Online unter: http://bit.ly/2hNYxuN (Letzter Zugriff: 30.3.2019).
Schöttler, Peter: Die „Annales"-Historiker und die deutsche Geschichtswissenschaft, Tübingen 2015.
Schreier, Jason: Metacritic Matters. How Review Scores Hurt Video Games, in: *Kotaku* 11.4.2013 [Repost: 8.8.2015]. Online unter: http://bit.ly/1oiQEjL (Letzter Zugriff: 28.8.2017).
Schröder, Jens: Auferstanden aus Platinen. Die Kulturgeschichte der Computer- und Videospiele unter besonderer Berücksichtigung der ehemaligen DDR, Stuttgart 2010.

Schröter, Felix: Walk a Mile in My Shoes. Subjectivity and Embodiment in Video Games, in: Reinerth, Maike S. / Thon, Jan-Noël (Hgg.): Subjectivity Across Media. Interdisciplinary and Transmedial Perspectives (=Routledge Research in Cultural and Media Studies, 95), London 2016; S. 196–213.

Schröter, Felix / Thon, Jan-Noël: Simulierte Spielfiguren und/oder/als mediale Menschenbilder. Zur Medialität von Figurendarstellungen am Beispiel der Computerspielfigur, in: Eder, Jens / Imorde, Joseph/ Reinerth, Maike S. (Hgg.): Medialität und Menschenbild, Berlin 2013; S. 119–43.

Schröter, Felix / Thon, Jan-Noël: Video Game Characters. Theory and Analysis, in: *DIEGESIS Interdisziplinäres E-Journal für Erzählforschung*, Nr. 1 3/2014; S. 40–77. Online unter: http://bit.ly/1Paguwo (Letzter Zugriff: 31.3.2019)

Schroeder, Ralph / Axelsson, Ann-Sofie (Hg.): Avatars at Work and Play. Collaboration and Interaction in Shared Virtual Environments (= Computer Supported Cooperative Work, 34.), Dordrecht 2006.

Schröder, Lutz: Spielerisch Geschichte lernen? Analyse von unterhaltsamen Computerspielen mit historischem Kontext und ihre Verwendbarkeit im Game-Based Learning. Masterarbeit, Hamburg 2011

Schröder, Lutz: Modding als Indikator für die kreative und kritische Auseinandersetzung von Fans mit Historienspielen, in: Kerschbaumer, Florian / Winnerling, Tobias (Hgg.): Frühe Neuzeit im Videospiel. Geschichtswissenschaftliche Perspektiven (=Histoire, 50), Bielefeld 2014; S. 141–57.

Schröder, Lutz: Research the Spinning Jenny, Gain +8% Wealth by Textile Industries. The Transformation of Historical Technologies into the Virtual World of Empire: Total War, in: Winnerling, Tobias/Kerschbaumer, Florian (Hgg.): Early Modernity and Video Games, Newcastle upon Tyne 2014; S. 76–90.

Schröter, Felix: Systemkonflikt. Menschenbilder im Computerspiel am Beispiel des transhumanistischen Diskurses in Deus Ex Human Revolution, in: *kritische berichte. Zeitschrift für Kunst- und Kulturwissenschaften*, Nr. 1 41/2013; S. 75–82.

Schulmeister, Rolf: eLearning: Einsichten und Aussichten, München 2006.

Schulmeister, Rolf: Grundlagen hypermedialer Lernsysteme. Theorie – Didaktik – Design. 4., überarb. und akt. Aufl., München 2007.

Schulz, Elena / Klinge, Heiko: Mr. Robot in bunt und quirlig. Watch Dogs 2 Test, in: *Gamestar* 1/2017; S. 52–57.

Schulz, Maximilian: 2017 ist 1984. Orwell. Test, in: *Gamestar* 2/2017; S. 83–84.

Schulzke, Marcus: Refighting the Cold War. Video Games and Speculative History, in: Kapell, Matthew W. / Elliott, Andrew B. R. (Hgg.): Playing With the Past. Digital Games and the Simulation of History, London 2013; S. 261–75.

Schut, Kevin: Strategic Simulations and Our Past. The Bias of Computer Games in the Presentation of History, in: *Games and Culture*, Nr. 3 2/2007; S. 213–35.

Schüler, Benedikt / Schmitz, Christopher / Lehmann, Karsten: Geschichte als Marke. Historische Inhalte in Computerspielen aus der Sicht der Softwarebranche, in: Schwarz, Angela (Hg.): „Wollten Sie auch immer schon einmal pestverseuchte Kühe auf Ihre Gegner werfen?" Eine fachwissenschaftliche Annährung an Geschichte im Computerspiel (=Medien'Welten, 13) 2. erw. Aufl., Münster 2012; S. 245–62.

Schüler, Benedikt / Schmitz, Christopher / Lehmann, Karsten: Geschichte als Marke. Historische Inhalte in Computerspielen aus der Sicht der Softwarebranche, in: Schwarz, Angela (Hg.): „Wollten Sie auch immer schon einmal pestverseuchte Kühe auf Ihre Gegner werfen?". Eine fachwissenschaftliche Annährung an Geschichte im Computerspiel (=Medien'Welten, 13), Münster 2010; S. 199–215.

Schwarz, Angela: „Wollen Sie wirklich nicht weiter versuchen, diese Welt zu dominieren?" Geschichte in Videospielen, in: Korte, Barbara / Paletschek, Sylvia (Hg.): History goes Pop. Zur Repräsentation von Geschichte in populären Medien und Genres (=Historische Lebenswelten in populären Wissenskulturen / History in Popular Cultures, 1), Bielefeld 2009; S. 313–40.

Schwarz, Angela: Neue Medien – alte Bilder? Frauenfiguren und Frauendarstellungen in neueren Computerspielen mit historischen Inhalten, in: Alavi, Bettina (Hg.): Historisches Lernen im virtuellen Medium. [=Ergebnisse einer im März 2009 an der Pädagogischen Hochschule Heidelberg durchgeführten Tagung] (=Schriftenreihe der Pädagogischen Hochschule Heidelberg, 54), Heidelberg 2010; S. 31–53.

Schwarz, Angela (Hg.): „Wollten Sie auch immer schon einmal pestverseuchte Kühe auf Ihre Gegner werfen?". Eine fachwissenschaftliche Annährung an Geschichte im Computerspiel (= Medien'Welten, 13.), Münster 2010.

Schwarz, Angela: Computerspiele. Ein Thema für die Geschichtswissenschaft?, in: Dies. (Hg.): „Wollten Sie auch immer schon einmal pestverseuchte Kühe auf Ihre Gegner werfen?". Eine fachwissenschaftliche Annährung an Geschichte im Computerspiel (=Medien'Welten. Braunschweiger Schriften zur Medienkultur, 13), Münster 2010; S. 7–28.

Schwarz, Angela: Geschichte als „Action-Adventure". Populäre Geschichtsdarstellungen im Medium des Computerspiels, in: Barricelli, Michele / Becker, Axel / Heuer, Christian (Hgg.): Jede Gegenwart hat ihre Gründe. Geschichtsbewusstsein, historische Lebenswelten und Zukunftserwartung im frühen 21. Jahrhundert. Hans-Jürgen Pandel zum 70. Gebrutstag (=Forum Historisches Lernen), Schwalbach / Ts. 2011; S. 72–87.

Schwarz, Angela: Computerspiele. Ein Thema für die Geschichtswissenschaft?, in: Dies. (Hg.): „Wollten Sie auch immer schon einmal pestverseuchte Kühe auf Ihre Gegner werfen?". Eine fachwissenschaftliche Annährung an Geschichte im Computerspiel (=Medien'Welten, 13), 2. erw. Aufl., Münster 2012; S. 7–33.

Schwarz, Angela: Bunte Bilder – Geschichtsbilder? Zur Visualisierung von Geschichte im Medium des Computerspiels, in: Dies. (Hg.): „Wollten Sie auch immer schon einmal pestverseuchte Kühe auf Ihre Gegner werfen?". Eine fachwissenschaftliche Annährung an Geschichte im Computerspiel (=Medien'Welten. Braunschweiger Schriften zur Medienkultur, 13) 2. erw. Aufl., Münster 2012; S. 213–43.

Schwarz, Angela: Grenzenloser Krieg? Der Erste Weltkrieg in Computerspielen, in: Kuhn, Bärbel / Windus, Astrid (Hgg.): Der Erste Weltkrieg im Geschichtsunterricht. Grenzen – Grenzüberschreitungen – Medialisierung von Grenzen (=HISTORICA ET DIDACTICA. Fortbildung Geschichte, 7), St. Ingbert 2014; S. 105–15.

Schwarz, Angela: Narration und Narrativ. Geschichte erzählen in Videospielen, in: Kerschbaumer, Florian / Winnerling, Tobias (Hgg.): Frühe Neuzeit im Videospiel. Geschichtswissenschaftliche Perspektiven (=Histoire, 50), Bielefeld 2014; S. 27–52.

Schwarz, Angela: Narration and Narrative. (Hi-)Story Telling in Computer Games, in: Winnerling, Tobias/Kerschbaumer, Florian (Hgg.): Early Modernity and Video Games, Newcastle upon Tyne 2014; S. 140–61.

Schwarz, Angela: Game Studies und Geschichtswissenschaft, in: Sachs-Hombach, Klaus / Thon, Jan-Noël (Hg.): Game Studies. Aktuelle Ansätze der Computerspielforschung, Köln 2015; S. 398–447.

Schwarz, Angela: Public History digital. Zeitgeschichte in Computerspiel und Internet (=Fellowship am Zentrum für Zeitgeschichtliche Forschungen (ZZF) Potsdam, vom 20.4.-30.9.2015. Online unter: http://bit.ly/2rY5EbR (Letzter Zugriff: 29.3.2019).

Schwerdtel, Markus: Splinter Cell. Komplett ausspioniert. Titelstory, in: *Gamestar* 2/2003; S. 50–56.

Schwerdtel, Markus: Die Gilde 2. Meine Werkstatt, meine Karren, meine Frau. Test, in: *Gamestar* 11/2006; S. 110–11.

Schwerdtel, Markus: Zeit für den Krieg. Die Rückkehr der Weltkriegs-Shooter, in: *Gamestar* 3/2016; S. 26–27.

Schwerdtel, Markus: Die besten C64-Spiele. GamesCom 2016, in: *Gamestar* 10/2016; S. 34–35.

Schwerdtel, Markus: Gut, Gross, Peinlich. Watch Dogs 2 – Ersteindruck, in: *Gamestar* 12/2016; S. 10.

Schwingeler, Stephan: Kunstwerk Computerspiel. Digitale Spiele als künstlerisches Material. Eine bildwissenschaftliche und medientheoretische Analyse (= Image, 72.), Bielefeld 2014.

Secker, Elisabeth / Hußmann, Wolfgang: USK berücksichtigt bei Altersfreigabe von Spielen künftig Sozialadäquanz. Pressemitteilung, 9. 8. 2018. Online unter: http://bit.ly/2Itfnk9 (Letzter Zugriff: 30. 3. 2019).

Seier, Andrea: Remediatisierung. Die performative Konstitution von Gender und Medien (= Medien'Welten. Braunschweiger Schriften zur Medienkultur, 6.), 2. Aufl., Münster 2010.

Seifert, Robert: Flow in Azeroth. Eine Analyse von Spielerfahrungen in MMO(RP)Gs am Beispiel von World of Warcraft, Saarbrücken 2007.

Seiler, Joey: What Can Virtual-World Economists Tell Us about Real-World Economies. As Virtual Economies Expand, the Study of Their Inner Workings is Shaping up to Become a Serious Discipline, in: *Scientific American (online)* 17. 3. 2008. Online unter: http://bit.ly/1mhNqLe (Letzter Zugriff: 31. 3. 2019).

Selke, Stefan: Das Soziale an Software. Rekonstruktion impliziter Gesellschaftsmodelle bei der Entwicklung des Computerspiels MyTown, in: Bevc, Tobias (Hg.): Computerspiele und Politik. Zur Konstruktion von Politik und Gesellschaft in Computerspielen (=Studien zur visuellen Politik, 5), Berlin 2007; S. 167–92.

Shaffer, David W.: Epistemic Frames for Epistemic Games, in: *Computers & Education* 46/2006; S. 223–34.

Shelley, Mary: Frankenstein; or, The Modern Prometheus, London 1818.

Sidel, Robin: Cheer Up, Ben. Your Economy Isn't As Bad As This One. In the Make-Believe World of Second Life, Banks Are Really Collapsing, in: *The Wall Street Journal. Online* 23. 1. 2008. Online unter: http://on.wsj.com/1X7SijF (Letzter Zugriff: 31. 3. 2019).

Sieder, Reinhard / Langthaler, Ernst: Was heißt Globalgeschichte? Einleitung, in: Sieder, Reinhard/Langthaler, Ernst (Hgg.): Globalgeschiche 1800–2010, Wien 2010; S. 9–37.

Siegismund, Fabian: Battlefield 2. Die Kunst des Krieges, in: *Gamestar* 8/2005; S. 66–77.

Siegismund, Fabian: Joint Task Force. Anti-Terror-Touristen. Test, in: *Gamestar* 10/2006; S. 106–08.

Siegismund, Fabian: Splinter Cell: Double Agent, in: *Gamestar* 1/2007; S. 56–60.

Siegismund, Fabian: World in Conflict. Preview, in: *Gamestar* 8/2007; S. 36–40.

Siegismund, Fabian: Far Cry 2. Titelstory Preview, in: *Gamestar* 9/2007; S. 31–39.

Siegismund, Fabian: Age of Conan. Test, in: *Gamestar* 8/2008; S. 86–93.

Siegismund, Fabian: Grand Theft Auto 4 [=GTA 4]. Titelstory Test, in: *Gamestar* 1/2009; S. 30–38.

Siegismund, Fabian: World in Conflict. Complete Edition, in: *Gamestar* 5/2009; S. 92.

Siegismund, Fabian: Age of Conan. v 1.04.7. Test Kontrollbesuch, in: *Gamestar* 6/2009; S. 92.

Siegismund, Fabian: Mafia 2. Test, in: *Gamestar* 10/2010; S. 51–54.

Siegismund, Fabian: Deus Ex Human Revolution. Vorab-Test, in: *Gamestar* 9/2011; S. 66–70.

Siegismund, Fabian: Deus Ex Human Revolution, in: *Gamestar* 10/2011; S. 70–74.

Siegismund, Fabian: Battlefield 3 Der Multiplayer-Modus. Test, in: *Gamestar* 1/2012; S. 74–78.

Sigl, Rainer: „Apotheon" im Test: Malerisches Action-Adventure lässt Antike auferstehen, in: *derStandard.at* 10. 2. 2015. Online unter: http://bit.ly/2oxwRk6 (Letzter Zugriff: 30. 3. 2019).

Sinclair, Brendan: Funcom open to Acquisition, Merger, etc. Disappointing Performance of Lego Minifigures Online has Developer reviewing „strategic options", in: *gamesindustry.biz* 10. 8. 2015. Online unter: http://bit.ly/2hs6czP (Letzter Zugriff: 31. 3. 2019).

Smith, Adam: For The Glory. EU IV Contains CK II Save Game Converter, in: *Rock Paper Shotgun* 30. 7. 2013. Online unter: http://bit.ly/29VQtcp (Letzter Zugriff: 29. 5. 2017).

Smith, Adam: The Great Unknown. EU IV – Conquest of Paradise, in: *Rock Paper Shotgun* 13.1.2014. Online unter: http://bit.ly/2nAFxX4 (Letzter Zugriff: 30.3.2019).

Smith, Edward: PS4 vs. XBox One. Who Won the Next-Gen Console War, in: *International Business Times* 19.12.2013. Online unter: http://bit.ly/1I8O9st (Letzter Zugriff: 31.3.2019).

Smith, Quentin: The Secret World: Preview & Footage, in: *Rock Paper Shotgun* 27.8.2010. Online unter: http://bit.ly/2jO7571 (Letzter Zugriff: 31.3.2019).

Snow, Cason E.: Playing with History. A Look at Video Games, World History, and Libraries, in: *Rethinking History. The Journal of Theory and Practice*, Nr. 2 16/2010; S. 128–35.

Sollmann, Kaj: Frühe Neuzeit und Videospiele. Early Modernity and Video Games. Konferenz der Heinrich Heine Universität (HHU) Düsseldorf und der Alpen-Adria-Universität (AAU) Klagenfurt / Wien / Graz vom 15.–17. März 2013 in Düsseldorf, in: *H-Soz-Kult* 29.6.2013. Online unter: http://bit.ly/1UbWzmF (Letzter Zugriff: 30.3.2019).

Sopart, Christa-Maria: Computer-Spiele. Wie man sie benutzt, überlistet, selbst programmiert (= 3727.), München 1984.

Spahn, Thomas: Historisches Lernen mit Webquests, in: Bernsen, Daniel / Kerber, Ulf (Hgg.): Praxishandbuch Historisches Lernen und Medienbildung im digitalen Zeitalter, Berlin 2017; S. 355–62.

Spitzer, Manfred: Digitale Demenz. Wie wir uns und unsere Kinder um den Verstand bringen (= Beck'sche Reihe), München 2012.

Spivak, Gayatri C. / Nehring, Andreas: Kritik der postkolonialen Vernunft. Hin zu einer Geschichte der verrinnenden Gegenwart, Stuttgart 2014.

Spring, Dawn: Gaming History. Computer and Video Games as Historical Scholarship, in: *Rethinking History. The Journal of Theory and Practice*, Nr. 2 19/2015; S. 207–21.

Squire, Kurt D.: Replaying History. Learning World History Through Playing Civilization III. Univ. Diss., Indiana 2004.

Squire, Kurt D.: Changing the Game. What Happens When Video Games Enter the Classroom?, in: *Innovate: Journal of Online Education*, Nr. 6 1/2005. Online unter: http://bit.ly/2unAiMj (Letzter Zugriff: 31.3.2019).

Stalder, Felix: Manuel Castells. The Theory of the Network Society (= Key Contemporary Thinkers), Repr., Cambridge 2007.

Staley, David J.: Computers, Visualization, and History. How new Technology will transform our Understanding of the Past (= History, the Humanities, and the New Technology) 2. Aufl., Abingdon 2015.

Stamm, Malte: Konfliktsimulationen. Counterfactual History oder Infotainment?, in: Kerschbaumer, Florian / Winnerling, Tobias (Hg.): Frühe Neuzeit im Videospiel. Geschichtswissenschaftliche Perspektiven (=Histoire, 50), Bielefeld 2014; S. 127–40, hier S. 139.

Stange, Sebastian: Wolfenstein: The New Order. Preview Titelstory, in: *Gamestar* 3/2014; S. 18–23.

Stange, Sebastian: Landwirtschaftssimulator 1403. Kingdom Come: Deliverance, in: *Gamestar* 12/2014; S. 44–46.

Stanton, Richard C.: A Brief History of Video Games, London 2015.

Stanton, Richard C.: Do Video Games Make Children Violent? Nobody Knows – And This Is Why, in: *The Guardian* 9.3.2016. Online unter: http://bit.ly/222bc1y (Letzter Zugriff: 31.3.2019).

Statistisches Bundesamt (D-STATIS): Bevölkerungsstand 2014. Ergebnisse der Bevölkerungsfortschreibung auf Grundlage des Zensus 2011, 2016. Online unter: http://bit.ly/1n0viWY (Letzter Zugriff: 27.3.2019).

Steen, Francis F. / Davies, Mari S. / Tynes, Brendesha / Greenfield, Patricia M.: Digital Dystopia: Player Control and Strategic Innovation in the Sims Online, in: Schroeder, Ralph/Axelsson, Ann-Sofie (Hgg.): Avatars at Work and Play. Collaboration and Interaction in Shared Virtual Environments (=Computer Supported Cooperative Work, 34), Dordrecht 2006; S. 247–72.

Steidle, Rüdiger: Europa Universalis 4. Test, in: *Gamestar* 10/2013; S. 48–50.

Steinkuehler, Constance: Learning in Massively Multiplayer Online Games, in: Kafai, Yasmin B. / Sandoval, William A. / Enyedy, Noel / Nixon, Althea Scott / Herrera, Francisco (Hgg.): Embracing Diversity in the Learning Sciences. International Conference of the Learning Sciences (ICLS) 2004. Proceedings, Mahwah 2004; S. 521–28. Online unter: http://bit.ly/2w3NXuc (Letzter Zugriff: 31.3.2019).

Steinkuehler, Constance: Cognition and Learning in Massively Multiplayer Online Games. A Critical Approach. Univ. Diss., Madison 2005.

Steinkuehler, Constance: Massively Multiplayer Online Games as an Educational Technology. An Outline for Research, in: *Educational Technology Magazine*, Nr. 1 48/2008; S. 10–21.

Steinkuehler, Constance / Duncan, Sean: Scientific Habits of Mind in Virtual Worlds, in: *Journal of Science Education & Technology*, Nr. 6 17/2008; S. 530–43. Online unter: http://bit.ly/2fHAWgD (Letzter Zugriff: 31.3.2019).

Steinlechner, Peter: Pudel und Pistolen. No One Lives Forever, in: *Gamestar* 12/2000; S. 34.

Steinlechner, Peter: Mafia. Edles Blech und Blaue Bohnen. Titelstory, in: *Gamestar* 9/2002; S. 52–59.

Steinman, Gary: Why Chicago is the Ultimate City for Watch Dogs, in: *UbiBlog. Offizielles Blog von Ubisoft* 1.7.2013. Online unter: http://bit.ly/2pAjD6d (Letzter Zugriff: 1.5.2017).

Stenros, Jakko: In Defence of a Magic Circle. The Social, Mental and Cultural Boundaries of Play, in: *Transactions of the Digital Games Research Association (ToDiGRA)*, Nr. 2 1/2014; S. 147–85. Online unter: http://bit.ly/2hLfPaO (Letzter Zugriff: 31.3.2019).

Stieldorf, Andrea: Die Historischen Grundwissenschaften an den deutschen Universitäten heute – eine Bestandsaufnahme, in: *Archivar*, Nr. 3 67/2014; S. 257–64.

Stiftung Digitale Spielkultur: Die weltweit größte Sammlung für Computerspiele, 17.11.2016. Online unter: http://bit.ly/2 g4uYoF (Letzter Zugriff: 31.3.2019).

Stingel-Voigt, Yvonne: Soundtracks virtueller Welten. Musik in Videospielen (= Game Studies) (=Univ. Diss, Berlin 2013), Glückstadt 2014.

Stone, Jennifer C. / Kudenov, Peter / Combs, Teresa: Accumulating Histories. A Social Practice Approach to Medievalism in High-Fantasy MMORPGs, in: Kline, Daniel T. (Hg.): Digital Gaming Re-Imagines the Middle Ages (=Routledge Studies in New Media and Cyberculture, 15), Hoboken 2013; S. 107–18.

Stone, Lawrence: The Revival of Narrative. Reflections on a New Old History, in: *Past & Present* 85/1979; 3–24.

Stone, Tim: Heavily Engaged: Sid Meier's Gettysburg!, in: *Rock Paper Shotgun* 25.4.2011. Online unter: http://bit.ly/2o9HAOp (Letzter Zugriff: 30.3.2019).

Stöcker, Christian: „Wenn Ghandi Ihnen mit Krieg droht". Interview mit Spieledesigner Sid Meier, in: *Spiegel Online Netzwelt* 15.12.2005. Online unter: http://bit.ly/29aIlm8 (Letzter Zugriff: 29.3.2019).

Stöffel, Jürgen: World of Warplanes. Test, in: *Gamestar* 1/2014; S. 52–54.

Stöffel, Jürgen: War Thunder, in: *Gamestar* 1/2014; S. 56–58.

Stöffel, Jürgen: Von Classic bis Action. World of Warcraft Legion, in: *Gamestar* 5/2016; S. 38–39.

Stöffel, Jürgen: Die Rache der Bismarck! World of Warships. Test, in: *Gamestar* 11/2016; S. 82–83.

Strobach, Tony: Funcom – Entlassungswelle bei den Secret-World-Machern, in: *gamestar.de* 18.1.2013. Online unter: http://bit.ly/2zvihiF (Letzter Zugriff: 31.3.2019).

Stuart, Keith: The Digital Apocalypse. How the Games Industry is Rising Again, in: *The Guardian* 17.5.2016. Online unter: http://bit.ly/1Xz5xeS (Letzter Zugriff: 27.3.2019).

Stuart, Keith / Wall, Darren: Sega Mega Drive/Genesis. Collected Works, London 2014.

Stuckey, Helen / Swalwell, Melanie / Ndalianis, Angela: The Popular Memory Archive. Collecting and Exhibiting Player Culture from the 1980s, in: Tatnall, Arthur / Blyth, Tilly / Johnson, Roger (Hgg.): Making the History of Computing Relevant. IFIP WG 9.7 International Conference on the

History of Computing, HC 2013, London, 17th-18th June 2013. Revised Selected Papers (=IFIP Advances in Information and Communication Technology, 416), Berlin 2013; S. 215–25.

Stuckey, Helen / Swalwell, Melanie / Ndalianis, Angela / Vries, Denise de: Remembering & Exhibiting Games Past: The Popular Memory Archive, in: *Transactions of the Digital Games Research Association (ToDiGRA)*, Nr. 1 2/2015; S. 9–35. Online unter: http://bit.ly/2iE5jGF (Letzter Zugriff: 31.3.2019).

Sturm, Simon: Digitales Storytelling. Eine Einführung in neue Formen des Qualitätsjournalismus, Wiesbaden 2013.

Sudar, Istvan: When There Are Different Histories But Only One Game, in: *The Ontological Geek* 5.2.2017. Online unter: http://bit.ly/2 l154qe (Letzter Zugriff: 30.3.2019).

Summers, Tim: Understanding Video Game Music. Foreword by James Hannigan, Cambridge 2016.

Suominen, Jaakko: How to Present the History of Digital Games. Enthusiast, Emancipatory, Genealogical, and Pathological Approaches, in: *Games and Culture* 20.6.2016; S. 1–19. Online unter: http://bit.ly/2vxv1E0 (Letzter Zugriff: 31.3.2019).

Suter, Beat: Boundary Breaker. Rahmenbrüche in Videogames, in: Wirth, Uwe (Hg.): Rahmenbrüche, Rahmenwechsel (=Wege der Kulturforschung, 4), Berlin 2013; S. 331–48.

Swalwell, Melanie: Moving On From the Original Experience. Games History, Preservation and Presentation, in: *DiGRA '13 – Proceedings of the 2013 DiGRA International Conference: DeFragging Game Studies* 7/2014; S. 1–13. Online unter: http://bit.ly/1P3S6vD (Letzter Zugriff: 31.3.2019).

Szczepaniak, John: The Untold History of Japanese Game Developers. [?] 2014.

Takahashi, Dean: Opening the Xbox, New York 2002.

Takahashi, Dean: The Xbox 360 Uncloaked. The Real Story behind Microsoft's Next-Generation Video Game Console, Raleigh 2006.

Tan, Wey-Han: Konstruktivistisches Potenzial in Lernanwendungen mit spielerischen und narrativen Elementen. (=Univ. Hamburg, Dipl. Erziehungswissenschaft, 2006), Hamburg 2006.

Tan, Wey-Han: Playing (with) Educational Games. First and Second Order Gaming. Master Thesis, Helsinki / Hamburg 2009.

Tan, Wee K. / Yeh, Yi D. / Chen, Ssu H.: The Role of Social Interaction Element on Intention to Play MMORPG in the Future. From the Perspective of Leisure Constraint Negotiation Process, in: *Games and Culture*, Nr. 1 12/2017; S. 28–55. Online unter: http://bit.ly/2uCB7Pe (Letzter Zugriff: 31.3.2019).

Tauber, Peter: „Alles nur ein Spiel" – Zum Geschichtsbild in Computerspielen zwei Lektürehinweise, in: *Schwarzer Peter. Blog von Peter Tauber* 14.10.2013. Online unter: http://bit.ly/216z5PN (Letzter Zugriff: 28.3.2019).

Taylor, Jamie: History As It Can Be Played. A New Public History?, in: *Play the Past* 25.2.2016. Online unter: http://bit.ly/2a6MPa1 (Letzter Zugriff: 31.3.2019).

Taylor, Roy / Marinkovic, Sasa: How Virtual Reality is Revolutionizing Storytelling, in: *Making Games Magazin. Magazin für Spiele-Entwicklung und Business-Development* 1/2016; S. 22–25.

Tenga, Angela: Gabriel Knight. A Twentieth-Century Chivalric Romance Hero, in: Kline, Daniel T. (Hg.): Digital Gaming Re-Imagines the Middle Ages (=Routledge Studies in New Media and Cyberculture, 15), Hoboken 2013; S. 67–78.

Temurtürkan, Ecem: „Life is Feudal: Your Own". Ein Erfahrungsbericht über räumliche Abhängigkeiten, gildenähnliche Sozialstrukturen und eine meditative Eigendynamik, in: *gespielt. Blog des Arbeitskreises Geschichtswissenschaft und Digitale Spiele (AKGWDS)* 27.1.2017. Online unter: http://bit.ly/2rm9USj (Letzter Zugriff: 31.3.2019).

Tesch, Ricarda: Gefälschte Geschichte? Wie Computerspiele mit der Realität spielen, in: Appel, Daniel / Huberts, Christian / Raupach, Tim / Standke, Sebastian (Hg.): Welt|Kriegs|Shooter.

Computerspiele als realistische Erinnerungsmedien? (=Game Studies), Boizenburg 2012; S. 93–103.

Thimm, Caja: Spiel – Gesellschaft – Medien. Perspektiven auf ein vielfältiges Forschungsfeld, in: Thimm, Caja (Hg.): Das Spiel. Muster und Metapher der Mediengesellschaft, Wiesbaden 2010; S. 7–16.

Thimm, Caja / Klement, Sebastian: Spiel oder virtueller Gesellschaftsentwurf? Der Fall Second Life, in: Thimm, Caja (Hg.): Das Spiel. Muster und Metapher der Mediengesellschaft, Wiesbaden 2010; S. 191–213.

Thon, Jan-Noël: Unendliche Weiten? Schauplätze, fiktionale Welten und soziale Räume heutiger Computerspiele, in: Bartels, Klaus / Thon, Jan-Noël (Hgg.): Computer/Spiel/Räume. Materialien zur Einführung in die Computer Game Studies (=Hamburger Hefte zur Medienkultur, 5), Hamburg 2007; S. 29–60.

Thon, Jan-Noël: Game Studies und Narratologie, in: Sachs-Hombach, Klaus / Thon, Jan-Noël (Hgg.): Game Studies. Aktuelle Ansätze der Computerspielforschung, Köln 2015; S. 104–64.

Thon, Jan-Noël: Transmedial Narratology and Contemporary Media Culture, Lincoln 2015.

Thorsen, Thea S. (Hg.): Greek and Roman Games in the Computer Age [= International Conference Greek and Roman Games in the Computer Age, 20./21. 2. 2009, Trondheim] (= Trondheim Studies in Greek and Latin), Trondheim 2012.

Tinius, Jonas: Was für ein Theater! Überlegungen zum Spielraum zwischen ethnografischer Praxis und performativer Kunst, in: Amelang, Katrin (Hg.): Abseitiges. An den Rändern der Kulturanthropologie (=Berliner Blätter. Ethnographische und ethnologische Beiträge, 68), Berlin 2015; S. 30–42.

Totilo, Stephen: Assassin's Creed Syndicate Has Pre-Order Incentives, Of Course, in: *Kotaku* 12.5.2015. Online unter: http://bit.ly/1SnOT08 (Letzter Zugriff: 31.3.2019).

Tørnquist, Ragnar: Ragnar Tørnquist on the Story in the Secret World, in: *The Secret World. Offizielles Blog* 4.4.2011. Online unter *Wayback Machine* via *Archive.org:* http://bit.ly/2iILs7e (Snapshot 7.7.2011, letzter Zugriff: 31.3.2019).

TSW DB: The Animate Clay [=DLC Sidestories: Further Analysis], April 2014. Online unter: http://bit.ly/2p2LlsQ (Letzter Zugriff: 30.3.2019).

Trattner, Kathrin: Religion, Games, and Othering: An Intersectional Approach, in: *gamevironments* 4/2016; S. 24–60. Online unter: http://bit.ly/2oPRmFw (Letzter Zugriff: 30.3.2019).

Trattner, Kathrin: On Enemy Grounds. Representations of Islam and the Arab World in post-9/11 US-American Digital Games. Dissertation, Graz laufend.

Trenter, Cecilia: Interview with the Lead Designer Mike Laidlaw and Lead Writer David Gaider (and Lucas Christiansen) at *BioWare* about the *Dragon Age* Games, in: *gamevironments* 5/2016; S. 264–84. Online unter: http://bit.ly/2jgOsrg (Letzter Zugriff: 30.3.2019).

Trepte, Sabine / Reinecke, Leonard: Medienpsychologie (= Grundriss der Psychologie, 27.), Stuttgart 2013.

Trescak, Tomas / Bogdanovych, Anton / Simoff, Simeon: Personalities, Physiology, Institutions and Genetics. Simulating Ancient Societies with Intelligent Virtual Agents, in: Barceló, Juan A. / Del Castillo, Florencia (Hgg.): Simulating Prehistoric and Ancient Worlds (=Computational Social Sciences), Cham 2016; S. 377–404.

Trier, Michael: War on Terror. Terror, Taktik, Mängel im Detail. Test, in: *Gamestar* 6/2006; S. 60.

Trippe, Rebecca: Virtuelle Gemeinschaften in Online-Rollenspielen. Eine empirische Untersuchung der sozialen Strukturen in MMORPGs (= Game Studies, 1.), Berlin 2009.

Tulloch, Rowan: The Construction of Play. Rules, Restrictions, and the Repressive Hypothesis, in: *Games and Culture*, Nr. 5 9/2014; S. 335–50. Online unter: http://bit.ly/2tjsGeL (Letzter Zugriff: 31.3.2019).

Turkay, Selen / Hoffmann, Daniel / Kinzer, Charles K. / Chantes, Pantiphar / Vicari, Christopher: Toward Understanding the Potential of Games for Learning. Learning Theory, Game Design,

Characteristics, and Situated Video Games in Classrooms, in: *Rethinking History. The Journal of Theory and Practice*, Nr. 2 31/2014. Online unter: http://bit.ly/2frt3Oi (Letzter Zugriff: 31.3.2019).

Unfair.co: The Secret World: Modern Prometheus – The Plastic Surgeon. Ausgabe 1.2 „Tiefer Graben", September 2012. Online unter: http://bit.ly/2pAqsBE (Letzter Zugriff: 30.3.2019).

Valtin, Georg: Warcraft 3: Frozen Throne. Test, in: *Gamestar* 8/2003; S. 84–88.

Valtin, Georg: Eve Online. Geld regiert das All, in: *Gamestar* 9/2003; S. 97.

Valtin, Georg: World of Warcraft. Das Abenteuer hat begonnen. Preview, in: *Gamestar* 5/2004; S. 18–23.

Vávra, Daniel: AAA as an Indie. Kingdom Come: Deliverance, in: *Making Games Magazin. Magazin für Spiele-Entwicklung und Business-Development* 3/2014; S. 12–17.

Veale, Kevin: Affect, Responsibility, and How Modes of Engagement Shape the Experience of Videogames, in: *Transactions of the Digital Games Research Association (ToDiGRA)*, Nr. 1 2/2015; S. 129–63. Online unter: http://bit.ly/2j4gn0 t (Letzter Zugriff: 31.3.2019).

Veerapen, Maeva: Where do Virtual Worlds Come From? A Genealogy of Second Life, in: *Games and Culture*, Nr. 2 8/2013; S. 98–116. Online unter: http://bit.ly/2icsmcA (Letzter Zugriff: 31.3.2019).

Vella, Daniel: A Structural Model for Player-Characters as Semiotic Constructs, in: *Transactions of the Digital Games Research Association (ToDiGRA)*, Nr. 2 2/2016; S. 79–121. Online unter: http://bit.ly/2hNNQKQ (Letzter Zugriff: 31.3.2019)

Venus, Jochen: Erlebtes Handeln in Computerspielen, in: GamesCoop (Hg.): Theorien des Computerspiels (=Zur Einführung, 391), Hamburg 2012; S. 104–27.

Verheyen, Nina: Geschichte der Gefühle, in: *Docupedia-Zeitgeschichte. Begriffe, Methoden und Debatten der zeithistorischen Forschung* 18.6.2010. Online unter: http://bit.ly/2toawbf (Letzter Zugriff: 31.3.2019).

VGChartz: Yearly Hardware Comparisons – Global, 2004–2017. Online unter: http://bit.ly/2s6on2k (Letzter Zugriff: 29.3.2019).

VGSales Wiki: Video Games Industry. Online unter: http://bit.ly/1rjl2nN (Letzter Zugriff: 29.3.2019).

VGSales Wiki: US Video Game Market Revenue 1973–2013. Online unter: http://bit.ly/1qDy5Tw (Letzter Zugriff: 29.3.2019).

Voorhees, Gerald / Call, Josh / Whitlock, Katie (Hg.): Dungeons, Dragons, and Digital Denizens. The Digital Role-Playing Game (= Approaches to Digital Game Studies, 1.), New York 2012.

Voretzsch, Oskar H.: Authentifizierung und Geschichtsvermittlung im Film Der Soldat James Ryan und in der Spieleserie Brothers in Arms. Vergleichende Analyse der Inszenierungsmittel in Kriegsfilm und Kriegsspiel, in: Appel, Daniel / Huberts, Christian / Raupach, Tim / Standke, Sebastian (Hg.): Welt|Kriegs|Shooter. Computerspiele als realistische Erinnerungsmedien? (=Game Studies), Boizenburg 2012; S. 104–33.

Vorstand und Ausschuss des Verbandes der Historiker und Historikerinnen Deutschlands (VHD) / Vorstand der Gesellschaft für Medienwissenschaft: Rechtsgutachten sieht Forschung und Lehre durch bestehendes Urheberrecht gefährdet. Fachverbände fordern allgemeine Wissenschaftsschranke, Frankfurt a. M. / Marburg 2015. Online unter: http://bit.ly/1RImhOr (Letzter Zugriff: 31.3.2019).

Vowinckel, Anette: Past Futures. From Re-enactment to the Simulation of History in Computer Games, in: *Historical Social Research* 34/2009; S. 322–32. Online unter: http://bit.ly/2 g5 V7W4 (Letzter Zugriff: 29.3.2019).

Vowinckel, Anette: Peacemaker. Die Lösung des Nahostkonflikts zwischen Experiment und Simulation, in: Schwarz, Angela (Hg.): „Wollten Sie auch immer schon einmal pestverseuchte Kühe auf Ihre Gegner werfen?" Eine fachwissenschaftliche Annäherung an Geschichte im Computerspiel (=Medien'Welten, 13) 2. erw. Aufl., Münster 2012; S. 163–84.

Völkel, Bärbel: Wie kann man Geschichte lehren? Die Bedeutung des Konstruktivismus für die Geschichtsdidaktik (als Diss. u. d. Titel „Konstruktivismus und Geschichtsdidaktik") (= Forum Historisches Lernen: Wochenschau Geschichte) 2. unveränd. Aufl. (=Berlin, Techn. Univ., Diss., 2001), Schwalbach 2010.

Wackerfuss, Andrew: „This Game of Sudden Death". Simulating Air Combat of the First World War, in: Kapell, Matthew W. / Elliott, Andrew B. R. (Hgg.): Playing With the Past. Digital Games and the Simulation of History, London 2013; S. 233–46.

Wagner, Michael G. / Gabriel, Sonja: Game-Based Learning. Computerspiele im Geschichtsunterricht, in: Bernsen, Daniel / Kerber, Ulf (Hgg.): Praxishandbuch Historisches Lernen und Medienbildung im digitalen Zeitalter, Berlin 2017; S. 3375–46.

Walker, John: My Memory of Us is a Holocaust Story with Robots and Hmmm, in: *Rock Paper Shotgun* 19. 2. 2017. Online unter: http://bit.ly/2mcd5Wz (Letzter Zugriff: 30. 3. 2019).

Walker, John: Free and Easy. Secret World Legends Impressions, in: *Rock Paper Shotgun* 4. 7. 2017. Online unter: http://bit.ly/2iIXXDy (Letzter Zugriff: 31. 3. 2019).

Walter, Frank E.: Chivalry: Medieval Warfare. Test, in: *eurogamer.de* 29. 10. 2012. Online unter: http://bit.ly/2o22cZC (Letzter Zugriff: 30. 3. 2019).

Wardrip-Fruin, Noah / Harrigan, Pat (Hg.): First Person. New Media as Story, Performance, and Game, Cambridge 2004.

Wardrip-Fruin, Noah / Harrigan, Pat (Hg.): Second Person. Role-Playing and Story in Games and Playable Media, Cambridge, Mass 2007.

Waring, Paul: Representation of Ancient Warfare in Modern Video Games. Univ. Diss, Manchester 2007. Online unter: http://bit.ly/2hfkTof (Letzter Zugriff: 30. 3. 2019).

Webber, Nick: Technophilia and Technophobia in Online Medieval Fantasy Games, in: Kline, Daniel T. (Hg.): Digital Gaming Re-Imagines the Middle Ages (=Routledge Studies in New Media and Cyberculture, 15), Hoboken 2013; S. 214–26.

Weber, Marc: Exhibiting the Online World. A Case Study, in: Tatnall, Arthur / Blyth, Tilly / Johnson, Roger (Hgg.): Making the History of Computing Relevant. IFIP WG 9.7 International Conference on the History of Computing, HC 2013, London, 17th-18th June 2013. Revised Selected Papers (=IFIP Advances in Information and Communication Technology, 416), Berlin 2013; S. 3–24.

Weber, Maurice: Papers, Please. Test, in: *Gamestar* 11/2013; S. 92–93.

Weber, Maurice: Ein neuer DLC-Massstab. The Witcher 3: Hearts of Stone, in: *Gamestar* 10/2015; S. 20–27.

Weber, Maurice: Das Witcher-Kronjuwel. The Witcher 3: Blood and Wine, in: *Gamestar* 6/2016; S. 62–67.

Weber, Maurice: 150 Runden Spass. Civilization 6, in: *Gamestar* 9/2016; S. 32–35.

Weber, Maurice: König der Rollenspiele. The Witcher 3: Game of the Year Edition, in: *Gamestar* 10/2016; S. 62–63.

Weber, Maurice: Wer Mittelalter will, muss leiden. Beta-Ersteindruck. Life is Feudal: MMO Preview, in: *gamestar.de* 4. 5. 2017. Online unter: http://bit.ly/2q0jSEU (Letzter Zugriff: 31. 3. 2019).

Weber, Max: Die protestantische Ethik und der „Geist" des Kapitalismus. Herausgegeben und eingeleitet von Klaus Lichtblau und Johannes Weiß (= Klassiker der Sozialwissenschaften), Wiesbaden 2016 [=Neuausgabe 1904 mit Veränd. 1920].

Weber, Rachel: FunCom CEO steps down as Scret World launches. Trond Arne Aas wanted a „freer role" as chief strategy officer, in: *gamesindustry.biz* 3. 7. 2012. Online unter: http://bit.ly/2zAKlR2 (Letzter Zugriff: 31. 3. 2019).

Wechselberger, Ulrich: Einige theoretische Überlegungen über das pädagogische Potential digitaler Lernspiele, in: Bevc, Tobias/Zapf, Holger (Hgg.): Wie wir spielen, was wir werden. Computerspiele in unserer Gesellschaft, Konstanz 2009; S. 95–112.

Wehen, Britta: Geschichtsvideos im Netz, in: Bernsen, Daniel / Kerber, Ulf (Hgg.): Praxishandbuch Historisches Lernen und Medienbildung im digitalen Zeitalter, Berlin 2017; S. 237–48.

Weis, Martin I.: Assassin's Creed and the Fantasy of Repetition, in: Winnerling, Tobias / Kerschbaumer, Florian (Hgg.): Early Modernity and Video Games, Newcastle upon Tyne 2014; S. 201–11.

Weis, Martin I.: The Ahistorical in the Historical Video Game, in: Kerschbaumer, Florian / Winnerling, Tobias (Hgg.): Frühe Neuzeit im Videospiel. Geschichtswissenschaftliche Perspektiven (=Histoire, 50), Bielefeld 2014; S. 117–26.

Weisl, Angela J. / Stevens, Kevin J.: The Middle Ages in the Depths of Hell. Pedagogical Possibility and the Past in Dante's Inferno, in: Kline, Daniel T. (Hg.): Digital Gaming Re-Imagines the Middle Ages (=Routledge Studies in New Media and Cyberculture, 15), Hoboken 2013; S. 175–86.

Weiss, Brett: Classic Home Video Games. 1972–1984. A Complete Reference Guide. Repr., Jefferson 2012.

Weiss, Brett / Kunkel, Bill: Classic Home Video Games. 1985–1988. A Complete Reference Guide. Repr., Jefferson 2012.

Weiss, Stefan: Kingdom Come: Deliverance – Interview Special. Teil 1 – Von Ketzern, Sex und Entwicklersorgen, in: *PC Games* 14.4.2015. Online unter: http://bit.ly/29Yv1xW (Letzter Zugriff: 29.3.2019).

Weiß, Alexander: Computerspiele als Aufbewahrungsform des Politischen. Politische Theorie in Age of Empires und Civilization, in: Bevc, Tobias (Hg.): Computerspiele und Politik. Zur Konstruktion von Politik und Gesellschaft in Computerspielen (=Studien zur visuellen Politik, 5), Berlin 2007; S. 77–98.

Weiß, Alexander: Ludologie, Arguing im Spiel und die Spieler-Avatar-Differenz als Allegorie auf die Postmoderne, in: Bevc, Tobias / Zapf, Holger (Hgg.): Wie wir spielen, was wir werden. Computerspiele in unserer Gesellschaft, Konstanz 2009; S. 49–64.

Wells, Matthew: Deliberate Constructions of the Mind. Simulation Games as Fictional Models, in: *Games and Culture*, Nr. 5 11/2016; S. 528–47. Online unter: http://bit.ly/2tNADnX (Letzter Zugriff: 31.3.2019).

Welsh, Timothy J. / Sebastian, John T.: Shades of Dante. Virtual Bodies in Dante's Inferno, in: Kline, Daniel T. (Hg.): Digital Gaming Re-Imagines the Middle Ages (=Routledge Studies in New Media and Cyberculture, 15), Hoboken 2013; S. 162–74.

Welzer, Harald: Das kommunikative Gedächtnis. Eine Theorie der Erinnerung (= Beck'sche Reihe, 1669.), 3. Aufl., München 2008.

Wesener, Stefan: Geschichte in Bildschirmspielen. Bildschirmspiele mit historischem Inhalt, in: Bevc, Tobias (Hg.): Computerspiele und Politik. Zur Konstruktion von Politik und Gesellschaft in Computerspielen (=Studien zur visuellen Politik, 5), Berlin 2007; S. 141–64.

Werbetexte Anno 1404 via Amazon. Online unter: http://amzn.to/2994oHm (Letzter Zugriff: 29.3.2019).

Werbetexte Battlefield 1 via Amazon. Online unter: http://amzn.to/28S7SjT (Letzter Zugriff: 29.3.2019).

Werbetext Black Flag via Amazon. Online unter: http://amzn.to/28PYjjp (Letzter Zugriff: 29.3.2019).

Werbetext Rome 2 via Amazon, online unter: http://amzn.to/28R2sYd (Letzter Zugriff: 29.3.2019).

Werbetexte Train Fever via Amazon. Online unter: http://amzn.to/28O0NP0 (Letzter Zugriff: 29.3.2019).

White, Hayden V.: Metahistory. Die historische Einbildungskraft im 19. Jahrhundert in Europa. Aus dem Amerikanischen von Peter Kohlhaas (= Fischer Taschenbücher, 18020.) 2. Aufl., ungek. Lizenzausgabe, Frankfurt a. M. 2015.

White, William J.: The Right to Dream of the Middle Ages. Simulating the Medieval in Tabletop RPGs, in: Kline, Daniel T. (Hg.): Digital Gaming Re-Imagines the Middle Ages (=Routledge Studies in New Media and Cyberculture, 15), Hoboken 2013; S. 15–28.

Widra, Thomas: Auf dem Weg zu wahrer „agency", in: Mosel, Michael (Hg.): Gefangen im Flow? Ästhetik und dispositive Strukturen von Computerspielen, Boizenburg 2009; S. 29–60.

Wiemer, Serjoscha: Das geöffnete Intervall. Medientheorie und Ästhetik des Videospiels (=Univ. Diss, Bochum 2011), Paderborn 2014.

Wikipedia: Eintrag „Video Game". Online unter: https://en.wikipedia.org/wiki/Video_game (Letzter Zugriff: 30.3.2019).

Wilhelm, Claudia: Game Studies und Geschlechterforschung, in: Sachs-Hombach, Klaus / Thon, Jan-Noël (Hgg.): Game Studies. Aktuelle Ansätze der Computerspielforschung, Köln 2015; S. 316–40.

Wilkins, Kim: „Awesome Cleavage". The Genred Body in World of Warcraft, in: Kline, Daniel T. (Hg.): Digital Gaming Re-Imagines the Middle Ages (=Routledge Studies in New Media and Cyberculture, 15), Hoboken 2013; S. 119–30.

Williams, Dmitri / Kennedy, Tracy L. M. / Moore, Robert J.: Behind the Avatars. The Patterns, Practices, and Functions of Role Playing in MMOs, in: *Games and Culture*, Nr. 2 6/2011; S. 171–200. Online unter: http://bit.ly/2w1dvl4 (Letzter Zugriff: 31.3.2019).

Williams, Dmitri / Yee, Nick / Ducheneaut, Nicolas / Xiong, Li / Nickell, Eric: From Tree House to Barracks. The Social Life of Guilds in World of Warcraft, in: *Games and Culture*, Nr. 4 1/2006; S. 338–61. Online unter: http://bit.ly/2fC2HJL (Letzter Zugriff: 31.3.2019).

Williams, Dmitri / Yee, Nick / Caplan, Scott: Who Plays, How Much, And Why? Debunking the Stereotypical Gamer Profile, in: *Journal of Computer-Mediated Communication* 13/2008; S. 993–1018.

Williams, Dmitri / Yee, Nick / Caplan, Scott / Consalvo, Mia: Looking for Gender. Gender Roles and Behaviours Among Online Gamers, in: *Journal of Communication* 59/2009; S. 700–25.

Willner, Sarah / Koch, Georg / Samida, Stefanie (Hg.): Doing History. Performative Praktiken in der Geschichtskultur (= Edition Historische Kulturwissenschaften, 1.), Münster 2016.

Wiltshire, Alex: Britsoft. An Oral History, London 2015.

Wimmer, Jeffrey / Quandt, Thorsten / Vogel, Kristin: The Edge of Virtual Communities? An Explorative Analysis of Clans and Computer Games, in: Klimmt, Christoph / Mitgutsch, Konstantin / Rosenstingl, Herbert (Hgg.): Exploring the Edges of Gaming. Proceedings of the Vienna Games Conference 2008–2009: Future and Reality of Gaming, Wien 2010; S. 77–90.

Winnerling, Tobias: The Eternal Recurrence of All Bits. How Historicizing Video Game Series Transform Factual History into Affective History, in: *Eludamos. Journal for Computer Game Culture*, Nr. 1 8/2014; S. 151–70. Online unter: http://bit.ly/22Hlkgr (Letzter Zugriff: 30.3.2019).

Winnerling, Tobias: Nobody Cares about Negotiations, in: *The Ontological Geek* 30.1.2017. Online unter: http://bit.ly/2kzV9HK (Letzter Zugriff: 29.3.2019).

Winnerling, Tobias: [Wenn die Aussage lautet:] Spielerisch Geschichte lernen? [bezieht sich das worauf?], in: *Medien Pädagogik. Zeitschrift für Theorie und Praxis der Medienbildung*, Nr. 28 22.2.2017; S. 19–27.

Winnerling, Tobias: Selbstversuch: Wenn zwei Historiker ein Spiel machen..., in: *gespielt. Blog des Arbeitskreises Geschichtswissenschaft und Digitale Spiele (AKGWDS)* 27.2.2017. Online unter: http://bit.ly/2mFTU7Q (Letzter Zugriff: 31.3.2019).

Winnerling, Tobias / Kerschbaumer, Florian (Hg.): Early Modernity and Video Games, Newcastle upon Tyne 2014.

Wirth, Uwe (Hg.): Rahmenbrüche, Rahmenwechsel (= Wege der Kulturforschung, 4.), Berlin 2013.

Wirth, Uwe (Hg.): Performanz. Zwischen Sprachphilosophie und Kulturwissenschaft (= Suhrkamp Taschenbuch Wissenschaft, 1575.) 6. Aufl., Frankfurt 2015.

Witte, Christian / Beyer-Fistrich, Maria: Dark Age of Camelot wird 15. Ein Rückblick auf das große PvP-MMORPG, in: *buffed.de* 5.2.2017. Online unter: http://bit.ly/2oFLAKj (Letzter Zugriff: 31.3.2019).

Wolf, Peter: Freibeuter der Chronologie. Geschichtsbilder des Historismus im Computerspiel „Der Patrizier", in: *Geschichte in Wissenschaft und Unterricht* 44/1993; S. 665–70.

Wolf, Peter: Der Traum von der Zeitreise. Spielerische Simulationen von Vergangenheit mit Hilfe des Computers, in: *Geschichte in Wissenschaft und Unterricht*, 47/1996; S. 535–47.

Wolf, Mark J. P.: Genre and the Video Game, in: Wolf, Mark J. P (Hg.): The Medium of the Video Game, Austin 2001; S. 113–34.

Wolf, Mark J. P (Hg.): Encyclopedia of Video Games. The Culture, Technology, and Art of Gaming. Bde.: A-L, M-Z, Santa Barbara 2012.

Wolf, Mark J. P. (Hg.): Video Games Around the World. With A Foreword by Toru Iwatani, Cambridge 2015.

Wolf, Mark J. P. / Perron, Bernard (Hg.): The Video Game Theory Reader [1], New York 2003.

Wolf, Mark J. P. / Perron, Bernard (Hg.): The Video Game Theory Reader 2, New York 2009.

Wolters, Olaf: Elektronische Spiele. Wachstumsmarkt mit großer Wertschöpfung, in: Picot, Arnold / Zahedani, Said / Ziemer, Albrecht (Hg.): Spielend die Zukunft gewinnen. Wachstumsmarkt Elektronische Spiele, Berlin 2008; S. 25–36.

Wottge, Marco: Der Einsatz von Computerspielen im Geschichtsunterricht am Beispiel von „Caesar III", in: *Geschichte in Wissenschaft und Unterricht*, Nr. 7/8 62/2011; S. 469–77.

Wulf, Christoph: Bilder des Menschen. Imaginäre und performative Grundlagen der Kultur (= Edition Kulturwissenschaft, 61.), Bielefeld 2014.

Wüstefeld, Jens: Computerspielpolitik – zwischen Kontrolle und Förderung, in: Bevc, Tobias / Zapf, Holger (Hgg.): Wie wir spielen, was wir werden. Computerspiele in unserer Gesellschaft, Konstanz 2009; S. 209–26.

Yee, Nick: The Labor of Fun. How Video Games Blur the Boundaries of Work and Play, in: *Games and Culture*, Nr. 1 1/2006; S. 68–71.

Yee, Nick: The Demographics, Motivations and Derived Experiences of Users of Massively-Multiplayer Online Graphical Environments, in: *PRESENCE – Teleoperators and Virtual Environments* 15/2006; S. 309–29.

Yee, Nick: The Psychology of Massively Multi-User Online Role-Playing Games. Motivations, Emotional Investment, Relationships and Problematic Usage, in: Schroeder, Ralph/Axelsson, Ann-Sofie (Hgg.): Avatars at Work and Play. Collaboration and Interaction in Shared Virtual Environments (=Computer Supported Cooperative Work, 34), Dordrecht 2006; S. 187–207.

Yee, Nick: Motivations of Play in Online Games, in: *CyberPsychology & Behavior*, Nr. 6 9/2006; S. 772–75.

Yee, Nick: The Proteus Effect. Behavioral Modification via Transformations of Digital Self-Representation. Univ. Diss., Stanford 2007.

Yee, Nick: The Proteus Paradox. How Online Games and Virtual Worlds Change Us – And How They Don't, Yale 2014.

Yee, Nick: Beyond 50/50: Breaking Down The Percentage of Female Gamers by Genre, in: *Quantic Foundry* 19.1.2017. Online unter: http://bit.ly/2vzAK7r (Letzter Zugriff: 31.3.2019).

Yee, Nick / Bailenson, Jeremy N. / Urbanek, Mark / Chang, Francis / Merget, Dan: The Unbearable Likeness of Being Digital. The Persistence of Nonverbal Social Norms in Online Virtual Environments, in: *CyberPsychology and Behavior*, Nr. 1 10/2007; S. 115–21.

Yee, Nick / Ducheneaut, Nicolas / Nelson, Les / Likarish, Peter: Introverted Elves and Conscentious Gnomes. The Expression of Personality in World of Warcraft (= CHI Papers), [Vancouver] 2011.

Yee, Nick / Ducheneaut, Nicolas / Nickell, Eric / Moore, Robert J.: Building an MMO with Mass Appeal. A Look at Gameplay in World of Warcraft, in: *Games and Culture*, Nr. 4 1/2006; S. 281–317. Online unter: http://bit.ly/2hxe2et (Letzter Zugriff: 31.3.2019).

Zackariasson, Peter / Wilson, Timothy L. (Hg.): The Video Game Industry. Formation, Present State, and Future (= RIOT – Routledge Studies in Innovation, Organization and Technology, 24.), New York 2012.

Zainzinger, Vanessa: Saving the Game. Why Preserving Video Games Is Illegal, in: *The Next Web. Insider* 22.4.2012. Online unter: http://tnw.to/1E7zq (Letzter Zugriff: 31.3.2019).

Zapp, Andrea: Imaginary Spaces. User Participation in Networked Narrative Environments, in: Lyons, James / Plunkett, John (Hgg.): Multimedia Histories. From the Magic Lantern to the Internet (=Exeter Studies in Film History), Exeter 2007; S. 163–76.

Zelada, Sebastian: Status Quo Spieleindustrie?, in: *Making Games Magazin. Magazin für Spiele-Entwicklung und Business-Development* 01–02/2017; S. 56–59.

Zeiler, Xenia: The Indian Indie Game Development Scene. History and Cultural Heritage as Game Themes, in: *gamevironments* 5/2016; S. 258–63. Online unter: http://bit.ly/2jrsmoi (Letzter Zugriff: 29.3.2019).

Zimmermann, Felix: Wandeln zwischen den Welten. Verkleidung als Akt der Befreiung in Assassin's Creed Liberation, in: *gespielt. Blog des Arbeitskreises Geschichtswissenschaft und Digitale Spiele (AKGWDS)* 21.10.2016. Online unter: http://bit.ly/2e3bizc (Letzter Zugriff: 29.3.2019).

Zimmermann, Felix: Wandering between Worlds. Disguise as an Act of Liberation in Assassin's Creed: Liberation, in: *The Ontological Geek* 12.1.2017. Online unter: http://bit.ly/2kzOv4e (Letzter Zugriff: 29.3.2019).

Zimmermann, Felix: „Vom rechten Bild des Mittelalters". Stimmen aus dem AKGWDS zur Nominierung von „Kingdom Come: Deliverance" für den Deutschen Computerspielpreis 2019, in: *gespielt. Blog des Arbeitskreises Geschichtswissenschaft und Digitale Spiele (AKGWDS)* 11.3.2019. Online unter: http://bit.ly/2FEYFtr (Letzter Zugriff: 30.03.2019).

Zurschmitten, Christof: Die Zone als Ort der Erinnerung und des freien Sprechens? S.T.A.L.K.E.R. – Shadow of Chernobyl: Der Versuch eines Computerspiels als Erinnerungsmedium, in: Appel, Daniel / Huberts, Christian / Raupach, Tim / Standke, Sebastian (Hgg.): Welt|Kriegs|Shooter. Computerspiele als realistische Erinnerungsmedien? (=Game Studies), Boizenburg 2012; S. 160–83.

Zusag, Martin: Digitale Spiele in der Geschichtswissenschaft. Betrachtungen zum Quellenwert und zu den methodischen Grundlagen ihrer wissenschaftlichen Analyse. Diplomarbeit, Wien 2013. Online unter: http://bit.ly/2fEEwbM (Letzter Zugriff: 29.3.2019).

Zwischenberger, Anton: Epochengrenzen in Videospielen. Age of Empires III und Europa Universalis III, in: Kerschbaumer, Florian / Winnerling, Tobias (Hgg.): Frühe Neuzeit im Videospiel. Geschichtswissenschaftliche Perspektiven (=Histoire, 50), Bielefeld 2014; S. 257–67.

Geschäftsberichte

FunCom: Investor Relations. Financial Reports, 2006 ff. Online unter: http://bit.ly/2yhOx9e (Letzter Zugriff: 31.3.2019).

FunCom: Annual Report 2006, Oslo 2007.

FunCom: Annual Report 2007, Oslo 2008.

FunCom: Annual Report 2008, Oslo 2009.

FunCom: Annual Report 2009, Oslo 2010.

FunCom: Annual Report 2010, Oslo 2011.

FunCom: Annual Report 2011, Oslo 2012.

FunCom: Second Quarter Financial Report 2012, 28.8.2012. Online unter: http://bit.ly/2zwlZG2 (Letzter Zugriff: 31.3.2019).

FunCom: Investor Relations. The Secret World – Update, 10.8.2012. Online in *Wayback Machine via Archive.org* unter: http://bit.ly/2zBpU6z (Snapshot: 12.8.2012; Letzter Zugriff aufs Original: 31.3.2019).

FunCom: Investor Relations. Funcom reduces operational costs following 'The Secret World' launch, 10.8.2012. Online in *Wayback Machine via Archive.org* unter: http://bit.ly/2zwlvSX (Snapshot: 2.9.2012; Letzter Zugriff auf Original: 31.3.2019).
FunCom: Investor Relations. FunCom Removes Subscription Requirement For ‚The Secret World', 12.12.2012. Online via *Wayback Machine* von *Archive.org* unter: http://bit.ly/2mfZfHs (Snapshot 17.3.2013; Letzter Zugriff auf Original: 31.3.2019).
FunCom: Annual Report 2012, Oslo 2013.
FunCom: Annual Report 2013, Oslo 2014.
FunCom: Annual Report 2015, Oslo 2016.
FunCom: 2016 Third Quarter Financial Report, 2.11.2016. Online unter: http://bit.ly/2zT9IKy (Letzter Zugriff: 31.12.2017).
FunCom: Annual Report 2016, Oslo 2017.
FunCom: 2017 Second Quarter Financial Report, 31.8.2017; S. 1. Online unter: http://bit.ly/2zOTfH2 (Letzter Zugriff: 31.3.2019).

Quellen aus Foren

Aela: Movies you should watch while playing TSW! Thread, in: *The Secret World Forum. English Forum* 5.8.2012. Online unter: http://bit.ly/2E3TIJa (Letzter Zugriff: 31.3.2019).
Aequitas8196: Templars and the Grail. Thread, in: *The Secret World Forum. English Forum* 8.1.2012. Online unter: http://bit.ly/2Gdcsqk (Letzter Zugriff: 31.3.2019).
aero916: anyone else feel this way? Thread, in: *The Secret World Forum. English Forum* 21.7.2009. Online unter: http://bit.ly/2FdXMpO (Letzter Zugriff: 31.3.2019).
Albaster: Das abendfüllende Kneipengespräch. Thread, in: *The Secret World Forum. Deutsches Forum* 28.1.2014. Online unter: http://bit.ly/2n2LLw3 (Letzter Zugriff: 31.3.2019).
Albaster: Die Übertragung: Paranormale Kurzwelle und die Radiosendungen, in: *The Secret World Forum. Deutsches Forum* 9.11.2014. Online unter: http://bit.ly/2C7BLf9 (Letzter Zugriff: 31.3.2019).
Albaster: Dinosaurier in TSW, in: *The Secret World Forum. Deutsches Forum* 9.4.2014. Online unter: http://bit.ly/2y8tzEE (Letzter Zugriff: 31.3.2019).
AlexanderG: New arg! Thread, in: *The Secret World Forum. English Forum* 29.5.2012. Online unter: http://bit.ly/2FkIgIB (Letzter Zugriff: 31.3.2019).
Andiamo: British Influence within The Secret World. Thread, in: *The Secret World Forum. English Forum* 26.8.2011. Online unter: http://bit.ly/2rCfscX (Letzter Zugriff: 31.3.2019).
AngeHell: True meaning of Societies. Thread, in: *The Secret World Forum. English Forum* 7.9.2009. Online unter: http://bit.ly/2Brhjk7 (Letzter Zugriff: 31.3.2019).
Ani Taneen: Templar Pre-Classical History. Thread, in: *The Secret World Forum. English Forum* 3.2.2014. Online unter: http://bit.ly/2naPKqc (Letzter Zugriff: 31.3.2019).
Anzer'ke: Bermuda Triangle. Thread, in: *The Secret World Forum. English Forum* 1.6.2009. Online unter: http://bit.ly/2F2R9Xh (Letzter Zugriff: 31.3.2019).
aQiss: The Phoenix rises. Thread, in: *The Secret World Forum. English Forum* 28.8.2011. Online unter: http://bit.ly/2n7cOWN (Letzter Zugriff: 31.3.2019).
Arghus: I need your help… Thread, in: *The Secret World Forum. English Forum* 9.5.2011. Online unter: http://bit.ly/2ndNPBj (Letzter Zugriff: 31.3.2019)
Ariensky Crowley: Help us find the Ultor temple. Thread, in: *The Secret World Forum. English Forum* 10.7.2012. Online unter: http://bit.ly/2DD76Xg (Letzter Zugriff: 31.3.2019).
Axel Denar: The Seal of Solomon and Pentacle of the Moon. Thread, in: *The Secret World Forum. English Forum* 20.2.2010. Online unter: http://bit.ly/2F7Oyx3 (Letzter Zugriff: 31.3.2019).

Axle: What truly keeps YOU playing a game longer than the first free month or so? Thread, in: *The Secret World Forum. English Forum* 5.6.2012. Online unter: http://bit.ly/2nbKTVV (Letzter Zugriff: 31.3.2019).

Azagthor: Tokyo Billboard Translation Project. Thread, in: *The Secret World Forum. English Forum* 24.6.2014. Online unter: http://bit.ly/2E3B58r (Letzter Zugriff: 31.3.2019).

BerserkNurple: Native American Stuff? Thread, in: *The Secret World Forum. English Forum* 18.9.2009. Online unter: http://bit.ly/2GfmxDu (Letzter Zugriff: 31.3.2019).

Boggart: British Egyptian gods, british Romanian spirits. Thread, in: *The Secret World Forum. English Forum* 17.7.2012. Online unter: http://bit.ly/2rEWQcf (Letzter Zugriff: 31.3.2019).

boxcar: Easter egg. Thread, in: *The Secret World Forum. English Forum* 9.7.2012. Online unter: http://bit.ly/2DD20uH (Letzter Zugriff: 31.3.2019).

Bylos, Joël / Tarib: Zukünftige Sprachaufnahmen in Deutsch, in: *The Secret World Forum. Deutsches Forum* 8.3.2013. Online unter: http://bit.ly/2ATmpa2 (Letzter Zugriff: 31.3.2019).

caabal78: Solom Island's book... in The Park. Thread, in: *The Secret World Forum. English Forum* 20.11.2015. Online unter: http://bit.ly/2F8PGyG (Letzter Zugriff: 31.3.2019).

Cabals. The Secret World Forums. English Forum, o. J. Online unter: http://bit.ly/2stfgtc (Letzter Zugriff: 31.3.2019).

Cadwin: A Reading List for TSW. Thread, in: *The Secret World Forum. English Forum* 7.7.2013. Online unter: http://bit.ly/2E5E2Wa (Letzter Zugriff: 31.3.2019).

Callisti: TV series related to The Secret World, in: *The Secret World Forum. English Forum* 24.10.2009. Online unter: http://bit.ly/2E70D4E (Letzter Zugriff: 31.3.2019).

Cedan: Parallelen zu Dreamfall. Thread, in: *The Secret World Forum. Deutsches Forum* 16.7.2012. Online unter: http://bit.ly/2DDmIqe (Letzter Zugriff: 31.3.2019).

Cercei: What areas of the world would you like to see next in TSW? Thread, in: *The Secret World Forum. English Forum* 27.6.2014. Online unter: http://bit.ly/2F7NnMh (Letzter Zugriff: 31.3.2019).

Clavain: The Dragon Symbol. Thread, in: *The Secret World Forum. English Forum* 12.9.2011. Online unter: http://bit.ly/2GeP5wH (Letzter Zugriff: 31.3.2019).

Contranoctis: Fvza. Thread, in: *The Secret World Forum. English Forum* 23.11.2009. Online unter: http://bit.ly/2EbCbyN (Letzter Zugriff: 31.3.2019).

crazyhorse: FUNCOM – Why not go deeper on real conspiracies? Thread, in: *The Secret World Forum. English Forum* 14.9.2012. Online unter: http://bit.ly/2DE8euu (Letzter Zugriff: 31.3.2019).

DarkMoonrise: Brauche ein übersetzer. Thread, in: *The Secret World Forum. Deutsches Forum* 5.10.2015. Online unter: http://bit.ly/2DzAoqt (Letzter Zugriff: 31.3.2019).

Denholm: Bees. Bees. Bees. Bees. Thread, in: *The Secret World Forum. English Forum* 27.6.2012. Online unter: http://bit.ly/2n9xEFT (Letzter Zugriff: 31.3.2019).

dersumser: Welche Region soll als nächstes kommen? Eure Vorschläge. Thread, in: *The Secret World Forum. Deutsches Forum* 18.7.2012. Online unter: http://bit.ly/2G5wSSl (Letzter Zugriff: 31.3.2019).

dpeters911: What should the next content zone be? Thread, in: *The Secret World Forum. English Forum* 10.7.2012. Online unter: http://bit.ly/2DujoxG (Letzter Zugriff: 31.3.2019).

Dredi: The Factions Throughout History. Thread, in: *The Secret World Forum. English Forum* 5.11.2009. Online unter: http://bit.ly/2DGEP2w (Letzter Zugriff: 31.3.2019).

Dubsguy: Small details of lore that you like please. Thread, in: *The Secret World Forum. English Forum* 29.1.2013. Online unter: http://bit.ly/2E4HQXr (Letzter Zugriff: 31.3.2019).

Eirulan: Achievements/Lore – was bringt's?! Thread, in: *The Secret World Forum. English Forum* 18.5.2012. Online unter: http://bit.ly/2Ff5FLH (Letzter Zugriff: 31.3.2019).

Emberlain: Your favourite conspiracy? Thread, in: *The Secret World Forum. English Forum* 14.4.2011. Online unter: http://bit.ly/2DuH2dn (Letzter Zugriff: 31.3.2019).

empirej: Eintrag #59. Issue 9: The Black Signal (update 1.9) – Consolidated Feedback / Discussion thread, in: *The Secret World Forum. English Forum* 14.06.05. Online unter: http://bit.ly/2AGkMMG (Letzter Zugriff: 31.3.2019).

Focused: „The end of the World?!" Dec 21 or 23 2012 explained. Thread, in: *The Secret World Forum. English Forum* 19.10.2009. Online unter: http://bit.ly/2E0ILbB (Letzter Zugriff: 31.3.2019).

FRB: How should magic differ from technolgy? Thread, in: *The Secret World Forum. English Forum* 29.10.2009. Online unter: http://bit.ly/2naIkUL (Letzter Zugriff: 31.3.2019).

gadreel23: Supernaturality. Thread, in: *The Secret World Forum. English Forum* 6.4.2008. Online unter: http://bit.ly/2n3FAIN (Letzter Zugriff: 31.3.2019).

Gamegamer0: What areas/myths do YOU want to see in TSW? Thread, in: *The Secret World Forum. English Forum* 16.2.2012. Online unter: http://bit.ly/2rwby59 (Letzter Zugriff: 31.3.2019).

Gathor: Illuminati – we are good people. Thread, in: *The Secret World Forum. English Forum* 21.4.2011. Online unter: http://bit.ly/2DzX1uN (Letzter Zugriff: 31.3.2019).

Ginny: Sex, Drugs & Rockefeller (Der Illuminaten Thread) Thread, in: *The Secret World Forum. Deutsches Forum* 9.7.2012. Online unter: http://bit.ly/2Bqv171 (Letzter Zugriff: 31.3.2019).

Grayn: Can a game go too far? Thread, in: *The Secret World Forum. English Forum* 11.4.2009. Online unter: http://bit.ly/2rxspVa (Letzter Zugriff: 31.3.2019).

Grieva86: tempplars seem like good guys. Thread, in: *The Secret World Forum. English Forum* 10.7.2011. Online unter: http://bit.ly/2E6zdfb (Letzter Zugriff: 31.3.2019).

Grue: Emergency in Kingsmouth. Thread, in: *The Secret World Forum. English Forum* 26.11.2010. Online unter: http://bit.ly/2DAp5Kv (Letzter Zugriff: 31.3.2019).

Gruemann: The racist Dr. Klein. Thread, in: *The Secret World Forum. English Forum* 14.7.2012. Online unter: http://bit.ly/2DErqIw (Letzter Zugriff: 31.3.2019).

Guardianwulf: Historical/fictional character – Templar, Illuminati or Dragon? Thread, in: *The Secret World Forum. English Forum* 5.9.2011. Online unter: http://bit.ly/2E4Mvss (Letzter Zugriff: 31.3.2019).

Guardianwulf: Templar Images. Thread, in: *The Secret World Forum. English Forum* 21.9.2011. Online unter: http://bit.ly/2DEgHgY (Letzter Zugriff: 31.3.2019).

Haldurson: Illuminati influences. Thread, in: *The Secret World Forum. English Forum* 19.4.2011. Online unter: http://bit.ly/2BpUnBR (Letzter Zugriff: 31.3.2019).

Harry Dresden: Kensington Rune Stone. Thread, in: *The Secret World Forum. English Forum* 21.9.2009. Online unter: http://bit.ly/2FaFDt3 (Letzter Zugriff: 31.3.2019).

hsekiu: The fate of Aveline belmont / A Friend. Thread, in: *The Secret World Forum. English Forum* 7.5.2015. Online unter: http://bit.ly/2DCJApY (Letzter Zugriff: 31.3.2019).

Hycinthus: Do you like Agartha? Thread, in: *The Secret World Forum. English Forum* 5.8.2012. Online unter: http://bit.ly/2E2tqr4 (Letzter Zugriff: 31.3.2019).

immi14: Die Storymission – wer erklärt's mir? Thread, in: *The Secret World Forum. Deutsches Forum* 20.8.2012. Online unter: http://bit.ly/2DvTk5 g (Letzter Zugriff: 31.3.2019).

Ironblade: Akhenaten, the Opera! Thread, in: *The Secret World Forum. English Forum* 2.2.2013. Online unter: http://bit.ly/2E5vsXn (Letzter Zugriff: 31.3.2019).

It's a Sekkrit: What City(s) would you like added in expansions? Thread, in: *The Secret World Forum. English Forum* 16.5.2009. Online unter: http://bit.ly/2E1FfxH (Letzter Zugriff: 31.3.2019).

j0hns0: Head of the Orochi & his affiliations. Thread, in: *The Secret World Forum. English Forum* 4.8.2013. Online unter: http://bit.ly/2GhkjTM (Letzter Zugriff: 31.3.2019).

Kendrick: Countdown to 12/21 on CryGaia.com. Thread, in: *The Secret World Forum. English Forum* 5.12.2007. Online unter: http://bit.ly/2GfGolL (Letzter Zugriff: 31.3.2019).

kiwikabuttle: Question about the Rider. Thread, in: *The Secret World Forum. English Forum* 13.1.2017. Online unter: http://bit.ly/2DH4JCQ (Letzter Zugriff: 31.3.2019).

Laurinoschka: Der gehörnte Gott aka „The Glassblower". Thread, in: *The Secret World Forum. Deutsches Forum* 18. 2. 2015. Online unter: http://bit.ly/2rzE8CD (Letzter Zugriff: 31. 3. 2019).

Lazuri65: Ongoing ARG thank you thread. Thread, in: *The Secret World Forum. English Forum* 28. 8. 2011. Online unter: http://bit.ly/2n6NMr9 (Letzter Zugriff: 31. 3. 2019).

leiserl: Digging Deeper and immersion. Thread, in: *The Secret World Forum. English Forum* 4. 10. 2012. Online unter: http://bit.ly/2rx8Kor (Letzter Zugriff: 31. 3. 2019).

lemonnormalguy: What Regions Would You Like To See In TSW? Thread, in: *The Secret World Forum. English Forum* 29. 1. 2013. Online unter: http://bit.ly/2rysvMb (Letzter Zugriff: 31. 3. 2019).

Len: City On The Moon: Speculation. Thread, in: *The Secret World Forum. English Forum* 25. 6. 2011. Online unter: http://bit.ly/2n39BZm (Letzter Zugriff: 31. 3. 2019).

Leovor: Eintrag #50. Issue 9: The Black Signal (update 1.9) – Consolidated Feedback /Discussion Thread, in: *The Secret World Forum. English Forum* 5. 6. 2014. Online unter: http://bit.ly/2z1Vewf (Letzter Zugriff: 31. 3. 2019).

Leshrac: What if this game… Thread, in: *The Secret World Forum. English Forum* 12. 12. 2011. Online unter: http://bit.ly/2rl3VIP (Letzter Zugriff: 31. 3. 2019).

Lightshadow: Templer: Warum London und nicht Rom, in: *The Secret World Forum. Deutsches Forum* 5. 10. 2012. Online unter: http://bit.ly/2sjm7qt (Letzter Zugriff: 31. 3. 2019).

limosis: Faction Comparisons… Thread, in: *The Secret World Forum. English Forum* 25. 10. 2012. Online unter: http://bit.ly/2n9kAiX (Letzter Zugriff: 31. 3. 2019).

LuckyStampede: Environmental Storytelling–what's your favorite detail? Thread, in: *The Secret World Forum. English Forum* 19. 5. 2016. Online unter: http://bit.ly/2DCzJEB (Letzter Zugriff: 31. 3. 2019).

Lucy Phurr: Where's the Culture? Thread, in: *The Secret World Forum. English Forum* 28. 10. 2012. Online unter: http://bit.ly/2nanZy4 (Letzter Zugriff: 31. 3. 2019).

Lyesmyth: Thread: [Spoilers!] Feedback from Tokyo I am little dissapointed, in: *The Secret World Forum. English Forum* 5. 6. 2014. Online unter: http://bit.ly/2mpkkiS (Letzter Zugriff: 31. 3. 2019).

Lyle: Everyone.check This… THREAD, in: *The Secret World Forum. English Forum* 25. 6. 2007. Online unter: http://bit.ly/2n2GeX6 (Letzter Zugriff: 31. 3. 2019).

Maelwydd: What if everything IS real? Thread, in: *The Secret World Forum. English Forum* 3. 8. 2012. Online unter: http://bit.ly/2ncvUMe (Letzter Zugriff: 31. 3. 2019).

Merc: New England, Egypt, Tranylvania. That's it? Thread, in: *The Secret World Forum. English Forum* 28. 2. 2012. Online unter: http://bit.ly/2E0wiVf (Letzter Zugriff: 31. 3. 2019).

Mike Murray: Templar versus Illuminati. Thread, in: *The Secret World Forum. English Forum* 30. 9. 2009. Online unter: http://bit.ly/2F7Kprc (Letzter Zugriff: 31. 3. 2019).

Mindsweep: Where do they get it from? Thread, in: *The Secret World Forum. English Forum* 4. 8. 2011. Online unter: http://bit.ly/2Dl1bQN (Letzter Zugriff: 31. 3. 2019).

Minispence: Facts on Templars. Thread, in: *The Secret World Forum. English Forum* 7. 9. 2009. Online unter: http://bit.ly/2GbZFVr (Letzter Zugriff: 31. 3. 2019).

Mitchcraft: Templars and Witches? Thread, in: *The Secret World Forum. English Forum* 26. 6. 2012. Online unter: http://bit.ly/2DJMnAY (Letzter Zugriff: 31. 3. 2019).

Mizeraj: Art department's jokes. Thread, in: *The Secret World Forum. English Forum* 13. 7. 2012. Online unter: http://bit.ly/2n8MGuD (Letzter Zugriff: 31. 3. 2019).

MonMalthias: On Atmosphere, and the generation thereof. Thread, in: *The Secret World Forum. English Forum* 20. 6. 2010. Online unter: http://bit.ly/2DJeDEs (Letzter Zugriff: 31. 3. 2019).

MrEMeat73: Questions about Illuminati. Thread, in: *The Secret World Forum. English Forum* 20. 9. 2011. Online unter: http://bit.ly/2DEGhTi (Letzter Zugriff: 31. 3. 2019).

nephilim2001: A general misconception about Templars. Thread, in: *The Secret World Forum. English Forum* 28. 3. 2011. Online unter: http://bit.ly/2FbcOl5 (Letzter Zugriff: 31. 3. 2019).

Nethbuk: Clothing options & gender. Thread, in: *The Secret World Forum. English Forum* 5.5.2012. Online unter: http://bit.ly/2FdFncA (Letzter Zugriff: 31.3.2019).

Nilxain: Harrison Blake and My Journey for Lore. Thread, in: *The Secret World Forum. English Forum* 3.4.2013. Online unter: http://bit.ly/2ncReRR (Letzter Zugriff: 31.3.2019).

Nordavind: Myth wishlist. Thread, in: *The Secret World Forum. English Forum* 18.7.2013. Online unter: http://bit.ly/2DDKN3 m (Letzter Zugriff: 31.3.2019).

Nordavind: About Stonehenge. Thread, in: *The Secret World Forum. Deutsches Forum* 7.3.2014. Online unter: http://bit.ly/2DBbMNQ (Letzter Zugriff: 31.3.2019).

nusquam: The Twitterverse Experiment. Thread, in: *The Secret World Forum. English Forum* 6.2.2013. Online unter: http://bit.ly/2DEsYlH (Letzter Zugriff: 31.3.2019).

Ocura: Stone buildings and long tables? Thread, in: *The Secret World Forum. English Forum* 16.5.2007. Online unter: http://bit.ly/2DznQeo (Letzter Zugriff: 31.3.2019).

Oliin: The Season One Story-related Missions. Thread, in: *The Secret World Forum. English Forum* 12.5.2015. Online unter: http://bit.ly/2n7khX0 (Letzter Zugriff: 31.3.2019).

Omnires: Alchemy: blending science and magic. Thread, in: *The Secret World Forum. English Forum* 10.3.2010. Online unter: http://bit.ly/2DH6fEX (Letzter Zugriff: 31.3.2019).

Omnires: Magic vs. Technology. Thread, in: *The Secret World Forum. English Forum* 1.8.2010. Online unter: http://bit.ly/2n9GlzU (Letzter Zugriff: 31.3.2019).

ordoxeno: Issue 7 story and after. Thread, in: *The Secret World Forum. English Forum* 9.7.2013. Online unter: http://bit.ly/2FaitmD (Letzter Zugriff: 31.3.2019).

Paschendale: Eintrag #484. Issue 9: The Black Signal (update 1.9) – Consolidated Feedback /Discussion Thread, in: *The Secret World Forum. English Forum* 9.6.2014. Online unter: http://bit.ly/2AllOrl (Letzter Zugriff: 31.3.2019).

Psygnosis: Orochi and the Factions? Thread, in: *The Secret World Forum. English Forum* 17.6.2015. Online unter: http://bit.ly/2DxaejT (Letzter Zugriff: 31.3.2019).

Pyrrho: SPOILER ALERT: Templar lore, can we even discuss it? Thread, in: *The Secret World Forum. English Forum* 22.5.2012. Online unter: http://bit.ly/2FbFV2 A (Letzter Zugriff: 31.3.2019).

Qoun: Storyproblem. Thread, in: *The Secret World Forum. Deutsches Forum* 11.7.2012. Online unter: http://bit.ly/2n8LLuj (Letzter Zugriff: 31.3.2019).

Queenie: Templars and Vows of Celibacy. Thread, in: *The Secret World Forum. English Forum* 27.7.2012. Online unter: http://bit.ly/2ncyO2D (Letzter Zugriff: 31.3.2019).

ranmore38: Enormous skeleton in City of the Sun God, in: *The Secret World Forum. English Forum* 12.1.2014. Online unter: http://bit.ly/2B18n93 (Letzter Zugriff: 31.3.2019).

Ravenhurst: Bloody Mary and the mirror in the attic in Franklin Mansion. Thread, in: *The Secret World Forum. English Forum* 15.1.2013. Online unter: http://bit.ly/2nd1nxV (Letzter Zugriff: 31.3.2019).

Rezilia: What was Loki doing in Guatemala? Thread, in: *The Secret World Forum. English Forum* 19.1.2015. Online unter: http://bit.ly/2Dyrc1o (Letzter Zugriff: 31.3.2019).

Ripin3: Ivanhoe ARG(?) Thread, in: *The Secret World Forum. English Forum* 30.8.2011. Online unter: http://bit.ly/2Bv7f9Q (Letzter Zugriff: 31.3.2019).

Rising: legendary weapons? Thread, in: *The Secret World Forum. English Forum* 11.6.2011. Online unter: http://bit.ly/2DAuRQn (Letzter Zugriff: 31.3.2019).

Royal-Blue: Suggested Reading. Thread, in: *The Secret World Forum. English Forum* 9.7.2012. Online unter: http://bit.ly/2n5LDN6 (Letzter Zugriff: 31.3.2019).

SA_Avenger: Nicolas Belmont notes: Names Focus. Thread, in: *The Secret World Forum. English Forum* 25.5.2009. Online unter: http://bit.ly/2rzlEC6 (Letzter Zugriff: 31.3.2019).

Sakresol: Orden der Templer (Der Templer Thread) Thread, in: *The Secret World Forum. Deutsches Forum* 21.3.2012. Online unter: http://bit.ly/2E76jeM (Letzter Zugriff: 31.3.2019).

Sanguinantis: Ur Draug aka Cthulu oder nicht? Thread, in: *The Secret World Forum. Deutsches Forum* 10.7.2012. Online unter: http://bit.ly/2FglOAz (Letzter Zugriff: 31.3.2019).

Samual: Templars History. Thread, in: *The Secret World Forum. English Forum* 7.3.2010. Online unter: http://bit.ly/2n8rLrR (Letzter Zugriff: 31.3.2019).

Secondthought: Order of the Dragon. Thread, in: *The Secret World Forum. English Forum* 19.8.2010. Online unter: http://bit.ly/2n73ino (Letzter Zugriff: 31.3.2019).

Selena: The End is Coming – New ARG. Thread, in: *The Secret World Forum. English Forum* 3.12.2012. Online unter: http://bit.ly/2F7T8d4 (Letzter Zugriff: 31.3.2019).

ShadowViper: A Major Secret Society Missing from Game. Thread, in: *The Secret World Forum. English Forum* 4.5.2012. Online unter: http://bit.ly/2ndt0FY (Letzter Zugriff: 31.3.2019).

shawn: Illuminazi. Thread, in: *The Secret World Forum. English Forum* 11.9.2009. Online unter: http://bit.ly/2DEzrgA (Letzter Zugriff: 31.3.2019).

Shoob: ZAM Interview with Joel Bylos. Thread, in: *The Secret World Forum. English Forum* 30.6.2011. Online unter: http://bit.ly/2FgytmP (Letzter Zugriff: 31.3.2019).

Shreyas: Empathy for the devil – Dissecting the motives of Samuel Chandra. Thread, in: *The Secret World Forum. English Forum* 20.5.2015. Online unter: http://bit.ly/2FamB67 (Letzter Zugriff: 31.3.2019).

Skeeter: „niche" is a codeword..., in: *The Secret World Forum. English Forum* 9.5.2012. Online unter: http://bit.ly/2nccxC3 (Letzter Zugriff: 31.3.2019).

Sokkett: Mr. Ragnar can you confirm or deny... Thread, in: *The Secret World Forum. English Forum* 19.7.2012. Online unter: http://bit.ly/2E08yk2 (Letzter Zugriff: 31.3.2019).

Solitaire: Places the game could take you. Thread, in: *The Secret World Forum. English Forum* 21.6.2012. Online unter: http://bit.ly/2Ds5xIb (Letzter Zugriff: 31.3.2019).

Steelyeye: Possible legends from literature in game? Thread, in: *The Secret World Forum. English Forum* 17.5.2007. Online unter: http://bit.ly/2n4gjgP (Letzter Zugriff: 31.3.2019).

supplanter: The Broadcast Radio show lists. Thread, in: *The Secret World Forum. English Forum* 9.11.2014. Online unter: http://bit.ly/2EbgrmY (Letzter Zugriff: 31.3.2019).

sybbie: A big big thanks for Transylvania. Thread, in: *The Secret World Forum. English Forum* 17.7.2012. Online unter: http://bit.ly/2n8OcwP (Letzter Zugriff: 31.3.2019).

Syrius: Taking a different path. The Templar Knights. Thread, in: *The Secret World Forum. English Forum* 14.5.2007. Online unter: http://bit.ly/2DFbpRL (Letzter Zugriff: 31.3.2019).

T3XT: What conspiracies do you believe in? Thread, in: *The Secret World Forum. English Forum* 22.12.2013. Online unter: http://bit.ly/2nc54D9 (Letzter Zugriff: 31.3.2019).

tamino: Aton Kult in Ägypten. Thread, in: *The Secret World Forum. Deutsches Forum* 28.7.2012. Online unter: http://bit.ly/2rvknvT (Letzter Zugriff: 31.3.2019).

Tarqtarq: City of the Sun God – Mystery Solved, in: *The Secret World Forum. English Forum* 26.1.2013. Online unter: http://bit.ly/2BgDAWp (Letzter Zugriff: 31.3.2019).

Teala: What other cities or locations do you hope get added? Thread, in: *The Secret World Forum. English Forum* 22.9.2009. Online unter: http://bit.ly/2rsg4S6 (Letzter Zugriff: 31.3.2019).

Technarch: Hats off to the lore writers. Thread, in: *The Secret World Forum. English Forum* 24.12.2012. Online unter: http://bit.ly/2DMH43C (Letzter Zugriff: 31.3.2019).

Thalinor: Dragons getting jipped out of a real historical reference? Thread, in: *The Secret World Forum. English Forum* 15.4.2011. Online unter: http://bit.ly/2DAdxuS (Letzter Zugriff: 31.3.2019).

thechosenone: That day when the fog came. Thread, in: *The Secret World Forum. English Forum* 21.7.2014. Online unter: http://bit.ly/2n777co (Letzter Zugriff: 31.3.2019).

TheSecretATLAS: True World Changing Events. Thread, in: *The Secret World Forum. English Forum* 10.3.2012. Online unter: http://bit.ly/2DzTv3w (Letzter Zugriff: 31.3.2019).

Tori: Is there a repository of histories? Thread, in: *The Secret World Forum. English Forum* 4.9.2014. Online unter: http://bit.ly/2DF9xbC (Letzter Zugriff: 31.3.2019).

tracksuitmarklar: why are china and russia fighting in the multiplaye[r], in: *Battlefield 4. Offizielles Forum. Battlefield 4 – General Discussions* 8.1.2014. Online unter: http://bit.ly/2qwezA7 (Letzter Zugriff: 31.3.2019).

Trygve Johansen jr.: Shambhala, in: *The Secret World Forum. English Forum* 27.9.2007. Online unter: http://bit.ly/2DuyNhr (Letzter Zugriff: 31.3.2019).

Tsunderer2K: Fotos des 2. Weltkriegs und weiterer Konflikte. Thread, in: *Offizielles Forum. Deutschsprachige Community* 7.9.2014. Online unter: http://bit.ly/2qZe3Me (Letzter Zugriff: 31.3.2019).

ulffie: [Future] Real History ((blissfully excited)) Thread, in: *The Secret World Forum. English Forum* 13.7.2012. Online unter: http://bit.ly/2naMMlK (Letzter Zugriff: 31.3.2019).

urielswing: if one more person calls it a katana. Thread, in: *The Secret World Forum. English Forum* 10.9.2009. Online unter: http://bit.ly/2n8fSSJ (Letzter Zugriff: 31.3.2019).

Vagrant: Non-linear introduction. Thread, in: *The Secret World Forum. English Forum* 13.10.2009. Online unter: http://bit.ly/2DC8x4E (Letzter Zugriff: 31.3.2019).

valiah: Texts to help solve the Mysteries of TSW. Thread, in: *The Secret World Forum. English Forum* 15.7.2011. Online unter: http://bit.ly/2Bqwjib (Letzter Zugriff: 31.3.2019).

Vemmelig: The Green and the Red Societies, the IRL version of Dragon? Thread, in: *The Secret World Forum. English Forum* 17.3.2010. Online unter: http://bit.ly/2DFDUPe (Letzter Zugriff: 31.3.2019).

Vercingetorix: History Channel Shows 9/14/09. Thread, in: *The Secret World Forum. English Forum* 6.9.2009. Online unter: http://bit.ly/2rzLSEM (Letzter Zugriff: 31.3.2019).

Vercingetorix: Origins of the Dragons. Thread, in: *The Secret World Forum. English Forum* 11.2.2012. Online unter: http://bit.ly/2DBuZPH (Letzter Zugriff: 31.3.2019).

Vhaleesi: The Secret Societies, in all their glory. Thread, in: *The Secret World Forum. English Forum* 20.11.2013. Online unter: http://bit.ly/2Ebgorn (Letzter Zugriff: 31.3.2019).

Vihar: The Meaning of Bees. Thread, in: *The Secret World Forum. English Forum* 8.4.2009. Online unter: http://bit.ly/2E77Hhy (Letzter Zugriff: 31.3.2019).

ViniH: They call me a troll… Thread, in: *The Secret World Forum. English Forum* 17.7.2012. Online unter: http://bit.ly/2DzSvbl (Letzter Zugriff: 31.3.2019).

wandrew: Shanghai becomes Seoul. Thread, in: *The Secret World Forum. English Forum* 11.4.2009. Online unter: http://bit.ly/2GgOVF1 (Letzter Zugriff: 31.3.2019).

whuber: Real-world locations which inspired TSW environments. Thread, in: *The Secret World Forum. English Forum* 25.9.2016. Online unter: http://bit.ly/2n8Xb15 (Letzter Zugriff: 31.3.2019).

Xanoth: The Crusades. Thread, in: *The Secret World Forum. English Forum* 5.5.2012. Online unter: http://bit.ly/2F6n5da (Letzter Zugriff: 31.3.2019).

Yogsothoth: Mmoarsng? Thread, in: *The Secret World Forum. English Forum* 16.8.2008. Online unter: http://bit.ly/2Dlb0Oq (Letzter Zugriff: 31.3.2019).

Yume: The British Secret Service and the Occult. Thread, in: *The Secret World Forum. English Forum* 14.5.2008. Online unter: http://bit.ly/2n9p4X0 (Letzter Zugriff: 31.3.2019).

Yume: Portals Through Time: past, present… and future? Thread, in: *The Secret World Forum. English Forum* 7.4.2009. Online unter: http://bit.ly/2rGQUiC (Letzter Zugriff: 31.3.2019).

Yume: June 18th, anniversary of Roald Amundsen's „disappearance". Thread, in: *The Secret World Forum. English Forum* 16.6.2009. Online unter: http://bit.ly/2Girs6z (Letzter Zugriff: 31.3.2019).

Yume: Kingsmouth – New Website!, in: *The Secret World Forum. English Forum* 22.1.2010. Online unter: http://bit.ly/2ivG9rC (Letzter Zugriff: 31.3.2019).

Yume: Ark of the Covenant being moved – because of a leaky roof. Thread, in: *The Secret World Forum. English Forum* 7.12.2011. Online unter: http://bit.ly/2DChCxK (Letzter Zugriff: 31.3.2019).

z4oslo: I gotta give it to you Funcom, you did your homework. Thread, in: *The Secret World Forum. English Forum* 17.7.2012. Online unter: http://bit.ly/2DHhWLR (Letzter Zugriff: 31.3.2019).

zaghist: fraktionen questverlauf. Thread, in: *The Secret World Forum. Deutsches Forum* 19.5.2012. Online unter: http://bit.ly/2n8Ehs2 (Letzter Zugriff: 31.3.2019).

zarkzervo: Hi fellow Dragon (The Dragon Thread) Thread, in: *The Secret World Forum. English Forum* 4.9.2009. Online unter: http://bit.ly/2BsEWJq (Letzter Zugriff: 31.3.2019).

Quellen aus Mitschnitten

TSW_A_Agartha_Portale Hub Spielgebiete Wächter 2015–09–18.
TSW_A_Agatha_Hub 2015–01–23.
TSW_A_Kingsmouth_Karte 2015–04–08.
TSW_A_BlueMountain_Franklin Anwesen Weg Eingang 2015–07–18.
TSW_A_BlueMountain_Rundgang 1 Übergang SC Sasquatch Lager 2015–06–29.
TSW_A_BlueMountain_Rundgang 2 Akab Gebiet 2015–06–29.
TSW_A_BlueMountain_Rundgang 3 Franklin Anwesen 2015–06–29.
TSW_A_BlueMountain_Rundgang 4 Moon Bog Verseuchung Scheußlichkeiten Monster 2015–06–29.
TSW_A_BlueMountain_Rundgang 5 Lager CDC Experimente 2015–06–29.
TSW_A_BlueMountain_Rundgang 6 Übergang KM Mondbucht Feigr Quelle 2015–06–29.
TSW_A_BlueMountain_Rundgang 7 Nordküste Agartha Eingang 2015–06–29.
TSW_A_BlueMountain_Rundgang 9 Golden Wigwam Casino 2015–06–29.
TSW_A_BlueMountain_Rundgang10 Solomon Road Orochi Lager Verseuchung 2015–06–29.
TSW_A_BlueMountain_Rundgang11 Heilige Stätte der Wabanaki 2015–06–29.
TSW_A_BlueMountain_Rundgang13 Wendigo Weg 2015–06–29.
TSW_A_BlueMountain_Rundgang15 Blue Ridge Mine Ash Forest Stellung Armee 2015–07–02.
TSW_A_BlueMountain_Rundgang16 Ash Forest Stellung Armee Nordmann Bucht Azeban Span 2015–07–02.
TSW_A_BlueMountain_Rundgang17 Hochplateau Wabanaki Traditionsdorf gefangener Bärengeist 2015–07–02.
TSW_A_BlueMountain_Rundgang18 Wabanaki Wohnwagendorf Souvenirshop 2015–07–02.
TSW_A_BlueMountain_Rundgang19 Wabanaki Whale Watching 2015–07–02.
TSW_A_BlueMountain_Rundgang20 Whale Watching Trawler 2015–07–02.
TSW_A_BlueMountain_Rundgang21 Kraken Point und niedergebrannte Anstalt 2015–07–02.
TSW_A_BlueMountain_Rundgang22 Kraken Bucht Nest und versprengte US-Truppen 2015–07–02.
TSW_A_DasBelagerteFarmland_Rundgang 1 Agartha Eingang 2015–08–25.
TSW_A_DasBelagerteFarmland_Rundgang 2a Agartha Eingang Hababuresti Rundgang 2015–08–26.
TSW_A_DasBelagerteFarmland_Rundgang 2b Harbaburesti Rundgang Gasthaus Eule und Adler 2015–08–26.
TSW_A_DasBelagerteFarmland_Rundgang 3a Olaru Hof Durchgang Süden Höhle Felder 2015–08–26.
TSW_A_DasBelagerteFarmland_Rundgang 3b Felder Wassermühle Wasserkraftwerk 2015–08–26.
TSW_A_DasBelagerteFarmland_Rundgang 4 Strigoi Marai Krieger Vampire Plattenbau Ostblock 2015–08–26.
TSW_A_DasBelagerteFarmland_Rundgang 5 St Haralambie Kirche Stadtrand Eingang Bau.
TSW_A_DasBelagerteFarmland_Rundgang 7 Lager der Belagerer von Hababuresti 2015–08–26.

TSW_A_DasBelagerteFarmland_Rundgang 8 Bunkeranlage Observatorium Ostblock Waffen Panzer Stützpunkt 2015–08–26.
TSW_A_DasBelagerteFarmland_Rundgang 9 Felder TischDesRiesen Gehöft Aussichtspunkt Zaha 2015–08–26.
TSW_A_DasBelagerteFarmland_Rundgang10a Lager Maras Feld Vampire Geräte Belagerung 2015–08–26.
TSW_A_DasBelagerteFarmland_Rundgang12 Vantoase Hügel Übergang Schattenhafter Wald 2015–08–26.
TSW_A_DasBelagerteFarmland_Rundgang11 Vantoase Hügel Minen Sprengfallen Roma Golem 2015–08–26.
TSW_A_DasBelagerteFarmland_Rundgang13 Dunkle Wälder Werwölfe Nadelöhr SeeDesHeiligenHerzen 2015–08–26.
TSW_A_DasBelagerteFarmland_Rundgang14 SeeDesHeiligenHerzen Schlucht Mühle des Holländers 2015–08–26.
TSW_A_DasBelagerteFarmland_Rundgang15a Sägewerk von Werwölfen besetzt 2015–08–26.
TSW_A_DasBelagerteFarmland_Rundgang16 Cucuveas Baum Vampir Dorf DasWunderbarePferd 2015–08–26.
TSW_A_DasBelagerteFarmland_Rundgang17 Zerstörung KlosterUnsererFrau DieEwigeEiche BachDerLiebenden 2015–08–26.
TSW_A_DasBelagerteFarmland_Rundgang18 Durchgang Harbaburesti Wasserfall Durchgang 2015–08–26.
TSW_A_DasBelagerteFarmland_Rundgang19a TalDerWölfe Lore DerWaffenstillstand Nr 9 2015–08–26.
TSW_A_DasBelagerteFarmland_Rundgang20a KlosterUnsererHerrin Refektorium 2015–08–26.
TSW_A_DasBelagerteFarmland_Rundgang20b KlosterUnsererHerrin Gärten Brücke Tod Haus des Abts 2015–08–26.
TSW_A_DerSchattenhafteWald_Rundgang 2a Zahnspitzen-Hain Werwölfe Wald Lager Gruppen Gegner Reißzahn-Alpha 2015–10–12.
TSW_A_DerSchattenhafteWald_Rundgang 2b Zahnspitzen-Hain Umgebung Wald Stimmung Tunnel 2 Alina Florea 2015–10–12.
TSW_A_DerSchattenhafteWald_Rundgang 3a Flüsterwald Taktische Signalstation Ghule Sumpf 2015–10–12.
TSW_A_DerSchattenhafteWald_Rundgang 3b Taktische Signalstation Unfall Orochi Team Tote Kreuzung 2015–10–12.
TSW_A_DerSchattenhafteWald_Rundgang 4b Dimir Hof Wasser Fluss Quelle Rom Ghul-Hohlweg Magier Höhlen 2015–10–12.
TSW_A_DerSchattenhafteWald_Rundgang 5a Anhöhe Orochi Lager Ghule Magier Strommast See der Sirene Insel Wagen Anastasia 2015–10–12.
TSW_A_DerSchattenhafteWald_Rundgang 5b See der Sirene Insel Wagen Anastasia 2015–10–12.
TSW_A_DerSchattenhafteWald_Rundgang 6a Baumfee Lele Morastgehölz Der bleiche Wald SCHWARZ Padurii Garten des Mädchens 2015–10–12.
TSW_A_DerSchattenhafteWald_Rundgang 6c Morastgehölz Pilzlandschaft Pilzwerdung Farben Verseuchung Schmutz 2015–10–12.
TSW_A_DerSchattenhafteWald_Rundgang 8a Wasseraufbereitung Elektrizität Werk Brücke des Alten Mannes Mosul Baumgeist 2015–10–12.
TSW_A_DerSchattenhafteWald_Rundgang 9 Roma Lager Überlebende Draculesti Orden Kampf Monster 2015–10–12.
TSW_A_DerSchattenhafteWald_Rundgang10a Ruinen von Iazmaciune Böser Ort 2015–10–12.
TSW_A_DerSchattenhafteWald_Rundgang10b Ruinen von Iazmaciune Böser Ort 2015–10–12.

TSW_A_DerSchattenhafteWald_Rundgang11a Beilfall Fluss Untote Bewohner Iazmaciune Wald Domus Rustica 2015–10–12.
TSW_A_DerSchattenhafteWald_Rundgang11b Domus Rustica Octavian Emilia Idylle Stimmung Licht 2015–10–12.
TSW_A_DerSchattenhafteWald_Rundgang12a Draculesti Friedhof Die Kapelle des Prinzen 2015–10–12.
TSW_A_DerSchattenhafteWald_Rundgang12b Kapelle des Prinzen Kirchenschiff Innen 2015–10–12.
TSW_A_DerSchattenhafteWald_Rundgang13c Höllenspalier Truppen Hölle Verlassenes Gasthaus 2015–10–12.
TSW_A_Kingsmouth_Karte 2015–04–08.
TSW_A_Kingsmouth_Kirche Vorplatz 2 2015–03–31.
TSW_A_Kingsmouth_Rundgang 1 Agatha Eingang Polizei Hauptstraße 2015–04–08.
TSW_A_Kingsmouth_Rundgang 2 Hauptstraße Morning Light Sekte2015–04–08.
TSW_A_Kingsmouth_Rundgang 3 Morning Light Sekte Priest Island 2015–04–08.
TSW_A_Kingsmouth_Rundgang 4 Priest Island Orochi Sperre 2015–04–08.
TSW_A_Kingsmouth_Rundgang 5 Orochi Sperre Scrap Yard 2015–04–08.
TSW_A_Kingsmouth_Rundgang 6 Schrottplatz Skatepark 2015–04–08.
TSW_A_Kingsmouth_Rundgang 8 Fletchers Island Flughafen 2015–05–20.
TSW_A_Kingsmouth_Rundgang10 Fletchers Bay 2015–05–20.
TSW_A_Kingsmouth_Rundgang11 Pyramid Point Norma Creed Wald 2015–05–20.
TSW_A_Kingsmouth_Rundgang12 Norma Creed Kürbisbaum Whispwood 2015–05–20.
TSW_A_Kreaturen_KM_Draugen 1 Video Mission Deputy Andy 2015–06–04.
TSW_A_London_Rundgang 1 Ealdwic Plattenladen 2015–07–27.
TSW_A_London_Rundgang 2 Ealdwic Station Markt Shops The Horned God 2015–07–27.
TSW_A_London_Rundgang 3 Ealdwic Park Gedenktafeln 2015–07–27.
TSW_A_London_Rundgang 4 Albion Theater Maikönigin Straße 2015–07–27.
TSW_A_London_Rundgang 5 Morninglight Anwerber Persönlichkeitstest 2015–07–27.
TSW_A_London_Rundgang 6 Rackham Kino Shops Ockhams Klinge Umgestaltung 2015–07–27.
TSW_A_London_Rundgang 7 Ockhams Klinge Umgestaltung Charakter 2015–07–27.
TSW_A_London_Rundgang 9 Ealdwic Station bis Pangea Kleidung Shop 2015–07–27.
TSW_A_London_Rundgang10 Auktionshaus Lager Bank 2015–07–27.
TSW_A_London_Rundgang11 Temple Court und Durchgang 2015–07–27.
TSW_A_London_Rundgang12 Templer Club 2015–07–27.
TSW_A_London_Rundgang13 Temple Court Hauptquartier 2015–07–27.
TSW_A_London_Rundgang14 Schattenviertel New Model Army Kampfarena 2015–07–27.
TSW_A_London_Rundgang15 Fight Club und Crusades Night Club 2015–07–27.
TSW_A_London_Rundgang16 Haiti Markt und Läden Annapurna Haus der Kreide 2015–07–27.
TSW_A_London_Rundgang 19 Agartha Eingang Ealdwic Station 2015–07–29.
TSW_A_NewYork_Rundgang 1 TheModernPrometheus 2018–01–01.
TSW_A_NewYork_Rundgang 2 TheModernPrometheus Schönheitschirurgie 2018–01–01.
TSW_A_Savage Coast_Innsmouth Academy 2015–03–31.
TSW_A_Savage Coast_Leuchtturm Sam Krieg 2015–06–19.
TSW_A_Savage Coast_Rundgang 0 Map Überblick 2015–06–04.
TSW_A_Savage Coast_Rundgang 1 Tunnel KM Overlook Motel Red Oak Beach 2015–06–04.
TSW_A_Savage Coast_Rundgang 2 Red Oak Beach – Baue Die Übersehenen 2015–06–04.
TSW_A_Savage Coast_Rundgang 3b Baue Die Übersehenen – Leuchtturm Sam Krieg 2015–06–04.
TSW_A_Savage Coast_Rundgang 4 Leuchtturm Suicide Bluff u Meer 2015–06–04.
TSW_A_Savage Coast_Rundgang 5 Suicide Bluff – Masons Crescent 2015–06–04.
TSW_A_Savage Coast_Rundgang 7 Atlantic Island Park innerer Rundgang 2015–06–04.

TSW_A_Savage Coast_Rundgang 8 Atlantic Island Park – Dorf Savage Coast 2015 – 06 – 04.
TSW_A_Savage Coast_Rundgang 9 Dorf SC – Innsmouth Academy2015 – 06 – 04.
TSW_A_Savage Coast_Rundgang10 Innsmouth Academy Rundgang intern 2015 – 06 – 04.
TSW_A_Savage Coast_Rundgang11 Solomons End – Norsemans Landing 2015 – 06 – 04.
TSW_A_Savage Coast_Rundgang12 Vinterskogs Wood Miskatonic River 2015 – 06 – 04.
TSW_A_Savage Coast_Rundgang15 Reds Bait Tackle Wabanaki 2015 – 06 – 04.
TSW_A_Schmutz_SC_Fässer Infizierte Zombies 2015 – 06 – 19.
TSW_A_StadtDesSonnengottes_Rundgang 1 Übergang Verbrannte Wüste zu Der Riss 2015 – 08 – 17.
TSW_A_StadtDesSonnengottes_Rundgang 2 Riss Tempel der Verschollenen Aufzeichnungen Die Verdammnis 2015 – 08 – 17.
TSW_A_StadtDesSonnengottes_Rundgang 3 Panorama Pyramide Aton Vertrocknete Quelle Agartha Durchgang 2015 – 08 – 17.
TSW_A_StadtDesSonnengottes_Rundgang 4a Die Höhlung BAUE Die Höhlung Anhöhe Atonisten 2015 – 08 – 17.
TSW_A_StadtDesSonnengottes_Rundgang 5a Nekropole Labyrinth 2015 – 08 – 17.
TSW_A_StadtDesSonnengottes_Rundgang 5b Nekropole Labyrinth 2015 – 08 – 17.
TSW_A_StadtDesSonnengottes_Rundgang 5c Nekropole Labyrinth 2015 – 08 – 17.
TSW_A_StadtDesSonnengottes_Rundgang 6a Hallen der Säubernden Flammen 2015 – 08 – 17.
TSW_A_StadtDesSonnengottes_Rundgang 6b Hallen der Säubernden Flammen 2015 – 08 – 17.
TSW_A_StadtDesSonnengottes_Rundgang 7 Spießrutenlauf ShiNetjer DiePyramide Atons 2015 – 08 – 17.
TSW_A_StadtDesSonnengottes_Rundgang 8 Umfeld Pyramide Atons 2015 – 08 – 17.
TSW_A_StadtDesSonnengottes_Rundgang10 Wadi nach Norden Wüste Krater Höllentor Dungeon Bab-El-Monzarin 2015 – 08 – 17.
TSW_A_StadtDesSonnengottes_Rundgang11 Süden Tal des Jenseits 2015 – 08 – 17.
TSW_A_StadtDesSonnengottes_Rundgang14 Die Wiedergeburt bis zur Statue von Nefertari 2015 – 08 – 17.
TSW_A_StadtDesSonnengottes_Rundgang15 Statue Nefertari Tal Orochi Camp 2015 – 08 – 17.
TSW_A_StadtDesSonnengottes_Rundgang16 Orochi Lager Nachttempel Huoy Statue Wächter 2015 – 08 – 17.
TSW_A_StadtDesSonnengottes_Rundgang18 Das Reformatorium Umgebung Brücke Verderbte Höhle 2015 – 08 – 17.
TSW_A_StadtDesSonnengottes_Rundgang21 Moutnefert Panorama ErsterPalast Hemitneter 2015 – 08 – 17.
TSW_A_StadtDesSonnengottes_Rundgang22 Hemitneter Absturzstelle Orochi Erster Tempel 2015 – 08 – 17.
TSW_A_StadtDesSonnengottes_Rundgang23 Erster Tempel Oberer Teil Verdorbene Gärten Nefertari d Jüngere 2015 – 08 – 17.
TSW_A_StadtDesSonnengottes_Rundgang25 Tal des Absturzes HeroldVonAton 2015 – 08 – 17.
TSW_A_StadtDesSonnengottes_Rundgang26 StimmeVonAton Statue Lore 2015 – 08 – 17.
TSW_A_SS_Smenkhkare Pharao QuestAttack_SS_DieTotenErhebenSich Stufe 4 Auferstehung Treue Echnaton Nachfolger BERICHT 2015 – 08 – 24.
TSW_A_SS_Pesedjet_Hemitneter QuestAttack_SS_BlutUndFeuer Aufruf Kampf Regeln Angriff statt Worte 2015 – 08 – 25.
TSW_A_SS_Uschebti_Aufgaben Schutz 3000 Jahre Hemitneter Thutmosis Nefertari Issue03_DieBindung CUTSCENE 2015 – 08 – 21.
TSW_A_SS_Uschebti_Herstellung Issue03_DieBindung CUTSCENE Ptahmose Uschebti Herstellung Kinder 2015 – 08 – 21.
TSW_A_SS_Uschebti Nefertari Intro Mission Issue01_DasDritteZeitalter Geschwister Zivilisationen Zeitalter 2015 – 08 – 20.

TSW_A_SS_Uschebti NefertariDJüngere QuestSabot_SS_ HallenDerVerschollenenAufzeichnungen Intro Mission Tiere Hilfe Schutz Aufzeichnungen 2015–08–24.

TSW_A_SS_Uschebti_Moutemouia Intro Mission DasTraurigeLied Todessehnsucht 2015–08–19.

TSW_A_SS_Uschebti_Ptahmose Hohepriester Amun Opfer Kinder Besuche Hoffnung SS_Issue03_DieBindung 2015–08–21.

TSW_A_SS_Uschebti_Thutmosis Intro Mission DieDunklenOrte Familie Uschebti 2015–08–19.

TSW_A_VerbrannteWüste_Altes Reich_Al-Merayah Zeitreise in Issue06_DieStadtVorUns Stufe 2a 2015–08–06.

TSW_A_VerbrannteWüste_Sol Invictus Zeitreise VW_Issue06_AllesHatSeineZeit Sol Invictus 329AD 2015–08–06.

TSW_A_VerbrannteWüste_Rundgang 1 Agartha Eingang 2015–07–29.

TSW_A_VerbrannteWüste_Rundgang 2 Fabrik 2015–07–29.

TSW_A_VerbrannteWüste_Rundgang 3 Ortseingang Al-Merayah 2015–07–29.

TSW_A_VerbrannteWüste_Rundgang 4 Al-Merayah Teil 1 2015–07–29.

TSW_A_VerbrannteWüste_Rundgang 5 Al-Merayah Teil 2 2015–07–29.

TSW_A_VerbrannteWüste_Rundgang 6 Verlassene Hütten Verderbte Farm 2015–07–29.

TSW_A_VerbrannteWüste_Rundgang 7 Sol Glorificus Verlassene Oase Tempel abseits 2015–07–29.

TSW_A_VerbrannteWüste_Rundgang 8 Verbrannte Ebene Touristentempel Der Sonnengott 2015–07–29.

TSW_A_VerbrannteWüste_Rundgang 9 Neue Straße Hotel Wahid International 2015–07–29.

TSW_A_VerbrannteWüste_Rundgang10 Wüste Marya Lager Halbmondschlucht 2015–07–29.

TSW_A_VerbrannteWüste_Rundgang11 Außenbezirke von Al-Marayah 2015–07–29.

TSW_A_VerbrannteWüste_Rundgang12 Neue Straße Oxford Lager Ausgrabungsstätte Äußerer Komplex 2015–07–29.

TSW_A_VerbrannteWüste_Rundgang13 DerWegZuAton Königsstraße Tempel 2015–07–29.

TSW_A_VerbrannteWüste_Rundgang14 Absturzstelle Orochi Flugzeug TempelRoteNächte 2015–07–29.

TSW_A_VerbrannteWüste_Rundgang15 Ausgrabungsstelle 1 Oxford 2015–07–29.

TSW_A_VerbrannteWüste_Rundgang16 ÖstlicheNarbe Selbstverbrennung Tempel Tal 2015–07–29.

TSW_A_VerbrannteWüste_Rundgang18 Westliche Narbe Haus des Ruhms BAUE 2015–07–29.

TSW_A_VerbrannteWüste_Rundgang19 Orochi Zuflucht Ausschachtung Ölförderanlage 2015–07–29.

TSW_A_VerbrannteWüste_Rundgang20 Verseuchtes OrochiTeam und Ankh Dungeon 1 2015–07–29.

TSW_B_Brauchtum_Konflikt Dimir Hof Störung Tradition Unverständnis QuestSabot_SW_WieGhuleZurSchlachtbank Intro Mission Dimir Silviu Mutter Ghul Geheimnis Brauchtum 2015–10–09.

TSW_B_Extremismus_Glaube Fanatismus Moral VW_Issue06_ AllesHatSeineZeit Abdel Daoud 4 Glaube Altes Reich 2015–08–06.

TSW_B_Extremismus_VW_Die Belagerung von El-Merayah Stufe 1b Kultisten in Vorstadt 2015–07–29.

TSW_B_Extremismus_VW_Issue05_VonKarthagoNachKairo Stufe 1a Intro Mission Explosion Tanis Phönizier 2015–08–03.

TSW_B_Extremismus_VW_Issue05_VonKarthagoNachKairo Stufe 1b Gespräch belauschen Mumie Said Altes Reich Tanis 2015–08–03.

TSW_B_Geschichte Netzwerk Fäden 2015–06–25.

TSW_B_Geschichte_SW_Traditionen Roma Überlieferung Geschichten OralHistory Milosh DieLauerndenSchrecken Erbe Tradition Geschichte 2015–10–12.

TSW_B_Historiker Statement_London Tabula Rasa Wicker Tonband 2015–06–18.

TSW_B_Kultur_RK_FilmTVJamesBond_Agentin Rat Venedig 3 Issue07_ManStirbtNurZweimal Verfolgungsjagd Schneemobile Sprung Brücke 2015–09–04.
TSW_B_KulturgüterSchmuggel_VW_Abdel Daoud Intro Mission LiebesgrüßeAusOxford 2015–07–31.
TSW_B_Morninglight_BF_Insider Praktiken Dusko Biukovic Issue05_HinderlichePersonen Stufe 4c Abtrünniger Kritiker 2015–10–02.
TSW_B_Ostblock_BF_Relikte Symbole Sowjetzeit 2015–08–26.
TSW_B_Ostblock_Rumänien Widerstand Besatzer Sowjetunion Templer Goldene Horde BF_FestmahlDerGhule Carmen Preda Belagerung Vampire 2015–08–26.
TSW_B_Ostblock_SW_Sowjetunion Bunker Nachnutzung Dimir Hof QuestSabot_SW_WieGhuleZurSchlachtbank Stufe 2 Keller Bunker 2015–10–12.
TSW_B_RegierungInstitutionen_BM_HomelandInsecurity Sarge Olssen Regierung Konflikte 2015–07–27.
TSW_B_Roma_SW_Traditionen Wissen Kampf DieDraculesti Stufe 4b BERICHT 2015–10–18.
TSW_B_Templer_Werte_SS_DieBeflecktOase Stufe 4 BERICHT Urteil Richten Templer Tugend 2015–08–20.
TSW_B_Templer_Werte SS_DieDunklenOrte Stufe 6 BERICHT Gut Böse Tugend Soldat Anführer 2015–08–20.
TSW_B_Tourismus_BF_Französinnen Aurelie MädchenSchlagenWolfsalarm Celine Urlaub Mühle Zuflucht Schutz Magie Ort Verteidigung 2015–10–01.
TSW_B_Traditionen_SW_Generationen Konflikt Jugend Emilia Milosh Draculesti Gut Böse ReinigungDesWassers Intro Mission Lager Verseuchung Wasser Reserven 2015–10–18.
TSW_B_VerschwörungRegierung_BM_MarianneChen CDC 2 Intro Mission Orochi Group 2015–07–17.
TSW_B_Wissenschaft_SW_Wikipedia Anastasia Wagen Mythen Speicher Analogie Knotenpunkt Alt Neu 2016–01–23.
TSW_D1_Auktionshaus_LO_Lager Bank 2015–07–27.
TSW_D1_Baue_SS_DasHeimgesuchteKönigreich Sofortiger Tod allein 2015–08–17.
TSW_D1_Begleiter_Samhain 2012 Nermegal Verderbte Katze Belohnung Halloween Event 2012 2015–11–12.
TSW_D1_Begleiter_Überblick Herkunft Hund Katze Eule 2015–11–12.
TSW_D1_Charakter_Customization_London Ockhams Klinge Umgestaltung Charakter 2015–07–27.
TSW_D1_Charakter_Customization_New York Schönheitschirurgie 2018–01–01.
TSW_D1_Charakter_Erstellung Dragon Rosa Wildner 1 2017–04–01.
TSW_D1_Charakter_Erstellung Dragon Rosa Wildner 2 2017–04–01.
TSW_D1_Charakter_Kleidung_Deck Hexenmeister Freischaltung Erfolg Belohnung Outfit 2015–08–06.
TSW_D1_Charakter_Kleidung Aussehen Savage Coast 2015–06–19.
TSW_D1_Charakter_Kleidung Aussehen Verbrannte Wüste 2015–07–29.
TSW_D1_Charakter_Kleidung Freizeit Wüstenkleid Belohnung Erkundung_SS_voll erkundet 2015–08–25.
TSW_D1_Charakter_Kleidung Wintermantel Reißzähne der Karpaten 2015–08–28.
TSW_D1_Community_Albion Theatre Bühne London 2015–07–29.
TSW_D1_Community_Contest_LO_RomanWail Plattenladen Gewinner Musikwettbewerb 2013 2015–07–27.
TSW_D1_Crafting_Beute zerlegen 2015–07–19.
TSW_D1_Crafting_Siegel in Nebenwaffe Quanten Zuke 1 2015–06–05.
TSW_D1_Crafting_Siegel in Nebenwaffe Quanten Zuke 2 2015–06–05.
TSW_D1_Crafting_Tränke_Anima und Einmaltränke 2015–08–08.
TSW_D1_Crafting_Tränke_Qualitätsstufen Faktor 2015–08–08.

TSW_D1_Crafting_Waffen_KM_DieUnschärferelation Strahlengewehr 1 2015 – 05 – 28.
TSW_D1_Crafting_Waffen_Pistolen 1 Episch Verbesserung Siegel Glyphen 2015 – 10 – 01.
TSW_D1_Crafting_Waffen_Pistolen 2 Episch Verbesserung Siegel Glyphen 2015 – 10 – 01.
TSW_D1_Crafting_Waffen Glyphen Talismane 2015 – 07 – 18.
TSW_D1_Customize_BF_Motorrad Sprint Harbaburesti_Durchfahrt Hauptstraße 2015 – 09 – 20.
TSW_D1_DiffusionGrenzen_BF_Medikament Diagnostik Patienten Recherche Web
 QuestInvest_BF_Issue01_AufFrischerTatErtappt 2015 – 09 – 25.
TSW_D1_DiffusionGrenzen_BM_Blog Tyler Freeborn blogspot 2015 – 07 – 13.
TSW_D1_DiffusionGrenzen_LO_Telefonnummer London Anruf Schuyler Sons QuestInvest
 DerBelebteLehm Stufe 2e 2018 – 01 – 01.
TSW_D1_DiffusionGrenzen_LO_Siabhras Rauch Recherche 1
 SamhainEvent_2012_QuestInvest_LO_DenSchwarzenPfadKreuzen 2015 – 11 – 12.
TSW_D1_DiffusionGrenzen_LO_Siabhras Rauch Recherche 2
 SamhainEvent_2012_QuestInvest_LO_DenSchwarzenPfadKreuzen Stufe2015 – 11 – 12.
TSW_D1_DiffusionGrenzen_NY_Telefonnummer London Schuyler Sons QuestInvest DerBelebteLehm
 Stufe 1b 2018 – 01 – 01.
TSW_D1_DiffusionGrenzen_SamKriegSightings Webseite Fan Wordpress 2015 – 06 – 19.
TSW_D1_DiffusionGrenzen_SC_Barcode Scanner QuestInvest DerBelebteLehm Stufe 3c Leiche Mann
 2018 – 01 – 01.
TSW_D1_DiffusionGrenzen_Orochi Firmenwebseite Personal 2015 – 04 – 08.
TSW_D1_DiffusionGrenzen_Youtube Video Wicker Vortrag 2015 – 06 – 18.
TSW_D1_Dungeon_BM_DerKriegGegenDieFinsternis Stufe 1a Intro Mission Frühgeschichte
 Wabanaki 2015 – 07 – 02.
TSW_D1_Dungeon_NY_Issue04_KreuzungderWelten Stufe 1a Intro Mission Dave Screed Angriff
 Militär Verschwörung Times Square Vertuschung 2015 – 10 – 31.
TSW_D1_Dungeon_SC_Noch einmal ins Inferno Stufe 1a Intro Mission 2015 – 06 – 19.
TSW_D1_Dungeon_SS_MitleidMitDemTeufel Stufe 1a Intro Mission Dschinn Amir Theodore Wicker
 Hölle Krieg Gaia 2015 – 08 – 19.
TSW_D1_Dungeon_SS_MitleidMitDemTeufel Stufe 1f Schergen Wicker Tod übermannt ABBRUCH
 TOD 2015 – 08 – 19.
TSW_D1_Dungeon_SS_MitleidMitDemTeufel Stufe 1 g Respawn Schutz Türme Sandsturm Reste
 Krieger 2015 – 08 – 19.
TSW_D1_Erfolge_Bosse_VW_Ain der Vorbote Golem 2015 – 08 – 17.
TSW_D1_Erfolge_Bosse_VW_Abdel Daoud Issue06_DerLetzteZugNachKairo endlich besiegt
 2015 – 08 – 06.
TSW_D1_Erfolge_Bosse_VW_Kaipihiri Sandgolem Wüste 2015 – 08 – 06.
TSW_D1_Erfolge_Erkundung_VW_voll erkundet 2015 – 07 – 29.
TSW_D1_Erfolge_Missionen_BF_DieDraculesti alle Quests erfüllt DerPreisDerMagie Stufe 6 Ritual
 Magie Test Golem BERICHT 2015 – 10 – 01.
TSW_D1_Erfolge_Wissen_NY_Illuminaten 2015 – 06 – 18.
TSW_D1_Gruppen_VW_EinSchattenÜberÄgypten Dämon Abeh Blaue Gruppenkämpfe Barriere
 2015 – 08 – 08.
TSW_D1_Hub_NewYork_Agarta Eingang 2015 – 06 – 18.
TSW_D1_Instanzen_RK_DerHort Issue07_DerKlangDerKinder Stufe 1 Betreten Hort Damm
 2015 – 09 – 04.
TSW_D1_Kleidung_Customization_Templer Outfit Templer Club angemessen 2015 – 07 – 27.
TSW_D1_QuestAttack_BF_AusDemWald Stufe 1a Intro Mission Waldgott Sophie Vampire Zerstörung
 Natur Plan Dunkler Kreuzzug 2015 – 09 – 18.
TSW_D1_QuestAttack_BF_Kaltblütig Stufe 1a Intro Mission Hasdatean Strafe Verrat Vampire
 Waffenstillstand Koexistenz Rumänien Ehre 2015 – 09 – 28.

TSW_D1_QuestAttack_BF_RacheHeißServiert Stufe 1a Intro Mission Aurelie Celine Überfall Werwölfe Reise Laurent Mühle Liebe Tod Bruder 2015–10–01.
TSW_D1_QuestAttack_BF_TrinkenGegenDasVergessen Stufe 2 Gefangene Vampire Strigoi Befreiung 2015–09–26.
TSW_D1_QuestAttack_BM_BisDasBlutGefriert Stufe 1b Franklin Manor Flyer Gruselort 2015–07–18.
TSW_D1_QuestAttack_BM_BisDasBlutGefriert Stufe 2b 1904 Aussicht 1 Stock Garten ohne Pool 2015–07–18.
TSW_D1_QuestAttack_BM_DerFeindMeinesFeindes Stufe 3b In Höhle eindringen INSTANZ Sasquatch befreien 2015–07–19.
TSW_D1_QuestAttack_BM_EineNummerZuGroß Stufe 4 Herren der Hvammvr töten Bericht 2015–07–02.
TSW_D1_QuestAttack_BM_Issue05_DieSucheNachTylerFreeborn Stufe 1a Intro Mission 2015–07–13.
TSW_D1_QuestAttack_BM_Jagdsaison Stufe 1 Intro Mission Gamelin Wabanaki Jäger 2015–07–02.
TSW_D1_QuestAttack_BM_Jagdsaison Stufe 2 Zombies auf Friedhof töten 2015–07–02.
TSW_D1_QuestAttack_BM_Jagdsaison Stufe 3 Wendigos im Wabanaki Dorf töten 2015–07–02.
TSW_D1_QuestAttack_BM_Jagdsaison Stufe 5 Sasquatch Klippenspringer finden 2015–07–02.
TSW_D1_QuestAttack_BM_KriegDerTotems Stufe 1 Sasquatch Häuptling Folge Energie Totem reinigen 2015–07–19.
TSW_D1_QuestAttack_BM_KriegDerTotems Stufe 3 Brutmarkierungen Akab beseitigen 2015–07–19.
TSW_D1_QuestAttack_BM_Plünderer Stufe 1 Fabrikgelände nach Schrott durchsuchen Sasquatch Auftrag 2015–07–19.
TSW_D1_QuestAttack_BM_Traumfänger Stufe 1b Traumfänger nehmen Grabhügel der Ahnen aufsuchen 2015–07–02.
TSW_D1_QuestAttack_BM_VonDerKarteGestrichen Stufe 5 Wendigo Ältester Bericht 2015–07–02.
TSW_D1_QuestAttack_KM_Der Rabe Stufe 1a Intro 2015–05–22.
TSW_D1_QuestAttack_KM_Der Rabe Stufe 1b Den Raben folgen Rabenalbtraum 2015–05–22.
TSW_D1_QuestAttack_KM_DieUnschärferelation Stufe 6a Mit Quantenkern Golem laden Inkohärenz bekämpfen 2015–05–28.
TSW_D1_QuestAttack_KM_Draugnet Stufe 2 Feigr Pfähler Zugang Strand 2015–06–04.
TSW_D1_QuestAttack_KM_Draugnet Stufe 3 Feigr Zerfleischer Brutschoten 2015–06–04.
TSW_D1_QuestAttack_KM_Draugnet Stufe 4 Inkubatoren zerstören 2015–06–04.
TSW_D1_QuestAttack_KM_Draugnet Stufe 5a Draug Hexen töten 2015–06–04.
TSW_D1_QuestAttack_KM_Draugnet Stufe 6 Den Herren der Feigr töten 2015–06–04.
TSW_D1_QuestAttack_KM_Es kommen immer Neue Stufe 1 Norma Creed Intro 2015–04–08.
TSW_D1_QuestAttack_KM_Es kommen immer Neue Stufe 3 a Zombie Typen 2015–04–08.
TSW_D1_QuestAttack_KM_Es kommen immer Neue Stufe 3 c Zombie Feueropfer 2015–04–08.
TSW_D1_QuestAttack_KM_Kolossaler Schlag Stufe 1_2 Ursache Zombies 2015–04–08.
TSW_D1_QuestAttack_KM_Staub zu Staub Stufe 1a Intro Massengräber 2015–05–22.
TSW_D1_QuestAttack_KM_Staub zu Staub Stufe 1b Massengräber Hexenverbrennung 2015–05–22.
TSW_D1_QuestAttack_KM_Staub zu Staub Stufe 2 Massengrab Minenarbeiter Blue Ridge 2015–05–22.
TSW_D1_QuestAttack_KM_Staub zu Staub Stufe 3 Massengrab Minenarbeiter erstickt 2015–05–22.
TSW_D1_QuestAttack_KM_Staub zu Staub Stufe 5 Massengrab Ureinwohner 2015–05–22.
TSW_D1_QuestAttack_KM_Staub zu Staub Stufe 6 Fazit Zentrale 2015–05–22.
TSW_D1_QuestAttack_KM_Versorgungsaktion Stufe 3 Susis Diner 2015–05–22.
TSW_D1_QuestAttack_KM_Versorgungsaktion Stufe 5–7 Erste Hilfe Feuerwehr 2015–05–22.

TSW_D1_QuestAttack_RK_Issue07_DerKlangDerKinder Stufe 2b Kinder Hort Spuren Wächter Roboter Kinderzimmer Musik Kampf 2015-09-04.
TSW_D1_QuestAttack_RK_Issue07_DerKlangDerKinder Stufe 2c Computer Leiter Schreber Forschung Kinder Dokumente 2015-09-04.
TSW_D1_QuestAttack_RK_Issue07_DerKlangDerKinder Stufe 2e Forschung Trakt Experimente Kreaturen Kampf 1 2015-09-04.
TSW_D1_QuestAttack_RK_Issue07_DerKlangDerKinder Stufe 2f Forschung Trakt Experimente Kreaturen Kampf 2 2015-09-04.
TSW_D1_QuestAttack_RK_Issue07_ManStirbtNurZweimal Stufe 1b Eindringen Orochi Sowjetunion Anlage Kommunikation Nursery 2015-08-28.
TSW_D1_QuestAttack_RK_Issue07_ManStirbtNurZweimal Stufe 1c Sicherheitsprotokolle überschrieben 2015-08-28.
TSW_D1_QuestAttack_RK_Issue07_ManStirbtNurZweimal Stufe 2a Dragan Treffen Schneemobil 2015-08-28.
TSW_D1_QuestAttack_SC_Ami Legend Stufe 1 Intro 2015-06-05.
TSW_D1_QuestAttack_SC_Ami Legend Stufe 2 In den Wald Akab abwehren 2015-06-05.
TSW_D1_QuestAttack_SC_Ami Legend Stufe 5 Ami verteidigen Ausgang erreichen 2015-06-05.
TSW_D1_QuestAttack_SC_DasLebenImitiertDieKunst Stufe 1a Intro Mission Literatur Sam Krieg 2015-06-19.
TSW_D1_QuestAttack_SC_DerFrühstückskult Stufe 4 Verteidigung der Bibliothek 2015-06-26.
TSW_D1_QuestAttack_SC_EinTanzDerTotenSeelen Stufe 4 Die Freude der Kinder befreien 2015-06-25.
TSW_D1_QuestAttack_SC_EinTanzDerTotenSeelen Stufe 5 Den Schwarzen Mann bekämpfen Monokel Briefing 2015-06-25.
TSW_D1_QuestAttack_SC_EinVernünftigerMann Stufe 1b Fischer Zombies Leuchtpistole 2015-06-19.
TSW_D1_QuestAttack_SC_In der Hölle ist kein Zimmer frei Stufe 1a Intro Daniel Bach Kriegsreporter 2015-06-12.
TSW_D1_QuestAttack_SC_In der Hölle ist kein Zimmer frei Stufe 1b Feuertäuferin Schänder töten Portale 2015-06-12.
TSW_D1_QuestAttack_SC_Issue01_Carter Entfesselt Stufe 3 Fleischmonster im Keller töten Bericht 2015-06-25.
TSW_D1_QuestAttack_SC_Kürbiskopf ist zurück Stufe 1b Irrlichter Kürbiskopf bekämpfen 2015-06-07.
TSW_D1_QuestAttack_SC_Kürbiskopf ist zurück Stufe 2 Vogelscheuchen KK töten 2015-06-07.
TSW_D1_QuestAttack_SC_Liga der Monsterjäger u NQ 1 2015-03-31.
TSW_D1_QuestAttack_SC_Liga der Monsterjäger u NQ 2 2015-03-31.
TSW_D1_QuestAttack_SC_Liga der Monsterjäger u NQ 3 2015-03-31.
TSW_D1_QuestAttack_SC_Liga der Monsterjäger u NQ 8 2015-03-31.
TSW_D1_QuestAttack_SC_Spieler nicht Figur Stufe 3a Askr Hexen abwehren 2015-06-05.
TSW_D1_QuestAttack_SS_AbschiedVonDenWaffen Stufe 1a Intro Mission Huoy Technologie Möglichkeiten Atonisten Nachschub Lawrence Arabien 2015-08-20.
TSW_D1_QuestAttack_SS_DasHorus-Auge Stufe 3a Schutz Horus Auge Adjutanten General töten 2015-08-20.
TSW_D1_QuestAttack_SS_DasTraurigeLied Stufe 1b Zu den Urkatakomben gehen 2015-08-19.
TSW_D1_QuestAttack_SS_DasTraurigeLied Stufe 2 Herausfinden wer die Ahnen quält 2015-08-19.
TSW_D1_QuestAttack_SS_DasTraurigeLied Stufe 6 König der Totengeister vernichten BERICHT 2015-08-19.
TSW_D1_QuestAttack_SS_DerLaufDerDinge Stufe 1a Intro Mission Amir Dschinn Verderbte Dschinn beseitigen 2015-08-19.

TSW_D1_QuestAttack_SS_DerLaufDerDinge Stufe 1b Mit Amir Dschinn finden verbannen 2015–08–19.
TSW_D1_QuestAttack_SS_DieBefleckteOase Stufe 2b Seelen Initianten Urteil Schmutz Quellen verstopfen 2015–08–20.
TSW_D1_QuestAttack_SS_DieDunklenOrte Stufe 2 Fernglas Schlucht Sturz Kampf Geister Tod 2015–08–20.
TSW_D1_QuestAttack_SS_DieDunklenOrte Stufe 6 Seelenverderber PathogenVogel besiegen BERICHT 2015–08–20.
TSW_D1_QuestAttack_SS_EinBescheidenerVorschlag Stufe 1b Orochi Geschütz aktivieren Feinde abwehren 2015–08–23.
TSW_D1_QuestAttack_SS_EineStadtAusBlutGeboren Stufe 1a Intro Mission Ptahmose Bedrohung Aton Wächter Kinder Ägypten 2015–08–17.
TSW_D1_QuestAttack_SS_EineStadtAusBlutGeboren Stufe 1b Säubere Tempel von Ghulen 2015–08–17.
TSW_D1_QuestAttack_SS_EineStadtAusBlutGeboren Stufe 3 4 Golems befreien um Ghule anzugreifen 2015–08–17.
TSW_D1_QuestAttack_SS_EinstWarenSieSchön Stufe 4 Heropsis Spinnenmonster töten BERICHT 2015–08–23.
TSW_D1_QuestAttack_SS_Mumienprobleme Stufe 2 Obersten Schreiber herbeirufen und bekämpfen 2015–08–19.
TSW_D1_QuestAttack_SS_Mumienprobleme Stufe 4 Rib-Hadda besiegen BERICHT 2015–08–19.
TSW_D1_QuestAttack_SW_DerLetzteTanzDerPadurii Stufe 4 Mama Padurii Feen Sieg Trick BERICHT 2016–01–23.
TSW_D1_QuestAttack_SW_DieLauerndenSchrecken Stufe 1b Suche Gedenkstein Iazmaciune Inschrift Hinweise Personen 2015–10–16.
TSW_D1_QuestAttack_SW_Issue07_EineSpurAusBrotkrumen Stufe 2 Orochi Stützpunkt Lykanthrop Untersuchung Ergebnisse 2015–08–27.
TSW_D1_QuestAttack_SW_Issue07_EineSpurAusBrotkrumen Stufe 5a Stützpunkt 4 Pilzwesen Strom Sammlung Wesen Orochi Ergebnisse 2015–08–27.
TSW_D1_QuestAttack_SW_Issue07_EineSpurAusBrotkrumen Stufe 6a Stützpunkt 5 Geist Roma Orochi Ergebnisse Kind Versuche 2015–08–27.
TSW_D1_QuestAttack_SW_ReinigungDesWassers Stufe 1a Intro Mission Emilia Roma Lager Verseuchung Pilz Wald Wasser Reserven Streit Rassismus 2015–10–18.
TSW_D1_QuestAttack_VW_DasSchicksalVonAl-Merayah Stufe 1a Intro Mission Drachen Gesandter Abdel Daoud Tunnel unter Stadt 2015–07–31.
TSW_D1_QuestAttack_VW_DasSchicksalVonAl-Merayah Stufe 2 Nördliche Barrikade verteidigen 2015–07–31.
TSW_D1_QuestAttack_VW_DerMenschenWahnsinn Stufe 3 Portal untersuchen Dämon aufhalten 2015–08–01.
TSW_D1_QuestAttack_VW_Die Belagerung von El-Merayah Stufe 3 Kultisten im östlichen Vorort beseitigen 2015–07–29.
TSW_D1_QuestAttack_VW_Die Belagerung von El-Merayah Stufe 4 Anführer der Kultisten töten 2015–07–29.
TSW_D1_QuestAttack_VW_DieLetzteLegion Stufe 3b Beschworene Mumie töten BERICHT 2015–08–09.
TSW_D1_QuestAttack_VW_EinLöweAufDenStraßen Stufe 1b verschiedene Ghule und Anführer Tier vor Hotel beseitigen 2015–08–01.
TSW_D1_QuestAttack_VW_EinSchattenÜberÄgypten Stufe 1b Tempel Vorplatz freikämpfen Eingang finden 2015–08–08.

TSW_D1_QuestAttack_VW_EinSchattenÜberÄgypten Stufe 3a Barriere überwunden Tempel betreten 2015 – 08 – 08.
TSW_D1_QuestAttack_VW_EinUnbehaglichesBündnis Stufe 1b Tanis Schlange folgen Angreifer abwehren 2015 – 08 – 03.
TSW_D1_QuestAttack_VW_Issue06_DerLetzteZugNachKairo Stufe 1b Fahrer Nassir CUTSCENE Said Zug 2015 – 08 – 06.
TSW_D1_QuestAttack_VW_Issue06_DerLetzteZugNachKairo Stufe 2ab Kampf Zug 2015 – 08 – 06.
TSW_D1_QuestAttack_VW_Issue06_DerLetzteZugNachKairo Stufe 2c Kampf Zug 2015 – 08 – 06.
TSW_D1_QuestAttack_VW_Issue06_DerLetzteZugNachKairo Stufe 3b Kampf Abdel Daoud Boss endlich besiegt 2015 – 08 – 06.
TSW_D1_QuestAttack_VW_LiebesgrüßeAusOxford Stufe 5 Hubschrauber anfordern Artefakte verteidigen und übergeben BERICHT 2015 – 07 – 31.
TSW_D1_QuestAttack_VW_SterbenIstTeuer Stufe 1a Intro Mission Said Alte Götter Marya Aufzeichnungen 2015 – 08 – 08.
TSW_D1_QuestAttack_VW_VonUnten Stufe 1a Intro Mission Lisa Hui Orochi Ankh Spalte Schmutz Stellung 2015 – 08 – 12.
TSW_D1_QuestAttack_VW_VonUnten Stufe 1b Stellung gegen Ansturm halten 2015 – 08 – 12.
TSW_D1_QuestInvest_BF_Issue02_TodUndÄxte Stufe 1c Informationen über Petrescu finden 2015 – 09 – 18.
TSW_D1_QuestInvest_BF_Issue02_TodUndÄxte Stufe 1d Fälle Informationen Petrescu Ermittlungen 2015 – 09 – 18.
TSW_D1_QuestInvest_BF_Issue02_TodUndÄxte Stufe 2a Tod Mihail Sasu Ort Polzeiakten Bach Liebende aufsuchen 2015 – 09 – 18.
TSW_D1_QuestInvest_BF_Issue05_HinderlichePersonen Stufe 4f Morninglight Tablet Fehler Quest BERICHT 2015 – 10 – 02.
TSW_D1_QuestInvest_KM_Der Kingsmouth Code Stufe 1a Intro 2015 – 05 – 20.
TSW_D1_QuestInvest_KM_Der Kingsmouth Code Stufe 1b Folge Symbolen 2015 – 05 – 20.
TSW_D1_QuestInvest_KM_Der Kingsmouth Code Stufe 2c Frans Hals Gemälde 2015 – 05 – 20.
TSW_D1_QuestInvest_KM_Der Kingsmouth Code Stufe 4 Lösung 2015 – 04 – 07.
TSW_D1_QuestInvest_KM_Die Vision Stufe 6 Hangmans Span Kampf Bericht 2015 – 05 – 22.
TSW_D1_QuestInvest_KM_Issue2_Tiefer Graben Stufe 1 a Intro 2015 – 04 – 07.
TSW_D1_QuestInvest_KM_Issue2_Tiefer Graben Stufe 4 a Plattenrätsel Psalm41_8 Abyssus 2015 – 04 – 08.
TSW_D1_QuestInvest_KM_Issue2_Tiefer Graben Stufe 4 b Dolandi Cantate Musikrätsel 2015 – 04 – 08.
TSW_D1_QuestInvest_KM_Männer in Schwarzen Vans 1 Intro Danny Dufresne 2015 – 04 – 08.
TSW_D1_QuestInvest_KM_Männer in Schwarzen Vans 3 Suchgerät benutzen 2015 – 04 – 08.
TSW_D1_QuestInvest_KM_Männer in Schwarzen Vans 4 Gerät gefunden 2015 – 04 – 08.
TSW_D1_QuestInvest_LO_Issue04_AlleWegeFührenNachRom Stufe 2e Ausgrabung Londinium erkunden INSTANZ 2015 – 07 – 29.
TSW_D1_QuestInvest_LO_Issue04_AlleWegeFührenNachRom Stufe 3c Schwert Rune craften Münzen INSTANZ 2015 – 07 – 29.
TSW_D1_QuestInvest_LO_Issue05_HinderlichePersonen Stufe 3 Persönlichkeitstest Antworten 412 Fehler Webseite 19c Hexadezimal Geheime Akten Schließung Reise aus SW 2015 – 10 – 02.
TSW_D1_QuestInvest_LO_Krampus2014_DieWeihnachtsverschwörung Stufe 1b Anreise Albion Theater 2015 – 12 – 31.
TSW_D1_QuestInvest_LO_Krampus2014_DieWeihnachtsverschwörung Stufe 1c Theater Angriff Phönizier 2015 – 12 – 31.
TSW_D1_QuestInvest_LO_Krampus2014_DieWeihnachtsverschwörung Stufe 1d Mozart Zauberflöte Mord Manna Nikolaus 2015 – 12 – 31.

TSW_D1_QuestInvest_NY_Nebengeschichten_WeitereAnalysen DerBelebteLehm Stufe 1a Dr Aldini Intro 2018–01–01.
TSW_D1_QuestInvest_NY_Nebengeschichten_WeitereAnalysen DerBelebteLehm Stufe 2a Recherche Lieblingsbuch Monster 2018–01–01.
TSW_D1_QuestInvest_NY_Nebengeschichten_WeitereAnalysen DerBelebteLehm Stufe 2b Passwort Paradise Lost 2018–01–01.
TSW_D1_QuestInvest_SC_Issue01_Bach und die Hölle Stufe 1a Intro Mission Wicker 2015–06–12.
TSW_D1_QuestInvest_SC_Issue01_Bach und die Hölle Stufe 4b Tabula Rasa Septimus Zimmer 2015–06–18.
TSW_D1_QuestInvest_SC_Issue1_Schuld und Sühne Stufe 3b Wohnort gefunden 2015–06–19.
TSW_D1_QuestInvest_SC_Issue1_Schuld und Sühne Stufe 4b Keller betreten Code in Webseite 2015–06–19.
TSW_D1_QuestInvest_SC_Issue01_Bach und die Hölle Stufe 5b Notizzettel Hinweis Youtube 2015–06–18.
TSW_D1_QuestInvest_SC_Issue01_Bach und die Hölle Stufe 6 Youtube Video Wicker Vortrag 2015–06–18.
TSW_D1_QuestInvest_SC_Nebengeschichten_WeitereAnalysen DerBelebteLehm Stufe 3d Barcode Personal Vater Aldini 2018–01–01.
TSW_D1_QuestInvest_SCBM_Issue2_Fremde aus einem fremden Land Stufe 1a Intro 2015–06–05.
TSW_D1_QuestInvest_SCBM_Issue2_Fremde aus einem fremden Land Stufe 1b Karte vergleichen Blue Mountains 2015–06–05.
TSW_D1_QuestInvest_SCBM_Issue2_Fremde aus einem fremden Land Stufe 1d Hugin Munin Nordmänner 2015–06–05.
TSW_D1_QuestInvest_SCBM_Issue2_Fremde aus einem fremden Land Stufe 2b Hugin Munin Nordmänner 2015–06–05.
TSW_D1_QuestInvest_SCBM_Issue2_Fremde aus einem fremden Land Stufe 3 neuer Stein Hugin Munin Rätsel 2015–06–05.
TSW_D1_QuestInvest_SCBM_Issue2_Fremde aus einem fremden Land Stufe 5a neuer Stein 2015–06–05.
TSW_D1_QuestInvest_SCBM_Issue2_Fremde aus einem fremden Land Stufe 7 Hugin Munin Wabanaki Nordmänner 2015–06–05.
TSW_D1_QuestInvest_SE_Nebengeschichten_WeitereAnalysen Versenkung Stufe 3b Reise nach Seoul Korea Seitengasse V3_0 2015–08–17.
TSW_D1_QuestInvest_SE_Nebengeschichten_WeitereAnalysen Versenkung Stufe 3e Netzwerkcafe SD Karte V4_0 2015–08–17.
TSW_D1_QuestInvest_SS_Issue01_DasDritteZeitalter Stufe 3e Suche letzter Ausgrabungsort mit Begleiter 2015–08–20.
TSW_D1_QuestInvest_SS_Issue01_DasDritteZeitalter Stufe 3i Hallen Verlorene Aufzeichnungen Dunkelheit 2015–08–20.
TSW_D1_QuestInvest_SS_Issue03_DieBindung Stufe 1b Ungewöhnlicher Besucher Falke Rätsel Blick der Götter Statuen 2015–08–21.
TSW_D1_QuestInvest_SW_Issue05_HinderlichePersonen Stufe 1b Suche Umgebung Alina Spuren Morninglight Detektiv 2015–10–02.
TSW_D1_QuestInvest_SW_Issue05_HinderlichePersonen Stufe 2a Herausfinden Akte Alina Florea Schließung BÜNA Programm 2015–10–02.
TSW_D1_QuestInvest_SW_Issue05_HinderlichePersonen Stufe 2b Eingabe JoinMorninglight Fehler Hinweis Persönlichkeitstest 2015–10–02.
TSW_D1_QuestInvest_SW_Nebengeschichten_Analysen_PrüfungenDesDrachen Stufe 1a Intro Mission Tibor Luminita Mihas Blaga Draculesti Prüfungen 2015–11–20.

TSW_D1_QuestInvest_VB_Krampus2014_DieWeihnachtsverschwörung Stufe 2b Nikolaus Manna Tod Mozart 2015–12–3.

TSW_D1_QuestInvest_VB_Krampus2014_DieWeihnachtsverschwörung Stufe 3b Lied Vögel Papageno Stimme 2015–12–31.

TSW_D1_QuestInvest_VB_Krampus2014_DieWeihnachtsverschwörung Stufe 3d Pamina Monotheastes Rettung 2015–12–31.

TSW_D1_QuestInvest_VB_Krampus2014_DieWeihnachtsverschwörung Stufe 3 g Mischung Lieder Königin Nacht Zerstörung 2015–12–31.

TSW_D1_QuestInvest_VB_Krampus2014_DieWeihnachtsverschwörung Stufe 3i Manna Bergung Nikolaus Angelina BERICHT 2015–12–31.

TSW_D1_QuestInvest_VW_DasGroßeSchrecklicheGanze Stufe 1b Karte und Notizen Montgomery Lager 2015–08–11.

TSW_D1_QuestInvest_VW_DasGroßeSchrecklicheGanze Stufe 1c Weg zu Ausgrabung Norwesten Westl Narbe 2015–08–11.

TSW_D1_QuestInvest_VW_DasGroßeSchrecklicheGanze Stufe 2a Verschlüsselung Cäsar Notizen 2015–08–11.

TSW_D1_QuestInvest_VW_DasGroßeSchrecklicheGanze Stufe 2e Kohlebecken Reihenfolge 2015–08–11.

TSW_D1_QuestInvest_VW_DasGroßeSchrecklicheGanze Stufe 3b Lichträtsel 2015–08–11.

TSW_D1_QuestInvest_VW_DasGroßeSchrecklicheGanze Stufe 3c Lichträtsel Kammer öffnen Ankh nehmen 2015–08–11.

TSW_D1_QuestInvest_VW_DasGroßeSchrecklicheGanze Stufe 4a Dritte Phase Tempelkammer Notizen Entschlüsseln 2015–08–11.

TSW_D1_QuestInvest_VW_DasGroßeSchrecklicheGanze Stufe 4b Hieroglyphen Wahrer Name Echnaton Gebet 2015–08–11.

TSW_D1_QuestInvest_VW_DasGroßeSchrecklicheGanze Stufe 4e Wahrer Name Amenophis Gebete rechts 2015–08–11.

TSW_D1_QuestInvest_VW_DasGroßeSchrecklicheGanze Stufe 5b Auge Skarabäus einfügen Holograf Nachricht 2015–08–11.

TSW_D1_QuestInvest_VW_DasGroßeSchrecklicheGanze Stufe 6 Erkenntnis zu Montgomery CUTSCENE Alte Zivilisationen BERICHT 2015–08–11.

TSW_D1_QuestInvest_VW_DerNicht-BrennendeBusch Stufe 1b brennendem Busch folgen Schriftzeichen Arabisch 2015–08–09.

TSW_D1_QuestInvest_VW_DerNicht-BrennendeBusch Stufe 1c Rätsel Plage Blutige Flüsse Schriftzeichen Hebräisch auf Stab 2015–08–09.

TSW_D1_QuestInvest_VW_DerNicht-BrennendeBusch Stufe 1d Sieg über Kultisten Blut Wasser Steintafel 2015–08–09.

TSW_D1_QuestInvest_VW_DerNicht-BrennendeBusch Stufe 2a Zweite Plage Übersetzung Altar 2015–08–09.

TSW_D1_QuestInvest_VW_DerNicht-BrennendeBusch Stufe 3a Dritte Plage Ort suchen 2015–08–09.

TSW_D1_QuestInvest_VW_DerNicht-BrennendeBusch Stufe 3c Angreifende Kultisten mit Heuschrecken bekämpfen Steintafel 2015–08–09.

TSW_D1_QuestInvest_VW_DerNicht-BrennendeBusch Stufe 4 Nächster Altar Finsternis Steintafel 2015–08–09.

TSW_D1_QuestInvest_VW_DerNicht-BrennendeBusch Stufe 5 Tod der Ungeborenen Steintafel 2015–08–09.

TSW_D1_QuestInvest_VW_EngelUndDämonen Stufe 1b Hinweise Orochi Plethron Al-Merayah Plakat 2015–07–31.

TSW_D1_QuestInvest_VW_Nebengeschichten_WeitereAnalysen Versenkung Stufe 1b Einloggen in Spiel 1_0 2015–08–17.
TSW_D1_QuestNeben_BM_AlteZeichen Stufe 1 Wabanaki Schutzsymbole Vorfahren Wissen Savage Coast 2015–07–18.
TSW_D1_QuestNeben_BM_DerUnfall Stufe 1 Überlebende des Bus Crashs suchen 2015–07–19.
TSW_D1_QuestNeben_KM_Dixie Bull muss sterben Pirat Zombie 2015–05–22.
TSW_D1_QuestNeben_RK_Issue07_WoDieKleinenHingehen Stufe 1a Berichte Experimente Kreaturen Misserfolge Orochi 2015–09–04.
TSW_D1_QuestNeben_SC_Wahlkurs Stufe 2 kleine Wendigos töten 2015–06–27.
TSW_D1_QuestNeben_SS_DasReichDerToten Stufe 1a Orochi Diebstahl Grabtuch Rückgabe 2015–08–23.
TSW_D1_QuestNeben_SS_EsKamAusDerWüste Stufe 1 Sarkophag Kreatur Mumie auferstanden 2015–08–23.
TSW_D1_QuestNeben_SS_Fundamente Stufe 2a Zweite Tafel finden und übersetzen 2015–08–20.
TSW_D1_QuestNeben_SS_SieMagStille Stufe 1 Schwert bergen Höhle Atonisten Schmieden Moutemouia BERICHT 2015–08–25.
TSW_D1_QuestNeben_SW_Issue07_EineFinstereMenagerie Stufe 1b Bericht Orochi Außenposten 2 Experimente 2015–08–27.
TSW_D1_QuestNeben_SW_Issue07_GemischteGemeinheiten Stufe 1a Waffen Orochi Sammeln Rat Venedig BERICHT 2016–01–23.
TSW_D1_QuestNeben_VW_BergInBewegungSteigenderSand Stufe 1 Sandgolems in Verbrannter Ebene töten BERICHT 2015–08–09.
TSW_D1_QuestNeben_VW_DasEntschärfungskommando Stufe 1 Sprengsätze in Al-Merayah entschärfen 1 2015–08–01.
TSW_D1_QuestNeben_VW_Issue06_OTemporeOMores Stufe 1a Befreiung Blutopfer Aufstand Bewaffnung Übergang von Issue06_AllesHatSeineZeit 2015–08–06.
TSW_D1_QuestNeben_VW_Issue06_OTemporeOMores Stufe 2 Verschlinger besiegen 2015–08–06.
TSW_D1_QuestNeben_VW_PrimumNonNocere Stufe 2 erstatte Lisa Hui Bericht im Orochi Lager BERICHT 2015–08–12.
TSW_D1_QuestSabot_BF_DerPreisDerMagie Stufe 2a Blut Alter Vampir Zutat Zauber Besorgung SCHEITERN Stoß Plattform 2015–10–09.
TSW_D1_QuestSabot_BF_DerPreisDerMagie Stufe 2b Blut Alter Vampir Zutat Zauber Besorgung SCHEITERN Stoß Plattform 2015–10–09.
TSW_D1_QuestSabot_BF_DieSündenDesVaters Stufe 5b Experiment Soldat Vampir Sowjetunion Proliferation BERICHT 2015–09–21.
TSW_D1_QuestSabot_BM_DieGeisterunddieDunkelheit Stufe 2 Geister Minenarbeiter Sprechen bringen 2015–07–18.
TSW_D1_QuestSabot_BM_DieOrochiGroup Stufe 1 Intro Mission Marianne Chen CDC 2015–07–17.
TSW_D1_QuestSabot_BM_DieOrochiGroup Stufe 2 In Orochi Lager eindringen 2015–07–17.
TSW_D1_QuestSabot_KM_Die Lieferung Stufe 1a Intro Cassandra Che Morninglight 2015–05–28.
TSW_D1_QuestSabot_KM_Die Lieferung Stufe 2 Wartungstunnel INSTANZ 2015–06–04.
TSW_D1_QuestSabot_KM_Flugsicherung 3 EMP Generatoren abschalten 2015–04–08.
TSW_D1_QuestSabot_RK_Issue07_WennDasBeilFällt Stufe 7d Suche Stufe 6 Orochi Agent Karpaten 2015–08–28.
TSW_D1_QuestSabot_SC_Das Schwarze Haus Stufe 1 Intro Mission 2015–03–31.
TSW_D1_QuestSabot_SC_Das Schwarze Haus Stufe 2 2015–03–31.
TSW_D1_QuestSabot_SS_Notfallmaßnahmen Stufe 4 Upload Informationen Orochi Templer London Bericht 2015–08–23.
TSW_D1_QuestSabot_SW_Issue07_WennDasBeilFällt Stufe 1a Intro Mission Tibor Luminita Verschwundene Kinder Hof Wald 2015–08–27.

TSW_D1_QuestSabot_SW_Issue07_WennDasBeilFällt Stufe 5a Eintritt Beifall Anlage Zusammentreffen Agentin Rat Venedig CUTSCENE 2015-08-28.
TSW_D1_QuestSabot_SW_Issue07_WennDasBeilFällt Stufe 6b Anlage Erkundung Kinder Gefangenschaft Trauer Tür 2 2015-08-28.
TSW_D1_QuestSabot_SW_Issue07_WennDasBeilFällt Stufe 7b Berichte Angriff Anlage Komplex Orochi Kinder Experimente Sowjetunion 2015-08-28.
TSW_D1_QuestSabot_SW_WieGhuleZurSchlachtbank Stufe 2 Keller Dimir Hof Bunker Sowjetunion Schlachthaus Sicherheit INSTANZ 2015-10-12.
TSW_D1_QuestSabot_VW_DerVerräter Stufe 3c Flucht Verräter Drachen Fraktion BERICHT 2015-07-31.
TSW_D1_QuestSabot_VW_DiePrometheus-Initiative Stufe 1a Intro Mission Lisa Hui Pumpwerk Verrat Logistik Orochi 2015-08-12.
TSW_D1_QuestSabot_VW_DiePrometheus-Initiative Stufe 1b Spuren sichern Orochi Tablet Laptop Zelt 2015-08-12.
TSW_D1_QuestSabot_VW_DiePrometheus-Initiative Stufe 2 Kraftwerk neu starten Scheitern Erfolg Schleichen 2015-08-12.
TSW_D1_QuestSabot_VW_Issue06_AllesHatSeineZeit Stufe 1a Intro Mission Said Atonisten Artefakt ÜBERGANG von Issue06_DerGefangene 2015-08-06.
TSW_D1_QuestSabot_VW_Issue06_AllesHatSeineZeit Stufe 1c Zeitgrabmal aufsuchen bei Sol Invictus 2015-08-06.
TSW_D1_QuestSabot_VW_Issue06_AllesHatSeineZeit Stufe 1d Sol Invictus 329AD Übergang Nebenquest OTemporeOMores 2015-08-06.
TSW_D1_QuestSabot_VW_Issue06_AllesHatSeineZeit Stufe 2b Dokument für Replika des Ancile finden 2015-08-06.
TSW_D1_QuestSabot_VW_Issue06_AllesHatSeineZeit Stufe 3c Ancile Said CUTSCENE ÜBERGANG Issue06_DieStadtUnterUns 2015-08-06.
TSW_D1_QuestSabot_VW_Issue06_DerGefangene Stufe 4c Said bei Hotel Wahid Weg dorthin 2015-08-06.
TSW_D1_QuestSabot_VW_Issue06_DieStadtVorUns Stufe 3 Funktionierende Arche bergen Entkommen 2015-08-06.
TSW_D1_QuestSabot_VW_Issue06_DieStadtVorUns Stufe 5 Wagemutig Fahrer Nassir BERICHT ÜBERGANG Issue06_DerLetzteZugNachKairo 2015-08-06.
TSW_D1_QuestStory_KM_DämmerungEinerEndlosenNacht Stufe 4a Dr Bannerman Praxis Patient Akten INSTANZ SAMMYLUXE 2016-02-04.
TSW_D1_QuestStory_KM_DämmerungEinerEndlosenNacht Stufe 5b Suche Besatzung Joe Slater Mutation INSTANZ SAMMYLUXE 2016-02-04.
TSW_D1_QuestStory_KM_DämmerungEinerEndlosenNacht Stufe 6a Lied Sirenen Weg Tunnel Beaumont Kassy INSTANZ SAMMYLUXE 2016-02-04.
TSW_D1_QuestStory_KM_DämmerungEinerEndlosenNacht Stufe 7c Beaumont Spur Flughafen Rundflug SAMMYLUXE 2016-02-05.
TSW_D1_QuestStory_KM_DämmerungEinerEndlosenNacht Stufe 7d Flugbuch Beaumont Savage Coast BERICHT SAMMYLUXE 2016-02-05.
TSW_D1_QuestStory_SC_DämmerungEinerEndlosenNacht Stufe 8b Archiv Keller Illuminaten SAMMYLUXE 2016-02-05.
TSW_D1_QuestStory_SE_Drachenschulung Stufe 1 Intro Dae-Su Drachen Auserwählte Waffen Training Erkenntnis 2017-04-01.
TSW_D1_QuestStory_SE_Ground Zero Stufe 3 Seoul Hotel Zimmer fortgeschickt 2017-04-01.
TSW_D1_SamhainEvent_2012_Dungeon_BM_DerKatzengott Stufe 1b Stonehenge Katzengott Kampf Gruppe Agenten 2015-11-12.

TSW_D1_SamhainEvent_2012_QuestInvest_LO_DenSchwarzenPfadKreuzen Stufe 1 g Chicoree Wurzel HousOfChalk Kauf 2015–11–12.
TSW_D1_SamhainEvent_2014_QuestNeben_SW_DieÜbertragung Stufe 1a Telefonat Anruf Dave Screed 2015–10–31.
TSW_D1_SamhainEvent_2014_QuestNeben_NY_DieÜbertragung Stufe 1c Dave Screed Waschsalon in New York Finden 2015–10–31.
TSW_D1_SamhainEvent_2014_QuestNeben_KM_DieÜbertragung Stufe 2b Friedhof Kingsmouth Radio Übertragung 50er 2015–11–10.
TSW_D1_SamhainEvent_2015_QuestInvest_LO_DieSiebenStillen Stufe 3a Reise Seoul Traum Büro Telefon Lore 2015–11–12.
TSW_D1_Spielmechanik_Musikrätsel QuestInvest_VB_Krampus2014_ DieWeihnachtsverschwörung Stufe 3b Lied Vögel 2015–12–31.
TSW_D1_Talentsystem_Deck_Hexenmeister Steigerung fortsetzen Al-Merayah 2015–07–31.
TSW_D1_Talentsystem_Deck_Paladin Fertigkeiten Steigerung 2015–09–18.
TSW_D1_Talentsystem_Deck_Prediger Steigerung Talente 2 2015–12–31.
TSW_D1_Talentsystem_Deck_Überblick über alle Decks 2015–08–19.
TSW_D1_Talentsystem_Fähigkeiten Basisfertigkeiten vollständig alle aufgeklappt 2015–07–31.
TSW_D1_Talentsystem_Fertigkeiten Augmentierung Steigerung 2015–08–06.
TSW_D1_Theater_Ausstattung New England Erfolg und Objekte 2015–07–02.
TSW_D1_Währung_Issue12_Reduktion Komplexität Reform 2015–08–20.
TSW_D1_Währung_Sonderwährung CaDOro 2015–08–08.
TSW_D1_Währung_Token besondere Währungen Quests Issues 2015–08–19.
TSW_D2_Atmosphäre_BF_Soundscape Belagertes Farmland Alte Mühle Regen Nacht 2015–10–01.
TSW_D2_Atmosphäre_BF_Soundscape BelagertesFarmland Agartha Eingang 2015–08–25.
TSW_D2_Atmosphäre_BF_Soundscapes Hababuresti Licht Radio Musik 2015–08–26.
TSW_D2_Atmosphäre_BF_Soundscapes StHaralambie Kirche 2015–08–26.
TSW_D2_Atmosphäre_BM_Soundscapes Franklin Manor Garten Pool Frösche 2015–11–12.
TSW_D2_Atmosphäre_BM_Soundscapes_Sumpf Nordosten Der Schmutz 2015–07–17.
TSW_D2_Atmosphäre_KM_Hafen 2015–05–20.
TSW_D2_Atmosphäre_KM_Soundscapes Angriff Alarm Polizeistation 2015–06–04.
TSW_D2_Atmosphäre_KM_Soundscapes Stadt 2015–05–28.
TSW_D2_Atmosphäre_LO_Ealdwic Soundscapes Tageslicht 2015–07–27.
TSW_D2_Atmosphäre_NY_Soundscapes 2015–06–18.
TSW_D2_Atmosphäre_RK_Soundscapes Licht Stimmung Eingangsbereich Sonnentempel Issue07_WennDasBeilFällt Stufe 7d Suche Orochi Agent 2015–08–28.
TSW_D2_Atmosphäre_SC_Soundscapes Kindergarten Dorf 2015–06–04.
TSW_D2_Atmosphäre_SC_Soundscape Licht Dorf 2015–06–18.
TSW_D2_Atmosphäre_SC_Soundscapes Stimmung Atlantic Island Park 2015–06–04.
TSW_D2_Atmosphäre_SC_Übergang Black Goat Forest Licht Stimmung 2015–06–04.
TSW_D2_Atmosphäre_SC_Übergang Overlook Motel Licht Stimmung 2015–06–04.
TSW_D2_Atmosphäre_SC_Übergang zu Atlantic Island Park Licht Stimmung 2015–06–04.
TSW_D2_Atmosphäre_SW_Soundscapes Lichtstimmung Kapelle des Prinzen Innen Außen 2015–10–12.
TSW_D2_Atmosphäre_SW_Soundscapes Lichtstimmung Weg Wald Geräusche 2015–10–12.
TSW_D2_Atmosphäre_SW_Soundscapes Nacht Weg nach Norden Wölfe Zikaden DieDraculesti Stufe 2a 2015–10–18.
TSW_D2_Atmosphäre_SW_Soundscapes See der Sirene Baum des Lebens TAG Sonne Geräusche 2015–10–18.
TSW_D2_Atmosphäre_SW_Soundscapes TAG Weg Iazmaciune Roma Lager 2015–10–16.
TSW_D2_Atmosphäre_VW_Al-Merayah Soundscapes Licht 2015–07–31.

TSW_D2_Atmosphäre_VW_Soundscapes Wüste Ausgrabung Nacht Vollmond Licht 2015–08–11.
TSW_D2_Enzyklopädie_Erfolge 1 2015–03–31.
TSW_D2_Enzyklopädie_Erfolge 2 2015–03–31.
TSW_D2_Enzyklopädie_Wissen 1 2015–03–31.
TSW_D2_Enzyklopädie_Wissen 2 2015–03–31.
TSW_D2_Enzyklopädie_Wissen 3 u Echos 2015–03–31.
TSW_D2_Erinnerungsorte_BF_Bunkeranlage Observatorium Sowjetunion Rote Hand Fahrzeuge Waffen 2015–10–02.
TSW_D2_Erinnerungsorte_BF_Harbaburesti Rumänien Ostblock Plattenbau Karte Kirche St Haralambie 2015–10–02.
TSW_D2_Erinnerungsorte_BF_SeeDesHeiligenHerzens Kirche Vergleich Karte Gegenwart Ruinen 2015–10–02 11–20–24–48.
TSW_D2_Erinnerungsorte_BM_Franklin Anwesen Weg Eingang Gegenwart 2015–07–18.
TSW_D2_Erinnerungsorte_BM_Wabanaki Traditionsdorf 2015–07–02.
TSW_D2_Erinnerungsorte_RK_Sonnentempel Agartha Übergang 2015–08–28.
TSW_D2_Erinnerungsorte_SC_Das Schwarze Haus 1 2015–03–31.
TSW_D2_Erinnerungsorte_SC_Wikinger Landung Vinterskag Norseman 2015–06–25.
TSW_D2_Erinnerungsorte_SW_Anlage Beifall Sowjetunion Geräte Stromnetz Nachnutzung Orochi Issue07_WennDasBeilFällt 2015–08–28.
TSW_D2_Karten_Blue Mountains 2015–06–05.
TSW_D2_Karten_DerSchattenhafteWald 2015–08–27.
TSW_D2_Karten_DasBelagerteFarmland 1 2015–08–25.
TSW_D2_Karten_DasBelagerteFarmland 2 2015–08–25.
TSW_D2_Karten_Dungeon Overlook Motel Menschenhaut 2015–06–19.
TSW_D2_Karten_Gefallene Hölle Dungeon 2015–08–19.
TSW_D2_Karten_London 2015–06–18.
TSW_D2_Karten_NewYork 2015–06–18.
TSW_D2_Karten_Reißzähne der Karpaten 2018–01–12.
TSW_D2_Karten_Savage Coast 2015–03–31.
TSW_D2_Karten_StadtDesSonnengottes 1 2015–08–17.
TSW_D2_Karten_Verbrannte Wüste 2015–07–29.
TSW_D2_Lore_AG_FlüsterndeFlut Nr 1 3 Nullpunkt Pathogen Vogel Raid 2015–10–02.
TSW_D2_Lore_BF_DerWaffenstillstand Nr10 KlosterUnsererHerrin Haus des Abtes 2015–08–26.
TSW_D2_Lore_BF_DieAnlage Nr 1 2015–08–26.
TSW_D2_Lore_BF_DieOrochiGroup Nr 6 Der Turm in Tokio 2015–08–26.
TSW_D2_Lore_BF_Iazmaciune Nr 2 Bedeutung Wort Schrecken Fundort Kloster 2015–10–16.
TSW_D2_Lore_BM_Samhain 2012 Nr 3 Stonehenge Ursprung Beschwörung Katzengott VOLLSTÄNDIG 2015–11–12.
TSW_D2_Lore_BM_Wissen_Blue Ridge Mine Nr 2 Hintergründe Wabanaki Minenarbeiter 2015–07–18.
TSW_D2_Lore_Drachen Intro 2017–04–01.
TSW_D2_Lore_Drachen Intro Film Wohnung Entführung 1 2017–04–01.
TSW_D2_Lore_Drachen Intro Film Wohnung Entführung 2 2017–04–01.
TSW_D2_Lore_Illuminaten Intro 2017–04–01.
TSW_D2_Lore_KM_Feuer 1712 1 2015–03–31.
TSW_D2_Lore_KM_Feuer 1712 3 2015–03–31.
TSW_D2_Lore_KM_Lady Margarete 2 2015–05–20.
TSW_D2_Lore_KM_Lady Margaret 7 Wikinger 2015–06–29.
TSW_D2_Lore_LO_Samhain 2012 Nr 1 Übertragung Beginn Vodoo Shop House of Chalk 2015–11–12.

TSW_D2_Lore_NY_Illuminaten 1 unerreichbar 2015 – 06 – 18.
TSW_D2_Lore_NY_Illuminaten 2 Wissen Sprünge Schwer 2015 – 06 – 18.
TSW_D2_Lore_NY_Samhain2014 Nr 10 Dave Screed Verschwörung 2015 – 10 – 31.
TSW_D2_Lore_SC_Der Nebel 2015 – 03 – 31.
TSW_D2_Lore_SC_Liga der Monsterjäger Nr 8 b 2015 – 06 – 07.
TSW_D2_Lore_SE_QuestStory Schmetterlingseffekt Stufe 2 Hoon Erklärung Wirkung Drachen Chaos Theorie 2017 – 04 – 01.
TSW_D2_Lore_SS_Die Pyramide Nr 1 2015 – 08 – 17.
TSW_D2_Lore_SS_DiePyramide Nr 5 vollständig 2015 – 08 – 25.
TSW_D2_Lore_SS_DieWächter Nr 15 Sieben Wächter gg Aton Erfolg Regionale Geschichte 2015 – 08 – 17.
TSW_D2_Lore_SS_FundInDerTempelstadt Nr 10 vollständig Erfolge AktuelleEreignisse 2015 – 08 – 25.
TSW_D2_Lore_SW_Anastasias Wagen Nr 1 Roma Geister Helfer Zigeuner Zauberei Fahrendes Volk 2015 – 10 – 09.
TSW_D2_Lore_SW_Iazmaciune Nr 7 Geschichte Ort Rumänen Frieden Werwölfe Vampire 2015 – 10 – 12.
TSW_D2_Lore_SW_Vampir-Kreuzzüge Nr 3 Beginn Geschichte Mara Vlad Dracul 2015 – 10 – 12.
TSW_D2_Lore_SW_Überblick Wissen 2015 – 10 – 09.
TSW_D2_Lore_Templer Intro 2017 – 04 – 01.
TSW_D2_Lore_VB_Krampus2014_DasMannaDesHlgNikolaus Nr 3 komplett Balsam Gift Tofana Mozart 2015 – 12 – 31.
TSW_D2_Lore_VW_DasReich Nr 6 vollständig 2015 – 08 – 17.
TSW_D2_Lore_VW_Lagerkisten Issue06_DerGefangene Stufe 1b 2015 – 08 – 06.
TSW_D2_Narration_implizit_KM_Straßennamen Horror-Autoren 1 2015 – 05 – 28.
TSW_D2_OralHistory_AG_Der Stationsvorsteher Eigene Zeit England Queen Secret World Konzept Hohlwelt Agartha 2015 – 09 – 18.
TSW_D2_OralHistory_BF_Carmen Preda 2 Intro Mission FestmahlDerGhule Belagerung Vampire Geschichte Wiederholung 2015 – 08 – 26.
TSW_D2_OralHistory_BF_Cucuvea 1 Dialoge Baum Alte Frau Geheime Welt Krieg Rache Schwester Zeitalter 2015 – 10 – 01.
TSW_D2_OralHistory_BF_Cucuvea 2 Intro Mission DieVersammlung Feindschaft Lilith Vampir Königin Kreaturen Krieg Zeitalter 2015 – 10 – 01.
TSW_D2_OralHistory_BF_Dr Varias 1 Dialoge Die Rote Hand Sowjetunion Vater Werwölfe Rationalismus Volksglaube 2015 – 09 – 20.
TSW_D2_OralHistory_BF_Hasdatean 1 Dialoge Vampir Adel Interpretation Dracula Geschichte Stoker Verfälschung Kampf Koexistenz 2015 – 09 – 28.
TSW_D2_OralHistory_BF_Petru Blajini 2 Intro Mission DieFreundlichen Revolution Blajini Widerstand Vampire 2015 – 09 – 25.
TSW_D2_OralHistory_BF_Vampirjäger 1 Dialoge Vampire Klugheit Dummheit Experimente Sowjetunion Kreuzzug Belagerung 2015 – 09 – 28.
TSW_D2_OralHistory_BF_Waldgott 2 Intro Mission AusdemWald Waldgott Sophie Vampire Zerstörung Natur Plan Dunkler Kreuzzug 2015 – 09 – 18.
TSW_D2_OralHistory_BF_Zaha 1 Dialoge Roma Dracula Orden Verbindung Verteidigung Transylvanien Geschichte 2015 – 09 – 28.
TSW_D2_OralHistory_BM_Eleanor Franklin 1 Dialoge Herkunft Wabanaki FranklinManor DerNebel 2015 – 07 – 18.
TSW_D2_OralHistory_BM_Eleanor Franklin 2 Intro Mission DieGeisterunddieDunkelheit Ami Blue Ridge Mine 2015 – 07 – 18.

TSW_D2_OralHistory_BM_Eleanor Franklin 3 Intro Mission BisDasBlutGefriert Geschichte Franklin Manor 2015-07-18.
TSW_D2_OralHistory_BM_Joseph Old Joe Cajiais 1a Dialoge Wabanaki Schutz Land Familie Ami 2015-07-02.
TSW_D2_OralHistory_BM_Joseph Old Joe Cajiais 2 Intro Mission Traumfänger Geister fangen 2015-07-02.
TSW_D2_OralHistory_BM_Joseph Old Joe Cajiais 2c Zwischensequenz Traumfänger Joe ratlos 2015-07-02.
TSW_D2_OralHistory_BM_Karen Olsen NSA 1 Dialoge Militärapparat Landesverteidigung Hybris 2015-07-19.
TSW_D2_OralHistory_BM_Madahando Frank Dialoge Familie Ami Mine 2015-07-02.
TSW_D2_OralHistory_BM_Madahando Joe 1 Intro Mission Von der Karte Gestrichen 2015-07-02.
TSW_D2_OralHistory_BM_Marianne Chen CDC 2 Intro Mission Der Schmutz Orochi Regierung 2015-07-17.
TSW_D2_OralHistory_BM_MarianneChen CDC 3 Intro Mission Orochi Group2015-07-17.
TSW_D2_OralHistory_BM_Sarge und Karen Olsen 1 Militär NSA Operation BM Hybris DerFeindMeinesFeindes 2015-07-19.
TSW_D2_OralHistory_BM_Sarge und Karen Olsen 2 Intro Mission DieGütigeVerschwörung Militär NSA Hybris 2015-07-19.
TSW_D2_OralHistory_BM_Sarge und Karen Olssen 3 Mission Intro HomelandInsecurity Regierung Konflikt 2015-07-27.
TSW_D2_OralHistory_KM_Andy Deputy 1 2015-06-04
TSW_D2_OralHistory_KM_Ann Radcliffe Orochi 2015-04-08.
TSW_D2_OralHistory_KM_Che Garcia Hansen 1 Morninglight Erlösung Belmont Geheimgesell 2015-05-28.
TSW_D2_OralHistory_KM_Che Garcia Hansen 2 Morninglight Erlösung Belmont Geheimgesell 2015-05-28.
TSW_D2_OralHistory_KM_Danny Dufresne Skater Popkultur 1 2015-04-08.
TSW_D2_OralHistory_KM_Danny Dufresne Skater Popkultur 2 2015-04-08.
TSW_D2_OralHistory_KM_Edgar Schrottplatz 1 2015-05-20.
TSW_D2_OralHistory_KM_Edgar Schrottplatz 3 2015-05-28.
TSW_D2_OralHistory_KM_Harrison Blake Orochi 1 2015-04-08.
TSW_D2_OralHistory_KM_Harrison Blake Orochi 2 2015-04-08.
TSW_D2_OralHistory_KM_Helen Bannerman Polizei 2015-05-20.
TSW_D2_OralHistory_KM_Henry Hawthorne Priester Kirche 1 2015-05-22.
TSW_D2_OralHistory_KM_Madame Roget Ravens Knock Wahrsagerin 1 2015-05-22.
TSW_D2_OralHistory_KM_Madame Roget Ravens Knock Wahrsagerin 4 SamhainEvent_2012_KM_DasMiauendeTier Stufe 1a 2015-11-10.
TSW_D2_OralHistory_LO_Callie James 1 London Templer Konflikte Fantasie Galahad 2015-07-27.
TSW_D2_OralHistory_LO_Callie James 2 Erweckung Geheimgesellschaften Magie Gaia 2015-07-27.
TSW_D2_OralHistory_LO_Dame Julia Beatrix Tyburn Alte Templer Missachtung Neue 2015-07-27.
TSW_D2_OralHistory_LO_Iain Tibet Gladstone 1 Historiker Schriftlichkeit Interpretation Templer Secret History 2015-07-27.
TSW_D2_OralHistory_LO_Iain Tibet Gladstone 2 Historiker Schriftlichkeit Interpretation Templer Secret History 2015-07-27.
TSW_D2_OralHistory_LO_Marianne Shelley 1 Templer Geheime Welt Staat Politik Polizeiarbeit 2015-07-27.
TSW_D2_OralHistory_LO_Marianne Shelley 2 Templer Geheime Welt Staat Politik Polizeiarbeit 2015-07-27.

TSW_D2_OralHistory_LO_Mary Stuart Templer Sonnac eigene Rolle des Spielers 2015–07–27.
TSW_D2_OralHistory_LO_Richard Sonnac 1 Templer Weltsicht Legenden Mythen Fraktionen 2015–07–27.
TSW_D2_OralHistory_LO_Richard Sonnac 2 Templer Weltsicht Legenden Mythen Fraktionen 2015–07–27.
TSW_D2_OralHistory_NY_Dave Screed 2 Intro Mission Issue04_KreuzungderWelten Angriff Militär Verschwörung Times Square 2015–10–31.
TSW_D2_OralHistory_RK_DraganDzoavich 3 Intro Mission Issue07_ManStirbtNurZweimal Orochi Agent Nursery Mädchen Bär Verrücktheit 2015–08–28.
TSW_D2_OralHistory_SC_Ami Bait N Tackles Wabanaki 2 Video Mission 2015–06–05.
TSW_D2_OralHistory_SC_Ami Bait N Tackles Wabanaki 3 Dialoge 2015–06–05.
TSW_D2_OralHistory_SC_Annabel Usher 1 Dialoge Templer Hexe Innsmouth 2015–06–25.
TSW_D2_OralHistory_SC_Annabel Usher 2 Intro Mission Freizeitzentrum 2015–06–25.
TSW_D2_OralHistory_SC_Annabel Usher 3 Intro Mission Bootshaus im Nebel 2015–06–25
TSW_D2_OralHistory_SC_Carter 1 Dialoge Dufresne Kräfte 2015–06–25.
TSW_D2_OralHistory_SC_Hayden Montag 1a Dialoge Direktor Innsmouth 2015–06–26.
TSW_D2_OralHistory_SC_Hayden Montag 1b Dialoge Direktor Innsmouth 2015–06–26.
TSW_D2_OralHistory_SC_Hayden Montag 2 Intro Mission Frühstückskult Schutzzauber 2015–06–26.
TSW_D2_OralHistory_SC_Hayden Montag 3 Intro Mission WissenschaftKunst Eingemauerte 2015–06–26.
TSW_D2_OralHistory_SC_Hayden Montag 5 Intro Mission Herausgefordert Wraith austreiben 2015–06–26.
TSW_D2_OralHistory_SC_John Wolf Wabanaki Kindergarten 4 Mission Liga Monsterjäger 2015–03–31.
TSW_D2_OralHistory_SC_John Wolf Wabanaki Kindergarten 6 DämmerungEinerEndlosenNacht Stufe 8d Illuminaten Tunnel SAMMYLUXE 2016–02–05.
TSW_D2_OralHistory_SC_Kyra Dexter Tochter Ami Wabanaki 2015–06–06.
TSW_D2_OralHistory_SC_Nicholas Winter 1 Dialoge Vergnügungspark 2015–06–25.
TSW_D2_OralHistory_SC_Nicholas Winter 2 Intro Mission Vergnügungsparkkönig 2015–06–25.
TSW_D2_OralHistory_SC_Red Bait N Tackles Geschäft Wabanaki 1 2015–06–05.
TSW_D2_OralHistory_SC_Red Bait N Tackles Geschäft Wabanaki 2 Video 2015–06–05.
TSW_D2_OralHistory_SE_Dae-Su 1 Intro Drachenschulung Stufe 1 Drachen Auserwählte Waffen Training Erkenntnis 2017–04–01.
TSW_D2_OralHistory_SE_Jin Jae-Hoon 1 Intro Mission Schmetterlingseffekt Stufe 1 2 2017–04–01.
TSW_D2_OralHistory_SE_Jin Jae-Hoon 2 Dialog Über sich selbst 2017–04–01.
TSW_D2_OralHistory_SE_Jin Jae-Hoon 5 Dialog Die Phönizier Seoul Der Rat von Venedig 2017–04–01.
TSW_D2_OralHistory_SS_Amir Dschinn 1 Intro Mission Mumienprobleme Gaia Menschen Hass 2015–08–19.
TSW_D2_OralHistory_SS_Amir Dschinn 2 Intro Mission DerLaufDerDinge Exil Dschinn Ehre Menschen Affen 2015–08–19.
TSW_D2_OralHistory_SS_Houy 1 Intro Mission AbschiedVonDenWaffen Technologie Möglichkeiten Atonisten Nachschub Lawrence Arabien 2015–08–20.
TSW_D2_OralHistory_SS_Houy 2 Issue03_DieBindung Familie Ptahmose Opfer Kinder Echnaton 2015–08–20.
TSW_D2_OralHistory_SS_Moutemouia 1 Intro Mission DasTraurigeLied Atonisten Beschwörung Kreaturen Todessehnsucht 2015–08–19.
TSW_D2_OralHistory_SS_Moutnefert 1 Intro Mission EinstWarenSieSchön Fernweh Postkarten Reisen 2015–08–23.

TSW_D2_OralHistory_SS_Moutnefert 2 Intro Mission SS_DieTotenErhebenSich Uschebti Reise Gefahr Tiere Schicksal ungefragt Ptahmose 2015 – 08 – 23.

TSW_D2_OralHistory_SS_Nefertari 1 Intro Mission DieBefleckteOase Rote Nächte Schutz Geschwister Sterblichkeit Uschebti 2015 – 08 – 20.

TSW_D2_OralHistory_SS_Nefertari 2 Intro Mission Issue01_DasDritteZeitalter Geschwister Zivilisationen Zeitalter 2015 – 08 – 20.

TSW_D2_OralHistory_SS_NefertariDJüngere 1 Intro Mission QuestSabot_SS_HallenDerVerschollenenAufzeichnungen Tiere Hilfe Schutz Aufzeichnungen 2015 – 08 – 24.

TSW_D2_OralHistory_SS_Ptahmose 1 Dialoge Echnaton Khalid Tempelstadt 2015 – 08 – 17.

TSW_D2_OralHistory_SS_Ptahmose 2 Intro Mission EineStadtAusBlutGeboren Bedrohung Aton Wächter Kinder Ägypten 2015 – 08 – 17.

TSW_D2_OralHistory_SS_Ptahmose 4 Uschebti Herstellung Issue03_DieBindung 2015 – 08 – 21.

TSW_D2_OralHistory_SS_Thutmosis 1 Intro Mission DieDunklenOrte Krieg gg Schwarzen Pharao Familie Uschebti 2015 – 08 – 19.

TSW_D2_OralHistory_SS_Thutmosis 2 Intro Mission DasHorus-Auge General Sammlung Atonisten Wächter körperlos 2015 – 08 – 20.

TSW_D2_OralHistory_SW_Agentin Rat Venedig 1 Issue07_WennDasBeilFällt Eintritt Beifall Anlage Zusammentreffen Rat Venedig 2015 – 08 – 28.

TSW_D2_OralHistory_SW_Alina Florea 1 Dialoge Emo Selbstmord Morninglight Sekte Ereignisse Transylvanien 2015 – 10 – 02.

TSW_D2_OralHistory_SW_Anastasia 1 Dialoge Wagen Mythen Speicher Wikipedia Analogie Knotenpunkt Alt Neu 2016 – 01 – 23.

TSW_D2_OralHistory_SW_Anastasia 2 Intro Mission QuestAttack_SW_DerLetzteTanzDerPadurii See Sirene Wagen Wissen Feen Moderne 2016 – 01 – 23.

TSW_D2_OralHistory_SW_Emilia 1 Dialoge Roma Lager Jugendliche Kampf Draculesti Probleme Jugend 2015 – 10 – 18.

TSW_D2_OralHistory_SW_Luminita 1 Intro Mission Pilz-Feuerwerk Tibor Mihas Kampf Draculesti Held Dracul 2015 – 10 – 19.

TSW_D2_OralHistory_SW_Mihas Blaga 1 Dialoge Boxer Aufnahme Draculesti Vlad Dracula Der Wald Geschichte Roma 2015 – 10 – 02.

TSW_D2_OralHistory_SW_Milosh 1 Dialoge Roma Draculesti Sprachen Aufgaben Welt Kampf Monster Orden 2015 – 10 – 18.

TSW_D2_OralHistory_SW_Milosh 2 Intro Mission DieLauerndenSchrecken Milosh Draculesti Erbe Tradition Geschichte Kampf 2015 – 10 – 12.

TSW_D2_OralHistory_SW_Milosh Roma 3 Intro Mission DieDraculesti Kampf Orden Personen Gegner Aufgaben Bollwerk 2015 – 10 – 16.

TSW_D2_OralHistory_SW_Tibor Luminita 1 Dialoge Milosh Anführer Nachfolge König Mutter Draculesti 2015 – 10 – 19.

TSW_D2_OralHistory_VW_Abdel Daoud 2 Intro Mission LiebesgrüßeAusOxford Prophet Aton Drachen Relikte Verkauf Kolonialismus 2015 – 07 – 31.

TSW_D2_OralHistory_VW_Abdel Daoud 3 Issue06_DerGefangene CUTSCENE Pläne Aton Unsterblich 2015 – 08 – 06.

TSW_D2_OralHistory_VW_Abdel Daoud 4 Issue06_AllesHatSeineZeit Stufe 3a CUTSCENE Glaube Daoud Altes Reich 2015 – 08 – 06.

TSW_D2_OralHistory_VW_Amparo Osorio Rat Venedig 1 Dialoge Al-Merayah Geheimgesellschaften 2015 – 08 – 01.

TSW_D2_OralHistory_VW_Amparo Osorio Rat Venedig 2 Dialoge Rat von Venedig Verortung Geheime Welt 2015 – 08 – 01.

TSW_D2_OralHistory_VW_Amparo Osorio Rat Venedig 4 Intro Mission EinLöweAufDenStraßen Menschen verschleppt Verstärkung Rat 2015–08–01.
TSW_D2_OralHistory_VW_Khalid Weiser Wüste 1 Dialoge Ägypten Marya Unsterblichkeit Plagen 2015–08–09.
TSW_D2_OralHistory_VW_Khalid Weiser Wüste 3 Intro Mission DieLetzteLegion Khalid Sol Invictus Konstantin Flucht Kultisten Bündnis 2015–08–09.
TSW_D2_OralHistory_VW_Khalid Weiser Wüste 4 Intro Mission DerNicht-BrennendeBusch Khalid Plagen Bruder Brennender Busch 2015–08–09.
TSW_D2_OralHistory_VW_Montgomery de la Roche 1 Dialoge Oxford Wissenschaft Okkult Plagen 2015–08–09.
TSW_D2_OralHistory_VW_Montgomery de la Roche 2 Intro Mission DasGroßeSchrecklicheGanze Echnaton Amarna Gründung Grund 2015–08–09.
TSW_D2_OralHistory_VW_Montgomery de la Roche 3 Intro Mission DasGroßeSchrecklicheGanze Echnaton Amarna Gründung Erkenntnis Montgomery Alte Zivilisationen BERICHT 2015–08–11.
TSW_D2_OralHistory_VW_Nassir MaryaLager 1a Dialoge Ausbildung USA Krieg Marya Sonnengott Stadt 2015–08–03.
TSW_D2_OralHistory_VW_Said 0 Dialoge Mumie AltesReich Digitales Zeitalter Anonymität Al-Merayah 2015–08–08.
TSW_D2_OralHistory_VW_Said 2 Intro Issue06_DieStadtUnterUns Ancile Fake Tokio Vorfall ÜBERGANG von Issue06_AllesHatSeineZeit 2015–08–06.
TSW_D2_OralHistory_VW_Said 3 Intro Issue06_DieStadtVorUns Arche bergen in Vergangenheit ÜBERGANG Issue06_DieStadtUnterUns 2015–08–06.
TSW_D2_OralHistory_VW_Said 4 CUTSCENE Issue06_DieStadtVorUns Zeittempel Said lebend jung 2015–08–06.
TSW_D2_OralHistory_VW_Said 5 Intro Mission EinSchattenÜberÄgypten Said Echnaton Geheimbünde Rückkehr 2015–08–08.
TSW_D2_OralHistory_VW_Shani 1 Dialoge Marya Ägypten Echnaton verrufene Geheimbünde 2015–07–29.
TSW_D2_OralHistory_VW_Shani 2 Dialoge Marya Ägypten Echnaton verrufene Geheimbünde 2015–07–29.
TSW_D2_OralHistory_VW_Shani 3 Intro Mission Die Belagerung von El-Merayah 2015–07–29.
TSW_D2_OralHistory_VW_Shani 4 Intro Mission DerVerräter Marya Verrat durch Handelsprinz an Kultisten 2015–07–31.
TSW_D2_OralHistory_VW_Tanis 1 Dialoge Drohung Fraktion Phönizier 2015–08–01.
TSW_D2_OralHistory_VW_Tanis 2 Intro Mission AlteGötterNeueTricks Verschollene Artefakte Phönizier 2015–08–01.
TSW_D2_OralHistory_VW_Tanis 4 Intro Mission EinUnbehaglichesBündnis Phönizier Zusammenarbeit gg Kultisten 2015–08–03.
TSW_D2_OralHistory_VW_Tanis 5 Intro Mission Issue05 VonKarthagoNachKairo Tanis Mumie Said Kultisten Anschläge 2015–08–03.
TSW_D2_OralHistory_VW_Zhara Barkeeper Giza Cafe 1 Dialoge Atonisten Nachbarschaft Al-Merayah Geschichte 2015–07–31.
TSW_D2_OralHistory_VW_Zhara Barkeeper Giza Cafe 2 Dialoge Atonisten Al-Merayah Regionale Geschichte 2015–07–31.
TSW_D2_SpracheSymbolik_Chatbefehle Emotes Gestik 2015–08–17.
TSW_D2_SymbolikSprache_Gesten_VW_FreundeUndNachbarn Versteckte Kultisten Dorf beschuldigen accuse 2015–07–31.
TSW_D2_SymbolikSprache_Emote Schlafen Tabula Rasa SamhainEvent_2015_QuestInvest_LO_DieSiebenStillen Stufe 2 2015–11–12.

TSW_D2_SymbolikSprache_Emotes Quest Nutzung AlleWegeFührenNachRom Stufe 2c CRY Ealdwic Park Baum 2015–07–29.
TSW_D2_SymbolikSprache_Emotes Quest Nutzung Tiefer Graben Stufe 4 d Statuen 2015–04–08.

Quellen aus Artefakten

Stèle de Ptahmès. Musée des Beaux-Arts de Lyon. Inv. Nr. H 1376, ca. 1400 v. Chr. Online unter: http://bit.ly/2ASALdW (Letzter Zugriff: 31. 3. 2019).

Verzeichnis von Videomaterial

[FunCom]: Theodore Wicker lecture, in: *Kanal EliotDewhurst via Youtube* 26. 7. 2012. Online unter: https://youtu.be/0jSx-oyIEZE (Letzter Zugriff: 31. 3. 2019).
[unbekannt]: Duty Calls Bulletstorm Call of Duty Parody [Full], in: *Kanal kreeplx via Youtube* 2. 2. 2011. Online unter: http://bit.ly/2pT2YLv (Letzter Zugriff: 30. 3. 2019).
[unbekannt]: Nazi Holocaust Concentration Camp Simulation. Wolfenstein: The New Order, in: *Kanal vegsmashed via Youtube* 9. 3. 2015. Online unter: https://youtu.be/jysItLr0yWI (Letzter Zugriff: 30. 3. 2019).
[unbekannt]: Toxiklore memorial, in: *Kanal iamsuperdude29 via Youtube* 6. 1. 2007. Online unter: https://youtu.be/i1FD00TzYhQ (Letzter Zugriff: 27. 3. 2019).
[unbekannt]: World of Warcraft – Hochzeit von Delphina & Thortoise, in: Kanal *Kokoro44WoW* via Youtube 11. 6. 2012. Online unter: https://youtu.be/Nh2OzS0k7ws (Letzter Zugriff: 27. 3. 2019).
Andersson, Johann: Europa Universalis IV: Conquest of Paradise – Native Americans, in: *Kanal Paradox Interactive via Youtube* 12. 12. 2013. Online unter: http://bit.ly/2nZS41F (Letzter Zugriff: 30. 3. 2019).
Andersson, Johann: Europa Universalis IV: Conquest of Paradise Video Dev Diary #3 – Randomized Maps, in: *Kanal Paradox Interactive via Youtube* 13. 1. 2014. Online unter: http://bit.ly/2p1qyFT (Letzter Zugriff: 30. 3. 2019).
Blizzard Entertainment: World of Warcraft. Cataclysm Cinematic Trailer, in: *Kanal World of Warcraft DE via Youtube* 17. 10. 2010. Online unter: https://youtu.be/sAhaXS-u92o (Letzter Zugriff: 27. 3. 2019).
CBS Radio: Suspense Ghost Hunt 1949, in: *Kanal OTR HALLOWEENHOLIDAZE via Youtube*, 23. 6. 1949. Online unter: https://youtu.be/lgyQbONkYec (Letzter Zugriff: 31. 3. 2019).
Chapman, Adam: It's Hard to Play in the Trenches. World War 1, Collective Memory and Videogames [=Videomitschnitt des Vortrages], in: *Nordic DiGRA* 30. 5. 2014. Online unter: http://bit.ly/2kLa01J (Letzter Zugriff: 30. 3. 2019).
Charles University in Prague, Academy of Sciences of the Czech Republic: Czechoslovakia 38–89: Assassination (Trailer), in: Kanal *Czechoslovakia 38–89* via Youtube 21. 11. 2014. Online unter: https://youtu.be/lfqvcVlgD-8 (Letzter Zugriff: 30. 3. 2019).
Double Fine Productions: Double Fine Adventure [=Web-Dokumentation eines Entwicklungsprozesses in 20 Episoden], in: *Kanal DoubleFineProd via Youtube* 3. 3. 2015–17. 7. 2015. Online unter: http://bit.ly/2kwjpYv (Letzter Zugriff: 31. 3. 2019).
Frostbite Gaming: Bioshock Remaster: Museum of Orphaned Concepts FULL Tour, in: *Kanal Frostbite Gaming via Youtube* 13. 9. 2016. Online unter: https://youtu.be/t1_JxhL-_Qs (Letzter Zugriff: 31. 3. 2019).
FunCom: Kingsmouth Location Video [=Emergency Broadcast], in: *Kanal Funcom via Youtube* 20. 3. 2010. Online unter: https://youtu.be/YPqvhS6zul4 (Letzter Zugriff: 31. 3. 2019).

FunCom: The Secret World – GDC 2010 Trailer: in: *Kanal Funcom via Youtube*, 29.3.2010. Online unter: https://youtu.be/_clQ4-dDfwI (Letzter Zugriff: 31.3.2019).
FunCom: The Secret World CGI 1, in: *Kanal Funcom via Youtube* 29.3.2010. Online unter: https://youtu.be/DXFK_UDJUpQ (Letzter Zugriff: 31.3.2019).
FunCom: The Secret World CGI 2, in: *Kanal Funcom via Youtube* 29.3.2010. Online unter: https://youtu.be/yDj7ojo0j4U (Letzter Zugriff: 31.3.2019).
FunCom: The Secret World – Starting out in London [=Developer Diary, GamesCom 2010], in: *Kanal Funcom via Youtube* 26.8.2010. Online unter: https://youtu.be/C9I0UwV5vec (Letzter Zugriff: 31.3.2019).
FunCom: The Secret World GDC 2011 Trailer, in: *Kanal Funcom via Youtube* 10.3.2011. Online unter: https://youtu.be/XMnJD7Dt1GY (Letzter Zugriff: 31.3.2019).
FunCom: The Secret World Teaser [= Teaser for the GDC 2010 Trailer], in: *Kanal Funcom via Youtube* 14.3.2011. Online unter: https://youtu.be/TCFhLx-HKR4 (Letzter Zugriff: 31.3.2019).
FunCom: Illuminati [= The Secret World Faction Trailer], in: *Kanal Funcom via Youtube* 14.3.2011. Online unter: https://youtu.be/rGIDhAcN5yQ (Letzter Zugriff: 31.3.2019).
FunCom: Templar [= The Secret World Faction Trailer], in: *Kanal Funcom via Youtube* 14.3.2011. Online unter: https://youtu.be/R1vtHUyPHTM (Letzter Zugriff: 31.3.2019).
FunCom: The Dragon [= The Secret World Faction Trailer], in: *Kanal Funcom via Youtube* 14.3.2011. Online unter: https://youtu.be/KrVfI0amgjo (Letzter Zugriff: 31.3.2019).
FunCom: Everything is True [= The Secret World Myths and Realities Trailer], in: *Kanal Funcom via Youtube* 8.4.2011. Online unter: https://youtu.be/OymMalX8VYM (Letzter Zugriff: 31.3.2019).
FunCom: Monster Reveal: The Revenant, in: *Kanal Funcom via Youtube* 15.4.2011. Online unter: https://youtu.be/xF7tA56VMFM (Letzter Zugriff: 31.3.2019).
FunCom: The Secret World – Developer Diary: Story and Missions, in: *Kanal Funcom via Youtube* 30.5.2011. Online unter: https://youtu.be/hJuEQStDHEI (Letzter Zugriff: 31.3.2019).
FunCom: Savage Coast Location Video – The Secret World, in: *Kanal Funcom via Youtube* 5.7.2011. Online unter: https://youtu.be/A0NQAgZ2FqY (Letzter Zugriff: 31.3.2019).
FunCom: The Secret World – CGI 3, in: *Kanal Funcom via Youtube* 9.7.2011. Online unter: https://youtu.be/ZPf9Mad3EGU (Letzter Zugriff: 31.3.2019).
FunCom: The Secret World Developer Diary – World and Setting, in: *Kanal Funcom via Youtube* 11.8.2011. Online unter: https://youtu.be/oSH7GZGEnQk (Letzter Zugriff: 31.3.2019).
FunCom: The Secret World – CGI 4, in: *Kanal Funcom via Youtube* 16.8.2011. Online unter: https://youtu.be/mBrZfrrmTbM (Letzter Zugriff: 31.3.2019).
FunCom: The Secret World Developer Diary – The Secret War, in: *Kanal Funcom via Youtube* 14.10.2011. Online unter: https://youtu.be/bFJTprVXHfQ (Letzter Zugriff: 31.3.2019).
FunCom: The Secret World – The Scorched Desert Preview Video, in: *Kanal Funcom via Youtube* 13.12.2011. Online unter: https://youtu.be/1HvoXNnrEFc (Letzter Zugriff: 31.3.2019).
FunCom: The Secret World – Drachen Teaser, in: *EA – Electronic Arts (deutsch)* 23.1.2012. Online unter: https://youtu.be/Ww9ch9tH7N4 (Letzter Zugriff: 31.3.2019).
FunCom: The Secret World – Illuminaten Teaser, in: *Kanal Funcom via Youtube* 23.1.2012. Online unter: https://youtu.be/9f48xROtIPc (Letzter Zugriff: 31.3.2019).
FunCom: The Secret World – Templer Teaser, in: *Kanal EA -Electronic Arts (deutsch) via Youtube* 23.1.2012. Online unter: https://youtu.be/9p43WBfHMAs (Letzter Zugriff: 31.3.2019).
FunCom: The Secret World – Blue Mountain Preview Video, in: *Kanal Funcom via Youtube* 26.1.2012. Online unter: https://youtu.be/DL5omig6tV0 (Letzter Zugriff: 31.3.2019).
FunCom: The Secret World Entwicklertagebuch – Freie Charakterentwicklung, in: *Kanal Funcom via Youtube* 26.3.2012. Online unter: https://youtu.be/Snnga8qKHwA (Letzter Zugriff: 31.3.2019).
FunCom: The Secret World Launch Trailer (DE), in: *Kanal Funcom via Youtube* 3.7.2012. Online unter: https://youtu.be/QvkCcUN9 m7s (Letzter Zugriff: 31.3.2019).

FunCom: The Secret World – Issue #2 Preview. [Digging Deeper], in: *Kanal MMORPGcom via Youtube* 12. 9. 2012. Online unter: https://youtu.be/KvyOZFY-4CM (Letzter Zugriff: 31. 3. 2019).
FunCom: The Secret World – Cinematic Sound Demo, in: *Kanal Simon Poole via Youtube* 2. 10. 2012. Online unter: https://youtu.be/GsGkxKrywdY (Letzter Zugriff: 31. 3. 2019).
FunCom: The Secret World – Environment Sound Demo, in: *Kanal Simon Poole via Youtube* 2. 10. 2012. Online unter: https://youtu.be/8IF3GQ9JhrM (Letzter Zugriff: 31. 3. 2019).
FunCom: A Selection of Creature Vocal Sounds from The Secret World (Funcom/EA), in: *Kanal Simon Poole via Youtube* 5. 10. 2012. Online unter: https://youtu.be/liEHA569CfE (Letzter Zugriff: 31. 3. 2019).
FunCom: The Secret World: Pay Once Play Forever – TSW wird Buy2Play, in: *Kanal buffed.de via Youtube* 12. 12. 2012. Online unter: https://youtu.be/l4rgROpwCXU (Letzter Zugriff: 31. 3. 2019).
FunCom: The Secret World – Issue #3 Halloween Event [Preview Video], in: *Kanal Funcom via Youtube* 19. 10. 2012. Online unter: https://youtu.be/791JvAn_y-Y (Letzter Zugriff: 31. 3. 2019).
FunCom: The Secret World – Issue #4 Preview Video, in: *Kanal Funcom via Youtube* 14. 11. 2012. Online unter: https://youtu.be/PTLRfotK8Ek (Letzter Zugriff: 31. 3. 2019).
FunCom: The Secret World – Issue #5 Preview Video, in: *Kanal Funcom via Youtube* 19. 12. 2012. Online unter: https://youtu.be/yoVCSpKZ19c (Letzter Zugriff: 31. 3. 2019).
FunCom: The Secret World Issue #6: Preview Video, in: *Kanal Funcom via Youtube* 14. 3. 2013. Online unter: https://youtu.be/4cPlmwxVASY (Letzter Zugriff: 31. 3. 2019).
FunCom: The Secret World – Issue #7 Preview Video, in: *Kanal Funcom via Youtube* 9. 7. 2013. Online unter: https://youtu.be/4hnrVi7Jjas (Letzter Zugriff: 31. 3. 2019).
FunCom: The Secret World – Issue #8 Preview Video, in: *Kanal Funcom via Youtube* 7. 11. 2013. Online unter: https://youtu.be/Trr0uRJtMV0 (Letzter Zugriff: 31. 3. 2019).
FunCom: The Secret World – Issue #9 Preview Video, in: *Kanal Funcom via Youtube* 4. 6. 2014. Online unter: https://youtu.be/ynkv5YYoMzc (Letzter Zugriff: 31. 3. 2019).
FunCom: The Secret World Nightmares in the Dream Palace Trailer. Secret World Content Update #10 [= Issue #10 Preview Video], in: *Kanal mmohdtv via Youtube* 5. 12. 2014. Online unter: https://youtu.be/wXQC6vd4R9E (Letzter Zugriff: 31. 3. 2019).
GameBuzz: The Secret World – Ragnar Tornquist Interview, in: *Kanal GameBuzz via Youtube* 20. 8. 2011. Online unter: https://youtu.be/vq4bBW35aLs (Letzter Zugriff: 31. 3. 2019).
Hain, David / Siegismund, Fabian: SiegHain! – Der neue Spielekanal, in: *Kanal BeHaind via Youtube* 1. 4. 2014. Online unter: http://bit.ly/2kBwyU2 (Letzter Zugriff: 30. 3. 2019).
International Game Developer Association (IDGA): IGDA-Montreal Apr12 The Secret World, in: *Kanal IGDA Montreal* 4/2012. Online unter: https://vimeo.com/41723065 (Letzter Zugriff: 8. 11. 2017).
Juggler Games: My Memory of Us Teaser Trailer, in: *Kanal Juggler Games via Youtube* 14. 2. 2017. Online unter: https://youtu.be/6Yhft7EJv5U (Letzter Zugriff: 30. 3. 2019).
Lange, Andreas: Die Erhaltung von Computerspielen und die Rolle der Emulation. Vortrag am ZKM Karlsruhe vom 8. 2. 2012. Online unter: http://bit.ly/1lQLU37 (Letzter Zugriff: 31. 3. 2019).
Levine, Ken / Robertson, Shawn: Imagine Bioshock. Making Rapture Real. [=Bioshock 1 Remastered – Director's Commentary (All Parts)], in: *Kanal AltraWave7 via Youtube* 2016. Online unter: https://youtu.be/YxElOn52BJY (Letzter Zugriff: 31. 3. 2019).
Nolden, Nico: Geschichte und Erinnerung in Computerspielen. Playlist, in: *Kanal TheBlitzechse via Youtube*. Online unter: https://tinyurl.com/y26hqgrb (Letzter Zugriff: 31. 03. 2019).
Pfister, Eugen: Cold War Games™ – Der Kalte Krieg Diskurs im Digitalen Spiel. (=AKM-Konferenz „Krieg und organisierte Gewalt im Computerspiel", 26.–28. November 2015 (4 von 5)), in: Kanal *Das Panzermuseum* via Youtube, 15. 12. 2015. Online unter: https://youtu.be/lzhQC3tFNEM (Letzter Zugriff: 30. 3. 2019).
PlayMassive GmbH: Kanal Gronkh. Via Youtube, 2006 ff. Online unter: http://bit.ly/1PKywJB (Letzter Zugriff: 31. 3. 2019).

Sarkeesian, Anita: Tropes vs. Women in Video Games. Kanal Feminist Frequency via Youtube. Online unter: http://bit.ly/1SxD9cB (Letzter Zugriff: 29.3.2019).

Serious Games Interactive: Global Conflicts: Palestine. Trailer, in: *Kanal SeriousGamesdk via Youtube*, 17.4.2007. Online unter: https://youtu.be/3ANbDOKmJ6s (Letzter Zugriff: 29.3.2019).

Serious Games Interactive: Global Conflicts: Latin America. Trailer, in: *Kanal SeriousGamesInt via Youtube*, 11.6.2009. Online unter: https://youtu.be/3HpUO1RI734 (Letzter Zugriff: 28.3.2019).

Stange, Sebastian: Goodbye, GameTrailers! Sebastian verabschiedet sich, in: *Kanal Gamestar via Youtube* 14.2.2016. Online unter: https://youtu.be/6 m01ittg5EQ (Letzter Zugriff: 31.3.2019).

Studio Fizbin: Game of Peace Muenster Gameplay, in: *Kanal StudioFizbin via Youtube* vom 5.5.2015. Online unter: https://youtu.be/JxhW67ZGVGo (Letzter Zugriff: 28.3.2019).

Ubisoft: Far Cry 2 – Dev Diary #02. Location Africa, in: *Kanal Ubisoft via Youtube* 1.10.2008. Online unter: http://bit.ly/2pSX0tG (Letzter Zugriff: 30.3.2019).

Ubisoft: Assassin's Creed Walkthrough – Animus Training, in: *Kanal Assassin's Creed Series* 13.5.2013. Online unter: http://bit.ly/2qi3yTP (Letzter Zugriff: 31.3.2019).

Ubisoft: Assassin's Creed IV: Black Flag – Abstergo Introduction, in: *Kanal Generic Gaming via Youtube* 29.10.2013. Online unter: http://bit.ly/2qi6LTg (Letzter Zugriff: 31.3.2019).

Ubisoft: Assassin's Creed Syndicate – Historische Figuren Trailer | Ubisoft [DE], in: *Kanal Assassin's Creed DE via Youtube* 13.10.2015. Online unter: http://bit.ly/2ou4XD5 (Letzter Zugriff: 30.3.2019).

Vavrá, Daniel: Kingdom Come: Deliverance. Video Update #1 Our World, in: *Kanal Warhorse Studios via Youtube*, 27.1.2014. Online unter: https://youtu.be/XAbHmE73p7o (Letzter Zugriff: 29.3.2019).

Vavrá, Daniel: Kingdom Come: Deliverance. Video Update # 5: Living World, in: *Kanal Warhorse Studios via Youtube*, 13.2.2014. Online unter: https://youtu.be/kA8rTyIO0xE (Letzter Zugriff: 29.3.2019).

Vavrá, Daniel: Kingdom Come: Deliverance. Introducing the Alchemy Quest in Early Alpha. Kanal Warhorse Studios via Youtube, 19.1.2015. Online unter: https://youtu.be/Mk2nHG9XsLQ (Letzter Zugriff: 29.3.2019).

Warhorse Studios: Warhorse Studios – Dev Diaries and Video Updates. Updates from Warhorse Studios focused on Kingdom Come: Deliverance development for our backers and supporters, in: *Kanal Warhorse Studios via Youtube* 22.1.2014 ff. Online unter: http://bit.ly/2lzN3MB (Letzter Zugriff: 31.3.2019).

Whitaker, Bob / Harney, John: History Respawned, in: *Kanal History Respawned via Youtube* 2013ff. Online unter: http://bit.ly/2OVEbnj (Letzter Zugriff: 31.3.2019).

Verzeichnis von Webseiten und Magazinen

[FunCom]: flashygurl27. Fotostream bei Fotocommunity flickr [=Account einer fiktiven Person von The Secret World]. Online unter: http://bit.ly/2pReNmS (Letzter Zugriff: 31.3.2019).

[FunCom]: Kingsmouth. Welcome to the Town of Kingsmouth [=fiktive Webseite der Gemeinde Kingsmouth], 2010. Online unter: http://www.kingsmouth.com/ (Letzter Zugriff: 31.3.2019).

[FunCom]: Sam Krieg Sightings. A Site dedicated to horror writer Sam Krieg [=fiktive Fansite zum fiktiven Autor in The Secret World]. Online unter: http://bit.ly/2 l870ft (Letzter Zugriff: 31.3.2019).

[unbekannt]: Alternate Reality Game, in: *CryGaia Wiki*. Online unter: http://bit.ly/2hiB75q (Letzter Zugriff: 31.3.2019)

[unbekannt]: Cabal Directory, in: *The Secret World Stuff* o.J. Online unter: http://bit.ly/2tlaZId (Letzter Zugriff: 31.3.2019).

[unbekannt]: Civilization V Civilopedia Online [=Webdatenbank generiert aus den XML-Dateien des Spieles]. Online unter: http://bit.ly/2FBocUh (Letzter Zugriff: 29.3.2019).

[unbekannt]: Dark Days Are Coming [=The Secret World ARG Anleitung], in: *CryGaia Wiki* [=zentrales Fan-Wiki], Mai 2007. Online unter: http://bit.ly/2zklktK (Letzter Zugriff: 31.3.2019).

[unbekannt]: Dreamfall Chapters Credits (Windows), in: *MobyGames*. Online unter: http://bit.ly/2zyc3i5 (Letzter Zugriff: 31.3.2019).

[unbekannt]: Goldfields, in: Popular Memory Archive. Online unter: http://bit.ly/2 A9MyAz (Letzter Zugriff: 31.3.2019).

[unbekannt]: Historicity++. A Mod about Historical Accuracy [Via Civ 6 Mods], 28.10.2016. Online unter: http://bit.ly/2fr0UoA (Letzter Zugriff: 4.6.2017).

[unbekannt]: Kiss of the Revenant [=Secret World Legends ARG Anleitung], in: *CryGaia Wiki*, 2017. Online unter: http://bit.ly/2hNTJqS (Letzter Zugriff: 31.3.2019).

[unbekannt]: Map: The Darkness War. [=Karte des Dungeons in Blue Mountain], in: *CryGaia Wiki* [=zentrales Fan-Wiki]. Online unter: http://bit.ly/2AH5SZI (Letzter Zugriff: 31.3.2019).

[unbekannt]: Ragnar Tørnquist. Video Game Credits and Biography, in: *MobyGames*. Online unter: http://bit.ly/2znF3Jj (Letzter Zugriff: 31.3.2019).

[unbekannt]: The Dark Places (ARG) [= The Secret World ARG Anleitung], in: *CryGaia Wiki* [=zentrales Fan-Wiki] Januar 2010. Online unter: http://bit.ly/2AfTYC0 (Letzter Zugriff: 31.3.2019).

[unbekannt]: The Secret World (2012) Windows Credits, in: *MobyGames*[, 2012]. Online unter: http://bit.ly/2iEQYb8 (Letzter Zugriff: 31.3.2019).

Abandonware. The Official Ring. Online unter: http://www.abandonwarering.com (Letzter Zugriff: 31.3.2019).

Activision Blizzard: Offizielle Webseite. Online unter: http://www.activisionblizzard.com (Letzter Zugriff: 29.3.2019).

Advanced Micro Devices (AMD): Offizielle Seite. Online unter: www.amd.com/de-de (Letzter Zugriff: 27.3.2019).

Apple: App-Store, 2008ff. Online unter: http://apple.co/2b25TI0 (Letzter Zugriff: 29.3.2019).

Arbeitskreis Geschichtswissenschaft und Digitale Spiele (AKGWDS): gespielt | Das Blog des Arbeitskreises Geschichtswissenschaft und Digitale Spiele, 2016ff. Online unter: gespielt.hypotheses.org (Letzter Zugriff: 28.3.2019).

Bitbox: Life is Feudal. Vergleich der Spielmodi, 2017. Online unter: http://bit.ly/2qBFs63 (Letzter Zugriff: 31.3.2019).

Battle.net, Blizzard Entertainment 1996ff. Online unter: http://eu.battle.net/de/ (Letzter Zugriff: 29.3.2019).

Buffed, hg. von Computec Media, Fürth 2006ff. Online unter: http://www.buffed.de (Letzter Zugriff: 31.3.2019).

Charles University in Prague, Philosophical Faculty: Czechoslovakia 38–89 Assassination. Serious Game on Contemporary History [=Projektwebseite], 2014ff. Online unter: http://cs3889.com (Letzter Zugriff: 30.3.2019).

Christensen, Daniel S.: The Secret World Ability Wheel, [nach 2012]. Online unter: http://bit.ly/2ztPESi (Letzter Zugriff: 9.11.2017).

Computer Bild Spiele (CBS), hg. von Axel Springer SE, Berlin 1999ff. Online unter: www.computerbildspiele.de (Letzter Zugriff: 31.3.2019).

Computer History Museum. Online unter: http://www.computerhistory.org (Letzter Zugriff: 31.3.2019).

Computerspielemuseum Berlin, Gameshouse gGmbH. Online unter: http://www.computerspielemuseum.de (Letzter Zugriff: 31.3.2019).

Copplestone, Tara (Hg.): GamingArchaeo. The Study of Games about Archaeology. The Creation of Games for Archaeology. Online unter: http://taracopplestone.co.uk/ (Letzter Zugriff: 13.7.2017).
Cryengine 4. Generation (Crytek / Crytek) 2009 ff. Online unter: www.cryengine.com (Letzter Zugriff: 27.3.2019).
Debugging Game History. Offizielle Verlagsseite, hg. MIT Press. Online unter: http://bit.ly/1TlqbbY (Letzter Zugriff: 31.3.2019).
Deep Silver. Offizielle Seite [=Label von Koch Media]. Online unter: http://www.deepsilver.com (Letzter Zugriff: 12.12.2017).
Digital Games Research Association (DiGRA): Offizielle Seite. Online unter: http://www.digra.org (Letzter Zugriff: 29.3.2019).
Digital Games Researcher Association (DiGRA): The Digital Library. Online unter: http://www.digra.org/digital-library/ (Letzter Zugriff: 31.3.2019).
DOSBox. Emulator des Microsoft Disc-Operating System (DOS) Online unter: http://www.dosbox.com (Letzter Zugriff: 31.3.2019).
EDGE, hg. von Future Publishing, London 1993 ff. Online unter: http://www.edge-online.com/ (Letzter Zugriff: 31.3.2019).
Electronic Arts. Offizielle Webseite. Online unter: http://www.ea.com (Letzter Zugriff: 29.3.2019).
Electronic Sports League (ESL): ESL Play. Plattform für eSports. Online unter: http://play.eslgaming.com/germany (Letzter Zugriff: 27.3.2019).
Eurogamer, hg. von Gamer Network, Brighton 1999 ff. Online unter: www.eurogamer.net (Letzter Zugriff: 31.3.2019).
Fig.co. Online unter: https://www.fig.co (Letzter Zugriff: 28.3.2019).
Freeborn, Tyler: Monsters of Maine. An Investigation into the Cryptozoological and Occult Events Occuring on Solomon Island [=fiktive Blogseite einer Spielfigur in The Secret World], 2009. Online unter: http://bit.ly/2sn4lkR (Letzter Zugriff: 31.3.2019).
FunCom: Offizielle Webseite. About Us, 2017. Online unter: http://bit.ly/2xAMicB (Letzter Zugriff: 31.3.2019).
FunCom: Secret World Legends. Update-Plan, 2017. Online unter: http://bit.ly/2mxe0Wo (Letzter Zugriff: 31.12.2017).
FunCom: The Secret World. [Offizielle Foren.] Online unter: http://bit.ly/2sMTe4z (Letzter Zugriff: 31.3.2019).
gamasutra, hg. von UBM TechWeb, London 1997 ff. Online unter: http://www.gamasutra.com (Letzter Zugriff: 31.3.2019).
game. Verband der deutschen Games-Branche: Marktdaten. Zahlen und Fakten zur deutschen Computer- und Videospiel-Branche. Online unter: https://www.game.de/marktdaten/ (Letzter Zugriff: 25.3.2019).
Game Developer Magazine (gd) [=Online Archiv], hg. von UBM TechWEb, London 1994–2013. Online unter: http://www.gdcvault.com/gdmag (Letzter Zugriff: 31.3.2019).
GameSpot, hg. von CBS Interactive, San Francisco 1996 ff. Online unter: www.gamespot.com (Letzter Zugriff: 31.3.2019).
GameTrailers (GT), hg. von Defy Media, Santa Monica 2002–2015. Online unter: www.gametrailers.com (Letzter Zugriff: 31.3.2019).
GamePro, hg. von Webedia (seit 2015) / IDG Verlag, München 2002. Online unter: www.gamepro.de (Letzter Zugriff: 31.3.2019).
Games Aktuell [=bis 2005 Video Games Aktuell], hg. von Computec Media, Fürth 2003 ff. Online unter: www.gamesaktuell.de (Letzter Zugriff: 31.3.2019).
Games Markt, hg. von Busch Entertainment Media, 2001 ff. [Relaunch 2016]. Online unter: http://www.mediabiz.de/games/news (Letzter Zugriff: 31.3.2019).

Gamestar, hg. von Webedia / IDG Verlag, München 1997 ff. Online unter: www.gamestar.de (Letzter Zugriff: 31.3.2019).

Gamestar Heftarchiv, hg. v. Webedia. Online unter: http://www.gamestar.de/plus/heftarchiv/ (Letzter Zugriff: 31.3.2019).

GamesWirtschaft, hg. von Petra Fröhlich, 2016 ff. Online unter: http://www.gameswirtschaft.de/ (Letzter Zugriff: 31.3.2019).

GEE. Games Entertainment Education, hg. von GEE Media & Marketing, Hamburg 2003–13. Online unter: www.geemag.de (Letzter Zugriff: 31.3.2019).

Gesellschaft für Konsumforschung (GfK) Online unter: http://www.gfk.com/ (Letzter Zugriff: 4.12.2016).

Gilbert, Ron / Winnick, Gary: Thimbleweed Park: A New Classic Point & Click Adventure! Kampagne, 2014. Online via Kickstarter unter: http://kck.st/2xaJR3I (Letzter Zugriff: 31.3.2019).

Good Old Games. Online unter: http://www.gog.com (Letzter Zugriff: 29.3.2019).

Google: Google Play Store (zuvor: Android Market Place), 2008 ff. Online unter: http://play.google.com (Letzter Zugriff: 29.3.2019).

Graef Rechtsanwälte: Offizielle Seite der Kanzlei. Dr. Christian Rauda. Online unter: http://bit.ly/1T6p99f (Letzter Zugriff: 31.3.2019).

Greenheart Games: Game Dev Tycoon. Steam Workshop. Online unter: http://bit.ly/2q6d6RQ (Letzter Zugriff: 30.3.2019).

HIP Team: Historical Immersion Project (HIP). Major Overhaul for Crusader Kings II, [unbek.]. Online unter: http://bit.ly/2gah2Mf (Letzter Zugriff: 29.3.2019).

Hochschule für Angewandte Wissenschaften (HAW) Hamburg: Games Master Hamburg. Online unter: http://www.gamesmaster-hamburg.de/ (Letzter Zugriff: 31.3.2019).

Howard, Josh (Hg.): Public History Norrath. An Oral History of Everquest 2015 ff. Online unter: http://bit.ly/2mJr1Zd (Letzter Zugriff: 30.3.2019).

id Software. Offizielle Webseite. Online unter: https://www.idsoftware.com (Letzter Zugriff: 31.3.2019).

IndieGoGo. Online unter: www.indiegogo.com (Letzter Zugriff: 28.3.2019).

Industrial Light and Magic (ILM): Offizielle Seite. Online unter: http://www.ilm.com/ (Letzter Zugriff: 27.3.2019).

intel: Experience What's Inside. Offizielle Seite. Online unter: www.intel.de (Letzter Zugriff: 27.3.2019).

International Game Developer Association (IDGA): Game Preservation Special Interest Group, 2003-[unklar] Online unter: https://www.igda.org/?page=sigs (Letzter Zugriff: 31.3.2019).

itch.io Offizielle Webseite. Online unter: https://itch.io (Letzter Zugriff: 31.3.2019).

Juggler Games: My Memory of Us. Offizielle Webseite. Online unter: http://mymemoryofus.com/en/home/ (Letzter Zugriff: 30.3.2019).

Kalypso Media. Offizielle Seite. Online unter: http://www.kalypsomedia.com (Letzter Zugriff: 29.3.2019).

Keeping Emulation Environments Portable (KEEP). Forschungsprojekt im 7. Rahmenprogramm der Europäischen Union com 1.2.2009–31.3.2012. ICT-3–4.3 Digital Libraries and Technology-Enhanced Learning Priority. Online unter: http://bit.ly/2AGMWHK (Letzter Zugriff: 31.3.2019).

Keimling. 2009 ff., hg. von Nico Nolden. Online unter: https://keimling.niconolden.de (Letzter Zugriff: 28.3.2019).

Kickstarter. Online unter: www.kickstarter.com (Letzter Zugriff: 28.3.2019).

Koch Media: Deep Silver (Label) Offizielle Seite. Online unter: http://www.deepsilver.com/de/ (Letzter Zugriff: 29.3.2019).

Kotaku, hg. von Gawker Media, New York 2004 ff. Online unter: www.kotaku.com (Letzter Zugriff: 31.3.2019).

Krameritsch, Jakob: Past Perfect. Eine interdisziplinäre Annäherung an die faszinierende und brutale Welt der Renaissance und Reformation. Ein interaktiver Geschichtsatlas mit über 700 Texten von mehr als 60 AutorInnen, o. J. [2006]. Online unter: http://bit.ly/2gVzUim (Letzter Zugriff: 18.12.2017).

Making Games Magazin [=bis 2/2008 *gamestar/dev*], hg. von Computec Media (seit 2016), davor Webedia (seit 2015) / IDG Verlag, München 2005 ff. Online unter: http://www.makinggames.biz/ (Letzter Zugriff: 31.3.2019).

Maschinen-Mensch: The Curious Case. Press Kit, des. 2020. Online unter: http://bit.ly/2pCS4pO (Letzter Zugriff: 30.3.2019).

Massively [=archiviert]. Joystiq Network, hg. von AOL, o. O. 2007–2015. Online unter: http://bit.ly/2xq882E [=archiviert via Wayback Machine von Archive.org, Snapshot 21.2.2015] (Letzter Zugriff: 31.3.2019).

Massively Overpowered, hg. von Overpowered Media, o. O. 2015 [= zuvor Massively seit 2007]. Online unter: http://massivelyop.com (Letzter Zugriff: 31.3.2019).

Medienpädagogischer Forschungsverbund Südwest (MPFS): Offizielle Seite. Online unter: www.mpfs.de (Letzter Zugriff: 31.3.2019).

metacritic, hg. von CBS Interactive, San Francisco 1999 ff. Online unter: www.metacritic.com (Letzter Zugriff: 28.8.2017).

metacritic: The Secret World (PC) Summary [=Wertungs-Aggregator], in: *Metacritic.com*. Online unter: http://bit.ly/2zwO68 m (Letzter Zugriff: 31.3.2019).

Microsoft. Offizielle Webseite. Online unter: https://www.microsoft.com (Letzter Zugriff: 12.12.2017).

mmorpg.com, hg. von Cyber Creations, Santa Fe 2001 ff. Online unter: http://mmorpg.com (Letzter Zugriff: 31.3.2019).

mmorpg.de, hg. von Gamigo AG. Online unter: http://mmorpg.de (Letzter Zugriff: 31.3.2019).

MMOSite.com, hg. von TM Websoft, o. O. 2005 ff. Online unter: http://www.mmosite.com (Letzter Zugriff: 31.3.2019).

MobyGames, hg. von Blue Flame Labs, San Francisco 1999 ff. Online unter: www.mobygames.com (Letzter Zugriff: 31.3.2019).

Mod DB, 1998 ff. Online unter: http://www.moddb.com/about (Letzter Zugriff: 29.3.2019).

nullDC. SEGA Dreamcast Emulator for WinX86. Online unter: https://code.google.com/p/nulldc/ (Letzter Zugriff: 31.3.2019).

NVidia: Offizielle Seite. Online unter: www.nvidia.com (Letzter Zugriff: 27.3.2019).

Origin, Electronic Arts 2005 ff. Online unter: www.origin.com (Letzter Zugriff: 29.3.2019).

Orochi Group: Offizielle Webseite [=Webseite des fiktiven Unternehmens der Spielwelt von *The Secret World*], 2012. Online unter: http://www.orochi-group.com (Letzter Zugriff: 31.3.2019).

Paradox Interactive: Offizielle Webseite. Online unter: https://www.paradoxplaza.com/ (Letzter Zugriff: 29.3.2019).

Parkin, Simon: The Space Invader, in: *The New Yorker* 17.10.2013. Online unter: http://bit.ly/1RbaPNa (Letzter Zugriff: 10.12.2017).

PC Gamer, hg. von Future Publishing 1993 ff. (UK), 1994 ff. (US) Online unter: http://www.pcgamer.com (Letzter Zugriff: 31.3.2019).

PC Games, hg. von Computec Media Fürth 1992 ff. Online unter: www.pcgames.de (Letzter Zugriff: 31.3.2019).

PC Joker, hg. von Joker-Verlag, Haar 1991–2004.

Play^4, hg. von Computec Media, Fürth 2007 ff. Online unter: http://bit.ly/1o2ApHw (Letzter Zugriff: 31.3.2019).

PlayStation Network (PSN), Sony 2006 ff. Online unter: http://bit.ly/1pcHwNK (Letzter Zugriff: 29.3.2019).

Plott, Sean: Day[9] TV. Be a Better Gamer. Online unter: http://day9.tv/ (Letzter Zugriff: 27.3.2019).

Popular Memory Archive. Play it again... Remembering 1980's gaming, hg. Ndalianis, Angela / Stuckey, Helen / Swalwell, Melanie 2013 ff. Online unter: http://bit.ly/2ARnAsL (Letzter Zugriff: 27.3.2019).
Quest to Learn (Q2 L). Offizielle Webseite. Online unter: http://www.q2 l.org/ (Letzter Zugriff: 31.3.2019).
Radio Free Gaia [=Inoffizieller Sender für die Spielwelt von The Secret World], September 2012 ff. Online unter: http://www.radiofreegaia.com (Letzter Zugriff: 31.3.2019).
Ravensburger: TipToi (Produktportal) Das audiodigitale Lernsystem für Bücher, Spiele und Spielzeug. Online unter: https://www.tiptoi.com (Letzter Zugriff: 27.3.2019).
Red Thread Games. Offizielle Seite, 2012 ff. Online unter: https://www.redthreadgames.com (Letzter Zugriff: 31.3.2019).
Reinhard, Andrew (Hg.): Archaeogaming. Exploring the Archaeology in (and of) Video Games 2013 ff. Online unter: https://archaeogaming.com (Letzter Zugriff: 31.3.2019).
RocketBeansTV. 24/7 Entertainment, hg. von Rocket Beans GmbH, Hamburg 2015. Online unter: http://www.rocketbeans.tv (Letzter Zugriff: 31.3.2019).
RockPaperShotgun (RPS), hg. von Kieron Gillen / Alec Meer / Jim Rossignol / Jim Walker, [Großbritannien] 2007 ff. Online unter: https://www.rockpapershotgun.com (Letzter Zugriff: 31.3.2019).
Rockstar Games: Offizielle Webseite. Online unter: http://www.rockstargames.com (Letzter Zugriff: 31.3.2019).
Rossi, Alexis: Old Time Radio Archive via Archive.org. Online unter: http://bit.ly/2E8d8 fZ (Letzter Zugriff: 31.3.2019).
RPG Maker. Make Your Own Role-Playing Games. Online unter: www.rpgmakerweb.com (Letzter Zugriff: 31.3.2019).
RTR Development Team: Rome: Total Realism. A Set of Complete Modifications for Rome: Total War. Online unter: http://www.rometotalrealism.org/ (Letzter Zugriff: 8.6.2017).
Sachgruppe H60 Computerspiel. Bestandsliste der digitalen Spiele in der Public History Hamburg. Campus-Katalog der Staats- und Universitätsbibliothek Hamburg. Online unter: http://bit.ly/1PDnJmb (Letzter Zugriff: 28.3.2019).
Schott, Dominik: Archaeogames [Blog]. Online unter: http://archaogames.net (Letzter Zugriff: 31.3.2019).
Scott, Jason: Console Living Room. Online unter: http://bit.ly/1ljTKMS (Letzter Zugriff: 27.3.2019).
Scott, Jason: Internet Arcade. A Web-based library of Arcade (coin-operated) Video Games from the 1970s through to the 1990s. Online unter: http://bit.ly/1NllctZ (Letzter Zugriff: 27.3.2019).
Scott, Jason: Software Library. MS-DOS Games. Software for MS-DOS Machines that Represent Entertainment and Games. Online unter: http://bit.ly/1Nizvv0 (Letzter Zugriff: 27.3.2019).
ScummVM. Script Creation Utility for Maniac Mansion. Offizielle Webseite. Online unter: http://www.scummvm.org/ (Letzter Zugriff: 31.3.2019).
Secret World RP. RP Community for The Secret World & Secret World Legends. Online unter: https://secretworldrp.enjin.com/ (Letzter Zugriff: 31.3.2019).
Secret World RP @SecretWorldRP. RP Hub for Secret World Legends and legacy The Secret World. [=Twitter Account Liste], 2014 ff. Online unter: http://bit.ly/2sNoJvC (Letzter Zugriff: 31.3.2019).
Sega Genesis, in: *Wikipedia. The Free Encyclopedia.* Online unter: http://bit.ly/2 l2d7VC (Letzter Zugriff: 31.3.2019).
SEGA Magazin, hg. von Computec Media, Fürth 1993–2000.
Serious Games Interactive: Offizielle Seite, 2005 ff. Online unter: http://seriousgames.net (Letzter Zugriff: 04.12.2016).
Serious Games Interactive: Playing History. Online unter: http://www.playinghistory.eu (Letzter Zugriff: 28.3.2019).

Sony Computer Entertainment, in: *Wikipedia. The Free Encyclopedia*. Online unter: http://bit.ly/2B8062J (Letzter Zugriff: 31.3.2019).

Stanford Humanities Lab (Hg.): Archiving Virtual Worlds. Video Archive, Dedicated to the Academic Investigation and Historical Preservation of Documentation of Virtual Worlds, [Stanford] 2008ff. Online unter: http://bit.ly/1UtUp1M (Letzter Zugriff: 31.3.2019).

Stanford University Libraries: Cabrinety-NIST Project. Project Summary, o.J. Online unter: http://stanford.io/2vQZcl3 (Letzter Zugriff: 27.3.2019).

Steam, Valve Corporation 2003ff. Online unter: http://store.steampowered.com (Letzter Zugriff: 28.3.2019).

Steam Greenlight, Valve Corporation 2012. Online unter: http://steamcommunity.com/greenlight (Letzter Zugriff: 01.06.2017).

Stojadinovic, Rajko: The Matrix Online Server Emulator (mxoemu), 2009ff. Online unter: http://mxoemu.info (Letzter Zugriff: 10.12.2017).

Stony Brook University Libraries: William A. Higinbotham Game Studies Collection. Sondersammelgebiet der Stony Brook Universitätsbibliothek, 2011ff. Online unter: http://bit.ly/1T0klTh (Letzter Zugriff: 31.3.2019).

Südwestrundfunk (SWR): Die Geschichte des Südwestens. Ein multimediales Projekt des SWR, 2016. Online unter: http://bit.ly/2jm6AmX (Letzter Zugriff: 30.3.2019).

The Great War 5.0. Napoleon: Total War Mod (The Gread War Dev Team) 2013ff. Online unter: http://bit.ly/2kHb1Il (Letzter Zugriff: 30.3.2019).

The Morninglight International: Join the Morninglight. Offizielle Seite [=fiktive Rekrutierungsseite der Sekte für The Secret World]. Online unter: http://joinmorninglight.com (Letzter Zugriff: 31.3.2019).

THQ Nordic. Offizielle Webseite. Online unter: https://www.thqnordic.com (Letzter Zugriff: 31.3.2019).

Tiani, Vincenzo / Reda, Julia (Hg.): The EU Copyright Reform. Why Stakeholders agree it must be changed. A new hub for debate about EU copyright reform, [Berlin] 2016. Online unter: http://bit.ly/2h4zRjE (Letzter Zugriff: 31.3.2019).

Twine. An Open-Source Tool for Telling Interactive, Nonlinear Stories, [2009]. Online unter: https://twinery.org (Letzter Zugriff: 31.3.2019).

Twitch. Streaming Video Platform, hg. von Amazon.com 2011ff. Online unter: http://www.twitch.tv (Letzter Zugriff: 31.3.2019).

Ubisoft: Offizielle Webseite. Online unter: https://www.ubisoft.com (Letzter Zugriff: 29.3.2019).

Ubisoft Montréal: Offizielle Webseite. Online unter: http://montreal.ubisoft.com/en/ (Letzter Zugriff: 29.3.2019).

Universität Murcia: Historia y videojuegos. El impacto de los nuevos medios de ocio sobre el conocimiento del pasado medieval, 2011ff. Online unter: http://www.historiayvideojuegos.com (Letzter Zugriff: 30.3.2019).

Universität Siegen: PraxiS. Verbundprojekt, 2014ff. Online unter: www.praxis.uni-siegen.de (Letzter Zugriff: 29.3.2019).

Universität Turin: Imagines V. The Fear and the Fury. Ancient Violence in modern Imagination. [=International Conference, Turin, Italien, 29.9. bis 1.10.2016], 2016. Online unter: http://bit.ly/2hId4Ly (Letzter Zugriff: 30.3.2019).

Unreal Engine 4 (Epic Games / Epic Games) 2014ff. Online unter: www.unrealengine.com (Letzter Zugriff: 27.3.2019).

UPlay, Ubisoft 2009ff. Online unter: uplay.ubi.com (Letzter Zugriff: 29.3.2019).

Valentina, Isadora: Letters From Agartha [=Seite einer Followerin von Tyler Freeborn; unklar, ob offiziell oder Nachahmer], 2012ff. Online unter: http://bit.ly/2tzkYZV (Letzter Zugriff: 31.3.2019).

Videospielgeschichten.de. Persönliche Texte über Video- und Computerspiele der vergangenen Jahrzehnte, hg. von Eymann, André / Frank, Guido. Online unter: http://videospielgeschichten.de (Letzter Zugriff: 31.3.2019).
Warhorse Studios: Offizielle Webseite. Online unter: www.warhorsestudios.cz (Letzter Zugriff: 29.3.2019).
WASD. Bookazine für Gameskultur, hg. von Sea of Sundries, München 2012ff. Online unter: www.wasd-magazin.de (Letzter Zugriff: 31.3.2019).
Wilmunder, Aric (Hg.): Aric's World. A Peek into my Games Industry Archive [=Privates Archiv von Design Dokumenten der Games Industrie], o.J. Online unter: http://bit.ly/2adWHVg (Letzter Zugriff: 13.12.2017).
Yee, Nick (Hg.): The Daedalus Project. The Psychology of MMORPGs 2002–2009. Online unter: http://www.nickyee.com/daedalus/ (Letzter Zugriff: 31.3.2019).
XBG Games, hg. von Computec Media, Fürth 2003ff. Online unter: http://bit.ly/1XifM5P (Letzter Zugriff: 31.3.2019).
XBox Live, Microsoft 2002ff. Online unter: http://www.xbox.com/de-DE/Live/ (Letzter Zugriff: 29.3.2019).
Zentrum für Kunst und Medientechnologie (ZKM) **Karlsruhe.** Online unter: http://zkm.de/ueber-uns (Letzter Zugriff: 31.3.2019).

Verzeichnis von Hardware

Amiga 500/2000 (Commodore) bd. 1987 bis 1991.
Atari 400/800 (Atari) USA 1979 / EU 1981 bis 1983, Atari XL ab 1982/1983 bis 1985.
Atari 2600, siehe: Video Computer System (VCS).
Atari ST 1985 bis 1994.
Commodore 64/128 (Commodore) 1982/1985 bis 1994/1989.
Dreamcast (SEGA) 1998–2001.
FamiCom, siehe: Nintendo Entertainment System (NES).
GameBoy (Nintendo) Japan, U.S.A. 1989 / EU 1990.
GameCube (Nintendo) 2001–2007.
Genesis / Mega Drive (SEGA) 1988–1997.
Mega Drive, siehe: Genesis.
NES siehe Nintendo Entertainment System (NES).
Nintendo Entertainment System (NES) / Family Computer (FamiCom) (Nintendo) Japan 1983 / USA 1985 / EU 1986 bis USA 1995 / Japan 2003.
PlayStation (Sony) 1994–2005.
PlayStation 2 (Sony) 2000–2013.
PlayStation 3 (Sony) USA, Japan 2006 / EU 2007 bis 2017.
PlayStation 4 (Sony) USA / EU 2013, Japan 2014.
PlayStation Vita (Sony) 2011/12.
SEGA Master System (SEGA) USA 1986 / Japan, EU 1987.
Video Computer System VCS (Atari) [=Atari 2600 ab 1982] 1977–1992.
XBox (Microsoft) USA 2001 / EU, Japan 2002, – 2009.
XBox 360 (Microsoft Game Studios) USA, EU, Japan 2005 / Australien 2006.
XBox One (Microsoft) USA / EU 2013, Japan 2014.
Wii (Nintendo) 2006.
Verzeichnis von Musik
Jefferson Airplane: White Rabbit, 1967.
The Doors: The End, 1967.

Wagner, Richard: Walkürenritt. Instrumentales Vorspiel zum Akt 3 der Oper „Die Walküre", 1851. Online unter: https://youtu.be/C933mn-pR6Y (Letzter Zugriff: 02.06.2017).
Washington, Dinah / Richter, Max: This Bitter Earth / On the Nature of Daylight [=Remix by Robbie Robertson of The Band], 2012 (Original von 1960).

Verzeichnis von Filmen

Caulfield, Anthony / Caulfield, Nicola: From Bedrooms to Billions 2014.
Coppola, Francis F.: Apocalypse Now, 1979.
Konwiser, Kern / Konwiser, Kip: World of Warcraft: Looking for Group 2014 (Online unter: https://youtu.be/xyPzTywUBsQ (Letzter Zugriff: 31.3.2019).
Kubrik, Stanley: The Shining 1980.
Milius, John: Conan, der Barbar 1982.
Musker, John / Clements, Ron: Aladdin 1992.
Robinson, Phil A.: Der Anschlag [=The Sum of All Fears] 2002.
Steven Spielberg: Jäger des verlorenen Schatzes [=Raiders of the Lost Ark] 1981.
Spielberg, Steven: Indiana Jones und der letzte Kreuzzug [=Indiana Jones and the Last Crusade] 1989.
Wallace, Tommy L.: Stephen King's It [=Miniseries] 1990.

Verzeichnis digitaler Spiele

A Tale in the Desert [=Kemet. A Tale in the Desert (dt.)] (eGenesis; Desert Nomad (seit 2018) / Desert Nomad (seit 2018)) 2003.
Aarinfel (unbekannt) 1996.
Ad Infinitum (StrixLab / unbekannt) TBA.
Age of Conan. Hyborian Adventures (FunCom / FunCom, Eidos Interactive) 2008 ff.
Age of Empires (Ensemble Studios / Microsoft) 1997.
Age of Empires II: The Age of Kings (Ensemble Studios / Microsoft) 1999.
Age of Empires II: The Conquerers. Expansion (Ensemble Studios / Microsoft) 2000.
Age of Empires III (Ensemble Studios / Microsoft Game Studios) 2005.
Age of Empires III. The War Chiefs [=Erweiterung] (Ensemble Studios / Microsoft Game Studios) 2006.
Alone in the Dark (Infogrames / Infogrames) 1992.
Alpha Protocol. Ein Spionage-RPG (Obsidian Entertainment / SEGA) 2010.
Anarchy Online (FunCom / FunCom) 2001 ff.
Anno 1404 (Related Designs, Blue Byte / Ubisoft) 2009.
Anno 1503. Aufbruch in eine neue Welt (Max Design, Sunflowers / Sunflowers) 2003.
Anno 1602. Erschaffung einer neuen Welt (Max Design, Sunflowers / Sunflowers) 1998.
Anno 1701 (Related Designs / Sunflowers, Koch Media) 2006.
Anno 2070 (Related Designs, Blue Byte / Ubisoft) 2011.
Anno 2205 (Blue Byte Mainz / Ubisoft) 2015.
Apotheon (Alientrap / Alientrap) 2015.
ArmA 2, siehe: Armed Assault 2
Armed Assault 2 [=ArmA 2] (Bohemia Interactive / Bohemia Interactive) 2009.
Armies of Magic (Playdom / Facebook) 2012.

Asheron's Call (Turbine Entertainment Software / Microsoft, Turbine, Warner Bros. Interactive) 1999–2017.
Assassin's Creed (Ubisoft Montreal / Ubisoft), 2007.
Assassin's Creed II (Ubisoft Montreal / Ubisoft), 2009.
Assassin's Creed: Brotherhood (Ubisoft Montreal / Ubisoft), 2010.
Assassin's Creed: Revelations (Ubisoft Montreal / Ubisoft), 2011.
Assassin's Creed III (Ubisoft Montreal, Quebec, Kiev, Romania, Annecy u. Singapore / Ubisoft), 2012
Assassin's Creed IV: Black Flag (Ubisoft Montreal / Ubisoft) 2013.
Assassin's Creed: Liberation HD (Ubisoft Sofia, Milan / Ubisoft) 2014.
Assassin's Creed Odyssey (Ubisoft Quebec / Ubisoft) 2018.
Assassin's Creed Origins (Ubisoft Montreal / Ubisoft) 2017.
Assassin's Creed Rogue (Ubisoft Sofia, Singapore, Montreal, Quebec, Chengdu, Milan, Romania / Ubisoft), 2014.
Assassin's Creed Unity (Ubisoft Montreal / Ubisoft) 2014.
Assassin's Creed Syndicate (Ubisoft Quebec / Ubisoft) 2015.
Banished (Shining Rock Software / Shining Rock Software) 2014 ff.
Battalion 1944 (Bulkhead Interactive / Bulkhead Interactive) des. 2019.
Battlefield 1 (Digital Illusions Creative Entertainment (DICE) / Electronic Arts) 2016.
Battlefield 1942 (Digital Illusions Creative Entertainment (DICE) / Electronic Arts) 2002/2004.
Battlefield 2 (Digital Illusions Creative Entertainment (DICE) / Electronic Arts) 2005.
Battlefield 3 (Digital Illusions Creative Entertainment (DICE) / Electronic Arts) 2011.
Battlefield 4 (Digital Illusions Creative Entertainment (DICE) / Electronic Arts) 2013.
Battlefield Vietnam (Digital Illusions Creative Entertainment (DICE) / Electronic Arts) 2005.
Beowulf: The Game (Ubisoft / Ubisoft) 2007.
Biohazard (jap. Bezeichnung), siehe: Resident Evil (internat. Bezeichnung)
Bioshock (2K Boston, 2K Australia, 2K Marin / 2K Games) 2007.
Bioshock 2 (2K Marin / 2K Games) 2010.
Bioshock: Infinite (Irrational Games, 2K Australia / 2K Games) 2013.
Bioshock: The Collection [=Remaster von Bioshock, Bioshock 2, Bioshock Infinite und Addons] (Blind Squirrel Games / 2K Games) 2016.
Blackguards, siehe: Das Schwarze Auge: Blackguards.
Blackguards 2, siehe: Das Schwarze Auge: Blackguards.
Blitzkrieg (Nival Interactive / cdv Software Entertainment) 2003.
Broken Age (Double Fine Productions / Double Fine Productions) 2014 ff. (Episoden).
Brothers in Arms. Road to Hill 30 (Gearbox Software LLC / Ubisoft) 2005.
Brothers in Arms. Earned in Blood (Gearbox Software LLC / Ubisoft) 2005.
Brothers in Arms. Hell's Highway (Gearbox Software LLC / Ubisoft) 2008.
Bulletstorm (People Can Fly, Epic Games / Electronic Arts) 2011.
Caesar III (Impressions Games / Sierra Entertainment) 1998.
Caesar IV (Tilted Mill Entertainment / Sierra Entertainment) 2006.
Call of Cthulu (Cyanide Studios / Focus Home Interactive) 2018.
Call of Duty (Infinity Ward / Activision) 2003.
Call of Duty [5]: World at War (Treyarch / Activision) 2008.
Call of Duty. Advanced Warfare (Sledgehammer Games, Raven Software, High Moon Studios / Activision), 2014.
Call of Duty. Black Ops (Treyarch / Activision) 2010.
Call of Duty. Black Ops III (Treyarch / Activision) 2015.
Call of Duty: Modern Warfare (Infinity Ward / Activision) 2007.
Call of Duty: Modern Warfare 2 (Infinity Ward / Activision) 2009.

Call of Duty: Modern Warfare 3 (Infinity Ward; Sledgehammer Games / Activision) 2011.
Castle & Co. (Ubisoft / Facebook) 2010.
Castle Age (Phoenix Age / Android; Facebook; iOS) 2011.
CastleVille (Zynga / Facebook) 2011.
Chivalry: Medieval Warfare (Torn Banner Studios / Torn Banner Studios) 2012.
Cities Skylines (Colossal Order / Paradox Interactive) 2015.
Civilization (Sid Meier / Microprose) 1991.
Civilization: Beyond Earth [=Sid Meier's Civilization: Beyond Earth] (Firaxis Games / 2K Games) 2014.
Civilization II (Reynolds, Brian / Kaufman, Douglas / Briggs, Jeff / Microprose) 1996.
Civilization III [=Sid Meier's Civilization III] (Firaxis Games / Infogrames) 2001.
Civilization IV [=Sid Meier's Civilization IV] (Firaxis Games / 2K Games) 2005.
Civilization V [=Sid Meier's Civilization V] (Firaxis Games / 2K Games) 2010.
Civilization VI [=Sid Meier's Civilization VI] (Firaxis Games / 2K Games) 2016.
Colonization [=Sid Meier's Civilization IV: Colonization] (Firaxis Games / 2K Games) 2008.
Conan Exiles (FunCom / Koch Media) 2017 (Early Access), 2018.
Conflict: Desert Storm (Pivotal Games / SCi Games) 2002.
Conflict: Vietnam (Pivotal Games / SCi Games) 2004.
Combat Mission 2: Barbarossa to Berlin (Battlefront.com / Battlefront.com) 2002.
Combat Mission 3: Afrika Korps (Battlefront.com / Battlefront.com) 2003.
Combat Mission: Battle for Normandy (Battlefront.com / Battlefront.com) 2011.
Combat Mission: Beyond Overlord (Battlefront.com / Battlefront.com) 2000.
Combat Mission: Fortress Italy (Battlefront.com / Battlefront.com) 2012.
Combat Mission: Red Thunder (Battlefront.com / Battlefront.com) 2014.
Combat Mission: Final Blitzkrieg (Battlefront.com / Battlefront.com) 2016.
Command & Conquer: Alarmstufe Rot (Westwood Studios / Virgin Interactive) 1996.
Command & Conquer: Generals (EA Pacific / EA Games) 2003.
Company of Heroes (Relic Entertainment / THQ) 2006.
Company of Heroes 2 (Relic Entertainment / SEGA) 2013.
Cossacks: European Wars (GSC Game World / cdv Software Entertainment) 2000.
Cossacks 3 [=Wiederauflage von Cossacks: European Wars] (GSC Game World / GSC Game World) 2016.
Crusader Kings (Paradox Development Studio / Paradox Entertainment) 2004.
Crusader Kings: Deus Vult [=Erweiterung] (Paradox Development Studio / Paradox Interactive) 2007.
Crusader Kings II (Paradox Development Studio / Paradox Interactive) 2012.
Crusader Kings II: The Republic [=Erweiterung] (Paradox Development Studio / Paradox Interactive) 2013.
Crysis 3 (Crytek / Electronic Arts) 2013.
Dante's Inferno (Visceral Games / Electronic Arts) 2010.
Dark Age of Camelot (Mythic Entertainment / Wanadoo, Vivendi, Electronic Arts) 2001ff.
Das Schicksal der Marie Antoinette (Purple Hills / Purple Hills) 2011.
Das Schwarze Auge: Blackguards (Daedelic Entertainment / Daedelic Entertainment) 2014.
Das Schwarze Auge: Blackguards 2 (Daedelic Entertainment / Daedelic Entertainment) 2015.
Das Schwarze Auge: Demonicon (Noumena Studios / Kalypso Media) 2013.
Das Schwarze Auge: Die Schicksalsklinge (Attic, Fantasy Productions / Schmidt Spiele, Sir-Tech) 1992.
Das Schwarze Auge: Drakensang, siehe: Drakensang.
Das Schwarze Auge: Herokon Online, siehe: Herokon Online.
Das Schwarze Auge: Memoria (Daedelic Entertainment / Deep Silver) 2013.

Das Schwarze Auge: Satinavs Ketten (Daedelic Entertainment / Deep Silver) 2012.
Das Schwarze Auge: Schatten über Riva (Attic, Fantasy Productions / TopWare Interactive) 1996.
Das Schwarze Auge: Sternenschweif (Attic, Fantasy Productions / Schmidt Spiele) 1994.
Day of the Tentacle (LucasArts / Softgold) 1993.
Demonicon, siehe Das Schwarze Auge: Demonicon.
Der Anschlag [=engl.: The Sum of All Fears] (Red Storm Entertainment / Ubisoft) 2002.
Der Herr der Ringe Online. Die Schatten von Angmar (Turbine Inc. / Turbine Inc., Midway, Warner Bros. Interactive) 2007 ff.
Deus Ex (Ion Storm / Eidos Interactive) 2000.
Deus Ex: Invisible War (Ion Storm / Eidos Interactive) 2003.
Deus Ex. Human Revolution (Eidos Montreal, Nixxes Software, Feral Interactive, Straight Right / Square Enix) 2011.
Deus Ex: Mankind Divided (Eidos Montreal, Nixxes Software / Square Enix) 2016.
Diablo (Blizzard North / Ubi Soft Entertainment) 1996.
Die Fugger II (Kriesell, Matthias; Martensen, Lars / Sunflowers) 1996.
Die Gilde 2 (4HEAD Studios / JoWood) 2006.
Die Siedler (Blue Byte / Blue Byte) 1993.
Die Siedler: Aufstieg eines Königreichs (Blue Byte / Ubisoft) 2007.
Die Sims (Maxis / EA Games) 2000.
Die Sims 3 (Maxis Software / Electronic Arts) 2009.
Die Sims 4 (Maxis, The Sims Studio / Electronic Arts) 2014.
Dishonored. Die Maske des Zorns (Arkane Studios / Bethesda Softworks) 2012.
Divinity: Original Sin 2 (Larian Studios / Larian Studios) 2017.
Doom (id Software / cdv Software Entertainment) 1993.
Dragon Age II (BioWare / Electronic Arts) 2011.
Dragon Age: Origins (BioWare / Electronic Arts) 2009.
Dragon Age: Inquisition [=Dragon Age 3] (BioWare / Electronic Arts) 2014.
DragonRealms (Simutronics / Simutronics) 1996.
Drakensang [=Das Schwarze Auge: Drakensang] (Radon Labs / dtp entertainment) 2008.
Drakensang Online (Bigpoint Berlin / Bigpoint) 2011.
Drakensang: Am Fluss der Zeit (Radon Labs / dtp entertainment) 2010.
Dreamfall Chapters. The Longest Journey (Red Thread Games, Blink Studios / Red Thread Games; Deep Silver) 2014–2017.
Dreamfall: The Longest Journey (FunCom / Empire Interactive) 2006.
Duty Calls (Epic Games, People Can Fly / Electronic Arts) 2011.
Ein Quantum Trost (Treyarch / Activision) 2008.
Elven Blood (140blood / Twitter) 2008.
Empire, siehe Total War: Empire.
Empire Earth (Stainless Steel Studios / Sierra Entertainment) 2001.
Empire Earth II (Mad Doc Software / Sierra Entertainment) 2005.
Empire Earth III (Mad Doc Software / Sierra Entertainment) 2007.
Empire: Total War, siehe: Total War: Empire.
Empires: Die Neuzeit (Stainless Steel Studios / Activision) 2003.
Endwar [=Tom Clancy's Endwar] (Ubisoft Shanghai / Ubisoft) 2008.
Enemy Front (CI Games / CI Games) 2014.
Europa Universalis (Paradox Development Studio / Strategy First) 2000.
Europa Universalis II (Paradox Development Studio / Strategy First) 2001.
Europa Universalis III (Paradox Development Studio / Paradox Interactive) 2007.
Europa Universalis IV (Paradox Development Studio / Paradox Interactive) 2013.

Europa Universalis IV: Conquest of Paradise (Paradox Development Studio / Paradox Interactive) 2014.
Eve Online (CCP Games / CCP Games) 2003 ff.
EverQuest (Verant Interactive / Sony Online Entertainment, Daybreak Game Company) 1999 ff.
EverQuest II (Verant Interactive / Sony Online Entertainment, Daybreak Game Company) 2004 ff.
Evoland. A Short Story of Adventure Video Games Evolution (Shiro Games / Shiro Games) 2013.
Evoland 2. A Slight Case of Spacetime Continuum Disorder (Shiro Games / Shiro Games) 2015.
Fallout 2: A Post Nuclear Role Playing Game (Black Isle Studios / Interplay Entertainment) 1998.
Fallout 3 (Bethesda Game Studios / Bethesda Softworks) 2008.
Fallout 4 (Bethesda Game Studios / Bethesda Softworks) 2015.
Fallout Shelter (Bethesda Game Studios; Behaviour Interactive / Bethesda Softworks) 2015.
Fallout Tactics: Brotherhood of Steel (Micro Forté / 14 Degrees East) 2001.
Fallout: A Post Nuclear Role Playing Game (Interplay Entertainment / Interplay Entertainment) 1997.
Fallout: Brotherhood of Steel (Interplay / Interplay) 2004.
Fallout: New Vegas (Obsidian Entertainment / Bethesda Softworks) 2010.
Far Cry 2 (Ubisoft Montreal / Ubisoft) 2008.
Far Cry 3 (Ubisoft Montreal / Ubisoft) 2012.
Far Cry 3: Blood Dragon (Ubisoft Montreal / Ubisoft) 2013.
Far Cry 4 (Ubisoft Montreal / Ubisoft) 2014.
Far Cry Primal (Ubisoft Montreal / Ubisoft) 2016.
Final Fantasy XI (Square / Sony Computer Entertainment, Square Enix) 2002–2016.
For Honor (Ubisoft Montreal / Ubisoft) 2017.
Gabriel Knight: Sins of the Fathers (Sierra Online / Sierra Online) 1993.
Gabriel Knight 2, siehe: The Beast Within: A Gabriel Knight Mystery.
Gabriel Knight 3: Blood of the Sacred, Blood of the Damned (Sierra Studios / Sierra Studios) 1999.
Game Dev Tycoon (Klug, Daniel; Klug, Patrick / Greenheart Games) 2013.
Gears of War (Epic Games, People Can Fly / Epic Games) 2006.
GeoEmpires (Archae s.r.o. / Android; iOS) 2012.
Gettysburg!, siehe: Sid Meier's Gettysburg!
Global Conflicts: Latin America (Serious Games Interactive / Gamers Gate (Distributor)) 2008.
Global Conflicts: Palestine (Serious Games Interactive / dtp entertainment) 2007.
God of War (SCE Santa Monica Studio / Sony Computer Entertainment) 2005.
GoldenEye 007 (Rare / Nintendo) 1997.
Goldfields (Jacaranda / Jacaranda) 1986.
Gothic 3 (Piranha Bytes / JoWood, Deep Silver) 2006.
GT Legends (SimBin Studios / 10tacle Studios) 2005.
GTA, siehe: Grand Theft Auto.
Grand Ages: Rome (Haemimont Games / Kalypso Media) 2009.
Grand Ages: Medieval (Gaming Minds Studios / Kalypso Media) 2016.
Grand Theft Auto [=GTA] (DMA Design / BMG Interactive) 1997.
Grand Theft Auto [=GTA] III (DMA Design / Rockstar Games) 2001.
Grand Theft Auto [=GTA] IV (Rockstar North / Rockstar Games) 2008.
Grand Theft Auto [=GTA] V (Rockstar North / Rockstar Games) 2013.
Guild Wars 2 (Arenanet / NC Soft) 2012 ff.
Habitat (Lucasfilm Games / Quantum Link, Fujitsu) 1990.
Half Life (Valve Corporation / Sierra Entertainment) 1998.
Halo Wars (Ensemble Studios / Microsoft Game Studios) 2009.
Halo Wars 2 (343 Industries, Creative Assembly / Microsoft Studios) 2017.
Hanse (Glau, Ralph / Westphal, Bernd / Ariolasoft) 1986.
Hearts of Iron II (Paradox Development Studio / Paradox Interactive) 2005.

Hearts of Iron II: Doomsday (Paradox Development Studio / Paradox Interactive) 2007.
Hearts of Iron IV (Paradox Development Studio / Paradox Interactive) 2016.
Heroes over Europe (Transmission Games / Ubisoft) 2009.
Herokon Online [=Das Schwarze Auge: Herokon Online] (Silver Style Studios / Silver Style Studios) 2012–2015.
High Frontier (Steel, Alan / Activision) 1987.
Historyline 1914–1918 (Blue Byte / Blue Byte) 1992.
Indiana Jones and the Last Crusade (Lucasfilm Games / Softgold) 1989.
Jane's AH-64D Longbow (Origin Systems / Electronic Arts) 1996.
JTF. Joint Task Force (Most Wanted Entertainment / Vivendi) 2006.
Kaiser (Creative Computer Design / Ariolasoft) 1984.
Kemet, siehe: A Tale in the Desert.
Kingdom Come: Deliverance (Warhorse Studios / Warhorse Studios) 2018.
Kingdoms of Camelot (Watercooler Inc. [=Kabam] / Facebook; RockYou) 2009.
L.A. Noire (Team Bondi, Rockstar Games / Rockstar Games) 2011.
League of Legends (Riot Games / Riot Games) 2009 ff.
Left 4 Dead (Valve Corporation / Valve, Electronic Arts) 2008.
Lego Minifigures Online (FunCom / FunCom) 2015–2016.
Life is Feudal: MMO (Bitbox / Bitbox) des. 2019.
Life is Feudal: Your Own (Bitbox / Bitbox) 2015.
Lineage (NC Soft / NC Soft) 1998 ff.
Lineage II. The Chaotic Chronicle (NC Soft / NC Soft) 2004.
Lords & Knights (Xyrality / Android; Facebook; iOS) 2011.
Mad Games Tycoon (Eggcode / Eggcode) 2016.
Mafia (Illusion Softworks / Gathering of Developers) 2002.
Mafia II (2K Czech / 2K Games) 2010.
Mafia III (Hangar 13 / 2K Games) 2016.
Making History: The Calm & The Storm (Muzzy Lane Software / Muzzy Lane Software) 2007.
Making History: The Great War (Muzzy Lane Software; Factus Games / Factus Games) 2015.
Making History II: The War of the World (Muzzy Lane Software / Muzzy Lane Software) 2010.
Maniac Mansion (Lucasfilm Games / Softgold) 1987.
Maniac Mansion 2, siehe: Day of the Tentacle.
Mass Effect (BioWare / Microsoft Game Studios) 2007/2008.
Mass Effect 2 (BioWare / Electronic Arts) 2010/2011.
Mass Effect 3 (BioWare / Electronic Arts) 2012.
Medal of Honor (Dreamworks Interactive / Electronic Arts) 1999.
Medal of Honor [=Reboot] (Danger Close Games / Electronic Arts) 2010.
Medal of Honor: Allied Assault (2015, Inc. / EA Games) 2002.
Medal of Honor: Warfighter (Danger Close Games / Electronic Arts) 2012.
Medieval: Total War (Creative Assembly / Activision) 2002.
Medieval II: Total War (Creative Assembly / SEGA) 2006.
Medieval II: Total War. Kingdoms Expansion Pack (Creative Assembly / SEGA) 2007.
Memoria, siehe: Das Schwarze Auge: Memoria.
Men of Valor (2015, Inc. / Vivendi Universal) 2004.
Meridian 59 (Archetype Interactive / The 3DO Company) 1996.
Minecraft (Mojang / Mojang, Microsoft) 2009 ff.
Missile Command (Atari, Inc. / SEGA) 1980.
Missile Defense 3-D (SEGA / SEGA) 1987.
Monkey Island, siehe: The Secret of Monkey Island.
Monkey Island 2: Le Chuck's Revenge (Lucas Arts / Softgold) 1991.

Morrowind, siehe: The Elder Scrolls III: Morrowind.
Mortal Kombat X (Netherrealm Studios / Warner Bros. Interactive) 2015.
Mount & Blade: Warband (TaleWorlds Entertainment / Paradox Interactive) 2010.
MUD1 (Bartle, Richard A. / Trubshaw, Roy) 1978.
My Memory of Us (Juggler Games / Activision) 2018.
Napoleon: Total War, siehe: Total War: Napoleon.
Naval Action (Game-Labs / Game-Labs) 2016.
Neverwinter Nights (Stormfront Studios / SSI) 1991–97.
No One Lives Forever. The Operative (Monolith Productions / Fox Interactive) 2000.
North & South (Infogrames / Infogrames) 1989.
North vs. South, siehe: The Bluecoats: North vs. South.
Oblivion, siehe: The Elder Scrolls IV: Oblivion.
Orwell (Osmotic Studios / Surprise Attack) 2016.
Oxenfree (Night School Studio / Night School Studio) 2016.
Papers Please (Lucas Pope / 3903 LLC) 2013.
Parallel Kingdoms (PerBlue / Facebook; iOS) 2009.
Patrizier IV (Gaming Minds Studios / Kalypso Media) 2010.
Patrizier Online (Gamigo / Gamigo, Kalypso Media) 2011–2012 [in Betaphase eingestellt].
Peacemaker (Sweeney, Tim; Brown, Eric; Burak, Asi / Impact Games) 2007.
Phantasy Star Online (Sonic Team / SEGA) 2001.
Pharaoh. Build a Kingdom, Rule the Nile, Live Forever (Impressions Games / Sierra Entertainment) 1999.
Pirates!, siehe: Sid Meier's Pirates!.
Pirate Adventure (Adventure International, Scott Adams / Adventure International) 1978.
PlanetSide (Sony Online Entertainment / Sony Online Entertainment) 2003–2016.
PlayerUnkown's Battlegrounds [=PUBG] (PUBG Corporation / Bluehole) 2017.
Playing History. The Plague (Serious Games Interactive / Serious Games Interactive) 2012.
Playing History 2. Slave Trade (Serious Games Interactive / Serious Games Interactive) 2013.
Playing History 3. Vikings (Serious Games Interactive / Serious Games Interactive) 2015.
Pokémon Go (Niantic / Niantic) 2016.
Port Royale. Gold, Power and Pirates (Ascaron Entertainment / Tri-Synergy) 2002.
Portal (Valve Corporation / Electronic Arts) 2007.
Portal 2 (Valve Corporation / Electronic Arts) 2011.
Prince of Persia (Jordan Mechner / Brøderbund) 1989.
Prisoner of War [=World War II: Prisoner of War] (Wide Games / Codemasters) 2002.
PUBG, siehe: PlayerUnkown's Battlegrounds.
Puzzle Quest. Challenge of the Warlords (Infinite Interactive / D3 Publisher) 2007.
Quake (id Software / GT interactive) 1996.
Ravenshire Castle (Silverlake / 6Waves; Facebook) 2012.
Red Orchestra 2: Heroes of Stalingrad (Tripwire Interactive / 1C Company) 2011.
Resident Evil (Capcom / Capcom) 1996.
Resident Evil 2 (Capcom / Capcom) 1998.
Resident Evil 3: Nemesis (Capcom / Capcom) 1999.
Resident Evil 4 (Capcom Production / Capcom) 2005.
Resident Evil 5 (Capcom / Capcom) 2009.
Resident Evil 7: Biohazard (Capcom / Capcom) 2017.
Resident Evil Zero (Capcom / Capcom) 2002.
Resident Evil: Survivor (TOSE / Capcom) 2000.
Return to Castle Wolfenstein (Gray Matter Interactive, Nerve Software, id Software / Activision) 2001.

RIFT (Trion Worlds / Trion Worlds) 2011.
Rise of Nations (Big Huge Games / Microsoft Game Studios) 2003.
Rise of Nations: Rise of Legends (Big Huge Games / Microsoft Game Studios) 2006.
Rise of Nations: Thrones & Patriots (Big Huge Games / Microsoft Game Studios) 2004.
Rise of the Tomb Raider (Crystal Dynamics, Nixxes Software / Microsoft Studios, Square Enix) 2015/16.
Rise of Venice (Gaming Minds Studios / Kalypso Media) 2013.
Risen 2: Dark Waters (Piranha Bytes / Deep Silver) 2012.
Rogue (Toy, Michael / Wichman, Glenn / Arnold, Ken / Lane, Jon) 1980.
Rome 2: Total War, siehe: Total War: Rome 2.
Rome: Total War (Creative Assembly / Activision) 2004.
Ryse. Son of Rome (Crytek / Crytek) 2013.
S.T.A.L.K.E.R.: Shadow of Chernobyl (GSC Game World / Deep Silver; GSC Game World) 2007.
Saboteur, siehe: The Saboteur.
Satinavs Ketten, siehe: Das Schwarze Auge: Satinavs Ketten.
Schatten über Riva, siehe: Das Schwarze Auge: Schatten über Riva.
Schicksalsklinge, siehe: Das Schwarze Auge: Die Schicksalsklinge.
Scourge of War: Gettysburg (Norbsoft Development / Slitherine) 2010.
Scourge of War: Chancellorsville (Norbsoft Development / Slitherine) 2012.
Scourge of War: Gettysburg 150th Anniversary Collection (Norbsoft Development / Matrix Games) 2013.
SDI [=Strategic Defense Initiative] (SEGA / SEGA) 1987.
Sea of Thieves (Rare / Microsoft Studios) 2017.
Second Life (Linden Labs / Linden Labs) 2003.
Secret World Legends (FunCom / FunCom) 2017 ff.
Shellshock Nam '67 (Guerilla Games / Eidos Interactive) 2004.
Sherlock Holmes: Crimes and Punishment (Frogwares Game Development / Focus Home Interactive) 2014.
Sid Meier's Civilization, siehe: Civilization.
Sid Meier's Civilization IV: Colonization, siehe: Colonization.
Sid Meier's Gettysburg! (Firaxis Games / Electronic Arts) 1997.
Sid Meier's Pirates! (Microprose / Microprose) 1987.
Sid Meier's Pirates! [=Remake] (Firaxis Games / 2K Games) 2004.
Silent Hill (Konami / Konami) 1999.
Silent Hill 2 (Konami / Konami) 2001.
Silent Hill 4: The Room (Konami / Konami) 2004.
Silent Hill: Origins (Climax Studios / Konami) 2007.
Silent Hunter (Aeon Electronic Entertainment / Strategic Simulations SSI) 1996.
Silent Hunter III (Ubisoft Romania / Ubisoft) 2005.
Silent Hunter 4. Wolves of the Pacific (Ubisoft Romania / Ubisoft) 2007.
Silent Hunter 5. Battle of the Atlantic (Ubisoft Romania / Ubisoft) 2010.
Sim City (Maxis Software / Maxis Software) 1989.
Sim City [5] (Maxis Software / Electronic Arts) 2013.
Sim City: Build It! (Track Twenty, Electronic Arts / Electronic Arts) 2015.
Skype [=VoIP Kommunikation] (Skype Technologies / Microsoft) 2003 ff.
Skyrim, siehe: The Elder Scrolls V: Skyrim.
Sniper Elite (Rebellion Developments / MC2 France) 2005.
Space Invaders (Taito / Midway) 1978.
Spec Ops: The Line (Yager Development / 2K Games) 2012.
Splinter Cell [=Tom Clancy's Splinter Cell] (Ubisoft Montreal / Ubisoft) 2002.

Splinter Cell. Double Agent (PC) (Ubisoft Shanghai / Ubisoft) 2006.
Splinter Cell. Double Agent (PS2) (Ubisoft Montreal / Ubisoft) 2006.
Software Inc. (Coredumping / Coredumping) 2015.
Stalker, siehe: S.T.A.L.K.E.R.: Shadow of Chernobyl.
Star Trek Online (Cryptic Studios / Perfect World Entertainment) 2010 ff.
Star Wars Galaxies (Sony Online Entertainment / Lucas Arts) 2003–2011.
Star Wars: The Old Republic (BioWare / Electronic Arts) 2011 ff.
StarCraft (Blizzard Entertainment / Blizzard Entertainment) 1998.
StarCraft II. Wings of Liberty (Blizzard Entertainment / Activision Blizzard) 2010.
Sternenschweif, siehe: Das Schwarze Auge: Sternenschweif.
Strategic Defense Initiative, siehe: SDI.
Sudden Strike (Fireglow Games / cdv Software Entertainment) 2000.
Super Strike Eagle (Microprose / Microprose) 1993.
TeamSpeak 3 [=VoIP Kommunikation] (TeamSpeak Systems GmbH) 2011 ff.
Tetris (Alexey Pajitnov, Vladimir Pokhilko, diverse) 1984.
The Abbey (Alcachofa Soft / Crimson Cow) 2008.
The Beast Within: A Gabriel Knight Mystery [=Gabriel Knight 2] (Sierra On-Line / Sierra On-Line) 1995.
The Bluecoats: North vs. South (Anuman Interactive / Microïds) 2012.
The Curious Expedition (Maschinen-Mensch / Maschinen-Mensch) 2015–16.
The Division (Massive Entertainment / Ubisoft) 2016.
The Elder Scrolls III: Morrowind (Bethesda Game Studios / Bethesda Softworks) 2002.
The Elder Scrolls IV: Oblivion (Bethesda Softworks / 2K Games) 2006.
The Elder Scrolls V: Skyrim (Bethesda Game Studios / Bethesda Softworks) 2011.
The Elder Scrolls Online (Zenimax Online Studios / Bethesda Softworks) 2014 ff.
The Great Escape (Pivotal Games / SCi Games) 2003.
The Great War 5.0. Napoleon: Total War Mod (The Great War Dev Team) 2013 ff.
The Incredible Adventures of Van Helsing (Neocore Games / Neocore Games) 2013.
The Legend of Zelda (Nintendo / Nintendo) 1986.
The Legend of Zelda: Skyward Sword (Nintendo / Nintendo) 2011.
The Legend of Zelda: Breath of the Wild (Nintendo / Nintendo) 2017.
The Longest Journey (FunCom / Empire Interactive, Tri-Synergy) 1999.
The Matrix Online (Monolith Productions / SEGA, Warner Bros. Interactive) 2005–2009.
The Order 1886 (Ready at Dawn, SCE Santa Monica Studio / Sony Computer Entertainment) 2015.
The Park (FunCom / FunCom) 2015.
The Saboteur (Pandemic Studios / Electronic Arts) 2009.
The Secret of Monkey Island (Lucasfilm Games / Softgold) 1990.
The Secret War [=Facebook Browser-Spiel zu The Secret World] (FunCom / FunCom) 2011–2012.
The Secret World (FunCom / FunCom, Electronic Arts) 2012 ff.
The Secret World Issue #1: Unleashed [=Erweiterung] (FunCom / FunCom) Juli 2012.
The Secret World Issue #2: Digging Deeper [=Erweiterung] (FunCom / FunCom) August 2012.
The Secret World Issue #3: The Cat God [=Erweiterung] (FunCom / FunCom) Halloween Halloween 2012.
The Secret World Issue #4: Big Trouble in the Big Apple [=Erweiterung] (FunCom / FunCom) November 2012.
The Secret World Issue #5: The Vanishing of Tyler Freeborn [Erweiterung] (FunCom / FunCom) Dezember 2012.
The Secret World Issue #6: The Last Train to Cairo [=Erweiterung] (FunCom / FunCom) März 2013.
The Secret World Issue #7: A Dream to Kill [=Erweiterung] (FunCom / FunCom) Juni 2013.

The Secret World Issue #8: The Venetian Agenda [=Erweiterung] (FunCom / FunCom) November 2013.
The Secret World Issue #9: The Black Signal [=Erweiterung] (FunCom / FunCom) Juni 2014.
The Secret World Issue #10: Nightmares in the Dream Palace [=Erweiterung] (FunCom / FunCom) Dezember 2014.
The Secret World Sidestories: Further Analysis [=Missionen-Paket] (FunCom / FunCom) 8.4.2014.
The Secret World Sidestories: Love & Loathing [=Missionen-Paket] (FunCom / FunCom) 3.7.2014
The Secret World Sidestories: The Last Pagan [=Missionen-Paket] (FunCom / FunCom) [September] 2014.
The Sims Online (Maxis / EA Games) 2002–2008.
The Stanley Parable (Davey Wreden / Galactic Cafe) 2013.
The Sum of All Fears, siehe: Der Anschlag.
The Witcher 3: Wild Hunt (CD Project Red / CD Project) 2015.
There (Makena Technologies / Makena Technologies) 2001–2010.
Thief. Deadly Shadows (Ion Storm / Eidos Interactive) 2004.
Thimbleweed Park (Terrible Toybox / Terrible Toybox) 2017.
This War of Mine (11bit studios / Deep Silver) 2014.
This War of Mine. The Little Ones [=Erweiterung] (11 bit studios / 11 bit studios) 2016.
Tom Clancy's Endwar, siehe: Endwar.
Tom Clancy's Splinter Cell, siehe: Splinter Cell.
Tom Clancy's The Division, siehe: The Division.
Tomb Raider (Core Design / Eidos Interactive) 1996.
Tomb Raider [=Reboot] (Crystal Dynamics / Square Enix) 2013.
Tomb Raider: Legend (Crystal Dynamics / Eidos Interactive) 2006.
Tomb Raider, Rise of the, siehe: Rise of the Tomb Raider.
Total War: Empire (Creative Assembly / SEGA) 2009.
Total War: Medieval, siehe: Medieval: Total War.
Total War: Medieval II, siehe: Medieval II: Total War.
Total War: Napoleon (Creative Assembly / SEGA) 2010.
Total War: Rome 2 (Creative Assembly / SEGA) 2013.
Train Fever. Entwickle eine Region von 1850 bis heute (Urban Games / Astragon Software) 2014.
Tropico 2. Die Pirateninsel (Frog City Software / Take 2) 2003.
Tropico 5 (Haemimont Games / Kalypso Media) 2014.
Tweetlord (Multi Axis Games / Twitter) 2009.
Ultima Online (Origin Systems / Electronic Arts) 1997ff.
Ultimate General: Civil War (Game-Labs / Game-Labs) 2017.
Ultimate General: Gettysburg (Game-Labs / Game-Labs) 2014.
Uncharted Golden Abyss (SIE Bend Studio / Sony Computer Entertainment) 2011.
Uncharted: Drakes Schicksal (Naughty Dog / Sony Computer Entertainment) 2007.
Uncharted 2: Among Thieves (Naughty Dog / Sony Computer Entertainment) 2009.
Uncharted 3: Drake's Deception (Naughty Dog / Sony Computer Entertainment) 2011.
Uncharted 4: A Thief's End (Naughty Dog / Sony Interactive Entertainment) 2016.
Undercover. Operation Wintersonne (Sproing Interactive / dtp entertainment) 2006.
Valiant Hearts. The Great War (Ubisoft Montpellier / Ubisoft) 2014.
Velvet Assassin (Replay Studios / South Peak Games) 2009.
Ventrilo 4.0 [=VoIP Kommunikation] (Flagship Industries Inc.) 2017ff.
Verdun 1914–1918 (Black Mill Games / Black Mill Games) 2015.
Victoria II (Paradox Development Studio / Paradox Interactive) 2010.
Vietcong (Pterodon, Illusion Softworks / Gathering of Developers) 2003.
Vietcong 2 (Pterodon, Illusion Softworks / 2K Games) 2005.

Vietcong: Purple Haze [=Bundle Hauptspiel und Addon „First Alpha"] (Pterodon, Illusion Softworks / Gathering of Developers) 2004.
War of Rights (Campfire Games / unbekannt) 2018.
War of the Roses (Fatshark / Paradox Interactive) 2012.
War on Terror (Digital Reality / Deep Silver) 2006.
War Thunder (Gaijin Entertainment / Gaijin Entertainment) 2012.
Warbook (Social Gaming Network (SGN) / Facebook) 2007.
Warcraft. Orcs & Humans (Blizzard Entertainment / Interplay Productions) 1994.
Warcraft II. Tides of Darkness (Blizzard Entertainment / Blizzard Entertainment) 1995.
Warcraft III. Reign of Chaos (Blizzard Entertainment / Sierra Entertainment) 2002.
Warcraft III. The Frozen Throne (Blizzard Entertainment / Vivendi) 2003.
Wargame. European Escalation (Eugen Systems / Focus Home Interactive) 2012.
WarGames (Angiolillo, Joseph / Coleco) 1984
Watch_Dogs (Ubisoft Montreal / Ubisoft) 2014.
Watch_Dogs 2 (Ubisoft Montreal / Ubisoft) 2016.
Wolfenstein (Muse Software / Muse Software) 1981.
Wolfenstein 3D (id Software / Apogee Software) 1992.
Wolfenstein. The New Order (Machine Games / Bethesda Softworks) 2014.
World in Conflict. Complete Edition [=incl. Soviet Assault] (Massive Entertainment / Ubisoft) 2009.
World of Tanks (Wargaming Minsk / Wargaming.net) 2010.
World of Warcraft (Blizzard Entertainment / Vivendi) 2004/5.
World of Warcraft. Cataclysm (Blizzard Entertainment / Activision Blizzard) 2010.
World of Warcraft. Legion (Blizzard Entertainment / Blizzard Entertainment) 2016.
World of Warcraft. Mists of Pandaria (Blizzard Entertainment / Blizzard Entertainment) 2012.
World of Warcraft. The Burning Crusade (Blizzard Entertainment / Blizzard Entertainment) 2007.
World of Warcraft. Warlords of Draenor (Blizzard Entertainment / Blizzard Entertainment) 2014.
World of Warcraft. Wrath of the Lich King (Blizzard Entertainment / Blizzard Entertainment) 2008.
World of Warplanes (Wargaming Minsk, Persha Studia / Wargaming.net) 2013.
World of Warships (Wargaming Minsk, Lesta Studio / Wargaming.net) 2015.
World War II: Prisoner of War, siehe: Prisoner of War.
World Without Oil (Ken Eklund, Jane McGonigal, Dee Cook, Marie Lamb, Michelle Senderhauf, Krystyn Wells / Corporation of Public Broadcasting) 2007.
WWII Battle Tanks: T-34 vs. Tiger (G5 Software / Lighthouse Interactive) 2008.
Xenosaga. Episode I: Der Wille zur Macht (Monolith Soft / Namco) 2002/2003.
Xenosaga. Episode II: Jenseits von Gut und Böse (Monolith Soft / Namco, Sony Computer Entertainment) 2004/2005.
Xenosaga. Episode III: Also Sprach Zarathustra (Monolith Soft / Bandai Namco Games) 2006.
Zelda, siehe: The Legend of Zelda.
Zombies, Run! (Six to Start / Six to Start) 2012.
Zork (Infocom / Personal Software) 1977.

www.ingramcontent.com/pod-product-compliance
Lightning Source LLC
Chambersburg PA
CBHW060451300426
44113CB00016B/2555